CB125915

MEDICINA USP

HC FMUSP

InCor HCFMUSP
Ciência e Humanismo

Manual da residência de cardiologia

Editores

Alexandre de Matos Soeiro

Tatiana de Carvalho Andreucci Torres Leal

Tarso Augusto Duenhas Accorsi

Danielle Menosi Gualandro

Múcio Tavares de Oliveira Jr.

Roberto Kalil Filho

Manole

Copyright © Editora Manole Ltda., 2016, por meio de contrato com os editores.

"A edição desta obra foi financiada com recursos da Editora Manole Ltda., um projeto de iniciativa da Fundação Faculdade de Medicina em conjunto e com a anuência da Faculdade de Medicina da Universidade de São Paulo – FMUSP."

Editor gestor Walter Luiz Coutinho
Editoras Eliane Usui, Juliana Waku
Produção editorial Hudson Túlio Machado da Silva, Juliana Waku
Diagramação Lara Editorial
Ilustrações Mary Yamazaki Yorado
Capa Thereza Almeida

Dados Internacionais de Catalogação na Publicação (CIP)
(Câmara Brasileira do Livro, SP, Brasil)

Manual da residência de cardiologia. -- Barueri, SP : Manole, 2016.

Vários editores.
Vários colaboradores.
Bibliografia.
ISBN 978-85-204-4387-3

1. Cardiologia 2. Coração – Doenças 3. Residentes (Medicina) 4. Residentes (Medicina) – Manuais, Guias, etc.

CDD-616.12
16-06764 NLM-WG 100

Índices para catálogo sistemático:
1. Cardiologia : Manuais para residentes : Medicina 616.12

Todos os direitos reservados.
Nenhuma parte deste livro poderá ser reproduzida, por qualquer processo, sem a permissão expressa dos editores. É proibida a reprodução por xerox.

A Editora Manole é filiada à ABDR – Associação Brasileira de Direitos Reprográficos.

Editora Manole Ltda.
Avenida Ceci, 672 – Tamboré
06460-120 – Barueri – SP – Brasil
Tel.: (11) 4196-6000 – Fax: (11) 4196-6021
www.manole.com.br
info@manole.com.br

Impresso no Brasil
Printed in Brazil

Sobre os editores

Alexandre de Matos Soeiro
Médico Cardiologista Assistente e Supervisor da Unidade Clínica de Emergência do Instituto do Coração do Hospital das Clínicas da Faculdade de Medicina da Universidade de São Paulo (InCor-HCFMUSP).

Tatiana de Carvalho Andreucci Torres Leal
Médica Assistente da Unidade Clínica de Emergência do InCor-HCFMUSP.

Tarso Augusto Duenhas Accorsi
Doutorando em Cardiologia pela FMUSP. Médico Assistente da Unidade Clínica de Valvopatias do InCor-HCFMUSP.

Danielle Menosi Gualandro
Doutora em Cardiologia pela USP. Médica Assistente da Unidade Clínica de Medicina Interdisciplinar em Cardiologia do InCor-HCFMUSP. Professora Colaboradora da FMUSP.

Múcio Tavares de Oliveira Jr.
Diretor da Unidade Clínica de Emergência do InCor-HCFMUSP. Professor Colaborador da FMUSP.

Roberto Kalil Filho
Professor Titular da Disciplina de Cardiologia da FMUSP. Presidente do Conselho Diretor do InCor-HCFMUSP. Diretor Geral do Centro de Cardiologia do Hospital Sírio-Libanês. Diretor da Divisão da Cardiologia Clínica. Chefe do Departamento de Cardiopneumologia da FMUSP.

Sobre os colaboradores

Alexandre de Matos Soeiro
Médico Cardiologista Assistente e Supervisor da Unidade Clínica de Emergência do Instituto do Coração do Hospital das Clínicas da Faculdade de Medicina da Universidade de São Paulo (InCor-HCFMUSP).

Aline Gehlen Ferrari
Graduada pela Universidade de Passo Fundo. Residência em Clínica Médica no Hospital São Vicente de Paulo e em Cardiologia no Hospital São Lucas da PUCRS. Fellow na Unidade de Coronariopatia Aguda do InCor-HCFMUSP.

Aline Siqueira Bossa
Coordenadora de Pesquisa Clínica da Unidade de Emergência do InCor-HCFMUSP.

Amanda Gonzales Rodrigues
Médica Assistente da Unidade de Reabilitação Cardiovascular e Fisiologia do Exercício do InCor-HCFMUSP.

Ana Carolina de Rezende
Auxiliar administrativa da Unidade de Emergência do InCor-HCFMUSP.

Ana Caroline Garcia de Souza
Médica cardiologista do InCor-HCFMUSP.

Ana Maria Thomaz
Especialista em Pediatria pela Sociedade Brasileira de Pediatria (SBP) e em Cardiologia Pediátrica pela SBP e pela Sociedade Brasileira de Cardiologia (SBC). Doutoranda em Cardiologia pela FMUSP. Médica Assistente da Unidade de Cardiologia Pediátrica e Cardiopatia Congênita do Adulto do InCor-HCFMUSP.

Anna Christina de Lima Ribeiro
Especialista em Cardiologia Pediátrica pela SBC. Médica Assistente da Unidade Clínica de Cardiologia Pediátrica e Cardiopatias Congênitas do Adulto do InCor-HCFMUSP.

Antonildes N. Assunção Jr.
Cardiologista. Especialista em Tomografia Computadorizada e Ressonância Magnética Cardiovascular e Doutorando em Cardiologia pelo InCor-FMUSP. *Research Fellow* no Brigham and Women's Hospital – Harvard University.

Antônio Carlos Pereira Barretto
Professor Livre-docente da FMUSP. Professor Associado do Departamento de Cardiopneumologia da FMUSP. Diretor do Serviço de Prevenção e Reabilitação Cardiovascular do InCor-HCFMUSP.

Antônio Fernando Barros de Azevedo Filho
Médico Preceptor de Cardiologia do InCor-HCFMUSP.

Antonio Gabriele Laurinavicius
Doutor em Cardiologia pelo InCor-HCFMUSP. Cardiologista da Unidade de Medicina Preventiva do Hospital Albert Einstein. Médico Pesquisador da Unidade de Lípides do InCor-HCFMUSP.

Antonio Sergio de Santis Andrade Lopes
Pós-graduando da Unidade Clínica de Valvopatias do InCor-HCFMUSP. Médico Cardiologista pelo InCor-HCFMUSP.

Barbara Maria Ianni
Professora Livre-docente da FMUSP. Médica Assistente da Unidade Clínica de Miocardiopatias do InCor-HCFMUSP.

Bianca Saraiva Santoro
Cardiologista Pediátrica com Especialização em Arritmia. Médica Assistente e Plantonista da Unidade de Cardiologia Pediátrica e Cardiopatias Congênitas no Adulto do InCor-HCFMUSP.

Bruno Biselli
Médico Assistente da Unidade de Emergência do InCor-HCFMUSP.

Bruno Caramelli
Professor Associado Nível III do Departamento de Cardiopneumologia da FMUSP. Diretor da Unidade Clínica de Medicina Interdisciplinar em Cardiologia do InCor-HCFMUSP. Consultor *ad-hoc* do Comitê Assessor para Terapia Antirretroviral em Adultos e Adolescentes do Programa Nacional de DST/AIDS – Ministério da Saúde. Presidente da Sociedade Brasileira de Investigação Clínica (SBIC). Membro Titular da Comissão de Pesquisa da FMUSP.

Camila Paixão Jordão
Professora de Educação Física da Unidade de Reabilitação Cardiovascular e Fisiologia do Exercício do InCor-HCFMUSP. Especialista em Condicionamento Físico Aplicado à Prevenção Cardiovascular Primária e Secundária e Fisiologia do Exercício. Mestre em Ciências pela Escola de Educação Física da USP.

Carine Teles Sangaleti
Doutora em Ciências pelo Programa de Pós-graduação na Área de Cardiologia do InCor-HCFMUSP.

Carlos Alberto Pastore
Professor Livre-docente da FMUSP. Diretor da Unidade Clínica de Eletrocardiografia de Repouso do InCor-HCFMUSP.

Carlos Eduardo Negrão
Professor Titular do Departamento de Biodinâmica do Movimento do Corpo Humano da Escola de Educação Física e Esporte da USP com vínculo subsidiário ao Departamento de Cardiopneumologia da FMUSP. Diretor da Unidade de Reabilitação Cardiovascular e Fisiologia do Exercício do InCor-HCFMUSP.

Carlos Eduardo Rochitte
Professor Livre-docente e Doutor pela FMUSP. Coordenador de Ensino, Pesquisa e Desenvolvimento do Setor de Ressonância Magnética e Tomografia Computadorizada Cardiovascular do InCor-HCFMUSP. Diretor do Setor de Ressonância Magnética e Tomografia Computadorizada Cardiovascular do Hospital do Coração, Associação do Sanatório Sírio.

Carlos V. Serrano Jr.
Professor Associado da FMUSP. Diretor da Unidade Clínica de Aterosclerose do InCor-HCFMUSP.

Carolina da Rocha Brito
Graduada em Ciências Médicas. Especialista em Pediatria com Formação Complementar em Cardiopediatria e Cardiopatias Congênitas do Adulto.

Carolina Santana dos Reis Gonçalves
Graduada pela Escola Bahiana de Medicina e Saúde Pública (EBMSP). Especialista em Clínica Médica pela Universidade Federal de São Paulo (Unifesp) e em Cardiologia pelo InCor-HCFMUSP.

Charles Mady
Professor Associado do Departamento de Cardiopneumologia da FMUSP. Diretor da Unidade Clínica de Miocardiopatias do InCor-HCFMUSP.

Cibele Larrosa Garzillo
Doutora em Cardiologia pela FMUSP. Médica Pesquisadora do Projeto MASS – InCor-HCFMUSP. Médica Assistente da Unidade Clínica de Aterosclerose do InCor-HCFMUSP.

Claudia Yanet San Martin Bernoche
Doutora em Cardiologia pela FMUSP. Médica Assistente da Unidade de Terapia Intensiva Clínica do InCor-HCFMUSP. Médica Cardiologista do Hospital Nove de Julho.

Cristiano Pisani
Médico Assistente da Unidade de Arritmia do InCor-HCFMUSP.

Daniela Calderaro
Médica Assistente da Unidade de Medicina Interdisciplinar em Cardiologia do InCor-HCFMUSP. Professora Colaboradora do Departamento de Cardiopneumologia da FMUSP.

Daniela Regina Agostinho
Professora de Educação Física da Unidade de Reabilitação Cardiovascular e Fisiologia do Exercício do InCor-HCFMUSP. Especialista em Condicionamento Físico Aplicado à Prevenção Cardiovascular Primária e Secundária e Fisiologia do Exercício.

Danielle Menosi Gualandro
Doutora em Cardiologia pela USP. Médica Assistente da Unidade Clínica de Medicina Interdisciplinar em Cardiologia do InCor-HCFMUSP.

Dante Marcelo Artigas Giorgi
Médico Assistente Doutor da Unidade Clínica de Hipertensão do InCor-HCFMUSP.

Debora Yuri Moura Nakamura
Médica Especialista em Clínica Médica pelo HCFMUSP e em Cardiologia e Angiotomografia de Coronárias e Ressonância Magnética Cardíaca pelo InCor-HCFMUSP. Plantonista do Serviço de Emergência do InCor-HCFMUSP.

Denise Tessariol Hachul
Médica da Unidade de Arritmias do InCor-HCFMUSP. Coordenadora da Unidade de Síncope. Doutora pela FMUSP. Proficiência em Arritmia Clínica pela Sociedade de Arritmias Cardíacas da SBC.

Edmundo Arteaga-Fernández
Professor Livre-docente da FMUSP. Médico Assistente da Unidade Clínica de Miocardiopatias do InCor-HCFMUSP.

Eduardo Gomes Lima
Professor Colaborador e Doutor em Cardiologia pela FMUSP. Médico Pesquisador do Projeto MASS – InCor-HCFMUSP. Médico Assistente da Unidade Clínica de Aterosclerose do InCor-HCFMUSP.

Fabiana Goulart Marcondes-Braga
Doutora em Ciências pela USP. Médica Assistente do Núcleo de Transplante do InCor-HCFMUSP.

Fabio Fernandes
Médico Assistente do Grupo de Miocardiopatias da FMUSP. Professor Livre-docente de Cardiologia da FMUSP.

Fabio Grunspun Pitta
Médico cardiologista do InCor-HCFMUSP.

Felipe Gallego Lima
Médico Assistente da Unidade Coronariana do InCor-HCFMUSP.

Fernanda M. Consolim-Colombo
Professora Livre-docente de Cardiologia da FMUSP. Médica Assistente da Unidade de Hipertensão do InCor-HCFMUSP. Coordenadora do Programa de Pós-Graduação da Universidade Nove de Julho (UNINOVE).

Fernando Bacal
Diretor da Unidade Clínica de Transplante Cardíaco do InCor-HCFMUSP. Professor Livre-docente em Cardiologia pela FMUSP.

Fernando Ganem
Doutor em Ciências pela FMUSP. Médico da Unidade de Coronariopatia Aguda do InCor-HCFMUSP. Diretor da Emergência do Hospital Sírio-Libanês.

Fernando Reis Menezes
Coordenador do Ambulatório e Assistente da Unidade Clínica de Coronariopatias Agudas do InCor-HCFMUSP.

Flavio Tarasoutchi
Diretor da Unidade de Valvopatias do InCor-HCFMUSP. Professor Livre-docente em Cardiologia pela FMUSP. Professor Colaborador da Disciplina de Cardiopneumologia da FMUSP.

Francisco Carlos da Costa Darrieux
Doutor em Cardiologia pela FMUSP. Médico Assistente e Diretor da Unidade Clínica de Arritmia do InCor-HCFMUSP.

George Barreto Miranda
Médico Estagiário da Unidade de Valvopatia do InCor-HCFMUSP. Especialista em Cardiologia pelo InCor-HCFMUSP.

Germano Emílio Conceição Souza
Doutor em Cardiologia pela FMUSP. Coordenador do Núcleo de Insuficiência Cardíaca e Transplante Cardíaco do Hospital Alemão Oswaldo Cruz. Médico Assistente do Núcleo de Insuficiência Cardíaca do InCor-HCFMUSP.

Glaucylara Reis Geovanini
Cardiologista. Especialista em Marca-passo e Arritmias e em Medicina do Sono. Doutora em Ciências pela USP. Pós-doutoranda em Pesquisa na Harvard Medical School, Brigham and Women's Hospital. Instrutora do ACLS e SAVIC.

Guilherme Sobreira Spina
Professor Colaborador Médico da FMUSP. Coordenador da Liga de Combate à Febre Reumática da FMUSP. Médico Assistente da Unidade Clínica de Valvopatia do InCor-HCFMUSP.

Horacio Gomes Pereira Filho
Cardiologista. Especialista em Métodos Gráficos pelo InCor-HCFMUSP e em Ergometria pela SBC. Médico Assistente da Unidade Clínica de Eletrocardiocardiologia de Repouso do InCor-HCFMUSP.

Iáscara Wozniak de Campos
Especialista em Insuficiência Cardíaca/Transplante Cardíaco pela Unidade Clínica de Transplante Cardíaco do InCor-HCFMUSP. Médica da Unidade Clínica de Emergência do Pronto-socorro do InCor-HCFMUSP.

Ilma da Silva Santos
Auxiliar administrativa da Unidade de Emergência do InCor-HCFMUSP.

Isabela Cristina Kirnew Abud
Graduada em Medicina pela Universidade Federal de São Paulo (Unifesp). Residência em Clínica Médica pela Escola Paulista de Medicina da Unifesp. Residente em Cardiologia no InCor-HCFMUSP.

João Ricardo Cordeiro Fernandes
Graduado pela FMUSP. Especialista em Cardiologia pelo InCor-HCFMUSP e pela SBC. Médico Assistente da Unidade Clínica de Valvopatias do InCor--HCFMUSP.

José Augusto Duncan Santiago
Cirurgião Cardiovascular do InCor-HCFMUSP.

José Soares Junior
Especialista em Medicina Nuclear. Doutor em Medicina pela USP. Médico Chefe do Serviço de Medicina Nuclear e Imagem Molecular do InCor-HCFMUSP.

Leina Zorzanelli
Médica Assistente da Unidade Clínica de Cardiologia Pediátrica e Cardiopatias Congênitas no Adulto do InCor-HCFMUSP. Médica Ecocardiografista Pediátrica e Fetal do Hospital Samaritano. Especialista em Cardiologia Pediátrica e em Ecocardiografia.

Leonardo Jorge Cordeiro de Paula
Coordenador Médico da Clínica Médica do Pronto-socorro do Hospital Municipal Moysés Deutsch – M'Boi Mirim. Médico Assistente da Unidade Clínica de Emergência do InCor-HCFMUSP. Cardiologista da UPA e Coordenador do Módulo de Emergências da Pós-Graduação em Cardiologia para Médicos do Hospital Israelita Albert Einstein. Médico Intervencionista do Serviço de Hemodinâmica do InCor-HCFMUSP. Especialista em Cardiologia e Hemodinâmica pelo InCor-HCFMUSP. Membro do "Brazilian Chapter" da American College of Cardiology (ACC). Autor da I Diretriz de Telecardiologia no Cuidado de Pacientes com Síndrome Coronariana Aguda e Outras Doenças Cardíacas.

Leonardo Luís Torres Bianqui
Médico Pesquisador do Núcleo de Ensino e Pesquisa em Angina Refratária do InCor-HCFMUSP. Médico Diarista da Unidade Crítica Cardiologista do Hospital Mário Covas. Especialista em Cardiologia pelo InCor-HCMUSP.

Leonardo Nicolau Geisler Daud Lopes
Médico Assistente da Unidade de Terapia Intensiva Clínica do InCor-HCFMUSP. Médico Assistente da Unidade Coronariana do Hospital Israelita Albert Einstein.

Lina Marcela Gómez Madroñero
Graduada em Medicina pela Fundación Universitaria San Martín. Especialista em Clínica Médica pela Santa Casa de Misericórdia do Rio de Janeiro e em Cardiologia pelo InCor-HCFMUSP. Médica do Instituto do Câncer do Estado de São Paulo.

Lucas Colombo Godoy
Médico Preceptor de Cardiologia do InCor-HCFMUSP.

Luciana Sacilotto
Assistente do Ambulatório de Arritmias do InCor-HCFMUSP. Especialista em Arritmologia pela Sociedade Brasileira de Arritmias Cardíacas.

Luciana Savoy Fornari
Doutora e Pós-doutora em Cardiologia pelo InCor-HCFMUSP. Médica Pesquisadora da Unidade de Medicina Interdisciplinar em Cardiologia do InCor-HCFMUSP.

Luciano Ferreira Drager
Médico Assistente da Unidade de Hipertensão do InCor-HCFMUSP. Doutor em Ciências pela FMUSP. Professor Associado do Departamento de Clínica Médica da FMUSP.

Luciano Moreira Baracioli
Médico Assistente da Unidade Clínica de Coronariopatia Aguda do InCor-HCFMUSP. Doutor em Cardiologia pela FMUSP.

Luis Fernando Bernal da Costa Seguro
Médico Assistente do Núcleo de Transplante do InCor-HCFMUSP.

Luiz Aparecido Bortolotto
Diretor da Unidade de Hipertensão do InCor-HCFMUSP. Doutor em Ciências pela FMUSP. Professor Livre-docente da FMUSP. Coordenador do Centro de Hipertensão do Hospital Alemão Oswaldo Cruz.

Luiz Antônio Machado César
Professor Associado de Cardiologia da FMUSP.

Luiz Fernando Fagundes de Gouvêa Filho
Médico Cardiologista do Setor de Emergências Cardiológicas do InCor-HCFMUSP. Especialista em Cardiologia e Estimulação Cardíaca Artificial pelo InCor-HCFMUSP.

Luiz Fernando Gouvêa
Médico Especialista em Estimulação Cardíaca Artificial pelo InCor-HCFMUSP. Colaborador da Equipe Cirúrgica de Marcapasso do InCor-HCFMUSP. Membro da Clínica CardioRitmo em São José dos Campos.

Marcelo Franken
Médico Assistente da Unidade Clínica de Coronariopatias Agudas do InCor--HCFMUSP. Coordenador da Unidade Coronária do Hospital Israelita Albert Einstein.

Marcelo Luiz Campos Vieira
Professor Livre-docente em Cardiologia da FMUSP. Presidente da Asociación de Ecocardiografía e Imagen Cardiovascular de la Sociedad Interamericana de Cardiología (ECOSIAC). Diretor Vice-presidente de Ecocardiografia do Departamento de Imagem Cardiovascular da SBC. Médico Assistente do Setor de Ecocardiografia do InCor-HCFMUSP e do Setor de Ecocardiografia do Hospital Israelita Albert Einstein.

Marcelo Rodrigues dos Santos
Doutor em Ciências pelo Programa de Cardiologia da FMUSP. Pesquisador Colaborador da Unidade de Reabilitação Cardiovascular e Fisiologia do Exercício do InCor-HCFMUSP. Pós-doutorado pela Universitätsmedizin Göttingen, Alemanha.

Marcio Hiroshi Miname
Médico Assistente da Unidade Clínica de Lípides do InCor-HCFMUSP. Doutor em Cardiologia pela FMUSP.

Márcio Miranda Brito
Graduado em Medicina pelo ITPAC/FAHESA. Residência em Pediatria pelo Hospital Municipal Infantil Menino Jesus e em Cardiologia Pediátrica e Ecocardiografia Pediátrica e Fetal pelo InCor-HCFMUSP. Doutorando em Ciências (Medicina) pela FMUSP.

Marco Alexander V. Akamine
Médico Plantonista da Unidade Clínica de Emergência do InCor-HCFMUSP. Especialista em Arritmias e Marca-passo pelo InCor-HCFMUSP.

Marco Antonio Scanavini Filho
Fellow da Unidade Clínica de Coronariopatias Agudas do InCor-HCFMUSP. Unidade Coronária do Hospital Sírio-Libanês. Especialista em Cardiologia pela SBC. Especialista em Clínica Médica.

Marcus Vinicius Burato Gaz
Graduado em Medicina pela FMUSP. Especialista em Clínica Médica pelo HC-FMUSP e em Cardiologia pelo InCor-HCFMUSP. Preceptor da Cardiologia Clínica do InCor-HCFMUSP e do Time de Resposta Rápida do HCFMUSP. *Fellow* da Unidade de Aterosclerose do InCor-HCFMUSP. Médico Plantonista do PA Ibirapuera HIAE e da Telemedicina HIAE.

Maria Carolina Feres de Almeida Soeiro
Médica Assistente do Serviço de Ecocardiografia do InCor-HCFMUSP. Especialista em Cardiologia e Ecocardiografia pela SBC.

Maria Janieire de Nazaré Nunes Alves
Médica Assistente e Pesquisadora da Unidade de Reabilitação Cardiovascular e Fisiologia do Exercício do InCor-HCFMUSP. Doutora em Ciências pelo Programa de Cardiologia da FMUSP. Professora Colaboradora da FMUSP.

Mariana Pinto Wetten
Médica Cardiologista da Unidade de Emergência do InCor-HCFMUSP.

Marisa Izaki
Médica Assistente do Serviço de Medicina Nuclear e Imagem Molecular do InCor-HCFMUSP.

Martino Martinelli Filho
Professor Livre-docente da FMUSP. Diretor da Unidade Clínica de Estimulação Cardíaca Artificial do InCor-HCFMUSP.

Mauricio Scanavacca
Professor Livre-docente pela FMUSP. Diretor da Unidade de Arritmias Cardíacas do InCor-HCFMUSP.

Milena Frota Macatrão-Costa
Doutora pela FMUSP. Médica Assistente da UTI Clínica do InCor-HCFMUSP. Especialista em Cardiologia pela SBC e em Terapia Intensiva pela AMIB.

Milena Ribeiro Paixão
Especialista em Valvopatias pela FMUSP e em Cardiologia pela SBC.

Mônica Samuel Avila
Médica Cardiologista Assistente do Núcleo de Transplante Cardíaco do InCor-HCFMUSP. Médica Assistente do Programa de Transplante Cardíaco do Hospital Sírio-Libanês.

Múcio Tavares de Oliveira Jr.
Diretor da Unidade Clínica de Emergência do InCor-HCFMUSP. Professor Colaborador da FMUSP.

Murillo de Oliveira Antunes
Doutor em Ciências pela FMUSP. Professor da Faculdade de Medicina da Universidade São Francisco (USF). Médico Pesquisador da Unidade Clínica de Miocardiopatias do InCor-HCFMUSP.

Nana Miura Ikari
Doutora em Medicina (Cardiologia) pela FMUSP. Diretora da Unidade Clínica de Cardiologia Pediátrica e Cardiopatias Congênitas do Adulto do InCor-HCFMUSP.

Natália Quintella Sangiorgi Olivetti
Residência em Clínica Médica pela Universidade do Estado do Rio de Janeiro e em Cardiologia pelo InCor-HCFMUSP. Especialista em Cardiologia pela SBC. Médica Cardiologista do Pronto-socorro do InCor-HCFMUSP. Especialização em Arritmologia Clínica no InCor-HCFMUSP.

Nathália dos Reis de Moraes
Especialista em Clínica Médica pela Pontifícia Universidade Católica de Campinas. Especialista em Cardiologia pelo InCor-HCFMUSP e pela SBC e em Insuficiência Cardíaca e Transplante pelo InCor-HCFMUSP.

Olívia Meira Dias
Docente na Pós-graduação em Urgências e Emergências do Hospital Israelita Albert Einstein. Médica Assistente do Setor de Pronto Atendimento do InCor-HCFMUSP. Médica do Laboratório de Função Pulmonar do Hospital Sírio-Libanês.

Pai Ching Yu
Doutora em Medicina pela FMUSP. Médica Pesquisadora da Unidade Clínica de Medicina Interdisciplinar em Cardiologia do InCor-HCFMUSP.

Patricia Alves de Oliveira
Médica Cardiologista Assistente da Unidade de Reabilitação Cardiovascular e Fisiologia do Exercício do InCor-HCFMUSP e da Unidade de Cardiologia do Exercício do Hospital Sírio-Libanês.

Patrícia Oliveira Guimarães
Fellow em Pesquisa Clínica na Universidade de Duke (EUA). Residência em Cardiologia pelo InCor-HCFMUSP. Doutoranda em Cardiologia pelo InCor-HCFMUSP.

Paulo Cury Rezende
Médico Assistente da Unidade Clínica de Aterosclerose do InCor-HCFMUSP. Médico Pesquisador do Grupo de Pesquisa MASS – InCor-HCFMUSP.

Pedro Alves Lemos Neto
Diretor do Serviço de Hemodinâmica e Cardiologia Intervencionista do InCor--HCFMUSP. Professor Livre-docente do HCFMUSP.

Pedro Yuri Paiva Lima
Graduado em Medicina pela Universidade Federal do Ceará (UFC). Residência em Clínica Médica pelo HCFMUSP e em Cardiologia no InCor-HCFMUSP. Especialização em Arritmia Clínica e Marca-passo pelo InCor-HCFMUSP. Plantonista do Pronto-socorro do InCor-HCFMUSP.

Priscila Gherardi Goldstein
Médica Cardiologista Assistente da Unidade Clínica de Emergências do Incor--HCFMUSP.

Remo Holanda de Mendonça Furtado
Médico Assistente da Unidade Clínica de Coronariopatia Aguda do InCor--HCFMUSP. Médico Pós-graduando (Doutorado Direto) pela FMUSP.

Renner Augusto Raposo Pereira
Graduado em Medicina pela Universidade Federal de Campina Grande. Residência em Clínica Médica pela Unifesp e pelo InCor-HCFMUSP. Cursando Especialização em Cardiologia pela SBC. Complementação Especializada em Arritmia Clínica, Eletrofisiologia e Estimulação Cardíaca Artificial pelo InCor-HCFMUSP.

Ricardo Ribeiro Dias
Doutor em Medicina pela FMUSP. Médico Responsável pelo Núcleo Cirúrgico de Miocardiopatias e Doenças da Aorta do InCor-HCFMUSP.

Rinaldo Focaccia Siciliano
Doutor em Ciências da Saúde pela FMUSP. Médico Assistente da Unidade de Controle de Infecção do InCor-HCFMUSP e da Divisão de Moléstias Infecciosas e Parasitárias do HCFMUSP.

Roberto Rocha Correa Veiga Giraldez
Professor Livre-docente do Departamento de Cardiopneumologia do InCor-HCFMUSP. Médico Assistente da Unidade Clínica de Coronariopatias Agudas do InCor-HCFMUSP.

Rodrigo Lemos de Almeida Castro
Graduado pela Faculdade de Medicina de Ribeirão Preto da USP (FMRPUSP). Residência em Clínica Médica pelo HC-FMRPUSP e em Cardiologia e Transplante Cardíaco pelo InCor-HCFMUSP. Especialista em Terapias Avançadas em Insuficiência Cardíaca pelo InCor-HCFMUSP e em Cardiologia pela SBC.

Roney Orismar Sampaio
Professor Colaborador do Departamento de Cardiopneumologia da FMUSP. Doutor em Medicina pela FMUSP. Médico Assistente da Unidade de Cardiopatias Valvares do InCor-HCFMUSP.

Sandrigo Mangini
Doutor em Cardiologia pela FMUSP. Médico Assistente da Unidade de Transplante Cardíaco do InCor-HCFMUSP.

Sérgio Augusto Mezzalira Martins
Medico Membro Habilitado em Estimulação Cardíaca Artificial pelo Departamento de Estimulação Cardíaca Artificial da SBCCV. Médico Assistente do Núcleo de Arritmias Cardíacas da Unidade Clínica de Marcapasso do InCor-HCFMUSP.

Silvia H. G. Lage
Professora Associada da FMUSP. Diretora da Unidade Clínica de Terapia Intensiva do InCor-HCFMUSP.

Sílvia Moreira Ayub Ferreira
Médica Assistente da Unidade de Transplante Cardíaco do InCor-HCFMUSP.

So Pei Yeu
Graduado em Medicina pela Faculdade de Medicina de Marília (FAMEMA). Residência em Clínica Médica pela Unifesp. Médico Cardiologista pelo InCor-HCFMUSP. Atual Preceptor da Residência de Cardiologia do InCor-HCFMUSP.

Tarso Augusto Duenhas Accorsi
Graduado em Medicina pela FMUSP. Doutorando em Cardiologia pela FMUSP. Médico Assistente da Unidade Clínica de Valvopatias do InCor-HCFMUSP.

Tatiana de Carvalho Andreucci Torres Leal
Médica Assistente da Unidade Clínica de Emergência do InCor-HCFMUSP.

Thiago Andrade de Macêdo
Doutor em Cardiologia pela FMUSP. Médico Assistente da Unidade de Hipertensão do InCor-HCFMUSP. Especialista em Cardiologia e em Ecocardiografia pelo InCor-HCFMUSP e pela SBC.

Thiago Luis Scudeler
Graduado pela FMUSP. Especialista em Clínica Médica pelo HCFMUSP e pela Sociedade Brasileira de Clínica Médica. Especialista em Cardiologia pelo InCor-HCFMUSP e pela SBC. Doutorando em Cardiologia pelo InCor-HCFMUSP. Médico do Departamento de Emergência do InCor-HCFMUSP e do Hospital Israelita Albert Einstein.

Thiago Midlej Brito
Cardiologista pela SBC e pelo InCor-HCFMUSP. Médico Plantonista da Unidade Clínica de Emergência do InCor-HCFMUSP. Cardiologista do Hospital Alemão Oswaldo Cruz. Pós-graduando da Unidade Clínica de Hipertensão do InCor-HCFMUSP.

Victor Sarli Issa
Médico do Núcleo de Insuficiência Cardíaca do InCor-HCFMUSP. Médico do Programa de Insuficiência Cardíaca e Transplante Cardíaco do Hospital do Coração de São Paulo.

Viviane Tiemi Hotta
Doutora em Cardiologia pela FMUSP. Médica da Unidade Clínica de Miocardiopatias do InCor-HCFMUSP. Médica do Setor de Ecocardiografia do Fleury Medicina e Saúde.

Viviane Zorzanelli Rocha
Médica da Unidade de Lípides e Prevenção de Aterosclerose do InCor-HCFMUSP. Doutora em Ciências pela FMUSP. *Post-doctoral fellowship* pelo Brigham and Women's Hospital, Harvard Medical School.

Walkiria Samuel Ávila
Professora Livre-docente da FMUSP. Médica Chefe do Serviço de Cardiopatia e Gravidez do InCor-HCFMUSP.

Wilson Salgado Filho
Doutor em Cardiologia pelo Incor-HCFMUSP. Médico Assistente da Unidade Clínica de Lípides do Incor-HCFMUSP.

Wilson Mathias Júnior
Professor Livre-docente em Cardiopneumologia da FMUSP. Diretor da Equipe Médica de Ecocardiografia do InCor-HCFMUSP. Coordenador do Serviço de Diagnóstico em Cardiologia do Hospital São Luiz – Grupo Fleury. *Fellow* da American Heart Association e da American Society of Echocardiography.

Sumário

Seção II Medicina interdisciplinar em cardiologia

Seção III UTI geral

Seção X Hipertensão

Seção XI Coronariopatia crônica/aterosclerose

Prefácio

Em 5 de setembro de 1977, pelo Decreto n. 80.281 assinado pelo então Presidente da República General Ernesto Geisel, era regulamentada a Residência Médica e criada a Comissão Nacional de Residência Médica em nosso país. No ano seguinte (Resolução n. 1/78), a Comissão Nacional de Residência Médica passou a ter o seu primeiro Regimento. Uma década após, pela Resolução n. 1/87 de 6 de abril de 1987, foram criadas as Comissões Estaduais de Residência Médica.

Por outro lado, as Especialidades Médicas reconhecidas e os critérios de formação dos nossos especialistas não eram os mesmos entre as nossas entidades representativas. No sentido de estabelecer critérios para o reconhecimento da denominação de especialidades (e de áreas de atuação), bem como a forma de concessão de registros de títulos de especialista, o Conselho Federal de Medicina, a Associação Médica Brasileira e a Comissão Nacional de Residência Médica firmaram, em 11 de abril de 2002, um convênio que levou à padronização do assunto e à criação da "Comissão Tripartite", integrada por representantes das três entidades, e que até os dias atuais permite que se "fale a mesma linguagem" sobre o assunto em nosso meio.

Ao longo desses 40 anos, a Residência Médica se firmou e é hoje reconhecida de modo unânime como a melhor forma de treinamento para a formação do especialista. Entretanto, muito pouco tem sido implementado em termos de publicações voltadas para o residente. O livro que ora tenho o prazer de prefaciar vem preencher essa lacuna na cardiologia.

O presente *Manual da Residência de Cardiologia* trata com maestria de 134 temas da mais alta relevância dentro da especialidade, de valvopatias a coronariopatias, cardiopatias congênitas e arritmias, formas de apresentação crônicas e agudas, tratamento e prevenção.

Tão importante como o conteúdo em si foi a forma como os editores desenharam o desenvolvimento dos diversos capítulos, em forma de tabelas e figuras, nas quais as informações mais importantes sobre o tema são colocadas de forma sucinta e extremamente prática, o que sem dúvida facilita sobremaneira a aplicação da melhor evidência disponível pelo residente.

Aos editores Soeiro, Andreucci, Gualandro, Accorsi, Tavares e Kalil, e à Editora Manole, meus mais efusivos parabéns pela iniciativa, um verdadeiro marco no ensino da cardiologia em nosso meio.

Aos leitores, minha convicção de que o uso contínuo deste manual em muito contribuirá para sua formação e para suas atividades assistenciais diuturnas.

Boa leitura, bom proveito!

José C. Nicolau
Professor da Faculdade de Medicina
da Universidade de São Paulo
Diretor da Unidade Clínica de Coronariopatia Aguda
do Instituto do Coração (InCor-HCFMUSP)
Membro Titular da Comissão Nacional
de Residência Médica entre 2003 e 2013
Coordenador da Residência em Cardiologia
da FMUSP/InCor-HCFMUSP desde 1998

Apresentação

As doenças cardiovasculares são as que mais crescem em todo o mundo e seu conhecimento permite desde a adoção de medidas preventivas até o tratamento de alta complexidade. Ao longo dos anos, o Instituto do Coração (InCor-HCFMUSP) sempre se destacou pelo comprometimento e pela dedicação no atendimento do paciente com cardiopatia de alta complexidade. Este livro é reflexo de um programa de pós-graduação em residência médica de excelência na maior instituição de cardiologia da América Latina, reconhecida internacionalmente e dedicada à assistência, ao ensino e à pesquisa.

É uma leitura fundamental para todo médico clínico ou cardiologista que atua junto ao paciente com qualquer perspectiva e/ou problema cardiológico já estabelecido. Todos os autores envolvidos trabalham ativamente com o programa de residência médica em cardiologia, disponibilizando rotinas bem estruturadas – algumas próprias da instituição e não documentadas em literatura.

O formato apresentado permite obter uma breve leitura do tema, de forma direcionada e aplicada à nossa realidade.

Os Editores

A Medicina é uma área do conhecimento em constante evolução. Os protocolos de segurança devem ser seguidos, porém novas pesquisas e testes clínicos podem merecer análises e revisões. Alterações em tratamentos medicamentosos ou decorrentes de procedimentos tornam-se necessárias e adequadas. Os leitores são aconselhados a conferir as informações sobre produtos fornecidas pelo fabricante de cada medicamento a ser administrado, verificando a dose recomendada, o modo e a duração da administração, bem como as contraindicações e os efeitos adversos. É responsabilidade do médico, com base na sua experiência e no conhecimento do paciente, determinar as dosagens e o melhor tratamento aplicável a cada situação. Os autores e os editores eximem-se da responsabilidade por quaisquer erros ou omissões ou por quaisquer consequências decorrentes da aplicação das informações presentes nesta obra.

Durante o processo de edição desta obra, foram empregados todos os esforços para garantir a autorização das imagens aqui reproduzidas. Caso algum autor sinta-se prejudicado, favor entrar em contato com a editora.

Seção I

1 Comunicação interatrial

Leina Zorzanelli
Carolina da Rocha Brito

Introdução

A comunicação interatrial (CIA) isolada representa uma das cardiopatias congênitas mais comuns, cujas maiores complicações são insuficiência cardíaca, arritmia e eventos tromboembólicos. Cursa com manifestações clínicas tardias, principalmente durante a terceira e quarta décadas de vida, e pode evoluir para hipertensão arterial pulmonar irreversível (síndrome de Eisenmenger).

A CIA é definida como qualquer abertura entre os átrios, que permite a passagem de sangue entre eles, podendo ocorrer em um ou mais locais do septo interatrial.

As consequências clínicas dessa doença dependem da localização anatômica e do tamanho do defeito, bem como da presença ou ausência de outras anormalidades cardíacas associadas.

Corresponde, na sua forma isolada, a 13% das cardiopatias congênitas, com uma frequência de 1,6 a 1,8 para cada 1.000 nascidos vivos e prevalência maior no sexo feminino (2:1).

O septo interatrial é formado na vida embrionária por três estruturas: septo *primum*, septo *secundum* e canal atrioventricular (coxim endocárdico). Anormalidades durante o processo de septação atrial são responsáveis pelos principais tipos de CIA: *ostium primum* (OP) e *ostium secundum* (OS).

As comunicações interatriais do tipo *ostium secundum* representam cerca de 70% das anormalidades do septo interatrial e, embora a maioria desses defeitos isolados ocorra esporadicamente, existem relatos de casos em integrantes da mesma família relacionados à mutação genética (fatores de transcrição dos genes NKX 2,5/GATA 4). A síndrome de Holt-Oram é uma doença autossômica dominante caracterizada por alterações esqueléticas associadas à CIA do tipo *ostium secundum*, relacionada à mutação no fator de transcrição do gene TBX5.

Defeitos do septo interatrial

Classificação	Localização	Incidência	Patogênese	Lesões associadas
Ostium secundum (CIA OS)	Na região da fossa oval	70% das CIA 2:1 (feminino/ masculino)	Crescimento insuficiente do septo *secundum* ou absorção excessiva do septo *primum*	CIA seio venoso CIA *ostium primum* Prolapso da valva mitral Estenose pulmonar
Ostium primum (CIA OP)	Na região inferior à fossa oval, próximo à valva atrioventricular	20% das CIA	Defeito na fusão do coxim endocárdico com o septo *primum*	*Cleft* mitral Defeito do septo atrioventricular
Seio coronário (CIA SC)	Fora dos limites da fossa oval No sulco atrioventricular posterior (região do seio coronário)	Mais raro, < 1% das CIA	Deficiência na parede entre o seio coronário e o átrio esquerdo	Veia cava superior esquerda persistente Cardiopatias complexas
Seio venoso (CIA SV)	Na região posterior da fossa oval * Junto a desembocadura da veia cava superior ou veia cava inferior (mais raro)	5-10% das CIA	Ocorre cavalgamento da veia cava (superior ou inferior) sobre o bordo do septo interatrial, originando uma comunicação entre a veia cava e o átrio esquerdo	Drenagem anômala parcial de veias pulmonares

* Forame oval patente: embora seja uma comunicação entre os dois átrios, não há deficiência anatômica, apenas a persistência da comunicação existente na vida intrauterina essencial para passagem de sangue oxigenado proveniente da placenta, do lado direito para o esquerdo, no coração fetal. Cerca de 30% dos adultos possuem forame oval pérvio, podendo ocorrer fluxo da direita para a esquerda durante a tosse e manobra de Valsalva, na ausência de outras etiologias pode ser responsável por fenômenos tromboembólicos. CIA: comunicação interatrial.

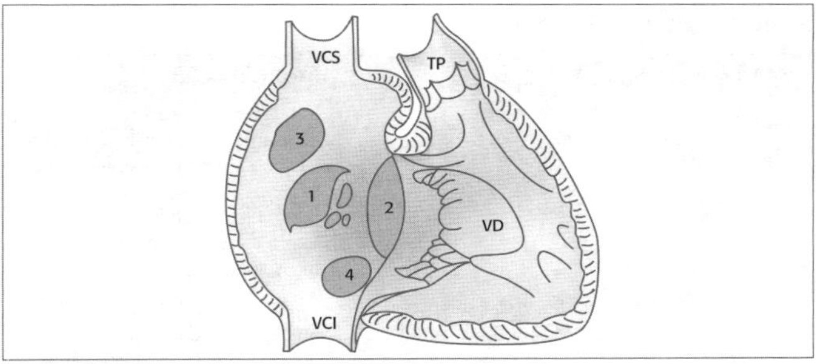

Figura 1 Diagrama mostrando a localização dos defeitos no septo interatrial em ordem decrescente de frequência. 1: *ostium secundum*; 2: *ostium primum*; 3: seio venoso; 4: seio coronário; VCI: veia cava inferior; VCS: veia cava superior; VD: ventrículo direito; TP: tronco pulmonar.

Fisiopatologia

Depende de:
- Tamanho e localização do defeito.
- Complacência dos ventrículos direito e esquerdo.
- Resistência vascular pulmonar e sistêmica.

Faixa etária	Sintomatologia	Exame físico
Vida fetal	Sem alterações	–
Neonatos e crianças	Assintomático, exceto em defeitos muito amplos ou associados a outras cardiopatias (sintomas de ICC na infância: taquipneia/ hepatomegalia/ganho ponderal inadequado)	Normal ou desdobramento fixo da segunda bulha Sopro ejetivo (crescente-decrescente) em foco pulmonar Sopro diastólico em foco tricuspídeo (estenose relativa)

(continua)

Fisiopatologia *(continuação)*

Faixa etária	Sintomatologia	Exame físico
Adultos	Dispneia aos esforços Palpitações Fadiga	Impulsões sistólicas e abaulamento da região precordial Desdobramento amplo e fixo da segunda bulha Sopro ejetivo em foco pulmonar Sopro diastólico em foco tricuspídeo
	Hipertensão arterial pulmonar (cianose/disfunção do ventrículo direito/ICC)	Hiperfonese e desdobramento amplo da segunda bulha Sopro diastólico em foco pulmonar

ICC: insuficiência cardíaca congestiva.

Após o nascimento, ocorre a queda da pressão pulmonar (transição do padrão de fluxo fetal), resultando em fluxo esquerda-direita por meio da CIA. Esse fluxo contínuo leva à sobrecarga de volume das câmaras direitas e ao hiperfluxo pulmonar, considerando-se o tamanho do defeito e a sua localização. Em alguns pacientes, a longo prazo, essa sobrecarga de fluxo pulmonar pode evoluir para hipertensão arterial pulmonar irreversível, na qual se observa inversão do fluxo pela comunicação (síndrome de Eisenmenger).

Exames complementares

Eletrocardiograma	Ritmo sinusal, podendo ocorrer arritmias do tipo extrassístoles supraventriculares, fibrilação atrial, *flutter* atrial e taquicardia paroxística após a terceira década de vida. Principal achado está relacionado à sobrecarga de volume das câmaras direitas e à hipertrofia seletiva da via de saída (atraso final de condução): morfologia rsR' ou rSr' nas precordiais direitas e morfologia qrS nas precordiais esquerdas. Pode haver desvio do eixo para a direita, prolongamento do intervalo PR, ondas P apiculadas (dilatação atrial direita). Na comunicação interatrial (CIA) *ostium primum*, é comum haver bloqueio divisional anterossuperior do ramo esquerdo (complexos rS em D2, D3 e aVF).
Radiografia de tórax	Cardiomegalia à custa de átrio e ventrículo direito. Dilatação do tronco e das artérias pulmonares. Aumento da trama vascular pulmonar.

(continua)

Exames complementares *(continuação)*

Ecocardiograma (confirma o diagnóstico)	Transtorácico: visualiza o defeito, seu tamanho e localização, o número de comunicações, a direção do fluxo (corte subcostal e paraesternal), além da repercussão por meio da dilatação das câmaras direitas (corte subcostal, paraesternal e apical de 4 câmaras). Por meio da análise com o Doppler, é possível obter medidas indiretas para avaliação do grau de hiperfluxo *versus* doença vascular pulmonar. Transesofágico: útil em adultos com janela ecocardiográfica transtorácica limitada. Melhor na avaliação de comunicações do tipo seio venoso e na presença de drenagem anômala de veias pulmonares associadas. Necessário tanto para seleção adequada de pacientes candidatos ao fechamento percutâneo como para monitorização durante procedimento cirúrgico e hemodinâmico. Tridimensional: avalia com maior precisão a anatomia e a localização da lesão.
Cateterismo	Avaliação de malformações associadas não caracterizadas por outros métodos diagnósticos. Avaliação da resistência vascular pulmonar quando há suspeita de doença pulmonar obstrutiva crônica (cálculo da relação Qp/Qs). Terapêutica em CIA tipo *ostium secundum* com bordas adequadas para fechamento com próteses percutâneas.
Angiotomografia e ressonância magnética (RM)	Embora a RM possibilite avaliação dos fluxos e cálculo do Qp/Qs, ambos (angiotomografia e RM) vêm sendo indicados no Brasil apenas em casos nos quais a drenagem venosa pulmonar não foi claramente identificada pelo ecocardiograma.

Evolução

Forame oval patente (FOP) e pequenos defeitos na região da fossa oval	Crianças: devem fazer apenas acompanhamento pediátrico. Em prematuros, mesmo com defeitos maiores, deve-se repetir o ecocardiograma na idade gestacional corrigida, pois o defeito provavelmente terá diminuído ou até mesmo desaparecido. Adultos: aproximadamente 30% dos indivíduos possuem FOP na idade adulta. O fechamento cirúrgico ou percutâneo, na existência de FOP, pequenas CIA e aneurismas do septo interatrial, pode ser indicado para profilaxia secundária de acidentes vasculares isquêmicos recorrentes ou na ausência de outras etiologias, porém, há controvérsias, já que nenhum trabalho até o momento mostrou superioridade no fechamento do defeito em relação a terapia antiplaquetária ou anticoagulante (indicada em casos em que há trombose venosa profunda associada). Na presença de platipneia ortodeoxia, é indicado o fechamento do defeito.
CIA OP CIA SV CIA SC	Geralmente, são defeitos maiores e muitos estão associados a outras anomalias cardíacas, sendo obrigatória a intervenção cirúrgica, contraindicada apenas quando já existe doença vascular pulmonar associada.

CIA: comunicação interatrial; OP: *ostium primum*; SC: seio coronário; SV: seio venoso.

Tratamento medicamentoso	Tratamento cirúrgico	Tratamento percutâneo
Pacientes sintomáticos e/ou com sobrecarga de volume de câmaras direitas: Medicações anticongestivas para evitar o remodelamento cardíaco (p. ex., diuréticos, IECA) Na presença de arritmias: Antiarrítmicos. Avaliar anticoagulação.	Pacientes com CIA OP, CIA no seio venoso, CIA no seio coronário e/ou com outras cardiopatias associadas. Pacientes com CIA OS, com repercussão, que não preencham critérios para fechamento percutâneo. * Contraindicado em paciente com Qp/Qs $<$ 1,5:1 e RVP $>$ 5 Woods.	CIA OS: ▪ Crianças com mais de 15 kg e adultos, com bordas favoráveis (espessura do septo $>$ 1 mm, bordas relacionadas às veias cavas superior e inferior, mitral e tricúspide $>$ 5 mm). ▪ Comunicação com tamanho $\leq$ 38 mm. * Contraindicado em paciente com Qp/Qs $<$ 1,5:1 e RVP $>$ 5 Woods.

IECA: inibidores da enzima conversora de angiotensina; RVP: resistência vascular pulmonar; CIA: comunicação interatrial; OP: *ostium primum;* OS: *ostium secundum*.

Complicações no pós-operatório de cirurgia para fechamento de CIA	Complicações após fechamento percutâneo de CIA
Imediatas: derrame pericárdico, arritmias, sangramento, pneumotórax, infecção/BAVT (+ comum na CIA tipo seio coronário), *shunt* residual. Tardias (raras): arritmia.	Durante procedimento: embolização ou mau posicionamento da prótese, arritmias. Imediatas: derrame pericárdico, arritmias, trombos em átrio esquerdo, sangramento, perfuração cardíaca, *shunt* residual. Tardias: raras; por ser um método novo, o tempo de acompanhamento desses pacientes ainda é limitado. * Observação importante: indicada a anticoagulação (clopidogrel e AAS) por seis meses após o procedimento, a fim de evitar formação de trombos peripróteses.

AAS: ácido acetilsalicílico; BAVT: bloqueio atrioventricular total; CIA: comunicação interatrial.

Profilaxia para endocardite infecciosa

A American Heart Association (AHA) não recomenda profilaxia antibiótica para endocardite infecciosa em pacientes com CIA isolada, exceto:

- Pacientes que corrigiram o defeito com próteses ou material protético, em tempo igual ou inferior a seis meses, mas apenas para procedimentos dentários e do trato respiratório.
- Paciente com *shunt* residual adjacente a próteses que serão submetidos a procedimento dentário e/ou do trato respiratório.

Participação em esportes competitivos

Pacientes com CIA e pressão pulmonar normal podem participar de todos os esportes competitivos.
Pacientes com CIA e hipertensão pulmonar não devem participar de esportes competitivos.
Pacientes que corrigiram a CIA podem participar de qualquer esporte, desde que de três a seis meses após o procedimento e que tenham pressão pulmonar normal, função ventricular preservada e ausência de arritmia.
Pacientes com qualquer defeito no septo interatrial não devem praticar mergulho em razão de risco de embolia paradoxal.

CIA: comunicação interatrial.

Bibliografia recomendada

1. Costa AG, Duarte M L, Krayachete NC. Comunicação interatrial. In: Croti UA, Mattos SS, Pinto Jr VC, Aiello VD, Moreira VM (eds.). Cardiologia e cirurgia cardiovascular pediátrica. 2.ed. São Paulo: Roca; 2012. p.361-90.
2. AtiK E, Moreira VM. Cardiopatias congênitas acianogênicas com shunt e as com sobrecarga de volume. In: AtiK E, Moreira VM (eds.). Imagens e correlações em cardiologia pediátrica São Paulo: Roca; 2011. p.88-95.
3. Porter CJ, Edwards WD. Atrial septal defects. In: Allen HD, Driscoll DJ, Shaddy RE, Feltes TF (eds). Moss and Adams' heart disease in infants, children, and adolescents. 7.ed. Philadelphia: Lippincott Williams & Wilkins; 2008. p.632-45.
4. Vick III GW, MD Bezold LI. Classification of atrial septal defects (ASDs), and clinical features and diagnosis of isolated ASDs in children. Literature review current through; 2015.
5. Garg V, Kathiriya IS, Barnes R, Schluterman MK, King IN, Butler CR, et al. GATA4 mutations cause human congenital heart defects and reveal an interaction with TBX5. Nature. 2003;424(6947):443-7.
6. Connolly HM. Indications for closure and medical management of atrial septal defects in adults. Literature review current through; 2015.
7. Warnes CA, Williams RG, Bashore TM, Child JS, Connolly HM, Dearani JA, et al. ACC/AHA 2008 Guidelines for the Management of Adults with Congenital Heart Disease: a report of the American College of Cardiology/American Heart Association Task Force on Practice Guidelines (writing committee to develop guidelines on the management of adults with congenital heart disease). Circulation. 2008;118:e714.
8. Connolly HM. Surgical and percutaneous closure of atrial septal defects in adults. Literature review current through; 2015.
9. Kotowycz MA, Therrien J, Ionescu-Ittu R, Owens CG, Pilote L, Martucci G, et al. Long-term outcomes after surgical versus transcatheter closure of atrial septal defects in adults. JACC Cardiovasc Interv. 2013;6(5):497-503.
10. Vick III GW, Bezold LI. Management and outcome of isolated atrial septal defects in children. Literature review current through; 2015.
11. Hanslik A, Pospisil U, Salzer-Muhar U, Greber-Platzer S, Male C. Predictors of spontaneous closure of isolated secundum atrial septal defect in children: a longitudinal study. Pediatrics. 2006;118(4):1560-5.
12. Sutton MGJ. Identification and assessment of atrial septal defects in adults. Literature review current through. UpToDate; 2015. Disponível em: http://www.uptodate.com/contents/identification-and-assessment-of-atrial-septal-defects-in-adults.

2

Comunicação interventricular

Leina Zorzanelli
Márcio Miranda Brito

Introdução

A comunicação interventricular (CIV) refere-se à descontinuidade do septo interventricular. Isoladamente, a CIV é a cardiopatia congênita mais comum, excluindo lesões como valva aórtica bicúspide, com incidência variando de 20 a 34,6% e média de 30% na maioria das séries.

Segundo Hoffman e Rudolph, a CIV é mais comum no sexo feminino (56%) do que no masculino (44%).

Apesar de, em sua maioria, a CIV não estar associada a nenhuma anormalidade cromossômica, ela também é a cardiopatia mais comumente encontrada na maioria das síndromes cromossômicas, incluindo as trissomias dos cromossomos 13 e 18.

A possibilidade de resolução espontânea desse defeito determina queda da incidência com a idade.

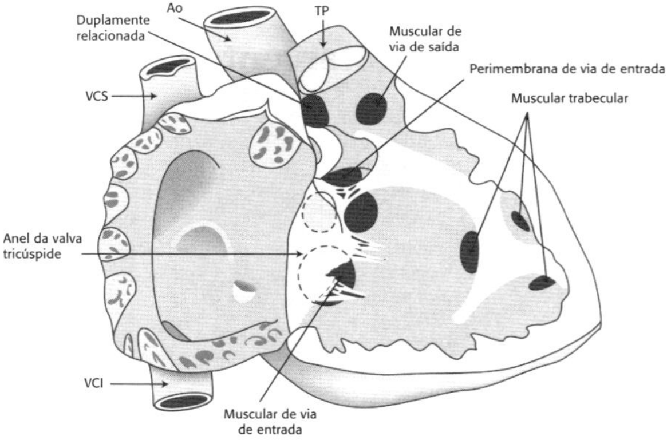

Figura 1 Classificação da comunicação interventricular proposta por Anderson. Ao: aorta; TP: tronco pulmonar; VCI: veia cava inferior; VCS: veia cava superior.

Apresentação clínica

- Taquicardia
- Cardiomegalia
- Palidez cutânea
- Baixo ganho ponderal
- Frêmito sistólico
- Taquipneia
- Hepatomegalia
- Sudorese cefálica
- Pausa nas mamadas
- Deformidade torácica
- Estertores pulmonares ou sibilos
- Ritmo de galope
- Extremidades frias
- Edema periférico (incomum)
- Precórdio hiperdinâmico

Apresentação baseada no tamanho do defeito

A magnitude do *shunt* interventricular é dependente da dimensão, da localização e do número dos defeitos (comunicações múltiplas).

Tamanho da CIV	Características	Exame físico
CIV restritiva ou pequena Qp/Qs < 1,5/1	Alto gradiente de pressão entre os ventrículos Assintomático Sem repercussão hemodinâmica	Precórdio calmo, sem deformidades SS holossistólico 3-5/6+ no 3,4,5° EICE
CIV moderada Qp/Qs > 1,5 e < 2,5/1	Sintomas discretos a moderados de ICC Algum grau de dilatação do AE/VE Diferença de pressão sistólica de pico > 20 mmHg entre os ventrículos Pode necessitar de cirurgia	Impulsão sistólica paraesternal (VD) e apical (VE) SS holossistólico 3-5/6+ no 3,4,5° EICE, B2 normofonética Sopro diastólico apical (hiperfluxo mitral)
CIV grande Qp/Qs > 2,5/1	ICC Necessidade de medicação Complicações pulmonares Dilatação AE/VE/TP/AP Aumento da trama vascular na radiografia de tórax Indicação cirúrgica	Precórdio hiperdinâmico, com deformidade SS holossistólico, por vezes mais suave B2 hiperfonética, B3 Uso da musculatura respiratória acessória
CIV + hipertensão pulmonar Qp/Qs < 1:1	Melhora gradativa da ICC Cianose na segunda década de vida Policitemia, plaquetopenia Fenômenos trombóticos Baqueteamento digital	Impulsão sistólica do VD B2 palpável e hiperfonética Estalido de ejeção BEEA (dilatação do TP) Ausência do sopro sistólico

AE: átrio esquerdo; AP: artérias pulmonares; BEEA: borda esternal esquerda alta; B2: segunda bulha; B3: terceira bulha; CIV: comunicação interventricular; EICE: espaço intercostal esquerdo; ICC: insuficiência cardíaca congestiva; Qp: fluxo pulmonar; Qs: fluxo sistêmico; SS: sopro sistólico; TP: tronco pulmonar; VD: ventrículo direito; VE: ventrículo esquerdo.

Classificação da gravidade baseada nos sintomas da ICC

Lactentes: classificação de Ross modificada

1	Assintomático
2	Taquipneia e diaforese leve às mamadas Dispneia aos esforços em crianças maiores
3	Taquipneia pronunciada às mamadas. Tempo de mamadas prolongado associado a retardo do desenvolvimento pôndero-estatural Dispneia pronunciada aos esforços nas crianças maiores
4	Taquipneia com esforço respiratório pronunciado, gemência e diaforese ao repouso

Crianças maiores já com capacidade de expressão: classificação da New York Heart Association (NYHA)

I	Ausência de sintomas (dispneia) durante atividades cotidianas. A limitação para esforços é semelhante à esperada para indivíduos normais
II	Sintomas desencadeados por atividades cotidianas
III	Sintomas desencadeados por atividades menos intensas que as cotidianas ou aos pequenos esforços
IV	Sintomas em repouso

Eletrocardiograma (ECG)

Defeitos pequenos	ECG habitualmente normal rsr' em V1 ou V4R
Defeitos moderados	Sobrecarga de volume do VE: ondas q profundas em V5 e V6, eixo QRS desviado para a esquerda Sobrecarga do AE Hipertrofia do VE Sobrecarga de volume do VD
Defeitos grandes	Sobrecarga biventricular: voltagens bifásicas aumentadas nas derivações V3 e V4 Se pressões equalizadas: hipertrofia do VD

AE: átrio esquerdo; VD: ventrículo direito; VE: ventrículo esquerdo.

O achado de bloqueio da divisão anterossuperior esquerda pode sugerir tanto defeito do septo atrioventricular quanto comunicação interventricular (CIV) perimembranosa de via de entrada, bem como a presença de CIV múltiplas.

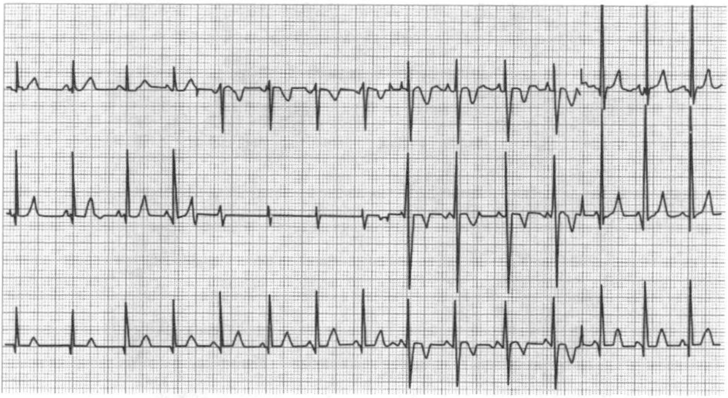

Figura 2 Eletrocardiograma de criança com 2 anos com comunicação interventricular (CIV) mostrando sinais de sobrecarga ventricular esquerda.

Radiografia de tórax

Defeitos pequenos	Coração de tamanho normal Vascularização pulmonar normal
Defeitos moderados	Aumento da área cardíaca em grau variado Aumento do ventrículo esquerdo Trama vascular pulmonar pouco aumentada Tronco da artéria pulmonar dilatado Aumento do AE evidente na incidência lateral; quando mais grave o aumento, mais nítido ocorre o desvio da traqueia na incidência posteroanterior
Defeitos grandes	Aumento cardíaco generalizado Aumento importante da vasculatura pulmonar Proeminência do tronco da artéria pulmonar Alargamento da bifurcação traqueal, com elevação do brônquio fonte esquerdo Hipertrofia do ventrículo esquerdo Deslocamento posterior do ápice do ventrículo esquerdo
CIV + HP	Coração de tamanho normal Aumento de câmaras direitas Proeminência do tronco e de artérias pulmonares Vascularização pulmonar diminuída na periferia dos campos pulmonares

CIV: comunicação interventricular; HP: hipertensão pulmonar.

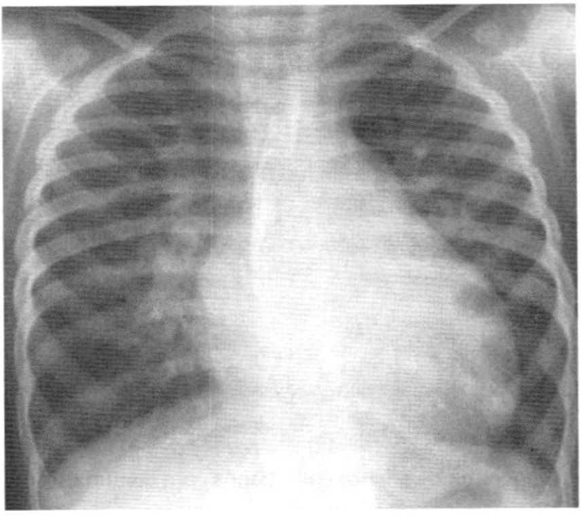

Figura 3 Radiografia de tórax mostrando cardiomegalia global, dilatação do tronco pulmonar e aumento da vasculatura pulmonar em criança de 11 meses com CIV perimembranosa medindo 9 mm.

Ecocardiograma

- Determina o tamanho, a localização, o alinhamento, as bordas e a direção do fluxo pela comunicação
- Obtém informações fisiológicas, na tentativa de estabelecer as pressões no ventrículo direito e na artéria pulmonar e a diferença de pressão entre os ventrículos
- Determina o tamanho atrial e ventricular, estimando a repercussão hemodinâmica
- Estimar o Qp/Qs
- Pesquisa de insuficiência aórtica nos casos em que existe prolapso da válvula coronária tentando ocluir a CIV
- Avaliação de sinais sugestivos da presença de hipertensão pulmonar
- Ecocardiograma transesofágico raramente é empregado, sendo útil na distinção entre seio de Valsalva roto e CIV perimembranosa associada à insuficiência aórtica

CIV: comunicação interventricular.

Cateterismo cardíaco

- Estimar a resistência vascular pulmonar
- Documentar o número exato e a localização dos defeitos, bem como a presença de defeitos associados
- Avaliar a magnitude dos *shunts* quando há conflitos entre os dados dos exames complementares e o exame clínico
- Em alguns casos selecionados, é utilizado como intervenção em razão da possibilidade de oclusão de comunicações musculares e perimembranosas

Complicações

- Insuficiência tricúspide
- Surgimento de anel fibromuscular subaórtico
- Insuficiência aórtica
- Aneurisma do seio de Valsalva (inclusive com rotura)
- Estenose infundibular reativa
- Endocardite infecciosa

Tratamento clínico

Medicamento	Dose e via de administração	Apresentação
Furosemida	VO ou IV: 1-4 mg/kg/dia (até 4/4 h) Casos graves: 6-8 mg/kg/dia em infusão contínua	Comprimido: 40 mg Ampola: 20 mg/2 mL
Espironolactona	VO: 1-3 mg/kg/dia (até 12/12 h)	Comprimido: 25, 50 e 100 mg
Hidroclorotiazida	VO: 1-3 mg/kg/dia (até 12/12 h)	Comprimido: 12,5, 25 e 50 mg
Captopril	VO: 0,2-5 mg/kg/dia (até 6/6 h)	Comprimido: 12,5, 25, 50 e 100 mg
Enalapril	VO: 0,1-0,5 mg/kg/dia (até 12/12 h)	Comprimido: 5, 10 e 20 mg

(continua)

Tratamento clínico *(continuação)*

Medicamento	Dose e via de administração	Apresentação
Digoxina	VO: ▪ Prematuro: 5 μ/kg/dia ▪ Neonatos: 8-10 μ/kg/dia ▪ Crianças < 2 anos: 10 μ/kg/dia ▪ Crianças > 2 anos: 8-10 μ/kg/dia (dividido em duas doses) ▪ Pré-adolescentes e adolescentes: ❑ Até 25 kg: 0,1255 μ/kg/dia ❑ Acima de 25 kg: 0,250 mg/dia EV: ▪ Ataque: 20-30 μ/kg/dia, inicialmente metade da dose e 1/4 da dose a cada 6 h	Elixir pediátrico: 50 μ/mL Solução oral: 500 μ/mL Comprimido: 0,250 mg

EV: endovenoso; IV: intravenoso; VO: via oral.

Indicações cirúrgicas

- Persistência de insuficiência cardíaca congestiva (ICC)
- Endocardite infecciosa
- Baixo desenvolvimento pôndero-estatural
- Aumento da pressão na artéria pulmonar
- Infecções de repetição
- Inabilidade da família em lidar com as medicações

Considerações gerais para indicação e contraindicação de tratamento cirúrgico para comunicação interventricular

Condição	Tratamento cirúrgico
Muito baixo peso Idade < 3 meses CIV musculares múltiplas Qp/Qs > 2,5/1 – ICC Instabilidade – complicações	Cirurgia de salvamento, exceção Dois tempos: ▪ bandagem pulmonar ▪ ventriculosseptoplastia posterior
ICC controlada por medicação Qp/Qs > 2,5/1 Ideal > 3 e < 6 meses de idade	Ventriculosseptoplastia em um único tempo

(continua)

Considerações gerais para indicação e contraindicação de tratamento cirúrgico para CIV *(continuação)*

Condição	Tratamento cirúrgico
ICC moderada Qp/Qs > 1,5 < 2,5/1 Ideal até 12 meses de idade	Ventriculosseptoplastia em um único tempo
RVP (resistência vascular pulmonar) < 4 Woods/m²	Ventriculosseptoplastia em um único tempo Condição de operabilidade com baixo risco
RVP > 4 < 8 Woods/m²	Condição de maior risco para operabilidade Avaliar caso a caso e considerar fenestração da ventriculosseptoplastia + biópsia pulmonar Considerar vasodilatador pulmonar e manter monitorização rigorosa
RVP > 8 Woods/m²	Condição de inoperabilidade, contraindicação absoluta

CIV: comunicação interventricular; ICC: insuficiência cardíaca congestiva; RVP: resistência vascular pulmonar.

Complicações cirúrgicas

- CIV residual
- Bloqueio atrioventricular total (BAVT) transitório ou permanente
- Disfunção ventricular esquerda
- Arritmias ventriculares
- Bloqueio de ramo direito
- Descolamento da sutura do *patch*

Bibliografia recomendada

1. Anderson RH, Habshan FA, Yoo SH, Benson LN. In: Anderson RH, Baker EJ, Redington A, Rigby ML, Penny D, Wernovsky G. Paediatric cardiology. 3.ed. Philadelphia: Churchill Livingstone/Elsevier, 2010; p.591-624.
2. Hoffman JIE, Rudolph AM. The natural history of ventricular septal defects in infancy. Am J Cardiol. 1965;16:634-53.
3. McDaniel NL, Gutgesell HP. Ventricular septal defects. In: Heart disease in infants, children and adolescents. Cap 32, Vol. 2. Moss and Adams' heart disease in infants, children, and adolescents. 7.ed. Philadelphia: Lippincott Williams & Wilkins; 2008.
4. De Marchi CH, Godoy MF, Hassem Sobrinho S, Croti UA. Comunicação interventricular. In: Croti UA, Mattos SS, Pinto Jr VC, Aiello VD, Moreira VM. Cardiologia e cirurgia cardiovascular pediátrica. 2.ed. São Paulo: Roca; 2012. p.401-22.
5. Lopes AA, Gonçalves RC, Zorzanelli L. Comunicação interventricular. In: Lopes AA (coord.). Cardiologia pediátrica. Coleção Pediatria ICr-HCFMUSP. Cap. 19. Barueri: Manole; 2011.

6. Atik A, Gonçalves RC, Aiello VD. Comunicação interventricular. In: Filho RK, Ramires JAF (eds.). Cardiopatias congênitas: guia prático de diagnóstico, tratamento e conduta geral. Série INCOR de cardiologia. Cap. 17. São Paulo: Atheneu; 2014.
7. Hsu DT, Pearson GD. Heart failure in children. Part 1: history, etiology, and pathophysiology. Circulation Heart Failure. 2009;2:63-70.
8. Hsu DT, Pearson GD. Heart failure in children. Part 2: diagnosis, treatment, and future directions. Circulation. Heart Failure. 2009;2:490-8.
9. Fox KM, Patel RG, Graham GR, Taylor JF, Stark J, Leval MR de, et al. Multiple and single ventricular septal defects. A clinical anda haemodynamic comparasion. Br Heart J. 1978;40(2):141-6.
10. Keane JF, Fyler DC. Ventricular septal defect. In: Keane JF, Lock JE, Fyler DC. Nadas pediatric cardiology. 2.ed. Boston: Sauders Elsevier; 2006. p.527-47.
11. Andrade JL. The role of Doppler echocardiografy in the diagnosis, follow up and management of ventricular septal defects. Echocardiography. 1991;8(4):501-16.
12. Yn-ching F, Qi-Ling C, Hijazi ZM, Landzberg M, Le Trong-Phi. In: Sievert H, Quresh SA, Wilson N, Hijazi ZM (eds.). Percutaneous interventions for congenital heart disease. Caps. 35, 36, 37, 38. Informa Healthcare; 2007.
13. Silva CMC. Comunicação interventricular em neonato. In: Santana MVT. Cardiopatias congênitas no recém-nascido. São Paulo: Atheneu; 2014. p.345-60.
14. Van Door C, de Leval MR. Ventricular sepal defects. Cap 26. In: Stark JF, Leval MR, Sang VTT. Surgery for congenital heart defects. 3.ed. New York: John Wiley & Sons; 2006.
15. Nichols DG, Cameron DE, Ungerleider RM, Nichols DG, Spevak PJ, Greeley WJ, et al. Critical heart disease in infants and children. 2.ed. Philadelphia: Mosby Elsevier; 2006. p.585-92.

3

Persistência do canal arterial

Ana Maria Thomaz

Introdução

Ductus arteriosus (DA) é uma estrutura vascular fetal que conecta a artéria pulmonar (AP) e a aorta (Ao), desviando o sangue para o leito pulmonar. Após o nascimento, o bebê é submetido à constrição ativa e à eventual obliteração. Quando ocorre falha nesse processo, há a persistência do canal arterial (PCA).

O DA é derivado do sexto arco aórtico esquerdo.

- Arco aórtico à esquerda: o DA origina-se distalmente à artéria subclávia esquerda e insere-se na Ao descendente com a parte proximal da artéria pulmonar esquerda (APE).
- Arco aórtico à direita – três possibilidades:
  - Surge da artéria inominada esquerda e se insere na região proximal da APE (mais comum).
  - Surge distal à artéria subclávia direita e se insere na região proximal da artéria pulmonar direita (APD) – menos comum.
  - Há DA bilateral na presença de outras anomalias cardiovasculares congênitas complexas (caso raro).

Histologicamente, o tecido ductal difere daquele adjacente à Ao e à AP, pois a camada íntima é espessada e a camada média possui mais fibras musculares lisas dispostas de modo espiral.

Circulação fetal

Em fetos, o *ductus arteriosus* (DA) tem diâmetro aproximadamente igual ao da aorta (Ao) descendente. A patência é mantida pelo baixo conteúdo de oxigênio arterial e pela circulação de prostaglandina E_2 (PGE_2).

Após o nascimento, os pulmões se expandem com o início da respiração e aumenta a saturação de oxigênio sistêmica, resultando em vasodilatação pulmonar e diminuindo a resistência vascular pulmonar.

Ao mesmo tempo, há aumento da resistência vascular sistêmica com a remoção da placenta.

Esses fatores levam à reversão súbita do fluxo sanguíneo do DA da direita-esquerda para a esquerda-direita.

Constrição do DA:
- Fechamento hemodinâmico funcional: 10-15 h após o nascimento.
- Fechamento completo: em 2-3 semanas de vida.

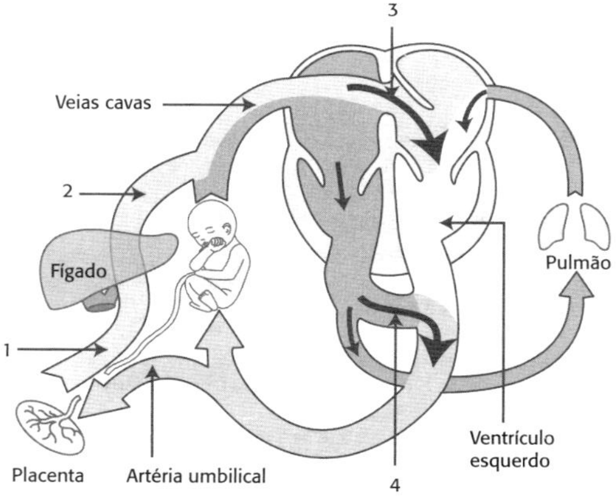

Figura 1 Circulação fetal esquemática. 1: veia umbilical; 2: veia cava inferior; 3: forame oval; 4: ducto arterioso.

Incidência

- Aumento considerável nas últimas duas décadas em razão da melhora na taxa de sobrevida de prematuros < 30 semanas, em que a incidência da persistência do canal arterial (PCA) é significantemente aumentada.
- Incidência de 0,3/1.000 nascidos vivos.
- Predomínio no sexo feminino 2:1.
- Incidência também aumentada em crianças nascidas em altas altitudes, se comparadas àquelas nascidas no nível do mar.
- Associação com a síndrome da rubéola congênita.
- Geneticamente, possui herança autossômica dominante simples.
- Em gêmeos, a incidência é em torno de 2-4%.

Classificação

De acordo com a angiografia, segundo Krichenko:

- Tipo A: cônico – mais estreito na porção da artéria pulmonar (AP).
- Tipo B: curto e com estreitamento na inserção da aorta (Ao).
- Tipo C: tubular sem constrição.
- Tipo D: tubular com múltiplas constrições.
- Tipo E: bizarro com forma alongada, aparência cônica e múltiplas constrições.

Segundo a relação de fluxos pulmonar e sistêmico (Qp:Qs):

- Pequeno: Qp:Qs < 1,5:1.
- Moderado: Qp:Qs 1,5-2,2:1.
- Grande: Qp:Qs > 2,2:1.

Manifestações clínicas

É determinada por grau do *shunt* esquerdo-direito, tamanho e comprimento do *ductus arteriosus* (DA) e diferença entre as resistências vasculares arterial e pulmonar.

Pequeno	Moderado	Grande
Assintomático	Intolerância ao exercício físico	Lactentes: Sinais e sintomas de insuficiência cardíaca Déficit pôndero-estatural Diminuição da ingesta Angústia respiratória Infecções respiratórias recidivantes Sudorese excessiva
Identificado incidentalmente	Sobrecarga de volume em câmaras esquerdas: dilatação e disfunção	Crianças maiores: Falta de ar e fadiga fácil
Precórdio normal	Sopro contínuo em região infraclavicular esquerda	Adultos: Sopro ejetivo sistólico curto e características de síndrome de Eisenmenger
B1 e B2 são normais	Pulsos amplos	*Shunt* esquerdo-direito: Precórdio hiperdinâmico, frêmito sistólico frequentemente palpável e pulsos amplos
Pulsos normais ou aumentados discretamente	Impulso apical evidente (sobrecarga volumétrica esquerda)	Presença de B3
Ausência de cianose	Precórdio hiperdinâmico	
Ausculta respiratória normal	Frêmito pode ser palpado	
Sopro comumente presente (sistólico em neonatos e contínuo em crianças maiores – sopro em maquinaria ou de Gibson)	São associados com a progressão rápida de um sopro sistólico para um sopro contínuo	
Melhor audível na região infraclavicular esquerda	B_3 pode ser audível no ápice	
Endocardite infecciosa é incomum (países desenvolvidos)		

Diagnóstico

Baseado nos achados clínicos e confirmado pelo ecocardiograma.
Eletrocardiograma (ECG) e a radiografia de tórax têm menos sensibilidade e menos especificidade.

ECG:
- Pequeno: normal.
- Moderado/grande:
  1. Sobrecarga biventricular.
  2. Sobrecarga de átrio esquerdo.
  3. Sobrecarga de ventrículo direito quando há hipertensão arterial pulmonar (HAP).

Radiografia de tórax:
- Pequeno: normal.
- Moderado/grande:
  1. Dilatação da AP e porção ascendente e crossa da Ao.
  2. Cardiomegalia.
  3. Aumento das sombras hilares e intensificação do desenho vascular pulmonar.

Ecocardiograma:
- Confirmação anatômica.
- Avaliação da intensidade do *shunt*.
- Avaliação da pressão arterial pulmonar.

Tomografia e ressonância magnética (RM):
Geralmente, não são indicadas em razão do custo e de haver menos informações em relação ao ecocardiograma.

Cateterismo cardíaco:
- Atualmente, é utilizado como procedimento terapêutico.
- Reservado para diagnóstico em cardiopatias congênitas complexas.

Diagnóstico diferencial

- Zumbido venoso: frequentemente localizado à direita, mudança com a posição e compressão local.
- Fístulas arteriovenosas sistêmicas.
- Fístulas coronarianas.
- Janela aortopulmonar: frequentemente sopro sistólico.
- Estenose aórtica ou comunicação interventricular com regurgitação aórtica: sopro sistodiastólico ao invés de contínuo.

Tratamento

É recomendado fechamento da PCA em pacientes com *shunt* esquerdo-direito significante. Não recomendado em pacientes com HAP irreversível (síndrome de Eisenmenger).

Em pacientes com PCA pequeno ou silencioso sem *shunt* esquerdo-direito significante, o fechamento é controverso (a maioria recomenda o fechamento pelo risco de endocardite infecciosa).

Farmacológico:

- Escolha apenas para prematuros.
- Anti-inflamatórios não hormonais inibem a síntese de prostaglandina E_2, p. ex., ibuprofeno e endometacina.
- Em outras faixas etárias, seu uso é ineficaz.

Cirúrgico:
A técnica de abordagem cirúrgica depende do tamanho e da idade do paciente:

- Prematuros: toracotomia posterolateral com ligadura simples ou clipe metálico.
- Lactente a termo e crianças maiores: toracotomia posterolateral com ligadura múltipla ou secção/sutura da PCA.
- Adultos: o tratamento de escolha é o percutâneo. Quando a cirurgia for necessária, é realizada por toracotomia ou esternotomia com ou sem circulação extracorpórea.

Outra técnica cirúrgica, quando possível, é a ligadura por toracoscopia videoassistida.
Complicações:

- Paralisia do nervo laríngeo recorrente.
- Comprometimento respiratório.
- Infecção.
- Quilotórax.
- Hemorragia intracraniana em prematuros.

Percutâneo:

- Tratamento de escolha para fechamento da PCA dependente do tamanho e da morfologia do DA, bem como do peso do paciente, > 6 kg, uso de *coil* ou *device*.

DA: *ductus arteriosus*; PCA: persistência do canal arterial.

Indicações para a intervenção na persistência do canal arterial

Indicações	Classe*	Nível**
PCA deve ser fechado em pacientes com sinais de sobrecarga de volume de ventrículo esquerdo.	I	C
PCA deve ser fechado em pacientes com HAP, mas PAP < 2/3 da pressão sistêmica ou RVP < 2/3 da RVS.	I	C
O dispositivo de fechamento é o método de escolha se for tecnicamente adequado.	I	C
Fechamento da PCA deve ser considerado em pacientes com HAP e PAP > 2/3 da pressão sistêmica ou RVP > 2/3 da RVS, mas ainda com *shunt* esquerdo-direito (Qp/Qs > 1,5) ou quando o teste (de preferência com óxido nítrico) ou tratamento demonstra reatividade vascular pulmonar.	IIa	C
O dispositivo de fechamento deve ser considerado em PCA pequenos com sopro contínuo (VE e PAP normais).	IIa	C
O fechamento da PCA deve ser evitado em DA silencioso (muito pequeno, sem sopros).	III	C
O fechamento da PCA deve ser evitado em pacientes com síndrome de Eisenmenger e doentes com dessaturação induzida pelo exercício.	III	C

PCA: persistência do canal arterial; HAP: hipertensão arterial pulmonar; PAP: pressão da artéria pulmonar; RVP: resistência vascular pulmonar; RVS: resistência vascular sistêmica; * classe de recomendação; ** nível de evidência.

Complicações

- Falência cardíaca.
- Endocardite infecciosa.
- Hipertensão arterial pulmonar (HAP).

Evolução

Profilaxia para endocardite infecciosa: não indicada em países desenvolvidos. Em caso de fechamento percutâneo, utilizada até seis meses após a oclusão (epitelização completa).
Compatibilidade com a RM: deve ser considerada em pacientes portadores de *coil* em PCA. O Amplatzer® é considerado compatível e seguro, mas com determinadas recomendações.
Esporte: sem restrições para pacientes assintomáticos antes ou após a intervenção. Pacientes com HAP limitado aos exercícios de baixa intensidade.
Gestação: sem risco aumentado significantemente em pacientes sem HAP. Está contraindicada em pacientes com HAP grave ou síndrome de Eisenmenger.

HAP: hipertensão arterial pulmonar; PCA: persistência do canal arterial; RM: ressonância magnética.

Bibliografia recomendada

1. Knight L, Edwards JE. Right aortic arch. Types and associated cardiac anomalies. Circulation. 1974;50(5):1047-51.
2. Atik E. Cardiopatias congênitas: guia prático de diagnóstico, tratamento e conduta geral. São Paulo: Atheneu; 2014. p.287-300.
3. Allen HD, Driscoll DJ, Shaddy RE, Feltes T. Moss and Adams' heart disease in infants, children, and adolescents: including the fetus and young adult. 7.ed. Philadelphia: Lippincott Williams and Wilkins; 2007.
4. Smith GC. The pharmacology of the ductus arteriosus. Pharmacol Rev. 1998;50:35.
5. Heymann MA, Rudolph AM. Control of the ductus arteriosus. Physiol Rev. 1975;55:62. Disponível em: http://brainly.com.br/tarefa/1189679.
6. Reller MD, Strickland MJ, Riehle-Colarusso T, Mahle WT, Correa A. Prevalence of congenital heart defects in metropolitan Atlanta, 1998-2005. J Pediatr. 2008;153(6):807-13.
7. Nora JJ. Multifactorial inheritance hypothesis for the etiology of congenital heart diseases. The genetic-environmental interaction. Circulation. 1968;38:604.
8. Davidson HR. A large family with patent ductus arteriosus and unusual face. J Med Genet. 1993;30(6):503-5.
9. Krichenko A, Benson LN, Burrows P, Möes CA, McLauglin P, Freedom RM. Angiographic classification of the isolated, persistently patent ductus arteriosus and implications for percutaneous catheter occlusion. Am J Cardiol. 1989;63(12):877-80.
10. Webb GD, Smallhorn FJ, Terrien J, Redington AN. Congenital heart disease. In: Libby P, Bonow RO, Mann DL, Zipes DP (eds.). Braunwalds' heart disease. 8.ed. Philadelphia; 2008. p.1561.
11. Goitein O, Fuhrman CR, Lacomis JM. Incidental finding on MDCT of patent ductus arteriosus: use of CT and MRI to assess clinical importance. AJR Am J Roentgenol. 2005;184(6):1924-31.
12. Sadiq M, Latif F, Ur-Rehman A. Analysis of infective endarteritis in patent ductus arteriosus. Am J Cardiol 2004;93(4):513-5.

13. Mullins CE. Patent ductus arteriosus. In: Garson A, Bricker JT, McNamara DG (eds.). The science and practice of pediatric cardiology. Lea & Febiger: Philadelphia; 1990. p.1055.
14. Baumgartner H, Bonhoeffer P, Groot NMS, Haan F de, Deanfield JE, Galie N, et al. ESC Guidelines for the management of grown-up congenital heart disease. Eur Heart J. 2010;45:2928-30.
15. Campbell M. Natural history of persistent ductus arteriosus. Br Heart J. 1968;30(1):4-13.

4

Janela aortopulmonar

Ana Maria Thomaz

Introdução

Janela aortopulmonar (JAP) é definida como uma comunicação entre a aorta (Ao) ascendente e o tronco pulmonar (TP) e/ou a artéria pulmonar direita (APD), com aparelhos valvares aórtico e pulmonar separados. Há falha da fusão das bordas conotruncais direita e esquerda responsáveis por septar o tronco arterioso, dando origem à Ao e ao TP.

Representa de 0,15 a 0,6% das cardiopatias congênitas.

Apresenta-se isolada em 50% dos casos. Quando em associação com outros defeitos, encontram-se persistência do canal arterial e interrupção do arco aórtico tipo A (13-20%), defeito do septo ventricular (20%) e tetralogia de Fallot (6%), além de transposição das grandes artérias, origem anômala de artérias coronárias e arco aórtico à direita.

É uma malformação distinta, não relacionada com anomalias do septo conal ou síndromes genéticas específicas.

Expectativa de vida, quando em evolução natural, até a segunda década de vida em razão da rápida evolução para hipertensão arterial pulmonar (HAP). Há relatos da literatura com sobrevida até a quarta década de vida.

Possui tamanhos variados, mas em todos os casos tem manifestação clínica de grande *shunt* esquerda-direita.

Sinônimos: fístula aortopulmonar, defeito septal aórtico, defeito septal aortopulmonar, fenestração aortopulmonar.

Pela ausência de características específicas, o diagnóstico de JAP requer elevado grau de suspeição.

Classificação

A classificação mais recente é de Jacobs et al.:

- Tipo I: ou defeito proximal, situa-se entre a origem da artéria pulmonar principal e a Ao ascendente, logo acima do seio de Valsalva e próximo do óstio coronariano esquerdo. Mais frequente (70% dos casos).
- Tipo II: ou defeito distal, situa-se mais distal, entre a Ao ascendente e a origem da APD (migração anormal do 6º arco aórtico). Representa cerca de 25% de todos os casos.
- Tipo III: ou total. Ausência total do septo aortopulmonar. A APD origina-se da porção posterior ou posterolateral da Ao ascendente, simulando um tronco arterioso comum. Mais rara de todas, representando cerca de 5% dos casos.
- Tipo IV: ou intermediária. Em decorrência dos avanços da terapêutica percutânea, este novo tipo foi incluído. É um defeito menor, mais central, com bordas superior e inferior bem desenvolvidas, apresentando condições para o fechamento percutâneo.

Ao: aorta; APD: artéria pulmonar direita.

Manifestações clínicas

O impacto clínico depende do tamanho da janela aortopulmonar (JAP), de lesões associadas e da evolução para hipertensão arterial pulmonar (HAP).

As manifestações clínicas são inespecíficas e geralmente precoces, traduzidas por sinais e sintomas de insuficiência cardíaca congestiva (ICC), comuns a outras situações de *shunt* esquerda-direita, como taquipneia e dispneia, diaforese excessiva, infecção respiratória de repetição, déficit pôndero-estatural.

Quando a JAP está associada a anomalias do arco aórtico, os sintomas predominantes são de baixo débito sistêmico.

Em geral, os pacientes são acianóticos, exceto na presença de hiper-resistência vascular pulmonar (inversão do fluxo para direita-esquerda) e nos grandes defeitos – *shunt* bidirecional.

Shunts pequenos apresentam sintomas leves ou até mesmo ausência deles.

Exame físico revela aumento do diâmetro anteroposterior do tórax, presença de impulsões sistólicas apicais e pulsos amplos em defeitos significantes.

Ausculta:

- Sopro contínuo para os defeitos pequenos, em crescente-decrescente, segundo espaço intercostal esquerdo (resistência vascular pulmonar [RVP] baixa).
- Sopro sistólico de ejeção e 2ª bulha com hiperfonese aparecem nos grandes defeitos.
- Podem ser auscultados sopro de ejeção sistólico e sopro diastólico em foco mitral decorrente do hiperfluxo através da valva mitral.

Exames complementares

Eletrocardiograma (ECG)
Não há característica específica para a janela aortopulmonar (JAP), mas os achados mais comuns são hipertrofia ventricular direita (HAP) ou biventricular com sinais de sobrecarga de átrio esquerdo (defeitos amplos).

Radiografia de tórax
Aumento da área cardíaca à custa de câmaras esquerdas (arco ventricular esquerdo longo e duplo contorno na imagem atrial), sinais de congestão pulmonar e dilatação da artéria pulmonar (arco médio retificado ou abaulado).

Ecocardiograma
Confirma o diagnóstico de JAP, descreve as anomalias associadas e define o grau de repercussão.
Aumento de átrio e ventrículo esquerdos evidencia defeito com fluxo esquerdo-direito.
Pode haver hipertrofia de ventrículo direito.
As valvas aórtica e pulmonar estão dispostas normalmente.
Dilatação da artéria pulmonar.
Fluxo diastólico retrógrado em arco aórtico e aorta abdominal (diagnóstico diferencial com a persistência do canal arterial).
A confirmação é feita por documentação do fluxo com mapeamento em cores – o jato do fluxo originado da aorta entra perpendicularmente ao seu eixo longitudinal, diferenciando do canal arterial:

- Defeitos pequenos: Doppler colorido demonstra jato turbulento contínuo e de alta velocidade da aorta para artéria pulmonar.
- Defeitos maiores com resistência vascular pulmonar (RVP) normal: fluxo anterógrado contínuo em artérias pulmonares distais.
- Defeitos maiores com RVP aumentada: fluxo bidirecional através do defeito e de baixa velocidade.

Cateterismo cardíaco

- Reservado para avaliação de malformações associadas não definidas por outros métodos.
- Suspeita de doença vascular obstrutiva pulmonar para medida de pressões e resistências tanto sistêmica como pulmonar → definição de operabilidade.
- Tratamento percutâneo em casos específicos.

Tratamento

O tratamento de escolha é o cirúrgico e precoce, não devendo ser adiado mesmo quando há resposta ao tratamento medicamentoso (drogas anticongestivas como diuréticos e digitálicos), pois não existem relatos de fechamento espontâneo ou mesmo de diminuição do defeito com o crescimento → evolução precoce para HAP. O tratamento medicamentoso instituído para insuficiência cardíaca visa à estabilização da criança para o reparo cirúrgico assim que possível.

(continua)

Tratamento *(continuação)*

Na associação com interrupção do arco aórtico, além das medidas habituais anticongestivas, o uso de prostaglandina está indicado.
As técnicas cirúrgicas podem ser transaórticas ou transpulmonares, dependendo da anatomia da JAP, e pode ou não ser utilizada a circulação extracorpórea.
Em alguns casos, o tratamento percutâneo tem sido indicado e reservado para situações específicas: ▪ JAP tipo IV. ▪ Tamanho pequeno, 3-4 mm, não associado a outras anomalias (particularmente na origem das artérias coronárias).

Prognóstico

▪ Depende das malformações associadas.
▪ Grau de HAP.
▪ Na ausência de complicações, o prognóstico é excelente após a correção definitiva da JAP.
▪ Lesões residuais mais comuns incluem: ❑ Defeitos residuais do septo aortopulmonar. ❑ Estenose do segmento ascendente da aorta. ❑ Distorção da AP ou da APD.

AP: artéria pulmonar; APD: artéria pulmonar direita; HAP: hipertensão arterial pulmonar; JAP: janela aortopulmonar.

Bibliografia recomendada

1. Croti UA, Mattos SS, Pinto Jr VC, et al. Cardiologia e cirurgia cardiovascular pediátrica. 2.ed. São Paulo: Roca; 2013. p.673-80.
2. Gangana CS, Malheiros AFA, Alves EV, Azevedo MA, Bernardes RM, Simões LC. Janela aortopulmonar: impacto das lesões associadas no resultado cirúrgico. Arq Bras Cardiol. 2007;88(4):402-7.
3. Marçal M, Duarte S, Mendes P, Teixeira A, Rodrigues R, Abecasis M, et al. Janela aortopulmonar: uma causa rara de insuficiência cardíaca congestiva em lactente. Nascer e Crescer. 2009;18(4):283-7.
4. Atik E. Cardiopatias congênitas: guia prático de diagnóstico, tratamento e conduta geral. São Paulo: Atheneu; 2014. p.363-70.
5. Tirado AM, Soto JS, Montero JG, Camacho JLG, Madrid AA, Fournier MG, et al. Aortopulmonary window: clinical assessment and surgical results. Rev Esp Cardiol. 2002;55(3):266-70.
6. Noonan PME, Desai T, DeGiovanni JV. Closure of an aortopulmonary window using the amplatzer duct occluder II. Pediatr Cardiol. 2013;34:712-4.

5

Estenose aórtica congênita

Ana Maria Thomaz
Nana Miura Ikari

Introdução

Definição: obstrução ao fluxo sanguíneo entre o ventrículo esquerdo (VE) e a raiz da aorta (Ao).

Pode ser congênita ou adquirida, isolada ou associada a outras patologias congênitas, incluindo cardiopatias congênitas (CCg) complexas.

A obstrução pode ocorrer em três níveis: valvar, subvalvar e supravalvar.

Representa em torno de 6% dos casos de CCg, com incidência estimada de 0,38/1.000 nascidos vivos.

É a mais comum forma de obstrução da via de saída de VE (VSVE), representando 71-86% dos casos.

Prevalência no sexo masculino: > 3/4 dos casos.

Aproximadamente 35% dos pacientes com valva aórtica bicúspide possuem pelo menos um membro da família com este tipo valvar.

Há piora progressiva com a idade, por isso aproximadamente 75% dos indivíduos requerem intervenção cirúrgica após os 50 anos de idade.

Anatomia

A mais comum na infância é a valva aórtica bicúspide (dois folhetos em vez de três).

A menos comum é a monocúspide ou unicomissural (fusão de dois dos três folhetos), que representa 5% dos casos – orifício excêntrico ou em forma de *domus* sem comissura. Estes casos associam-se à estenose aórtica crítica do neonato e do lactente, podendo ter hipoplasia do anel aórtico e/ou do ventrículo esquerdo.

(continua)

Anatomia *(continuação)*

Anomalias cardiovasculares associadas:
- Coarctação de aorta (6%).
- Dilatação de aorta ascendente.
- Menos comum: persistência do canal arterial, valva pulmonar bicúspide, insuficiência mitral congênita, fibroelastose endomiocárdica, comunicação interventricular.

Em 64% dos casos, a valva é bivalvulada (três folhetos e com a fusão apresenta-se com dois funcionalmente) – tem representação clínica e prognóstica de importância quando a fusão ocorre na comissura não coronariana direita. Alta incidência com estenose aórtica moderada ou importante e insuficiência aórtica moderada à importante.

Fisiopatologia

Hipertrofia com hipertensão intraventricular esquerda que aumenta o consumo de O_2, além de aumentar também a pressão em átrio esquerdo (AE), levando à congestão pulmonar.

Redução relativa do fluxo coronariano, relacionada à isquemia subendocárdica e ao infarto.

No recém-nascido: débito cardíaco (DC) dependente do canal arterial, fluxo sanguíneo muito diminuído pela valva aórtica, aumenta pressão intracavitária do ventrículo esquerdo, maior pressão de perfusão coronariana e disfunção severa do ventrículo esquerdo e congestão venocapilar pulmonar. O fechamento do canal arterial leva ao choque cardiogênico, à diminuição da resistência vascular pulmonar e ao aumento do retorno venoso para o átrio esquerdo. Condição fatal sem intervenção.

Apresentação clínica

Maioria é assintomática, mesmo nos casos de EA moderada.

Nos casos de estenose aórtica grave, 10% desenvolvem falência cardíaca durante o primeiro ano de vida (2/3 até 2 meses de idade). Essa forma é incomum na adolescência.

Estenose aórtica crítica:
- Geralmente, é bem tolerada quando é intrauterina (débito cardíaco do ventrículo esquerdo está diminuído). Nos casos com fluxo anterógrado gravemente restrito, pode ocorrer a síndrome da hipoplasia do coração esquerdo (SHCE), sendo o ecocardiograma fetal de suma importância para indicação de intervenção intrauterina.
- Ao nascimento, observam-se cianose e má perfusão periférica, precórdio hiperdinâmico e diminuição de pulsos periféricos, frequentemente sem sopros cardíacos (débito cardíaco prejudicado), embora tenha ritmo de galope.

(continua)

Apresentação clínica *(continuação)*

Estenose aórtica na infância:

- Nos casos de estenose aórtica importante, também é encontrada falência cardíaca.
- Quadro clínico: taquipneia, baixa ingesta e déficit ponderoestatural.
- Precórdio hiperdinâmico e sopro ejetivo ao longo da borda esternal esquerda com irradiação para o pescoço. Clique de ejeção pode estar presente.
- Muitos apresentam hepatomegalia e edema periféricos.

Estenose aórtica em crianças maiores:

- Raramente, tem sintomas.
- Alguns relatam fadiga não relacionada com a gravidade da estenose aórtica.
- 5% dos casos apresentam angina e síncope → mais comuns em estenose aórtica com gradientes aumentados.

Exame físico de EA em crianças maiores

	Valvar	Supravalvar	Subvalvar leve	Obstrução da VSVE
Pressão de pulso	Aumenta	Aumenta	Aumenta	Diminui
Valsalva no sopro sistólico	Diminui	Diminui	Diminui	Aumenta
Sopro de IAo	Comum > 40 anos	Raro	Às vezes	Não
Quarta bulha (B4)	Se grave	Pouco frequente	Pouco frequente	Frequente
Pulso paradoxal	Às vezes*	Não	Não	Frequente*
Clique de ejeção	Maioria (exceção: valva calcificada)	Não	Não	Pouco frequente ou nenhum
Melhor ausculta	2º EICD	1º EICD e fúrcula	2º EICD	4º EICE
Pulso carotídeo	Normal à anacrótico* (*parvus et tardus*)	Desigual	Normal à anacrótico	Célere com rebote sistólico

(continua)

Exame físico de EA em crianças maiores *(continuação)*

	Valvar	Supravalvar	Subvalvar leve	Obstrução da VSVE
Calcificação valvar	Comum > 40 anos	Não	Não	Não
Dilatação de Ao ascendente	Comum > 40 anos	Raro	Raro	Raro

IAo: insuficiência aórtica; EICD: espaço intercostal direito; EICE: espaço intercostal esquerdo; * depende da gravidade.

Diagnóstico

Baseado no exame físico e confirmado pelo ecocardiograma com Doppler.

Eletrocardiograma (ECG):

- Está alterado nos casos de estenose aórtica importante ou grave.
- Neonatos e lactentes jovens: predominância de ventrículo direito (VD), pobreza de forças esquerdas, alteração difusa do segmento ST e onda T (isquemia subendocárdica).
- Crianças: níveis variados de hipertrofia de ventrículo esquerdo, inversão da onda T e depressão de ST nas derivações inferolaterais.

Radiografia de tórax:

- Neonatos e lactentes jovens: cardiomegalia, padrão pulmonar reticulado (congestão venocapilar e/ou edema pulmonar).
- Crianças: dilatação de raiz de aorta e calcificação.

Ecocardiograma:

- Considerado bom método para análise e avaliação das lesões de valva aórtica.
- Compreende avaliação anatômica (dimensão, aspecto, dinâmica, sinais indiretos) e funcional (estudo do fluxo transvalvar com mapeamento em cores com Doppler que possibilita observar estenoses e regurgitações).
- A gravidade da estenose pode ser classificada pelo ecocardiograma, considerando o gradiente estimado:

Grau de estenose	Gradiente sistólico médio	Gradiente sistólico máximo
Leve	< 20 mmHg	Até 30 mmHg
Moderada	20-40 mmHg	Entre 31-59 mmHg
Importante	40 mmHg	Acima 60 mmHg

(continua)

Diagnóstico *(continuação)*

Teste de esforço:
- Normalmente, não é realizado em crianças. Quando realizado, o falso positivo do segmento ST pode ser > 40%.
- Em adultos, a mudança no segmento ST durante o exercício correlaciona-se com o gradiente transaórtico pelo ecocardiograma.

Cateterismo cardíaco:
- Tem indicação como diagnóstico nos casos não elucidados pelo ecocardiograma.
- Reservado primariamente para intervenção terapêutica (valvuloplastia aórtica por cateter-balão).

Tratamento

A finalidade é reduzir o grau de estenose valvar.

Atualmente, o tratamento de escolha é a valvuloplastia aórtica percutânea.

Tratamento cirúrgico inclui valvotomia e troca valvar (biológica ou metálica).

Clínico:
Importante nos casos de estenose aórtica crítica em neonatos ou lactente jovem como preparo e estabilização para o procedimento percutâneo ou cirúrgico.

Percutâneo:
- Neonatos: estenose crítica canal dependente ou com disfunção do ventrículo esquerdo.
- Em gradiente transvalvar pico a pico > 50 mmHg → risco de arritmia ventricular e morte súbita.
- Gradiente transvalvar pico a pico entre 25-50 mmHg → se sintomas (angina, síncope ou alteração isquêmica em eletrocardiograma).

Cirúrgico:
- Valvotomia cirúrgica: aliviar a obstrução por meio de abertura das comissuras com eventual desbastamento das válvulas da valva aórtica.
- Troca valvar: geralmente é reservada para adultos com estenose aórtica congênita (dilatação por balão inefetiva ou não indicada). Prótese mecânica ou metálica é preferida pela longa durabilidade, mesmo com a necessidade de anticoagulação.
- Procedimento de Ross e/ou Ross/Konno: é uma alternativa à troca valvar, consiste na transposição da valva pulmonar para a posição aórtica e implante de homoenxerto do ventrículo direito para a artéria pulmonar.

Indicações para a intervenção na estenose aórtica

Indicações	Classe*	Nível**
Pacientes com EA grave ou qualquer sintoma relacionado à valva (angina, dispneia, síncope) devem ser submetidos à substituição da valva	I	B
Pacientes assintomáticos com EA grave devem ser submetidos à cirurgia, quando apresentarem sintomas durante o teste de esforço	I	C
Independentemente de sintomas, a cirurgia deve ser realizada quando houver disfunção sistólica de VE (FEVE < 50%) em pacientes com EA grave, a menos que seja decorrente de outras causas	I	C
Independentemente de sintomas, a cirurgia deve ser realizada quando os pacientes com EA grave submetem-se à cirurgia de Ao ascendente ou de outra válvula ou de cirurgia de revascularização miocárdica	I	C
Independentemente de sintomas, a cirurgia da Ao deve ser considerada se Ao ascendente > 50 mm (27,5 mm/m²; SC) e nenhuma outra indicação para cirurgia cardíaca estiver presente	IIa	C
Pacientes assintomáticos com EA grave devem realizar cirurgia quando apresentarem queda da pressão arterial abaixo da basal durante esforço físico	IIa	C
Pacientes assintomáticos com EA grave e calcificação moderada/importante e progressão da velocidade de pico ≥ 0,3 m/s/ano devem ser considerados para procedimento cirúrgico	IIa	C
Em pacientes com EA moderada, submetidos à cirurgia de revascularização ou cirurgia de aorta ascendente ou de outra válvula, deve-se considerar substituição da válvula adicional	IIa	C
Pacientes com EA grave com gradiente baixo (< 40 mmHg) e disfunção de VE com reserva contrátil devem ser considerados para cirurgia	IIa	C
Pacientes com EA grave com gradiente baixo (< 40 mmHg) e disfunção de VE sem reserva contrátil podem ser considerados para cirurgia	IIb	C
Pacientes assintomáticos com EA grave e hipertrofia do VE excessivo (≥ 15 mm), a menos que seja em razão de hipertensão, podem ser considerados para cirurgia	IIb	C

Ao: aorta; EA: estenose aórtica; VE: ventrículo esquerdo; FEVE: fração de ejeção do ventrículo esquerdo; SC: superfície corpórea; * classe de recomendação; ** nível de evidência.

Acompanhamento

Esporte:
- EA importante/grave sintomática ou assintomática; EA moderada (valva aórtica bicúspide) com dilatação de raiz de Ao → devem evitar exercícios extenuantes ou isométricos e esportes competitivos.
- EA leve/moderada → o esporte é permitido. É recomendado teste de esforço prévio para aconselhamento.

Gravidez:
- Contraindicada em EA grave sintomática.
- Controverso em EA grave assintomática com teste de esforço normal.
- A Ao exige atenção especial quando relacionada à valva aórtica bicúspide decorrente de dilatação da Ao que pode ser induzida e/ou progredir durante a gravidez. Existe o risco de dissecção. A taxa de recidiva de cardiopatia congênita é pelo menos de 5%.

Profilaxia para endocardite:
- Somente para os casos com história prévia para endocardite ou nas próteses valvares.

Ao: aorta; EA: estenose aórtica.

Bibliografia recomendada

1. Atik E. Cardiopatias congênitas: guia prático de diagnóstico, tratamento e conduta geral. São Paulo: Atheneu; 2014. p.329-39.
2. Hoffman JI, Kaplan S. The incidence of congenital heart disease. J Am Coll Cardiol. 2002;39(19):1890-900.
3. Kitchiner D, Jackson M, Malaiya N, Walsh K, Pearl I, Arnold R. Incidence and prognosis of obstruction of the left ventricular outflow tract in Liverpool (1960-91): a study of 313 patients. Br Heart J. 1994;71(6):588-95.
4. Keane JF, Fyler DC. Aortic outflow abnormalities. In: Keane JF, Lock JE, Fyler DC (eds.). Nadas' pediatric cardiology. Philadelphia: Saunders/Elsevier; 2006. p.581.
5. Liu CW, Hwang B, Lee BC, Lu JH, Meng LC. Aortic stenosis in children: 19-year experience. Zhonghua Yi Xue Za Zhi (Taipei). 1997;59(2):107-13.
6. Huntington K, Hunter AG, Chan KL. A prospective study to assess the frequency of familial clustering of congenital bicuspid aortic valve. J Am Coll Cardiol. 1997;30(7):1809-12.
7. Roberts WC, Ko JM. Frequency by decades of unicuspid, bicuspid, and tricuspid aortic valves in adults having isolated aortic valve replacement for aortic stenosis, with or without associated aortic regurgitation. Circulation. 2005;111(5):920-5.
8. Lewis AB, Heymann MA, Stanger P, Hoffman JIE, Rudolph AM. Evaluation of subendocardial ischemia in valvar aortic stenosis in children. Circulation. 1974;49:978.
9. Wagner HR, Weidman WH, Ellison RC, Miettinen OS. Indirect assessment of severity in aortic stenosis. Circulation. 1977;56(1 Supp):I20-3.
10. McCaffrey FM, Sherman FS. Prenatal diagnosis of severe aortic stenosis. Pediatr Cardiol. 1997;18(4):276-81.

11. Mielke G, Mayer R, Hassberg D, Breuer J. Sequential development of fetal aortic valve stenosis and endocardial fibroelastosis during the second trimester of pregnancy. Am Heart J. 1997;133(5):607-10.
12. Hornberger LK, Sanders SP, Rein AJ, et al. Left heart obstructive lesions and left ventricular growth in the midtrimester fetus. A longitudinal study. Circulation. 1995;92(6):1531-8.
13. Ellison RC, Wagner HR, Weidman WH, Miettinen OS. Congenital valvular aortic stenosis: clinical detection of small pressure gradient. Prepared for the joint study on the joint study on the natural history of congenital heart defects. Am J Cardiol. 1976;37(5):757-61.
14. Latson LA. Aortic stenosis: valvar, supravalvar, and fibromuscular subvalvar. In: Garson A, Bricker JT, Fisher DJ, Neish SR (eds.). The science and practice of pediatric cardiology. Baltimore: Williams and Wilkins; 1998. p.1257.
15. Bonow RO, Carabello BA, Chatterjee K, de Leon AC, Faxon DP, Freed MD, et al. ACC/AHA 2006 guidelines for the management of patients with valvular heart disease. A report of the American College of Cardiology/American Heart Association Task Force on Practice Guidelines (Writing committee to revise the 1998 guidelines for the management of patients with valvular heart disease). J Am Coll Cardiol. 2006.
16. Baumgartner H, Bonhoeffer P, Groot NMS, de Hann F, Deanfiled JE, Galie N, et al. ESC Guidelines for the management of grown-up congenital heart disease. Eur Heart J. 2010;45:2928-30.
17. Saleeb SF, Newburger JW, Geva T, Baird CW, Gauvreau K, Padera RF, et al. Accelerated degeneration of a bovine pericardial bioprosthetic aortic valve in children and young adults. Circulation. 2014;130(1):51-60.
18. Karamlou T, Jang K, Williams WG, Caldarone CA, Arsdelli GA, Coles JG, et al. Outcomes and associated risk factors for aortic valve replacement in 160 children: a competing-risks analysis. Circulation. 2005;112:3462.

6

Estenose pulmonar

Leina Zorzanelli
Nana Miura Ikari

Introdução

Obstrução ao fluxo sanguíneo entre o ventrículo direito (VD) e a artéria pulmonar.
Representa de 6 a 9% de todas as cardiopatias congênitas e apresenta incidência de aproximadamente 0,33 casos para cada 1.000 nascidos vivos. É a quarta cardiopatia congênita mais comum.
Os defeitos associados mais comuns são: persistência do canal arterial, comunicação interatrial e forame oval patente.
Síndromes associadas: síndrome de Noonan, síndrome da rubéola congênita, síndrome de Williams e síndrome de Alagille.

Anatomia

A valva pulmonar normalmente possui três folhetos, com mobilidade preservada.
Quando há estenose valvar pulmonar, a lesão mais frequentemente encontrada é a fusão comissural, com folhetos normais, porém, espessados (80-90% dos casos). Pode ser encontrada também uma valva com folhetos espessados e displásicos em cerca de 10 a 20% dos casos.

Classificação

De acordo com a localização (Figura 1):
- Valvar (representa 80-90% de todas as lesões obstrutivas da via de saída do VD).
- Subvalvar.
- Supravalvar.

De acordo com o grau de obstrução:
- Leve (gradiente na via de saída do VD < 36 mmHg).
- Moderada (gradiente na via de saída o VD entre 36-64 mmHg).
- Importante (gradiente na via de saída do VD > 64 mmHg).
- Estenose crítica (geralmente nos neonatos).

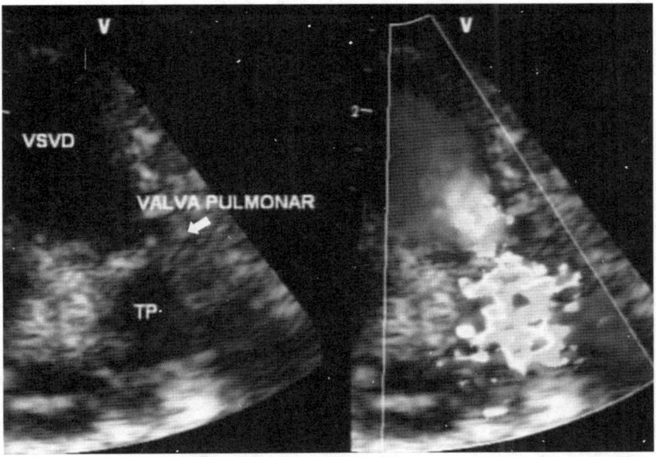

Figura 1 Imagem ecocardiográfica no plano paraesternal eixo curto demonstrando a aceleração do fluxo no plano valvar pulmonar (seta), que se encontra espessada e apresenta limitação da abertura. Nota-se também a dilatação pós-estenótica do tronco pulmonar (TP). VSVD: via de saída do ventrículo direito. Fonte: arquivo de imagens do Setor de Ecocardiografia do Instituto do Coração (InCor-HCFMUSP).

Apresentação clínica

Assintomáticos, na maioria dos casos, após o nascimento.
Suspeita geralmente é feita pela ausculta de sopro cardíaco.

Quando há estenose moderada ou importante: pode haver dispneia e fadiga aos esforços mais intensos.

Crescimento e desenvolvimento habitualmente normais.

Evolução natural depende de tamanho do ventrículo direito, complacência ventricular, grau de obstrução pulmonar e presença de lesões associadas.

Exceção: estenose crítica do recém-nascido, em que a circulação pulmonar é dependente do fluxo do canal arterial. Cursa precocemente com sintomas tais como dispneia e cianose.

Diagnóstico

Exame físico:

- Impulsões sistólicas do ventrículo direito com presença ou não de frêmito.
- Sopro sistólico em ejeção audível em foco pulmonar.
- Desdobramento da segunda bulha.
- Presença de cianose nos casos de estenose pulmonar crítica.

Eletrocardiograma:

- Normal (estenose discreta).
- Sobrecarga ventricular direita (estenose moderada ou importante) – padrão rR' ou R pura em V1 e precordiais direitas.
- Ausência de potenciais direitos (estenose crítica do recém-nascido).

Radiografia de tórax:

- Normal (maior parte dos casos).
- Abaulamento do arco médio (quando há dilatação pós-estenótica do tronco pulmonar).
- Trama vascular pulmonar normal ou reduzida.
- Área cardíaca aumentada às custas do ventrículo direito.

Ecocardiograma (Figura 1):

- Local e grau da obstrução.
- Anatomia da valva pulmonar, do tronco e dos ramos pulmonares.
- Avaliação da valva tricúspide.
- Avaliação do ventrículo direito (hipertrofia, volume e função ventricular).
- Avaliação de lesões associadas.

Tomografia/ressonância magnética: ▪ Útil principalmente nos casos de estenose supravalvar pulmonar (acometimento do tronco e/ou dos ramos pulmonares). ▪ Medida do volume do VD (nos casos em que há dúvida em relação ao tamanho do ventrículo).
Cateterismo cardíaco: ▪ Atualmente, é pouco usado para diagnóstico (confirma o nível, a extensão e a gravidade da lesão). ▪ É útil com ferramenta terapêutica.

VD: ventrículo direito.

Indicações para intervenção nas obstruções da via de saída do VD

Indicações	Classe*	Nível**
Obstrução na via de saída do VD em qualquer nível deve ser corrigida a despeito de sintomas quando o ecocardiograma com Doppler evidencia gradiente sistólico de pico > 64 mmHg (considerando função do VD normal)	I	C
Na estenose valvar, a valvoplastia por cateter-balão deve ser o tratamento de escolha	I	C
Em pacientes assintomáticos nos quais a valvoplastia percutânea é inefetiva e o tratamento cirúrgico para troca valvar é a única opção, a cirurgia deve ser realizada na presença de pressão sistólica do VD (PSVD) > 80 mmHg	I	C
A intervenção em pacientes com gradiente < 64 mmHg deve ser considerada na presença de: ▪ Sintomas relacionados com a estenose pulmonar ▪ Redução da função ventricular direita ▪ VD com dupla câmara (o que é geralmente progressivo) ▪ Arritmias importantes ▪ Fluxo direita-esquerda pela comunicação interatrial ou interventricular	IIa	C
Estenose pulmonar periférica, a despeito de sintomas, deve ser considerada para tratamento: ▪ Se o diâmetro da estenose for > 50% e a PSVD for > 50 mmHg ▪ E/ou se anormalidades na perfusão pulmonar estiverem presentes	IIa	C

* Classe de recomendação; ** nível de evidência. VD: ventrículo direito.

Tratamento

- Medicamentoso: não é necessário para a maioria dos pacientes. Quando há estenose subvalvar infundibular, pode-se usar betabloqueador.
- Cateterismo: a valvoplastia pulmonar por cateter-balão é o tratamento de escolha na maior parte dos pacientes em razão dos excelentes resultados a curto e longo prazos. Há ainda a possibilidade de colocação de *stent* em casos selecionados nos quais o fluxo pulmonar é dependente do canal arterial.
  Exceção: valva displásica (contraindicação relativa), estenose infundibular, hipoplasia anulovalvar e pacientes com lesões associadas não abordáveis por via percutânea.
- Cirúrgico: insucesso da valvoplastia percutânea ou as condições citadas de exceção para o procedimento hemodinâmico.
  Técnicas mais usadas:
  - Cirurgia de Blalock-Taussig modificada.
  - Comissurotomia valvar pulmonar.
  - Ampliação do anel valvar pulmonar com ou sem a ampliação da via de saída do ventrículo direito.

Complicações

As complicações podem ser leves (2,6%), moderadas (1,3%) ou importantes (0,6%), de acordo com o Registro das Valvoplastias e Angioplastias em Anomalias Congênitas (VACA). São mais frequentes nos lactentes.
Entre as principais complicações, destacam-se:

- Reestenose.
- Lesão da valva pulmonar (insuficiência pulmonar).
- Lesão vascular (perfuração, ruptura, embolia).
- Perfuração da via de saída do ventrículo direito.
- Lesão da valva tricúspide.
- Ruptura do tronco pulmonar.
- Tamponamento cardíaco.
- Arritmias.

Acompanhamento

A frequência do acompanhamento depende do grau de estenose pulmonar e da presença de lesões residuais (nos pacientes submetidos a algum tipo de intervenção).

- Estenose discreta: a cada 4 meses no primeiro ano de vida; semestral no segundo ano de vida; após, retorno a cada 2 a 5 anos. Aos que foram submetidos à intervenção e permaneceram com estenose residual discreta, solicita-se retorno a cada 5 anos.
- Estenose moderada ou importante: antes da intervenção, a cada 3 a 4 meses. Após, dependerá da presença e do grau das lesões residuais.

** A maioria dos pacientes sem lesão residual importante necessitará de retorno anual.

Exercícios/esportes

- Estenose discreta: sem restrições.
- Estenose moderada: os pacientes devem evitar esportes competitivos e estáticos.
- Estenose importante: os pacientes devem ser liberados apenas para esportes de baixa intensidade.

Gravidez

Bem tolerada, exceto se houver obstrução importante na via de saída do ventrículo direito ou disfunção ventricular direita.

Profilaxia para endocardite

- Pacientes com história prévia de endocardite.
- Após implante de prótese valvar (cirúrgico ou percutâneo) – até seis meses após o procedimento.
- Nos casos em que há lesão residual no local de implantação de prótese ou dispositivo, via percutânea ou cirúrgica.
- Paciente cianóticos, sem correção cirúrgica ou com defeitos residuais, *shunts* paliativos ou tubos (pacientes com estenose pulmonar crítica ou com anatomia pulmonar desfavorável).

Bibliografia recomendada

1. Atik E. Cardiopatias congênitas: guia prático de diagnóstico, tratamento e conduta geral. São Paulo: Atheneu; 2014 p.317-28.
2. Werynski P, Rudzínski A, Król-Jawién W, Kúzma J. Percutaneous balloon valvuloplasty for the treatment of pulmonary valve stenosis in children: a single centre experience. Kardiologia Polska. 2009;67(4)369-75.
3. Bertola DR, Kim CA, Sugayama SMM, Albano LMJ, Wagenführ J, Moysés RL, et al. Cardiac findings in 31 patients with Noonan's syndrome. Arq Bras Cardiol. 2000;75(5):409-12.
4. Mathias Jr W, Tsutsui JM (eds.). Ecocardiografia. Barueri: Manole; 2012.
5. Baumgartner H, Hung J, Bermejo J Chambers JB, Evangelista A, Griffin BP, et al. Echocardiographic assessment of valve stenosis: EAE/ASE recommendations for clinical practice. J Am Soc Echo. 2009;V:19-20.
6. Croti UA, Mattos SS, Pinto Jr VC, et al. Cardiologia e cirurgia cardiovascular pediátrica. São Paulo: Roca; 2008. p.340-54.
7. Bonow RO, Carabello BA, Chatterjee K, de Leon AC Jr, Faxon DP, Freed MD, et al. ACC/AHA 2006 Guidelines for the management of patients with valvular heart disease: a report of American College of Cardiology/American Heart Association Task Force on Practice Guidelines. Circulation. 2006;114:e84-e231.
8. Lai WW, Mertens LL, Cohen MS, et al. Echocardiography in pediatric and congenital heart disease from fetus to adult. 2.ed. Philadelphia: Willey-Blackwell; 2009. p.251-63.
9. Behjati-Ardakani M, Forouzannia Sk, Abdollahi MH, Sarebanhassanabadi M. Immediate, short, intermediate and long-term results of balloon valvuloplasty in congenital pulmonary valve stenosis. Acta Medica Iranica. 2013;51(5):324-8.
10. Baumgartner H, Bonhoeffer P, Groot NMS, de Hann F, Deanfield JE, Galie N, et al. ESC Guidelines for the management of grown-up congenital heart disease. Eur Heart J. 2010;4.8:20-2.
11. Kouchoukos N, Blackstone E, Hanley F, Kirklin J. Kirklin/Barrat Boyes cardiac surgery. 4.ed. New York: Churchill Livinstone; 2012.
12. Sociedade Brasileira de Cardiologia. Diretriz brasileira de valvopatias. I Diretriz Interamericana de Valvopatias. Arq Bras Cardiol. 2011:97(5 supl 1):34-5.

7

Coarctação de aorta

Leina Zorzanelli
Bianca Saraiva Santoro

Introdução

Coarctação de aorta (CoAo) é um estreitamento em algum ponto da aorta, geralmente em algum trecho da aorta torácica na região de inserção do canal arterial. Pode estar associada a outras anormalidades do arco aórtico. A coarctação é muito mais comum do que a hipoplasia tubular (estreitamento uniforme de parte do arco).

Corresponde a cerca de 4-6% dos pacientes com malformações cardíacas congênitas, com prevalência de 4:100.00 nascidos vivos. É mais prevalente em homens (2:1) em casos de coarctação isolada, porém, semelhante entre os gêneros quando outras lesões estão presentes (1:1).

Sua etiologia não está totalmente definida e tem origem multifatorial com fatores genéticos envolvidos. São três alterações principais propostas para explicar anomalias do arco aórtico: embriogênese anormal dos vasos do arco, desenvolvimento anormal do canal arterial e alterações no fluxo pulmonar e sistêmico (geralmente pela redução do fluxo sistêmico).

Classificação sugerida por Edwards

Descrição do local da CoAo independentemente da presença ou ausência do canal arterial, do ligamento fibroso ou de outras lesões associadas. Quando o canal arterial está patente, a coarctação pode ser: pré-ductal, paraductal ou pós-ductal, respectivamente, antes, na origem ou após a origem do canal arterial (Figura 1).

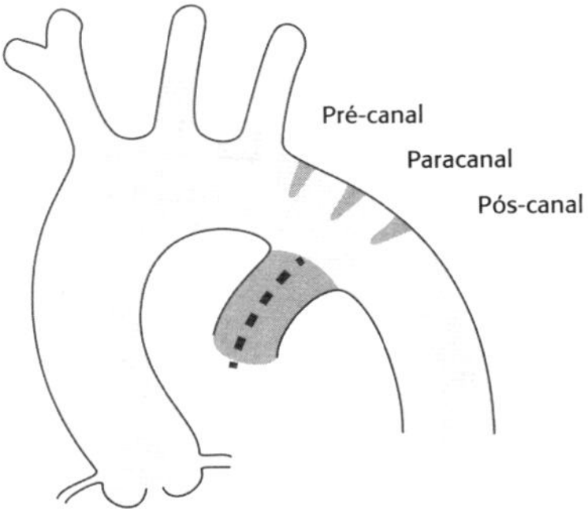

Figura 1 Desenho esquemático demonstrando os locais da coarctação em relação à posição do canal arterial (segmento pontilhado).

Defeitos associados

Defeitos são muito comuns, dentre eles: valva aórtica bicúspide (cerca de 85%), estenose aórtica subvalvar, valvar ou supravalvar, comunicação interventricular (CIV), persistência do canal arterial (PCA), comunicação interatrial, deformidades da valva mitral, além de anomalias cardíacas complexas, como dupla via de saída do ventrículo direito. Pode estar associada a: síndrome de Turner, síndrome da rubéola congênita, neurofibromatose, doença de Takayasu, entre outras.

Fisiopatologia

Depende do grau de obstrução e da magnitude da circulação colateral que se desenvolve entre os territórios pré e pós-coarctação; geralmente não está presente em crianças, mas começa a se desenvolver na infância nos pacientes com coarctação de aorta (CoAo) subcrítica. Sua caracterização será descrita no quadro a seguir.

Quadro clínico e exame físico

	Quadro clínico	Exame físico
Recém-nascidos (RN) e lactentes	Insuficiência cardíaca – principal cardiopatia congênita acianogênica causadora de IC na primeira semana de vida. Sudorese, dispneia, crescimento inadequado, baixa aceitação alimentar – quadro que se manifesta geralmente nos três primeiros meses de vida, com acidose metabólica, redução do débito cardíaco, choque cardiogênico e insuficiência renal, podendo predispor à ocorrência de enterocolite necrosante. Quando associado com CIV e PCA, a criança permanece bem inicialmente, porém com o fechamento do canal ocorre piora importante da perfusão.	Presença de pulsos femorais palpáveis nos primeiros dias de vida não exclui o diagnóstico de CoAo, pois a presença do canal arterial permitirá esse achado. Gradiente de pressão entre os membros, além da redução de pulsos nos membros inferiores (MI). Taquidispneia, má perfusão sistêmica, cianose periférica, precórdio hiperdinâmico, ritmo de galope, hepatomegalia e crepitações. Cianose central só irá ocorrer na presença de outras malformações cardíacas associadas ou se houver persistência do padrão fetal. Sopro sistólico na borda esternal esquerda, geralmente audível em dorso. Se houver defeitos associados, é possível encontrar sopros adicionais.
Crianças e adultos	Em geral, assintomáticos ou com queixas inespecíficas, como cefaleia, tontura, dispneia, epistaxe, claudicação intermitente, dores musculares nas pernas, pés mais frios em relação aos membros superiores; complicações decorrentes da hipertensão arterial sistêmica: presença de hemorragia intracraniana e retinopatia hipertensiva. Em fases mais avançadas, pode se manifestar como quadro de insuficiência cardíaca ou de outras complicações como dissecção de aorta e acidente vascular encefálico. Não raramente, a lesão é detectada durante investigações de doença arterial coronariana na vida adulta.	Diminuição ou ausência de pulsos nos membros inferiores (MI), com gradiente de pressão. Deslocamento do *ictus*, presença de 4ª bulha. O sopro audível na CoAo é melhor audível na região infraclavicular e irradia para o dorso, contínuo, com pico tardio na sístole e continua no início da diástole. Outros sopros contínuos podem corresponder a grandes colaterais, que podem possibilitar pulsos nos MI normais ou não tão diminuídos.

CIV: comunicação interventricular; CoAo: coarctação de aorta; PCA: persistência do canal arterial.

Exames complementares

Eletrocardiograma
Cerca de 30% dos pacientes têm exame normal, 60% têm sobrecarga ventricular esquerda (SVE) e 10% biventricular. Geralmente, o ritmo é sinusal e cerca de 20% dos pacientes apresentam sinais de sobrecarga atrial esquerda. Os sinais de SVE tornam-se mais evidentes a partir do sexto mês de vida, dependendo da coarctação. Distúrbios da condução do ventrículo direito podem estar presentes em cerca de 20% dos casos, enquanto bloqueio de ramo esquerdo ocorre em cerca de 7% dos pacientes.
Radiografia de tórax
▪ Em crianças: cardiomegalia e aumento da trama vascular pulmonar. ▪ Crianças maiores e adultos: geralmente, a área cardíaca é normal. Quando há aumento, este se dá à custa de HVE. Após o quinto ano de vida, pode ser encontrado o sinal de Roesler, presente em cerca de 75% dos adultos (corrosão das bordas inferiores das costelas, principalmente entre o 4° e o 8° arco costal), em razão de dilatações e tortuosidades dos vasos intercostais da circulação colateral. Há também o sinal do 3 invertido ou do E, em razão da impressão deixada pela aorta no esofagograma pelas suas porções pré-coarctação, coarctação e pós-coarctação.
Ecocardiograma
Tem se tornado o método de escolha na infância. A janela supraesternal possibilita boa visualização do arco aórtico. Avalia a localização, a estrutura e a extensão da CoAo, a função miocárdica, a presença de hipertrofia ventricular, além da associação com outras malformações cardíacas. O diagnóstico de CoAo pelo ecocardiograma apresenta cerca de 95% de sensibilidade e 99% de especificidade, nas mãos de profissionais experientes.
Ecocardiograma fetal
O diagnóstico ocorre em até 70% dos casos. É muito importante em casos de CoAo crítica dependentes do PCA. Porém, há um número significante de falsos positivos, principalmente em estágios mais tardios da gestação.
Angiotomografia
É uma importante ferramenta diagnóstica, principalmente no que se refere à avaliação no período pós-operatório. É o método de escolha para avaliação e decisão sobre o tratamento, principalmente quando o ecocardiograma não foi satisfatório para o esclarecimento da anatomia do arco aórtico (crianças maiores e adultos). Permite avaliar as complicações mais comuns no acompanhamento tardio dos pacientes submetidos à correção: reestenoses, aneurismas e dissecção.

(continua)

Exames complementares *(continuação)*

Estudo hemodinâmico
Indicado em casos duvidosos, nos que necessitam de maior caracterização da circulação colateral e para realização de intervenção terapêutica. A aortografia identifica muito bem o local e a extensão da coarctação.

CoAo: coarctação de aorta; HVE: hipertrofia do ventrículo esquerdo; PCA: persistência do canal arterial; SVE: sobrecarga ventricular esquerda.

Tratamento clínico

- Controle da hipertensão arterial.
- Tratamento da insuficiência cardíaca (IC).

Nos pacientes em que o fluxo sistêmico é dependente do canal arterial, é fundamental o uso de prostaglandina E1.

Outras medidas utilizadas são: ventilação com pressão positiva e ventilação com uso de manobras para aumentar a resistência vascular pulmonar, favorecendo assim o fluxo direita-esquerda através do canal arterial.

Tratamento invasivo

Não há nenhuma técnica que seja claramente superior à outra, a curto ou longo prazo, e nem em relação às suas complicações. A escolha da melhor técnica de correção (cirúrgica ou hemodinâmica) depende da situação clínica do paciente, da presença de defeitos associados e das características da coarctação, assim como da experiência do serviço.

- Na CoAo nativa no primeiro ano de vida, a indicação cirúrgica é um consenso.
- Em crianças maiores e adultos, os resultados do tratamento percutâneo são comparáveis aos da correção cirúrgica, especialmente em caso de lesões de pequena extensão.
- Em pacientes com lesões excêntricas, calcificações e dilatações, está contraindicada a intervenção percutânea.
- Na recoarctação cirúrgica, há consenso de que a terapia de escolha é a angioplastia com cateter-balão.
- Cirurgiões com experiência em doenças congênitas devem reabordar o longo segmento de recoarctação e hipoplasia do arco aórtico.
- Uso de *stent* para um longo segmento coarctado pode ser considerado, mas sua utilização não está bem estabelecida, além de sua segurança e eficácia serem desconhecidas.

CoAo: coarctação de aorta.

Indicação de intervenção

Todos os pacientes com gradiente de pressão arterial (PA) não invasiva ≥ 20 mmHg entre MMSS e MMII independentemente de sintomas, mas com hipertensão (> 140/90 mmHg em adultos), resposta patológica da pressão arterial ao exercício ou importante sobrecarga ventricular esquerda têm indicação de intervenção (IC).
Independentemente do gradiente de pressão, em pacientes hipertensos com estenose da aorta de 50% em relação ao diâmetro da aorta no nível do diafragma (na RM/ angiotomografia ou angiografia invasiva) deve ser considerada a intervenção (IIa; C).

MMII: membros inferiores; MMSS: membros superiores; RM: ressonância magnética.

Crianças

Indicações de intervenção incluem: insuficiência cardíaca, pico de gradiente na coarctação > 20 mmHg e/ou detecção radiológica de circulação colateral.

Opções de tratamento cirúrgico

	Técnica	Vantagens	Desvantagens
Ressecção e anastomose terminoterminal	Ressecção do segmento coarctado e anastomose terminoterminal da aorta	Possibilidade de ressecar o fragmento estreitado e eliminar o remanescente do tecido ductal responsável pela reestenose	A técnica deixa uma sutura circunferencial na aorta. Como opção, há a ressecção com anastomose terminoterminal estendida (ressecção mais ampla do segmento estreitado e ampliação da área de sutura) Impossibilidade de usar em longos segmentos coarctados
Istmoplastia	Direta: abertura longitudinal da aorta, sobre a coarctação e sutura transversal das bordas da ferida Indireta: abertura longitudinal da aorta, sobre a coarctação e a interposição de um enxerto	Fácil execução, com mínima dissecção Possibilidade de correção da doença sem corpo estranho (istmoplastia direta) O tamanho do segmento coarctado, virtualmente, não tem importância, pois o enxerto (istmoplastia indireta) pode progredir em direção ao arco aórtico e/ou à artéria subclávia Potencial de crescimento, pois a parede posterior da aorta e o istmo podem crescer	Na istmoplastia indireta, o uso de enxerto, biológico ou sintético, está relacionado à reestenose (como opção, foi sugerido o uso da artéria torácica interna)

(continua)

Opções de tratamento cirúrgico *(continuação)*

	Técnica	Vantagens	Desvantagens
Aortossubclavioplastia	Utilização da artéria subclávia esquerda, que é ligada distalmente e transeccionada, aberta longitudinalmente ampliando-se a incisão até a aorta descendente, ultrapassando o segmento coarctado; a seguir, a artéria subclávia aberta é rebatida sobre a aorta em forma de telhado, e suturada às bordas da incisão	Não utiliza sutura circunferencial O enxerto usado é a própria artéria subclávia Baixa morbidade	Interrupção do fluxo arterial para o membro superior esquerdo, com isquemia do membro superior esquerdo (menos de 1% dos pacientes), gangrena, síndrome do roubo subclávio, lesão do plexo braquial. Como opção: aortossubclavioplastia com preservação do fluxo arterial para o membro superior esquerdo (com desinserção da artéria subclávia esquerda e seu reimplante sobre a região coarctada)
Derivação extra-anatômica	Uso de enxerto, sem corrigir propriamente o defeito, mas transpassando-o	Em formas complexas da doença, como longos segmentos coarctados, reoperações com aderências intensas, exuberante circulação colateral	

Procedimento hemodinâmico: angioplastia com balão e com *stent*

Opção menos invasiva para pacientes com coarctação de aorta discreta. Tem boa aceitação como terapêutica para casos de recorrência, mas sua indicação como tratamento primário para coarctação nativa ainda é controversa. Deve ser sempre considerada uma alternativa. A tendência atual é tratar a maioria dos pacientes acima de 25 kg (geralmente após 7-8 anos de idade).

Complicações precoces

- Complicações locais após a cirurgia.
- Complicações graves: sangramento, hipertensão paradoxal, lesão do ducto torácico.
- Complicações neurológicas: lesão do nervo laríngeo recorrente ou nervo frênico.
- Complicação mais temida: lesão da medula espinhal causando paraplegia (risco maior em pacientes com rede de colaterais pobres). Intervenções sugeridas para minimizar esses riscos: reduzir o tempo de clampeamento aórtico, intervenção farmacológica e o uso de um *bypass* temporário, da aorta ascendente à aorta descendente.

Complicações tardias

- Hipertensão arterial persistente
- Recoarctação
- Formação de aneurismas

Realização de atividade física competitiva, segundo Bethesda

CoAo não corrigida
▪ Atletas com lesões discretas, na ausência de grandes colaterais ou dilatação importante do arco aórtico, com teste de esforço normal e baixo gradiente de pressão no repouso (≤ 20 mmHg entre MS e MI) e PA sistólica máxima ≤ 230 mmHg no exercício: estão autorizados a realizar esportes competitivos. ▪ Atletas com gradiente entre MS e MI > 20 mmHg ou hipertensão induzida pelo esforço com PA sistólica máxima > 230 mmHg: podem realizar esportes competitivos de baixa intensidade até o tratamento.
CoAo corrigida
▪ Devem ser realizados exames complementares para avaliação de recoarctação e complicações. ▪ Pacientes com ≤ 20 mmHg de gradiente entre MS e MI no repouso: participação em esportes no mínimo seis meses após o tratamento. ▪ Atletas devem evitar no primeiro ano de pós-operatório: exercícios estáticos de alta intensidade (p. ex., esportes de campo, ginástica, judô, karatê, boxe e ciclismo) e esportes com risco de trauma. ▪ Para pacientes com evidência de dilatação aórtica ou aneurisma de aorta: restrição à realização de esportes de baixa intensidade.

CoAo: coarctação de aorta; MI: membro inferior; MS: membro superior; PA: pressão arterial.

Gestação

Pacientes com coarctação de aorta não corrigida ou com lesões associadas (valva aórtica bicúspide, estenose aórtica, hipertensão arterial, aneurismas de aorta): risco maior de complicações cardíacas na gestação.
Pacientes com dilatações significantes: potencial maior para dissecção de aorta.

Profilaxia para endocardite

Pacientes com coarctação de aorta nativa ou recoarctação não complicada: não necessitam de profilaxia.
Exceto: antecedente pessoal de endocardite, uso de materiais como tubos ou *stents* há menos de seis meses.

Bibliografia recomendada

1. Batista G, Mendonça JT, Pavione MA, Nascimento TA. Coarctação de aorta. In: Croti UA, Mattos SS, Pinto Jr. VC, Aiello VD, Moreira VM. Cardiologia e cirurgia cardiovascular pediátrica. 2.ed. São Paulo: Roca; 2012. p.603-20.
2. Anderson RH, Baker EJ, Penny D, Redington NA, Rigby ML, Wernowsky G. Paediatric cardiology. 3.ed. Philadelphia: Elsevier; 2010. Chapter 46. p.944-66.
3. Beekman RH. Coarctation of the aorta. In: Allen HD, Driscoll DJ, Shaddy RE, Feltes T. Moss and Adams' heart disease in infants, children, and adolescents: including the fetus and young adults. 7.ed. Chapter 49. Philadelphia: Lippincott Williams & Wilkins; 2008. p.987-1004.
4. Baumgartner H, Bonhoeffer P, Groot NMS, Hann G, Gaglie N, Deanfield JE. ESC Guidelines for the management of grown-up congenital heart disease. Coarctation of the aorta; 2010. p.2931-3.
5. Warnes CA, Williams RG, Bashore TM, Child JS, Connolly HM, Dearani JA. ACC/AHA Guidelines for the management of adults with congenital heart disease J Am Coll Cardiol. 2008;52(23):1890-947.
6. Brojendra NA, Bacha E, Cao QL, Hijazi ZM. Clinical manifestations and diagnosis of coarctation of the aorta. Literature review current through; 2015.
7. Brojendra NA, Bacha E, Cao QL, Hijazi ZM. Management of coarctation of the aorta. Literature review current through; 2015.
8. Ringel RE, Vincent J, Jenkins KJ, Gauvrea K, Moses H, Lofgren K, et al. Acute outcome of stent therapy for coarctation of the aorta: Results of the coarctation of the aorta stent trial. Catheterization and Cardiovascular Interventions. 2013. p.503-10.
9. Neves J, Fraga V, Silva R, Pilla CB, Esteves CA, Braga SLN, et al. Uso de stents no tratamento da coarctação da aorta. Cardiologia Invasiva. 2005;13:15366.
10. Ostovan MA, Kojuri J, Mokhtaryan M, Razazi V, Zolghadrasli A. Procedural outcome an one year follow up of patients underging endovascular stenting for coarctation of aorta: a single center study. J Cardiovasc Thorac Res. 2014;6(2):117-21.

11. Pepe M, Iacovelli F, Masi F, Marangelli V, Scardapene A, De Santis A, et al. Aortic coarctation: guidelines mismatch across the ocean. J Cardiothorac Surg. 2014;9:38.
12. Graham TP, Bricker JT, James FW, Strong WB. 26th Bethesda Conference: Reccommendations for determining eligibility for competition in athletes with cardiovascular abnormalities. Task Force 1: Congenital heart disease. J Am Coll Cardiol. 1994;24(4)867-73.

8

Tetralogia de Fallot

Anna Christina de Lima Ribeiro

Definição

Cardiopatia congênita cianogênica é caracterizada pelo desvio anterior do septo infundibular e tem como consequência os quatro aspectos morfológicos descritos a seguir: obstrução da via de saída do ventrículo direito (OVSVD), comunicação interventricular (CIV), dextroposição da aorta e hipertrofia do ventrículo direito.

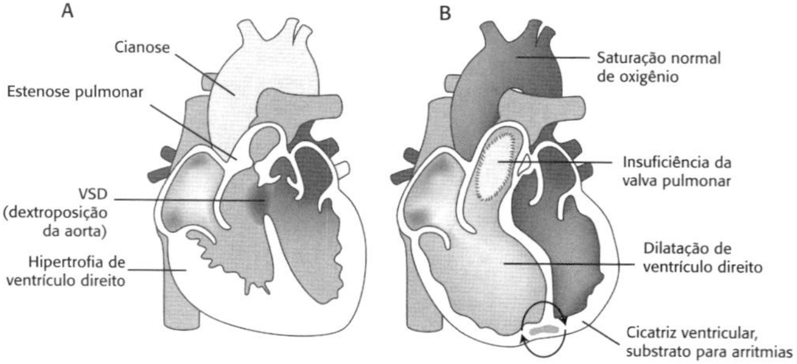

Figura 1 Aspectos anatômicos da tetralogia de Fallot. A: tetralogia de Fallot não corrigida; B: tetralogia de Fallot depois de correção. VSD: defeito do septo ventricular.

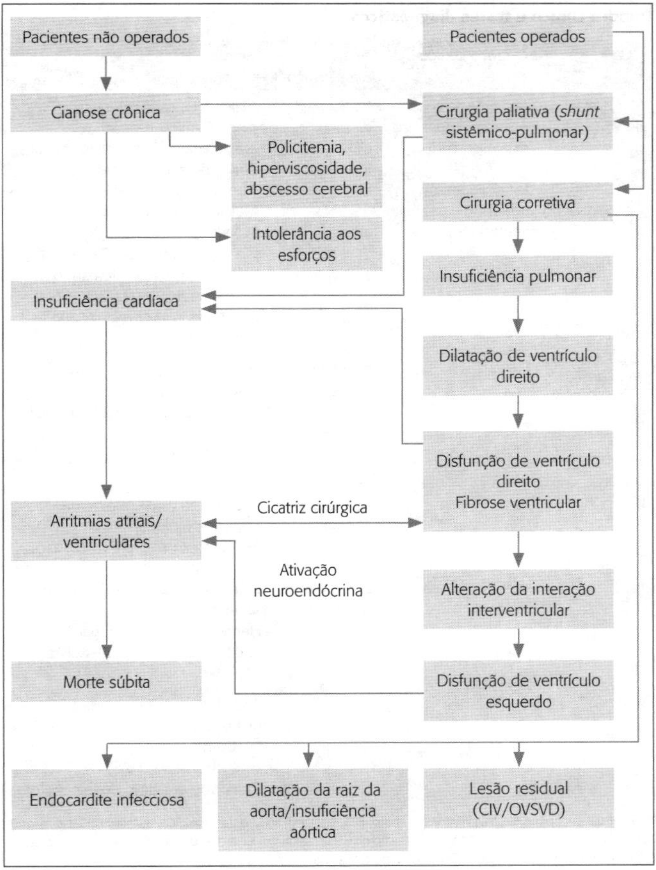

Figura 2 Complicações evolutivas na idade adulta. CIV: comunicação interventricular, OVSVD: obstrução da via de saída do ventrículo direito.

Quadro clínico e testes diagnósticos

	Quadro clínico	Teste diagnóstico	Finalidade
IP e dilatação do VD	Intolerância aos esforços, sopro diastólico com foco pulmonar, B2 desdobrada, impulsão ventricular palpável	Radiografia de tórax ETT RM ECG	Avaliar área cardíaca e trama vascular pulmonar Avaliar anatomia e função cardíaca (RM – detalha volumes, IP e fibrose – e gadolíneo) Avaliar ritmo, sobrecargas Achado: presença de BRD em pós-operatório (duração do QRS tem correlação com tamanho do VD e arritmia ventricular) QRS > 180 ms – valor relacionado a arritmias malignas
OVSVD/ estenose de ramos pulmonares		Radiografia de tórax ETT ECG	Avaliar área cardíaca e trama vascular pulmonar Avaliar anatomia, função cardíaca e gradientes Ritmo, sobrecarga, BRD pós-operatório
IC		Radiografia de tórax ETT ECG Laboratório clínico	Avaliar área cardíaca e trama vascular pulmonar Avaliar anatomia, função cardíaca e gradientes Ritmo, sobrecarga, BRD pós-operatório Hemograma, função renal, hepática, gasometria, eletrólitos, BNP
Arritmia		ECG Holter EEF	Avaliar ritmo, presença de BRD pós-operatório (duração do QRS > 180 ms, correlação com arritmia ventricular e risco MS) Conforme avaliação do especialista

IP: insuficiência pulmonar; VD: ventrículo direito; ETT: ecocardiograma transtorácico; RM: ressonância magnética; ECG: eletrocardiograma; OVSVD: obstrução da via de saída do ventrículo direito; IC: insuficiência cardíaca; BRD: bloqueio de ramo direito; EEF: estudo eletrofisiológico.

Fatores que predispõem o adulto com cardiopatia congênita ao desenvolvimento da insuficiência cardíaca

- Sobrecarga de volume e de pressão por longo período de tempo.
- Alterações anatômicas.
- Consequências do pós-operatório de cirurgia corretiva.
- Progressão da evolução natural da doença.
- Interações da dinâmica interventricular.
- Cianose prolongada.
- Preservação miocárdica inadequada no procedimento cirúrgico.
- Retalho do septo interventricular extenso.
- Cicatriz e incisões ventriculares extensas.
- Obstrução de via de saída ventricular direita.
- Arritmias.
- Obesidade.

Tratamento

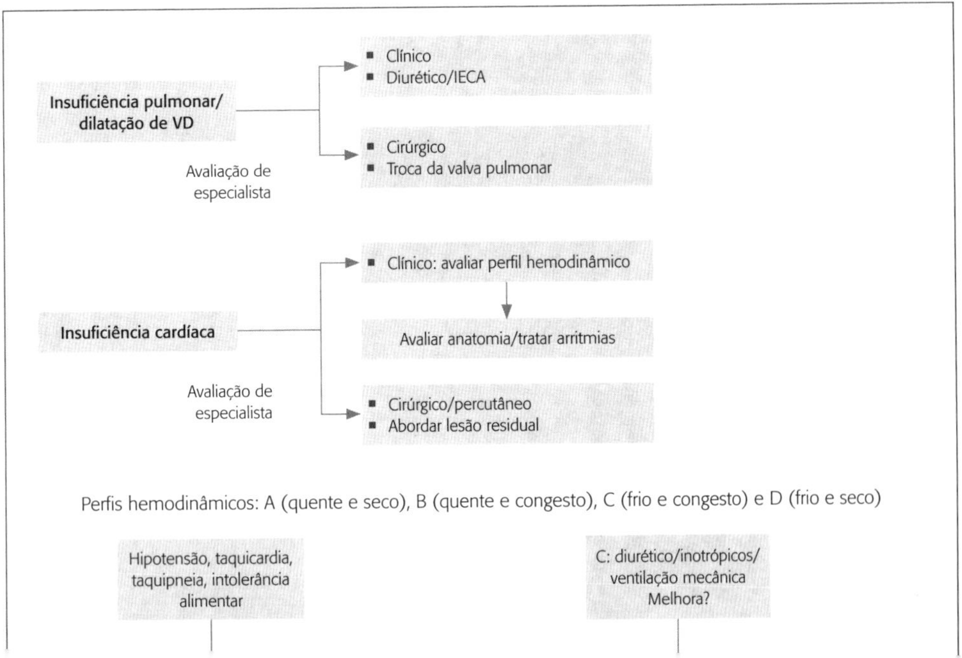
Insuficiência pulmonar/ dilatação de VD
Avaliação de especialista
Clínico
Diurético/IECA
Cirúrgico
Troca da valva pulmonar
Insuficiência cardíaca
Avaliação de especialista
Clínico: avaliar perfil hemodinâmico
Avaliar anatomia/tratar arritmias
Cirúrgico/percutâneo
Abordar lesão residual
Perfis hemodinâmicos: A (quente e seco), B (quente e congesto), C (frio e congesto) e D (frio e seco)
Hipotensão, taquicardia, taquipneia, intolerância alimentar
C: diurético/inotrópicos/ ventilação mecânica
Melhora?

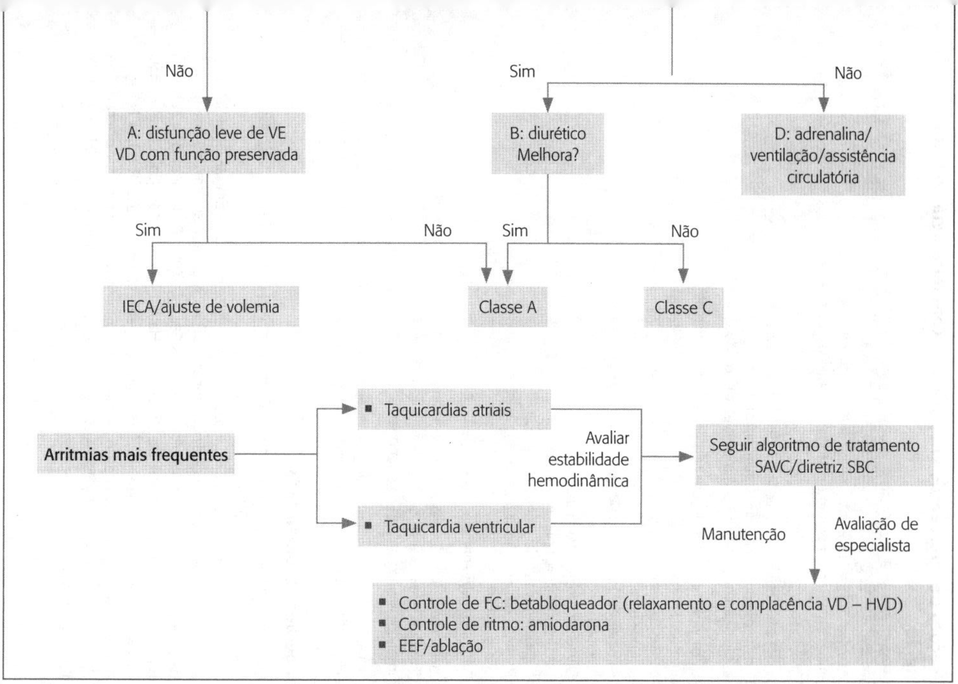

EEF: estudo eletrofisiológico; HVD: hipertrofia de ventrículo direito; FC: frequência cardíaca; VD: ventrículo direito; VE: ventrículo esquerdo; IECA: inibidores da enzima conversora de angiotensina; SAVC: suporte avançado de vida em cardiologia.

Indicações de intervenção em pacientes com tetralogia de Fallot corrigida

Indicação	Grau	Nível
Troca valvar aórtica deveria ser realizada em pacientes com insuficiência aórtica importante sintomática ou sinais de disfunção de VE.	I	C
Troca da valva pulmonar deveria ser realizada em pacientes sintomáticos com insuficiência pulmonar importante e/ou estenose (pressão sistólica de VD > 60 mmHg, velocidade da IT > 3,5 m/s).	I	C
Troca da valva pulmonar deveria ser realizada em pacientes assintomáticos com insuficiência pulmonar importante e/ou estenose pulmonar, quando pelo menos um dos critérios abaixo estiver presente: ▪ Diminuição progressiva da tolerância ao exercício (avaliação objetiva). ▪ Dilatação progressiva de VD. ▪ Disfunção sistólica progressiva de VD. ▪ IT progressiva (pelo menos moderada). ▪ OVSVD com pressão sistólica de VD > 80 mmHg (IT velocidade > 4,3 m/s). ▪ Arritmia atrial/ventricular sustentada.	IIa	C
Fechamento da CIV deveria ser considerado em pacientes com CIV residual e sobrecarga de volume significativa de VE que serão submetidos à cirurgia da valva pulmonar.	IIa	C

CIV: comunicação interventricular; Grau: grau de recomendação; Nível: nível de evidência; IT: insuficiência tricúspide; OVSVD: obstrução da via de saída do VD; VD: ventrículo direito; VE: ventrículo esquerdo.

Bibliografia recomendada

1. Diler GP, Breithardt G, Baumgartner H. Congenital heart defects in adulthood. Dtsch Arztebl Int. 2011;108(26):452-9.
2. Gonzalez MM, Timerman S, Gioannoto-Oliveira R, Polastri TF, Canesim MF, Schimidt A, et al. I Diretriz de ressuscitação cardiopulmonar e cuidados cardiovasculares de emergência da Sociedade Brasileira de Cardiologia. Arq Bras Cardiol. 2013;101:(2 Supl. 3)1-221.
3. Baumgartner H, Bonhoeffer P, De Groot NMS, Haan F, Deanfield JE, Galie N, et al. ESC Guidelines for the management of grown-up congenital heart disease. The Task Force on the Management of Grown-up Congenital Heart, Disease of the European Society of Cardiology (ESC), Endorsed by the Assoc iation for Europe an Paediatric Card iology (AEPC). Eur Heart J. 2010;31:2937-39.

4. Valente AS, Cirino CM. Cardiopatia congênita no adulto. In: Croti UA, Mattos SS, Jr VPC, et al. Cardiologia e cirurgia cardiovascular pediátrica. São Paulo: Roca; 2008. p.292-310; p.674-97.
5. Zaid AN, Daniels CJ. The adolescent and young adult with congenital heart disease. In: Moss and Adam's Heart disease in infants, children and adolescents: including the fetus and young adult. 8.ed. Vol II, 2013. p.1463-91.
6. Azeka E, Jatene MB, Jatene IB, Horowitz ESK, Branco KC, Souza Neto JD, et al. I Diretriz de insuficiência cardíaca (IC) e transplante cardíaco no feto, na criança e em adultos com cardiopatia congênita da Sociedade Brasileira de Cardiologia. Arq Bras Cardiol. 2014;103(6 Supl. 2):1-126.
7. Magalhães LP, Saad EB, Melo SL. Como orientar o cardiologista e o pediatra sobre arritmias em crianças e em pacientes com cardiopatia congênita. Série Clínicas brasileiras de arritmias cardíacas. São Paulo: Atheneu; 2015.
8. Apitz C, Weeb GD, Redington NA. Tetralogy of Fallot. Lancet. 2009;374:1462-71.
9. Villafane J, Feinstein JA, Jenkins KJ, Vicent RN, Walsh EP, Dubin AM, et al. Hot topics in tetralogy of Fallot. J Am Coll Cardiol. 2013;62:2155-66.
10. Babu-Narayan SV, Uebing A, Davlouros PA, Kemp M, Davidson S, Dimopoulos C, et al. Randomised trial of ramipril in repaired tetralogy of Fallot and pulmonar regurgitation. The appropriate study (Ace inhibitors for potential prevention of the deleterious effects of pulmonary regurgitation in adults with repaired tetralogy of Fallot. Int J Cardiol. 2012;154(3):299-305.

9

Anomalia de Ebstein

Anna Christina de Lima Ribeiro

Definição

Cardiopatia congênita caracterizada por anormalidades da valva tricúspide (VT) e do ventrículo direito (VD).

- Folhetos são redundantes, aderem-se ao músculo do ventrículo direito (folhetos septal e posterior) e deslocam-se para dentro da cavidade.
- Deslocamento apical do anel funcional → divide VD em duas cavidades: porção atrializada e ventrículo funcional.
- Defeitos associados mais comuns: comunicação interatrial (CIA), forame oval pérvio (FOP), comunicação interventricular (CIV), persistência do canal arterial (PCA) e estenose pulmonar (EP).

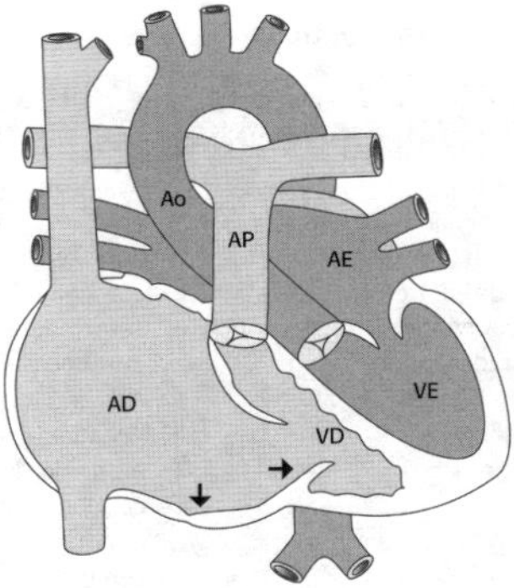

Figura 1 Anomalia de Ebstein. AD: átrio direito; AE: átrio esquerdo; Ao: aorta; AP: artéria pulmonar; VD: ventrículo direito; VE: ventrículo esquerdo.

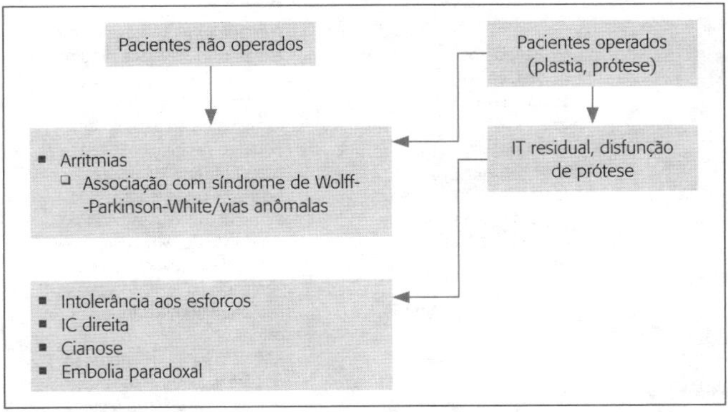

Figura 2 Complicações evolutivas na idade adulta. IC: insuficiência cardíaca, IT: insuficiência tricúspide.

Quadro clínico e testes diagnósticos

	Quadro clínico	Testes diagnósticos	Finalidade
IT/dilatação AD e VD	Sopro sistólico Borda esternal esquerda baixa (tricúspide), B1 e B2 amplamente desdobradas, pode auscultar B3 e B4 Hepatomegalia	Radiografia de tórax	Avaliar trauma vascular pulmonar e área cardíaca. Varia de discreto aumento/normal, aumento de AD, até área muito globosa (moringa) semelhante ao aspecto de derrame pericárdico
		ECG	Avaliar ritmo e sobrecargas Achados: onda P apiculada, aumento de PR, distúrbio de condução do ramo direito, WPW, arritmias supraventriculares e ventriculares
		ETT	Avaliar anatomia e função cardíacas
		RM	RM: cálculos pormenorizados das áreas atriais e ventriculares e análise de volume regurgitante valvar
IC	Dispneia, intolerância aos esforços, edema membros, ascite Hepatomegalia, estase jugular, sudorese, galope, cianose, extremidades frias, pulsos finos	Radiografia de tórax	Avaliar trauma vascular pulmonar e área cardíaca. Varia de discreto aumento/normal, aumento de AD, até área muito globosa (moringa) semelhante ao aspecto de derrame pericárdico
		ECG	Avaliar ritmo e sobrecargas Achados: onda P apiculada, aumento de PR, distúrbio de condução do ramo direito, WPW, arritmias supraventriculares e ventriculares
		ETT	Avaliar anatomia e função cardíacas
		RM	RM: cálculos pormenorizados das áreas atriais e ventriculares e análise de volume regurgitante valvar
		Laboratório clínico	Hemograma, função renal, hepática, tireoidiana, gasometria, eletrólitos, BNP

(continua)

Quadro clínico e testes diagnósticos *(continuação)*

	Quadro clínico	Testes diagnósticos	Finalidade
Arritmias	Palpitações, síncope, Intolerância aos esforços Taquicardia/ quadro clínico de IC/choque	ECG Holter EEF	Avaliar ritmo Achados: WPW, *flutter*, FA, taquicardia atrial Conforme avaliação do especialista

AD: átrio direito; ECG: eletrocardiograma; EEF: estudo eletrofisiológico; ETT: ecocardiograma transtorácico; FA: fibrilação atrial; IC: insuficiência cardíaca; IT: insuficiência tricúspide; RM: ressonância magnética; VD: ventrículo direito; WPW: Wolff-Parkinson-White.

Fatores que predispõem o adulto com cardiopatia congênita ao desenvolvimento da insuficiência cardíaca

- Sobrecarga de volume por longo período de tempo
- Alterações anatômicas
- Consequências do pós-operatório de cirurgia corretiva
- Progressão da evolução natural da doença
- Interações da dinâmica interventricular
- Cianose prolongada
- Preservação miocárdica inadequada no procedimento cirúrgico
- Cicatriz e incisões
- Arritmias
- Obesidade

Tratamento

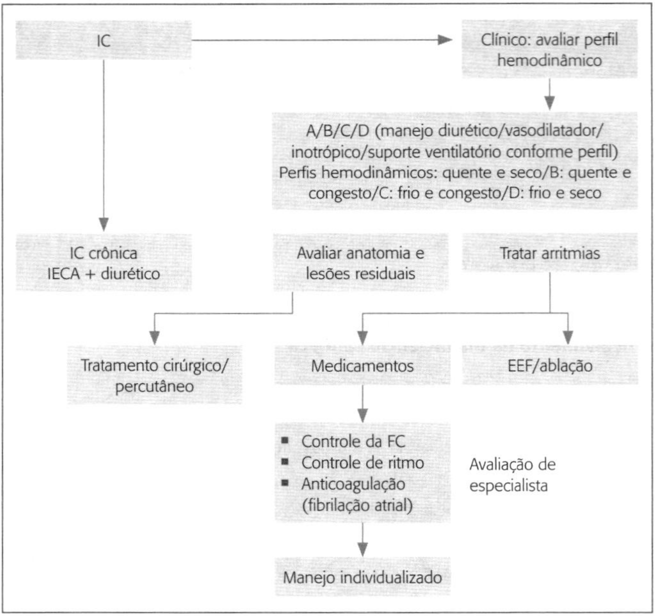

EEF: estudo eletrofisiológico; IC: insuficiência cardíaca; IECA: inibidores da enzima conversora da angiotensina.

Indicações de intervenção no paciente portador de anomalia de Ebstein

Indicação	Grau	Nível
Cirurgia		
Correção cirúrgica deveria ser realizada com IT mais do que moderada e sintomas (NYHA > II ou arritmias) ou piora da tolerância aos esforços com medida objetiva	I	C
Se houver indicação de abordagem da valva tricúspide, o fechamento da CIA pode ser realizado no mesmo procedimento	I	C
Correção cirúrgica poderia ser considerada independentemente de sintomas em pacientes com dilatação progressiva de câmaras direitas ou disfunção sistólica do VD e/ou cardiomegalia progressiva evidenciada na radiografia de tórax	IIa	C
Intervenção percutânea		
Pacientes com arritmias graves deveriam ser submetidos a estudo eletrofisiológico, possibilidade de ablação ou tratamento cirúrgico das arritmias no caso de cirurgia cardíaca	I	C
No caso de embolia sistêmica documentada (embolia paradoxal), fechamento percutâneo de CIA/FOP poderia ser considerado	IIa	C
Se cianose (saturação de oxigênio no repouso < 90%) for o principal problema, fechamento de CIA/FOP com dispositivo poderia ser considerado, mas requer avaliação extremamente cuidadosa prévia	IIb	C

CIA: comunicação interatrial; FOP: forame oval pérvio; Grau: grau de recomendação; nível: nível de evidência; IT: insuficiência tricúspide; NYHA: New York Heart Association; VD: ventrículo direito.

Bibliografia recomendada

1. Azeka E, Jatene MB, Jatene IB, Horowitz ESK, Branco KC, Souza Neto JD, et al. I Diretriz de insuficiência cardíaca (IC) e transplante cardíaco no feto, na criança e em adultos com cardiopatia congênita, da Sociedade Brasileira de Cardiologia. Arq Bras Cardiol. 2014;103(6 Supl. 2):1-126.
2. Baumgartner H, Bonhoeffer P, De Groot NMS, Haan F, Deanfield JE, Galie N, et al. ESC guidelines for the management of grown-up congenital heart disease. The Task Force on the Management of Grown-up Congenital Heart Disease of the European Society of Cardiology (ESC) Endorsed by the Association for Europe an Pediatric Cardiology (AEPC). Eur Heart J. 2010;31:2937-39.
3. Valente AS, Cirino CM. Cardiopatia congênita no adulto. In: Croti UA, Mattos SS, Jr VPC, et al. Cardiologia e cirurgia cardiovascular pediátrica. São Paulo: Roca; 2008. p. 674-97.

4. Said MS, Dearani JA. Ebstein's anomaly, congenital tricuspid valve regurgitation, and displasia. In: Moss and Adam's Heart disease in infants, children and adolescents: including the fetus and young adult. 8.ed.Vol. II. 2013. p.889-912.
5. Gonzalez MM, Timerman S, Gioannoto-Oliveira R, Polastri TF, Canesim MF, Schimidt A, et al. I Diretriz de ressuscitação cardiopulmonar e cuidados cardiovasculares de emergência da Sociedade Brasileira de Cardiologia. Arq Bras Cardiol. 2013;101(2Supl.3):1-221.
6. Magalhães LP, Saad EB, Melo SL. Como orientar o cardiologista e o pediatra sobre arritmias em crianças e em pacientes com cardiopatia congênita. Série Clínicas brasileiras de arritmias cardíacas. São Paulo: Atheneu; 2015.
7. Maeda WT. Anomalia de Ebstein. In: Ramires JAF, Kalil Filho R, Atik E. Cardiopatias congênitas: guia prático de diagnóstico, tratamento e conduta geral. Série InCor de cardiologia. São Paulo: Atheneu; 2014. p.187-98.
8. Aquino FV. Emergências em adultos com cardiopatia congênita. Revista da Sociedade de Cardiologia do Rio Grande do Sul. 2004;12(1).
9. Puneeta A, Beroukhim R. Ebstein anomaly: assessment, management, and timing of intervention. Curr Treat Options Cardio Med. 2014;16(338):1-13.

10

Transposição das grandes artérias

Anna Christina de Lima Ribeiro

Definição

Trata-se de cardiopatia congênita cianogênica, na qual as artérias estão transpostas em relação ao septo interventricular (aorta à direita e tronco pulmonar à esquerda).

- Análise segmentar: concordância atrioventricular e discordância ventriculoarterial.
- Defeitos associados comuns: comunicação interatrial, comunicação interventricular, persistência do canal arterial, estenose pulmonar, coarctação da aorta e anomalias de origem e trajeto das coronárias.

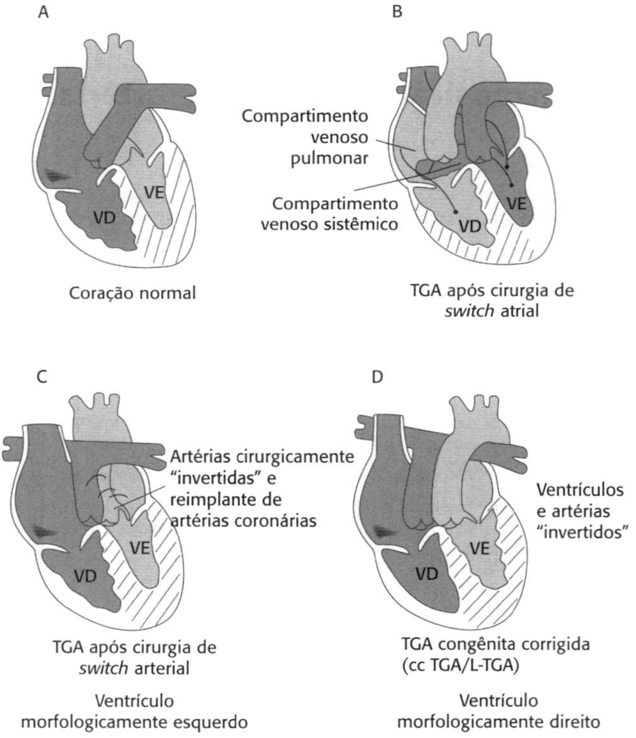

Figura 1 Aspectos anatômicos da transposição das grandes artérias após correção no plano arterial (B) e correção no plano atrial (C). TGA: transposição das grandes artérias; VD: ventrículo direito; VE: ventrículo esquerdo.

Complicações evolutivas na idade adulta

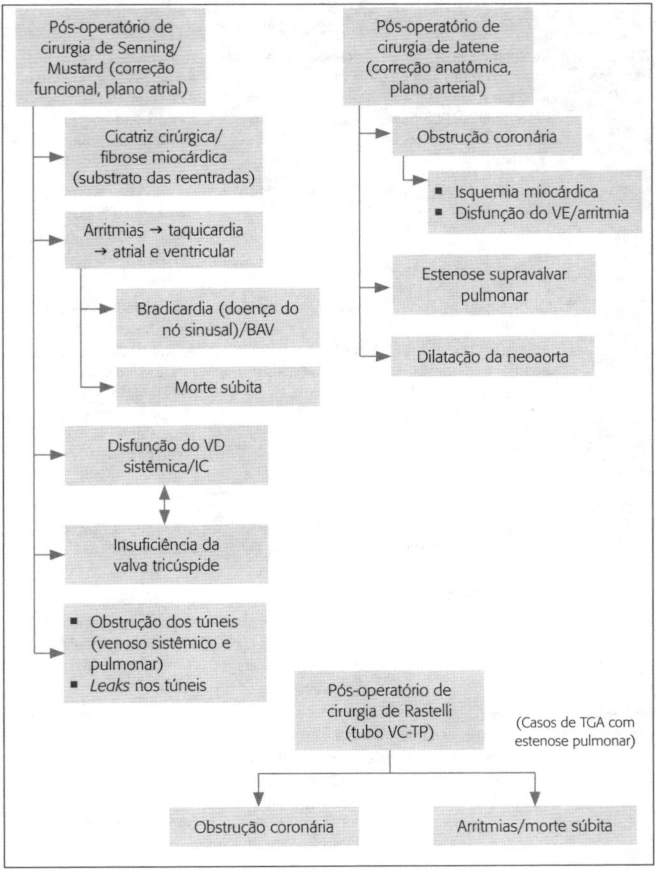

BAV: bloqueio atrioventricular; IC: insuficiência cardíaca; TP: tronco pulmonar; VC: veia cava; VD: ventrículo direito; VE: ventrículo esquerdo.

Quadro clínico e testes diagnósticos

	Quadro clínico	Testes diagnósticos	Finalidade
IT e dilatação do VD	Intolerância aos esforços, sopro sistólico, foco tricúspide, B2 hiperfonética, BEE baixa, impulsão ventricular palpável	Radiografia de tórax ETT RM ECG	Avaliar área cardíaca e trama vascular pulmonar Avaliar anatomia, túneis e função cardíaca Avaliar ritmo, sobrecarga do VD
Obstrução de túneis venosos	Síndrome de VCS, ascite, edema de membros inferiores	Radiografia de tórax ETT/ETE RM ECG	Avaliar área cardíaca e trama vascular pulmonar Avaliar anatomia, túneis, função cardíaca, ritmo, sobrecarga
IC	Dispneia, intolerância aos esforços, edema de membros, edema pulmonar, ascite, hepatomegalia, estase jugular, B3, sudorese, cianose, extremidades frias, pulsos finos	Radiografia de tórax ETT ECG Laboratório clínico	Avaliar área cardíaca e trama vascular pulmonar Avaliar anatomia, túneis, função cardíaca Avaliar ritmo, sobrecarga Avaliar hemograma, função renal, hepática, gasometria, eletrólitos, BNP
Arritmia	Palpitações, síncope, pré-síncope, intolerância aos esforços, taquicardia, quadro clínico de IC/ choque cardiogênico	ECG Holter EEF	Avaliar ritmo Conforme avaliação do especialista
Estenose supravalvar pulmonar	Sopro sistólico, BEE alta	Radiografia de tórax ETT Angiotomografia de coração	Avaliar área cardíaca e trama vascular pulmonar Avaliar anatomia e função cardíaca
Alteração coronária	Amplo espectro: assintomático, angina, dor torácica atípica, palpitações, dispneia aos esforços	ECG ETT Angiotomografia de coronárias Cinecoronariografia Cintilografia Perfusão miocárdica	Avaliar ritmo e alterações sugestivas de isquemia Avaliar função cardíaca Avaliar anatomia/lesão coronária Avaliar isquemia

BEE: borda esternal esquerda; ECG: eletrocardiograma; EEF: estudo eletrofisiológico; ETE: ecocardiograma transesofágico; ETT: ecocardiograma transtorácico; IC: insuficiência cardíaca; IT: insuficiência tricúspide; RM: ressonância magnética; VCS: veia cava superior; VD: ventrículo direito.

Fatores que predispõem o adulto com cardiopatia congênita ao desenvolvimento da insuficiência cardíaca

- Sobrecarga de volume e de pressão por longo período de tempo
- Alterações anatômicas
- Consequências do pós-operatório de cirurgia corretiva
- Progressão da evolução natural da doença
- Interações da dinâmica interventricular
- Cianose prolongada
- Preservação miocárdica inadequada no procedimento cirúrgico
- Retalho do septo interventricular extenso
- Cicatriz e incisões ventriculares extensas
- Obstrução de via de saída ventricular direita ou esquerda
- Arritmias
- Obesidade
- Insuficiência tricúspide importante em ventrículo direito sistêmico

Tratamento

Tratamento da disfunção do VD sistêmico e IC crônica

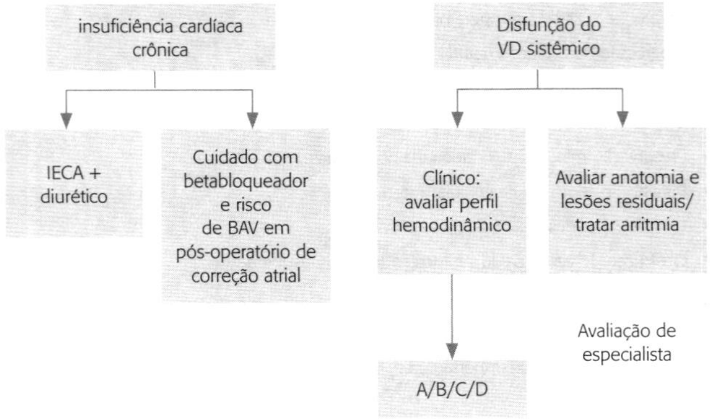

(continua)

BAV: bloqueio atrioventricular; IECA: inibidores da enzima conversora da angiotensina; VD: ventrículo direito.

Tratamento (*continuação*)

Perfis hemodinâmicos: A (quente e seco), B (quente e congesto), C (frio e congesto) e D (frio e seco)

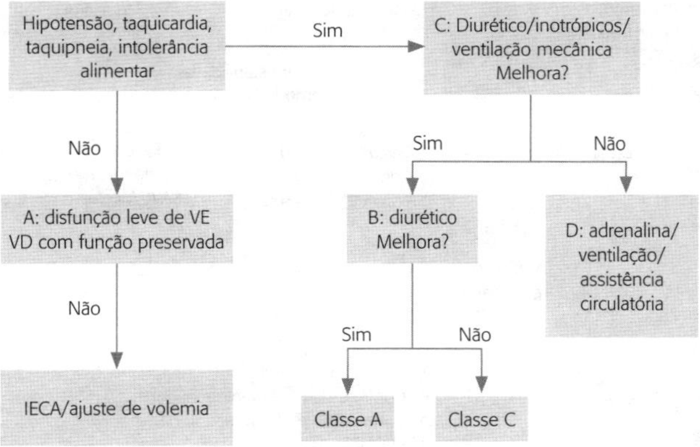

Tratamento das complicações pós-operatórias tardias

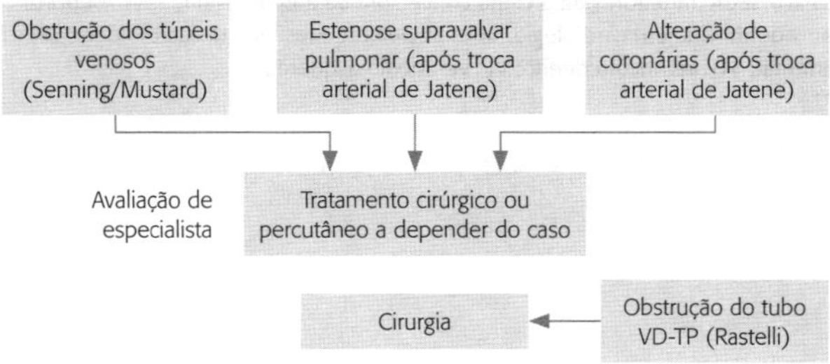

(continua)

Tratamento (*continuação*)

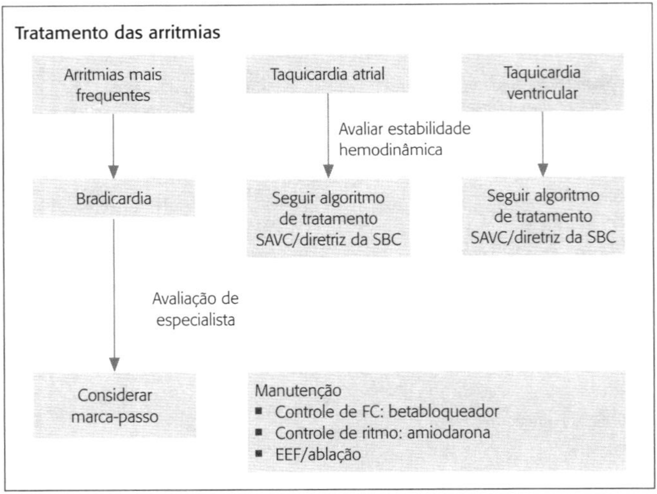

Figura 2 Fluxograma de tratamento em disfunção de ventrículo direito e insuficiência cardíaca crônica, complicações pós-operatórias tardias e arritmias durante evolução da doença. BAV: bloqueio atrioventricular; EEF: estudo eletrofisiológico; FC: frequência cardíaca; IECA: inibidores da enzima conversora da angiotensina; SAVC: suporte avançado de vida em cardiologia; SBC: Sociedade Brasileira de Cardiologia; TP: tronco pulmonar; VD: ventrículo direito; VE: ventrículo esquerdo.

Indicações de intervenção em TGA após troca atrial (Senning)

Indicação	Grau	Nível
Plastia ou troca valvar deveria ser realizada em pacientes com insuficiência importante da valva AV sistêmica (tricúspide) sintomáticos, sem disfunção ventricular significativa (FEVD > 45%)	I	C
Disfunção importante do ventrículo sistêmico com ou sem IT deveria ser tratada clinicamente ou eventualmente transplante cardíaco	I	C
OVSVE, se sintomática ou se disfunção de VE, deveria ser tratada cirurgicamente	I	C
Obstrução venosa pulmonar sintomática deveria ser tratada cirurgicamente (possibilidade percutânea rara)	I	C
Pacientes sintomáticos com estenose de túneis e não candidatos à abordagem percutânea deveriam ser tratados cirurgicamente	I	C
Pacientes sintomáticos com *leaks* em túneis e não candidatos à abordagem percutânea deveriam ser tratados cirurgicamente	I	C
Plastia ou troca valvar deveria ser realizada em pacientes com insuficiência importante da valva AV sistêmica (tricúspide) assintomáticos, sem disfunção ventricular importante (FEVD > 45%)	IIa	C
Bandagem de artéria pulmonar como preparo para VE com *switch* arterial posterior é experimental e deve ser evitada	III	C
Indicação de intervenção percutânea		
Tratamento com *stent* em pacientes sintomáticos com estenoses em túneis deveria ser realizado	I	C
Tratamento com *stent* em pacientes sintomáticos com *leaks* em túneis e cianose importante ao repouso ou esforço deveria ser realizado	I	C
Tratamento com *stent* recoberto ou dispositivo em pacientes sintomáticos com *leaks* e *shunt* esquerda-direita deveria ser realizado	I	C
Stent recoberto ou dispositivo poderia ser considerado em pacientes sintomáticos com *leaks* e sobrecarga importante de volume ventricular por *shunt* esquerda-direita	IIa	C

(continua)

Indicações de intervenção em TGA após troca atrial (Senning) (*continuação*)

Stent poderia ser considerado em pacientes assintomáticos com estenose em túneis e com indicação de marca-passo	IIa	C
Stent poderia ser considerado em outros pacientes assintomáticos com estenose em túneis	IIb	C

Grau: grau de recomendação; nível: nível de evidência; AV: atrioventricular; FEVD: fração de ejeção de ventrículo direito; IT: insuficiência tricúspide; OVSVE: obstrução da via de saída do ventrículo esquerdo; VE: ventrículo esquerdo.

Indicações de intervenção em TGA após troca arterial (Jatene)

Indicação	Grau	Nível
Tratamento cirúrgico ou percutâneo deveria ser realizado em pacientes com estenose coronariana e isquemia	I	C
Correção cirúrgica de obstrução de VSVD deveria ser realizada em pacientes sintomáticos com PSVD > 60 mmHg (IT velocidade > 3,5 m/s)	I	C
Correção cirúrgica de obstrução de VSVD deveria ser realizada independentemente de sintomas se disfunção de VD	I	C
Correção cirúrgica de obstrução de VSVD poderia ser considerada em pacientes assintomáticos com PSVD > 80 mmHg (IT velocidade > 4,3 m/s)	IIa	C
Cirurgia aórtica (raiz e aorta ascendente) poderia ser considerada quando a raiz da neoaorta > 55 mm (considerando média de estatura para adultos). Para troca valvar aórtica por IAo, consultar diretrizes específicas	IIa	C
Tratamento cirúrgico ou percutâneo poderia ser considerado para estenose periférica de artérias pulmonares, independentemente de sintomas, se houver estreitamento > 50% e PSVD > 50 mmHg e/ou alteração de perfusão pulmonar	IIa	C

Grau: grau de recomendação; nível: nível de evidência; VSVD: via de saída de ventrículo direito; PSVD: pressão sistólica de ventrículo direito; IT: insuficiência tricúspide; IAo: insuficiência aórtica; VD: ventrículo direito.

Bibliografia recomendada

1. Diller GP, Breithardt G, Baumgartner H. Congenital heart defects in adulthood. Dtsch Arztebl Int. 2011;108(26):452-59.
2. Gonzalez MM, Timerman S, Gioannoto-Oliveira R, Polastri TF, Canesim MF, Schimidt A, et al. I Diretriz de ressuscitação cardiopulmonar e cuidados cardiovasculares de emergência da Sociedade Brasileira de Cardiologia. Arq Bras Cardiol. 2013;101(2Supl. 3):1-221.
3. Baumgartner H, Bonhoeffer P, De Groot NMS, Haan F, Deanfield JE, Galie N, et al. ESC guidelines for the management of grown-up congenital heart disease. The Task Force on the Management of Grown-up Congenital Heart Disease of the European Society of Cardiology (ESC) Endorsed by the Assoc iation for Europe an Pediatric Cardiology (AEPC). Eur Heart J. 2010;31:2937-9.
4. Valente AS, Cirino CM. Cardiopatia congênita no adulto. In: Croti UA, Mattos SS, Jr VPC, et al. Cardiologia e cirurgia cardiovascular pediátrica. São Paulo: Roca; 2008. p.674-97.
5. Zaid AN, Daniels CJ. The adolescent and young adult with congenital heart disease. In: Allen HD, Driscoll DJ, Shaddy RE, Feltes TF (eds.). Moss and Adam's heart disease in infants, children and adolescents: including the fetus and young adult. 8. ed. vol II. Baltimore: Lippincott Williams; 2013. p.1463-91.
6. Azeka E, Jatene MB, Jatene IB, Horowitz ESK, Branco KC, Souza Neto JD, et al. I Diretriz de insuficiência cardíaca (IC) e transplante cardíaco no feto, na criança e em adultos com cardiopatia congênita, da Sociedade Brasileira de Cardiologia. Arq Bras Cardiol. 2014;103(6 Supl.2):1-126.
7. Magalhães LP, Saad EB, Melo SL. Como orientar o cardiologista e o pediatra sobre arritmias em crianças e em pacientes com cardiopatia congênita. Série Clínicas Brasileiras de Arritmias Cardíacas. São Paulo: Atheneu; 2015.
8. Atik E, Shimoda MS. Transposição das grandes artérias (TGA). In: Ramires JAF, Kalil Filho R, Atik E (eds.). Cardiopatias congênitas: guia prático de diagnóstico, tratamento e conduta geral. Série InCor de cardiologia. São Paulo: Atheneu; 2014. p.49-73.
9. Aquino FV. Emergências em adultos com cardiopatia congênita. Revista da Sociedade de Cardiologia do Rio Grande do Sul. 2004;12(1).
10. Rodríguez Puras MJ, Cabeza-Letrán L, Romero-Vazquianez M, Santos de Soto J, Hosseinpour R, Gil Fournier M, et al. Mid-term morbidity and mortality of patients after arterial switch operation in infancy for transposition of the great arteries. Rev Esp Cardiol. 2014;67(3):1818.

11

Síndrome de Eisenmenger

Anna Christina de Lima Ribeiro

Definição

- Esta síndrome se refere a toda comunicação intracardíaca ou entre as grandes artérias (*ductus arteriosus* patente, janela aortopulmonar) que cursa com hipertensão pulmonar, fluxo predominante da direita para a esquerda e graus variados de hipoxemia (AA).
- Vasculopatia pulmonar.
- Defeitos mais comuns na síndrome: comunicação interventricular (CIV), comunicação interatrial (CIA) e *ductus arteriosus* patente (PDA).

Apresentação clínica

Baqueteamento digital, pericórdio com impulsões, B2 hiperfonética, visceromegalia, edema periférico e demais sinais relacionados à cardiopatia de base.

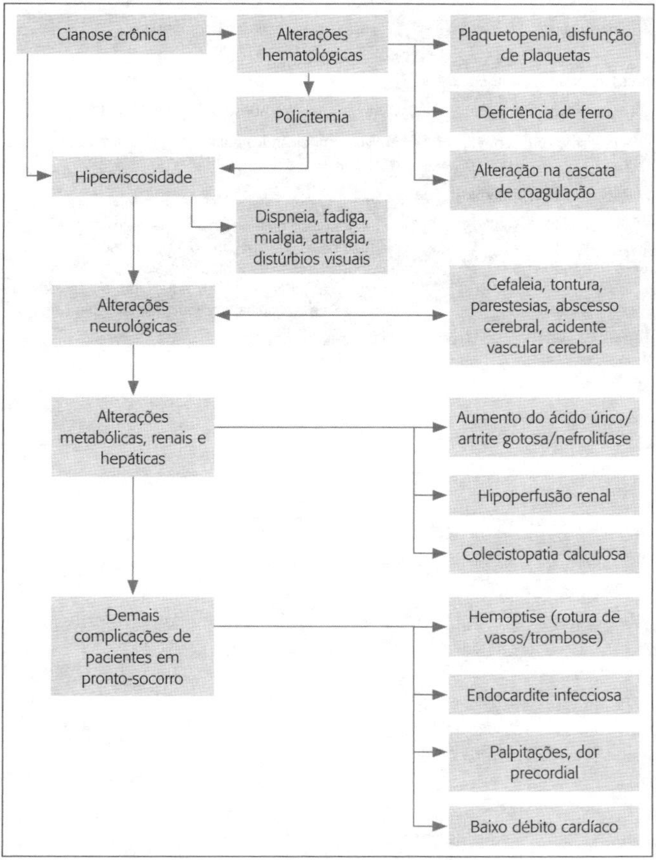

Exames diagnósticos

Exames diagnósticos	Proposta
Eletrocardiograma	Diagnóstico e tratamento de arritmias
Radiografia de tórax	Abordagem inicial de dor torácica/hemoptise
Broncoscopia	Diagnóstico avançado de hemoptises
Ecocardiograma transtorácico/ ressonância magnética cardíaca	Anatomia e função cardíaca
Tomografia de alta resolução	Diagnóstico de trombose pulmonar e infarto
Cateterismo cardíaco	Avaliar hemodinâmica pulmonar e circulação coronariana
Ultrassonografia abdominal	Pesquisa de litíase biliar
Laboratório clínico	Hemograma completo (avaliar hiperviscosidade e plaquetopenia e rastrear infecção), ferro sérico e transportadores (avaliar hiperviscosidade e necessidade de reposição), BNP, coagulograma, dímero D, ácido úrico, ureia e creatinina, *clearance* de creatinina, testes de função hepática

Tratamento

- Medidas gerais
  - Imunização contra influenza e pneumococo
  - Métodos contraceptivos
  - Oxigenoterapia domiciliar crônica (opcional), hipoxemia marcante
  - Manter hidratação adequada
    Uso criterioso e com cautela de diurético
  - Anticoagulação: há controvérsias
    Aceitável se ausência de sangramentos importantes na história clínica e possibilidade de monitorização rigorosa da coagulação
  - Controle de hiperviscosidade sanguínea
    - Evitar sangrias de repetição (espoliação de ferro)
    - Reposição de ferro
    - Redução do hematócrito se níveis de 65-70%, para alívio de hiperviscosidade presente (substituir volume de sangue retirado por solução com propriedade coloidosmótica semelhante ao do plasma)
  - Situações clínicas agudas no pronto-atendimento:
    tratar arritmias, realizar manejo do baixo débito cardíaco (adequar volemia, suporte inotrópico) e tratar processos infecciosos e trombose pulmonar
- Tratamento específico — Avaliação de especialista
  - Fármacos: prostanoides, antagonistas de receptores de endotelina, inibidores de fosfodiesterase
  - Transplantes (pulmão ou cardiopulmonar)

Bibliografia recomendada

1. Valente AS, Cirino CM. Cardiopatia congênita no adulto. In: Croti UA, Mattos SS, Jr VPC, et al. Cardiologia e cirurgia cardiovascular pediátrica. São Paulo: Roca; 2008. p.674-97.
2. Baumgartner H, Bonhoeffer P, De Groot NMS, Haan F, Deanfield JE, Galie N, et al. ESC Guidelines for the management of grown-up congenital heart disease. The Task Force on the Management of Grown-up Congenital Heart Disease of the European Society of Cardiology (ESC) Endorsed by the Assoc iation for Europe an Pediatric Cardiology (AEPC). Eur Heart J. 2010;31:2937-39.
3. Zaid AN, Daniels CJ. The adolescent and young adult with congenital heart disease. In: Allen HD, Shaddy RE, Penny DJ, Felfes TF, Cetta F (eds.). Moss and Adam's heart disease in infants, children and adolescents: including the fetus and young adult. 8.ed. vol II. Baltimore: Lippincott William & Wilkins; 2013. p.1463-91.
4. Lopes AAB. Hipertensão arterial pulmonar. In: Ramires JAF, Kalil Filho R, Atik E. Cardiopatias congênitas: guia prático de diagnóstico, tratamento e conduta geral. Série InCor de cardiologia. São Paulo: Atheneu; 2014. p.405-15.
5. Kumar RK, Sandoval J. Advanced pulmonar vascular disease: the Eisenmenger syndrome. Cardiol Young. 2009;19(E suppl. 1):39-44.

12

Cálculo do risco cardíaco perioperatório

Danielle Menosi Gualandro
Bruno Caramelli

Introdução

No Brasil, cerca de três milhões de operações não cardíacas são realizadas por ano.

Com o avanço dos conhecimentos médicos e o aumento da expectativa de vida, pacientes cada vez mais idosos e com mais comorbidades estão sendo operados e, apesar do avanço nas técnicas cirúrgicas e anestésicas, a mortalidade relacionada a esses procedimentos está aumentando.

Objetivos da avaliação cardíaca perioperatória

Estabelecer o perfil de risco cardíaco do paciente frente ao procedimento cirúrgico proposto.

Recomendar medidas e estratégias específicas para redução de risco de complicações no período perioperatório, que engloba desde o pré-operatório até 30 dias após a operação.

Papel do médico que realiza a avaliação

Rever todas as informações disponíveis sobre o paciente (história e exame físico).

Estabelecer a capacidade funcional do paciente: pacientes com capacidade funcional acima de 4 METS (subir dois lances de escada) e assintomáticos têm menor chance de complicações cardíacas perioperatórias.

Informar a gravidade e o grau de estabilidade do sistema cardiovascular.

Realizar discussão multidisciplinar da melhor estratégia terapêutica, considerando o risco global do paciente, isto é, o risco cardíaco *versus* a relação risco/benefício da operação.

Ferramentas para a avaliação cardíaca perioperatória

Os algoritmos de avaliação perioperatória são imperfeitos, mas melhores que o acaso, e sempre devem ser utilizados na avaliação, sendo importante conhecer suas vantagens e limitações.

Os mais utilizados são o do American College of Physicians (ACP), o Índice de Risco Cardíaco Revisado de Lee (RCRI) e o Estudo Multicêntrico de Avaliação Perioperatória no Brasil (EMAPO).

Devemos lembrar que o ACP estima o risco de infarto agudo do miocárdio (IAM) e morte cardiovascular, enquanto o RCRI estima o risco de IAM, insuficiência cardíaca descompensada/edema agudo dos pulmões, fibrilação ventricular/parada cardiorrespiratória ou bloqueio atrioventricular total.

O algoritmo complementa a opinião pessoal do avaliador e, nos casos em que o médico que realizou a avaliação julgar que o algoritmo esteja subestimando o risco real, essa observação deve ser mencionada.

Algoritmo do American College of Physicians (ACP)

- IAM < 6 m (10 pontos)
- IAM > 6 m (5 pontos)
- Angina classe III (10 pontos)
- Angina classe IV (20 pontos)
- EAP na última semana (10 pontos)
- EAP alguma vez na vida (5 pontos)
- Suspeita de EAO crítica (20 pontos)
- Ritmo não sinusal ou RS com ESSV no ECG (5 pontos)
- > 5 ESV no ECG (5 pontos)
- $PO_2 < 60$, $pCO_2 > 50$, K < 3, U > 50, Cr > 3,0 ou restrito ao leito (5 pontos)
- Idade > 70 anos (5 pontos)
- Cirurgia de emergência (10 pontos)

Classes de risco: se ≥ 20 pontos: alto risco, superior a 15%. Se 0-15 pontos: avaliar número de variáveis de Eagle e Vanzetto para discriminar os riscos baixo e intermediário.

- Idade > 70 anos
- História de angina
- DM
- Ondas Q no ECG
- História de IC
- História de infarto
- Alterações isquêmicas do ST
- HAS com HVE importante

→

- Até 1 variável = baixo risco: < 3%
- Duas ou mais variáveis = risco intermediário: 3-15%

Cr: creatinina; DM: diabetes; EAO: estenose aórtica; EAP: edema agudo dos pulmões; ECG: eletrocardiograma; ESSV: extrassístoles supraventriculares; ESV: extrassístoles ventriculares; HAS: hipertensão arterial sistêmica; HVE: hipertrofia do ventrículo esquerdo; IAM: infarto agudo do miocárdio; IC: insuficiência cardíaca; K: potássio; RS: ritmo sinusal; U: ureia.

Índice de Risco Cardíaco Revisado de Lee

Variáveis	Classes de risco
Operação intraperitoneal, intratorácica ou vascular suprainguinal DAC (ondas Q, sintomas de isquemia, teste +, uso de nitrato) IC (clínica, RX de tórax com congestão) Doença cerebrovascular Diabetes com insulinoterapia Creatinina pré-operatória > 2,0 mg/dL	**Classes de risco:** ▪ I (nenhuma variável, risco 0,4%) ▪ II (1 variável, risco 0,9%) ▪ III (2 variáveis, risco 7%) ▪ IV (> 3 variáveis, risco 11%)

DAC: doença arterial coronária; IC: insuficiência cardíaca; RX: radiografia.

Fluxograma para avaliação cardíaca perioperatória

Para sistematizar o processo de avaliação perioperatória, a II Diretriz de Avaliação Perioperatória da Sociedade Brasileira de Cardiologia criou um fluxograma de avaliação que é usado de rotina na Unidade de Medicina Interdisciplinar em Cardiologia do Instituto do Coração (InCor-HCFMUSP).

ETAPA I: excluir condições cardíacas agudas

Se angina instável, infarto agudo do miocárdio, choque cardiogênico, edema agudo dos pulmões, bradiarritmia ou taquiarritmia grave, o paciente tem risco espontâneo muito elevado e, sempre que possível, a operação não cardíaca deve ser cancelada e reconsiderada somente após estabilização cardíaca.

ETAPA II: estratificar o risco conforme algoritmo de preferência: Lee, ACP, EMAPO (http://www.consultoriodigital.com.br)

ETAPA III: conduta

Baixo risco	Risco intermediário	Alto risco
▪ Lee: classes I e II ▪ ACP: baixo risco ▪ EMAPO: até 5 pontos	▪ Lee: classes III e IV (+ IC ou angina, no máximo CF II) ▪ ACP: risco intermediário ▪ EMAPO: 6-10 pontos	▪ Lee: classes III e IV (+ ICC ou angina, CF III ou IV) ▪ ACP: alto risco ▪ EMAPO: ≥ 11 pontos
Operação diretamente	Teste funcional de isquemia, se for mudar conduta, nas seguintes situações: ▪ Cirurgia vascular (IIa, NE B) ▪ Cirurgia de médio risco (IIb, NE C)	Sempre que possível, adiar operação até estabilizar a condição cardíaca. Se a natureza do risco for isquêmica: cateterismo

ACP: American College of Physicians; CF: classe funcional; EMAPO: Estudo Multicêntrico de Avaliação Perioperatória no Brasil; ICC: insuficiência cardíaca congestiva; NE: nível de evidência.

Bibliografia recomendada

1. Yu PC, Calderaro D, Gualandro DM, Marques AC, Pastana AF, Prandini JC, et al. Non-cardiac surgery in developing countries: epidemiological aspects and economical opportunities – the case of Brazil. PLoS One. 2010;5(5):e10607.
2. Kristensen SD, Knuuti J, Saraste A, Anker S, Bøtker HE, De Hert S, et al. 2014 ESC/ESA Guidelines on non-cardiac surgery: cardiovascular assessment and management. Kardiol Pol. 2014;72(11):857-918.
3. Fleisher LA, Fleischmann KE, Auerbach AD, Barnason SA, Beckman JA, Bozkurt B, et al. 2014 ACC/AHA guideline on perioperative cardiovascular evaluation and management of patients undergoing noncardiac surgery: a report of the American College of Cardiology/American Heart Association Task Force on Practice Guidelines. Circulation. 2014;130(24):e278-333.
4. Gualandro DM, Yu PC, Calderaro D, Marques AC, Pinho C, Caramelli B, et al. II Guidelines for perioperative evaluation of the Brazilian Society of Cardiology. Arq Bras Cardiol. 2011;96(3 Suppl 1):1-68.
5. Glance LG, Lustik SJ, Hannan EL, Osler TM, Mukamel DB, Qian F, et al. The surgical mortality probability model: derivation and validation of a simple risk prediction rule for noncardiac surgery. Ann Surg. 2012;255(4):696-702.
6. Palda VA, Detsky AS. Perioperative assessment and management of risk from coronary artery disease. Ann Intern Med. 1997;127(4):313-28.
7. Lee TH, Marcantonio ER, Mangione CM, Thomas EJ, Polanczyk CA, Cook EF, et al. Derivation and prospective validation of a simple index for prediction of cardiac risk of major noncardiac surgery. Circulation. 1999;100(10):1043-9.
8. Pinho C, Grandini PC, Gualandro DM, Calderaro D, Monachini M, Caramelli B. Multicenter study of perioperative evaluation for noncardiac surgeries in Brazil (EMAPO). Clinics (São Paulo). 2007;62(1):17-22.

13

Testes não invasivos para detecção de isquemia miocárdica

Pai Ching Yu
Bruno Caramelli

Introdução

O objetivo principal do teste complementar para avaliação de isquemia no perioperatório é identificar pacientes com maior risco de eventos cardíacos adversos.

O teste idealmente deve fornecer informações adicionais às variáveis clínicas já conhecidas, ter boa acurácia e valores preditivos positivos e negativos elevados.

A avaliação de isquemia miocárdica no contexto perioperatório geralmente é realizada por meio de prova funcional com estresse farmacológico ou físico associada a um método de imagem.

Indicações de avaliação de isquemia no perioperatório

Não há indicação de avaliação rotineira de isquemia para todos os pacientes em programação de operações não cardíacas.

A indicação de testes complementares para avaliação de isquemia depende da estratificação de risco do paciente baseada em variáveis clínicas, fatores de risco presentes, capacidade funcional e tipo de operação.

É recomendado teste funcional de isquemia para pacientes estratificados com risco intermediário pelos algoritmos e que estão em programação de cirurgia vascular (indicação IIa, nível de evidência B).

Para pacientes de risco intermediário que serão submetidos a cirurgia de médio risco e para pacientes com baixa capacidade funcional em programação de operações de risco intermediário e alto, a avaliação de isquemia miocárdica pode ser considerada no pré-operatório (indicação IIb, nível de evidência C).

(continua)

Indicações de avaliação de isquemia no perioperatório *(continuação)*

A avaliação de isquemia miocárdica deve ser indicada somente se a conduta clínica perioperatória for modificada.
Não há indicação de repetir testes de isquemia se o paciente teve alguma forma de avaliação prévia nos últimos 2 anos, não apresentou alterações na sintomatologia nem piora na capacidade funcional.

Principais testes não invasivos para avaliação de isquemia miocárdica no perioperatório

Teste ergométrico
Cintilografia de perfusão miocárdica
Ecocardiograma de estresse

Teste ergométrico

É a modalidade de eleição para avaliação de pacientes ambulatoriais, por ser amplamente disponível e acessível, de baixo custo e de fácil execução.
O teste tem a vantagem de permitir a estimativa objetiva da capacidade funcional do paciente, além da avaliação eletrocardiográfica e hemodinâmica. Apresenta alto valor preditivo negativo quando o paciente atinge pelo menos 85% da frequência cardíaca (FC) prevista.
A gravidade do problema indicada pelo teste apresenta correlação com evolução perioperatória: pacientes com teste positivo com baixa carga de esforço têm maior risco de eventos perioperatórios, enquanto aqueles com teste positivo com alta carga têm menor risco de eventos perioperatórios.
Apresenta algumas limitações: 30-50% dos pacientes não atingem a FC prevista e tornam o teste ineficaz para avaliação, assim como nos pacientes com limitações físicas ou baixa capacidade física e alterações no eletrocardiograma basal, que interferem na interpretação do teste. Tem menor acurácia se comparado aos exames com imagem.

Cintilografia de perfusão miocárdica

A cintilografia de perfusão miocárdica tem bom valor preditivo positivo e boa correlação com risco cardíaco pré-teste, além de alto valor preditivo negativo, próximo de 99%. Exame com perfusão normal em paciente suspeito de doença arterial coronariana (DAC) tem probabilidade muito baixa de eventos (cerca de 1% ao ano), enquanto a presença de alterações de perfusão está relacionada a taxa de evento anual próxima de 7%.

(continua)

Cintilografia de perfusão miocárdica *(continuação)*

O exame tem sensibilidade de 83% e especificidade de 47% para predição de complicações perioperatórias. Tem baixo valor preditivo positivo, com acurácia menor que o ecocardiograma com estresse, mas é válida a sua utilização em pacientes com contraindicação para realização de ecocardiograma com estresse.

A cintilografia de perfusão miocárdica associada ao GATED permite a avaliação tanto da perfusão miocárdica quanto da função cardíaca e é uma ferramenta útil na estratificação de risco para as cirurgias vasculares.

Pacientes com perfusão normal, mas com alteração na contratilidade, apresentam significativamente mais eventos cardíacos que aqueles com contratilidade e perfusão normais. O volume sistólico final anormal (acima de duas vezes o desvio-padrão) é uma variável independente para a predição de eventos cardíacos.

A taxa de complicações perioperatórias (mortalidade e infarto não fatal) está diretamente relacionada às alterações de perfusão na cintilografia miocárdica: sem defeito de perfusão, com defeito fixo e com defeito reversível, respectivamente, de 1%, 7% e 9%.

Além das alterações perfusionais, a probabilidade de eventos perioperatórios também está relacionada à extensão e à gravidade dos defeitos de perfusão miocárdica:

Grau de defeito de perfusão miocárdica	Probabilidade de eventos (OR)
▪ Até 20%	▪ Semelhante a sem isquemia
▪ 20-29%	▪ 1,6
▪ 30-49%	▪ 2,9
▪ > 50%	▪ 11,0

Ecocardiograma de estresse

Permite a avaliação de função ventricular, além de avaliação de valvopatias e detecção da presença e extensão de isquemia miocárdica. A ecocardiografia sob estresse é precisa e segura para identificar pacientes com doença arterial coronária, além de ter importante papel como preditora de eventos cardíacos.

É um método bastante utilizado e documentado, com diversos estudos para avaliação de risco perioperatório. A sensibilidade do exame é de cerca de 85% com especificidade de 70%. Tem valor preditivo positivo de 25-55% e valor preditivo negativo de 93-100%.

Exame normal, sem isquemia documentada, tem risco anual de eventos muito baixo, em torno de 0,4-0,9%, e a probabilidade de eventos perioperatórios é baixa nessa situação.

O ecocardiograma de estresse pode ser realizado com estresse físico, quando a imagem é adquirida no momento basal, e logo após esforço físico. Apresenta a desvantagem de não ser possível adquirir imagem durante a fase de estresse; alterações de frequência respiratória (FR) e FC podem prejudicar a imagem. Tem sensibilidade de 85% e especifidade de 88%.

As ecocardiografias sob estresse pela dobutamina e pelo exercício apresentam acurácias diagnósticas, respectivamente, semelhantes e superiores ao estresse com dipiridamol.

Angiotomografia de coronárias e escore de cálcio

Permite avaliação da carga aterosclerótica das placas e anatômica coronariana com alto valor preditivo negativo para doença coronariana.
Poucos estudos avaliaram o papel do escore de cálcio e angiotomografia coronária como métodos para avaliação de risco perioperatório.
Ainda não há dados contundentes na literatura para recomendar o seu uso como método de avaliação de risco cirúrgico no perioperatório de operações não cardíacas. Não devem ser utilizados como substitutos do ecocardiograma com estresse ou cintilografia miocárdica para avaliação de isquemia no perioperatório.

Bibliografia recomendada

1. Gualandro DM, Yu PC, Calderaro D, Marques AC, Pinho C, Caramelli B, et al. Sociedade Brasileira de Cardiologia. II Diretriz de avaliação perioperatória. Arq Bras Cardiol. 2011;96(3 Suppl. 1):1-68.
2. II Diretriz da Sociedade Brasileira de Cardiologia sobre teste ergométrico. Arq Bras Cardiol. 2002;78(Suplemento II):1-16.
3. Chaitman BR, Miller DD. Perioperative cardiac evaluation for noncardiac surgery noninvasive cardiac testing. Prog Cardiovasc Dis. 1998;40(5):405-18.
4. Morris CK, Ueshima K, Kawaguchi T, Hideg A, Froelicher VF. The prognostic value of exercise capacity: a review of the literature. Am Heart J. 1991;122(5):1423-31.
5. Von Knorring J, Lepantalo M. Prediction of perioperative cardiac complications by electrocardiographic monitoring during treadmill exercise testing before peripheral vascular surgery. Surgery. 1986;99(5):610-3.
6. Arous EJ, Baum PL, Cutler BS. The ischemic exercise test in patients with peripheral vascular disease. Implications for management. Arch Surg. 1984;119(7):780-3.
7. McPhail N, Calvin JE, Shariatmadar A, Barber GG, Scobie TK. The use of preoperative exercise testing to predict cardiac complications after arterial reconstruction. J Vasc Surg. 1988;7(1):60-8.
8. Fathala A, Hassan W. Role of multimodality cardiac imaging in preoperative cardiovascular evaluation before noncardiac surgery. Ann Card Anaesth. 2011;14(2):134-45.
9. Kertai MD, Boersma E, Bax JJ, Heijenbrok-Kal MH, Hunink MG, L'talien GJ, et al. A meta-analysis comparing the prognostic accuracy of six diagnostic tests for predicting perioperative cardiac risk in patients undergoing major vascular surgery. Heart. 2003;89(11):1327-34.
10. Kayano D, Nakajima K, Ohtake H, Kinuya S. Gated myocardial perfusion SPECT for preoperative risk stratification in patients with noncardiac vascular disease. Ann Nucl Med. 2009;23(2):173-81.
11. Shaw LJ, Eagle KA, Gersh BJ, Miller DD. Meta-analysis of intravenous dipyridamole-thallium-201 imaging (1985 to 1994) and dobutamine echocardiography (1991 to 1994) for risk stratification before vascular surgery. J Am Coll Cardiol. 1996;27(4):787-98.

12. Etchells E, Meade M, Tomlinson G, Cook D. Semiquantitative dipyridamole myocardial stress perfusion imaging for cardiac risk assessment before noncardiac vascular surgery: a meta-analysis. J Vasc Surg. 2002;36(3):534-40.
13. Chuah SC, Pellikka PA, Roger VL, McCully RB, Seward JB. Role of dobutamine stress echocardiography in predicting outcome in 860 patients with known or suspected coronary artery disease. Circulation. 1998;97(15):1474-80.
14. Mathias Jr W, Arruda A, Santos FC, Arruda AL, Mattos E, Osorio A, et al. Safety of dobutamine-atropine stress echocardiography: A prospective experience of 4,033 consecutive studies. J Am Soc Echocardiogr. 1999;12(10):785-91.
15. Das MK, Pellikka PA, Mahoney DW, Roger VL, Oh JK, McCully RB, et al. Assessment of cardiac risk before nonvascular surgery: dobutamine stress echocardiography in 530 patients. J Am Coll Cardiol. 2000;35(6):1647-53.
16. Sicari R, Nihoyannopoulos P, Evangelista A, Kasprzak J, Lancellotti P, Poldermans D, et al. Stress Echocardiography Expert Consensus Statement – Executive Summary: European Association of Echocardiography (EAE) (a registered branch of the ESC). Eur Heart J. 2009;30(3):278-89.
17. Dagianti A, Penco M, Agati L, Sciomer S, Dagianti A, Rosanio S, et al. Stress echocardiography: comparison of exercise, dipyridamole and dobutamine in detecting and predicting the extent of coronary artery disease. J Am Coll Cardiol. 1995;26(1):18-25.
18. Ghadri JR, Fiechter M, Veraguth K, Gebhard C, Pazhenkottil AP, Fuchs TA, et al. Coronary calcium score as an adjunct to nuclear myocardial perfusion imaging for risk stratification before noncardiac surgery. J Nucl Med. 2012;53(7):1081-6.
19. Kaneko K, Ito M, Takanashi T, Hashizume E, Owashi K, Kaneko H, et al. Computed tomography and scintigraphy vs. cardiac catheterization for coronary disease screening prior to noncardiac surgery. Intern Med. 2010;49(16):1703-10.

14

Medidas para redução do risco cirúrgico

Daniela Calderaro
Bruno Caramelli

Introdução

O maior objetivo da avaliação perioperatória é a reduzir as complicações, o que começa com a correta estimativa do risco e termina com a monitorização adequada para intervenção precoce e redução de danos, caso eles aconteçam. Durante esse processo, há grande margem de intervenção, desde o controle não farmacológico de anemia, hipovolemia, hipotermia, controles glicêmico e pressórico até intervenções específicas, com os chamados farmacoprotetores: estatinas, betabloqueadores e antiagregantes. Para um grupo muito específico e restrito de pacientes, indica-se ainda a revascularização miocárdica profilática. Será abordada, aqui, a prática da farmacoproteção. Cabe ressaltar que, em algumas situações de avaliação perioperatória, o cardiologista deve prescindir de terapias que poderiam melhorar a estabilidade cardiovascular, mas que demandariam adiamento da operação proposta.

Estatinas

As maiores evidências com estatinas no perioperatório são com pacientes submetidos a operações vasculares arteriais, sem comprovação em estudos prospectivos e randomizados do seu benefício em operações não vasculares. Entretanto, o uso racional da farmacoproteção justifica que, por opinião de especialistas, as diretrizes de avaliação perioperatória, tanto da Sociedade Brasileira de Cardiologia quanto das sociedades norte-americana (American Heart Association/American College of Cardiology – AHA/ACC) e europeia (European Society of Cardiology – ESC), recomendem estatinas no perioperatório não vascular de pacientes de elevado risco cardíaco e manutenção para aqueles indivíduos em uso crônico (Tabela "Resumo das recomendações de prescrição de estatina no perioperatório, conforme as diretrizes da SBC, da AHA/ACC e da ESC").

- Sugestão: iniciar no momento da avaliação perioperatória (mesmo que seja na véspera da operação) e manter por 30 dias pós-operatórios. Doses: sinvastatina, 40 mg/dia, atorvastatina, 20 mg/dia, rosuvastatina, 10 mg/dia, não devendo diminuir a dose e nunca suspender para os pacientes que já vinham em uso crônico. Considerar manter a medicação, mesmo após os 30 dias pós-operatórios, como medida de controle da doença aterosclerótica.

Resumo das recomendações de prescrição de estatina no perioperatório, conforme as diretrizes da SBC, da AHA/ACC e da ESC

Grau de recomendação	SBC 2011	ESC 2014	AHA/ACC 2014
I	Pacientes sabidamente coronariopatas (NE C)	Pacientes que serão submetidos a operações de alto risco, idealmente 30 dias antes ou pelo menos 1 semana antes da operação (NE B)	Manter em pacientes que já usam (NE B)
	Manter em pacientes que já usam (NE B) Pacientes que serão submetidos a operações vasculares (NE A)	Manter em pacientes que já usam (NE C)	
IIa			Pacientes que serão submetidos a operações vasculares (NE B)
IIb	Pacientes de alto risco (NE C)		Iniciar antes de procedimentos de risco elevado para pacientes que já tenham outras indicações clínicas para estatina (NE C)

AHA/ACC: American Heart Association/American College of Cardiology; ESC: European Society of Cardiology; NE: nível de evidência; SBC: Sociedade Brasileira de Cardiologia.

Betabloqueadores

Existe muita polêmica sobre o real benefício e os riscos da utilização de betabloqueadores no perioperatório, mas o que não se discute e é unanimidade entre as diversas diretrizes de avaliação cardiológica perioperatória é que pacientes em uso crônico não devem ter a medicação suspensa. A Tabela a seguir resume as indicações de betabloqueio no perioperatório de acordo com as diretrizes da SBC, AHA/ACC e ESC. Cabe lembrar que, além de selecionar apropriadamente os pacientes conforme a estimativa de risco cardíaco, devem ser considerados dois princípios básicos muito enfatizados nas diretrizes da SBC:

- Segurança: nunca iniciar no dia da operação, devendo respeitar intervalo ideal de pelo menos 7 dias. Iniciar com doses baixas e titulação progressiva de acordo com a tolerância individual.
- Eficácia: titular a dose até betabloqueio efetivo, com FC ~60 bpm.

Indicações de betabloqueadores no perioperatório de acordo com as diretrizes internacionais

Grau de recomendação	SBC 2011	ESC 2014	AHA/ACC 2014
I	Não suspender (NE B) Isquemia sintomática ou + em prova funcional antes de operação vascular arterial (NE B) ou antes de operação não vascular (NE C)	Não suspender (NE C) Diagnóstico de doença coronária ou isquemia + em prova funcional pré-operatória (NE B) Operação de alto risco (NE B): operação aberta de aorta ou revascularização periférica	Não suspender (NE B)

(continua)

Indicações de betabloqueadores no perioperatório de acordo com as diretrizes internacionais *(continuação)*

Grau de recomendação	SBC 2011	ESC 2014	AHA/ACC 2014
IIa	Risco cardíaco intermediário, em programação de operação vascular (NE B)	Operação de risco intermediário (NE B): operação endovascular de aorta, angioplastia periférica, endarterectomia carotídea, transplante renal ou hepático, cirurgias urológicas maiores, de quadril ou coluna, cirurgias abdominais	Independentemente do momento tabde início do betabloqueio, no pós-operatório, ele deve ser administrado de acordo com as circunstâncias clínicas (NE B)
IIb	Risco cardíaco intermediário, em programação de operação não vascular (NE B)	Programação de operação de baixo risco em paciente com fator de risco para complicação (NE B)	Prova funcional + isquemia e de risco moderado ou alto (NE C) Pacientes com três ou mais dos seguintes FR: diabetes, IC, DAC, insuficiência renal, doença cerebrovascular (NE B) Incerto o benefício de iniciar antes da operação betabloqueio para pacientes com indicação de uso crônico, mas sem os fatores de risco (NE B) Quando indicado, o betabloqueador perioperatório deve ser iniciado com tempo suficiente para testar a tolerabilidade e a segurança, com mais de 1 dia de antecedência da operação (NE B)

(continua)

Indicações de betabloqueadores no perioperatório de acordo com as diretrizes internacionais *(continuação)*

Grau de recomendação	SBC 2011	ESC 2014	AHA/ACC 2014
III – risco	Não prescrever para pacientes com contraindicação gra (NE B): broncoespasmo grave, asma brônquica, bloqueios atrioventriculares avançados ou instabilidade hemodinâmica	Não há indicação para pacientes sem fatores de risco, antes de operações de baixo risco (NE B): operação das mamas, odontológicas, oftalmológicas ou urológicas, ginecológicas e ortopédicas menores	Não iniciar betabloqueador no dia da operação (NE B)

AHA/ACC: American Heart Association/American College of Cardiology; ESC: European Society of Cardiology; FR: fatores de risco; DAC: doença arterial coronária; IC: insuficiência cardíaca; NE: nível de evidência; SBC: Sociedade Brasileira de Cardiologia.

Aspirina

O maior estudo randomizado sobre aspirina no perioperatório não demonstrou benefício, mas aumento do risco de sangramento: 4,6 3 3,8%. Entretanto, especificamente o subgrupo que apresenta maior indicação de manutenção da aspirina no perioperatório (indivíduos com alta carga aterosclerótica, que recebem ácido acetilsalicílico para prevenção secundária, notadamente aqueles com stent coronário ou no perioperatório vascular) foi sub-representado. Recomenda-se a manutenção perioperatória da aspirina em baixa dose (100 mg/dia) em todo perioperatório daqueles pacientes que a recebem para prevenção cardiovascular secundária, em consenso com a equipe cirúrgica, sendo que, exceto em neurocirurgias ou ressecção transuretral de próstata, as evidências sugerem que o risco de trombose atribuível à suspensão supera o risco de sangramento associado à manutenção. Não há evidências para iniciar aspirina no pré-operatório de pacientes que ainda não faziam uso dela, apesar de terem indicação específica de prevenção cardiovascular secundária.

Dupla antiagregação plaquetária

Pacientes com dupla antiagregação plaquetária (DAP), por um lado, têm risco de sangramento expressivamente maior no perioperatório, mas, por outro lado, elevado risco de eventos aterotrombóticos, caso haja intervenção sob essa terapia, notadamente quando a sua indicação é para prevenir trombose de *stent* coronário. Operações eletivas devem idealmente ser adiadas até o término da duração planejada da DAP: 1 ano após *stent* farmacológico ou 1 mês após *stent* convencional e idealmente 1 ano após episódio de insuficiência coronária aguda. Evidências recentes sugerem que, para os *stents* farmacológicos de mais nova geração, o período mais crítico para trombose é o primeiro semestre, de forma que as sociedades norte-americanas já incorporaram em suas diretrizes intervalo mínimo de 6 meses quando for muito elevado o risco de adiar a operação não cardíaca por 1 ano após a angioplastia. Quando esses intervalos não podem ser praticados e o risco de sangramento perioperatório é moderado ou elevado, recomenda-se manter a aspirina em todo o perioperatório e suspender o tienopiridínico 5 dias antes da operação. Ele deve ser reintroduzido o mais precocemente possível, idealmente antes de totalizar 10 dias sem a dupla terapia.

Se o risco de sangramento inerente ao procedimento for baixo, deve-se considerar proceder à operação com os dois antiagregantes. Em caso de risco muito alto de trombose (intervenção percutânea recente, síndrome coronária aguda, resultado primário subótimo da angioplastia) e risco de sangramento moderado a elevado, pode-se considerar "ponte" com antiagregante parenteral, como o tirofiban. Não há nenhum benefício do uso de "ponte" com heparina em substituição à DAP, com evidências apenas de aumento do risco de sangramento.

As recomendações das diretrizes da SBC de Avaliação Perioperatória e de antiagregantes plaquetários estão resumidas na tabela a seguir.

Recomendação da SBC para o manejo da antiagregação plaquetária no perioperatório

Grau de recomendação	SBC
I	▪ Manter aspirina para pacientes coronariopatas, reduzir a dose para 75-100 mg/dia, exceto em neurocirurgias e ressecção transuretral de próstata (NE B). ▪ Pacientes em uso de aspirina para prevenção primária devem suspendê-la 7 dias antes da operação (NE C). ▪ Dupla antiagregação e *stent* recente: manter aspirina e suspender o tienopiridínico 5 dias antes da operação, reintroduzir o mais precocemente possível, idealmente antes que o paciente complete 10 dias sem (NE C). ▪ Paciente vasculopata em antiagregação apenas com tienopiridínico e operação com risco moderado a alto de sangramento: suspender o antiagregante 5 dias antes (NE C).
IIa	▪ Dupla antiagregação e *stent* recente: manter os dois antiagregantes se a operação tem baixo risco de sangramento (NE C). ▪ Paciente apenas com tienopiridínico e operação com baixo risco de sangramento: manter (NE C).

NE: nível de evidência; SBC: Sociedade Brasileira de Cardiologia.

A AHA/ACC estabelece as seguintes recomendações classe I:
▪ O manejo de antiagregante perioperatório deve ser consenso entre cirurgião, anestesista, cardiologista e paciente, ponderando-se o risco de trombose *versus* risco de hemorragia (NE C).
▪ Dupla antiagregação: manter os dois antiagregantes, a menos que o risco de sangramento supere o risco de trombose do *stent* para pacientes com operações não cardíacas inadiáveis nas primeiras 4-6 semanas após *stent* convencional ou em paciente com *stent* farmacológico (NE C).
▪ Pacientes com *stent* e que necessitam suspender tienopiridínico no perioperatório devem manter a aspirina e reiniciar o tienopiridínico o mais precocemente posível após a operação (NE C).

AHA/ACC: American Heart Association/American College of Cardiology; NE: nível de evidência.

Considerações finais
Enfatiza-se, ainda, que se deve manter a aspirina em pacientes sem *stent* se o risco cardíaco for maior que o de sangramento (classe IIb; NE B).
A ESC faz recomendações mais concentuais como classe IIa:
▪ Não suspender a aspirina rotineiramente no perioperatório (NE B).
▪ Suspender a aspirina apenas quando se antecipa dificuldade na hemostasia durante a operação (NE B).

ESC: European Society of Cardiology; NE: nível de evidência.

Bibliografia recomendada

1. Gualandro DM, Yu PC, Calderaro D, Marques AC, Pinho C, Caramelli B, et al. II Guidelines for perioperative evaluation of the Brazilian Society of Cardiology. Arq Bras Cardiol. 2011;96(3 Suppl 1):1-68.
2. Gualandro D, Yu PC, Calderaro D, Caramelli B, Casella IB, Presti C, et al. II Diretriz de avaliação perioperatória – atualização e enfoque para operações vasculares arteriais. Arquivos Brasileiros de Cardiologia. 2013.
3. Fleisher LA, Fleischmann KE, Auerbach AD, et al. 2014 ACC/AHA guideline on perioperative cardiovascular evaluation and management of patients undergoing noncardiac surgery: a report of the American College of Cardiology/American Heart Association Task Force on practice guidelines. J Am Coll Cardiol. 2014;64(22): e77-137.
4. Kristensen SD, Knuuti J, Saraste A, et al. 2014 ESC/ESA Guidelines on non-cardiac surgery: cardiovascular assessment and management: The Joint Task Force on non-cardiac surgery: cardiovascular assessment and management of the European Society of Cardiology (ESC) and the European Society of Anaesthesiology (ESA). Eur Heart J. 2014;35(35):2383-431.
5. Devereaux PJ, Mrkobrada M, Sessler DI. Aspirin in patients undergoing noncardiac surgery. N Engl J Med. 2014; 370(16):1494-503.
6. Lorga Filho AM et al. Diretrizes brasileiras de antiagregantes plaquetários e anticoagulantes em cardiologia. Arq Bras Cardiol. [on-line]. 2013;101(3):1-95.
7. Capodanno D, Musumeci G, Lettieri C, et al. Impact of bridging with perioperative low-molecular-weight heparin on cardiac and bleeding outcomes of stented patients undergoing non-cardiac surgery. Thromb Haemost. 2015;28:114(2).

15

Revascularização miocárdica perioperatória

Daniela Calderaro
Bruno Caramelli

Introdução

Atualmente, com a melhoria dos recursos para tratamento clínico da doença arterial coronária, é cada vez menor o grupo de pacientes para os quais a revascularização miocárdica traz grande benefício adicional em termos de redução de mortalidade e infarto. No contexto perioperatório, temos ainda um agravante: o prognóstico e a premência do tratamento da comorbidade cirúrgica, com implicações diretas na viabilidade e no momento de realização da eventual revascularização miocárdica. Ainda assim, a revascularização miocárdica pode ser benéfica e acontecer em duas situações:

- Durante a avaliação pré-operatória eletiva, indicando alto risco de complicações cardíacas de natureza isquêmica, que será discutida neste capítulo.
- Tratamento de doença coronária aguda perioperatória, abordada no Capítulo 21 deste manual.

Evidências

Até 10 anos atrás, séries de casos, em sua maioria retrospectivas, apontavam benefício da revascularização miocárdica em coronariopatas antes de operações não cardíacas. Esses estudos já evidenciavam que o benefício aparecia para aqueles procedimentos de maior risco intrínseco, tais como cirurgias vasculares maiores, intratorácicas, intraperitoneais e de cabeça e pescoço. Na última década, entretanto, os dois estudos prospectivos e randomizados, delineados para avaliar o impacto da revascularização miocárdica profilática no perioperatório de cirurgia vascular, não mostraram benefício. No primeiro deles, pacientes com disfunção ventricular ou anatomia coronária de muito alto risco foram excluídos. No segundo estudo, apenas pacientes de muito alto risco foram avaliados, o que poderia potencializar resultados benéficos, mas não foi o caso. Questões metodológicas sérias devem ser consideradas, desde o pequeno tamanho amostral, falta de informação sobre a anatomia coronária dos pacientes do grupo clínico e, principalmente, o desrespeito ao intervalo preconizado entre os procedimentos: muitos pacientes foram precocemente submetidos a procedimentos vasculares após angioplastia coronária com *stent* farmacológico. Por outro lado, análises de subgrupo do estudo CARP (*Coronary Artery Revascularization Prophylaxis Trial*) sugerem que, para pacientes com isquemia de parede anterior, no perioperatório de correção de aneurisma de aorta existe benefício da revascularização miocárdica profilática.

Mesmo assim, e considerando as limitações das evidências, por consenso de especialistas existem recomendações específicas para a revascularização miocárdica profilática. Sempre deve-se ter em mente que o maior objetivo da avaliação perioperatória é a redução do risco global do paciente, e não apenas redução de complicações cardíacas. Isso implica prescindir da revascularização, mesmo quando as características clínicas apontam potencial de benefício, mas a operação não cardíaca não pode ser adiada até que os intervalos preconizados sejam cumpridos.

Indicações

Indicações de revascularização miocárdica profilática, de acordo com as recomendações da Sociedade Brasileira de Cardiologia

Grau de recomendação	SBC 2011-2013
I	▪ Pacientes com indicação de RM, independentemente do contexto perioperatório e operação não cardíaca eletiva (NE C). ▪ Paciente com evidência durante a avaliação perioperatória de grandes áreas isquêmicas, anatomia coronária de alto risco e baixo limiar para isquemia (NE C).

(continua)

Indicações de revascularização miocárdica profilática, de acordo com as recomendações da Sociedade Brasileira de Cardiologia *(continuação)*

Grau de recomendação	SBC 2011-2013
IIa	▪ Pacientes sem marcadores de alto risco, mas com indicação de revascularização miocárdica, antes de operações de risco intermediário ou alto, eletivas (NE C).
IIb	▪ Pacientes sem marcadores de alto risco, mas com indicação de revascularização miocárdica, antes de operações de risco baixo, eletivas (NE C).
III	▪ Necessidade de operação não cardíaca de urgência, independentemente da gravidade da doença coronária (NE C). ▪ Operação não cardíaca de natureza paliativa, em pacientes com prognóstico limitado (NE C).

NE: nível de evidência; SBC: Sociedade Brasileira de Cardiologia.

Intervalos

Após revascularização cirúrgica do miocárdio, sugere-se esperar um mês para realizar a operação não cardíaca, muito mais por questões de prevenção de infecção hospitalar e de complicações respiratórias que por complicações cardiovasculares. Nos casos de angioplastia coronária, entretanto, a não observação dos intervalos preconizados implica expressivo risco de complicação cardíaca. Se, de um lado, a angioplastia desobstrui determinado segmento arterial, por outro lado ela determina grande diátese aterotrombótica nesse local previamente estável. A trombogenicidade é mais duradoura e intensa quando se implanta *stent*, notadamente os farmacológicos, sendo proscrito o implante de *stent* farmacológico quando se antecipa a necessidade de procedimento cirúrgico no próximo ano. Em algumas situações, se o resultado primário da angioplastia com balão for bom e a cirurgia não cardíaca deve ser realizada o mais precocemente possível, deve-se considerar não implantar o *stent*, recomendação esta que é classe I pelas diretrizes de avaliação perioperatória da European Society of Cardiology. Com os *stents* farmacológicos de mais nova geração, a duração da dupla antiagregação pode ser abreviada aos 6 meses, a depender da situação clínica. Tal fato pode ser levado em conta para aqueles pacientes que têm *stent* farmacológico e nos meses subsequentes ao implante recebem indicação de operação não cardíaca, mas nunca no contexto de revascularização profilática. Cabe lembrar que a possibilidade de manter a dupla antiagregação não deve ser considerada grande atenuante para redução dos intervalos preconizados, pois a diátese trombótica perioperatória *per se* e o estresse cirúrgico ainda são importantes fatores para as complicações na artéria recém-angioplastada.

Intervalos entre a revascularização miocárdica profilática e a operação não cardíaca, conforme as diretrizes da Sociedade Brasileira de Cardiologia

Tipo de angioplastia	Intervalo ideal	Intervalo mínimo
Stent farmacológico	Não estabelecido	1 ano
Stent convencional	> 6 semanas e < 3 meses	14 dias
Angioplastia com balão	> 14 dias	7 dias

Bibliografia recomendada

1. Eagle KA, Rihal CS, Mickel MC, Holmes DR, Foster ED, Gersh BJ. Cardiac risk of noncardiac surgery: influence of coronary disease and type of surgery in 3368 operations. Circulation 1997;96:1882-7.
2. McFalls EO, Ward HB, Moritz TE, Goldman S, Krupski WC, Litooy F, et al. Coronary artery revascularization before eletive major vascular surgery. N Engl J Med. 2004;351:2795-804.
3. Poldermans D, Schouten O, Vidakovic B, Barc JJ, Thomsom IR, Holks SE, et al. A clinical randomized trial to evaluate the safety of a noninvasive approach in high-risk patients undergoing major vascular surgery. The DECREASE-V pilot study. J Am Coll Cardiol. 2007;49:1763-9.
4. Garcia S, Rider JE, Moritz TE, Pierpont G, Goldman S, Larsen GC, et al. Preoperative coronary artery revascularization and long-term outcomes following abdominal aortic vascular surgery in patients with abnormal myocardial perfusion scans: a subgroup analysis of the coronary artery revascularization prophylaxis trial. Catheter Cardiovasc Interv. 2011;77(1):134-41.
5. Gualandro DM, Yu PC, Calderaro D, Marques AC, Pinho C, Caramelli B, et al. II Guidelines for perioperative evaluation of the Brazilian Society of Cardiology. Arq Bras Cardiol. 2011;96(3 Suppl 1):1-68.
6. Gualandro D, Yu PC, Calderaro D, Caramelli B, Casella IC, Presti C, et al. II Diretriz de avaliação perioperatória – atualização e enfoque para operações vasculares arteriais. Arquivos Brasileiros de Cardiologia; 2013.
7. Kristensen SD, Knuuti J, Saraste A, Anker S, Botker JA, Hert SD, et al. 2014 ESC/ESA Guidelines on non-cardiac surgery: cardiovascular assessment and management: The Joint Task Force on non-cardiac surgery: cardiovascular assessment and management of the European Society of Cardiology (ESC) and the European Society of Anaesthesiology (ESA). Eur Heart J. 2014;35(35):2383-431.
8. Fleisher LA, Fleischmann KE, Auerbach AD, Barnason SA, Beckman JA, Bozkurt B, et al. 2014 ACC/AHA guideline on perioperative cardiovascular evaluation and management of patients undergoing noncardiac surgery: a report of the American College of Cardiology/American Heart Association Task Force on practice guidelines. J Am Coll Cardiol. 2014;64(22):e77-137.

16

Manejo dos antiagregantes no perioperatório

Luciana Savoy Fornari
Bruno Caramelli

Recomendações com relação ao manejo perioperatório do AAS

- O ácido acetilsalicílico (AAS) aumenta o sangramento em 50%, mas sem aumento de sangramentos graves, exceto neurocirurgia e ressecção prostática transuretral.
- Pacientes em uso do AAS para a prevenção primária de eventos cardiovasculares devem suspendê-lo 7 dias antes do procedimento cirúrgico e não reintroduzi-lo.
- Pacientes em uso de AAS para prevenção secundária devem mantê-lo na dose de 75-100 mg, com exceção das ressecções transuretrais de próstata e neurocirurgia, quando deve ser suspenso 7 dias antes e reintroduzido tão logo possível no pós-operatório.
- A reintrodução da medicação, quando suspensa, deve ser o mais precoce possível, assim que houver diminuído o risco de complicações hemorrágicas de comum acordo com o cirurgião.

Recomendações com relação ao manejo perioperatório dos inibidores do receptor de adenosina difosfato (ADP) plaquetário

- Pacientes em uso de inibidores do receptor de ADP plaquetário (clopidogrel, ticlopidina, ticagrelor, prasugrel) como prevenção primária devem ter a medicação suspensa 5 dias antes da cirurgia (7 dias para prasugrel).
- Pacientes em uso de clopidogrel ou outros inibidores do receptor de ADP para prevenção secundária, submetidos a cirurgias com baixo risco de sangramento, devem manter a medicação.

(continua)

Recomendações com relação ao manejo perioperatório dos inibidores do receptor de adenosina difosfato (ADP) plaquetário *(continuação)*

- Pacientes em uso de clopidogrel ou outros inibidores do receptor de ADP para prevenção secundária, submetidos a cirurgias com risco moderado a alto de sangramento, devem suspender a medicação 5 dias antes (7 dias para prasugrel).
- A reintrodução da medicação, quando suspensa, deve ser o mais precoce possível, assim que houver diminuído o risco de complicações hemorrágicas, de comum acordo com o cirurgião.
- Para a maioria das situações de baixo risco (angioplastia com *stent* convencional > 6 semanas e com *stent* farmacológico > 1 ano), manter uso de AAS em todo o período perioperatório (exceto para neurocirurgias e ressecção transuretral de próstata), suspender o inibidor de ADP 5 dias antes da operação e reintroduzir o mais precocemente possível, de preferência antes que o paciente complete 10 dias da suspensão.
- Manter a dupla antiagregação em procedimentos de baixo risco de sangramento.

(continua)

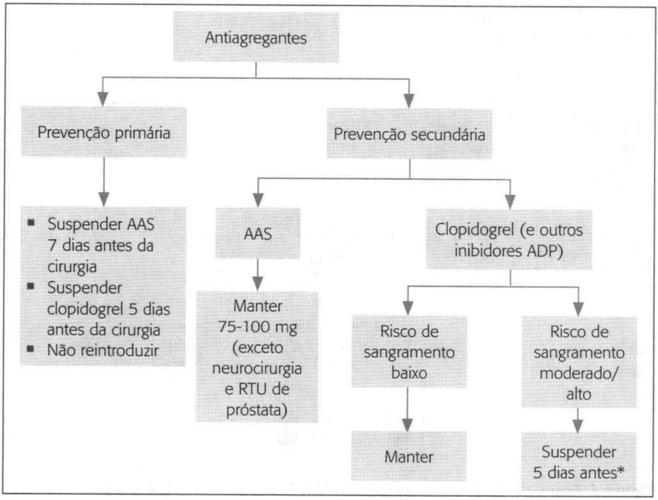

Figura 1 Esquema para manejo de terapia antiagregante plaquetária no perioperatório de cirurgias não cardíacas. * No caso do prasugrel, suspender 7 dias antes. AAS: ácido acetilsalicílico; ADP: adenosina difosfato; RTU: ressecção prostática transuretral.

Recomendações com relação ao manejo perioperatório dos inibidores do receptor de adenosina difosfato (ADP) plaquetário *(continuação)*

- Fatores preditores de trombose de *stent* incluem: resultado angiográfico subótimo, idade avançada, angioplastia na vigência de episódio agudo (infarto agudo do miocárdio – IAM ou angina instável), diabetes, disfunção ventricular, insuficiência renal crônica, lesões ostiais, bifurcações, *stents* longos, vasos pequenos e, principalmente, suspensão da dupla antiagregação plaquetária.

(continua)

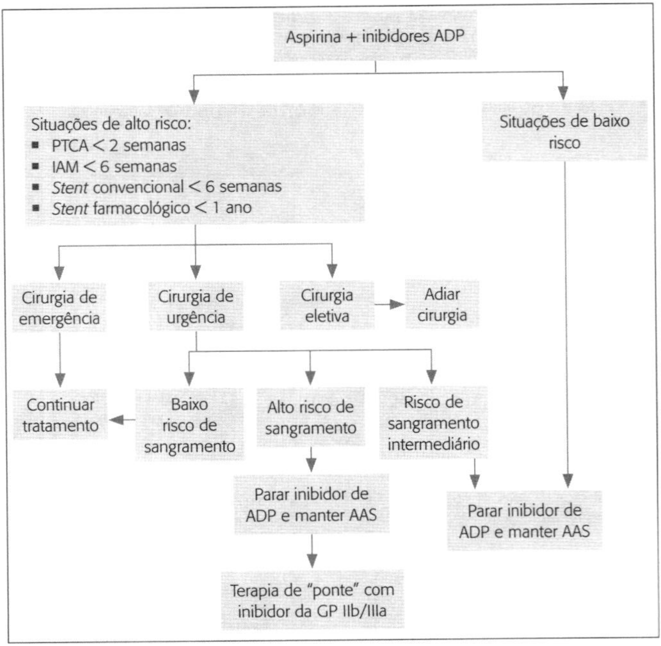

Figura 2 Esquema para manejo de antiagregação plaquetária dupla em pacientes com angioplastia prévia no perioperatório de cirurgias não cardíacas. AAS: ácido acetilsalicílico; ADP: adenosina difosfato; GP: glicoproteína; IAM: infarto agudo do miocárdio; PTCA: angioplastia coronária percutânea transluminal.

Recomendações com relação ao manejo perioperatório dos inibidores do receptor de adenosina difosfato (ADP) plaquetário *(continuação)*

- Em pacientes portadores de *stent* farmacológico há menos de 1 ano com fatores de risco para trombose do *stent* que serão submetidos a operações de urgência com risco de sangramento intermediário ou alto pode-se considerar a terapia de "ponte" com inibidor da glicoproteína IIb/IIIa. Do mesmo modo quando for necessária a suspensão simultânea de AAS e inibidor de ADP.

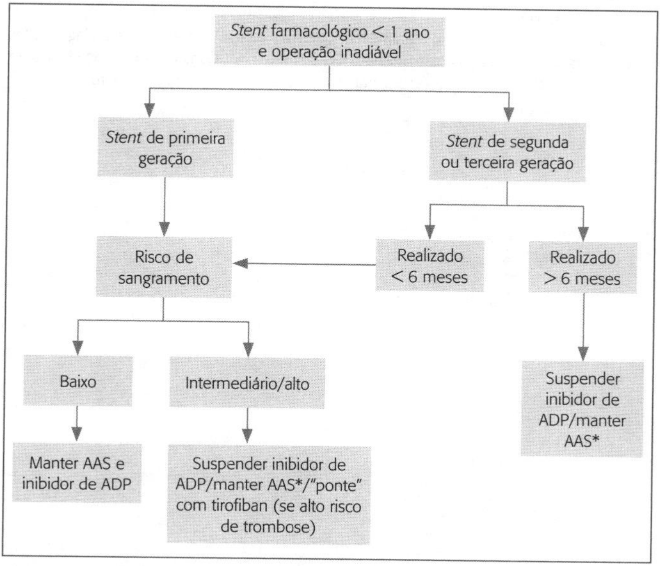

Figura 3 Esquema para manejo de antiagregantes em pacientes com *stent* farmacológico realizado há menos de 1 ano e cirurgia cardíaca inadiável. * Exceto neurocirurgia e ressecção prostática transuretral. AAS: ácido acetilsalicílico; ADP: adenosina difosfato.

Bibliografia recomendada

1. Gualandro DM, Yu PC, Calderaro D, Marques AC, Pinho C, Caramelli B, et al. II Diretriz de avaliação perioperatória da Sociedade Brasileira de Cardiologia. Arq Bras Cardiol. 2011;96(3 supl. 1):1-68.
2. Oscarsson A, Gupta A, Fredrikson M, Jarhult J, Nystrom M, Petterson E, et al. To continue or to discontinue aspirin in the perioperative period: a randomized, controlled clinical Trial. Br J Anaesth. 2010;104:305-12.
3. Serrano Jr CV, Fenelon G, Soeiro AM, Nicolau JC, Piegas LS, Montenegro ST, et al. Sociedade Brasileira de Cardiologia. Diretrizes brasileiras de antiagregantes plaquetários e anticoagulantes em cardiologia. Arq Bras Cardiol. 2013;101(3Supl.3):1-9
4. Oprea AD, Popescu WM. Perioperative management of antiplatelet therapy. Br J Anaesth. 2013;111:i3-i17.
5. Gualandro D, Yu PC, Pinho C, Caramelli B. Cuidados com anticoalulantes e antiagregantes em cirurgias não cardíacas. In: Magalhães CC, Serrano Jr. CV, Consolim-Colombo FM, Nobre F, Fonseca FAH, Ferreira JFM (eds.). Tratado de cardiologia Socesp. 3.ed. Barueri: Manole; 2015. p. 1232-7.

17

Manejo dos anticoagulantes no perioperatório

Danielle Menosi Gualandro
Pai Ching Yu

Introdução

Cerca de 10% dos pacientes em uso de anticoagulante serão submetidos a algum procedimento cirúrgico no decorrer de 1 ano.

No manejo perioperatório de pacientes em uso de anticoagulantes, devemos encontrar o equilíbrio, pesando o risco de tromboembolismo associado a sua suspensão e o risco de sangramento associado com a sua manutenção.

A realização da estratégia de "ponte" com heparina depende do agente anticoagulante utilizado e do risco de trombose do paciente, não devendo ser realizada indiscriminadamente para todos os pacientes.

Pacientes em uso de varfarina

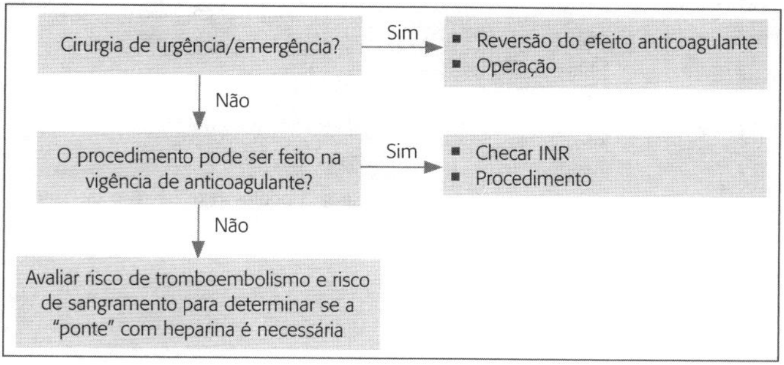

Reversão do efeito anticoagulante da varfarina (somente urgência/emergência)

Terapia	Dose
Vitamina K	2,5-5 mg, por via venosa
Plasma fresco congelado	15 mL/kg
Complexo protrombínico	INR 2,0-3,9: 25 U/kg INR 4,0-5,9: 35 U/kg INR ≥ 6,0: 50 U/kg

Procedimentos que podem ser feitos na vigência de anticoagulantes cumarínicos

▪ Extração dentária ▪ Endoscopia digestiva alta ▪ Cirurgia de catarata ▪ Cirurgia dermatológica	Desde que o INR do dia esteja ao redor de 2,0. Se acima de 3, suspender varfarina por 1-2 dias

Preditores de risco de sangramento: escores de risco de sangramento

BleedMAP	
Variáveis	
História de sangramento	
Prótese mecânica mitral	
Plaquetas baixas	
Câncer ativo	
Pontos	**Chance de sangramento**
0	0,81%
1-2	2,67%
≥ 3	10%

HAS-BLED (*Hypertension, abnormal renal and liver function, stroke, bleeding, labile INR, elderly, drugs or alcohol*)
Variáveis
Hipertensão arterial sistêmica
Função hepática/renal alterada
Acidente vascular encefálico
História de sangramento
INR lábil
Idade > 65 anos
Abuso de álcool/drogas

Se ≥ 3 pontos = maior risco de sangramento.

Avaliação do risco de tromboembolismo

Risco de TE	Prótese valvar mecânica	FA	TEV
Alto ▪ > 10% ano TEA ▪ > 10% mês TEV	Mitral Aórtica antiga AVE/AIT < 6 m	$CHADS_2$ 5 ou 6 AVE/AIT < 3 m Doença valvar	TEV < 3 meses Trombofilia grave Deficiência proteína c/s antitrombina Ác. antifosfolípide
Moderado ▪ 5-10% ano TEA ▪ 4-10% mês TEV	Aórtica nova com FR para AVE*	$CHADS_2$ 3 ou 4	TEV 3-12 meses TEV recorrente Trombofilia Câncer ativo
Baixo ▪ < 5% ano TEA ▪ > 2% mês TEV	Aórtica nova sem FR para AVE	$CHADS_2$ 0 a 2 Sem AVE/AIT	TEV > 12 meses

Ac: anticorpo; AIT: acidente isquêmico transitório; AVE: acidente vascular encefálico; FA: fibrilação atrial; FR: fatores de risco; M: meses; TE: tromboembolismo; TEA: tromboembolismo arterial; TEV: tromboembolismo venoso. * Fatores de risco para acidente vascular encefálico do $CHADS_2$.

Esquema para realização de "ponte" com heparina em pacientes em anticoagulação com varfarina

Alto risco de TE	▪ Suspender a varfarina 5 dias antes da operação ▪ Iniciar enoxaparina 1 mg/kg (0,75 mg/kg em pacientes com idade acima de 75 anos) subcutânea 12/12 h ou heparina não fracionada (HNF) endovenosa em pacientes com contraindicação à enoxaparina quando INR menor que 2,0 ▪ Suspender enoxaparina 24 h antes da operação ou a HNF EV 4-6 h antes da operação ▪ No pós-operatório, iniciar enoxaparina ou HNF em dose plena após, no mínimo, 24 h (48 a 72 h se em risco alto de sangramento) ▪ Reiniciar a varfarina 12-24 h após a operação ▪ Suspender a heparina quando INR > 2,0
Risco intermediário de TE	▪ A "ponte" com heparina pode ou não ser realizada, a critério do médico assistente ▪ Suspender varfarina, aguardar normalização de INR, administrar heparina profilática ou heparinização plena a critério do médico

(continua)

Esquema para realização de "ponte" com heparina em pacientes em anticoagulação com varfarina *(continuação)*

Baixo risco de TE	Não é necessário realizar a "ponte" com heparina. Devemos apenas: ▪ Suspender a varfarina 5 dias antes da operação (aguardar INR < 1,5 para realizar a operação) ▪ No pré-operatório, iniciar enoxaparina (40 mg subcutânea 1 vez ao dia) ou HNF (5.000 UI subcutânea 8/8 h) profiláticas, se indicado ▪ No pós-operatório, iniciar enoxaparina ou HNF profiláticas, se indicado ▪ Reiniciar a varfarina 12-24 h após a operação
Baixo risco de sangramento	Manter varfarina com INR ~2,0

HNF: heparina não fracionada; INR: razão normalizada internacional; TE: tromboembolismo.

Pacientes em uso de novos anticoagulantes

Propriedades farmacocinéticas dos anticoagulantes

	Varfarina	Dabigatrana	Rivaroxabana	Apixabana
Ação	Inibição de fatores de vitaminas K dependentes	Inibidor direto da trombina	Inibidor direto do fator Xa	Inibidor direto do fator Xa
Pico ação	4-5 dias	1-3 h	2-4 h	1-3 h
Meia-vida	36-42 h	14-17 h	5-13 h	9-14 h
Eliminação	Múltipla	80% renal	35% renal	25% renal
Monitorização laboratorial	TP	TT (excluir efeito residual)	TP ou anti-X*	TP ou anti-Xa*

TP: tempo de protrombina; TT: tempo de trombina.
* O valor normal pode excluir efeito anticoagulante clinicamente relevante.

Manejo de novos anticoagulantes no perioperatório

Agente	Intervalo entre última dose e procedimento cirúrgico	Reinício no pós-operatório	
		Cirurgia de baixo risco de sangramento	Cirurgia de alto risco de sangramento
Dabigatrana	1-2 dias (ClCr ≥ 50 mL/min) 3-5 dias (ClCr ≤ 50 mL/min)	24 h após cirurgia	48-72 h
Rivaroxabana	≥ 1 dia – função renal nl 2 dias – ClCr 60-90 mL/min 3 dias – ClCr 30-59 mL/min 4 dias – ClCr 15-29 mL/min	24 h após cirurgia	48-72 h
Apixabana	1-2 dias – ClCr > 60 mL/min 3 dias – ClCr 50-59 mL/min 5 dias – ClCr < 30-49 mL/min	24 h após cirurgia	48-72 h

ClCr: *clearance* de creatinina; nl: normal.

Reversão do efeito dos novos anticoagulantes em caso de sangramento

Não existem ainda antídotos específicos disponíveis para reversão do efeito dos novos anticoagulantes. Em caso de sangramento clinicamente significativo, os métodos a seguir podem ser considerados, porém, não existem evidências fortes sobre sua eficácia e segurança.
▪ **Concentrado complexo protrombínico (CCP)**: contém os fatores de coagulação II, VII, IX e X, proteínas S e C. Em voluntários saudáveis em uso de rivaroxabana, o CCP corrigiu o TP laboratorialmente e não teve efeito sobre a dabigatrana (laboratorial).
▪ **FEIBA (*Factor eight inhibitor bypassing activity*)**: é o concentrado complexo protrombínico ativado e contém os fatores II, VII, IX e X. *In vitro*, corrigiu parâmetros laboratoriais alterados (testes de coagulação, tromboelastograma e índice de geração de trombina) em pacientes em uso de dabigatrana, rivaroxabana e apixabana. Pode estar relacionada com aumento do risco de trombose.
▪ **Fator recombinante VIIa**: *in vitro*, efeito variável sobre os parâmetros laboratoriais de coagulação induzidos pelo rivaroxabana e apixabana. Está associado ao aumento de trombose arterial.
▪ **Plasma fresco congelado (PFC)**: não reverte o efeito dos novos anticoagulantes. Pode apresentar como efeitos colaterais como infecção, TRALI (lesão pulmonar aguda relacionada a transfusão), reações alérgicas e sobrecarga de volume.

(continua)

Reversão do efeito dos novos anticoagulantes em caso de sangramento *(continuação)*

- **Outros**: a dabigatrana pode ser removida por hemodiálise devido a sua excreção predominantemente renal. O carvão ativado pode ser administrado para casos de ingestão da dabigatrana < 2 h. Foi publicado recentemente um estudo revelando o efeito seguro e muito eficaz do idarucizumab, um fragmento de anticorpo na completa reversão dos efeitos da dabigatrana em poucos minutos, para pacientes com sangramentos graves. Há estudos em andamento objetivando o desenvolvimento de antídotos para reversão dos efeitos derivados de inibidores de fator anti-Xa.

Bibliografia recomendada

1. Douketis JD, Spyropoulos AC, Spencer FA, Mayr M, Jaffer AK, Eckman M, et al. American College of Chest Physicians. Perioperative management of antithrombotic therapy: antithrombotic therapy and prevention of thrombosis, 9.ed. American College of Chest Physicians Evidence-Based Clinical Practice Guidelines. Chest. 2012;141(2 Suppl):e326S-50S.
2. Gualandro DM, Yu PC, Calderaro D, Marques AC, Pinho C, Caramelli B, et al. Sociedade Brasileira de Cardiologia. II Diretriz de avaliação perioperatória da Sociedade Brasileira de Cardiologia. Arq Bras Cardiol. 2011;96(3 Suppl. 1):1-68.
3. Wysokinski WE, McBane 2nd RD. Periprocedural bridging management of anticoagulation. Circulation. 2012;126:486-90.
4. Bajkin BV, Popovic SL, Selakovic SD. Randomized, prospective trial comparing bridging therapy using low-molecular-weight heparin with maintenance of oral anticoagulation during extraction of teeth. J Oral Maxillofac Surg. 2009;67(5):990-5.
5. Broekema FI, van Minnen B, Jansma J, Bos RR. Risk of bleeding after dentoalveolar surgery in patients taking anticoagulants. Br J Oral Maxillofac Surg. 2014;52(3):e15-9.
6. Benzimra JD, Johnston RL, Jaycock P, Galloway PH, Lambert G, Chung AK, et al. EPR User Group. The Cataract National Dataset electronic multicentre audit of 55,567 operations: antiplatelet and anticoagulant medications. Eye (Lond). 2009;23(1):10-6.
7. Jamula E, Anderson J, Douketis JD. Safety of continuing warfarin therapy during cataract surgery: a systematic review and meta-analysis. Thromb Res. 2009;124(3):292-9.
8. Tafur AJ, McBane 2nd R, Wysokinski WE, Litin S, Daniels P, Slusser J, et al. Predictors of major bleeding in peri-procedural anticoagulation management. J Thromb Haemost. 2012;10(2):261-7.
9. Omran H, Bauersachs R, Rübenacker S, Goss F, Hammerstingl C. The HAS-BLED score predicts bleedings during bridging of chronic oral anticoagulation. Results from the national multicentre BNK Online bRiDging REgistRy (BORDER). Thromb Haemost. 2012;108(1):65-73.
10. Serrano Jr CV, Fenelon G, Soeiro AM, Nicolau JC, Piegas LS, Montenegro ST, et al. Sociedade Brasileira de Cardiologia. Diretrizes brasileiras de antiagregantes plaquetários e anticoagulantes em cardiologia. Arq Bras Cardiol. 2013;101(3Supl.3):1-93.

11. Breuer G, Weiss DR, Ringwald J. "New" direct oral anticoagulants in the perioperative setting. Curr Opin Anesthesiol. 2014;27:409-19.
12. Siegal DM, Garcia DA, Crowther MA. How I treat target-specific oral anticoagulant-associated bleeding. Blood. 2014;123(8):1152-8.
13. Baron TH, Kamath PS, McBane RD. Management of antithrombotic therapy in patients undergoing invasive procedures. N Engl J Med. 2013;368(22):2113-24.
14. Connolly G, Spyropoulos AC. Practical issues, limitations, and periprocedural management of the NOAC's. J Thromb Thrombolysis. 2013;36(2):212-22.
15. Spyropoulos AC, Douketis JD. How I treat anticoagulated patients undergoing an elective procedure or surgery. Blood. 2012;120(15):2954-62.
16. Siegal DM, Cuker A. Reversal of novel oral anticoagulants in patients with major bleeding. J Thromb Thrombolysis. 2013;35(3):391-8.
17. Pollack Jr CV, Reilly PA, Eikelboom J, Glund S, Verhamme P, Bernstein RA, et al. Idarucizumab for dabigatran reversal. N Engl J Med. 2015 Jun 22. [Epub ahead of print.]

18

Profilaxia primária do tromboembolismo venoso para cirurgias não cardíacas

Luciana Savoy Fornari
Bruno Caramelli

Introdução

No contexto da avaliação perioperatória, a profilaxia primária do tromboembolismo venoso requer o conhecimento detalhado dos fatores de risco de cada paciente e dos riscos inerentes ao procedimento cirúrgico.

Estratificação de risco das cirurgias gerais, abdominais, pélvicas, incluindo cirurgia gastrintestinal, ginecológica, urológica, mama, tireoide e paratireoide – modelo de avaliação de risco de Caprini

1 ponto	2 pontos	3 pontos	5 pontos
▪ Idade 41-60 anos ▪ Cirurgia pequena ▪ IMC > 25 kg/m² ▪ Edema de MMII ▪ Veias varicosas ▪ Gravidez ou pós-parto ▪ História de aborto espontâneo recorrente e inexplicado	▪ Idade 61-74 anos ▪ Cirurgia artroscópica ▪ Cirurgia aberta > 45 min ▪ Cirurgia laparoscópica > 45 min ▪ Neoplasia ▪ Confinamento ao leito > 72 h ▪ Acesso venoso central	▪ Idade > 75 anos ▪ Hx prévia de TEV ▪ Hx familiar de TEV ▪ Fator V de Leiden ▪ Protrombina 20210A ▪ Anticoagulante lúpico ▪ Anticorpo anticardiolipina ▪ Homocisteína elevada	▪ AVE < 1 mês ▪ Artroplastia eletiva de quadril ou joelho ▪ Fratura de quadril, pelve ou membros inferiores ▪ Lesão medular espinhal aguda (< 1 mês)

(continua)

Estratificação de risco das cirurgias gerais, abdominais, pélvicas *(continuação)*

1 ponto	2 pontos	3 pontos	5 pontos
▪ Contraceptivo ou TRH ▪ Sepse < 1 mês ▪ Doença pulmonar grave, incluindo pneumonia < 1 mês ▪ Função pulmonar anormal ▪ IAM ▪ ICC (< 1mês) ▪ Hx de doença inflamatória intestinal ▪ Paciente restrito ao leito	▪ Imobilização com gesso	▪ Trombocitopenia induzida por heparina ▪ Outras trombofilias congênitas ou adquiridas	

AVE: acidente vascular encefálico; Hx: história; IAM: infarto agudo do miocárdio; ICC: insuficiência cardíaca congestiva; IMC: índice de massa corporal; MMII: membros inferiores; TEV: tromboembolismo venoso; TRH: terapia de reposição hormonal.

Estratificação de risco para TEV segundo o tipo de cirurgia e escore de risco de Caprini (pacientes submetidos a cirurgia geral, gastrintestinal, urológica, vascular, mama e tireoide)

Categoria de risco AT9	Escore de Caprini	Risco de TEV sintomático
Muito baixo	0	0%
Baixo	1-2	0,7%
Moderado	3-4	1,0%
Alto	≥ 5	1,9%

Estratificação de risco para TEV segundo o tipo de cirurgia e escore de risco de Caprini (pacientes submetidos a cirurgia plástica e reconstrutiva)

Categoria de risco AT9	Escore de Caprini	Risco de TEV sintomático
Muito baixo	0-2	NA
Baixo	3-4	0,6%
Moderado	5-6	1,3%
Alto	7-8	2,7%

Estratificação do risco de TEV segundo o tipo de cirurgia

População cirúrgica	Risco estimado na ausência de tromboprofilaxia mecânica ou farmacológica
Maioria das cirurgias ambulatoriais	< 0,5%
Cirurgia espinhal por doenças não malignas	1,5%
Cirurgia ginecológica por doença não neoplásica Cirurgia cardíaca Maioria das cirurgias torácicas Cirurgia espinhal por doença maligna	3,0%
Cirurgia bariátrica Cirurgia ginecológica por neoplasia Pneumectomia Craniotomia Lesão cerebral traumática Lesão da medula espinhal Outros grandes traumas Cirurgias de prótese de joelho ou quadril	6,0%

Orientações gerais com relação às drogas anticoagulantes

Com relação a cada agente antitrombótico, seguir as doses recomendadas nas diretrizes de cada fabricante
Heparina não fracionada (HNF) profilática: 5.000 UI, SC, 12/12 h ou 8/8 h
Heparina de baixo peso molecular (HBPM) profilática:

- Dalteparina 5.000 UI, SC, 1x/dia
- Tinzaparina 4.500 UI, SC, 1x/dia
- Enoxaparina 40 mg, SC, 1x/dia

Fondaparinux na dose de 2,5 mg, SC, 1 vez/dia (em indivíduos > 50 kg)

Avaliar a função renal quando considerar o uso e a dose de HBPM, fondaparinux ou outro agente antitrombótico excretado pelos rins, principalmente em indivíduos idosos, diabéticos ou com alto risco de sangramento. Nessas circunstâncias, evitar o uso de antitrombótico com metabolização renal, utilizar doses menores da droga ou monitorar o nível sérico da droga e seu efeito anticoagulante

Utilizar métodos de tromboprofilaxia mecânica em pacientes de alto risco de sangramento como adjuvante à tromboprofilaxia anticoagulante

Recomendações para profilaxia primária do tromboembolismo venoso (TEV) em cirurgias gerais, abdominais e pélvicas

Cirurgias de risco muito baixo para TEV (< 0,5%, escore de Caprini 0)	Sem indicação de tromboprofilaxia farmacológica ou mecânica além da recomendação de deambulação precoce
Cirurgias de risco baixo para TEV (~1,5%, escore de Caprini 1-2)	Profilaxia mecânica preferencialmente com compressão pneumática intermitente (CPI)
Cirurgias de risco moderado para TEV (~3%, escore de Caprini 3-4) sem alto risco de complicações hemorrágicas	Doses profiláticas de HNF, HBPM ou profilaxia mecânica (preferencialmente CPI)
Cirurgias de risco moderado para TEV (~3%, escore de Caprini 3-4) com alto risco de complicações hemorrágicas	Profilaxia mecânica com CPI
Cirurgias de alto risco para TEV (~6%, escore de Caprini ≥5) sem alto risco de complicações hemorrágicas	Doses profiláticas de HNF ou HBPM. Sugere-se adicionar a profilaxia mecânica à farmacológica com o uso de meias elásticas ou CPI
Cirurgias de alto risco para TEV submetidos a cirurgia para câncer, sem alto risco de complicações hemorrágicas	Profilaxia estendida com HBPM por 4 semanas
Cirurgias de alto risco para TEV com alto risco de complicações hemorrágicas	Profilaxia mecânica com CPI

Recomendações para profilaxia primária do TEV em cirurgias torácicas

Cirurgias de risco moderado (maioria das cirurgias torácicas) para TEV sem alto risco de complicações hemorrágicas	Doses profiláticas de HNF ou HBPM, ou profilaxia mecânica com CPI
Cirurgias de alto risco para TEV (ressecção pulmonar extensa, pneumectomia, pneumectomia extrapleural e esofagectomia) sem alto risco de complicações hemorrágicas	Doses profiláticas de HNF ou HBPM. Sugere-se adicionar profilaxia mecânica com meia elástica ou CPI
Cirurgias com alto risco de complicações hemorrágicas	Profilaxia mecânica com CPI

CPI: compressão pneumática intermitente; HBPM: heparina de baixo peso molecular; HNF: heparina não fracionada; TEV: tromboembolismo venoso.

Recomendações para profilaxia primária do TEV nas craniotomias

Maioria das craniotomias (consideradas de alto risco para TEV)	Doses profiláticas de HNF ou HBPM, ou profilaxia mecânica com CPI
Cirurgias consideradas de risco muito alto para TEV (associadas a doenças neoplásicas)	Doses profiláticas de HNF ou HBPM associadas a profilaxia mecânica com CPI assim que houver adequada hemostasia e diminuição do risco de sangramento

CPI: compressão pneumática intermitente; HBPM: heparina de baixo peso molecular; HNF: heparina não fracionada; TEV: tromboembolismo venoso.

Recomendações para profilaxia primária do TEV em cirurgias espinhais

Maioria das cirurgias espinhais	Doses profiláticas de HNF ou HBPM, ou profilaxia mecânica com CPI
Cirurgias com alto risco de TEV (associadas a neoplasias ou acesso anteroposterior)	Associação de profilaxia farmacológica (HNF ou HBPM) e mecânica (CPI)

CPI: compressão pneumática intermitente; HBPM: heparina de baixo peso molecular; HNF: heparina não fracionada; TEV: tromboembolismo venoso.

Recomendações para profilaxia primária do TEV em cirurgias por grandes traumas

Maioria dos grandes traumas	Doses profiláticas de HNF ou HBPM, ou profilaxia mecânica com CPI (se não houver contraindicação por lesão em membros inferiores)
Grandes traumas com alto risco de TEV (lesão aguda da medula espinhal, lesão cerebral traumática, cirurgia espinhal por trauma)	Associação de profilaxia farmacológica e mecânica com CPI (se não houver contraindicação por lesão de membros inferiores)
Traumas com alto risco de sangramento com contraindicação para o uso de HNF ou HBPM	Profilaxia mecânica com CPI (se não houver contraindicação por lesão de membros inferiores) até que haja diminuição do risco de sangramento e possibilidade de introduzir profilaxia farmacológica
Não utilizar filtro de veia cava inferior como prevenção primária para TEV em grandes traumas	

CPI: compressão pneumática intermitente; HBPM: heparina de baixo peso molecular; HNF: heparina não fracionada; TEV: tromboembolismo venoso.

Recomendações para profilaxia primária do TEV nas grandes cirurgias ortopédicas (prótese de joelho, prótese de quadril e cirurgia por fratura de quadril)

Cirurgia de prótese de joelho ou quadril	Usar profilaxia por, no mínimo, 10-14 dias com HBPM, fondaparinux, apixabana, dabigatrana, rivaroxabana, HNF, varfarina guiado pelo INR (2-3) ou profilaxia mecânica com CPI
Cirurgia de fratura de quadril	Usar profilaxia por, no mínimo, 10-14 dias com HBPM, fondaparinux, HNF, varfarina guiada pelo INR ou profilaxia mecânica com CPI
Cirurgias ortopédicas maiores recebendo HBPM	Iniciar preferencialmente pelo menos 12 h antes da cirurgia ou 12 h após a cirurgia
Cirurgias de prótese de joelho ou quadril ou cirurgias por fratura de quadril	Apesar da possibilidade de uso da CPI associada sugere-se dar preferência à HBPM em relação aos outros agentes anticoagulantes
Recomenda-se estender a tromboprofilaxia após a alta por 35 dias após a cirurgia (em vez de somente por 10-14 dias)	
Recomenda-se, sempre que possível, associar a profilaxia mecânica com CPI	
Cirurgias ortopédicas maiores associadas a alto risco de complicações hemorrágicas	Usar profilaxia mecânica com CPI até que haja diminuição do risco de sangramento e a possibilidade de associar profilaxia farmacológica
Pacientes com lesões em membros inferiores distais ao joelho	Sem recomendação de tromboprofilaxia
Artroplastia de joelho sem história de TEV prévio	Sem recomendação de tromboprofilaxia

CPI: compressão pneumática intermitente; HBPM: heparina de baixo peso molecular; HNF: heparina não fracionada; INR: razão normalizada internacional; TEV: tromboembolismo venoso.

Doses preconizadas dos novos anticoagulantes nas cirurgias de prótese de quadril e joelho (cuidado ao ajustar as doses em pacientes com queda da função renal)

Rivaroxabana	Prótese de quadril – 10 mg/dia, iniciando 6-10 h do pós-operatório, por 35 dias Prótese de joelho – 10 mg/dia, iniciando 6-10 h do pós-operatório, por 12 dias
Dabigratana	Prótese de quadril – 220 mg/dia, iniciando com 110 mg, 1-4 h do pós-operatório, por 35 dias Prótese de joelho – 220 mg/dia, iniciando com 110 mg, 1-4 h do pós-operatório, por 10 dias
Apixabana	Prótese de quadril – 2,5 mg, 2 vezes/dia, iniciando 12-24 h do pós-operatório, por 35 dias Prótese de joelho – 2,5 mg, 2 vezes/dia, iniciando 12-24 h do pós-operatório, por 12 dias

Bibliografia recomendada

1. Gualandro DM, Yu PC, Calderaro D, Marques AC, Pinho C, Caramelli B, et al. II Diretriz de avaliação perioperatória da Sociedade Brasileira de Cardiologia. Arq Bras Cardiol. 2011;96(3 supl. 1):1-68.
2. Caprini JA. Thrombosis risk assessment as a guide to quality patient care. Dis Mon. 2005;51(2-3):70-78.
3. Caprini JA, Arcelus JI, Hasty JH, Tamhane AC, Fabrega F. Clinical assessment of venous thromboembolic risk in surgical patients. Semin Thromb Hemost. 1991;17(suppl 3):304-12.
4. Guyatt GH, Akl EA, Crowther M, Gutterman DD, Schünemann HJ Antithrombotic therapy and prevention of thrombosis, 9th ed. American College of Chest Physicians Evidence-Based Clinical Practice Guidelines for the American College of Chest Physicians Antithrombotic Therapy and Prevention of Thrombosis Panel. Chest. 2012;141(2)(Suppl):7S-47S.

19

Profilaxia de endocardite infecciosa

Pai Ching Yu
Bruno Caramelli

Introdução

Por sua morbidade e mortalidade elevada, a endocardite infecciosa (EI) requer hospitalização para o seu tratamento.
Diversos procedimentos cirúrgicos podem gerar bacteremias e propiciar o desenvolvimento de EI.
A profilaxia para EI é baseada nos seguintes aspectos: a identificação de pacientes de alto risco para contraí-la e que tenham maior chance de evoluir para a forma grave da doença e a identificação de procedimentos de alto risco para desenvolver bacteremia significativa.

Indicação de antibioticoterapia profilática de EI

Controvérsias
Ausência de estudos randomizados para avaliar o real benefício da profilaxia antibiótica como método eficaz para prevenção de endocardite infecciosa (EI).
As últimas diretrizes internacionais têm reduzido as recomendações para profilaxia de EI no perioperatório. A diretriz britânica, do Instituto Nacional de Saúde e Excelência Clínica (NICE, sigla em inglês), não recomenda profilaxia para EI em nenhuma ocasião, e as diretrizes americana e europeia recomendam a realização de profilaxia apenas para pacientes de risco para EI submetidos a procedimentos odontológicos com alta probabilidade de bacteremia.
A experiência brasileira observou a ocorrência comum de casos de EI em portadores de valvopatias reumáticas e degenerativas. Dessa forma, as diretrizes brasileiras mantêm a indicação de antibioticoterapia profilática de EI.

(continua)

Indicação de antibioticoterapia profilática de EI *(continuação)*

Recomendações para uso de profilaxia de EI
Procedimentos odontológicos de alto risco para bacteremias, potencialmente contaminados ou com manipulação de mucosa nos tratos gastrintestinal e geniturinário em pacientes nas condições listadas na Tabela "Indicação de profilaxia – cardiopatias com risco de adquirir EI".

Indicação de profilaxia – cardiopatias com risco de adquirir EI

- Portador de valvopatia
- Portador de prótese cardíaca valvar
- Valvopatia corrigida com material protético
- Antecedente de endocardite infecciosa (EI)
- Valvopatia adquirida em paciente transplantado cardíaco
- Cardiopatia congênita cianogênica não corrigida
- Cardiopatia congênita cianogênica corrigida que evolui com lesão residual
- Cardiopatia congênita corrigida com material protético

Procedimentos dentários e indicação de profilaxia de EI

Indicada	Não recomendada a qualquer paciente que se submeta aos procedimentos a seguir
Para pacientes com risco de endocardite infecciosa (EI) que serão submetidos a procedimentos que envolvem a manipulação de tecido gengival, região periodontal ou perfuração da mucosa oral	Anestesia local em tecido não infectado
	Radiografia odontológica
	Colocação ou remoção de aparelhos ortodônticos
	Ajuste de aparelhos ortodônticos
	Colocação de peças em aparelhos ortodônticos
	Queda natural de dente de leite
	Sangramento oriundo de trauma da mucosa oral ou lábios

Esquemas medicamentosos de profilaxia para EI antes de procedimentos dentários

Via de administração	Medicação	Dose única 30-60 min antes do procedimento	
		Criança	Adulto
Oral	Amoxicilina	50 mg/kg	2 g
Oral – alergia à penicilina	Clindamicina	20 mg/kg	600 mg
	Cafalexina	50 mg/kg	2 g
	Azitromicina ou claritromicina	15 mg/kg	500 mg
Parenteral (EV ou IM)	Ampicilina	50 mg/kg	2 g
	Cefazolina ou ceftriaxona	50 mg/kg	1 g
Parenteral (EV ou IM) – alergia à penicilina	Clindamicina ou cefazolina ou ceftriaxona	20 mg/kg 50 mg/kg	600 mg 1 g

EI: endocardite infecciosa; EV: endovenoso; IM: intramuscular.

Esquemas medicamentosos de profilaxia para EI antes de procedimentos geniturinários e gastrintestinais

Via de administração	Medicação	Dose única 30 min antes	
		Criança	Adulto
Parenteral (EV)	Ampicilina* + gentamicina	50 mg/kg	2 g
		1,5 mg/kg	
Parenteral (EV) – alergia à penicilina	Vancomicina + gentamicina	20 mg/kg	1 g
		1,5 mg/kg	

* Fazer reforço com 1 g, 6 h após o procedimento. EI: endocardite infecciosa; EV: endovenoso.

Bibliografia recomendada

1. Durack DT. Prevention of infective endocarditis. N Engl J Med. 1995;332(1):38-44.
2. Hall G, Hedstrom SA, Heimdahl A, Nord CE. Prophylactic administration of penicillins for endocarditis does not reduce the incidence of postextraction bacteremia. Clin Infect Dis. 1993;17:188-194.
3. Lacassin F, Hoen B, Leport C, Selton-Suty C, Delahaye F, Goulit V, et al. Procedures associated with infective endocarditis in adults. A case control study. Eur Heart J. 1995;16:1968-74.
4. Van der Meer JT, Van Wijk, Thompson J, Vandenbroucke JP, Valkenburg HA, Michel MF, et al. Efficacy of antibiotic prophylaxis for prevention of native-valve endocarditis. Lancet. 1992;339:135-9.
5. National Institute for Health and Clinical Excellence: Guidance. Prophylaxis against infective endocarditis: antimicrobial prophylaxis against infective endocarditis in adults and children undergoing interventional procedures. Centre for Clinical Practice at NICE (UK); 2008.
6. Wilson W, Taubert KA, Gewitz M, Lockhart M, Baddour LM, Livison M, et al. Prevention of infective endocarditis: guidelines from the American Heart Association: a guideline from the American Heart Association Rheumatic Fever, Endocarditis, and Kawasaki Disease Committee, Council on Cardiovascular Disease in the Young, and the Council on Clinical Cardiology, Council on Cardiovascular Surgery and Anesthesia, and the Quality of Care and Outcomes Research Interdisciplinary Working Group. Circulation. 2007;116(15):1736-54.
7. Habib G, Hoen B, Tornos P, Huny F, Predergast B, Vilacorta I, et al. Guidelines on the prevention, diagnosis, and treatment of infective endocarditis (new version 2009): the Task Force on the Prevention, Diagnosis, and Treatment of Infective Endocarditis of the European Society of Cardiology (ESC). Eur Heart J. 2009;30(19):2369-413.
8. Tarasoutchi F, Montera MW, Grinberg M, Barbosa MR, Piñeiro DJ, Sánchez CRM, et al. Diretriz brasileira de valvopatias. SBC 2011, I Diretriz Interamericana de Valvopatias. SIAC 2011. Arq Bras Cardiol. 2011;97(5 supl. 1):1-67.
9. Gualandro DM, Yu PC, Calderaro D, Marques AC, Pinho C, Caramelli B, et al. Sociedade Brasileira de Cardiologia. II Diretriz de avaliação perioperatória da Sociedade Brasileira de Cardiologia. Arq Bras Cardiol. 2011;96(3 Suppl. 1):1-68.

20

Monitorização perioperatória

Danielle Menosi Gualandro
Bruno Caramelli

Introdução

O infarto agudo do miocárdio pós-operatório (IAMPO) tem alta morbimortalidade, aumenta a estadia hospitalar e os custos, e piora a sobrevida em longo prazo. Por isso, é fundamental fazer o diagnóstico precoce e iniciar prontamente o tratamento.
Cerca de 50% dos IAMPO não têm dor torácica e muitos são assintomáticos, por isso é muito importante fazer a busca ativa de eventos.

Como fazer a monitorização?

Pacientes com elevado risco de complicações devem ser, quando possível, operados em hospitais com suporte cardiológico e hemodinâmico.
Para aqueles com risco intermediário e elevado, o pós-operatório deve ser realizado em ambiente de terapia intensiva ou semi-intensiva, com monitor cardíaco, de pressão arterial e oximetria.
Eletrocardiograma 1 vez ao dia.
Dosagem de troponina 1 vez ao dia.
O aumento de CPK é comum no pós-operatório, por isso a dosagem de CKMB como monitorização só deve ser realizada em locais onde não há disponibilidade de troponina e sempre considerando os valores da CPK total.

CKMB: isoenzima MB da creatina quinase; CPK: creatinofosfoquinase.

Por quanto tempo fazer a monitorização?

A maior parte dos infarto agudo do miocárdio pós-operatório ocorre nos primeiros 3 dias após a operação, por isso a monitorização deverá ser feita por 72 h após o procedimento cirúrgico.

Para quais pacientes?

Para todos os pacientes que, durante a avaliação do risco cardíaco, forem classificados como risco intermediário ou alto de eventos cardiovasculares perioperatórios.

Como interpretar a monitorização

Para o diagnóstico de infarto agudo do miocárdio é necessário respeitar os critérios da definição universal de 2012, como explicado no Capítulo 21.

Pacientes com elevação de troponina, sem clínica de isquemia miocárdica, com eletrocardiograma inalterado, ecocardiograma sem alterações novas da contratilidade segmentar e sem outras causas para explicar esse aumento são classificados como portadores de "elevação isolada de troponina".

Outras causas de elevação de troponina

- Tromboembolismo pulmonar
- Insuficiência cardíaca
- Pericardite/miocardite
- Sepse
- Choque
- Insuficiência renal

Elevação isolada de troponina

Diversos estudos demonstraram que pacientes que apresentam elevação isolada de troponina (*kits* convencionais) no pós-operatório de operações não cardíacas têm maior mortalidade em 30 dias e maior taxa de eventos cardiovasculares em longo prazo.

Esses pacientes não devem ser tratados como se tivessem apresentado infarto agudo do miocárdio. Por outro lado, devem receber medidas de prevenção secundária e, em avaliação individual, deve-se considerar a realização de prova funcional de isquemia antes da alta ou precoce no ambulatório.

Nunca encarar elevação isolada de troponina como falso-positivo.

Troponinas sensíveis e de alta sensibilidade

As troponinas sensíveis (contemporâneas) têm sensibilidade superior às troponinas convencionais, mas não podem ser denominadas de alta sensibilidade no momento de interpretar seus resultados, porque têm sensibilidade menor e comportamento diferente em relação às de alta sensibilidade.

Com a introdução das troponinas de alta sensibilidade (Tn-us), a interpretação de valores alterados no perioperatório deve ser feita com cautela.

Entre 20 e 40% de pacientes que serão submetidos a operações não cardíacas têm valores de TnT us acima do percentil 99 no pré-operatório. Esses pacientes têm maior risco de complicações cardiovasculares pós-operatórias, por isso a dosagem da TnT-us no pré-operatório pode ser utilizada em associação com os algoritmos de avaliação cardíaca para estimativa de risco.

Até o momento, não existe consenso sobre qual o delta de variação da TnT-us no pós--operatório está associado ao prognóstico do paciente.

Existem também dúvidas sobre o valor de corte do percentil 99 em populações específicas, como idosos ou pacientes com insuficiência renal crônica.

Tipos de *kits* de troponinas

	Valor de corte do percentil 99 (ng/L)
***Kits* de troponinas sensíveis (contemporâneas)**	
Troponina I Siemens Ultra*	40***
Troponina I Abbott-Architect	28
Troponina I Beckman-Coulter	42
***Kits* de troponinas de alta sensibilidade**	
Troponina T-us Roche**	14***
Troponina I-us Abbott-Architect	26,2
Troponina I-us Siemens	9
Troponina I-us Beckman-Coulter	9,2

* *Kit* utilizado no Instituto do Coração (InCor-HCFMUSP).

** *Kit* utilizado no HCFMUSP.

*** Os valores na rotina dos resultados dos exames vêm descritos em ng/mL, por isso os valores são 0,014 para TnT-us do HC e 0,04 para TnI do InCor-HCFMUSP.

Bibliografia recomendada

1. Gualandro DM, Calderaro D, Yu PC, Caramelli B. Acute myocardial infarction after noncardiac surgery. Arq Bras Cardiol. 2012;99(5):1060-7.
2. Gualandro DM, Yu PC, Calderaro D, Marques AC, Pinho C, Caramelli B, et al. II Guidelines for perioperative evaluation of the Brazilian Society of Cardiology. Arq Bras Cardiol. 2011;96(3 Suppl 1):1-68.
3. Devereaux PJ, Xavier D, Pogue J, Guyatt G, Sigamani A, Garutti I, et al. Characteristics and short-term prognosis of perioperative myocardial infarction in patients undergoing noncardiac surgery: a cohort study. Ann Intern Med. 2011;154(8):523-8.
4. Thygesen K, Alpert JS, Jaffe AS, Simoons ML, Chaitman BR, White HD, et al. Third universal definition of myocardial infarction. J Am Coll Cardiol. 2012;60(16):1581-98.
5. Roongsritong C, Warraich I, Bradley C. Common causes of troponin elevations in the absence of acute myocardial infarction: incidence and clinical significance. Chest. 2004;125(5):1877-84.
6. Redfern G, Rodseth RN, Biccard BM. Outcomes in vascular surgical patients with isolated postoperative troponin leak: a meta-analysis. Anaesthesia. 2011;66(7):604-10.
7. Devereaux PJ, Chan MT, Alonso-Coello P, Walsh M, Berwanger O, Villar JC, et al. Association between postoperative troponin levels and 30-day mortality among patients undergoing noncardiac surgery. JAMA. 2012;307(21):2295-304.
8. Thygesen K, Mair J, Giannitsis E, Mueller C, Lindahl B, Blankenberg S, et al. How to use high--sensitivity cardiac troponins in acute cardiac care. Eur Heart J. 2012; 33(18):2252-7.
9. Gualandro DM, Puelacher C, Mueller C. High-sensitivity cardiac troponin in acute conditions. Curr Opin Crit Care. 2014;20(5):472-7.
10. Weber M, Luchner A, Manfred S, Mueller C, Liebetrau C, Schlitt A, et al. Incremental value of high-sensitive troponin T in addition to the revised cardiac index for peri-operative risk stratification in non-cardiac surgery. Eur Heart J. 2013;34(11):853-62.
11. Twerenbold R, Wildi K, Jaeger C, Gimenez MR, Reiter M, Reichlin T, et al. Optimal cutoff levels of more sensitive cardiac troponin assays for the early diagnosis of myocardial infarction in patients with renal dysfunction. Circulation. 2015;131(23):2041-50.

21

Síndromes coronarianas agudas perioperatórias

Danielle Menosi Gualandro
Bruno Caramelli

Introdução

- O infarto agudo do miocárdio (IAM) após operações não cardíacas tem incidência que pode variar de 1 a 38% dependendo do tipo de operação e das características clínicas do paciente.
- A ocorrência de síndrome coronariana aguda (SCA) perioperatória tem alta morbimortalidade, aumenta a estadia hospitalar e dos custos, e piora a sobrevida em longo prazo.
- Por isso, é extremamente importante fazer o diagnóstico precoce e iniciar prontamente o tratamento.

Fisiopatologia

- Cerca de 50% dos IAM perioperatórios são do tipo 1 e os demais do tipo 2.

▪ Ruptura de placa ▪ Trombose (IAM tipo 1)	×	▪ Desbalanço entre oferta e consumo de oxigênio (IAM tipo 2)
▪ ↑ agragabilidade plaquetária ▪ ↑ resposta inflamatória ▪ ↑ FC e PA ▪ ↑ níveis de catecolaminas ▪ ↓ atividade fibrinolítica		▪ Instabilidade hemodinâmica ▪ Anemia ▪ Dor ▪ ↑ tônus simpático ▪ Estenoses coronarianas

FC: frequência cardíaca; IAM: infarto agudo do miocárdio; PA: pressão arterial.

Apresentação clínica

- As síndromes coronarianas agudas (SCA) no perioperatório geralmente se apresentam como IAM sem supradesnivelamento de ST.
- Geralmente, as SCA ocorrem nos primeiros 3 dias após a operação.

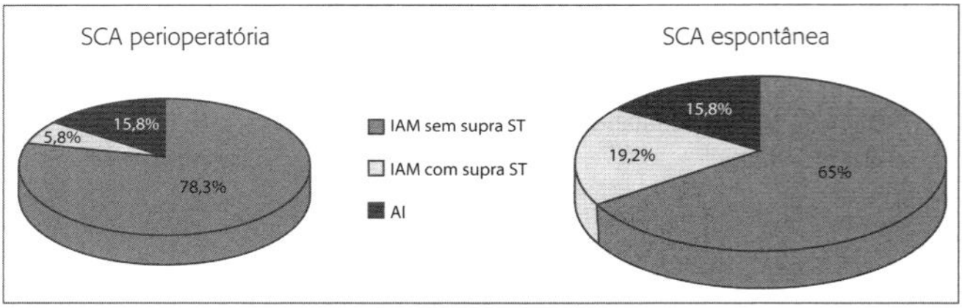

Quanto ao tipo de operação, as SCA perioperatórias são mais frequentes entre pacientes submetidos a operações vasculares.

Tipo de operação em pacientes com IAM perioperatório

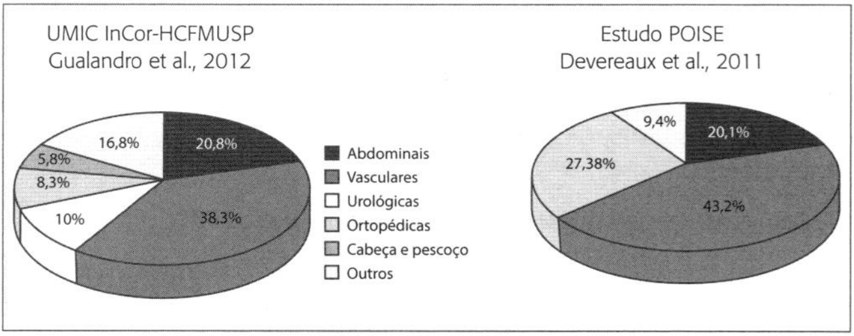

Quadro clínico

Cerca de 50% dos pacientes com SCA perioperatória não têm dor torácica.

Os pacientes podem ser assintomáticos.

Sinais e sintomas de SCA perioperatória
▪ Nenhum ▪ Dor torácica anginosa ou atípica ▪ Dispneia ▪ Náuseas ▪ Epigastralgia ▪ Parada cardiorrespiratória ▪ Instabilidade hemodinâmica

Diagnóstico

- O diagnóstico é difícil porque o paciente pode ser assintomático ou apesentar sintomas atípicos.
- O eletrocardiograma (ECG) e os marcadores de necrose miocárdica (principalmente a troponina) são fundamentais para o diagnóstico.
- A troponina deve ser o marcador de escolha no perioperatório, porque a CKMB pode estar elevada em decorrência das elevações da CPK, que são frequentes no perioperatório.
- Como não existe critério específico para o diagnóstico do IAM perioperatório, utilizam-se os critérios da definição universal de IAM.

CKMB: isoenzima MB da creatina quinase; CPK: creatinofosfoquinase; IAM; infarto agudo do miocárdio.

Elevação e queda de marcadores de necrose miocárdica (troponina) com pelo menos um valor acima do percentil 99 associado a:
▪ Sintomas de isquemia miocárdica ▪ Alterações de ECG sugestivas de isquemia ▪ Ondas Q novas no ECG ▪ Alteração de contratilidade segmentar nova no eco ▪ Identificação de trombo intracoronário no cateterismo ou na necropsia
Morte súbita precedida por um dos seguintes fatores
▪ Sintomas de isquemia miocárdica e supradesnivelamento de ST ou BRE novo ▪ Evidência angiográfica de trombo ▪ Antes da obtenção de amostras de sangue para dosagens de marcadores

BRE: bloqueio de ramo esquerdo; ECG: eletrocardiograma.

Estratificação do risco

- Os escores convencionais para avaliação de risco em pacientes com SCA (TIMI, GRACE, Braunwald) podem ser utilizados em pacientes com IAMPO, embora não tenham sido validados nessa população.
- O escore de risco de Devereaux et al. foi obtido avaliando pacientes com IAM perioperatório, mas ainda não foi validado em outras populações.

IAM: infarto agudo do miocárdio; IAMPO: infarto agudo do miocárdio pós-operatório; SCA: síndromes coronarianas agudas.

Escore de risco para IAM perioperatório

Idade > 75 anos	1 ponto
Infarto agudo do miocárdio com supradesnivelamento	2 pontos
Isquemia em parede anterior no eletrocardiograma	1 ponto

Pontos	Mortalidade
1	6%
2	9%
3	22%
4	62%

- Os escores de risco de sangramento, como o CRUSADE, por exemplo, também não foram validados no perioperatório. Portanto, a avaliação do risco de sangramento deve ser realizada individualmente em conjunto com a equipe cirúrgica, uma vez que varia muito dependendo do tipo de operação.

Tratamento

IAM com supradesnivelamento de ST

- AAS 300 mg ataque (se o paciente já está em uso, não repetir ataque) e 100 mg/dia manutenção.
- Clopidogrel 300 mg ataque e 75 mg/dia manutenção.
- Angioplastia primária o mais breve possível (trombólise contraindicada).
- Estatinas, betabloqueadores, espironolactona e inibidores da ECA, respeitando as mesmas indicações do IAM com supradesnivelamento espontâneo.
- Sempre prescrever protetor gástrico, porque a principal causa de sangramento nas SCA perioperatórias é a hemorragia digestiva alta.

AAS: ácido acetilsalicílico; ECA: enzima conversora da angiotensina; IAM: infarto agudo do miocárdio; SCA: síndromes coronarianas agudas.

SCA sem supradesnivelamento de ST

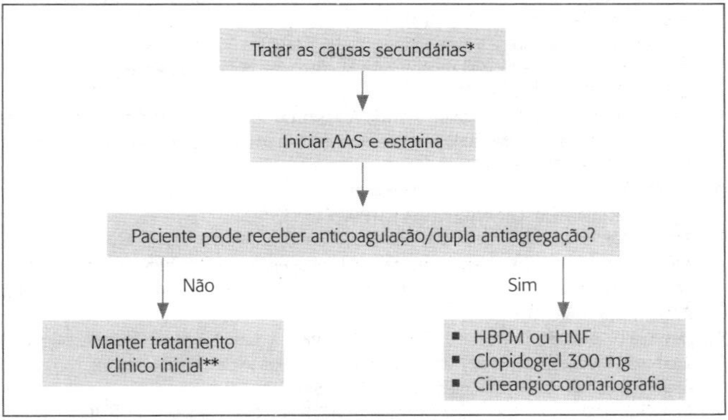

AAS: ácido acetilsalicílico; HBPM: heparina de baixo peso molecular; HNF: heparina não fracionada. * Anemia, dor, hipoxemia, instabilidade hemodinâmica não cardiogênica. ** Betabloqueadores, inibidores da enzima conversora da angiotensina, nitratos e espironolactona (mesma indicação da síndrome coronariana aguda espontânea).

- Manter clopidogrel 75 mg/dia por 1 ano e ácido acetilsalicílico 100 mg/dia indefinidamente.
- Sempre prescrever protetor gástrico pelo risco elevado de hemorragia digestiva alta.

Indicações para cineangiocoronariografia de urgência/emergência nas SCA perioperatórias

- Idade > 75 anos
- Eletrocardiograma com isquemia em parede anterior
- Congestão pulmonar
- Choque cardiogênico
- Instabilidade elétrica
- Recorrência de isquemia

Referências bibliográficas

1. Gualandro DM, Calderaro D, Yu PC, Caramelli B. Acute myocardial infarction after noncardiac surgery. Arq Bras Cardiol. 2012;99(5):1060-7.
2. Gualandro DM, Campos CA, Calderaro D, Yu PC, Marques AC, Pastana AF, et al. Coronary plaque rupture in patients with myocardial infarction after noncardiac surgery: Frequent and dangerous. Atherosclerosis. 2012;222(1):191-5.
3. Dawood MM, Gutpa DK, Southern J, Walia A, Atkinson JB, Eagle KA. Pathology of fatal perioperative myocardial infarction: implications regarding pathophysiology and prevention. Int J Cardiol. 1996;57(1):37-44.
4. Cohen MC, Aretz TH. Histological analysis of coronary artery lesions in fatal postoperative myocardial infarction. Cardiovasc Pathol. 1999;8(3):133-9.
5. Botto F, Alonso-Coello P, Chan MT, Villar JC, Xavier D, Srinathan S, et al. Myocardial injury after noncardiac surgery: a large, international, prospective cohort study establishing diagnostic criteria, characteristics, predictors, and 30-day outcomes. Anesthesiology. 2014;120(3):564-78.
6. Devereaux PJ, Xavier D, Pogue J, Guyatt G, Sigamani A, Garutti I, et al. Characteristics and short-term prognosis of perioperative myocardial infarction in patients undergoing noncardiac surgery: a cohort study. Ann Intern Med. 2011;154(8):523-8.
7. Gualandro DM, Yu PC, Calderaro D, Marques AC, Pinho C, Caramelli B, et al. II Guidelines for perioperative evaluation of the Brazilian Society of Cardiology. Arq Bras Cardiol. 2011;96(3 Suppl 1):1-68.
8. Thygesen K, Alpert JS, Jaffe AS, Simoons ML, Chaitman BR, White HD, et al. Third universal definition of myocardial infarction. J Am Coll Cardiol. 2012;60(16):1581-98.
9. Subherwal S, Bach RG, Chen AY, Gage BF, Rao SV, Newby LK, et al. Baseline risk of major bleeding in non-ST-segment-elevation myocardial infarction: the CRUSADE (Can Rapid risk stratification of Unstable angina patients Suppress ADverse outcomes with Early implementation of the ACC/AHA Guidelines) Bleeding Score. Circulation. 2009;119(14):1873-82.
10. Adesanya AO, Lemos JA, Greilich NB, Whitten CW. Management of perioperative myocardial infarction in noncardiac surgical patients. Chest. 2006;130(2):584-96.
11. Amsterdam EA, Wenger NK, Brindis RG, Casey DE, Ganiats TG, Holmes DR, et al. 2014 AHA/ACC guideline for the management of patients with non-ST-elevation acute coronary syndromes: a report of the American College of Cardiology/American Heart Association Task Force on Practice Guidelines. Circulation. 2014;130(25):e344-426.
12. Nicolau JC, Timerman A, Marin-Neto JA, Piegas LS, Barbosa CJ, Franci A, et al. Guidelines of Sociedade Brasileira de Cardiologia for Unstable Angina and Non-ST-Segment Elevation Myocardial Infarction (II Edition, 2007) 2013-2014 Update. Arq Bras Cardiol. 2014;102(3 Suppl 1):1-61.

22

Particularidades na avaliação para operações vasculares arteriais

Daniela Calderaro
Danielle Menosi Gualandro

Introdução

Pacientes com doença vascular arterial (carotídea > 50%, estenose ou aneurisma de aorta abdominal e seus ramos, doença arterial periférica) são considerados de alto risco aterosclerótico, devendo ser tratados para prevenção secundária segundo as metas de tratamento.

Dos pacientes com doença arterial periférica, 91% têm algum grau de doença arterial coronária.

A doença arterial coronária é responsável por 40 a 60% das mortes em pacientes com doença arterial obstrutiva periférica (DAOP), e a taxa anual de eventos cardiovasculares maiores em pacientes com DAOP é de 5 a 7%.

A taxa de infarto agudo do miocárdio (IAM) em pacientes submetidos a operações vasculares arteriais é maior que em pacientes submetidos a outros tipos de cirurgia, portanto esses pacientes têm de ser avaliados com cautela.

Estimativa do risco de sangramento

Segundo a diretriz da Sociedade Brasileira de Cardiologia (SBC) específica para operações vasculares, o risco de sangramento pode ser estabelecido do seguinte modo:

Risco de sangramento	Procedimento
Alto	Correção aberta de aneurisma de aorta
Moderado a alto	Derivação aortoilíaca
Moderado	Correção endovascular dos aneurismas de aorta Derivação infrainguinal
Baixo	Endarterectomia de carótidas Angioplastia de carótidas Amputação Correção endovascular de doença arterial periférica

Ferramentas para a avaliação cardíaca perioperatória

O algoritmo do índice de risco cardíaco revisado de Lee (RCRI) pode subestimar o risco cardiovascular em pacientes que serão submetidos a operações de aorta ou revascularizações periféricas, por isso, na última diretriz, foi recomendada a utilização do algoritmo do *Vascular Study Group of New England Cardiac Risk Index* (LeeVasc), do American College of Physicians (ACP) ou do Estudo Multicêntrico de Avaliação Perioperatória no Brasil (EMAPO).

Devemos lembrar que o ACP estima o risco de IAM e morte cardiovascular, enquanto o LeeVasc estima o risco de IAM, insuficiência cardíaca descompensada/edema agudo dos pulmões e arritmias.

Fluxograma da II Diretriz de avaliação perioperatória – atualização e enfoque em operações vasculares arteriais

ETAPA I: excluir condições cardíacas e vasculares agudas
▪ **Condições cardíacas**: se angina instável, IAM, choque cardiogênico, edema agudo dos pulmões, bradiarritmia ou taquiarritmia grave, o paciente tem risco espontâneo muito elevado e, sempre que possível, a operação não cardíaca deve ser cancelada e reconsiderada somente após estabilização cardíaca. ▪ **Condições vasculares**: se risco iminente de acidente vascular cerebral por doença carotídea, rotura de aneurisma ou perda de membro, proceder à avaliação do risco cardíaco para indicar farmacoproteção e monitorização, sem exames complementares que adiem o tratamento vascular.

(continua)

Fluxograma da II Diretriz de avaliação perioperatória *(continuação)*

ETAPA II: estratificar o risco conforme algoritmo de preferência: Lee-Vasc, ACP, EMAPO (http://www.consultóriodigital.com.br)

Avaliação pelo algoritmo de Lee-Vasc

Variável	Pontos	Variável	Pontos
▪ Idade ≥ 80 anos	4	▪ Creatinina > 1,8 md/dL	2
▪ Idade 70-79 anos	3	▪ Tabagismo atual ou prévio	1
▪ Idade 60-69 anos	2	▪ Diabetes com insulinoterapia	1
▪ Doença coronária	2	▪ Uso crônico de betabloqueador	1
▪ Insuficiência cardíaca	2	▪ Revascularização miocárdica prévia (cirúrgica ou angioplástica)	-1
▪ DPOC	2		

0-3 pontos – 2,6% de risco cardiovascular; 4 pontos – 3,5% de risco cardiovascular; 5 pontos – 6,0% de risco cardiovascular; 6 pontos – 6,6% de risco cardiovascular; 7 pontos – 8,9% de risco cardiovascular; ≥ 8 pontos – 24,9% de risco cardiovascular.

Avaliação pelo algoritmo do American College of Physicians (ACP)

Variável	Pontos	Variável	Pontos
▪ IAM < 6 meses	10	▪ Ritmo não sinusal ou R5 com ESSV no ECG	5
▪ IAM > 6 meses	5		
▪ Angina classe III	10	▪ > 5 ESV no ECG	5
▪ Angina classe IV	20	▪ PO_2 < 60, PCO_2 > 50, K < 3, U > 50, Cr > 3 ou restrito ao leito	5
▪ EAP na última semana	10		
▪ EAP alguma vez na vida	5	▪ Idade > 70 anos	5
▪ Suspeita de EAO crítica	20	▪ Cirurgia de emergência	10

Classes de risco: ≥ 20 pontos – alto risco (> 15%), 0-15 pontos – avaliar o número de variáveis de Eagle e Vanzetto para discriminar os riscos baixo e intermediário.

Variáveis de Eagle e Vanzetto

- Idade > 70 anos
- História de angina
- Diabete melito
- Alterações isquêmicas do ST
- HAS com HVE importante
- História de ICC
- História de infarto
- Ondas Q no ECG

< 1 variável – baixo risco (< 3%); ≥ 2 variáveis – risco intermediário (3-15%).

(continua)

Fluxograma da II Diretriz de avaliação perioperatória *(continuação)*

ETAPA III: conduta		
Baixo risco	**Risco intermediário**	**Alto risco**
▪ Lee-Vasc: até 4 pontos ▪ ACP: baixo risco ▪ EMAPO: até 5 pontos	▪ Lee-Vasc: 5-7 pontos ▪ ACP: risco intermediário ▪ EMAPO: 6-10 pontos	▪ Lee-Vasc: ≥ 8 pontos ▪ ICC ou angina: classe funcional III ou IV ▪ ACP: alto risco ▪ EMAPO: ≥ 11 pontos
Operação diretamente*	Teste funcional de isquemia (IIa, NE B)	Sempre que possível, adiar operação. Se a natureza do risco for isquêmica: cateterismo
Pacientes sempre devem ser operados com a terapia clínica otimizada. Nos casos de risco intermediário a alto, está indicada a monitorização para detecção precoce de eventos: ECG e marcadores de necrose miocárdica até terceiro dia de pós-operatório. Nos casos de alto risco se deve considerar o acompanhamento cardiológico conjunto.		

* Para operações de aorta em pacientes com baixa capacidade funcional, teste funcional de isquemia (IIa, NE C). Cr: creatinina; DPOC: doença pulmonar obstrutiva crônica; EAO: estenose aórtica; EAP: edema agudo de pulmão; ECG: eletrocardiograma; ESSV: extrassístoles supraventriculares; ESV: extrassístole ventricular; HVE: hipertrofia de ventrículo esquerdo; ICC: insuficiência cardíaca congestiva; NE: nível de evidência; U: ureia

Solicitação de exames complementares

O eletrocardiograma de repouso deve ser solicitado para todos os pacientes que serão submetidos a operações vasculares arteriais, tanto para estratificação do risco (a presença de infradesnivelamento do segmento ST está correlacionada com eventos cardiovasculares pós-operatórios) quanto para ter um traçado basal e facilitar o diagnóstico do infarto agudo do miocárdio pós-operatório.

O ecocardiograma deve ser solicitado em pacientes com suspeita de valvopatia importante ou em pacientes com sinais ou sintomas de insuficiência cardíaca.

A troponina T ultrassensível pode ser solicitada no pré-operatório para auxiliar na estratificação do risco cardiovascular e para a obtenção de um valor basal que pode ser utilizado para melhorar a interpretação dos valores obtidos no pós-operatório e facilitar o diagnóstico do infarto agudo do miocárdio pós-operatório.

Testes não invasivos para avaliação de isquemia miocárdica

Os pacientes com doença vascular arterial geralmente têm limitação funcional por conta da DAOP, limitando a avaliação clínica de sintomas, por isso as provas funcionais são solicitadas com maior frequência que em pacientes submetidos a operações não vasculares.

Os testes devem ser solicitados conforme indicado no fluxograma.

A cintilografia de perfusão miocárdica com dipiridamol, dobutamina ou estresse físico (quando não há limitação física para sua realização) e o ecocardiograma de estresse com dobutamina têm alto valor preditivo negativo e são comparáveis entre si.
O estresse físico (teste ergométrico) não pode ser realizado em pacientes com DAOP ou em pacientes com aneurismas de aorta.
O estresse com dipiridamol/adenosina não pode ser realizado em pacientes com estenoses graves bilaterais de carótidas devido ao risco de acidente vascular encefálico.
O estresse com dobutamina não deve ser realizado em pacientes com aneurismas de aorta complicados.
Aqueles com provas funcionais nos dois últimos anos, sem alterações na sintomatologia e sem piora na capacidade funcional desde então, não necessitam repetir o teste.
Pacientes submetidos a procedimentos de revascularização miocárdica completa há menos de 5 anos, sem sintomas e sem limitação funcional, não necessitam repetir a prova funcional.

DAOP: doença arterial obstrutiva periférica.

Monitorização de complicações perioperatórias

Pacientes com estimativa de risco cardíaco perioperatório intermediário a alto de natureza isquêmica devem permanecer monitorizados em unidades semi-intensivas ou de terapia intensiva, realizando eletrocardiograma e troponina diariamente até o terceiro dia de pós-operatório.
Se a avaliação clínica determinar que o risco pode estar subestimado, pacientes de baixo risco pelos algoritmos podem realizar eletrocardiograma e troponina uma vez ao dia, até o terceiro dia de pós-operatório para o diagnóstico de infarto agudo do miocárdio.

Medidas para a redução do risco perioperatório

A imensa maioria das evidências científicas para embasar a prática de farmacoproteção perioperatória e de revascularização miocárdica profilática é proveniente de estudos em cirurgia vascular arterial.
O impacto da farmacoproteção é muito superior ao da revascularização profilática, sendo que enquanto esta última pode beneficiar um grupo muito seleto de vasculopatas a fármacoproteção está indicada para todos os pacientes.

Farmacoproteção

Estatinas

O impacto das estatinas na redução de eventos cardiovasculares após cirurgias arteriais é superior a 60% quando comparado ao placebo, independentemente do seu efeito hipolipemiante.

O perioperatório vascular parece ser o contexto de maior custo-eficácia de utilização das estatinas, quando comparado ao âmbito de prevenção cardiovascular primária, ou até mesmo secundária.

Acredita-se em efeito de classe, com estabilização do endotélio e redução de aterotrombose.

Os ensaios clínicos testaram atorvastatina 20 mg e fluvastatina 80 mg, com várias séries retrospectivas contemplando todas as estatinas em diversas doses, sugerindo benefício.

A Sociedade Brasileira de Cardiologia e a Sociedade Europeia de Cardiologia estabeleceram em suas diretrizes de 2013 e 2014, como grau de recomendação I, iniciar estatinas antes de procedimentos vasculares arteriais.

Não diminuir a dose e nunca suspender para os pacientes em uso crônico.

Manter a medicação mesmo após os 30 dias de pós-operatório, como medida de controle da doença aterosclerótica.

Betabloqueadores

A indicação do uso de betabloqueador no perioperatório vascular tem mais polêmica, mas benefício comparável ao das estatinas.

Protegem o miocárdio no perioperatório ao atenuar o impacto da descarga adrenérgica inerente ao estresse cirúrgico sobre o balanço oferta *versus* consumo miocárdico de oxigênio. Por outro lado, aumentam a incidência de hipotensão e bradicardia, que, em contextos de infecção, inflamação e sangramento podem agravar a instabilidade hemodinâmica.

O entusiasmo inicial, na década de 1990, pelo uso amplo de betabloqueador no perioperatório foi abalado pelos resultados desanimadores de estudo com doses extremamente elevadas e iniciadas horas antes da operação.

O benefício aparece com a seleção correta dos pacientes de risco cardíaco intermediário ou elevado, como já demonstrado há mais de 10 anos por Lindenauer et al. e recentemente confirmado por Friedell et al.: quanto mais alta a estimativa de risco perioperatório, maior o benefício do uso de betabloqueador; redução de 43% de eventos no subgrupo de risco muito alto, 29% no subgrupo de risco alto, 10% no subgrupo de risco intermediário e ausência de proteção e até mesmo potencial de dano no subgrupo de baixo risco.

Os betabloqueadores não devem ser prescritos em pacientes com broncoespasmo severo, asma brônquica, bloqueios atrioventriculares avançados ou instabilidade hemodinâmica (classe III, nível de evidência B). Deve-se respeitar os dois princípios básicos para a prescrição do betabloqueador enfatizados nas diretrizes da Sociedade Brasileira de Cardiologia citados a seguir:

- Segurança: nunca iniciar no dia da operação, devendo respeitar intervalo ideal de pelo menos 7 dias. Iniciar com doses baixas, titulação progressiva de acordo com a tolerância individual.
- Eficácia: titular a dose até betabloqueio efetivo, com frequência cardíaca ~60 bpm.

Ácido acetilsalicílico (AAS)

O maior estudo randomizado sobre AAS no perioperatório não demonstrou benefício, mas aumento do risco de sangramento: 4,6% *versus* 3,8%. Entretanto, especificamente o subgrupo em que há maior indicação de manutenção da aspirina no perioperatório (indivíduos com alta carga aterosclerótica, que recebem AAS para prevenção secundária, notadamente aqueles com *stent* coronário ou no perioperatório vascular) foram sub-representados.

Especificamente para pacientes vasculopatas, já demonstramos que os pacientes que tiveram as piores respostas à aspirina (com maior agregabilidade plaquetária frente ao ácido aracdônico) tiveram mais que o dobro de complicações cardiovasculares após operações vasculares, sem aumento de sangramento.

Recomenda-se a manutenção perioperatória da AAS em baixa dose (100 mg/dia) em todo perioperatório vascular.

Não há evidências para iniciar AAS no pré-operatório de pacientes vasculopatas que ainda não faziam uso dele.

Dupla antiagregação plaquetária (DAP)

Pacientes com DAP têm risco de sangramento expressivamente maior no perioperatório, mas, por outro lado, elevado risco de eventos aterotrombóticos caso haja intervenção sobre essa terapia, notadamente quando a sua indicação é para prevenir trombose de *stent* coronário.

Operações eletivas devem idealmente ser adiadas até o término da duração planejada da DAP: 1 ano após *stent* farmacológico ou 1 mês após *stent* convencional, e idealmente 1 ano após episódio de insuficiência coronária aguda.

Evidências recentes sugerem que, para os *stents* farmacológicos de mais nova geração, o período mais crítico para trombose é o primeiro semestre, de forma que as sociedades norte-americanas já incorporaram em suas diretrizes intervalo mínimo de 6 meses, quando for muito elevado o risco de adiar a operação não cardíaca por 1 ano após a angioplastia.

Quando esses intervalos não podem ser praticados e o risco de sangramento perioperatório é moderado ou elevado, recomenda-se manter o AAS em todo perioperatório e suspender o tienopiridínico 5 dias antes da operação. Ele deve ser reintroduzido o mais precocemente possível, idealmente antes de totalizar 10 dias sem a dupla terapia.

Se o risco de sangramento inerente ao procedimento for baixo, deve-se considerar proceder à operação com os dois antiagregantes.

Em caso de muito alto risco de trombose (intervenção percutânea recente, síndrome coronária aguda, resultado primário subótimo da angioplastia) e risco de sangramento moderado a elevado, pode-se considerar "ponte" com antiagregante parenteral, como o tirofiban.

Não há qualquer benefício do uso de "ponte" com heparina em substituição à DAP, com evidências apenas de aumento do risco de sangramento.

Indicações e posologia da farmacoproteção no perioperatório de operações vasculares arteriais

Medicação	Indicação	Posologia
Estatinas	Todos os pacientes, independentemente do perfil lipídico (classe I)	Iniciar no dia da avaliação e manter 30 dias após operação Doses: ▪ Sinvastatina ≥ 40 mg ▪ Atorvastatina ≥ 20 mg ▪ Rosuvastatina ≥ 10 mg ▪ Fluvastatina ≥ 80 mg
Betabloqueadores	Não suspender se uso crônico (classe I; NE B) Iniciar se isquemia sintomática ou + em prova funcional (classe I; NE B) Iniciar se risco cardíaco intermediário (classe IIa; NE B)	Não iniciar no dia da operação (intervalo ideal de pelo menos 7 dias) Iniciar com doses baixas, titulação de acordo com a tolerância, até FC 55-65 bpm, desde que a pressão arterial sistólica ≥ 100 mmHg
Aspirina	Não suspender se uso crônico (classe I)	Reduzir a dose para 100 mg ao dia 7 dias antes da operação
Dupla antiagregação	Se risco de sangramento baixo Se risco de sangramento moderado a alto	Manter DAP Manter AAS, suspender tienopiridínico 5 dias antes e reiniciar o mais precoce possível. Considerar "ponte" com tirofiban se muito alto risco de trombose

AAS: ácido acetilsalicílico; DAP: dupla antiagregação plaquetária; FC: frequência cardíaca; NE: nível de evidência.

Revascularização miocárdica profilática

O avanço na terapia clínica para doença arterial coronária foi tão grande nas últimas décadas que o espectro de pacientes que realmente necessitam de revascularização miocárdica para redução de mortalidade é cada vez menor.

No contexto perioperatório deve-se ainda ponderar a comorbidade cirúrgica e as implicações prognósticas do adiamento da operação não cardíaca ao priorizar revascularização miocárdica.

Identificar o restrito grupo de pacientes que se beneficia da revascularização miocárdica profilática e respeitar o intervalo mínimo entre as intervenções é fundamental.

Quando a revascularização miocárdica é cirúrgica indica-se esperar aproximadamente 30 dias para a operação não cardíaca, muito mais por questões relacionadas à recuperação do estresse cirúrgico e prevenção de complicações infecciosas que por risco de eventos cardíacos.

Quando a revascularização miocárdica é percutânea, o risco de complicações trombóticas é elevado, principalmente nas angioplastias com *stent* farmacológico. A necessidade de manter dupla antiagregação plaquetária por período de pelo menos 30 dias nos casos de *stent* convencional, e 1 ano, nos casos de *stent* farmacológico, justifica, no perioperatório, uma tendência em direção oposta ao que ocorre em outros contextos. Enquanto a indicação de *stent* farmacológico é cada vez mais liberal fora do âmbito perioperatório, nesse contexto o que muitas vezes se discute é realizar angioplastia apenas com balão. É proscrito o uso de *stent* farmacológico quando se antecipa a necessidade de operação no próximo ano.

Embora nenhum dos dois estudos randomizados, que buscaram avaliar o impacto da revascularização miocárdica profilática no perioperatório vascular, tenha mostrado benefício dessa estratégia, em algumas situações de elevado risco cardíaco há potencial benefício dessa prática, desde que bem observados os intervalos ideais e o impacto do adiamento da cirurgia vascular no prognóstico global do paciente.

Indicações de revascularização miocárdica no perioperatório

Pacientes com indicação de revascularização miocárdica, independentemente do contexto perioperatório e operação não cardíaca eletiva (classe I)

Pacientes com evidência durante a avaliação perioperatória de grandes áreas isquêmicas, anatomia coronária de alto risco e baixo limiar para isquemia (classe I)

Pacientes sem marcadores de alto risco, mas com indicação de revascularização miocárdica, antes de operações de risco intermediário ou alto, eletivas (classe IIa)

Intervalos preconizados entre a revascularização miocárdica percutânea e a operação não cardíaca

Tipo de angioplastia	Intervalo ideal	Intervalo mínimo
Stent farmacológico	Não estabelecido	1 ano*
Stent convencional	> 6 semanas e < 3 meses	14 dias
Angioplastia com balão	> 14 dias	7 dias

* Considerar intervalo mínimo de 6 meses para *stent* de mais nova geração.

Bibliografia recomendada

1. Gualandro D, Yu PC, Calderaro D, Caramelli B, Casella IB, Presti C, et al. II Diretriz de avaliação perioperatória – atualização e enfoque para operações vasculares arteriais. Arquivos Brasileiros de Cardiologia; 2013.
2. Hertzer NR, Beven EG, Young JR, O'Hara PJ, Ruschhaupt WF, Graor RA, et al. Coronary artery disease in peripheral vascular patients. A classification of 1000 coronary angiograms and results of surgical management. Ann Surg. 1984;199(2):223-33.
3. Garcia S, McFalls EO. Perioperative clinical variables and long-term survival following vascular surgery. World J Cardiol. 2014;6(10):1100-7.
4. Lee TH, Marcantonio ER, Mangione CM, Thomas EJ, Polanczyk CA, Cook EF, et al. Derivation and prospective validation of a simple index for prediction of cardiac risk of major noncardiac surgery. Circulation. 1999;100(10):1043-9.
5. Bertges DJ, Goodney PP, Zhao Y, Schanzer A, Nolan BW, Likosky DS, et al. The Vascular Study Group of New England Cardiac Risk Index (VSG-CRI) predicts cardiac complications more accurately than the Revised Cardiac Risk Index in vascular surgery patients. J Vasc Surg. 2010;52(3):674-83, 83.e1-83.e3.
6. Palda VA, Detsky AS. Perioperative assessment and management of risk from coronary artery disease. Ann Intern Med. 1997;127(4):313-28.
7. Pinho C, Grandini PC, Gualandro DM, Calderaro D, Monachini M, Caramelli B. Multicenter study of perioperative evaluation for noncardiac surgeries in Brazil (EMAPO). Clinics (Sao Paulo). 2007;62(1):17-22.
8. Gualandro DM, Yu PC, Calderaro D, Marques AC, Pinho C, Caramelli B, et al. II Guidelines for perioperative evaluation of the Brazilian Society of Cardiology. Arq Bras Cardiol. 2011;96(3 Suppl 1):1-68.
9. Weber M, Luchner A, Manfred S, Mueller C, Liebetrau C, Schlitt A, et al. Incremental value of high-sensitive troponin T in addition to the revised cardiac index for peri-operative risk stratification in non-cardiac surgery. Eur Heart J. 2013;34(11):853-62.
10. Durazzo AE, Machado FS, Ikeoka DT, De Bernoche C, Monachini MC, Puech-Leão P, et al. Reduction in cardiovascular events after vascular surgery with atorvastatin: a randomized trial. J Vasc Surg 2004;39:967-75.
11. Schouten O, Boersma E, Hoeks SE, Anker S, Botker HS, De Hert S, et al. Fluvastatin and perioperative events in patients undergoing vascular surgery. Dutch Echocardiographic

Cardiac Risk Evaluation Applying Stress Echocardiography Study Group. N Engl J Med. 2009;361(10):980-9.
12. Kristensen SD, Knuuti J, Saraste A, Benner R, van Verk H, van Sambeek MR, et al. 2014 ESC/ESA Guidelines on non-cardiac surgery: cardiovascular assessment and management: The Joint Task Force on non-cardiac surgery: cardiovascular assessment and management of the European Society of Cardiology (ESC) and the European Society of Anaesthesiology (ESA). Eur Heart J. 2014;35(35):2383-431.
13. Lindenauer PK, Pekow P, Wang K, Mamidi DK, Gutierrez B, Benjamin EM, et al. Perioperative beta-blocker therapy and mortality after major noncardiac surgery. N Engl J Med 2005;353(4):349-61.
14. Friedell ML, Van Way CW, Freyberg RW, Almenoff PL. β-Blockade and operative mortality in noncardiac surgery: harmful or helpful? JAMA Surg. 2015 May 27. doi: 10.1001/jamasurg.2015.86. [Epub ahead of print.]
15. Devereaux PJ, Mrkobrada M, Sessler DI. Aspirin in patients undergoing noncardiac surgery. N Engl J Med. 2014;370(16):1494-503.
16. Calderaro D, Pastana AF, Flores da Rocha TR, Yu PC, Gualandro DM, DeLuccia N, et al. Aspirin responsiveness safely lowers perioperative cardiovascular risk. J Vasc Surg. 2013;58(6):1593-9.
17. Fleisher LA, Fleischmann KE, Auerbach AD, Barnason SA, Beckman JA, et al. 2014 ACC/AHA guideline on perioperative cardiovascular evaluation and management of patients undergoing noncardiac surgery: a report of the American College of Cardiology/American Heart Association Task Force on practice guidelines. J Am Coll Cardiol. 2014;64(22):e77-137.
18. Capodanno D, Musumeci G, Lettieri C, Limbruno V, Senni M, Guaglinni G, et al. Impact of bridging with perioperative low-molecular-weight heparin on cardiac and bleeding outcomes of stented patients undergoing non-cardiac surgery. Thromb Haemost. 2015;28:114 (2).

Seção III

23

Monitorização hemodinâmica

Carolina Santana dos Reis Gonçalves
Leonardo Nicolau Geisler Daud Lopes
Silvia H. G. Lage

Introdução

A monitorização hemodinâmica é ferramenta importante no tratamento do doente crítico e fornece dados adicionais ao exame físico, desde que interpretados adequadamente.

Objetivo: diagnóstico do estado hemodinâmico e guia para procedimentos terapêuticos.

Pressão arterial invasiva

- Indicações: emergências hipertensivas, hipotensão/choque, uso de drogas vasoativas, necessidade de coleta frequente de sangue arterial.
- Acessos: radial, axilar, femoral, pedioso.
- Alvo: PAM $\geq$ 65 mmHg, na maioria dos casos. Em alguns quadros neurológicos há necessidade de PAM mais elevada (para manter pressão de perfusão cerebral).
- Tratamento de hipotensão: expansão volêmica, uso de vasopressores (primeira escolha: noradrenalina).

PAM: pressão arterial média.

Pressão venosa central

- Normal: 2-6 mmHg.
- PVC reflete a pressão no átrio direito e, na ausência de valvopatia tricúspide, a pressão diastólica final do ventrículo direito.
- Sofre influência do débito cardíaco e da volemia do paciente.
- Valores isolados têm pouco significado na avaliação de volemia.
- Queda PVC > 1 mmHg na inspiração em paciente em ventilação espontânea: sugere resposta a volume (delta PVC).

PVC: pressão venosa central.

Cateter de artéria pulmonar (Figura 1)

- Variáveis medidas: PVC, pressão arterial pulmonar, pressão de oclusão da artéria pulmonar, DC, saturação venosa de oxigênio e saturação venosa mista de oxigênio.
- Variáveis calculadas: resistência vascular periférica, resistência vascular pulmonar, índice cardíaco, volume sistólico, índice sistólico, índice de trabalho sistólico do VD e VE, oferta tecidual de oxigênio.
- PAP: PSAP 15-25 mmHg/PDAP 8-15 mmHg/PAPM 10-20 mmHg.
- POAP (6-12 mmHg): marcador indireto da pressão do átrio esquerdo e da pressão diastólica final do VE.
- DC (4-8 L/min): medido através do método de termodiluição (subestimado na insuficiência tricúspide e superestimado em casos de *shunts* intracardíacos) ou método de Fick (padrão-ouro, cálculo pela fórmula: consumo de oxigênio/(10 x diferença arteriovenosa de oxigênio).
- Saturação venosa de oxigênio: representa o consumo de oxigênio pelos tecidos: SvO_2: $SaO_2 - VO_2/1,36 \times Hb \times DC$.

DC: débito cardíaco; Hb: hemoglobina; PAP: pressão de artéria pulmonar; PAPM: pressão de artéria pulmonar média; PDAP: pressão diastólica de artéria pulmonar; POAP: pressão de oclusão de artéria pulmonar; PSAP: pressão sistólica de artéria pulmonar; PVC: pressão venosa central; SaO_2: saturação arterial de oxigênio; SvO_2: saturação venosa de oxigênio; VD: ventrículo direito; VE: ventrículo esquerdo; VO_2: consumo de oxigênio.

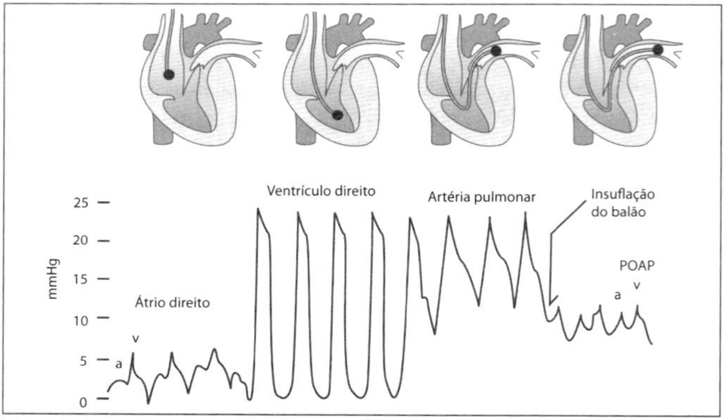

Figura 1 Curvas representativas do cateter de artéria pulmonar de acordo com a sua posição. POAP: pressão de oclusão de artéria pulmonar.

Monitorização da perfusão tecidual

- Enchimento capilar: avaliar o tempo de reperfusão pós-período de digitopressão. Ferramenta não invasiva útil na avaliação de perfusão, porém sofre influência da temperatura do pododáctilo e do gradiente de temperatura central-periférica.

- Débito urinário: reflete hipoperfusão renal (desvio do fluxo sanguíneo renal para outros órgãos vitais, injúria renal direta, depleção e volume intravascular).
- Objetivo: manter débito urinário de 0,5-1 mL/kg/h.

- Lactato sérico: marcador de ativação do metabolismo anaeróbico; redução > 10% no nível de lactato nas primeiras 6 h está relacionada a melhor prognóstico na sepse grave e no choque séptico.

- Excesso de base: indicador de hipoperfusão/hipóxia tecidual.

- Capnografia tissular: baseia-se no princípio de que o CO_2 produzido pelo metabolismo celular se difunde livremente pelos tecidos e membrana celular, e seu *clearance* depende diretamente do fluxo sanguíneo. Redução local do fluxo sanguíneo resulta em aumento da pressão parcial de CO_2.

Monitorização funcional (avaliação de resposta do organismo às intervenções terapêuticas)

- Elevação passiva das pernas (Figura 2): transferência de sangue dos MMII e abdome para a circulação central → aumento da pré-carga → aumento do DC.
- Administração de fluidos (Figura 3): avaliação dos parâmetros hemodinâmicos após expansão volêmica – aumento de 10-15% no DC é considerado resposta a volume.
- ΔPP (variação da pressão de pulso): > 13% de variação durante o ciclo respiratório é preditor de resposta a volume*
  ΔPP = ΔPP máx - ΔPP mín/ΔPP médio
- VVS (variação do volume sistólico): > 12% de variação durante o ciclo respiratório é preditor de resposta a volume*
  VVS = VVS máx - VVS mín/VVS médio

DC: débito cardíaco; MMII: membros inferiores; VVS: variação do volume sistólico.

* Paciente em ventilação mecânica, modo controlado, com volume corrente entre 8-10 mL/kg, sedado, em ritmo sinusal.

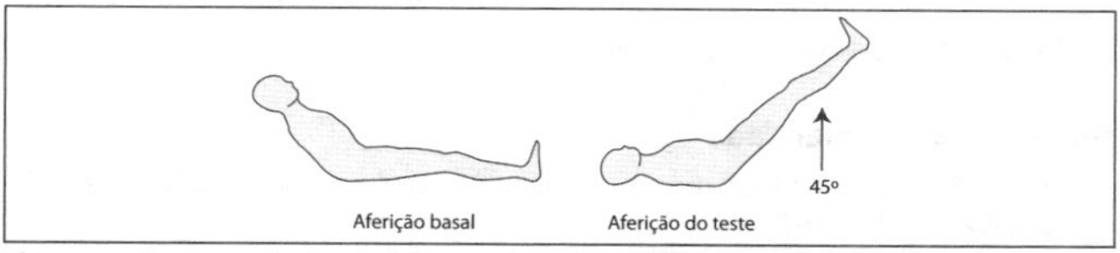

Figura 2 Elevação passiva das pernas. A aferição basal é realizada com o paciente em decúbito dorsal, cabeceira a 45° e pernas na horizontal. A cabeceira é, então, rebaixada e as pernas são elevadas a 45°. Após 4 minutos, faz-se nova aferição.

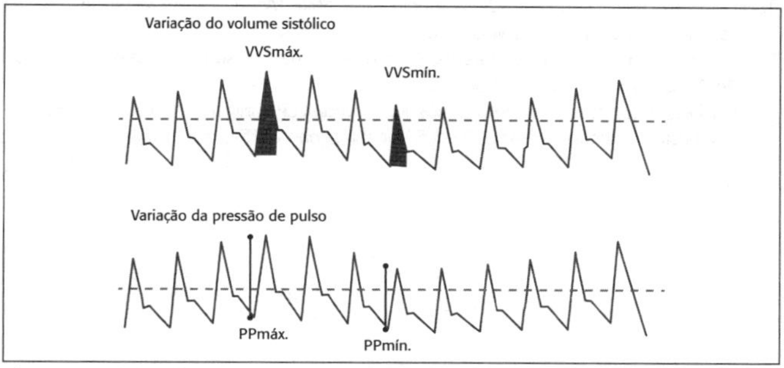

Figura 3 Variação do volume sistólico e variação da pressão de pulso (VPP). PP: pressão de pulso; VVS: variação do volume sistólico.

Outros métodos de monitorização hemodinâmica

- Doppler esofágico: transdutor inserido no esôfago mede a velocidade do fluxo de sangue na aorta descendente, estimando assim o DC (correlação entre área seccional e FC).
- Ecocardiograma: método não invasivo capaz de avaliar o DC, pressão do AD, pressão na artéria pulmonar. Útil também no diagnóstico de doenças cardíacas que possam estar comprometendo a hemodinâmica do paciente, como derrame pericárdico, dissecção aórtica, endocardite infecciosa.
- Monitorização por contorno do pulso:
  - PiCCO: por meio de cateter venoso central e cateter axilar ou femoral é feita análise da termodiluição transpulmonar e medido o DC.
  - Flo-Tac/Vigileo: por meio de cateter arterial é possível a mensuração do DC e do volume sistólico. Não apresenta calibração externa, sendo esta uma crítica ao método. A calibração é interna e baseia-se em dados demográficos para calcular a complacência e a resistência vascular.
  - LiDCO: canulação de uma artéria com mensuração do DC. A calibração é realizada com lítio, porém os sistemas mais atuais não necessitam do lítio para calibração.

AD: átrio direito; DC: débito cardíaco; FC: frequência cardíaca.

Bibliografia recomendada

1. Roberto B. Braunwald's heart disease: a textboook of cardiovascular medicine. 10.ed. Philadelphia: Elsevier; 2015.
2. Silvestry FE. Pulmonary artery catheterization: Interpretation of hemodynamic values and waveforms in adults. Uptodate, 2015.
3. Gaieski DF. Evaluation of and initial approach to the adult patient with undifferentiated hypotension and shock. Uptodate, 2015.
4. David CM, Dias FS. Monitorização hemodinâmica. AMIB (Associação de Medicina Intensiva Brasileira). Rio de Janeiro: Revinter; 2004.
5. Azevedo LCP, Oliveira AR, Ladeira JP, Velasco IT. Medicina intensiva baseada em evidências. São Paulo: Atheneu; 2011.
6. Nácul FE. Monitorização hemodinâmica. In: Azevedo LCP, Taniguchi LU, Ladeira JP. Medicina intensiva: abordagem prática. 2.ed. Barueri: Manole; 2015. p.106-15.

24

Passagem e manuseio do cateter de artéria pulmonar

Milena Frota Macatrão-Costa

Introdução

- A cateterização cardíaca direita é um instrumento de avaliação da condição hemodinâmica e mensuração do débito cardíaco, com o objetivo de estabelecer o diagnóstico e auxiliar a guiar a terapia.
- Após décadas de pesquisa, em 1970, Jeremy Swan, William Ganz e Forrester publicaram a utilização do primeiro cateter direcionado a fluxo com balão na ponta, para uso em pacientes em unidades de terapia intensiva, sem necessidade da fluoroscopia.
- Logo após a introdução do cateter de artéria pulmonar (CAP) na prática clínica, seguiu-se um momento de grande entusiasmo, e seu uso tornou-se rotineiro em várias unidades de terapia intensiva (UTI), clínicas cardiológicas e cirúrgicas em todo o mundo. Um período de maior cautela se seguiu, após as primeiras demonstrações de aparente falta de benefício, aumento de mortalidade e de custos.
- Estudos clínicos controlados e randomizados subsequentes, envolvendo pacientes cirúrgicos de alto risco, pacientes críticos e com insuficiência cardíaca, demonstraram que o uso rotineiro do CAP não melhorou a evolução dos pacientes.
- Deve-se considerar que o CAP é um instrumento diagnóstico, dessa forma sujeito a adequado entendimento técnico e interpretação dos dados pela equipe médica. De fato, nenhum dispositivo diagnóstico por si só pode melhorar a evolução, a não ser que seus dados sejam corretamente interpretados e permitam a instituição da terapia adequada.

Técnica de posicionamento do cateter de artéria pulmonar

1. O cateter é inserido à beira-leito, sem fluoroscopia.
2. Obtém-se acesso venoso central com a técnica usual, preferencialmente pela veia jugular interna direita ou veia subclávia esquerda, e um introdutor de 10 cm e 8,5 Fr é inserido. Assim, o cateter é envolvido em uma manga estéril (o que permite possíveis manipulações futuras em condições estéreis) e, em seguida, inserido através do introdutor.
3. Quando 12-15 cm do cateter já foram introduzidos, insufla-se o balão e progride-se o cateter. O balão deve estar sempre completamente insuflado quando o cateter é avançado e completamente desinsuflado sempre que o cateter é recuado.
4. Com a progressão do cateter, seu posicionamento pode ser identificado pelas características da curva de pressão (Figura 1).
5. Para que as medidas da pressão de oclusão da artéria pulmonar (POAP) representem as medidas do átrio esquerdo – que refletem a pressão diastólica final do ventrículo esquerdo na ausência de obstrução da valva mitral –, a ponta distal do cateter deve estar posicionada em uma área do pulmão onde a POAP seja bem mais alta que a pressão alveolar, que é a chamada zona 3 de West, localizada nas áreas mais inferiores dos pulmões, abaixo do nível do átrio esquerdo (Figura 2).
6. Idealmente, o adequado posicionamento da ponta do cateter deve ser confirmado por coleta de amostra de sangue com o balão insuflado para determinação da saturação de oxigênio. Quando adequadamente posicionado, observa-se saturação de oxigênio maior ou igual a 95%.
7. Em situações de aumento significativo das câmaras cardíacas direitas ou hipertensão arterial pulmonar grave, para o adequado posicionamento do cateter pode ser necessária a fluoroscopia, em virtude de dificuldade técnica.

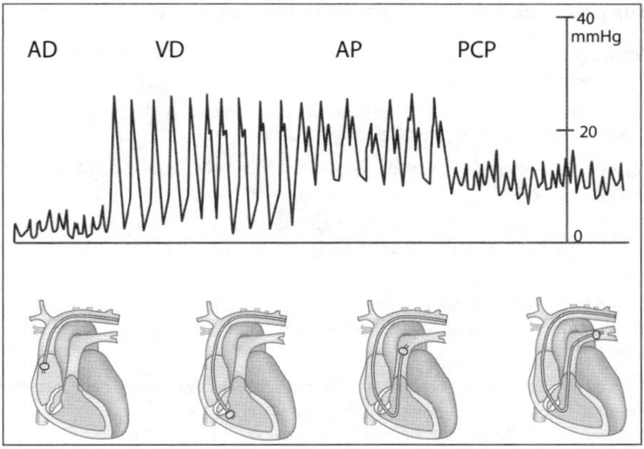

Figura 1 Curvas de pressão durante passagem do cateter de artéria pulmonar. AD: átrio direito; AP: artéria pulmonar; PCP: pressão capilar pulmonar; VD: ventrículo direito.

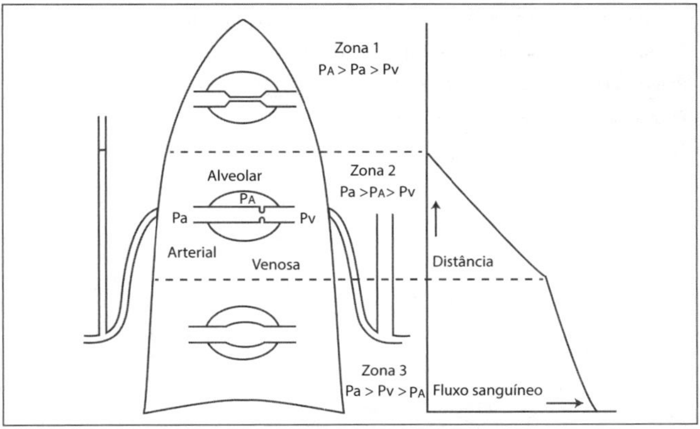

Figura 2 Zonas de West. PA: pressão alveolar; Pa: pressão arterial; Pv: pressão venosa.

Passos para a aquisição dos dados hemodinâmicos

1. Após instalado o cateter, o sistema de monitoramento deve ser calibrado e zerado à pressão atmosférica e o transdutor adequadamente nivelado.
2. No monitor multiparamétrico são observadas as medidas de pressão arterial sistêmica, pressão de átrio direito e pressão de artéria pulmonar.
3. Aspirar uma amostra de sangue da via da artéria pulmonar (distal) do cateter para obter a SvO_2.
4. Obtém-se a medida da POAP pela insuflação do balão com 1,5 mL de ar. Deve ser realizada ao final da expiração a fim de minimizar a influência da respiração nas ondas de pressão.
5. A medida do débito cardíaco por termodiluição é obtida pela injeção de 10 mL de salina (habitualmente à temperatura ambiente) na via do átrio direito (proximal) do cateter.
6. Após adquiridos os dados previamente descritos (Tabela "Parâmetros hemodinâmicos medidos"), podem ser calculados outros parâmetros hemodinâmicos e a dinâmica do oxigênio (Tabela "Parâmetros hemodinâmicos calculados e dinâmica do oxigênio").

POAP: pressão de oclusão da artéria pulmonar; SvO_2: saturação venosa de oxigênio.

Parâmetros hemodinâmicos medidos

Variável	Valor normal
Pressão venosa central (PVC)	1-9 mmHg
Pressão arterial pulmonar sistólica x diastólica (PAP)	(15-30) x (4-12) mmHg
Pressão arterial pulmonar média (MAPM)	9-19 mmHg
Pressão de oclusão da artéria pulmonar (POAP)	6-12 mmHg
Débito cardíaco (DC)	4-8 L/min

Parâmetros hemodinâmicos calculados e dinâmica do oxigênio

Dinâmica cardiovascular	
Índice cardíaco = DC/SAC	2,5-4 L/min/m^2
Volume sistólico = DC/FC	0,06-0,1 L/batimento
Índice de volume sistólico = VS/SAC	0,033-0,047 L/batimento/m^2
Pressão arterial média = (2 × PAS + PAD)/3	70-110 mmHg
Resistência vascular sistêmica = (PAM – PADM)/DC × 80	800-1.200 dinas/s/cm^{-5}
Resistência vascular sistêmica indexada = (PAM – PADM)/IC × 80	1.970-2.390 dinas/s/cm^{-5})/m^2
Resistência vascular pulmonar = (PAPM – POAP)/DC × 80	< 250 dinas/s/cm^{-5}
Resistência vascular pulmonar indexada = (PAPM – POAP)/IC × 80	255-285 (dinas/s/cm^{-5})/m^2
Índice de trabalho sistólico do VE = 0,0136 [IVS × (PAM – POAP)]	50-62 g-m/m^2/batimento
Índice de trabalho sistólico do VD = 0,0136 [IVS × (PAPM – PADM)]	5-10 g-m/m^2/batimento
Dinâmica do oxigênio	
Oferta de oxigênio = DC × CaO_2 = DC [(Hb × SaO_2 × 1,34) + (PaO_2 x 0,0031)]	500-600 mL/min
Consumo de oxigênio = 13,4[DC × Hb x (SaO_2 – SvO_2)]	200-250 mL/min
Taxa de extração de oxigênio	25-30%

CaO_2: conteúdo arterial de oxigênio. DC: débito cardíaco. FC: frequência cardíaca. Hb: hemoglobina. IC: índice cardíaco. IVS: índice de volume sistólico. PAD: pressão arterial diastólica. PADM: pressão de átrio direito média. PAM: pressão arterial média. PAPM: pressão de artéria pulmonar média. PAS: pressão arterial sistólica. POAP: pressão de oclusão da artéria pulmonar. SAC: superfície de área corporal. SaO_2: saturação arterial de oxigênio. SvO_2: saturação venosa de oxigênio. VS: volume sistólico.

Indicações para cateterização da artéria pulmonar

- Não está indicado o seu uso rotineiro em pacientes cardíacos e não cardíacos de alto risco.
- Choque cardiogênico durante terapia de suporte.
- Pacientes com falência ventricular direita e esquerda discordantes.
- Pacientes com insuficiência cardíaca crônica severa, com necessidade de terapia inotrópica, vasopressora e vasodilatadora.
- Pacientes com "pseudossepse" (débito cardíaco elevado, resistência vascular sistêmica baixa, pressões de átrio direito e de oclusão da artéria pulmonar elevadas).
- Pacientes com insuficiência cardíaca sistólica de causa potencialmente reversível, como miocardite fulminante e cardiomiopatia periparto.
- Para o diagnóstico diferencial hemodinâmico da hipertensão pulmonar.
- Para avaliar resposta à terapia em pacientes com hipertensão pulmonar pré-capilar ou mista.
- Indicada na avaliação para transplante cardíaco.

Principais complicações relacionadas ao uso do cateter de artéria pulmonar

Durante a inserção do cateter
■ Punção inadvertida da artéria ■ Hematomas ■ Pseudoaneurismas ■ Hemotórax ■ Pneumotórax ■ Lesão do ducto torácico (nas tentativas de punção nas veias jugular interna e subclávia esquerdas)
Trombose venosa relacionada ao cateter
Arritmias cardíacas
■ Tanto extrassístoles como taquicardias atriais e ventriculares, além de anormalidades de condução, ocorrem com frequência durante a passagem do cateter, mas são usualmente transitórias. Há necessidade de desfibrilação ou cardioversão por taquicardia ventricular sustentata ou fibrilação ventricular em menos de 1% dos pacientes

(continua)

Principais complicações relacionadas ao uso do cateter de artéria pulmonar *(continuação)*

Lesão traumática da valva tricúspide
Complicações infecciosas
▪ Infecção relacionada a cateter, sepse e bacteriemia, além de endocardite de valva tricúspide
Rotura de artéria pulmonar
▪ Complicação rara apresentada com hemoptise profusa e é quase sempre fatal (70% de mortalidade)
Enovelamento do cateter
▪ Complicação rara com incidência estimada de 0,03%

Bibliografia recomendada

1. Swan HJ, Ganz W, Forrester J, Marcus H, Diamond G, Chonette D. Catheterization of the heart in man with use of a flow-directed ballon tipped cateter. N Engl J Med. 1970;283(9):447-51.
2. Connors Jr AF, Speroff T, Dawson NV, Thomas C, Harrel FE Jr., Wagner D, et al. The effectiveness of right heart catheterization in the initial care of critically ill patients. SUPPORT Investigators. JAMA. 1996;276(11):889-97.
3. Sandham JD, Hull RD, Brant RF, Knock L, Pineo GF, Doig CJ, et al. A randomized, controlled trial of the use of pulmonar-artery catheters in high-risk surgical patients. N Engl J Med. 2003;348(1):5-14.
4. Rhodes A, Cusack RJ, Newman PJ, Grounds RM, Bennett ED. A randomised, controlled trial of the pulmonar artery cateter in critically ill patients. Intensive Care Med. 2002;28(3):256-64.
5. Binanay C, Califf RM, Hasselblad V, O'Connor CM, Shah MR, Sopko G, et al. Evaluation study of congestive heart failure and pulmonar artery catheterization effectiveness: the ESCAPE trial. JAMA. 2005;294(13):1625-33.
6. Vincent JL. The pulmonar arthery catheter. J Clin Monit Comput. 2012;26:341-45.
7. Gidwani UK, Mohanty B, Chatterjee K. The pulmonar artery catheter: a critical reapraisal. Cardiol Clin. 2013;31:545-65.
8. Chaterjee K. The Swan-Ganz catheters: past, presente, and future. A viewpoint. Circulation. 2009;119(1):147-52.

25

Choque cardiogênico

Leonardo Luís Torres Bianqui
Milena Frota Macatrão-Costa

Introdução

Choque cardiogênico (CC) é definido como a incapacidade de suprir as necessidades metabólicas basais do corpo em decorrência de falência primária da bomba cardíaca.

A síndrome clínica de CC caracteriza-se por pressão arterial sistólica menor que 90 mmHg ou mais de 30 mmHg abaixo da pressão arterial basal, por pelo menos 30 minutos, com sinais de diminuição do débito cardíaco: diminuição do débito urinário (< 20 mL/h), prejuízo da função cognitiva e vasoconstrição periférica associada a pele fria e pegajosa.

Do ponto de vista hemodinâmico, o achado de índice cardíaco abaixo de 2,2 L/m² e de pressão de oclusão da artéria pulmonar maior que 15 mmHg confirma o diagnóstico.

A incidência global dessa condição ainda não é bem conhecida. A causa mais comum de CC é o infarto agudo do miocárdio (IAM). Cerca de 5-8% dos pacientes admitidos com esse diagnóstico evoluem com CC durante a internação, sendo essa complicação mais frequente no contexto dos infartos com supradesnivelamento do segmento ST que naqueles sem supradesnivelamento de ST.

CC é uma condição clínica de gravidade extrema e frequentemente fatal. A evolução dos pacientes provavelmente varia de acordo com a etiologia. Dados mais consistentes em termos de mortalidade são conhecidos apenas nos pacientes com CC em consequência de IAM. Nos estudos *SHOCK* e *GRACE*, a mortalidade intra-hospitalar foi em torno de 60% e, mais recentemente, mortalidade abaixo de 50% tem sido observada.

Dada a complexa e grave condição clínica relacionada ao CC, o seu pronto reconhecimento e a instituição da adequada terapia o mais precocemente possível são essenciais para que se alcance sucesso no tratamento.

Etiologias

Falência do ventrículo esquerdo
■ Infarto agudo do miocárdio ■ Miocardite aguda ■ Cardiomiopatia de Takotsubo ■ Contusão miocárdica ■ Cardiomiopatia terminal ■ *Bypass* cardiopulmonar prolongado ■ Choque séptico com depressão miocárdica grave
Falência do ventrículo direito
■ Infarto do ventrículo direito ■ Hipertensão pulmonar terminal
Insuficiência valvar aguda
■ Insuficiência mitral isquêmica ■ Rotura de músculo papilar ■ Degeneração mixomatosa da valva mitral com rotura de corda tendínea ■ Endocardite infecciosa ■ Dissecção de aorta ■ Trauma
Rotura ventricular
■ Rotura do septo ventricular ■ Rotura de parede livre

Apresentação clínica

- Dor torácica anginosa, dispneia
- Alteração do sensório, rebaixamento do nível de consciência, *delirium*
- Hipoxemia, insuficiência respiratória
- Hipotensão arterial, redução da pressão de pulso, pulsos periféricos filiformes ou mesmo ausentes
- Palidez cutânea, pele fria e pegajosa, tempo de enchimento capilar prolongado
- Oligúria
- Náuseas, vômitos, distensão abdominal

Exames complementares

Eletrocardiograma
É o exame inicial em todo paciente com suspeita de CC na sala de emergência; pode fornecer etiologia e definir condutas iniciais como:
▪ Alterações do ritmo: bradiarritmias ou taquiarritmias
▪ Evidência de isquemia miocárdica: alterações do segmento ST
Radiografia de tórax
▪ Área cardíaca aumentada
▪ Congestão pulmonar
Ecocardiograma transtorácico
Deve ser realizado em todos os pacientes o mais rapidamente possível. A via transesofágica é reservada para pacientes com janela desfavorável. Principais alterações:
▪ Disfunção ventricular sistólica esquerda e/ou direita
▪ Complicações mecânicas do IAM: insuficiência mitral aguda, comunicação interventricular, rotura de parede livre
▪ Derrame pericárdico
▪ Avaliação de valvopatias
Cineangiocoronariografia
Deve ser realizada prontamente em todos os pacientes com suspeita de CC secundário à síndrome coronariana aguda
Marcadores de necrose miocárdica
Avaliação da perfusão tecidual
▪ Lactato arterial, *base-excess*
▪ Saturação venosa central
Função renal (ureia e creatinina), eletrólitos (atenção especial ao cálcio, potássio e magnésio), hemograma completo, coagulograma, gasometria arterial, bioquímica hepática (TGO, TGP, bilirrubinas)

CC: choque cardiogênico; IAM: infarto agudo do miocárdio; TGO: transaminase glutâmico-oxalacética; TGP: transaminase glutâmico-pirúvica.

Manejo inicial na unidade de terapia intensiva cardiológica

Monitorização eletrocardiográfica contínua.
Oximetria de pulso.
Pressão arterial invasiva deve ser instalada em todos os pacientes: ■ Permite coleta seriada de gasometria para avaliação respiratória e lactato arterial, além de avaliação em tempo real da pressão arterial. ■ A avaliação do contorno da onda de pulso arterial pode ser utilizada por monitores específicos sem calibração (*Vigileo*, *EV1000*) ou com calibração (*LiDCO*, *PiCCO*) para estimar continuamente o volume sistólico e o débito cardíaco e, dessa forma, auxiliar em intervenções terapêuticas.
Cateter venoso central deve ser utilizado em todos os pacientes, preferencialmente por via jugular interna ou subclávia, pois permite: ■ Administração de drogas vasoativas. ■ Avaliação da saturação venosa central de oxigênio: fornece uma estimativa da relação oferta-consumo de oxigênio e adequação da perfusão tecidual.
Cateter de artéria pulmonar (Swan-Ganz): para pacientes de difícil manejo, especialmente aqueles com hipertensão pulmonar ou associação com quadros sépticos, o cateter de artéria pulmonar ainda é uma ferramenta útil no manejo do choque cardiogênico, seja como diagnóstico, seja para guiar a terapêutica. Também é de fundamental importância na seleção de pacientes para transplante cardíaco.
Suporte ventilatório pode ser necessário, seja de maneira não invasiva, seja através de intubação orotraqueal, a fim de reduzir o consumo de oxigênio.

Terapia farmacológica no choque cardiogênico

Otimização volêmica
Hipovolemia é pouco frequente no contexto do CC, mas pode estar presente quando há vômitos excessivos ou uso abusivo de diurético. Não administrar volume em pacientes com evidência de congestão pulmonar.
Variáveis estáticas, como pressão venosa central (PVC) e pressão de oclusão da artéria pulmonar (PAOP), têm baixa capacidade em predizer o estado volêmico do indivíduo, além de sofrerem influência significativa da disfunção diastólica, hipertensão pulmonar e uso de PEEP.

(continua)

Terapia farmacológica no choque cardiogênico *(continuação)*

Variáveis dinâmicas têm melhor desempenho em predizer responsividade a volume e são baseadas nas interações fisiológicas coração-pulmão. Em pacientes sob ventilação mecânica invasiva, sem esforço respiratório, com volumes correntes > 8 mL/kg e ausência de arritmias, as seguintes variáveis funcionais podem ser utilizadas para guiar reposição volêmica: ▪ Delta PP > 13%. ▪ Variação do volume sistólico > 12%.
O ecocardiograma também auxilia na avaliação de responsividade a volume, seja pela avaliação do diâmetro das veias cavas e sua variação com a respiração, seja pela variação do VTI (integral velocidade-tempo do fluxo na via de saída do ventrículo esquerdo) após administração de prova volêmica.
Manobra de *leg-raising* (elevação passiva das pernas) mimetiza uma prova volêmica e pode ser utilizada em pacientes sob ventilação espontânea. Variação no débito cardíaco > 15% indica responsividade a volume.
Pacientes com infarto de ventrículo direito podem se beneficiar de reposição volêmica para otimizar o débito cardíaco: começar com alíquotas de 200-300 mL de cristaloides. Elevações da PVC ou PAOP acima de 15 mmHg sem melhora na pressão arterial ou débito cardíaco indicam que a administração de mais fluidos não levará a melhora hemodinâmica.
Inotrópicos
Nenhum estudo demonstrou que drogas inotrópicas alteram a mortalidade no choque cardiogênico. No entanto, a prática nos mostra que os efeitos nos parâmetros macro/micro-hemodinâmicos são evidentes. Os principais agentes utilizados são: ▪ Dobutamina: agente agonista preferencialmente beta-adrenérgico com ação inotrópica e cronotrópica positiva; dose de 2,5-20 mcg/kg/min. ▪ Milrinona: inibidor da fosfodiesterase que promove aumento da contratilidade miocárdica. Tem efeito vasodilatador pulmonar e sistêmico pronunciado e não deve ser utilizada em pacientes com hipotensão arterial; dose de manutenção de 0,25-0,75 mcg/kg/min. ▪ Levosimendam: droga de ação prolongada (até 7 dias) que age aumentando a sensibilidade ao cálcio intracelular. Promove vasodilatação periférica acentuada, o que contraindica o seu uso no contexto inicial do choque cardiogênico; a dose de manutenção habitual é de 0,1 mcg/kg/min por 24 h.

(continua)

Terapia farmacológica no choque cardiogênico *(continuação)*

Vasopressores
Drogas de eleição quando há hipotensão arterial. O restabelecimento da pressão arterial é de fundamental importância na manutenção da perfusão tecidual. Estudo recente envolvendo pacientes com diversas etiologias de choque mostrou que, no subgrupo dos pacientes com choque cardiogênico, a noradrenalina é mais segura que a dopamina e esteve relacionada a menos arritmias ■ Norepinefrina: potente agonista alfa-1 adrenérgico e modesta ação beta-1; dose inicial de 0,01 mcg/kg/min, podendo chegar a 2,0 mcg/kg/min. ■ Dopamina: efeito vasoconstritor ocorre com doses superiores a 10 mcg/kg/min; a presença de arritmia pode limitar o incremento de dose. ■ Epinefrina: potente beta-1 agonista com efeito em receptores beta-2 e alfa-1, a depender da dose. Iniciar com 0,05 mcg/kg/min. ■ Vasopressina: geralmente utilizada em associação com outros vasopressores, promove vasoconstrição através da ação em receptores V1. Dose de 0,01-0,04 U/min.
Vasodilatadores
Nos pacientes em estado de baixo débito cardíaco com pressão arterial preservada (PAS > 90 mmHg), o uso de vasodilatadores pode promover melhora hemodinâmica pronunciada, diminuindo as resistências vasculares sistêmica e pulmonar, reduzindo as pressões de enchimento e aumentando o débito cardíaco: ■ Nitroprusseto de sódio: potente vasodilatador arterial e venoso; iniciar com 0,5 mcg/kg/min; dose máxima de 10 mcg/kg/min. ■ Nitroglicerina: ação venodilatadora pronunciada e menor ação no leito arteriolar que o nitroprusseto; dose inicial de 10 mcg/min.

Terapia não farmacológica no choque cardiogênico

Reperfusão miocárdica
No contexto do IAM, a reperfusão miocárdica deve ser feita de urgência, seja por intervenção percutânea ou cirurgia de revascularização do miocárdio. O *SHOCK Trial* mostrou benefício de mortalidade com essas terapias até nas primeiras 36 h do IAM.
Dispositivos de assistência ventricular
Balão intra-aórtico: promove melhora hemodinâmica evidente, reduzindo a pós-carga do VE, aumentando o débito cardíaco e melhorando a perfusão coronariana; é o dispositivo mais disponível no Brasil para garantir assistência ventricular de forma rápida e efetiva. Embora estudos recentes (*IAB-SHOCK II*) tenham falhado em demonstrar ganho em mortalidade do BIA no contexto do IAM, não houve aumento na incidência de complicações com esse dispositivo, que é de grande valia em pacientes com rápida deterioração hemodinâmica ou naqueles com terapia de destino, como o transplante cardíaco.
Impella: dispositivo colocado em região transvalvar aórtica por via transeptal na sala de hemodinâmica, pode fornecer suporte de 2,5 ou 5 L/min.
TandemHeart: dispositivo do tipo bomba centrífuga capaz de fornecer até 5 L/min; seu implante pode ser feito por via percutânea ou cirúrgica com canulação venosa no átrio direito.
ECMO (*extracorporeal membrane oxygenation*): dispositivo composto de bomba centrífuga e oxigenador de membrana que pode oferecer fluxos superiores a 4,5 L/min quando na modalidade venoarterial; pode ser instalado por via percutânea ou cirúrgica.
Transplante cardíaco
O transplante cardíaco é a terapia de destino mais indicada para pacientes com insuficiência cardíaca avançada ou choque cardiogênico refratário; permite sobrevida média de 11 anos e promove melhora significativa na qualidade de vida.

IAM: infarto agudo do miocárdio; VE: ventrículo esquerdo.

Bibliografia recomendada

1. Swan HJC, Forrester JS, Diamond G, Chatterjee K, Parmley W. Hemodynamic spectrum of myocardial infarction and cardiogenic shock. A conceptual model. Circulation. 1972;45(5):1097-110.
2. Forrester JS, Diamond G, Chatterjee K, Swan HJC. Medical therapy of acute myocardial infaction by application of hemodynamic subsets (first of two parts). M Engl J Med. 1976;295(24):1356-62.
3. Reynolds HR, Hochman JS. Cardiogenic shock: current concepts and improving outcomes. Circulation. 2008;117:686-97.
4. Hochman JS, Buller CE, Sleeper LA, Boland J, Dzavik V, Sanborn TA, et al. Cardiogenic shock complicating acute myocardial infaction – etiologies, management and outcome: a report from the SHOCK Trial Registry. Should we emergently revascularize occluded coronaries for cardiogenic shock? J Am Coll Cardiol. 2000;36:1063-70.
5. Awad HH, Anderson Jr FA, Gore JM, Goodman SG, Goldberg RJ. Cardiogenic shock complicating acute coronary syndromes: insights from the Global Registry of Acute Coronary Events. Am Heart J. 2012;163:963-71.
6. Babaev A, Frederick PD, Pasta DJ, Every N, Sichovesky T, Mochman JS, et al. Trends in management and outcomes of patients with acute myocardial infaction complicated by cardiogenic shock. JAMA. 2005;294:448-54.
7. Cooper HA, Panza JA. Cardiogenic shock. Cardiol Clin. 2013;31:567-80.
8. Nunes RAB, Issa VS. Choque cardiogênico. In: Azevedo LCP, Taniguchi LU, Ladeira JP. Medicina intensiva: abordagem prática. 2.ed. Barueri: Manole; 2015. p.160-73.
9. Klein T, Ramani GV. Assesment and management of cardiogenic shock in the emergency department. Cardiol Clin. 2012;30:651-64.
10. De Backer D, Biston P, Devriendt J, Madl C, Chochrad D, Aldecoa C, et al. Comparison of dopamine and norepinephrine in the treatment of shock. N Engl J Med. 2010;362:779-89.
11. Hochman JS, Sleeper LA, Webb JG, Sanhorn TA, White MD, Talley DT, et al. Early revascularization in acute myocardial infarction complicated by cardiogenic shock. SHOCK investigators. N Engl J Med. 1999;341:625-34.
12. Werdan K, Gielen S, Ebelt H, Hochman JS. Mechanical circulatory support in cardiogenic shock. Eur Heart J . 2014;35:156-7.
13. Thiele H. Intraaortic baloon support for myocardial infarction with cardiogenic shock. N Engl J Med. 2012;367(14):1287-96.

26

Choque séptico em paciente com cardiopatia

Claudia Yanet San Martin Bernoche
Silvia H. G. Lage
So Pei Yeu

Introdução

A sepse grave e o choque séptico são patologias clínicas graves que afetam milhões de pessoas no mundo a cada ano, com uma morte para cada 4 pessoas e incidência em crescente.

Nos Estados Unidos, a incidência da sepse é de 240 a 300 casos para cada 100 mil habitantes, com uma taxa de óbito intra-hospitalar de 18% e alcançando até 70%, quando há hipotensão ou choque séptico.

Semelhante a outras doenças graves como acidente vascular encefálico (AVE), síndrome coronária aguda e grandes traumas, o diagnóstico e tratamento precoces influenciam o prognóstico.

O paciente com cardiopatia estrutural tem suas particularidades clínicas e, quando apresenta-se em choque séptico, o manejo clínico torna-se individualizado.

Definições

Síndrome de resposta inflamatória sistêmica (SIRS): presença de dois ou mais dos sinais a seguir:

- Hipotermia < 36°C ou febre > 38,3°C.
- Frequência cardíaca > 90 bpm.
- Taquipneia FR > 20 irpm ou $PaCO_2$ < 32 mmHg.
- Leucocitose > 12.000 células/mm³ ou leucopenia < 4.000 células/mm³ ou > 10% formas imaturas.

Sepse: SIRS decorrente de uma infecção documentada ou suspeita.

Sepse grave: sepse com disfunção orgânica ou hipoperfusão tecidual (hiperlactatemia ou diminuição do tempo de enchimento capilar) ou hipotensão arterial (PAS < 90 mmHg, PAM < 70 mmHg ou redução da PAS > 40 mmHg).

Choque séptico: hipotensão arterial mantida após ressuscitação volêmica adequada.

Disfunção orgânica

Diurese $< 0,5$ mL/kg/h ao menos por duas horas, apesar de ressuscitação volêmica adequada.

Aumento dos níveis de creatinina em 0,5 mg/dL ou > 2 mg/dL.

Hipoxemia arterial $PaO_2/FiO_2 < 300$.

Íleo paralítico (ausência de sons intestinais).

Trombocitopenia (contagem de plaquetas < 100 mil).

Distúrbios da coagulação (INR $> 1,5$ ou TTPa > 60 s).

Hiperbilirrubinemia, nível sérico de bilirrubina total > 2 mg/dL.

Disfunção miocárdica da sepse

Aproximadamente 40% dos pacientes com sepse apresentam algum grau de disfunção miocárdica.

Existem mediadores inflamatórios envolvidos na disfunção, como as endotoxinas, IFN-gama, IL-2, IL-4, IL-6, IL-8, IL-10 e, principalmente, IL-1-beta e TNF-alfa.

A redução da pós-carga associada à ativação simpatomimética da sepse proporciona uma condição hiperdinâmica e, por isso, ameniza um estado de disfunção miocárdica, apresentando um débito cardíaco normal ou elevado na sepse.

A queda da fração de ejeção do ventrículo esquerdo (FEVE), o aumento do volume diastólico final e a dilatação de ambos ventrículos ocorrem mais frequentemente nas 24 a 48 horas iniciais da sepse grave, sendo que os pacientes que sobrevivem revertem a função ventricular em 5 a 10 dias.

O ecocardiograma transtorárico bidimensional é exame fundamental somado à ventriculografia radioisotópica para avaliar a função ventricular na sepse e, principalmente, nas fases iniciais do choque séptico. A medida da FEVE nessa condição clínica possui valor prognóstico.

A melhora da FEVE inicialmente reduzida na sepse é indicativa de bom prognóstico, porém, é importante lembrar que a FEVE normal não afasta o comprometimento miocárdico na sepse.

Troponina I ≥ 1 mcg/L ou BNP > 190 pg/mL estão associados a piores prognósticos, pois traduzem laboratorialmente a miocardite intersticial do estado séptico, cujo tratamento é fundamental

Manejo da sepse

Metas iniciais
Pressão venosa central (PVC): idealmente entre 8-12 mmHg, no entanto, pacientes cardiopatas evoluindo para compensação clínica encontram-se, na maioria dos casos, hipervolêmicos, logo, a PVC não deve ser usada como parâmetro isolado no manejo da sepse com cardiopatia.
PAM > 65 mmHg: atentar a descompensação da insuficiência cardíaca perfil C associada.
Débito urinário > 0,5 mL/kg/h.
Saturação venosa central ($SvcO_2$) > 70% ou venosa mista (SvO_2) > 65% como alvos, porém, o cardiopata com disfunção ventricular pode ter a $SvcO_2$ basal baixa pela própria doença e não decorrente da sepse/choque séptico.
Diagnóstico da sepse
Coleta de dois pares de hemoculturas aeróbias e anaeróbias, pelo menos um par periférico e outro de cateteres, caso estejam com uso deste por mais de 48 horas.
Exames de imagem para identificar o local de origem da infecção.
Administrar antibiótico intravenoso adequado em até 1 hora do diagnóstico de sepse grave/choque séptico.
Fluidos
Cristaloide é o fluido inicial de escolha em pacientes com sepse grave, mesmo nos cardiopatas. O volume sugerido nas primeiras 6 horas é de 30 mL/kg, mas deve ser individualizado nos pacientes cardiopatas, observando clinicamente sinais e sintomas de congestão pulmonar, perfusão tecidual e sinais de baixo débito cardíaco. Albumina pode fazer parte da expansão volêmica quando um volume substancial de cristaloides for infundido.

(continua)

Manejo da sepse (*continuação*)

Vasopressores/inotrópicos
A norepinefrina (NE) é o vasopressor de primeira escolha mesmo em cardiopatas, tem como alvo pressórico PAM > 65 mmHg, iniciado após expansão volêmica adequada, e deve ser utilizada de forma precoce nessa população pela baixa tolerância à infusão de fluidos. Considerar principalmente a disfunção ventricular, sistólica ou diastólica, e distúrbios de ritmo e doenças estruturais como facilitadores do choque.
A epinefrina pode ser iniciada como vasopressor ou associada a NE para adequar a PAM, otimizar a perfusão tecidual, com vantagem adicional por apresentar efeito inotrópico positivo para pacientes cardiopatas com sepse grave.
A vasopressina em dose de 0,03 UI/min pode ser associada à NE a fim de reduzir a dose de NE e aumentar a PAM, porém não é recomendada como vasopressor inicial.
A dopamina não é recomendada nem como vasopressor inicial, nem em dose baixa como protetor renal, porém pode ser associada à NE em pacientes com sepse grave com baixo risco de taquiarritmias ou naqueles em que a bradicardia comprometa a recuperação clínica.
A dobutamina deve ser iniciada em pacientes quando há sinais/sintomas de baixo débito cardíaco ou para pacientes que mantêm má perfusão tecidual após ressuscitação volêmica máxima tolerada recomendada e com PAM otimizada com vasopressores, na dose máxima de 20 mcg/kg/min. Sem evidência concreta para o uso de outros inotrópicos como os inibidores da fosfodiesterase 5 (p. ex., milrinona) ou sensibilizadores de cálcio (p. ex., levosimendana).
Corticosteroides
No caso de pacientes com sinais de instabilidade hemodinâmica mesmo em uso de vasopressores e inotrópicos, recomenda-se associar hidrocortisona 200 mg, de preferência por 24 horas, em infusão contínua.
Transfusão de hemoderivados
Uma vez resolvido o quadro de hipoperfusão e houver ausência de isquemia miocárdica, hipoxemia severa, hemorragia aguda ou doença coronariana, transfundir preferencialmente se Hb < 7g/dL, mantendo entre 7-9 g/dL. Não houve redução de mortalidade transfundir com níveis de Hb acima dos descritos. Não se recomenda o uso de eritropoietina para a anemia no contexto da sepse grave.
Não se recomenda a transfusão de plasma fresco congelado para reverter coagulopatias sem evidência de sangramento ou para planejar procedimentos invasivos.

(continua)

Manejo da sepse (*continuação*)

Particularidades clínicas relevantes de pacientes com cardiopatia
■ Usuários crônicos de drogas que dificultam o manejo da sepse: avaliar suspensão. ■ Diuréticos (tiazídicos, de alça, bloqueador da aldosterona): hipotensão, propensão ao choque, distúrbios eletrolíticos. ■ Cronotrópicos negativos (betabloqueadores, bloqueadores de canais de cálcio, digitálicos): propensão ao choque, podem não apresentar taquicardia mesmo em choque séptico. ■ Anti-hipertensivos: hipotensão, propensão ao choque. ■ Antiagregantes plaquetários e anticoagulantes orais: sangramentos.
Descompensação da cardiopatia: ■ DAC: piora da classe funcional (CF) de angina, infarto tipo 2. ■ ICC: descompensação da insuficiência cardíaca, choque cardiogênico/piora de CF NYHA. ■ Valvar: piora da CF/dificuldade de manejo de anticoagulação em portadores de próteses mecânicas. ■ Arritmias: descompensação por distúrbios hidroeletrolíticos no choque séptico, necessidade de suspensão da prevenção de evento tromboembólico pela sepse.

DAC: doença arterial coronária; ICC: insuficiência cardíaca congestiva; NYHA: New York Heart Association; PAM: pressão arterial média.

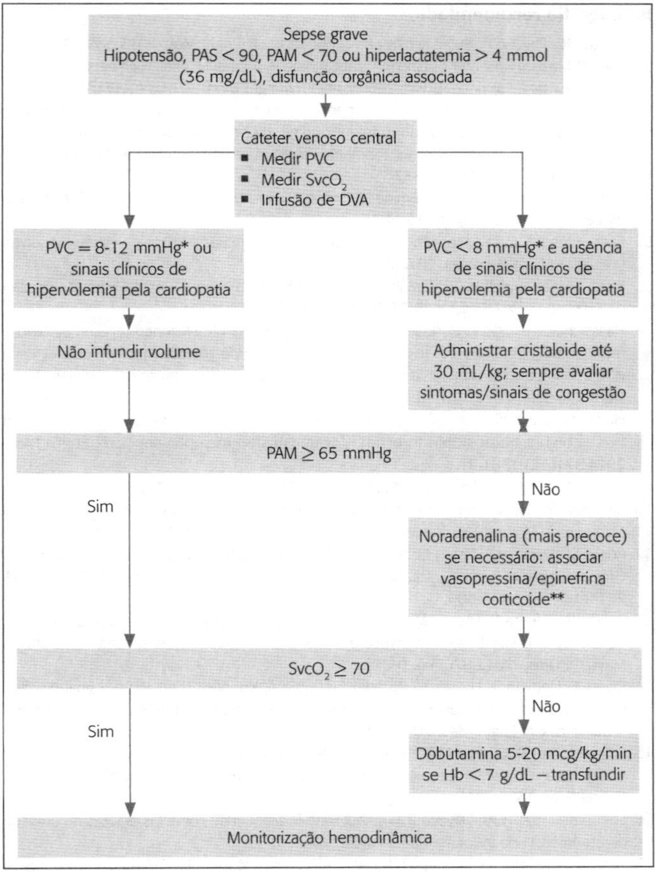

Figura 1 Choque séptico em paciente com cardiopatia. *PVC em pacientes em ventilação mecânica: 12-15 mmHg; ** uso do corticoide no contexto de choque refratário. DVA: droga vasoativa; PAM: pressão arterial média; PAS: pressão arterial sistólica; PVC: pressão venosa central; $SvcO_2$: saturação venosa central de oxigênio.

Bibliografia recomendada

1. Angus DC, Poll TVD. Severe sepsis and septic shock. N Engl J Med. 2013;369:840-51.
2. Asfar P, Meziani F, Hamel JF, Grelon F, Megarbane B, Anguel N, et al. High versus low blood-pressure target in patients with septic shock. N Engl J Med. 2014;370(17):1583-93.
3. Dellinger RP, Levy MM, Rhodes A, Annane D, Gerlach H, Opal SM, et al. The surviving sepsis campaign guidelines committee including the pediatric subgroup surviving sepsis campaign: international guidelines for management of sever sepsis and septic shock: 2012. Crit Care Med. 2013;41:580-637.
4. Fernandes Jr CJ, Knobel M, Akamine N. Disfunção cardíaca na sepse. Rev Soc Cardiol Estado de São Paulo. 2009;19(2):224-36.
5. Fernandes Jr CJ, de Assunção MSC. Myocardial dysfunction in sepsis: a large, unsolved puzzle. Crit Care Res Pract. 2012;896430.
6. Hajjar LA, Fernandes Jr CJ, Mercon ES, Gois AFT, Knobel E, Kopel L, et al. Disfunção miocárdica na sepse. Rev Bras Ter Int. 2004;16(3):185-91.
7. Hasslacher J, Bijuklic K, Bertocchi C, Kountchev J, Bellman R, Duzendorfer S, et al. Levosimendan inhibits release of reactive oxygen species in polymorphonuclear leukocytes in vitro and in patients with acute heart failure and septic shock: a prospective observational study. Crit Care. 2011;15:1-10.
8. Holst LB, Haase N, Wetterslev J, Wernerman J, Guttormsen AB, Karlsson S, et al. Lower versus higher hemoglobin threshold for transfusion in septic shock. N Engl J Med. 2014;371(15):1381-91.
9. Hunter JD, Doddi M. Sepsis and the heart. Br J Anaesth. 2010;104(1):3-11.
10. Merx MW, Weber C. Sepsis and the heart. Circulation. 2007;116:793-802.
11. Myburgh JA, Mythen MG. Resuscitation fluids. N Engl J Med. 2013;369:1243-51.
12. Peake SL, Delaney A, Bailey M, et al. The ARISE Investigators and the ANZICS Clinical Trials Group. Goal-directed resuscitation for patients with early septic shock. N Engl J Med. 2014(16);371:1496-506.
13. Pulido JN, Afessa B, Masaki M, YuasaT, Gillespie S, Herasevich V, et al. Clinical spectrum, frequency, and significance of myocardial dysfunction in severe sepsis and septic shock. Mayo Clin Proc. 2012;87(7):620-8.
14. Rivers E, Nguyen B, Havstad S, Ressler J, Muzzin A, Knoblich B, et al. Early goal-directed therapy collaborative group. Early goal-directed therapy in the treatment of sever sepsis and septic shock. N Engl J Med. 2001;345:1368-77.
15. Schmittinger CA, Dünser MW, Haller M, Ulmer H, Luckner G, Torgersen C, et al. Combined milrinone and enteral metoprolol therapy in patients with septic myocardial depression. Critical Care. 2008;12(4):1-9.
16. Soeiro AM, Leal TCAT, Oliveira Jr MT, Kaul Filho R. Manual de condutas práticas da unidade de emergência do InCor. Barueri: Manole; 2015.
17. Yealy Dm, Kellum JA, Huang DT, Barnato AE, Weissfeld LA, Pike F. A randomized trial of protocol-based care for early septic shock. N Engl J Med. 2014;370:1683-93.

27

Drogas vasoativas

Isabela Cristina Kirnew Abud
Leonardo Nicolau Geisler Daud Lopes
Silvia H. G. Lage

Definição

- São substâncias com efeitos vasculares periféricos, pulmonares ou cardíacos, com atuação direta ou indireta e resposta dose-dependente. Têm início rápido e efeito de curta duração, mediado por receptores situados no endotélio vascular, necessitando de administração em infusão contínua.
- Suas ações determinam mudanças drásticas, tanto em parâmetros circulatórios como respiratórios, podendo levar a efeitos colaterais indesejáveis, graves e deletérios, que obrigam à sua suspensão. Sendo assim, faz-se necessário o uso de monitorização cuidadosa.
- As catecolaminas são as drogas vasoativas mais frequentemente usadas como inotrópicos positivos e vasopressores. Estimulam os receptores beta-adrenérgicos, alfa-adrenérgicos e dopaminérgicos. Outros vasopressores e inotrópicos apresentam diferentes mecanismos de ação que serão destacados a seguir.

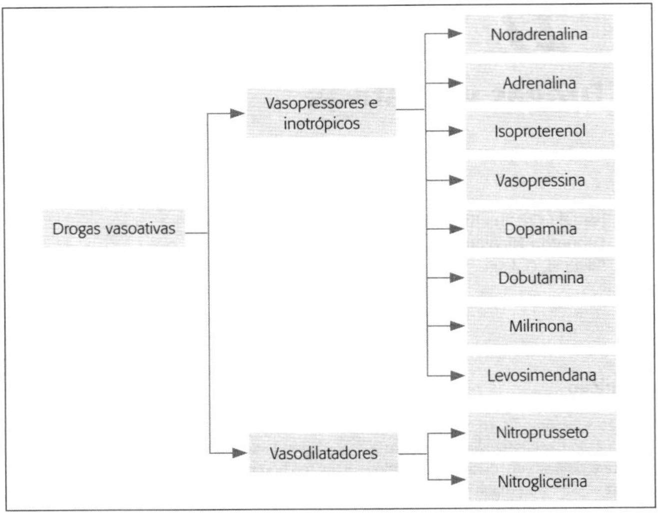

Figura 1 Principais drogas vasoativas utilizadas.

Principais ações das drogas vasoativas de acordo com os receptores

	Receptor				
Catecolamina	Alfa	Beta-1	Beta-2	DA1	DA2
Isoproterenol	0	++	+++	0	0
Dopamina ▪ 1-3 mcg/kg/min ▪ 2-10 mcg/kg/min ▪ > 10 mcg/kg/min	 0/+ + ++	 + ++ ++	 + + +	 ++ ++ ++	 ++ ++ ++
Noradrenalina	+++	++	+	0	0
Adrenalina	+++	++	+++	0	0
Dobutamina	+	+++	++	0	0

Noradrenalina

Mecanismo de ação	■ Receptores alfa: aumento da resistência vascular periférica, com aumento da pressão arterial (PA) ■ Receptores beta-1 adrenérgicos: aumento do inotropismo e cronotropismo cardíacos ■ Clinicamente, a frequência cardíaca (FC) permanece inalterada e o débito cardíaco (DC) pode aumentar se o aumento da resistência vascular sistêmica (RVS) for tolerado pelo ventrículo
Indicações	■ Hipotensão e resistência vascular sistêmica baixa, sem melhora com reposição volêmica ■ Choque séptico refratário a volume ■ Choque neurogênico ■ Choque cardiogênico com hipotensão importante (vasopressor de escolha) ■ Embolia pulmonar maciça
Apresentação	Ampola 4 mL (1 mg/mL)
Diluição	Soro fisiológico (SF) ou glicosado (preferência) 4 ampolas (16 mL) em 234 mL de SF, habitualmente, ou 8 ampolas (32 mL) em 218 mL de SF
Dose	0,01-2,0 mcg/kg/min. Doses maiores podem ser necessárias
Cuidados	■ Não deve ser usada em pacientes hipovolêmicos, exceto em situação emergencial até restauração da volemia ■ Antidepressivos tricíclicos aumentam o seu efeito
Efeitos adversos	Arritmias, bradicardia reflexa, isquemia periférica, cefaleia, dispneia, necrose de pele, angina

Adrenalina

Mecanismo de ação	■ Receptores beta-1, beta-2 e alfa-adrenérgicos, com aumento da pressão arterial, principalmente por aumento do volume sistólico e débito cardíaco ■ Receptores beta-2: relaxamento de musculatura lisa com broncodilatação
Indicações	■ Choque refratário a volume e à noradrenalina ■ Parada cardiorrespiratória ■ Anafilaxia e reações alérgicas graves ■ Edema de glote ■ Bradicardia sintomática sem resposta à atropina e dopamina
Apresentação	Ampola de 1 mL (1 mg/mL)
Diluição	10 mg em 90 mL de SF ou glicosado
Doses	■ Infusão contínua: 0,1-0,5 mcg/kg/min. Titular dose de acordo com a resposta hemodinâmica. Doses maiores podem ser necessárias ■ PCR: 1 mg a cada 3-5 min em *bolus*, seguido de *flush* com 20 mL de SF e elevação do membro. Não há dose máxima. 2-2,5 mg diluídos em 5-10 mL de SF, via endotraqueal, até acesso IV disponível ■ Anafilaxia: 0,3-0,5 mg, via intramuscular (preferência no músculo vastolateral da coxa). Se houver risco de morte iminente, 0,1 mg, IV, a cada 5 min ■ Edema de glote/asma grave refratária: 0,3-0,5 mg, via subcutânea, ou 1 mg em 10 mL de SF, via inalatória. Podem ser feitas três doses a cada 20 min ■ Bradicardia sintomática, refratária à atropina: 0,5 mg em *bolus* ou infusão contínua, 2-10 mcg/min (0,1-0,5 mcg/kg/min)
Cuidados	Administrar por cateter venoso central em bomba de infusão contínua. O início da medicação não deve ser atrasado até a passagem do cateter venoso central; pode ser iniciada em veia periférica
Efeitos adversos	Arritmias, edema pulmonar, hipertensão, aumento do consumo miocárdico, isquemia e angina, redução do fluxo esplâncnico, diminuição de diurese, aumento de lactato. Ansiedade, cefaleia, agitação, tremores

IV: intravenoso; SF: soro fisiológico.

Isoproterenol

Mecanismo de ação	Receptores beta-1 e beta-2: aumento da FC, contratilidade miocárdica e vasodilatação arterial, que, em conjunto, aumentam o DC em pacientes normovolêmicos
Indicações	▪ Bradicardia sintomática ou bloqueio avançado (até marca-passo disponível) ▪ Bradicardia em pacientes transplantados ▪ Bloqueio atrioventricular, *torsades de pointes* refratária ▪ Síndrome de Brugada com tempestade elétrica
Apresentação	Ampola de 1 mg (0,2 mg/mL)
Diluição	▪ 1 mg em 100 mL de SF ou glicosado ▪ 5 mg em 250 mL de SF ou glicosado
Dose	▪ Choque: 0,1-2 mcg/kg/min ▪ Bloqueio atrioventricular, *torsades de pointes* refratária: 2-10 mcg/min ▪ Síndrome de Brugada com tempestade elétrica: 1-2 mcg em *bolus*, seguidos de 0,15-0,3 mcg/min por 1 dia
Cuidados	▪ Não deve ser o tratamento de escolha ▪ Pode aumentar o consumo de oxigênio e causar isquemia ▪ Evitar em pacientes com coronariopatia ▪ Não deve ser usada em PCR ou concomitantemente à noradrenalina pelo risco de fibrilação ventricular ▪ Pode ser administrada por cateter periférico
Efeitos adversos	Palpitações, taquicardia sinusal e arritmias

DC: débito cardíaco; FC: frequência cardíaca; PCR: parada cardiorrespiratória.

Dopamina

Mecanismo de ação	Precursor imediato da noradrenalina e adrenalina. Seus efeitos variam de acordo com a dose e pode haver sobreposição dos efeitos ■ < 5 mcg/kg/min: receptores DA1 e DA2 nos leitos renal, mesentérico e coronariano – vasodilatação ■ Entre 5-10 mcg/kg/min: receptores beta-1 – aumento de contratilidade e FC que resultam em aumento do débito cardíaco ■ > 10 mcg/kg/min: receptores alfa – vasoconstrição e aumento da PA
Indicações	■ Bradicardias instáveis sem resposta à atropina ■ Droga de segunda escolha em hipotensão relacionada ao choque ■ Choque séptico: há estudos com maior incidência de taquiarritmias e mortalidade quando comparada à noradrenalina ■ Choque cardiogênico: aumenta o consumo de oxigênio pelo miocárdio e facilita a ocorrência de taquiarritmias. Aumento de mortalidade quando comparada à noradrenalina
Apresentação	Ampola de 10 mL (5 mg/mL)
Diluição	■ 250 mg em 200 mL de SF ou glicosado ■ 500 mg em 100 mL de SF ou glicosado
Dose	■ 1-4 mcg/kg/min: uso não recomendado. Não há benefício na função renal ou na mortalidade ■ 5-10 mcg/kg/min: aumento de FC e contratilidade ■ 11-20 mcg/kg/min: aumento de PA ■ > 20 mcg/kg/min: não recomendado. Preferir outros vasopressores
Cuidados	■ Não deve ser considerada como primeira opção no tratamento do choque ■ Preferir administração em cateter central ■ Reduzir de forma gradativa para evitar hipotensão ■ Uso concomitante de inibidores da MAO potencializam o seu efeito
Efeitos adversos	Arritmias, angina, cefaleia, náuseas e vômitos, poliúria, dispneia

FC: frequência cardíaca; MAO: monoamina oxidase; PA: pressão arterial; SF: soro fisiológico.

Vasopressina

Mecanismo de ação	▪ Receptores V1 da musculatura lisa vascular: vasoconstrição, com aumento da resistência vascular e da pressão arterial ▪ Receptores V2 dos dutos coletores renais: reabsorção de água livre
Indicações	▪ Choque séptico refratário a volume e à noradrenalina ▪ PCR, substituindo a primeira ou a segunda dose de adrenalina ▪ Hipotensão por vasodilatação – pós-circulação extracorpórea
Apresentação	Ampola de 1, 2 ou 10 mL (20 U/mL)
Diluição	20 ou 40 U em 100 mL de soro glicosado
Dose	▪ Choque séptico: 0,01-0,04/min ▪ PCR com 40 unidades, IV ou IO, como substituto da primeira ou segunda dose de adrenalina
Cuidados	▪ Infusão por cateter central ▪ Não é recomendada como agente único para o tratamento do choque ▪ No choque séptico, após melhora hemodinâmica, a retirada da vasopressina deve ser feita após a retirada dos outros vasopressores, de forma progressiva
Efeitos adversos	▪ Doses maiores que a recomendada levam a isquemia miocárdica, PCR e redução do fluxo hepatoesplênico ▪ Sinais de intoxicação hídrica: sonolência, desorientação, cefaleia, convulsões e coma

IO: intraósseo; IV: intravenoso; PCR: parada cardiorrespiratória.

Dobutamina

Mecanismo de ação	■ Receptores beta-1 no miocárdio: aumentam o cronotropismo e o inotropismo cardíacos ■ Receptores beta-2 na parede vascular: vasodilatação ■ Ocorre aumento do DC e redução das pressões diastólicas de enchimento de forma dose-dependente. Predomina o efeito inotrópico com ações variáveis na PA
Indicações	■ Choque cardiogênico ■ Insuficiência cardíaca descompensada com evidência de hipoperfusão periférica e pressões de enchimento aumentadas ■ Infarto de ventrículo direito com repercussão hemodinâmica ■ Choque séptico com índice cardíaco ou saturação venosa central diminuídos apesar de ressuscitação volêmica adequada
Apresentação	Ampola de 20 mL (12,5 mg/mL)
Diluição	1.000 mg (4 ampolas) em 170 mL de SF ou glicosado
Dose	2,5-20 mcg/kg/min
Cuidados	■ Infusão por cateter venoso central ■ Se hipotensão, associar vasopressor ■ Pacientes com arritmias, principalmente FA, podem evoluir para taquicardia
Efeitos adversos	Taquiarritmias atriais e ventriculares, extrassístoles, angina, hipotensão, flebite, cefaleia, náuseas

DC: débito cardíaco; PA: pressão arterial; SF: soro fisiológico.

Milrinona

Mecanismo de ação	▪ Inibição da fosfodiesterase III: aumento do AMP cíclico e do cálcio intracelular com aumento do inotropismo e vasodilatação sistêmica e pulmonar, que cursam com aumento do débito cardíaco ▪ Pode ser usado em associação com dobutamina. Seu efeito se mantém mesmo com o uso concomitante de betabloqueadores
Indicações	▪ Insuficiência cardíaca grave ▪ Edema agudo pulmonar ▪ Choque cardiogênico
Apresentação	Frasco-ampola com 20 mL (1 mg/mL)
Diluição	20 mg em 80 mL de SF ou glicosado
Dose	▪ Manutenção: 0,255-0,750 mcg/kg/min ▪ Corrigir de acordo com função renal: ClCr 5 mL/min: 0,2 mcg/kg/min; ClCr 30 mL/min: 0,33 mcg/kg/min; ClCr 50 mL/min: 0,43 mcg/kg/min
Cuidados	▪ Não recomendada no choque séptico ▪ Não recomendada no infarto agudo do miocárdio com supradesnivelamento do segmento ST ▪ Assegurar controle de FC em fibrilação atrial e *flutter* atrial ▪ Evitar em estenose valvar grave e em cardiomiopatias hipertróficas obstrutivas ▪ Meia-vida de 2-3 h
Efeitos adversos	Arritmias ventriculares e supraventriculares (comum), hipotensão, cefaleia, dores musculares, trombocitopenia (rara)

AMP: adenosina monofosfato; ClCr: *clearance de creatinina*; FC: frequência cardíaca; SF: soro fisiológico.

Levosimendana

Mecanismo de ação	▪ Aumento da sensibilidade da troponina C ao cálcio: aumento da contratilidade miocárdica, com melhora do débito cardíaco ▪ Ativação de canais de potássio ATP-dependentes: vasodilatação e diminuição da pressão de artéria pulmonar, a depender da dose ▪ Seu metabólito permanece ativo por 1 semana e seus efeitos hemodinâmicos permanecem além do período de infusão ▪ Seu efeito mantém-se mesmo com o uso concomitante de betabloqueadores
Indicações	Insuficiência cardíaca descompensada
Apresentação	Frasco-ampola com 5 mL (2,5 mg/mL)
Diluição	1 ampola (12,5 mg) em 500 mg de soro glicosado
Dose	Manutenção: 0,05-0,2 mcg/kg/min em 24 h
Cuidados	Não utilizar se hipotensão (PAS < 85 mmHg) Poucos estudos avaliaram o seu uso em infarto agudo do miocárdio
Efeitos adversos	Taquicardia, arritmias, hipotensão, cefaleia, tonturas e náuseas

ATP: adenosina trifosfato; PAS: pressão arterial sistêmica.

Nitroprusseto de sódio

Mecanismo de ação	O óxido nítrico (NO), o seu metabólito ativo, aumenta os níveis de GMP cíclico no musculo liso e leva à vasodilatação. Em pacientes com IC reduz as pressões venosas pulmonar e sistêmica, aumenta o volume sistólico e o débito cardíaco
Indicações	▪ Emergências hipertensivas ▪ Insuficiência cardíaca descompensada ▪ Insuficiência cardíaca descompensada, com FE < 35% e PAM > 60, na estenose aórtica importante (benefício hemodinâmico)
Apresentação	Ampola de 2 mL (25 mg/mL)
Diluição	▪ 50 mg em 250 mL de soro glicosado ▪ Deve ser protegido da luz
Dose	0,25-10 mcg/kg/min. A dose pode ser titulada a cada 3-5 min
Cuidados	▪ Monitorização de PA invasiva ▪ Evitar no infarto agudo pelo risco de roubo de fluxo coronário
Efeitos adversos	▪ Hipotensão é o principal ▪ Intoxicação por cianeto: fraqueza, hipóxia, náuseas, espasmos musculares, convulsões, confusão mental, psicose, acidose metabólica, bradicardia, principalmente se usado em doses altas por mais de 72 h ou se o paciente apresentar insuficiência renal. O tratamento consiste em hidroxicobalamina e diálise

Nitroglicerina

Mecanismo de ação	■ Doses baixas: aumento de óxido nítrico, com relaxamento da musculatura lisa vascular e consequente dilatação das artérias coronárias e venodilatação, que reduz o retorno venoso e a pré-carga ■ Doses mais elevadas: dilatação arterial com diminuição da resistência arterial periférica
Indicações	■ Insuficiência cardíaca descompensada, principalmente em presença de congestão pulmonar ■ Síndrome coronariana aguda, se angina, congestão ou hipertensão
Apresentação	Ampolas de 5 ou 10 mL (5 mg/mL)
Diluição	50 mg em 250 mL de soro glicosado
Dose	20-200 mcg/min
Cuidados	■ Evitar em paciente hipotenso ■ Usar sempre a menor dose necessária pelo risco de tolerância, comum após 24-48 h de administração intravenosa ■ Evitar na cardiomiopatia hipertrófica pelo risco de exacerbar a obstrução e causar síncope ou piora do quadro de IC ■ Não deve ser usada com inibidores da fosfodiesterase 5
Efeitos adversos	■ Cefaleia é o mais comum, rubor facial, hipotensão, taquicardia ■ Meta-hemoglobinemia é complicação rara

Informações importantes

Quando se faz uso de drogas vasoativas, é importante manter o paciente monitorizado e com controle frequente de pressão arterial, sendo que durante o uso de noradrenalina, adrenalina, vasopressina e nitroprusseto de sódio deve-se dar preferência à pressão invasiva.
Arritmias ocorrem mais frequentemente com adrenalina e dopamina, devido à diminuição do período refratário ventricular. A monitorização contínua de ritmo é essencial em qualquer paciente com drogas vasoativas.
Taquifilaxia: pode iniciar em 1-2 dias de exposição, por disfunção dos receptores causados por estímulo intenso e sustentado. Deve-se avaliar outras causas para necessidade de doses maiores da medicação vasopressora (hipovolemia, acidose metabólica grave, bloqueio beta-adrenérgico, insuficiência cardíaca terminal, tamponamento, tromboembolismo pulmonar, infecção).
A administração de noradrenalina, adrenalina, vasopressina, dopamina, dobutamina e milrinona deve ser por cateter venoso central. O início da medicação não deve ser atrasado até a passagem do cateter venoso central; pode ser iniciada em veia periférica.

(continua)

Informações importantes (*continuação*)

Em caso de extravasamento de noradrenalina ou adrenalina deve-se parar a infusão imediatamente, desconectar o equipo, aspirar o conteúdo e elevar o membro. Pode-se usar fentolamina (bloqueador alfa-adrenérgico) como antídoto (injetar 5-10 mg diluídos em 10-15 mL de SF na área acometida).

SF: soro fisiológico.

Bibliografia recomendada

1. Araújo S. Drogas vasoativas. In: Terzi RGG & Araújo S. Técnicas básicas em UTI. 2. ed. São Paulo, Manole; 1992. p. 215-32.
2. Silva E, Fernandes Junior CJ, Domiciano MA, Buchele GL. Drogas vasoativas. In: Knobel E. Condutas no paciente grave. 3. ed. São Paulo: Atheneu; 2006. p. 123-41.
3. Mazza BR, Pereira APMN. Drogas vasoativas ¾ mecanismo de ação. In: Knobel E, Assunção MSC, Fernandes HS. Monitorização hemodinâmica no paciente grave. São Paulo: Atheneu; 2013. p. 295-308.
4. Feliciano JPO, Rodrigues BN, Ramos FJS. Suporte hemodinâmico no choque e uso de drogas vasoativas. In: Azevedo L, Ladeira JP, Utino Taniguchi L. Medicina intensiva. Abordagem prática. 2.ed. Barueri: Manole; 2015. p. 131-59.
5. Dellinger RP, Levy MM, Rhodes A, Annane D, Gerlach H, Opal SM, et al. Surviving sepsis campaign: international guidelines for management of severe sepsis and septic shock: 2012. Crit Care Med. 2013;41(2):580-637.
6. Gheorghiade M, Filippatos GS, Felker GM. Diagnóstico e tratamento das síndromes de insuficiência cardíaca aguda. In: Braunwald. Tratado de doenças cardiovasculares. 9.ed. Rio de Janeiro: Elsevier; 2013. p. 531-56.
7. Matos JM, Souza GEC, Barretto ACPB. Drogas endovenosas utilizadas em pacientes com insuficiência cardíaca. In: Soeiro AM, Leal TCAT, Oliveira Junior MT, Kalil Filho R. Manual de condutas práticas da unidade de emergência do InCor. Barueri: Manole; 2015. p 490-9.
8. Gualandro DM, Seguro LFBC, Oliveira Jr MT. Manejo e desmame de inotrópicos. In: Soeiro AM, Leal TCAT, Oliveira Junior MT, Kalil Filho R. Manual de condutas práticas da unidade de emergência do InCor. São Paulo: Manole; 2015. p 532-8.
9. Khot UN, Novaro GM, Popovic ZB, Mills RM, Thomas JD, Tuzcu EM, et al. Nitroprusside in critically ill patients with left ventricular dysfunction and aortic stenosis. N Engl J Med. 2003;348:1756-63.

28 Propedêutica cardiovascular

Tarso Augusto Duenhas Accorsi
Flavio Tarasoutchi

Dor torácica

Características da angina *pectoris* – três critérios diagnósticos	
Local e tipo	Retrotesternal/precordial/epigástrica Aperto/opressão/queimação/desconforto vago
Irradiação e sintomas associados	Ambos os ombros (individualmente ou simultaneamente)/ ambos os braços (individualmente ou simultaneamente)/ região cervical/mandíbula/região interescapular/andar superior do abdome Dispneia/palidez/náuseas/sudorese/palpitação
Fatores temporais	
▪ Angina estável	Gradualmente desencadeada pelo esforço (em geral maior que habitual) e com melhora gradual ao repouso – máximo de 20 minutos
▪ Síndrome coronariana aguda	Prolongada ao repouso – geralmente mais de 20 minutos
	Início aos esforços menores que os habituais (CCS III/IV)
	Piora súbita de angina prévia para esforços menores que os habituais (CCS I/II à CCS III/IV)

CCS: Canadian Cardiovascular Society.

Classificação da dor torácica		
A	Dor definitivamente anginosa	3 critérios presentes
B	Dor provavelmente anginosa	2 critérios presentes
C	Dor provavelmente não anginosa	1 critério presente
D	Dor definitivamente não anginosa	Nenhum critério presente

Esforço necessário para desencadear angina pela CCS (Canadian Cardiovascular Society) – classes funcionais (CF)	
CCS CF I	Angina apenas durante a atividade física extenuante ou prolongada
CCS CF II	Discreta limitação, com angina apenas durante a atividade física vigorosa
CCS CF III	Sintomas com atividades de vida diárias, ou seja, limitação moderada
CCS CF IV	Incapacidade de realizar qualquer atividade sem angina ou angina de repouso, ou seja, limitação grave

Causas de dor torácica		
Cardíaca	Isquêmica	▪ Angina estável ▪ Angina instável ▪ Infarto agudo do miocárdio
	Não isquêmica	▪ Pericardite ▪ Miocardite ▪ Valvular ▪ Síndrome aórtica aguda
Não cardíaca	Gastroesofagiana	▪ Refluxo esofágico ▪ Espasmo esofágico ▪ Esofagite ▪ Úlcera péptica ▪ Gastrite ▪ Doença biliar/pancreática
	Não gastroesofagiana	▪ Dor musculoesquelética ▪ Dor pulmonar (pneumonia, pneumotórax, tromboembolismo) ▪ Dor psicogênica ▪ Síndrome da hiperventilação ▪ Síndrome de Da Costa ▪ Osteoartrose da coluna vertebral ▪ Herpes Zóster

Dispneia

Causas de dispneia agudamente manifesta			
Cardíaca	IC manifesta de início recente	EAP	SCA
			Crise hipertensiva
			Arritmia
			Valvopatia aguda
		SCA	
		Miocardite	
		Tamponamento cardíaco	
		Alto débito	
	IC crônica exacerbada	Várias causas de exacerbação	
Pulmonar	Exacerbação de doença de via aérea	Asma	
		DPOC	
	Inflamação pulmonar	Pneumonia	
		SARA	
	Pneumotórax		
	TEP		
	Contusão pulmonar		
	Hemorragia alveolar		
	Síndrome torácica aguda em falciforme		
	Derrame pleural		
	Tumor de pulmão		
	Prejuízo à função mecânica	Ascite	
		Processos abdominais	
		Obesidade	

(continua)

Causas de dispneia agudamente manifesta *(continuação)*		
Obstrução de vias aéreas superiores	Angioedema	Língua
		Glote
	Infecção	Faringe
		Profunda do pescoço
	Corpo estranho	
	Trauma	
Neurológicas	AVC	
	Doenças neuromusculares	
Tóxicas	Inalação de monóxido de carbono	
	Intoxicação por salicilatos	
	Intoxicação por organofosforados/anticolinesterásicos	
	Intoxicação por drogas com ação no SNC	
Acidose	Sepse	
	Cetoacidose metabólica	
Psiquiátrica	Hiperventilação	Ansiedade

AVC: acidente vascular cerebral; DPOC: doença pulmonar obstrutiva crônica; EAP: edema agudo dos pulmões; IC: insuficiência cardíaca; SARA: síndrome da angústia respiratória do adulto; SCA: síndrome coronariana aguda; TEP: tromboembolismo pulmonar; SNC: sistema nervoso central.

Esforço necessário para desencadear dispneia pela NYHA (New York Heart Association) – classes funcionais (CF)	
NYHA CF I	Pacientes com doença cardíaca, mas sem apresentar limitações durante atividade física. Atividade física usual/habitual não provoca fadiga indevida, palpitação, dispneia ou dor anginosa. Os pacientes podem realizar qualquer atividade que exija ≥ 7 equivalentes metabólicos, por exemplo, carregar cerca de 10 kg até oito passos; fazer trabalho ao ar livre; fazer atividades recreativas/esportivas.
NYHA CF II	Pacientes com doença cardíaca resultando em limitação leve da atividade física. Eles são confortáveis ao repouso, porém, atividade física habitual resulta em fadiga, palpitação, dispneia ou dor anginosa. Os pacientes podem realizar qualquer atividade que exija ≤ 5 equivalentes metabólicos, por exemplo, ter relações sexuais sem interrupção do ato, jardinagem, andar de patins/bicicleta, dançar levemente, andar lentamente; mas não conseguem executar até a conclusão atividades exigindo ≥ 7 equivalentes metabólicos.

(continua)

Esforço necessário para desencadear dispneia pela NYHA (New York Heart Association) – classes funcionais (CF) *(continuação)*	
NYHA CF III	Pacientes com doença cardíaca resultando em limitação acentuada da atividade física. Eles são confortáveis ao repouso, mas atividades físicas menores que as habituais provocam fadiga, palpitação, dispneia ou dor anginosa. Os pacientes podem realizar a realização de qualquer atividade que exija ≤ 2 equivalentes metabólicos, por exemplo, tomar banho sem interrupção, arrumar a cama, limpar janelas, andar a cerca de 3 km/h, vestir-se sem interrupção, mas não conseguem concluir nenhuma atividade que exija > 5 equivalentes metabólicos.
NYHA CF IV	Paciente com doença cardíaca resultando em incapacidade para realizar qualquer atividade física sem desconforto. Sintomas de insuficiência cardíaca ou de insuficiência coronariana podem estar presentes mesmo em repouso. Se alguma atividade física é realizada, o desconforto piora. Os pacientes não podem executar atividades que exigem > 2 equivalentes metabólicos. Não pode realizar as atividades listadas anteriormente (atividade específica da classe III).

Edema

Causas de edema

Edema unilateral	Edema bilateral
▪ Trombose venosa profunda	▪ Insuficiência cardíaca congestiva
▪ Síndrome pós-flebite	▪ Cirrose hepática
▪ Celulite/erisipela	▪ Síndrome nefrótica
▪ Abscesso do músculo psoas	▪ Insuficiência renal
▪ Rotura do músculo gastrocnêmio	▪ Hipotiroidismo
▪ Rotura de cisto poplíteo (cisto de Backer)	▪ Induzido por drogas
▪ Insuficiência venosa após safenectomia	
▪ Insuficiência venosa por varizes	
▪ Obstrução linfática por filariose	
▪ Obstrução linfática por fibrose retroperitoneal	
▪ Obstrução linfática por neoplasia (próstata, colorretal, colo de útero, carcinoma)	

Diferenciação dos principais edemas bilaterais por dados do exame físico	
Edema de causa cardíaca	Edema predominantemente maleolar, elevação da PVC, *ictus* desviado, B3, estertores crepitantes pulmonares, má perfusão periférica, cianose periférica, hipotensão arterial
Edema de causa hepática	Edema predominantemente com ascite, PVC normal, icterícia, eritema palmar, contratura de Dupuytren, *spiders,* ginecomastia, atrofia testicular, encefalopatia, *flapping*
Edema de causa renal	Edema predominantemente periorbitário, PVC normal ou pouco elevada, retinopatia, hálito urêmico, atrito pericárdico

PVC: pressão venosa central.

Cansaço

Em geral, marcador de insuficiência cardíaca; por vezes, difícil caracterização; por vezes, sinonímia de dispneia. Diferenciar de:

- Fadiga: incapacidade de sustentar o desempenho progressivo de uma atividade.
- Fraqueza: redução da força de um ou mais músculos.
- Astenia: caracterizado pelo excesso de cansaço e perda de energia, com tendência a evitar atividades físicas, sonolência diurna, dificuldade para se concentrar.
- Sonolência: aumento da intensidade e da quantidade de sono.

Palpitação

Principais causas de palpitação		
▪ Qualquer arritmia	▪ Síndrome do pânico	▪ Febre
▪ Doença valvar	▪ Transtornos ansiosos	▪ Drogas e medicações
▪ Marca-passo	▪ Depressão	▪ Hipoglicemia
▪ Mixoma atrial	▪ Somatização	▪ Hipertiroidismo
▪ Cardiomiopatias	▪ Anemia	▪ Estresse físico e mental

Preditores de causa cardíaca para palpitação	
▪ Sexo masculino	▪ Descrição de batimento irregular
▪ Antecedente de cardiopatia	▪ Duração maior que 5 minutos

Síncope

- Síncope = perda súbita da consciência + perda do tônus postural (em geral com queda ao solo) + recuperação espontânea (sem intervenção) e rápida da consciência + ausência de déficit após.
- Pré-síncope = pródromos sem síncope.
- Lipotimia = perda do tônus postural sem perda da consciência.
- Principais causas de síncope – anamnese fundamental para diagnóstico.

Neurocardiogênica = reflexa = síncope neuromediada	
Vasovagal	Estresse ortostático; após esforço
	Estresse emocional: medo, dor, manipulação venosa, injeção, visualização de sangue
Situacional	Tosse, espirro, deglutição, micção, defecação, dor visceral, pós-esforço, pós-prandial
Estimulação do seio carotídeo	Movimentação e manipulação do pescoço
Hipotensão postural (diferença de 20 mmHg na PA sistólica ou de 10 mmHg na PA diastólica aferida após 5 min com paciente deitado e 3 min de pé)	
Disautonomia primária	Doença de Parkinson, demência de Lewy, disautonomia pura
Disautonomia secundária	Diabetes, amiloidose, uremia, lesão medular
Mediada por medicações/drogas	Álcool, vasodilatadores, diuréticos, antidepressivos
Perda de volemia	Sangramentos, diarreia, vômitos, desidratação
Cardíaca (hipótese: desencadeada pelo esforço, precedida de dor torácica/dispneia/palpitação, desliga-liga)	
Bradicardia	Doença do nó sinusal, doenças do nó atrioventricular, disfunção de marca-passo/cardioversor desfibrilador implantável
Taquicardia	Supraventricular, ventricular
Doença cardíaca estrutural	Estenose aórtica, estenose mitral, insuficiência aórtica, insuficiência mitral, síndrome coronariana aguda, insuficiência cardíaca, cardiomiopatia hipertrófica, tamponamento
Outras	Tromboembolismo pulmonar, dissecção de aorta, hipertensão pulmonar

Neurológica (diagnóstico diferencial de síncope)	
Epiléptica	Convulsão parcial, convulsão generalizada
Acidente vascular cerebral	AVE isquêmico, AVE hemorrágico
Outros	Enxaqueca, enxaqueca vertebrobasilar
Outras (diagnóstico diferencial de síncope)	
Psiquiátricas	Quadros que cursem com hiperventilação
Metabólicas	Hipoglicemia, distúrbios hidreletrolíticos/acidobásicos

AVE: acidente vascular encefálico.

Avaliação da perfusão

- Fadiga
- Síncope
- Náuseas e vômitos
- Oligúria
- Torpor/obnubilação
- Cianose
- Palidez cutânea
- Extremidades frias (mãos, braços, pés, coxas)
- Aumento do tempo de enchimento capilar
- Diminuição da amplitude de pulso
- Pulso distais (pedioso/tibial posterior) não palpável
- PA convergente
- Hipotensão arterial

Diagnóstico diferencial da cianose

Cianose periférica	Cianose central
▪ Extremidade exposta ao frio ▪ Baixo débito cardíaco ▪ Obstrução arterial periférica ▪ Obstrução venosa periférica	▪ Diminuição da pressão atmosférica ▪ Distúrbios pulmonares ▪ Hipoventilação ▪ Desequilíbrio de ventilação/perfusão ▪ Alterações da difusão de oxigênio ▪ Derivação anatômica ▪ Cardiopatias congênitas ▪ Fístulas arteriovenosas pulmonares ▪ Alterações da hemoglobina ❑ Meta-hemoglobinemia ❑ Sulfemoglobinemia ❑ Carboxi-hemoglobinemia

Sinais de congestão direita

▪ Estase jugular (preferencialmente, analisar veia jugular interna direita com paciente em 45° de decúbito) ▪ Hepatomegalia ▪ Refluxo hepatojugular (sustentar pressão na reborda costal direita por 1 minuto e avaliar incremento de 1 cm na estase jugular) ▪ Ascite ▪ Esplenomegalia	▪ Edema escrotal/grandes lábios ▪ Edema sacral ▪ Edema de membros inferiores (quanto mais proximal, maior a especificidade) ▪ Anasarca

Sinais de congestão esquerda

▪ Dispneia ▪ Ortopneia ▪ Dispneia paroxística noturna ▪ Bendopneia ▪ Tosse	▪ Sibilância ▪ Estertores crepitantes ▪ Derrame pleural ▪ Sibilos inspiratórios ▪ B3

Análise da caixa torácica/ausculta cardíaca

Análise da primeira bulha

Causas de B1 hiperfonética	
▪ Tórax fino ▪ Pneumotórax ▪ Estenose mitral ▪ Estenose tricúspide ▪ Defeito do septo interventricular	▪ Insuficiência cardíaca de alto débito ▪ Intervalo PR no eletrocardiograma curto ▪ Taquicardia ▪ Hipertiroidismo ▪ Hipertensão arterial sistêmica
Causas de B1 hipofonética	
▪ Doença pulmonar obstrutiva crônica ▪ Obesidade ▪ Insuficiência cardíaca ▪ Insuficiência mitral ▪ Insuficiência tricúspide ▪ Intervalo PR no ECG longo	▪ Parede torácica aumentada por aumento da massa muscular ou das mamas ▪ Derrame pericárdico ▪ Bradicardia ▪ Bloqueio de ramo esquerdo ▪ Insuficiência aórtica ▪ Estenose aórtica
Causas de intensidade variável de B1	
▪ Extrassístoles ▪ Fibrilação atrial	▪ Tamponamento cardíaco ▪ Dissociação atrioventricular (BAVt, TV)

BAVt: bloqueio atrioventricular total.

Causas de desdobramento audível de B1	
■ Retardo do 1º componente (M1) ■ Bloqueio de ramo esquerdo ■ Extrassístole de VD ■ Estenose mitral ■ Mixoma de átrio esquerdo	■ Retardo do 2º componente (Y1) ■ Bloqueio de ramo direito ■ Extrassístole de VE ■ Marca-passo em VE ■ Taquicardia ventricular com morfologia de BRD ■ Ritmo idioventricular com morfologia de BRD ■ Comunicação interatrial ■ Estenose tricúspide ■ Doença de Ebstein ■ Mixoma atrial direito

Análise da segunda bulha

Causa de B2 hipofonética	
■ Estenose aórtica ■ Estenose pulmonar	■ Insuficiência cardíaca de baixo débito ■ Insuficiência aórtica
Causa de B2 hiperfonética	
■ Hipertensão arterial sistêmica ■ Hipertensão pulmonar (primária ou secundária a valvopatias, comunicação interatrial, insfuciência cardíaca etc.) ■ Coarctação da aorta	■ Aneurisma de aorta ascendente ■ Tetralogia de Fallot ■ Transposição das grandes artérias
Causa de desdobramento amplo de B2	
■ Bloqueio de ramo direito ■ Comunicação interatrial ■ Estenose pulmonar ■ IC direita ■ Comunicação interventricular ■ Insuficiência mitral	■ Hipertensão pulmonar ■ Extrassístole de VE ■ Marca-passo no VE ■ Ritmo idioventricular de VE ■ Síndrome de Wolff-Parkinson-White
Causa de B2 desdobrada fixa	
■ Comunicação interatrial ■ Hipertensão pulmonar	■ Falência de VD ■ Obstrução da via de saída de VD

Causa de desdobramento paradoxal de B2	
■ Estenose aórtica ■ Bloqueio de ramo esquerdo ■ Extrassístole de ventrículo direito ■ Marca-passo no ventrículo esquerdo	■ Hipertensão arterial sistêmica ■ Persistência do canal arterial ■ Insuficiência aórtica ■ Cardiomiopatia hipertrófica
Causa de B2 única	
■ Estenose aórtica grave ■ Hipertensão pulmonar ■ Atresia pulmonar	■ Atresia tricúspide ■ Bloqueio de ramo esquerdo ■ Tetralogia de Fallot

Sopros

Intensidade	Grau I ou +/6+ (uma cruz em seis): difícil de ser auscultado, porém, detectável; às vezes, só com manobras é evidenciado – marcador de valvopatia discreta/leve.
	Grau II ou 2+/6+: sopro ainda leve, porém, imediatamente detectável – marcador de valvopatia moderada.
	Grau III ou 3+/6+: sopro moderadamente alto e frequentemente com irradiação – marcador de valvopatia importante.
	Grau IV ou 4+/6+: sopro alto e com frêmito palpável – marcador de valvopatia importante.
	Grau V ou 5+/6+: sopro muito alto, porém ainda é necessário o uso do estetoscópio para identificá-lo; por vezes, é perceptível apenas com parte do estetoscópio encostado sob a pele – marcador de valvopatia importante.
	Grau VI ou 6+/6+: sopro muito alto e sem necessidade do uso do estetoscópio para identificá-lo – marcador de valvopatia importante; pode ser perceptível apenas com a aproximação do estetoscópio na pele (sem encostar).
Frequência	Alta – ausculta com diafragma, grande maioria dos sopros, oriundo de câmara em alta pressão.
	Baixa – ausculta com campânula, estenose mitral e tricúspide, B3, B4, oriundo de câmara em baixa pressão.

Timbre	
▪ Aspirativo	Insuficiência aórtica e insuficiência pulmonar
▪ Musical	Rotura de cordoalha tendínea
▪ Jato de vapor	Insuficiência mitral e comunicação interventricular
▪ Ruflar	Estenose mitral e tricúspide
▪ Raspante	Estenose aórtica e pulmonar
▪ Áspero	Atrito pericárdico
▪ Piante	Fenômeno de Gallivardin – irradiação do sopro da estenose aórtica para o foco mitral, com timbre característico; rotura de prótese mitral
Configuração	Crescendo
	Decrescendo
	Diamante
	Platô
Cronologia	Sistólico
	Diastólico
	Contínuo
Duração	
▪ Sistólico	Protossistólico Mesossistólico Telessistólico Holossistólico
▪ Diastólico	Protodiastólico Mesodiastólico Telediastólico (pré-sistólico) Holodiastólico
▪ Sistólico e diastólico	
Localização ▪ Mitral (no *ictus*) ▪ Aórtico ▪ Borda esternal alta	▪ Tricúspide ▪ Pulmonar ▪ Borda esternal baixa
Irradiação ▪ Sopros mitrais ▪ Tricúspide	▪ Axila, dorso ▪ Região epigástrica

Os quatro passos fundamentais para o diagnóstico correto de um sopro são:
1. Classificá-lo em sistólico ou diastólico.
2. Definir melhor foco de ausculta.
3. Definir duração.
4. Definir configuração.

Principais sopros

Sopros sistólicos	
Aórtico	
Mesossistólicos	■ Sopro inocente ■ Hiperfluxo aórtico por anemia, gestação, sepse, tireotoxicose, insuficiência aórtica pura, comunicação interatrial sem hipertensão pulmonar, comunicação interventricular sem hipertensão pulmonar, BAV total ■ Esclerose da valva aórtica ■ Estenose da valva aórtica ■ Estenose subvalvar aórtica ■ Estenose supravalvar aórtica ■ Obstrução da via de saída do ventrículo esquerdo na cardiomiopatia hipertrófica obstrutiva ■ Presença de prótese valvar ■ Aneurisma de aorta torácica
Pulmonar	
Mesossistólicos	■ Sopro inocente de Still ■ Sopro inocente da vibração do tronco pulmonar ■ Hiperfluxo pulmonar por anemia, gestação, sepse, tireotoxicose, insuficiência pulmonar pura, BAV total ■ Estenose da valva pulmonar ■ Dilatações da artéria pulmonar
Mitral	
Holossistólico	■ Insuficiência mitral
Meso/telessistólico	■ Insuficiência mitral por prolapso da valva mitral ■ Insuficiência mitral por disfunção do músculo papilar

Protossistólico	▪ Insuficiência mitral aguda ▪ Insuficiência mitral na vigência de estenose mitral
Tricúspide	
Holossistólico	▪ Insuficiência tricúspide
Meso/telessistólico	▪ Insuficiência tricúspide por prolapso da valva tricúspide
Protossistólico	▪ Insuficiência tricúspide primária (por exemplo por endocardite infecciosa)
Borda esternal esquerda baixa	
Holossistólico	▪ Comunicação interventricular
Protossistólico	▪ Comunicação interventricular com hipertensão pulmonar
Sopros diastólicos	
Aórtico	
Protodiastólico	▪ Insuficiência aórtica
Pulmonar	
Protodiastólico	▪ Insuficiência pulmonar
Mitral	
Mesodiastólico	▪ Estenose mitral ▪ Sopro de Carey-Coombs ▪ Sopro de Austin-Flint ▪ Mixoma atrial ▪ Hiperfluxo mitral por insuficiência mitral, anemia, gravidez, tireotoxicose, sepse, BAV total
Telediastólico	▪ Reforço pré-sistólico do sopro da estenose mitral ▪ BAV total
Tricúspide	
Mesodiastólico	▪ Estenose tricúspide ▪ Hiperfluxo tricúspide por insuficiência tricúspide, anemia, gravidez, tireotoxicose, sepse, BAV total
Borda esternal esquerda	
Protodiastólico	▪ Estenose da artéria coronária descendente anterior (sopro de Dock)

Sopros contínuos
▪ Persistência do canal arterial ▪ Fístula atrioventricular contínua ▪ Aneurisma roto do seio de Valsalva ▪ Coronária anômala ▪ Sopro venoso inocente cervical (*venous hum*) ▪ Sopro mamário inocente (*soufflé* mamário) ▪ Circulação colateral brônquica ▪ Janela aortopulmonar ▪ Outros *shunts* arteriovenosos

Na prática médica diária, existem quatro padrões de sopros mais comuns, que podem ser facilmente diagnosticados, observando-se os esquemas a seguir.

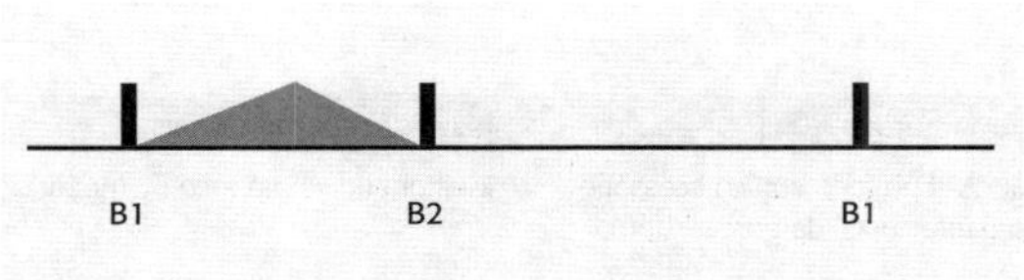

Figura 1 Primeiro padrão: sopro mesossistólico, em crescendo-decrescendo (ou diamante) nos focos da base.

Estenose aórtica	Estenose pulmonar
Melhor audível no foco aórtico	Melhor audível no foco pulmonar
Pode ter frêmito aórtico	Pode ter frêmito pulmonar
Pode estar acompanhada de pulso anacrótico ou *parvus et tardus*	Não altera pulso periférico
Irradiação frequente para fúrcula e carótida	Pouca irradiação para fúrcula e não irradia para carótidas
Não se altera significativamente na inspiração	Aumenta sua intensidade na inspiração profunda

Há tendência em estenose aórtica anatomicamente importante quando:
■ Pulso anacrótico.
■ Frêmito.
■ Pico do sopro tardio (próximo de B2).
■ B2 única.
■ Desdobramento paradoxal de B2.

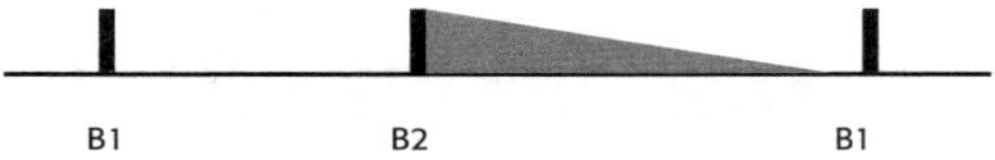

Figura 2 Segundo padrão: sopro prodiastólico, em decrescendo, nos focos da base.

Insuficiência aórtica	Insuficiência pulmonar
Melhor audível no foco aórtico acessório (3º espaço intercostal da borda esternal direita)	Melhor audível no foco pulmonar
Pode ter frêmito aórtico	Pode ter frêmito pulmonar
Pode estar acompanhada de pulso dicrótico	Não altera pulso dicrótico
Pode estar acompanhada de pressão de pulso divergente	Não altera pressão arterial
Pouca variação com a respiração	Aumenta sua intensidade com a inspiração profunda
Pode estar acompanhada de múltiplos sinais propedêuticos periféricos	Não apresenta outras alterações significativas

Sinais propedêuticos característicos da regurgitação aórtica, conforme descritos a seguir:

- Sinal de Musset: balanço da cabeça a cada batimento cardíaco.
- Sinal de Traube: ausculta de som sistólico e diastólico (também chamado de *pistol shot*) na artéria femoral.
- Sinal de Duroziez: ausculta de sopro arterial femoral sistólico e diastólico quando a artéria é parcialmente comprimida.
- Pulso de Quincke: pulsação capilar sincrônica com os batimentos cardíacos no leito ungueal.
- Sinal de Mueller: vibração sistólica da úvula.
- Sinal de Becker: pulsação visível da artéria da retina e das pupilas.
- Sinal de Hill: pressão sistólica poplítea maior ou igual a 60 mmHg em relação à pressão braquial.
- Sinal de Mayne: diminuição de mais de 15 mmHg da pressão diastólica braquial após o braço permanecer elevado.
- Sinal de Rosenbach: pulso hepático sistólico.
- Sinal de Gerhard: pulso esplênico sistólico.

São marcadores de insuficiência aórtica anatomicamente importante:

- Frêmito aórtico.
- Sopro holodiastólico.
- Pressão de pulso alargada.
- Sopro de Austin-Flint.

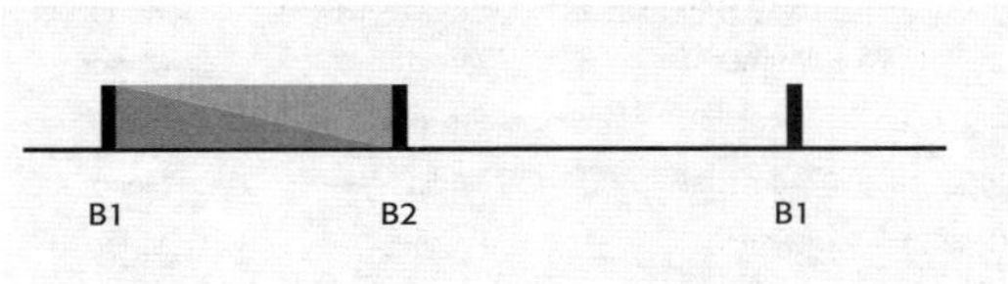

Figura 3 Terceiro padrão: sopro holossistólico, em platô, nos focos do ápice.

Insuficiência mitral	Insuficiência tricúspide
Melhor audível no foco mitral	Melhor audível no foco tricúspide
Irradia para axila	Pouca irradiação
Mais bem auscultada em decúbito lateral esquerdo	Mais bem auscultada ao final da inspiração profunda

A insuficiência mitral é anatomicamente importante quando:

- É acompanhada de frêmito mitral.
- Há irradiação ampla.

Uma causa frequente de insuficiência mitral é o prolapso da valva mitral, caracterizado por uma protrusão de uma ou ambas as cúspides para o interior do átrio esquerdo durante a sístole ventricular.

A seguir, o esquema da insuficiência mitral consequente a prolapso:

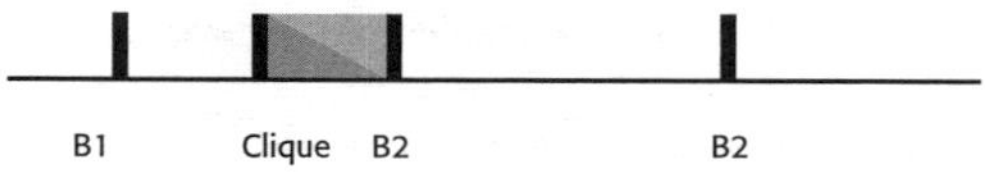

Figura 4 Insuficiência mitral consequente à prolapso.

Manobras para auxílio diagnóstico do prolapso na valva mitral

Manobra	B1-clique	Início do sopro	Duração do sopro
Deitado	Aumenta	Tardio	Menor
Em pé	Diminui	Precoce	Maior
Agachar	Aumenta	Tardio	Menor
Valsalva (fase 2)	Diminui	Precoce	Maior
Exercício	Aumenta	Tardio	Menor

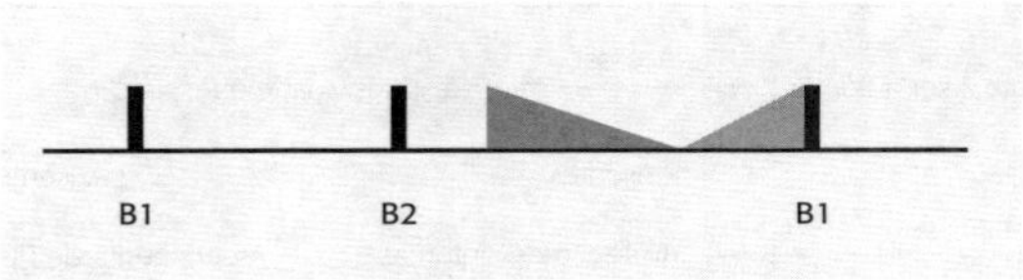

Figura 5 Quarto padrão: sopro mesodiastólico, decrescendo e crescendo, em focos apicais.

Estenose mitral	Estenose tricúspide
Mais bem auscultada no foco mitral	Mais bem auscultada no foco tricúspide
Intensificada em decúbito lateral esquerdo	Intensificada com inspiração profunda

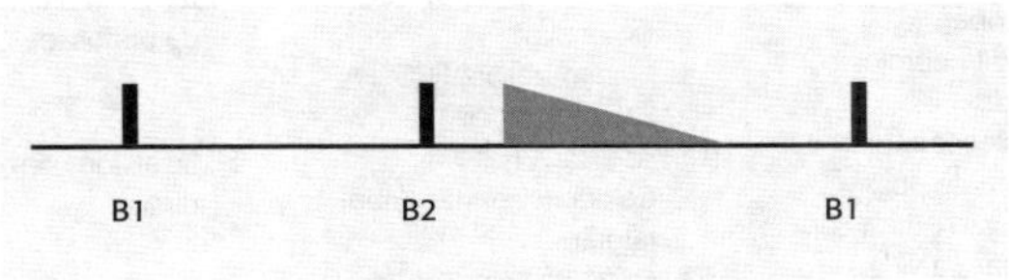

Figura 6 Conforme citado, para portadores de estenose mitral com fibrilação atrial, o sopro perde o reforço pré-sistólico e pode ser representado desta forma.

Causas de B3 patológica: galope ventricular

Cardiomiopatia dilatada	Insuficiência mitral crônica
Insuficiência cardíaca diastólica	Insuficiência aórtica crônica
Cardiomiopatia isquêmica	Estados hiperdinâmicos

Causas de B4 patológica: galope atrial

Cardiopatia hipertensiva	Fase aguda do infarto agudo do miocárdio
Estenose aórtica	Aneurisma de ventrículo esquerdo
Cardiomiopatia hipertrófica	Discinesia de ventrículo esquerdo

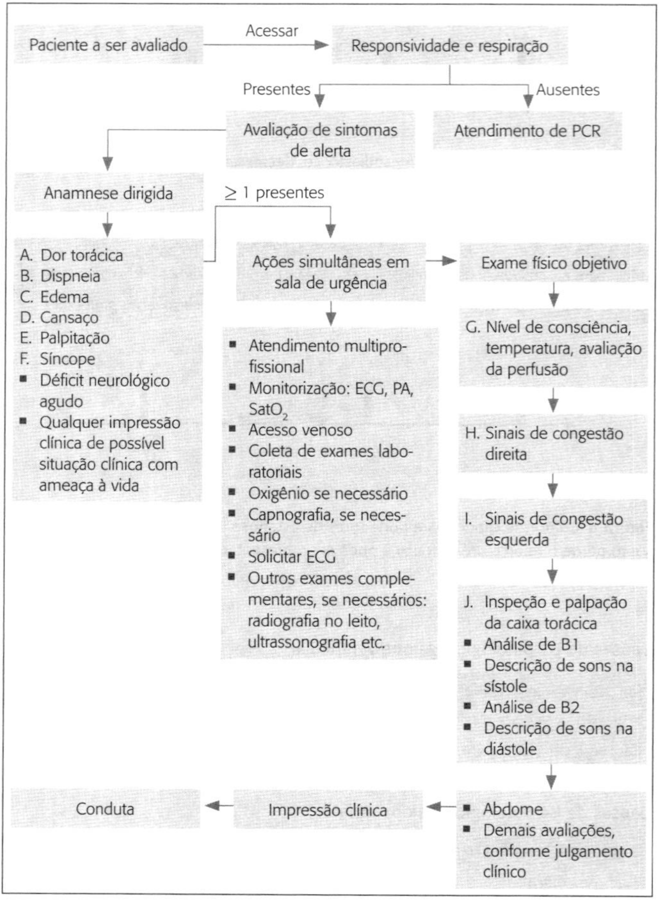

Figura 7 Fluxograma geral de avaliação cardiovascular na emergência. ECG: eletrocardiograma; PA: pressão arterial; PCR: parada cardiorrespiratória; $SatO_2$: saturação de oxigênio.

Bibliografia recomendada

1. Sampaio RO, Grimberg M. Doença valvar. Barueri: Manole; 2006. p.349-353.
2. Tarasoutchi F, Montera MW, Grinberg M, Barbosa MR, Piñeiro DJ, Sánchez CRM, et al. Diretriz brasileira de valvopatias – SBC 2011/I Diretriz interamericana de valvopatias – SIAC 2011. Arq Bras Cardiol. 2011;97(5 supl.1):1-67.
3. Accorsi TAD, Machado FP, Grinberg M. Semiologia cardiovascular. In: Martins MA, Carrilho FJ, Alves VAF, Castilho EA, Cerri GG, Wen CL (eds.). Clínica médica, v. 2. Barueri: Manole; 2009. p.9-44.
4. Braunwald E, Perloff JK. Physical examination of the heart and circulation. In: Zipes DP, Libby P, Bonow RO, Braunwald E (eds.). Braunwald's heart disease: a textbook of cardiovascular medicine. 7.ed. Philadelphia: Elsevier; 2005.
5. Shikino K, Ikusaka M, Ohira Y, Miyahara M, Suzuki S, Hirukawa M, et al. Influence of predicting the diagnosis from history on the accuracy of physical examination. Adv Med Educ Pract. 2015;6:143-8.
6. Ramani S. Applying the Holmes method to physical examination: the reflective exam. Med Teach. 2015;6:1-2.
7. Phoon CK. Bedside physical examination is not obsolete. Am J Cardiol. 2015;115(6):853.
8. Zimmerman S. All my husband needed was a good physical examination. JAMA Intern Med. 2015;175(3):340.
9. Anderson JB, Grenier M, Edwards NM, Madsen NL, Czosek RJ, Spar DS, et al. Usefulness of combined history, physical examination, electrocardiogram, and limited echocardiogram in screening adolescent athletes for risk for sudden cardiac death. Am J Cardiol. 20141;114(11):1763-7.
10. Rossi RE, Girelli CM, Bernasconi G, Conte D. Currently neglected, physical examination maintains its clinical relevance. Intern Emerg Med. 2014;9(8):871-4.
11. Haring CM, Cools BM, van der Meer JW, Postma CT. Student performance of the general physical examination in internal medicine: an observational study. BMC Med Educ. 2014;14:73.
12. Caldentey G, Khairy P, Roy D, Leduc H, Talajic M, Racine N, et al. Prognostic value of the physical examination in patients with heart failure and atrial fibrillation: insights from the AF-CHF trial (atrial fibrillation and chronic heart failure). JACC Heart Fail. 2014;2(1):15-23.
13. Longtin Y, Schneider A, Tschopp C, Renzi G, Gayet-Ageron A, Schrenzel J, et al. Contamination of stethoscopes and physicians' hands after a physical examination. Mayo Clin Proc. 2014;89(3):291-9.
14. Uchida T, Farnan JM, Schwartz JE, Heiman HL. Teaching the physical examination: a longitudinal strategy for tomorrow's physicians. Acad Med. 2014;89(3):373-5.
15. Sharp CR, Rozanski EA. Physical examination of the respiratory system. Top Companion Anim Med. 2013;28(3):79-85.

29

Febre reumática

Guilherme Sobreira Spina
Tarso Augusto Duenhas Accorsi

Definição

- Resposta autoimune tardia à faringoamigdalite aguda estreptocócica em pessoas geneticamente predispostas.
- Doença bifásica: surto agudo – revisto neste capítulo e no de cardiopatia (valvopatia) reumática crônica.

Conceitos gerais

- FR tem alta prevalência em países com baixo acesso à saúde (Figura 1).
- No Brasil, houve queda do número de hospitalizações em fase aguda (Figura 2).
- Mas, ainda, há grande repercussão da cardiopatia reumática crônica:
  - sequela reumática: 30% das cirurgias cardíacas nos adultos e 90% nas crianças.
  - menor probabilidade de cirurgia conservadora valvar, maior implante de prótese e riscos inerentes (degeneração estrutural precoce de bioprótese, necessidade de anticoagulação e próteses mecânicas).
- Potencialmente evitável com prevenção primária: tratamento correto das amigdalites estreptocócicas.

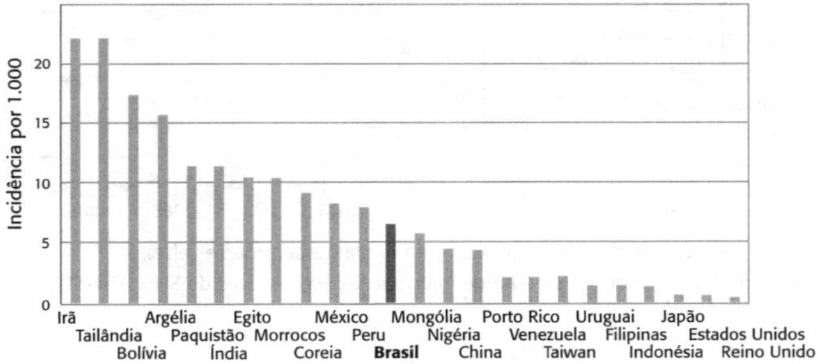

SUS/Ministério da Saúde
- 90% das cirurgias cardíacas em crianças
- 30% de cirurgias cardíacas em adultos

Figura 1 Prevalência de febre reumática em diversos países.

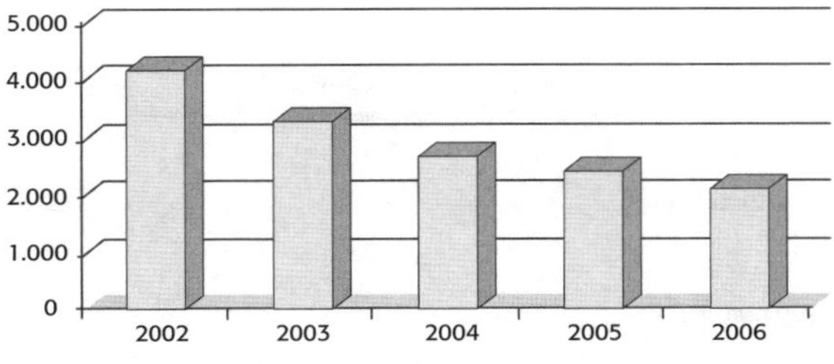

Figura 2 Número de casos internados por febre reumática aguda no Brasil.
Fonte: Ministério da Saúde. Sistema de informações hospitalares do SUS (SIH/SUS).

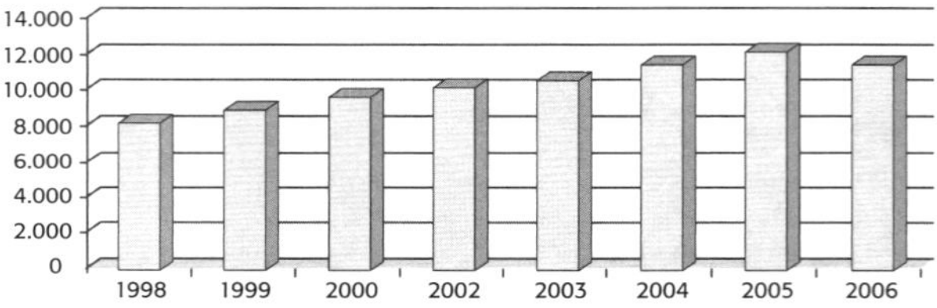

Figura 3 Número de cirurgias cardíacas para implante de prótese valvar.
Fonte: Ministério da Saúde. Sistema de informações hospitalares do SUS (SIH/SUS).

Mecanismo

Paciente predisposto geneticamente apresenta dois tipos de resposta imune: uma resposta com base em anticorpos, chamada de resposta humoral ou Th2 (*t-helper* tipo 2), associada aos sinais clínicos (artrite, coreia); ou uma resposta com base em células, conhecida como resposta Th1 (*t-helper* tipo 1), manifestação clínica mais frustra, mas com sequela tardia (cardíaca).

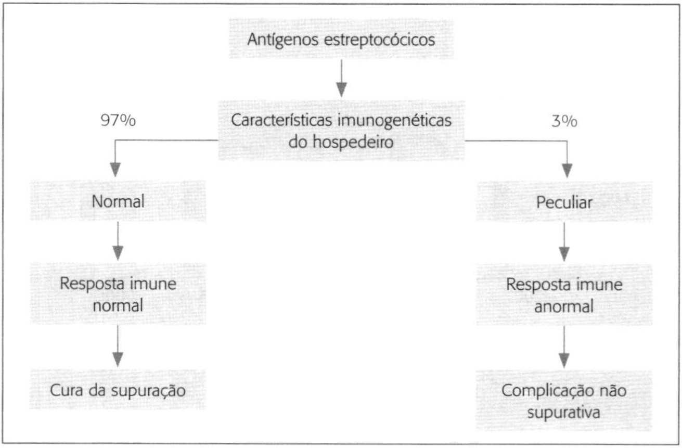

Figura 4 Mecanismo da febre reumática.

Quadro clínico e diagnóstico da fase aguda

Cardite
▪ Forma clássica (1-3%): insuficiência cardíaca aguda cerca de 6 semanas a 6 meses após amigdalite, pancardite, sopro de Carey-Coombs. Não eleva troponina; ecodopplercardiograma com remodelamento do ventrículo esquerdo, insuficiências valvares, possível líquido pericárdico; 70% de positivação da cintilografia com gálio.
▪ Forma assintomática: maioria dos casos.
▪ Forma de rápida evolução na criança: valvopatia rapidamente evolutiva, sem atividade inflamatória significativa; forma rara.
Formas extracardíacas
▪ Artrite (70% dos surtos): 2/3 poliartrite migratória de grandes articulações, cerca de 2 a 4 semanas após amigdalite; resposta rápida à AINH; 1/3 poliartrite aditiva e arrastada de grandes e pequenas articulações, podendo ser mais tardia na amigdalite; menor resposta à AINH.
▪ Coreia (30% dos surtos): tríade clássica: movimentos hipercinéticos, hipotônicos e labilidade emocional bastante tardia na amigdalite.
▪ Eritema *marginatum* (< 5% dos surtos): máculas róseas, bordas eritematosas, centro claro, fugazes.
▪ Nódulo subcutâneo (< 5% dos surtos): cerca de 1 cm, eventualmente dolorosos, superfícies extensoras, tendões e couro cabeludo, associadas à cardiopatia grave aguda.

AINH: anti-inflamatório não hormonal.

Critérios diagnósticos do surto agudo

Critérios de Jones para o diagnóstico de febre reumática

Critérios maiores	Critérios menores
Cardite	Artralgia
Artrite	Febre
Coreia	Aumento do intervalo PR
Eritema *marginatum*	Alterações laboratoriais – aumento de provas de atividade inflamatória
Nódulos subcutâneos	História de surto de FR prévio
Evidência de estreptococcia anterior (aumento nos títulos de Also, escarlatina recente)	

O diagnóstico requer dois critérios maiores e dois critérios menores.

Tratamento

- Cardite manifesta: tratamento-padrão para insuficiência cardíaca, prednisona 1 mg/kg até controle dos sintomas e normalização da atividade inflamatória para iniciar desmame lento e progressivo.
- Artrite: se não houver uso de corticoide pela cardite, utilizar naproxeno até 20 mg/kg dividido em duas vezes, até controle de sintomas, ou AAS 80-100 mg/kg (até 4 g/dia) até o controle dos sintomas.
- Coreia: medicar conforme intensidade de sintoma: haloperidol de 1 a 3 mg/dia, ácido valproico de 250 a 1.000 mg/dia.

Profilaxias

- Primária: evitar o surto agudo, tratando amigdalite estreptocócica.
- Secundária: diminuir risco de ressurto em paciente com história de FR, na tentativa de evitar aceleração da valvopatia.

Profilaxia para febre reumática

Profilaxia primária			
Penicilina G benzatina	600.000 IU para pacientes < 27 kg 1.200.000 para pacientes > 27 kg	Via intramuscular	Dose única
Amoxicilina	Crianças – 50 mg/kg 8/8 h por 10 dias Adultos – 500 mg, VO, 8/8 h por 10 dias	Via oral	10 dias
Para pacientes alérgicos à penicilina			
Eritromicina	Crianças – 40 mg/kg/dia 6/6 h por 10 dias Adultos – 500 mg, VO, 6/6 h por 10 dias	Via oral	10 dias

(continua)

Profilaxia para febre reumática *(continuação)*

Profilaxia secundária			
Penicilina G benzatina	1.200.000 Ui 15/15 dias nos dois primeiros anos após o surto; e de 21/21 dias nos anos subsequentes	Via intramuscular	Vide Tabela a seguir
Penicilina V	250 mg, 2 vezes ao dia	Via oral	Vide Tabela a seguir
Para pacientes alérgicos à penicilina			
Sulfadiazina	0,5 g, uma vez ao dia para pacientes < 27 kg 1 g, 1 vez ao dia para pacientes > 27 kg	Via oral	Vide Tabela a seguir
Para pacientes alérgicos à penicilina e à sulfadiazina			
Eritromicina	250 mg, 2 vezes ao dia	Via oral	Vide Tabela a seguir

Duração da profilaxia para febre reumática

Categoria	Duração
Febre reumática sem cardite	5 anos ou até 18 anos, o que for mais longo
Febre reumática com cardite, sem sequela valvar ou com sequela valvar mínima	Pelo menos 10 anos após o último surto ou até os 25 anos, o que for mais longo
Febre reumática com cardite e sequela valvar grave	Pelo menos até os 40 anos. Algumas vezes, pela vida inteira (exposição ocupacional)

Bibliografia recomendada

1. Massel B. Rheumatic fever and streptococcal infection: unraveling the mysteries of a dread disease. Harvard University Press; 1997.
2. Tanaka ACS. Febre reumática: critérios diagnósticos e tratamento. In: Timerman A, Cesar LAM, eds. Manual de cardiologia – Socesp. São Paulo: Atheneu; 2000.
3. Tubridy-Clark M, Carapetis JR. Subclinical carditis in rheumatic fever: a systematic review. Int J Cardiol. 2006;119(1):54-8.
4. Dajani AS, Ayoub E, Bieman FZ, et al. Guidelines for the diagnosis of rheumatic fever. Circulation. 1993;87:302-7.

5. Markowitz M, Gerber MA, Kaplan EL. Treatment of streptococcal pharyngotonsillitis: Reports of penicillin's demise are premature. J Pediatr. 1993;123:679.
6. Manyemba J, Mayosi BM. Intramuscular penicillin is more effective than oral penicillin in secondary prevention of rheumatic fever – a systematic review. S Afr Med J. 2003;93(3):212-8.
7. Lue HC, Wu MH, Wang JK, Wu FF, Wu YN. Three – versus four-week administration of benzathine penicillin G: effects on incidence of streptococcal infections and recurrences of rheumatic fever. Pediatrics. 1996;97(6 Pt):984-4.

30

Estenose mitral

Guilherme Sobreira Spina
Tarso Augusto Duenhas Accorsi

Definição

Diminuição da área do orifício mitral com evolução lenta ao longo de décadas.

Epidemiologia

- Mais prevalente no sexo feminino.
- Típica sequela valvar reumatismal.
- Mais prevalente em países pobres/em desenvolvimento.
- Manifestação clínica habitual na gestação e/ou na terceira a quinta décadas de vida.

Fisiopatologia

Eventos em cascata, conforme descrito a seguir:

- Limitação ao fluxo de sangue do átrio esquerdo (AE) para o ventrículo esquerdo (VE).
- Gradiente de pressão entre AE-VE.
- Elevação das pressões venosa e capilar pulmonar.
- Diminuição da complacência pulmonar por aumento da liberação de endotelina-1 pulmonar.
- Congestão pulmonar.
- Alterações reativas no leito arteriolar pulmonar (hipertrofia da média, hipertrofia e fibrose da íntima e vasoconstrição).
- Hipertensão pulmonar mais grave.
- Sobrecarga pressórica para o ventrículo direito, com consequentes dilatação e falência.

Causas mais comuns

Febre reumática
Degenerativa (raramente é anatomicamente importante)

Manifestações clínicas mais comuns

Sinais e sintomas de congestão cardíaca esquerda	Dispneia/ortopneia/dispneia paroxística noturna
	Tosse/sibilância/hemoptise/rouquidão
	Taquipneia/esforço respiratório
	Estertores crepitantes difusos
	Cianose
	Queda da saturação de oxigênio
Sinais e sintomas de congestão cardíaca direita	Estase jugular
	Hepatomegalia/ascite/esplenomegalia
	Edema de membros inferiores/anasarca
Sinais e sintomas de baixo débito cardíaco	Sonolência/irritabilidade
	Fadiga/fraqueza
	Extremidades frias/aumento tempo de enchimento capilar
	Pulso fino/cianose de extremidades
	Pré-síncope/síncope
Sinais e sintomas de arritmia	Palpitações/pré-síncope/síncope
	Pulso arrítmico/bradicardia/taquicardia
Sinais de embolização	Déficit neurológico agudo
	Alteração de perfusão/pulso em membros
	Atrito pericárdico/sopros novos/sopro de Carey Coombs

Diagnóstico

Exame físico:

- Sem alteração da amplitude de pulso.
- 50% com pulso irregular (fibrilação atrial) independentemente da gravidade anatômica.
- Sopro mesodiastólico, formato decrescendo e crescendo, em focos apicais, raramente com frêmito, baixa frequência (melhor auscultado com campânula do estetoscópio), timbre em ruflar.
- O sopro tem formato decrescente durante a maior parte da diástole, o que corresponde ao período de enchimento ventricular rápido e médio.

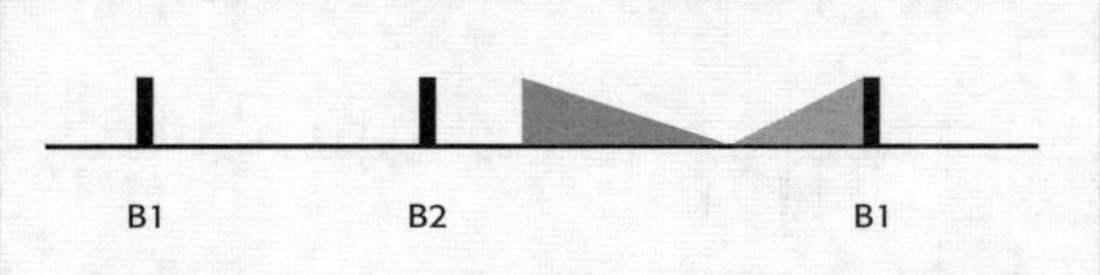

- Na sístole atrial, fim da diástole ventricular, há um novo aumento do fluxo transvalvar, com aumento da intensidade do sopro pré-sístole ventricular. Esse aumento tem formato crescente e é chamado de reforço pré-sistólico. Só é audível em pessoas com ritmo cardíaco que proporciona sístole atrial, desaparecendo, por exemplo, na fibrilação atrial.
- O sopro frequentemente é antecedido pelo estalido de abertura da valva mitral. A diferenciação entre estenose mitral e tricúspide pode ser feita de acordo com o quadro a seguir.

Estenose mitral	Estenose tricúspide
Melhor auscultado no foco mitral	Melhor auscultado no foco tricúspide
Intensificado em decúbito lateral esquerdo	Intensificado com inspiração profunda

Eletrocardiograma

- Em ritmo sinusal, comum sobrecarga biatrial.
- Fibrilação atrial é frequente.
- Dependendo do grau de hipertensão pulmonar, há sobrecarga de ventrículo direito (Figura 1).

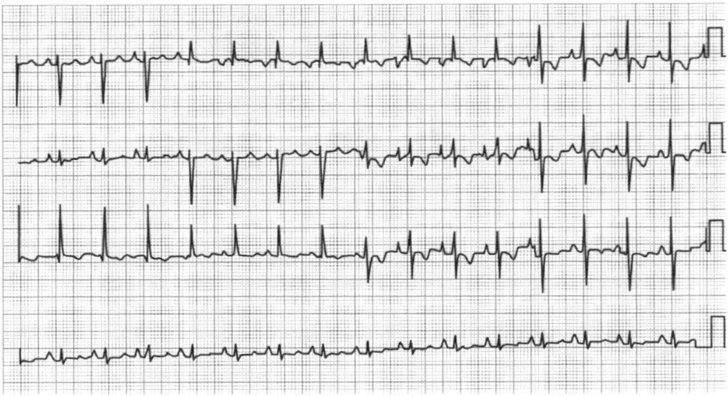

Figura 1 Representação de ritmo sinusal, sobrecarga biatrial e sobrecarga de ventrículo direito.

Radiografia de tórax

- Dilatação do átrio direito.
- Dilatação do átrio esquerdo.
- Abaulamento do arco pulmonar.
- Dependendo do grau de hipertensão pulmonar, há sobrecarga de ventrículo direito (Figura 2).

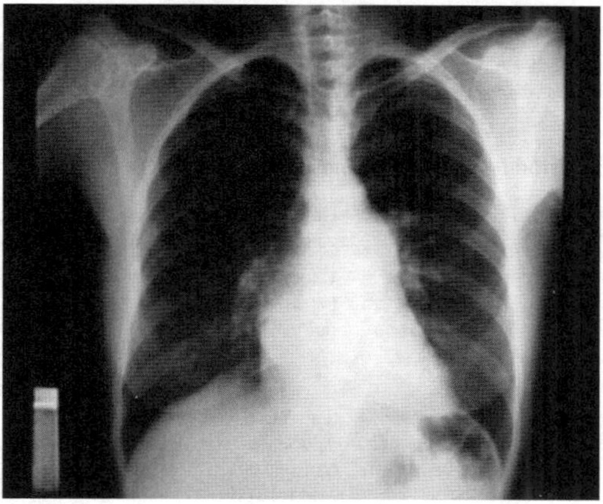

Figura 2 Radiografia de sobrecarga biatrial e abaulamento do arco pulmonar.

Ecodopplercardiograma

- Evidência de EMi importante com documentação de área mitral < 1,5 cm² e gradiente transmitral médio > 10 mmHg.
- Análise do escore de Wilkins – nota de 1 a 4 para cada item:
  - rigidez;
  - espessamento;
  - cálcio;
  - aparato subvalvar.
- Escore até 8, idealmente com aparato subvalvar menor que 3, configura anatomia favorável à valvuloplastia mitral por cateter-balão.

Estágios da história natural da estenose mitral (EMi)

Estágio	Definição	Anatomia valvar	Hemodinâmica valvar	Consequências hemodinâmicas	Sintomas
A	Sob risco de EMi	Discreto aspecto em *domus* na diástole	Velocidade transmitral normal	Nenhuma	Ausentes
B	EMi progressiva	Fusão comissural na diástole Área valvar > 1,5 cm²	Discreto aumento da velocidade transmitral Avaliação do *pressure half time* < 150 ms	Leve a moderado aumento atrial esquerdo Pressão pulmonar normal ao repouso	Ausentes
C	EMi importante assintomática	Fusão comissural intensa na diástole Área valvar < 1,5 cm²	Grande aumento da velocidade transmitral Avaliação do *pressure half time* > 150 ms	Importante aumento do átrio esquerdo Pressão pulmonar sistólica > 30 mmHg	Ausentes
D	EMi importante sintomática	Fusão comissural intensa na diástole Área valvar < 1,5 cm²	Grande aumento da velocidade transmitral Avaliação do *pressure half time* > 150 ms	Importante aumento do AE Pressão pulmonar sistólica > 30 mmHg	Dispneia aos esforços Fadiga aos esforços

Tratamento

Valvopatia não importante ou importante assintomática

- Profilaxia secundária para febre reumática;
- Boa saúde bucal/profilaxia para endocardite infecciosa;
- Planejamento familiar.

Valvopatia importante assintomática

- Orientação para atividade física na faixa correta de esforço;
- Duvidoso efeito da terapia betabloqueadora;
- Controle de frequência cardíaca e anticoagulação com varfarina se fibrilação atrial/*flutter*/taquicardia atrial.

Valvopatia importante sintomática

Medidas comportamentais = restrição salina e hídrica;

Betabloqueadores;

Diuréticos;

Anticoagulação se fibrilação atrial/*flutter*/taquicardia atrial;

Avaliação da anatomia para valvuloplastia mitral por cateter-balão (escore menor ou igual a 8, idealmente com subvalvar < 3, insuficiência mitral não mais que discreta, ausência de trombos):

- favorável: proceder ao procedimento percutâneo;
- não favorável;
  - CF I/II: manter tratamento medicamentoso/comportamental;
  - CF III/IV: indicação de tratamento cirúrgico: idealmente, deve-se realizar cirurgia conservadora, mas, se não for possível a conservação valvar, é necessário discutir com o paciente para definir entre implante de bioprótese (período fértil, prole não completa, idosos, incapacidade de anticoagulação) e implante de prótese mecânica (jovens, ausência de comorbidades, boa adesão à medicação, reoperação).

CF: classe funcional.

Indicação intervencionista na EMi importante

Indicação	Grau	Nível
VMCB é indicada em EMi importante sintomática – estágio D –, com anatomia favorável ao procedimento, na ausência de contraindicações	I	A
Cirurgia mitral (comissurotomia ou troca valvar) é indicada em pacientes com EMi importante, gravemente sintomáticos (NYHA CF III/IV) – estágio D – , que não são candidatos à VMCB e apresentam baixo risco cirúrgico presumido	I	B
Cirurgia valvar mitral (comissurotomia ou troca valvar) é indicada em EMi importante – estágios C e D –, concomitantemente a outra cirurgia cardíaca	I	C
VMCB é razoável em EMi assintomática, anatomicamente grave – área valvar < 1 cm²; estágio C – , desde que anatomia favorável ao procedimento, na ausência de contraindicações	IIa	C
VMCB pode ser considerada em EMi importante assintomática – estágio C –, com anatomia favorável ao procedimento, quando há início de fibrilação atrial, na ausência de contraindicações	IIb	C
VMCB pode ser considerada em EMi moderada sintomática – estágio B –, com anatomia favorável ao procedimento, quando há documentação de EMi importante no esforço, na ausência de contraindicações	IIb	C
VMCB pode ser considerada em pacientes com EMi importante sintomática – estágio D –, muito sintomáticos (NYHA CF III/IV), com anatomia subótima, mas não candidatos à cirurgia pelo alto risco cirúrgico	IIb	C
Cirurgia mitral pode ser considerada em portadores de EMi moderada – estágio B –, concomitantemente a outra cirurgia cardíaca	IIb	C
Retirada do apêndice atrial esquerdo pode ser considerada em pacientes com EMi importante – estágios C e D –, com embolização recorrente apesar da anticoagulação adequada	IIb	C

EMi: estenose mitral; VMCB: valvuloplastia mitral por cateter-balão.

Bibliografia recomendada

1. Bonow RO, Carabello BA, Chatterjee K, Leon Jr AC, Faxon DP, Freed MD, et al. ACC/AHA 2006 Guidelines for de management of patients with valvular heart disease. J Am Coll Cardiol. 2006;3:e1-148.
2. Vahanian A, Baumgartner H, Bax J, Butchart E, Dion R, Filippatos G, et al. Guidelines on the management of valvular heart disease. Eur Heart J. 2007;28:230-68.
3. Nishimura RA, Otto CM, Bonow RO, Carabello BA, Erwin JP 3rd, Guyton RA, et al; ACC/AHA Task Force Members. 2014 AHA/ACC Guideline for the management of patients with valvular heart disease: executive summary: a report of the American College of Cardiology/American Heart Association Task Force on Practice Guidelines. Circulation. 2014;129(23):2440-92.
4. Sampaio RO, Grimberg M. Doença valvar. Barueri: Manole; 2006. p.349-53.
5. Tarasoutchi F, Montera MW, Grinberg M, Barbosa MR, Piñeiro DJ, Sánchez CRM, et al. Diretriz brasileira de valvopatias – SBC 2011/I Diretriz Interamericana de Valvopatias – SIAC 2011. Arq Bras Cardiol. 2011;97(5 supl. 1):1-67.

31

Insuficiência mitral

João Ricardo Cordeiro Fernandes
Flavio Tarasoutchi

Introdução

Insuficiência mitral é a regurgitação sanguínea para o átrio esquerdo (AE) durante a sístole ventricular. Pode ser de etiologia primária ou secundária.

As principais etiologias são: febre reumática, prolapso, isquêmica, secundária à dilatação ventricular e endocardite infecciosa.

- Manifestações clínicas: dispneia, edema de membros inferiores, tosse.
- Diagnóstico: ausculta cardíaca, eletrocardiograma, radiografia do tórax e ecocardiograma.
- Tratamento: definitivo – cirurgia; paliativo – vasodilatadores e diuréticos.

História natural

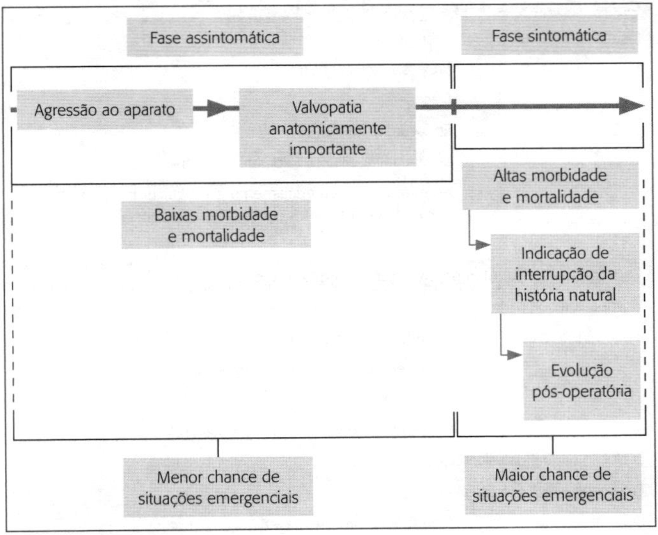

Figura 1 Evolução das valvopatias.

Etiologia

Causas mais frequentes de valvopatias crônicas	
Insuficiência mitral	Febre reumática
	Prolapso da valva mitral
	Degenerativa
	Endocardite infecciosa
	Secundária à dilatação do anel/cardiomiopatias
	Isquêmica (por remodelamento geométrico do ventrículo esquerdo em pacientes com infarto inferodorsal)

Causas mais frequentes de emergências em valvopatias	
Valvopatia regurgitante aguda	
Insuficiência mitral aguda	▪ Endocardite infecciosa
	▪ Isquemia/rotura de músculo papilar
	▪ Trauma torácico
	▪ Após valvuloplastia mitral (iatrogênica)
Evolução natural da valvopatia não tratada	
Emergências em próteses	
Bioprótese	▪ Rotura de prótese/degeneração estrutural
	▪ Calcificação importante de prótese
Prótese mecânica	▪ Trombose
	▪ Obstrução
	▪ Fratura de disco

Manifestações clínicas

Principais manifestações clínicas das valvopatias	
Sinais e sintomas de congestão cardíaca esquerda	Dispneia/ortopneia/dispneia paroxística noturna
	Tosse/sibilância/hemoptise/rouquidão
	Taquipneia/esforço respiratório
	Estertores crepitantes difusos
	Cianose
	Queda da saturação de oxigênio
Sinais e sintomas de congestão cardíaca direita	Estase jugular
	Hepatomegalia/ascite/esplenomegalia
	Edema de membros inferiores/anasarca
Sinais e sintomas de baixo débito cardíaco	Sonolência/irritabilidade
	Fadiga/fraqueza
	Extremidades frias/aumento tempo de enchimento capilar
	Pulso fino/cianose de extremidades
	Pré-síncope/síncope
Sinais de insuficiência coronariana	Angina
Sinais e sintomas de arritmia	Palpitações/pré-síncope/síncope
	Pulso arrítmico/bradicardia/taquicardia
Sinais de embolização	Déficit neurológico agudo
	Alteração de perfusão/pulso em membros
Sinais de endocardite infecciosa	Febre/emagrecimento
	Petéquias/alterações vasculares
	Artralgia/artrites
Sinais de surto reumático	Febre/artralgia/artrite
	Atrito pericárdico/sopros novos/sopro de Carey Coombs

Estágios da insuficiência mitral

Estágio	Definição	Anatomia valvar	Hemodinâmica valvar	Consequências hemodinâmicas	Sintomas
A	Sob risco de IMi	PVMi com coaptação normal Leve espessamento valvar e restrição da cúspide	Ausência de jato regurgitante ou jato < 20% do AE *Vena contracta* < 0,3 cm	Nenhuma	Ausentes
B	IMi progressiva	PVMi importante com coaptação normal Alteração reumática com restrição da cúspide Endocardite infecciosa prévia	Jato central entre 20 e 40% do AE *Vena contracta* < 0,7 Volume regurgitante < 60 mL Fração regurgitante < 50%; Área do orifício regurgitante < 0,4 cm² Graduação angiográfica 1+ ou 2+/4+	Leve aumento atrial esquerdo VE sem remodelamento Pressão pulmonar normal ao repouso	Ausentes
C	IMi importante assintomática	PVMi importante com coaptação anormal normal Alteração reumática com restrição da cúspide e perda da coaptação Endocardite infecciosa prévia	Jato central > 40% do AE *Vena contracta* > 0,7 Volume regurgitante > 60 mL Fração regurgitante > 50% Área do orifício regurgitante > 0,4 cm² Graduação angiográfica 3+ ou 4+/4+	Moderado a importante aumento do AE Pressão pulmonar sistólica ao repouso ou com estresse C1 – fração de ejeção do VE > 60% e diâmetro sistólico < 40 mm C2 – fração de ejeção do VE < 60% e/ou diâmetro sistólico > 40 mm	Ausentes

(continua)

Estágios da insuficiência mitral *(continuação)*

Estágio	Definição	Anatomia valvar	Hemodinâmica valvar	Consequências hemodinâmicas	Sintomas
D	IMi importante sintomática	PVMi importante com coaptação anormal normal Alteração reumática com restrição da cúspide e perda da coaptação Endocardite infecciosa prévia	Jato central > 40% do AE *Vena contracta* > 0,7 Volume regurgitante > 60 mL fração regurgitante > 50%; Área do orifício regurgitante > 0,4 cm^2 Graduação angiográfica 3+ ou 4+/4+	Importante aumento do AE Remodelamento do VE Hipertensão pulmonar	Dispneia aos esforços Fadiga aos esforços

AE: átrio esquerdo; IMi: insuficiência mitral; PVMi: prolapso valvar mitral; VE: ventrículo esquerdo.

Aspectos hemodinâmicos na IMi aguda e crônica

	Vdf	Vsf	Complacência do AE	Pressão do AE	FE
IMi aguda	↑	↓	nl	↑↑↑	nl ou ↓
IMi crônica compensada	↑↑↑	↓	↑	nl ou ↑	nl
IMi crônica descompensada	↑↑↑↑	↓↓	↑	↑↑	↓↓

AE: átrio esquerdo; FE: fração de ejeção; IMi: insuficiência mitral; nl: normal; Vdf: volume diastólico final; Vsf: volume sistólico final.

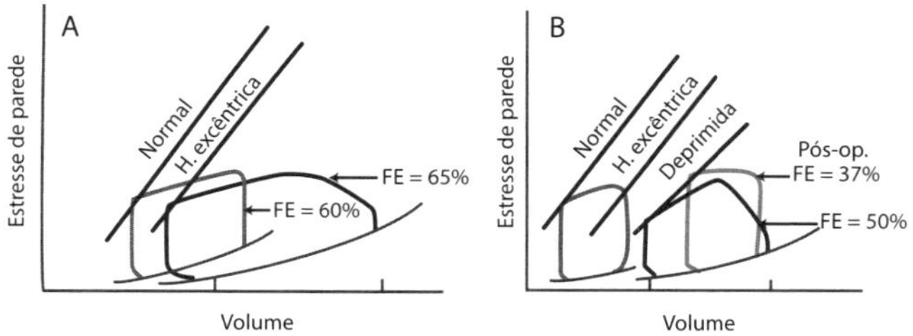

Figura 2 Curva de pressão (estresse) e volume de ventrículo esquerdo na insuficiência mitral. A: Comparação entre VE normal e insuficiência mitral com hipertrofia ventricular esquerda (excêntrica) adaptativa; B: comparação entre ventrículo esquerdo normal e insuficiência mitral com hipertrofia ventricular esquerda excêntrica (desadaptada com queda de FE) e *status* pós-operatório. FE: fração de ejeção; H. excêntrica: hipertrofia excêntrica; pós-op.: pós-operatório.

Avaliação complementar

Gravidade da regurgitação mitral

	Discreta	Moderada	Grave
OER (PISA)	< 0,2 cm^2	0,2 a 0,39 cm^2	> 0,4 cm^2
Área do jato	< 0,2% da área do AE	0,2 a 0,4% da área do AE	> 0,4 cm^2
Fração regurgitante	< 30%	30 a 49%	> 50%
Largura da *vena contracta*	< 0,3 cm	0,3 a 0,69 cm	≥ 0,7 cm
Volume regurgitante	< 30 mL/bat	30-59 mL/bat	≥ 60 mL/bat
Fluxo reverso nas VP			Presente
Tamanho do AE			Aumentado
Tamanho do VE			Aumentado

AE: átrio esquerdo; OER: orifício regurgitante efetivo; VE: ventrículo esquerdo; VP: veias pulmonares.

Tratamento

Indicação intervencionista na IMi primária importante

Indicação	Grau	NE
Cirurgia mitral (idealmente plástica, troca valvar se plástica não possível) em pacientes sintomáticos e fração de ejeção > 30% – estágio D	I	B
Cirurgia mitral (idealmente plástica, troca valvar se plástica não possível) em pacientes assintomáticos com disfunção ventricular (fração de ejeção de 30 a 60% e/ou diâmetro sistólico > 40 mm) – estágio C2	I	B
Plástica mitral para pacientes com indicação cirúrgica portadores de prolapso posterior	I	B
Plástica mitral para pacientes com indicação cirúrgica e portadores de prolapso anterior ou de ambas as cúspides, com alta previsão de sucesso	I	B
Cirurgia mitral (plástica idealmente ou troca valvar na impossibilidade de plástica) concomitante a outro procedimento cirúrgico cardíaco	I	B
Plástica mitral é razoável em pacientes com IMi importante assintomáticos – estágio C1 –, sem disfunção de VE (fração de ejeção > 60% e diâmetro sistólico VE < 40 mm) quando há previsão de > 95% de sucesso da plástica, mortalidade esperada < 1%; cirurgia em centro de excelência	IIa	B
Plástica mitral é razoável para IMi importante não reumática – estágio C1 – sem disfunção de VE, com alta probabilidade de plástica, quando ocorre fibrilação atrial ou hipertensão pulmonar (pressão sistólica > 50 mmHg)	IIa	B
Plástica mitral em IMi moderada – estágio B – concomitante a outra intervenção cirúrgica cardíaca	IIa	C
Cirurgia mitral (plástica ou troca valvar) pode ser considerada em IMi importante sintomática com disfunção ventricular importante (fração de ejeção < 30%) – estágio D	IIb	C
Plástica mitral pode ser considerada em IMi importante reumática, com alta probabilidade de sucesso na plástica e previsão de dificuldade de anticoagulação a longo prazo	IIb	B
Tratamento transcateter da IMi importante pode ser considerado para pacientes em estágio D, com expectativa de vida razoável e contraindicação ao tratamento cirúrgico valvar pela presença de comorbidades graves	IIb	B

grau: grau de recomendação; IMi: insuficiência mitral; NE: nível de evidência; VE: ventrículo esquerdo.

Bibliografia recomendada

1. Tarasoutchi F, Montera MW, Grinberg M, Barbosa MR, Piñeiro DJ, Sánchez CRM, et al. Diretriz brasileira de valvopatias – SBC 2011/I Diretriz interamericana de valvopatias - SIAC 2011. Arq Bras Cardiol. 2011;97(5supl.3):1-67.
2. Nishimura RA, Otto CM, Bonow RO, et al; 2014 AHA/ACC guideline for the management of patients with valvular heart disease: a report of the American College of Cardiology/American Heart Association Task Force on Practice Guidelines. J Am Coll Cardiol. 2014;63:e57-e185.
3. Enriquez-Sarano M, Akins CW, Vahanian A. Mitral regurgitation. Lancet. 2009;373:1382-94.
4. Vahanian A, Alfieri O, et al.; Joint Task Force on the Management of Valvular Heart Disease of the European Society of Cardiology (ESC); European Association for Cardio-Thoracic Surgery (EACTS). Guidelines on the management of valvular heart disease (version 2012). Eur Heart J. 2012;33:2451-96.
5. Bonow RO, Mann DL, Zipes DP, Libby P (eds.). Braunwald's heart disease: a textbook of cardiovascular medicine. 9.ed. Philadelphia: Saunders Elsevier; 2011.

32

Estenose aórtica

George Barreto Miranda
Roney Orismar Sampaio

Introdução

Estenose aórtica (EAo) é doença valvar cada vez mais prevalente, chegando a 2 a 5% em adultos com mais que 75 anos.

Etiologia: febre reumática mantém-se como importante etiologia da EAo, frequentemente associada à doença na valva mitral. A valva aórtica bivalvular (congênita), tradicionalmente denominada de bicúspide, é também de etiologia significante, podendo-se observar desenvolvimento de calcificação valvar tardiamente, com sintomas de EAo aparecendo após os 50 anos de idade. Com o envelhecimento da população, a etiologia predominante é a fibrocalcificação secundária a processo inflamatório degenerativo, com características similares à aterosclerose.

O diagnóstico da EAo baseia-se em exame físico sugestivo, com ausculta de sopro sistólico ejetivo aórtico, associado à confirmação ecocardiográfica.

Manifestações clínicas

Muitos pacientes com estenose aórtica (EAo) importante mantêm-se assintomáticos por anos.

Os sintomas clássicos da EAo são dispneia aos esforços, angina *pectoris* e síncope.

Palpitações taquicárdicas também podem se manifestar, representando arritmias atriais como fibrilação atrial, ou até taquicardia ventricular, com ou sem repercussão hemodinâmica.

EAo importante pode apresentar associação com doença arterial coronariana significativa ao redor de 40%, fato importante a ser considerado no planejamento terapêutico.

EAo importante sintomática tem pior prognóstico, com sobrevida média menor que 5 anos, caso não seja realizada a troca valvar. O tratamento medicamentoso é pouco eficaz, sendo utilizado apenas como ponte para cirurgia.

Pacientes que não são submetidos a tratamento cirúrgico após o aparecimento de sintomas apresentam descompensações clínicas frequentes, com seguidas visitas ao pronto-socorro e risco aumentado de morte súbita.

Diagnóstico e classificação

Na maioria dos casos, o exame físico é suficiente para o correto diagnóstico da estenose aórtica (EAo).

Sopro sistólico ejetivo crescendo/decrescendo, com pico tardio, B1 e B2 hipofonéticas em foco aórtico, e pulso arterial *parvus et tardus* indicam a presença de EAo importante. Presença de B2 paradoxal, B4 e B3 está associada à maior gravidade.

Alguns fatores podem confundir o clínico, pois o sopro pode, por um lado, estar superestimado por situações, por exemplo, em estados hiperdinâmicos como gravidez, exercício físico, estresse e insuficiência aórtica. Por outro lado, o sopro pode estar subestimado se houver disfunção ventricular esquerda, gradiente baixo, volume sistólico reduzido (< 35 mL/m^2), obesidade, doença pulmonar obstrutiva crônica e hipotensão arterial, dentre outras situações.

O ecocardiograma transtorácico é o principal exame complementar para confirmação diagnóstica, avaliação de gravidade anatômica e acompanhamento evolutivo dos pacientes com EAo.

Pode-se classificar a EAo em discreta, moderada ou importante, conforme os achados ecocardiográficos (Tabela "Quantificação da estenose valvar aórtica").

Quando o ecocardiograma não é conclusivo (por dificuldade técnica, por exemplo) ou quando há discrepância entre os achados clínicos e ecocardiográficos, é razoável a realização de cateterismo cardíaco com medida do gradiente transaórtico, para adequada avaliação da gravidade da EAo, embora a passagem do cateter através da valva aórtica possa apresentar risco de embolização cerebral (possivelmente cálcica).

Pacientes com EAo e disfunção ventricular esquerda (VE) representam um desafio clínico, uma vez que o gradiente transvalvar aórtico pode estar subestimado pela disfunção do VE. Nesses casos, a realização de ecocardiograma com estresse farmacológico (dobutamina) pode auxiliar no esclarecimento diagnóstico.
Na avaliação ecocardiográfica com dobutamina, o aumento da área valvar de $> 0,3$ cm^2 caracteriza o indivíduo como portador de pseudoestenose aórtica, sendo necessário buscar outras causas para o esclarecimento dos sintomas. Se o aumento da área valvar $\leq 0,2$ cm^2 ou até mesmo houver diminuição da área, trata-se de estenose aórtica verdadeira. O próximo passo é saber se existe reserva contrátil. Se houver aumento do volume sistólico $\geq 20\%$ e do gradiente médio > 10 mmHg, há reserva contrátil, portanto, melhor resultado cirúrgico. Entretanto, nem sempre o ecocardiograma com dobutamina consegue esclarecer o diagnóstico, tornando-se imperativo o uso de outros exames complementares, como a tomografia cardíaca e a ressonância magnética, para melhor avaliação da EAo (Figura 1).

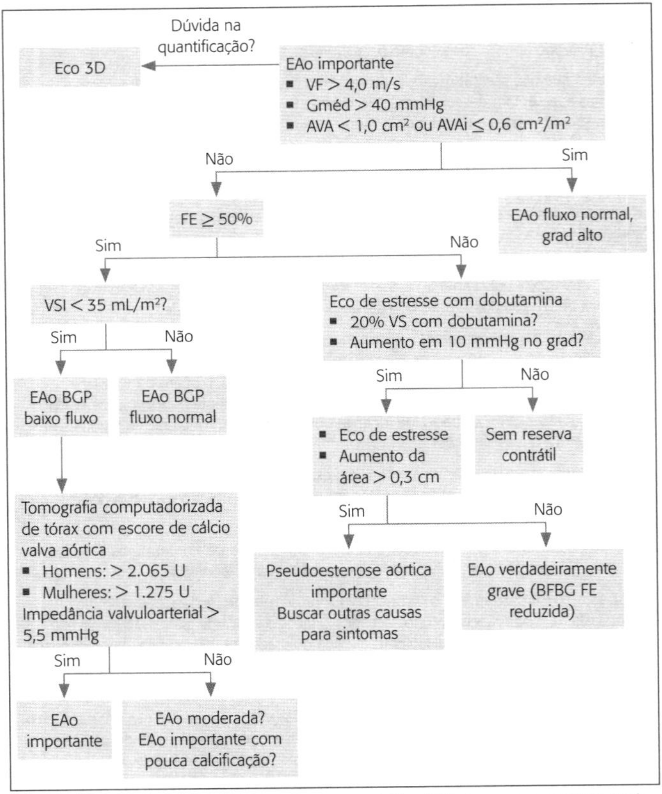

Figura 1 Fluxograma de avaliação da estenose aórtica. AVA: área valvar aórtica; AVAi: área valvar aórtica indexada; BGP: baixo gradiente paradoxal; EAo: estenose aórtica; Eco: ecocardiografia; FE: fração de ejeção; Gméd: gradiente médio; VF: velocidade de fluxo transvalvar; VS: volume sistólico; VSI: volume sistólico indexado.

Tomografia e ressonância magnética cardíaca (RM)
Além do ecocardiograma, outros métodos também podem ser utilizados para avaliar a gravidade da estenose aórtica (EAo). A tomografia computadorizada cardíaca oferece informações sobre o grau de calcificação valvar aórtica por meio do escore de cálcio em pacientes com EAo. No estudo de Clavel et al., foram definidos os valores de 2065 UA para homens e 1275 UA para mulheres, quando importante. Ainda nesse estudo, entre os pacientes com área valvar aórtica (AVA) $< 0,6$ cm^2/m^2 e gradiente médio (Gméd) < 40 mmHg, que perfizeram 27% da amostra, apenas cerca de 50% apresentavam calcificação valvar aórtica acima destes valores. Se por um lado estes dados confirmariam EAo importante em cerca de metade dos pacientes, nos demais seriam encontrados portadores de EAo importante, com menor grau de calcificação valvar. É interessante notar que muitos pacientes tinham o volume sistólico indexado (VSI) médio de 43 mL/m^2, portanto não caracterizando baixo fluxo. Conforme demonstrado por Mehrotra et al., os pacientes com EAo BGP (baixo gradiente paradoxal) e com VSI > 35 mL/m^2 podem apresentar menores alterações estruturais miocárdicas e prognóstico semelhante ao dos pacientes com EAo moderada. Nesse sentido, seria possível que os pacientes com escores de cálcio mais elevados fossem aqueles com menor VSI.
Uso da RM na estenose aórtica é útil para determinar a presença de fibrose miocárdica por meio do método do realce tardio. Maior quantidade de fibrose é observada nos pacientes com EAo BGP do que naqueles com EAo FNGA (fluxo normal, gradiente aumentado) – EAo "clássico"(3,9 *versus* 1,8%). Há uma relação inversa entre a quantidade de fibrose miocárdica e o deslocamento do anel mitral, demonstrando que, apesar de fração de ejeção (FE) $> 50\%$, já é possível quantificar por outra metodologia alterações na função miocárdica. Tais alterações, associadas ao baixo volume sistólico, levariam, então, à existência de baixos gradientes transvalvares.

Nos pacientes com EAo com baixo fluxo e baixo gradiente com função ventricular reduzida, o cateterismo com infusão de dobutamina também pode ser realizado para avaliação hemodinâmica.

Outra entidade é a EAo com baixo gradiente e fração de ejeção normal, com ou sem baixo fluxo, que corresponde a 10-20% dos casos de EAo com indicação cirúrgica. É mais comum em pessoas de baixa estatura, ventrículo esquerdo hipertrófico e mulheres. Convém buscar fatores que indiquem, apesar de baixo gradiente, que se está diante de uma EAo importante. Outra ferramenta para estratificação e avaliação da EAo é a impedância valvuloarterial, calculada pelo ecocardiograma. Valores $\geq 5,5$ mmHg/m^2/mL mostram alta impedância. Esse valor representa o grau de dificuldade em que o sangue é ejetado na aorta. O aumento da impedência valvuloarterial é um marcador de risco, ocasionado pela pós-carga elevada.

Quantificação da estenose valvar aórtica de acordo com a Diretriz Brasileira de Valvopatias

	Velocidade do jato (m/s)	Gradiente médio (mmHg)	Área valvar (cm^2)
EAo discreta	2,5-3,0	< 25	> 1,5
EAo moderada	3,0-4,0	25-40	0,8-1,5
EAo importante	> 4,0	> 40	< 0,8 (< 0,6 cm^2/m^2)

Apesar da indicação cirúrgica na estenose aórtica (EAo) basear-se predominantemente na presença de sintomas; avaliação hemodinâmica da valva aórtica tem importância em pacientes assintomáticos; à medida que identifica aqueles de alto risco para desfechos adversos ou progressão da doença, os quais podem ser indicados para tratamento cirúrgico antes do aparecimento de sintomas.
Algumas ferramentas podem ser utilizadas para a estratificação adicional de risco em pacientes assintomáticos: teste de esforço, peptídeo natriurético tipo B, avaliação da calcificação valvar, avaliação da gravidade hemodinâmica e respostas adaptativas do ventrículo esquerdo à sobrecarga de pressão (como hipertrofia ventricular e fibrose miocárdica).
O surgimento de fibrilação atrial em um paciente previamente assintomático com EAo importante pode ser um marcador precoce de história natural avançada e indicação de intervenção cirúrgica.

Tratamento

Não há, até o presente momento, nenhuma medicação capaz de retardar a progressão da EAo. Estatinas e inibidores da enzima de conversão da angiotensina foram estudados, mas não tiveram resultados satisfatórios.
O tratamento da hipertensão arterial sistêmica em pacientes com EAo importante é fundamental, evitando-se uma pós-carga adicional ao ventrículo esquerdo (VE) já hipertrofiado.

(continua)

Tratamento (*continuação*)

Pacientes com EAo discreta ou moderada e disfunção ventricular esquerda primária podem apresentar-se com sintomas de insuficiência cardíaca descompensada. Tais pacientes devem receber o tratamento-padrão de insuficiência cardíaca, incluindo inibidores da enzima conversora da angiotensina (IECA) ou bloqueadores do receptor da angiotensina (BRA), diuréticos e antagonista da aldosterona e betabloqueadores, conforme indicação clínica. Os pacientes com EAo moderada e disfunção ventricular esquerda devem ser intensamente investigados para diferenciá-los dos pacientes com EAo com baixo gradiente pela disfunção de VE, que se beneficiam também de tratamento cirúrgico.

O tratamento definitivo é cirúrgico, por meio da substituição valvar aórtica.
Está indicado o tratamento cirúrgico da EAo importante nas seguintes situações:

- Sintomas como angina, dispneia aos esforços e síncope.
- Disfunção ventricular esquerda (FEVE < 50% ao ecocardiograma).
- Ausência de sintomas, mas com indicação de cirurgia cardíaca por outro motivo (p. ex., revascularização do miocárdio).
- Ausência de sintomas, mas com variáveis ecocardiográficas de pior prognóstico, como gradiente médio entre o ventrículo esquerdo e a aorta > 60 mmHg ou velocidade aórtica > 5 m/s.
- Ausência de sintomas e teste de esforço demonstrando tolerância reduzida ao esforço ou queda da pressão arterial sistólica.

Nos últimos anos, tem sido desenvolvida uma técnica percutânea de tratamento definitivo da EAo importante dirigida para pacientes com alto risco cirúrgico ou com contraindicação absoluta para o procedimento cirúrgico convencional.

Implante transcateter de valva aórtica (TAVI – *transcatheter aortic valve implantation*) é recomendado para pacientes com indicação de troca valvar aórtica com risco cirúrgico elevado ou proibitivo e sobrevida pós-TAVI maior que 12 meses, podendo ser implantada através de três sítios anatômicos, via transfemoral, transapical ou transaórtica.

Abordagem na emergência

A abordagem do paciente com estenose aórtica (EAo) importante agudamente descompensado é desafiadora, pois há poucas opções terapêuticas na sala de emergência até o estabelecimento do tratamento definitivo.

O paciente com EAo importante pode apresentar-se no pronto-socorrro por diversos motivos: angina *pectoris*, dispneia aos esforços (insuficiência cardíaca descompensada), pré-síncope ou síncope, arritmia supraventricular ou ventricular.

Pacientes que se apresentam com congestão pulmonar e/ou sistêmica importante ou com instabilidade hemodinâmica apresentam risco cirúrgico extremamente elevado.

(continua)

Abordagem na emergência (*continuação*)

Valvuloplastia aórtica, nitroprussiato de sódio e balão intra-aórtico são opções possíveis para a estabilização clínica pré-operatória, visando minimizar o risco cirúrgico.
O nitroprussiato de sódio, além de diminuir a pré-carga e, consequentemente, a congestão pulmonar, reduz a resistência vascular sistêmica, levando ao aumento no débito cardíaco e à redução no consumo de oxigênio do miocárdio. Seu uso pode ajudar no manejo de pacientes com EAo importante, que se apresentam com insuficiência cardíaca descompensada (classe funcional IV pela NYHA) e redução da FEVE, desde que acompanhado de monitorização hemodinâmica invasiva.
O uso do balão de contrapulsação intra-aórtica teve início em 1968, apresentando como principais efeitos a redução da pós-carga, a melhora na perfusão coronariana e o aumento no débito cardíaco. O balão intra-aórtico pode ser uma opção nos casos de EAo importante e choque cardiogênico, objetivando-se obter a estabilização clínica inicial para posterior cirurgia de troca valvar.
Valvoplastia aórtica percutânea por balão pode ser recomendada como ponte para troca valvar cirúrgica ou TAVI em pacientes com EAo importante sintomática. Drogas que devem ser evitadas no paciente com Eao. Medicamentos ▪ Evitar: betabloqueador, pois deprime a função ventricular e aumenta o tempo diastólico. Entretanto, pode ser usado com cautela em paciente com EAo com disfunção ventricular esquerda, sem proposta cirúrgica e após a tentativa de utilização de outras drogas para compensação clínica. ▪ Uso mais frequente: ❑ Diuréticos: controle sintomático, especialmente na redução da congestão pulmonar e/ou sistêmica. ❑ IECA/BRA: controle pressórico dos pacientes com EAo importante ou em casos de disfunção ventricular em paciente com EAo grave sintomáticos (conduta de exceção).

BRA: bloqueadores do receptor da angiotensina; EAo: estenose aórtica; FEVE: fração de ejeção do ventrículo esquerdo; IECA: inibidores da enzima conversora da angiotensina; NYHA: New York Heart Association; TAVI: implante transcateter de valva aórtica.

Bibliografia recomendada

1. Tarasoutchi F, Montera MW, Grinberg M, Barbosa MR, Piñeiro DJ, Sánchez CRM, et al. Diretriz brasileira de valvopatias – SBC 2011/I Diretriz interamericana de valvopatias – SIAC 2011. Arq Bras Cardiol. 2011;97(5 supl.1): 1-67.
2. Bonow RO, Mann DL, Zipes DP, Libby P (eds.). Braunwald's heart disease: a textbook of cardiovascular medicine. 9.ed. Vol 2. Philadelphia: Elsevier Science; 2011.
3. Mauter GC, Roberts WC. Reported frequency of coronary arterial narrowing by angiogram in patient with valvular aortic stenosis. Am J Cardiol. 1992;69:539-40.
4. Omran H, Schmidt H, Hackenbroch M, Illien S, Bernhardt P, von der Recke G, et al. Silent and apparent cerebral embolism after retrograde catheterisation of the aortic valve in aortic stenosis. Lancet. 2003;361:1241-6.
5. Pibarot P, Dumesnil JG. Low-flow, low-gradient aortic stenosis with normal and depressed left ventricular ejection fraction. J Am Coll Cardiol. 2012;60:1845-53.
6. Lindman BR, Bonow RO, Otto CM. Current management of calcific aortic stenosis. Circ Res. 2013;113:223-37.
7. Aksoy O, O'Brien BL, Menon V. Options for managing severe aortic stenosis: a case-based review. Cleve Clin J Med. 2013;80(4):243-52.
8. Nishimura RA, Otto CM, Bonow RO, Carabello BA, Erwin JP III, Guyton RA, et al. 2014 AHA/ACC Guideline for the management of patients with valvular heart disease. J Am Coll Cardiol. 2014;63(22):e-57-e185.
9. Hachicha Z, Dumesnil JG, Bogaty P, Pibarot P. Paradoxical low flow, low gradient severe aortic stenosis despite preserved ejection fraction is associated with higher afterload and reduced survival. Circulation. 2007;115(22):2856-64.
10. Sampaio RO, Pires LGT, Vieira MLC, Tarasoutchi F. Estenose aórtica importante na presença de baixo gradiente e fração de ejeção normal. Rev Bras Ecocardiogr Imagem Cardiovasc. 2015.
11. Aksoy O, Yousefzai R, Singh D, Agarwal S, O'Brien B, Griffin BP, et al. Cardiogenic shock in the setting of severe aortic stenosis: role of intra-aortic balloon pump support. Heart. 2011;97:838-43.
12. Shavelle DM, Takasu J, Budoff MJ, Mao S, Zhao XQ, O'Brien KD. HMG CoAreductase inhibitor (statin) and aortic valve calcium. Lancet. 2002;359(9312):1125-6.
13. Dichtl W, Alber HF, Feuchtner GM, Hintriger F, Reinthaler M, Bartel T, et al. Prognosis and risk factors in patients with asymptomatic aortic stenosis and their modulation by atorvastatin (20 mg). Am J Cardiol. 2008;102(6):743-8.
14. Khot UN, Novaro GM, Popovic ZB, Mills RM, Thomas JD, Murat E, et al. Nitroprusside in critically ill patients with left ventricular dysfunction and aortic stenosis. N Engl J Med. 2003;348:1756-63.

33

Insuficiência aórtica

Antonio Sergio de Santis Andrade Lopes
Tarso Augusto Duenhas Accorsi
Flavio Tarasoutchi

Definição

- Fechamento inadequado das cúspides valvares, que implica regurgitação de sangue durante a diástole ventricular da aorta para o ventrículo esquerdo (VE).
- Pode ser decorrente de disfunção primária da cúspide, dilatação do anel aórtico (arcabouço de sustentação da valva aórtica) ou ambos.
- A forma aguda é incomum e, em geral, é a complicação de dissecção de aorta, endocardite infecciosa ou trauma, evoluindo geralmente para choque cardiogênico (por não permitir o aparecimento de mecanismos compensatórios cardiovasculares), com necessidade de intervenção cirúrgica urgente.
- Insuficiência aórtica (IAo) crônica, que é a manifestação habitual da doença.

Epidemiologia

- Mais prevalente em homens idosos.
- Manifestação típica isolada em sequela valvar reumática no sexo masculino.

Prevalência de IAo de acordo com grupo etário e sexo no estudo de Framingham

Sexo masculino		Sexo feminino	
50-59 anos	3,7%	50-59 anos	0,2%
60-69 anos	12,1%	60-69 anos	0,8%
70-83 anos	12,2%	70-83 anos	2,3%

Fisiopatologia

Eventos em cascata, conforme descrição a seguir:
■ Regurgitação de sangue da aorta para o VE durante a diástole ventricular.
■ Quanto maior a gravidade da lesão, maior o grau de regurgitação.
■ Sobrecarga de volume (aumento do volume diastólico final) e de pressão no VE e sobrecarga volumétrica hipertensão arterial (aumento do volume sistólico ejetado na aorta, pela somatória do volume anterógrado e retrógrado).
■ Aumento no estresse da parede ventricular esquerda.
■ Pela lei de Laplace, há hipertrofia compensatória do VE.
■ A hipertrofia concêntrica e excêntrica mantém as pressões de enchimento baixas e o débito cardíaco adequado por muitos anos na IAo crônica (fase compensada), às custas do desvio da curva pressão × volume do trabalho de VE para a direita.

Com o remodelamento do VE na IAo, apesar de grandes aumentos de volume, há pouco incremento da pressão de enchimento cavitária e desvio da curva para a direita – mecanismo compensatório que mantém o paciente geralmente assintomático por décadas.
Quando o VE não puder se dilatar mais, inicia-se a fase de descompensação da IAo crônica, situação em que há aumento significativo da pressão diastólica final e diminuição do volume sistólico efetivo (depressão do *status* inotrópico), podendo fazer o paciente tornar-se sintomático.

IAo: insuficiência aórtica; VE: ventrículo esquerdo.

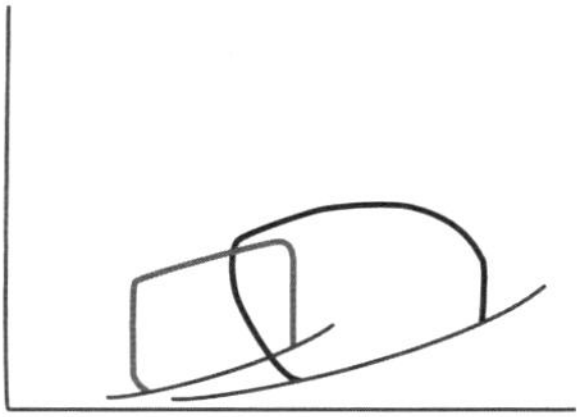

Figura 1 Curva de pressão e volume na insuficiência aórtica importante. Nas ordenadas, constam os valores de pressão e, nas abcissas, os valores dos volumes ventriculares.

Causas de insuficiência aórtica aguda

Insuficiência aórtica aguda	Endocardite infecciosa
	Dissecção aguda de aorta
	Trauma torácico
	Após valvuloplastia aórtica (iatrogênica)/implante transaórtico de bioprótese aórtica

Causas de insuficiência aórtica crônica

Alterações das cúspides	Alterações da aorta	Outras causas
Febre reumática	Estenose subaórtica	Hipertensão arterial sistêmica (HAS)
Trauma	Dissecção de aorta torácica	Aterosclerótico – degenerativa
Endocardite infecciosa	Síndrome de Marfan	Trauma torácico
Artrite reumatoide	Pseudoxantoma elástico	Dilatação idiopática da aorta
Mixoma	Doenças inflamatórias intestinais	Trauma
Acromegalia	Ectasia anuloaórtica	Síndrome de Reiter
Anormalidades congênitas da valva aórtica (mais comumente, valva aórtica bicúspide)	Espondilite anquilosante	Osteogênese imperfecta
Espondilite anquilosante	Aortite de células gigantes	Síndrome de Ehlers-Danlos

Sintomas possíveis de insuficiência aórtica

Sinais e sintomas de congestão cardíaca esquerda	Dispneia/ortopneia/dispneia paroxística noturna
	Tosse/sibilância/hemoptise/rouquidão
	Taquipneia/esforço respiratório
	Estertores crepitantes difusos
	Cianose
	Queda da saturação de oxigênio
Sinais e sintomas de congestão cardíaca direita	Estase jugular
	Hepatomegalia/ascite/esplenomegalia
	Edema de membros inferiores/anasarca
Sinais e sintomas de baixo débito cardíaco	Sonolência/irritabilidade
	Fadiga/fraqueza
	Extremidades frias/aumento tempo de enchimento capilar
	Pulso fino/cianose de extremidades
	Pré-síncope/síncope
Sinais de insuficiência coronariana	Angina
Sinais e sintomas de arritmia	Palpitações/pré-síncope/síncope
	Pulso arrítmico/bradicardia/taquicardia
Sinais de embolização	Déficit neurológico agudo
	Alteração de perfusão/pulso em membros
Sinais de endocardite infecciosa	Febre/emagrecimento
	Petéquias/alterações vasculares
	Artralgia/artrites

História natural da insuficiência aórtica crônica

Assintomáticos com FE de VE normal	< 6% ao ano de progressão para sintomas e/ou disfunção de VE
	< 3,5% ao ano de progressão para disfunção de VE assintomática
	< 0,2% ao ano de morte súbita
Assintomáticos com FE diminuída	> 25% ao ano de progressão para sintomas
Sintomáticos	> 10% ao ano de morte

FE: fração de ejeção; VE: ventrículo esquerdo.

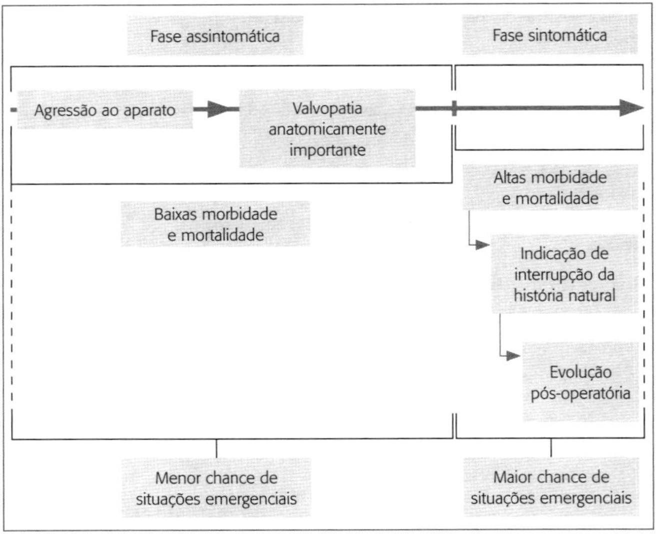

Figura 2 Evolução das valvopatias.

Diagnóstico

Exame físico

- Sopro prodiastólico decrescendo, nos focos da base, melhor audível no aórtico acessório, alta frequência (melhor audível com diafragma), timbre habitualmente aspirativo.
- Insuficiência aórtica pode ser diferenciada da pulmonar pela tabela a seguir.

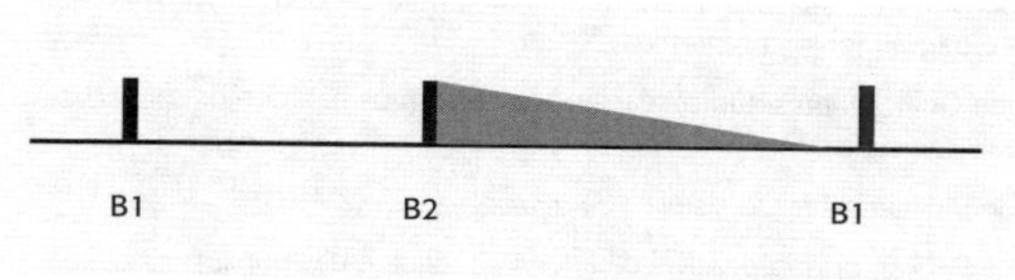

Figura 3 Segundo padrão de sopro: sopro prodiastólico, decrescendo, nos focos da base.

Diferenciação entre insuficiência aórtica e insuficiência pulmonar

Insuficiência aórtica	Insuficiência pulmonar
Melhor audível no foco aórtico acessório (3º espaço intercostal da borda esternal direita)	Melhor audível no foco pulmonar
Pode ter frêmito aórtico	Pode ter frêmito pulmonar
Pode estar acompanhada de pulso dicrótico	Não altera pulso dicrótico
Pode estar acompanhada de pressão de pulso divergente	Não altera pressão arterial
Pouca variação com a respiração	Aumenta intensidade com a inspiração profunda
Pode estar acompanhada de múltiplos sinais propedêuticos periféricos	Não apresenta outras alterações significativas

O pico sistólico de pressão é transmitido para todo o território arterial, podendo trazer uma série de sinais propedêuticos característicos da regurgitação aórtica, conforme descritos a seguir:

- Sinal de Musset: balanço da cabeça a cada batimento cardíaco;
- Sinal de Traube: ausculta de som sistólico e diastólico (também chamado de *pistol shot*) na artéria femoral;
- Sinal de Duroziez: ausculta de sopro arterial femoral sistólico e diastólico quando essa artéria é parcialmente comprimida;
- Pulso de Quincke: pulsação capilar sincrônica com os batimentos cardíacos no leito ungueal;
- Sinal de Müeller: vibração sistólica da úvula;
- Sinal de Becker: pulsação visível da artéria da retina e das pupilas;
- Sinal de Hill: pressão sistólica poplítea maior ou igual a 60 mmHg em relação à pressão braquial;
- Sinal de Mayne: diminuição de mais de 15 mmHg da pressão diastólica braquial após o braço permanecer elevado;
- Sinal de Rosenbach: pulso hepático sistólico;
- Sinal de Gerhard: pulso esplênico sistólico.

É possível ocorrer o sopro de Austin Flint na insuficiência aórtica grave, que é um sopro mesodiastólico mitral que aparece por compressão relativa do anel da valva mitral.

São marcadores de insuficiência aórtica anatomicamente importante:

- Frêmito aórtico;
- Sopro holodiastólico;
- Pressão de pulso alargada;
- Sopro de Austin Flint;

Eletrocardiograma

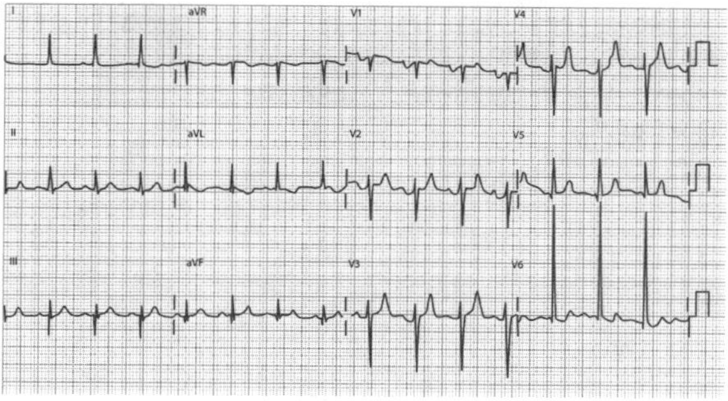

Figura 4 Sobrecarga ventricular esquerda.

Radiografia de tórax

Cardiomegalia em decorrência da hipertrofia excêntrica e dilatação do ventrículo esquerdo.

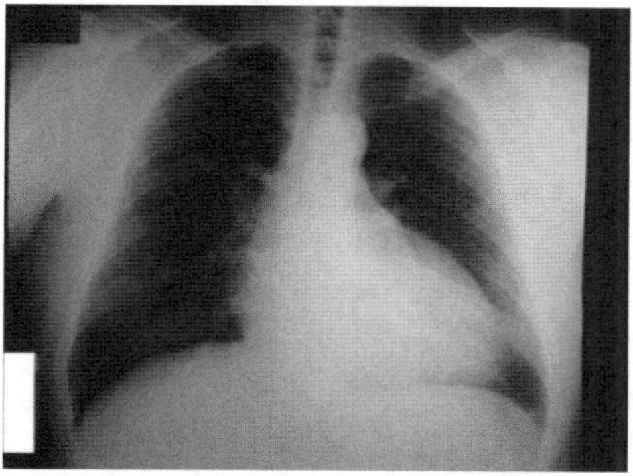

Figura 5 Aumento do índice cardiotorácico à custa de hipertrofia excêntrica do ventrículo esquerdo.

Ecodopplercardiograma

- Sinais de valvopatia importante: em fração regurgitante > 50%, *vena contracta* > 6 mm. Volume regurgitante ≥ 60 mL, área efetiva do orifício regurgitante ≥ 0,3 cm², fluxo reverso na aorta abdominal.
- Remodelamento do ventrículo consequente à valvopatia importante.
- Aortopatia associada.

Estágios da história natural da insuficiência aórtica

Estágio	Definição	Anatomia valvar	Hemodinâmica valvar	Consequências hemodinâmicas	Sintomas
A	Sob risco de IAo	Valva aórtica bicúspide Esclerose valvar Endocardite infecciosa Febre reumática Doença da aorta ascendente	Ausência de IAo ou IAo mínima	Nenhuma	Ausentes
B	IAo progressiva	Calcificação leve a moderada dos folhetos Dilatação da aorta torácica Alteração reumática da valva Endocardite prévia	IAo leve: largura do jato < 25% da via de saída do VE; *vena contracta* < 0,3; volume regurgitante < 30 mL/batimento; fração regurgitante < 30%; área de orifício regurgitante < 0,1 cm²; grau pela angiografia +/4+. IAo moderada: largura do jato entre 25% e 64% da via de saída do VE; *vena contracta* < 0,3-0,6; volume regurgitante de 30 a 59 mL/batimento; fração regurgitante de 30 a 49%; área do orifício regurgitante de 0,1 a 0,29 cm²; grau pela angiografia 2+/4+.	Fração de ejeção do VE normal Diâmetros ventriculares normais ou pouco aumentados	Ausentes

(continua)

Estágios da história natural da insuficiência aórtica *(continuação)*

Estágio	Definição	Anatomia valvar	Hemodinâmica valvar	Consequências hemodinâmicas	Sintomas
C	IAo importante assintomática	Calcificação maior dos folhetos Dilatação da aorta torácica Alteração reumática da valva mais proeminente Endocardite prévia com rotura/perfuração	Largura do jato > 65% da via de saída do VE; *vena contracta* > 0,6; volume regurgitante > 60 mL/batimento; fração regurgitante > 50%; área orifício regurgitante > 0,3 cm²; fluxo holodiastólico reverso na aorta abdominal, dilatação do VE; grau pela angiografia 3+ ou 4+/4+	C1 – Fração de ejeção normal (> 50%) e dilatação leve a moderada do VE (diâmetro sistólico < 50 mm) C2 - Fração de ejeção reduzida (< 50%) e dilatação importante do VE (diâmetro sistólico > 50 mm ou diâmetro indexado > 25 mm/m²)	Ausentes Aceitável teste de esforço para confirmar *status*
D	IAo importante sintomática	Calcificação maior dos folhetos Dilatação da aorta torácica Alteração reumática da valva mais proeminente Endocardite prévia com rotura/perfuração	Largura do jato > 65% da via de saída do VE; *vena contracta* > 0,6; volume regurgitante > 60 mL/batimento; fração regurgitante > 50%; área do orifício regurgitante > 0,3 cm²; fluxo holodiastólico reverso na aorta abdominal, dilatação do VE; grau pela angiografia 3+ ou 4+/4+	Podem ocorrer sintomas com fração de ejeção normal, discretamente reduzida ou com disfunção importante Dilatação moderada/importante do VE	Dispneia aos esforços

VE: ventrículo esquerdo; IAo: insuficiência áortica.

Tratamento

Insuficiência aórtica não importante
▪ profilaxia para febre reumática, se pertinente;
▪ boa saúde bucal/profilaxia para endocardite infecciosa;
▪ planejamento familiar;
▪ orientação para atividade física adequada.
▪ Insuficiência aórtica importante assintomática
▪ orientações acima;
▪ não usar vasodilatadores, exceto para hipertensão;
▪ não usar betabloqueadores.
▪ Insuficiência aórtica importante sintomática
▪ medidas comportamentais: restrições salina e hídrica e repouso;
▪ vasodilatadores (IECA, BRA II, bloqueadores de canal de cálcio, hidralazina);
▪ diuréticos;
▪ indicação de tratamento cirúrgico: discussão da prótese com paciente;

BRA II: bloqueadores dos receptores da angiotensina II; IECA: inibidores da enzima conversora da angiotensina.

Indicação intervencionista na insuficiência aórtica importante

Indicação	Grau	Nível
TVAo é recomendada para pacientes com IAo importante sintomáticos – estágio D	I	B
TVAo é recomendada para pacientes com IAo importante assintomática com fração de ejeção < 50% – estágio C2	I	B
TVAo é recomendada para pacientes com IAo prévio a cirurgia extracardíaca – estágios C ou D	I	C
TVAo é razoável para pacientes com IAo importante e fração de ejeção normal, mas com diâmetro sistólico de VE > 50 mm – estágio C2	IIa	B
TVAo é razoável para pacientes com IAo moderada que serão submetidos à cirurgia extracardíaca	IIa	C
TAVo pode ser considerada em pacientes estágio C1 com rápida progressão da dilatação do VE e baixo risco cirúrgico presumido	IIb	C

Grau: grau de recomendação; IAo: insuficiência aórtica; nível: nível de evidência; TVAo: troca de valva aórtica; VE: ventrículo esquerdo.

Bibliografia recomendada

1. Bonow RO, Carabello BA, Chatterjee K, Leon Jr AC, Faxon DP, Freed MD, et al. ACC/AHA 2006 Guidelines for de management of patients with valvular heart disease. J Am Coll Cardiol. 2006;3:e1-148.
2. Vahanian A, Baumgartner H, Bax J, Butchart E, Dion R, Filippatos G, et al. Guidelines on the management of valvular heart disease. Eur Heart J. 2007;28:230-68.
3. Nishimura RA, Otto CM, Bonow RO, Carabello BA, Erwin JP 3rd, Guyton RA, et al. ACC/AHATask Force Members. 2014 AHA/ACC Guideline for the management of patients with valvular heart disease: executive summary: a report of the American College of Cardiology/American Heart Association Task Force on Practice Guidelines. Circulation. 2014;129(23):2440-92.
4. Sampaio RO, Grimberg M. Doença valvar. Barueri: Manole; 2006. p.349-53.
5. Tarasoutchi F, Montera MW, Grinberg M, Barbosa MR, Piñeiro DJ, Sánchez CRM, et al. Diretriz brasileira de valvopatias – SBC 2011/I Diretriz interamericana de valvopatias – SIAC 2011. Arq Bras Cardiol. 2011;97(5 supl. 1):1-67.
6. Singh JP, Evans JC, Levy D, Larson MG, Freed LA, Fuller DL, et al. Prevalence and clinical determinants of mitral, tricuspid, and aortic regurgitation (The Framingham Heart Study). Am J Cardiol. 1999;83:897-902.
7. Enriquez-Sarano M, Tajik J. Aortic regurgitation. N Engl J Med. 2004;351:1539-46.
8. Bekeredjian R, Grayburn PA. Aortic regurgitation. Circulation. 2005;112:125-34.
9. Gaasch WH, Sundaram M, Meyer TE. Managing asymptomatic patients with chronic aortic regurgitation. Chest. 1997;111:1702-09.
10. Bekeredjian R, Grayburn PA. Valvular heart disease: aortic regurgitation. Circulation. 2005;112:25.

34
Endocardite infecciosa

Antonio Sergio de Santis Andrade Lopes
Tarso Augusto Duenhas Accorsi
Flavio Tarasoutchi

Definição

A endocardite infecciosa (EI) é a invasão de microrganismos no endocárdio (principalmente valvar) ou em dispositivos implantados no coração (p. ex., próteses valvares, marca-passo, cardiodesfibriladores).

Epidemiologia

Apesar dos avanços em estratégias preventivas, no uso de antimicrobianos e nos métodos diagnósticos por imagem, a incidência de EI permanece alta:

- Com média em torno de 1,7 a 6,2 (variando de 0,3 a 22,4) casos por 100 mil pessoas nos Estados Unidos e na Europa.
- Mortalidade em um ano de até 40%.

Classificação

- EI em valva nativa.
- EI em prótese valvar.
- EI em usuários de drogas.
- EI nosocomial.

Fisiopatologia

A patogênese da endocardite infecciosa (EI) em valva nativa e prótese pode ser exemplificada como segue:

- Dano na superfície do endocárdio → formação de vegetação trombótica não bacteriana (plaquetas, trombo vermelho, fibrina) → aderência de bactérias circulantes → proliferação da vegetação infectada → lesão ou agravamento da lesão valvar

A causa mais comum de lesão endotelial é o turbilhonamento sanguíneo que ocorre em valvas previamente lesadas. Cerca de 70% das EI ocorrem em doenças cardíacas prévias (sequela valvar reumatismal, cardiopatia congênita, EAo degenerativa, PVMi, prótese valvar, dentre outras).

Vários microrganismos podem causar endocardite. Como características em comum, devem ter bacteriemias frequentes e capacidade de adesão à superfície valvar ou superfície trombótica.

EI nosocomial pode ser causada por germes de alta virulência que agridem endotélio normal.

Incidência média dos microrganismos responsáveis por EI em diversas situações

Valva nativa

	Comunidade	Nosocomial
Estreptococos	31%	7%
Enterococos	9%	16%
S. aureus	36%	55%
Estafilococos coagulase-negativos	5%	10%
Hacek	3%	-
Cultura negativa	5%	2%

Prótese valvar

	< 2 meses	2-12 meses	> 12 meses
Estafilococos coagulase-negativos	33%	32%	11%
S. aureus	22%	12%	18%
Gram-negativos	13%	3%	6%
Enterococos	8%	12%	11%
Estreptococos	1%	9%	31%

Candida sp.	8%	12%	1%
Difteroides	6%	–	3%
Hacek	–	–	6%
Cultura negativa	5%	6%	8%

Usuário de droga ilícita via intravenosa

	Câmara direita	Câmara esquerda
S. aureus	77%	23%
Estreptococos	2%	13%
Enterococos	2%	26%
Gram-negativos	6%	9%
Fungo	-	14%
Cultura negativa	6%	4%

Diagnóstico

Manifestações clínicas

- Febre: > 95%.
- Sopros: > 85%.
- Artralgia e mialgias: 25-45%.
- Esplenomegalia: 25-60%.
- Petéquias: 20-40%.
- Hemorragias subungueais: 10-20%.
- Roth: < 5%.
- Osler: 10-25%.
- Janeway: < 5%.
- Baqueteamento: 10-20%.
- Êmbolos clinicamente aparentes: 25-45%.
- Manifestações neurológicas: 20-40%.

Achados laboratoriais

- Anemia: 70-90%, em geral normocítica e normocrômica.
- Leucocitose: 20 a 30%; leucopenia é rara.
- Plaquetopenia: 10-15%.
- Proteinúria: 50-65%.
- Hematúria microscópica: 30-50%.
- Insuficiência renal aguda: 10 a 20%.
- Aumento da velocidade de hemossedimentação, proteína C-reativa e mucoproteínas: 95%.
- Positividade do fator reumatoide: 50% após 6 semanas.
- VDRL falsamente positivo: raro, em 0,2%.
- Complexos imunes circulantes: 65-100%.
- Complemento baixo: 5-40%.
- Bactérias em leucócitos: 50%.

Critérios diagnósticos

Critérios da Duke University para diagnóstico da endocardite infecciosa (EI)

1. Definitivo:

- Patológico:
  - Microrganismos demonstrados por cultura ou por análise histológica em vegetação, êmbolo séptico ou abscesso cardíaco.
  - Lesões patológicas como vegetações ou abscesso cardíaco confirmado por análise histológica demonstrando endocardite ativa.
- Clínico:
  - Dois critérios maiores.
  - Um critério maior e três menores.
  - Cinco critérios menores.

2. Possível:

- Achados consistentes com EI que não se correlacionam com critérios do grupo definitivo ou rejeitado.

3. Rejeitado:

- Diagnóstico diferencial alternativo consistente.
- Resolução do quadro com 4 dias ou menos de antibioticoterapia.

- Nenhuma evidência de EI na cirurgia ou na necrópsia com antibioticoterapia por quatro dias ou menos.

Critérios maiores

- Hemocultura positiva para microrganismos típicos para EI em duas amostras separadas:
  - *Streptococcus viridans*, *S. bovis* ou grupo Hacek.
  - *Staphylococcus aureus* ou enterococos comunitários, sem foco primário.
  - Hemocultura persistentemente positiva definida como microrganismo compatível com EI isolada com base em amostras sanguíneas colhidas com intervalos de 12 horas ou todas de três amostras ou a maioria de quatro ou mais amostras sanguíneas separadas, com intervalos de pelo menos uma hora entre a primeira e a última.
  - Uma hemocultura positiva ou título de IgG > 1:800 para *Coxiella burnetii*.
- Evidência de envolvimento endocárdico:
  - ECO positivo para EI:

    - massa cardíaca oscilante em valva ou estruturas de suporte, ou em trajeto de jato regurgitante, ou em material implantado, com ausência de explicação anatômica alternativa;

    - abscesso;

    - nova deiscência parcial de prótese;
  - Nova regurgitação valvar (aumento ou modificação de sopro preexistente).

Critérios menores

- Predisposição: EI prévia, condição cardíaca (alto risco = valvopatia reumática, valvopatia congênita aórtica, prótese valvar, coarctação da aorta, cardiopatia congênita cianótica; risco moderado = PVMi com regurgitação, EMi isolada, valvopatia tricúspide e pulmonar, cardiomiopatia hipertrófica; baixo risco = defeito do septo atrial, coronariopatia, revascularização miocárdica cirúrgica prévia, PVMi sem regurgitação) ou uso de drogas injetáveis endovenosas.
- Febre ≥ 38°C.
- Fenômeno vascular: embolia em grande artéria, infarto pulmonar séptico, aneurisma micótico, hemorragia intracraniana, hemorragia conjuntival, lesão de Janeway.
- Fenômeno imune: glomerulonefrite, nódulo de Osler, mancha de Roth, fator reumatoide positivo.
- Evidência microbiológica: hemoculturas positivas sem preencher os critérios maiores ou evidência sorológica de infecção ativa com microrganismo compatível com EI.
- ECO compatível com EI, porém, sem preencher os critérios maiores.

ECO: ecocardiograma; EI: endocardite infecciosa; EMi: estenose mitral; igG: imunoglobulina G.

Terapêutica clínica

O tratamento da EI é dependente do microrganismo, do ambiente e das complicações de cada paciente. Inclui antibiótico em altas doses e uso prolongado. O início da terapêutica em pacientes com suspeita de EI deverá sempre basear-se em hemocultura, identificação do germe e antibiograma. A maioria dos casos de hemocultura negativa deve-se ao uso prévio de antibiótico, dificultando a terapêutica específica. Na presença de pacientes graves, toxemiados, com doença em estado avançado após coleta de 3 pares de hemoculturas, pode-se iniciar antibioticoterapia com base na epidemiologia. Entretanto, alguns pacientes apresentam complicações e requerem intervenção cirúrgica de urgência (Figuras 1 e 2).

Terapêutica cirúrgica – complicações

O tratamento cirúrgico na endocardite deverá ocorrer se houver um ou mais dos fatores a seguir:

- Insuficiência cardíaca refratária.
- Falha do tratamento etiológico.
- Abscesso de anel.
- Endocardite em prótese precoce.
- EI por fungo.
- Embolização recorrente apesar do tratamento antibiótico.

Algumas situações apresentam risco substancial: pacientes idosos, germes mais virulentos, sobretudo estafilococos, presença de IC refratária, má resposta à antibioticoterapia e posição aórtica.

Insuficiência cardíaca (IC)

O pior fator de prognóstico na EI é a presença de IC refratária, que eleva a mortalidade em torno de 50%. Deve-se, quase sempre, à rotura ou à deiscência parcial de prótese e é mais comum em posição aórtica. A substituição da valva afetada, ainda que envolva risco de contaminação, melhora o prognóstico e será realizada tão rápido quanto possível.

Falha do tratamento clínico

Deve ser considerada em todo paciente com febre persistente, acima de 10 dias, apesar de antibioticoterapia adequada ou nos quais há evidências toxemia, IC ou insuficiência renal ou extensão da infecção para região perianular.

Agente	Tratamento
Estreptococos do grupo Viridans e *S. bovis*	▪ Penicilina G cristalina ou ceftriaxone por 4 semanas, idealmente se > 65 anos, com insuficiência renal ou alteração do VIII par craniano ▪ Penicilina G cristalina ou ceftriaxone por 4 semanas + gentamicina por 2 semanas com esquema de escolha, exceto na situação citada e em caso de abscesso intra ou extracardíaco ▪ Vancomicina por 4 semanas quando houver contraindicação à penicilina ou ao ceftriaxone
Estreptococos do grupo Viridans e *S. bovis* moderadamente resistentes à penicilina	▪ Penicilina G cristalina ou ceftriaxone por 4 semanas + vancomicina por 2 semanas ▪ Vancomicina por 4 semanas quando houver contraindicação à penicilina ou ao ceftriaxone
Estafilococos meticilino-sensíveis	▪ Oxacilina por 6 semanas + gentamicina por 3 a 5 dias ▪ Vancomicina por 6 semanas quando houver contraindicação à penicilina
Estafilococos meticilino-resistentes	▪ Vancomicina por 6 semanas
Enterococos	▪ Penicilina G cristalina por 4-6 semanas + gentamicina por 4 semanas ▪ Vancomicina por 4-6 semanas + gentamicina por 4 semanas: quando houver contraindicação à penicilina
Hacek	▪ Ceftriaxone ou ampicilina ou ciprofloxacino por 4 semanas

Figura 1 Valva nativa: tratamento conforme o agente isolado.

Agente	Tratamento
Estreptococos do grupo Viridans e *S. bovis*	▪ Penicilina G cristalina ou ceftriaxone por 6 semanas + gentamicina por 2 semanas ▪ Vancomicina por 6 semanas quando houver contraindicação à penicilina ou ao ceftriaxone
Estreptococos do grupo *Viridans* e *S. bovis* moderadamente resistentes à penicilina	▪ Penicilina G cristalina ou ceftriaxone por 6 semanas + gentamicina por 6 semanas ▪ Vancomicina por 6 semanas quando houver contraindicação à penicilina ou ao ceftriaxone
Estafilococos meticilino-sensíveis	▪ Oxacilina por 6 semanas + rifampicina por 6 semanas + gentamicina por 2 semanas ▪ Vancomicina por 6 semanas quando houver contraindicação à penicilina
Estafilococos meticilino-resistentes	▪ Vancomicina por 6 semanas + rifampicina por 6 semanas + gentamicina por 2 semanas
Enterococos	▪ Penicilina G cristalina por 4-6 semanas + gentamicina por 4 semanas ▪ Vancomicina por 4-6 semanas + gentamicina por 4 semanas quando houver contraindicação à penicilina
Hacek	▪ Ceftriaxone ou ampicilina ou ciprofloxacino por 4 semanas

Figura 2 Prótese valvar: tratamento conforme o agente isolado.

Abscesso perianular
A extensão da infecção além do anel valvar é mais comum em portadores de prótese aórtica, sendo reconhecida pela presença de bloqueios atrioventriculares de graus variados ao eletrocardiograma ou novo sopro, sugestivo de comunicação intracardíaca. O ecocardiograma transesofágico aumentou o reconhecimento da extensão perianular, permitindo intervenção cirúrgica mais precoce, para evitar destruição do esqueleto fibroso cardíaco, incluindo a região septal e sistema de condução, com melhora no prognóstico.
Episódios embólicos
Ocorrem em 20 a 50% dos casos de EI e são, em sua maioria, assintomáticos. O risco é maior na presença de grandes vegetações (acima de 10 mm) ou se há aumento delas na vigência de antibioticoterapia adequada, sobretudo em pacientes portadores de endocardite por fungos, estafilococos e grupo Hacek. A maior parte aparece até duas semanas do início da antibioticoterapia e atinge em cerca de 65% das vezes o sistema nervoso central (SNC), sobretudo (90%) para a artéria cerebral média, embora possa atingir coronárias, baço, pulmão, intestino e extremidades.
Embolia para SNC é especialmente grave: dificulta não só o tratamento clínico mas também a troca valvar, decorrente da necessidade de heparinização do paciente durante a circulação extracorpórea, com piora significativa do prognóstico. Algumas vezes, a embolia pode atingir os *vasa vasorum*, com infecção local, reação inflamatória e enfraquecimento da parede do vaso, resultando em fenômeno conhecido como aneurisma micótico, de alto risco na endocardite infecciosa, sobretudo, se atingir artérias do SNC e houver rotura.
A instituição da terapêutica é benéfica para regressão do aneurisma, embora a rotura possa ocorrer meses após o término do tratamento. O acompanhamento é realizado com arteriografia cerebral ou angiorressonância magnética seriada, na tentativa de identificar casos com iminência de rotura, embora a opção pela correção cirúrgica seja difícil e decidida em conjunto com equipe de neurocirurgia.
Os episódios embólicos podem ser revelados somente na necrópsia; outras vezes, pode haver infarto do miocárdio, pulmonar, renal, trombose mesentérica ou isquemia e até perda de membros, de acordo com a região atingida. Em outras situações, pode haver colonização de bactérias e formação de abscessos. Neste caso, o baço é especialmente atingido, podendo ser difícil estabelecer a diferenciação entre abscesso e infarto. Persistência de febre, toxemia e/ou bacteriemia recorrente obriga a procura de novos focos de infecção, incluindo o abscesso esplênico.
A avaliação complementar é realizada inicialmente por ultrassonografia e tomografia computadorizada, ou ressonância magnética, em casos de dúvida diagnóstica. Confirmado o abscesso, o tratamento consiste em esplenectomia ou drenagem percutânea em pacientes sem condições cirúrgicas, antes de possível cirurgia cardíaca, já que aumenta o risco de infecção intraoperatória. O tratamento cirúrgico será considerado na presença de duas ou mais embolias após o início da antibioticoterapia.

Profilaxia para endocardite infecciosa

Recomendações para profilaxia de endocardite infecciosa (EI)

Indicação	Grau de recomendação
Pacientes com risco elevado para EI grave (prótese, cardiopatia congênita corrigida com material protético, cardiopatia congênita cianogênica, valvopatia em coração transplantado e EI prévia), submetidos a procedimentos odontológicos de alta probabilidade de bacteriemia (manipulação de tecido gengival, periodontal ou perfuração de mucosa oral)	I
Pacientes portadores de valvopatia ou cardiopatia congênita que não apresentam risco para EI grave, submetidos a procedimentos odontológicos de alta probabilidade de bacteriemia	IIa
Pacientes com risco elevado para EI grave, submetidos a procedimentos geniturinários e gastrintestinais associados à lesão de mucosa	IIa
Pacientes com risco elevado para EI grave, submetidos a procedimentos esofágicos ou do trato respiratório associado à lesão de mucosa	IIa
Pacientes portadores de valvopatia ou cardiopatia congênita que não apresentam risco para EI grave, submetidos a procedimentos odontológicos sem risco de bacteriemia significativa	IIb
Pacientes portadores de valvopatia ou cardiopatia congênita que não apresentam risco para EI grave, submetidos a procedimentos geniturinários e gastrintestinais, associados à lesão de mucosa	IIb
Pacientes portadores de valvopatia ou cardiopatia congênita, que não apresentam risco para EI grave, submetidos a procedimentos esofágicos ou do trato respiratório associado à lesão de mucosa	IIb
Pacientes portadores de comunicação interatrial isolada, comunicação interventricular ou persistência do cana arterial corrigidos, PVMi sem regurgitação, revascularização do miocárdio, *stent*, marca-passo, cardiodesfibrilador implantável, Kawasaki, febre reumática sem valvopatia que serão submetidos a procedimentos odontológicos, geniturinários, gastrintestinais, esfofágicos ou de trato respiratório	III
Pacientes submetidos a procedimentos sem risco de bacteriemia	III

Antimicrobianos para profilaxia de endocardite infecciosa

Medicação	Via de administração	Dose na criança	Dose no adulto
Procedimentos odontológicos e acima do diafragma			
Amoxicilina	Oral	50 mg/kg, 60 min antes do procedimento	2 g, 60 min antes do procedimento
Ampicilina	Endovenosa	50 mg/kg, 30 min antes do procedimento	2 g, 30 min antes do procedimento
Clindamicina (alérgicos à penicilina)	Oral ou endovenosa	20 mg/kg, 60 min antes do procedimento	600 mg, 60 min antes do procedimento
Procedimentos gastrintestinais abaixo do diafragma e geniturinários			
Ampilicina + gentamicina	Endovenosa	50 mg/kg, 30 min antes do procedimento	2 g, 30 min antes do procedimento
		1,5 mg/kg, 30 min antes do procedimento	
Vancomicina (alérgicos à penicilina + gentamicina	Endovenosa	20 mg/kg, 30 min antes do procedimento	1 g, 30 min antes do procedimento
		1,5 mg/kg, 30 min antes do procedimento	

Bibliografia recomendada

1. Bonow RO, Carabello BA, Chatterjee K, Leon Jr AC, Faxon DP, Freed MD, et al. ACC/AHA 2006 Guidelines for de Management of Patients With Valvular Heart Disease. J Am Coll Cardiol. 2006;3:e1-148.
2. Vahanian A, Baumgartner H, Bax J, Butchart E, Dion R, Filippatos G, et al. Guidelines on the management of valvular heart disease. Eur Heart J. 2007;28:230-68.
3. Nishimura RA, Otto CM, Bonow RO, Carabello BA, Erwin JP 3rd, Guyton RA, et al. ACC/AHATask Force Members. 2014 AHA/ACC Guideline for the Management of Patients With Valvular Heart Disease: executive summary: a report of the American College of Cardiology/American Heart Association Task Force on Practice Guidelines. Circulation. 2014;129(23):2440-92.
4. Sampaio RO, Grimberg M. Doença valvar. Barueri: Manole; 2006. p.349-53.
5. Tarasoutchi F, Montera MW, Grinberg M, Barbosa MR, Piñeiro DJ, Sánchez CRM, et al. Diretriz brasileira de valvopatias – SBC 2011/I Diretriz interamericana de valvopatias – SIAC 2011. Arq Bras Cardiol. 2011;97(5 supl. 1):1-67.
6. Prendergast BD, Banning AP, Hall RJ. Valvular heart disease: recommendations for investigation and management. Summary of guidelines produced by a working group of the British Cardiac Society and the Research Unit of the Royal College of Physicians. J R Coll Physicians Lond. 1996;30:309-15.
7. Azpitarte J, Alonso AM, Garcia Gallego F, Gonzalez Santos JM, Pare C, Tello A. Guias de practica clinica de la Sociedad Española de Cardiologia en valvulopatias. Rev Esp Cardiol. 2000;53:1209-78.

35

Manejo das próteses valvares e anticoagulação

Tarso Augusto Duenhas Accorsi
João Ricardo Cordeiro Fernandes

Definições

De forma geral, são utilizados dois tipos de próteses:

- Biológicas.
- Mecânicas.

Complicações

- Próteses, em geral, cursam com 5% de complicações por ano. As principais complicações são:
  - Endocardite infecciosa.
  - Embolização.
  - Degeneração estrutural/disfunção.
- Endocardite infecciosa incide igualmente em ambas as próteses, com algumas ressalvas:
  - Tende a ocorrer mais precocemente nas biológicas com acometimento de folhetos e/ou anel.
  - Tende a ocorrer mais tardiamente nas mecânicas com acometimento de anel.
- Embolização é mais frequente em ordem decrescente:
  - Prótese mecânica mitral + prótese mecânica aórtica.
  - Prótese mecânica mitral.

- Prótese mecânica aórtica.
- Prótese biológica mitral.
  - Mais no período pós-operatório recente.
- Prótese biológica aórtica.
  - Mais no período pós-operatório recente.

- Degeneração estrutural:
  - Rotura e estenoses por calcificação são muito mais frequentes nas biopróteses.
  - Incide tardiamente na mecânica.

Tratamento da embolização associada à prótese
Anticoagulação (a seguir).
Diagnóstico da disfunção estrutural
Achados de exame físico, eletrocardiograma, radiografia de tórax e ecodopplercardiograma são semelhantes aos das valvopatias nativas.
Tratamento da disfunção estrutural
De forma geral, exceto rotura de prótese, que sempre implica indicação cirúrgica, tratam-se as disfunções de prótese da mesma forma que as valvopatias nativas.

Causas comuns de disfunção de prótese	
Bioprótese	Rotura de prótese/degeneração estrutural
	Calcificação importante de prótese
Prótese mecânica	Trombose
	Obstrução
	Fratura de disco

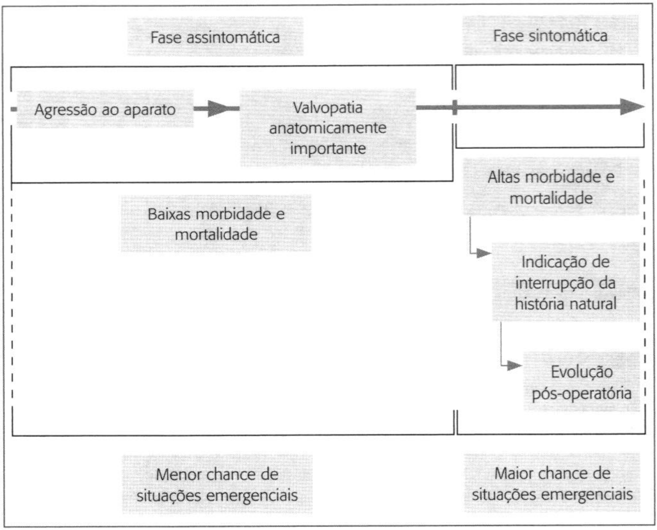

Figura 1 História natural da disfunção de prótese, sendo atribuídos sintomas à lesão anatomicamente importante.

Estágio	Definição	Sintomas
A	Sob risco	Não
B	Doença em progressão	Não
C	Anatomicamente importante assintomática (com ou sem complicadores)	Não
D	Anatomicamente importante sintomática	Sim

Indicação intervencionista na estenose de bioprótese aórtica importante

Indicação	Grau	NE
TPAo é recomendada para pacientes com estenose importante de prótese com alto gradiente e com sintomas na anamnese ou em teste de esforço – estágio D1	I	B
TPAo é recomendada para pacientes com estenose importante assintomática com fração de ejeção < 50%, estágio C2, adquirida durante a evolução da valvopatia e não no contexto pós-operatório do implante	I	B
TPAo é recomendada para pacientes com estenose importante de prótese, estágios C ou D, prévia à cirurgia extracardíaca	I	C
TPAo é razoável para pacientes com estenose de prótese importante grave, estágio C1, com baixo risco cirúrgico presumido	IIb	C
TPAo é razoável para pacientes com estenose de prótese importante, estágio C1, com má tolerância no teste de esforço ou queda da pressão sistólica no esforço	IIb	C

Grau: grau de recomendação; NE: nível de evidência; TPAo: troca de prótese aórtica.

Indicação intervencionista na insuficiência importante de bioprótese ou prótese mecânica aórtica

Indicação	Grau	NE
TPAo é recomendada para pacientes com insuficiência de prótese aórtica importante sintomáticos, estágio D	I	B
TPAo é recomendada para pacientes com insuficiência de prótese aórtica importante assintomática com fração de ejeção < 50%, estágio C2	I	B
TPAo é recomendada para pacientes com insuficiência de prótese aórtica importante, estágios C ou D, prévia à cirurgia extracardíaca	I	C
TPAo é razoável para pacientes com IAo importante, fração de ejeção normal, mas com diâmetro sistólico de VE > 50 mm, estágio C2	IIb	C
TPAo pode ser considerada em pacientes estágio C1 com rápida progressão da dilatação do VE e baixo risco cirúrgico presumido	IIb	C

Grau: grau de recomendação; NE: nível de evidência; TPAo: troca de prótese aórtica; VE: ventrículo esquerdo.

Indicação intervencionista na insuficiência importante de bioprótese ou prótese mecânica

Indicação	Grau	Nível
TPMi é recomendada para paciente com insuficiência importante de prótese sintomático, estágio D	I	C
TPMi é recomendada para paciente com insuficiência importante de prótese assintomático com disfunção ventricular (fração de ejeção de 30 a 60% e/ou diâmetro sistólico > 40 mm), estágio C2	I	C
TPMi é recomendada para paciente com insuficiência importante de prótese assintomático concomitantemente a outro procedimento cirúrgico cardíaco	I	C

TPMi: troca de prótese mitral.

Indicação intervencionista na estenose importante de bioprótese mitral

Indicação	Grau	Nível
TPMi é recomendada para paciente com estenose importante de prótese sintomático, estágio D	I	C
TPMi é recomendada para paciente com estenose importante de prótese assintomático concomitantemente a outra cirurgia cardíaca	I	C

TPMi: troca de prótese mitral.

Anticoagulação

- Pacientes com as seguintes características devem ser anticoagulados cronicamente:
  - Valvopatia nativa com fibrilação atrial (FA).
  - Valvopatia nativa com evento tromboembólico associado à valvopatia, mesmo que em ritmo sinusal.
  - Prótese mecânica independentemente do ritmo.
  - Prótese biológica com FA.
  - Prótese biológica com evento tromboembólico associado à prótese, mesmo que em ritmo sinusal.
  - Três primeiros meses após implante de bioprótese mitral de tamanho pequeno, independentemente do ritmo.

- Anticogulação de portadores de:
  - Prótese mecânica é feita exclusivamente com varfarina.
  - Bioprótese – tendência de uso de varfarina.
- Alguns estudos já utilizaram novos anticoagulantes com resultados satisfatórios, mas ainda há pouca evidência.

Varfarina
A varfarina é um antagonista da vitamina K, que inibe os fatores de coagulação dependentes dela, como fator II (protrombina), VII, IX e X.
Seu efeito deve ser monitorado periodicamente por meio da aferição do tempo de protrombina (TP), mais especificamente da razão normalizada internacional (RNI), cujo intervalo almejado varia conforme a indicação clínica.
O evento mais temido com a anticoagulação é o acidente vascular encefálico hemorrágico (AVCH), o qual é responsável por 90% das mortes por esse fármaco.
O risco de sangramento com a varfarina depende do grau de anticoagulação e dos fatores preexistentes do próprio paciente.

Características que conferem risco de sangramento
Idade > 60
Sexo feminino
Diabete melito
Hipertensão arterial sistêmica (sistólica > 180 ou diastólica > 100)
Neoplasia
Etilismo
Doença hepática
Insuficiência renal
Anemia
Má adesão terapêutica
Acidente vascular cerebral prévio (isquêmico ou hemorrágico)
Presença de lesões passíveis de sangramento (p. ex., úlcera péptica)
Distúrbios de coagulação

(continua)

Características que conferem risco de sangramento *(continuação)*
Trombocitopenia
Uso de outras medicações que interfiram no metabolismo da varfarina ou aumentem risco de sangramento
Deficiência de vitamina K (p. ex., doenças disabsortivas, desnutrição)
RNI instável
RNI pré-varfarina > 1,4
Sangramento grave prévio com uso de varfarina com RNI no alvo

RNI: razão normalizada internacional.

Com exceção da hemorragia retroperitoneal, que não parece ter relação com a RNI, o risco de sangramento aumenta significativamente com RNI maior do que 5, sendo extremamente alto quando a RNI se torna superior a 10.

As taxas de sangramento são maiores no início do tratamento, principalmente no primeiro mês, reduzindo ao longo do tempo.

A hiperanticoagulação pode ocorrer mesmo em pacientes que permaneceram estáveis com a droga durante anos, o que indica controle da RNI, enquanto o paciente mantiver o uso da substância. Além dos fatores supracitados, situações que interfiram no metabolismo, na absorção e na ingestão da medicação são comumente as causas do desajuste da RNI.

Drogas potencializadoras do efeito da varfarina

- Acetaminofeno
- Amiodarona
- Aspirina
- Cimetidina
- Dissulfiram
- Disopiramida
- Esteroides anabolizantes
- Eritromicina
- Fenitoína
- Fluconazol
- 5-Fluoracil
- Isoniazida
- Itraconazol
- Metronidazol
- Omeprazol
- Propafenona
- Propranolol
- Quinidina
- Quinolonas
- Sinvastatina
- Tamoxifeno
- Tetraciclina

RNI-alvo

- 2,5-3,5.
  - Presença de prótese mecânica mitral.
  - Síndrome do anticorpo antifosfolípide.
- 2,0-3,0.
  - Todas as outras indicações de anticoagulação.

Na ausência de sangramento, o tratamento da hiperanticoagulação com a varfarina dependerá do valor da RNI apresentado pelo paciente:

- RNI elevada sem sangramento:
  - RNI inferior a 5, sendo muito próxima do valor almejado, é possível apenas observar sem ajustar a medicação. Para os que apresentarem valores mais próximos de 5, por sua vez, deve-se omitir uma dose e/ou reduzir a varfarina.
  - Se a RNI estiver entre 5 e 9, é recomendado suspender 1 ou 2 doses, repetindo o exame nos dias subsequentes e retornando, posteriormente, a droga em quantidade menor. A chance de se obter RNI menor do que 4, em 48 horas de suspensão da varfarina, em geral, é de 55%. Porém, os pacientes mais idosos, com menores doses de manutenção da varfarina, com insuficiência cardíaca descompensada ou câncer têm queda mais lenta dos níveis de RNI, podendo necessitar de mais tempo para a nova adequação.
  - Se a RNI é maior do que 9, a varfarina deve ser suspensa imediatamente e a vitamina K deve ser administrada por via oral, na dose de 2,5 a 5 mg, podendo ser repetida se necessário. É preciso aferir a RNI mais frequentemente e o reinício da varfarina ocorrerá com redução da sua dose quando o exame estiver no nível terapêutico desejado.
- Se a RNI estiver elevada com pequeno sangramento, os casos podem ser conduzidos de duas formas, conforme julgamento clínico:
  - Semelhante aos pacientes com RNI maior do que 9.
  - Ou, como será exposto a seguir, como aqueles com sangramentos maiores e ameaçadores à vida.
- Sangramento ameaçador à vida:
  - É considerado sangramento grave aquele que:
    - Provoca instabilidade hemodinâmica (hipotensão ou sinais de choque).
    - Necessita de cirurgia, procedimento radiológico intervencionista ou endoscopia de urgência para controle.

- Requeira transfusão sanguínea.
- Ameace a vida ou a função de algum órgão (p. ex., hemorragia intracraniana, intramedular, hemopericárdio etc.).

  - Interromper a medicação.
  - Infusão de 10 mg de vitamina K, durante 20 a 60 minutos, associada a plasma fresco congelado nos casos menos urgentes e com fator VIIa recombinante ou complexo protrombínico nos pacientes com extrema urgência. A vitamina K deve ser repetida a cada 12 h e os demais conforme a necessidade. O uso do complexo protrombínico associado à vitamina K é capaz de reverter a RNI em 30 minutos após a administração.
  - São necessários todos os cuidados inerentes a sua gravidade, ofertando-lhe volume e transfusão dos demais hemocomponentes, conforme a sua necessidade e cogitando cirurgia de urgência se necessário.

- Acidente vascular encefálico hemorrágico.
  - Maior nos pacientes acima de 70 anos, com uso concomitante de ácido acetilsalicílico, controle da pressão arterial inadequado e nível de RNI.
  - Mesmo durante períodos de RNI terapêutica, há risco do evento hemorrágico, variando a sua incidência entre 0,3 e 0,8% por ano.
  - Espontâneos ou provocados por trauma.
  - Pacientes anticoagulados que sofrem traumatismo cranioencefálico, mesmo que leve, devem ser submetidos à tomografia computadorizada de crânio, visto que os estudos retrospectivos são conflitantes quanto à incidência de hemorragia intracraniana nesse grupo em relação à população geral.
  - Proceder a medidas de sangramento com ameaça à vida.
  - Se, por um lado, há o risco de novo sangramento intracraniano, por outro existe maior risco de eventos tromboembólicos, tanto pelos fatores preexistentes quanto pelos da nova situação: paciente acamado, tendo recebido fatores de coagulação, o que aumentaria ainda mais o risco trombogênico, principalmente nos primeiros dias.
  - Deve-se questionar, inicialmente, se a anticoagulação precisa ser reintroduzida:
    - Pacientes com situações imperativas de anticoagulação pelo alto risco de eventos (p. ex., prótese valvar mecânica), em prevenção secundária de fibrilação atrial ou primária com risco de embolização > 7% por ano, devem retornar à anticoagulação.
- Em pacientes em prevenção primária, com baixo risco de embolização, com áreas de microssangramentos na ressonância magnética, microangiopatia cerebral amiloide ou cuja anticoagulação era temporária (p. ex., trombose venosa profunda), o uso do anticoagulante deve ser desencorajado.

- Caso a conduta da situação anterior seja o reinício da anticoagulação, é necessário programar o momento de sua reintrodução. Os dados são conflitantes. Enquanto a European Stroke Initiative recomenda reiniciar a varfarina com 10 a 14 dias do evento, a American Heart Association orienta 7 a 10 dias. Outros autores, por sua vez, recomendam um tempo mais prolongado, de 4 a 6 semanas.

- Manejo perioperatório de cirurgia extracardíaca:
  - Depende do tipo de cirurgia ou do procedimento a ser realizado e do risco tromboembólico do paciente.
  - Se suspensão é aconselhável (cirurgia de moderado/alto risco hemorrágico – não há regra, por isso deve-se sempre discutir com equipe cirúrgica):
    - Parar 4 a 5 dias antes do procedimento, garantindo com segurança RNI normal (ou até < 1,4) no intraoperatório.
    - Concomitantemente à queda de RNI para < 2, inicia-se heparina
    - Suspensão da heparina 24 h antes da intervenção.
    - Reiniciar a heparina no pós-operatório quando equipe cirúrgica julgar baixo o risco de sangramento.
    - Após 24 h da heparina, reiniciar a varfarina na dose habitual.
    - Quando RNI atingir valor-alvo, suspender a heparina.

Bibliografia recomendada

1. The Stroke Prevention in Atrial Fibrillation Investigators. Bleeding during antithrombotic therapy in patients with atrial fibrillation. Arch Intern Med. 1996;156:409-16.
2. Hylek EM, Chang YC, Skates SJ, Hughes RA, Singer DE. Prospective study of the outcomes of ambulatory patients with excessive warfarin anticoagulation. Arch Intern Med. 2000;160(11):1612.
3. Dezee KJ, Shimeall WT, Douglas KM, Shumway NM, O'Malley PG. Treatment of excessive anticoagulation with phytonadione (vitamin K): a meta-analysis. Arch Intern Med. 2006;166(4):391.
4. Evans G, Luddington R, Baglin T. Beriplex P/N reverses severe warfarin-induced overanticoagulation immediately and completely in patients presenting with major bleeding. Br J Haematol. 2001;115(4):998.
5. Penning-van Beest FJ, van Meegen E, Rosendaal FR, Stricker BH. Characteristics of anticoagulant therapy and comorbidity related to overanticoagulation. Thromb Haemost. 2001;86(2):569.
6. Hirsh J, Fuster V, Ansell J, Halperin JL. American Heart Association/American College of Cardiology Foundation guide to warfarin therapy. Circulation. 2003;107:1692-711.
7. Goldstein JN, Greenberg SM. Should anticoagulation be resumed after intracerebral hemorrhage? Cleveland Clin J Med. 2007;77(11):7919.
8. Ageno W, Gallus AS, Wittkowsky A, Crowther M, Hylek EM, Palareti G. Oral anticoagulant therapy: antithrombotic therapy and prevention of thrombosis. 9.ed. American College of Chest Physicians Evidence-Based Clinical Practice Guidelines. Chest. 2012;141(2)(Suppl):e44S-e88S.

36

Pós-operatório de cirurgia valvar

Tarso Augusto Duenhas Accorsi
Milena Ribeiro Paixão

Introdução

O tratamento intervencionista é a única estratégia capaz de alterar a evolução natural da doença valvar. O tratamento medicamentoso tem como objetivos controlar os sintomas, minimizar o risco cardioembólico, evitar surtos de febre reumática e prevenir a ocorrência de endocardite.

De forma geral, a cirurgia valvar (conservadora ou com implante de prótese) é a principal intervenção disponível, reservando-se tratamento por cateterismo para realização de valvuloplastia mitral por cateter-balão em pacientes com estenose mitral com anatomia favorável e implante transaórtico de bioprótese aórtica (TAVI) para portadores de estenose aórtica com alto ou proibitivo risco cirúrgico.

Durante a cirurgia cardíaca valvar, o paciente é submetido à circulação extracorpórea, que o expõe a hipotermia, contato do sangue com a superfície do equipamento, cardioplegia, hipotensão com fluxo não pulsátil e colapso pulmonar. Há intensa resposta inflamatória sistêmica, com potenciais disfunções temporárias ou definitivas de órgãos e sistemas.

As principais particularidades nos cuidados pós-operatórios do paciente valvar submetido à cirurgia são: manejo da hipertensão pulmonar, reintrodução de anticoagulação e tratamento das arritmias.

Manejo pós-operatório da hipertensão pulmonar

A administração de óxido nítrico (NO) inalatório de 10 a 20 ppm nas primeiras 48 horas de pós-operatório, na estenose mitral, com hipertensão pulmonar importante (PSAP > 60 mmHg) reduz de 27 a 45% da resistência vascular pulmonar, aumentando a saturação venosa mista e o débito cardíaco e reduzindo o tempo de internação na unidade de terapia intensiva. O NO é um vasodilatador pulmonar com ação desprezível na circulação sistêmica. Deve-se ter cuidado com a meta-hemoglobinemia, e os níveis de óxido nitroso (NO_2) não devem ultrapassar 3 ppm.

A prostaglandina 2 foi igualmente eficaz em comparação ao NO e deve ser iniciada na dose de 25 ng/kg/min, podendo chegar até 100 a 200 ng/kg/min.

A milrinona é um inibidor seletivo da fosfodiesterase III na musculatura cardíaca e vascular produzindo efeito inotrópico e vasodilatador, com pequena atividade cronotrópica. Apresenta efeito inotrópico positivo no ventrículo direito (VD), podendo ser utilizado em substituição ou em conjunto com a dobutamina. Atualmente, não é recomendada a dose de ataque.

- ClCr > 50 mL/min/1,73 m^2: 0,43 mcg/kg/min
- ClCr > 40 mL/min/1,73 m^2: 0,38 mcg/kg/min
- ClCr > 30 mL/min/1,73 m^2: 0,33 mcg/kg/min
- ClCr > 20 mL/min/1,73 m^2: 0,28 mcg/kg/min (considerar terapia alternativa)
- ClCr > 10 mL/min/1,73 m^2: 0,23 mcg/kg/min (considerar teapia alternativa)
- ClCr > 5 mL/min/1,73 m^2: 0,2 mcg/kg/min (considerar terapia alternativa)

Deve-se ter atenção para o risco de arritmias supraventriculares e ventriculares

O nitroprussiato de sódio é o vasodilatador de escolha no pós-operatório de cirurgia valvar. A ação vasodilatadora venosa e arterial na musculatura lisa reduz a pré-carga e a pós-carga.
Diluição habitual: SG 5% 250 mL + nitroprussiato 50 mg (200 mcg/mL).
Dose inicial: 0,25 mcg/kg/min. Ajustar a dose a cada 2 a 5 minutos.
Deve ser evitada a dose maior do que 5 mcg/kg/min e deve ser protegido da luz pelo risco de intoxicação por cianeto.
Intoxicação por cianeto: pode causar cefaleia, ansiedade, confusão mental, crises convulsivas, vômitos, dor abdominal, taqui e bradiarritmias, *flushing* e, posteriormente, cianose. Laboratorialmente, identifica-se acidose com *angion gap* aumentado e hiperlactatemia, o nível sérico de cianeto pode ser dosado. O tratamento consiste na suspensão no nitroprussiato, hidroxicobalamina 70 mg/kg, IV (dose habitual de 5 g), e tiossulfato de sódio 50 mL, IV, diluído em soro fisiológico em 30 minutos.

ClCr: *clearance* de creatinina.

Reintrodução de anticoagulação no pós-operatório

Iniciar anticoagulação plena com bomba de heparina não fracionada em infusão contínua no primeiro pós-operatório desde que não haja sangramentos ativos e o débito dos drenos seja baixo.

Diluição-padrão: heparina não fracionada 25.000 UI + SF 245 mL (100 UI/mL).

Dose inicial: *bolus* 4.000 UI, IV, seguido de infusão de 12 a 18 UI/kg por hora (máximo de 1.000 UI/h ou 10 mL/h).

Ajustar a infusão conforme TTPa a cada 6 horas com objetivo de RNI entre 2,5 e 3,5 para prótese mitral e entre 1,5 e 2,3 para as demais indicações de anticoagulação.

Independentemente do ritmo cardíaco, o risco estimado de trombose de prótese mecânica aórtica é de 12% e de prótese mecânica mitral de 22% na ausência de anticoagulação. O risco é menor para a prótese na posição aórtica em razão do alto fluxo de sangue nesta posição diminuindo o depósito de fibrina.

Ajuste para TTPa entre 1,5 e 2,3:
- <1,2 (<35 segundos): *bolus* de 5.000 UI e aumentar a velocidade de infusão em 2 mL/h
- 1,2 a 1,5 (35 a 45 segundos): *bolus* de 2.500 UI e aumentar a velocidade de infusão em 1 mL/h
- 1,5 a 2,3 (46 a 70 segundos): manter
- 2,3 a 3,0 (71 a 90 segundos): reduzir velocidade de infusão em 1 mL/h
- >3,0 (>90 segundos): parar a infusão por 1 hora e reduzir a velocidade de infusão em 3 UI/kg/h

Atenção: não coletar TTPa do membro em que está sendo infundida a heparina.

SF: soro fisiológico; TTPa: tempo de tromboplastina parcial ativada.

Arritmia no pós-operatório

Causas
- Cardiovasculares: arritmias preexistentes, inflamação pela manipulação cirúrgica (atriotomia, ventriculotomia, manipulação próxima ao feixe de condução), pericardite, isquemia aguda.
- Distúrbios hidreletrolíticos: alterações do magnésio, cálcio e potássio.
- Efeitos de drogas: digitálicos, dobutamina, milrinona, amiodarona.
- Irritação mecânica por cateteres.
- Hipo ou hipertermia.

(continua)

Arritmia no pós-operatório (*continuação*)

Bradiarritmias ▪ Mais frequentes nas cirurgias valvares em relação à revascularização do miocárdico em razão da proximidade do sistema de condução das valvas aórtica e mitral. Pode estar também relacionada ao *clearance* incompleto da solução de cardioplegia e uso de drogas. ▪ Incidência de bloqueio atrioventricular total (BAVT): 4% para troca valvar aórtica e 1% para troca valvar mitral. ▪ Conduta: se frequência cardíaca abaixo de 60-65 bpm associada à hipotensão arterial, instalar imediatamente o gerador de marcapasso ao fio epicárdico para obter frequência cardíaca (FC) entre 85-95 bpm, em seguida registrar o ritmo com eletrocardiograma. Se o paciente estiver sem fio de marca-passo, administrar atropina 0,5 mg a cada 3 minutos até 3 mg e considerar a passagem de marca-passo transvenoso. Suspender drogas que possam causar bloqueios atrioventriculares: digitálicos, betabloqueadores, bloqueadores de canal de cálcio, amiodarona. ▪ Marca-passo definitivo: indicado no BAVT que perdura após 10 a 14 dias do pós-operatório, período no qual o edema e a inflamação que comprometeram o sistema de condução raramente serão reversíveis.
Fibrilação atrial (FA) ▪ Taquiarritmia mais prevalente: ocorre em torno de 60% das cirurgias valvares com pico no 2° pós-operatório. ▪ Reduz o débito cardíaco em 15-25%. ▪ Fatores de risco: idade avançada, sexo masculino, insuficiência cardíaca, FA prévia, uso de inotrópicos, doença valvar mitral, pericardite, doença pulmonar obstrutiva crônica e suspensão de betabloqueador. ▪ Prevenção: não suspender betabloqueador no pré-operatório e reintroduzi-lo precocemente após desmame de drogas vasoativas, monitorizar e corrigir níveis de eletrólitos. ▪ Conduta: corrigir distúrbios acidobásicos e hidreletrolíticos (manter magnésio acima de 2 mEq/dL); administrar amiodarona 150 mg em SG5% 100 mL em 30 minutos, repetir dose de ataque se paciente mantiver ritmo de FA após 15 minutos da administração da primeira dose. Iniciar infusão contínua de 900 mg (< 60 kg) ou 1.200 mg (> 60 kg) diluída em SG5% 500 mg por 24 horas, em seguida manter 200 mg a cada 8 horas por 14 dias, 200 mg a cada 12 horas por 14 dias e 200 mg/dia (considerar sua retirada ambulatorialmente). Considerar uso de procainamida na dose de ataque de 10 a 15 mg/kg até 50 mg/min (dose máxima de 1 g) com atenção ao risco de hipotensão e baixo débito. Se não houver reversão, considerar cardioversão elétrica nas primeiras 24 horas e no máximo nas primeiras 48 horas. A FA é comum na pericardite, devendo-se prescrever hidrocortisona 200 mg, IV, a cada 8 horas por 3 dias, nestes casos. Não havendo reversão da FA, iniciar anticoagulação plena e administrar medicação para controle da FC: amiodarona como droga de escolha nos casos de disfunção ventricular importante; diltiazem 0,25 mg/kg, IV, ataque seguido de 5 a 15 mg/h, IV, contínuo; metoprolol 5 mg, IV, em 5 minutos, podendo-se repetir até 15 mg com intervalo de 5 minutos entre as doses; deslanosídeo IV.

(*continua*)

Arritmia no pós-operatório (*continuação*)

Extrassístoles ventriculares e taquicardia ventricular não sustentada

- Extrassístoles ventriculares e taquicardia ventricular não sustentada são muito comuns no pós-operatório de cirurgias cardíacas, mais frequentemente na revascularização do miocárdio do que nas cirurgias valvares. O pico ocorre entre o terceiro e quinto dias de pós-operatório. São precipitadas por níveis elevados de catecolaminas, isquemia ou necrose miocárdica e alterações eletrolíticas. Devem ser monitorados e corrigidos os distúrbios acidobásicos e eletrolíticos, e pode ser considerada, em casos selecionados, a administração de lidocaína com dose de ataque de 1 mg/kg, IV, seguida de 2 a 4 mg/min, IV, por 24 horas. Pode ser usado marca-passo atrial (*overdrive pacing*) como estratégia para sua suspensão, método pouco utilizado no InCor-HCFMUSP.

Taquicardia ventricular (TV)

- Rara no pós-operatório de cirurgia valvar. Nos casos de estabilidade hemodinâmica, pode ser administrada a amiodarona intravenosa ou realizada cardioversão elétrica (CVE); na instabilidade, deve ser realizada CVE.

Valvuloplastia por cateter-balão

Indicação na estenose mitral

- Os indivíduos com estenose mitral moderada ou importante sintomáticos, com hipertensão pulmonar significativa (> 50 mmHg no repouso ou > 60 mmHg ao esforço) ou com fibrilação atrial de início recente são potencialmente elegíveis para tratamento percutâneo com valvuloplastia por cateter-balão. O escore ecocardiográfico de Wilkins avalia a mobilidade dos folhetos, acometimento subvalvar, espessura dos folhetos e calcificação valvar. Indivíduos com escore menor ou igual a 8 são elegíveis para o tratamento, salvo contraindicações. Pacientes com escore entre 9 e 11 são potenciais candidatos a este tratamento e devem ser avaliados individualmente.

Indicação na estenose aórtica

- A valvuloplastia por cateter-balão na estenose aórtica é reservada para casos congênitos e nos adultos hemodinamicamente instáveis, com elevado risco cirúrgico e impossibilidade momentânea de realização de implante de bioprótese por cateter ou como ponte para o tratamento cirúrgico ou implante de bioprótese aórtica por cateter. Pode também ser indicada eventualmente como medida paliativa.

Possíveis complicações

- Mitral: acidente vascular cerebral (0,5 a 1%), tamponamento cardíaco (0,7 a 1%) e insuficiência mitral importante (0,9 a 2%). Mortalidade inferior a 0,5%.
- Aórtica: 10 a 20% de complicações graves – acidente vascular cerebral (AVC), insuficiência aórtica aguda, infarto agudo do miocárdio (IAM), arritmias, perfuração ventricular. Mortalidade intra-hospitalar de cerca de 10%. Reestenose e piora clínica ocorrem habitualmente de 6 meses a 1 ano. Sobrevida em 1 ano de 30-55% e em 5 anos de 14%.

(*continua*)

Valvuloplastia por cateter-balão (*continuação*)

Cuidados pós-procedimento

- Mitral: avaliação do sítio de punção – baixo risco de sangramento ou outras complicações mecânicas por tratar-se de punção venosa; atentar para o risco de tamponamento – tratamento por meio da punção de Marfan, nem sempre será necessária a cirurgia cardíaca de emergência. No caso de insuficiência mitral importante aguda, iniciar nitroprussiato de sódio, intravenoso, em infusão contínua; considerar passagem de balão intra-aórtico e administração de vasopressores. Durante o procedimento, é administrada a heparina não fracionada em dose plena. A varfarina deve ser introduzida no dia seguinte ao procedimento, devendo ser mantida indefinidamente para pacientes com fibrilação atrial e por 3 meses em pacientes em ritmo sinusal.
- Aórtica: avaliação do sítio de punção – risco de sangramento, trombose, pseudoaneurisma, uma vez que mais comumente a punção é arterial (pode ser feita a punção venosa, seguida de punção transeptal para atingir a valva aórtica).

TAVI (*transcatheter aortic valve replacement*)

O implante transcutâneo de valva aórtica é indicado como alternativa para indivíduos com estenose aórtica importante com indicação de cirurgia que apresente contraindicação ao tratamento cirúrgico ou alto risco cirúrgico.

Cuidados periprocedimento

- Administração de aspirina 100 mg e clopidogrel na dose de ataque de 300 mg na véspera do procedimento; manutenção de aspirina 100 mg/dia e clopidogrel 75 mg/dia idealmente por 3 a 6 meses após o procedimento.
- Administração de antibiótico profilático antes do início do procedimento para diminuir risco de infecção de ferida cirúrgica e endocardite.
- Anestesia geral, eventualmente anestesia local e sedação leve.
- Monitorização hemodinâmica invasiva com pressão arterial invasiva, cateter venoso central e eventualmente com cateter de artéria pulmonar.
- Marca-passo transvenoso no caso de acesso venoso ou epicárdico no caso de acesso transapical.
- Ecocardiograma transesofágico para avaliação de posicionamento do implante valvar.
- Anticoagulação plena com heparina não fracionada após passagem do introdutor e antes da inserção da bainha mais calibrosa.

(continua)

TAVI (*transcatheter aortic valve replacement*) (*continuação*)

Possíveis complicações e conduta

- Baixo débito cardíaco: suporte inotrópico e/ou mecânico (balão intra-aórtico).
- Distúrbios da condução atrioventricular: necessidade de implante de marca-passo definitivo em 20 a 40% com a bioprótese CoreValve (autoexpansível) e 5% com a Edwards Sapien.
- Lesões da parede ventricular esquerda: drenagem pericárdica de emergência e conversão para cirurgia aberta.
- Embolização da prótese: manejo endovascular ou cirurgia de urgência.
- Fibrilação atrial: controle de frequência, cardioversão química ou elétrica.
- AVE: considerar embolectomia mecânica se embólico e reversão da anticoagulação se hemorrágico.
- Insuficiência renal: manejo clínico.
- Complicações vasculares no sítio de acesso: ocorrem em 1,9 a 15% dos casos; acionar cirurgia vascular de emergência, reverter anticoagulação, transfusão sanguínea, suporte hemodinâmico.
- Oclusão de óstio coronariano: menor que 1%; realizar angioplastia ou revascularização cirúrgica de emergência.

A mortalidade do procedimento percutâneo em 30 dias é igual a do cirúrgico, próxima a 12%.
Risco de morte, morte cardiovascular, AVE e de reinternações é o mesmo em 5 anos, quando comparado ao procedimento cirúrgico valvar.

AVE: acidente vascular encefálico.

Bibliografia recomendada

1. Tarasoutchi F, Montera MW, Grinberg M, Barbosa MR, Piñeiro DJ, Sánchez CRM, et al. Diretriz brasileira de valvopatias – SBC 2011/I Diretriz interamericana de valvopatias - SIAC 2011. Arq Bras Cardiol. 2011;97(5 supl. 1):1-67.
2. Nunes MFCB, Sundin MR, et al. Pós-operatório de cirurgia cardíaca. In: Nicolau JC, Tarasoutchi F, Rosa LV, Machado FP (orgs.). Condutas práticas em cardiologia. Barueri: Manole; 2012.
3. Fernandes JF, Sampaio RO, Brandão CM, Accorsi TA, Cardoso LF, Spina GS, et al. Comparison of inhaled nitric oxide versus oxygen on hemodynamics in patients with mitral stenosis and severe pulmonary hypertension after mitral valve surgery. Am J Cardiol. 2011;107(7):1040-5.
4. Kulik A, Rubens FD, Wells PS, Kearon C, Mesana TG, van Berkom J, et al. Early postoperative anticoagulation after mechanical valve replacement: a systematic review. The Annals of Thoracic Surgery. 2006;81(2):770-81.
5. Brandão CMA, Ganem F. Intercorrências no pós-operatório. In: Grinberg M, Sampaio RO (orgs.). Doença valvar. Barueri: Manole; 2006.
6. Nascimento MP, Peixoto ECS, Peixoto RTS, Borges IP, Oliveira PS, Peixoto RTS, et al. Valvoplastia mitral por balão: fatores de risco para insucesso, insuficiência mitral grave e complicações graves. Rev SOCERJ. 2009;22(1):15-23.

7. Klein A, Lee K, Gera A, Ports TA, Michaels AD. Long-term mortality, cause of death, and temporal trends in complications after percutaneous aortic balloon valvuloplasty for calcific aortic stenosis. J Interve Cardiol. 2006;19(3):269-75.
8. Leon MB, Smith CR, Mack M, Miller C, Moses JW, Svensson LG, et al. Transcatheter aortic-valve implantation for aortic stenosis in patients who cannot undergo surgery. N Engl J Med. 2010;363:1597-607.
9. Holmes DR Jr, Mack MJ, Kaul S, Agnihotri A, Alexander KP, Bailey SR, et al. 2012 ACCF/AATS/SCAI/STS Expert Consensus Document on Transcatheter Aortic Valve Replacement. J Am Coll Cardiol. 2012;19(13):1200-54.
10. Mack MJ, Leon MB, Smith CR, Moses JW, Tuzcu EM, Webb JG, et al. 5-year outcomes of transcatheter aortic valve replacement or surgical aortic valve replacement for high surgical risk patients with aortic stenosis (PARTNER 1): a randomised controlled trial. Lancet. 2015;385(9986):2477-84.

37

Valvopatias na gravidez

Roney Orismar Sampaio
Milena Ribeiro Paixão
Walkiria Samuel Avila

Introdução

A incidência de cardiopatia na gravidez em centros de referência no Brasil é de 4,2%, sendo a principal causa de morte materna não obstétrica no ciclo gravídico-puerperal (CGP).

A valvopatia reumática corresponde a mais de 50% das causas de cardiopatias na gravidez no Brasil.

A estenose mitral é a valvopatia reumática com maior incidência na mulher em idade fértil, portanto, é a mais frequente no CGP. No início do século XX, a mortalidade de gestantes com lesão mitral reumática secundária a edema agudo dos pulmões era de 60% e, atualmente, chega a até 5%.

O aumento do débito cardíaco a partir do primeiro trimestre da gravidez influencia na evolução das lesões valvares obstrutivas e em pacientes com hipertensão arterial sistêmica. Em vista dessas alterações fisiológicas, entende-se por que razão as lesões estenóticas mitral e aórtica apresentem pior evolução clínica quando comparadas às de insuficiência valvar.

Mudanças fisiológicas durante a gestação

Durante a gestação, ocorre o aumento da frequência cardíaca, bem como da volemia (em cerca de 50%), o que eleva o débito cardíaco em 30 a 50%. Essas alterações têm seu pico ao final da gestação. Há aumento adicional da volemia no pós-parto imediato.

Ausculta: podem aparecer desdobramentos de B1 e B2, terceira bulha (B3) e sopros fisiológicos de hiperfluxo. Sopros diastólicos geralmente não são fisiológicos.

Eletrocardiograma: podem ocorrer onda q em D3, desvio do eixo do QRS para a esquerda e alteração da repolarização ventricular.

Preditores de complicações maternas

- Classes funcionais III e IV da New York Heart Association (NYHA)
- Fibrilação atrial
- Hipertensão arterial sistêmica crônica
- Disfunção do ventrículo esquerdo (VE) moderada a importante (fração de ejeção < 40%)
- Disfunção do ventrículo direito
- Hipertensão pulmonar (PAP média > 30 mmHg)
- Lesões estenóticas aórtica (área valvar < 1,0 cm²) e mitral (área valvar < 1,5 cm²)
- BNP > 100 pg/mL
- Antecedente de endocardite infecciosa e evento tromboembólico

Assistência pré-natal

Consultas mensais com cardiologista e obstetra simultâneas até a 21ª semana, a partir de então quinzenais e semanais nas últimas semanas.

O médico deve desaconselhar a gestação em portadoras de valvopatias com indicação cirúrgica.

Orientações comportamentais

- Dieta hipossódica: média de 1,5 a 3 g de sódio por dia
- Evitar ganho de peso acima de 10 kg
- Repouso relativo no 3º trimestre da gestação, mesmo na ausência de complicações

Profilaxia para febre reumática

Penicilina benzatina 1.200.000 UI, IM, a cada 21 dias até os 40 anos para pacientes com história de cardite e/ou lesão valvar. No caso de alergia à penicilina, está indicada a eritromicina 250 mg, VO, a cada 12 horas. As sulfas são contraindicadas na gestação.

Profilaxia para endocardite
■ Procedimentos odontológicos com alto risco de bacteremia (manipulação gengival, periodontal ou perfuração de mucosa oral): amoxicilina 2 g, VO, 1 h antes do procedimento. No caso de alergia à penicilina: cefazolina 1 g (com atenção para as reações cruzadas) ou ceftriaxone 1 g, IV ou IM, 30 minutos antes ou cefalexina 2 g ou azitromicina 500 mg ou claritromicina 500 mg, VO, 1 h antes do procedimento.
■ Trato respiratório: pacientes submetidos à incisão ou à biópsia da mucosa respiratória, como nas cirurgias otorrinolaringológicas, devem receber esquema antibiótico semelhante ao utilizado para abordagem dentária.
■ Trato geniturinário e gastrintestinal: ampicilina ou amoxicilina 2 g, IV, e gentamicina 1,5 mg/kg, IV (não exceder 120 mg), 30 minutos antes do procedimento; 6 h após fazer reforço de ampicilina 2 g ou amoxicilina 1 g, IV ou VO. No caso de alergia à penicilina: vancomicina 1 g, IV, em infusão por até 2 h e gentamicina 1,5 mg/kg, IV (não exceder 120 mg), 30 minutos antes do parto, não é necessária a dose de reforço.
■ Nas diretrizes brasileiras, diferente das atuais recomendações americanas e europeia, a orientação é de manter a profilaxia para endocardite para todos os pacientes com valvopatia reumática, prolapso de valva mitral com insuficiência e valvopatia aórtica degenerativa ou de origem bicúspide submetidos a procedimentos odontológicos e dos tratos respiratório, geniturinário e gastrintestinal.

IM: intramuscular; IV: intravenoso; VO: via oral.

Classificação de risco de medicações cardiovasculares na gestação

- A: Estudos controlados em mulheres não demonstram risco para o feto no primeiro trimestre, não havendo evidência de risco nos trimestres seguintes.
- B: Estudos em animais não demonstraram risco fetal e não existem estudos controlados em mulheres no primeiro trimestre, não havendo evidência de risco nos demais.
- C: Estudos em animais não revelaram risco fetal, mas não há estudos controlados em mulheres nem em animais; a droga deve ser administrada quando o risco potencial justifica o benefício.
- D: Há evidência de risco fetal em humanos, mas os benefícios são aceitáveis, apesar dos riscos.
- X: Estudos em animais e humanos demonstraram anormalidades fetais, sendo a droga contraindicada para gestantes e para mulheres que querem se tornar gestantes.

Medicações da prática diária nas doenças valvares eventualmente utilizadas na gestação
Anti-hipertensivos (B/e α metildopa): ■ B: pindolol ■ C: hidralazina, propranolol, metoprolol, metildopa, clonidina, nifedipina, verapamil, nitroprussiato de sódio
Diuréticos: ■ B: clortalidina, amilorida ■ C: furosemida, hidroclorotiazida
Antiarrítmicos: ■ B: sotalol ■ C: adenosina, digitálicos, propafenona, lidocaína, procainamida
Hipolipemiantes: ■ B: colestiramina ■ C: ezetimibe, fibratos, niacina
Antitrombóticos, anticoagulantes e fibrinolíticos (ver texto): ■ B: heparina não fracionada, heparina de baixo peso molecular, clopidogrel, ticlopidina ■ C: aspirina, alteplase, estreptoquinase ■ D: cumarínicos (somente da 13ª à 36ª semana)

Classificação do Food and Drug Administration (FDA).

Medicações de uso habitual em valvopatia não recomendadas durante a gestação
Atenolol (D), amiodarona (D), espironolactona (C)

Medicações de uso habitual em valvopatia proibidas durante a gestação (porém, permitidas na lactação)
Inibidores da enzima conversora de angiotensina (X), inibidores do receptor de angiotensina II (X), estatinas (X)

Anticoagulação na valvopata gestante

As pacientes com necessidade de anticoagulação devem ser informadas antes da gestação acerca dos riscos do procedimento.

Indicações de anticoagulação plena: próteses valvares mecânicas e fibrilação atrial. São possivelmente recomendáveis, entretanto, deve-se pesar o risco *versus* benefício para a maioria das pacientes com estenose mitral com átrio esquerdo > 50 mm ou com contraste espontâneo atrial independentemente do ritmo cardíaco.

Na paciente anticoagulada com varfarina, após os primeiros dias de atraso menstrual, deve ser realizada a dosagem sérica de gonadotrofina coriônica para confirmação de gravidez e imediata substituição da medicação. O risco de malformação fetal é de até 30% com uso de varfarina entre a 6ª e a 12ª semanas de gestação.
A anticoagulação deve ser realizada com enoxaparina 1 mg/kg subcutânea a cada 12 horas até o final da 12ª semana de gestação. Se não for possível, a paciente deverá ser internada para receber heparina não fracionada intravenosa contínua.
A partir da 13ª semana, deverá ser reintroduzida a varfarina a princípio até a 36ª semana de gestação. O controle da anticoagulação deve ser feito a cada 2 semanas durante todo o período. Em seguida, é reiniciada a anticoagulação com enoxaparina 1 mg/kg a cada 12 horas ou heparina não fracionada intravenosa contínua.

A indicação do parto é obstétrica. Se houver trabalho de parto espontâneo com falha de inibição na vigência de varfarina ou com intervalo menor do que 2 semanas de sua suspensão, é indicada a cesárea em razão do risco de hemorragia cerebral fetal durante a passagem pelo canal de parto.

A heparina deve ser reiniciada 6 horas após o trabalho de parto, desde que não haja sangramentos não controlados. O anticoagulante oral deve ser reintroduzido no dia seguinte ao parto. A heparina deverá ser suspensa ao atingir a RNI alvo.

Trombose de prótese valvar mecânica: havendo estabilidade hemodinâmica, é indicada a anticoagulação venosa com heparina não fracionada contínua e, nos casos de instabilidade, administram-se fibrinolíticos ou realiza-se a troca valvar.

Procedimentos dentários: não é necessário reverter a anticoagulação se RNI < 3 no dia do procedimento.

Estenose mitral

A estenose mitral é a valvopatia reumática com maior incidência na mulher em idade fértil, portanto, é a mais frequente no ciclo gravídco-puerperal (CGP). No início do século XX, a mortalidade de gestantes com lesão mitral reumática secundária a edema agudo dos pulmões era de 60% e, atualmente, as complicações ocorrem em até 30% das gestações e a mortalidade chega a até 5%.

Mais de 80% das pacientes assintomáticas no primeiro trimestre com área valvar estimada de 1,1 cm^2 evoluem para classe funcional III ou IV até o terceiro trimestre.

Tratamento medicamentoso de rotina

A base do tratamento farmacológico é o controle de frequência cardíaca com propranolol (efeitos colaterais perinatais raros na dosagem de 40 a 80 mg/dia, classe C) ou metoprolol (dose habitual de 50 mg/dia, classe C); verapamil se houver contraindicação a betabloqueador (classe C) e digitálico (classe C) na fibrilação atrial (FA).
O manejo de sintomas congestivos habitualmente é feito com furosemida (classe C).
A espironolactona (classe C) deve ser evitada na gestação (alterações no aparelho reprodutor do feto), mas pode ser utilizada na amamentação.
A anticoagulação plena está indicada na presença de fibrilação atrial, trombos intracavitários e eventos tromboembólicos prévios. Deve ser considerada nos casos de átrio esquerdo > 50 mm e/ou presença de contraste espontâneo.

Tratamento medicamentoso na descompensação clínica aguda

O aumento da volemia, da frequência cardíaca e do débito cardíaco inerentes à gestação eleva o gradiente transvalvar mitral e a pressão capilar pulmonar, podendo gerar congestão pulmonar e, em última instância, edema agudo dos pulmões (EAP). O EAP, ainda hoje, é causa frequente de admissão no pronto-socorro, sendo geralmente precipitado por taquiarritmia, por exemplo, a fibrilação atrial.
Os sintomas congestivos são tratados com furosemida intravenosa, controle de frequência cardíaca com betabloqueador, bloqueador de canal de cálcio e/ou digitálico e ventilação não invasiva. No caso de instabilidade hemodinâmica ou FA aguda, a cardioversão elétrica pode ser realizada em qualquer fase da gestação. Podem ser usados para sedação: propofol (classe B) ou etomidato (classe C). Deve ser mantida anticoagulação plena pelo menos por 30 dias após episódio de fibrilação atrial aguda.

Em cerca de 15% das gestantes, o tratamento clínico é desfavorável, sendo necessário realizar valvuloplastia por cateter-balão, procedimento cirúrgico aberto ou interrupção da gestação.

Valvuloplastia por cateter-balão: indicada na refratariedade ao tratamento clínico quando o escore ecocardiográfico (ou de Wilkins) é favorável e na ausência de contraindicações (p. ex., trombo atrial esquerdo e insuficiência mitral além de discreta). A inibição da atividade uterina deve ser profilática por meio de fármacos com ação uterolítica, como óvulos de progesterona na dose de 50 mg por via vaginal duas vezes ao dia, iniciando no dia anterior e mantendo até o dia posterior ao procedimento, num total de 4 óvulos. A indometacina é contraindicada por provocar o fechamento do canal arterial quando utilizada após a 26ª semana de gestação. Complicações possíveis: contrações uterinas, embolia sistêmica, tamponamento, arritmias. A mortalidade fetal relacionada ao procedimento é de 2 a 5%.
Cirurgia cardíaca: indicada na refratariedade ao tratamento clínico com impossibilidade de tratamento percutâneo, por exemplo, com escore de Wilkins desfavorável, trombo atrial esquerdo ou endocardite infecciosa. A mortalidade materna é estimada em 10%, e a mortalidade fetal, em até 33%.

Estenose aórtica

A etiologia mais frequente da estenose aórtica isolada na gestação é a congênita. A reumática geralmente está associada à valvopatia mitral.

A maior parte das pacientes é assintomática. Os sintomas habituais nesta valvopatia podem ser angina, síncope, dispneia e mesmo morte súbita. Na presença de dor torácica nos casos de valva aórtica bicúspide e dilatação de aorta torácica, deve-se cogitar o diagnóstico de dissecção aguda de aorta.

Habitualmente, a desadaptação hemodinâmica ocorre no caso de área valvar abaixo de 1 cm^2. Durante a gestação, a área valvar é o dado mais confiável, já que o gradiente transvalvar é dependente de volume e frequentemente maior do que antes da gestação.

O tratamento nos casos sintomáticos é iminentemente cirúrgico, já que o tratamento medicamentoso é pouco eficaz nessa valvopatia. Como alternativa, podem ser considerados valvuloplastia por cateter-balão ou implante percutâneo de valva aórtica.

Insuficiência mitral

Entre as valvopatias reumáticas, a incidência de insuficiência mitral na gestação chega até 15%.

A adaptação ventricular fisiológica à sobrecarga de volume da gestação associada à insuficiência mitral minimiza os sintomas de hipervolemia materna. A hipertensão pulmonar e a disfunção sistólica do ventrículo esquerdo, fatores de pior prognóstico, são incomuns na idade reprodutiva.

A descompensação clínica ocorre em cerca de 5% das gestações e muitas vezes é caracterizada por insuficiência cardíaca, fadiga e palpitações, geralmente com boa resposta ao tratamento medicamentoso. As drogas utilizadas e suas doses habituais são: digoxina 0,25 a 0,5 mg/dia, furosemida 20 a 60 mg/dia, hidralazina 75 mg/dia associada ou não a nitrato na dose de 30 mg/dia. Nos casos refratários, podem ser utilizados dobutamina e nitroprussiato.
Arritmias cardíacas ocorrem em 10% e, geralmente, são supraventriculares, como a fibrilação atrial ou taquicardia atrial. Na fibrilação atrial, está indicada a anticoagulação plena.

Insuficiência aórtica

Entre as valvopatias reumáticas, a incidência de insuficiência aórtica na gestação atinge até 12%. Outras etiologias possíveis são: valva aórtica bicúspide e aneurisma de aorta torácica.

A insuficiência aórtica é bem tolerada na maior parte das gestantes em razão da adaptação ventricular esquerda à sobrecarga volêmica associada à redução do volume regurgitante aórtico pela redução da resistência vascular periférica.

A insuficiência cardíaca ocorre em cerca de 5% das gestantes habitualmente na presença de disfunção ventricular. O tratamento medicamentoso, quando indicado, é semelhante ao da insuficiência mitral. A insuficiência aórtica aguda secundária à dissecção aguda de aorta e à endocardite infecciosa é rara e resulta em indicação cirúrgica.

Assistência ao parto

Em casos de maior risco, recomenda-se a internação hospitalar em torno de duas semanas antes da data provável do parto, para obter-se condições clínicas ideias para a condução do caso, como ajuste da coagulação em pacientes sob uso de anticoagulantes.

Durante o puerpério imediato, há um aumento de 20 a 40% no retorno venoso e volume sanguíneo secundário à descompressão da cava inferior e à contração do plexo uterino, aumentado o risco de congestão pulmonar.

Realizar profilaxia para endocardite infecciosa conforme citado anteriomente (diretrizes brasileiras).

A indicação da via de parto é obstétrica. O parto vaginal deve ser realizado sob adequadas analgesia e anestesia regional (salvo contraindicações), utilizando-se fórcipe de alívio.

Situações em valvopatia com desaconselhamento da gestação

- Doença valvar com hipertensão pulmonar importante
- Doença valvar importante com indicação cirúrgica
- Estenose aórtica importante com área valvar < 1 cm²
- Doença valvar aórtica com dilatação de aorta ascendente ≥ 45 mm
- Disfunção ventricular grave (CF NYHA III ou IV ou FE $< 30\%$)

Nota-se que a disfunção valvar não tem indicação de interrupção de gestação (aborto terapêutico). CF: classe funcional; NYHA: New York Heart Association.

Anticoncepção

Anticoncepcionais hormonais combinados orais (AHCO)
Podem ser utilizados em grande parte das mulheres com cardiopatias. Apresentam baixo índice de falha (0,3 a 0,4 por 100 mulheres/ano) e baixo risco de complicações cardiovasculares quando a dosagem de etinilestradiol é de até 30 μg, o qual pode estar associado a gestodene 75 μ ou desogestrel 150 μg (progesteronas de terceira geração) ou drospirenona (quarta geração).
Contraindicações: próteses valvares mecânicas, valvopatias complicadas (hipertensão pulmonar, fibrilação atrial, endocardite infecciosa, AE > 40 mm), a partir dos 35 anos se tabagista, trombofilias, evento tromboembólico prévio.
Anticoncepcionais hormonais combinados injetáveis
Administrados na dose de 1 ampola, a cada 4 semanas, por via intramuscular. Por apresentarem estrógenos naturais na sua composição, parecem ter menos efeitos colaterais em relação aos AHCO. Possuem as mesmas contraindicações dos combinados orais. Formulações disponíveis: enantato de estradiol 10 mg + acetofenido de di-idroxiprogesterona 150 mg, valerato de estradiol 5 mg + enantato de norestisterona 50 mg, cipionato de estradiol 5 mg + acetato de medroxiprogesterona 25 mg.
Contraceptivos orais de progesterona (minipílula)
Não aumentam o risco de trombose, entretanto, o risco de falha é de 0,5 a 10% no primeiro ano (mais elevado em relação aos AHCO). Formulações disponíveis: noretisterona 0,35 mg, linestrenol 0,5 mg, levonorgestrel 0,030 mg, desogestrel 75 μg.
Progesterona injetável
Mesma eficácia dos AHCO e não apresenta alteração da coagulação. O acetato de medroxiprogesterona na dose de 150 mg deve ser aplicado por via intramuscular a cada 90 dias. É recomendado a todas as pacientes com valvopatias, incluindo as que usam anticoagulante oral. Efeitos adversos: ganho de peso, amenorreia, cefaleia e redução da densidade mineral óssea.
Progesterona sob forma de implante
As cápsulas são implantadas de maneira subdérmica por meio de pequeno procedimento cirúrgico – recomendada cefalexina 2 g via oral uma hora antes do procedimento como profilaxia para endocardite. Altamente eficaz, porém, pode ter os mesmos efeitos adversos da progesterona injetável.
Dispositivo intrauterino (DIU)
Não é indicado uso em pacientes com valvopatias pelo risco de infecção e sangramentos
Laqueadura tubárea
A indicação é ginecológica e requer discussão com o casal.

Bibliografia recomendada

1. Tedoldi CL, Freire CMV, Bub TF, et al. Sociedade Brasileira de Cardiologia. Diretriz da Sociedade Brasileira de Cardiologia para gravidez na mulher portadora de cardiopatia. Arq Bras Cardiol. 2009;93(6 supl.1):e110-e178.
2. Ávila WS, Rossi EG, Ramires JA, Grinberg M, Bortolotto MR, Zugaib M, et al. Pregnancy in patients with heart disease: experience with 1000 cases. Clin Cardiol. 2003;26(3):135-42.
3. Ávila WS, Carvalho MEC, et al. Valvopatia e gravidez. In: Grinberg M, Sampaio RO (orgs.). Doença valvar. Barueri: Manole; 2006.
4. De Souza JA, Martinez EE Jr, Ambrose JA, Alves CM, Born D, Buffolo E, et al. Percutaneous balloon mitral valvuloplasty in comparison with open mitral valve commissurotomy for mitral stenosis during pregnancy. J Am Coll Cardiol. 2001;37:900-3.
5. Windram JD, Colman JM, Wald RM, Udell JA, Siu SC, Silversides CK. Valvular heart disease in pregnancy. Best Practice & Research Clinical Obstetrics & Gynaecology. 2014;28(4):507-18.
6. Tarasoutchi F, Montera MW, Grinberg M, Barbosa MR, Piñeiro DJ, Sánchez CRM et al. Diretriz brasileira de valvopatias – SBC 2011/I Diretriz interamericana de valvopatias – SIAC 2011. Arq Bras Cardiol. 2011;97(5 supl. 1):1-67.
7. Ávila WS, Grinberg M, Rossi EG, Cardoso LF, da Luz PL, Pileggi F. Efficacy of clinical treatment for severe mitral stenosis in pregnancy. Maternal and fetal outcome. Circulation. 1995;92(suppl I):517.
8. Esteves CA, Munoz JS, Braga S, Andrade J, Meneghelo Z, Gomes N et al. Immediate and long-term follow-up of percutaneous balloon mitral valvuloplasty in pregnant patients with rheumatic mitral stenosis. Am J Cardiol. 2006;98(6):812-6.
9. World Health Organization. Medical eligibility criteria for contraceptive use. 3.ed. Geneve: WHO; 2005.

Seção V

38

Síncope

Luciana Sacilotto

Introdução

A síncope corresponde a 3% dos atendimentos em unidades de emergência. A etiologia vasovagal é a mais comum, entretanto, até 35% dos pacientes não têm diagnóstico causal bem definido.

Definição

Síncope é a perda transitória da consciência e do tônus muscular, de recuperação imediata e espontânea, ou seja, sem intervenção terapêutica. Qualquer que seja a causa, o mecanismo para sua ocorrência é a hipoperfusão cerebral difusa transitória.

Abordagem a perda de consciência

Anamnese

- Identificação: faixa etária, gênero, profissão.
- Pródromos: duração, sintomas de baixo débito (palidez, tontura), presença de sinais autonômicos (náusea, sudorese, piloereção e vômitos), sinais de síncope cardíaca (ausência de pródromo, cianose, palpitação, precordialgia ou dispneia) ou sinais neurológicos (grito, áurea).
- Episódios: duração, perda ou aumento do tônus, movimentos tônico-clônicos, presença de incontinência fecal ou urinária.
- Fatores desencadeantes: estresse físico ou emocional, posição ortostática prolongada ao se levantar, uso de drogas, venopunção, tosse, deglutição, rotação da cabeça ou movimentação de membros superiores.
- Posição em que ocorre: ortostatismo, supino ou indiferente.
- Sintomas residuais: fadiga, cefaleia, desorientação e dor no corpo.
- Frequência: diária, semanal, mensal.

Exame físico	
▪ Sinais sugestivos de insuficiência cardíaca (estase jugular, edema, alterações de bulhas). ▪ Alteração de pulso. ▪ Sopros cardíacos (valvopatias, cardiomiopatia hipertrófica) ou carotídeo. ▪ Pressão arterial supina, após 30 segundos e após 3 minutos em posição ortostática.	
Exames complementares	
ECG de 12 derivações	Avalia a existência ou não de alterações prévias sugestivas de cardiopatia (sobrecargas, condução atrioventricular, interventricular e repolarização) ou canalopatia (Brugada, QT longo ou curto)
Holter de 24 horas	Correlaciona os sintomas com a ocorrência da síncope, portanto, possui baixa capacidade de detecção do evento clínico
Teste de esforço	Avalia síncope aos esforços, na suspeita de doença arterial coronária ou arritmias adrenérgico-dependente
Monitor de eventos 15-30 dias (*loop recorder*)	Correlaciona os sintomas com achados eletrocardiográficos em paciente com sintomas semanais
Monitor de eventos implantável (2 anos)	Correlaciona os sintomas com achados eletrocardiográficos em paciente com sintomas esporádicos
Tilt teste	Avalia resposta hemodinâmica ao ortostatismo e à massagem carotídea. Pode ser sensibilizado com agentes adrenérgicos como isoproterenol e nitratos Correlaciona os sintomas com as alterações hemodinâmicas e promove reforço do diagnóstico clínico para o paciente Possibilita o diagnóstico de pseudosíncope e, em situações específicas, de quedas inexplicadas Auxilia no diagnóstico diferencial de hipotensão postural, disautonomia e reflexo vasovagal
Ecocardiograma	Avalia existência de cardiopatia estrutural
Angiotomografia de coronárias ou cineangiocoronariografia	Avalia síncope aos esforços na suspeita de doença arterial coronária ou coronária anômala
Ressonância magnética	Em caso de suspeita de síncope cardiogênica (miocardites, cardiopatias dilatadas, cardiopatia hipertrófica e cardiopatia arritmogênica de ventrículo direito)

Classificação

Síncope neuromediada (ou síncope reflexa)

- Síncope vasovagal: a mais comum, desencadeada por ortostatismo ou estresse emocional.
- Síncope situacional: situações específicas que deflagram o reflexo vasovagal, como micção, tosse, punção venosa e outros.
- Hipersensibilidade do seio carotídeo (HSC): ocorre principalmente em homens idosos. É uma entidade clínica definida pela presença de sintomas ocasionados por rotação ou compressão da região cervical e reproduzidos pela massagem do seio carotídeo, por meio de bradicardia e/ou hipotensão.

Hipotensão ortostática

- Hipotensão ortostática secundária: hipovolemia, septicemia, uso de vasodilatadores, insuficiência cronotrópica secundária a medicações (betabloqueadores).
- Disfunção autonômica (disautomia): hipotensão ortostática primária, que pode ser central (Parkinson, disfunções autonômicas múltiplas) ou periférica (lesão medular, neuropatia diabética, autoimune ou pós-infecciosas). A perda de tônus muscular, mais comum em idosos, também pode ser causa de redução do retorno venoso.
- Diagnóstico diferencial entre hipotensão ortostática secundária e disautonomia: história clínica (uso de medicações, doenças infecciosas agudas), exame físico (desidratação, febre) e padrão de resposta no *tilt* teste (hipotensão ortostática ou disautonomia).

Arritmias cardíacas

- Síncope por bradicardia: pausas sinusais (reflexa ou por doença do nó sinusal, dependendo da situação desencadeante), bloqueios atrioventriculares de alto grau ou assistolia pós-taquicardia (síndrome taqui-bradicardia).
- Síncope por taquicardias supraventriculares ou ventriculares em coração normal: também pode ser mediada pelo reflexo vasovagal decorrente da redução das pressões de enchimento intraventricular durante a taquicardia.
- Síncope por taquicardia ventricular em doença cardíaca estrutural: fator de risco para morte súbita. Na presença de cardiopatias arritmogênicas genéticas (displasia arritmogênica do ventrículo direito, cardiomiopatia hipertrófica, dilatada familiar) ou adquiridas (cardiopatia chagásica, isquêmica ou por miocardite), a história detalhada da síncope é o principal determinante para distinção entre síncope arrítmica ou reflexa. Pode ser necessária a investigação adicional com estudo eletrofisiológico.
- Síncope em canalopatias: também preditora de morte súbita cardíaca (síndrome do Qt longo, síndrome de Brugada, taquicardia ventricular polimórfica catecolaminérgica).

Síncope por doença grave cardiopulmonar

- Pode envolver mecanismo reflexo, entretanto, nesses casos, a causa da redução crítica do volume sistólico pode advir de evento com alta letalidade, como infarto agudo do miocárdio, dissecção de aorta, embolia pulmonar maciça ou estenose aórtica importante.

Síncope secundária à doença cerebrovascular
▪ Raramente causa hipoperfusão difusa cerebral, em razão da múltipla vascularização do polígono de Willis. Quando ocorre, deve-se considerar ataque isquêmico transitório envolvendo o sistema vertebrobasilar. A síndrome de roubo de fluxo da subclávia pode levar à hipoperfusão cerebral, mas geralmente apresenta relação com esforço do membro no qual há estenose crítica.
Perda transitória da consciência não sincopal
▪ Convulsão, hipoglicemia, concussão cerebral ou intoxicação não são consideradas causas de síncope, por não causarem hipoperfusão cerebral difusa, transitória e por não apresentarem recuperação espontânea. A pseudossíncope psicogênica, causa comum snessa categoria, pode ser suspeitada pela descrição clínica e comprovada quando o médico presencia o episódio de colapso ou quando se documenta o episódio durante o *tilt test*.

Características clínicas da síncope para determinação etiológica

Neuromediada
História prolongada desencadeada por estresse emocional, tempo prolongado em ortostase ou situações bem definidas (rotação do pescoço, tosse, riso, dor, venopunção). Pode ocorrer trauma. Presença de náusea, calor, sudorese, palidez, com sintomas residuais leves e de curta duração (fadiga, sonolência), sem desorientação.
Cardíaca
Pródromo curto ou ausente, palpitação ou dor precordial, ocorrência mais comum de trauma, cianose. Geralmente observada em pacientes com doença cardíaca estrutural ou com antecedente de morte súbita precoce na família.
Epilepsia (perda de consciência não sincopal)
Sem fator desencadeante, presença de áurea, cianose, salivação, desvio do olhar, incontinência fecal ou urinária, movimentos tônico-clônicos. O estado tônico pode levar ao grito e à mordedura de língua. Os sintomas residuais são mais prolongados e ocorrem cefaleia, desorientação e dor muscular.

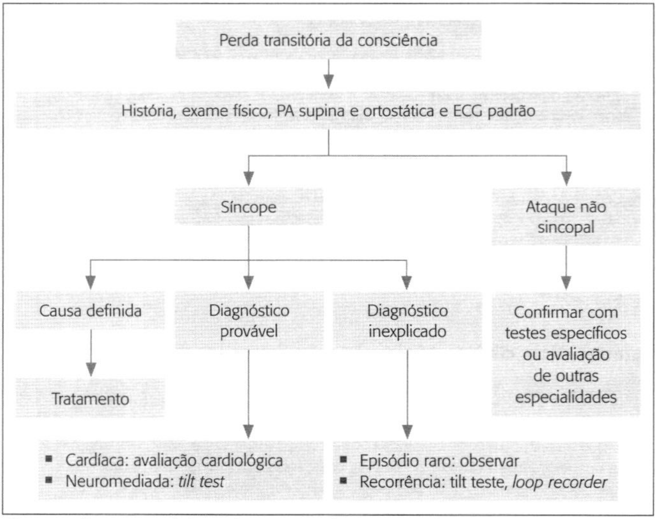

Figura 1 Fluxograma de investigação – perda transitória da consciência.
ECG: eletrocardiograma; PA: pressão arterial.

Tratamento

Modificações do estilo de vida

- Educação sobre a benignidade, aumento da ingesta de água e sal.
- Evitar jejum prolongado e situações que sabidamente deflagram a síncope.
- Se possível, reduzir ou suspender medicações anti-hipertensivas, especialmente diuréticos e vasodilatadores.

Manobras no período prodrômico

- Os exercícios isométricos de grandes grupos musculares aumentam o retorno venoso, evitando a queda de pressão arterial. Podem ser realizados no período prodrômico, para prevenção da síncope.
- As manobras propostas são cruzamento das pernas, com contração das panturrilhas, ou dos braços pelo aperto das mãos.
- As manobras são pouco eficazes em pacientes com pródromo curto ou ausente.

Treinamento postural (*tilt training*)
▪ Permanecer em pé, com dorso apoiado contra a parede vertical e com os pés a 15-20 cm de distância por 20 a 40 minutos, pelo menos três vezes por semana. ▪ Faltam evidências positivas consistentes para a recomendação rotineira. Sua prática, na frequência semanal necessária para atingir eficácia, é de difícil aderência.
Atividade física
▪ Exercícios aeróbicos e exercícios de resistência principalmente em membros inferiores podem melhorar os sintomas de intolerância ortostática. ▪ Há aparente melhora na sensibilidade barorreflexa e aumento do volume plasmático.
Medicações
▪ Fludrocortisona: mineralocorticoide avaliado no *trial* POST 2 (não publicado), mas sem comprovação evidente da sua eficácia. Logo, sua indicação é restrita a grupos muito sintomáticos, apesar das modificações do estilo de vida. ▪ Midodrina: alfa-agonista em avaliação no *trial* POST 4 aparenta redução no risco de síncope em estudos prévios. A maior limitação é a necessidade de 2 a 3 doses ao dia, e os efeitos colaterais são hipertensão supina, retenção urinária em homens idosos e cefaleia. ▪ Inibidores da receptação da serotonina: fluoxetina, sertralina e paroxetina. O mecanismo de ação para melhora dos sintomas pode ocorrer por redução da atividade simpática mediada pela serotonina. Há pouca evidência sobre sua eficácia, mas pode ser empregada em pacientes com comorbidades psiquiátricas, como ansiedade ou pânico. ▪ Betabloqueadores: o metoprolol, avaliado no *trial* POST 1, não foi efetivo para tratamento da síncope vasovagal. Entretanto, estudos observacionais mostraram alguma eficácia em pacientes acima de 40 anos. Esses resultados estão sento avaliados pelo *trial* POST 5.
Marca-passo
▪ No estudo ISSUE 3, foi observada a eficácia do marca-passo em pacientes com síncopes recorrentes, refratária ao tratamento comportamental e medicamentoso, com resposta cardioinibitória (assistolia) flagrada no evento espontâneo (monitor de eventos ou Holter) em indivíduos acima de 40 anos. ▪ Pela evolução benigna e, em geral, com resolução espontânea, não há indicação rotineira em pacientes com síncope cardioinibitória, principalmente quando o evento foi flagrado apenas durante o *tilt test*.

Bibliografia recomendada

1. Moya A, Sutton R, Ammirati F, Blanc J-J, Brignole M, Dahm JB, et al. Guidelines for the diagnosis and management of syncope (version 2009): The Task Force for the Diagnosis and Management of Syncope of the European Society of Cardiology (ESC). European Heart Journal. 2009;30(21):2631-71.
2. Sheldon RS, Raj S. Management of vasovagal syncope: The Heart Rhythm Society 2015 Scientific Statement. Autonomic Neuroscience. 2015;192:6.

39

Fibrilação atrial

Francisco Carlos da Costa Darrieux
Pedro Yuri Paiva Lima

Introdução

A fibrilação atrial (FA) é a arritmia sustentada mais frequente na prática clínica, com prevalência estimada entre 1,5 e 2% da população mundial. A FA é uma arritmia dinâmica, e os pacientes podem necessitar de atendimentos emergenciais, tanto para reversão ao ritmo sinusal como para controle da frequência cardíaca (FC), de modo que o seu diagnóstico e os aspectos terapêuticos sejam bem conhecidos.

Apesar de não ser uma arritmia que apresente ameaça imediata à vida, pode estar relacionada a complicações cardioembólicas e disfunção miocárdica, com perda funcional e piora de qualidade de vida.

Além da queixa de palpitação sem outros sintomas associados, pode se apresentar como FA de alta resposta ventricular (FAARV), sendo necessária a exclusão de causas secundárias, como distúrbios hidreletrolíticos (DHE), tireotoxicose, sepse, uso de tóxicos (cocaína, álcool, anfetaminas), isquemia aguda, insuficiência cardíaca descompensada e má aderência ao tratamento.

Fatores associados ao desenvolvimento de fibrilação atrial

- Idade
- Hipertensão arterial sistêmica (HAS)
- Doenças valvares
- Cardiomiopatias
- Defeitos septais atriais
- Defeitos cardíacos congênitos
- Doença arterial coronarina (DAC)
- Disfunção tireoidiana
- Obesidade
- Diabete melito (DM)
- Doença pulmonar obstrutiva crônica (DPOC)
- Apneia do sono
- Doença renal crônica
- Uso de tóxicos

Patogênese

A fibrilação atrial está, muitas vezes, associada a uma cardiomiopatia de base, com aumento da pressão atrial esquerda ou inflamação atrial.

Outro mecanismo comum, especialmente nos episódios paroxísticos, é a deflagração por extrassístoles atriais advindas de focos próximos às veias pulmonares e em outras localizações de ambos os átrios.

Desenvolvimento de múltiplos focos de reentrada (reentrada randômica) e redução do período refratário atrial são fundamentais para a manutenção e a persistência da arritmia.

Classificação da fibrilação atrial (FA)

Primeiro episódio: primeira detecção independentemente do tempo e dos sintomas associados.

Paroxística: episódios com duração de até 7 dias (usualmente com resolução espontânea em até 48 horas ou após uso de fármaco dentro deste período).

Persistente: duração superior a 7 dias, sem resolução espontânea, com duração de até 1 ano (quando se decide pelo controle do ritmo).

Persistente de longa duração: mesma definição de FA persistente com duração superior a 1 ano.

Permanente: quando se decide por não tentar mais reversão para ritmo sinusal (FA aceita), optando-se exclusivamente por anticoagulação oral (ACO) e controle de frequência cardíaca.

Achados eletrocardiográficos

Fundamentais para o diagnóstico de fibrilação atrial, caracterizam-se por ausência de onda P e intervalos RR irregulares (Figura 1).

Especialmente em V1, podem ser visualizadas ondas semelhantes à onda P, mas elas diferenciam-se das taquicardias atriais e do *flutter* pelo intervalo entre as ondas de ativação atrial menor que 200 ms (300 bpm).

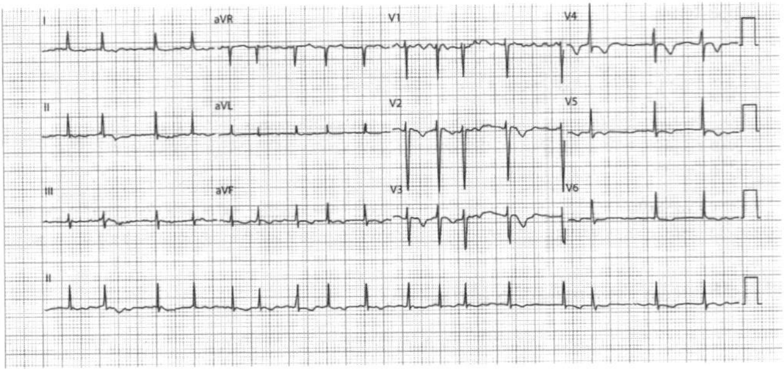

Figura 1 Eletrocardiograma. Ausência de onda P e intervaldos RR irregulares.

Manejo inicial

Questões relevantes para a tomada de decisão:

- Há instabilidade hemodinâmica?
- O ritmo durante a crise é regular ou irregular?
- Existe pré-excitação ventricular (complexos QRS bizarros e FC acima de 250 bpm)?
- Qual a duração estimada da FA desde o início dos sintomas?
- Houve algum fator precipitante, como exercício, estresse emocional ou uso de álcool?
- Existem sintomas associados às crises?
- Quais são a frequência e a duração dos episódios?
- Quais os fatores de risco associados (HAS, DM, DPOC, doença cerebrovascular, DAC, disfunção ventricular e doença vascular periférica)?
- Existe risco de acidente vascular cerebral (AVC) ou tromboembolismo caso se decida pela cardioversão (química ou elétrica)?
- Já faz uso de anticoagulante oral? Tem boa adesão ao tratamento e exame de RNI adequado (caso use varfarina)?
- Existe história familiar de FA?
- Existe doença valvar?
- Quais são o tamanho do átrio esquerdo e a função ventricular?

Com base nestas questões, existem dados para obter melhor definição sobre questões fundamentais do manejo, como controle do ritmo *versus* controle de resposta ventricular ou necessidade ou não de anticoagulação oral plena.

DAC: doença arterial coronária; DM: diabetes melito; DPOC: doença pulmonar obstrutiva crônica; FA: fibrilação atrial; FC: frequência cardíaca; HAS: hipertensão arterial sistêmica.

Anticoagulação

Fundamental para a prevenção de eventos tromboembólicos. Deve ser considerada em todos os pacientes com fatores de risco para esses eventos com base nos escores de risco dos estudos CHADS2 e CHA2DS2VASC.

Além de estabelecer o risco de fenômenos tromboembólicos, também é necessário estimar o risco de sangramento com uso da terapia. O escore mais utilizado (HAS-BLED) não deve ser usado para contraindicar a anticoagulação, mas para alertar ao médico sobre os cuidados e ajustes necessários nas doses das medicações para evitar eventos adversos da terapia. Vários dos fatores deste escore são modificáveis.

Não há diferença na conduta, independentemente da classificação da FA entre paroxística, persistente e permanente.

CHA2DS2VASC (pontos)	HAS-BLED (pontos)
C: Cardiopatia/disfunção ventricular (1 ponto) H: Hipertensão (1 ponto) A: Idade > 75 anos (2 pontos) D: Diabete melito (1 ponto) S: AVC/AIT (2 pontos) V: Doença vascular periférica (1 ponto) A: Idade 65-74 anos (1 ponto) SC: Sexo feminino (1 ponto)	H: Hipertensão (1 ponto) A: Disfunção renal ou hepática (1 ponto cada) S: AVC prévio (1 ponto) B: Sangramento (1 ponto) L: Labilidade da RNI (1 ponto) E: Idade > 65 anos (1 ponto) D: Drogas ou álcool (1 ponto cada)
Opções de anticoagulação/antiagregação: ▪ Antiagregantes: AAS, clopidogrel. ▪ Antagonistas da vitamina K (AVK): varfarina. ▪ Inibidores diretos da trombina: dabigatrana. ▪ Inibidores do fator Xa: rivaroxabana, apixabana, edoxabana, betrixabana (os dois últimos ainda não disponíveis no Brasil). ▪ As duas últimas classes são os novos anticoagulantes orais (NOAC).	Recomendações de anticoagulação (CHA2DS2VASC): ▪ > 1: AVK ou NOAC. ▪ = 1: NOAC ou AAS (preferência para os NOAC). ▪ 0: AAS ou nenhuma terapia (preferência para nenhuma).

NOAC (disponíveis no Brasil)
Dabigatrana: 150 mg, 2 x/dia; 110 mg, 2 x/dia, para pacientes com ClCr entre 30-49 mL/min, idade > 80 anos, interação medicamentosa, alto risco de sangramento (HAS-BLED > 2). Rivaroxabana: 20 mg, 1 x/dia; 15 mg para ClCr entre 30-49 mL/min e HAS-BLED > 2. Apixabana: 5 mg, 2 x/dia; 2,5 mg, 2x/dia para Cr > 1,5 mg/dL, idade > 80 anos, peso < 60 kg.

AAS: ácido acetilsalicílico; ClCr: *clearance* de creatinina; HAS-BLED: *hypertension, abnormal renal and liver function, stroke, bleeding, labile INRs, elderly, drugs or alcohol*; NOAC: novos anticoagulantes orais.

FA aguda com menos de 48 h de duração

A cardioversão química ou elétrica pode ser tentada sem necessidade de anticoagulação oral (ACO) por 3 semanas. Deve ser feito dose de ataque de heparina não fracionada (HNF) endovenosa, seguida de infusão contínua ou uso de heparina de baixo peso molecular (HBPM) subcutânea.

Em pacientes sem fatores de risco, pode-se optar por não realizar ACO após a cardioversão. Em paciente com qualquer fator de risco, deve-se manter a ACO por pelo menos 4 semanas, considerando o uso por tempo indefinido, de acordo com o escore de CHA2DS2-VASC.

Existe a opção de realizar ecocardiograma transesofágico (ETE) para descartar trombo em aurícula esquerda e não necessitar aguardar três semanas para a cardioversão.

Dica importante: nunca cardioverter pacientes com FA de baixa resposta ventricular, especialmente se não estiverem usando nenhum fármaco bloqueador do nó AV, como betabloqueadores, bloqueadores dos canais de cálcio ou digital. Nesses casos, a cardioversão pode até ser deletéria com risco de bradiarritmia grave e assistolia.

Opções de cardioversão química:

- Propafenona: 450-600 mg, VO, para reversão aguda (primeira dose da vida intra-hospitalar). Contraindicada para disfunção de VE e isquemia.
- Amiodarona: 5 mg/kg em 1 h, IV, sendo a droga de escolha para pacientes com isquemia ou doença cardíaca estrutural.

Recomendações para cardioversão elétrica:

- Choque sincronizado bifásico (120-200 J) após sedação adequada.
- Dose de ataque de HNF IV.
- Anticoagulação por quatro semanas ou de modo perene, dependendo dos fatores de risco.

Controle de ritmo *versus* controle de frequência

Apesar de até o momento nenhum estudo ter demonstrado, em relação aos desfechos de mortalidade, superioridade do controle de ritmo sobre o controle de frequência cardíaca, é racional que o controle do ritmo deva ser a prioridade, especialmente nos paciente menos idosos, com duração de FA menor que um ano, com sintomas ou evoluindo para insuficiência cardíaca.

Drogas para controle agudo e crônico da frequência cardíaca

- Betabloqueadores: metoprolol (100-200 mg, VO, e 5-15 mg, IV), propranolol (30-120 mg, VO), bisoprolol (2,5-10 mg, VO), atenolol (25-100 mg, VO) e carvedilol (6,25-50 mg, VO). Cautela com pacientes com disfunção ventricular e suspeita de sepse, especialmente durante controle agudo.
- Bloqueadores dos canais de cálcio: verapamil (40-360 mg, VO) e diltiazem (30-360 mg, VO). Mesmos cuidados dos betabloqueadores.
- Digitais: digoxina (0,125-0,250 mg, VO) e deslanosídeo (0,1-0,2 mg, IV).
- Outros: amiodarona (IV, VO).

Opções de controle de ritmo

- Propafenona: 150-900 mg/dia dividida em duas ou três doses. Melhor droga para manutenção do ritmo sinusal. Não deve ser utilizada em pacientes com cardiopatia estrutural, DAC ou hipertrofia de ventrículo esquerdo (VE) importante (septo ou parede posterior > 12 mm).
- Sotalol: 120-360 mg/dia dividida em duas doses. Droga de escolha para pacientes com DAC e sem cardiopatia estrutural ou hipertrofia de VE importante. Deve-se reduzir a dose ou suspendê-la se QTc > 500 ms.
- Amiodarona: 200-600 mg/dia dividida em duas ou três doses. Droga de escolha para pacientes com cardiopatia estrutural ou contraindicações às demais drogas. Cuidado com interações medicamentosas, especialmente com digitais e cumarínicos, além de monitorizar os diversos efeitos colaterais (tireoidopatias, disfunção hepática, fibrose pulmonar, depósitos retinianos, entre outros).
- Ablação por radiofrequência: opção para pacientes com piora da função ventricular (taquicardiomiopatia), sem controle adequado dos sintomas ou do ritmo apesar do uso de pelo menos um antiarrítmico.

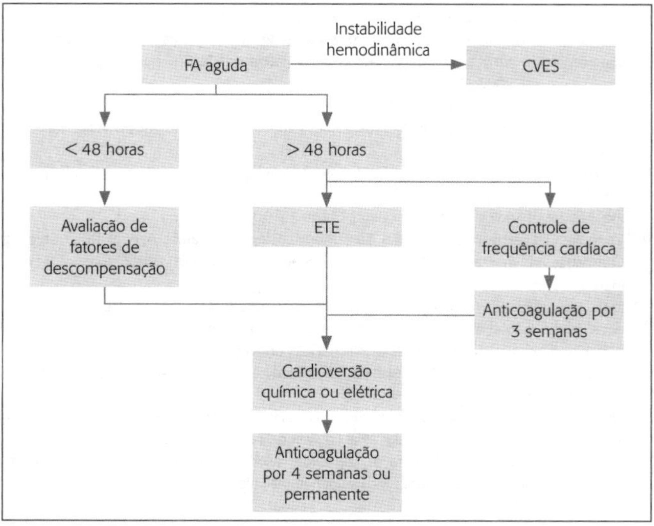

Figura 2 Conduta na fibrilação atrial aguda. FA: fibrilação atrial, CVES: cardioversão elétrica sincronizada, ETE: ecocardiograma transesofágico.

Bibliografia recomendada

1. Camm AJ, Kirchhof P, Lip GY, Schotten U, Savelieva I, Ernst S, et al. Guidelines for the management of atrial fibrillation: the Task Force for the Management of Atrial Fibrillation of the European Society of Cardiology (ESC). Europace. 2010;12:1360-420.
2. Wann LS, Curtis AB, January CT, Ellenbogen KA, Lowe JE, Estes NA 3rd, et al. ACCF/AHA Task Force Members. 2011 ACCF/AHA/HRS focused update on the management of patients with atrial fibrillation (Updating the 2006 Guideline): a report of the American College of Cardiology Foundation/American Heart Association Task Force on Practice Guidelines. Circulation. 2011;123:104-23.
3. Stewart S, Hart CL, Hole DJ, McMurray JJ. Population prevalence, incidence, and predictors of atrial fibrillation in the Renfrew/Paisley study. Heart. 2001;86:516-21.
4. Soeiro AM, Leal TCAT, Oliveira Jt MT, Filho RK. Manual de condutas práticas da unidade de emergência do InCor. Barueri: Manole; 2015. p.307-22.
5. Frustaci A, Chimenti C, Bellocci F, Morgante E, Russo MA, Maseri A. Histological substrate of atrial biopsies in patients with lone atrial fibrillation. Circulation. 1997;96:1180-4.
6. Blomstrom-Lundqvist C, Scheinman MM, Aliot EM, Alpert JS, Calkins H, Camm AJ, et al. ACC/AHA/ESC guidelines for the management of patients with supraventricular arrhythmias – executive summary. a report of the American College of Cardiology/American Heart Association task force on practice guidelines and the European Society of Cardiology committee for practice guidelines (writing committee to develop guidelines for the management of patients with supraventricular arrhythmias) developed in collaboration with NASPE-Heart Rhythm Society. J Am Coll Cardiol. 2003;42:1493-531.
7. Gage BF, Waterman AD, Shannon W, Boechler M, Rich MW, Radford MJ. Validation of clinical classification schemes for predicting stroke: results from the National Registry of Atrial Fibrillation. JAMA. 2001;285:2864-70.
8. Lip GY, Nieuwlaat R, Pisters R, Lane DA, Crijns HJ. Refining clinical risk stratifica- tion for predicting stroke and thromboembolism in atrial fibrillation using a novel risk factor-based approach: the Euro Heart Survey on atrial fibrillation. Chest. 2010;137:263-72.
9. Connolly SJ, Ezekowitz MD, Yusuf S, Eikelboom J, Oldgren J, Parekh A, et al. RE-LY Steering Committee and Investigators. Dabigatran vs. warfarin in patients with atrial fibrillation. N Engl J Med. 2009;361:1139-51.
10. Ruff CT, Giugliano RP, Antman EM, Crugnale SE, Bocanegra T, Mercuri M, et al. Evaluation of the novel factor Xa inhibitor edoxaban compared with warfarin in patients with atrial fibrillation: design and rationale for the Effective aNticoaGulation with factor xA next GEneration in Atrial Fibrillation-Thrombolysis In Myocardial Infarction Study 48 (ENGAGE AF-TIMI 48). Am Heart J. 2010;160:635-41.
11. Patel MR, Mahaffey KW, Garg J, Pan G, Singer DE, Hacke W, et al. ROCKET AF Investigators. Rivaroxaban vs. warfarin in nonvalvular atrial fibrillation. N Engl J Med. 2011;365:883-91.
12. Granger CB, Alexander JH, McMurray JJ, Lopes RD, Hylek EM, Hanna M, et al. ARISTOTLE Committees and Investigators. Apixaban vs. warfarin in patients with atrial fibrillation. N Engl J Med. 2011;365:981-92.

13. Freemantle N, Lafuente-Lafuente C, Mitchell S, Eckert L, Reynolds M. Mixed treatment comparison of dronedarone, amiodarone, sotalol, flecainide, and pro-pafenone, for the management of atrial fibrillation. Europace. 2011;13:329-45.
14. Ahmed S, Rienstra M, Crijns HJ, Links TP, Wiesfeld AC, Hillege HL, et al. CONVERT Investigators. Continuous vs. episodic prophylactic treatment with amiodarone for the prevention of atrial fibrillation: a randomized trial. JAMA. 2008;300:1784-92.
15. AFFIRM Investigators. A comparison of rate control and rhythm control in patients with atrial fibrillation. N Engl J Med. 2002;347:1825-33.
16. Polski G, Torbicki A, Kosior DA, Szulc M, Wozakowska-Kaplon B, Kolodziej P, et al. Rate control vs rhythm control in patients with nonvalvular persistent atrial fibrillation: the results of the Polish How to Treat Chronic Atrial Fibrillation (HOT CAFE) Study. Chest. 2004;126:476-86.
17. Nieuwlaat R, Capucci A, Camm AJ, Olsson SB, Andresen D, Davies DW, et al. Atrial fibrillation management: a prospective survey in ESC member countries: the Euro Heart Survey on Atrial Fibrillation. Eur Heart J. 2005;26:2422-34.

40

Taquiarritmias supraventriculares: manejo ambulatorial

Natália Quintella Sangiorgi Olivetti
Francisco Carlos da Costa Darrieux

Introdução

As taquicardias supraventriculares (TSV) são caracterizadas pela participação ou pela origem da arritmia na região que utiliza estruturas acima da bifurcação do feixe de His para a sua manutenção. Estas TSV podem ser dependentes ou independentes do feixe de His para o seu circuito crítico. São classicamente taquicardias de QRS estreito e ritmo regular, mas podem eventualmente se apresentar com complexos QRS alargados, sendo necessário o diagnóstico diferencial com as taquicardias ventriculares. A principal apresentação clínica é a palpitação taquicárdica, na maioria das vezes com início e término súbitos, especialmente quando decorrentes do mecanismo de reentrada. O eletrocardiograma (ECG) registrado no dia e na hora dos sintomas (ECG da crise de 12 derivações) é fundamental para a diferenciação entre os tipos de TSV e para orientação da conduta e do prognóstico. O paciente deve ser orientado para registrar e documentar as crises de palpitações sustentadas.

Em geral, o tratamento ambulatorial das TSV tem por objetivo reduzir os sintomas de palpitações e as idas ao pronto-socorro (PS) para atendimento, em especial na taquicardia de reentrada nodal (TRN). Por sua vez, na taquicardia atrioventricular (TAV), relacionada à síndrome de Wolff-Parkinson-White (WPW), o tratamento se baseia não apenas no alívio dos sintomas, mas principalmente na estratificação de risco de morte súbita cardíaca (MSC). Nas arritmias atriais, como o *flutter* atrial (FLA) e a fibrilação atrial (FA), deve-se estratificar o risco tromboembólico pelo CHA_2DS_2VASC e o risco hemorrágico pelo HAS-BLED para decisão clínica sobre anticoagulação.

As TSV, em especial as taquicardias atriais e sinusais, podem ter como fatores deflagradores: distúrbios metabólicos descompensados – como hipertensão arterial sistêmica (HAS), diabete melito (DM), dislipidemia (DLP), isquemia, disfunções tireoidianas –, distúrbios hidreletrolíticos (hipocalemia e hipomagnesemia) ou condições inflamatórias (infecção, pós-operatório). Dessa forma, a redução dos episódios de arritmia e a melhora sintomática requerem o tratamento dessas condições associadas, devendo-se priorizar o controle metabólico-inflamatório antes de se propor um tratamento invasivo.

Principais tipos de arritmias supraventriculares e seus mecanismos eletrofisiológicos

Taquicardia de reentrada nodal (TRN)
Condição para que ocorra: dupla via nodal. Um batimento precoce, como uma extrassístole, encontra a via rápida em período refratário e conduz pela via lenta. O estímulo elétrico que ativou o ventrículo encontra a via rápida em seu período de excitabilidade e o conduz retrogradamente, ativando os átrios. Mecanismo de reentrada no nó atrioventricular (NAV).

Taquicardia atrioventricular (TAV)
Condição para que ocorra: via acessória (um feixe elétrico que comunica átrio e ventrículo) que pode estar em diversas localizações do anel mitral ou tricúspide. Um batimento precoce, como uma extrassístole, encontra o NAV em período refratário e conduz retrogradamente pela via acessória. Ao ativar os átrios, esse estímulo encontra o NAV em seu período de vulnerabilidade e conduz por ele, reativando os ventrículos. Na TAV ortodrômica, a ativação ventricular ocorre pelo nó sinusal, por isso o QRS é estreito. Quando conduzida com bloqueio de ramo ou se for de modo anterógrado (TAV antidrômica), a taquicardia terá o complexo QRS alargado. Mecanismo de reentrada atrioventricular. O NAV faz parte do circuito.

Taquicardia atrial (TA)
Esta condição pode ocorrer por diversos mecanismos. Os dois principais são o aumento do automatismo de um foco atrial e por um mecanismo de reentrada em área de fibrose atrial (relacionada a remodelamento atrial ou cirurgia cardíaca prévia). Os mecanismos envolvidos são automatismo normal exacerbado e reentrada em áreas de fibrose. O circuito da taquicardia não é dependente do NAV.

***Flutter* atrial (FLA)**
É uma arritmia atrial que se propaga pelo anel tricuspídeo, septo interatrial, parede livre do átrio direito e istmocavotricuspídeo (ICV). Essa sequência de ativação gera ondas F em serrilhado predominantemente negativas em derivações inferiores. Quando o FLA usa o ICV é chamado de *flutter* típico; quando a sequência de ativação segue no sentido contrário, é chamado de típico reverso e tem ondas F positivas nas derivações inferiores. Quando o FLA não utiliza o ICT, é chamado atípico. Mecanismo de macrorreentrada no átrio direito. O circuito da taquicardia não é dependente do NAV.

Taquicardia sinusal inapropriada
FC > 100 bpm persistente ou FC média > 90 bpm no Holter, sendo afastadas condições clínicas como uma resposta fisiológica adrenérgica, estado de anemia ou hipertireoidismo.

Achados clínicos mais relevantes

Taquicardia de reentrada nodal (TRN)
Ocorre com maior frequência em mulheres de meia-idade, população em que as extrassístoles atriais são mais frequentes. O "sinal de *frog*" caracteriza-se pela sensação de palpitações no pescoço e ocorre pela contração atrial sobre a valva atrioventricular fechada (decorrente da ativação atrial retrógrada rápida). Pode ocorrer poliúria por aumento do peptídeo natriurético atrial. Geralmente as crises são bem toleradas, sem instabilidade hemodinâmica e a taquicardia é facilmente interrompida com adenosina, por conta da dependência do NAV no circuito. O ECG de base é normal.

Taquicardia atrioventricular (TAV)
É mais comum em homens, pode aparecer desde a primeira infância e pode ocorrer também em adultos jovens (20 a 30 anos), sendo menos comum conforme aumenta a idade. Durante as crises, o paciente pode relatar sensação de dor em pontada na região precordial e as palpitações são sentidas na região precordial. As crises, em geral, são bem toleradas, mas a depender do período refratário da via e do circuito utilizado, a frequência da taquicardia pode ser muito alta, fazendo com que as crises sejam mal toleradas. A TAV é facilmente interrompida com adenosina em decorrência da dependência do NAV no circuito. O ECG de base pode ter pré-excitação manifesta, inaparente, intermitente ou ser normal (WPW oculto). O mecanismo de MSC no WPW é o início de uma TAV que degenera em FA, que, por sua vez, degenera em FV. A VA de período refratário muito curto (< 270 ms) pode conduzir todos os estímulos atriais da FA, fazendo com que degenere em FV.

TA e *flutter* atrial
Mais comuns em mulheres de meia-idade, relacionados a extrassístoles atriais frequentes. Observa-se na monitorização eletrocardiográfica contínua (Holter) uma densidade alta de extrassístoles atriais e períodos de taquicardia atrial não sustentada (TANS). Na TA multifocal há vários focos de disparo, no ECG observam-se ondas P variando de morfologia na mesma derivação, e é mais comumente encontrada em pacientes com doença pulmonar obstrutiva crônica.
O FLA pode ocorrer nas mesmas situações clínicas que a TA, estando mais relacionado a cardiopatias de remodelamento atrial, pneumopatias, cardiopatias congênitas e cardiopatias cirúrgicas corrigidas.
A adenosina não interrompe as taquicardias atriais, já que seu circuito não depende do NAV, mas reduz a frequência cardíaca momentaneamente, facilitando a visualização das ondas P.

ECG: eletrocardiograma; EEF: estudo eletrofisiológico; FA: fibrilação atrial; FLA: flutter atrial; MSC: morte súbita cardíaca; NAV: nó atrioventricular; TA: taquicardia atrial; TAV: taquicardia atrioventricular; WPW: Wolff-Parkinson-White.

Achados eletrocardiográficos típicos que ajudam a diferenciar as TSV

TRN comum (Figuras 1 e 2)
RP' curto (< 80 ms).
Pseudo r' em V1, pseudo s em DII, III, aVF.
Correspondem à ativação atrial retrógrada rápida que ocorre dentro do QRS.

TRN incomum
RP' longo, geralmente maior que o P'R seguinte.

TAV ortodrômica (Figura 3)
RP' mais longo que TRN (120 ms), porém menor que P'R seguinte.
Alternância elétrica mais marcante.
Infradesnivelamento de segmento ST em parede lateral ou inferior (corresponde à ativação atrial retrógrada que ocorre dentro do segmento ST).
Sinal de Puech (RP' longo com onda p negativa em DI).
ECG de base em geral apresenta pré-excitação ventricular.

TAV antidrômica (Figura 4)
Taquicardia de QRS largo e regular com início de ativação rápido (diagnóstico diferencial com TV) e padrão inicial do QRS de aspecto deltoide (entalhe inicial).

Fibrilação atrial pré-excitada (Figura 5)
Taquicardia de QRS largo e irregular, rápida; o QRS assume diversas morfologias na mesma derivação.

TA por foco atrial ectópico (Figura 7)
Atividade atrial apresentando ondas P organizadas, de origem diferente do nó sinusal (a p sinusal apresenta DI negativo, DII, DIII, aVF positivos) com linha de base normal. Quando 2:1, o RP' é longo e maior que P'R seguinte. O teste com adenosina, ao bloquear o NAV, pode "desmascarar", mostrando mais ondas P do que QRS.

TA perissinusal
Um tipo específico de TA em que ocorre uma reentrada no nó sinusal de início e término abruptos, e as ondas P são indistinguíveis da onda P sinusais ao ECG.

TA multifocal
Atividade atrial apresentando onda P com diferentes morfologias (mais de três), variando na mesma derivação e com tempos de ativação diferentes, resultando em um ritmo irregular.

FLA típico (Figura 8)
Apresenta um serrilhado negativo em DII, DIII, aVF.

FLA: *flutter* atrial; TA: taquicardia atrial; TAV: taquicardia atrioventricular; TRN: taquicardia de reentrada nodal; TSV: taquicardias supraventriculares.

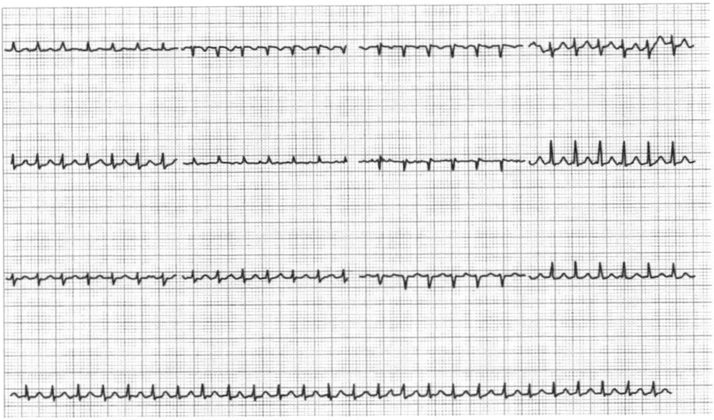

Figura 1 Taquicardia de reentrada nodal. Observe o pseudo s' nas derivações DII, DIII e aVF, bem como o pseudo r' na derivação V1.

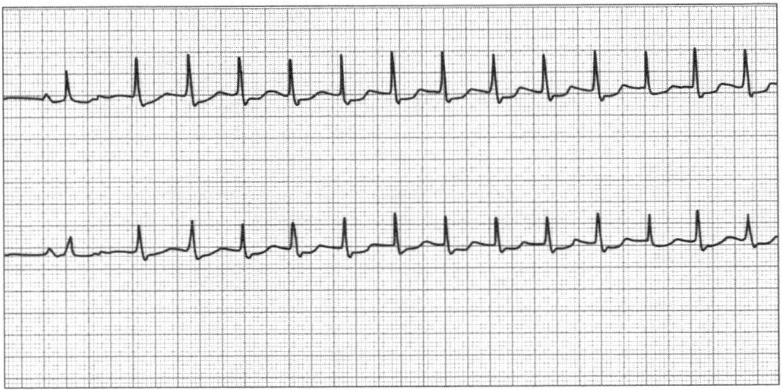

Figura 2 Taquicardia de reentrada nodal. Observe no início do traçado o QRS do ritmo sinusal e compare ao iniciar a taquicardia: aparecimento de s' em DII.

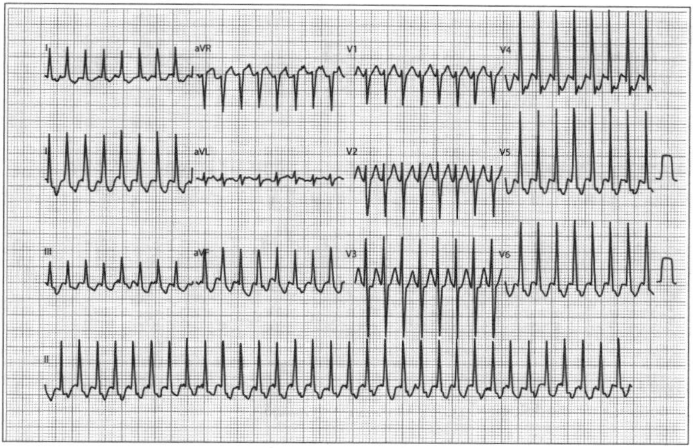

Figura 3 Taquicardia atrioventricular. Observe a alternância elétrica e o infradesnivelamento do segmento ST.

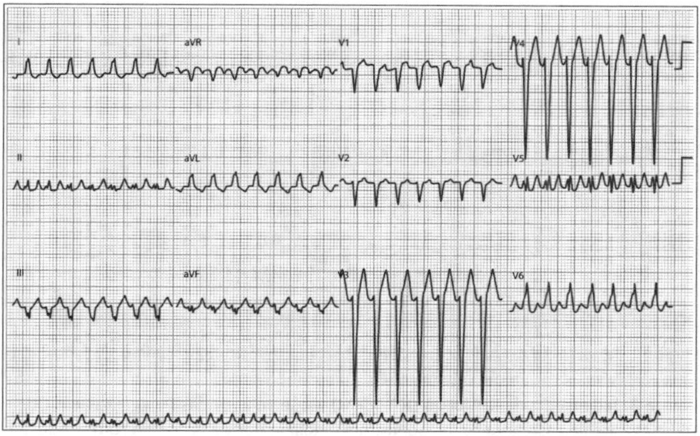

Figura 4 Taquicardia supraventricular com morfologia de bloqueio de ramo esquerdo. Sugere taquicardia com pré-excitação tipo Mahaim.

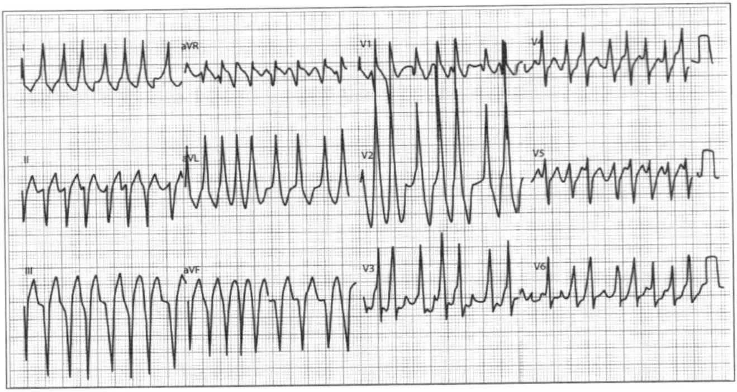

Figura 5 Fibrilação atrial pré-excitada. Observe a irregularidade dos complexos QRS e a mudança de morfologia do QRS na mesma derivação.

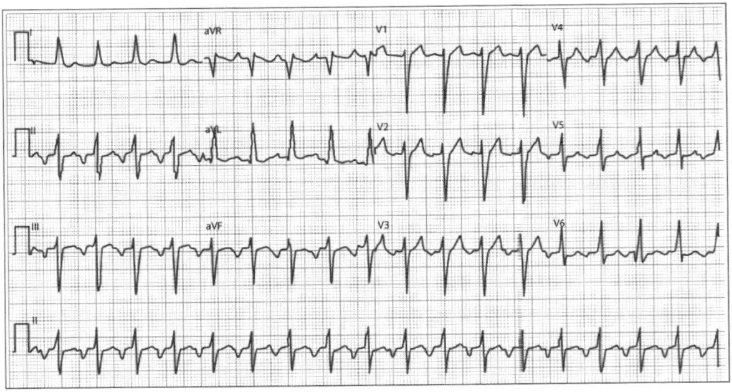

Figura 6 Taquicardia de RP' longo (RP' > P'R). Observe as ondas P negativas em DII, DIII e aVF. Neste caso trata-se de taquicardia mediada por via acessória com condução retrógrada lenta (taquicardia de Coumel).

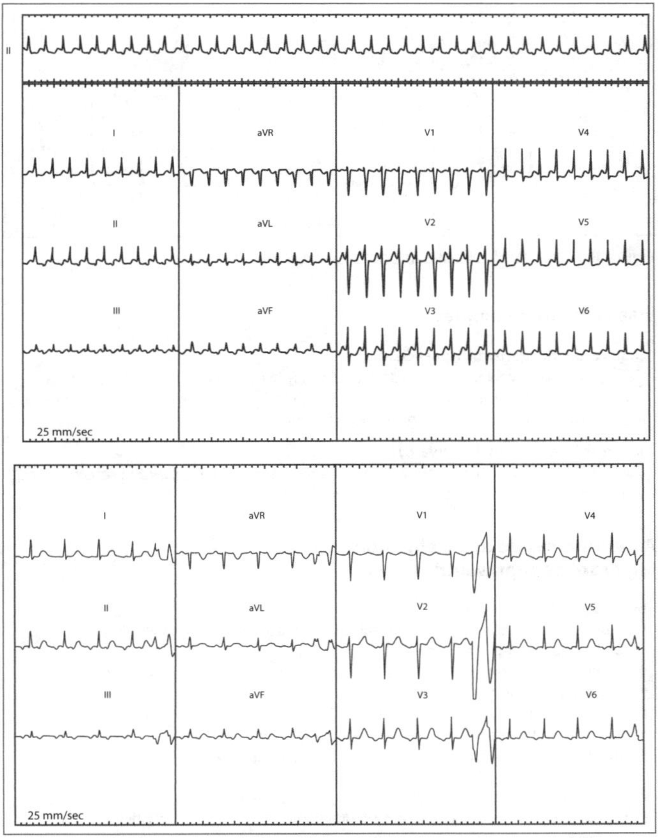

Figura 7 Taquicardia atrial. Observe o RP' longo e maior que P'R. Após manobra de bloqueio atrioventricular (manobra vagal ou adenosina), confirma-se a TA, com linhas isoelétricas entre as ondas P (segunda figura).

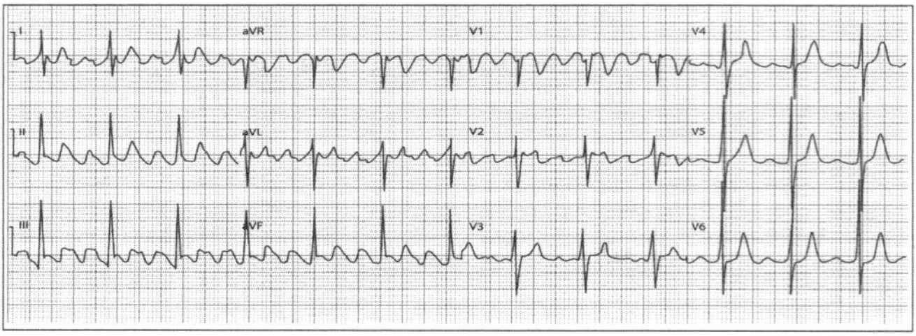

Figura 8 *Flutter* atrial. Observe as ondas F com serrilhado típico.

Vias acessórias complexas

Taquicardia de Mahaim (Figura 5)
Via acessória nodoventricular ou nodofascicular, tendo como uma das pistas quando se apresenta como taquicardia de QRS largo com morfologia de bloqueio de ramo esquerdo atípico. Diagnóstico diferencial com taquicardia ventricular.

Taquicardia de Coumel (Figura 6)
Via acessória de condução retrógrada decremental, geralmente localização posterosseptal, sendo uma das pistas onda p negativa "em gota" nas derivações inferiores.

Antiarrítmicos de uso ambulatorial para as taquicardias supraventriculares

Betabloqueadores

- Têm ação de bloqueio do nó atrioventricular, sendo utilizados para reduzir as crises de taquicardia de reentrada nodal (TRN).
- Devem ser titulados conforme resposta terapêutica, respeitando-se a frequência cardíaca.
- Propranolol 20-80 mg, a cada 12 horas.
- Atenolol 25-100 mg, uma vez ao dia.
- Tartarato de metoprolol (Seloken®) 25-100 mg, a cada 12 horas.
- Succinato de metoprolol (Selozok®) 25-200 mg, uma vez ao dia (preferencialmente na insuficiência cardíaca).
- Carvedilol 3,125-25 mg, a cada 12 horas (preferencialmente na insuficiência cardíaca).
- Contraindicados em pacientes com broncoespasmo, doença arterial periférica grave ou bradicardias.

Bloqueadores dos canais de cálcio

- Bloqueio do NAV, sendo utilizados para reduzir as crises de TRN.
- Verapamil 80-120 mg, a cada 8 horas.
- Diltiazem 30-120 mg, a cada 8 horas.
- Contraindicados em bradicardias e IC descompensada.

Propafenona ■ Inibe corrente rápida de sódio, tem ação de bloqueio do NAV e na via acessória, sendo utilizada para reduzir as crises de TRN, TAV, TA e FLA. ■ Propafenona 150-300 mg, a cada 12 horas. ■ Pode causar broncoespasmo. Contraindicada em doença coronária com isquemia e cardiopatia estrutural em decorrência do risco pró-arrítmico. ■ Pode acelerar o FLA e, em geral, pode ser usada em associação com um betabloqueador ou bloqueador de cálcio.
Sotalol ■ Sotalol 60-120 mg, a cada 12 horas. ■ Pode causar broncoespasmo. Contraindicada em bradicardias e nas cardiopatias estruturais em decorrência do risco pró-arritmia. ClCr entre 40-60 doses, uma vez ao dia; se < 40 não administrar. ■ Avaliar o QTc antes da prescrição e reavaliar o ECG em até 7 dias para verificar o efeito no QTc. Ao iniciar, o ideal é avaliar o Qtc de 2 a 4 horas após as administrações, por causa do risco raro e potencial de *torsades de pointes* (TdP).
Amiodarona ■ Amiodarona 100-400 mg, uma vez ao dia. ■ Droga geralmente reservada para os pacientes com doença estrutural cardíaca ou refratários aos efeitos colaterais a longo prazo (disfunções tireoidianas, pneumopatias, alteração hepática, lesões cutâneas, impregnação retiniana com déficit visual).

ClCr: *clearance* de creatinina; FLA: *flutter* atrial; NAV: nó atrioventricular; TA: taquicardia atrial; TAV: taquicardia atrioventricular; TRN: taquicardia de reentrada nodal; TSV: taquicardias supraventriculares.

Dicas práticas para diferenciar as TPSV pela morfologia da onda P

Onda P negativa em DII, III, aVF exclui taquicardia sinusal, pode ser: TA, TRN, TAV.
Onda P positiva em DII, III, aVF exclui TRN e TAV, pode ser TA e taquicardia sinusal.
Taquicardia terminada em onda P sugere TRN ou TAV
Taquicardia terminada em QRS pode ser TA, TRN, TAV

TA: taquicardia atrial; TAV: taquicardia atrioventricular; TRN: taquicardia de reentrada nodal; TPSV: taquicardias paroxísticas supraventriculares .

Tratamento do paciente com episódios de TRN sintomáticas

Controle de gatilhos desencadeantes.
Orientar manobras vagais nas crises de palpitação.

Inicialmente optar por betabloqueador ou bloqueador de cálcio. Se refratário, associar propafenona. Caso tenha contraindicação à propafenona (p. ex., isquemia), considerar uso de sotalol. A amiodarona é reservada para os casos refratários que tenham contraindicação aos demais antiarrítmicos.
Estudo eletrofisiológico e ablação: preferência do paciente, se o paciente não desejar tomar medicação, se refratário à terapia medicamentosa ou se antiarrítmicos estiverem contraindicados.

TRN: taquicardia de reentrada nodal.

Tipos de pré-excitação ventricular na síndrome de WPW

Manifesta: PR curto, onda delta, QRS largo e alteração de repolarizaçnao (quatro critérios).
Inaparente: critérios parcialmente presentes, porém não todos.
Intermitente: pré-excitação presente em alguns momentos e ausentes em outros.
WPW oculto: ausência de pré-excitação. Constatado pelo ECG da crise e confirmado pelo EEF.

ECG: eletrocardiograma; EEF: estudo eletrofisiológico; WPW: Wolff-Parkinson-White.

Tratamento do paciente com crises de TAV sintomáticas

Controle de gatilhos desencadeantes. Orientar manobras vagais nas crises de palpitação.
Iniciar propafenona se coração estruturalmente normal (não usar: isquemia e cardiopatia estrutural). Opcional: sotalol (não usar: cardiopatia estrutural).
Associar betabloqueador ou bloqueador de cálcio (opcional) para controle de FC nas crises. Os betabloqueadores não devem ser administrados isoladamente em pré-excitação manifesta, pois bloqueiam apenas o NAV sem ação na via acessória. Caso o paciente apresente FA, os estímulos serão conduzidos preferencialmente pela VA, podendo degenerar em fibrilação ventricular (FV).
Amiodarona reservada para casos refratários ou por contraindicação aos demais fármacos e/ou em paciente que recusam EEF/ablação.
Estudo eletrofisiológico e ablação: via acessória de alto risco, preferência do paciente, se o paciente não desejar tomar medicação, se refratário ou apresentar contraindicação aos antiarrítmicos. Nos assintomáticos, geralmente indicados em atletas ou profissionais da aviação.

EEF: estudo eletrofisiológico; FA: fibrilação atrial; FC: frequência cardíaca; NAV: nó atrioventricular; TAV: taquicardias atrioventriculares.

Tratamento do paciente com crises de TA/FLA sintomáticas

Controle de gatilhos desencadeantes.
Iniciar propafenona se coração estruturalmente normal.
Associar betabloqueador ou bloqueador de cálcio (opcional) para controle de FC nas crises.
Amiodarona apenas se refratário, contraindicação aos demais fármacos e no paciente que recusar EEF/ablação. É a primeira opção nos pacientes com cardiopatia estrutural e FEVE reduzida.
Estudo eletrofisiológico e ablação: preferência do paciente, se o paciente não desejar tomar medicação, se refratário ou apresentar contraindicação a antiarrítmicos.

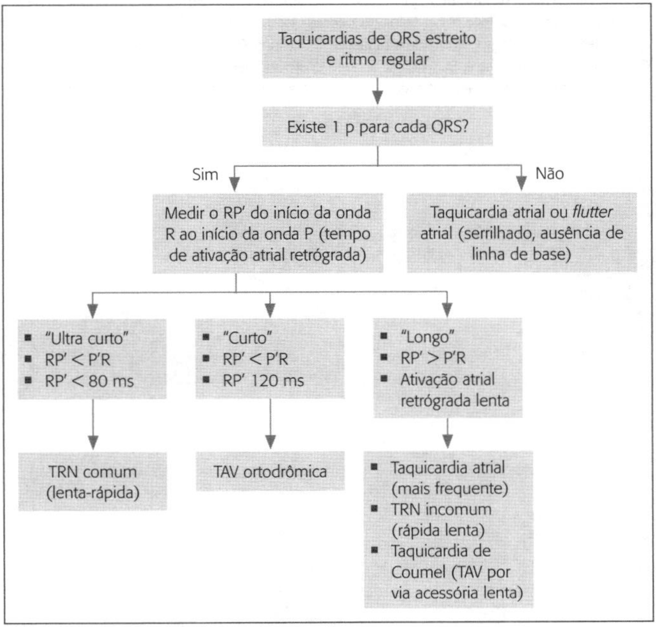

Figura 9 Diagnóstico diferencial das taquicardias de QRS estreito e ritmo regular.

Bibliografia recomendada

1. Bonow RO, Mann DL, Zipeset DP, Liby P. Braunwald: Tratado de doenças cardiovasculares. 9 ed. São Paulo: Roca; 2013.
2. Wellens HJ, Conover M. O eletrocardiograma na tomada de decisões na emergência. Rio de Janeiro: Revinter; 2007.
3. Page RL, Joglar JA, Caldwell MA, Calkins H, Conti JB, Deal BJ, et al. 2015 ACC/AHA/HRS Guideline for the management of adult patients with supraventricular tachycardia. A report of the American College of Cardiology/American Heart Association Task Force on Clinical Practice Guidelines and the Heart Rhythm Society. J Am Coll Cardiol. 2016;67(13):e27-115.
4. Priori SG, Blomström-Lundqvist C, Mazzanti A, Blom N, Borggrefe M, Camm J, et al. 2015 ESC Guidelines for the management of patients with ventricular arrhythmias and the prevention of sudden cardiac death. Eur Heart J. 2015;36:2793-867.
5. Blomström-Lundqvist C, Scheinman MM, Aliot EM, Alpert JS, Calkins H, Camm AJ, et al. ACC/AHA/ESC Guidelines for the management of patient with supraventricular arrhythmias. A report of the American College of Cardiology/American Heart Association Task Force and the European Society of Cardiology Committee for Practice Guidelines. Circulation. 2003;108(15):1871-909.
6. Pappone C, Radinovic A, Santinelli V. Sudden death and ventricular preexcitation: is it necessary to treat the asymptomatic patients? Curr Pharm Des. 2008;14(8):762-5.

41

Taquiarritmias ventriculares: manejo ambulatorial

Cristiano Pisani
Mauricio Scanavacca

Introdução

- As arritmias ventriculares são distúrbios da formação do impulso elétrico nos ventrículos com significado clínico variado.
- São classificadas em extrassístoles ventriculares (EV), quando se apresentam como atividade elétrica ventricular isolada, ou em taquicardias ventriculares (TV), quando ocorrem na sequência de três ou mais batimentos consecutivos com frequência cardíaca maior que 100 bpm.
- Quando os complexos QRS são semelhantes, são chamadas de TV monomórficas e, quando apresentam duas ou mais morfologias, de TV polimórficas. São também classificadas como não sustentadas (duração menor que 30 s) ou sustentadas (duração maior que 30 s).
- As arritmias ventriculares apresentam espectro clínico bastante amplo e podem ocorrer em indivíduos normais e assintomáticos; nessa condição, são chamadas de EV idiopáticas e têm evolução habitualmente benigna. Quando ocorrem em pacientes com cardiopatia estrutural, aumentam o risco de morte súbita.

Fisiopatologia das arritmias ventriculares

- As EV e as TV idiopáticas de via de saída têm seu mecanismo relacionado à atividade deflagrada em razão de pós-potenciais ou distúrbio do automatismo.
- Nas arritmias ventriculares relacionadas à cardiopatia estrutural, o mecanismo é a reentrada através de circuitos gerados pela presença de cicatriz miocárdica associado às diferentes cardiopatias.
- A cardiopatia isquêmica é a causa mais frequente de TV monomórfica em todo o mundo, entretanto, no Brasil, a TV relacionada à doença de Chagas é a etiologia mais comum, sendo encontrada ao redor de 50%. Outras cardiopatias associadas à TV são: displasia arritmogênica do ventrículo direito, miocardite viral prévia, sarcoidose, miocardiopatia dilatada idiopática, hipertrófica e cirurgia para correção de cardiopatia congênita (especialmente tetralogia de Fallot) ou cirurgia valvar.
- Outro tipo de TV idiopática é a TV fascicular, sendo que o mecanismo é reentrada utilizando o sistema de His-Purkinje.

EV: extrassístoles ventriculares; TV: taquicardias ventriculares.

Apresentação clínica

- As EV podem provocar sensações de irregularidade no pulso, batimentos mais intensos ou pausa. Entretanto, muitos pacientes são assintomáticos ou apresentam sintomas inespecíficos, como dispneia, cansaço e tontura.
- A parada cardíaca ou morte súbita pode ser a manifestação inicial da TV sustentada.
- Os pacientes com TV mais rápidas, frequentemente, apresentam pré-síncope ou síncope, acompanhadas ou não de palpitações.
- Pacientes com TV hemodinamicamente estável queixam-se de palpitação principalmente na região precordial ou a percepção do pulso aumentado. Entretanto, alguns pacientes podem não perceber a ocorrência da taquicardia, e pacientes com TV lenta (FC < 120 bpm) podem procurar o pronto-socorro com queixas de dispneia e insuficiência cardíaca.
- Pacientes com cardiodesfibrilador implantável (CDI) podem procurar atendimento com queixas de choque do CDI.

EV: extrassístoles ventriculares; TV: taquicardias ventriculares.

Exames complementares nos pacientes com taquicardia ventricular

Eletrocardiograma

- Fundamental o eletrocardiograma (ECG) da crise, para documentar o diagnóstico de TV. Pacientes com TV apresentam taquicardia de QRS largo ($> 0,12$ s) regular.
- O diagnóstico diferencial de taquicardia de QRS largo é TV e taquicardia supraventricular com aberrância de condução (Figura 1).
- Algoritmos auxiliam no diagnóstico diferencial, e os mais utilizados são o de Brugada (Figura 2A) e o baseado na análise do aVR (Figura 2B).

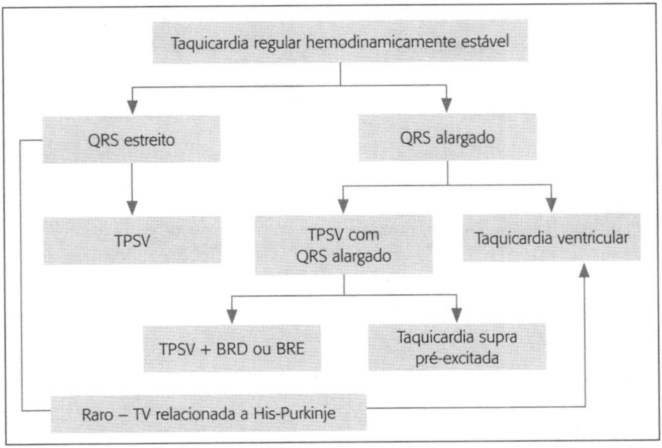

Figura 1 Diagnóstico diferencial das taquicardias de ritmo regular. BRD: bloqueio de ramo direito; BRE: bloqueio de ramo esquerdo; TPSV: taquicardia paroxística supraventricular; TV: taquicardia ventricular.

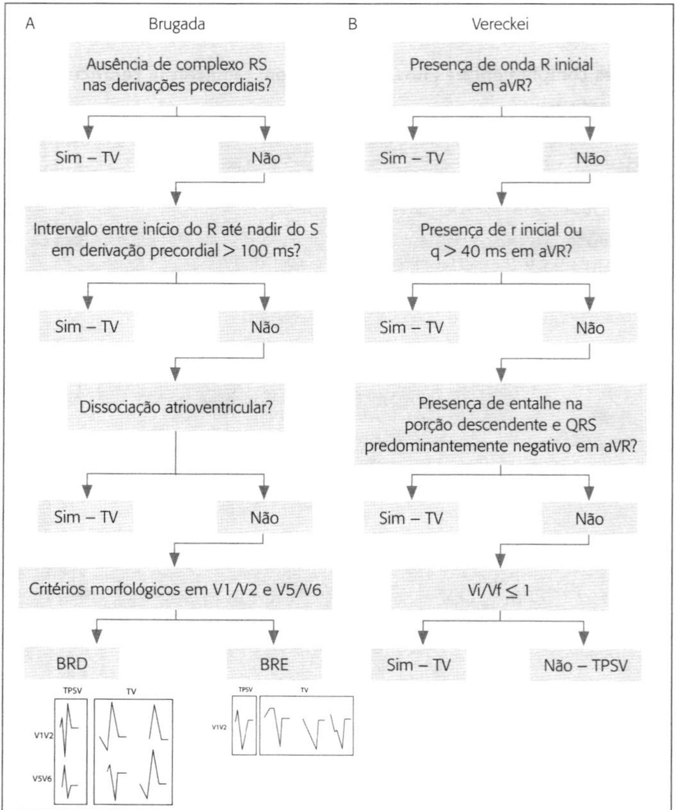

	TPSV	TV
V1/V2	rSR	R ou qR
V5/V6		
R/S	> 1	< 1
Q presente	Não	Sim

	TPSV	TV
V1/V2		R > 30 ms ou RS > 60 ms S empastado
V5/V6		
Q presente	Não	Sim

Figura 2 Diagnóstico diferencial através dos critérios de Brugada (A) e Vereckei (B). BRD: bloqueio de ramo direito; BRE: bloqueio de ramo esquerdo; TPSV: taquicardia paroxística supraventricular; TV: taquicardia ventricular.

Ecodopplercardiograma

- A fração de ejeção diminuída é um importante fator prognóstico do risco de morte súbita nos pacientes com arritmias ventriculares.
- As alterações segmentares do ventrículo esquerdo podem sugerir a presença de um substrato arritmogênico (acinesia em pacientes com infarto agudo do miocárdio prévio, aneurisma apical e de parede inferior em pacientes com cardiopatia chagásica).

Ressonância magnética cardíaca

- Permite a quantificação precisa dos volumes, da massa e da fração de ejeção dos ventrículos, bem como permite identificar a presença, a extensão, a localização e a transmuralidade da cicatriz por intermédio da técnica de realce tardio.
- Nos casos em que se observa cicatriz predominantemente epicárdica pela ressonância, pode-se planejar a abordagem epicárdica inicial. Outra potencial aplicação da ressonância cardíaca é na avaliação da espessura da gordura epicárdica, nos casos em que é planejada a ablação por cateter.
- A ressonância cardíaca também pode ajudar na avaliação do risco de morte súbita em pacientes com cardiopatia; e pacientes com cicatriz mais extensa apresentam risco de morte súbita maior, independentemente da fração de ejeção.

Cateterismo cardíaco

- Pacientes com coronariopatia passível de tratamento percutâneo ou cirúrgico devem ter a doença isquêmica tratada inicialmente, pois algumas vezes a isquemia pode contribuir para a ocorrência de taquicardia ventricular (TV) monomórfica e o tratamento da isquemia é suficiente para o paciente não apresentar recorrência da TV. Entretanto, não se deve considerar que a presença de um substrato isquêmico seja a única causa de uma TV sustentada monomórfica. Muitas vezes, existe um substrato cicatricial subjacente decorrente de infarto prévio e a TV tem grande probabilidade de recorrer mesmo após o tratamento da isquemia.

Tratamento ambulatorial da taquicardia ventricular (TV)

- O tratamento do paciente com TV baseia-se em três pontos principais: (1) otimizar o tratamento da cardiopatia e das condições clínicas subjacentes; (2) aliviar os sintomas da arritmia e (3) evitar a morte súbita.
- Frequentemente, é necessário tratamento híbrido envolvendo os três pontos principais.
- Após a reversão da taquicardia, deve-se proceder à investigação diagnóstica, principalmente focada na investigação de cardiopatia associada. Se a cardiopatia isquêmica estiver presente, deve-se investigar e tratar a isquemia. Pacientes com ICC descompensada devem ter seu tratamento otimizado.

Prevenção da morte súbita

- O CDI é a ferramenta mais efetiva para a prevenção da morte súbita, entretanto o choque disparado pelo dispositivo está associado a efeitos adversos psicológicos ou até a possível deterioração da função cardíaca, por isso, quando indicado CDI, as terapias híbridas com associação de drogas antiarrítmicas e ablação por cateter devem ser consideradas.
- A diretriz brasileira de dispositivos cardíacos implantáveis recomenda o implante do CDI em pacientes com TV sustentada espontânea e disfunção ventricular importante (FEVE < 35%) e expectativa de vida de pelo menos 1 ano (classe I). Possivelmente, é indicado para pacientes com TV sustentada espontânea refratária a outras terapêuticas e expectativa de vida de pelo menos 1 ano (classe IIa). Nos pacientes com TV incessante, o implante do CDI está contraindicado (classe III) até o controle clínico com ablação ou drogas antiarrítmicas, visto que levaria o paciente a múltiplos choques e seus efeitos deletérios.

Prevenção da recorrência de taquicardia ventricular

Tratamento farmacológico

- Betabloqueadores: são indicados principalmente nas arritmias desencadeadas pelo esforço. Os betabloqueadores devem ser sempre considerados nos pacientes com insuficiência cardíaca que não apresentem contraindicação ao seu uso. As drogas mais utilizadas são: atenolol (25 a 100 mg, 1 a 2 vezes por dia) em pacientes sem cardiopatia; metoprolol (25 a 100 mg, 1 a 2 vezes por dia) ou carvedilol (3,125 a 25 mg, 2 vezes por dia) nos pacientes com miocardiopatia. A principal contraindicação para o uso dos betabloqueadores é a presença de asma brônquica.
- Amiodarona: tem papel importante no tratamento do paciente com TV, principalmente com cardiopatias estruturais. Após a reversão da TV, é iniciada a impregnação na dose de 1.200 a 1.800 mg por via endovenosa em 24 horas. Deve-se trocar o uso endovenoso para o oral assim que houver estabilização do quadro clínico, para evitar flebite química. A dose de impregnação média é de 10 g. A manutenção mínima após a impregnação é de 400 mg/dia. A amiodarona, quando associada ou não aos betabloqueadores, diminui a taxa de choques liberados pelo CDI e ajuda melhorar a qualidade de vida dos pacientes. A principal limitação para o uso prolongado da amiodarona são seus efeitos extracardíacos. Alterações em tireoide, hiperpigmentação cutânea e manifestações neurológicas são os efeitos colaterais mais comuns. A toxicidade pulmonar e hepática, embora rara, implica risco de complicações fatais. A monitorização clínica e laboratorial dos efeitos colaterais da amiodarona deve ser realizada no mínimo a cada 6 meses.

- Sotalol: é uma droga que também foi demonstrado ser útil na prevenção de choques apropriados e inapropriados pelo CDI. Entretanto, os efeitos pró-arrítmicos (prolongamento do intervalo QT) são uma preocupação constante nos pacientes que utilizam essa medicação. Não devem ser utilizados em pacientes com insuficiência cardíaca ou bradicardia. Sempre se deve realizar um ECG nas primeiras 48 horas após a introdução dessa droga ou após aumentos na dose para identificar os pacientes com intervalo QT prolongado.
- Propafenona: não deve ser utilizada em pacientes com cardiopatia estrutural, além de efeitos pró-arrítmicos especialmente em pacientes com isquemia miocárdica, leva à redução da velocidade de condução através das fibras miocárdicas, podendo tornar a TV incessante.

Ablação por cateter de taquicardia ventricular

- A ablação por cateter faz parte de um tratamento híbrido adicionado às drogas antiarrítmicas que buscam a prevenção da recorrência da TV. A indicação clássica de ablação por cateter está naqueles casos de TV sustentada monomórfica, incluindo as TV interrompidas por choque do CDI que recorrem apesar da terapia antiarrítmica e a indicação de ablação em caráter de urgência naqueles casos de tempestade elétrica que não são controlados com drogas antiarrítmicas.
- A ablação de TV consiste na eliminação dos circuitos reentrantes relacionados à TV nos pacientes com cardiopatia estrutural.
- A ablação em pacientes com cardiopatia pode ser realizada durante TV naqueles pacientes com TV hemodinamicamente tolerada, e pode ser realizada modificação do substrato naqueles pacientes com TV hemodinamicamente instável ou com múltiplas morfologias de TV.
- O resultado agudo do procedimento de ablação de TV relacionado à cardiopatia estrutural é avaliado com base na estimulação ventricular programada. Podem ser consideradas bem-sucedidas três respostas: (1) não indutibilidade da TV clínica; (2) modificação no ciclo das TV induzidas (eliminação de todas as TV com ciclo igual ou maior à TV clínica) ou (3) não indutibilidade de nenhuma morfologia de taquicardia. A recomendação da diretriz de ablação de TV é de que, quando uma TV clínica ou presumivelmente clínica é adequadamente documentada e induzida no início do procedimento, o objetivo mínimo da ablação é eliminar a indução dessa taquicardia na estimulação pós-procedimento.
- A ablação está indicada nos pacientes com TV idiopática do VE (fascicular) ou de via de saída do VD e VE naqueles pacientes que são refratários ao tratamento clínico ou que desejam permanecer sem medicação antiarrítmica.
- Os diferentes estudos de ablação de TV mostram uma taxa de recorrência que varia entre 30 e 50%, porém, embora a recorrência tenha sido comum, a frequência de episódios de TV é reduzida de maneira substancial nesses pacientes.

Indicações para a ablação por cateter das taquicardias ventriculares

Pacientes com cardiopatia estrutural (incluindo IAM prévio, miocardiopatia dilatada e displasia arritmogênica do VD)
Ablação por cateter de TV é recomendada: ■ TV sustentada monomórfica sintomática, incluindo TV interrompidas por CDI, que recorrem apesar de terapia antiarrítmica ou quando as drogas antiarrítmicas não são toleradas ou não são desejadas (recomendação independentemente de TV ser estável ou instável ou se múltiplas TV); ■ Para controle de TV incessante monomórfica ou tempestade elétrica que não está relacionado à causa reversível; ■ Pacientes com extrassístoles monomórficas frequentes e TV não sustentada ou TV sustentada que presumivelmente causem disfunção ventricular; ■ TV por reentrada ramo-a-ramo ou interfascicular; ■ TV polimórfica recorrente sustentada e FC refratárias às drogas antiarrítmicas quando se suspeita de ser originada por um gatilho que pode ser alvo de ablação.
Ablação por cateter pode ser considerada ■ Em pacientes com um ou mais episódios de TV monomórfica sustentada apesar de terapia com droga da classe I ou III; ■ Pacientes com TV monomórfica sustentada decorrente de IAM prévio que tem FEVE maior que 30% e expectativa de vida de pelo menos 1 ano, sendo uma alternativa aceitável para terapia com amiodarona; ■ Em pacientes com TV monomórfica sustentada hemodinamicamente toleradas decorrente de IAM prévio com FE preservada (> 35%) mesmo que não tenham apresentado falha na terapia antiarrítmica.
Ablação por cateter de TV é contraindicada ■ Presença de trombo móvel no ventrículo (neste caso, a ablação epicárdica pode ser considerada); ■ Extrassístoles ou TV não sustentada assintomáticas que presumivelmente não causem a disfunção ventricular ou contribuam com ela; ■ TV de causas transitórias ou reversíveis como isquemia aguda, hipercalemia e *torsades de pointes* induzida por drogas.

Adaptado do Consenso de experts (EHRA/HRS) para ablação por cateter de arritmias ventriculares.

Rotinas de abordagem do paciente com taquicardia ventricular no InCor-HCFMUSP

1. Os pacientes que procuram pronto-socorro com TV ou com choque do CDI devem ser internados para avaliação e definição de conduta.
2. Realizar ECG de 12 derivações, durante a taquicardia, e proceder à cardioversão elétrica em pacientes com instabilidade hemodinâmica ou CV química (ou elétrica se aplicável) nos pacientes estáveis hemodinamicamente.
3. Após a reversão, ou no dia seguinte, é preciso avaliar os exames diagnósticos a serem realizados e a programação de ablação.
4. A ablação está indicada em todos os pacientes com TV monomórfica ou choque apropriado do CDI que estejam em uso de droga antiarrítmica. Nos pacientes sem uso prévio de droga antiarrítmica, a indicação ocorrerá conforme cada caso.
5. São exames básicos para realização em pacientes com indicação de ablação de TV (e que não tenham esses exames recentes): cineangiocoronariografia com ventriculografia (2 oblíquas preferencialmente) nos pacientes, ressonância magnética cardíaca com realce tardio e exames laboratoriais básicos. Em pacientes com FA ou TA, deve ser realizado ecocardiograma transesofágico antes do procedimento.
6. Após a ablação, a indicação de CDI é avaliada de modo individualizado, mas pacientes com disfunção ventricular importante geralmente recebem esse dispositivo.

Bibliografia recomendada

1. Zipes DP, Camm AJ, Borggrefe M, Buxton AE, Chaitman B, Fromer M, et al.; American College of Cardiology; American Heart Association Task F, European Society of Cardiology Committee for Practice G, European Heart Rhythm A and Heart Rhythm S. ACC/AHA/ESC 2006 Guidelines for Management of Patients With Ventricular Arrhythmias and the Prevention of Sudden Cardiac Death: a report of the American College of Cardiology/American Heart Association Task Force and the European Society of Cardiology Committee for Practice Guidelines (writing committee to develop Guidelines for Management of Patients With Ventricular Arrhythmias and the Prevention of Sudden Cardiac Death): developed in collaboration with the European Heart Rhythm Association and the Heart Rhythm Society. Circulation. 2006;114:e385-484.
2. Aliot EM, Stevenson WG, Almendral-Garrote JM, Bogun F, Calkins CH, Delacretaz E, et al.; European Heart Rhythm A, Registered Branch of the European Society of C, Heart Rhythm S, American College of C and American Heart A. EHRA/HRS Expert Consensus on Catheter Ablation of Ventricular Arrhythmias: developed in a partnership with the European Heart Rhythm Association (EHRA), a Registered Branch of the European Society of Cardiology (ESC), and the Heart Rhythm Society (HRS); in collaboration with the American College of Cardiology (ACC) and the American Heart Association (AHA). Heart Rhythm. 2009;6:886-933.

3. Hoffmayer KS, Gerstenfeld EP. Diagnosis and management of idiopathic ventricular tachycardia. Current Problems in Cardiology. 2013;38:131-58.
4. Nogami A. Purkinje-related arrhythmias part I: monomorphic ventricular tachycardias. PACE. 2011;34:624-50.
5. Leitz N, Khawaja Z, Been M. Slow ventricular tachycardia. BMJ. 2008;337:a424.
6. Brugada P, Brugada J, Mont L, Smeets J, Andries EW. A new approach to the differential diagnosis of a regular tachycardia with a wide QRS complex. Circulation. 1991;83:1649-59.
7. Vereckei A, Duray G, Szenasi G, Altemose GT, Miller JM. New algorithm using only lead aVR for differential diagnosis of wide QRS complex tachycardia. Heart Rhythm. 2008;5:89-98.
8. Klem I, Weinsaft JW, Bahnson TD, Hegland D, Kim HW, Hayes B, et al. Assessment of myocardial scarring improves risk stratification in patients evaluated for cardiac defibrillator implantation. J Am Coll Cardiol. 2012;60:408-20.
9. Filho MM, Zimerman LI, Lorga AM, Vasconcelos JTM, RassiJr A. Diretrizes Brasileiras de Dispositivos Cardíacos Eletrônicos Implantáveis (DCEI). Arq Bras Cardiol. 2007;89:e210-e238.
10. Connolly SJ, Dorian P, Roberts RS, Gent M, Bailin S, Fain ES, et al. Comparison of beta-blockers, amiodarone plus beta-blockers, or sotalol for prevention of shocks from implantable cardioverter defibrillators: the OPTIC Study: a randomized trial. JAMA. 2006;295:165-71.
11. Stevenson WG, Wilber DJ, Natale A, Jackman WM, Marchlinski FE, Talbert T, et al.; Multicenter Thermocool VTATI. Irrigated radiofrequency catheter ablation guided by electroanatomic mapping for recurrent ventricular tachycardia after myocardial infarction: the multicenter thermocool ventricular tachycardia ablation trial. Circulation. 2008;118:2773-82.
12. Tanner H, Hindricks G, Volkmer M, Furniss S, Kuhlkamp V, Lacroix D, et al. Catheter ablation of recurrent scar-related ventricular tachycardia using electroanatomical mapping and irrigated ablation technology: results of the prospective multicenter Euro-VT-study. Journal of Cardiovascular Electrophysiology. 2010;21:47-53.
13. Dinov B, Fiedler L, Schonbauer R, Bollmann A, Rolf S, Piorkowski C, et al. Outcomes in catheter ablation of ventricular tachycardia in dilated nonischemic cardiomyopathy compared with ischemic cardiomyopathy: results from the Prospective Heart Centre of Leipzig VT (HELP-VT) Study. Circulation. 2014;129:728-36.

42

Extrassístoles

Ana Caroline Garcia de Souza
Luciana Sacilotto

Introdução

Extrassístoles atriais ou ventriculares (EA ou EV) são comuns em pacientes com ou sem doença cardíaca estrutural, acompanhadas de sintomas variáveis (ausência, palpitação, impulso precordial, soluço). Em monitorização com Holter 24 h, 10-20% dos pacientes apresentam extrassístoles atriais, e 5-15%, extrassístoles ventriculares.

Definição

As EA ou EV são batimentos prematuros de origem, respectivamente, atrial e ventricular. A primeira tem complexo QRS semelhante ao sinusal, QRS estreito e onda P precedente; a segunda tem QRS largo, geralmente maior que 120 ms, dissociado do batimento atrial e onda T larga em direção oposta ao QRS. Apresentam pausa compensatória pós-extrassistólica correspondente ao dobro do intervalo RR em ritmo sinusal e, quando esse fenômeno não acontece, chamamos de pausa compensatória incompleta (RR menor que o dobro) ou EV interpolada (ausência de pausa).

Classificação

Morfologia

- Monomórfica: uma morfologia
- Polimórfica: duas ou mais morfologias

Localização da EV monomórfica (ECG 12 derivações)

- Via de saída do VD: morfologia de BRE, eixo inferior, R > S a partir de V4 (transição tardia)
- Via de saída de VE: eixo inferior, morfologia de BRD. Se morfologia de BRE em v1, R > S; em v2 ou v3, transição precoce
- Fascicular: morfologia BRD e BDAS, QRS mais estreito (arritmia por reentrada no fascículo posteroinferior)

Frequência e densidade

- Raras: < 10/h
- Frequentes: > 10/h
- Alta densidade: > 15-20.000 em 24 h (ou > 20% dos batimentos totais)

Inter-relação

- Isoladas: uma EV ou EA
- Pareadas: duas EA ou EV consecutivas
- Geminadas (ciclos):
  - Bigeminismo – um batimento normal seguido de uma extrassístole
  - Trigeminismo – dois batimentos normais seguidos de uma extrassístole
  - Quadrigeminismo – três batimentos normais seguidos de uma extrassístole
- Taquicardia atrial ou ventricular não sustentada (TANS ou TVNS): três (trípletes) ou mais extrassístoles consecutivas, episódios autolimitados e, em geral, sem alterações hemodinâmicas
- Arritmia ventricular complexa: presença de salvas, geralmente mais de quatro batimentos consecutivos com RR < 600 ms e também a presença de polimorfismo
- Taquicardia atrial ou ventricular sustentada: quatro extrassístoles consecutivas com duração maior que 30 s e/ou com colapso hemodinâmico

Condições associadas às extrassístoles ventriculares

Idiopáticas

- EV de via de saída de ventrículo direito ou esquerdo
- Taquicardia ventricular (TV) fascicular

Associadas a cardiopatia estrutural

Insuficiência cardíaca, doença arterial coronária, doença de Chagas, valvopatias, cardiomiopatia hipertrófica, displasia arritmogênica de VD, cardiopatias congênitas, miocárdio não compactado, hipertensão arterial sistêmica (HAS) com hipertrofia ventricular esquerda (HVE)

Associadas a arritmias primárias geneticamente determinadas
Síndrome de Brugada, síndrome do QT longo, EV de acoplamento ultracurto, TV polimórfica catecolaminérgica
Pneumopatias
Doença pulmonar obstrutiva crônica (DPOC), hipertensão arterial pulmonar, embolia pulmonar, síndrome da apneia obstrutiva do sono
Endocrinopatias
Doenças da tireoide, adrenal ou gônadas
Substâncias exógenas
Cafeína, álcool, nicotina, cocaína, anfetaminas, medicações simpaticomiméticas (p. ex., beta-agonistas)

Avaliação clínica

Anamnese	
Sintomas: palpitações ("batida forte", "coração parou") e tontura são os mais comuns, porém podem ocorrer dor no peito, dispneia, fadiga e até pré-síncope Fatores desencadeantes: estresse, atividade física, medicação, uso de drogas Frequência: diária, semanal, mensal	
Exame físico	
Sinais sugestivos de IC (estase jugular, edema, alterações de bulhas) Alteração de pulso, sopros cardíacos (valvopatias, cardiomiopatia hipertrófica – CMH) Palpação de tireoide, alterações cutâneas ou neurológicas (distrofias musculares)	
Exames complementares	
ECG 12 derivações	Avalia existência ou não de alterações prévias sugestivas de cardiopatia (sobrecargas, condução atrioventricular, interventricular e repolarização), morfologia e possível localização do foco arritmogênico
Holter de 24 ou 48 h	Avalia frequência, morfologia, comportamento circadiano e resposta terapêutica Correlaciona os sintomas com a ocorrência da arritmia
Teste de esforço	Avalia sintomas aos esforços e suspeita de doença arterial coronária Avalia aparecimento ou supressão das EA ou EV com esforço físico

(continua)

Exames complementares *(continuação)*	
Monitor de eventos 15-30 dias (*loop recorder*)	Correlaciona os sintomas com achados eletrocardiográficos em paciente com sintomas pouco frequentes
Ecocardiograma	Avalia existência de cardiopatia estrutural
Ressonância magnética nuclear (RMN)	Conforme suspeita diagnóstica (CMH, displasia arritmogênica do ventrículo direito – DAVD, miocardite)

Quando investigar EA ou EV infrequentes, em pares ou tripletes, sem doenças genéticas ou estruturais evidentes, devem ser consideradas normais na ausência de sintomas.

Raciocínio em EV frequentes

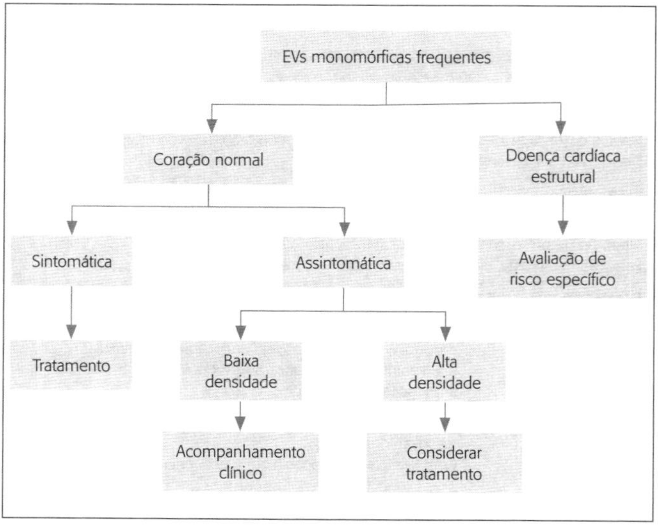

Figura 1 Avaliação de extrassístoles ventriculares frequentes.

Tratamento

Modificações do estilo de vida
▪ Não há evidência demonstrando sua eficácia, mas deve ser recomendada ▪ Orientar a benignidade da arritmia em pacientes com baixa densidade de extrassístoles e sintomas toleráveis
Pidolato de magnésio
▪ EV ou EA sintomáticas do coração normal
Betabloqueadores ou bloqueadores dos canais de cálcio
▪ Tratamento de EV sintomáticas. Prioridade à otimização de betabloqueadores em pacientes com insuficiência cardíaca
Antiarrítmicos
▪ Tratamento de EV ou EA sintomáticas de alta densidade como alternativa aos betabloqueadores ou bloqueadores dos canais de cálcio ▪ Propafenona pode ser usada em pacientes sem cardiopatia estrutural, sem doença arterial coronária (DAC) e sem hipertrofia ventricular (septo >12 mm). O sotalol tem a mesma indicação, sendo mais seguro em DAC, mas por outro lado requer monitorização do intervalo QT, cuidados em insuficiência renal e no uso concomitante com outras drogas ▪ Amiodarona pode ser usada em extrassístoles sintomáticas e doença cardíaca estrutural
Ablação com cateter
▪ Em coração normal: deve ser considerada em pacientes sintomáticos, com alta densidade de extrassístoles, sem resposta ou tolerância ao tratamento medicamentoso ▪ Em pacientes com alta densidade de arritmias ventriculares monomórficas, com disfunção ventricular de origem indeterminada, quando a EV pode ser causa da disfunção (taquicardiomiopatia) ▪ Em pacientes com cardiopatia isquêmica, chagásica ou outras cardiopatias genéticas, a alta densidade de arritmia ventricular deve ser avaliada com foco no risco de morte súbita. Nesses casos, a ablação pode ser um tratamento coadjuvante

Bibliografia recomendada

1. Cha YM, Lee GK, Klarich KW, Grogan M. Premature ventricular contraction-induced cardiomyopathy: a treatable condition. Circ Arrhythm Electrophysiol. 2012;5;229-236.
2. Pedersen CT, Kay GN, Kalman J, Borggrefe M, Della-Bella P, Djckfeld T, et al. EHRA/HRS/APHRS expert consensus on ventricular arrhythmias. Journal of Arrhythmia. 2014;30:327-349.
3. Falco CNML, Grupi C, Sosa EA, Scanavacca M, Hachul D, Lara S, et al. Redução da densidade de extrassístoles e dos sintomas relacionados após administração de magnésio por via oral. Arq Bras Cardiol. 2012;98(6):480-487.

43

Drogas antiarrítmicas

Renner Augusto Raposo Pereira
Denise Tessariol Hachul

Introdução

As arritmias cardíacas são frequentes na rotina do cardiologista e algumas vezes vem associadas a risco de morte súbita, por isso exigem conhecimento fisiopatológico profundo e manejo terapêutico adequado do profissional.

A escolha da medicação antiarrítmica baseia-se em suas propriedades farmacológicas, assim como no mecanismo da arritmia e nas características clínicas do paciente.

O estudo das propriedades farmacológicas das drogas antiarrítmicas, apesar de complexo, é bastante elucidativo.

Classificação (Vaughan-Williams de 1969)

Classe IA	Quinidina, procainamida, disopiramida, ajmalina
Classe IB	Lidocaína, fenitoína, mexiletina
Classe IC	Propafenona, flecainida
Classe II	Betabloqueadores
Classe III	Amiodarona, sotalol, dofetilida, ibutilida, dronedarona
Classe IV	Verapamil, diltiazem

Classe I: drogas que bloqueiam os canais de sódio, inibindo a fase 0 da despolarização

Classe IA (velocidade intermediária de ligação e dissociação do receptor)
Deprimem a fase 0 da despolarização (sódio-dependente), lentificando a condução.
Têm moderada atividade de bloqueio dos canais de potássio.
Têm atividade anticolinérgica, promovendo discreta redução da contratilidade miocárdica.
Quando usadas na presença de frequência cardíaca (FC) menor, o efeito de bloqueio dos canais de potássio pode ser predominante, aumentando o intervalo QT e a automaticidade.
Classe IB (velocidade rápida de ligação e dissociação do receptor)
O bloqueio dos canais de sódio é mais efetivo em tecido despolarizado. A ligação ocorre preferencialmente em estado inativo (fase de despolarização), e a dissociação é mais rápida que a das demais drogas da classe I.
São mais efetivos em taquiarritmias.
Não deprimem a fase 0 e diminuem a duração do potencial de ação.
Classe IC (velocidade lenta de ligação e dissociação do receptor)
Bloqueiam canais de sódio abertos e lentificam a condução.
Dissociam-se lentamente dos canais de sódio durante a diástole, tendo maior efeito quanto maior a FC (uso-dependência). Esta é a base do efeito antiarrítmico, principalmente em taquicardia paroxística supraventricular (TPSV).
Têm mais efeitos pró-arrítmicos, especialmente em miocardiopatias.
Propafenona e flacainida também têm atividade de bloqueio dos canais de potássio e podem aumentar a duração do potencial de ação em cardiomiócitos ventriculares.

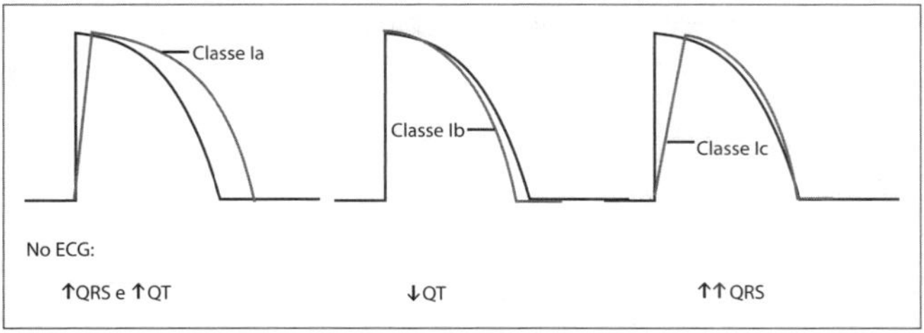

Figura 1 Efeitos das drogas antiarrítmicas no potencial de ação.

Classe II

Betabloquedores adrenérgicos: inibem a atividade simpática (crono, ino, dromo, batmo e lusinotropismo negativos).
Promovem discreto bloqueio de canais de sódio.
Diminuem os pós-potenciais tardios.
Efeitos clínicos: diminuem a frequência de despolarização do nó sinusal e dos marca--passos ectópicos; aumentam o período refratário efetivo do nó atrioventricular (AV) e diminuem a condução anterógrada e retrógrada de vias acessórias.
Carvedilol: além do bloqueio alfa e beta-adrenérgico, também bloqueia correntes de sódio, potássio e cálcio e prolonga moderadamente o potencial de ação.
São drogas de primeira escolha na terapia de longo prazo para prevenção de taquicardia por reentrada nodal, taquicardia por reentrada atrioventricular ortodrômica em paciente com WPW oculto, extrassístoles atriais (EEAA), extrassístoles ventriculares (EEVV) monomórficas idiopáticas e taquicardia atrial (TA).
Podem ser usadas nas crises de taquicardia paroxística supraventricular (TPSV).
São usados para controle de FC de taquiarritmias supraventriculares.
Devem ser evitados nos pacientes com pré-excitação ventricular, pelo risco de provocar degeneração de uma fibrilação atrial (FA) pré-excitada em fibrilação ventricular (FV)

Classe III

Promovem bloqueio dos canais de potássio, inibindo I_{KR}, I_{KS}, I_{K1} e I_{KUR}.
Prolongam a repolarização, o potencial de ação e o período refratário. O bloqueio dos canais de potássio ventriculares levam ao aumento do intervalo QT, criando um substrato para *torsades de pointes*.
Amiodarona e dronedarona têm menos efeitos pró-arrítmicos.
Vernakalant inibe, preferencialmente, a corrente I_{KUR} atrial.

Classe IV

Bloqueadores dos canais de cálcio.
Diminuem a FC sinusal, aumentam a refratariedade do nó AV, prolongam a condução do nó AV, ocasionalmente aumentam o intervalo PR e deprimem a função do ventrículo esquerdo.
Verapamil é mais potente que o diltiazem na inibição do nó sinusal e do nó AV.
Agentes di-hidropiridínicos têm pouco efeito eletrofisiológico nos cardiomiócitos.
Apresentam as mesmas indicações de primeira escolha dos betabloqueadores.
Têm papel importante no tratamento de taquicardias ventriculares *verapamil-sensíveis*, por exemplo, taquicardia ventricular idiopática fascicular.
Úteis no controle de EEVV de acoplamento ultracurto.

AV: atrioventricular; EEVV: extrassístoles ventriculares; FC: frequência cardíaca.

Doses das drogas antiarrítmicas

Droga	Dose intravenosa (mg)		Dose oral (mg)		Pico de concentração plasmática (dose oral, em horas)	Concentração sérica efetiva	Meia-vida	Biodisponibilidade (%)	Eliminação (principal)	Gravidez
	Ataque	Manutenção	Ataque	Manutenção						
Quinidina	6 a 10 mg/kg, 0,3 a 0,5 mg/kg/min	-	800 a 1.000	300 a 600; 6/6 h	1,5 a 3	3 a 6	5 a 9 h	60 a 80	Hepática	C
Procainamida	6 a 13 mg/kg, 0,2 a 0,5 mg/kg/min	2 a 6 mg/min	500 a 1.000	250 a 1.000; 4/4 h ou 6/6 h	1	4 a 10	3 a 5 h	70 a 85	Renal	C
Disopiramida	1 a 2 mg/kg em 15 a 45 min	1 g/kg/h		100 a 300; 6/6 h ou 8/8 h	1 a 2	2 a 5	8 a 9 h	80 a 90	Renal	C
Lidocaína	1 a 3 mg/kg, 20 a 50 mg/min	1 to 4 mg/min	NA	NA	NA	1 a 5	1 a 2 h	NA	Hepática	B
Mexiletina	500 mg	0,5 a 1,0 g /24 h	400 a 600	150 a 300; 8/8 h ou 12/12 h	2 a 4	0,75 a 2	10 a 17 h	90	Hepática	C

(continua)

Doses das drogas antiarrítmicas *(continuação)*

Droga	Dose intravenosa (mg)		Dose oral (mg)		Pico de concentração plasmática (dose oral, em horas)	Concentração sérica efetiva	Meia-vida	Biodisponibilidade (%)	Eliminação (principal)	Gravidez
	Ataque	Manutenção	Ataque	Manutenção						
Fenitoína	100 mg; 5 min por ≤ 1.000 mg		1.000	100 a 400; 12/12h ou 24/24 h	8 a 12	10 a 20	18 a 36 h	50 a 70	Hepática	D
Flecainida	2 mg/kg	100 a 200; 12/12 h		50 a 200; 12/12 h	3 a 4	0,2 a 1	20 h	95	Renal	C
Propafenona	1 a 2 mg/kg		600 a 900	150 a 300; 8/8 h ou 12/12 h	1 a 3	0,2 a 3	5 a 8 h	25 a 75	Hepática	C
Propranolol	0,25 a 0,5 mg; a cada 5 min até ≤ 0,2 mg/kg			10 a 200; 6/6 h ou 8/8 h	4	1 a 2,5	3 a 6 h	35 a 65	Hepática	C

(continua)

Doses das drogas antiarrítmicas *(continuação)*

Droga	Dose intravenosa (mg)		Dose oral (mg)		Pico de concentração plasmática (dose oral, em horas)	Concentração sérica efetiva	Meia-vida	Biodisponibilidade (%)	Eliminação (principal)	Gravidez
	Ataque	Manutenção	Ataque	Manutenção						
Amiodarona	15 mg/min por 10 min 1 mg/min por 3 h 0,5 mg/min em seguida	1 mg/min	800 a 1.600; 1 ×/dia, por 7-14 dias	100 a 400; 1 ×/dia		0,5 a 1,5	56 dias	25	Hepática	D
Dronedarona	NA	NA	NA	400 mg; 12/12 h	3 a4	0,3 a 0,6	13 a 19 h	70 a 90	Hepática	X
Sotalol	10 mg em 1 a 2 min			60 a 320; 12/12 h	2,5 a 4	2,5	12 h	90 a 100	Renal	B
Ibutilida	1 mg em 10 min	NA	NA	NA	NA	NA	6 h		Renal	C
Dofetilida	2 a 5 µg/kg	NA	NA	0,125 a 0,5; 12/12 h			7 a 13 h	90	Renal	C

(continua)

Doses das drogas antiarrítmicas *(continuação)*

Droga	Dose intravenosa (mg)		Dose oral (mg)		Pico de concentração plasmática (dose oral, em horas)	Concentração sérica efetiva	Meia-vida	Biodisponibilidade (%)	Eliminação (principal)	Gravidez
	Ataque	Manutenção	Ataque	Manutenção						
Verapamil	5 a 10 mg em 1 a 2 min	0,005 mg/kg/min		80 a 120; 6/6 h ou 8/8 h	1 a 2	0,1 a 0,15	3 a 8 h	10 a 35	Hepática	C
Adenosina	6 a 12 mg (rápido)	NA	NA	NA	NA					C
Digoxina	0,5 a 1,0 mg	0,125 a 0,25; 1 ×/dia	0,5 a 1	0,125 a 0,25; 1 ×/dia	2 a 6	0,0008 a 0,002	36 a 48 h	60 a 80	Renal	C

Quinidina (classe IA)

- Alcaloide estereoisômero do quinino.
- Bloqueia as correntes I_{Na} e I_{KR}, podendo provocar estímulo simpático e anticolinérgico como resposta ao boqueio alfa-adrenérgico.
- Efeitos hemodinâmicos: vasodilatação periférica, decorrente de boqueio alfa-adrenérgico.
- Útil no tratamento de EEVV, EEAA, TPSV, FA e *flutter* atrial.
- Antes do seu uso para reversão de *flutter* atrial, deve-se administrar medicamento para controle de FC, evitando conversão da condução 2:1 para 1:1.
- Tem pouca utilidade no tratamento de TV e FV, exceto na síndrome de Brugada e na FV idiopática.
- É útil nas taquiarritmias fetais, pois atravessa a barreira placentária.
- Efeitos adversos cardíacos: *torsades de pointes* (por pós-potenciais precoces) e distúrbios de condução. Efeios extracardíacos (gastrointestinais, neurológicos e alérgicos).

Procainamida (classe IA)

- Propriedades farmacológicas semelhantes às da quinidina.
- NAPA é um metabólito ativo com propriedade de classe III.
- Útil no tratamento de taquicardias supraventriculares e ventriculares, particularmente na FA com pré-excitação e na taquicardia ventricular monomórfica.

Ajmalina (classe IA)

- Indisponível no mercado brasileiro, mas pode ser conseguido por importação.
- Promove bloqueio do canal I_{Na}, uso dependente e fraco bloqueio de I_{KR}.
- Causa diminuição discreta da contratilidade ventricular e tem efeito antiplaquetário.
- Meia-vida de 13 minutos.
- Em desuso como proposta terapêutica.
- Ferramenta diagnóstica para: 1) indução do padrão de Brugada tipo 1 em pacientes suspeitos, mas com ECG de repouso normal ou tipos 2 e 3 (principal uso); 2) desaparecimento de pré-excitação (sugere período refratário da via acessória maior de 250 ms); 3) indução de distúrbios de condução em paciente com miocardiopatia chagásica oculta; 4) indução de bloqueio atrioventricular total (BAVT) em pacientes com síncope e bloqueio de ramo sem distúrbios do ritmo.

Lidocaína (classe IB)

- Bloqueia o canal de sódio predominantemente em estado aberto e em menor grau no estado inativo.
- Efeito aumenta em caso de alterações fisiopatológicas associadas à isquemia (acidose, hipercalemia, redução do potencial de membrana).
- Útil na prevenção de arritmias ventriculares em vigência de isquemia.
- Pode deprimir automatismo sinusal e sistema de condução, porém tem pouco efeito em miócitos atriais e em via acessória AV.
- O uso é preferencialmente intravenoso, mas pode ser também intramuscular.
- Realizar *bolus* antes da dose de manutenção e no aumento da velocidade de infusão.
- Eficaz em arritmias ventriculares (TV e FV), principalmente em caso de isquemia.
- É aceitável o uso como segunda escolha em TV refratária à amiodarona.
- Neurotoxicidade é mais comum: tontura, parestesia, confusão, *delirium*, coma, convulsão.

Fenitoína (classe IB)

- Anticonvulsivante com efeito antiarrítmico por bloqueio dos canais de sódio.
- Indicação de uso restrita à intoxicação digitálica (controla pós-potenciais tardios).

Propafenona (classe IC)

- Bloqueia a corrente de sódio rápida, em maior grau nas fibras de Purkinje.
- O uso-dependência contribui para a habilidade de cardioverter a FA.
- Diminui a excitabilidade, a automaticidade espontânea e a atividade deflagrada.
- Possui efeito fraco de betabloqueio adrenérgico e bloqueio dos canais de potássio I_{KR}.
- Diminui a automaticidade do nó sinusal. Aumenta o período refratário de átrios, ventrículos, nó AV e vias acessórias.
- Prolonga os intervalos AH, HV, PR e QRS. Aumenta o intervalo QT às custas de aumento do QRS.
- Tem efeito inotrópico negativo em altas doses: pode piorar sintomas se FE for reduzida.
- Tem de 2,5 a 5% da potência do propranolol em bloquear receptor beta-adrenérgico.
- A variabilidade interpessoal é grande na farmacocinética e na farmacodinâmica da droga.

- A biodisponibilidade aumenta quando administrada junto com refeições e na insuficiência hepática.
- Usada em FA, TPSV refratárias a agentes de classe II ou IV, EEVV e TA.
- Efeitos adversos: tontura, alteração de paladar, visão turva, sintomas gastrointestinais e broncoespasmo (este último em razão do efeito betabloqueador). Atenção ao efeito pró-arrítmico em disfunção do ventrículo esquerdo e isquemia.
- Contraindicada em gestantes.

Flecainida (classe IC)

- Droga indisponível no Brasil.
- Atua no tratamento de arritmias supraventriculares e ventriculares.
- Tem destacada eficácia no tratamento da taquicardia ventricular polimórfica catecolaminérgica (TVPC).

Amiodarona (classe III)

- Também apresenta efeitos de classes I, II e IV.
- Prolonga a duração do potencial de ação e a refratariedade, sem afetar o potencial de repouso.
- Diminui a frequência de disparo do nó sinusal (20 a 30%) e prolonga a condução do nó AV.
- Diminui a velocidade da fase 0 frequência-dependente (uso-dependência).
- Tem alta eficácia antiarrítmica e baixa incidência de *torsades de pointes*.
- Tem antagonismo alfa e beta-adrenérgicos e inibe conversão de tiroxina (T4) em tri-iodotironina (T3).
- A administração intravenosa (principalmente o ataque) provoca vasodilatação periférica e leve redução da contratilidade miocárdica.
- Início de ação entre 1 e 2 horas da administração intravenosa.
- Início de ação no uso oral: 2 a 3 dias, frequentemente 1 a 3 semanas e algumas vezes mais.
- Pico de concentração plasmática: de 3 a 7 horas depois da dose oral.
- Para adquirir *steady state* sem dose de ataque, o uso oral requer cerca de 265 dias.
- A eliminação é hepática pela bile. Parte recircula pelo ciclo entero-hepático.

- Sua cinética de eliminação é complexa: a concentração plasmática diminui 50% após 3 a 10 dias de suspensão. A meia-vida de eliminação varia de 26 a 107 dias, com média de 53 dias.
- Impregnação oral sugerida: 200 mg, 8/8 h por 2 semanas, seguida de 200 mg 12/12 h por mais 2 semanas e por fim manutenção de 200 mg 1 x/dia.
- Regime intravenoso: 15 mg/min por 10 minutos, depois 1 mg/min por 6 h, seguido de 0,5 mg/min por 18 horas, mantido nos dias seguintes, se necessário. Doses suplementares de 150 mg podem ser dadas. Máxima dose total de amiodarona: 2,2 g/24 h.
- O uso intravenoso pode ser realizado por 2 a 3 semanas e é bem tolerado, mesmo na presença de disfunção ventricular.
- Tem amplo espectro de indicação para taquiarritmias supraventriculares e ventriculares.
- Em geral, a eficácia supera a dos demais antiarrítmicos.
- Melhor que agentes da classe I para manter ritmo sinusal na FA, apesar de não ser a droga com maior sucesso na cardioversão química.
- É a opção farmacológica para reduzir choques apropriados de cardiodesfibriladores implantáveis.
- Efeitos adversos ocorrem em 75% dos pacientes tratados por 5 anos. A frequência é maior quanto maior a dose diária e maior o tempo de uso. Tais efeitos requerem interrupção da droga em 18 a 37% dos pacientes.
- A toxicidade pulmonar é a mais grave e, quando ocorre, a pneumonite intersticial crônica é a forma mais comum, com letalidade em longo prazo de até 10%. O mecanismo é ainda incerto. Teste de difusão de monóxido de carbono e radiografia torácica podem identificar precocemente o acometimento. O risco é proporcional à dose cumulativa.
- Alteração de aminotransferases ocorre frequentemente, porém esse efeito com significância clínica é incomum.
- Disfunção neurológica, fotossensibilidade e coloração azulada da pele também podem surgir.
- Hipertireoidismo e hipotireoidismo são comuns, por isso deve-se avaliar a função tireoidiana regularmente.
- Microdepósitos corneanos ocorrem em quase 100% dos pacientes com mais de 6 meses de uso. Reações oculares mais sérias podem ocorrer, mas são raras.
- Deve ser usada a menor dose terapêutica possível, para evitar os efeitos adversos (menos frequentes quando doses não maiores que 200 mg/dia são utilizadas). Devem-se ponderar outras opções de antiarrítmicos para uso em longo prazo.
- Efeitos adversos cardiovasculares: bradiarritmias sintomáticas, *torsades de pointes* (raro).
- Na gestação, deve ser indicado apenas quando não houver outras alternativas e o benefício superar os riscos (droga classe D).

Dronedarona (classe III)

- Semelhante à amiodarona (química e farmacodinâmica), porém sem iodo.
- Aprovado pelo FDA para manutenção de ritmo sinusal em pacientes com FA e *flutter* atrial ou para facilitar a cardioversão elétrica.
- Farmacocinética difere da apresentada pela amiodarona por não ter efeito de depósito e ter meia-vida de 24 horas.
- Contraindicada para pacientes com insuficiência cardíaca e/ou disfunção ventricular, pois aumenta a mortalidade em caso de classes funcionais III e IV.

Sotalol (classe III)

Aprovado pelo FDA para FA e arritmias ventriculares.

Sem efeito sobre canais de sódio ou receptores alfa-adrenérgicos.

Tem efeito uso-dependência reverso (maior atividade em bradicardia). A excreção é renal.

Bloqueia canais de potássio I_{KR}, prolongando o potencial de ação e o intervalo QT ventricular.

Deve ser evitado em disfunção ventricular moderada a grave.

O máximo efeito betabloqueador é obtido com dose de 320 mg/dia.

Sempre que iniciar ou alterar a dose, deve-se realizar ECG após 4 a 7 dias, para avaliar QTc.

Boa opção para EEVV e para prevenir recorrência de arritmias supraventriculares, incluindo a FA.

Útil em população pediátrica e tratamento fetal.

Principal efeito adverso: pró-arrítmico com indução de *torsades de pointes*.

Drogas antiarrítmicas que não entraram na classificação de Vaughan-Williams

Adenosina

- Nucleosídeo endógeno.
- Ativa canais de potássio via receptores A1 na superfície externa da membrana, aumentando a condutância de K+, causando diminuição da duração do potencial de ação atrial, hiperpolarização da membrana e redução da contratilidade atrial.
- Reduz a frequência sinusal e a condução pelo nó AV.

- Não atua sobre vias acessórias AV, exceto se houver condução decremental.
- A meia-vida é de 1 a 6 segundos, por degradação no espaço extracelular.
- Xantinas reduzem sua atividade.
- A dose recomendada é de 6 a 12 mg. Reduz-se para 3 mg se administrada por cateter venoso central em vaso cervical, uso de dipidamol ou transplante cardíaco.
- Tem efeito de desaceleração sinusal e bloqueio AV de até 5 segundos.
- É a primeira escolha para interromper TPSV, como reentrada nodal e reentrada AV. Sucesso de 92%.
- Pode interromper taquicardia atrial e também algumas taquicardias ventriculares que dependem de tônus adrenérgico, como a da via de saída do ventrículo direito.
- Pode ser usado como teste para diagnóstico diferencial de taquiarritmias, principalmente as de QRS estreito para definição do ritmo atrial.
- Não usar se houver antecedente de broncoespasmo.
- Atenção: pode predispor ao desenvolvimento de FA, em razão da redução da refratariedade atrial.
- Efeitos colaterais comuns: *flushing*, dispneia e aperto no peito. Bem tolerados e transitórios.

Digoxina

- Glicosídeos cardíacos são conhecidos há séculos.
- Usada no controle de FC em arritmias supraventriculares.
- Sua indicação é decrescente, pelo risco de toxicidade próximo da faixa terapêutica e existência de drogas mais eficazes e seguras.
- Atua pelo aumento do tônus vagal, tendo como principal consequência o aumento da refratariedade do nó AV.
- A dosagem do nível sérico pode ser útil na investigação de toxicidade e na avaliação de adesão terapêutica.
- Útil no controle de FC de repouso na FA. Em vigência de esforço físico, em que há supressão da atividade vagal, a digoxina não apresenta ação no controle de FC.
- Não é agente de primeira escolha, mas é usado em caso de refratariedade de outras medicações, especialmente na presença de disfunção ventricular.
- Toxicidade gastrointestinal é comum.

- Cardiotoxicidade: aumento do tônus vagal (bradicardia sinusal, pausa sinusal, bloqueio AV) ou taquiarritmias secundárias a pós-potenciais tardios e atividade deflagrada (taquicardia atrial, juncional, fascicular ou ventricular).
- Idade avançada, disfunção renal, hipocalemia, doença pulmonar crônica e hipotireoidismo predispõem à intoxicação.
- Além da suspensão da digoxina, o tratamento das arritmias por intoxicação pode exigir implante de marca-passo provisório (bradiarritmias); fenitoína (taquiarritmias atriais); lidocaína (taquiarritmias ventriculares) e anticorpo antidigoxina (em caso de arritmias com risco de morte).

Bibliografia recomendada

1. Issa ZF, Miller JM, Zipes DP. Clinical arrhythmology and electrophysiology. 2.ed. Philadelphia: Elsevier; 2012.
2. Miller JM, Zipes DP. Therapy for cardiac arrhythmias. In: Bonow RO, Mann DL, Zipes DP, Libby P (eds.). Braunwald's heart disease: a textbook of cardiovascular medicine. 10.ed. Philadelphia: Elsevier, 2015. p.35, 685-720.
3. Hondeghem LM, Katzung BG. Antiarrhythmic agents: the modulated receptor mechanism of action of sodium and calcium channel-blocking drugs. Annu Rev Pharmacol Toxicol. 1984;24:387.
4. Roden DM. Pharmacogenetics of cardiac arrhythmias and impact on drug therapy. In: Zipes DP, Jalife J (eds.). Cardiac electrophysiology: from cell to bedside. 5.ed. Philadelphia: WB Saunders; 2009. p.471-8.
5. Heist EK, Ruskin JN. Drug-induced proarrhythmia and use of QTc-prolonging agents: clues for clinicians. Heart Rhythm. 2005;2:51.
6. Zimetbaum P. Amiodarone for atrial fibrillation. N Eng J Med. 2007;356(9):935-94.
7. Goldschlager N, Epstein AE, Naccarelli GV, et al. A practical guide for clinicians who treat patients with amiodarone: 2007. Heart Rhythm. 2007;4:1250.
8. Hohnloser SH, Crijns HJ, van Eickels M, et al. Effect of dronedarone on cardiovascular events in atrial fibrillation. N Engl J Med. 2009;360:668.
9. Singh BN, Singh SN, Reda DJ, et al. Amiodarone versus sotalol for atrial fibrillation. N Engl J Med. 2005;352:1861.

44

Estudo eletrofisiológico e ablação

Cristiano Pisani
Mauricio Scanavacca

Introdução

O estudo eletrofisiológico (EEF) é um procedimento que, por meio de cateteres eletrodos introduzidos por acesso venoso, arterial retrógrado ou epicárdico, permite o diagnóstico das estruturas envolvidas e mecanismos das arritmias, possibilitando a avaliação do risco de morte súbita e o tratamento realizado pela ablação por radiofrequência.

A ablação por cateter das arritmias consiste na identificação da estrutura responsável pela arritmia, seja um foco automático ou um circuito de reentrada, buscando a eliminação ou o isolamento dessa região pela destruição do tecido. A energia mais frequente utilizada para a ablação é a de radiofrequência, que causa a necrose de coagulação secundária a aumento de temperatura na interface cateter-tecido. Outra energia utilizada é a crioablação, na qual a lesão é secundária ao congelamento do tecido.

Indicações de estudo eletrofisiológico

- Síncope em pacientes com distúrbios no sistema de condução: EEF permite a avaliação das características do sistema de condução do coração:
  - Nó sinusal pela avaliação das medidas de tempo de recuperação do nó sinusal (TRNS) e tempo de condução sinoatrial. Deve-se observar que, na maioria das vezes, uma avaliação não invasiva com Holter e teste ergométrico é suficiente para identificação do mecanismo de síncope.

  - Condução através do sistema de His-Purkinje, principalmente em pacientes com bloqueio de ramo, a medida do intervalo HV, quando aumentado (> 70 ms em pacientes com síncope), torna provável a hipótese de bloqueios atrioventriculares totais paroxísticos como mecanismo da síncope. O teste farmacológico com drogas bloqueadoras dos canais de sódio (Ajmalina, propafenona e procainamida) permite avaliar a reserva de condução, sendo diagnóstico o aumento do intervalo HV acima de 100 ms ou o aumento de 100% no intervalo HV com relação ao basal. O EEF com a análise do potencial do His também permite avaliar o local de bloqueio, se supra-hissiano ou infra-hissiano em pacientes com BAV de primeiro e segundo graus.
- Síncope em pacientes com cardiopatia estrutural: o EEF nos pacientes com cardiopatia estrutural, especialmente aqueles com cicatriz miocárdica, permite a avaliação dos possíveis circuitos reentrantes, identificando pacientes com taquicardia ventricular como etiologia da síncope.
- Palpitações taquicárdicas paroxísticas ou sustentadas de mecanismo indefinido: pacientes com palpitações paroxísticas, algumas vezes, apresentam investigação não invasiva não diagnóstica, por meio de ECG, Holter e monitor de eventos, porém ainda podem apresentar um mecanismo reentrante, cuja identificação pode ser feita pelo EEF.
- Estratificação de risco de morte súbita em pacientes com síndrome de Brugada: em alguns pacientes com síndrome de Brugada, o EEF pode ser útil na estratificação de risco pela estimulação ventricular programada, induzindo arritmias monomórficas ou polimórficas, e na análise do período refratário dos ventrículos. Entretanto a utilização do EEF nessa estratificação não é consenso entre os diferentes grupos.

Valores normais dos intervalos básicos

Intervalos básicos:

- PP ou AA: 600-1.200 ms – intervalo entre duas ondas P ou dois eletrogramas atriais.
- PA: 20-50 ms – intervalo entre o início da onda P no ECG de superfície e o átrio medido no cateter do His (tempo de condução intra-atrial).
- AH: 50-150 ms – intervalo entre o A medido no cateter do His e o H (tempo de condução pelo nó atrioventricular).
- HV: 35-55 ms – intervalo entre o H medido no cateter do His e a ativação ventricular mais precoce medido no ECG de superfície (tempo condução pelo tronco do His).
- QRS: 80-120 ms – intervalo QRS medido no ECG de superfície.
- QT: 250-450 ms – intervalo QT medido no ECG de superfície.
- Ponto de Wenckenbach: ciclo de estimulação atrial a partir do qual a condução atrioventricular não é 1:1.

Arritmias passíveis de ablação

As arritmias passíveis de ablação são monomórficas, muitas vezes reentrantes, e outras são automáticas com mecanismo definido. As seguintes arritmias são passíveis de ablação.

Arritmia	Mecanismo	Alvo da ablação
Taquicardia por reentrada nodal	Reentrada no nó atrioventricular	Via lenta nodal
Taquicardia atrioventricular	Reentrada utilizando via acessória	Via acessória – mapeamento em sinusal ou em estimulação ventricular
Taquicardia atrial	Automática/atividade deflagrada	Mapeamento do local de maior precocidade (origem)
Flutter atrial típico	Reentrante	Bloqueio do istmo cavotricuspídeo
Flutter atrial atípico	Reentrante	Mapeamento do circuito/istmo da taquicardia
Extrassístoles ventriculares monomórficas	Atividade deflagrada	Mapeamento do local de maior precocidade (origem)
Taquicardia ventricular idiopática de via de saída	Atividade deflagrada	Mapeamento do local de maior precocidade (origem)
Taquicardia ventricular idiopática do VE (TV fascicular)	Reentrada utilizando sistema de condução normal	Local da saída do circuito na região septal inferior (fascículo postero-inferior) ou potencial tardio isolado em ritmo sinusal
Taquicardia ventricular associada à cardiopatia	Reentrada utilizando cicatriz nos ventrículos	Mapeamento em taquicardia (TV bem tolerada) – mapeamento do istmo protegido com potenciais diastólicos ou encarrilhamento. Modificação do substrato – modificação da cicatriz (potenciais anormais e potenciais tardios em sinusal)
Fibrilação atrial paroxística e persistente	Automatismo/atividade deflagrada	Isolamento das veias pulmonares e localização de focos ectópicos extravenosos
Fibrilação atrial permanente com alta resposta	Condução acelerada pelo nó atrioventricular	Bloqueio da condução pelo nó atrioventricular após o implante de marca-passo

Principais recomendações das diretrizes brasileiras para estudo eletrofisiológico

Avaliação eletrofisiológica em pacientes com palpitações não esclarecidas
■ Pacientes com palpitações taquicárdicas recorrentes, de início e término súbitos, não esclarecidas por avaliação não invasiva.
■ Pacientes com palpitações taquicárdicas, associadas à síncope, não esclarecidas por avaliação não invasiva.
■ Avaliação eletrofisiológica em pacientes com síncope inexplicada
■ Pacientes com cardiopatia estrutural e síncope que permanece inexplicada após investigação não invasiva (grau A).
■ Pacientes sem cardiopatia estrutural, com síncope recorrente, após investigação não invasiva (grau B1).
■ Avaliação eletrofisiológica para estratificação de risco de morte súbita
■ Pacientes com síndrome de Brugada, assintomáticos e sem história familiar maligna (síncope, morte súbita).
■ Pacientes com cardiopatia estrutural e taquicardias ventriculares não sustentadas (TVNS) associadas a fatores de risco específicos da doença de base (grau B2).
■ Avaliação eletrofisiológica em pacientes recuperados de parada cardíaca
■ PCR recuperada, não documentada, não relacionada à fase aguda de infarto do miocárdio (> 48 horas), sem causas determinadas e não associada a fatores reversíveis, a despeito da presença ou não de cardiopatia estrutural (grau A).
■ Avaliação eletrofisiológica em pacientes com taquicardia com QRS largo
■ Pacientes com taquicardia com QRS alargado nos quais o mecanismo e/ou a origem da arritmia estão mal definidos por métodos não invasivos, visando principalmente à terapia adequada (grau A).

Principais recomendações das diretrizes brasileiras para ablação

■ Ablação nas taquicardias atriais e *flutter* atrial
■ Taquicardia atrial sintomática de difícil controle farmacológico; taquicardia atrial com taquicardiomiopatia (grau A).
■ Taquicardia atrial sintomática; taquicardia atrial incessante ou recorrente controlável com antiarrítmicos, quando o paciente opta pelo tratamento não farmacológico (grau B1).
■ *Flutter* atrial comum recorrente com sintomas claramente relacionados à arritmia (grau A).

▪ Ablação nas taquicardias paroxísticas supraventriculares
▪ Pacientes sintomáticos com TRN recorrentes (grau A).
▪ Dupla via nodal com eco nodal, registrado pelo EEF em paciente com documentação eletrocardiográfica; taquicardia sustentada induzida no EEF durante ablação de outra arritmia (grau B1).
▪ Paciente com pré-excitação ventricular que já tenha apresentado um episódio de taquiarritmia (grau 1).
▪ Assintomático com pré-excitação ventricular e profissões de risco (p. ex., piloto e motorista profissional de coletivos); assintomático com período refratário anterógrado da via acessória < 270 ms e período refratário ventricular < 220 ms (grau B1).
▪ Ablação nas taquicardias ventriculares
▪ Pacientes sintomáticos com TVS de ventrículo direito e de ventrículo esquerdo refratária ao tratamento medicamentoso ou quando houver intolerância às drogas (grau A).
▪ Pacientes sintomáticos com taquicardias ventriculares não sustentadas (TVNS) refratárias ao tratamento medicamentoso ou quando houver intolerância às drogas (grau B1).
▪ Taquicardia ventricular incessante; taquicardia ventricular recorrente requerendo terapêuticas frequentes do CDI; taquicardia ventricular tipo ramo a ramo (grau A).
▪ Taquicardia ventricular sustentada recorrente bem tolerada sem controle farmacológico (grau B1).
▪ Ablação por cateter na fibrilação atrial
▪ FA sintomática em paciente jovem com coração estruturalmente normal sem resposta ou com efeitos colaterais pelo uso de pelo menos duas drogas antiarrítmicas na ausência de condições metabólicas potencialmente correlacionadas à arritmia (grau 1).
▪ Pacientes com qualquer idade com FA paroxística sintomática, frequente, coração estruturalmente normal, com evolução de pelo menos seis meses, refratária a pelo menos uma droga antiarrítmica de classe IC ou sotalol, e na ausência de condições metabólicas potencialmente correlacionadas à arritmia (grau IIa).
▪ Pacientes com FA paroxística, com as mesmas características do item anterior, com cardiopatia estrutural e refratária à amiodarona (grau IIa).
▪ Pacientes com FA persistente, sintomática e recorrente, refratária a pelo menos uma droga antiarrítmica da classe IC ou sotalol, se não houver cardiopatia estrutural, ou à amiodarona, caso haja cardiopatia estrutural, tendo sido afastadas as condições clínicas potencialmente deflagradoras da FA (grau IIa).
▪ Ablação de FA permanente em pacientes jovens com átrio esquerdo pouco aumentado, principalmente quando a resposta ventricular é mal controlada ou há progressiva dilatação e/ou redução da fração de ejeção do VE (grau IIa).

Bibliografia recomendada

1. Wellens HJ, Brugada P, Bar FW. Indications for use of intracardiac electrophysiologic studies for the diagnosis of site of origin and mechanism of tachycardias. Circulation. 1987;75:III110-8.
2. Scanavacca MI, de Brito FS, Maia I, Hachul D, Gizzi J, Lorga A, et al. Diretrizes para avaliação e tratamento de pacientes com arritmias cardíacas. Arq Bras Cardiol. 2002;79 Suppl 5:1-50.
3. Blomstrom-Lundqvist C, Scheinman MM, Aliot EM, Alpert JS, Calkins H, Camm AJ, et al.; European Society of Cardiology Committee N-HRS. ACC/AHA/ESC guidelines for the management of patients with supraventricular arrhythmias – executive summary. a report of the American college of cardiology/American heart association task force on practice guidelines and the European society of cardiology committee for practice guidelines (writing committee to develop guidelines for the management of patients with supraventricular arrhythmias) developed in collaboration with NASPE-Heart Rhythm Society. J Am Coll Cardiol. 2003;42:1493-531.
4. Aliot EM, Stevenson WG, Almendral-Garrote JM, Bogun F, Calkins CH, Delacretaz E, et al.; Registered Branch of the European Society of C, Heart Rhythm S, American College of C and American Heart A. EHRA/HRS Expert Consensus on Catheter Ablation of Ventricular Arrhythmias: developed in a partnership with the European Heart Rhythm Association (EHRA), a Registered Branch of the European Society of Cardiology (ESC), and the Heart Rhythm Society (HRS); in collaboration with the American College of Cardiology (ACC) and the American Heart Association (AHA). Heart Rhythm. 2009;6:886-933.
5. Task Force for the Diagnosis and Management of Syncope; European Society of Cardiology (ESC), European Heart Rhythm Association (EHRA), Heart Failure Association (HFA), Heart Rhythm Society (HRS), Moya A, Sutton R, et al. Guidelines for the diagnosis and management of syncope (version 2009). Eur Heart J. 2009;30:2631-71.
6. Calkins H, Kuck KH, Cappato R, Brugada J, Camm AJ, Chen SA, et al. 2012 HRS/EHRA/ECAS Expert Consensus Statement on Catheter and Surgical Ablation of Atrial Fibrillation: recommendations for patient selection, procedural techniques, patient management and follow-up, definitions, endpoints, and research trial design. Europace. 2012;14:528-606.
7. Pediatric, Congenital Electrophysiology S, Heart Rhythm S, American College of Cardiology F, American Heart A, American Academy of P, Canadian Heart Rhythm S, Cohen MI, Triedman JK, Cannon BC, Davis AM, Drago F, Janousek J, Klein GJ, Law IH, Morady FJ, Paul T, Perry JC, Sanatani S and Tanel RE. PACES/HRS expert consensus statement on the management of the asymptomatic young patient with a Wolff-Parkinson-White (WPW, ventricular preexcitation) electrocardiographic pattern: developed in partnership between the Pediatric and Congenital Electrophysiology Society (PACES) and the Heart Rhythm Society (HRS). Endorsed by the governing bodies of PACES, HRS, the American College of Cardiology Foundation (ACCF), the American Heart Association (AHA), the American Academy of Pediatrics (AAP), and the Canadian Heart Rhythm Society (CHRS). Heart Rhythm. 2012;9:1006-24.
8. Raviele A, Natale A, Calkins H, Camm JA, Cappato R, Ann Chen S, et al. Venice Chart international consensus document on atrial fibrillation ablation: 2011 update. J Cardiovasc Electrophysiol. 2012;23:890-923.

9. January CT, Wann LS, Alpert JS, Calkins H, Cigarroa JE, Cleveland JC Jr., et al.; American College of Cardiology/American Heart Association Task Force on Practice G. 2014 AHA/ ACC/HRS guideline for the management of patients with atrial fibrillation: a report of the American College of Cardiology/American Heart Association Task Force on Practice Guidelines and the Heart Rhythm Society. J Am Coll Cardiol. 2014;64:e1-76.

Seção VI

45

Bradiarritmias: manejo ambulatorial

Luiz Fernando Fagundes de Gouvêa Filho

Introdução

As bradiarritmias são importantes causas de morbidade e mortalidade cardíacas.

Trata-se de anormalidades na formação e/ou na propagação do impulso cardíaco.

Achado comum: frequência cardíaca (FC) < 50 bpm.

O estímulo elétrico é originado no nó sinusal e propagado pelo átrio direito para o nó atrioventricular e sistemas fascículos atrioventricular – células purkinjenses (His-Purkinje), caracterizado eletrocardiograficamente pelo intervalo PR. Um atraso ou uma interrupção total ou parcial deste estímulo elétrico, em qualquer parte do sistema de condução, pode gerar bradiarritmias.

O débito cardíaco é o volume sistólico do coração multiplicado pela FC. Pacientes bradicárdicos podem ficar assintomáticos enquanto houver compensação com aumento do volume sistólico.

Classificação

Doença do nó sinusal (DNS):

- Bradicardia sinusal.
- Bloqueios sinoatriais.
- Pausas sinusais.
- Síndrome bradi-taqui – taquiarritmias supraventriculares seguidas por pausa prolongada (> 3 s) após reversão espontânea para ritmo sinusal.

Bloqueios atrioventriculares (BAV): supranodais, intranodais (AV) e infranodais (feixe de His. ▪ 1° grau – prolongamento anormal intervalo PR. ▪ 2° grau Mobitz I (Wenckbach) – incremento progressivo do intervalo PR até haver o bloqueio AV. ▪ 2:1 – sequência de estímulos atriais conduzidos e bloqueados sucessivamente. Podem corresponder a graus de bloqueios mais graves ou menos graves. ▪ 2° grau Mobitz II – bloqueio AV súbito, com intervalos PR anteriores e posteriores constantes. ▪ 2° grau avançado – duas ou mais ondas P consecutivas são bloqueadas dentre outras conduzidas. ▪ 3° grau ou BAV total (BAVT) – completa dissociação entre atividade atrial e ventricular.
Bloqueios fasciculares: direito e/ou um ou ambos os fascículos do ramo esquerdo.
Hipersensibilidade do seio carotídeo.

Principais etiologias

▪ Esclerodegenerativa (senilidade)
▪ Doença de Chagas (importante causa no Brasil)
▪ Isquêmica
▪ Doenças infiltrativas
▪ Autoimunes
▪ Metabólicas (p. ex., hipotireoidismo)
▪ Traumática (cirúrgica)
▪ Secundárias (hipertensão intracraniana, hipóxia [p. ex., SAOS], hipercalemia etc.)
▪ Funcionais (atletas, exacerbação do tônus vagal)
▪ Induzidas por medicações (betabloqueadores, digitálicos, antiarrítmicos)

Quadro clínico

Quadro clínico
Tonturas, síncopes ou pré-síncopes – consequência do baixo fluxo cerebral
Dispneia, fadiga, intolerância aos esforços físicos – incompetência cronotrópica
Palpitações – extrassístoles e pausas compensatórias
Dor torácica – desbalanço oferta/consumo miocárdico
Exacerbação de insuficiência cardíaca
Alteração de nível de consciência – baixo fluxo cerebral

Instabilidade hemodinâmica (hipotensão arterial e choque cardiogênico)
Morte súbita cardíaca – taquiarritmias ventriculares e assistolia

Avaliação diagnóstica complementar	Frequência da avaliação
Eletrocardiograma – avaliação rápida do ritmo cardíaco	Nos retornos ou se houver alguma suspeita clínica de piora da condição basal
Exames laboratoriais – diagnóstico de fatores associados às bradiarritmias e causas secundárias às bradiarritmias. Principais: eletrólitos, função renal, avaliação tireoidiana, sorologia para Chagas, marcadores de necrose miocárdica, intoxicação medicamentosa (p. ex., digoxina), drogas e venenos (p. ex., organofosforados – um dos principais compostos dos agrotóxicos)	Inicialmente e sempre que houver necessidade de reavaliação
Holter 24 h – avaliação de sintomas insidiosos e intermitentes, bem como correlação dos sintomas clínicos com alterações eletrocardiográficas	Anualmente ou se houver suspeita de piora clínica/eletrocardiográfica
Teste de esforço – avaliação de competência cronotrópica, bem como alterações induzidas pelo esforço físico ou fase de recuperação	Inicialmente e na ocorrência de sintomas durante ou após esforço físico
Ecocardiograma – avaliação morfológica e funcional	Inicialmente e em piora clínica
Tilt table test – avaliação de síndromes neuromediadas	Diagnóstico inicial quando indicado
Looper – avaliação de eventos arrítmicos quando os sintomas são pouco frequentes	Diagnóstico inicial quando indicado
Estudo eletrofisiológico – avaliação dos intervalos básicos do sistema de condução	Diagnóstico inicial quando indicado ou durante o acompanhamento se houver sintomas novos sem elucidação diagnóstica

Manejo clínico ambulatorial

Sintomas	Acesso ao quadro clínico do paciente pela história clínica direcionada. A presença de sintomas é a principal indicação da necessidade de intervenção para correção da bradiarrritmia
Correlação clínica--eletrocardiograma (ECG)	Correlacionar sintomas com alterações eletrocardiográficas (usar métodos de registro de ECG anteriormente)
Causas secundárias	Excluir e tratar causas reversíveis (secundárias), p. ex., tratamento do hipotireoidismo, correção eletrolítica (hipercalemia), acidose, hipóxia, hipertensão intracraniana (reflexo de Cushing) etc.
Medicações	Avaliação minuciosa e pró-ativa para o hábito medicamentoso. Checar medicações prescritas, fórmulas manipuladas, fórmulas caseiras/uso de ervas, colírios e agentes tópicos
Necessidade de marca-passo	Avaliar necessidade de implante de marca-passo definitivo (ver Capítulo "Indicações de marca-passo definitivo")
Manejo clínico	Pacientes com bradiarritmias que não necessitam de implante de marca-passo inicialmente devem ser acompanhados periodicamente no ambulatório em busca de sinais e sintomas que possam indicar a necessidade de intervenção (vide próxima tabela)

Acompanhamento clínico dos pacientes com bradiarritmias e sem marca-passo

Clínica: avaliação de sintomas como insuficiência cardíaca, fadiga, síncopes e pré-síncopes, que podem indicar agravamento da doença de base ou associação de doenças.
Eletrocardiograma: realizar frequentemente nos retornos para identificação do ritmo cardíaco atual.
Holter: realizado periodicamente para avaliação da progressão da doença de base e correlação de sintomas com alterações eletrocardiográficas.
Ecocardiograma: avaliação de perda de função ventricular e dilatação de cavidades, que podem decorrer da alteração hemodinâmica secundária à bradicardia e podem indicar necessidade de intervenção.
Reajuste medicamentoso: atenção para medicações que podem agravar a bradiarritmia ou levar a bloqueios no sistema de condução.

Prognóstico

O prognóstico dos pacientes com bradiarritmias, em geral, depende da gravidade e da progressão da doença de base, desde que adequadamente tratados, com ou sem marca-passo.

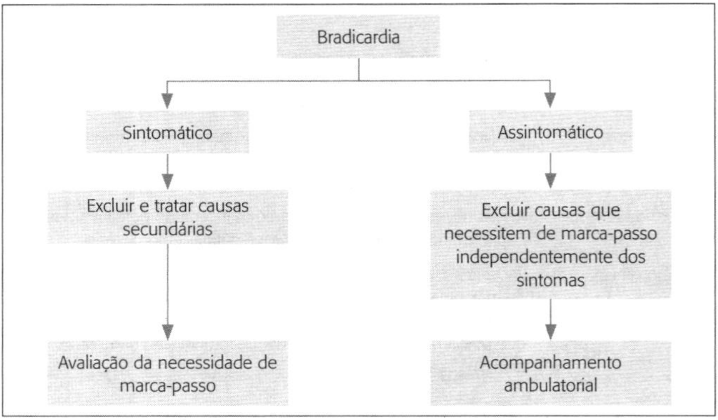

Figura 1 Fluxograma de bradicardia.

Bibliografia recomendada

1. Crawford MH, et al. ACC/AHA Guidelines for Ambulatory Electrocardiography. A Report of the American College of Cardiology/American Heart Association Task Force on Practice Guidelines for Ambulatory Electrocardiography. J Am Coll Cardiol. 1999;34:912-48.
2. Zimetbaum PJ, Josephson ME. The evolving role of ambulatory arrhythmia monitoring in general clinical practice. Ann Intern Med. 1999;130:848-56.
3. ACC/AHA Guidelines for Exercise Testing. J Am Coll Cardiol. 1997;30:260-315.
4. Kenny RA, Ingram A, Bayless J, Sutton R. Head up tilt: a useful test for investigation of unexplained syncope. Lancet. 1986;1:1352-5.
5. Grubb B. Neurocardiogenic syncope. In: Grubb B, Olshansky B (eds.). Syncope: mechanisms and management. Armonk: Futura Publishing; 1998. p.73-106.
6. Benditt DG, Erickson M, Gammage MD, Markowitz T, Sutton R. Neurocardiogenic syncope. An International Symposium. PACE. 1997;20(II).

7. Badea M, Romanca M, Draghici C, Marty JL, Marques CVVCO, Mendes DR, et al. Multidisciplinary collaboration for enviromental protection using biossensors: detection of organophosphate insecticides in aqueous médium. J Braz Chem Soc. 2006;17(4):807-11.
8. Mangrum JM, DiMarco JP. The evaluation and management of bradycardia. N Engl J Med. 2000;342:703-9.
9. Martinelli Filho M, et al. Diretrizes brasileiras de dispositivos cardíacos implantáveis (DCEI). Arq Bras Cardiol. 2007.
10. 2013 ESC Guideline on cardiac pacing and cardiac resynchronization terapy. Eur Heart J. 2013;2281-329.
11. Diretrizes para avaliação e tratamento de pacientes com arritmias cardíacas. Arq Bras Cardiol. 2002;79(suplemento V).
12. ACC/AHA/HRS. Guidelines for device-based therapy of cardiac rhythm abnormalites. 2008.
13. Ellenbogen KA, Kay GN, Lau CP, Wilkoff BL. Clinical cardiac pacing, defibrillation, and resynchronization therapy. 4.ed. Philadelphia: WB Saunders; 2011.
14. Martinelli M, Nishioka SA, Siqueira SF. Atlas de marcapasso: a função através do eletrocardiograma. 2.ed. São Paulo: Atheneu; 2012.
15. Barbosa MM, Nunes MCP, Campos Filho O, Camarozano A, Rabischoffsky A, Maciel BC, et al. Sociedade Brasileira de Cardiologia. Diretrizes das Indicações da Ecocardiografia. Arq Bras Cardiol. 2009;93(6 supl.3):e265-e302.

46

Indicações de marca-passo definitivo

Luiz Fernando Fagundes de Gouvêa Filho
Martino Martinelli Filho

Introdução

A prevalência das bradiarritmias que requerem marca-passo não é conhecida, porém, pode ser estimada segundo as informações de grandes bases de dados.

Grande variabilidade nas diferentes regiões do mundo, principalmente atrelada ao grau de desenvolvimento e acesso à saúde da população.

Dados do Censo Mundial de Marca-passos e Desfibriladores estimam uma prevalência no Brasil de 199 marca-passos por milhão de habitantes. Em países desenvolvidos, como EUA, França e Alemanha, esses números chegam a 767, 1.019 e 1.267 marca-passos por milhão de habitantes, respectivamente.

Cenários

Bradicardia persistente

Bradicardia intermitente

Bradicardia suspeita: bloqueios fasciculares/síncope reflexa/síncope inexplicada

Estimulação cardíaca em condições especiais:

- Infarto agudo do miocárdio (IAM)
- Pós-RM, *corevalve* e transplante cardíaco
- Crianças e doenças congênitas
- Cardiomiopatia hipertrófica
- Doenças raras (QT longo, distrofia muscular)
- Gestação
- Bloqueio atrioventricular (BAV) de primeiro grau
- Arritmias atriais
- Insuficiência cardíaca

Principais etiologias de bradicardias

Causas intrínsecas	Causas extrínsecas
▪ Degeneração idiopática (cor senil) ▪ Processos inflamatórios (miocardites) ▪ Doença cardíaca isquêmica ▪ Doenças infiltrativas: sarcoidose, amiloidose, hemocromatose ▪ Colagenoses: lúpus eritematoso sistêmico, artrite reumatoide, esclerodermia ▪ Doenças congênitas, incluindo doença do nó sinusal (DNS) e doenças do nó atrioventricular ▪ Doenças infeciosas: Chagas, endocardite, difteria, sepse por Gram-negativo, febre tifoide, doença de Lyme ▪ Doenças genéticas raras: associadas à miocardiopatia (laminopatias, distrofias musculares, doenças mitocondriais, doença de Danon, doença de Fabry, mutação PRKAG2) ou não associadas (defeito primário do sistema de condução) ▪ Trauma cirúrgico: trocas valvares (convencionais ou percutâneas), transplante cardíaco ▪ BAV pós-ablação por cateter, intencionais ou não	▪ Treinamento físico (atletas) ▪ Neuromediadas: vasovagal, situacional (micção, evacuação, deglutição, estimulação gastrintestinal, tosse, pós-prandial etc.), síndrome do seio carotídeo ▪ BAV idiopático paroxístico ▪ Drogas lícitas e ilícitas ▪ Distúrbio eletrolítico: hipo/hipercalemia ▪ Distúrbios metabólicos: hipotireoidismo, hipotermia, anorexia nervosa ▪ Distúrbios neurológicos: hipertensão intracraniana, tumores do sistema nervoso central ▪ Apneia obstrutiva do sono

Quadro clínico – sintomas típicos de bradicardia

Bradicardia persistente	Bradicardia intermitente
Secundários à hipoperfusão cerebral	
▪ Fatigabilidade ▪ Irritabilidade, falta de concentração ▪ Apatia, déficit de memória ▪ Tontura, vertigem	▪ Síncope, pré-síncope ▪ Tontura, vertigem ▪ Escurecimento visual, borramento visual
Secundários a outros mecanismos	
▪ Cansaço, insuficiência cardíaca (IC) ▪ Redução na capacidade de exercício (incompetência cronotrópica)	▪ Dispneia súbita, dor torácica sem relação com exercício físico ▪ Palpitação (batimentos irregulares)

Exames complementares

Estratégias de monitorização eletrocardiográfica	
Frequência dos sintomas	**Monitorização eletrocardiográfica**
▪ Diário	▪ Holter 24 h; telemetria intra-hospitalar
▪ A cada 2-3 dias	▪ Holter 48-72 h; telemetria intra-hospitalar
▪ Semanal	▪ Holter 7 dias; Loop recorder (Looper) externo
▪ Mensal	▪ Looper externo 14-30 dias
▪ Menos que 1´ por mês	▪ Looper implantável
Testes provocativos	
Massagem do seio carotídeo	
Tilt table test	
Teste ergométrico	
Estudo eletrofisiológico	

Indicações para implante de marca-passo e níveis de evidências

Recomendações	CR, NE
Bradiarritmias persistentes	
1. DNS – sintomas claramente atribuíveis à bradicardia	I, B
2. DNS – sintomas possivelmente atribuíveis à bradicardia, mesmo sem evidência conclusiva	IIb, C
3. BAV adquirido – BAV de terceiro grau ou segundo grau do tipo 2, independentemente dos sintomas	I, C
4. BAV adquirido – BAV de segundo grau do tipo 1 sintomático ou localizado intra/infra-His pelo estudo eletrofisiológico (EEF)	IIa, C
DNS – bradicardia sinusal assintomática ou de causas reversíveis e BAV adquirido de causas reversíveis são contraindicações ao implante de marca-passo (classe III, NE C).	
Bradiarritmias intermitentes documentadas	
1. DNS (incluindo síndrome bradi-taqui): documentação de bradicardia sintomática secundária à parada sinusal ou bloqueio sinoatrial	I, B
2. BAV intermitente (inclui fibrilação atrial com condução ventricular lenta): BAV de terceiro ou segundo graus	I, C
3. Síncope reflexa com assistolia – considerada em pacientes com > 40 anos, síncopes recorrentes inexplicadas e pausas sinusais ou por BAV ou a combinação dos dois	IIa, B
4. Pausas assintomáticas (pausa sinusal ou BAV) – síncopes e documentação de pausas > 6 s por pausas sinusais, bloqueio sinoatrial ou BAV assintomáticos	IIa, C
Bradicardia de causa reversível é contraindicação ao implante de marca-passo (classe III, NE C).	
Bradicardia suspeita (não documentada)	
1. Síncope inexplicada, bloqueio de ramo e EEF alterado definido por intervalo HV aumentado > 70 ms ou bloqueio no sistema His-Purkinje de segundo ou terceiro graus demonstrado durante estimulação incremental atrial ou nos testes farmacológicos.	I, B
2. Bloqueio de ramo alternante com ou sem sintomas.	I, C
3. Bloqueio de ramo e síncopes inexplicadas com investigação não diagnóstica	IIb, B
4. Assintomático com intervalo HV > 100 ms espontâneo	IIa, C
Bloqueio de ramo assintomático é contraindicação ao implante de marca-passo (classe III, NE B).	

(continua)

Indicações para implante de marca-passo e níveis de evidências *(continuação)*

Recomendações	CR, NE
Síncope reflexa não documentada	
1. Síndrome do seio carotídeo (cardioinibitória) e síncopes recorrentes.	I, B
2. Síncope por resposta cardioinibitória no *tilt test*, com idade > 40 anos e falhas em terapias alternativas.	IIb, B
Síncope não cardioinibitória induzida no *tilt test* é contraindicação para implante de marca-passo (classe III, NE B).	
Síncopes inexplicadas	
1. Síncope inexplicada com teste de adenosina positivo.	II, B
Síncope inexplicada, sem evidência de bradicardia ou distúrbio da condução e quedas inexplicadas são contraindicações ao implante de marca-passo (classe III, NE B).	

CR: classe de recomendação; NE: nível de evidência.

Estimulação cardíaca nas situações especiais

Cardiomiopatia hipertrófica	CR, NE
Sintomática, com obstrução da via de saída de VE, refratária ao tratamento farmacológico e sem indicação primária de CDI	IIb, C
Síndrome neuromediada	
▪ Marca-passo definitivo, *rate drop response* para síncopes recorrentes por hipersensibilidade do seio carotídeo (forma cardioinibitória)	I, B
▪ MP definitivo na síncope, associada a importante componente cardioinibitório e claramente refratária ao tratamento com medidas gerais e farmacológicas	
Pós-transplante cardíaco	
▪ Marca-passo indicado para bradicardia inapropriada persistente ou sintomática, sem expectativa de resolução e para outras indicações classe I	I, C
▪ Bradicardia relativa prolongada e recorrente após o transplante que limite a reabilitação e a alta hospitalar	IIb, C
▪ Síncope após transplante cardíaco, mesmo sem documentação de bradiarritmia	IIb, C

Pós-infarto do miocárdio	CR, NE
▪ BAV de segundo grau, intra-hissiano com bloqueio de ramo alternante ou BAV total intra ou infra-hissiano após infarto do miocárdio com supradesnivelamento de ST	I, B
▪ BAV de segundo ou terceiro grau infranodal transitório, associado a bloqueio de ramo	I, B
▪ BAV de segundo ou terceiro grau persistente e sintomático	I, C
▪ Pode ser considerado para BAV de segundo ou terceiro grau no nível do nó AV, mesmo sem sintomas	IIb, B
Apneia obstrutiva do sono	
Implante de marca-passo está indicado quando ocorre a persistência dos episódios de bradicardia, apesar da ventilação com pressão positiva contínua (CPAP).	
Prevenção de taquiarritmias supraventriculares e ventriculares	
▪ Indicada para taquicardia ventricular sustentada pausa-dependente, com ou sem prolongamento do intervalo QT	I, C
▪ Razoável para pacientes de alto risco com síndrome de QT longo congênito	IIa, C
▪ Pode ser considerada na prevenção de FA recorrente, sintomática e refratária à droga, coexistindo com DNS	IIb, B

CR: classe de recomendação; NE: nível de evidência.

Código internacional de estimulação de marca-passos

Nomenclatura – marca-passo					
Primeira letra	Câmara estimulada	A (átrio)	V (ventrículo)	D (átrio e ventrículo)	O (nenhuma)
Segunda letra	Câmara sentida	A (átrio)	V (ventrículo)	D (átrio e ventrículo)	O (nenhuma)
Terceira letra	Resposta do marca-passo à detecção de um sinal natural	T (deflagração)	I (inibição)	D (deflagração e inibição)	O (sem resposta)
Quarta letra	Capacidade de programabilidade e resposta de frequência			R (resposta de frequência)	O (nenhuma)
Quinta letra	Presença de estimulação multissítio		A (átrio)	V (ventrículo)	O (nenhuma)

Escolha do modo de estimulação

Doença do nó sinusal (DNS)	
Classe I	AAI, O/R; DDD,O/R; AAI,C/R com reversão automática para DDD,C/R
Classe IIa	VVI,O/R em idosos sem condução VA
Síndrome do seio carotídeo (SSC)	
Classe I	DDD,O/R com função *rate drop response*; DDI,O/R
Classe IIb	VVI,O/R
Bloqueio atrioventricular (BAV)	
Classe I	DDD,O/R; VVI,C/R com fibrilação atrial (FA) permanente.
Classe IIa	DDD,O/R com função sinusal normal; VVI,C/R sem condução retrógrada VA; VDD,O com função sinusal normal
Bloqueio intraventricular (BIV)	
Classe I	VVI,O/R com FA permanente; DDD,O/R com DNS; DDD,O/R com condução retrógrada VA
Classe IIa	DDD,O/R sem DNS; VVI,O/R sem condução retrógrada VA; VDD,O sem DNS

Implante de marca-passo de dupla câmara x câmara única

O implante de sistemas com apenas um cabo-eletrodo ventricular vem sendo reservado para pacientes com FA permanente, aqueles com necessidade de estimulação cardíaca artificial e os de alto risco cirúrgico. Atualmente, a ampla gama de possibilidades de programações eletrônicas nos marca-passos atrioventriculares permite que se tenha estimulação cardíaca artificial bastante individualizada para cada paciente, de acordo com sua necessidade

Prognóstico

Em geral, quando tratados adequadamente, o prognóstico desses pacientes depende da doença cardíaca de base e sua progressão

A taxa de complicações cirúrgicas relacionadas ao implante de marca-passo é estimada em 5%, muitas delas corrigidas clínica e eletronicamente; em parcela menor, cirurgicamente. As complicações graves relacionadas ao marca-passo são muito raras, com índices inferiores a 1%

Bibliografia recomendada

1. Datasus: http://tabnet.datasus.gov.br/cgi/deftohtm.exe?sih/cnv/piuf.def
2. Mond HG, Proclemer A. The 11th world survey of cardiac pacing and implantable cardioverter--defibrillators: calendar year 2009 – a World Society of Arrhythmia's Project. Pacing Clin Electrophysiol. 2011;34(8):1013-27.
3. Martinelli FM, Zimerman LI, Lorga AM, Vasconcelos JTM, Rassi M Jr. Diretrizes brasileiras de dispositivos cardíacos implantáveis (DCEI). Arq Bras Cardiol. 2007;89(6):e210-e237
4. Brignolo M, Auricchio A, Baron-Esquivias, Bordadsar P, Boriani G, Breithardt O, et al. 2013 ESC Guideline on cardiac pacing and cardiac resynchronization terapy. Eur Heart J. 2013;2281-329.
5. Vlay SC. The ACC/AHA/HRS 2008 Guidelines for device – based terapy of cardiac rhythm abnormalites: their relevance to the cardiologist, internist and family physician. J Invasive Cardiol. 2009;21(5):234-7.
6. Ellenbogen KA, Kay GN, Lau CP, Wilkoff BL. Clinical cardiac pacing, defibrillation, and resynchronization therapy. 4.ed. Philadelphia: W.B. Saunders; 2011.
7. Martinelli M, Nishioka SA, Siqueira SF. Atlas de marca-passo: a função através do eletrocardiograma. 2.ed. São Paulo: Atheneu; 2012.
8. Brinker JA. The cephalic vein revisited (editorial). Intelligence Reports in Cardiac Pacing and Electrophysiol. 1988;7:1-4.
9. Furman S. Venous cutdown for pacemaker implantation. Ann Thorac Surg. 1986; 438-9.
10. Ong LS, Barold SS, Lederman M, Falkoff MD, Heinle RA. Cephalic vein guide wire technique for implantation of permanent pacemakers. Am Heart J. 1987;114:753-6.
11. Littleford PO, Parsonnet V, Spector SD. Method for the rapid and traumatic insertion of permanent endocardial pacemaker electrodes through the subclavian vein. Am J Cardiol. 1979;43:980-2.

12. Calkins H, Ramza BM, Brinker J, Atiga W, Donahue K, Nsah E, et al. Prospective randomized comparison of the safety and effectiveness of placement of endocardial pacemaker and defibrillator leads using the extra thoracic subclavian vein guided by contrast venography versus the cephalic approach. Pacing Clin Electrophysiol. 2001;24(4 Pt 1):456-64.
13. Lamas GA, Lee KL, Sweeney MO, Silverman R, Lioan A, Yu P, et al. Ventricular pacing or dual--chamber pacing for sinus-node dysfunction. N Engl J Med. 2002;346:1854-62.
14. Link MS, Estes 3rd NA, Griffin JJ, Wang PJ, Maloney JD, Kichoffer JB, et al. Complications of dual chamber pacemaker implantation in the elderly. Pacemaker Selection in the Elderly (PASE) Investigators. J Interv Card Electrophysiol. 1998;2:175-9.
15. Eberhardt F, Bode F, Bonnemeier H, Boguschewski F, Schlei M, Peters W, et al. Long term complications in single and dual chamber pacing are influenced by surgical experience and patient morbidity. Pacing Clin Electrophysiol. 1986;9(6Pt 2):1014-8.

47

Cardiodesfibrilador implantável

Sérgio Augusto Mezzalira Martins

Introdução

Morte súbita é a parada cardiorrespiratória repentina e inesperada, que leva à morte rapidamente, sendo as arritmias ventriculares uma de suas principais causas.

Taquicardia ventricular se refere a três ou mais batimentos cardíacos consecutivos, originados dos ventrículos, com frequência cardíaca maior que 100 batimentos por minuto. Pode ser classificada como não sustentada (TVns), quando ocorre com até trinta segundos de duração, ou sustentada (TVs), quando ultrapassa esse período ou causa sintomas de baixo débito independentemente de sua duração. Elas são consideradas estáveis se assintomáticas ou oligossintomáticas, como palpitações, e instáveis, na presença de síncope, angina, dispneia, hipotensão ou outros sintomas de baixo débito. Fibrilação ventricular é um ritmo muito rápido, com ciclo irregular e QRS polimórfico.

Aproximadamente 300 mil pessoas morrem de morte súbita ao ano no Brasil, com maior prevalência no gênero masculino, com 45 a 75 anos, sendo o principal fator causador arritmias provocadas por insuficiência coronariana aguda.

O cardiodesfibrilador é um dispositivo utilizado para o tratamento de morte súbita. É importante salientar que ele interrompe a arritmia, mas não previne seu aparecimento.

Avaliação do paciente candidato ao implante de CDI

Anamnese	Síncopes, antecedentes de cardiopatias, uso de medicações que aumentam risco de arritmias, etc.
Eletrocardiograma	Áreas eletricamente inativas, duração de QRS, duração do QT, alterações da repolarização ventricular
Holter de 24 h	Densidade de extrassístoles ventriculares, presença de TVns ou TVS
Radiografia de tórax	Presença de cardiomegalia
Ecocardiograma	Avaliação da fração de ejeção do ventrículo esquerdo (FEVE), diâmetros de cavidades, presença de disfunção de motilidade segmentar ou global
Ressonância magnética cardíaca	Avaliação de alterações cardíacas estruturais e diâmetros cavitários, determinação de presença, localização e quantificação de fibrose*

* Pacientes com contraindicação para realizar RM cardíaca podem fazer cintilografia cardíaca com tálio para avaliação de fibrose.

Indicações de CDI: profilaxia primária em pacientes com cardiopatia estrutural*

Miocardiopatia isquêmica, sem área isquemia tratável, pós-infarto agudo do miocárdio (IAM) > 40 dias e expectativa de vida > 1 ano	
FEVE ≤ 35% e classe funcional NYHA (CF) II e III; FEVE ≤ 30% e CF I	Classe I
FEVE ≤ 40%, TVns espontânea e TVS indutível ao estudo eletrofisiológico (EEF)	Classe I
Miocardiopatias não isquêmicas – exceto doença de Chagas –, e expectativa de vida > 1 ano**	
FEVE ≤ 35% CF II e III***	Classe I
Pacientes com FEVE ≤ 35% e indicação de terapia de ressincronização cardíaca	Classe IIa

* A profilaxia primária de morte súbita não é realizada rotineiramente no Sistema Único de Saúde (SUS).

** O estudo CHAGASICS está em fase de randomização de pacientes para avaliar a eficácia do CDI na profilaxia primária nos portadores de doença de Chagas.

*** Há discrepância entre as diretrizes quanto ao nível de evidência. Algumas classificam-na como classe IIa.

Indicações de CDI: profilaxia secundária em pacientes com cardiopatia estrutural

Sobreviventes de parada cardiorrespiratória (PCR) de causa irreversível, com FEVE ≤ 35*	Classe I
Pós-síncope ou TVS hemodinamicamente instável, de causa irreversível, com FEVE ≤ 35%*	Classe I
Sobreviventes de PCR, de causa irreversível, com FEVE ≥ 35*	Classe IIa
TVS hemodinamicamente instável, de causa irreversível, com FEVE ≥ 35%*	Classe IIa
Síncope inexplicada, com TVS induzida	Classe IIa

* Expectativa de vida >1 ano. CDI: cardiodesfibrilador implantável; FEVE: fração de ejeção do ventrículo esquerdo; TVS: taquicardia ventricular sustentada.

Indicação de CDI na cardiomiopatia hipertrófica*

Pacientes com CMH que apresentaram PCR ou TV/FV instável	Classe I
Pacientes que possuem alto risco pelo Escore HCM (*hypertrophic cardiomyopathy*) (Figura 1)**	Classe IIa
Pacientes que apresentam 1 ou mais fatores de risco (Ver "Fatores de risco para indicação de profilaxia primária em CMH")**	Classe IIa

* Expectativa de vida > 1 ano.
** Pacientes com cardiomiopatia hipertrófica (CMH) apresentam mecanismos de síncope complexos e muitas vezes não relacionados com eventos de arritmia ventricular (p. ex., obstrução de via de saída ou distúrbios autonômicos), além de apresentarem alto índice de terapias inapropriadas, gerando problemas psicossociais. Por isso, vários grupos, inclusive o nosso, criticam o implante de CDI na profilaxia primária, que deve ser restrito aos casos selecionados individualmente, e não rotineiramente.
CDI: cardiodesfibrilador implantável; FV: fibrilação ventricular; PCR: parada cardiorrespiratória; TV: taquicardia ventricular.

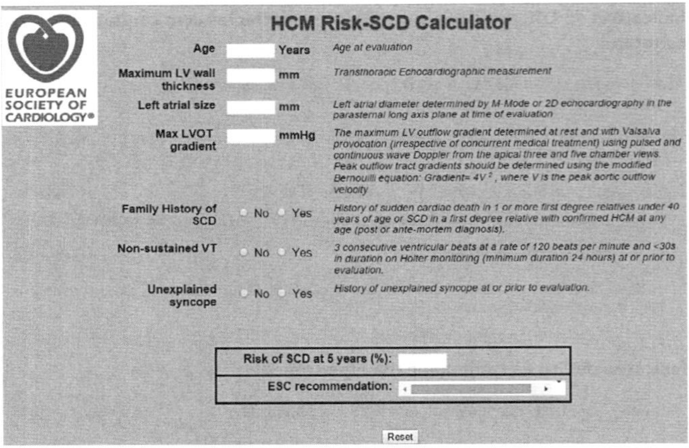

Figura 1 Calculadora para o escore HCM. Fonte: http://doc2do.com/hcm/webHCM.html.

Fatores de risco para indicação de profilaxia primária em CMH

- TVS espontânea/TVns
- História familiar de morte súbita em jovens
- Síncopes inexplicadas
- Espessura de septo ≥ 30 mm
- Mutação de alto risco

Taquicardia ventricular polimórfica catecolaminérgica*

Sobreviventes de PCR	Classe I
Síncope em uso de betabloqueador	Classe IIa
TVs documentada e uso de betabloqueador	Classe IIa
Contraindicação para uso de betabloqueador	Classe IIa

* Expectativa de vida > 1 ano.

Cardiomiopatia arritmogênica de ventrículo direito*

Sobreviventes de PCR ou que tenham apresentado TV/FV	Classe I
Doença extensa com história de síncope ou morte súbita familiar	Classe IIa

* Expectativa de vida > 1 ano. FV: fibrilação ventricular; PCR: parada cardiorrespiratória; TV: taquicardia ventricular.

Síndrome de Brugada*

Sobreviventes de PCR	Classe I
TVs documentada	Classe IIa
Alterações espontâneas no eletrocardiograma e síncope	Classe IIa
Alterações no eletrocardiograma induzidas por fármacos e síncope	Classe IIb

* Expectativa de vida > 1 ano. PCR: parada cardiorrespiratória; TVs: taquicardia ventricular sustentada.

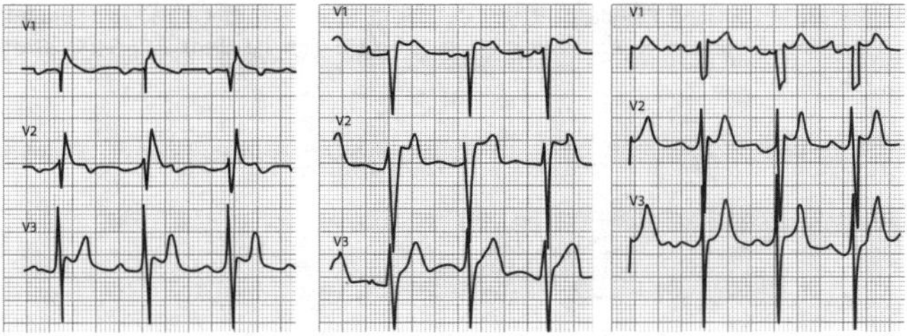

Figura 2 Exemplo de alterações no eletrocardiograma na síndrome de Brugada (derivações V1 a V3).

Síndrome do QT longo congênito*

Sobreviventes de PCR	Classe I
Síncope ou TVs documentada em vigência de betabloqueador	Classe IIa
Contraindicação para uso de betabloqueador	Classe IIa
QT longo tipos 2 e 3	Classe IIb

* Expectativa de vida > 1 ano. PCR: parada cardiorrespiratória; TVs: taquicardia ventricular sustentada.

Bibliografia recomendada

1. SOBRAC. Disponível em: http://www.sobrac.org/campanha/arritmias-cardiacas-mortes-subita. Acesso em 16 de fevereiro de 2016.
2. Martinelli M. Diretrizes brasileiras de dispositivos cardíacos eletrônicos implantáveis. Arq Bras Cardiol. 2007;89(6):e210-e237.
3. Russo MA, Stainback RF, Bailey SR, Epstein AE, Heidenreich PA, Jessup M, et al. ACC/HRS/AHA/ASE/HFSA/SCAI/SCCT/SCMR 2013 Appropriate use critéria for implantable cardioverter-defibrillators and cardiac resynchronization therapy. Heart Rhythm. 2013;10(4):e11-e58.
4. Priori SG. 2015 ESC Guidelines for the management of patients with ventricular arrhythmias and the prevention of sudden cardiac death. Eur Heart J. 2015;36:2793-867.
5. Fuganti CJ, Melo CS, Moraes Jr AV, Pachon-Mateos JC, Pereira WL, Galvão Filho SS, et al. Diretrizes brasileiras de dispositivo cardíaco eletrônico implantáveis do Departamento de estimulação cardíaca artificial (DECA) da Sociedade Brasileira de Cirurgia Cardiovascular (SBCCV). Relampa. 2015;28 supl 2(1):1-25.
6. Martinelli M, Rassi A Jr, Marin-Neto JA, de Paola AA, Berwanger O, Scanavacca MI, et al. Amiodarone against ICD therapy in Chagas cardiomyopathy for primary prevention of death (CHAGASICS). Am Heart J. 2013;166(6):976-82.
7. HCM Risk. SCD Calculator. Disponível em: http://doc2do.com/hcm/webHCM.html
8. Madeira M, Caetano F, Providência P, Almeida I, Trigo J, Nascimento J, et al. Padrão de Brugada tipo 1 induzido pela febre. Revista Portuguesa de Cardiologia (English Edition). 2015;34(4):287e1-287e7.

48

Terapia de ressincronização cardíaca

Martino Martinelli Filho
Sérgio Augusto Mezzalira Martins

Introdução

A insuficiência cardíaca congestiva (ICC), no Brasil, segundo o Ministério da Saúde, é a primeira causa de internação de pacientes acima de 60 anos, a sexta na faixa etária de 15-59 anos, cujo gasto com internações, em 2007, superou 232 milhões de reais, causando 450 mil mortes.

A agressão miocárdica, causada pela isquemia coronariana, doença valvar, hipertensão e outras miocardiopatias, provoca maior ativação simpática, aumento da atividade do eixo renina-aldosterona, ativação da cascata inflamatória, disfunção endotelial, resultando em estresse cavitário, remodelamento cardíaco, disfunção do ventrículo esquerdo (VE) e apoptose celular.

Dissincronia cardíaca é o atraso da condução intraventricular esquerda, causando movimentação paradoxal do septo, aumento da regurgitação mitral e diminuição do tempo de enchimento ventricular. Como consequência há redução do débito cardíaco. Eletrocardiograficamente, a dissincronia é observada pelo bloqueio de ramo esquerdo, principalmente nos QRS > 150 ms.

A terapia de ressincronização cardíaca é adjuvante no tratamento medicamentoso para ICC, com forte impacto na morbimortalidade desses pacientes.

Importância da dissincronia cardíaca na ICC

Estudos descrevem prevalência de bloqueio de ramo (120 ms) em 27-53% dos pacientes com insuficiência e disfunção ventricular.

O tamanho do QRS tem impacto significativo nos pacientes com ICC, sendo que pacientes com QRS ≥ 120 ms e fração de ejeção de ventrículo esquerdo < 30% têm mortalidade de até 70% em quatro anos.

Benefícios da terapia de ressincronização cardíaca

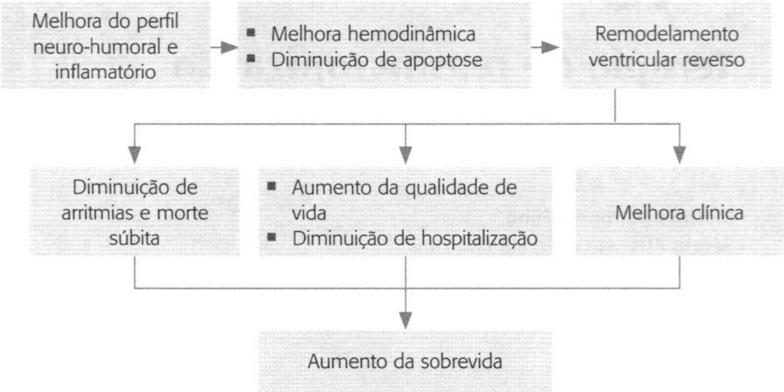

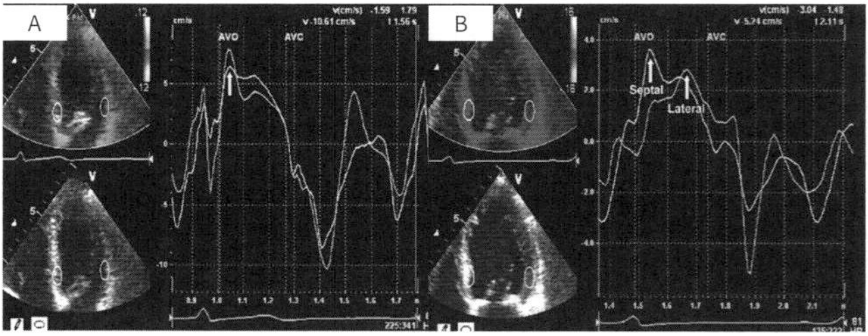

Figura 1 Análise de dissincronia pelo ecocardiograma. (A) Coração normal com paredes septal e lateral de ventrículo esquerdo sem atraso de condução; (B) evidência da dissincronia cardíaca, com parede septal contraindo primeiro que a parede lateral do VE.

Características e efeitos da terapia de ressincronização cardíaca

Realizada pela estimulação cardíaca artificial, com gerador de pulsos, um cabo eletrodo implantado no átrio direito (AD), outro no septo ventricular direito e o terceiro no ventrículo esquerdo (VE) (parede lateral).

Com uma programação personalizada, reduz-se o atraso de condução pelo VE, diminui o movimento paradoxal do septo, melhora a regurgitação mitral e o tempo de enchimento ventricular, com consequente incremento do débito cardíaco.

Estreitamento do QRS, evidência da melhora da dissincronia cardíaca.
Melhora da classe funcional de NYHA e remodelamento reverso.
Redução de internações por descompensação por ICC.
Incremento na qualidade de vida.
Diminuição da mortalidade total e mortalidade por ICC.

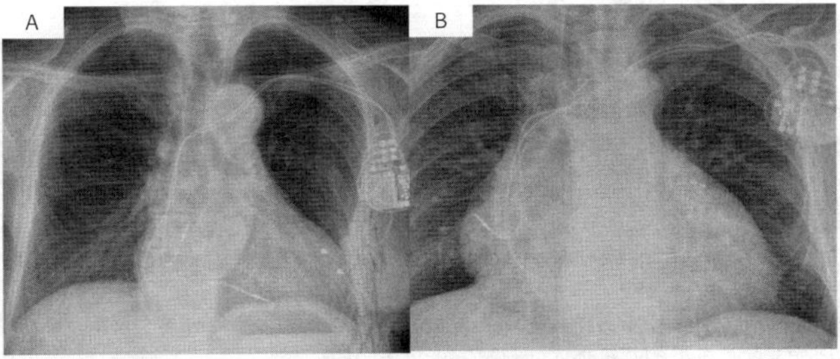

Figura 2 Disposição dos eletrodos. A via de acesso para parede lateral em A foi transtorácica, enquanto em B foi transvenosa, via seio coronário.

Indicações clássicas da terapia de ressincronização cardíaca em pacientes com ritmo sinusal

Indicações	Classe	Nível de evidência
FE ≤ 35%, classe funcional II, III e IV*, tratamento farmacológico otimizado, QRS > 150 ms e bloqueio de ramo esquerdo	I	A
FE ≤ 35%, classe funcional II, III e IV*, tratamento farmacológico otimizado, QRS > 120-149 ms comprovado, dissincronia por imagem e bloqueio de ramo esquerdo	I	B
FE ≤ 35%, classe funcional II, III e IV, tratamento farmacológico otimizado, QRS > 150 ms e bloqueio de ramo direito	IIa	B
FE ≤ 35%, classe funcional II, III e IV*, tratamento farmacológico otimizado, QRS > 120-149 ms comprovado, dissincronia por imagem e bloqueio de ramo direito	IIb	B
Ressincronização em pacientes com QRS < 120 ms	III	B

* Classe IV ambulatorial.

Indicação de terapia de ressincronização cardíaca em pacientes com fibrilação atrial

Indicação	Classe	Nível de evidência
FE $\leq$ 35%, classe funcional III e IV*, tratamento farmacológico otimizado, QRS > 120 ms, com resposta de frequência controlada ou programação de ablação da junção AV	IIa	B

* Classe IV ambulatorial.

Novas indicações da terapia de ressincronização cardíaca

Indicações	Classe	Nível de evidência
Pacientes com disfunção ventricular $\leq$ 35% e com indicação de marca-passo em que é esperada alta porcentagem de estimulação ventricular	IIa	B
Portadores de marca-passo com disfunção ventricular $\leq$ 35%, classe funcional III e IV* e alta porcentagem de estimulação ventricular (*up grade*)	I	B

* Classe funcional IV ambulatorial.

Associação do cardiodesfibrilador implantável com a terapia de ressincronização

Tipo de associação	Classe	Nível de evidência
Pacientes com indicação de cardiodesfibrilador implantável, FE $\leq$ 35%, bloqueio de ramo esquerdo, classe funcional II, III ou IV*	I	A
Pacientes com indicação de terapia de ressincronização cardíaca, classe funcional II, isquêmicos e com poucas comorbidades	IIa	B

* Classe funcional IV ambulatorial.

Preditores de resposta na terapia de ressincronização cardíaca

Bloqueio de ramo esquerdo, QRS > 150 ms, sexo feminino e cardiopatia não isquêmica, redução do QRS pós-operatório	Chance de resposta alta
Sexo masculino, cardiopatia isquêmica	Chance de resposta intermediária
QRS estreito, bloqueio de ramo direito	Chance de resposta baixa

Acompanhamento do paciente portador de sistema de ressincronização cardíaca – avaliação clínica e eletrônica ambulatorial a cada 3-4 meses

Avaliação da porcentagem de *pace* biventricular (alvo > 90%)	Avaliação de queixas, sinais e sintomas do paciente
Avaliação de presença de arritmias atriais ou ventriculares através dos gravadores de eventos	Avaliação da resposta à terapia de ressincronização: melhora da classe funcional, tamanho do QRS, remodelamento reverso ao ecocardiograma
Avaliação da integridade dos cabos-eletrodos (limiar/sensibilidade) e bateria	Avaliação da adesão e ajuste medicamentoso
Ajuste do intervalo atrioventricular e interventricular guiado por ecocardiograma, bioimpedância ou algoritmos próprios	Esclarecimento para o paciente quanto à doença, sistema de ressincronização e medicação

Não resposta à terapia de ressincronização cardíaca (aproximadamente 30%)

Principais causas	Possíveis tratamentos
Porcentagem de *pace* biventricular < 90%	
Perda de captura ventricular	Ajuste de energia/troca de eletrodo
Distúrbio de sensibilidade	Ajuste de sensibilidade/troca de eletrodo
Alta densidade de extrassístoles ventriculares	Antiarrítmicos/ablação da extrassístole
FA de alta resposta	Controle da resposta com medicação ou ablação da junção AV
Dissincronia atrioventricular e interventricular	Ajustes dos intervalos atrioventriculares e interventriculares por ecocardiograma ou cardioimpedância
Fibrose miocárdica no sítio de implante do cabo-eletrodo de VE	Troca do sítio de implante

Bibliografia recomendada

1. Datasus. Morbidade hospitalar do SUS. Ministério da Saúde, Sistema de Informações Hospitalares do SUS (SIH/SUS). http//:www.datasus.gov.br
2. Boriani G, Biffi M, Martignani C, Fallani F, Greco C, Grigioni F, et al. Cardiac resynchronization by pacing: a electrical treatament of heart failure. Int J Cardiol. 2004;94(2-3):151-61.
3. Iuliano S, Fisher SG, Karasik PE, Fletcher RD, Singh SN. Department of Veterans Affairs Survival Trial of Antiarrhythmic Therapy in Congestive Heart Failure. QRS duration and mortality in patients with congestive heart failure. Am Heart J. 2002;143:1085-91.
4. Martinelli M, Zimerman LI, Lorga AM, Vasconcelos JTM, Rassi A Jr. Diretrizes brasileiras de dispositivos cardíacos eletrônicos implantáveis. Arq Bras Cardiol. 2007;89(6):e210-e237.
5. Brignole M, Auricchio A, Baron-Esquivias G, Bordachar P, Boriani G, Breithardt O, et al. 2013 ESC Guidelines on cardiac pacing and cardiac resynchronization therapy: the Task Force on cardiac pacing and resynchronization therapy of the European Society of Cardiology (ESC). Developed in collaboration with the European Heart Rhythm Association (EHRA). Eur Heart J. 2013;34:2281-329.
6. Martinelli FM, de Siqueira SF, Costa R, Greco OT, Moreira LF, D'avila A, et al. Conventional versus biventricular pacing in heart failure and bradyarrhythmia: the COMBAT study. J Card Fail. 2010;16:293-300.

49

Cuidados pré e pós-operatórios na estimulação cardíaca artificial

Martino Martinelli Filho
Sérgio Augusto Mezzalira Martins

Tipos de procedimentos cirúrgicos em estimulação cardíaca artificial

Implantes de *looper*, marca-passos, cardioversor desfibrilador implantável (CDI), ressincronizadores e associações
Trocas de geradores de pulsos desses sistemas
Troca de cabos-eletrodos para correção de disfunções de sensibilidade e captura
Explante de sistemas
Correção/plástica de loja do sistema

A indicação desses procedimentos não é alvo deste capítulo.

Cuidados pré-operatórios para implante de marca-passo

Anamnese e exame físico	Avaliação de sintomas que ajudam na caracterização etiológica e indicação do melhor dispositivo, uso de anticoagulantes, presença de próteses, malformações anatômicas, cirurgias antigas que possam inviabilizar determinado acesso cirúrgico
Eletrocardiograma de repouso de 12 derivações	Identificação do ritmo cardíaco e definição do melhor tipo de estimulação
Radiografia de tórax	Tamanho de área cardíaca, malformações anatômicas, presença de próteses e processos infecciosos

(continua)

Cuidados pré-operatórios para implante de marca-passo *(continuação)*

Exames laboratoriais – TP/AP, TTpA, plaquetas, hemograma e função renal	Presença de discrasias de coagulação, infecções, anemia e disfunção renal*
Ecocardiograma transtorácico	Avaliação morfológica e funcional cardíaca para a melhor escolha do método de estimulação
Ressonância magnética cardíaca	Para candidatos a CDI ou extratificação de ressincronizador**
Flebografia, cateterismo cardíaco etc.	Para decisão técnica e via de acesso

Em alguns serviços, pacientes em uso de anticoagulantes e INR em faixa terapêutica são operados sem a suspenção do anticoagulante. No InCor, rotineiramente é feita ponte com enoxeparina antes do procedimento.
* Pacientes que serão submetidos a implante de ressincronizadores cardíacos poderão receber contraste iodado. ** Rotina em nosso serviço, para melhor extratificação do risco de taquicardia ventricular/fibrilação ventricular ou predição de resposta à terapia de ressincronização cardíaca.

Avaliação pré-operatória de troca de gerador de pulsos de DCEI

Anamnese e avaliação física	Avaliação de sinais e sintomas que identifiquem a ocorrência de síndrome de insuficiência cardíaca ou risco de morte súbita, mudanças no ritmo cardíaco que justifiquem a manutenção do tipo de estimulação ou o *upgrade/downgrade* do sistema aproveitando a oportunidade cirúrgica
Exames laboratoriais	Presença de discrasias de coagulação, infecções, anemia e disfunção renal
Eletrocardiograma	Avaliação do ritmo atual e da função do dispositivo cardíaco eletrônico implantável (DCEI)
Ecocardiograma transtorácico	Avaliação morfofuncional e de dissincronia cardíaca na definição da manutenção, *upgrade* ou *downgrade* do tipo de estimulação, aproveitando a oportunidade cirúrgica
Avaliação eletrônica do DCEI	
▪ Bateria	Confirmação da exaustão do gerador de pulsos
▪ Cabos-eletrodos	Verifica-se a presença de alteração nos limiares, sensibilidade e impedância que determinem a troca do cabo-eletrodo; tamanho da conexão do gerador de pulsos com o cabo-eletrodo implantado

(continua)

Avaliação pré-operatória de troca de gerador de pulsos de DCEI *(continuação)*

▪ Gravador de eventos	Pesquisa de arritmias cardíacas, porcentagem de estimulação cardíaca, grau de dependência do paciente ao DCEI
Exames laboratoriais	Igual à tabela anterior
▪ Cintilografia cardíaca, testes funcionais* etc.	A depender da situação clínica do paciente

* No InCor-HCFMUSP, utiliza-se de rotina a cintilografia de perfusão miocárdica com tálio em portadores de DCEI não condicionados para a realização de ressonância magnética que avalia quantidade e localização de fibrose. Testes funcionais, como o teste de caminhada de 6 min, teste ergoespirométrico para a estratificação de pacientes candidatos a *upgrade* para ressincronizadores e CDI, também são utilizados.

Avaliação pré-operatória de troca/implante de cabos-eletrodos/explante de DCEI e plástica de loja

Anamnese e exame físico	Avaliação de sinais e sintomas que identifiquem a ocorrência de insuficiência cardíaca ou risco de morte súbita, mudanças no ritmo cardíaco que justifiquem a manutenção do tipo de estimulação ou o *upgrade/downgrade* do sistema aproveitando a oportunidade cirúrgica. Sinais de isquemia/infecção de loja ou endocardite de DCEI que necessite de intervenção
Exames laboratoriais	Presença de discrasias de coagulação, infecções, anemia e disfunção renal
Eletrocardiograma	Diagnóstico do ritmo cardíaco, *oversensing* ou *undersensing* do sistema por disfunção do cabo-eletrodo
Flebografia	Avaliação do acesso venoso (16% podem ter estenose grave, e 5%, obstrução completa do sistema venoso usado pelo DCEI atual)
Avaliação eletrônica do DCEI	
▪ Bateria	Se houver sinais de desgaste, aproveita-se a oportunidade cirúrgica para troca do gerador
▪ Cabos-eletrodos	Pesquisa de distúrbios de sensibilidade ou captura que indique a troca do cabo-eletrodo, data do implante, modelo de fixação e sítio de implante, que podem implicar a quantidade de fibrose e aderências que dificultam sua retirada e aumentam a comorbidade cirúrgica

(continua)

Avaliação pré-operatória de troca/implante de cabos-eletrodos/explante de DCEI e plástica de loja *(continuação)*

▪ Gravador de eventos	Avaliação de arritmias que justifiquem *upgrade* para CDI, presença de ruídos (*oversensing*) que indique a necessidade de troca do cabo-eletrodo
Reserva de hemoderivados e leito de unidade de terapia intensiva	Procedimentos de explante e implantes de eletrodos são associados a maior risco de sangramento e complicações, podendo inclusive implicar conversão para toracotomia

Cuidados pós-operatórios imediatos

Avaliação clínica do paciente	Sinais de hematoma, sangramento ativo, estabilidade hemodinâmica e ventilatória (sinais de pneumotórax, tamponamento cardíaco)
Repouso no leito	Repouso absoluto por 6 h e relativo por mais 6 h
Radiografia de tórax	Posicionamento dos cabos-eletrodos e para afastar a ocorrência de pneumotórax
Eletrocardiograma	Ritmo cardíaco, funcionamento do DCEI
Avaliação eletrônica do DCEI	Personalização da programação conforme necessidades do paciente, avaliação da função dos cabos-eletrodos
Curativos	Retirada após 24 h quando de implantes de DCEI, trocas, plástica de loja, explantes eletivos e implantes de eletrodo. Em caso de infecção, o curativo deve ser trocado 1-2x/dia
Dreno de tórax	Retirado após a expansão pulmonar completa e débito menor que 150 mL

Alta hospitalar

Troca de gerador de DCEI, implante de *looper*, plástica de loja	6-12 h após
Implante de marca-passo, implante de novos cabos-eletrodos	12-24 h após
Implante de CDI, ressincronizadores e associações, explantes, manipulação de sistema epicárdico	24-48 h

Com a alta condicionada à condição clínica do paciente, esses períodos podem variar.

Retorno pós-alta

Implante de DCEI ou novos cabos-eletrodos	1 mês
Troca de gerador/plástica de loja de marca-passo	6 meses
Troca de gerador/plástica de loja de ressincronizador, CDI e associações	3 meses
Retirada de pontos para todos os procedimentos	10-15 dias

Orientações de alta ao paciente

Ajuste e orientação das medicações, reintrodução de anticoagulantes quando indicado.
Conscientização da necessidade de avaliação eletrônica antes de realizar procedimentos cirúrgicos com bisturi elétrico, tratamento com radioterapia e exames de ressonância magnética*. Litotripsia pode danificar DCEI em lojas abdominais.
O uso de celulares, computadores, Ipods e *tablets* é permitido, mantendo distância mínima de 15-30 cm do DCEI.
Escadas rolantes e portas automáticas não possuem evidências de interferência. Sistema de detecção de metais e antifurto devem ser evitados.
Eletrodomésticos, em geral, não causam interferência clínica, sendo recomendado ficar afastado do micro-ondas por 1-2 m durante o funcionamento. Afastar-se dos ímãs de aparelhos de som por 30 cm. Evitar colchões, chinelos e pulseiras eletromagnéticas.
Locais de geração elétrica e linhas de transmissão são contraindicados. Subestações de energia (alta tensão até 4.000 Kv é permitida para portadores de marca-passo, desde que com a devida proteção). Manuseio de redes de baixa voltagem (residencial) é permitido. É recomendado manter distância de 2 m de motores elétricos de grande porte; de motores de carro com ignição eletrônica, 1 m. Soldas elétricas ≥ 300 A são proibidas.
Contraindicar esportes de colisão ou impacto (artes marciais, rúgbi, hóquei) para todos os DCEI. Esportes de grande movimentação de membros (tênis, basquete, futebol, natação, vôlei) devem ser evitados nos primeiros 6 meses, sendo liberados apenas para portadores de DCEI. Portadores de CDI, ressincronizadores e associações podem praticar caminhada, boliche, sinuca, bocha, golfe.
Abstinência sexual por 2 semanas.
Contraindicar a condução de aeronaves.

* Ressonância magnética é permitida para DCEI não condicionados sob protocolo de Hopkins ou condicionados na presença do especialista.

Acompanhamento clínico e eletrônico de DCEI

Marca-passos convencionais	Visita para avaliação eletrônica a cada 4-8 meses
CDI, ressincronizadores e associações	Visita para avaliação eletrônica a cada 3-4 meses

O intervalo entre as visitas está condicionado às necessidades individuais de cada paciente. Acompanhamento ambulatorial inclui anamnese, exame físico, avaliação eletrônica com verificação dos limiares, captura, sensibilidade dos cabos-eletrodos e *status* da bateria, ajuste medicamentoso e solicitação de exames complementares conforme necessidade individual do paciente.

Orientações quanto à direção veicular

Tempo de afastamento	Direção não profissional (não remunerada)	Direção profissional (remunerada)
Implante de sistema		
Marca-passo convencional	2 semanas	4 semanas
CDI profilaxia 1°	4 semanas	Contraindicado
CDI profilaxia 2°	3 meses	Contraindicado
Ressincronizador	3 meses	Contraindicado*
CDI multissítio profilaxia 1°	4 semanas	Contraindicado
CDI multissítio profilaxia 2°	3 meses	Contraindicado
Implante de novos eletrodos	4 semanas	4 semanas**
Troca de gerador de DCEI	1 semana	1 semana**
Após terapia apropriada de CDI	3 meses	Contraindicado
Após terapia inapropriada de CDI	Após correção do motivo que gerou a terapia inapropriada***	Contraindicado
Recusa de implante de CDI profilaxia 1°	Sem restrição	Contraindicado
Recusa de implante de CDI profilaxia 2°	6 meses	Contraindicado

* Hiper-respondedores podem dirigir profissionalmente, desde que sem associação com CDI.

** Somente permitido para portadores de marca-passo convencional.

*** Pacientes submetidos à troca de cabo-eletrodo devem respeitar o afastamento de 4 semanas.

Bibliografia recomendada

1. Martinelli M, Zimerman LI, Lorga AM, Vasconcelos JTM, Rassi A Jr. Diretrizes brasileiras de dispositivos cardíacos eletrônicos implantáveis (DCEI). Arq Bras Cardiol. 2007;89(6):e210-37.
2. Brignole M, Auricchio A, Baron-Esquivias G, Bordachar P, Boriani G, Breithardt O, et al. 2013 ESC Guidelines on cardiac pacing and cardiac resynchronization therapy. Eur Heart J. 2013;34:2281-329.
3. Da Costa S, Scalabrini Neto A, Costa R, Caldas JG, Martinelli Filho M. Incidence and risk factors of upper extremity deep vein lesions after permanent transvenous pacemaker implant: a 6-month follow-up prospective study.
4. Fenelon G, Nishioka SAD, Lorga Filho A, Teno LAC, Pachon EI, Adura FE, et al. Diretrizes brasileiras para direção veicular em portadores de dispositivos cardíacos eletrônicos implantáveis e arritmias cardíacas. Arq Bras Cardiol. 2012;99(4 suppl 1):1-10.

Seção VII

50

Indicações de transplante cardíaco

Fabiana Goulart Marcondes-Braga
Fernando Bacal

Transplante cardíaco no Brasil e no mundo

A insuficiência cardíaca é uma síndrome clínica com elevada morbidade e mortalidade. Nesse contexto, o transplante cardíaco ainda é reconhecido como o melhor tratamento para a insuficiência cardíaca refratária em pacientes sem contraindicação.

Dados da International Society of Heart and Lung Transplantation (ISHLT) revelam que, nas últimas duas décadas, foram realizados quase 100 mil transplantes cardíacos adultos, em 407 centros em todo o mundo, variando entre 3.500-4.000 transplantes cardíacos por ano na última década.

No Brasil, dados da Associação Brasileira de Transplantes de Órgãos revelam que 28 centros realizam transplante cardíaco, e o número de transplantes por ano está aumentando nos últimos anos.

Classificação NYHA (New York Heart Association)

Estratificação do grau de limitação imposto pela doença para atividades cotidianas do paciente – NYHA elevado tem boa correlação com pior prognóstico	
NYHA I	Ausência de sintomas (dispneia) durante atividades cotidianas
NYHA II	Sintomas desencadeados por atividades cotidianas
NYHA III	Sintomas desencadeados por atividades menos intensas que as cotidianas (IIIa: sem dispneia de repouso; IIIb: dispneia de repouso recente)
NYHA IV	Sintomas em repouso

Classificação INTERMACS

A classificação INTERMACS incorpora a avaliação de gravidade dos sintomas e a trajetória de declínio ao longo do tempo. Permite caracterizar melhor os pacientes em NYHA III/IV	
INTERMACS 1	Paciente crítico em choque cardiogênico (*crashing and burning*); hipotensão ameaçadora da vida, necessitando de inotrópicos em doses progressivamente mais altas (NYHA IV)
INTERMACS 2	Paciente dependente de inotrópicos em doses crescentes, porém sem apresentar sinais de deterioração contínua (NYHA IV)
INTERMACS 3	Paciente dependente de inotrópico, porém estável, com dose baixa a intermediária de inotrópicos (NYHA IV)
INTERMACS 4	Pacientes com sintomas de repouso, podendo ser admitidos no hospital por sintomas de congestão, mas que permanecem estáveis sem precisar de inotrópicos (NYHA IV)
INTERMACS 5	Pacientes com sintomas aos mínimos esforços em casa (NYHA IV ambulatorial)
INTERMACS 6	Pacientes com sintomas aos esforços sem sinais de hipervolemia que são capazes de exercer alguma atividade limitada (NYHA III B)
INTERMACS 7	Pacientes em classe funcional NYHA III avançada, clinicamente estáveis, capazes de realizar atividade, porém com história prévia de congestão (NYHA III)

INTERMACS: Interagency Registry for Mechanically Assisted Circulatory Support; NYHA: New York Heart Association classification.

Indicações de transplante cardíaco

Classe de recomendação I: consenso sobre a indicação do procedimento ou tratamento
■ IC refratária, na dependência de drogas inotrópicas por mais de 2 semanas e/ou na dependência de suporte circulatório e/ou ventilação mecânica ■ Pacientes com VO_2 pico $\leq$ 10 mL/kg/min ■ Doença isquêmica com angina refratária sem possibilidade de revascularização ■ Arritmia ventricular refratária ■ Classe funcional III/IV persistente (avaliar classificação INTERMACS)

(continua)

Indicações de transplante cardíaco *(continuação)*

Classe de recomendação IIa: evidências favorecem a indicação do procedimento ou tratamento
▪ Pacientes em uso de betabloqueador com VO_2 pico $\leq$ 12 mL/kg/min ▪ Pacientes sem uso de betabloqueador com VO_2 pico $\leq$ 14 mL/kg/min ▪ Teste de caminhada de 6 min < 300 m ▪ Teste cardiopulmonar com relação VE/VCO_2 (*slope*) > 35
Classe de recomendação III: não indicado o procedimento ou tratamento
▪ Presença de disfunção sistólica ▪ Classe funcional III ou IV, segundo a NYHA, sem otimização terapêutica

Indicações de transplante cardíaco baseadas na classificação INTERMACS

Usar a classificação INTERMACS pode auxiliar na caracterização, com maior precisão, dos pacientes com insuficiência cardíaca mais grave e auxiliar na decisão mais apropriada em relação à indicação de transplante cardíaco ou dispositivo de assistência ventricular
INTERMACS 1: pacientes muito graves para serem submetidos a transplante cardíaco. Considerar dispositivos de curta permanência, como ponte para transplante ou decisão
INTERMACS 2 e 3: pacientes com indicação de transplante cardíaco como prioridade; considerar dispositivos de assistência ventricular de longa permanência em pacientes com contraindicação ao transplante cardíaco quando disponível
INTERMACS 4: pacientes com potencial indicação de transplante cardíaco
INTERMACS 5 e 7: pacientes com potencial indicação de transplante cardíaco, devendo-se levar em conta outros fatores preditivos de prognóstico para decisão

Contraindicações absolutas de transplante cardíaco

- Resistência vascular pulmonar fixa > 5 uW, mesmo após provas farmacológicas. Pacientes com RVP > 3 uW devem ser submetidos a testes com vasodilatadores (realizados com nitroprusseto de sódio e/ou sildenafil)
- Doença cerebrovascular ou vascular periférica grave
- Insuficiência hepática irreversível, doença pulmonar grave
- Incompatibilidade ABO na prova cruzada entre receptor e doador
- Doença psiquiátrica grave, dependência química e não aderência às recomendações da equipe

RVP: resistência vascular pulmonar; uW: unidades Wood.

Contraindicações relativas de transplante cardíaco

- Idade > 70 anos.
- Diabetes insulinodependente com lesão de órgão-alvo grave
- Comorbidades com baixa expectativa de vida
- Obesidade mórbida
- Infecção sistêmica ativa
- Úlcera péptica em atividade
- Embolia pulmonar com menos de 3 semanas de tratamento
- Neoplasia com liberação do oncologista
- Insuficiência renal crônica com *clearance* abaixo de 30 mL/min/1,73 m² em pacientes com doença estrutural renal, exceto se associada a transplante renal*
- Amiloidose (avaliar o tipo de amiloidose e a possibilidade de transplante combinado), sarcoidose e hemocromatose
- Hepatite B (avaliar atividade da doença) ou C
- Síndrome da imunodeficiência adquirida (avaliar gravidade da doença)

* Ver tabela sobre abordagem da disfunção renal no candidato a transplante cardíaco.

Avaliação da disfunção renal em candidatos a transplante cardíaco (síndrome cardiorrenal)*

- Avaliar a taxa de filtração glomerular (TFG) após otimização do tratamento medicamentoso, inclusive usando inotrópicos, se necessário
- Avaliar presença de doença estrutural renal, se TFG persistir ≤ 30 mL/min/1,73 m²:
  - Ultrassom renal: relação corticomedular alterada
  - Proteinúria de 24 h elevada
  - Ultrassom Doppler de artérias renais revelando estenose significativa
  - Biópsia renal: presença de lesão renal
- Diante da reversão da disfunção renal e na ausência de doença estrutural, considerar transplante cardíaco isolado
- Diante da persistência da disfunção renal e na presença de doença estrutural, considerar transplante duplo coração-rim
- Diante da persistência da disfunção renal e na ausência de doença estrutural, discutir caso individualmente com as equipes de transplante cardíaco e renal

(continua)

Avaliação da disfunção renal em candidatos a transplante cardíaco (síndrome cardiorrenal)* *(continuação)*

- Uma vez em fila para transplante cardíaco, o paciente entra em prioridade para o transplante renal
- Transplante renal pode ser realizado logo após o cardíaco no mesmo ato anestésico ou em até 12-16 h após o transplante cardíaco proveniente do mesmo doador
- Transplante renal também pode ser considerado para pacientes que evoluem com disfunção renal persistente, dependente de hemodiálise após o transplante cardíaco

Critérios de prioridade na fila de transplante cardíaco

- Dispositivos de assistência ventricular
- Balão intra-aórtico
- Dependência de inotrópicos ou vasopressores
- Ventilação mecânica
- Determinação da câmara técnica

Pacientes em uso de dispositivo de assistência ventricular têm prioridade sobre pacientes em uso de balão intra-aórtico, assim como estes têm prioridade sobre pacientes em uso de drogas vasoativas, ventilação mecânica ou sob determinação da câmara técnica.

Avaliação da hemodinâmica pulmonar

- Está indicada para todos os pacientes candidatos a transplante cardíaco para avaliar resistência vascular pulmonar. Pacientes com PSAP < 45 mmHg pelo ecocardiograma não precisam realizar avaliação da hemodinâmica pulmonar.
- Gradiente transpulmonar elevado (GTP ≥ 15) e resistência vascular pulmonar elevada (RVP > 5 uW; hipertensão pulmonar grave) estão associados a maior mortalidade precoce no pós-transplante (nas primeiras 48 h), sendo que GTP elevado é preditor de eventos, independentemente do valor da RVP.
- Pacientes com PSAP ≥ 50 mmHg e GTP ≥ 15 ou RVP > 3 uW (hipertensão pulmonar presente) devem ser submetidos ao teste com vasodilatador para avaliar se a hipertensão pulmonar é reversível (RVP < 3 uW após teste).
- Redução dos valores de PSAP < 50 mmHg e GTP < 15 ou RVP < 3 uW após administração de vasodilatadores até atingir PAS < 85 mmHg indica reversibilidade da hipertensão pulmonar e está associada a boa sobrevida e baixa taxa de eventos no pós-transplante, independentemente da gravidade da HP pré-teste. Nessa situação, não há contraindicação para inclusão em fila de transplante.

(continua)

Avaliação da hemodinâmica pulmonar *(continuação)*

Pacientes que não atingem medidas satisfatórias de pressão pulmonar no primeiro teste de reatividade pulmonar podem permanecer com monitoração hemodinâmica enquanto medidas clínicas terapêuticas (diuréticos, inotrópicos, vasodilatadores) são empregadas visando otimizar a volemia; a seguir, repetir teste hemodinâmico.
Recentemente, outro parâmetro de avaliação da hemodinâmica pulmonar tem sido utilizado na prática clínica: o gradiente diastólico pulmonar (GDP = PDAP-PCP). Valores de GDP > 7 sugerem hipertensão arterial pulmonar significativa, e testes com vasodilatadores devem ser realizados.

GDP: gradiente diastólico pulmonar; GTP: gradiente transpulmonar; PADP: pressão diastólica arterial pulmonar; PAS: pressão arterial sistólica; PCP: pressão capilar pulmonar; PSAP: pressão sistólica arterial pulmonar; RVP: resistência vascular pulmonar; uW: unidades Wood.

Critérios para suspensão da fila de transplante cardíaco

Paciente sem condições clínicas para o transplante
Infecção ativa com repercussão hemodinâmica
Embolia pulmonar (repetir medidas hemodinâmicas após o tratamento se PSAP > 45 mmHg ao ecodopplercardiograma)
Qualquer intercorrência que comprometa o sucesso do transplante
Paciente sem preencher critérios para permanecer na fila do transplante
Melhora clínica substancial após otimização do tratamento clínico. Avaliar capacidade funcional através de teste ergoespirométrico

PSAP: pressão sistólica arterial pulmonar.

Bibliografia recomendada

1. Lund LH, Edwards LB, Kucheryavaya AY, Benden C, Christie JD, Dipchand AI, et al. The registry of the International Society for Heartand Lung Transplantation: thirty-first official adult heart transplant report-2014; focus theme: retransplantation. J Heart Lung Transplant. 2014;33(10):996-1008.
2. Registro Brasileiro de Transplantes [internet]. Brasil. Ano XIIX, n. 3. Disponível em: http://www.abto.org.br/
3. Bacal F, Souza-Neto JD, Fiorelli AI, Mejia J, Marcondes-Braga FG, Mangini S, et al. II Diretriz brasileira de transplante cardíaco. Arq Bras Cardiol. 2009;94(1 suppl 1):e16-e73.
4. Costanzo MR, Dipchand A, Starling R, Anderson A, Chan M, Desai S, et al. The International Society of Heart and Lung Transplantation Guidelines for the care of heart transplant recipients. J Heart Lung Transplant. 2010;29(8):914-56.

5. Young JB, Stenvenson LW. INTERMACS (Interagency Registry for Mechanically Assisted Circulatory Support) as tool to track and advance clinical practice. In: Kormos RL, Miller LW. Mechanical circulatory support: a companion to Braunwald's heart disease. Philadelphia: Elsevier; 2011.
6. Guimarães GV, Silva MS, d'Avila VM, Ferreira SM, Silva CP, Bocchi EA. Peak VO_2 and VE/VCO_2 slope in betablockers era in patientswith heart failure: a Brazilian experience. Arq Bras Cardiol. 2008;91:39-48.
7. Mancini DM, Eisen H, Kussmaul, Mull R, Edmunds LH, Wilson JR. Value of peak exercise oxygen consumption for optimal timing of cardiac transplantation in ambulatory patients with heart failure. Circulation. 1991;83:778-86.
8. Drakos S, Kfoury A, Gilbert E, Horne B, Long J, Stringham J, et al. Effect of reversible pulmonary hypertension on outcomes afterheart transplantation. J Heart Lung Transplant. 2007;26(4):319-23.
9. Murali S, Kormos RL, Uretsky BF, Schechter D, Reddy PS, Denys BG, et al. Preoperative pulmonary hemodynamics and early mortality after orthotopic cardiac transplantation: the Pittsburgh experience. Am Heart J. 1993;126(4):896-904.
10. Gerges C, Gerges M, Lang MB, Zhang Y, Jakowitsch J, Probst P, et al. Diastolic pulmonary vascular pressure gradient: a predictor of prognosis in "out-of-proportion" pulmonary hypertension. Chest. 2013;143(3):758-66.

51

Preparo para transplante cardíaco e acompanhamento ambulatorial

Fabiana Goulart Marcondes-Braga

Cenários de avaliação do candidato a transplante cardíaco

Ambulatorial
Pacientes em classe funcional III ou IV NYHA, após otimização do tratamento clínico. O teste ergoespirométrico pode auxiliar na avaliação da capacidade funcional destes pacientes.
Hospitalar
Pacientes internados dependentes de drogas vasoativas e/ou suporte circulatório. Nessa situação, alguns exames de avaliação para o transplante cardíaco podem ser dispensados devido à gravidade do paciente. Utilizar a classificação INTERMACS para melhor definir a indicação de transplante cardíaco e/ou os dispositivos de assistência ventricular (ver Capítulo 50).

INTERMACS: Interagency Registry for Mechanically Assisted Circulatory Support; NYHA: New York Heart Association classification.

Avaliação do candidato a transplante cardíaco

Exames em candidatos a transplante cardíaco
Os exames realizados no candidato a transplante cardíaco visam avaliar a gravidade da insuficiência cardíaca, a imunocompatibilidade, a função de múltiplos órgãos e as sorologias para afastar potenciais contraindicações, além de malignidade.

(continua)

Exames em candidatos a transplante cardíaco (*continuação*)
Imunocompatibilidade ■ Tipagem sanguínea ABO ■ Painel imunológico/PRA ■ Tipagem HLA tecidual
Avaliação de gravidade da IC ■ Eletrocardiograma ■ Ecodopplercardiograma ■ Teste de esforço cardiopulmonar ■ Avaliação da hemodinâmica pulmonar
Avaliação da função de múltiplos órgãos ■ Bioquímica (perfil renal, perfil hepático, função tireoidiana, hemograma) ■ Coagulograma (periódico para pacientes em uso de anticoagulante) ■ Urina tipo 1/proteinúria de 24 h/taxa de filtração glomerular ■ Teste de função pulmonar* e gasometria arterial ■ Radiografia de tórax posteroanterior e perfil ■ Ultrassom de abdome total ■ Doppler de carótidas (se > 50 anos) ■ Avaliação odontológica ■ Avaliação oftalmológica (se diabético)
Sorologias ■ Hepatite B (HBsAG, anti-HBs, anti-HBc) ■ Hepatite C (anti-HCV) ■ HIV, HTLV ■ CMV/toxoplasmose/EBV/varicela (IgG) ■ Teste tuberculínico (PPD)
Investigação de malignidades ■ Sangue oculto nas fezes ■ Colonoscopia (> 50 anos)* ■ Mamografia (> 50 anos)* ■ Avaliação ginecológica (mulheres > 18 anos sexualmente ativas) ■ PSA e toque retal (homens > 50 anos)

CMV: citomegalovírus; EBV: vírus Epstein-Barr; HIV: vírus da imunodeficiência humana; HLA: antígeno leucocitário humano; HTLV: vírus T-linfotrópico humano; PPD: *purified protein derivative*; PRA: reatividade contra painel de anticorpos.

* A indicação desses exames deve ser revista em pacientes internados dependentes de droga vasoativa.

Adaptado de ACCF e de Bacal et al.

Teste cardiopulmonar e teste de caminhada de 6 minutos

Indicados para pacientes ambulatoriais em classe funcional III para melhor quantificação da capacidade funcional
Considerar transplante cardíaco nas seguintes situações
▪ Pacientes com VO_2 pico ≤ 10 mL/kg/min (indicação absoluta)
▪ Pacientes em uso de betabloqueador com VO_2 pico ≤ 12 mL/kg/min
▪ Pacientes sem uso de betabloqueador com VO_2 pico ≤ 14 mL/kg/min
▪ Teste cardiopulmonar com relação VE/VCO_2 (*slope*) > 35
▪ Teste de caminhada de 6 min < 300 m

VE/VCO_2: equivalente ventilatório de gás carbônico; VO_2: consumo de oxigênio. Adaptado de ACCF e de Bacal et al.

Avaliação de imunocompatibilidade/prova cruzada

O grau de sensibilização de um paciente candidato a transplante cardíaco pode ser determinado testando o soro do potencial receptor contra um painel de antígenos HLA representativos. A porcentagem de reatividade (PRA) define sua sensibilização.
Painel imunológico
Todo paciente candidato a transplante cardíaco deve ter o painel imunológico definido. Pacientes com alta porcentagem de reatividade do painel imunológico apresentam maior dificuldade para encontrar doador compatível, sendo essencial a realização de prova cruzada para proceder com o transplante cardíaco.
Prova cruzada (*crossmatch*) prospectiva
Consiste em testar o soro do receptor contra linfócitos do doador, permitindo detectar a presença de anticorpos específicos contra antígenos do doador. A principal limitação da prova cruzada prospectiva é o tempo para realização da mesma, em torno de 5-6 h, o que dificulta sua realização na prática clínica, podendo até mesmo inviabilizar a realização do transplante em pacientes com painel muito elevado.
Prova cruzada (*crossmatch*) virtual
Pela técnica de Luminex, com o uso de antígenos HLA purificados, é possível a detecção e a caracterização dos anticorpos presentes no soro do receptor. Diante de potencial doador, a partir de seu HLA, pode-se avaliá-lo em relação ao painel do potencial receptor e definir contra quais antígenos HLA tais anticorpos são dirigidos e, assim, predizer a prova cruzada prospectiva. O *crossmatch* virtual é considerado positivo quando se identificam, no HLA do potencial doador anticorpos contra antígenos do receptor com títulos de MIF > 1.500. Tal ponto de corte varia de acordo com o protocolo de cada serviço.

HLA: antígeno leucocitário humano.

Avaliação da hemodinâmica pulmonar

Está indicada para todos os pacientes candidatos a transplante cardíaco, para avaliar resistência vascular pulmonar. Pacientes com PSAP < 45 mmHg pelo ecocardiograma não precisam realizar avaliação da hemodinâmica pulmonar.
Gradiente transpulmonar elevado (GTP ≥ 15) e resistência vascular pulmonar elevada (RVP > 5 uW; hipertensão pulmonar grave) estão associados a maior mortalidade precoce no pós-transplante (nas primeiras 48 h), sendo que GTP elevado é preditor de eventos, independentemente do valor da RVP.
Pacientes com PSAP ≥ 50 mmHg e GTP ≥ 15 ou RVP > 3 uW (hipertensão pulmonar presente) devem ser submetidos ao teste com vasodilatador para avaliar se a hipertensão pulmonar é reversível (RVP < 3 uW após teste).
Redução dos valores de PSAP < 50 mmHg e GTP < 15 ou RVP < 3 uW após administração de vasodilatadores até atingir PAS < 85 mmHg indica reversibilidade da hipertensão pulmonar e está associada a boa sobrevida e baixa taxa de eventos no pós-transplante, independentemente da gravidade da HP pré-teste. Nessa situação, não há contraindicação para inclusão em fila de transplante.
Pacientes que não atingem medidas satisfatórias de pressão pulmonar no primeiro teste de reatividade pulmonar podem permanecer com monitoração hemodinâmica enquanto medidas clínicas terapêuticas (diuréticos, inotrópicos, vasodilatadores) são empregadas visando otimizar a volemia; a seguir, repetir teste hemodinâmico.
Recentemente, outro parâmetro de avaliação da hemodinâmica pulmonar tem sido utilizado na prática clínica: o gradiente diastólico pulmonar (GDP = PDAP-PCP). Valores de GDP > 7 sugerem hipertensão arterial pulmonar significativa, e testes com vasodilatadores devem ser realizados.

GDP: gradiente diastólico pulmonar; GTP: gradiente transpulmonar; PAS: pressão arterial sistólica; PADP: pressão diastólica arterial pulmonar; PCP: pressão capilar pulmonar; PSAP: pressão sistólica arterial pulmonar; RVP: resistência vascular pulmonar; uW: unidades Wood.

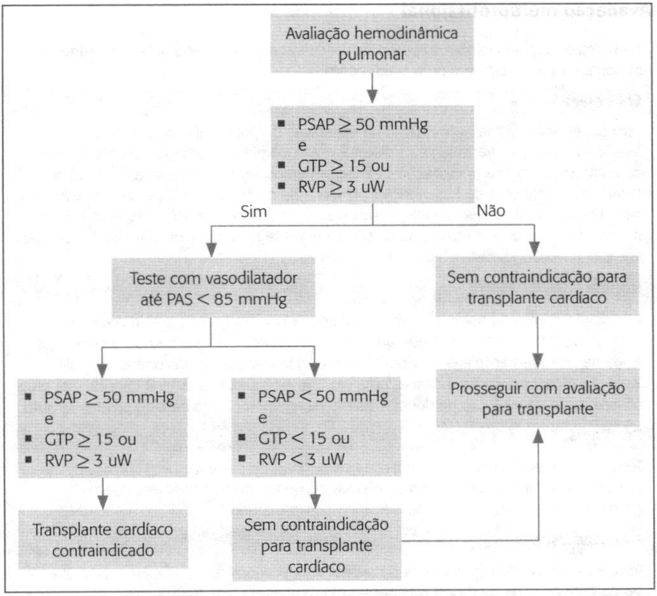

Figura 1 Avaliação da hemodinâmica pulmonar no candidato a transplante cardíaco. GTP: gradiente transpulmonar; PAS: pressão arterial sistólica; PSAP: pressão sistólica arterial pulmonar; RVP: resistência vascular pulmonar; uW: unidades Wood.

Avaliação multiprofissional

A avaliação multiprofissional do potencial candidato e de seus familiares é de extrema importância para o sucesso do procedimento.

Enfermagem

Tem papel tanto na avaliação quanto na orientação do potencial candidato e de seus familiares quanto ao transplante cardíaco. É responsável pela avaliação das condições de autocuidado, autoadministração de medicamentos imunossupressores, adesão ao tratamento, condições de higienização, presença de cuidador, condições de infraestrutura básica no domicílio e pela orientação sobre a fila do transplante, sobre a seleção dos doadores, os cuidados necessários no pós-transplante e os riscos de complicações como rejeição, infecção, diabetes, hipertensão e outros.

Nutrição

A avaliação do estado nutricional no candidato a transplante cardíaco tem como objetivo detectar distúrbios nutricionais que possam ser revertidos ou, pelo menos, amenizados ainda na fase pré-transplante, visando a melhores resultados no pós-operatório. Tal avaliação é de extrema importância, uma vez que a caquexia cardíaca é fator de pior prognóstico, tanto na evolução da doença quanto na recuperação no período pós-transplante.

Psicologia

Tem como objetivo verificar as condições emocionais do paciente, bem como a dinâmica psicológica da família, detectando problemas comportamentais que necessitem de intervenção e que possam se intensificar no pós-operatório.

Assistência social

Tem por objetivo identificar fatores de ordem socioeconômica e cultural que possam ser considerados de risco para o paciente após a realização do transplante cardíaco. Deve avaliar a capacidade de aceitação/adesão do paciente e do cuidador; identificar o cuidador dentro do núcleo familiar, verificar a condição para deslocamento do paciente até o hospital, no prazo máximo de 2 h, e acesso aos meios de comunicação; por fim, avaliar condições socioeconômicas: renda familiar, escolaridade, condição da habitação e profissão do paciente/provedor.

Imunização do candidato a transplante cardíaco

- Influenza (anual)
- Pneumovax (a cada 5 anos)
- Hepatite B (3 doses) – colher anti-HBs 6 semanas após a última dose

Acompanhamento ambulatorial do candidato a transplante cardíaco

Consultas mensais
Checar presença de infecção e estado nutricional
Monitorar função renal, eletrólitos, coagulopatia e anemia
Repetir dosagem de painel imunológico após 15 dias do uso de hemoderivados
Avaliar sinais de piora clínica que indiquem necessidade de internação para uso de medicação endovenosa (diuréticos, inotrópicos ou vasodilatadores)

Avaliação e condutas no receptor (convocado ou internado) no dia do transplante cardíaco

Solicitar avaliação laboratorial ▪ Hemograma, sódio, potássio, ureia, creatinina, glicemia, coagulograma completo, urina tipo I, perfil hepático, albumina
Solicitar prova cruzada prospectiva
Solicitar radiografia de tórax
Solicitar reserva de hemoderivados ▪ 5 concentrados de hemácias ▪ 5 unidades de plasma fresco congelado ▪ 10 unidades de crioprecipitado ▪ 10 concentrados de plaquetas
Solicitar radiografia de tórax
Checar sorologias ▪ CMV, toxoplasmose (definir profilaxia no pós-transplante)
Checar painel imunológico (decidir esquema de imunossupressão na indução) ▪ Painel imunológico zero: usar terapia indutora com metilprednisolona e antiproliferativo (micofenolato ou azatioprina) ▪ Painel imunológico alto: usar terapia indutora com metilprednisolona e antiproliferativo (micofenolato/azatioprina) e anticorpo monoclonal (basiliximab)
Checar presença de infecção ▪ Presença de infecção ativa sem tratamento: não proceder ao transplante cardíaco ▪ Presença de infecção tratada e controlada: proceder ao transplante cardíaco de acordo com liberação da Comissão de Controle de Infecções Hospitalar (CCIH)
Antibioticoprofilaxia ▪ Cefuroxima 1,5 g, IV, na indução anestésica; e manter 750 mg a cada 6 h por 48 h ▪ Individualizar profilaxia antibiótica em pacientes internados, de acordo com infecções prévias durante a internação (orientação da CCIH)

(continua)

Avaliação e condutas no receptor (convocado ou internado) no dia do transplante cardíaco (*continuação*)

Checar anticoagulação ▪ Em uso de heparina não fracionada: suspender 6 h antes do procedimento ▪ Em uso de heparina de baixo peso molecular: suspender 12 h antes ▪ Em uso de varfarina: usar complexo protrombínico, administrar 500 UI e repetir coagulograma em 15 min. Complementar dose, se persistir elevado o valor do RNI. Se RNI > 6, administrar 50 U/kg
Checar uso de marca-passo e avisar a equipe para que seja reprogramado antes da cirurgia
Prescrever terapia indutora ▪ Metilprednisolona, 1 g, IV, na indução anestésica ▪ Antiproliferativo, 1 h antes do transplante (quando encaminhado para o centro cirúrgico) ▪ Micofenolato de sódio, 720 mg, VO, ou azatioprina, 2 mg/kg (pacientes chagásicos) ▪ Anticorpo monoclonal: basiliximab, 20 mg/kg na indução anestésica e no quarto dia após transplante cardíaco

Bibliografia recomendada

1. Bacal F, Souza-Neto JD, Fiorelli AI, Mejia J, Marcondes-Braga FG, Mangini S, et al. II Diretriz brasileira de transplante cardíaco. Arq Bras Cardiol. 2009;94(1 suplp 1):e16-e73.
2. ACCF/AHA/ACP/HFSA/ISHLT 2010. Clinical competence statement on management of patients with advanced heart failure and cardiac transplant. J Am Coll Cardiol. 2010;56(5):424-53.
3. Guimarães GV, Silva MS, d'Avila VM, Ferreira SM, Silva CP, Bocchi EA. Peak VO2 and VE/VCO2 slope in betablockers era in patientswith heart failure: a Brazilian experience. Arq Bras Cardiol. 2008;91:39-48.
4. Mancini DM, Eisen H, Kussmaul, Mull R, Edmunds LH, Wilson JR. Value of peak exercise oxygen consumption for optimal timing of cardiac transplantation in ambulatory patients with heart failure. Circulation. 1991;83:778-86.
5. Smith J, Danskine A, Laylor R, Rose M, Yacoub M. The effect of panel reactive antibodies and the donor specific crossmatch on graftsurvival after heart and heart-lung transplantation. Transpl Immunol. 1993;1(1):60-5.
6. Loh E, Bergin J, Couper G, Mudge GJ. Role of panel-reactive antibody cross-reactivity in predicting survival after orthotopic hearttransplantation. J Heart Lung Transplant. 1994;13(2): 194-201.
7. Vaidya S. Clinical importance of anti-human leukocyte antigen-specific antibody concentration in performing calculated panel reactive antibody and virtual crossmatches. Transplantation. 2008;85(7):1046-50.
8. Murali S, Uretsky BF, Reddy PS, et al. The use of transpulmonary pressure gradient in the selection of cardiac transplantation candidates. J Am Coll Cardiol. 1998;11:45.

9. Drakos S, Kfoury A, Gilbert E, Horne B, Long J, Stringham J, et al. Effect of reversible pulmonary hypertension on outcomes afterheart transplantation. J Heart Lung Transplant. 2007;26(4):319-23.
10. Gerges C, Gerges M, Lang MB, Zhang Y, Jakowitsch J, Probst P, et al. Diastolic pulmonary vascular pressure gradient: a predictor of prognosis in "out-of-proportion" pulmonary hypertension. Chest. 2013;143(3):758-66.
11. Mehra MR, Kobashigawa J, Starling R, Russell S, Uber P, Parameshwar J. Listing criteria for heart transplantation: international society for heart and lung transplantation guidelines for the care of cardiac transplant candidates. J Heart Lung Transplant. 2006;25:1024-42.

52

Drogas imunossupressoras

Sandrigo Mangini
Fernando Bacal

Introdução

O sucesso dos transplantes só foi possível graças à utilização de drogas imunossupressoras.

O objetivo principal destas drogas é evitar a rejeição do órgão transplantado.

Podem ser utilizadas em estratégias de indução, manutenção e resgate.

Segundo registro mais recente de transplante cardíaco, o esquema tríplice incluindo corticosteroide, inibidor de calcineurina e antiproliferativo ainda é o mais utilizado na maioria dos serviços e referendado pelas diretrizes.

Os inibidores do sinal de proliferação ou inibidores da mTOR (*mammalian target of rapamycin*) têm sido estudados e utilizados principalmente em casos como da doença vascular do enxerto (DVE), das neoplasias e da insuficiência renal.

Corticosteroides

- Exercem potente efeito imunossupressor e anti-inflamatório, atuando na regulação de genes que afetam a função de leucócitos, citocinas, moléculas de adesão e fatores de crescimento.
- São utilizados em altas doses endovenosas nas fases iniciais e nos episódios de rejeição aguda.
- Em decorrência de seus inúmeros efeitos colaterais, em especial metabólicos e cardiovasculares, o objetivo é obter a suspensão total do medicamento, a partir do sexto mês pós-transplante, exceto nos pacientes com rejeições recorrentes ou graves.
- Efeitos colaterais incluem: sinais de hipercortisolismo, diabetes, hipertensão, dislipidemia, obesidade, úlcera péptica, sangramento gastrointestinal, pancreatite, distúrbios de comportamento, catarata e osteoporose.

Inibidores de calcineurina: ciclosporina e tacrolimus

- Associados a proteínas específicas do citosol, formam complexos chamados imunofilinas, que se ligam à enzima calcineurina, bloqueando sua atuação e, consequentemente, inibindo a síntese de IL-2, além de limitar a proliferação e a diferenciação, principalmente dos linfócitos T citotóxicos.
- Apresentam metabolismo hepático via citocromo P450 (CYP-3A), por isso, inúmeras drogas podem alterar seus níveis séricos mediante inibição ou indução enzimática (ver Tabela "Drogas que afetam os níveis séricos de ciclosporina, tacrolimus, sirolimus e everolimus").
- Estudos comparando as duas drogas demonstraram resultados semelhantes de sobrevida, incluindo incidência de rejeição e DVE. Em trabalhos mais recentes, foi demonstrada menor incidência de rejeição com tacrolimus em comparação à ciclosporina. Nas situações de rejeição persistente, a troca da ciclosporina por tacrolimus é preconizada. Segundo a International Society for Heart & Lung Transplantation (ISHLT), o tacrolimus é o inibidor de calcineurina mais utilizado. No Brasil, o Ministério da Saúde disponibiliza apenas a ciclosporina como inibidor de calcineurina; no entanto, existe a perspectiva de que o tacrolimus seja também, em breve, disponibilizado, especialmente para pacientes com alto risco de rejeição (p. ex., jovens, raça negra, sexo feminino e sensibilizados).
- Efeitos colaterais: insuficiência renal, hipertensão arterial, intolerância a glicose, neurotoxicidade, hepatotoxicidade, efeitos tróficos (pelos, gengiva), neoplasias (linfoma e pele), hiperuricemia, HVE.

Antiproliferativos: micofenolato e azatioprina

- Estudos compararam a azatioprina com o micofenolato no transplante cardíaco e revelaram superioridade do micofenolato em relação à rejeição e à sobrevida, além de possível redução de DVE e neoplasias; no entanto, sintomas gastrointestinais, infecções por citomegalovírus, herpes simplex e herpes zoster foram mais frequentes com o micofenolato.
- Em situações de rejeição grave ou persistente de pacientes que já utilizavam azatioprina cronicamente, a troca por micofenolato tem sido orientada.
- Em pacientes chagásicos, dois estudos nacionais em transplante cardíaco demonstraram elevada incidência de reativação da doença de Chagas com micofenolato, trazendo à tona a discussão sobre a possibilidade de utilização de azatioprina ou doses menores de micofenolato nessa população.
- Efeitos colaterais: a) azatioprina: leucopenia, mielossupressão, hepatite, pancreatite. A associação com alopurinol é extremamente mielotóxica, devendo ser evitada ou utilizada com a redução da dose de ambas as drogas para 30% da dose preconizada; b) micofenolato: principalmente trato gastrintestinal e que podem ser minimizados com redução da dose ou dando preferência para a utilização do micofenolato sódico (Myfortic®). Baixa toxicidade para medula óssea, rim e fígado, entretanto em casos de leucopenia a dose pode ser reduzida.

Inibidores da mTOR: sirolimus e everolimus

Também apresentam metabolismo hepático via citocromo P450 (CYP-3A) (ver Tabela "Drogas que afetam os níveis séricos de ciclosporina, tacrolimus, sirolimus e everolimus").

Estudos com ambas as drogas demonstram: redução na incidência e diminuição da progressão da DVE; melhora e preservação da função renal nos esquemas de retirada e redução de ciclosporina; redução de neoplasias e de infecções virais, especialmente citomegalovírus. Em esquemas de associação com ciclosporina (em dose habitual), está relacionada à piora da função renal; na suspensão da ciclosporina (visando à melhora da função renal), pode aumentar a incidência de rejeições; sua utilização no transplante inicial está relacionada a complicações na cicatrização da ferida operatória e ao aumento na incidência de infecções bacterianas. Outros efeitos adversos incluem proteinúria, dislipidemia, plaquetopenia, edema, hipertensão, acne e pneumonite intersticial.

Estudo comparando micofenolato e everolimus no transplante inicial demonstrou aumento de mortalidade com dose alta de everolimus (3 mg), não inferioridade em relação ao micofenolato com dose mais baixa de everolimus (1,5 mg); houve redução de DVE, porém alta incidência de efeitos colaterais com necessidade de suspensão da droga.

Apesar dos resultados favoráveis em relação à redução de DVE, o perfil de efeitos colaterais dificulta a sua utilização rotineira no transplante de cardíaco.

Drogas que afetam os níveis séricos de ciclosporina, tacrolimus, sirolimus e everolimus

Indutores enzimáticos (reduzem os níveis)	Inibidores enzimáticos (aumentam os níveis)
Anticonvulsivantes ▪ Fenitoína ▪ Carbamazepina ▪ Fenobarbital	Cardiovasculares ▪ Bloqueadores dos canais de cálcio (diltiazem, verapamil, amlodipina) ▪ Amiodarona
Antimicrobianos/antifúngicos ▪ Rifampicina ▪ Caspofungina	Antimicrobianos/antifúngicos ▪ Macrolídeos (claritromicina, eritromicina) ▪ Metronidazol ▪ Levofloxacina ▪ Fluconazol, cetoconazol, itraconazol, voriconazol
Antirretrovirais ▪ Efavirenz ▪ Nevirapina	Antirretrovirais ▪ Inibidores de protease (p. ex., saquinavir e nelfinavir)

(continua)

Drogas que afetam os níveis séricos de ciclosporina, tacrolimus, sirolimus e everolimus (*continuação*)

Indutores enzimáticos (reduzem os níveis)	Inibidores enzimáticos (aumentam os níveis)
Outras ▪ Antiácidos que contêm magnésio, alumínio e cálcio (tacrolimus) ▪ Talidomida ▪ Troglitazona	Outras ▪ Teofilina ▪ Cimetidina ▪ *Grapefruit* (toranja) ▪ Glipizida ▪ Imatinib ▪ Nefazodone

Adaptado de Costanzo et al., 2010.

Terapia de indução

- Imunossupressão mais intensiva no transplante inicial visando reduzir a incidência de rejeição aguda e facilitar a introdução dos imunossupressores de manutenção.
- No registro mais recente da ISHLT, aproximadamente 50% dos transplantes cardíacos receberam algum tipo de terapia de indução.
- Apesar de sua utilização com resultados positivos na redução de incidência de rejeição aguda no transplante cardíaco inicial, seu uso rotineiro não está referendado, uma vez que não demonstrou impacto em redução de mortalidade.
- As classes de drogas mais utilizadas incluem os anticorpos antilinfócitos (timoglobulina) e antagonista da interleucina-2 (basiliximab).

Drogas imunossupressoras no transplante cardíaco

Drogas	Via	Dose inicial	Manutenção	Nível sérico
Prednisona	VO	1 mg/kg	Retirada em 6 meses	Não se aplica
Metilprednisolona	EV	1 g no intraoperatório Redução progressiva até quinto dia PO	Tratamento de rejeição aguda	Não se aplica

(continua)

Drogas imunossupressoras no transplante cardíaco *(continuação)*

Drogas	Via	Dose inicial	Manutenção	Nível sérico
Ciclosporina	VO EV	3-8 mg/kg/dia, 1/3 da dose oral	Guiada por biopsia e nível sérico	275-375 ng/mL (até 6 semanas) 200-350 ng/mL (6-12 semamas) 150-300 ng/mL (3-6 meses) 150-250 ng/mL (após 6 meses)
Tacrolimus	VO EV	0,05-0,1 mg/kg/dia 0,01-0,02 mg/kg/dia	Guiada por biopsia e nível sérico	10-15 ng/mL (até 3 meses) 8-12 ng/mL (3-6 meses) 5-10 ng/mL (após 6 meses)
Micofenolato mofetil	VO EV	1 g, a cada 12 h Semelhante à oral	500 mg a 2 g/dia	MPA 2,5-5 mcg/mL Nível de leucócitos
Micofenolato sódico	VO	720 mg, a cada 12 h	360-1.440 mg/dia	MPA 2,5-5 mcg/mL Nível de leucócitos
Sirolimus	VO	2-6 mg, 1 x/dia	2 mg /dia	5-15 ng/mL
Everolimus	VO	0,5-1,5 mg/dia, a cada 12 h	0,5-1,5 mg/dia, a cada 12 h	3-8 ng/mL
Basiliximab	EV	20 mg, pré-transplante Repetir dose no quarto dia PO	Não se aplica	
Timoglobulina	EV	0,75-1,5 mg/kg/dia, por 3-7 dias	Não se aplica	Linfócitos T CD3 – abaixo de 25 céls/mm^3 Linfócitos totais abaixo de 10% em relação ao início do tratamento (50-150 céls/mm^3)

EV: via endovenosa; MPA: ácido micofenólico; PO: pós-operatório; VO: via oral.
Adaptado de Bacal et al., 2009; e Costanzo MR et al., 2010.

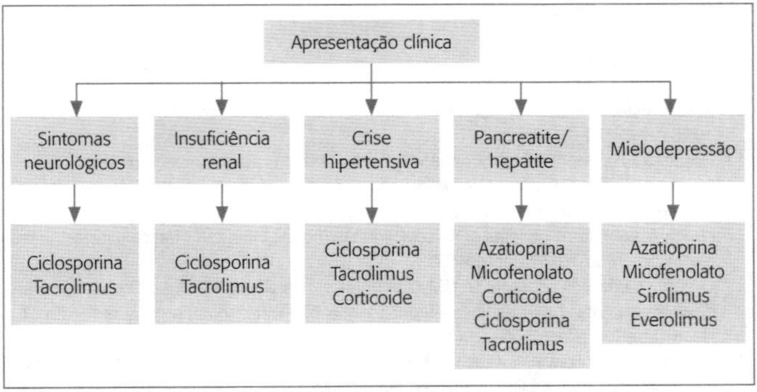

Figura 1 Principais efeitos colaterais relacionados ao uso de imunossupressores.

Bibliografia recomendada

1. Lund LH, Edwards LB, Kucheryavaya AY, Benden C, Christie JD, Dipchand AI, et al. The registry of the International Society for Heart and Lung Transplantation: thirty-first official adult heart transplant report – 2014; focus theme: retransplantation. J Heart Lung Transplant. 2014;33(10):996-1008.
2. Bacal F, Souza-Neto JD, Fiorelli AI, Mejia J, Marcondes-Braga FG, Mangini S, et al. II Diretriz brasileira de transplante cardíaco. Arq Bras Cardiol. 2009;94(1 Suppl 1):e16-73.
3. Costanzo MR, Dipchand A, Starling R, Anderson A, Chan M, Desai S, et al. International Society of Heart and Lung Transplantation Guidelines. J Heart Lung Transplant. 2010;29(8):914-56.
4. Opelz G, Döhler B, Laux G. Long-term prospective study of steroid withdrawal in kidney and heart transplant recipients. Am J Transplant. 2005;(5):720-8.
5. Taylor DO, Barr ML, Radovancevic B, Renlund DG, Mentzer Jr RM, Smart FW, et al. A randomized, multicenter comparison of tacrolimus and cyclosporine immunosuppressive regimens in cardiac transplantation: decreased hyperlipidemia and hypertension with tacrolimus. J Heart Lung Transplant. 1999;18(4):336-45.
6. Reichart B, Meiser B, Viganò M, Rinaldi M, Yacoub M, Banner NR, et al. European multicenter tacrolimus heart pilot study: three year follow-up. J Heart Lung Transplant. 2001;20(2):249-50.
7. Kobashigawa JA, Miller LW, Russell SD, Ewald GA, Zucker MJ, Goldberg LR, et al. Tacrolimus with mycophenolatemofetil (MMF) or sirolimus vs. cyclosporine with MMF in cardiac transplant patients: 1-year report. Am J Transplant. 2006;6(6):1243-45.
8. Grimm M, Rinaldi M, Yonan NA, Arpesella G, Arizón Del Prado JM, Pulpón LA, et al. Superior prevention of acute rejection by tacrolimus vs. cyclosporine in heart transplant recipients – a large European trial. Am J Transplant. 2006;6(6):1387-97.

9. Mentz RM Jr, Jahania MS, Lasley RD. Tacrolimus as a rescue immunosuppressant after heart and lung transplantation. The US multicenter FK506 Study group. Transplantation. 1998;65(1):109-13.
10. Kobashigawa J, Miller L, Renlund D, Mentzer R, Alderman E, Bourge R, et al. A randomized active-controlled trial of mycophenolatemofetil in heart transplant recipients. Transplantation. 1998;66(4):507-15.
11. Hosenpud JD, Bennett LE. Mycophenolate mofetil versus azathioprine in patients surviving the initial cardiac transplant hospitalization: an analysis of the Joint UNOS/ISHLT Thoracic Registry. Transplantation. 2001;72(10):1662-5.
12. Keogh A. Long-term benefits of mycophenolate mofetil after heart transplantation. Transplantation. 2005;79(3 Suppl):s45-6.
13. O'Neill JO, Edwards LB, Taylor DO. Mycophenolate mofetil and risk of developing malignancy after orthotopic heart transplantation: analysis of the transplant registry of the ISHLT. J Heart Lung Transplant. 2006;25(10):1186-91.
14. Eisen HJ, Kobashigawa JA, Keogh A, Bourge R, Renlund D, Mentzer R. Three-year results of a randomized, double-blind, controlled trial of mycophenolate mofetil versus azathioprine in cardiac transplant recipients. J Heart Lung Transplant. 2005;24(5):517-25.
15. Bacal F, Silva CP, Bocchi EA, Pires PV, Moreira LF, Issa VS, et al. Mycophenolate mofetil increased Chagas' disease reactivation in heart transplanted patients: comparison between two different protocols. Am J Transplant. 2005;5(8):2017-21.
16. Bestetti RB, Souza TR, Lima MF, Theodoropoulos TA. Effects of a mycophenolate mofetil-based immunosuppressive regimen in Chagas' heart transplant recipients. Transplantation. 2007;84(3):441-2.
17. Eisen HJ, Tuzcu EM, Dorent R, Kobashigawa JA, Mancini D, Valantine-von Kaeppler HA, et al. Everolimus for the prevention of allograft rejection and vasculopathy in cardiac-transplant recipients. N Engl J Med. 2003;3499(9):847-58.
18. Keogh A, Richardson M, Ruygrok P, Spratt B, Galbraith A, O'Driscoll G, et al. Sirolimus in de novo heart transplant recipients reduces acute rejection and prevents coronary artery disease at 2 years: a randomized clinical trial. Circulation. 2004;110(17):2694-700.
19. Mancini D, Pinney S, Burkhoff D, LaManca J, Itescu S, Burke E, et al. Use of rapamycin slows progression of cardiac transplantation vasculopathy. Circulation. 2003;108(1):48-53.
20. Gustafsson F, Ross HJ. Proliferation signal inhibitors in cardiac transplantation. Curr Opin Cardiol. 2007;22(2):111-6.
21. Chapman R, Valantine H, Albanell J, Arns WA, Campistol JM, Eisen H, et al. Proliferation signal inhibitors in transplantation: questions at the cutting edge of everolimus therapy. Transplant Proc. 2007; 39(10):2937-50.
22. Zuckerman A, Aliabadi AZ. Calcineurin-inhibitor minimization protocols in heart transplantation. Transpl Int. 2009;22(1):78-89.
23. Zakliczynski M, Nozynski J, Kocher A, Lizak MK, Zakliczynska H, Przybylski R, et al. Surgical wound-healing complications in heart transplant recipients treated with rapamycin. Wound Rep Reg. 2007;15(3):316-21.

24. Rothenburger M, Zuckermann A, Bara C, Hummel M, Strüber M, Hirt S. Recommendations for the use of everolimus (certican) in heart transplantation: results from the second German–Austrian certican consensus conference. J Heart Lung Transplant. 2007;26(4):305-11.
25. Eisen HJ, Kobashigawa J, Starling RC, Pauly DF, Kfoury A, Ross H, et al. Everolimus versus mycophenolate mofetil in heart transplantation: a randomized, multicenter trial. Am J Transplant. 2013;13(5):1203-16.
26. Kobashigawa JA, Pauly DF, Starling RC, Eisen H, Ross H, Wang SS, et al. Cardiac allograft vasculopathy by intravascular ultrasound in heart transplant patients: substudy from the everolimus versus mycophenolate mofetil randomized, multicenter trial. JACC Heart Fail. 2013;1(5):389-99.
27. Uber P, Mehra M. Induction therapy in heart transplantation: is there a role? J Heart Lung Transpl. 2007;26(3):205-9.

53

Rejeição de transplante cardíaco

Luis Fernando Bernal da Costa Seguro

Introdução

Rejeição é um processo secundário à resposta inflamatória do receptor ao órgão transplantado. Classicamente, existem três tipos de rejeição documentados: hiperaguda, celular aguda e humoral (ou mediada por anticorpos).

A manifestação clínica é variável. Na maioria das vezes, os pacientes apresentam-se assintomáticos, mas podem manifestar sintomas constitucionais inespecíficos (mal-estar, mialgia, febre), sintomas/sinais relacionados à inflamação miocárdica (taquicardia, arritmias atriais ou ventriculares, derrame pericárdico) ou, ainda, quadro clínico secundário à disfunção do enxerto (dispneia aos esforços, astenia, síncope, ortopneia, dispneia paroxística noturna e ao exame físico, estase jugular, terceira bulha, hipotensão, congestão pulmonar e/ou sistêmica).

Fatores de risco para rejeição: receptor mais jovem, sexo feminino (receptor e doador), receptor negro, maior número de *missmatches* de HLA, painel imunológico elevado.

A incidência de rejeição ao enxerto vem caindo progressivamente, nos últimos anos, em decorrência da melhora da terapia imunossupressora. Segundo dados de registro internacional (The International Society for Heart & Lung Transplantation – ISHLT), a incidência de qualquer rejeição no primeiro ano é atualmente de 25%.

A biópsia endomiocárdica (BEM) é o padrão-ouro para o diagnóstico correto e precoce de rejeição. Nas fases iniciais do transplante, é realizada de maneira frequente, de acordo com a rotina de cada serviço. A frequência da realização de BEM é reduzida com o tempo, conforme ajuste dos imunossupressores e o perfil anatomopatológico. Após o primeiro ano, é realizada apenas se houver suspeita clínica de rejeição (presença de sintomas/sinais clínicos sugestivos, alteração de exames não invasivos e/ou alteração de função detectada por exame de imagem).

Rejeição hiperaguda

Rejeição muito grave, relacionada à presença de anticorpos pré-formados contra o doador (sistema ABO, HLA ou endotélio). É decorrente da ativação de complemento no endotélio do enxerto, leva a dano endotelial difuso e, consequente, isquemia global e disfunção aguda e catastrófica do enxerto.
Essa forma de rejeição ocorre dentro das primeiras 24 horas após o transplante, podendo já ser evidente logo após a reperfusão do enxerto na sala operatória.
Pode ocorrer pelo uso inadvertido de órgão de doador sem compatibilidade ABO com o receptor ou em pacientes altamente sensibilizados. A procura de anticorpos pré-formados nos receptores, durante a avaliação para transplante, e o uso de *crossmatch* (prospectivo ou virtual) nos pacientes sensibilizados previnem a ocorrência dessa grave complicação.
Apesar do tratamento, a mortalidade é muito alta.

Rejeição celular aguda

Mais frequente forma de rejeição. Caracterizada por infiltrado de linfócitos e macrófagos no miocárdio mediado por resposta predominante de células T. Essa resposta inflamatória pode causar necrose miocárdica.
Apesar de atualmente não ser uma importante causa de mortalidade do paciente transplantado cardíaco, a presença de rejeição aguda com necessidade de tratamento tem impacto no posterior desenvolvimento de doença vascular do enxerto e na sobrevida do paciente.
De acordo com os achados da BEM, é classificada em três graus (ver "Classificação de rejeição celular aguda").
O tratamento é definido de acordo com a gravidade da rejeição detectada na BEM e a apresentação clínica do paciente (disfunção ventricular e/ou presença de instabilidade hemodinâmica). Envolve o uso de pulsoterapia com corticoide e, na presença de instabilidade hemodinâmica, a associação de anticorpos antilinfócitos (timoglobulina), além do aumento da potência da imunossupressão de base (ver "Tratamento da rejeição celular aguda").

Classificação de rejeição celular aguda

0R	Ausência de rejeição celular aguda
1R (leve)	Infiltrado inflamatório perivascular ou intersticial geralmente discreto, sem dano celular ou com foco único de agressão dos cardiomiócitos
2R (moderada)	Infiltrado inflamatório multifocal com dois ou mais focos de agressão dos cardiomiócitos
3R (grave)	Infiltrado inflamatório difuso, geralmente com presença de neutrófilos, associado a múltiplos focos de agressão dos cardiomiócitos

Fonte: Costanzo et al., 2010.

Tratamento da rejeição celular aguda

BEM	Disfunção ventricular	
	Ausente	Presente
1R	Sem tratamento adicional, ajustar esquema imunossupressor	Pesquisar rejeição humoral e doença vascular do enxerto
2R	PO recente: metilprednisolona, IV, 0,5-1,0 g por 3-5 dias PO tardio: prednisona, VO, 1 mg/kg/dia por 3-5 dias	Metilprednisolona, IV, 0,5-1,0 g por 3-5 dias + timoglobulina 1-1,5 mg/kg/dia por 5-7 dias (pesquisar rejeição humoral)
3R	Metilprednisolona, IV, 0,5-1,0 g por 3-5 dias + considerar timoglobulina 1-1,5 mg/kg/dia por 5-7 dias	Metilprednisolona, IV, 0,5-1,0 g por 3-5 dias + timoglobulina 1-1,5 mg/kg/dia por 5-7 dias (pesquisar rejeição humoral)

Rejeição humoral ou rejeição mediada por anticorpos (AMR)

É causada pela presença de anticorpos (principalmente anti-HLA) contra o endotélio vascular do enxerto.

Em decorrência da dificuldade para padronização do seu diagnóstico, é difícil estabelecer a real incidência de rejeição humoral, porém estima-se que esteja por volta de 10 a 15% ao final do primeiro ano.

Do ponto de vista anatomopatológico, a classificação mais recente inclui informações histológicas (H) e imunopatológicas (I) e é dividida em quatro graus de rejeição mediada por anticorpos (*pathologic Antibody Mediated Rejection* – pAMR), conforme mostra a Tabela "Diagnóstico patológico de rejeição mediada por anticorpos (AMR)".

Na presença de instabilidade hemodinâmica, relacionada à rejeição humoral, o tratamento deve ser agressivo, incluindo pulsoterapia com corticosteroide, anticorpos antilinfócitos, plasmaférese, imunoglobulina e drogas que bloqueiam a produção de anticorpos pelos linfócitos B (rituximab), anticorpos (bortezomib) ou complemento (eculizumab).

Apesar de um pior prognóstico bem estabelecido nos pacientes com diagnóstico de rejeição humoral (pAMR2), existe grande dúvida na literatura em relação ao seu tratamento em indivíduos assintomáticos com função ventricular normal, decorrente do risco inerente de estratégias imunossupressoras mais intensivas.

Diagnóstico patológico de rejeição mediada por anticorpos (AMR)

Grau	Definição	Substratos
pAMR 0	Negativo para AMR patológica	Estudo histológico e imunopatológico negativos
pAMR 1(H+)	AMR histopatológica	Presença de achados histológicos apenas, sem achados imunopatológicos
pAMR 1 (I+)	AMR imunopatológica	Presença de achados imunopatológicos (CD68+ e/ou C4d+) apenas, sem achados histológicos
pAMR 2	AMR patológica	Presença de achados histológicos e imunopatológicos
pAMR 3	AMR patológica grave	Hemorragia intersticial, fragmentação capilar, infiltrado inflamatório misto, necrose de células endoteliais e edema acentuado e presença de achados imunopatológicos. Em geral, estes casos estão associados à importante disfunção hemodinâmica e a mau prognóstico

Bibliografia recomendada

1. Bacal F, Souza-Neto JD, Fiorelli AI, Mejia J, Marcondes-Braga FG, Mangini S, et al. II Diretriz brasileira de transplante cardíaco. Arq Bras Cardiol. 2009;94(1 supl.1):e16-e73.
2. Costanzo MR, Dipchand A, Starling R, Anderson A, Chan M, Desai S, et al. The International Society of Heart and Lung Transplantation Guidelines for the care of heart transplant recipients. J Heart Lung Transplant. 2010;29(8):914-56.
3. Lund LH, Edwards LB, Kucheryavaya AY, Benden C, Dipchand AI, Goldfarb S, et al. The Registry of the International Society for Heart and Lung Transplantation: Thirty-second Official Adult Heart Transplantation Report-2015; Focus theme: early graft failure. J Heart Lung Transplant. 2015;34(10):1244-54.
4. Stewart S, Winters GL, Fishbein MC, Tazelaar HD, Kobashigawa J, Abrams J, et al. Revision of the 1990 working formulation for the standardization of nomenclature in the diagnosis of heart rejection. J Heart Lung Transplant. 2005;24(11):1710-20.
5. Berry GJ, Burke MM, Andersen C, Bruneval P, Fedrigo M, Fishbein MC, et al. The 2013 International Society for Heart and Lung Transplantation Working Formulation for the standardization of nomenclature in the pathologic diagnosis of antibody-mediated rejection in heart transplantation. J Heart Lung Transplant. 2013;32(12):1147-62.
6. Patel JK, Kittleson M, Kobashigawa JA. Cardiac allograft rejection. Surgeon. 2011;9(3):160-7.
7. Kittleson MM, Kobashigawa JA. Long-term care of the heart transplant recipient. Curr Opin Organ Transplant. 2014;19(5):515-24.
8. Kittleson MM, Kobashigawa JA. Antibody-mediated rejection. Curr Opin Organ Transplant. 2012;17(5):551-7.

9. Colvin MM, Cook JL, Chang P, Francis G, Hsu DT, Kiernan MS, et al. Antibody-mediated rejection in cardiac transplantation: emerging knowledge in diagnosis and management: a scientific statement from the American Heart Association. Circulation. 2015;131(18):1608-39.

54

Doença vascular do enxerto

Sandrigo Mangini
Iáscara Wozniak de Campos

Definição

A doença vascular do enxerto (DVE) tem natureza aterosclerótica e acomete de forma tardia os pacientes transplantados cardíacos. É caracterizada pela hiperplasia intimal que acontece de forma difusa, concêntrica e obliterativa. O acometimento vascular proporciona manifestações clínicas semelhantes às da doença coronária aterosclerótica, gerando isquemia e lesionando de forma progressiva o enxerto.

Incidência

A incidência da DVE pode chegar a 8% no primeiro ano, a 30% em 5 anos e a 50% em 10 anos. Além disso, ela está entre as principais causas de óbito nos pacientes transplantados cardíacos, sendo responsável por aproximadamente 14% das mortes entre os pacientes com mais de 5 anos de transplante.

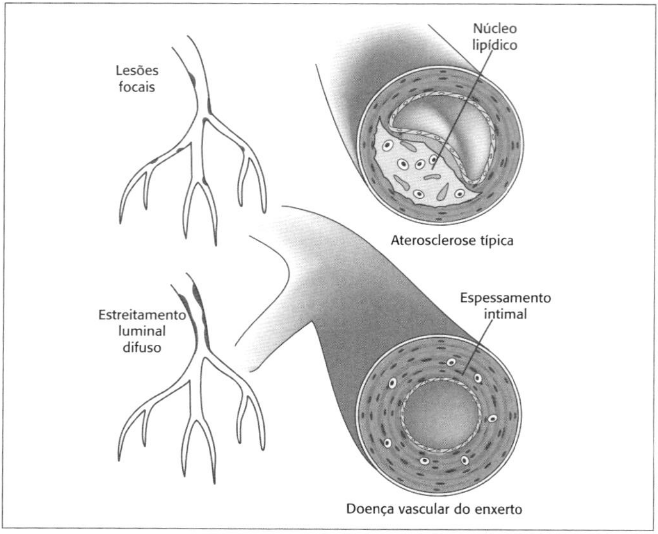

Figura 1 Acometimento vascular na aterosclerose típica e na doença vascular do enxerto (DVE).

Fisiopatologia

Os mecanismos que geram a DVE ainda estão sendo estudados, portanto, não foram totalmente elucidados, mas, provavelmente, a causa da doença seja multifatorial. Os efeitos imunológicos envolvem a resposta aloimune, que acaba gerando a liberação de citocinas pró-inflamatórias, resultando em inflamação vascular e disfunção endotelial, além de levar à proliferação de células musculares lisas. Os principais fatores de risco externos não imunológicos são: idade do doador, infecção por citomegalovírus, dislipidemias, hipertensão arterial sistêmica, diabete melito, obesidade e tabagismo (Figura 2).

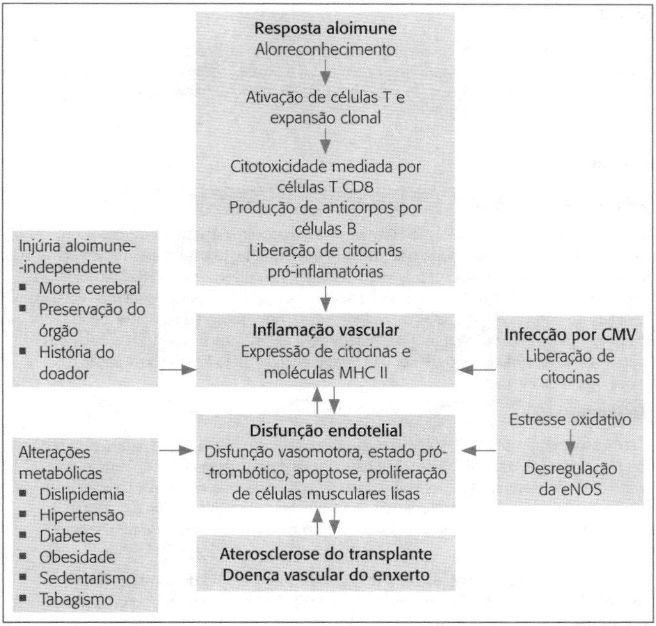

Figura 2 Fisiopatologia da doença vascular do enxerto. CMV: citomegalovírus; eNOS: óxido nítrico-sintase endotelial; MHC: complexo principal de histocompatibilidade.

Quadro clínico

Se o coração transplantado for desnervado, o sintoma de angina pode não estar presente. No entanto, a DVE pode se apresentar com todas as complicações clássicas da doença coronária aterosclerótica, incluindo a presença de arritmias, sintomas de insuficiência cardíaca e até mesmo morte súbita.

Diagnóstico

Métodos não invasivos

No Brasil, tendo elevado valor preditivo negativo, o ecocardiograma de estresse com dobutamina tem sido o método não invasivo de eleição tanto para o diagnóstico como para predizer eventos cardiovasculares no acompanhamento tardio. A angiotomografia de coronária com múltiplos detectores pode ser uma opção não invasiva para o diagnóstico de DVE, no entanto apresenta algumas limitações, como o uso de contraste iodado na presença de disfunção renal, a dificuldade para redução da frequência cardíaca dos pacientes transplantados e o caráter não terapêutico do método em comparação à cineangiocoronariografia.

Métodos invasivos

O ultrassom intravascular (USIV) é o método considerado padrão-ouro para o diagnóstico de DVE por ser o exame mais sensível para o diagnóstico dessa doença. Permite uma visão tanto do diâmetro luminal real quanto da aparência e da espessura das camadas íntima e média. A doença denominada rapidamente progressiva é definida como o aumento $\geq$ 0,5 mm na espessura máxima da íntima do vaso ao final do primeiro ano após o transplante.

A cineangiocoronariografia é, ainda, o método mais utilizado no diagnóstico de DVE na maioria dos centros transplantadores, permitindo a detecção de lesões coronarianas obstrutivas. Apesar de ser o método mais utilizado, apresenta baixa sensibilidade em virtude da natureza difusa e concêntrica das lesões na DVE, impedindo o diagnóstico da doença em sua fase mais precoce com frequência. No InCor, preconiza-se que o exame seja realizado ao final do primeiro ano e na ausência de lesões, além de acompanhamento anual com ecocardiograma de estresse com dobutamina.

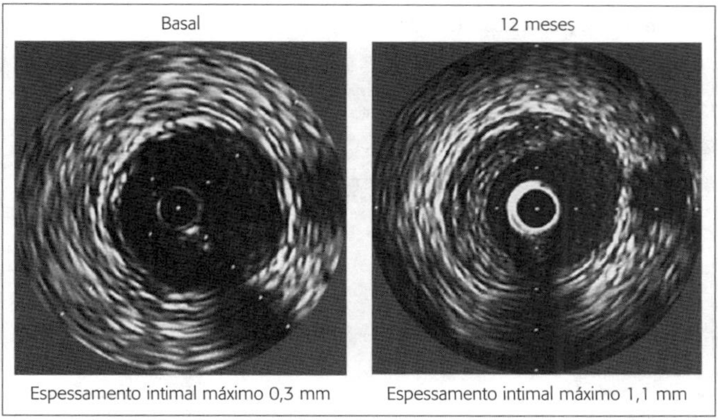

Figura 3 Os painéis A e B ilustram o ultrassom intravascular do mesmo paciente: basal (painel A) com espessamento intimal de 0,3 mm e após 12 meses (painel B) com espessamento de 1,1 mm.

Tratamento e prevenção

Na prevenção após o transplante, incluem-se a otimização da terapêutica imunossupressora, o controle rigoroso dos fatores de risco cardiovasculares comuns (p. ex., hipertensão, diabetes, obesidade, tabagismo ou sedentarismo) e estratégias para prevenção da infecção pelo citomegalovírus.

Preconiza-se o uso de estatina – droga de primeira linha para prevenção e tratamento da doença vascular do enxerto (DVE) –, devendo-se usar nas menores doses possíveis, já que a interação com os inibidores da calcineurina levam a maior risco de rabdomiólise.

O diltiazem também deve ser usado já no transplante inicial como estratégia para redução de incidência, progressão e mortalidade pela DVE. Apresenta interação com os inibidores da calcineurina a partir do citocromo P450, levando ao aumento do nível sérico dessas drogas. Os antagonistas da mTOR (*mammalian target of rapamycin*) ou inibidores do sinal de proliferação (sirolimus e everolimus) em decorrência do potente efeito antiproliferativo, inclusive de células musculares lisas, demonstraram em estudos randomizados redução na incidência e na evolução da DVE e por conta disso têm sido preconizados quando se estabelece o diagnóstico.

O uso de antiagregante é feito de forma empírica com o diagnóstico de DVE.

(continua)

Tratamento e prevenção (*continuação*)

Quando estabelecido o diagnóstico de DVE, o tratamento medicamentoso muitas vezes não é suficiente. As estratégias de revascularização (cirúrgica ou percutânea) são limitadas em função do padrão difuso de acometimento da doença, com predomínio distal. O retransplante é o tratamento definitivo, apesar de menor sobrevida se comparado ao primeiro transplante, devendo ser considerado especialmente em pacientes que evoluem com DVE e disfunção ventricular, apesar do tratamento.

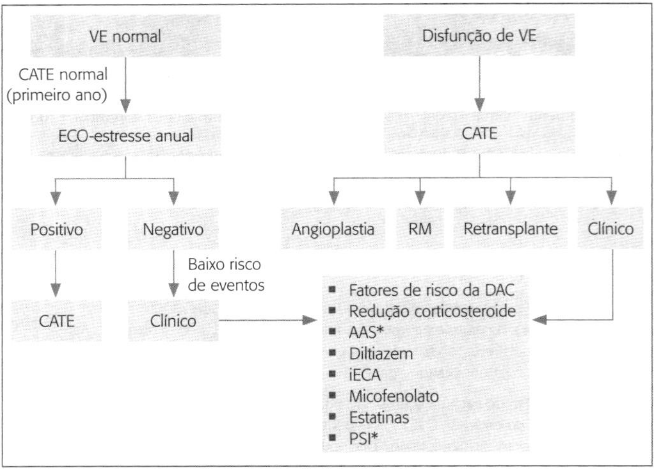

Figura 4 Fluxograma de diagnóstico e tratamento de doença vascular do enxerto. AAS: ácido acetilsalicílico; CATE: cineangiocoronariografia; DAC: doença arterial coronariana; iECA: inibidor de enzima conversora de angiotensina; PSI: inibidor do sinal de proliferação; RM: cirurgia de revascularização miocárdica. * Após diagnóstico de DVE.

Bibliografia recomendada

1. Calé R, Rebocho MJ, Aguiar C, Almeida M, Queiroz E, Melo J, et al. Diagnosis, prevention, and treatment of cardiac allograft vasculopathy. Rev Port Cardiol. 2012;31(11):721-30.
2. Arora S, Gullestad L. The challenge of allograft vasculopathy in cardiac transplantation. Curr Opin Organ Transplant. 2014;19(5):508-14.
3. Lund LH, Edwards LB, Kucheryavaya AY, Benden C, Christie JD, Dipchand AI, et al. The registry of the International Society for Heart and Lung Transplantation: thirty-first official adult heart transplant report--2014; focus theme: retransplantation. J Heart Lung Transplant. 2014;33(10):996-1008.
4. Schmauss D, Weis M. Cardiac allograft vasculopathy. Circulation. 2008;117:2131-41.
5. Rogers NJ, Lechler RI. Allorecognition. Am J Transplant. 2001;1:97-102.
6. Ewel CH, Foegh ML. Chronic graft rejection: accelerated transplant arteriosclerosis. Immunological Reviews. 1993;134:21-31.
7. Colvin-Adams M, Harcourt N, Duprez D. Endothelial dysfunction and cardiac allograft vasculopathy. J Cardiovasc Transl Res. 2013;6(2):263-77.
8. Arora S, Gullestad L. The challenge of allograft vasculopathy in cardiactransplantation. Curr Opin Organ Transplant. 2014;19(5):508-14.
9. Bacal F, Moreira L, Souza G, Rodrigues AC, Fiorelli A, Stolf N, et al. Dobutamine stress echocardiography predicts cardiac events or death in asymptomatic patients long-term after heart transplantation: 4-year prospective evaluation. J Heart Lung Transplant. 2004;23(11):1238-44.
10. Wever-Pinzon O, Romero J, Kelesidis I, Wever-Pinzon J, Manrique C, Budge D, et al. Coronary computed tomography angiography for the detection of cardiac allograft vasculopathy: a meta-analysis of prospective trials. J Am Coll Cardiol. 2014;63(19):1992-2004.
11. Logani S, Saltzman HE, Kurnik P, Eisen HJ, Ledley GS. Clinical utility of intravascular ultrasound in the assessment of coronary allograft vasculopathy: a review. J Interv Cardiol. 2011;24(1):9-14.
12. Kobashigawa JA, Tobis JM, Starling RC, Tuzcu EM, Smith AL, Valantine HA, et al. Multicenter intravascular ultrasound validation study among heart transplant recipients. J Am Coll Cardiol. 2005;45(9):1532-7.
13. Bacal F, Souza-Neto JD, Fiorelli AI, Mejia J, Marcondes-Braga FG, Mangini S, et al. II Diretriz brasileira de transplante cardíaco. Arq Bras Cardiol. 2009;94(1 Suppl 1):e16-73.
14. Luo CM, Chou NK, Chi NH, Chen YS, Yu HY, Chang CH, et al. The effect of statins on cardiacallograft survival. Transplant Proc. 2014;46(3):920-4.
15. Kobashigawa JA, Katznelson S, Laks H, Johnson JA, Yeatman L, Wang XM, et al. Effect of pravastatinin outcome after cardiac transplantation. N Engl J Med. 1995,333:621-7
16. Eisen HJ, Tuzcu EM, Dorent R, Kobashigawa JA, Mancini D, Valantine-von Kaeppler HA, et al. Everolimus for the prevention of allograft rejection and vasculopathy in cardiac-transplant recipients. N Engl J Med. 2003;349:847-58.
17. Keogh A, Richardson M, Ruygrok P, Spratt B, Galbraith A, O'Driscoll G, et al. Sirolimus in de novo heart transplant recipients reduces acute rejection and prevents coronary artery disease at 2 years: a randomized clinical trial. Circulation. 2004;110:2694-700.

18. Mancini D, Pinney S, Burkhoff D, LaManca J, Itescu S, Burke E, et al. Use of rapamycin slows progression of cardiac transplantation vasculopathy. Circulation. 2003;108:48-53.
19. Hirt SW, Bara C, Barten MJ, Deuse T, Doesch AO, Kaczmarek I, et al. Everolimus in heart transplantation: an update. J Transplant. 2013;683964, Epub 2013 Dec 5.
20. Srivastava R, Keck BM, Bennett LE, Hosenpud JD. The results of cardiac retransplantation: an analysis of The Joint International Society for Heart and Lung Transplantation/United Network for Organ Sharing Thoracic Registry. Transplantation. 2000;70(4):606-12.
21. Avery RK. Cardiac-allograft vasculopathy. N Engl J Med. 2003;349(9):829-30.

55

Neoplasias relacionadas ao transplante cardíaco e à imunossupressão

Mônica Samuel Avila

Introdução

O transplante cardíaco continua sendo o tratamento mais efetivo para a insuficiência cardíaca refratária.

A sobrevida média dos pacientes após o transplante cardíaco é de 10 anos (Figura 1).

As principais causas de óbito variam de acordo com o tempo pós-transplante: nos primeiros anos, predominam óbitos por falência do enxerto e infecção e a partir de 3 anos, as causas predominantes são neoplasias, doença vascular do enxerto (DVE) e insuficiência renal.

As neoplasias podem afetar 28% dos pacientes após 10 anos de TC e possuem impacto na sobrevida desses pacientes.

As neoplasias mais comuns são: neoplasia de pele e doenças linfoproliferativas.

Fatores de risco para o aparecimento de neoplasias após o transplante cardíaco

- Dose e tempo de uso dos imunossupressores (principal fator de risco)
- Genéticos
- Infecções virais (papilomavírus, Epstein-Barr vírus)
- Idade (vide Figura 2)
- Sexo
- Exposição ao sol

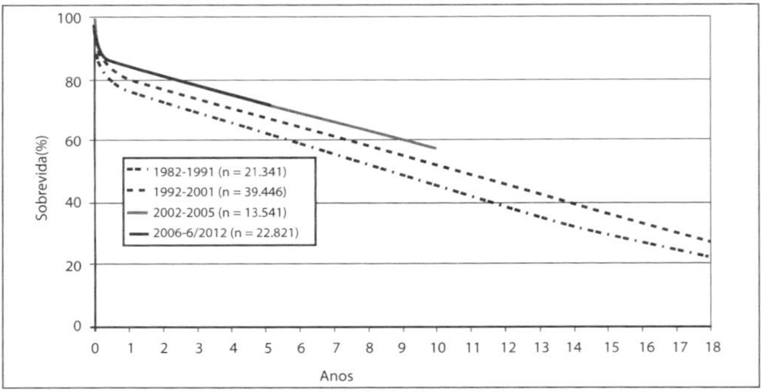

Figura 1 Evolução da sobrevida após transplante cardíaco de acordo com a década em que foi realizado o procedimento. As comparações foram estatisticamente significativas (p < 0,001) exceto para 2002-2005 *versus* 2006/2012. Adaptado de Lund et al., 2014.

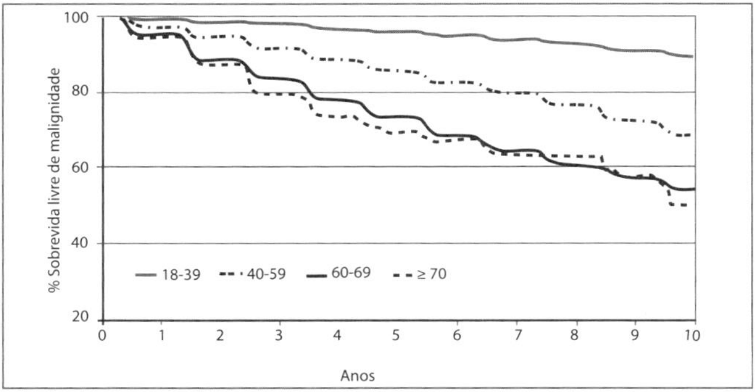

Figura 2 Sobrevida livre de malignidade após transplante cardíaco de acordo com a idade do receptor. As comparações foram estatisticamente significativas (p < 0,001) exceto para 60-69 *versus* < 70 anos. Adaptado de Lund et al., 2013.

Neoplasia de pele

Os cânceres de pele e de lábio se apresentam em 40 a 50% dos casos após o transplante.

Carcinoma espinocelular é 65 a 250 vezes mais frequente após o transplante cardíaco e o melanoma é 2 a 6 vezes mais comum.

A imunossupressão tem um papel importante na etiopatogenia do câncer de pele após o transplante cardíaco, pois estaria relacionado à baixa contagem de células CD4, responsável pela resposta imune que desempenha um papel importante na defesa contra o tumor.

As recomendações para a prevenção do câncer de pele em pacientes após o transplante, são: reconhecimento precoce das lesões de pele através de autoexame, acompanhamento de lesões suspeitas com dermatologista e proteção solar.

Doenças linfoproliferativas

As doenças linfoproliferativas podem atingir até 6% dos pacientes após o transplante cardíaco, sendo o principal tipo os linfomas de células B, associados à infecção pelo vírus Epstein-Barr e tratamento imunossupressor.

A apresentação clínica das doenças linfoproliferativas é frequentemente extranodal.

A doença precoce ocorre geralmente em 1 ano do transplante, pode envolver um órgão sólido ou um nódulo e responde favoravelmente à diminuição da imunossupressão, enquanto a doença tardia tende a ser disseminada, respondendo menos à diminuição dos imunossupressores e, portanto, tem pior prognóstico.

Tratamento

O tratamento da neoplasia deve ser realizado conforme o protocolo da oncologia.

Os inibidores do sinal da proliferação (PSI), representados pelo everolimos e pelo sirolimus, são imunossupressores utilizados como alternativa ao esquema imunossupressor padrão nos pacientes com neoplasias após transplante cardíaco, em decorrência de seus efeitos antitumorais.

Quando a substituição do esquema imunossupressor padrão pelos PSI não é possível, está indicada a diminuição das doses dos imunossupressores.

Rastreamento de câncer após transplante cardíaco

Câncer	Rastreamento
Pele	Autoexame, acompanhamento de lesões
Doenças linfoproliferativas	Exame clínico a cada consulta
Mama	Mamografia a partir de 40 anos
Colo de útero	Exame clínico e papanicolau anual
Colorretal	Colonoscopia a partir de 50 anos
Próstata	Exame clínico (toque retal) a partir de 50 anos e exames laboratoriais (PSA)
Sarcoma de Karposi e outros	Exame clínico periódico da pele, conjuntivas e orofaringe

Adaptado de www.uptodate.com.

Bibliografia recomendada

1. Lund LH, Edwards LB, Kucheryavaya AY, Benden C, Christie JD, Dipchand AI, et al. The registry of the International Society for Heart and Lung Transplantation: thirty-first official adult heart transplant report – 2014; focus theme: retransplantation. J Heart Lung Transplant. 2014;33(10):996-1008.
2. Lund LH, Edwards LB, Kucheryavaya AY, Dipchand AI, Benden C, Chritie JD, et al. The registry of the International Society for Heart and Lung Transplantation: thirtieth official adult heart transplant report – 2013; focus theme: age. J Heart Lung Transplant. 2013;32(10):951-64.
3. Kittleson MM, Kobashigawa JA. Long-term care of the heart transplant recipient. Curr Opin Organ Transplant. 2014;19(5):515-24.
4. Feuerstein I, Geller AC. Skin cancer education in transplant recipients. Prog Transplant. 2008;18(4):232-41; quiz 242.
5. López MM, Valenzuela JE, Alvarez FC, López-Alvarez MR, Cecilia GS, Paricio PP. Long-term problems related to immunossupression. Transpl Immunol. 2006;17(1):31-5.
6. International Transplant Skin Cancer Collaborative. Disponível em: http://www.itscc.org. Acessado em: 1 de maio de 2008.
7. Haldas J, Wang W, Lazarchick J. Post-transplant lymphoproliferative disorders: T-cell lymphoma following cardiac transplant. Leuk Lymphoma. 2002;43(2):447-50.
8. van Gorp J, Doornewaard H, Verdonck LF, Klöpping C, Vos PF, van den Tweel JG. Posttransplant T-cell lymphoma. Report of three cases and a review of the literature. Cancer. 1994;73(12):3064-72.
9. Amato RJ, Jac J, Giessinger S, Saxena S, Willis JP. A phase 2 study with a daily regimen of the oral mTOR inhibitor RAD001 (everolimus) in patients with metastatic clear cell renal cell cancer. 2009;115(11):2438-46.
10. Heuer M, Benkö T, Cicinnati VR, Kaiser GM, Sotiropoulos GC, Baba HA, et al. Effect of low-dose rapamycin on tumor growth in two human hepatocellular cancer cell lines. Transplant Proc. 2009;41(1):359-65.

56

Infecções oportunistas

Luis Fernando Bernal da Costa Seguro
Fernando Bacal

Introdução

- Infecção é uma importante causa de morbidade e mortalidade durante toda a vida do paciente transplantado. Representa a terceira causa de morte nos primeiros 30 dias após o transplante, ficando atrás apenas da disfunção de enxerto e falência múltipla de órgãos e sistemas. É a primeira causa de morte entre 31 dias e 1 ano.
- O tempo de transplante influencia nos potenciais patógenos responsáveis pelas infecções.
- O diagnóstico precoce e específico da infecção (com a identificação do agente causador) é de grande importância nessa população. Procedimentos invasivos (como broncoscopia, aspiração de coleções e biópsia de tecido) devem ser utilizados, quando necessário.
- Após a coleta de culturas iniciais, tratamento empírico com cobertura dos patógenos mais prováveis deve ser iniciado precocemente. Com frequência, é necessária a redução da imunossupressão, quando possível, para o controle da infecção.

Infecções de acordo com o tempo de transplante

Precoce (até 30 dias)	Recente (até 6 meses)	Tardio (mais de 6 meses)
Infecções nosocomiais: pneumonia, relacionada a cateter, infecção urinária Infecção de sítio cirúrgico Infecção oriunda do doador	Infecções oportunistas Reativação de infecções latentes do receptor ou doador (o uso de profilaxia pode retardar essas infecções)	Infecções adquiridas na comunidade Na ausência de profilaxia: reativação de infecções latentes durante períodos de intensificação de imunossupressão para tratamento de rejeição

Perfil dos microrganismos em relação ao tempo de transplante

<table>
<tr><th>Período pós-transplante</th><th>Precoce (0 a 30 dias)</th><th>Recente (0 a 100 dias)</th><th>Até 1 ano</th><th>Tardio (após 1 ano)</th></tr>
<tr><td>Fatores de risco para infecção</td><td>Neutropenia, CVC</td><td>Imunossupressão, CVC</td><td>Imunossupressão</td><td>Imunossupressão</td></tr>
<tr><td>Tipo de infecção</td><td>Nosocomial</td><td>Oportunistas</td><td>Oportunistas e comunitários</td><td>Comunitários</td></tr>
<tr><td rowspan="3">Bactérias</td><td colspan="2">Cocos Gram-positivos</td><td></td><td></td></tr>
<tr><td>Gram-negativos</td><td></td><td></td><td></td></tr>
<tr><td></td><td colspan="3">Bactérias encapsuladas
Listeria, Salmonela, Nocardia</td></tr>
<tr><td rowspan="4">Vírus</td><td colspan="2">Herpes simples</td><td></td><td></td></tr>
<tr><td colspan="4">Vírus respiratórios (influenza, parainfluenza) e entéricos (rotavírus)</td></tr>
<tr><td colspan="3">Citomegalovírus</td><td></td></tr>
<tr><td></td><td></td><td colspan="2">Varicela-zóster, Epstein-Barr</td></tr>
<tr><td rowspan="3">Fungos</td><td>*Candida*</td><td></td><td></td><td></td></tr>
<tr><td>*Aspergillus*</td><td colspan="2">*Aspergillus*</td><td></td></tr>
<tr><td></td><td colspan="2">*Pneumocystis jirovecii*</td><td></td></tr>
<tr><td rowspan="3">Parasitas</td><td>*Strongyloides*</td><td></td><td></td><td></td></tr>
<tr><td colspan="3">Reativação da toxoplasmose</td><td></td></tr>
<tr><td colspan="3">Reativação da doença de Chagas</td><td></td></tr>
</table>

CVC: cateter venoso central. ■: alto risco; ■: moderado risco; ■: baixo risco; □: alto risco, porém com profilaxias.

Infecções mais frequentes (por sítio)

Infecção pulmonar

Agentes etiológicos	Bactérias ▪ Adquiridas em comunidade: *S. pneumoniae*, *H. influenzae*, *M. catarrhalis*, *S. aureus*, *Mycoplasma pneumoniae*, *Chlamydia pneumoniae* ▪ Nosocomial: bacilos Gram-negativos (*E. coli*, *P. aeruginosa*, *K. pneumoniae*), *S. aureus* meticilino-resistente, *Legionella*, *Nocardia*, *Rhodoccus equi* Vírus ▪ Vírus respiratórios: influenza, parainfluenza, vírus sincicial respiratório, metapneumovírus humano, adenovírus, coronavírus, entero/rinovírus, citomegalovírus (CMV), herpes simplex vírus (HSV), varicela-zoster vírus (VZV) Micobactéria ▪ Tuberculose, *Mycobacterium avium complex* (MAC), *M. abscessus* Fungos ▪ Invasivos: *Aspergillus*, *Zygomycetes*, *Fusarium*, *Scedosporium*, *Pneumocystis jirovecii*, *Cryptococcus* (*neoformans*, *gattii*) ▪ Micoses endêmicas: histoplasmose, coccidiomicose, blastomicose Parasitas ▪ Hiperinfecção pelos *Strongyloides stercoralis*, toxoplasmose
Exames diagnósticos	▪ Radiografia de tórax: primeiro exame de imagem (disponibilidade e baixo custo), facilmente reprodutível para comparações evolutivas ▪ Tomografia de tórax: mais sensível (é mandatória a realização na suspeita de infecção pulmonar com radiografia sem alteração), fornece mais informações em relação à extensão e ao padrão do acometimento pulmonar ▪ Investigação microbiológica: hemoculturas, antigenemia, reação em cadeia da polimerase (PCR) quantitativo para CMV, galactomana sérica, *swab* nasal para influenza e outros vírus respiratórios, pesquisa de antígeno urinário para *Legionella* ▪ Broncoscopia com lavado broncoalveolar (e sempre que possível biópsia transbrônquica): deve ser considerado precocemente para auxiliar no diagnóstico etiológico
Tratamento inicial (empírico)	Paciente sem sinais de gravidade: ceftriaxone + macrolídeo ou quinolona respiratória Paciente com hipoxemia e/ou sinais de sepse grave: ceftriaxone + macrolídeo + sulfametoxazol/trimetropim + oseltamivir Se internação nos últimos 30 dias, substituir ceftriaxone por piperacilina/tazobactam ou cefepime Se pulsoterapia nos últimos 30 dias, considerar cobertura empírica para CMV

Infecção de trato gastrointestinal (enterite/colite)

Agentes etiológicos	▪ *Clostridium difficile* ▪ *Campylobacter, Salmonella, Shigella, E. coli* entero-hemorrágica ▪ CMV ▪ EBV: doença linfoproliferativa pós-transplante (PTLD) ▪ Rotavírus, norovírus ▪ *Cryptosporidium, Isospora, Cycolspora, Microsporidia, Giardia lamblia, Blastocystis hominis* ▪ *Strongyloides stercoralis*
Exames diagnósticos	▪ Fezes: coprocultura, protoparasitológico e pesquisa de parasitas específicos (*Cryptosporidium, Isospora, Cycolspora, Microsporidia*), pesquisa de toxina de *Clostridium* (se disponível, PCR para *Clostridium*), PCR para enterovírus ▪ Colonoscopia com biópsia: deve ser realizada na presença de sangramento nas fezes ou se persistência do quadro com as pesquisas de agentes específicos negativas. Tem grande importância no diagnóstico de colite por CMV, já que nestes casos a pesquisa no sangue (antigenemia ou PCR quantitativo para CMV) pode ser negativa
Tratamento inicial (empírico)	▪ Ciprofloxacino + metronidazol ▪ Considerar terapia empírica para CMV na presença de sangramento nas fezes ou se pulsoterapia nos últimos 30 dias

Infecção de sistema nervoso central

Agentes etiológicos	Abscesso intracerebral/lesão expansiva: ▪ Bacteriana (embólica ou por contiguidade): *Nocardia, Listeria monocytogenes* ▪ Fungal: *Aspergillus, Zygomycetes, Cryptococcus* ▪ EBV: doença linfoproliferativa pós-transplante (PTLD) ▪ Tuberculose ▪ Toxoplasmose Meningoencefalite: ▪ Bacteriana: *S. pneumoniae, Neisseria meningitides, Listeria* ▪ Viral: CMV, EBV, HSV, VZV, HHV6, enterovírus, vírus JC ▪ Fúngica: *Cryptococcus, Coccidioides, Histoplasma capsulatum* ▪ Tuberculose ▪ *Treponema pallidum, Borrelia burgdorferi* ▪ *Trypanosoma cruzi*
Exames diagnósticos	▪ Ressonância magnética: exame de imagem de escolha por fornecer melhor resolução do parênquima cerebral e melhorar a especificidade diagnóstica ▪ Coleta de liquor: deve ser realizada sempre que punção for segura. Pesquisar patógenos específicos

Patógenos específicos

Citomegalovírus

Manifestação clínica	▪ Agente oportunista mais frequentemente relacionado à infecção no pós-transplante; ocorre com mais frequência entre 1 e 4 meses após o transplante ▪ Infecção por CMV: evidência de replicação viral independentemente de sintomas (difere do CMV latente) ▪ Doença por CMV: evidência de infecção com sintomas atribuíveis ao CMV ▪ Síndrome viral: febre, mal-estar, mialgia, artalgia, leucopenia e/ou plaquetopenia ▪ Doença invasiva: pneumonite, enterocolite, encefalite, hepatite, retinite ▪ Evidência de dano indireto relacionado à replicação viral, com aumento de risco de rejeição aguda, desenvolvimento de doença vascular do enxerto, diabete de início após o transplante e redução da sobrevida do enxerto
Exames diagnósticos	▪ Antigenemia e PCR quantitativo para CMV ▪ Padrão-ouro: evidência histológica de doença invasiva (em geral necessário para diagnóstico de colite por CMV). Pesquisa por imuno-histoquímica deve ser realizada rotineiramente na avaliação de tecidos
Tratamento	▪ Ganciclovir endovenoso ▪ Valganciclovir, VO (opção nos casos mais leves ou assintomáticos)
Profilaxia	▪ Pacientes de alto risco (doador soropositivo e receptor soronegativo): profilaxia com ganciclovir endovenoso ou valganciclovir, VO, por 3 a 6 meses ▪ Demais pacientes: tratamento preemptivo quando evidência de replicação viral, identificado por antigenemia ou PCR quantitativo para CMV (deve ser coletado de modo semanal ou quinzenal nos primeiros 3 meses após o transplante, após tratamento de infecção por CMV ou após tratamento de rejeição)

Doses e tempo de terapia antiviral em infecção por citomegalovírus

Antiviral	Dose	Tempo
Profilaxia		
▪ Ganciclovir (endovenoso)	5 mg/kg/dose, dose única diária	90-180 dias
▪ Valganciclovir (oral)	900 mg, 1x/dia	90-180 dias
Tratamento preemptivo		
▪ Ganciclovir (endovenoso)	5 mg/kg/dose a cada 12 h	14 dias*
▪ Valganciclovir (oral)	900 mg, 2x/dia	14 dias*
Tratamento de doença por CMV		
▪ Ganciclovir (endovenoso)	5 mg/kg/dose a cada 12 h	21 dias
▪ Valganciclovir (oral)	900 mg, 2x/dia	21 dias

* Ou até negativação de antigenemia para CMV.

Toxoplasmose

Manifestação clínica	▪ Manifestação clínica mais frequente é de miocardite, mas também pode se apresentar com pneumonia, abscesso cerebral ou doença disseminada. Pode ocorrer em qualquer tempo após o transplante, mas o tempo médio de apresentação é de 2 meses
Exames diagnósticos	▪ Para o diagnóstico da toxoplasmose aguda, o método diagnóstico disponível é a sorologia, usando-se como referência a positivação de IgM. Para o diagnóstico de doença reativada, a escolha é a variação de títulos de IgG (por, pelo menos, 4 vezes em relação ao basal ou repositivação de IgM) ▪ Como muitas vezes a soroconversão é tardia em relação à apresentação clínica, deve-se tentar identificar o agente em tecido
Tratamento	▪ Sulfadiazina e pirimetamina, com uso concomitante de ácido folínico (para prevenção de depressão medular)
Profilaxia	▪ Recomendada para receptores soronegativos de doadores soropositivos e pode ser considerada em receptores soropositivos de maior risco (tratamento prévio de eventos de rejeição e/ou uso de terapia antilinfocítica) ▪ Medicação: sulfametoxazol/trimetropim, podendo se associar pirimetamina nos pacientes de maior risco. A profilaxia com pirimetamina de forma isolada também é uma opção eficaz

Pneumocystis jirovecii

Manifestação clínica	■ Deve sempre ser considerado no paciente transplantado que se apresenta em insuficiência respiratória aguda. Classicamente, manifesta-se com um quadro subagudo de febre, tosse e dispneia; é característica a presença de hipoxemia grave no exame físico associada à ausculta pulmonar pouco alterada
Exames diagnósticos	■ A imagem radiológica demonstra infiltrado bilateral, sendo a tomografia mais sensível para o diagnóstico ■ Diagnóstico feito pela demonstração do organismo no lavado broncoalveolar ou amostra de tecido pulmonar de biópsia
Tratamento	■ Sulfametoxazol/trimetropim. Uso de corticoide é recomendado em pacientes com hipoxemia grave ($PaO_2 < 70$ mmHg), como é feito em pacientes com o vírus da imunodeficiência humana (HIV)
Profilaxia	■ Sulfametoxazol-trimetropim por pelo menos 3 meses

Doença de Chagas

Manifestação clínica	■ Febre ■ Lesões cutâneas (paniculite), principalmente em membros ■ Miocardite ■ Meningoencefalite ■ Pode ocorrer em qualquer momento após o transplante, mas é mais frequente no primeiro ano. Fatores de risco para reativação de Chagas: episódios repetidos de rejeição e uso de micofenolato como droga imunossupressora
Exames diagnósticos	■ Detecção direta do parasita no sangue (por xenodiagnóstico *in vitro* ou hemocultura) ou pela detecção do parasita em tecidos ■ A monitoração da infecção por *Trypanosoma cruzi* deve ser realizada com base na pesquisa rotineira na biopsia endomiocárdica de receptores com doença de Chagas
Tratamento	■ Benzonidazol por 60 dias
Profilaxia	■ Utilizar menores doses possíveis dos imunossupressores e evitar uso de micofenolato (sobretudo em dose plena) ■ Não há recomendação de profilaxia específica

Bibliografia recomendada

1. Lund LH, Edwards LB, Kucheryavaya AY, Benden C, Dipchand AI, Goldfarb S, et al. The Registry of the International Society for Heart and Lung Transplantation: Thirty-second Official Adult Heart Transplantation Report-2015; Focus Theme: Early Graft Failure. J Heart Lung Transplant. 2015;34(10):1244-54.
2. Bacal F, Souza-Neto JD, Fiorelli AI, Mejia J, Marcondes-Braga FG, Mangini S, et al. II Diretriz brasileira de transplante cardíaco. Arq Bras Cardiol. 2009;94(1 Suppl 1):e16-73.
3. Costanzo MR, Dipchand A, Starling R, Anderson A, Chan M, Desai S, et al. The International Society of Heart and Lung Transplantation Guidelines for the care of heart transplant recipients. J Heart Lung Transplant. 2010;29(8):914-56.
4. O'Shea DT, Humar A. Life-threatening infection in transplant recipients. Crit Care Clin. 2013;29(4):953-73.
5. Kotton CN, Kumar D, Caliendo AM, Asberg A, Chou S, Danziger-Isakov L, et al. Updated international consensus guidelines on the management of cytomegalovirus in solid-organ transplantation. Transplantation. 2013;96(4):333-60.
6. Strabelli TM, Siciliano RF, Campos SV, Castelli JB, Bacal F, Bocchi EA, et al. Toxoplasma gondii myocarditis after adult heart transplantation: successful prophylaxis with pyrimethamine. J Trop Med. 2012;853562.
7. Bacal F, Silva CP, Bocchi EA, Pires PV, Moreira LF, Issa VS, et al. Mycophenolate mofetil increased Chagas' disease reactivation in heart transplanted patients: comparison between two different protocols. Am J Transplant. 2005;5:2017-21.

57

Diagnóstico e investigação da etiologia da insuficiência cardíaca

Rodrigo Lemos de Almeida Castro
Germano Emílio Conceição Souza

Diagnóstico de insuficiência cardíaca

A insuficiência cardíaca (IC) é uma síndrome clínica complexa resultante de alterações estruturais ou funcionais, as quais levam a aumento de pressões de enchimento intraventricular e/ou redução da ejeção sistólica. O diagnóstico pode ser difícil, principalmente nas fases iniciais, em razão da presença frequente de sintomas inespecíficos. Entretanto, o diagnóstico da doença baseia-se na presença de sinais e sintomas típicos (Tabela "Sinais e sintomas de insuficiência cardíaca") associados a exames complementares (Tabela "Exames complementares para o diagnóstico de insuficiência cardíaca") que demonstrem disfunção cardíaca.

Sinais e sintomas de insuficiência cardíaca

Sintomas	Sinais
Típicos ■ Dispneia ■ Ortopneia ■ Dispneia paroxística noturna ■ Tolerância a exercício reduzida ■ Fadiga, cansaço ■ Edema de tornozelos	**Mais específicos** ■ Pressão venosa jugular elevada ■ Refluxo hepatojugular ■ Terceira bulha cardíaca ■ Ictus desviado ■ Sopro cardíaco
Menos típicos ■ Tosse noturna ■ Sibilância ■ Ganho de peso (> 2 kg/semana) ■ Perda de peso (IC avançada) ■ Inapetência ■ Confusão ■ Depressão ■ Palpitações ■ Síncope	**Menos específicos** ■ Edema periférico ■ Derrame pleural ■ Taquicardia ■ Pulso irregular ■ Taquipneia ■ Hepatomegalia ■ Ascite ■ Caquexia

Exames complementares para o diagnóstico de insuficiência cardíaca

Eletrocardiograma (ECG)	Demonstra o ritmo cardíaco e a presença de distúrbios de condução. Além disso, é capaz de apontar hipertrofia ventricular, presença de ondas Q patológicas, podendo sugerir a etiologia da IC. Um ECG normal torna improvável a presença de IC (apresentação aguda < 2%; apresentação crônica < 10-14%).
Radiografia de tórax	Valor limitado nos dias atuais na avaliação de IC. Sua principal aplicação se dá na avaliação de possíveis diagnósticos diferenciais (pneumopatias) de dispneia. Pode ainda avaliar presença de congestão pulmonar. É importante salientar que um índice cardiotorácico normal não exclui a presença de disfunção sistólica.
Ecocardiograma	Exame não invasivo, capaz de demonstrar o volume das câmaras cardíacas, a função sistólica e diastólica, a espessura de paredes ventriculares e a função valvar.
Peptídeos natriuréticos	Família de hormônios secretados quando há doença miocárdica ou quando uma câmara cardíaca é sobrecarregada (por exemplo, tromboembolismo pulmonar ou insuficiência renal). Peptídeos natriuréticos também aumentam com a idade, mas são reduzidos em pacientes obesos. Em pacientes não tratados, um resultado negativo virtualmente exclui a presença de cardiopatia importante.

Critérios de Framingham para o diagnóstico de insuficiência cardíaca

Formalmente, o diagnóstico de insuficiência cardíaca pode ser feito com base na presença de sinais e sintomas típicos, de acordo com os critérios de Framingham.
Critérios maiores
Dispneia paroxística noturna ou ortopneia
Ingurgitamento venoso jugular
Estertores pulmonares
Cardiomegalia
Edema agudo de pulmão
Terceira bulha cardíaca ou ritmo de galope
Pressão venosa jugular > 16 mmHg ou refluxo hepatojugular presente
Perda de peso > 4,5 kg em 5 dias, em resposta ao tratamento
Critérios menores
Dispneia aos esforços
Tosse noturna
Edema de membros inferiores
Hepatomegalia
Derrame pleural
Frequência cardíaca acima de 120 bpm
Diminuição da capacidade vital (redução em um terço da previamente registrada)

Diagnóstico: dois critérios maiores ou um critério maior e dois menores.

Diagnóstico de insuficiência cardíaca

Insuficiência cardíaca com fração de ejeção reduzida
Sintomas típicos
Sinais compatíveis
Fração de ejeção reduzida
Insuficiência cardíaca com fração de ejeção preservada
Sintomas típicos
Sinais compatíveis
Fração de ejeção normal ou levemente reduzida e sem dilatação ventricular
Doença cardíaca estrutural importante (hipertrofia ventricular/aumento de átrio esquerdo) ou disfunção diastólica

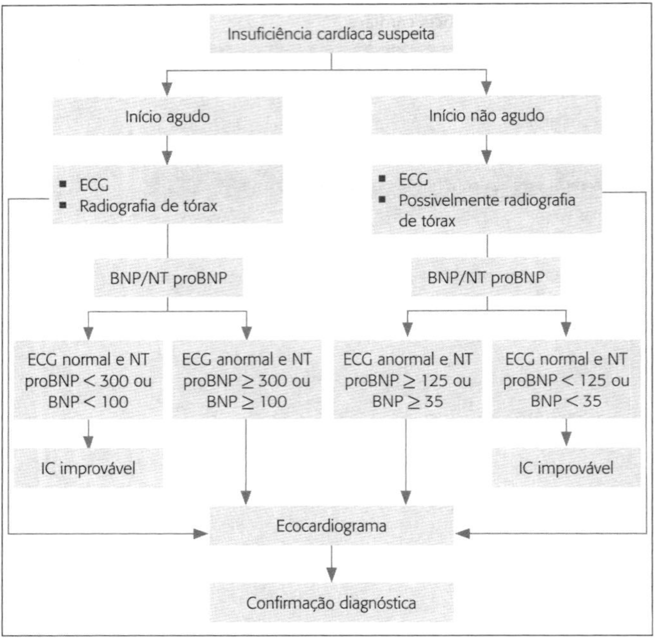

Figura 1 Fluxograma para o diagnóstico de insuficiência cardíaca (IC). A diretriz europeia apresenta critérios diagnósticos para IC com fração de ejeção preservada e com fração de ejeção reduzida, além de um fluxograma para auxílio no diagnóstico de IC. BNP: peptídeo natriurético cerebral; ECG: eletrocardiograma; NT proBNP: N-terminal-proBNP.

Etiologias

A insuficiência cardíaca é a via final de um número grande de doenças que afetam o coração. A determinação de sua causa tem implicações diagnósticas, terapêuticas e prognósticas (Figura 2).

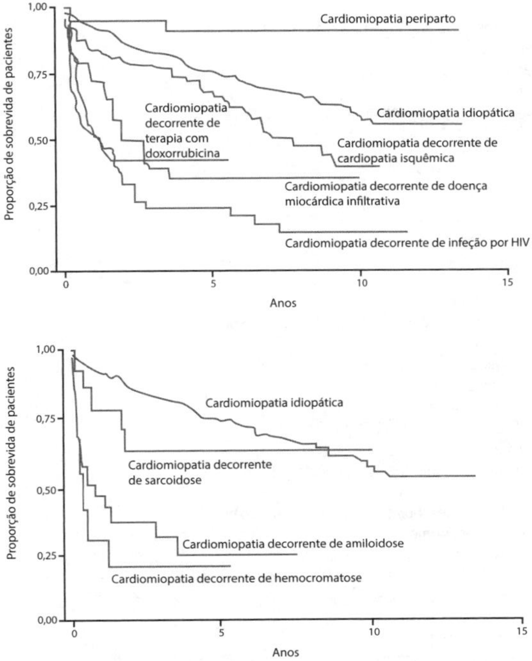

Figura 2 Curvas de sobrevida de pacientes com insuficiência cardíaca por etiologia.

Etiologias de insuficiência cardíaca

Doenças miocárdicas

Doença arterial coronariana

Hipertensão

Cardiomiopatia
- Familiar
  - Hipertrófica
  - Dilatada
  - Cardiomiopatia arritmogênica do ventrículo direito
  - Restritiva
  - Não compactada
- Adquirida
  - Miocardite (cardiomiopatia inflamatória)
    - Infecciosa
      - Bactérias
      - Espiroquetas
      - Fungos
      - Protozoários
      - Parasitas
      - Riquétsia
      - Vírus
    - Imunomediada
      - Toxoide tetânico, vacinas, doença do soro
      - Drogas
      - Miocardite de células gigantes e linfocítica
      - Sarcoidose
      - Autoimune
      - Eosinofílica (Churg-Strauss)
    - Tóxica
      - Drogas (quimioterapia, cocaína)
      - Álcool
      - Metais pesados (cobre, ferro, chumbo)
    - Endócrino/nutricional
      - Feocromocitoma
      - Deficiência de vitaminas (tiamina)
      - Deficiência de selênio
      - Hipofosfatemia
      - Hipocalcemia
    - Gestacional/periparto
    - Infiltrativa
      - Sarcoidose
      - Neoplasias

(continua)

Etiologias de insuficiência cardíaca *(continuação)*

Doença valvar cardíaca
Mitral
Aórtica
Tricúspide
Pulmonar
Doença pericárdica
Pericardite constritiva
Derrame pericárdico importante
Doenças endocárdicas
Doença endomiocárdica com eosinofilia (síndromes hipereosinofílicas)
Doença endomiocárdica sem eosinofilia (endomiocardiofibrose)
Fibroelastose endocárdica
Cardiopatias congênitas
Arritmias
Taquiarritmias ▪ Atriais ▪ Ventriculares Bradiarritmias ▪ Doença do nó sinusal
Distúrbios de condução
Bloqueios atrioventriculares
Estados de alto débito
Anemia
Sepse
Tireotoxicose
Doença de Paget
Fístula arteriovenosa
Sobrecarga de volume
Doença renal
Iatrogênica (infusão de fluidos)

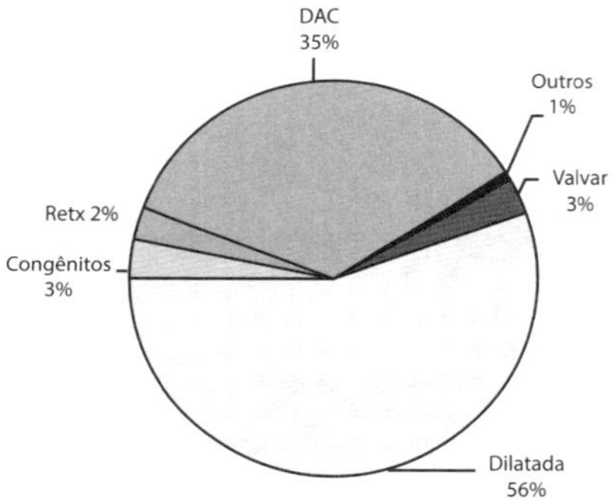

Figura 3 Prevalência das principais etiologias de insuficiência cardíaca no mundo.

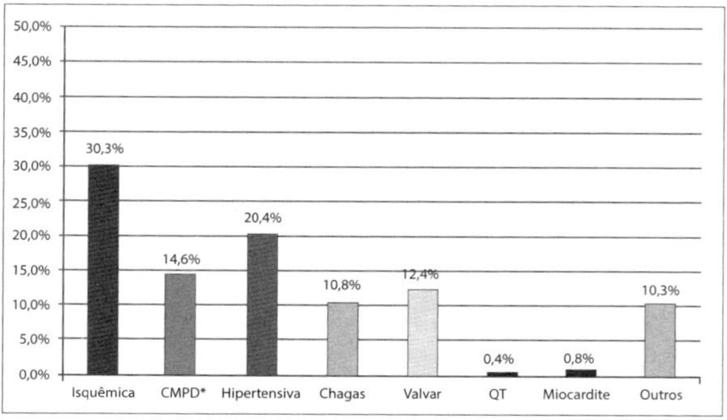

Figura 4 Prevalência das principais etiologias de insuficiência cardíaca no Brasil. * CMPD: cardiomiopatia dilatada; QT: cardiomiopatia tóxica secundária a quimioterápico.

Investigação da etiologia de insuficiência cardíaca

A investigação etiológica da IC inicia-se na história clínica, no exame físico e em exames básicos (eletrocardiograma e ecocardiograma). A investigação com exames laboratoriais e de imagem dependem da suspeita clínica.	
Antecedentes	Hipertensão, diabetes, dislipidemia, etilismo, drogadicção, história de febre reumática, doenças infecciosas prévias e atuais, valvopatias, abordagens cirúrgicas ou percutâneas
Sintomas	Dor torácica, disautonomia, predominância de sintomas de IC direita
Exame físico	Terceira e quarta bulhas, sinal de Kusmaull, descenso Y acentuado, *knock* pericárdico, sopros cardíacos, alteração da amplitude e duração de pulsos centrais e periféricos, lesões cutâneas
Exames laboratoriais	Ferrocinética, TSH, CPK e aldolase, eletroforese de proteínas, imunofixação, urina tipo 1, sorologias
Eletrocardiograma	Ritmo, presença de taquiarritmias mantidas, distúrbios de condução, amplitude do complexo QRS, sobrecarga de câmaras, presença de ondas Q patológicas
Ecocardiograma	Tamanho de cavidades atriais e ventriculares, hipertrofia ventricular, alterações de mobilidade segmentar, presença de disfunções valvares
Ecocardiograma de estresse/cintilografia de perfusão miocárdica	Avaliação de isquemia e viabilidade em pacientes suspeitos de cardiopatia isquêmica e que são candidatos a revascularização miocárdica
Cineangiocoronariografia	Indicada para pacientes com dor torácica e disfunção ventricular e para os sobreviventes de episódio de morte súbita (GR I). Pode ser indicada para pacientes com múltiplos fatores de risco cardiovascular e candidatos a revascularização miocárdica
Ressonância magnética	Avaliação de isquemia e viabilidade em pacientes candidatos a revascularização miocárdica, diferenciação de causas isquêmicas e não isquêmicas, avaliação de função ventricular, caracterização do miocárdio em determinadas cardiomiopatias (miocardite, sarcoidose, amiloidose, não compactada, hemocromatose, displasia arritmogênica do ventrículo direito etc.)

CPK: creatinofosfoquinase; IC: insuficiência cardíaca; TSH: hormônio estimulador da tireoide.

Bibliografia recomendada

1. Yancy CW, Jessup M, Bozkurt B, Butler J, Casey DE Jr, et al. 2013 ACCF/AHA guideline for the management of heart failure: a report of the American College of Cardiology Foundation/American Heart Association Task Force on Practice Guidelines. J Am Coll Cardiol. 2013;62:e147-239.
2. McKee PA, Castelli WP, McNamara PM, Kannel WB. The natural history of congestive heart failure: the Framingham study. N Engl J Med. 1971;285:1441-6.
3. McMurray JJ, Adamopoulos S, Anker SD, Auricchio A, Böhm M, Dickstein K, et al.; ESC Committee for Practice Guidelines. ESC Guidelines for the diagnosis and treatment of acute and chronic heart failure 2012: The Task Force for the Diagnosis and Treatment of Acute and Chronic Heart Failure 2012 of the European Society of Cardiology. Developed in collaboration with the Heart Failure Association (HFA) of the ESC. Eur Heart J. 2012; 33(14):1787-847.
4. Felker GM, Thompson RE, Hare JM, Hruban RH, Clemetson DE, Howard DL, et al. Underlying causes and long-term survival in patients with initially unexplained cardiomyopathy. N Engl J Med. 2000;342:1077-84.
5. Albuquerque DC, Neto JD, Bacal F, Rohde LE, Bernardez-Pereira S, Berwanger O, et al.; Investigadores Estudo BREATHE. I Brazilian registry of heart failure: clinical aspects, care quality and hospitalization outcomes. Arq Bras Cardiol. 2015;104:433-42.
6. International Society for Heart and Lung Transplantation (ISHLT). Heart transplantation: adult recipients. JHLT. 2015;34(10):1244-54.

58

Insuficiência cardíaca sistólica

Nathália dos Reis de Moraes
Sílvia Moreira Ayub Ferreira

Conceito

Estado em que o coração é incapaz de bombear sangue numa taxa suficiente para alcançar as necessidades metabólicas dos diferentes órgãos e tecidos. Compreende pacientes com fração de ejeção de ventrículo esquerdo (FEVE) < 50%.

Introdução

A prevalência da insuficiência cardíaca (IC) está aumentando a cada ano em consequência do crescimento da população idosa e das melhorias na terapêutica para doença arterial coronariana e prevenção de morte súbita cardíaca, o que permite que populações vivam por mais tempo portando doenças cardiovasculares.

Afeta cerca de 1% dos indivíduos na quinta década de vida, e cerca de 10% dos indivíduos em torno da oitava década.

Predomina no sexo masculino em razão da alta incidência de doença arterial coronariana nesta população.

Uma vez diagnosticada, a IC apresenta alta taxa de mortalidade. Cerca 37% dos homens e 33% das mulheres evoluem a óbito após 2 anos do diagnóstico.

A taxa de mortalidade em 6 anos gira em torno de 82% na população masculina e 67% na feminina, que corresponde a taxa de mortalidade quatro a oito vezes maior que na população geral com mesma idade.

A morte súbita é um desfecho comum nessa população, acometendo cerca de 28% das mortes cardiovasculares em homens e 14% em mulheres com IC.

Dados do Datasus de 2012 demonstraram que de 1.137.572 internações por doenças do aparelho circulatório, 21,5% ocorreram por insuficiência cardíaca, com mortalidade de 9,5% na internação e 70% dos casos na faixa etária acima dos 60 anos.

Fisiopatologia

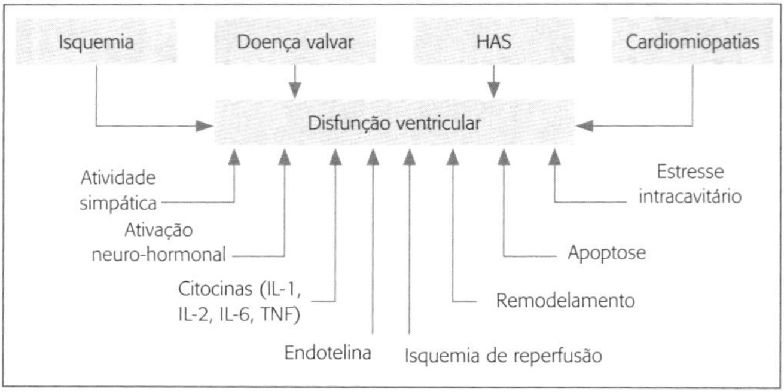

Figura 1 Fatores de risco e repercussões hemodinâmicas, neuro-humorais e celulares que acarretam a disfunção ventricular. HAS: hipertensão arterial sistêmica.

Sintomas de insuficiência cardíaca pelo escore de Framingham

Critérios maiores
▪ Dispneia paroxística noturna ▪ Ortopneia ▪ Turgência jugular ▪ Estertores crepitantes ▪ Terceira bulha ▪ Cardiomegalia na radiografia de tórax ▪ Edema pulmonar
Critérios menores
▪ Edema em membros inferiores ▪ Tosse noturna ▪ Hepatomegalia ▪ Derrame pleural ▪ Frequência cardíaca > 120 ▪ Perda de mais de 4,5 kg em 5 dias após o início de tratamento com diurético ▪ Dispneia aos esforços

Diagnóstico de insuficiência cardíaca: dois critérios maiores ou um maior e dois menores.

Classificação

Classificação I (ACC/AHA)	
Estádio A	Alto risco/sem cardiopatia estrutural
Estádio B	Com cardiopatia estrutural/sem sintomas
Estádio C	Com cardiopatia estrutural/com sintomas
Estádio D	Falência do tratamento farmacológico

ACC/AHA: American College of Cardiology/American Heart Association.

Classificação II (NYHA)	
Classe funcional I	Sem limitação aos esforços habituais
Classe funcional II	Limitação discreta aos esforços habituais
Classe funcional III	Confortável ao repouso. Limitação moderada aos esforços habituais
Classe funcional IV	Sintomático aos mínimos esforços ou mesmo em repouso

NYHA: New York Heart Association.

Avaliação diagnóstica

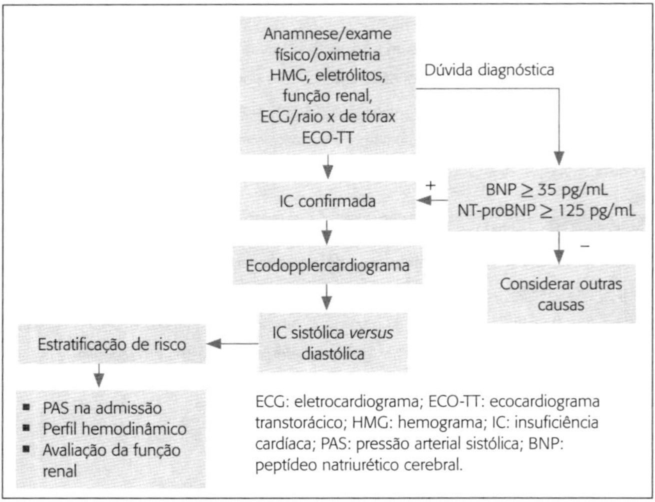

Figura 2 Algoritmo de avaliação diagnóstica na suspeita de insuficiência cardíaca.

Preditores de mau prognóstico na insuficiência cardíaca crônica (ICC)

História	▪ Idade > 65 anos ▪ Múltiplas internações hospitalares ▪ Falta de adesão ao tratamento ▪ Maior intensidade dos sintomas (classe III/IV – NYHA) ▪ Caquexia ▪ Anorexia ▪ Síncope ▪ Apneia do sono ▪ Diabete melito ▪ Doença pulmonar associada ▪ Depressão ▪ Parada cardiorrespiratória revertida ▪ Redução de função cognitiva

(continua)

Preditores de mau prognóstico na insuficiência cardíaca crônica (ICC) *(continuação)*

Exame clínico	■ Má perfusão ■ Congestão ■ Hipotensão ■ Taquicardia ■ Presença de B3
Etiologia	■ Chagásica ■ Isquêmica
Capacidade para exercício	■ Baixo VO_2 máx. ■ Aumento do *slope* VE/VCO_2 ■ Diminuição da distância de 6 min ■ Diminuição acentuada da tolerância ao exercício
Alteração estrutural e funcional	■ Cardiomegalia acentuada (índice cardiotorácico > 0,55) ■ Dilatação progressiva do ventrículo esquerdo (VE) ■ Aumento do índice de massa de VE ■ Aumento do diâmetro do átrio esquerdo (AE) ■ Aumento do diâmetro do ventrículo direito (VD) ■ Fração de ejeção de ventrículo esquerdo < 30% ■ Redução da fração de ejeção de VD ■ Insuficiência mitral ■ Insuficiência tricúspide ■ Padrão restritivo/pseudonormal
Alteração hemodinâmica	■ Redução do débito cardíaco ■ Elevação de pressões pulmonares ■ Elevação do gradiente transpulmonar ■ Elevação da RVS (resistência vascular sistêmica)
Alteração eletrofisiológica	■ Fibrilação atrial ■ Arritmias complexas (TV sustentada e não sustentada) ■ Bloqueio do ramo esquerdo (dissincronia) ■ Onda T alternante ■ QT-longo ■ Alteração de dispersão do QT ■ Redução da variabilidade de frequência cardíaca
Exames laboratoriais	■ Sódio plasmático < 130 mEq/L ■ Níveis elevados de BNP ■ Níveis elevados de citocinas ■ Ativação neuro-hormonal (noradrenalina) ■ Anemia (hemoglobina < 11 g %) ■ Creatinina > 2,5 mg %

Exames complementares em insuficiência cardíaca

Exames laboratoriais: hemograma, sódio, potássio, ureia, creatinina, função hepática, glicose, hemoglobina glicada, perfil lipídico, TSH, ferritina, BNP.
Eletrocardiograma e radiografia de tórax devem ser solicitados para todos os pacientes.
Teste ergométrico/ergoespirométrico: para detectar isquemia, indicar transplante cardíaco, prescrição adequada de atividades físicas ou esclarecimento de dispneia.
Ecocardiograma transtorácico é recomendado em todos os pacientes com suspeita de insuficiência cardíaca (IC) para detrminar função ventricular, doenças valvares, pressões, difunções segmentares etc.
Ressonância magnética cardíaca é recomendada em pacientes com janela acústica limitada à realização de ecocardiograma, doenças congênitas, pesquisa de etilogia da cardiomiopatia, isquemia e doenças de depósito.
Testes não invasivos de isquemia e viabilidade são indicados em pacientes com IC e doença arterial coronária (DAC), com o intuito de determinar a necessidade de estratificação e revascularização.
Cineangiocoronariografia pode ser considerada em pacientes com probabilidade intermediária/alta para DAC para investigação de etiologia isquêmica ou naqueles com testes não invasivos positivos.
Angiotomografia coronariana pode ser realizada em paciente com IC e probabilidade pré-teste baixa/intermediária para DAC.
Cateterismo de câmaras direitas é indicado principalmente para avaliação de pressões em pacientes passíveis de indicação de transplante cardíaco.
Biópsia endomiocárdica é indicada quando observada IC de rápida progressão, sem resposta à terapia clínica e na qual se desconfia de alguma etiologia específica com tratamento diferenciado.

Tratamento não farmacológico da ICC

Ingesta calórica	28 kcal/peso para pessoas com estado nutricional adequado. 32 kcal/peso para pacientes nutricionalmente depletados (considera-se o peso sem edemas).
Carboidratos	50 a 55% da ingesta energética. Priorizar carboidratos integrais com baixa carga glicêmica, evitar açúcar refinado.
Lipídeos	De 30 a 35%, com ênfase às gorduras mono e poli-insaturadas, em especial aos ácidos graxos da série ômega-3, e níveis reduzidos de gorduras saturadas e trans.

Proteínas	De 15 a 20% do valor calórico total da dieta, priorizando as proteínas de alto valor biológico.
Sódio	De 2 a 3 g/dia, principalmente nos estágios mais avançados da doença e se não houver hiponatremia.
Líquido	De 1.000 e 1.500 mL em pacientes sintomáticos e com risco de hipervolemia. A restrição deve ser de acordo com a condição clínica do paciente e deve ser considerada a dose de diuréticos.
Álcool	Abstinência completa em portadores de cardiomiopatia alcoólica. 20-30 mL de álcool em vinho tinto em pacientes estáveis, classes I-II, para prevenção de doença coronariana.
Suplemento nutricional	Indicado para os pacientes com baixa ingestão alimentar, má absorção de nutrientes, uso de medicamentos que alteram a síntese ou que aumentam a excreção de nutrientes e em estado de hipercatabolismo. Refeições pequenas e frequentes ou até nutrição parenteral provisória nos casos de anorexia.
Monitoramento do peso	Instruir o paciente a verificar diariamente seu peso. Redução acima de 6% em 6 meses, não planejada, pode ser indicativa de caquexia cardíaca. Aumento repentino e inesperado de 2 ou mais quilogramas em curto período (3 dias) pode indicar hipervolemia.

Prevenção de fatores agravantes da ICC

Vacinação	*Influenza* (anualmente) e *Pneumococcus* (a cada 5 anos e a cada 3 anos em pacientes com IC avançada).
Tabagismo	Pacientes devem ser incentivados a cessação do tabagismo ativo e passivo.
Anti-inflamatórios não esteroidais (AINES)	Os AINES de forma geral devem ser evitados nos portadores de IC. Quando o seu uso for imprescindível, há necessidade de maior vigilância no peso corporal, edema e função renal. Quando a indicação destes agentes for inevitável, parece que o naproxeno apresenta maior segurança cardiovascular do que os inibidores da Cox-2, e os outros AINES como o ibuprofeno e os diclofenacos.
Drogas ilícitas	É recomendada abstinência total sem exceções.
Orientações para viagens	Pacientes com classe funcional IV devem evitar viagens aéreas ou dirigir veículos. É recomendada profilaxia para trombose venosa profunda independentemente da classe funcional (orienta-se o uso de meias elásticas de média compressão para viagens prolongadas, devendo-se avaliar o uso de heparina fracionada subcutânea profilática quando a duração da viagem for superior a 4 horas).

Reabilitação cardíaca

Recomenda-se exercícios físicos ativos para melhorar a condição clínica e a capacidade funcional de pacientes estáveis em classe funcional (NYHA) II-III, sendo considerado custo-efetivo. Exercícios competitivos, extenuantes e puramente isométricos devem ser desencorajados.

Tratamento farmacológico da insuficiência cardíaca congestiva

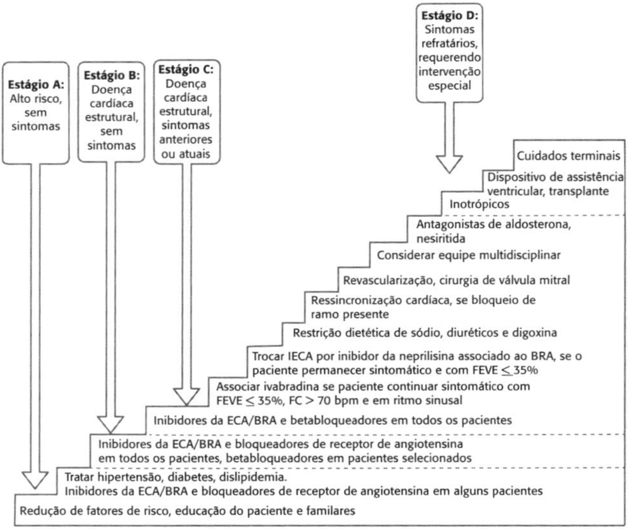

Figura 3 Tratamento da insuficiência cardíaca de acordo com estágios de evolução. BRA: bloqueadores do receptor da angiotensina; ECA: enzima conversora da angiotensina; FC: frequência cardíaca; FEVE: fração de ejeção do ventrículo esquerdo.

Critérios de internação hospitalar

Critérios para hospitalização imediata	▪ Edema pulmonar ou desconforto respiratório na posição sentada ▪ Saturação de oxigênio < 90% ▪ Frequência cardíaca > 120 bpm na ausência de fibrilação atrial crônica ▪ Pressão arterial sistólica < 75 mmHg ▪ Alteração mental atribuída à hipoperfusão ▪ Descompensação na presença de síndromes coronarianas agudas ▪ IC aguda nova
Critérios para hospitalização de urgência	▪ Distensão hepática grave, ascite volumosa ou anasarca ▪ Descompensação na presença de condições não cardíacas agudamente descompensadas, como doença pulmonar ou disfunção renal ▪ Instalação rápida e progressiva de sintomas de IC
Considerar hospitalização	▪ Queda rápida do sódio sérico (< 130 mEq/L) ▪ Elevação rápida da creatinina (> 2,5 mg/dL) ▪ Sintomas persistentes em repouso, apesar de tratamento oral otimizado ▪ Comorbidade com esperada piora do quadro de IC

IC: insuficiência cardíaca.

Bibliografia recomendada

1. Kannel WB. Epidemiology of heart failure. Cardiol Clin. 1989;7:1-9.
2. Joseph SM, Cedars AM, Ewald GA, Geltman EM, Mann DL. Acute decompensated heart failure. Tex Heart Inst J. 2009;36(6):510-20.
3. Brasil. Ministério da Saúde. Datasus: morbidade hospitalar do SUS por local de internação – Brasil [Internet]. Brasília (DF): Ministério da Saúde; 2008. Disponível em: http://tabnet.datasus.gov.br/cgi/tabcgi.exe?sih/cnv/niuf.def. Acessado em: 20 jul. 2016.
4. Mangini S, Silveira FS, Silva CP, Grativvol PS, Seguro LF, Ayub SM, et al. Insuficiência cardíaca descompensada na unidade de emergência de hospital especializado em cardiologia. Arq Bras Cardiol. 2008;90(6):400-6.
5. Bocchi EA, Marcondes-Braga FG, Ayub-Ferreira SM, Rohde LE, Oliveira WA, Almeida DR, et al. Sociedade Brasileira de Cardiologia. III Diretriz brasileira de insuficiência cardíaca crônica. Arq Bras Cardiol. 2009;93(1 supl.1):1-71.
6. Nohria A, Tsang AW, Fang JC, Lewis EF, Jarcho JA, Mudge GH, et al. Clinical assessment identifies hemodynamic profiles that predict outcomes in patients admitted with heart failure. J Am Coll Cardiol. 2003;41(10):1797-804.
7. Braunwald E, Bonow RO Mann DL, Zipes DP. Libby P. Tratado de doenças cardiovasculares. 8. ed. São Paulo: Elsevier, 2009, cap 25.

8. Mangini S, Pires PV, Marcondes Braga FG, Bacal F. Insuficiência cardíaca descompensada. Einstein. 2013;11(3):383-91.
9. Yancy CW, Jessup M, Bozkurt B, Butler J, Casey DE Jr, Drazner MH, et al. 2013 ACCF/AHA guideline for the management of heart failure: a report of the American College of Cardiology Foundation/American Heart Association Task Force on Practice Guidelines. J Am Coll Cardiol. 2013;62:e147-239.

59

Insuficiência cardíaca diastólica

Lina Marcela Gómez Madroñero
Nathália dos Reis de Moraes
Victor Sarli Issa

Introdução

A insuficiência cardíaca com fração de ejeção preservada (ICFEP) representa a incapacidade do coração em ofertar sangue em volumes suficientes à custa de altas pressões de enchimento do ventrículo esquerdo. É uma forma prevalente na comunidade (13-74% na população geral).

Frequentemente de difícil diagnóstico e associada a alta morbimortalidade, responsável por elevado custo no Sistema Único de Saúde (SUS) brasileiro.

O prognóstico da ICFEP após a internação é semelhante ao dos pacientes com fração de ejeção reduzida, com taxa de mortalidade de 43% em 5 anos de acompanhamento.

Definição

- IC com fração de ejeção reduzida: presença de sintomas de IC FEVE < 50%.
- IC com fração de ejeção preservada: presença de sintomas de IC, FEVE > 50% e VDF < 97 mL/m².

FEVE: fração de ejeção do ventrículo esquerdo; IC: insuficiência cardíaca.

Sintomas de insuficiência cardíaca pelo escore de Framingham

Critérios maiores
▪ Dispneia paroxística noturna ▪ Ortopneia ▪ Turgência jugular ▪ Estertores crepitantes ▪ Terceira bulha ▪ Cardiomegalia na radiografia de tórax ▪ Edema pulmonar
Critérios menores
▪ Edema em membros inferiores ▪ Tosse noturna ▪ Hepatomegalia ▪ Derrame pleural ▪ Frequência cardíaca > 120 ▪ Perda de mais de 4,5 kg em 5 dias após o início de tratamento com diurético ▪ Dispneia aos esforços

Diagnóstico de insuficiência cardíaca: dois critérios maiores ou um maior e dois menores.

Fatores associados à ICFEP

- Idade avançada
- Sexo feminino
- Hipertensão arterial sistêmica
- Obesidade (IMC > 30)
- Diabetes melito
- Fibrilação atrial
- Doenças pulmonares (DPOC, SAOS)
- Insuficiência renal

DPOC: doença pulmonar obstrutiva crônica; ICFEP: insuficiência cardíaca com fração de ejeção preservada; IMC: índice de massa corporal; SAOS: síndrome da apneia obstrutiva do sono.

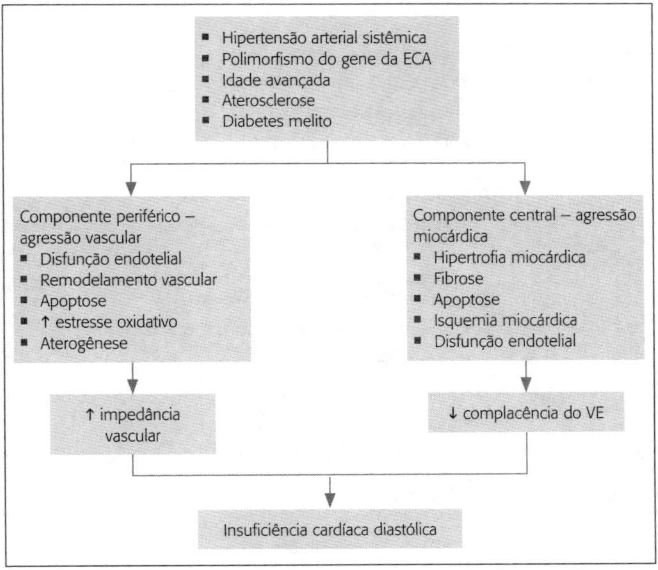

Figura 1 Fisiopatologia. ECA: enzima conversora da angiotensina; VE: ventrículo esquerdo.

Diagnóstico

Clínico	▪ Exame físico + anamnese
Ecocardiograma	▪ Ausência de dilatação ventricular
	▪ Função ventricular $\geq$ 0,50
	▪ Presença de hipertrofia ventricular esquerda, aumento da espessura parietal relativa > 0,45
	▪ Presença de dilatação atrial esquerda
	▪ Presença de disfunção diastólica: grau I-IV (não obrigatório para diagnóstico)
	▪ Presença de hipertensão pulmonar, alteração do movimento septal, dilatação do ventrículo direito
BNP ou NT pró-BNP	▪ Normal ou aumentado (menos que na ICFER)
Teste ergométrico	▪ Diminuição do $VO_{2máx}$
	▪ Reposta hipertensiva exagerada
	▪ Incompetência cronotrópica
Radiografia de tórax	▪ Cardiomegalia discreta ou ausente
	▪ Hipertensão venosa pulmonar
	▪ Derrame pleural
Eletrocardiograma	▪ Alterações inespecíficas

ICFER: insuficiência cardíaca com fração de ejeção reduzida.

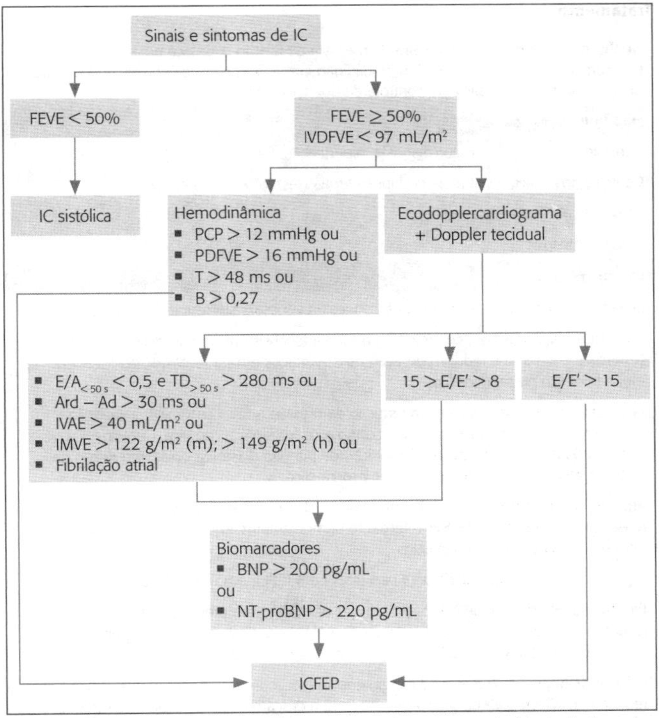

Figura 2 Fluxograma de diagnóstico e tratamento da ICFEP. A: velocidade do fluxo de enchimento telediastólico VE (contração atrial); Ad: duração do fluxo da onda atrial da valva mitral; Ard: duração do fluxo sistólico reverso do átrio para veias pulmonares; B: constante de rigidez do VE; E: velocidade do fluxo de enchimento protodiastólico VE; E': velocidade do movimento protodiastólico do segmento basal da parede lateral do anel mitral (Doppler tecidual); FEVE: fração de ejeção de ventrículo esquerdo; h: homens; IMVE: índice de massa do VE; IVAE: índice do volume do átrio esquerdo; IVDFVE: índice do volume diastólico final do VE; m: mulheres; PCP: pressão capilar pulmonar; T: constante de tempo de relaxamento do VE; TD: tempo de desaceleração.

Tratamento

Nenhuma droga demonstrou efeito de melhora da função diastólica nesses pacientes. O tratamento é sintomático, com medidas não farmacológicas e diuréticos, e as demais drogas podem ser usadas para controle da doença de base.
Não farmacológico
Controle dos fatores de risco (diabetes, hipertensão, SAOS)
Controle dos sinais e sintomas de hipervolemia (restrição hídrica e salina)
Prática de atividade física regular
Perda de peso
Farmacológico
Diuréticos: utilizados para controle da congestão venosa/sistêmica e da pressão arterial.
IECA/BRA: utilizados para controle da pressão arterial sistêmica, regressão da hipertrofia ventricular esquerda e redução de eventos isquêmicos em pacientes diabéticos. Sem efeito benéfico no prognóstico.
Betabloqueadores: utilizados para redução da pressão arterial sistêmica, prevenção e tratamento da isquemia miocárdica e controle da frequência cardíaca. Determinam melhora do relaxamento do VE, diminuição da pressão diastólica do VE e redução das arritmias atriais. Sem efeito benéfico no prognóstico.
Antagonistas da aldosterona: induzem melhora da função endotelial, prevenção da fibrose e redução da massa do VE. Recentemente demonstraram reduzir internações por IC. Sem efeito benéfico no prognóstico.
Digoxina: não é recomendada para pacientes com ICFEP em ritmo sinusal.
Bloqueadores de canal de cálcio: podem ser utilizados para prevenção e tratamento da isquemia miocárdica, controle da frequência cardíaca e melhora do relaxamento do VE. Seus efeitos na presença de ICFEP são pouco estudados.
Inibidor da neprisilina/receptor da angiotensina (sacubitril-valsartana): houve maior redução do NT-proBNP no grupo que recebeu a droga em comparação à valsartana. Ainda não existem dados a respeito do efeito dessa medicação no prognóstico de pacientes com ICFEP.
Inibidor de corrente *If*: é a medicação capaz de reduzir a frequência cardíaca em pacientes em ritmo sinusal, sem efeitos diretos sobre a contratilidade miocárdica. Dados sugerem melhora da capacidade física ao exercício e de parâmetros hemodinâmicos. Efeitos clínicos e sobre o prognóstico de pacientes com ICFEP ainda são pouco estudados.

BRA: bloqueadores do receptor de angiotensina; ICFEP: insuficiência cardíaca com fração de ejeção preservada; IECA: inibidores da enzima conversora de angiotensina; NT-proBNP: porção N-terminal do pró-hormônio do peptídeo natriurético do tipo B; SAOS: síndrome da apneia obstrutiva do sono; VE: ventrículo esquerdo.

Ensaios clínicos randomizados e controlados na ICFEP

Ensaio	Pacientes	Desfecho	N	Duração	Medicamento	Conclusão
CHARM-Preserved	FE > 40% CF II-IV	Mortalidade e hospitalização por IC	3.025	3 anos	Cardesartana *versus* placebo	Sem melhora dos desfechos
I-Preserved	FE > 45% CF II- IV	Mortalidade ou hospitalização por causa cardiovascular	4.128	2 anos	Irbesartana *versus* placebo	Sem melhora dos desfechos
PEP-CHF	FE ≥ 40% Idade > 70 anos	Composto de mortalidade e hospitalização por IC em 1 ano	850	2 anos	Perindoprila *versus* placebo	Alta taxa de *crossover*; sem poder para análise do desfecho
SENIORS (subanálise de pacientes com ICFEN)	FE < 35% CF II-III	Mortalidade ou internação por IC ptes > 70 anos	752	6 meses	Nebivolola *versus* placebo	Redução do desfecho (subanálise)
DIG-PEF	FE > 45%	Mortalidade por qualquer causa, hospitalização por IC	988	37 meses	Digoxina *versus* placebo	Sem melhora dos desfechos
TOP-CAT	FE > 45%	Morte cardiovascular e internação por IC	3.445	3,3 anos	Espironolactona *versus* placebo	Sem melhora dos desfechos

FE: fração de ejeção; IC: insuficiência cardíaca; ICFEP: insuficiência cardíaca com fração de ejeção preservada

Recomendações

Orientações para tratamento de pacientes com ICFEP

Classe de recomendação	Indicações	Nível de evidência
Classe I	Controle de HAS	C
	Controle da FC em pacientes com FA	C
	Diuréticos para controle da congestão pulmonar e periférica	B
Classe IIa	Revascularização miocárdica em pacientes com doença arterial coronária com tratamento clínico otimizado e isquemia sintomática ou demonstrada em teste de provocação e com efeitos adversos na função cardíaca	C
	Restauração e manutenção do ritmo sinusal em pacientes com FA para melhora dos sintomas	C
	Uso de BB, IECA, BRA no controle da ICFEP, independentemente da presença de HAS ou isquemia	B
Classe IIb	Uso de bloqueadores de canais de cálcio no controle da ICFEP, independentemente da presença de HAS ou isquemia	C
Classe III	Uso de digitálico para minimizar sintomas de ICFEP	C

BB: betabloqueador; BRA: bloqueador do receptor da angiotensina; FA: fibrilação atrial; HAS: hipertensão arterial sistêmica; ICFEP: insuficiência cardíaca com fração de ejeção preservada; IECA: inibidor de enzima de conversão da angiotensina.

Bibliografia recomendada

1. Ahmed A, Rich MW, Fleg JL, Zile MR, Young JB, Kitzman DW, et al. Effects of digoxin on morbidity and mortality in diastolic heart failure: the ancillary digitalis investigation group trial. Circulation. 2006;114(5):397-403.
2. Borlaug BA, Paulus WJ. Heart failure with preserved ejection fraction: pathophysiology, diagnosis, and treatment. Eur Heart J. 2011;32(6):670-9.
3. Cleland JG, Tendera M, Adamus J, Freemantle N, Polonski L, Taylor J. The perindopril in elderly people with chronic heart failure (PEP-CHF) study. Eur Heart J. 2006;27(19):2338-45.
4. Flather MD, Shibata MC, Coats AJ, Van Veldhuisen DJ, Parkhomenko A, Borbola J, et al. Randomized trial to determine the effect of nebivolol on mortality and cardiovascular hospital admission in elderly patients with heart failure (SENIORS). Eur Heart J. 2005;26(3):215-25.
5. Hogg K, Swedberg K, McMurray J. Heart failure with preserved left ventricular systolic function; epidemiology, clinical characteristics, and prognosis. J Am Coll Cardiol. 2004;43:317-27.

6. Massie BM, Carson PE, McMurray JJ, Komaida M, McKelvie R, Zile MR, et al. Irbesartan in patients with heart failure and preserved ejection fraction. N Engl J Med. 2008;359(23):2456-67.
7. Meta-analysis Global Group in Chronic Heart Failure (MAGGIC). The survival of patients with heart failure with preserved or reduced left ventricular ejection fraction: an individual patient data meta-analysis. Eur Heart J. 2012;33(14):1750-7.
8. Owan TE, Hodge DO, Herges RM, Jacobsen SJ, Roger VL, Redfield MM. Trends in prevalence and outcome of heart failure with preserved ejection fraction. N Engl J Med. 2006;355(3):251-9.
9. Paulus WJ, Tschöpe C. A novel paradigm for heart failure with preserved ejection fraction: comorbidities drive myocardial dysfunction and remodeling through coronary microvascular endothelial inflammation. J Am Coll Cardiol. 2013;62(4);263-71.
10. Pitt B, Pfeffer MA, Assmann SF, Boineau R, Anand IS, Claggett B, et al. Spironolactone for heart failure with preserved ejection fraction. N Engl J Med. 2014;370(15):1383-92.
11. Tribouilloy C, Rusinaru D, Mahjoub H, Soulière V, Lévy F, Peltier M, et al. Prognosis of heart failure with preserved ejection fraction: a 5 year prospective population-based study. Eur Heart J. 2008;29(3):339-47.
12. Yusuf S, Pfeffer MA, Swedberg K, Granger CB, Held P, McMurray JJ, et al. Effects of candesartan in patients with chronic heart failure and preserved left-ventricular ejection fraction: the CHARM-Preserved Trial. Lancet. 2004;362(9386):777-81.

60

Tratamento farmacológico da insuficiência cardíaca sistólica

Mariana Pinto Wetten
Sílvia Moreira Ayub Ferreira

Introdução

O tratamento da insuficiência cardíaca (IC) permanece um desafio para o sistema de saúde, sendo necessária uma monitorização contínua por uma equipe multidisciplinar.

A abordagem do paciente com IC envolve, além do tratamento farmacológico, medidas como estimulação da adesão ao tratamento, detecção precoce de sinais e sintomas de descompensação e tratamento de comorbidades.

Nos últimos 30 anos, diversas medicações foram testadas na IC crônica. Descrevemos as principais medicações que diminuíram mortalidade, sintomas e taxa de internação desses pacientes.

Medicamentos com benefícios na insuficiência cardíaca

- Betabloqueadores
- Inibidores da enzima conversora angiotensina – aldosterona (IECA)
- Bloqueadores de angiotensina 1 (AT1)
- Diuréticos
- Hidralazina e nitrato
- Digitálicos
- Ivabradina
- Antoagonistas da aldosterona
- Inibidor da neprilisina

Betabloqueadores

Benefícios	Antagonizam a atividade simpática. Reduzem a progressão da disfunção ventricular. Promovem remodelamento reverso ventricular. Diminuem sintomas. Aumentam sobrevida na insuficiência cardíaca diastólica. Reduzem morte súbita. Controle da resposta ventricular na fibrilação atrial.
Indicações	Todos pacientes com insuficiência cardíaca sistólica. Disfunção ventricular pós-infarto. Indivíduos com fibrilação atrial com frequência cardíaca elevada. Pacientes com cardiomiopatia dilatada, isquêmica e miocardite.
Eficácia clínica comprovada na IC	Carvedilol Bisoprolol Succinato de metoprolol Nebivolol

Posologias dos betabloqueadores

Droga	Dose inicial (mg)	Dose-alvo (mg)	Frequência (vezes/dia)
Bisoprolol	1,25	10	1
Carvedilol	3,125	25-50	2
Succinato de metoprolol	12,5	200	1
Nebivolol*	1,25	10	1

* Pacientes > 70 anos de idade.

Inibidores da enzima conversora de angiotensina (IECA)

Ação	Inibem a enzima conversora da angiotensina e promovem redução da angiotensina II. Diminuem a vasoconstrição. Facilitam o acúmulo da bradicinina (envolvida com a formação de prostaglandinas e óxido nítrico).
Benefícios	Melhora de sintomas. Melhora de desempenho cardíaco. Redução da mortalidade independente do estágio da doença. Reversão do remodelamento.

(continua)

Inibidores da enzima conversora de angiotensina (IECA) (*continuação*)

Indicação	Disfunção assintomática e sintomática de ventrículo esquerdo (VE).
Contraindicações	Hipercalemia Tosse (aumento da bradicinina) Angioedema Hipotensão arterial sistêmica sintomática Insuficiência renal aguda Estenose bilateral de artérias renais Estenose aórtica grave

Posologias dos inibidores da enzima conversora da angiotensina

Droga	Dose inicial (mg)	Dose-alvo (mg)	Frequência (vezes/dia)
Captopril	6,25	50	3
Enalapril	2,5	20	2
Lisinopril	2,5	40	1
Perindopril	2	16	1
Ramipril	1,25-2,5	10	1

Bloqueadores de angiotensina 1 (BRA)

Ação	Antagonizam os receptores AT 1 da angiotensina II. Não têm ação sobre a bradicinina. Inibição mais completa da angiotensina que os IECA. Vasodilatação arterial.
Benefícios	Diminuição de mortalidade Substituição aos IECA IECA em associação ao BRA promove redução da taxa de hospitalização e mortalidade cardiovascular.
Indicações	Pacientes com IC com fração de ejeção diminuída e intolerantes aos IECA (exceto por insuficiência renal). Em pacientes persistentemente sintomáticos, associação pode ser considerada apesar de terapia otimizada (IECA e betabloqueadores)
Contraindicações	Hipotensão arterial Piora da função renal Hipercalemia Associação de BRA com IECA e antagonista da aldosterona: contraindicada pelo risco de hipercalemia e alteração da função renal.

BRA: bloqueadores de angiotensina I; IECA: inibidores da enzima conversora de angiotensina.

Posologias dos bloqueadores de angiotensina I

Droga	Dose inicial (mg)	Dose-alvo (mg)	Frequência (vezes/dia)
Candesartana	4-8	32	1
Losartana	25	5-100	1
Valsartana	40	320	2

Diuréticos

Benefícios	Indicados para o manejo volêmico. Atuam como sintomáticos (melhora da congestão). Melhora da capacidade ao exercício e redução do risco de descompensação.
Indicações	Associados a BRA ou IECA Classe funcional II/III/IV
Tipos	Furosemida: inibe o transportador de sódio-potássio-cloro; maior efeito diurético. Tiazídicos Poupadores de potássio
Efeitos adversos	Alça: resistência, hiperglicemia, hiperlipidemia, hiperuricemia, hiponatremia, hipomagnesemia, hipocalemia.

BRA: bloqueadores de angiotensina I; IECA: inibidores da enzima conversora de angiotensina.

Posologia dos diuréticos

Droga	Classe	Dose inicial	Dose máxima
Furosemida	Alça	20 mg/dia	160 mg/dia
Bumetanida	Alça	0,5 mg/dia	2 mg/dia
Hidroclorotiazida	Tiazídico	25 mg/dia	100 mg/dia
Clortalidona	Tiazídico	12,5 mg/dia	50 mg/dia
Indapamida	Tiazídico	2,5 mg/dia	5 mg/dia
Espironolactona	Poupador	25 mg/dia	50-100 mg/dia
Amilorida	Poupador	5 mg/dia	20 mg/dia

Antagonistas da aldosterona

Ação	Diuréticos poupadores de potássio Agem inibindo o SRAA, bloqueando a atividade da aldosterona (hormônio que promove retenção de sódio e água, formação e deposição miocárdica de colágeno, causando fibrose e o remodelamento cardíaco).
Benefícios	Redução da mortalidade (CF III/IV) – Estudo Rales e Ephesus.
Efeitos adversos	Hiperpotassemia Ginecomastia

Indicações do uso de inibidores da aldosterona

Em pacientes sintomáticos com disfunção sistólica do VE, CF III e IV (NYHA), associada ao tratamento padrão.
Em pacientes com insuficiência cardíaca leve (CF II – NYHA), associada ao tratamento clínico otimizado para redução de mortalidade e hospitalizações por IC.
Em pacientes pós-IAM, com disfunção do VE (FE < 40%).

Posologia dos inibidores da aldosterona

	Dose inicial	Dose alvo	Dose máxima
Espironolactona	25 mg	25 mg	50 mg
Eplerenone	25 mg	50 mg	50 mg

Hidralazina e nitrato

Benefícios	Redução de 34% na mortalidade após dois anos de tratamento quando comparado com placebo (V-HEFT I).
Ação	Efeito hemodinâmico vasodilatador venoso (nitrato) e arterial (hidralazina) que promove a redução da pré e pós-carga, respectivamente. Aumento da biodisponibilidade do óxido nítrico, o que reduz o remodelamento ventricular.
Indicações	Indicada quando existir alguma contraindicação ao emprego de IECA ou BRA, substituindo tais medicações (p. ex. insuficiência renal, hipercalemia). Em associação à terapia padrão quando o paciente persistir sintomático com dose máxima de IECA/BRA.
Efeitos adversos	Hipotensão Lúpus induzido por fármacos Cefaleia

Recomendações

Recomendações
Afrodescendentes em CF III-IV (NYHA) em uso de terapêutica otimizada.
Pacientes de qualquer etnia, CF II-IV (NYHA) com contraindicação a IECA ou BRA – insuficiência renal progressiva e/ou hipercalemia.
Pacientes de qualquer etnia, CF I (NYHA) com contraindicação a IECA ou BRA – insuficiência renal progressiva e/ou hipercalemia.
Pacientes de qualquer etnia refratária ao tratamento otimizado.

BRA: bloqueadores de angiotensina I; IECA: inibidores da enzima conversora de angiotensina.

Posologias de hidralazina e nitrato na insuficiência cardíaca

Drogas	Dose inicial	Dose final
Hidralazina	25 mg, 3 x/dia	75 mg, 3 x/dia
Dinitrato de isossorbida	20 mg, 3 x/dia	40 mg, 3 x/dia

Digoxina

Benefícios	Melhora da capacidade aeróbica e da qualidade de vida na insuficiência cardíaca sintomática (classe funcional II-IV). Sem impacto na mortalidade. Reduz internação.
Ação	Inibição da bomba Na-K-ATPase das células miocárdicas. Melhor desempenho contrátil dos cardiomiócitos isoladamente e da função sistólica global do ventrículo esquerdo. Inibe o sistema nervoso simpático e aumenta o tônus parassimpático.
Indicações	Pacientes com FE < 45%, ritmo sinusal, sintomáticos, terapêutica otimizada com betabloqueadores e IECA, com objetivo de melhora dos sintomas. Pacientes com FE < 45%, fibrilação atrial, sintomáticos com terapêutica otimizada com betabloqueadores e IECA, para controle de frequência cardíaca (FC).
Efeitos adversos	Dose terapêutica próxima da toxicidade. Indução de arritmias. Distúrbios de condução. Náuseas, vômitos e alterações visuais.

Ivabradina

Ação	Inibidor seletivo dos canais de sódio e potássio expressados no nó sinoatrial, reduzindo a FC no repouso e no esforço.
Benefícios	Reduziu mortalidade em 26% e risco de hospitalização por piora da IC (Estudo SHIFT). Reduziu risco de reinfarto. Benefícios maiores conforme a frequência cardíaca aumentava.
Indicações	Associada em uso otimizado de betabloqueador. Pacientes sintomáticos. Presença de ritmo sinusal. FC $>$ 70 bpm e com disfunção sistólica (FEVE $\leq$ 35%).
Efeitos colaterais	Bradicardia Alterações visuais temporárias

Inibidor da neprilisina

A neprisilina é uma endopeptidase que degrada peptídeos vasoativos endógenos como BNP, bradicinina e adrenomodulina, aumentando a vasoconstrição, a retenção de sódio e o remodelamento cardíaco.
O composto LCZ696 (inibidor da neprilisina [sacubitril] 200 mg + valsartana 160 mg) foi superior ao enalapril 10 mg, de 12 em 12 horas, com redução significativa de mortalidade em pacientes em classe funcional II, III ou IV, fração de ejeção $<$ 40%, BNP $>$ 150 ou NT pró BNP $>$ 600 e internação por insuficiência cardíaca nos últimos 12 meses com BNP $>$ 100 ou pró BNP $>$ 400.
O LCZ696 mostrou maior índice de hipotensão sintomática, sem outros efeitos colaterais relevantes e sem aumento da suspensão da dose.
Deve chegar ao Brasil em 2017. A sua indicação deve ficar restrita a pacientes já com IECA ou BRA + betabloqueadores otimizados, com FEVE $<$ 35% e que permaneçam sintomáticos.

BRA: bloqueadores de angiotensina I; FEVE: fração de ejeção do ventrículo esquerdo; IECA: inibidores da enzima conversora de angiotensina.

Resumo das indicações das medicações em IC com FE diminuída

	IECA	BB	BRA	Antagonista da aldosterona	Hidralazina + nitrato	Ivabradina	Ômega-3	Diuréticos	Digoxina	Sacubitril/ valsartana
Indicações	Todos	Todos	Todos intolerantes a IECA	Sintomáticos	Intolerantes à IECA ou BRA; afrodescendentes	Sintomáticos, com FEVE < 35%, terapia otimizada com IECA + betabloqueador e FC > 70 bpm	Sintomáticos	Sinais e sintomas de congestão	Sintomáticos ou FA com FC não controlada	Sintomáticos com FEVE ≤ 35% Com IECA/ BRA + betabloqueador otimizados
CF NYHA	I-IV	I-IV ou I pós-IAM	I-IV	II-IV	II-IV	II-IV	II-III	II-IV	II-IV	II-IV
Redução de mortalidade	Sim	Sim	Sim	Sim	Sim	Sim	Sim	Não	Não	Sim

BB: betabloqueadores; BRA: bloqueadores de angiotensina I; IECA: inibidores da enzima conversora da angiotensina; CF NYHA: classificação da New York Heart Association.

Bibliografia recomendada

1. Bocchi EA, Marcondes-Braga FG, Bacal F, et al. Sociedade Brasileira de Cardiologia. Atualização da Diretriz Brasileira de Insuficiência Cardíaca Crônica - 2012. Arq Bras Cardiol. 2012:98(1 supl. 1):1-33.
2. The Cardiac Insufficiency Bisoprolol Study II (CIBIS-II): a randomised trial. Lancet. 1999;353:9-13.
3. Effect of metoprolol CR/XL in chronic heart failure: Metoprolol CR/XL Randomised Intervention Trial in Congestive Heart Failure (MERIT-HF). Lancet. 1999;353:2001-7
4. Packer M, Coats AJ, Fowler MB, Katus HA, Krum H, Mohacsi P, et al. Carvedilol Prospective Randomized Cumulative Survival Study Group. Effect of carvedilol on survival in severe chronic heart failure. N Engl J Med. 2001;344:1651-8
5. Bocchi EA, Marcondes-Braga FG, Ayub-Ferreira SM, Rohde LEP, Oliveira WA, Almeida DR, et al. Sociedade Brasileira de Cardiologia. III Diretriz Brasileira de Insuficiência Cardíaca Crônica. Arq Bras Cardiol. 2009;93(1 supl.1):1-71.
6. Granger CB, McMurray JJ, Yusuf S, Held P, Michelson EL, Olofsson B, et al. Effects of candesartan in patients chronic heart failure and reduced left ventricular systolic function intolerant to angiotensin-converting-enzyme inhibitors: CHARM-Alternative trial. Lancet. 2003;362:772-6.
7. Cohn JN, Tognori G. A randomized trial of the angiotensin-receptor blocker valsartan in chronic heart failure. N Eng J Med. 2001;345:1667-75.
8. Cody RJ, Covit AB, Schaer GL, Laragh JH, Sealey JE, Feldschuh J. Sodium and water balance in chronic congestive heart failure. J Clin Invest. 1986;77:1441-52.
9. Pickkers P, Dormans TP, Russel FG, Hughes AD, Thien T, Schaper N, et al. Direct vascular effects of furosemide in humans. Circulation. 1997;96:1847-52.
10. Brater DC. Diuretic therapy. N Engl J Med. 1998;339:387-95.
11. Pitt B, Zannad F, Remme WJ, Cody R, Castaigne A, Perez A, et al. The effect of spironolactone on morbidity and mortality in patients with severe heart failure. Randomized Aldactone Evaluation Study Investigators. N Eng J Med.1999;341:709-17.
12. Chatterjee K, Parmley WW. The role of vasodilatador therapy in heart failure. Prog Cardiovasc Dis. 1977;19:301-25.
13. The Digitalis Investigation Group. The effect of digoxin on mortality and morbidity in patients with heart failure. N Engl J Med. 1997;336:525-33.
14. Swedberg K, Komajda M, Böhm M, Borer JS, Ford I, Dubost-Brama A, et al. SHIFT Investigators. Ivabradine and outcomes in chronic heart failure (SHIFT): a randomised placebo-controlled study. Lancet. 2010;376(9744):875-85.
15. Fox K, Ford I, Steg PG, Tendera M, Robertson M, Ferrari R, et al. BEAUTIFUL Investigators. Relationship between ivabradine treatment and cardiovascular outcomes in patients with stable coronary artery disease and left ventricular systolic dysfunction with limiting angina: a subgroup analysis of the randomized, controlled BEAUTIFUL Trial. Eur Heart J. 2009;30(19):2337-45.

Seção IX

61

Abordagem de dor torácica na emergência

Alexandre de Matos Soeiro

Introdução

- A dor torácica é uma das queixas mais encontradas em serviços de emergência, no mundo todo, representando 2-4% dos atendimentos em setores de emergência. A prevalência de síndrome coronária aguda (SCA) perfaz cerca de 12,8-14,6% desse total.
- Na maioria dos pacientes, a etiologia é musculoesquelética, esofágica, respiratória ou psicológica.
- Deve-se ser capaz de identificar doenças que relevem risco ao paciente (SCA, dissecção aguda de aorta, tromboembolismo pulmonar, pneumotórax etc.).
- A mortalidade em pacientes com infarto agudo do miocárdio (IAM) admitidos ou liberados erroneamente do setor de emergência varia entre 6 e 25%, respectivamente.

Principais etiologias da dor torácica

Cardiovasculares
▪ Insuficiência coronária
▪ Dissecção de aorta
▪ Embolia pulmonar
▪ Cardiomiopatia hipertrófica
▪ Pericardite
▪ Estenose valvar aórtica

Psicogênicas
▪ Ansiedade
▪ Transtorno do pânico
Gastroesofágicas
▪ Espasmo/rotura/refluxo esofágico
▪ Dispepsia
Pulmonares
▪ Pneumotórax
▪ Pneumomediastino
▪ Pneumonia
Musculoesqueléticas
▪ Costocondrite
▪ Mialgia

Características clínicas das principais etiologias de dor torácica

Insuficiência coronária	Dor precordial, retroesternal ou epigástrica, em aperto, queimação ou mal caracterizada.
	Irradiação para membros, dorso, coluna cervical, mandíbula ou epigástrio.
	Piora ao esforço, alimentação copiosa, frio ou estresse.
	Melhora ao repouso ou após uso de nitrato.
Dissecção de aorta	Dor súbita precordial lancinante/dilacerante, irradiada para o dorso.
Embolia pulmonar	Dor súbita pleurítica.
	Pode estar acompanhada de hemoptise e dispneia.
Pneumotórax	Dor torácica do tipo pleurítica associada à dispneia.
	Geralmente associada a procedimentos torácicos invasivos e/ou trauma local.
Pneumonia	Dor torácica do tipo pleurítica, associada a tosse, secreção e febre.
	Pode apresentar dispneia associada.

(continua)

Características clínicas das principais etiologias de dor torácica *(continuação)*

Pericardite	Dor precordial em opressão.
	Melhora ao inclinar o tórax para a frente.
	Piora ao deitar.
	Pode vir acompanhada de febre.
Musculoesquelética	Dor que piora à movimentação de tórax e/ou membros superiores.
	Reprodutível à palpação.

Anamnese

- Dor torácica com características anginosas é considerada o dado clínico com maior valor preditivo positivo de síndrome coronária aguda.
- Sempre se deve verificar se existe relação com esforço e o grau de esforço necessário para que a dor ocorra, podendo-se inferir uma quantificação da isquemia miocárdica.
- O exame físico em pacientes com dor torácica frequentemente é normal. Sinais de insuficiência cardíaca ou instabilidade hemodinâmica devem alertar o médico a estabelecer prontamente o diagnóstico e o tratamento. Um ponto importante do exame físico é excluir causas não cardíacas e não isquêmicas de dor torácica – tromboembolismo pulmonar, dissecção de aorta (insuficiência aórtica e diferencial de pressão arterial entre membros), pericardite (atrito pericárdico), doenças valvares, pneumotórax, pneumonia e derrame pleural.

Classificação funcional de angina de acordo com a Canadian Cariovascular Society (CCS)

Classe I	Angina apenas em atividades vigorosas.
Classe II	Atividade moderada, como subir mais de um lance de escada, provoca angina.
Classe III	Atividade discreta, como subir menos de um lance de escada, provoca angina.
Classe IV	Em qualquer atividade, eventualmente até mesmo em repouso, ocorre angina.

Classificação da dor

Tipo A (definitivamente anginosa)
Dor/desconforto retroesternal ou precordial, geralmente precipitada por esforço físico, podendo irradiar para ombro, mandíbula ou face interna do braço, com duração de alguns minutos, e aliviada com repouso ou nitrato em menos de 10 min.
Tipo B (provavelmente anginosa)
Tem a maioria, mas não todas as características da dor definitivamente anginosa (podendo ser até inteiramente típica em alguns aspectos).
Tipo C (provavelmente não anginosa)
Tem poucas características da dor definitivamente anginosa, não apresentando as demais (principalmente a relação nítida com esforço).
Tipo D (definitivamente não anginosa)
Nenhuma característica da dor anginosa, mesmo se localizada em região precordial ou retroesternal.

Probabilidade de síndrome coronária aguda (SCA)

Os fatores de risco (FR) considerados são: hipertensão, diabete melito (DM), tabagismo, dislipidemia, história familiar de doença coronária familiar precoce (homens < 55 anos e mulheres < 65 anos), doença aterosclerótica conhecida (DAC) e idade (> 60 anos).
Baixa probabilidade: até 1 FR (diferentemente de DM ou DAC ou idade > 60 anos).
Intermediária probabilidade: 2 FR (diferentemente de DM ou DAC ou idade > 60 anos).
Alta probabilidade: mais de 2 FR ou DM ou DAC (coronariopatia, insuficiência arterial periférica ou doença carotídea) ou idade > 60 anos.

Eletrocardiograma (ECG)

O ECG é o exame complementar mais importante na avaliação de qualquer paciente com dor torácica e deve ser realizado em até 10 min da chegada do paciente ao serviço de emergência.
Alterações de ECG, como inversões de onda T, bloqueio de ramo esquerdo novo, infradesnivelamento ou supradesnivelamento de ST, podem caracterizar a presença de síndrome coronária aguda (SCA) e definir o tratamento a ser instituído.
Presença de área inativa pode refletir antecedente de aterosclerose coronariana manifesta.
A realização de ECG completamente dentro dos limites da normalidade não exclui a possibilidade de SCA, devendo ser repetido, no mínimo, em 3, 6 e 9 h após a chegada do paciente ou imediatamente, caso haja recorrência da dor.

Biomarcadores – cinética de necrose miocárdica

Para que haja maior sensibilidade, a maioria dos protocolos de dor torácica orienta a coleta seriada de marcadores em 0, 3, 6 e 9 h do início da dor			
Marcador/elevação (horas)	**Início**	**Pico**	**Duração**
Mioglobina	1-2	6-7	24
CKMB	3-12	18-24	36-48
Troponina	3-12	18-24	10 dias

O uso de troponinas de alta sensibilidade vem crescendo em todo o Brasil. Quando disponível, uma avaliação rápida em 1 a 3 horas é possível a depender da probabilidade pré-teste do paciente, conforme exemplificado abaixo.

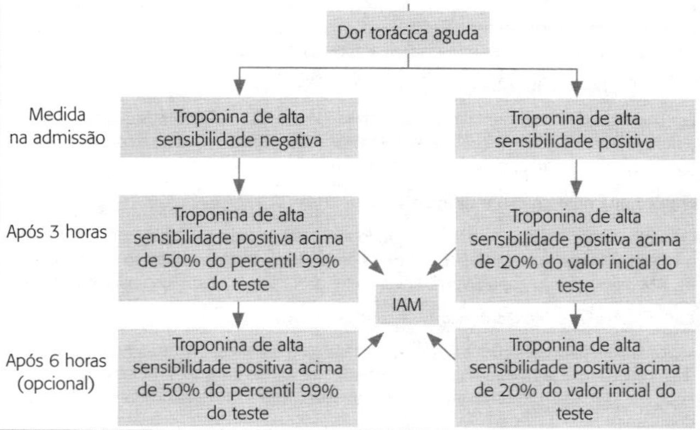

Figura 1 Interpretação de troponina de alta sensibilidade na emergência. IAM: infarto agudo do miocárdio.

Radiografia de tórax

Em casos de síndrome coronária aguda, a maioria das radiografias de tórax é normal.
A radiografia de tórax apresenta alguma alteração em 85% dos pacientes com dissecção de aorta, como alargamento de mediastino.
A radiografia ainda pode detectar outras causas de dor torácica, como pneumotórax, pneumonia, embolia pulmonar e pneumomediastino.

Teste complementares de isquemia/doença arterial coronária

Teste ergométrico
Indicado para pacientes estáveis e com baixa/intermediária probabilidade após 8-12 h de observação e com eletrocardiograma (ECG) e marcadores de necrose miocárdica negativos. Paciente com ECG basal com alterações de repolarização, bloqueio de ramo esquerdo, sobrecarga de ventrículo esquerdo, ritmo de marca-passo, pré-excitação ou ação digitálica dificulta a avaliação de isquemia no esforço. Além disso, pacientes com limitação física ao esforço ou em uso de betabloqueadores podem não alcançar os 85% de frequência cardíaca recomendada, não sendo possível descartar isquemia nessas situações.
Ecocardiograma transtorácico de repouso
Em pacientes com dor persistente, o ecocardiograma mostrou sensibilidade de 90% com especificidade de 78%. Na ausência de sintomas, o método é limitado com sensibilidade de 17%. Pode ser útil em estabelecer diagnósticos diferenciais, como dissecção aguda de aorta, embolia pulmonar, estenose valvar aórtica, cardiomiopatia hipertrófica e pericardite.
Ecocardiograma com estresse
Em pacientes de baixa/intermediária probabilidade com dor torácica, nos quais o ECG é normal e os marcadores de necrose miocárdica são negativos, pode-se considerar a realização de ecocardiograma com estresse com dobutamina.
Cintilografia de perfusão miocárdica em repouso
Os melhores resultados são obtidos quando a injeção do radioisótopo é realizada durante o episódio de dor ou em até 3-6 h. A maior limitação para a sua realização é a presença de IAM prévio, sendo impossível distinguir entre alteração de perfusão crônica ou aguda.
Cintilografia de perfusão miocárdica com estresse
Indicada para pacientes com baixa/intermediária probabilidade, com ECG normal/não diagnóstico e marcadores de necrose miocárdica negativos após 12 h de observação. Pode ser realizada com estresse físico ou farmacológico (adenosina/dipiridamol ou dobutamina).
Tomografia computadorizada de artérias coronárias
Calcificações coronárias muito extensas podem superestimar a obstrução coronária. De maneira oposta, escore de cálcio zero revela muito baixo risco do paciente em questão, com valor preditivo negativo para eventos de 100% em acompanhamento de até 4 anos. Indicada na avaliação de dor torácica em pacientes com baixa/intermediária probabilidade para doença arterial coronária.

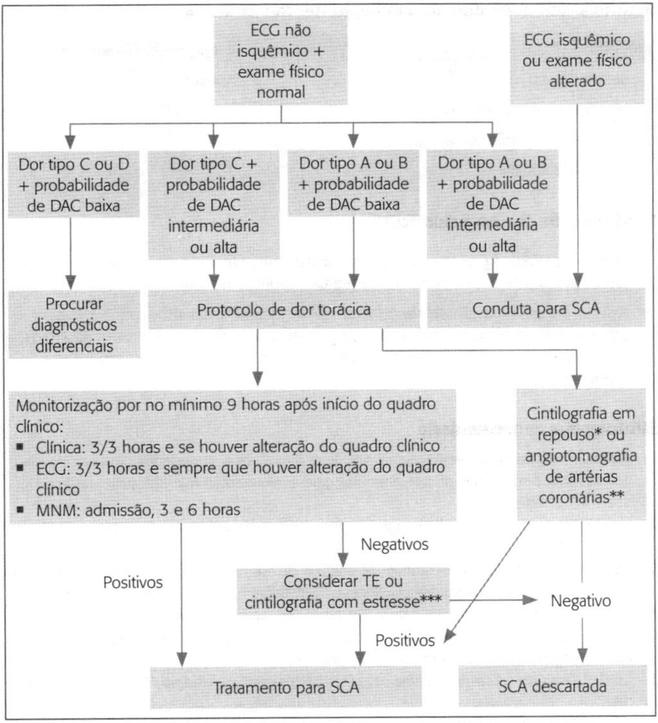

Figura 2 Fluxograma de avaliação de dor torácica do InCor-HCFMUSP. * Pacientes com dor prolongada na hora da avaliação ou dor de duração > 20 minutos nas últimas 6 horas. ** Pacientes sem aterosclerose conhecida de risco baixo ou intermediário de doença coronária. *** Pacientes com contraindicação ao teste ergométrico (ECG não interpretável, limitação física). DAC: doença arterial coronária; ECG: eletrocardiograma; MNM: marcadores de necrose miocárdica; SCA: síndrome coronária aguda.

Acurácia dos métodos de avaliação de dor torácica

Método	Valor preditivo negativo (%)
Teste de esforço	89-100
Ecocardiograma com estresse	95-98
Cintilografia miocárdica de repouso	99
Tomografia coronária	93

Unidades de dor torácica (UDT)

- Não é necessário haver um espaço físico unicamente para isso, mas o conceito preestabelecido no mesmo setor de atendimento de outras patologias.
- As UDT integram a avaliação de pacientes de moderado/baixo risco com dor torácica por meio da observação com eletrocardiograma e marcadores de necrose miocárdica seriados. Após isso, idealmente, os pacientes devem fazer um teste provocativo de isquemia.

Bibliografia recomendada

1. Czarnecki A, Chong A, Lee DS, Schull MJ, Tu JV, Lau C, et al. Association between physician follow-up and outcomes of care after chet pain assesment in high-risk patient. Circulation. 2013;127:1386-94.
2. Herren KR, Mackway-Jones K. Emergency management of cardiac chest pain: a review. Emerg Med J. 2001;18:6-10.
3. Pferfeman E, Forlenza LMA. Estrutura da unidade de dor torácica. In: Serrano Jr CV, Timerman A, Stefanini E. Tratado de cardiologia Socesp. 2.ed. Barueri: Manole; 2009. p.844-60.
4. Graff L, Joseph T, Andelman R, Bahr R, DeHart D, Espinosa J, et al. American College of Emergency Physicians Information Paper: chest pain units in emergency departments – a report from the short-term observation section. Am J Cardiol. 1995;76:1036-9.
5. Lee TH, Goldman L. Evaluation of the patient with acute chest pain. N Engl J Med. 2000;342:1187-95.
6. Hamm CW, Bassand J, Agewall S, Bax J, Boersma E, Bueno H, et al. ESC Guidelines for the management of acute coronary syndromes in patients presenting without persistent ST-segment elevation. The task force for the management of acute coronary syndromes (ACS) in patients presenting without persistent ST-segment elevation of the European Society of Cardiology (ESC). Eur Heart J. 2011;32:2999-3054.
7. Amsterdam EA, Kirk JD, Bluemke DA, Diercks D, Farkouh ME, Garvey L, et al. Testing of low-risk patients presenting to the emergency department with chest pain. Circulation. 2010;122:1756-76.

8. Januzzi JL, Bamberg F, Lee H, Truong QA, Nichols JH, Karakas M, et al. High-sensitivity troponin T concentrations in acute chest pain patients evaluated with cardiac computed tomography. Circulation. 2010;121:1227-34.
9. Thygesen K, Mair J, Giannitsis E, Mueller C, Lindahl B, Blankenberg S, et al. How to use high--sensitivity cardiac troponins in acute cardiac care. Eur Heart J. 2012;21:1-7.
10. Poon M, Cortegiano M, Abramowicz AJ, Hines M, Singer AJ, Henry MC, et al. Associations between routine coronary computed tomography angiography and reduced unnecessary hospital admissions, length of stay, recidivism rates, and invasive coronary angigraphy in the emergency department triage of chest pain. J Am Coll Cardiol. 2013;62:543-52.
11. Litt HI, Gatsonis C, Snyder B, Singh H, Miller CD, Entrikin DW, et al. CT angiography for safe discharge of patients with possible acute coronary syndromes. N Engl J Med. 2012;366:1393-403.
12. Truong QA, Hayden D, Woodard PK, Kirby R, Chou ET, Nagurney JT, et al. Sex differences in the effectiveness of early coronary computed tomography angiographiy compared with standard emergency department evaluation for acute chest pain: the rule-out myocardial infarction with computer-assisted tomography (ROMICAT)-II Trial. Circulation. 2013;127:2494-502.
13. Hoffmann U, Truong QA, Schoenfeld DA, Chou ET, Woodard PK, Nagurney JT, et al. Coronary CT angiography versus standard evaluation in acute chest pain. N Engl J Med. 2012;367:299-308.
14. Jneid H, Anderson JL, Wright RS, Adams CD, Bridges CR, Casey DE, et al. 2012 ACCF/AHA Focused update of the guideline for the management of patients with unstable angina/non-ST--elevation myocardial infarction (updating the 2007 guideline and replacing the 2011 focused update): a report of the American College of Cardiology Foundation/American Heart Association Task Force on Practice Guidelines. Circulation. 2012;126:875-910.
15. Nicolau JC, Timerman A, Piegas LS, Marin-Neto JA, Rassi Jr A. Guidelines for unstable angina and non-ST-segment elevation myocardial infarction of the Brazilian Society of Cardiology (II Edition, 2007). Arq Bras Cardiol. 2007;89:e89-e131.

62

Síndrome coronária aguda sem supradesnivelamento de ST

Alexandre de Matos Soeiro

Introdução

- A síndrome coronária aguda (SCA) sem supradesnivelamento de ST (SCASSST) se divide em infarto agudo do miocárdio (IAM) e angina instável (AI). O termo IAM deve ser utilizado quando há evidência de necrose miocárdica em contexto clínico de isquemia com elevação de marcadores de necrose miocárdica acima do percentil 99 do limite máximo de referência e, pelo menos, um dos parâmetros descritos na Tabela "Critérios diagnósticos de IAM".
- Quando o paciente apresenta angina de características típicas de início ou piora recente, o diagnóstico de AI torna-se clínico. Alterações de eletrocardiograma (ECG) (Figura 1) e marcadores de necrose miocárdica são complementares e podem auxiliar no diagnóstico e na estratificação de risco.
- Em caso de dor torácica atípica, a avaliação deve ser realizada por meio de unidades de dor torácica, seguindo os protocolos da instituição, observando-se ECG e marcadores de necrose miocárdica seriados. O primeiro traçado do ECG, em todo paciente com suspeita de SCA, deve ser realizado em, no máximo, 10 min após sua chegada ao hospital. As anormalidades eletrocardiográficas que podem ser encontradas na SCASSST são depressão ou elevação transitória do segmento ST e/ou inversão de onda T. Quando o ECG inicial for normal ou não diagnóstico (como ocorre em cerca de 50% dos pacientes com IAM avaliados em pronto-atendimento), é preciso realizar traçados a cada 3 h até a totalizarem 9 horas. Repetir novo ECG imediatamente após novo episódio doloroso ou aparecimento de qualquer alteração no quadro clínico/hemodinâmico do paciente. Caso haja melhora da dor com uso de nitrato, repetir novamente o ECG com o intuito de observar alterações dinâmicas do segmento ST.

- Realizar uma primeira dosagem de troponina e CKMB massa na chegada do paciente ao hospital. Se os dois marcadores estiverem fortemente aumentados, realizar na sequência apenas curva de CKMB massa (dosagem a cada 8 h até o pico e depois a cada 12 h até normalização). Se as primeiras dosagens dos dois marcadores vierem normais, porém não em tempo hábil, deve-se realizar uma segunda dosagem após 6-12 h.
- Na chegada do paciente ao hospital, deve ser coletado sangue para as seguintes dosagens, que devem ser realizadas rotineiramente: eletrólitos, glicemia, hemoglobina glicada, creatinina, hemograma, coagulograma, marcadores de necrose miocárdica, colesterol total e frações, triglicérides e ácido úrico.

Critérios diagnósticos de infarto agudo do miocárdio

Deve haver elevação ou queda de marcadores de necrose miocárdica, associado a pelo menos um dos seguintes critérios:

- Sintomas sugestivos de isquemia miocárdica.
- Desenvolvimento de novas ondas Q no eletrocardiograma.
- Novas ou presumivelmente novas alterações significativas no segmento ST, onda T ou bloqueio de ramo esquerdo novo.
- Evidência, em exame de imagem, de perda de miocárdio viável ou de nova alteração segmentar de contratilidade ventricular.
- Identificação de trombo intracoronariano na angiografia ou necropsia.

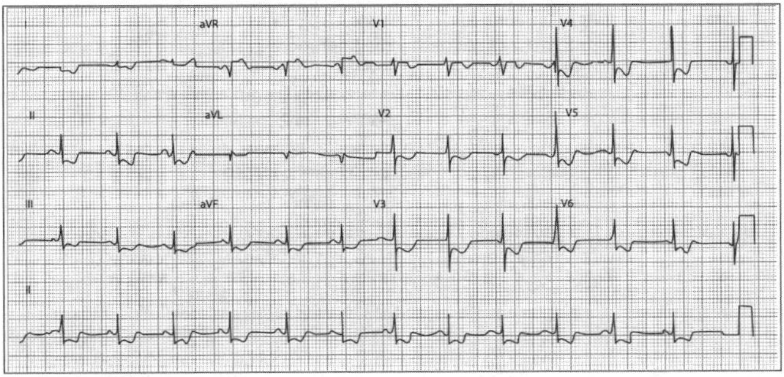

Figura 1 Eletrocardiograma com provável lesão de tronco de coronária esquerda representada por infradesnivelamento difuso de ST e supradesnivelamento de ST em aVR.

Estratificação de risco de eventos cardíacos maiores
A estratificação e a classificação em risco alto, intermediário ou baixo de desenvolver eventos cardíacos maiores devem ser realizadas em todos os pacientes com SCASSST.
Existem diversos modos de fazer essa estratificação de risco, sendo a classificação de risco "pontual", o escore de risco TIMI (Figura 2) e o escore de risco GRACE os mais comuns. Tem sido dada preferência aos dois primeiros pela praticidade na sala de emergência.
Na tomada de decisão terapêutica, deve ser levado em conta o maior risco obtido nos dois métodos. É importante salientar que a classificação vale para o momento da avaliação, e a qualquer momento pode haver nova classificação do risco na dependência de outras ocorrências. Os escores de risco de sangramento (Roxana e/ou Crusade) também devem rotineiramente ser aplicados em todos os pacientes com SCASSST.

SCASSST: síndrome coronária aguda sem supradesnivelamento de ST

Estratificação "pontual" de risco de morte ou IAM nos pacientes com SCASSST

	Alto	Moderado	Baixo
Variável prognóstica	Pelo menos uma das características seguintes deve estar presente	Nenhuma característica de alto risco, mas com alguma das seguintes	Nenhuma característica de nível moderado ou alto, mas com alguma das seguintes
História	Agravamento dos sintomas nas últimas 48 h Idade > 75	Idade 70-75 anos Infarto prévio, doença cerebrovascular ou periférica, diabete melito, cirurgia de revascularização, uso prévio de AAS	
Dor precordial	Dor prolongada (> 20 min) em repouso	Angina de repouso > 20 min, resolvida, com probabilidade de DAC moderada a alta Angina em repouso ≤ 20 min, com alívio espontâneo ou com nitrato	Novo episódio de angina classe III ou IV da CCS nas últimas 2 semanas sem dor prolongada em repouso, mas com moderada ou alta probabilidade de DAC

(continua)

Estratificação "pontual" de risco de morte ou IAM nos pacientes com SCASSST *(continuação)*

Exame físico	Edema pulmonar, piora ou surgimento de sopro de regurgitação mitral, B3, novos estertores, hipotensão, bradicardia ou taquicardia		
Eletrocardiograma	Infradesnivelamento do segmento ST $\geq$ 0,5 mm (associado ou não à angina), alteração dinâmica do ST, bloqueio completo de ramo, novo ou presumidamente novo Taquicardia ventricular sustentada	Inversão da onda T $>$ 2 mm Ondas Q patológicas	Normal ou inalterado durante o episódio de dor
Marcadores séricos de isquemia	Acentuadamente elevados (TnTc $>$ 0,1 ng/mL)	Discretamente elevados (TnTc entre 0,03 e 0,1 ng/mL)	Normais

AAS: ácido acetilsalicílico; CCS: Canadian Cardiovascular Society; DAC: doença arterial coronária; SCASSST: síndrome coronária aguda sem supradesnivelamento de ST; TnTc: troponina T convencional.

Idade > 65 anos	1
≥ 3 fatores de risco	1
Lesão coronariana ≥ 50%	1
Uso de AAS < 7 dias	1
Duas crises de angina < 24 horas	1
Desvio de ST > 0,5 mm	1
↑ Marcador de necrose	1
	0-7

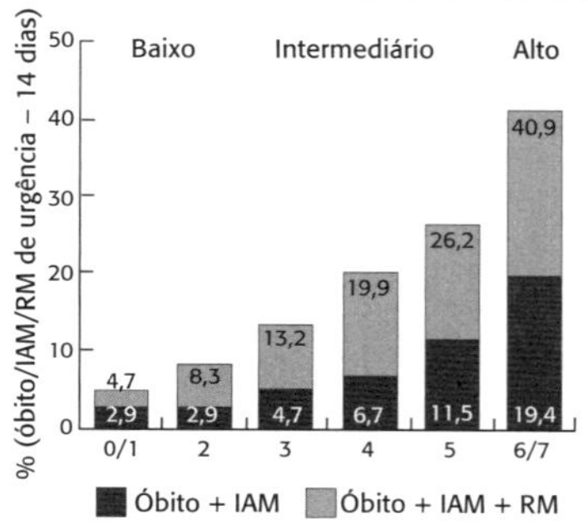

Figura 2 Escore de risco TIMI. Baixo risco: 0-2 pontos; médio risco: 3-4 pontos; alto risco: ≥ 5 pontos. AAS: ácido acetilsalicílico; IAM: infarto agudo do miocárdio; RM: revascularização miocárdica.

Estratificação coronária

- Em SCASSST de risco intermediário/alto, a cineangiocoronariografia deve ser o exame de escolha caso haja disponibilidade no serviço. Principalmente em pacientes de alto risco, a estratificação invasiva é capaz de mudar favoravelmente o prognóstico.
- Nos pacientes de alto risco, o cateterismo deve ser realizado com urgência (imediatamente na chegada ao hospital) quando eles apresentarem isquemia refratária ou instabilidade hemodinâmica/elétrica. Excluindo-se essas situações, deve ser realizado em até 24 h após a internação.
- Nos pacientes com risco intermediário, a estratificação inicial pode ser invasiva ou não invasiva, e ela é reservada para pacientes com risco muito elevado para estudo hemodinâmico (insuficiência renal ou alto risco de sangramento). No caso da estratificação invasiva, ela deve ser realizada, de preferência, nas primeiras 24-72 h da internação do paciente (Figura 3).
- A estratificação não invasiva pode ser realizada com cintilografia miocárdica com estresse farmacológico ou ecocardiograma de estresse, de preferência entre 48-72 h pós-estabilização do quadro.

SCASSST: síndrome coronária aguda sem supradesnivelamento de ST.

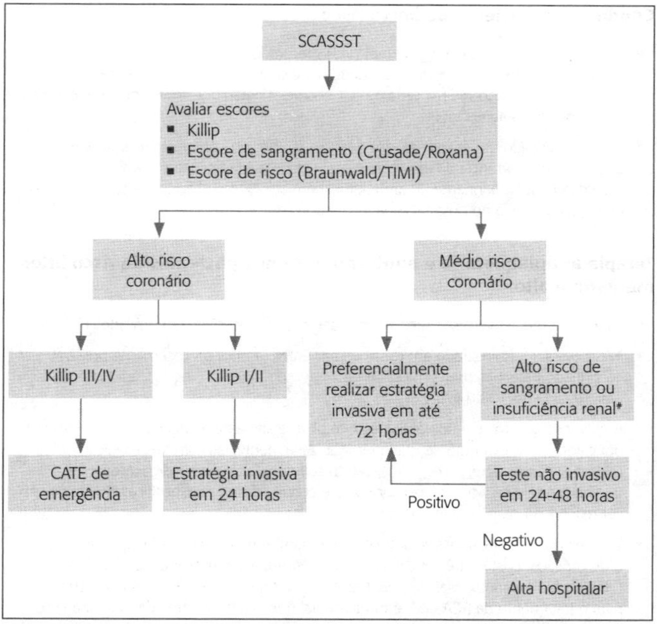

Figura 3 Fluxograma de estratificação coronária em pacientes com SCASSST de médio/alto risco na Unidade de Emergência do InCor-HCFMUSP. CATE: cateterismo; SCASSST: síndrome coronária aguda sem supradesnivelamento de ST. # conduta de exceção.

Condutas no paciente de baixo risco

- Devem receber AAS, 200 mg via oral (VO) macerados, mastigados como dose inicial, seguidos de 100 mg/dia. Opcionalmente, pode-se administrar enoxaparina, 1 mg/kg subcutâneo (SC), a cada 12 h. Considerar betabloqueador por via oral. Sempre introduzir estatinas.
- Caso os marcadores séricos estejam normais em tempo hábil e o paciente permaneça estável sem recorrência da dor, deve-se considerar a alta hospitalar com encaminhamento para acompanhamento ambulatorial em até 72 h ou realizar teste provocativo de isquemia ainda no hospital (quando disponível).

Terapia antiplaquetária e antitrombótica nos pacientes de risco intermediário e alto

- Estes pacientes devem ser internados e, sempre que possível, em unidade coronária.
- AAS deve ser administrado em todos os pacientes, o mais precocemente possível, e continuado indefinidamente na dose de ataque de 200-300 mg macerados por via oral, seguida de 100 mg/dia.
- A utilização de um segundo antiagregante plaquetário associado ao AAS é considerada obrigatória no tratamento de qualquer SCA. Atualmente, existem três medicamentos (clopidogrel, prasugrel e ticagrelor), sendo sua escolha realizada de acordo com a disponibilidade do serviço e suas indicações e contraindicações específicas. Todos devem ser mantidos por, no mínimo, 1 ano.
- Da mesma maneira, a terapia anticoagulante também deve ser iniciada, uma vez feito o diagnóstico. Existem três opções para uso: enoxaparina, heparina não fracionada (HNF) e fondaparinux. Mais importante que saber qual o tipo de heparina escolher para o tratamento da SCASSST, é fundamental nunca alterar o tipo de heparina escolhida (não fracionada ou baixo peso) numa mesma internação, para não aumentar o risco de sangramento associado. Nos casos de alto risco de sangramento, a preferência é pelo fondaparinux.
- No caso dos inibidores da glicoproteína IIb-IIIa, o uso fica a critério do hemodinamicista e/ou do clínico responsável pelo paciente, principalmente na presença de alta carga trombótica, ateromatose grave, *no reflow* ou outras complicações trombóticas durante o estudo hemodinâmico, desde que o paciente possua baixo risco hemorrágico. A tirofibana deve ser mantida por 48 h e corrigida de acordo com o peso e a função renal do paciente.
- Mais detalhes de doses dos medicamentos, indicações e contraindicações são encontrados em capítulos específicos.

AAS: ácido acetilsalicílico; SCA: síndrome coronária aguda; SCASSST: síndrome coronária aguda sem supradesnivelamento de ST.

Terapia adjuvante nos pacientes de risco intermediário e alto

- Betabloqueador via oral deve ser introduzido rotineiramente nos pacientes sem contraindicação nas primeiras 24 h. Iniciar com doses pequenas, com o paciente estável, e aumentar progressivamente com o objetivo de manter a frequência cardíaca em torno de 60 bpm. Antes da administração dos betabloqueadores, é preciso identificar também características de maior risco para desenvolvimento de choque cardiogênico, fundamentalmente idade acima de 70 anos, pressão sistólica abaixo de 120 mmHg, taquicardia ou insuficiência cardíaca pela classificação de Killip > 1.
- Vasodilatadores orais, como inibidores da enzima conversora da angiotensina, antagonistas dos receptores da angiotensina e nitratos, também devem ser iniciados nas primeiras 24 h, caso o paciente não apresente contraindicações. No caso do nitrato, seu uso pode ser inicialmente via sublingual, oral ou até mesmo endovenoso (nitroglicerina) em pacientes com angina recorrente ou refratária.
- Todos os pacientes têm o seu perfil lipídico dosado nas primeiras 24 h do evento e recebem estatina com doses de acordo com os resultados obtidos, visando à meta de LDL-colesterol < 70-100 mg/dL. Geralmente, utiliza-se atorvastatina 40 mg/dia.
- Protetor gástrico é utilizado na esmagadora maioria dos casos, de preferência ranitidina, caso o paciente utilize clopidogrel, sendo o bloqueador de bomba de próton utilizado nos demais casos ou quando o risco de sangramento for elevado.
- Em pacientes com instabilidade hemodinâmica (necessidade de drogas vasoativas), quando disponível, tem-se como rotina a passagem de balão intra-aórtico ainda no setor de hemodinâmica. Até que sua passagem seja realizada, a droga de escolha em pacientes em choque cardiogênico é a dobutamina (utilizada em dose máxima de 20 mcg/kg/min).
- Todos os pacientes são submetidos a ecocardiograma transtorácico no primeiro dia, preferencialmente após a retirada do introdutor arterial. O exame deve ser repetido a qualquer momento caso haja deterioração clínica do paciente, principalmente em busca de complicações mecânicas associadas ao infarto agudo do miocárdio.
- O tempo médio de internação de pacientes com IAMSSST é de 5-7 dias naqueles pacientes em Killip I, com função ventricular preservada, normalização de CKMB e sem ocorrência de arritmias. A alta hospitalar pode ser considerada de maneira mais precoce, por volta do terceiro a quarto dia de internação.
- Casos de AI recebem alta hospitalar geralmente após 24-48 h após a angioplastia, se permanecerem hemodinamicamente estáveis, sem arritmias e sem elevação de marcadores após intervenção percutânea.

CKMB: isoenzima MB da creatina quinase; SCASSST: síndrome coronária aguda sem supradesnivelamento de ST.

Bibliografia recomendada

1. Giannetti NS, Baraciolli LM. Síndrome coronária aguda sem supradesnível de ST. In: Soeiro AM, Leal TCAT, Oliveira Jr MT, Filho RK. Manual de condutas práticas da unidade de emergência do InCor. Barueri: Manole; 2015. p.37-52.
2. Nicolau JC, Timerman A, Marin-Neto JA, Piegas LS, Barbosa CJDG, Franci A. Sociedade Brasileira de Cardiologia. Diretrizes da Sociedade Brasileira de Cardiologia sobre angina instável e infarto agudo do miocárdio sem supradesnível do segmento ST. Arq Bras Cardiol. 2014;102(3 suppl 1):1-61.
3. Serrano Jr CV, Fenelon G, Soeiro AM, Nicolau JC, Piegas LS, Montenegro ST, et al. Sociedade Brasileira de Cardiologia. Diretrizes brasileiras de antiagregantes plaquetários e anticoagulantes em cardiologia. Arq Bras Cardiol. 2013;101(3 suppl 3):1-93.
4. Jneid H, Anderson JL, Wright RS, Adams CD, Bridges CR, Casey Jr DE, et al. 2012 ACCF/AHA focused update of the guideline for the management of patients with unstable angina/non-ST-elevation myocardial infarction (updating the 2007 guideline and replacing the 2011 focused update): a report of the American College of Cardiology Foundation/American Heart Association Task Force on Practice Guidelines. Circulation. 2012;126:875-910.
5. ESC Guidelines for the management of acute coronary syndromes in patients presenting without persistent ST-segment elevation. Eur Heart J. 2011;32:2999-3054.

63

Síndrome coronária aguda com supradesnivelamento de ST

Alexandre de Matos Soeiro
Fabio Grunspun Pitta
Ana Carolina de Rezende

Introdução

- As síndromes coronárias agudas (SCA) constituem a principal causa de óbito em adultos no mundo ocidental, destacando-se entre elas o infarto agudo do miocárdio com supradesnivelamento do segmento ST (IAMCSST).
- O IAMCSST ocorre em decorrência de oclusão aguda, de natureza trombótica, de um vaso epicárdico coronário, determinando injúria e necrose miocárdica caso não ocorra recanalização em tempo hábil. Em apenas aproximadamente 5% dos casos encaminhados à angiografia, não são detectadas as lesões ateroscleróticas obstrutivas.
- Todo paciente com sintomas sugestivos de insuficiência coronária aguda deve realizar imediatamente eletrocardiograma (ECG) de 12 derivações, que é fundamental, porque com base nele a conduta será determinada. O ECG é capaz de fornecer diagnóstico, tempo de evolução e prognóstico relacionado à amplitude da corrente de lesão e à provável artéria acometida (ver Tabela "Correlação entre alterações eletrocardiográficas e parede cardíaca acometida no IAM"). Ressalta-se o fato de que, em todos os casos em que houver supradesnivelamento de ST em parede inferior, devem ser realizadas as derivações V7, V8, V3R e V4R.
- Em paciente com quadro clínico sugestivo, uma vez identificado supradesnivelamento de segmento ST de pelo menos 1 mm em duas ou mais derivações contíguas, faz-se o diagnóstico de IAMCSST (Figura 1). Além disso, bloqueio de ramo esquerdo (BRE) novo ou presumivelmente novo também se enquadra nessa definição.
- Todos os pacientes devem ser classificados de acordo com o escore prognóstico de Killip (ver Tabela "Classificações clínicas de gravidade da disfunção cardíaca").

Correlação entre alterações eletrocardiográficas e parede cardíaca acometida no infarto agudo do miocárdio

Derivação	Parede	Artéria culpada
V1-V2	Septo de VE	Descendente anterior
V3-V4	Anterior de VE	Descendente anterior
V5-V6-D1-Avl	Lateral de VE	Circunflexa
II-III-Avf	Inferior de VE	Coronária direita
V3R-V4R	VD	Coronária direita
V7-V8	Posterior de VE	Coronária direita (90%); circunflexa (10%)

VD: ventrículo direito; VE: ventrículo esquerdo.

Classificações clínicas de gravidade da disfunção cardíaca

Killip	Características	Mortalidade (7 dias)
I	Sem sinais de congestão	3%
II	B3 e/ou estertores basais	12%
III	Estertores em toda a extensão do pulmão	20%
IV	Choque cardiogênico	60%

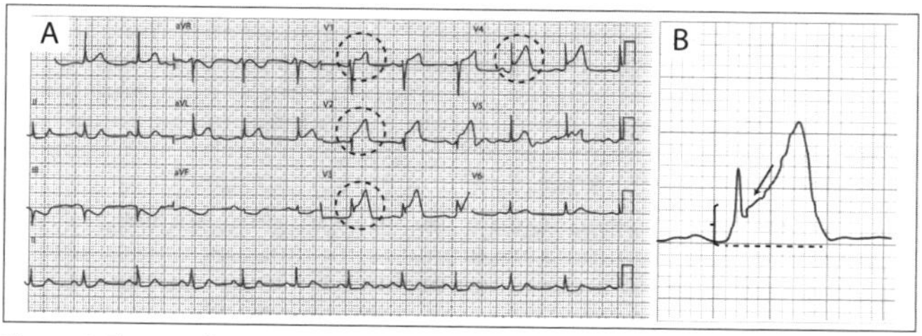

Figura 1 Eletrocardiograma mostrando supradesnivelamento do segmento ST em derivações V1-V4 (em A, assinalado com círculos tracejados). Em B, detalhe da derivação V3 mostrando como medir o supradesnivelamento, levando-se em conta a altura do ponto J (seta) em relação à linha PQ (linha tracejada).

Terapia de reperfusão

- Em pacientes com até 12 horas de evolução (ou até 24 horas em casos específicos) que dão entrada em centro capacitado a realizar intervenção coronária percutânea (ICP), a melhor estratégia é a realização da angioplastia primária, devendo o tempo porta-balão (ou seja, entre a chegada ao hospital e o início da angioplastia da artéria culpada) ser inferior a 90 minutos (Figura 2).
- Nos casos com até 12 horas do início dos sintomas que procuram atendimento em locais sem sala de hemodinâmica e/ou nos quais a transferência a um centro com ICP demore mais de 120 minutos, a escolha é pelo uso do fibrinolítico.
- Quando utilizá-los, sempre tomar o cuidado de manter dois acessos venosos calibrosos, sendo o segundo usado caso o paciente apresente hipotensão (efeito colateral comum da medicação).
- Os fibrinolíticos disponíveis no mercado nacional são estreptoquinase, TNK (Metalyse®) e rt-PA (Actilyse®) (ver Tabela "Fibrinolíticos utilizados no IAMCSST").
- Sempre que existe disposição ao uso do fibrinolítico, é fundamental realizar um *checklist* dos critérios de contraindicação ao medicamento (ver Tabela "Critérios de contraindicação ao fibrinolítico").
- Ao utilizar o fibrinolítico, considera-se sucesso na reperfusão quando ocorre redução > 50% na amplitude do supradesnivelamento de ST, levando em conta a derivação na qual ele for maior, comparando-se o ECG inicial e o ECG 60 a 90 min após o início da infusão do medicamento. Idealmente, o tempo porta-agulha (entre a chegada ao hospital e o início da infusão do medicamento) não deve ultrapassar 30 minutos.
- Nos casos em que ocorrer falência de reperfusão e/ou sinais de disfunção aguda do ventrículo esquerdo (VE) e/ou choque cardiogênico ou quando existir contraindicação ao fibrinolítico, deve-se transferir o paciente para um centro capacitado, a fim de realizar angioplastia primária/de resgate.
- A Figura 2 resume as estratégias de recanalização no IAMCSST.

ECG: eletrocardiograma; IAMCSST: infarto agudo do miocárdio com supradesnivelamento do segmento ST.

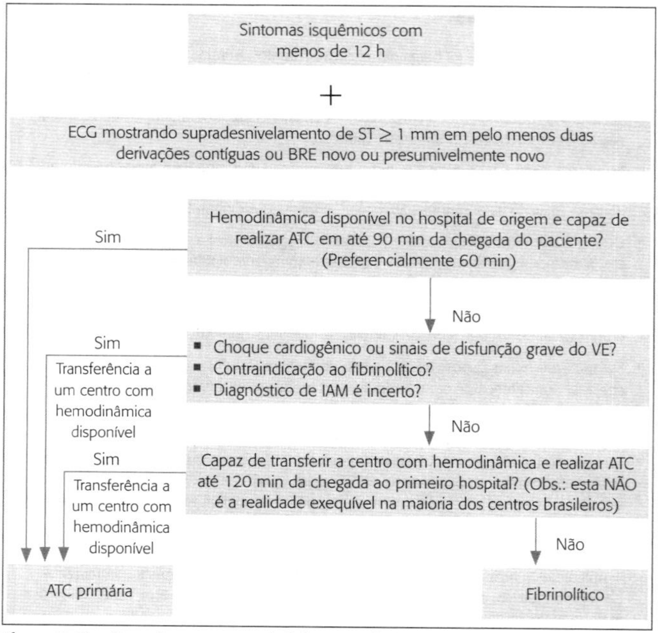

Figura 2 Algoritmo de tratamento do infarto agudo do miocárdio com supradesnivelamento do segmento ST. ATC: angioplastia coronária; ECG: eletrocardiograma; IAM: infarto agudo do miocárdio; VE: ventrículo esquerdo.

Fibrinolíticos utilizados no IAMCSST

Medicação	Dose	Observações
Estreptoquinase	1.500.000 UI diluídas em 100 mL de soro fisiológico 0,9%, EV, infundido em 1 h	Pode causar hipotensão e anafilaxia Não repetir em menos de 6 meses Manter dois acessos venosos calibrosos
Tenecteplase (Metalyse®)	0,5 mg/kg em *bolus*, EV, (máximo de 50 mg)	Não necessita de bomba de infusão Fibrinolítico de escolha na trombólise pré-hospitalar
Alteplase (Actilyse®)	15 mg em *bolus*, EV, seguidos de infusão de 0,75 mg/kg (máximo de 50 mg) em 30 min e a seguir 0,5 mg/kg (máximo de 35 mg) em 1 h	Também utilizado no AVC agudo (doses e critérios de exclusão diferentes do IAMCSST)

AVC: acidente vascular cerebral; EV: endovenoso; IAMCSST: infarto agudo do miocárdio com supradesnivelamento de ST.

Critérios de contraindicação ao fibrinolítico

Absolutos	Relativos
1. Doença terminal 2. Lesão ou neoplasia do sistema nervoso central 3. História prévia de coagulopatia hemorrágica 4. Acidente vascular cerebral (AVC) hemorrágico em qualquer tempo ou AVC isquêmico nos últimos 6 meses 5. Importante trauma, cirurgia ou injúria cranial no último mês 6. Sangramento gastrointestinal no último mês 7. Dissecção aguda da aorta	1. Idade funcional > 75 anos 2. Gravidez ou < 1 mês pós-parto 3. Punção de vaso não compressível 4. Hipertensão arterial (180/110 mmHg) não responsiva às medidas terapêuticas habituais 5. Uso de anticoagulante oral 6. Ressuscitação traumática 7. Doença hepática avançada 8. Endocardite infecciosa 9. Úlcera péptica ativa 10. AIT nos últimos 6 meses 11. Para estreptoquinase: exposição prévia (principalmente entre 5 dias e 2 anos) ou reação alérgica

Terapia antitrombótica adjuvante

- Imediatamente após o diagnóstico, o paciente com IAMCSST deve receber, se não tiver contraindicações, dose de ataque de ácido acetilsalicílico (AAS) de 200-300 mg, macerado, associada à dose de ataque de um antagonista do ADP. Este último vai depender da estratégia de recanalização utilizada. A dose de manutenção diária do AAS é de 100 mg/dia, que deve ser mantida indefinidamente.
- Nos casos submetidos à fibrinólise, é recomendado o clopidogrel, na dose de 300 mg, se o paciente tiver menos de 75 anos, ou na dose de 75 mg (ou seja, sem dose de ataque), em pacientes com 75 anos ou mais. A partir do segundo dia, é mantido o clopidogrel na dose de 75 mg, uma vez ao dia.
- Nos pacientes tratados com ICP, podem ser utilizados: a) clopidogrel, na dose de ataque de 300-600 mg, independentemente da idade, seguida de dose de manutenção de 75 mg/dia; b) prasugrel, na dose de ataque de 60 mg, seguida por manutenção de 10 mg diários (após conhecimento da anatomia coronária). O prasugrel é contraindicado em pacientes com AVC ou ataque isquêmico transitório (AIT) prévio e deve ser utilizado com cautela (com metade da dose) em casos de pacientes com menos de 60 kg de peso ou mais de 75 anos de idade; c) ticagrelor, na dose de ataque de 180 mg, seguida por manutenção de 90 mg duas vezes ao dia. O ticagrelor deve ser utilizado com cautela em indivíduos com risco aumentado de bradicardia (p. ex., bloqueios atrioventriculares, frequência cardíaca de base < 60 bpm).
- Além dos antiplaquetários, os anticoagulantes também são importantes no contexto do IAMCSST. No caso de fibrinolíticos, existem as seguintes opções no Brasil: a) enoxaparina na dose de 30 mg, intravenosa, em *bolus* seguida de manutenção de 1 mg/kg subcutâneo (SC) em 12 h nos pacientes < 75 anos, sem insuficiência renal; em pacientes > 75 anos, deve-se utilizar a dose de 0,75 mg/kg, SC, em 12 h sem dose de ataque e, nos indivíduos com ClCr entre 15-30 mL/min, utilizar 1 mg/kg, SC, uma vez ao dia (com dose de ataque em pacientes < 75 anos, sem dose de ataque nos mais idosos); b) heparina não fracionada, com *bolus* de 60 U/kg, intravenoso (máximo 4.000 unidades), seguido de infusão inicial de 12 U/kg/h controlando-se o TTPa para mantê-lo entre 50-70 s (ou 1,5-2 vezes o controle); c) fondaparinux, na dose de 2,5 mg, IV, uma vez ao dia no primeiro dia, seguida de 2,5 mg, SC, uma vez ao dia a partir do segundo dia. (Não deve ser usado em pacientes submetidos à intervenção coronária percutânea primária.)
- Nos indivíduos submetidos à ICP primária, não é necessário anticoagulação plena logo após, a não ser em casos selecionados (p. ex., trombo mural em VE com características emboligênicas, fibrilação atrial). Durante o procedimento, é feita a anticoagulação com heparina endovenosa (dose de 70-100 U/kg em *bolus*, controlada de acordo com o tempo de coagulação ativado – TCA) ou enoxaparina endovenosa, 0,5 mg/kg em *bolus*.
- No caso da heparina não fracionada, o anticoagulante é mantido por 48 h ou até a revascularização. Enoxaparina e fondaparinux são mantidos durante toda a hospitalização, até a revascularização ou por, no máximo, 8 dias.
- Na ICP, o uso de inibidores da glicoproteína IIb-IIIa, como tirofiban, abciximab ou epitifibatide, deve ser considerado apenas em casos selecionados, de acordo com alta carga trombótica, complexidade do procedimento e baixo risco de sangramento associado ao paciente.

Outras terapêuticas adjuvantes no IAMCSST

- Além dos antitrombóticos, todos os pacientes com IAMCSST que não apresentam contraindicação recebem, adicionalmente, betabloqueador e IECA ou BRA, preferencialmente nas primeiras 24 h. Pacientes com FEVE < 40% ou com sintomas de insuficiência cardíaca recebem ainda um bloqueador da aldosterona.
- O uso de betabloqueadores é iniciado somente na forma oral. Paciente em Killip ≥ 2, taquicárdicos ou com IAM de parede anterior têm a introdução de betabloqueador postergada até que haja segurança quanto ao risco de desenvolvimento de choque cardiogênico.
- Em pacientes com instabilidade hemodinâmica (necessidade de drogas vasoativas), quando disponível, tem-se como rotina a passagem de balão intra-aórtico ainda no setor de hemodinâmica. Até que sua passagem seja realizada, a droga de escolha em pacientes em choque cardiogênico é a dobutamina (utilizada em dose máxima de 20 mcg/kg/min).
- Atenção especial deve ser dada a pacientes com IAMCSST de parede inferior e choque hemodinâmico. Nesses casos, descartando-se a presença de bradiarritmias gerando instabilidade, o mais provável é a ocorrência de choque de ventrículo direito. Nessa situação, como rotina, opta-se por expansão volêmica agressiva de solução fisiológica. Quando não houver resposta adequada, associa-se dobutamina. Nesses casos, o uso de balão intra-aórtico é questionável.
- Protetor gástrico é utilizado na maioria dos casos, de preferência ranitidina, caso o paciente utilize clopidogrel, sendo o bloqueador de bomba de próton utilizado nos demais casos ou quando o risco de sangramento for elevado.
- Finalmente, todos os pacientes têm o seu perfil lipídico dosado nas primeiras 24 h do evento e recebem estatina com doses de acordo com os resultados obtidos. Geralmente, utiliza-se atorvastatina na dose de 40 mg/dia.

IAMCSST: infarto agudo do miocárdio com supradesnivelamento de ST.

Rotina após ICP

- Após a realização da ICP primária, é realizado ECG do paciente com o intuito de observar redução do supradesnivelamento de ST, caracterizando reperfusão. Além disso, solicitam-se, rotineiramente, marcadores de necrose miocárdica, a cada 6 h, durante as primeiras 24 h.
- A retirada do introdutor arterial de pacientes que receberam fibrinolíticos somente é realizada quando o INR e o TTPa estiverem normalizados e o fibrinogênio se apresentar maior que 180 mg/dL.
- Em pacientes que não foram submetidos à fibrinólise, o introdutor arterial deve ser retirado após 6 h da última dose de HNF ou 12 h da última dose de enoxaparina (o que durar mais).

(continua)

Rotina após ICP (*continuação*)

- Todos os pacientes são submetidos a ecocardiograma transtorácico no primeiro dia pós-IAM, preferencialmente após a retirada do introdutor arterial. O exame deve ser repetido a qualquer momento caso haja deterioração clínica do paciente, principalmente em busca de complicações mecânicas associadas ao IAM.
- Após o tratamento inicial, todos os pacientes devem idealmente ser transferidos à unidade coronária, onde permanecem com telemetria contínua. O tempo médio de internação de pacientes com IAMCSST é de 7 dias. Eventualmente, em pacientes em Killip I, rapidamente reperfundidos, com função ventricular preservada e sem ocorrência de arritmias, a alta hospitalar pode ser considerada de maneira mais precoce, por volta do quinto dia de internação.

Bibliografia recomendada

1. Nicolau JC, Furtado RH. Síndrome coronária aguda com supradesnível de ST. In: Soeiro AM, Leal TCAT, Oliveira Jr MT, Filho RK. Manual de condutas práticas da unidade de emergência do InCor. Barueri: Manole; 2015. p.53-63.
2. O'Gara PT, Kushner FG, Ascheim DD, Casey Jr DE, Chung MK, Lemos JA, et al. 2013 ACCF/AHA Guideline for the management of st-elevation myocardial infarction: a report of the American College of Cardiology Foundation/American Heart Association Task Force on Practice Guidelines. Circulation. 2013;127:e362-e425.
3. Rotinas nas síndromes isquêmicas miocárdicas instáveis do Instituto do Coração da Faculdade de Medicina da USP. Versão 2012/2013.
4. Randomised trial of intravenous streptokinase, oral aspirin, both, or neither among 17,187 cases of suspected acute myocardial infarction: ISIS-2. ISIS-2 (Second International Study of Infarct Survival). Collaborative Group. Lancet. 1988;2(8607):349-60.
5. Armstrong PW, Gershlick AH, Goldstein P, Wilcox R, Danays T, Lambert Y, et al. Fibrinolysis or primary PCI in ST-segment elevation myocardial infarction. N Engl J Med. 2013;368:1379-87.
6. Chen ZN, Jiang LX, Chen YP, Xe JX, Pan HC, Peto R, et al. Addition of clopidogrel to aspirin in 45,852 patients with acute myocardial infarction: randomized placebo-controlled trial. Lancet. 2005;366:1607-21.
7. Montalescot G, Wiviott SD, Braunwald E, Murphy SA, Gibson CM, McCabe CH, et al. Prasugrel compared with clopidogrel in patients undergoing percutaneous coronary intervention for ST--elevation myocardial infarction (TRITON-TIMI 38): double-blind, randomised controlled trial. Lancet. 2009;373(9665):723-31.
8. Steg PG, James S, Harrington RA, Ardissino D, Becker RC, Cannon CP, et al. Ticagrelor versus clopidogrel in patients with ST-elevation acute coronary syndromes intended for reperfusion with primary percutaneous coronary intervention: A Platelet Inhibition and Patient Outcomes (PLATO) trial subgroup analysis. Circulation. 2010;122(21):2131-41.
9. Giraldez RR, Nicolau JC, Corbalan R, Gurfinkel EP, Juarez U, Lopez-Sendon J, et al. Enoxaparin is superior to unfractionated heparin in patients with ST elevation myocardial infarction undergoing fibrinolysis regardless of the choice of lytic: an ExTRACT-TIMI 25 analysis. Eur Heart J. 2007;28(13):1566-73.

64

Síndrome coronária aguda em situações especiais

Alexandre de Matos Soeiro
Aline Siqueira Bossa
Ilma da Silva Santos

Idosos

Introdução

- Em idosos acima de 75 anos de idade, nas apresentações agudas da doença arterial coronária (DAC), há predominância das síndromes coronárias sem supradesnivelamento do segmento ST (SCASSST) sobre as síndromes coronarianas com supradesnivelamento do segmento ST (SCACSST). Além disso, a anatomia coronária também difere de pacientes mais jovens, com maior número de lesões coronarianas presentes.
- A idade é um forte preditor de eventos adversos em pacientes com síndrome coronária aguda (SCA), porém empregam-se menos medicações ou tratamento invasivo entre os pacientes idosos com SCA.
- As possíveis razões para o subtratamento frequente podem estar relacionadas à dificuldade no reconhecimento da SCA (há mais apresentações atípicas da DAC no idoso), bem como ao menor número de ensaios clínicos nesse grupo de pacientes.
- No entanto, quanto mais idoso o paciente, maior a mortalidade esperada nas SCA e, portanto, maior benefício dos tratamentos em termos de redução de mortalidade, tanto proporcional quanto absoluta.
- Decisões quanto ao manejo invasivo das SCASSST em pacientes idosos devem ser individualizadas com base no risco de sangramento e em critérios clínicos, como expectativa de vida, comorbidades, qualidade de vida, desejo do paciente e risco/benefício da revascularização.

Recomendações

- A estratificação pode e deve ser realizada igualmente em pacientes não idosos, e todas as principais classificações de risco de eventos e morte utilizadas, como TIMI-Risk Score ou GRACE, podem ser aplicadas nesse grupo de pacientes. O mesmo se aplica aos escores de risco de sangramento.
- Ácido acetilsalicílico deve ser administrado a todos os pacientes idosos nas doses usuais.
- A dupla antiagregação plaquetária deve ser empregada rotineiramente. No entanto, ressalta-se que, a partir de 75 anos, o prasugrel não seja mais recomendado e que a dose de ataque de clopidogrel também não seja empregada rotineiramente em determinadas situações.
- Em relação à anticoagulação, também podem ser utilizadas todas as medicações disponíveis. É importante avaliar a função renal para correção de doses e, caso o risco de sangramento seja elevado, pode-se considerar melhor opção o fondaparinux. Além disso, a dose de enoxaparina deve ser ajustada acima de 75 anos, sendo administrada 75% da dose habitual (0,75 mg/kg a cada 12 h).
- Nenhum estudo específico avaliou o uso de trombolíticos em pacientes idosos com mais de 75 anos. O uso da terapia fibrinolítica no idoso é baseado na análise de subgrupos de estudos randomizados. De acordo com a última diretriz brasileira sobre SCACSST, o fibrinolítico mais seguro e de primeira escolha em pacientes com mais de 75 anos é a estreptoquinase.
- Evidências da literatura apontam resultados mais favoráveis com intervenção coronária percutânea (ICP) em idosos, mas existem poucas informações sobre pacientes com mais de 80 anos de idade.
- Quando o risco de sangramento for alto, mas o paciente apresenta SCASSST de moderado/baixo risco, opta-se preferencialmente por estratificação não invasiva.
- Para pacientes idosos portadores de SCACSST, sempre que disponível, opta-se por encaminhamento para o setor de hemodinâmica para realização de angioplastia coronariana primária. Se o risco de sangramento for elevado, evita-se a administração de ataque de clopidogrel na dose de 600 mg.
- Sempre se dá preferência à via radial para realização da punção arterial, visto ser a via de menos complicações hemorrágicas.
- Em todos os pacientes com mais de 65 anos de idade, como rotina da unidade, a profilaxia para nefropatia por contraste é obrigatória com solução fisiológica, desde que não haja congestão pulmonar.

SCACSST: síndrome coronária aguda sem supradesnivelamento do segmento ST.

Diabéticos

Introdução

- Aproximadamente 20-37% dos pacientes com síndrome coronária aguda (SCA) têm diabete melito (DM), e muitos, apesar de o possuírem, ainda não sabem do diagnóstico até a apresentação da doença coronária.
- Geralmente, o paciente com DM é mais idoso, com maior prevalência em mulheres e com comorbidades agregadas, como hipertensão, obesidade, insuficiência renal crônica e dislipidemia.
- Na vigência de SCA, a maioria dos pacientes com DM tem a mesma apresentação clínica de pacientes sem a doença. No entanto, o paciente diabético entra no grupo de doentes que, com mais frequência, apresentam sintomas atípicos de doença arterial coronária, como dor epigástrica, dores em pontada, empachamento, dor pleurítica, síncope e dispneia.
- Aproximadamente 15% dos pacientes com SCA não apresentam lesões coronárias obstrutivas compatíveis com a apresentação clínica. Especificamente no paciente com DM, é comum o diagnóstico de angina variante ou síndrome X, caracterizada por alterações endoteliais em microvasculatura coronária. No entanto, tal diagnóstico só é possível após estratificação coronária invasiva.

Recomendações

- A terapêutica medicamentosa deve seguir as mesmas orientações de pacientes sem DM.
- O paciente com DM é considerado de alto risco e, em casos de SCASSST, de preferência deve ser encaminhado à realização de estratégia invasiva precoce.
- Em SCASSST, quando o padrão arterial coronário for triarterial ou com lesão em tronco de coronária esquerda, preferencialmente indica-se cirurgia de revascularização miocárdica.
- Em SCACSST, o tratamento deve seguir as mesmas condutas de pacientes sem DM, inclusive com a orientação de abordagem da artéria culpada por angioplastia primária.
- Rotineiramente, utiliza-se *stent* convencional. Em casos selecionados, o *stent* farmacológico pode ser utilizado.
- A medicação hipoglicemiante oral deve ser suspensa, sendo utilizada insulina regular subcutânea a ser corrigida conforme glicemia, com o intuito de manter a glicemia sérica menor que 180 mg/dL.
- Quando o paciente faz uso crônico de insulina NPH, ela deve ser mantida, com exceção no momento do cateterismo, pelo risco de hipoglicemia associada ao jejum.
- Em todos os pacientes com DM, a profilaxia para nefropatia com contraste deve ser realizada por meio de hidratação com solução fisiológica por 24 h antes e depois do procedimento invasivo. O uso de contraste de baixa osmolaridade ou isosmolar somente é solicitado em caso de insuficiência renal crônica associada.

DM: diabete melito; SCACSST: síndrome coronária aguda sem supradesnivelamento do segmento ST.

Insuficiência renal crônica

Introdução

- O risco de doença aterosclerótica aumenta progressivamente à medida que cai o índice de filtração glomerular e aumentam os valores dosados de microalbuminúria.
- Doença aterosclerótica das artérias coronárias é comum, mais extensa e instável em pacientes portadores de IRC. Na evolução da nefropatia, no momento da indicação da diálise, 70% dos pacientes são portadores de DAC.
- Pacientes nefropatas têm maior tendência a fenômenos trombóticos, tendo em vista a atividade aumentada de trombina induzida pela uremia, assim como a diminuição da fração circulante de proteína C, principalmente em portadores de proteinúria. Sabe-se, também, que há maior agregabilidade e adesão plaquetária.
- Na grande maioria dos casos, sua primeira apresentação é SCA, que tende a ser mais grave e ter alta taxa de mortalidade.
- Um número pequeno de estudos sobre SCA inclui em sua população analisada portadores de IRC e dialíticos. Dessa forma, há pouca evidência dos benefícios de alguns novos tratamentos anticoagulantes e antiagregantes. Entretanto, com monitorização e ajustes de doses, a maioria dos medicamentos utilizados em SCA tem índice de segurança e benefício consideráveis.
- Na avaliação do paciente com suspeita ou diagnóstico de SCA, o uso de biomarcadores é mais complexo em portadores de IRC. A troponina é o biomarcador de escolha e, apesar de alta sensibilidade para IAM, pode também estar elevada em outras situações associadas à doença renal crônica. Apesar da dificuldade de interpretação, sua elevação tem relação direta com mortalidade e risco elevado de eventos maiores.

DAC: doença arterial coronária; IAM: infarto agudo do miocárdio; IRC: insuficiência renal crônica; SCA: síndrome coronária aguda.

Recomendações

- Em pacientes portadores de SCACSST, não há comprovação de risco maior de sangramento em pacientes dialíticos submetidos à trombólise. Dessa forma, a indicação do uso do trombolítico não deve ser postergada nessa população. Da mesma maneira, a ICP primária também não deve ser postergada em hipótese nenhuma.
- Os riscos de morte/eventos coronários e de sangramento são calculados seguindo a mesma rotina e os escores aplicados em todos os outros pacientes.
- Um escore multivariado foi desenvolvido para predizer o risco de desenvolver nefropatia por contraste após intervenção coronária percutânea. Tal escore encontra-se descrito na Tabela a seguir.

(continua)

Recomendações (*continuação*)

- Uma vez que há o diagnóstico de SCA, o tratamento indicado deve ser estabelecido por completo, com AAS, tienopiridínicos, terapia anticoagulante, betabloqueadores e, em alguns casos, inibidores da glicoproteína IIb-IIIa, salvo contraindicações específicas.
- Podem ser usados clopidogrel, prasugrel ou ticagrelor em suas doses habituais.
- A HNF tem metabolização principalmente hepática e pode ser utilizada com segurança em pacientes portadores de IRC em diversos estágios, assim como dialíticos.
- A enoxaparina é metabolizada nos rins e, portanto, seu uso depende de ajuste para a função renal. Não é necessário monitoração com TTPA. Contudo, em pacientes com insuficiência renal (*clearance* de creatinina < 30 mL/min), deve-se solicitar o anti-Xa, ajustando-se a dose de acordo com o resultado, e iniciar a dose de 1 mg/kg/dia, que deve ser mantida por 8 dias, até a alta hospitalar ou até a angioplastia.
- O fondaparinux, um inibidor indireto do fator Xa, é metabolizado nos rins, e seu uso mostrou benefícios em pacientes com alto risco de sangramento. Em pacientes nefropatas, a taxa de eventos adversos maiores foi menor quando comparada à enoxaparina, mas à custa de menor taxa de sangramento. Também é contraindicado em pacientes com *clearance* de creatinina < 20 mL/min.
- Para pacientes com SCASSST de alto risco (principalmente aqueles com elevação significativa de troponina, alteração dinâmica do segmento ST e dor recorrente) e IRC, opta-se pela estratificação invasiva em até 24 h, desde que a função renal esteja estabilizada (caso se observe a presença de insuficiência renal aguda, o exame deve ser postergado até que medidas sejam tomadas e a função renal esteja normalizada).
- Em pacientes de risco moderado/baixo, dá-se preferência à estratificação não invasiva com cintilografia de perfusão miocárdica com estresse farmacológico, minimizando o risco de piora da função renal pela nefropatia induzida por contraste.
- Pacientes portadores de IRC têm risco maior de desenvolver nefropatia induzida pelo contraste, principalmente quando creatinina > 2 mg/dL. Dá-se preferência ao uso de contraste isosmolar, de baixa osmolaridade ou não iônico, atentando-se para utilizar o menor volume necessário para a realização do exame e da intervenção percutânea.
- A profilaxia para nefropatia induzida pelo contraste, preferencialmente, é realizada com hidratação endovenosa com solução fisiológica (1 mL/kg/h, 12 h antes e 12 h depois do procedimento). Para pacientes que não toleram a infusão de volume, opta-se por infusão de bicarbonato de sódio 8,4%, 150 mL + água destilada 850 mL. Tal solução deve ser infundida a 3 mL/kg/h, 1 h antes, e 1 mL/kg/h, 6 h após o procedimento. É utilizado, preferencialmente, contraste não iônico isosmolar, em quantidade reduzida (< 3 mL/kg). Nessas situações, evita-se a realização de ventriculografia.
- Em pacientes com IRC, aguardam-se 48 h após a ICP para observar/descartar a ocorrência de nefropatia induzida pelo contraste. Quando a piora de função renal observada for precoce (< 48 h), devem-se avaliar outros fatores causais para tal achado (choque hemodinâmico, hipovolemia, uso de medicações nefrotóxicas, ateroembolia, infecções etc.).

(continua)

Recomendações (*continuação*)

- Em pacientes dialíticos, a estratégia invasiva deve ser a primeira escolha, uma vez que o risco relacionado à nefropatia induzida pelo contraste torna-se irrelevante. Além disso, os poucos estudos realizados mostraram alto índice de resultados falsos negativos em testes não invasivos nessa população.
- No paciente dialítico, caso não se encontre hipervolêmico, o exame deve ser priorizado. Naqueles com hipervolemia evidente e dificuldade de tolerar decúbito para realização do cateterismo cardíaco, deve-se realizar diálise estendida/lenta antes do procedimento.
- O fluxograma de manejo e atendimento de pacientes com IRC na Unidade de Emergência do InCor-HCFMUSP encontra-se na Figura 1.

ICP: intervenção coronária percutânea; IRC: insuficiência renal crônica;

Escore proposto por Mehran et al. para estimativa de risco de nefropatia induzida por contraste e necessidade de diálise

Fator de risco	Pontos
Hipotensão	5
Uso de balão intra-aórtico	5
Insuficiência cardíaca CF III/IV	5
Idade > 75 anos	4
Anemia	3
Diabetes	3
Volume de contraste	1 para cada 100 mL
Creatinina > 1,5 mg/dL	4*
TFG 40-60 mL/min/1,73 m^2	2*
TFG 20-40 mL/min/1,73 m^2	4*
TFG < 20 mL/min/1,73 m^2	6*

Soma dos pontos	Risco de NIC	Risco de diálise
≤ 5	7,5%	0,04%
6-10	14%	0,12%
11-16	26,1%	1,09%
≥ 16	57,3%	12,6%

* Pontos não cumulativos. CF: classe funcional (New York Heart Association); NIC: nefropatia induzida por contraste; TFG: taxa de filtração glomerular.

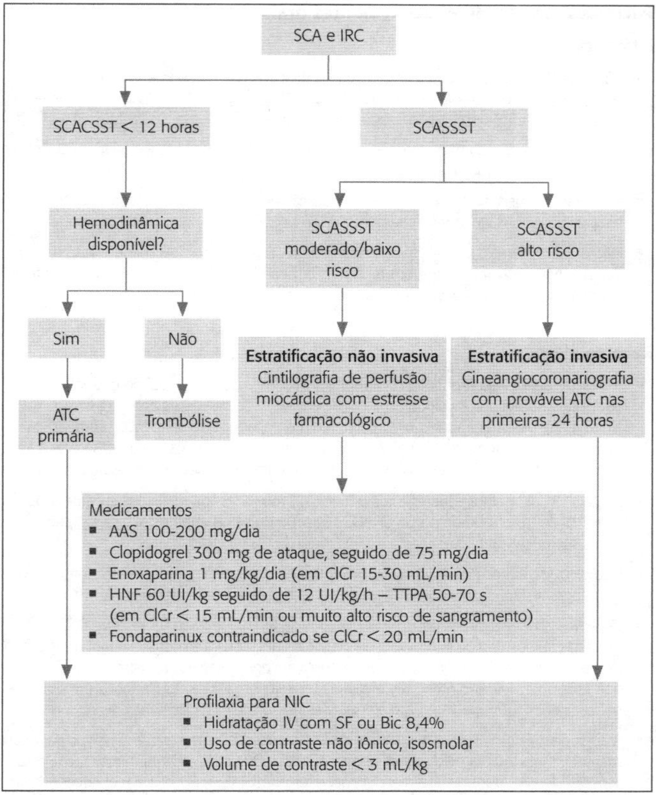

Figura 1 Manejo do paciente portador de IRC e SCA na Unidade de Emergência do InCor-HCFMUSP. ATC: angioplastia coronária; Bic: bicarbonato de sódio; ClCr: *clearance* de creatinina; HNF: heparina não fracionada; IRC: insuficiência renal crônica; IV: intravenoso; SCA: síndrome coronária aguda; SCACSST: síndrome coronária aguda com supradesnivelamento do segmento T; SCASSST: síndrome coronária aguda sem supradesnivelamento do segmento ST; SF: soro fisiológico.

Pacientes em uso de anticoagulantes orais

Introdução

- Cerca de 6-8% dos pacientes com SCA têm indicação de receber terapia anticoagulante crônica em razão de comorbidades, como fibrilação atrial (FA), próteses valvares metálicas ou tromboembolismo venoso.
- A dupla antiagregação não protege o paciente com FA de acidente vascular encefálico (AVE) ou eventos tromboembólicos.
- No entanto, a associação da dupla antiagregação com a anticoagulação crônica (tripla terapia) é responsável por um aumento de 3-4 vezes nos sangramentos maiores.
- Não existem estudos que tenham comparado o risco/benefício da manutenção da dupla antigregação por 1 ano em pacientes com anticoagulação crônica, em pacientes com FA ou com próteses valvares metálicas que apresentaram SCA.

Recomendações

- A tripla terapia é recomendada como tratamento ideal na fase inicial de pacientes com SCA submetidos à colocação de *stent* e com necessidade de anticoagulação oral. No entanto, para minimizar o risco de sangramento, a tripla terapia deve ser realizada durante o menor tempo possível. A aspirina pode ser mantida na dose de 81 mg, e a monitorização cuidadosa do INR para mantê-lo entre 2-2,5 deve ser realizada.
- Na decisão da melhor estratégia terapêutica, é preciso sempre levar em consideração os riscos de tromboembolismo (CHADS2-Vasc) e de sangramento (p. ex., avaliado pelo escore HAS-BLED).
- Não existem estudos de segurança com o ticagrelor ou prasugrel; portanto, somente o clopidogrel está indicado como segundo antiagregante na tripla terapia.
- Os novos anticoagulantes devem ser evitados na terapia tripla, uma vez que não existem estudos de segurança. Quando testados após SCA (em dose inferior àquela indicada para FA), em associação com a dupla antiagregação, demonstraram aumento dos sangramentos. São proscritos em tripla terapia pelo FDA, mas liberados pra uso pela Sociedade Europeia de Cardiologia, mesmo sem evidências concretas para isso.
- A angioplastia com *stent* convencional deve ser preferida, sempre que possível, para manter a tripla terapia pelo menor tempo possível. O uso de *stent* farmacológico pode ser considerado, porém somente em pacientes com HAS-BLED < 2 e real necessidade clínica ou anatômica que justifique o seu uso (lesões extensas, vasos pequenos, diabete melito etc.).
- Na fase aguda da SCA, o uso de varfarina deve ser suspenso. No caso da varfarina, deve-se aguardar INR < 2 para iniciar anticoagulação plena com heparina ou fondaparinux. Nos pacientes em uso de novos anticoagulantes, o tempo mínimo é de 24-48 h ou mais quando o *clearance* de creatinina for < 50 mL/min.

(continua)

Recomendações (*continuação*)

- Em pacientes com valores de INR muito elevados, o uso de vitamina K, 10 mg via oral ou endovenosa a cada 12 h, pode ser considerado. Plasma fresco congelado é formalmente contraindicado nessa situação em razão do seu elevado potencial pró-trombótico. O cateterismo cardíaco em SCASSST somente é realizado quando o INR estiver menor que 1,5.
- Caso seja necessária a realização de ICP de urgência em vigência do uso de anticoagulantes orais, deve-se dar preferência ao acesso radial.
- No caso de pacientes em uso de novos anticoagulantes orais, não havendo urgência, o período ideal para iniciar anticoagulação plena endovenosa ou subcutânea e/ou realizar o cateterismo cardíaco com segurança depende do medicamento cronicamente utilizado e da função renal (ver Tabela "Tempo ideal de suspensão dos novos anticoagulantes orais antes de cateterismo de acordo com a função renal").
- Como cerca de metade dos sangramentos espontâneos ocorre no trato gastrointestinal, um inibidor de bomba de prótons deve ser prescrito para todos.
- Em pacientes nos quais se optou pelo tratamento clínico ou cirúrgico da doença coronária aguda, recomenda-se a manutenção do anticoagulante oral associado a apenas um antiagregante plaquetário (aspirina na dose de 81 mg).
- Nos pacientes com FA e CHADS-Vasc < 2, pode-se suspender o anticoagulante oral durante o período em que o paciente estiver recebendo a dupla antiagregação plaquetária após angioplastia coronária com *stent*.
- Quando a anticoagulação oral é realmente necessária (tromboembolismo venoso recente, próteses valvares metálicas e/ou FA e CHADS-Vasc > 2), e o paciente em vigência de SCA foi submetido à ICP com colocação de *stent*, as diretrizes europeia e norte-americana divergem quanto à melhor estratégia. O esquema de terapia antiplaquetária e anticoagulante sugerido encontra-se na Tabela "Resumo das condutas adotadas em pacientes com SCA e uso de anticoagulantes orais na Unidade de Emergência do InCor-HCFMUSP".
- Após o cateterismo, o retorno da anticoagulação plena com heparina não fracionada, enoxaparina ou fondaparinux somente é realizado após 6 h da retirada do introdutor femoral ou da pulseira radial, desde que não tenham ocorrido complicações hemorrágicas (hematomas, fístulas arteriovenosas, pseudoaneurismas, sangramentos). O retorno da varfarina somente deve ser indicado quando o paciente encontra-se hemodinamicamente estável, sem possibilidade de novos procedimentos durante a internação e com possibilidade de alta já programada.

ICP: intervenção coronária percutânea; SCA: síndrome coronária aguda.

Tempo ideal de suspensão dos novos anticoagulantes orais antes de cateterismo cardíaco de acordo com a função renal

Função renal/medicamento	Dabigatrana	Rivaroxabana/apixabana
ClCr ≥ 80 mL/min	≥ 24 h	≥ 24 h
ClCr entre 50-80 mL/min	≥ 36 h	≥ 24 h
ClCr entre 30-50 mL/min	≥ 48 h	≥ 24 h
ClCr entre 15-30 mL/min	NI	≥ 36 h
ClCr ≤ 15 mL/min	NI	NI

ClCr: *clearance* de creatinina; NI: uso não indicado.

Resumo das condutas adotadas em pacientes com SCA e uso de anticoagulantes orais na Unidade de Emergência do InCor-HCFMUSP

Tratamento	Situação clínica/risco de sangramento	HAS-BLED ≤ 2	HAS-BLED > 2
ICP com *stent*	TVE recente, próteses valvares metálicas e/ou FA + CHADS-Vasc ≥ 2	▪ *Stent* convencional ou farmacológico ▪ Tripla terapia por 6 meses. Suspender um antiagregante após esse período ▪ 2,0 < INR < 2,5	▪ *Stent* convencional ▪ Tripla terapia por 1 mês. Suspender um antiagregante após esse período ▪ 2,0 < INR < 2,5
	FA + CHADS-Vasc < 2	▪ *Stent* convencional ou farmacológico ▪ Prescrever AAS + clopidogrel por 1-6 meses ▪ Após esse período, retornar o uso de varfarina e suspender um dos antiagre-gantes	▪ *Stent* convencional ▪ Prescrever AAS + clopidogrel por 1 mês ▪ Após esse período, retornar o uso de varfarina e suspender um dos antiagregantes
CRM/clínico	Não relevante	Varfarina + AAS	

AAS: ácido acetilsalicílico; CRM: cirurgia de revascularização miocárdica; FA: fibrilação atrial; ICP: intervenção coronária percutânea; SCA: síndrome coronária aguda; TVE: tromboembolismo venoso.

Bibliografia recomendada

1. Alexander KP, Newby LK, Cannon CP, Armstrong PW, Gliber WB, Rich MW, et al. Acute coronary care in the elderly. Part I: Non-ST-segment-elevation acute coronary syndromes: a scientific statement for healthcare professionals from the American Heart Association Council on Clinical Cardiology: in collaboration with the Society of Geriatric Cardiology. Circulation. 2007;115:2549-69.
2. Alexander KP, Roe MT, Chen AY, Lytle BL, Pollack CV, Foody JM, et al. Evolution in cardiovascular care for elderly patients with non-ST-segment elevation acute coronary syndromes. J Am Coll Cardiol. 2005;46(8):1479-87.
3. Lee PY, Alexander KP, Hammill BG, Pasquali SK, Peterson ED. Representation of elderly persons and women in published randomized trials of acute coronary syndromes. JAMA. 2001;286(6):708-13.
4. Hamm CW, Bassand J, Agewall S, Bax J, Boersma E, Buena H, et al. ESC guidelines for the management of acute coronary syndromes in patients presenting without persistent ST-segment elevation. Eur Heart J. 2011;32:2999-3054.
5. Dotevall A, Hasdai D, Wallentin L, Battler A, Rosengren A. Diabetes mellitus: clinical presentation and outcome in men and women with acute coronary syndromes. Data from the Euro Heart Survey ACS. Diabet Med. 2005;22:1542-50.
6. Jneid H, Anderson JL, Wright RS, Adams CD, Bridges CR, Casey Jr DE, et al. 2012 ACCF/AHA focused update of the guideline for the management of patients with unstable angina/non-S-T-elevation myocardial infarction (updating the 2007 guideline and replacing the 2011 focused update): a report of the American College of Cardiology Foundation/American Heart Association Task Force on Practice Guidelines. Circulation. 2012;126:875-910.
7. Gualandro DM, Azevedo FR, Calderaro D, Marcondes-Braga FG, Caramelli B, Schaan BD, et al. I Diretriz sobre aspectos específicos de diabetes melito (tipo 2) relacionados à cardiologia. Arq Bras Cardiol. 2014;102(5 suppl 1):1-30.
8. Serrano Jr CV, Fenelon G, Soeiro AM, Nicolau JC, Piegas LS, Montenegro ST, et al. Sociedade Brasileira de Cardiologia. Diretrizes brasileiras de antiagregantes plaquetários e anticoagulantes em cardiologia. Arq Bras Cardiol. 2013;101(3 suppl 3):1-93.
9. Narala KR, Hassan S, LaLonde TA, McCullough PA. Management of coronary atherosclerosis and acute coronary syndromes in patients with chronic kidney disease. Curr Probl Cardiol. 2013;38:165-206.
10. Lamberts M, Gislason GH, Olesen JB, Kristensen SL, Olsen AS, Mikkelsen A, et al. Oral anticoagulation and antiplatelets in atrial fibrillation patients after myocardial infarction and coronary intervention. J Am Coll Cardiol. 2013;62:981-9.
11. Oldgren J, Wallentin L, Alexander JH, James S, Nelid BJ, Steg G, et al. New oral anticoagulants in addition to single or dual antiplatelet therapy after an acute coronary syndrome: a systematic review and meta analysis. Eur Heart J. 2013;34:1670-80.

65

Avaliação de risco de sangramento em síndrome coronária aguda

Alexandre de Matos Soeiro

Introdução

- Sangramento é a complicação não isquêmica mais comum em pacientes com síndrome coronária aguda (SCA).
- Existe uma importante associação entre sangramento e risco de morte ou outros eventos isquêmicos. Sangramento maior está associado a um risco quatro vezes maior de morte, cinco vezes maior de reinfarto e três vezes maior de acidente vascular cerebral. A necessidade de suspensão de medicações antiplaquetárias ou antitrombóticas, quando o sangramento ocorre, aumenta consideravelmente o risco de novos eventos isquêmicos, principalmente a trombose de *stent*.
- Outros fatores podem contribuir para o elevado risco de morte em pacientes com sangramentos, como instabilidade hemodinâmica associada, efeitos deletérios da transfusão sanguínea e estado protrombótico e proinflamatório desencadeado pelo sangramento.
- Doses excessivas de medicações antiplaquetárias ou antitrombóticas não ajustadas de acordo com idade e função renal têm grande impacto no risco de sangramento em SCA.

Escores de sangramento

- Todos os pacientes com SCA devem ter seu risco de sangramento avaliado na chegada ao setor de emergência com aplicação de algum escore (Crusade ou Roxana).
- O escore Crusade (*The Can Rapid risk stratification of Unstable angina patients Suppress ADverse outcomes with Early implementation of the ACC/AHA guidelines bleeding score*) foi publicado em 2009 e validado em coorte prospectiva de 17.857 pacientes com SCA sem supradesnivelamento de ST, e avalia o risco de sagramento e mortalidade associada durante a internação (Tabela "Algoritmo utilizado pelo escore Crusade para predizer risco de sangramento intra-hospitalar" e Figura 1).

(continua)

Escores de sangramento (*continuação*)

- O escore Roxana foi publicado em 2010 após análise retrospectiva de 13.819 pacientes com SCA, com e sem supradesnivelamento de ST, incluídos nos estudos ACUITY e HORIZONS-AMI. Ele avalia o risco de sangramento em 30 dias e mortalidade em 1 ano (Tabela "Algoritmo utilizado pelo escore Roxana para predizer risco de sangramento em 30 dias").

Algoritmo utilizado pelo escore Crusade para predizer risco de sangramento intra-hospitalar

Preditor	Pontos
Hematócrito (%)	
▪ < 31	9
▪ 31-33,9	7
▪ 34-36,9	3
▪ 37-39,9	2
▪ ≥ 40	0
Clearance de creatinina (mL/min)	
▪ ≤ 15	39
▪ 15-30	35
▪ 30-60	28
▪ 60-90	17
▪ 90-120	7
▪ > 120	0
Frequência cardíaca (bpm)	
▪ ≤ 70	0
▪ 71-80	1
▪ 81-90	3
▪ 91-100	6
▪ 101-110	8
▪ 111-120	10
▪ ≥ 121	11

(continua)

Algoritmo utilizado pelo escore Crusade para predizer risco de sangramento intra-hospitalar *(continuação)*

Preditor	Pontos
Sexo	
▪ Masculino	0
▪ Feminino	8
Sinais de insuficiência cardíaca	
▪ Não	0
▪ Sim	7
Antecedente de doença vascular*	
▪ Não	0
▪ Sim	6
Diabete melito	
▪ Não	0
▪ Sim	6
Pressão arterial sistólica (mmHg)	
▪ ≤ 90	10
▪ 91-100	8
▪ 101-120	5
▪ 121-180	1
▪ 181-200	3
▪ ≥ 201	5
Risco de sangramento maior (pontos)	
▪ ≤ 20	Muito baixo
▪ 21-30	Baixo
▪ 31-40	Moderado
▪ 41-50	Alto
▪ > 50	Muito alto

* Insuficiência arterial periférica ou acidente vascular cerebral.

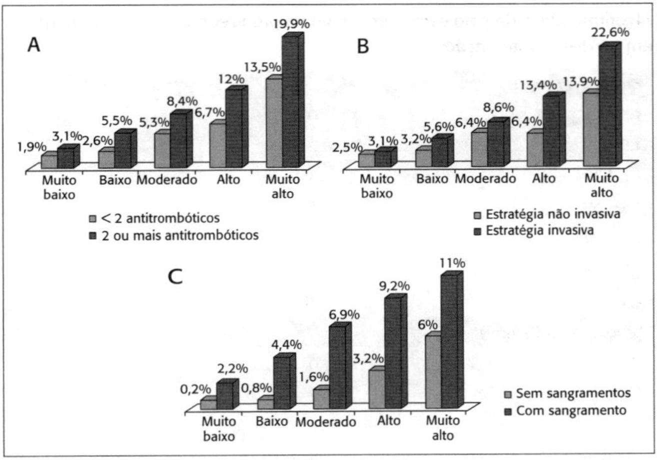

Figura 1 Risco de sangramento. (A) Associado ao uso de 2 ou mais antitrombóticos em pacientes classificados de acordo com o escore Crusade; (B) Associado ao tipo de estratificação coronária em pacientes classificados de acordo com o escore Crusade e em uso de 2 ou mais antitrombóticos; (C) Mortalidade intra-hospitalar em pacientes que apresentam ou não sangramentos maiores de acordo com o escore Crusade.

Algoritmo utilizado pelo escore Roxana para predizer risco de sangramento em 30 dias

Sexo	
Masculino	0
Feminino	8
Idade (anos)	
< 50	0
50-59	3
60-69	6
70-79	9
> 80	12

(continua)

Algoritmo utilizado pelo escore Roxana para predizer risco de sangramento em 30 dias *(continuação)*

Creatinina (mg/dL)	
< 1,0	0
1,0-1,19	2
1,2-1,39	3
1,4-1,59	5
1,6-1,79	6
1,8-1,99	8
≥ 2,0	10
Leucócitos ($10^3/mm^3$)	
< 10	0
10-12	2
12-14	3
14-16	5
16-18	6
18-20	8
≥ 20	10
Anemia	
Não	0
Sim	6
Apresentação	
IAMCSST	6
IAMSSST	2
Angina instável	0
Medicações antitrombóticas	
Heparina + IGP IIb-IIIa	0
Bivalirrudina	–5

(continua)

Algoritmo utilizado pelo escore Roxana para predizer risco de sangramento em 30 dias *(continuação)*

Risco de sangramento maior (pontos)	
< 10	Baixo
10-14	Moderado
15-19	Alto
≥ 20	Muito alto

IAMCSST: infarto agudo do miocárdio com supradesnivelamento de ST; IAMSSST: infarto agudo do miocárdio sem supradesnivelamento de ST; IGP IIb-IIIa: inibidor de glicoproteína IIb-IIIa.

Aplicação de medicações e procedimentos em pacientes com SCA e alto risco de sangramento (Figura 2)

- Não existem estudos específicos que avaliem a utilização da dupla antiagregação plaquetária ou agentes antitrombóticos em pacientes com alto risco de sangramento.
- Em pacientes já em uso de dupla antiagregação plaquetária, a utilização de inibidor de glicoproteína IIb-IIIa pode ser recomendada em caso de muito alto risco isquêmico (troponina elevada ou presença de trombo intracoronário) se o risco de sangramento for baixo.
- Em pacientes com SCA, com ou sem supradesnivelamento de ST, quando o risco de sangramento é alto, evita-se a administração de ataque de 600 mg de clopidogrel.
- Em SCA sem supradesnivelamento de ST, a utilização de fondaparinux mostrou-se mais segura e com mesma eficácia que a enoxaparina e deve ser utilizada como primeira escolha em pacientes com alto risco de sangramento.
- A utilização de *stents* farmacológicos nesse grupo de pacientes pode ser considerada, porém devem ser avaliadas junto ao risco de sangramento as características individuais associadas a comorbidades e anatomia coronária, e pesados os seus riscos e benefícios.
- Em pacientes considerados de alto risco de sangramento, quando possível, a via radial deve ser preferencialmente utilizada, em vez da via femoral.
- Em SCA sem supradesnivelamento de ST de alto risco de eventos e alto risco de sangramento, os pacientes recebem aspirina 200-300 mg, clopidogrel 300 mg e fondaparinux 2,5 mg na chegada. A realização de cineangiocoronariografia é priorizada nesses casos e praticada de maneira precoce, ainda nas primeiras horas da chegada ao setor.
- Quando se trata de caso cirúrgico, o paciente é mantido com aspirina e fondaparinux e o clopidogrel é suspenso imediatamente.

- Em SCA sem supradesnivelamento de ST de médio/baixo risco de eventos e alto risco de sangramento, os pacientes recebem aspirina 200-300 mg, clopidogrel 300 mg e fondaparinux 2,5 mg na chegada. A realização de estratégia não invasiva é a primeira opção nesses casos e deve ser efetuada após, no mínimo, 24 h, certificando-se de que os marcadores de necrose miocárdica estejam negativos.
- Quando o risco de sangramento for baixo ou moderado, todos os pacientes recebem à chegada no setor de emergência aspirina, clopidogrel e enoxaparina. A estratégia invasiva precoce passa a ser preferência em todos os pacientes no InCor-HCFMUSP.
- Em todos os pacientes com SCA, as doses das medicações antiplaquetárias e antitrombóticas são corrigidas de acordo com a idade e a função renal, seguindo as orientações vigentes em diretrizes.

SCA: síndrome coronária aguda.

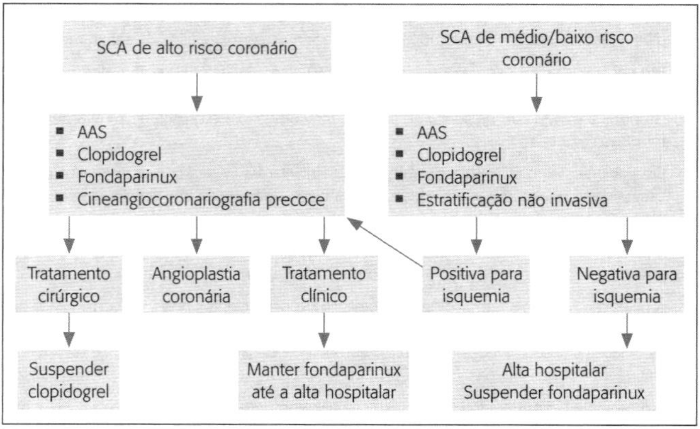

Figura 2 Estratégia adotada no setor de emergência do InCor-HCFMUSP em pacientes com SCA sem supradesnivelamento de ST de alto risco de sangramento. AAS: ácido acetilsalicílico; SCA: síndrome coronária aguda.

Tratamento de sangramentos em pacientes com SCA

- Em pacientes com SCA e risco elevado de sangramento ou antecedentes de úlcera péptica, o uso de inibidores de bomba de prótons é indicado, mesmo naqueles em uso de clopidogrel. Não há evidências concretas de que a interação entre inibidores de bombas de prótons e clopidogrel possa agravar desfechos clínicos.
- Sangramentos menores, de maneira geral, não necessitam de interrupção do tratamento para SCA.
- Em sangramentos maiores, como hemorragias digestivas altas, intracranianos, retroperitoneais ou qualquer outro com perda sanguínea elevada, a suspensão ou reversão do efeito das medicações antiplaquetárias e/ou antitrombóticas deve ser realizada quando eles não puderem ser controlados com hemostasia rápida e adequada.
- Deve-se evitar a transfusão de hemoderivados, a menos que haja instabilidade hemodinâmica associada ao sangramento ou em pacientes com hemoglobina menor que 7 g/dL ou hematócrito menor que 25%.
- Especificamente em paciente que apresenta hemorragia digestiva alta por úlcera gástrica, a suspensão da aspirina deve ser realizada com possível reintrodução antes da alta hospitalar ou no acompanhamento ambulatorial.

SCA: síndrome coronária aguda.

Bibliografia recomendada

1. Steg G, James SK, Atar D, Badano LP, Blomstrom-Lundqvist C, Borger MA, et al. ESC Guidelines for the management of acute myocardial infarction in patients presenting with ST-segment elevation. The task force on the management of ST-segment elevation acute myocardial infarction of the European Society of Cardiology (ESC). European Heart J. 2012;33:2569-619.
2. Hamm CW, Bassand J, Agewall S, Bax J, Boersma E, Bueno H, et al. ESC Guidelines for the management of acute coronary syndromes in patients presenting without persistent ST-segment elevation. The task force for the management of acute coronary syndromes (ACS) in patients presenting without persistent ST-segment elevation of the European Society of Cardiology (ESC). European Heart J. 2011;32:2999-3054.
3. Jneid H, Anderson Jl, Wright RS, Adams CD, Bridges CR, Casey DE, et al. 2012 accf/aha focused update of the guideline for the management of patients with unstable angina/non ST-elevation myocardial infarction (updating the 2007 guideline and replacing the 2011 focused update): a report of the American College of Cardiology Foundation/American Heart Association Task Force on Practice Guidelines. Circulation. 2012;126:875-910.
4. Subherwal S, Bach RG, Chen AY, Gage BF, Rao SV, Newby LK, et al. Baseline risk of major bleeding in non-ST-segment-elevation myocardial infarction: The CRUSADE (Can Rapid risk stratification of Unstable angina patients Suppress ADverse outcomes with Early implementation of the ACC/AHA guidelines) Bleeding Score. Circulation. 2009;119:1873-82.
5. Mehran R, Pocock SJ, Nikolsky E, Clayton T, Dangas GD, Kirtane AJ, et al. A risk score to predict bleeding in patients with acute coronary syndromes. J Am Coll Cardiol. 2010;55:2556-66.

6. Focks JL, Brouwer MA , van Oijen MGH, Lanas A, Bhatt DL, Verheugt FWA. Concomitant use of clopidogrel and proton pump inhibitors: impact on platelet function and clinical outcome – a systematic review. Heart. 2013;99:520-7.
7. Soeiro AM. Avaliação de risco de sangramento em síndrome coronária aguda. In: Soeiro AM, Leal TCAT, Oliveira Jr MT, Filho RK. Manual de condutas práticas da unidade de emergência do InCor. Barueri: Manole; 2015. p.114-21.

66

Manejo das valvopatias na emergência

Tatiana de Carvalho Andreucci Torres Leal

Introdução

- As descompensações valvares são mais frequentes na fase mais evolutiva da doença, quando já estão instalados mecanismos adaptativos de remodelamento e o defeito valvar tem critério de gravidade.
- Descompensações por instalação súbita de lesão valvar regurgitante (aórtica e mitral) que levam à insuficiência cardíaca aguda são graves e, geralmente, necessitam de correção cirúrgica de emergência.
- O exame físico na sala de emergência é de extrema importância para definir a importância do defeito valvar, assim como comorbidades e fatores de descompensação. Entretanto, na vigência da piora clínica aguda, quando associadas a taquiarritmias e ruídos pulmonares, a avaliação torna-se prejudicial e os achados típicos podem ser menos perceptíveis.

Causas mais frequentes de emergências em valvopatias

Valvopatia regurgitante aguda	
Insuficiência mitral aguda	Endocardite infecciosa
	Isquemia/rotura de músculo papilar
	Trauma torácico
	Após valvoplastia mitral (iatrogênica)
Insuficiência aórtica aguda	Endocardite infecciosa
	Dissecção aguda de aorta
	Trauma torácico
	Após valvoplastia aórtica (iatrogênica)/implante transcatéter de bioprótese aórtica
Doença infecciosa	Endocardite infecciosa
	Abscesso do anel valvar
Doença inflamatória	Surto agudo de febre reumática
Doença isquêmica	Isquemia/rotura de músculo papilar
Arritmias	Taquiarritmias (FA predominantemente)
	Bradiarritmias
Evolução natural da valvopatia não tratada	Estenose aórtica Estenose mitral Insuficiência mitral Insuficiência aórtica
Emergências em próteses	
Bioprótese	Rotura de prótese/degeneração estrutural
	Calcificação importante de prótese
Prótese mecânica	Trombose
	Obstrução
	Fratura de disco

Estenose mitral na emergência

- Tem como principal causa a febre reumática, que gera espessamento e imobilidade dos folhetos mitrais, com fusão comissural.
- O portador de estenose mitral (EMi) apresenta-se na emergência com dispneia, desconforto respiratório e, por vezes, edema agudo de pulmão. Palpitações também são sintomas muito frequentes por conta da instabilidade do ritmo atrial. Tontura, sudorese fria e náuseas podem ser sinais de baixo débito.
- Além de sinais de congestão pulmonar, a radiografia de tórax indica coração de tamanho normal, sinal do duplo contorno (aumento do átrio esquerdo) e abaulamento do tronco da pulmonar, indício de hipertensão pulmonar.
- No eletrocardiograma, sinais de sobrecarga do ventrículo direto e do átrio esquerdo são achados mais comuns. Taquiarritmias atriais – sendo a mais comumente encontrada a fibrilação atrial (FA) – são achados também frequentes e fatores importantes para a descompensação.
- O ecocardiograma permite avaliar condições do aparato valvar para se considerar a valvoplastia mitral por cateter-balão (VMCB), segundo o escore de Wilkins-Block, quando ≤ 8.
- O cateterismo com medidas das pressões à direita e à esquerda é usado quando há discordância entre o ecocardiograma e o exame físico.
- O tratamento definitivo é a correção mecânica da estenose, por cirurgia ou VMCB.
- A compensação clínica, por sua vez, permite o controle do desconforto respiratório e o restabelecimento da hemodinâmica adequada.
- Além do manejo da congestão pulmonar com diureticoterapia (furosemida 0,5-1 mg/kg), o controle da frequência cardíaca é o que propicia melhora clínica, por aumentar o tempo de enchimento ventricular e facilitar o esvaziamento atrial. Podem ser usados, por via endovenosa, betabloqueadores (metroprolol, 5 mg, a cada 5 min, dose máxima 15 mg), bloqueadores do canal de cálcio (verapamil, 5-10 mg, em 2 min, com dose adicional de 10 mg, se necessário, ou diltiazem, 0,25 mg/kg, seguidos de 0,35 mg/kg após 15 min, se necessário) e até mesmo amiodarona (quando há aumento considerável do átrio esquerdo e baixo risco de reversão da FA).
- O suporte de oxigênio é prioritário e, em caso de edema agudo de pulmão, o uso de pressão positiva (CPAP) diminui o risco de intubação orotraqueal.
- Todas as mulheres jovens e em período fértil devem ser questionadas sobre gravidez e deve ser colhido BHCG.
- Nos pacientes portadores de FA, a anticoagulação é indicada.
- A VMCB está indicada quando o tratamento clínico é refratário e pode ser usada como ponte para o tratamento definitivo. É contraindicada na presença de trombo atrial e se o escore de Wilkins-Block estiver > 8. Em pacientes com escore 9-11, a indicação pode ser individualizada, dependendo do risco cirúrgico.

- A cirurgia (plastia ou troca valvar) é o tratamento definitivo ideal ou, quando contraindicado, a VMCB. Coronariopatia deve ser investigada antes da cirurgia com cateterismo e, em pacientes jovens, o uso da angiotomografia de coronárias pode ser considerado.

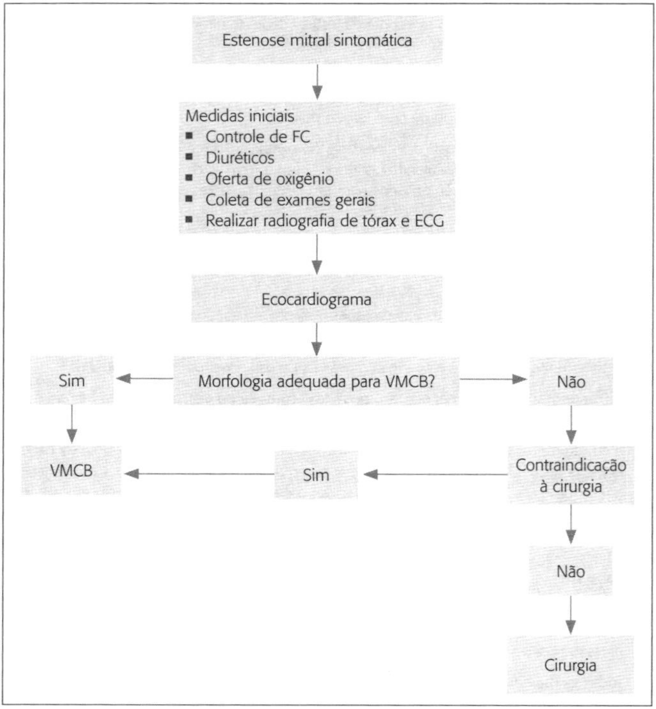

Figura 1 Algoritmo de tratamento de pacientes com estenose mitral. ECG: eletrocardiograma; FC: frequência cardíaca; VMCB: valvoplastia mitral por cateter-balão.

Insuficiência mitral primária na emergência

- Pode ocorrer em pacientes portadores de doença primária da valva mitral (causada por febre reumática ou prolapso da valva mitral) ou decorrente de instalação aguda (causada por isquemia ou rotura do músculo papilar por necrose, endocardite infecciosa, rotura de cordoalha, disfunção de prótese).
- O principal fator de descompensação é a sobrecarga de volume no átrio esquerdo e no ventrículo esquerdo, e a manifestação principal é a congestão pulmonar. Nos pacientes crônicos existe certo grau de remodelamento cardíaco; entretanto, na instalação súbita de insuficiência mitral (IMi), há baixa complacência das câmaras, a manisfestação clínica é mais intensa e, por vezes, associada a baixo débito cardíaco.
- No eletrocardiograma, sinais de sobrecarga do ventrículo esquerdo e do átrio esquerdo são achados mais comuns. Taquiarritmias atriais – sendo a mais comumente encontrada a FA – são achados também frequentes. Sinais de isquemia miocárdica ou áreas inativas podem estar relacionados à etiologia isquêmica.
- O ecocardiograma facilita avaliar a estrutura valvar, assim como o grau de regurgitação, sinais de rotura de cordoalha ou do músculo papilar, repercussões nas pressões de artéria pulmonar e alterações segmentares da contratilidade miocárdica e do músculo papilar. A fração de ejeção pode estar superestimada pela IMi. Em pacientes com suspeita duvidosa de IMi primária, a realização do ecocardiograma transesofágico permite reconhecer melhor o comprometimento do aparato valvar e sinais de degeneração ou prolapso.
- Em IMi crônica, geralmente, os pacientes respondem bem ao tratamento clínico, mas em pacientes com IMi aguda os sintomas tendem a ser refratários pela ausência de dilatação ventricular adaptativa, por isso a indicação cirúrgica torna-se necessária durante a internação ou até mesmo em caráter de emergência.
- A terapêutica farmacológica visa à redução da pós-carga e, dessa forma, à redução do jato regurgitante para o átrio esquerdo (podem ser usados captopril, 25-50 mg, hidralazina, 25-50 mg, ambos por via oral, ou nitroprussiato de sódio endovenoso em caso de maior gravidade). Em IMi aguda por isquemia, devem ser utilizadas a nitroglicerina endovenosa e a diureticoterapia para ajuste da volemia (furosemida, 0,5-1 mg/kg).
- O suporte de oxigênio é prioritário. Em caso de edema agudo de pulmão, o uso de CPAP diminui o risco de intubação orotraqueal.
- Nesses pacientes, não é recomendado o uso rotineiro de betabloqueadores pelo risco de baixo débito cardíaco e choque cardiogênico. Em caso de taquiarritmias atriais, o manejo da frequência cardíaca deve priorizar o controle em torno de 80-100 bpm. O controle excessivo pode levar a comprometimento hemodinâmico por desajuste do mecanismo de compensação.
- Em pacientes com síndrome infecciosa associada deve ser investigada a endocardite.
- IMi por rotura de músculo papilar é complicação tardia de infarto agudo e será abordada em capítulo específico.

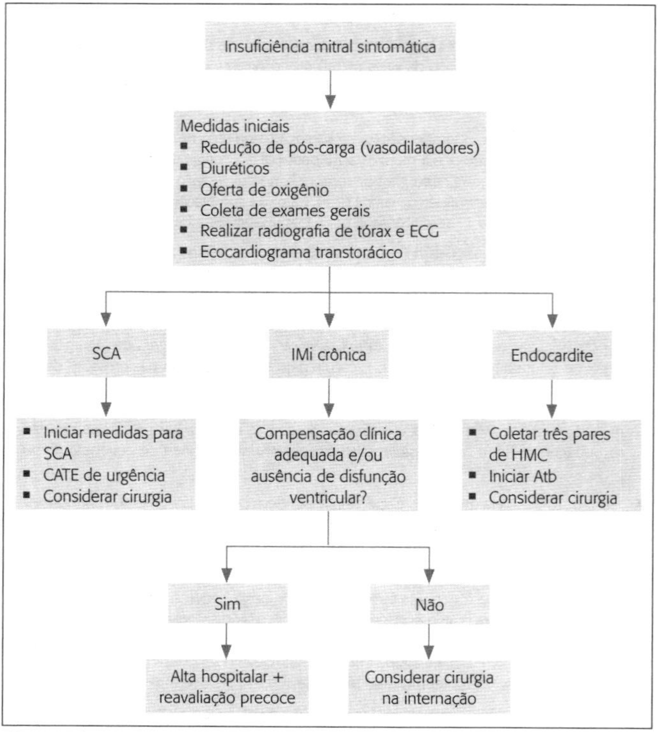

Figura 2 Fluxograma de tratamento de IMi grave na Unidade de Emergência do InCor-HCFMUSP. Atb: antibiótico; CATE: cateterismo; ECG: eletrocardiograma; HMC: hemocultura; IMi: insuficiência mitral; SCA: síndrome coronária aguda.

Estenose aórtica na emergência

- É a doença valvar mais prevalente e a causa degenerativa é a mais frequente. Febre reumática e valva aórtica bicúspide são causas frequentes em pacientes com menos de 50 anos.
- O exame físico no qual é encontrado sopro sistólico em diamante com pico tardio, hipofonese de B2, presença de pulso *parvus et tardus* e sopro de Gallavardin demonstra defeito valvar significativo. A estenose aórtica sintomática (EAo) é caracterizada por presença de angina, dispneia e síncope.
- Setenta por cento dos pacientes com EAo apresentam também coronariopatia. Assim, todo paciente em programação cirúrgica deve realizar coronariografia diagnóstica. A princípio, evita-se realizar rotineiramente ventriculografia pelo risco embólico.
- No eletrocardiograma, sinais de sobrecarga do ventrículo esquerdo são achados mais frequentes. Achados sugestivos de isquemia miocárdica também são comuns
- O ecocardiograma permite avaliar o grau de comprometimento valvar, assim como sua área de abertura, gradiente ventrículo esquerdo/aorta, velocidade de jato transvalvar aórtico e grau de remodelamento ventricular (hipertrofia ou dilatação). Pacientes com EAo e disfunção ventricular (baixo fluxo/baixo gradiente) precisam ser mais bem investigados, uma vez que a disfunção subestima o gradiente. Nesses pacientes, a realização do ecocardiograma com estresse farmacológico com dobutamina permite auxílio diagnóstico. Quando comprovada doença valvar importante nesses casos, o prognóstico mostra-se ainda pior.
- O tratamento definitivo é a correção cirúrgica. Em pacientes com alto risco cirúrgico ou risco cirúrgico proibitivo, a troca valvar transcateter (TAVI) pode ser uma alternativa.
- Em EAo grave descompensada, o uso de vasodilatadores e betabloqueadores pode piorar os sintomas, assim como os sinais de insuficiência cardíaca, pelo aumento do gradiente transvalvar. Dessa forma, o manejo clínico prioriza apenas o controle da volemia com diureticoterapia (furosemida, 0,5-1 mg/kg).
- O suporte de oxigênio é prioritário e, em caso de edema agudo de pulmão, o uso de CPAP diminui o risco de intubação orotraqueal.
- Em pacientes com edema agudo de pulmão, pode-se usar, com extremo critério e manejo delicado, nitroprussiato de sódio para obtenção de melhor controle hemodinâmico. Por sua vez, em pacientes com baixo débito, o uso de drogas vasoativas pode auxiliar no manejo hemodinâmico, assim como o uso do balão de contrapulsação aórtico (BIA). Nesses pacientes refratários às medidas clínicas e com sinais de instabilidade hemodinâmica e/ou edema agudo de pulmão, a valvoplastia aórtica por balão pode ser considerada medida de exceção e ponte para o tratamento definitivo.
- Em pacientes com síndrome infecciosa associada, deve ser investigada a endocardite.

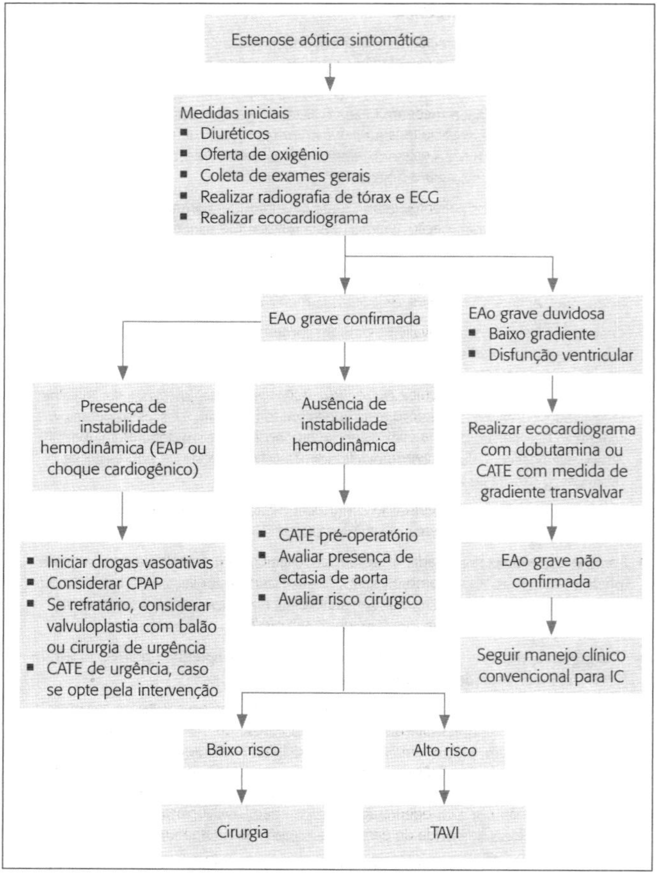

Figura 3 Fluxograma de atendimento de EAo importante na Unidade de Emergência do InCor-HCFMUSP. CATE: cateterismo cardíaco; CPAP: pressão positiva contínua nas vias aéreas; EAP: edema agudo de pulmão; EAo: estenose aórtica; ECG: eletrocardiograma; IC: insuficiência cardíaca; TAVI: implante transcateter de valva aórtica.

Insuficiência aórtica na emergência

- É causada por doença das cúspides da valva aórtica (febre reumática, endocardite) ou por doença da raiz da aorta (aneurismas, dissecção) com insuficiência valvar secundária. Na insuficiência aórtica (IAo) aguda, o ventrículo não adaptado ao refluxo de sangue produz aumento importante das pressões diastólicas, resultando em congestão pulmonar e baixo débito.
- Além do sopro diastólico aspirativo, há estigmas periféricos de IAo descritos na Tabela "Sinais periféricos de IAo".
- A radiografia de tórax demonstra congestão, cardiomegalia em pacientes com IAo crônica ou alargamento de mediastino em doenças da aorta associadas.
- No eletrocardiograma, sinais de sobrecarga do ventrículo esquerdo são os achados mais frequentes.
- A angiotomografia de aorta é indicada em casos de IAo causada por doença da raiz da aorta, para obtenção de melhor definição dos diâmetros dos vasos, características anatômicas e programação cirúrgica.
- O ecocardiograma permite avaliar o grau de comprometimento valvar, assim como a área do orifício regurgitante, a fração e o volume regurgitante, o gradiente ventrículo esquerdo/aorta, o grau de remodelamento ventricular (hipertrofia ou dilatação) e o comprometimento da função ventricular. O ecocardiograma transesofágico tem grande auxílio diagnóstico nos casos de suspeita de endocardite e de dissecção aguda de aorta.
- Na descompensação clínica, o uso de vasodilatadores (diminuindo a pós-carga e o jato regurgitante), assim como de diuréticos, é primordial.
- O uso de betabloqueadores não é recomendado como rotina em IAo importante por aumentar o tempo de diástole e o volume regurgitante para o ventrículo. Eles podem ser utilizados de forma criteriosa para controle de frequência cardíaca em portadores de taquiarritmias atriais, objetivando um alvo de 80-100 bpm.
- O tratamento de pacientes com endocardite infecciosa ou dissecção aguda de aorta é abordado em capítulos específicos.
- O suporte de oxigênio é prioritário e, em caso de edema agudo de pulmão, o uso de CPAP diminui o risco de intubação orotraqueal.
- Em pacientes com edema agudo de pulmão, pode-se usar nitroprussiato de sódio ou nitroglicerina para melhor controle hemodinâmico. Por sua vez, em pacientes com baixo débito, o uso de drogas vasoativas pode auxiliar no manejo hemodinâmico; entretanto, o uso de BIA está contraindicado.
- O tratamento cirúrgico está indicado em IAo aguda e crônica, sendo emergencial na instalação aguda por gerar deterioração clínica rápida. Em pacientes com acometimento aórtico associado, cirurgias com troca da aorta ascendente são necessárias.

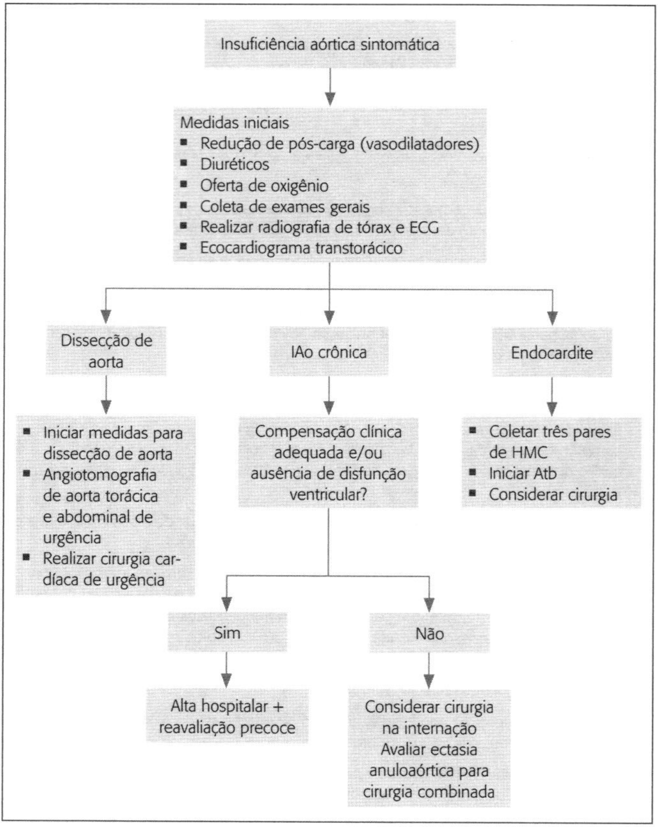

Figura 4 Fluxograma de tratamento de IAo grave na Unidade de Emergência do InCor-HCFMUSP. Atb: antibiótico; ECG: eletrocardiograma; HMC: hemocultura; IAo: insuficiência aórtica.

Sinais periféricos de insuficiência aórtica (IAo)

Principais estigmas clínicos periféricos da IAo
Pulso em martelo d'água
Sinal de Musset (impulsões sistólicas do segmento cefálico)
Sinal de Müller (impulsões sistólicas da úvula)
Pressão arterial divergente
Sinal de Quincke (impulsões sistólicas observadas na perfusão do leito ungueal)
Pistolshot (ruído sistólico audível sobre a artéria femoral)
Sinal de Durozeiz (ruído sistólico e diastólico audível sobre a artéria femoral obtido por meio de leve compressão com o diafragma do estetoscópio)

Emergência em próteses valvares

- De todas as complicações, a mais dramática é a trombose de prótese valvar, que é abordada em capítulo específico.
- A avaliação das próteses valvares e o diagnóstico de sua disfunção são particularmente dificultados por uma hemodinâmica peculiar quando comparadas à valva nativa.
- As disfunções de próteses têm apresentações variadas, mas cursam principalmente com insuficiência cardíaca progressiva ou de instalação subaguda ou aguda (em roturas).
- Nessas disfunções, em decorrência do turbilhonamento de sangue em contato com prótese espessada, estenótica ou insuficiente, é comum a ocorrência de anemia hemolítica. Dessa forma, todos os pacientes portadores de próteses valvares e anemia devem ser investigados com coleta de hemograma completo, desidrogenase lática, pesquisa de reticulócitos, perfil de ferro, ácido fólico, vitamina B12, bilirrubinas, haptoglobina.
- Em disfunções associadas à síndrome inflamatória/infecciosa, a endocardite deve ser considerada e afastada. Quando também há o diagnóstico de endocardite, o prognóstico nesses doentes é pior e a cirurgia está indicada com urgência durante o período de internação, salvo em situações específicas de alto risco cirúrgico. Endocardite em prótese valvar é também abordada em capítulo específico.
- Na grande maioria das vezes, em pacientes portadores de disfunções em estenose por calcificação e espessamento da prótese, a cirurgia está indicada o quanto antes. Por sua vez, em portadores de disfunções em insuficiência, a estabilização clínica com diuréticos e vasodilatadores é capaz de produzir grande melhora, sendo a indicação cirúrgica possível de ser postergada, salvo em condições de alto risco (rotura, endocardite e anemia hemolítica) cuja indicação também é urgente.

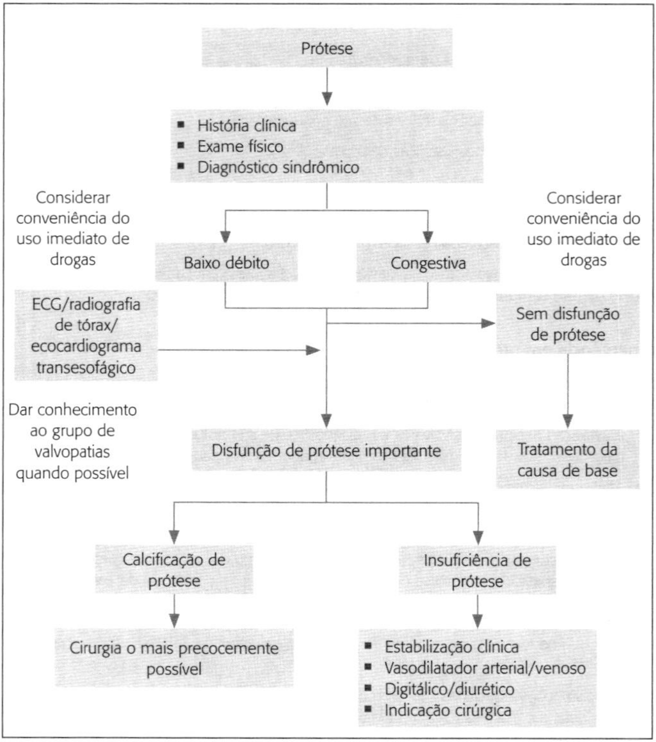

Figura 5 Fluxograma de atendimento e avaliação de pacientes com prótese valvar na Unidade de Emergência do InCor-HCFMUSP. ECG: eletrocardiograma.

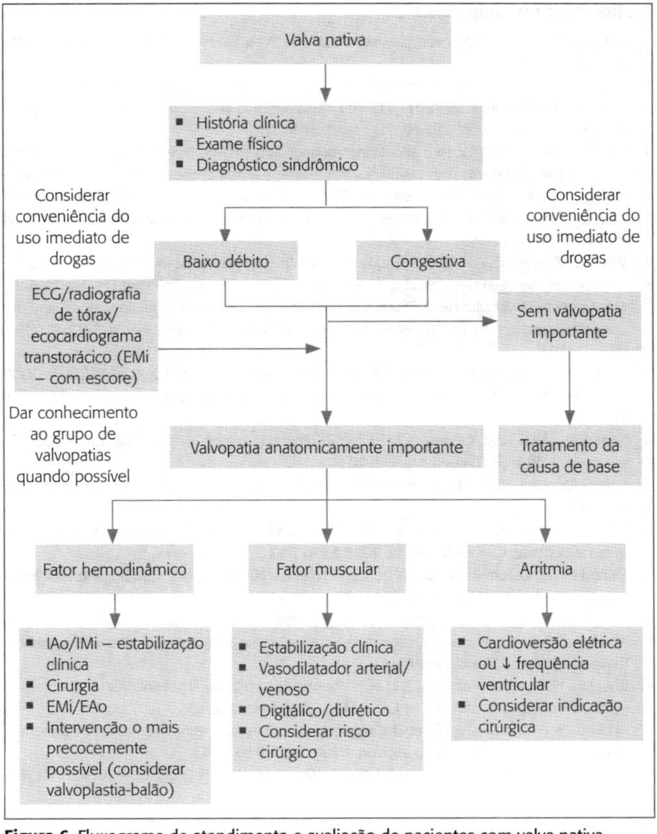

Figura 6 Fluxograma de atendimento e avaliação de pacientes com valva nativa na Unidade de Emergência do InCor-HCFMUSP. EAo: estenose aórtica; ECG: eletrocardiograma; EMi: estenose mitral; IMi: insuficiência mitral.

Bibliografia recomendada

1. Braunwald E. Braunwald's heart disease: a textbook of cardiovascular medicine. 9.ed. Philadelphia: Elsevier; 2012.
2. Tarasoutchi F, Montera MW, Grinberg M, Barbosa MR, Piñeiro DJ, Sánchez CRM, et al. Diretriz brasileira de valvopatias, SBC 2011. I Diretriz interamericana de valvopatias, SIAC 2011. Arq Bras Cardiol. 2011;97(5 suppl 1):1-67.
3. Freed MD, et al. 2008 focused update incorporated into the ACC/AHA 2006 guidelines for the management of patients with valvular heart disease: a report of the American College of Cardiology/American Heart Association Task Force on Practice Guidelines. Writing Committee to Develop Guidelines for the Management of Patients with Valvular Heart Disease. J Am Coll Cardiol. 2008;52:e1-142.
4. Vahanian A, Alfieri O, Andreotti F, Antunes MJ, Baro'n-Esquivias G, Baumgartner H, et al. Guidelines on the management of valvular heart disease (version 2012). The Joint Task Force on the Management of Valvular Heart Disease of the European Society of Cardiology (ESC) and the European Association for Cardio-Thoracic Surgery (EACTS). European Heart Journal. 2012;33:2451-96.
5. Bonow RO, Carabello BA, Chatterjee K, Leon Jr AC, Faxon DP, Freed MD, et al. ACC/AHA 2006 Guidelines for de management of patients with valvular heart disease. J Am Coll Cardiol. 2006;3:e1-148.
6. Soeiro AM, Leal TCAT, Oliveira Jr MT, Filho RK. Manual de condutas práticas da unidade de emergência do InCor. Barueri: Manole; 2015.
7. Soeiro AM, Leal TCAT, Oliveira Jr MT, Filho RK. Cardiologia de emergência em fluxogramas. Barueri: Manole; 2015.
8. Tops LF, Kapadia SR, Tuzcu M, Vahanian A, Alfieri O, Webb JG, et al. Percutaneous valve procedures: an uptade. Curr Probl Cardiol. 2008;33:417-57.
9. Piérard LA, Lancellotti P. The role of ischaemic mitral regurgitation in the pathogenesis of acute pulmonary edema. N Engl J Med. 2004;351:1627-34.
10. Lung B. Management of ischaemic mitral regurgitation. Heart. 2003;89:459-64.
11. Aksoy O, O'Brien BL, Menon V. Options for managing severe aortic stenosis: a case-based review. Cleve Clin J Med. 2013;80(4):243-52.
12. Khot UN, Novaro GM, Popovic ZB, et al. Nitroprusside in critically ill patients with left ventricular dysfunction and aortic stenosis. N Engl J Med. 2003;348:1756-63.
13. Aksoy O, Yousefzai R, Singh D, et al. Cardiogenic shock in the setting of severe aortic stenosis: role of intra-aortic balloon pump support. Heart. 2011;97:838-43.
14. Enriquez-Sarano M, Tajik AJ. Clinical practice. Aortic regurgitation. N Engl J Med. 2004;351:1539-46.

67

Trombose de prótese valvar

Tatiana de Carvalho Andreucci Torres Leal

Introdução

- Trata-se da complicação mais frequentemente observada em pacientes portadores de próteses metálicas com anticoagulação inadequada. Sua incidência gira em torno de 0,35% na posição mitral e de 0,1% na posição aórtica.
- A trombose de prótese biológica é mais rara, mas sua incidência atinge 0,03% ao ano, sendo mais frequente nos primeiros meses após o implante.
- O principal diagnóstico diferencial é a formação de *pannus* em prótese valvar. Deve-se considerar também endocardite como hipótese em pacientes com síndrome infecciosa associada.

Manifestações clínicas

- São duas as principais manifestações: insuficiência cardíaca e embolização.
- O achado clínico mais típico é a hipofonese das bulhas com ausência de clique (em portadores de próteses metálicas). Aparecimento de novos sopros e modificação de sopros previamente existentes também são relevantes no exame físico.

Exames complementares para diagnóstico

Ecocardiograma transtorácico

- É de fácil realização e pode ser feito à beira-leito.
- Entretanto, a sombra acústica gerada pela prótese valvar dificulta a avaliação precisa da prótese e a visualização direta do trombo.
- Achados indiretos, como aumento do gradiente transvalvar, podem sugerir trombose de prótese valvar (TPV).

Ecocardiograma transesofágico

- É o exame de escolha para a confirmação diagnóstica.
- Favorece a visualização do trombo, assim como a mobilidade da prótese.
- A quantificação do tamanho do trombo auxilia na determinação da conduta e é fator preditor de complicações relacionadas à trombólise (Figura 1).

Fluoroscopia/radioscopia

- Pode ser indicada quando as imagens ecocardiográficas não são esclarecedoras.
- Trata-se da observação da dinâmica valvar em radioscopia. A modificação e a ausência da movimentação dos discos metálicos podem inferir TPV (Figura 2).

Tomografia computadorizada

- Não é usada como rotina, mas pela diferença de densidade do material envolvendo a prótese pode facilitar o diagnóstico diferencial entre *pannus* valvar e TPV.

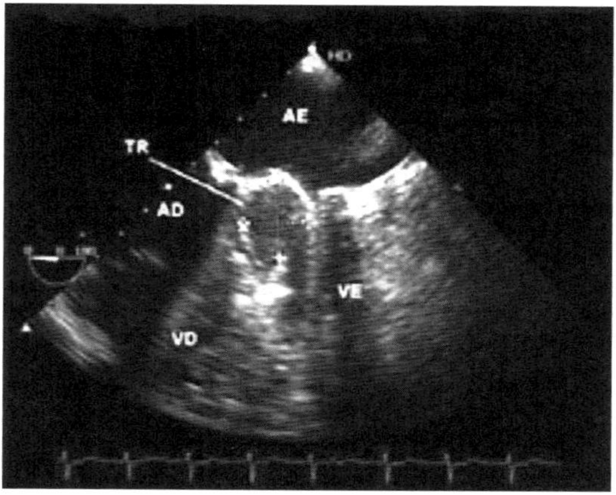

Figura 1 Ecocardiograma transesofágico com imagem sugestiva de trombo em prótese metálica mitral medindo 1,9 × 2,4 cm. AD: átrio direito; AE: átrio esquerdo; TR: trombo; VD: ventrículo direito; VE: ventrículo esquerdo.

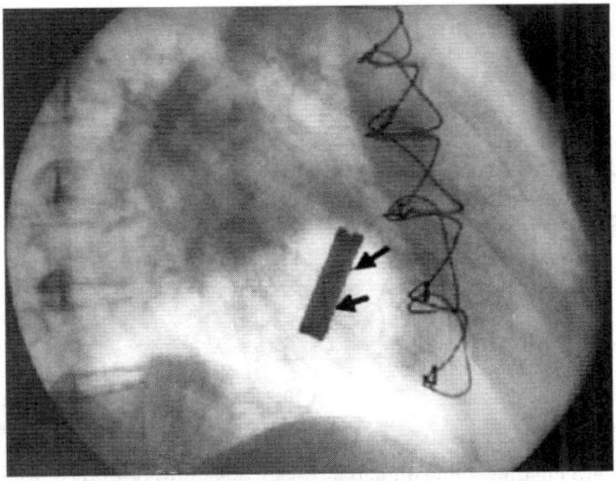

Figura 2 Radioscopia em paciente com trombose de prótese valvar. As setas demonstram mobilidade inadequada de um dos discos metálicos.

Diagnóstico diferencial: trombose de prótese valvar × *pannus* (Figura 3)

*Pannus** (tecido de granulação por processo inflamatório local)	Trombo**
▪ Sítio aórtico é o mais frequente ▪ Manifestação insidiosa ▪ Densidade alta no ecocardiograma e na tomografia ▪ A mobilidade é mínima ▪ Tem menores dimensões ▪ Localização ao longo da linha de sutura e do plano valvar	▪ Sítio mitral é o mais frequente (leito de menor pressão) ▪ Manifestação aguda ▪ A anticoagulação geralmente está inadequada ▪ Menor densidade no ecocardiograma e na tomografia ▪ A massa é móvel ▪ Tem maiores dimensões ▪ Localização ao longo dos discos e projeção para a face atrial ou ventricular

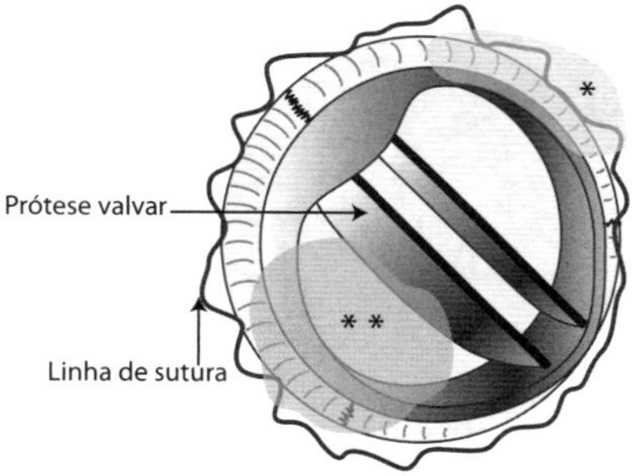

Figura 3 Imagem ilustrativa das principais distinções entre *pannus* e trombo.

Recomendações para o tratamento de trombose de prótese valvar de acordo com a American Heart Association

Diretrizes do American College of Cardiology/American Heart Association	Grau de recomendação
Cirurgia cardíaca de emergência para TPV à esquerda e NYHA III-IV	Classe IIa
Cirurgia cardíaca de emergência para TPV à esquerda e carga trombótica elevada	Classe IIa
Trombólise para TPV à direita e NYHA III-IV ou carga trombótica elevada	Classe IIa
Trombólise para TPV à esquerda, NYHA I-II e baixa carga trombótica	Classe IIb
Trombólise para TPV à esquerda, NYHA III-IV e baixa carga trombótica se cirurgia cardíaca considerada de alto risco ou indisponível	Classe IIb
Trombólise para TPV à esquerda II-IV e alta carga trombótica se cirurgia cardíaca considerada de alto risco ou indisponível	Classe IIb
Anticoagulação com heparina não fracionada como alternativa à trombólise em pacientes com TPV, NYHA I-II e baixa carga trombótica	Classe IIb

NYHA: New York Heart Association; TPV: trombose de prótese valvar.

Abordagem e tratamento inicial

- Há três tratamentos disponíveis dependendo do sítio valvar e da apresentação clínica: cirurgia, trombólise e anticoagulação.
- A mortalidade perioperatória é muito alta em pacientes instáveis; assim, a trombólise apresenta-se como tratamento alternativo e menos invasivo em casos selecionados.
- Pacientes com síndrome infecciosa associada devem ser investigados para endocardite.
- De forma geral, a cirurgia valvar é a melhor escolha para a maioria dos pacientes com TPV nas posições mitral e aórtica com alta carga trombótica, uma vez que a correção hemodinâmica e anatômica é mais efetiva e há menor risco de complicações hemorrágicas e embólicas. Em grande parte dos pacientes apenas a trombectomia é necessária.
- A trombólise é utilizada como alternativa em pacientes críticos, com diversas morbidades e na vigência de instabilidade hemodinâmica, quando o risco perioperatório é muito alto.
- As complicações relacionadas à trombólise são mais frequentemente embólicas e têm relação direta com a extensão do trombo (Tabelas a seguir e Figura 4).
- Pacientes com trombose de prótese valvar (TPV) com baixa carga trombótica e não obstrutiva, em posição mitral ou aórtica e classes funcionais I e II NYHA, são tratados inicialmente com anticoagulação plena com heparina não fracionada intravenosa.
- Em toda TPV à direita (posição tricúspide e pulmonar), a trombólise é o tratamento de escolha e apresenta baixas taxas de complicações.

Incidência de complicações relacionadas à terapia trombolítica de próteses valvares

Tipo de complicação	N (%)
Embolia periférica	3,7%
Sangramento em SNC	1,9%
AVC	2,8%
AIT	2,8%
Embolia coronariana	2,8%
Sangramento com transfusão	3,7%
Óbito	5,6%
Complicações embólicas	14%
Qualquer complicação	17,8%

AIT: acidente isquêmico transitório; AVC: acidente vascular cerebral; SNC: sistema nervoso central.

Dose de trombolíticos usados no tratamento de trombose de prótese valvar

Fibrinolíticos	Modo de administração
Alteplase (t-PA)	10 mg, IV, em *bolus*/90 mg, IV, em 90 min
Estreptoquinase	500.000 UI, IV, em 20 min/1.500.000 UI, IV, em 10 h

IV: intravenoso; TPV: trombose de prótese valvar.

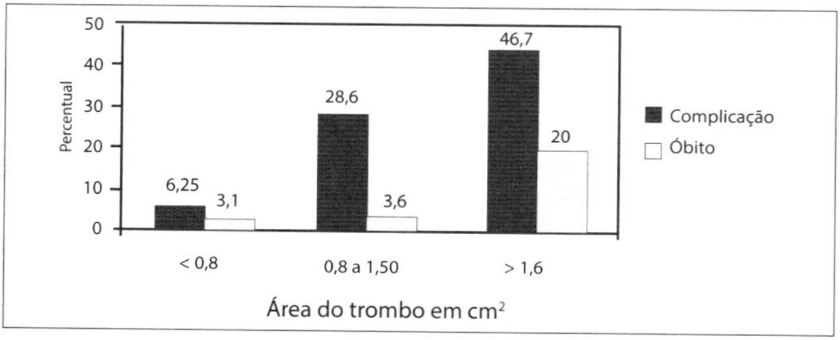

Figura 4 Na maior série de casos de trombose de prótese valvar, houve aumento significativo de complicações e óbito quando a extensão do trombo era maior ou igual a 0,8 cm^2.

Resumo prático

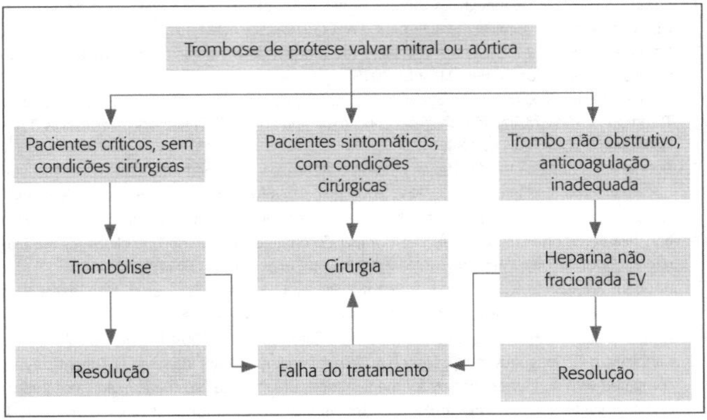

Figura 5 Fluxograma de atendimento de trombose de prótese valvar mitral ou aórtica.

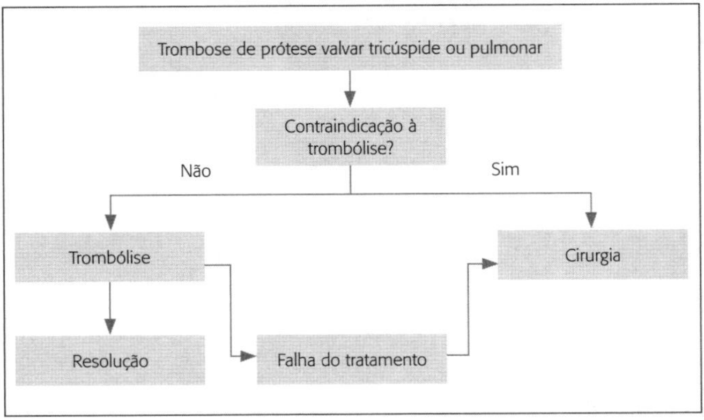

Figura 6 Fluxograma de atendimento de trombose de prótese pulmonar ou tricúspide.

Bibliografia recomendada

1. Deviri E, Sareli P, Wisenbaugh T, Cronje SL. Obstruction of mechanical heart valve prostheses: clinical aspects and surgical management. J Am Coll Cardiol. 1991;17(3):646.
2. Soeiro AM, Leal TCAT, Oliveira Jr MT, Filho RK. Manual de condutas práticas da unidade de emergência do InCor. Barueri: Manole; 2015.
3. Tong AT, Roudaut R, Ozkan M, Sagie A, Shahid MS, Pontes Júnior SC, et al. Prosthetic Valve Thrombolysis-Role of Transesophageal Echocardiography (PRO-TEE) Registry Investigators. J Am Coll Cardiol. 2004;43(1):77-84.
4. Bonow RO, Carabello BA, Chatterjee K, Leon Jr AC, Faxon DP, Freed MD, et al. 2008 Focused update incorporated into the ACC/AHA 2006 guidelines for the management of patients with valvular heart disease: a report of the American College of Cardiology/American Heart Association Task Force on Practice Guidelines (Writing Committee to Develop Guidelines for the Management of Patients With Valvular Heart Disease). Circulation. 2008;118:e523-661.
5. Roudaut RM, Lafitte S, Roudaut MF, Reant P, Pillois X, Durrieu-Jaïs C, et al. Management of prosthetic heart valve obstruction: fibrinolysis vesrus surgery. Early results and long-term follow-up in a single-centre study of 263 cases. Arch Cardiovasc Dis. 2009;102(4):269-77.
6. Karthikeyan G, Senguttuvan NB, Joseph J, Devasenapathy N, Bahl VK, Airan B. Urgent surgery compared with fibrinolytic therapy for the treatment of left-sided prosthetic heart valve thrombosis: a systematic review and meta-analysis of observational studies. Eur Heart J. 2013;34(21):1557-66.
7. Soeiro AM, Leal TCAT, Oliveira Jr MT, Filho RK. Cardiologia de emergência em fluxogramas. Barueri: Manole; 2015.

68

Taquiarritmias supraventriculares

Thiago Luis Scudeler

Origem das taquiarritmias supraventriculares

Nó sinoatrial (NSA)
■ Taquicardia sinusal#
Átrio
■ Fibrilação atrial (FA)* ■ *Flutter* atrial* ■ Taquicardia atrial (TA)*# ■ Taquicardia atrial multifocal (TAM)#
Nó atrioventricular (NAV)
■ Taquicardia juncional (TJ)*# ■ Taquicardia por reentrada nodal (TRN)* ■ Taquicardia atrioventricular (TAV)*

ocorre por automatismo; * ocorre por reentrada.

Mecanismos

Automatismo
Distúrbio na geração do impulso relacionado ao aumento da despolarização diastólica da fase 4 do potencial de ação do músculo cardíaco.

Atividade deflagrada
É iniciada pelos pós-potenciais, que são oscilações despolarizantes na voltagem da membrana celular induzidas pelo potencial de ação precedente. Os pós-potenciais precoces são aqueles que ocorrem nas fases 2 e 3 do potencial de ação, e os pós-potenciais tardios aparecem após o término da despolarização celular, ou seja, na fase 4.
Reentrada
Distúrbio da condução do impulso que requer a presença de dissociação longitudinal na condução do impulso elétrico, uma zona de condução lenta e um bloqueio unidirecional.

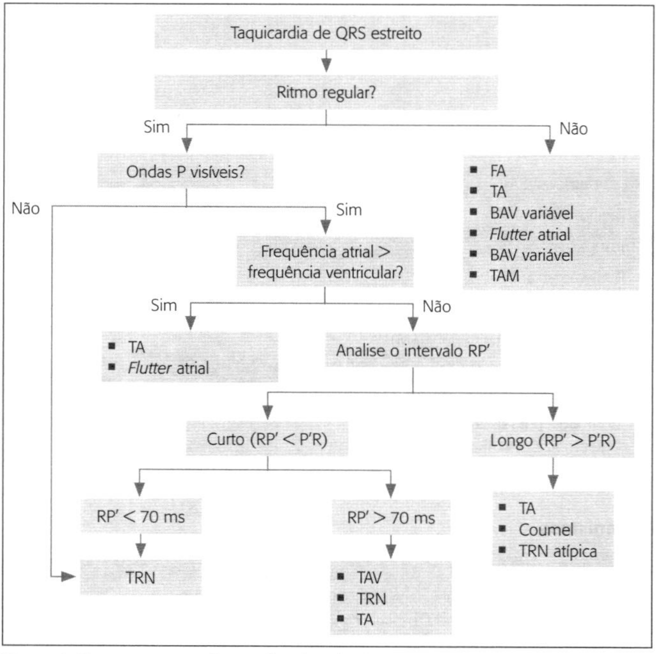

Figura 1 Fluxograma para diagnóstico de arritmias supraventriculares. BAV: bloqueio atrioventricular; FA: fibrilação atrial; TA: taquicardia atrial; TAM: taquicardia atrial multifocal; TAV: taquicardia atrioventricular; TRN: taquicardia por reentrada nodal.

Taquicardia sinusal

Fisiopatologia	
▪ Automatismo do NSA ▪ Início e término graduais	
ECG (Figura 2)	
▪ FC > 100 bpm ▪ Onda P com orientação normal ▪ QRS normal ▪ PR < 120 ms	
Etiologia	
▪ Hipertireoidismo ▪ Febre ▪ TEP ▪ Hipotensão	▪ Medicamentos ▪ Hipovolemia ▪ Exercício físico ▪ Ansiedade
Tratamento	
▪ Buscar e tratar a causa da taquicardia	

ECG: eletrocardiograma; FC: frequência cardíaca; NSA: nó sinoatrial; TEP: tromboembolismo pulmonar.

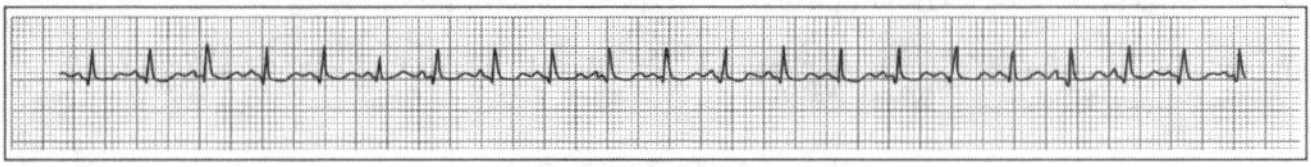

Figura 2 Taquicardia sinusal – eletrocardiograma.

Fibrilação atrial

Fisiopatologia (Figura 3)
▪ Impulsos atriais mais rápidos que os impulsos do nó sinoatrial. ▪ Os impulsos tomam múltiplas vias aleatórias através dos átrios. ▪ Mecanismo de formação do impulso: reentrada (ocorre com maior frequência na desembocadura das veias pulmonares) ou automatismo aumentado de um foco ou mais. ▪ A presença de fibrilação atrial causa encurtamento do período refratário, o que favorece a manutenção da arritmia (remodelamento atrial).

ECG (Figura 4)

- QRS estreito.
- Frequência atrial acima de 350 bpm.
- Ritmo ventricular irregular (intervalo RR irregular) normalmente. Contudo, quando há BAVT, ativação ventricular por marca-passo ou ritmo juncional ou idioventricular acelerado, observa-se regularidade na resposta ventricular.
- Ausência de ondas P.
- Pode ser: alta resposta – frequência ventricular > 100;
  baixa resposta – frequência ventricular < 50.
- Na FA de alta resposta, a variabilidade dos intervalos RR é baixa em decorrência da frequência ventricular alta.

Epidemiologia

- Arritmia mais frequente na prática clínica (prevalência = 0,4%).
- Prevalência aumenta com a idade.
- Pode ocorrer na ausência de cardiopatia ou sem nenhuma doença.
- 80-90% das FA revertem espontaneamente em 48 h.

Classificação

- Inicial: primeira detecção da arritmia, desde que a duração seja > 30 s.
- Recorrente: ≥ 2 episódios.
- Paroxística: episódios com duração ≤ 7 dias e reversão espontânea.
- Persistente: episódios com duração > 7 dias em que há necessidade de CVQ ou CVE para reversão para ritmo sinusal.
- Permanente: quando a reversão foi ineficaz ou não tentada.

Etiologia

- Miocardite
- Infecção
- Abuso de álcool
- Distúrbio hidreletrolítico
- Hipóxia
- Drogas: álcool, dopamina, digital, noradrenalina
- Hipertireoidismo
- Idiopática (30%)
- TEP
- Valvopatias, especialmente as mitrais
- Miocardiopatias
- Pericardite

Tratamento (Figura 17)

BAVT: bloqueio atrioventricular total; ECG: eletrocardiograma; FA: fibrilação atrial; NSA: nó sinoatrial; TEP: tromboembolismo pulmonar.

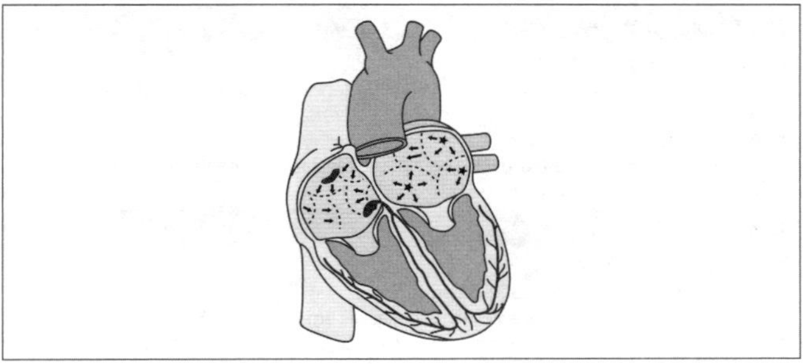

Figura 3 Fisiopatologia da fibrilação atrial.

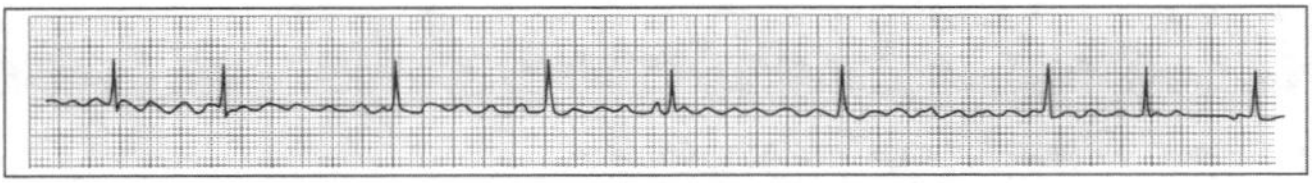

Figura 4 Fibrilação atrial – eletrocardiograma.

Flutter atrial

Fisiopatologia (Figura 5)
▪ Impulsos atriais mais rápidos que os impulsos do nó sinoatrial. ▪ Mecanismo de formação do impulso: reentrada. ▪ Os circuitos de reentrada são maiores e mais organizados que na fibrilação atrial. ▪ Impulsos tomam curso circular ao redor da valva tricúspide, no átrio, estabelecendo as ondas de *flutter*.
Epidemiologia
▪ Raramente, é crônica. ▪ Raramente, é idiopática. ▪ Dificilmente, e o *flutter* atrial é revertido com droga.

ECG (Figura 6)
▪ Frequência atrial de 250-350 bpm. ▪ Intervalo RR constante (pode ser variável na presença de bloqueio atrioventricular variável). ▪ Ausência de ondas. ▪ Presença de ondas F, com aspecto serrilhado e regular, geralmente negativo em D2, D3 e aVF.
Classificação
▪ Comum ou típico: ❑ Frequência atrial é de 250-350 bpm; ❑ As ondas F são predominantemente negativas em D2, D3 e aVF. ▪ Incomum ou atípico: ❑ Frequência atrial mais rápida; ❑ As ondas atriais são positivas em D2, D3 e aVF.
Etiologia
▪ A mesma da fibrilação atrial.
Tratamento (Figura 17)

ECG: eletrocardiograma; FA: fibrilação atrial; NSA: nó sinoatrial.

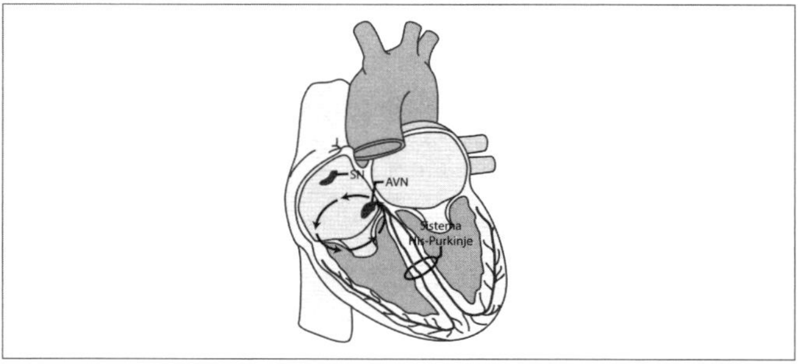

Figura 5 Fisiopatologia do *flutter* atrial.

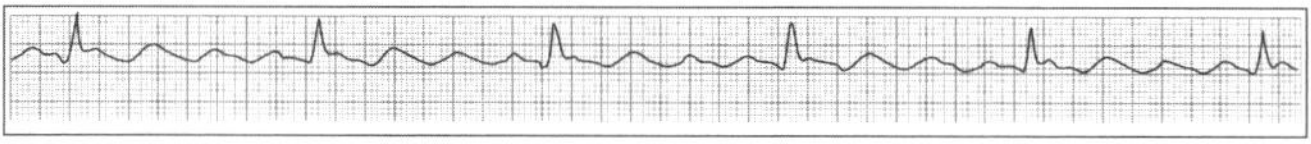

Figura 6 *Flutter* atrial – eletrocardiograma.

Taquicardia juncional

Fisiopatologia
▪ Área de automatismo que se desenvolve no NAV.
ECG (Figura 7)
▪ Frequência ventricular 100-50 bpm. ▪ QRS estreito. ▪ Intervalo RR regular. ▪ Onda P negativa em D2, D3 e avF, podendo vir antes, depois ou junto com o QRS.
Etiologia
▪ Pós-operatório de cirurgia cardíaca. ▪ Intoxicação digitálica.
Tratamento (Figura 17)

ECG: eletrocardiograma; NAV: nó atrioventricular.

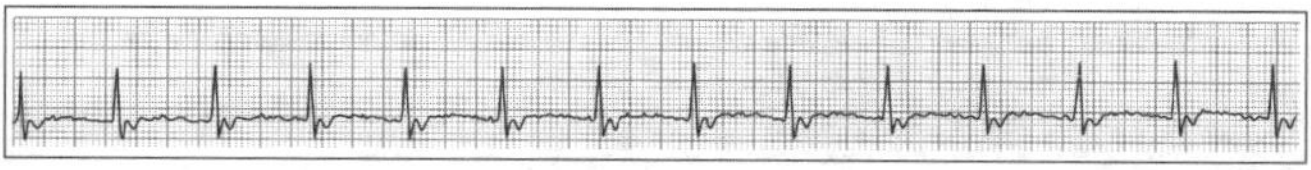

Figura 7 Taquicardia juncional – eletrocardiograma.

Taquicardia supraventricular por reentrada nodal (TRN)

Eletrocardiograma e condução normal (Figura 8)
1. Durante o ritmo sinusal, o estímulo chega ao mesmo tempo a ambas as vias (beta: condução rápida e período refratário mais longo; alfa: condução lenta e período refratário curto). 2. O estímulo que vem pela via rápida chega antes à porção distal do nó atrioventricular e segue para os ventrículos. 3. A via lenta fica inaparente, uma vez que o estímulo que trafegava por ela é suprimido pelo que desce mais rapidamente. 4. O eletrocardiograma é normal.

Forma comum

- Extrassístole pode ocorrer no momento em que a via lenta não esteja no seu período refratário; então, o estímulo desce por essa via e volta em sentido retrógrado pela via rápida. Isso pode se perpetuar em movimento circular. Portanto, o estímulo desce pela via lenta e sobe pela via rápida.
- ECG
  - QRS estreito de início e fim súbitos;
  - Intervalo RR regular;
  - Frequência ventricular 150-250 bpm;
  - Intervalo RP < PR (< 80 ms);
  - Pseudo-S em D2 ou D3;
  - Pseudo-r' em V1.
- Exemplo da forma comum (Figura 9)
  - Taquicardia supraventricular com FC 150 bpm;
  - Ausência de ondas P precedendo o QRS;

Ondas s em D2, D3 e aVF e ondas r' em V1 (pseudo-s e pseudo-r).

Forma incomum

- O estímulo desce pela via rápida e sobe pela via lenta.
- Extremamente rara.
- Onda P' retrógrada tem polaridade negativa em derivações inferiores e ocorre bem depois do complexo QRS com intervalo RP' > P'R.

Epidemiologia e quadro clínico

- Mais comum em mulheres (40-50 anos).
- Sinal de Frog: batimentos cervicais.
- Crise pode durar minutos a várias horas.
- Poliúria após reversão da crise: em virtude da distensão atrial, ocorre liberação do fator natriurético atrial.

Tratamento (Figura 17)

ECG: eletrocardiograma; FC: frequência cardíaca; NAV: nó atrioventricular.

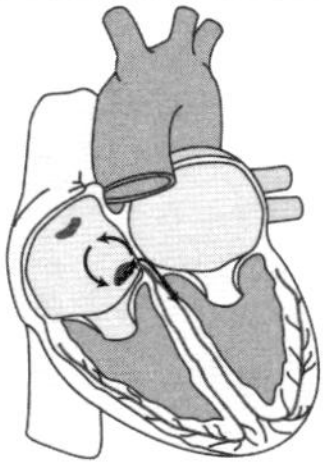

Figura 8 Taquicardia supraventricular por reentrada nodal.

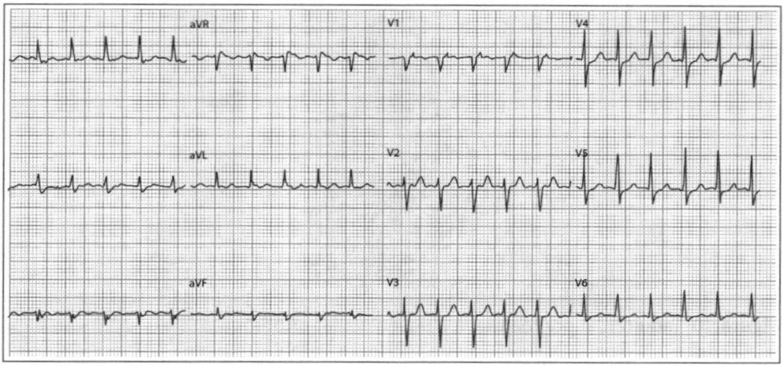

Figura 9 Taquicardia supraventricular por reentrada nodal – exemplo da forma comum.

Taquicardia por reentrada atrioventricular (TAV)

Fisiopatologia e ECG

- Fenômeno de reentrada: os impulsos surgem e reciclam-se repetidamente no NAV.
- Presença de uma via anômala que comunica eletricamente o átrio e o ventrículo.
- Ortodrômica (Figuras 10 e 11)
  - O estímulo desce pelo NAV, despolariza os ventrículos, atinge a parte distal da via anômala, sobe por ela e reentra no átrio;
  - A via anômala é usada em sentido retrógrado e, por isso, na taquicardia desaparece a onda delta e o complexo QRS torna-se normal;
  - Frequência ventricular 150-250 bpm;
  - Intervalo RP < PR, porém RP > 70 ms;
  - Onda P negativa em D1: via anômala lateral E;
  - Onda P negativa em D2, D3 e aVF: via anômala posterior.
- Antidrômica (Figura 12)
  - Taquicardia desce pela via anômala, despolariza os ventrículos, sobe pelo NAV e volta para os átrios;
  - Complexos QRS apresentam pré-excitação máxima, com morfologia bizarra decorrente de enorme onda delta.

Tratamento (Figura 17)

ECG: eletrocardiograma; NAV: nó atrioventricular.

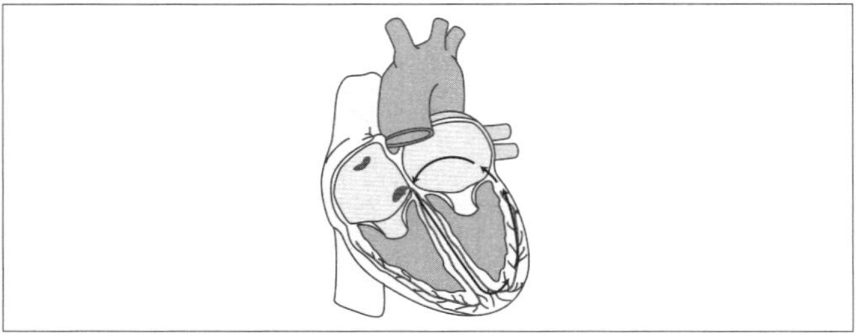

Figura 10 Taquicardia por reentrada atrioventricular ortodrômica.

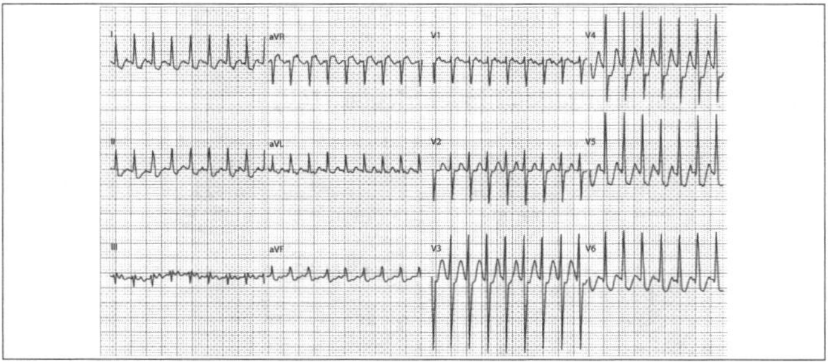

Figura 11 Taquicardia por reentrada atrioventricular ortodrômica – eletrocardiograma.

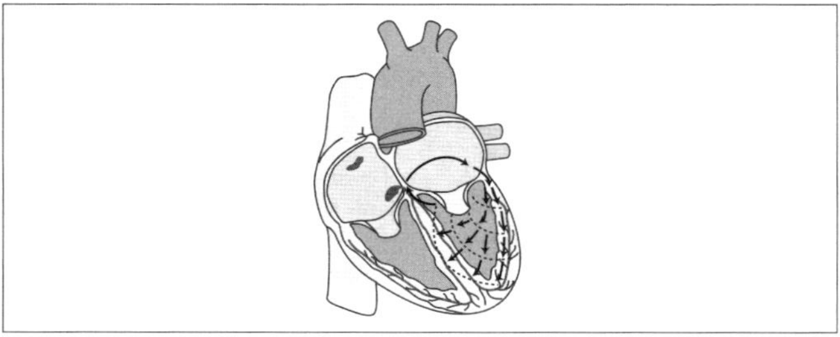

Figura 12 Taquicardia por reentrada atrioventricular antidrômica.

Taquicardia atrial

Fisiopatologia (Figura 13)
■ Pode ser automática (sem cardiopatia estrutural, presença do fenômeno de aquecimento) ou por atividade deflagrada (mais comumente encontrada em pacientes com intoxicação digitálica) ou reentrante (com início e término súbitos).
ECG (Figura 14)
■ QRS estreito. ■ Frequência ventricular < 250 bpm. ■ Intervalo RR geralmente regular, porém irregular na presença de BAV variável. ■ RP > PR. ■ Onda P de morfologia diferente da onda P sinusal. ■ Pode ser confundida com o *flutter* se a frequência atrial estiver alta; para diferenciá-los, a presença de uma linha isoelétrica entre duas ondas P confirma a taquicardia atrial. ■ Taquicardia atrial com aceleração pelo hiperautomatismo.
Tratamento (Figura 17)

BAV: bloqueio atrioventricular; ECG: eletrocardiograma.

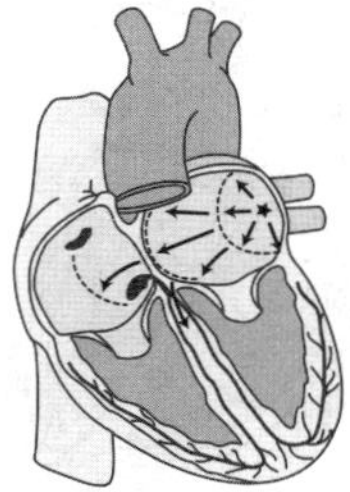

Figura 13 Fisiopatologia da taquicardia atrial.

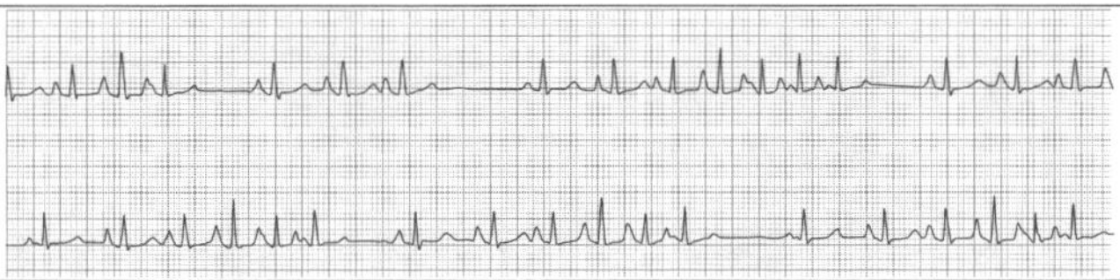

Figura 14 Taquicardia atrial – eletrocardiograma.

Taquicardia atrial multifocal

Fisiopatologia (Figura 15)
▪ Áreas de automatismo originam-se irregular e rapidamente em diferentes pontos do átrio. ▪ Muito frequente em portadores de insuficiência respiratória crônica.
ECG (Figura 16)
▪ Frequência ventricular > 100 bpm. ▪ Intervalos PR e RR variáveis. ▪ Ondas P: deve haver ≥ 3 ondas P que diferem na polaridade (ascendente/descendente), na forma e no tamanho. ▪ Taquicardia com ritmo irregular. ▪ Ondas P com morfologias diferentes.
Tratamento (Figura 17)

ECG: eletrocardiograma.

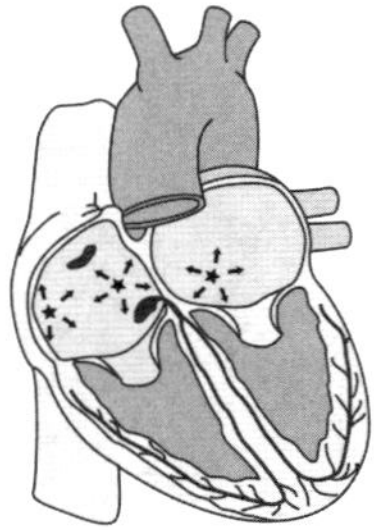

Figura 15 Fisiopatologia da taquicardia atrial multifocal.

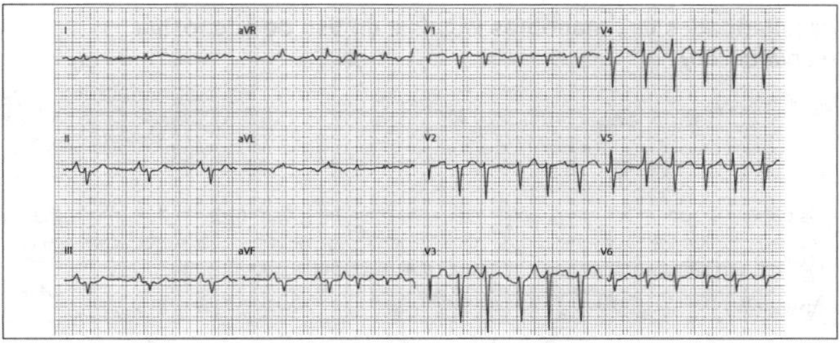

Figura 16 Taquicardia atrial multifocal – eletrocardiograma.

Pill in the pocket

■ Para pacientes que têm crises raras de taquicardia supraventricular (TRN, TAV ou fibrilação atrial paroxística) com duração prolongada e que são bem toleradas hemodinamicamente. Essa terapia envolve a administração de dose única de antiarrítmico em ambiente extra-hospitalar com a finalidade de reversão rápida da arritmia.
■ Os medicamentos utilizados para o tratamento *pill in the pocket* de TAV ou TRN incluem betabloqueadores (devem ser evitados em pacientes com pré-excitação), propafenona (150-450 mg) ou verapamil (40-160 mg, que deve ser evitado em pacientes com pré-excitação).
■ A primeira dose deve ser intra-hospitalar.

TAV: taquicardia atrioventricular; TRN: taquicardia por reentrada nodal.

Peculiaridades das manobras vagais e do uso de adenosina

Manobras vagais
Várias manobras podem ser realizadas. Recomendam-se tosse, estímulo ao reflexo de náusea, manobras de Valsalva e compressão do seio carotídeo: ■ Tosse: solicitar que o paciente tussa propositalmente. ■ Reflexo de náusea: solicitar que o paciente desencadeie o reflexo de náusea, sem necessidade de gerar vômito. ■ Manobra de Valsalva: solicitar que o paciente faça contração abdominal prolongada ou sopre contra o dorso da mão em que haja escape de ar. ■ Compressão dos seios carotídeos: pesquisar sopros carotídeos antes de realizar a manobra, especialmente em pacientes idosos. Se houver sopro, a manobra é contraindicada. Deve-se realizar a compressão de uma das carótidas na altura do ângulo da mandíbula por 10 s. A manobra consiste em compressão e não massagem do seio carotídeo.

(continua)

Peculiaridades das manobras vagais e do uso de adenosina *(continuação)*

Manobras vagais
Manobras como torção dos mamilos e compressão do globo ocular são proscritas pelo risco de lesão local.
Os pacientes podem ser ensinados a realizar as manobras, com exceção da compressão do seio carotídeo. Beber um copo de água gelada rapidamente e lavar o rosto com água fria também são manobras que podem ser realizadas pelos pacientes.
Adenosina
Deve ser administrada na dose inicial de 6 mg, por via endovenosa, em *bolus*, seguidos de 20 mL de soro fisiológico em *flush* e elevação do braço.
Após 2 min, caso não haja reversão ou lentificação da arritmia, pode-se repetir o procedimento por até uma vez, com a dose de 12 mg (excepcionalmente é realizada uma dose extra de 12 mg).
A infusão de adenosina provoca mal-estar, desconforto e sensação de morte iminente. Estes sintomas devem ser comunicados ao paciente antes da infusão.
Os principais efeitos colaterais são rubor facial, dispneia, dor torácica e sensação desagradável. Em pacientes com antecedente de broncoespasmo, a infusão de adenosina pode desencadear crise respiratória, por isso o uso da medicação deve ser cauteloso.

Drogas utilizadas – doses, modo de administração e efeitos colaterais

Fármaco	Classe	Posologia e modo de administração	Efeitos colaterais	Observações
Metoprolol	Betabloqueador	Administrar 5 mg lentamente (1 mg/min), EV. Se necessário, repetir a administração até dose máxima total de 15 mg	Bradicardia, hipotensão, dispneia, broncoespasmo, descompensação de insuficiência cardíaca	Cautela em pacientes com DPOC, asma e insuficiência cardíaca
Verapamil	Bloqueador de canal de cálcio	Administrar 2,5-5 mg, EV, em 3 min. Se não houver reversão, pode-se usar dose de 5-10 mg após 30 min	Bradicardia, hipotensão, dispneia	É contraindicado em pacientes com cardiopatia estrutural e nas taquicardias de QRS largo

(continua)

Drogas utilizadas – doses, modo de administração e efeitos colaterais (*continuação*)

Fármaco	Classe	Posologia e modo de administração	Efeitos colaterais	Observações
Diltiazem	Bloqueador de canal de cálcio	Administrar 15-20 mg (0,25 mg/kg), EV, diluído em 50-10 mL de soro fisiológico, infusão aberta. Se necessário, repetir dose de 20-25 mg (0,35 mg/kg) em 15 min	Bradicardia, hipotensão	Uso cauteloso em pacientes com cardiopatia estrutural, especialmente nas miocardiopatias
Deslanosídeo	Digitálico	Administrar 0,4 mg, EV, em *bolus*. A dose pode ser repetida após 15 min	Bradicardia, bloqueios atrioventriculares, náuseas	Atentar para possibilidade de intoxicação digitálica em paciente sob uso crônico de digital
Amiodarona	Antiarrítmico classe III	Administrar 150 mg, EV, diluídos em 100 mL de soro fisiológico ou glicosado, em 10 min. A dose pode ser repetida em caso de insucesso. Dependendo da arritmia em questão, pode ser necessária dose de manutenção por 24 h	Hipotensão, bradicardia, bloqueios atrioventriculares. A infusão endovenosa pode causar flebite	Droga de escolha em pacientes com disfunção ventricular

DPOC: doença pulmonar obstrutiva crônica; EV: endovenoso.

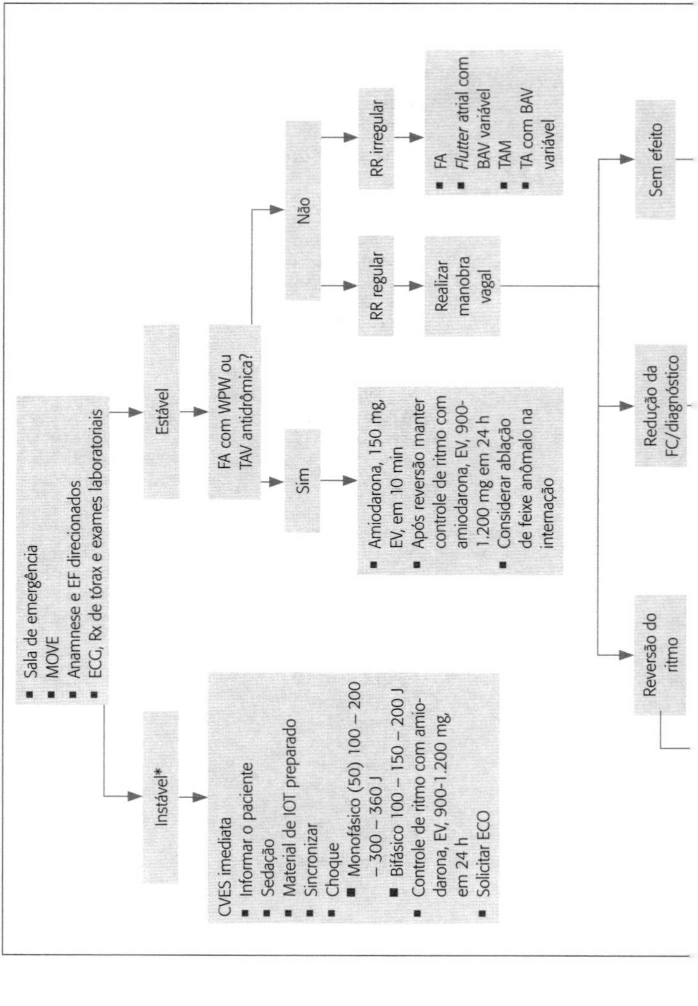
Sala de emergência
MOVE
Anamnese e EF direcionados
ECG, Rx de tórax e exames laboratoriais
Estável
FA com WPW ou TAV antidrômica?
Sim
Amiodarona, 150 mg, EV, em 10 min
Após reversão manter controle de ritmo com amiodarona, EV, 900-1.200 mg em 24 h
Considerar ablação de feixe anômalo na internação
Não
RR regular
Realizar manobra vagal
RR irregular
FA
Flutter atrial com BAV variável
TAM
TA com BAV variável
Reversão do ritmo
Redução da FC/diagnóstico
Sem efeito
Instável*
CVES imediata
Informar o paciente
Sedação
Material de IOT preparado
Sincronizar
Choque
Monofásico (50) 100 – 200 – 300 – 360 J
Bifásico 100 – 150 – 200 J
Controle de ritmo com amiodarona, EV, 900-1.200 mg, em 24 h
Solicitar ECO

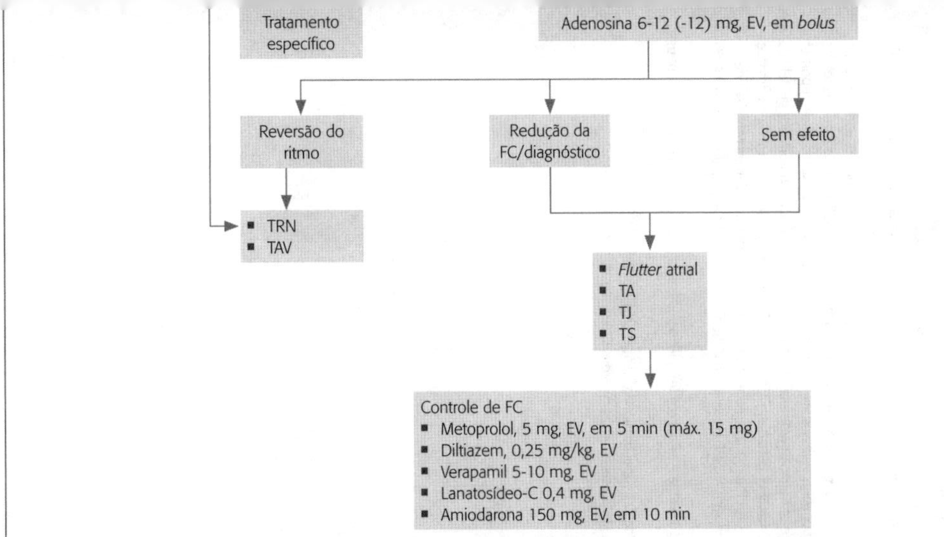

Figura 17 Fluxograma de atendimento de taquicardias supraventriculares na Unidade de Emergência do InCor-HCFMUSP. BAV: bloqueio atrioventricular; CVES: cardioversão elétrica sincronizada; ECG: eletrocardiograma; ECO: ecocardiograma; EF: exame físico; EV: endovenoso; FA: fibrilação atrial; FC: frequência cardíaca; IOT: intubação orotraqueal; MOVE: monitorização cardíaca, oxigenoterapia e acesso venoso; Rx: radiografia; TAM: taquicardia atrial multifocal; TAV: taquicardia atrioventricular; TJ: taquicardia juncional; TRN: taquicardia por reentrada nodal; TS: taquicardia sinusal; WPW: Wolf-Parkinson-White. * Critérios de instabilidade: dor torácica; dispneia; síncope; hipotensão e rebaixamento do nível de consciência.

Bibliografia recomendada

1. Delacrétaz E. Supraventricular tachycardia. NEJM. 2006;354:1039-51.
2. Link MS. Evaluation and initial treatment of supraventricular tachycardia. NEJM. 2012;367:1438-48.
3. Blomström-Lundqvist C, Scheinman MM, Aliot EM, Alpert JS, Calkins H, Camm AJ, et al. European Society of Cardiology Committee, NASPE-Heart Rhythm Society. ACC/AHA/ESC guidelines for the management of patients with supraventricular arrhythmias-executive summary. A report of the American College of Cardiology/American Heart Association task force on practice guidelines and the European Society of Cardiology Committee for practice guidelines (writing committee to develop guidelines for the management of patients with supraventricular arrhythmias) developed in collaboration with NASPE-Heart Rhythm Society. J Am Coll Cardiol. 2003;42(8):1493-531.
4. Pastore CA, Gruppi CJ, Moffa PJ, Ramires JAF. Eletrocardiologia atual. 2.ed. São Paulo: Atheneu; 2008.
5. Lip GYH, Tse HF, Lane DA. Atrial fibrillation. Lancet. 2011;6736(11):61514-6.
6. McCord J, Borzak S. Multifocal atrial tachycardia. Chest. 1998;113(1):203-9.

69

Taquiarritmias ventriculares

Thiago Luis Scudeler

Introdução

- Taquicardias ventriculares (TV) podem ocorrer em pacientes com doença cardíaca estrutural, como doença arterial coronariana, cardiomiopatia hipertrófica, cardiomiopatia dilatada, doença cardíaca congênita complexa e displasia arritmogênica do ventrículo direito, ou em pacientes com coração estruturalmente normal, como síndrome de Brugada e síndrome do QT longo congênito.
- A prevalência de TV aumenta com a idade e ocorre mais comumente em pacientes com doença cardíaca estrutural.
- Disfunção ventricular é um dos principais marcadores de risco para sua ocorrência e para morte súbita.

Classificação

Duração do episódio
▪ Sustentada: ≥ 30 s ▪ Não sustentada: < 30 s
Morfologia dos complexos QRS
▪ Monomórfica ▪ Polimórfica
Forma de apresentação
▪ Paroxística ▪ Incessante

Repercussão hemodinâmica
▪ Bem tolerada ▪ Mal tolerada (com instabilidade hemodinâmica/sintomas)

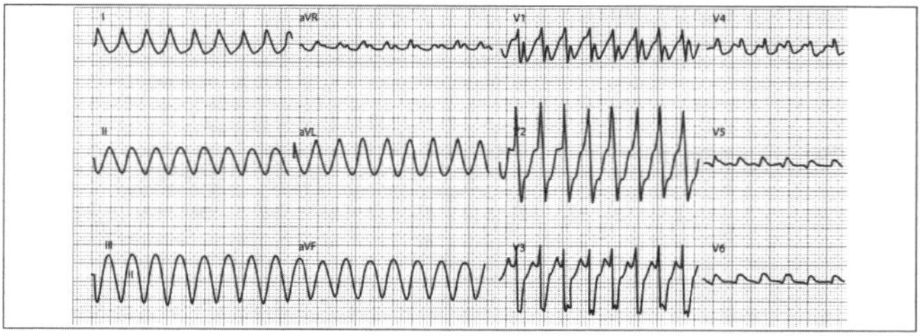

Figura 1 Taquicardia ventricular monomórfica.

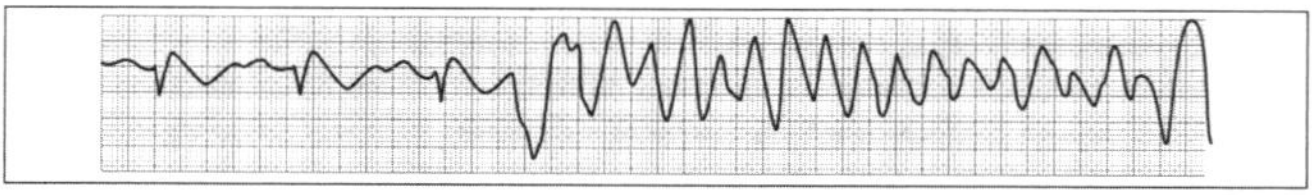

Figura 2 Em derivação V1, observa-se, inicialmente, morfologia de bloqueio de ramo direito com supradesnivelamento de ST. Após, inicia-se taquicardia ventricular polimórfica (*torsades de pointes*).

Quadro clínico

- Palpitações
- Tontura
- Angina
- Pré-síncope ou síncope
- Dispneia
- Convulsões
- Choque cardiogênico

Diagnóstico eletrocardiográfico

- Três ou mais batimentos ventriculares prematuros.
- Taquicardia com QRS largo (QRS > 120 ms).
- Frequência ventricular > 100 bpm.

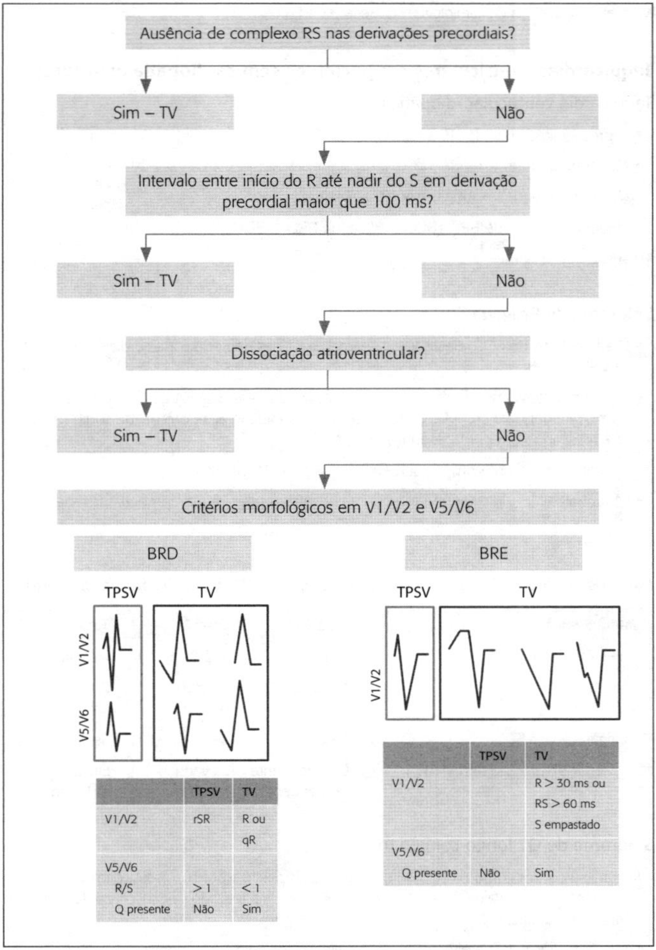

	TPSV	TV
V1/V2	rSR	R ou qR
V5/V6		
R/S	> 1	< 1
Q presente	Não	Sim

	TPSV	TV
V1/V2		R > 30 ms ou RS > 60 ms S empastado
V5/V6		
Q presente	Não	Sim

Figura 3 Diagnóstico diferencial entre as taquicardias com QRS largo (taquicardia ventricular e taquicardia supraventricular com aberrância de condução) – critérios de Brugada.

Taquicardias ventriculares em pacientes sem cardiopatia estrutural

Taquicardia ventricular idiopática

- Apresentação entre 15-40 anos de idade.
- Geralmente bem tolerada.
- Mais comum no sexo masculino (60-70%).
- Morfologia típica de BRD (BRD + BDAS ou BRD + BDPI).
- Prognóstico bom.

Síndrome de Brugada

- Padrão típico do ECG: elevação do segmento ST nas derivações precordiais direitas (V1 a V3).
- Herança autossômica dominante com mutação do gene *SCN5A* do cromossoma 3, com penetrância incompleta, codificador da subunidade alfa do canal de sódio cardíaco, resultando em perda de função do canal.
- É mais comum em homens que em mulheres (8-10 vezes mais).
- A arritmia típica da síndrome é uma TV polimórfica que, frequentemente, degenera para FV.

Padrões de alterações do ST nas derivações V1 a V3 na síndrome de Brugada

Características	Tipo 1	Tipo 2	Tipo 3
Amplitude da onda J	≥ 2 mm	≥ 2 mm	≥ 2 mm
Onda T	Negativo	Positivo ou bifásico	Positivo
Configuração do ST-T	Arqueado	Sela	Sela
Segmento ST (porção terminal)	Gradualmente descendente	Elevado ≥ 1 mm	Elevado < 1 mm

Síndrome de QT longo congênito

- Trata-se de um grupo diverso de distúrbios da repolarização miocárdica com prolongamento do intervalo QT, sendo este > 0,44 s e caracterizado por suscetibilidade a arritmias cardíacas.
- As mutações levam a alterações em canais iônicos – sódio ou potássio.
- As mais comuns são LQT1, LQT2 e LQT3.

- Apresenta prognóstico e taxas de eventos diferentes – LQT1 e LQT2 têm maior risco de arritmias, porém a mortalidade é a mesma e a chance de morte é maior na LQT3.
- O risco de morte súbita é diminuído na gravidez e aumentado no período pós-parto.
- LQT1: síncope ou morte súbita é desencadeada por estresse físico ou emocional.
- LQT2: síncope ou morte súbita pode ocorrer no repouso ou durante o sono ou com o estresse e é desencadeada por ruídos altos, como o produzido pelo despertador.
- LQT3: síncope ou morte súbita desencadeada durante o repouso ou durante o sono.
- Síncope e morte súbita decorrem geralmente de TV polimórfica.

TV catecolaminérgica

- Base genética: autossômica dominante, mais frequente ou recessiva – geralmente relacionada a mutações no gene que codifica o receptor de rianodina do canal de liberação de Ca^{2+} (RyR2).
- Taquicardia ventricular polimórfica precipitada por atividade física e estresse emocional.
- História familiar de morte súbita em 30% dos casos BDAS: bloqueio divisional anterossuperior; BDPI: bloqueio divisional posteroinferior; BRD: bloqueio de ramo direito; ECG: eletrocardiograma; TV: taquicardia ventricular.

Taquicardias ventriculares em paciente com cardiopatia estrutural

Cardiomiopatia isquêmica

- Principal causa de TV, sendo tipicamente monomórfica.
- Mecanismo da TV: reentrada.
- TV tem origem em circuitos formados em decorrência da fibrose miocárdica ou aneurismas ventriculares secundários ao infarto do miocárdio.
- TV polimórfica ou fibrilação ventricular ocorre durante isquemia aguda.

Cardiomiopatia chagásica

- Principal mecanismo de morte súbita: TV, com padrão de BRD.
- Maior fator de risco para morte súbita: disfunção do VE.

Avaliação de prognóstico (escore de risco de Rassi): risco de mortalidade

- Classe funcional III ou IV: 5 pontos.
- Cardiomegalia na radiografia de tórax: 5 pontos.

- Disfunção ventricular: 3 pontos.
- TVNS no Holter: 3 pontos.
- Baixa voltagem no QRS: 2 pontos.
- Sexo masculino: 2 pontos.
- Baixo risco: 0-6 pontos.
- Risco intermediário: 7-11 pontos.
- Alto risco: 12-20 pontos.

Cardiomiopatia hipertrófica (CMH)

- A hipertrofia é assimétrica na maioria dos casos.
- Principal causa de morte súbita cardíaca entre jovens e atletas.
- Doença genética, de caráter familiar e de transmissão autossômica dominante, em 50-60% dos casos.
- Dispneia: é a principal manifestação clínica da doença.
- Dor precordial: encontrada em 25-30% dos pacientes sintomáticos.
- Cerca de 15-25% dos doentes com CMH relatam um episódio de síncope, pelo menos. Mais de 20% queixam-se de pré-síncope.
- Exame físico: pode ocorrer pulso paradoxal invertido; o pulso venoso jugular pode apresentar onda a elevada; B2 é desdobrada, e os pacientes com obstrução acentuada da via de saída do ventrículo esquerdo (VSVE) podem apresentar desdobramento paradoxal; algumas manobras modificam a intensidade do sopro e auxiliam no diagnóstico clínico da doença (Valsalva, posição ortostática – aumenta; posição de cócoras e *handgrip* – reduz).
- ECG: encontra-se alterado em até 95% dos casos e não há um padrão característico da doença; a presença de ondas T invertidas e gigantes nas derivações precordiais é característica de uma forma especial de CMH, descrita inicialmente no Japão e denominada Yamagushi, na qual a presença da hipertrofia é localizada na ponta do VE – forma apical.
- O diagnóstico de hipertrofia ventricular é definido por espessura do septo anterior ou parede livre do VE ≥ 15 mm ou, em pacientes com história familiar positiva para doença, ≥ 13 mm; gradiente na VSVE > 30 mmHg determina a forma obstrutiva.
- Há fatores de risco de morte súbita cardíaca em portadores de CMH (Tabela "Fatores de risco de morte súbita cardíaca em portadores de CMH").

Fatores de risco de morte súbita cardíaca em portadores de CMH

- TVS espontânea.
- História familiar de morte súbita cardíaca ($<$ 50 anos).
- Síncope inexplicada.
- Espessura de parede $\geq$ 30 mm.
- TV não sustentada no Holter.
- Hipotensão no teste ergométrico.

Taquicardia ventricular com pulso

Medidas iniciais

- Monitoração precoce do paciente em sala de emergência
- Ofertar oxigênio
- Coleta de exames gerais e obtenção de acesso venoso periférico

Instável

- Reversão imediata da arritmia em sala de emergência
- Realizar CVE sincronizada/desfibrilação*

Estável

- Reversão precoce da arritmia em sala de emergência
- Administração de amiodarona (ataque e infusão contínua)
- Caso não reverta, considerar CVE sincronizada/desfibrilação*
- Realizar Rx de tórax e ECG pré e pós-reversão
- Solicitar ECG transtorácico de urgência após reversão da TV
- Ajuste hemodinâmico e reversão de baixo débito após reversão da TV
- Correção de distúrbios hidreletrolíticos
- Implante de marca-passo transvenoso (quando bradicardia dependente)
- Considerar associação de lidocaína e/ou sulfato de magnésio** em casos refratários
- Realizar ablação em caráter de emergência em casos refratários
- Avaliar intervalo QT após reversão da TV; se QT longo, suspender amiodarona e administrar sulfato de magnésio ou lidocaína, EV
- Descarte de isquemia/cineangiocoronariografia de urgência

* Em caso de TV polimórfica. ** Considerar como primeira opção em *torsades de pointes*.

Disfunção ventricular (baixa suspeita e isquemia)

- Manter infusão de amiodarona (ou de outro antiarrítmico) por 24-48 h
- Se possível, inicia betabloqueadores (carvedilol/metoprolol), VO
- Solicitar prova isquêmica (CATE ou cintilografia miocárdica)
- Considerar RM
- Considerar EEF
- Considerar CDL

SCA definida

- Iniciar tratamento farmacológico imediato
- Considerar paciente de alto risco
- Solicitar CATE de urgência
- Manter infusão de amiodarona (ou de outro antiarrítmico) por 24-48 h
- Se possível, inicia betabloqueadores VO

TV idiopática/sem disfunção ventricular

- Manter infusão de amiodarona (ou de outro antiarrítmico) por 24-48 h
- Realizar CATE
- Considerar TE/RM/EEF/Holter/CDI de acordo com a cardiopatia suspeita

Figura 4 Fluxograma de atendimento de taquicardias ventriculares da Unidade de Emergência do InCor-HCFMUSP. CATE: cateterismo cardíaco; CDI: cardiodesfibrilador implantável; CVE: cardioversão elétrica; ECG: eletrocardiograma; EEF: estudo eletrofisiológico; EV: endovenoso; RM: ressonância magnética; Rx: radiografia; SCA: síndrome coronariana aguda; TE: teste de esforço; TV: taquicardia ventricular; VO: via oral.

Displasia arritmogênica do ventrículo direito (DAVD)

- Importante causa de morte súbita em indivíduos < 30 anos.
- Tipicamente ocorre em adultos jovens do sexo masculino.
- Trata-se de um distúrbio autossômico dominante com penetrância variável e expressão incompleta.
- ECG: ondas T invertidas de V1 a V4, presença de ondas épsilon que simulam BRD.
- As alterações morfológicas começam no subepicárdio ou parede médio-mural do VD e progridem para o endocárdio com substituição fibroadiposa dos miócitos e afilamento da parede.
- As regiões do VD mais comumente afetadas são via de entrada do VD, ápice e infundíbulo. Estas três áreas formam o "triângulo da displasia".
- TV em pacientes com DAVD, geralmente, tem morfologia de BRE.
- Essas arritmias são tipicamente induzidas por estimulação adrenérgica, como exercício físico.

Medidas antiarrítmicas utilizadas para o tratamento da taquicardia ventricular na sala de emergência

Droga	Dose de ataque	Observações	Efeitos adversos
Amiodarona	300 mg, EV, em 30 min (ampola = 150 mg)	Taxa de reversão entre 30-50%	Hipotensão arterial, bradicardia sinusal e *torsades de pointes* (raro)
Lidocaína (2%)	1 mg/kg, EV – infusão rápida	Taxa de reversão é baixa (20-30%), mas é útil por seu efeito ser rápido e não provocar distúrbio hemodinâmico	Neuropatia
Cardioversão elétrica	Choque de 200-360 J (monofásico) ou 100-200 J (bifásico) sincronizado após sedação	Alto índice de reversão	Requer sedação e jejum

EV: endovenoso.

Indicações para a ablação por cateter das taquicardias ventriculares

Pacientes com cardiopatia estrutural (incluindo IAM prévio, miocardiopatia dilatada e displasia arritmogênica do VD).

Casos em que ablação por cateter de TV é recomendada

1. TV sustentada monomórfica sintomática, incluindo TV interrompidas por CDI, que recorrem apesar de terapia antiarrítmica ou quando as drogas antiarrítmicas não são toleradas ou não são desejadas (recomendação mantida independentemente de a TV ser estável ou instável ou se houver múltiplas TV).
2. Controle de TV incessante monomórfica ou tempestade elétrica que não está relacionada à causa reversível.
3. Pacientes com extrassístoles monomórficas frequentes e TVs não sustentadas ou TV sustentada que presumivelmente cause disfunção ventricular.
4. TV por reentrada ramo a ramo ou interfascicular.
5. TV polimórfica recorrente sustentada e FC refratárias às drogas antiarrítmicas quando se suspeita ser originada de gatilho que pode ser alvo de ablação.

Casos em que ablação por cateter pode ser considerada

1. Pacientes com um ou mais episódios de TV monomórfica sustentada apesar de terapia com droga de classe I ou III.
2. Pacientes com TV monomórfica sustentada decorrente de IAM prévio que têm FEVE maior que 30% e expectativa de vida de pelo menos 1 ano, sendo alternativa aceitável para terapia com amiodarona.
3. Pacientes com TV monomórfica sustentada hemodinamicamente tolerada em razão de IAM prévio com FE preservada (> 35%), mesmo que não tenham apresentado falha na terapia antiarrítmica.

Casos em que ablação por cateter de TV é contraindicada

1. Presença de trombo móvel no ventrículo (neste caso, a ablação epicárdica pode ser considerada).
2. Extrassístoles ou TV não sustentada assintomática que, presumivelmente, não causem disfunção ventricular ou contribuam com ela.
3. TV decorrente de causas transitórias ou reversíveis, como isquemia aguda, hipercalemia e *torsades de pointes* induzida por drogas.

Adaptada do Consenso de Experts (EHRA/HRS) para Ablação por Cateter de Arritmias Ventriculares. CDI: cardiodesfibrilador implantável; FC: frequência cardíaca; FE: fração de ejeção; IAM: infarto agudo do miocárdio; TV: taquicardia ventricular; VD: ventrículo direito; VE: ventrículo esquerdo.

Bibliografia recomendada

1. European Heart Rhythm Association, Heart Rhythm Society, Zipes DP, Camm AJ, Borggrefe M, Buxton AE, Chaitman B, Fromer M, et al. American College of Cardiology, American Heart Association Task Force, European Society of Cardiology Committee for Practice Guidelines. ACC/AHA/ESC 2006 guidelines for management of patients with ventricular arrhythmias and the prevention of sudden cardiac death: A report of the American College of Cardiology/American Heart Association Task Force and the European Society of Cardiology Committee for Practice Guidelines (Writing Committee to Develop Guidelines for Management of Patients with Ventricular Arrhythmias and the Prevention of Sudden Cardiac Death). J Am Coll Cardiol. 2006;48(5):e247-346.
2. Bonow RO, Mann DL, Zippes DP, Libby P. Braunwald's heart disease. A textbook of cardiovascular medicine. 9. ed. Philadelphia: Saunders Elsevier; 2012.
3. Eckardt L, Breithardt G, Kirchhof P. Approach to wide complex tachycardias in patients without structural heart disease. Heart. 2006;92:704-11.
4. Latif S, Dixit S, Callans DJ. Ventricular arrhythmias in normal hearts. Cardiol Clin. 2008;26:367-80.
5. LeMarec H, Nademanee K, Riera ARP, Shimizu W, Schulze-Bahr E, Tan H, et al. Brugada syndrome: report of the second consensus conference: endorsed by the Heart Rhythm Society and the European Heart Rhythm Association. Circulation. 2005;111:659-70.
6. Moss AJ. Long QT syndrome. JAMA. 2003;289:2041-4.
7. Liu N, Ruan Y, Priori SG. Catecholaminergic polymorphic ventricular tachycardia. Prog Cardiovasc Dis. 2008;51:23-30.
8. Rassi Jr A, Rassi A, Little WC, Xavier SS, Rassi SG, Rassi AG, et al. Development and validation of a risk score for predicting death in Chagas' heart disease. N Engl J Med. 2006;355(8):799-808.
9. Basso C, Corrado D, Marcus FI et al. Arrhythmogenic right ventricular cardiomyopathy. Lancet. 2009;373:1289-300.

70

Bradicardias

Thiago Luis Scudeler

Introdução

Bradicardia é uma alteração do ritmo cardíaco com frequência abaixo de 60 bpm.
As bradicardias podem ser fisiológicas (p. ex., atletas bem condicionados ou bloqueio atrioventricular de 1º grau durante o sono) ou patológicas.
A bradicardia pode ser causada por fatores intrínsecos (substituição do tecido nodal por tecido fibrótico) ou extrínsecos.
Classificação: disfunção do nó sinusal e disfunção do nó atrioventricular.

Causas de bradicardia

Causas intrínsecas	Causas extrínsecas
Degeneração idiopática (idade)	Síndromes mediadas automaticamente (síncope neurocardiogênica, hipersensibilidade do seio carotídeo, síncopes situacionais – tosse, micção, defecação e vômitos)
Isquemia	Medicações (betabloqueadores, bloqueadores de canal de cálcio, digoxina, clonidina, agentes antiarrítmicos)
Doenças infiltrativas (sarcoidose, amiloidose, hemocromatose)	Hipotireoidismo

(continua)

Causas de bradicardia *(continuação)*

Causas intrínsecas	Causas extrínsecas
Doenças do colágeno (artrite reumatoide, lúpus eritematoso sistêmico, esclerodermia)	Hipotermia
Distrofia muscular miotônica	Distúrbios neurológicos
Trauma cirúrgico (substituição valvar, correção de doença congênita do coração, transplante cardíaco)	Distúrbios eletrolíticos (hipocalemia, hipercalemia)
Doenças infecciosas (doença de Chagas, endocardite)	Aumento da pressão intracraniana

Classificação das bradicardias

Disfunção do nó sinusal:

- Bradicardia sinusal
- Pausa ou parada sinusal
- Bradicardia juncional
- Síndrome bradi-taqui
- Bloqueios sinoatriais

Distúrbios da condução atrioventricular:

- Bloqueios atrioventriculares (BAV) de 1º, 2º e 3º graus

Apresentação clínica

As bradicardias podem ser assintomáticas ou sintomáticas.

Os sintomas mais comuns são: tontura, pré-síncope, síncope, fadiga e dispneia.

Outros sintomas: rebaixamento do nível de consciência, insuficiência cardíaca descompensada, dor torácica (no contexto de uma síndrome coronária aguda), sinais de baixo débito cardíaco (pulsos finos, extremidades frias, confusão mental, oligúria, hipotensão, pinçamento da pressão arterial).

Critérios de instabilidade: presença de um dos cinco D's (dispneia, dor torácica, desmaio, diminuição da pressão arterial e diminuição do nível de consciência).

Caracterização eletrocardiográfica das bradicardias

1. Bradicardia sinusal

- Ondas P com orientação normal.
- A cada onda P há um complexo QRS.

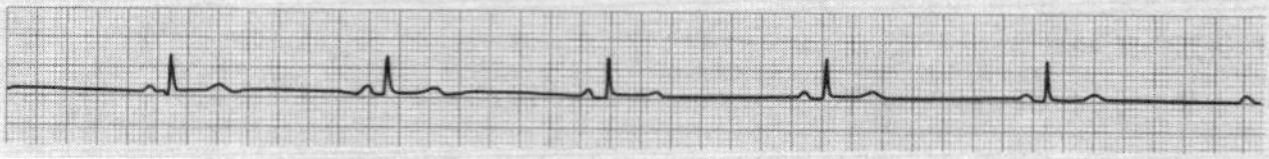

2. Bloqueio sinoatrial

- Ondas P com orientação normal.
- Diminuição progressiva do intervalo PP até uma onda P não conduzir (tipo 1) ou a pausa sinusal ser um múltiplo exato do intervalo PP de base (tipo 2).

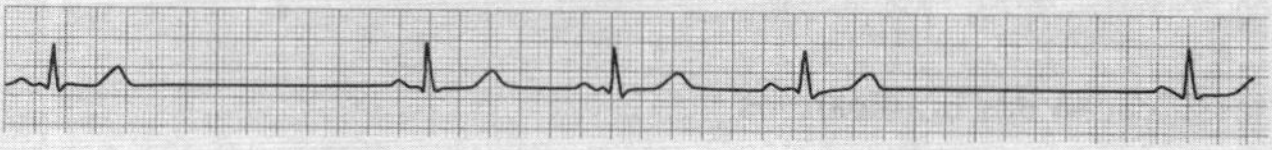

3. Bradicardia juncional

- Onda P pode preceder, coincidir ou suceder um complexo QRS.
- Quando a onda P precede o QRS, o intervalo PR é curto.
- Quando a onda P coincide com o QRS, ela não é visível.
- Pode haver ondas P negativas em D2, D3 e aVF antes ou depois do QRS.

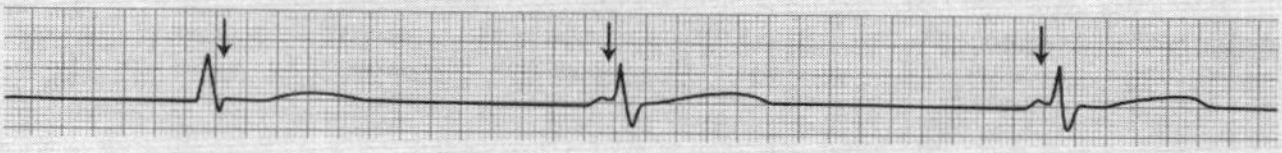

4. Parada sinusal

- Ondas P com orientação normal.
- Cada onda P é seguida por um complexo QRS.
- Pausas > 3 s sem atividade atrial.

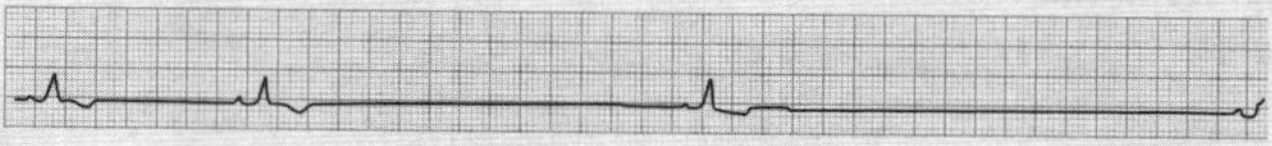

5. Síndrome bradi-taqui

- Alternância de períodos de taquiarritmias e bradicardias.

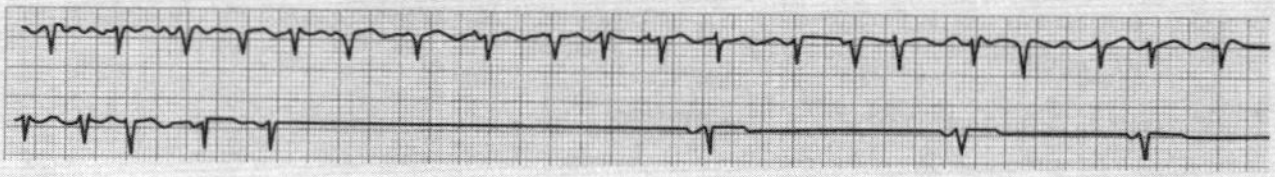

(continua)

Caracterização eletrocardiográfica das bradicardias *(continuação)*

6. Bloqueio atrioventricular de 1º grau

- A cada onda P há um complexo QRS.
- Intervalo PR está aumentado (> 200 ms).
- Não é por si só causa de bradicardia.

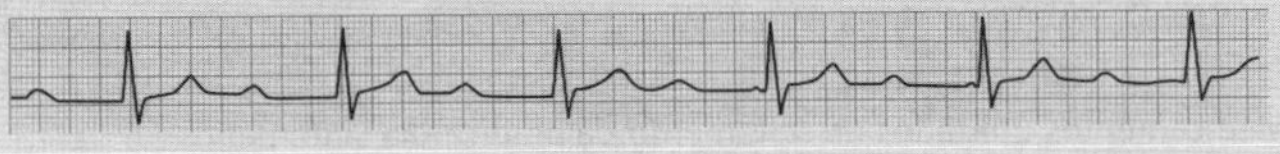

7. Bloqueio atrioventricular de 2º grau Mobitz I

- O intervalo PR aumenta progressivamente até que uma onda P não seja conduzida (fenômeno de Wenckebach).
- Geralmente é decorrente de um atraso no nó atrioventricular (NAV), mas pode ocorrer no feixe de His em pacientes com doença avançada.
- Intervalo PP constante.

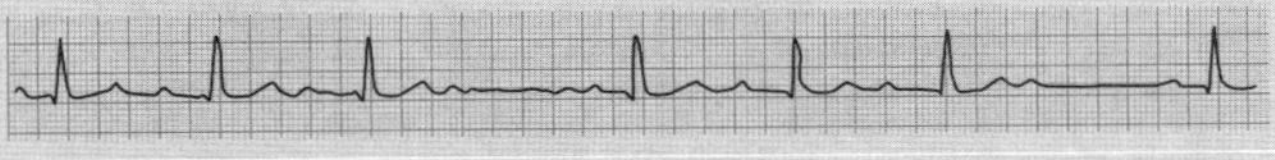

8. Bloqueio atrioventricular de 2º grau Mobitz II

- Lesão intrínseca do sistema de condução.
- Ondas P são ou não conduzidas, mas, quando conduzidas, o PR é constante.
- É mais frequentemente associado com doença do sistema His-Purkinje.
- Quando o QRS é estreito, é de localização intra-hissiano; quando o QRS é largo, pode ser de localização no tronco do feixe de His ou infra-hissiano.

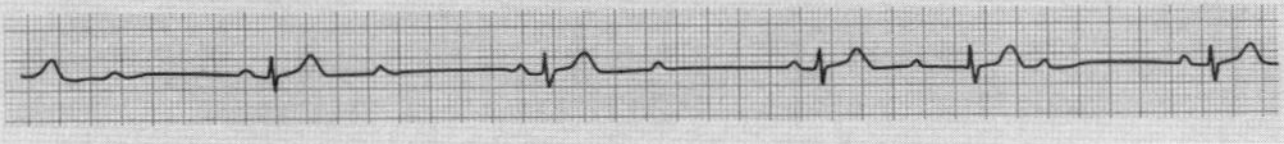

9. Bloqueio atrioventricular de 3º grau ou BAV total

- Lesão intrínseca ao sistema de condução.
- Dissociação completa entre despolarização atrial e ventricular.
- A frequência atrial é mais rápida que a ventricular.
- Se QRS estreito, lesão no nível do NAV; se QRS largo, lesão infranodal.
- BAVT de localização pré-hissiana é de bom prognóstico, pois a frequência de escape nesse caso é boa (45-65 bpm); quando a localização é no sistema His-Purkinje, o prognóstico é pior, com escape ventricular baixo e instabilidade elétrica.

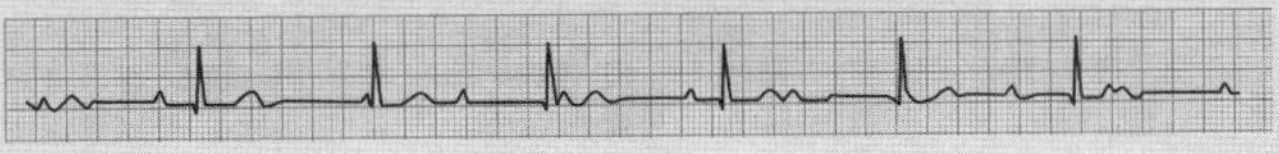

Tratamento

O tratamento das bradicardias no departamento de emergência baseia-se inicialmente na identificação da bradicardia e de possíveis sinais de instabilidade hemodinâmica, caracterizados pelos cinco D's.

As bradicardias instáveis requerem tratamento imediato, ao passo que as bradicardias estáveis podem ser manejadas de forma mais conservadora.

Medicamentos utilizados no tratamento da bradicardia sintomática

Medicamento	Dose administrada	Efeitos adversos
Atropina	0,5 mg, EV, em *bolus*, repetir a cada 3-5 min (dose máxima recomendada: 3 mg)	Boca seca, constipação, rubor facial
Dopamina	Iniciar com 2 mcg/kg/min, EV, e aumentar progressivamente até 10 mcg/kg/min, EV (bomba de infusão contínua)	Náuseas, vômitos, taquicardia, dispneia, angina
Epinefrina	Iniciar com 2 mcg/min, EV, e aumentar progressivamente até 10 mcg/min, EV (bomba de infusão contínua)	Arritmia, dor torácica, cefaleia, tontura

EV: endovenoso.

Bradicardia instável

↓

FC < 60 bpm
(inadequada para a condição clínica)

↓

Sala de emergência + MOVE + anamnese + EF direcionados

↓

Sinais ou sintomas de baixo débito
(hipotensão, alteração do estado mental, sinais de choque, dor torácica, insuficiência cardíaca)

↓ Sim

Administrar de imediato:

- Atropina 0,5 mg, EV, em *bolus* (repetir a cada 5 minutos até 3 mg), enquanto aguarda opção escolhida

Preparar uma das seguintes opções:

- Marca-passo transcutâneo (com sedação leve)
- Adrenalina 2 a 10 mcg/min, EV, em BIC
- Dopamina 2 a 10 mcg/kg, EV, em BIC

↓

- Preparar para marca-passo transvenoso
- Tratar fatores contribuintes

Figura 1 Fluxograma de atendimento de bradicardias instáveis. BIC: bomba de infusão contínua; bpm: batimentos por minuto; EF: exame físico; EV: endovenoso; FC: frequência cardíaca; MOVE: monitorização, oxigenioterapia e acesso venoso.

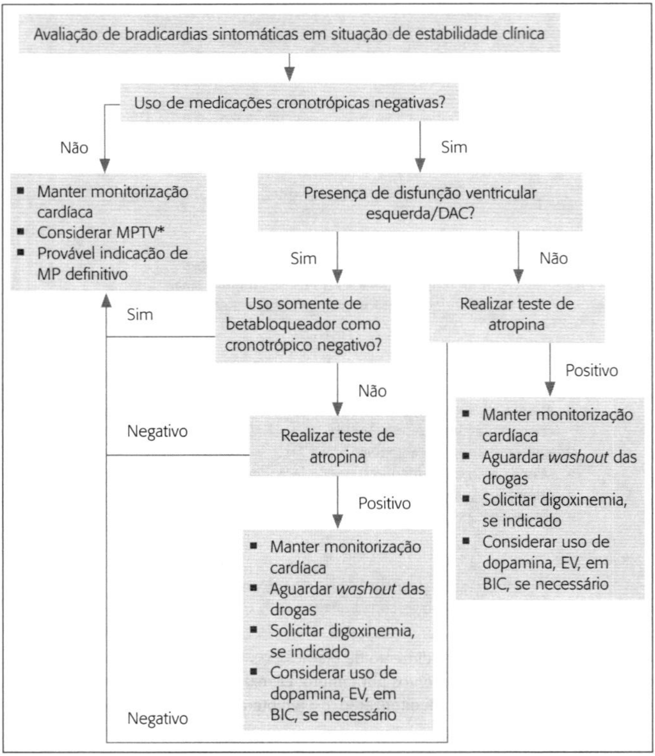

Figura 2 Fluxograma de avaliação de bradicardias estáveis ou após estabilização clínica na Unidade de Emergência do InCor-HCFMUSP. BIC: bomba de infusão contínua; DAC: doença arterial coronária; EV: endovenoso; FC: frequência cardíaca; MP: marca-passo; MPTV: marca-passo transvenoso. * Se as seguintes condições estiverem presentes: FC < 40 bpm, QT longo, QRS > 120 ms e sintomas.

Bibliografia recomendada

1. Mangrum JM, DiMarco JP. The evaluation and management of bradycardia. NEJM. 2000;342:703-9.
2. Pastore CA, Grupi CJ, Moffa PJ, Ramires JAF. Eletrocardiologia atual. Curso do serviço de eletrocardiologia do InCor. 2. ed. 2008.
3. Bonow RO, Mann DL, Zippes DP, Libby P. Braunwald's heart disease: a textbook of cardiovascular medicine. 9. ed. Philadelphia: Saunders Elsevier; 2012.
4. Gonzalez MM, Timerman S, Gianotto-Oliveira R, Polastri TF, Canesin MF, Lage SG, et al. Sociedade Brasileira de Cardiologia. I Diretriz de ressuscitação cardiopulmonar e cuidados cardiovasculares de emergência da Sociedade Brasileira de Cardiologia. Arq Bras Cardiol. 2013; 101(2Supl.3):1-221.

71

Cardioversão elétrica sincronizada

Alexandre de Matos Soeiro

Introdução

A presença de taquiarritmia no pronto-socorro é uma emergência médica prevalente que deve ser tratada prontamente devido ao risco de evolução para óbito.

A cardioversão elétrica sincronizada (CVES) é terapêutica diferente da desfibrilação elétrica com indicações específicas e precisas.

A CVES é a aplicação do choque sincronizado com o complexo QRS sobre o tórax para reversão de arritmias cardíacas. Essa sincronização evita a aplicação do choque durante o período refratário relativo do ciclo cardíaco quando um choque pode deflagrar fibrilação ventricular.

Distúrbios metabólicos (tireotoxicose, intoxicação digitálica, hipóxia, anemia, distúrbios do potássio, cálcio e magnésio) devem ser afastados, pois reduzem a efetividade do choque e podem induzir arritmias, principalmente por automatismo.

Não é utilizada para o tratamento da fibrilação ventricular/taquicardia ventricular sem pulso ou da TV polimórfica (irregular), sendo que nesses ritmos deve ser feita desfibrilação elétrica.

Indicações

A CVES deve ser realizada de urgência sempre que o paciente apresentar algum dos sinais de gravidade (dor torácica, dispneia, síncope, rebaixamento do nível de consciência e/ou hipotensão) e o mesmo for atribuído diretamente à arritmia em questão.

Existem indicações eletivas, principalmente relacionadas a taquicardias supraventriculares, *flutter* e fibrilação atrial em pacientes hemodinamicamente estáveis que não revertem ao ritmo sinusal com drogas antiarrítmicas.

Doses de drogas sedativas para o procedimento

Droga utilizada	Dose	Apresentação farmacêutica	Início de ação	Duração do efeito
Midazolam	0,10 mg/kg	5 mg/mL	15 min	20-60 min
Fentanil	2 mcg/kg	50 mcg/mL	2-3 min	30 min
Etomidato	0,1 mg/kg	2 mg/mL	10 s	5 min
Propofol	0,5 mg/kg	10 mg/mL	30 s	2-4 min

Doses de energia

Existem hoje, no mercado, diversos desfibriladores com cargas máximas variando de 120-360 J com diversas modalidades de fluxo de corrente e velocidade de queda de onda. De acordo com a American Heart Association (AHA), as doses de energia preconizadas são:	
Fibrilação atrial	Inicial 120-200 J (bifásico) ou 100-200 J (monofásico)
	Doses adicionais: bifásico 200 J e monofásico 300-360 J
Taquicardia ventricular	Inicial 100 J
	Doses adicionais: bifásico 150-200 J e monofásico 200-360 J
Taquicardia supraventricular	Inicial 50-100 J
	Doses adicionais: bifásico 100-200 J e monofásico 100-360 J
Flutter atrial	Inicial 50-100 J
	Doses adicionais: bifásico 100-200 J e monofásico 100-360 J

Técnica para a realização de cardioversão elétrica sincronizada

1. O posicionamento das pás pode ser anteroapical ou anterolateral, sendo que uma pá-eletrodo é aplicada na borda superior direita do esterno, abaixo da clavícula (segundo ou terceiro espaço intercostal); a segunda pá-eletrodo é localizada à esquerda do mamilo, com o centro do eletrodo no nível da linha medioclavicular esquerda.
2. Outra localização é a anteroposterior, que tem a vantagem de diminuir a impedância transtorácica. O eletrodo anterior tem a mesma localização infraclavicular direita descrita anteriormente; o segundo eletrodo localiza-se na face posterior do hemitórax esquerdo, abaixo do ângulo da escápula esquerda e outra posição, que pode ser utilizada em portadores de marca-passo definitivo, que é o primeiro eletrodo no ápice do coração e o segundo posteriormente abaixo do ângulo da escápula.
3. O operador deve aplicar firmemente as pás (pressão aproximadamente de 10 kg) para reduzir a resistência transtorácica.
4. Explicar o procedimento ao paciente.
5. Ligar o aparelho.
6. Posicionar o paciente em decúbito horizontal.
7. Fazer a monitorização do ritmo cardíaco através dos eletrodos, complementada por oximetria de pulso e pressão arterial não invasiva.
8. Obter acesso venoso periférico e administrar oxigênio caso seja necessário até que o cenário esteja pronto. No momento do choque, a fonte de oxigênio deve ser retirada.
9. Retirar qualquer substância combustível das proximidades.
10. Providenciar de prontidão bolsa-valva-máscara e material de intubação orotraqueal.
11. Solicitar medicação anestésica e realizá-la.
12. Observar se o paciente encontra-se sedado e, se necessário, administrar ventilação.
13. Reduzir a resistência transtorácica por meio da aplicação de gel ou creme condutor nas pás-eletrodo; jamais utilizar álcool (condutor).
14. Posicionamento adequado das pás-eletrodos sobre o tórax.
15. Não tocar no paciente ou no leito durante o procedimento e afastar todos os que estão ao redor.
16. Selecionar a carga.
17. Sincronizar o aparelho ao ritmo do paciente.
18. Aplicar o choque.

(continua)

Técnica para a realização de CVES *(continuação)*

19. Sempre que aplicado o choque, deve-se manter as pás posicionadas no tórax do paciente e reavaliar o ritmo. Caso não tenha ocorrido reversão, o aparelho deve ser sincronizado novamente e a carga deve ser aumentada para que se realize o próximo choque.
20. Quando se realiza cardioversão ou desfibrilação em pacientes com marca-passo permanente ou cardioversor desfibrilador implantável (CDI), os eletrodos não devem ser posicionados sobre ou próximos ao dispositivo gerador, pois a desfibrilação pode comprometer o funcionamento do marca-passo e esses aparelhos (marca-passo e CDI) devem ser reavaliados após o paciente ter recebido um choque.
21. Após a reversão da arritmia, o paciente deve ter todos os seus sinais vitais reavaliados. O médico responsável deve permanecer ao redor e somente sair do local após recuperação completa dos parâmetros hemodinâmicos e ventilatórios (observar até que o paciente acorde). É comum a ocorrência de hipotensão arterial devido ao efeito das medicações sedativas.

Bibliografia recomendada

1. 2010 American Heart Association Guidelines for Cardiopulmonary Resuscitation and Emergency Cardiovascular Care. Circulation. 2010;122(18 suppl 3).
2. Link MS, Atkins DL, Passman RS, Halperin HR, Samson RA, White RD, et al. Part 6: Electrical therapies: automated external defibrillators, defibrillation, cardioversion, and pacing. 2010 American Heart Association Guidelines for Cardiopulmonary Resuscitation and Emergency Cardiovascular Care. Circulation. 2010;122:s706-19.
3. Timerman S, Gonzalez MM, Ramires JA. Ressuscitação e emergências cardiovasculares. Barueri: Manole; 2007.
4. Gonzalez MM, Timerman S, Gianotto-Olievira R, Polastri TF, Canesin MF, Schimidt A, et al. I Diretriz de ressuscitação cardiopulmonar e cuidados cardiovasculares de emergência da Sociedade Brasileira de Cardiologia. Arq Bras Cardiol. 2013;101(2 Supl 3).
5. Soeiro AM, Luz DABP, Jallad S. Cardioversão elétrica sincronizada. In: Soeiro AM, Leal TCAT, Oliveira Jr MT, Filho RK. Manual de condutas práticas da unidade de emergência do InCor. Barueri: Manole; 2015. p.373.

72

Utilização de marca-passo transcutâneo e transvenoso

Alexandre de Matos Soeiro
Priscila Gherardi Goldstein

Marca-passo transcutâneo

Introdução

- As bradiarritmias são afecções comuns em sala de emergência, principalmente em pacientes com cardiopatia conhecida, infarto agudo do miocárdio e em uso de medicações com efeito cronotrópico negativo.
- Em casos associados à instabilidade hemodinâmica, a estimulação elétrica artificial pode ser feita por meio de marca-passos provisórios (transcutâneo e transvenoso), que são utilizados à beira-leito em situações de urgência e, posteriormente, marca-passos definitivos implantados em centro cirúrgico, caso a causa da bradiarritmia não seja reversível.
- De maneira geral, o marca-passo provisório visa comandar o ritmo cardíaco por intermédio de impulsos elétricos que promovem a contração miocárdica após despolarização efetiva, restabelecendo a frequência cardíaca adequada e proporcionando consequente melhora do débito cardíaco. Dentre todas as modalidades de estimulação cardíaca temporária, o método transcutâneo é o mais fácil de ser utilizado, por isso pode ser adequadamente empregado em sala de emergência com treinamento simples e rápido.
- Em situações de bradicardia sintomática com pulso, o marca-passo transcutâneo também deve ser considerado em pacientes que não respondem à atropina. Deve ser uma medida provisória até que seja providenciada a colocação de marca-passo transvenoso, já que a estimulação do tórax causa desconforto ao paciente, de modo que é necessário manter a analgesia adequada.

Técnica para utilização de marca-passo transcutâneo

1. Ligar o desfibrilador.
2. Aplicar os eletrodos do ECG e ligá-los ao cabo do ECG.
3. Ajustar o tamanho do ECG e a derivação para obter boa representação visual da forma da onda. Verificar a detecção adequada do complexo QRS.
4. Aplicar as pás do marca-passo: a negativa (anterior) no ápice cardíaco e a positiva (posterior) no dorso (alternativamente na região torácica direita superior).
5. Conectar os cabos ao desfibrilador.
6. Mudar ou ativar o modo de estimulação.
7. Ajustar a frequência cardíaca para um valor acima da frequência do paciente.
8. Ajustar o modo de estimulação. O sistema pode ser colocado em modo "demanda", no qual o estímulo somente será disparado caso o paciente apresente frequência cardíaca abaixo do valor previamente selecionado, ou em modo "fixo", no qual, independentemente da frequência do paciente, o estímulo será liberado.
9. Realizar sedação e explicar possível desconforto. Analgesia, usualmente, é feita com opioides, como morfina (dose de 2-4 mg em *bolus*) e fentanil. Múltiplas doses podem ser necessárias, dependendo do tempo de uso do marca-passo. Evitam-se doses excessivas, de modo que o paciente não apresente rebaixamento do nível de consciência. Toda a estimulação é realizada preferencialmente com o paciente acordado.
10. Ajustar a voltagem com o aparecimento de espículas no monitor. Iniciar com a corrente mínima e aumentar 5-10 mA até a captura ventricular adequada (limiar de captura).
11. Avaliar a captura mecânica preferencialmente pelo pulso femoral. Caso a frequência do pulso esteja menor que a estimulação elétrica, o limiar de captura deve ser elevado até o ajuste adequado de captura elétrica + mecânica.
12. Deixar a corrente de estimulação 5-10 mA acima do limiar de captura elétrica e mecânico.

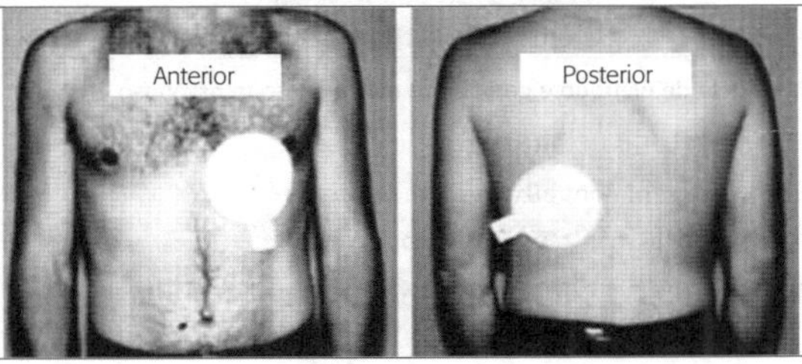

Figura 1 Posicionamento correto das placas do marca-passo transcutâneo.

Marca-passo transvenoso

Principais indicações relacionadas ao uso de marca-passo transvenoso

- Bloqueio atrioventricular de segundo ou terceiro grau com instabilidade hemodinâmica ou síncope em repouso.
- Arritmias ventriculares secundárias à bradicardia.
- Pacientes assintomáticos com bloqueio atrioventricular de segundo grau Mobitz II ou terceiro grau, principalmente com QRS largo e frequência cardíaca < 40 bpm.
- Suporte para procedimentos que podem promover bradicardia (passagem de cateter de artéria pulmonar, por exemplo).
- Procedimentos cirúrgicos com anestesia geral em pacientes com bloqueio atrioventricular de segundo ou terceiro grau ou intermitente.
- Considerar em bloqueio bifascicular com bloqueio atrioventricular de primeiro grau.
- *Overdrive suppression*.

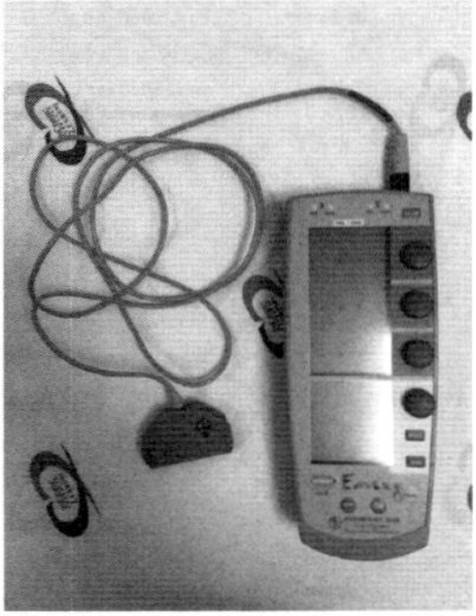

Figura 2 Modelo de eletrodo e gerador de marca-passo transvenoso.

Técnica de passagem com auxílio da radioscopia

1. Informar o paciente sobre o procedimento.
2. Posicionar o paciente em posição supina com monitorização contínua.

(continua)

Técnica de passagem com auxílio da radioscopia (*continuação*)

3. Fazer assepsia e antissepsia da pele e vestir roupa e luva estéreis.
4. Colocar campos estéreis.
5. Obter acesso venoso. Geralmente, utiliza-se a veia jugular interna direita ou subclávia direita. A veia femoral também pode ser utilizada.
6. Inserir por técnica de Seldinger e manter introdutor na veia puncionada.
7. Moldar a ponta do cateter do marca-passo com 20-30° para melhor posicionamento.
8. Avançar o cateter sob visualização direta por radioscopia ou por monitorização eletrocardiográfica até alcançar o átrio direito, com a ponta do instrumento direcionada para a parede livre do lado direito.
9. Girar o cateter, direcionando sua ponta para o lado esquerdo, e avançá-lo através da valva tricúspide até o ápice do ventrículo direito.
10. Com o cateter posicionado no ventrículo direito, conectar o eletrodo no gerador e iniciar a estimulação, ajustando os parâmetros até boa captura ventricular.
11. Se não houver captura, tracionar o cateter até o átrio direito e repetir o procedimento.
12. Quando se considerar que o cabo está bem posicionado, testar sua estabilidade no local impactado. Deixar a energia 1 mA acima do limiar de estimulação encontrado e pedir ao paciente que simule tosse e faça movimentos de expiração e inspiração profundos. Se não houver perda de captura, considerar que o local de implante está estável.
13. Deve-se pesquisar a presença de estimulação frênica, aplicando-se energia máxima e avaliando-a por meio de palpação do tórax ou sob visão direta na radioscopia. Caso esteja presente, o cabo deve ser reposicionado.
14. Ajustar os parâmetros do gerador. Em geral, deixa-se a frequência cardíaca em torno de 60 batimentos por minuto. Reduzir o limiar de captura até que ocorra falha na condução do estímulo, determinando-se o limiar de estimulação. Deixar o limiar em 2-2,5 vezes o valor obtido. Em seguida, testar a sensibilidade.
15. Para testar a sensibilidade, deve-se diminuir gradualmente a frequência da estimulação até que o ritmo próprio do paciente assuma o comando. Checar se ocorre inibição do marca-passo. Em pacientes nos quais haja bradicardia importante persistente, pode-se ajustar no modo assíncrono. No entanto, em casos em que o modo demanda seja mais adequado, deve-se programar a sensibilidade em torno de 3 mV ou de acordo com o limiar encontrado (geralmente, na metade desse valor).
16. Retirar o introdutor e fixar o marca-passo através de pontos de sutura na pele.
17. Solicitar ECG e observar morfologia de bloqueio de ramo esquerdo.
18. Realizar radiografia de tórax.

Técnica de passagem guiada pelo eletrocardiograma

1. Conectar o cabo da derivação V1 à ponta negativa do marca-passo e ao eletrocardiograma.
2. Ligar o aparelho de eletrocardiograma na derivação V1.
3. Tocar a outra ponta do marca-passo para verificar se há leitura.
4. Introduzir o cateter pelo introdutor e avançar cerca de 10 cm. A partir de então, avançar o cateter lentamente e observar o monitor.
5. Na veia jugular ou subclávia, a onda P e o QRS são pequenos e invertidos.
6. Na veia cava superior, a onda P aumenta de amplitude.
7. No átrio direito, a onda P fica grande e o complexo QRS pequeno.
8. Avançando o cateter, a onda P vai ficando menor e o complexo QRS vai aumentando.
9. Quando alcança a via de saída do ventrículo direito, os QRS são amplos e positivos ainda com o gerador desligado. À medida que se progride o cabo do marca-passo e se alcança a ponta do ventrículo direito, o QRS fica negativo quando visualizado em derivações inferiores (DII ou DIII), indicando seu bom posicionamento, desde que o gerador esteja ligado (Figura 3).
10. Avançar o cateter até aparecer um supradesnivelamento de ST, mostrando que o cabo deve estar impactado na parede do ventrículo.
11. Conectar os polos ao gerador e fazer os ajustes.

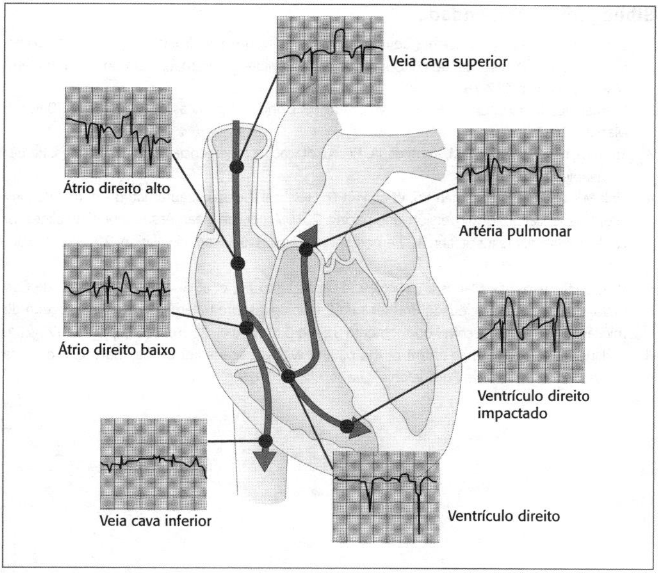

Figura 3 Traçados eletrocardiográficos representativos da passagem do eletrodo pelas diferentes câmaras cardíacas correspondentes.

Bibliografia recomendada

1. Santos TM, Soeiro AM. Implante de marca-passo transvenoso. In: Soeiro AM, Leal TCAT, Oliveira Jr MT, Filho RK. Manual de condutas práticas da unidade de emergência do InCor. Barueri: Manole; 2015. p.467-78.
2. Nicolau JC, Tarasoutchi F, Rosa LV, Machado FP. Condutas práticas em cardiologia. Barueri: Manole; 2010.
3. Timerman S, Gonzalez MM, Ramires JA. Ressuscitação e emergências cardiovasculares. Barueri: Manole; 2007.
4. Link MS, Atkins DL, Passman RS, et al. Part 6: Electrical therapies: automated external defibrillators, defibrillation, cardioversion, and pacing. 2010 American Heart Association Guidelines for cardiopulmonary resuscitation and emergency cardiovascular care circulation. 2010;122:s706-19.
5. Piegas LS, Feitosa G, Mattos LA, Nicolau JC, Rossi Neto JM, et al. Sociedade Brasileira de Cardiologia. Diretriz da Sociedade Brasileira de Cardiologia sobre tratamento do infarto agudo do miocárdio com supradesnível do segmento ST. Arq Bras Cardiol. 2009;93(6 suppl 2):e179-264.
6. Shilling E. Nursing management of the patient with a pacemaker cardiac pacing. A concise guide to clinical practice. Philadelphia: Lea e Febiger; 1979.

73

Complicações associadas à estimulação cardíaca artificial

Tatiana de Carvalho Andreucci Torres Leal
Glaucylara Reis Geovanini

Introdução

- As complicações em portadores de dispositivos cardíacos eletrônicos implantáveis (DCEI) têm picos de ocorrência nos primeiros meses após o implante e com o decorrer dos anos devido principalmente ao desgaste do sistema.
- Complicações precoces (até 30 dias após o implante):
  - Pneumotórax e hemotórax
  - Hematoma e/ou infecção de loja
  - Perfuração de câmaras atriais ou ventriculares
  - Deslocamentos dos cabos-eletrodos
  - Falhas no comando ou sensibilidade
  - Estimulação frênica
- Complicações tardias:
  - Deslocamentos dos cabos-eletrodos
  - Falha de comando ou sensibilidade
  - Fratura do cabo-eletrodo
  - Trombose venosa
  - Endocardite infecciosa
  - Infecção
  - Síndrome do marca-passo
  - Arritmias induzidas ou mediadas pelo marca-passo

- Endocardite e infeções, tanto de loja do gerador de pulsos quanto relacionadas ao sistema, serão abordadas em capítulo específico.
- De forma geral, todos os pacientes portadores de DCEI devem ser avaliados sistematicamente quanto a: sintomas apresentados (pré-síncope, síncope, lipotímia), achados específicos do exame físico (avaliação da loja do gerador de pulsos) e avaliação eletrônica do dispositivo (checar sensibilidade, teste de limiar e bateria). Para todos devem ser solicitados: eletrocardiograma de 12 derivações (para avaliar qualquer alteração do ritmo) e radiografia de tórax (para identificar alterações do sistema de cabos e eletrodos).
- Se houver suspeita de complicações, o médico habilitado deve fazer a interrogação do sistema para definir carga e condições da energia da bateria, impedância, energia de estímulo e teste de limiar dos cabos-eletrodos e para avaliar a telemetria e o modo de programação.

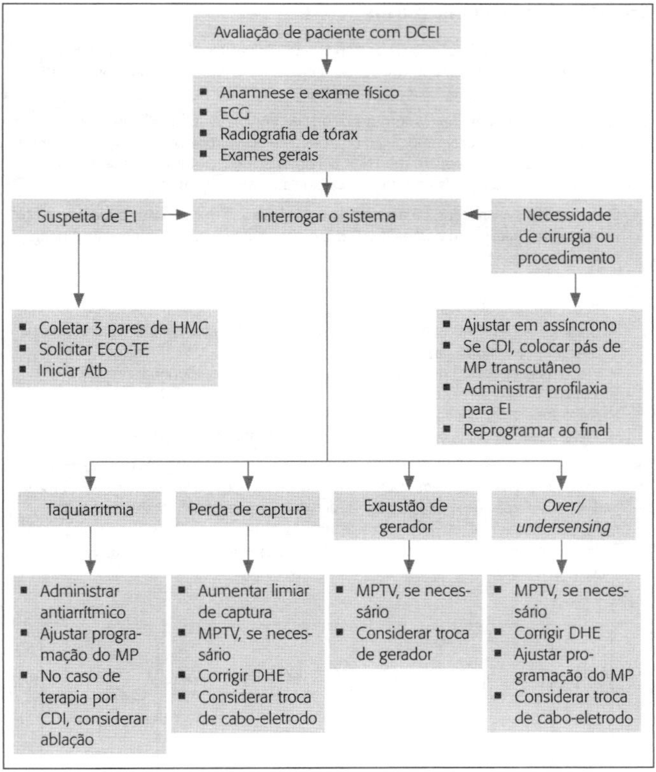

Figura 1 Fluxograma de atendimento de pacientes com dispositivo de estimulação elétrica cardíaca artificial na Unidade de Emergência do InCor-HCFMUSP. ECG: eletrocardiograma; EI: endocardite infecciosa; HMC: hemocultura; ECO-TE: ecocardiograma transesofágico; Atb: antibioticoterapia; CDI: cardiodesfibrilador implantável; MPTV: marca-passo transvenoso; DHE: distúrbios hidreletrolíticos; MP: marca-passo.

Exaustão do gerador de pulsos

- As baterias dos geradores de pulsos têm durabilidade variável, dependendo do grau de dependência do marca-passo (MP) e do número de terapias e choques administrados (em caso de cardiodesfibriladores implantáveis).
- Os aparelhos mais modernos têm condições de interpretar a medida que atingem exaustão – a esse mecanismo se dá o nome de *elective replacement indication* (ERI) – e automaticamente podem modificar para modos de estimulações mais simplificados (como a mudança da estimulação de dupla câmara para unicameral).
- Em casos mais avançados, há a perda da autonomia e o marca-passo pode se desligar subitamente. Trata-se do *end of life* (EOL), e a troca do gerador é imperativa e obrigatória o quanto antes.
- São sinais e sintomas de pacientes com suspeita de ERI/EOL:
  - ECG com falha de captura
  - Bradicardia (FC < 40 bpm), com complexos largos e falhas de captura (morfologia diferente da estimulada)
  - Frequência cardíaca fixa em 50-70 bpm com congestão pulmonar
  - Extrassístoles com piora da dispneia
  - Aviso sonoro ou vibratório do dispositivo
  - Pré-síncope, síncope, confusão mental, choque cardiogênico ou parada cardíaca
- Caso o aparelho apresente falhas de condução, os pacientes para os quais o aparelho foi indicado por bloqueio atrioventricular avançado tendem a apresentar quadro mais grave, geralmente com períodos de assistolia ou frequência de escape ventricular muito reduzida e mal tolerada, inclusive com risco de morte súbita. Já naqueles com indicação, por exemplo, por doença do nó sinusal, geralmente a falha de captura é mais bem tolerada.

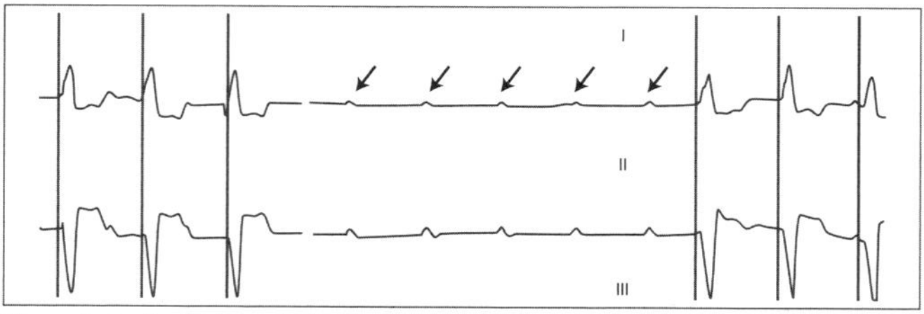

Figura 2 Ausência da espícula do MP, mas sem ritmo espontâneo ventricular do paciente, apenas atividade atrial. Possíveis causas de falha de captura: exaustão do gerador, microfratura do cabo-eletrodo, interferência por miopotenciais e/ou ruídos causando *oversensing* e não emissão da espícula.

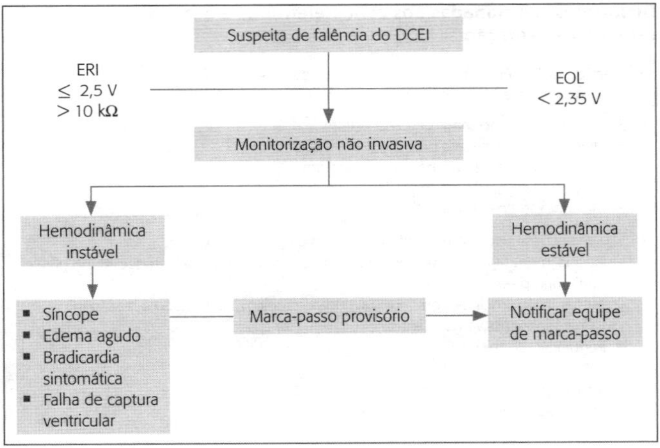

Figura 3 Manejo de pacientes com suspeita de falência de DCEI. DCEI: dispositivo cardíaco de estimulação implantável; ERI: *elective replacement indication*; EOL: *end of life*.

- Já pacientes em EOL, além de também serem internados e obrigatoriamente monitorizados, do ponto de vista cardíaco, possuem algumas observações específicas. Nesses casos, se o desligamento do MP já ocorreu ou está em vias de acontecer, o risco associado ao paciente é muito maior. Caso o MP já esteja desligado ou com falhas de captura, em pacientes com ritmo de base associado a bloqueio atrioventricular avançado ou que estejam apresentando frequência cardíaca muito reduzida (< 40 batimentos por minuto) ou mal tolerada, a passagem de MP transvenoso em caráter de urgência é realizada. Por vezes, antes da passagem do MP transvenoso, a utilização de MP transcutâneo de forma temporária pode ser necessária.

Disfunções relacionadas aos cabos-eletrodos e à interface sistema de estimulação-coração

- Além de disfunções relacionadas ao gerador de pulsos, as alterações relacionadas ao cabo-eletrodo e à interface do sistema-coração geram também grande repercussão.
- São disfunções relacionadas ao cabo-eletrodo:
  - Defeitos do isolamento do condutor
  - Fratura completa e incompleta do condutor
  - Uso de adaptadores inadequados
  - Má conexão do cabo ao gerador
- São alterações relacionadas à interface sistema de estimulação-coração:
  - Deslocamento ou microdeslocamento do cabo-eletrodo (mais frequente no pós-operatório precoce)
  - Aumento do limiar de comando (agudo ou crônico) relacionado à reação inflamatória excessiva na interface
  - Perfuração do miocárdio
  - Inflamação na junção eletrodo-coração
  - Reação por corpo estranho
  - Infarto ou fibrose na região do implante

Problemas nos cabos-eletrodos

- Os defeitos de isolamento são mais frequentes com o tempo de vida do eletrodo. No eletrocardiograma em repouso, as espículas são de amplitudes variáveis, uma vez que uma parte da corrente enviada se perde na solução de continuidade. Na avaliação eletrônica do dispositivo, há redução da impedância e aumento dos limiares de estimulação.
- A incidência global de fratura de cabos-eletrodos varia de 1,3 a 5% nos serviços especializados.
- As fraturas podem ser completas ou incompletas.
- Nas fraturas incompletas, ou microfraturas, as espículas podem ser evidenciadas, mas sem estimulação do coração, ou seja, sem comando do complexo QRS conduzido. Na avaliação eletrônica, a impedância do cabo-eletrodo é muito alta, inclusive acima do valor de referência.

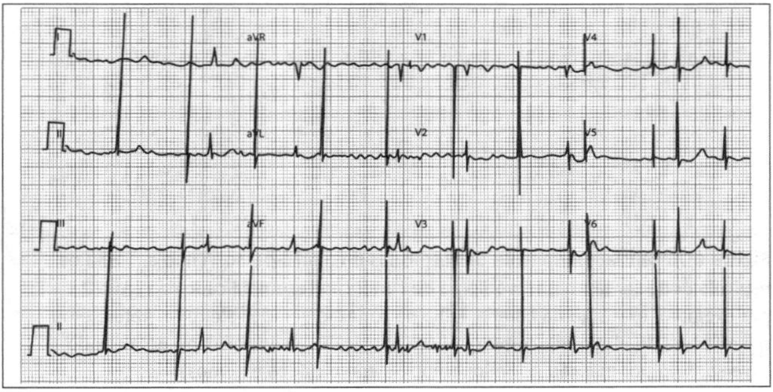

Figura 4 Observam-se espículas sem condução adequada, caracterizando a perda de captura intermitente do marca-passo, presente em fraturas incompletas.

Alterações de sensibilidade ventricular também podem ser causadas por microfraturas do cabo-eletrodo:

- *Undersensing*: incapacidade de reconhecer a despolarização espontânea, com a emissão de espícula na vigência de batimento normal.

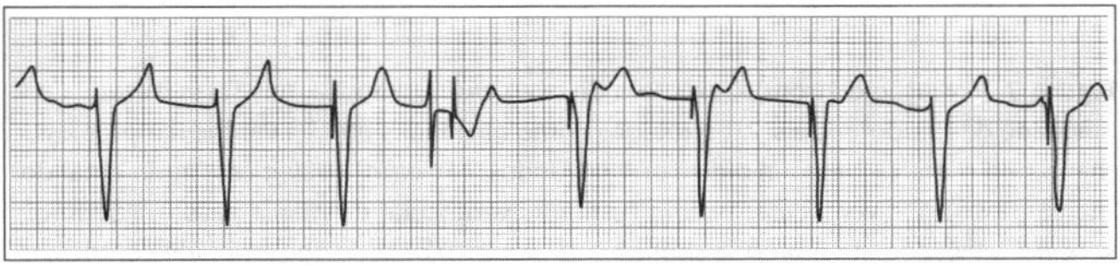

Figura 5 Nota-se espícula sobre o QRS próprio. A atividade elétrica própria não foi sentida pelo dispositivo.

- *Oversensing*: sensibilidade exagerada, geralmente por miopotenciais ou outras interferências, como detecção inapropriada das ondas T e *cross talk* (interpretação de um estímulo de uma câmara sobre a outra).

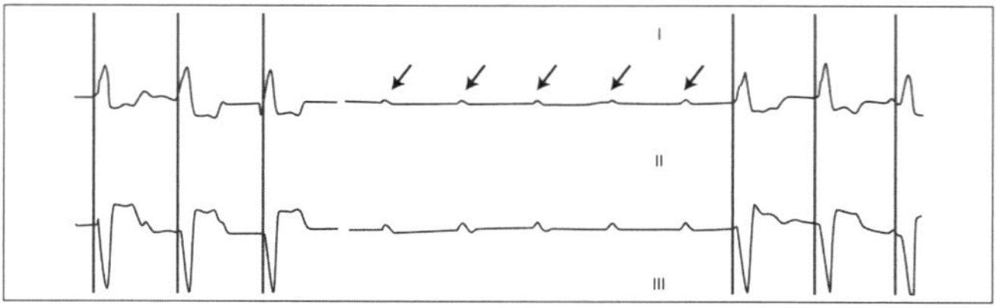

Figura 6 Ausência intermitente das espículas do marca-passo. A não emissão da espícula pode ser tanto um problema de condução (exemplificado na Figura 2, por exemplo: exaustão da bateria, falha na conexão gerador-eletrodo, fratura e ou microfratura do eletrodo), como também alteração da sensibilidade do eletrodo (*oversensing* por inibição por miopotenciais como ruídos externos).

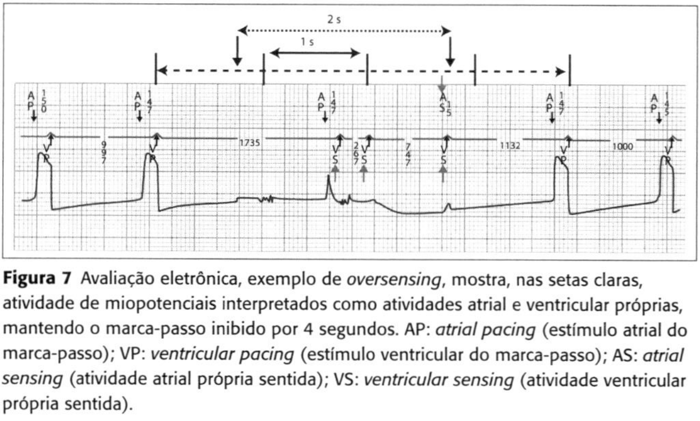

Figura 7 Avaliação eletrônica, exemplo de *oversensing*, mostra, nas setas claras, atividade de miopotenciais interpretados como atividades atrial e ventricular próprias, mantendo o marca-passo inibido por 4 segundos. AP: *atrial pacing* (estímulo atrial do marca-passo); VP: *ventricular pacing* (estímulo ventricular do marca-passo); AS: *atrial sensing* (atividade atrial própria sentida); VS: *ventricular sensing* (atividade ventricular própria sentida).

Nas fraturas completas, ocorre uma abertura do sistema elétrico e, dessa forma, não há estimulação cardíaca. A impedância também apresenta-se aumentada, mas ao infinito, muito acima do valor de referência. Na radiografia de tórax, às vezes, é possível observar o local da fratura.

Os pacientes com suspeita de alterações do sistema de cabos-eletrodos (deslocamentos, fraturas e alterações de sensibilidade) devem ser submetidos a exame físico direcionado, eletrocardiograma de 12 derivações e avaliação eletrônica do dispositivo.

O tratamento depende da causa e pode ser abordado de algumas formas:

- Programação eletrônica: mudanças no modo de programação são capazes de ajustar algumas falhas de captura. A modificação do modo bipolar para unipolar pode resolver as perdas de capturas em fraturas incompletas (microfraturas). O aumento da energia de estimulação também pode melhorar temporariamente a captura do marca-passo.
- Colocação de imã sobre o gerador: o uso de imã sobre o gerador modifica o modo de estimulação para assíncrono. Dessa forma, evita a inibição das espículas causadas por *oversensing*. No entanto, a programação do MP deve ter a função de resposta ao imã selecionado, uma vez que, às vezes, a resposta pode ser temporária e, assim, a função assíncrono não será duradoura.
- MP provisório: o uso do MP transcutâneo na sala de emergência está indicado para a resolução imediata e manutenção da hemodinâmica. No entanto, é o MP provisório transvenoso que assegura o melhor controle do ritmo cardíaco.

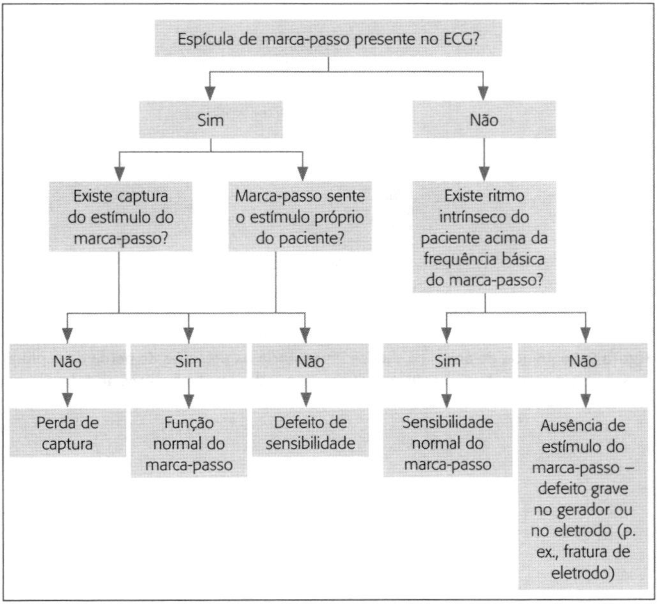

Figura 8 Fluxograma de diagnóstico das disfunções dos marca-passos com base no eletrocardiograma. ECG: eletrocardiograma.

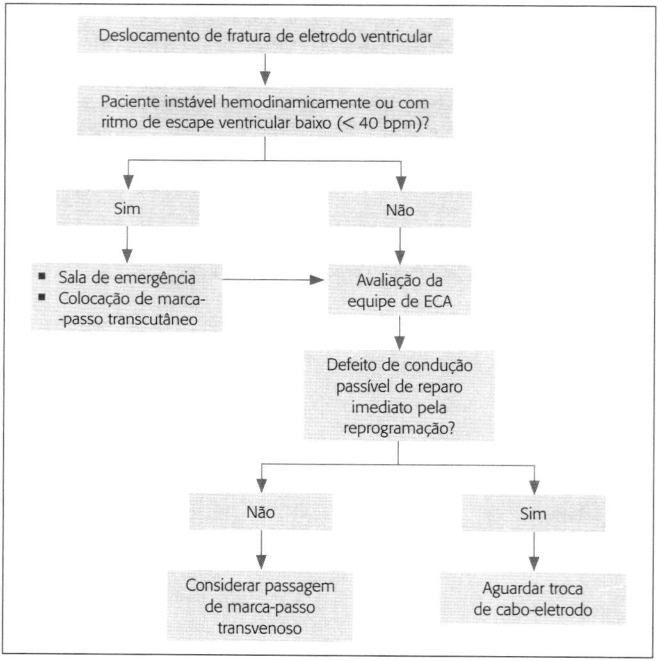

Figura 9 Sequência de ações na sala de emergência na presença de perda de captura do sistema de estimulação cardíaca artificial. ECA: estimulação cardíaca artificial.

Bibliografia recomendada

1. Martinelli M, Nishioka SA, Siqueira SF. Atlas de marcapasso: a função através do eletrocardiograma. 2.ed. São Paulo: Atheneu; 2012.
2. Melo CS. Temas de marcapasso. 3.ed. São Paulo: Lemos; 2007.
3. Soeiro AM, Leal TCAT, Oliveira Jt MT, Filho RK. Manual de condutas práticas da unidade de emergência do InCor. Barueri: Manole; 2015.
4. Soeiro AM, Leal TCAT, Oliveira Jt MT, Filho RK. Cardiologia de emergência em fluxogramas. Barueri: Manole; 2015.
5. Martinelli Filho M, et al. Diretrizes brasileiras de dispositivos cardíacos implantáveis (DCEI). Arq Bras Cardiol. 2007.
6. Epstein AE, Dimarco JP, Ellenbogen KA, Estes NA 3rd, Freedman RA, Gettes LS, et al. American College of Cardiology/American Heart Association Task Force on Practice; American Association for Thoracic Surgery; Society of Thoracic Surgeons. Heart Rhythm. 2008;5(6):934-55.
7. Pastore CA, Grupi CJ, Moffa PJ. Eletrocardiologia atual – curso do Serviço de Eletrocardiologia do InCor. São Paulo: Atheneu; 2006.
8. Maisel WH, Moynahan M, Zuckerman BD, Gross TP, Tovar OH, Tillman DB, et al. Pacemaker and ICD generator malfunctions: analysis of Food and Drug Administration annual reports. JAMA. 2006;295(16):1901-6.
9. Sarko JA, Tiffany BR. Cardiac pacemakers: evaluation and management of malfunctions. Am J Emerg Med. 2000;18(4):435-40.
10. Cardall Ty, Chan TC, Brady WJ, et al. Permanent cardiac pacemakers: issues relevant to the emergency physician. Part 1. J Emerg Med. 1999;17:479-89.

74

Terapia elétrica em paciente com CDI

Tatiana de Carvalho Andreucci Torres Leal
Marco Alexander V. Akamine

Introdução

Os cardiodesfibriladores implantáveis (CDI) modificaram a história natural de diversas cardiopatias estruturais e canalopatias.

Os pacientes portadores de CDI e que receberam terapias elétricas apresentam altas morbidade e mortalidade, uma vez que têm antecedentes de morte súbita abortada, taquicardias ventriculares (TV) mal toleradas e/ou cardiopatias estruturais conhecidas.

Aproximadamente 14 a 17% dos pacientes portadores de CDI podem apresentam terapias elétricas inapropriadas.

O acompanhamento clinicocardiológico que visa, além do tratamento específico, à otimização terapêutica, assim como à programação adequada do dispositivo, é medida capaz de reduzir as taxas de choques inapropriados.

Pacientes que chegam ao pronto-socorro com quadro de choque do CDI devem ser submetidos a um exame clínico direcionado e à monitorização eletrocardiográfica o quanto antes para se definir o ritmo atual, assim como para registrar a presença ou não de arritmias. Deve-se questionar se a terapia ocorreu durante o esforço ou o repouso, se há adesão ao tratamento medicamentoso e se houve pródromos, como palpitações, síncopes ou dor torácica.

Além da avaliação clínica, a avaliação eletrônica do aparelho é imprescindível, tanto para identificar o ritmo que desencadeou a terapia, como para reconhecer o mal funcionamento do aparelho e o *status* da bateria após as choques liberados.

Terapias elétricas apropriadas

Os CDI possuem dois tipos de terapia: a antibradicárdica (com função semelhante à do marca-passo) e antitaquicárdica (para tratamento de taquicardia ventricular e fibrilação ventricular).

A taquicardias são identificadas pelo aparelho por meio de zonas de frequência cardíaca (FC), independentemente da morfologia do QRS e da origem supraventricular ou ventricular. Quando identificada a arritmia, dependendo da zona de FC específica, o aparelho deflagra a terapia.

Alguns dispositivos apresentam critérios de discriminação entre as taquicardias ventriculares e supraventriculares, mas nem sempre são efetivos.

Existem dois tipos de terapia elétricas disponíveis no CDI:

- Antitaquicardia *pacing* (ATP): trata-se de uma sobre-estimulação induzida pelo CDI, em uma frequência acima da taquicardia. Aproximadamente 80 a 90% das TV "lentas" (FC < 188 bpm) são revertidas com ATP, enquanto por volta de 72% das TV rápidas (FC entre 188 e 250 bpm) revertem por este mecanismo.
- Choques de alta energia: fibrilação ventricular (FV) e TV podem também ser tratadas com choques de alta energia quando não respondem a ATP em qualquer zona de frequência estabelecida, mais habitualmente na zona de FV (FC > 200 ou 250 bpm). Dispositivos mais modernos liberam ATP durante a carga na zona de FV, evitando muitas vezes a terapia de choque, que é extremamente desconfortável para o paciente.

Ao definir que um choque apropriado foi liberado pelo CDI, é necessário considerar o tratamento específico da arritmia que motivou a terapia, como descrito em outros capítulos deste livro. Em resumo, realiza-se a impregnação com antiarrítmico por 24 a 48 horas (amiodarona é o principal fármaco utilizado, uma vez que há grande incidência de cardiopatia estrutural nesses casos), correção de eletrólitos (principalmente mantendo K acima de 4 mEq/L e Mg acima de 2 mEq/L. Aceitam-se a realização empírica de 2 g de sulfato de magnésio, mesmo desconhecendo a dose sérica, visto que o nível tóxico está muito acima do terapêutico), e a otimização terapêutica, com o aumento da dose do betabloqueador e outros antiarrítmicos, se não houver contraindicações.

Como rotina, pacientes sem investigação recente de isquemia devem ser estratificados por algum método. Na suspeita de síndrome coronária aguda (SCA), na vigência de dor anginosa, alterações eletrocardiográficas sugestivas e/ou elevação de marcadores de necrose miocárdica, deve-se considerar cineangiocoronariografia.

Em situações de tempestade elétrica, o tratamento deve ser agressivo. Em alguns casos, associam-se vários antiarrítmicos como amiodarona, betabloqueadores e lidocaína. Muitos pacientes precisam de estudo eletrofisiológico (EEF) para tentar a ablação do substrato arritmogênico; em alguns casos refratários a todo tipo de terapia, deve ser considerado o transplante cardíaco.

Em pacientes portadores de TV lenta, não identificadas pelo CDI com instabilidade hemodinâmica, opta-se por cardiodesfibrilação externa. Quando o paciente estiver estável ou pouco sintomático, é possível tentar a ATP manual e programada pelo próprio dispositivo.

Terapias elétricas inapropriadas

São causas de terapias inapropriadas:

- Taquicardias supraventriculares, rápidas, identificadas em zonas de TV e FV.
- Detecção equivocada de sinais intra e/ou extracardíacos reconhecidos pelo CDI como TV/FV.

As taquicardias supraventriculares são as principais causas de terapias inapropriadas. E quando identificada, além de reverter a arritmia, é necessário realizar ajuste do aparelho e nas medicações de uso contínuo.

Algumas vezes, os próprios sinais intracardíacos podem levar à interpretação errônea pelo CDI, por exemplo, *oversensing* de onda T. Esta onda é interpretada como onda R, fazendo uma dupla contagem, portanto, entendida como TV, podendo desencadear uma terapia inapropriada. Essa situação é um pouco mais comum em pacientes com síndrome de Brugada.

Os ruídos extracardíacos podem ser causados por sinais oriundos de interferências eletromagnéticas externas, *oversensing* de miopotenciais da parede torácica ou simplesmente por fratura ou microfratura do eletrodo, que causam alterações da sensibilidade do dispositivo que podem deflagrar uma terapia. Uma vez constatado choque inapropriado pelo CDI em razão de ruído secundário à disfunção do eletrodo, deve ser desligada a terapia de choque e o paciente deve permanecer sob monitorização cardíaca contínua com cardioversor externo (a aplicação de ímã sobre a loja do CDI pode também, algumas vezes, desativar temporariamente as terapias). Nos casos de *oversensing* de onda T, existem algoritmos que podem evitar a dupla contagem, mas nem sempre são efetivos. Deve-se procurar sempre o fator que causou a terapia inapropriada, se ele é transitório (como nos casos de interferência externa ocasional, que não precisa de reprogramação, mas sim de orientação para evitá-la) ou se é permanente como na disfunção do eletrodo, na qual está indicada a sua troca ou a implantação de um outro eletrodo de *pace-sense*.

Resumo prático da abordagem aos pacientes submetidos à terapia elétrica do CDI

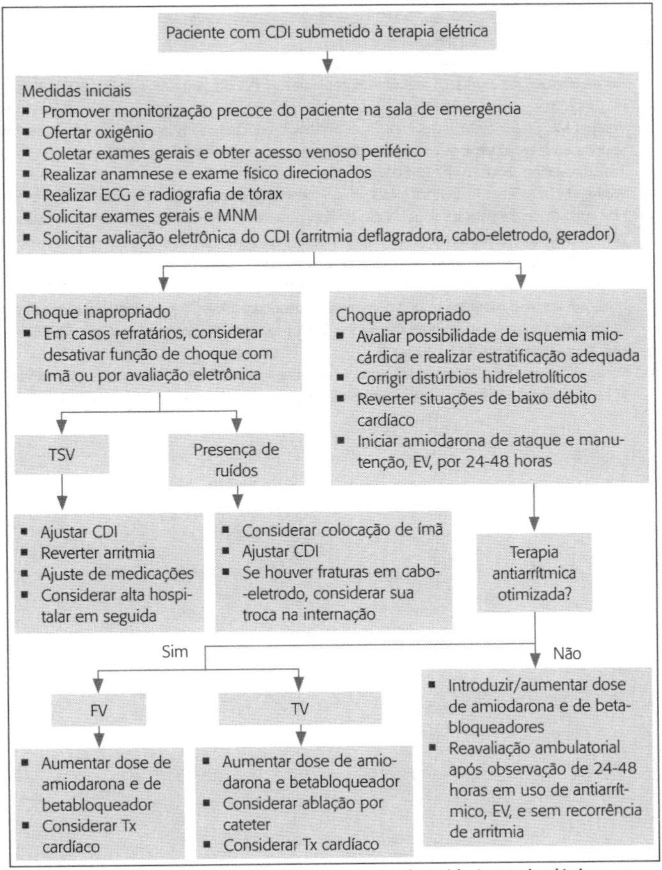

Figura 1 Fluxograma de atendimento do paciente submetido à terapia elétrica do CDI. ECG: eletrocardiograma; MNM: marcadores de necrose miocárdica; CDI: cardiodesfibrilador implantável; EV: endovenoso; FV: fibrilação ventricular; TV: taquicardia ventricular; TSV: taquiarritmias supraventriculares; Tx: transplante.

Bibliografia recomendada

1. Soeiro AM, Leal TCAT, Oliveira Jr MT, Filho RK. Manual de condutas práticas da unidade de emergência do InCor. Barueri: Manole; 2015.
2. Martinelli Filho M, Zimerman LI, Lorga AM, Vasconcelos JTM, Rassi A Jr, et al. Diretrizes brasileiras de dispositivos cardíacos eletrônicos implantáveis (DCEI). Arq Bras Cardiol. 2007;89(6): e210-e238.
3. Wathen MS, Sweeney MO, DeGroot PJ, et al. Shock reduction using antitachycardia pacing for spontaneous rapid ventricular tachycardia in patients with coronary artery disease. Pain Free Trial. Circulation. 2001;104:796-801.
4. Wathen MS, DeGroot PJ, Sweeney MO, et al. Prospective randomized multicenter trial of emoirical antitachycardia pacing versus shocks for spontaneus rapid ventricular tachycardia in patients with implantable cardioverter-defibrillator: pacing fast ventricular tachycardia reduces shock therapies (Pain FREE Rx II). Trial results. Circulation. 2004;110:2591-6.
5. Sweeney MO, Wathen MS, Volosin K, et al. Appropriate and inappropriate ventricular therapies, quality of life, and mortality among primary and secondary prevention implantable cardioverter defibrillator patients: results from the pacing fast VT reduces shock therapies (Pain FREE Rx II) Trial. Circulation. 2005;111:2898-905.
6. Koneru JN, Swedlow CD, Wood MA, et al. Minimizing inappropriate or unnecessary implantable cardioverter-defibrillator shocks: apprpriate programming. Circulation. 2011;4:778-90.

75

Infecções relacionadas aos dispositivos cardíacos eletrônicos implantáveis

Tatiana de Carvalho Andreucci Torres Leal
Rinaldo Focaccia Siciliano

Introdução

- A incidência de infecções relacionadas a dispositivos cardíacos eletrônicos implantáveis (DCEI) varia de 1-7% entre os centros. Sua ocorrência tem grande impacto de mortalidade, podendo atingir 20% quando há infecção intravascular associada.
- Além da alta mortalidade, a infecção relacionada a DCEI demanda altos custos por tempo de internação prolongado e custo elevado do tratamento quando se faz necessária a troca de todo o sistema envolvido.

Fatores de risco para infecção

Inerentes ao paciente	Inerentes ao procedimento
▪ Diabete melito (DM) – principal fator de risco ▪ Insuficiência renal crônica ▪ Uso de cateteres de longa permanência (aumenta o risco em 50%) ▪ Imunossupressão ▪ Infecções de outros sítios ▪ Bacteriemias em procedimentos invasivos não relacionadas ao DCEI (cirurgias urológicas, gastrointestinais ou colonoscopias)	▪ Necessidade de reabordagem cirúrgica precoce (drenagem de hematoma, reposicionamento de cabos-eletrodos ou outras correções) ▪ Não utilização de antibioticoterapia profilática ▪ Uso de marca-passo transvenoso ▪ Tempo cirúrgico elevado ▪ Formação de hematoma de loja ▪ Deiscência de ferida no pós-operatório

Achados clínicos

- São divididos em duas apresentações: infecções restritas à loja do gerador de pulsos e infecções intravasculares, com ou sem acometimento da loja do gerador.
- É frequente a ocorrência de síndrome infecciosa sistêmica.
- A maioria dos pacientes que apresenta infecção de loja, classicamente, tem sinais flogísticos no local do sítio de implante e, por vezes, tumefação e até mesmo drenagem espontânea de secreção.
- Erosão, adelgaçamento da pele e até mesmo exposição do sistema também devem ser considerados sinais de infecção causadas por DCEI e ser conduzidos como tal, mesmo sem sinais flogísticos ou sinais sistêmicos.
- A presença de vegetação em cabo ou valvas aumenta a gravidade, assim como o tempo de internação e do tratamento antibiótico.

Exames diagnósticos

- Os pacientes com infecção relacionada a DCEI devem ser submetidos a exames laboratoriais, principalmente dosagem de provas inflamatórias e coleta de hemoculturas (ao menos três pares em sítios diferentes, preferencialmente antes da realização de antibioticoterapia empírica).
- Quando possível, a coleta da secreção da loja e a realização de cultura são imprescindíveis para adequar *a posteriori* a terapêutica antibiótica.
- Em casos de suspeita de infecção de loja de gerador de pulso, como na presença de sinais de abaulamento, a realização de ultrassonografia de partes moles no local ou tomografia computadorizada pode auxiliar na avaliação da extensão e das características do conteúdo da coleção.
- O ecocardiograma transesofágico é obrigatório e permite identificar sinais de endocardite relacionados ao cabo-eletrodo, tais como vegetação ou espessamento local, assim como favorece a avaliação das valvas cardíacas e o seu comprometimento associado.
- A tomografia por emissão de pósitrons (PET *scan*) pode auxiliar no diagnóstico em casos duvidosos, com hemocultura negativa e ecocardiograma duvidoso. A captação da atividade glicolítica na projeção do cabo-eletrodo pode confirmar endocardite e infecção do sistema (Figura 1).

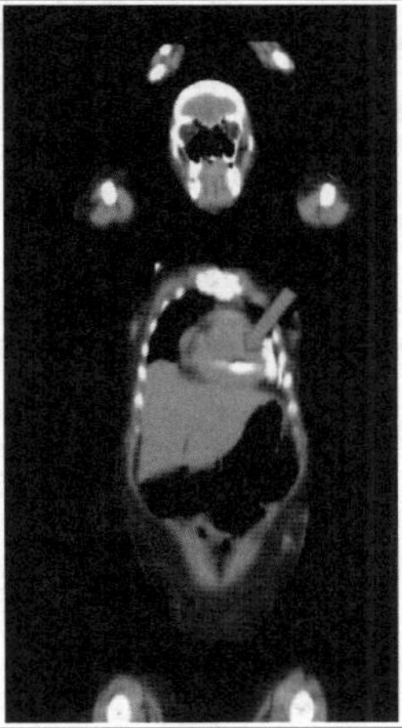

Figura 1 Imagem de PET *scan* em que a seta demonstra captação de atividade glicolítica em cabo-eletrodo de marca-passo.

Abordagem inicial e tratamento

- A grande maioria das infecções relacionadas a DCEI é causada por Gram-positivos (*Staphylococcus aureus* e coagulase-negativo); dessa forma, a terapêutica empírica deve priorizar esse espectro. Indica-se o uso de vancomicina ou teicoplamina e, em caso de alergia, pode ser usada daptomicina.
- Em pacientes graves e com sinais de instabilidade, a antibioticoterapia empírica deve englobar também Gram-negativos.
- A duração do tratamento é variável. Em paciente com infecção da loja do gerador de pulsos, o tempo de tratamento indicado é de 2-3 semanas. Quando há infecção de corrente sanguínea, sem presença de sinais sugestivos de endocardite (somente indício de envolvimento de cabo-eletrodo), indica-se o tratamento por 2-4 semanas. Na presença de vegetações em valvas, sinais sugestivos de osteomielite, o tratamento deve perdurar por 4-6 semanas ao menos.

Remoção do dispositivo
▪ Em infecções superficiais de pele no pós-operatório precoce, sem aparente envolvimento do gerador, pode-se considerar a conservação do dispositivo. ▪ Quando ocorre contaminação do gerador de pulsos e/ou do cabo-eletrodo, a remoção completa do dispositivo é recomendada. ▪ Pacientes muito graves e de prognóstico reservado podem ser tratados exclusivamente com antibioticoterapia como tratamento alternativo. ▪ Na grande maioria dos casos, a remoção transvenosa é a primeira escolha. Em situações como vegetação maiores que 2 cm, abscesso, comprometimento valvar importante ou falha e/ou complicações na tentativa da retirada transvenosa, a toracotomia é indicada.
Reimplante do dispositivo
▪ De forma geral, é indicado o reimplante quando não há mais sinais de infecção da loja do gerador, assim como as hemoculturas devem estar negativas e o paciente afebril, pelo menos, há 3-5 dias. Considerar que o risco de infecção pelo marca-passo transitório transvenoso aumenta a cada dia. Preferencialmente, o reimplante se faz em outro sítio.
▪ Em casos de infecção valvar associada, está indicado o reimplante após 14 dias da remoção do dispositivo infectado.

Resumo prático da abordagem das infecções relacionadas a DCEI

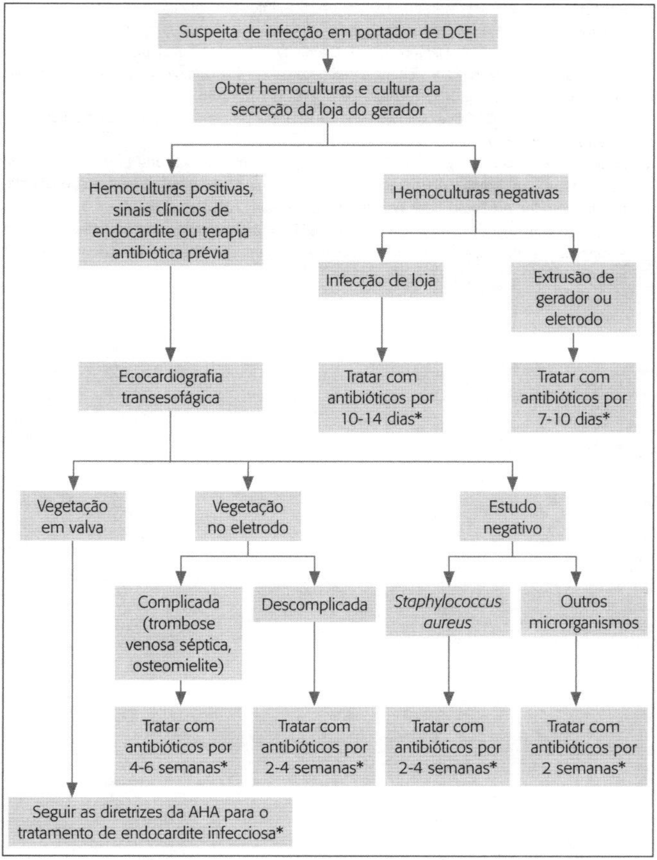

Figura 2 Fluxograma da abordagem das infecções relacionadas a DCEI. AHA: American Heart Association; DCEI: dispositivos cardíacos eletrônicos implantáveis. * A duração da terapia antimicrobiana deve ser considerada a partir do dia da remoção do dispositivo.

Bibliografia recomendada

1. Baddour LM, Cha YM, Wilson WR. Clinical practice. Infections of cardiovascular implantable electronic devices. N Engl J Med. 2012;367(9):842-9.
2. Klug D, Balde M, Pavin D, Hidden-Lucet F, Clementy J, Sadoul N, et al, PEOPLE Study Group. Risk factors related to infections of implanted pacemakers and cardioverter-defibrillators: results of a large prospective study. Circulation. 2007;116(12):1349-55.
3. Soeiro AM, Leal TCAT, Oliveira Jr MT, Filho RK. Manual de condutas práticas da unidade de emergência do InCor. Barueri: Manole; 2015.
4. Baddour LM, Epstein AE, Erickson CC, Knight BP, Levison ME, Lockhart PB, et al. Update on cardiovascular implantable electronic device infections and their management: a scientific statement from the American Heart Association. Circulation. 2010;121:458-77.
5. Millar BC, Prendergast BD, Alavi A, Moore JE. 18FDG-positron emission tomography (PET) has a role to play in the diagnosis and therapy of infective endocarditis and cardiac device infection. Int J Cardiol. 2013;167(5):1724-36.

76

Insuficiência cardíaca aguda

Bruno Biselli
Múcio Tavares de Oliveira Jr.

Introdução

A insuficiência cardíaca (IC) aguda ou descompensada é uma síndrome complexa com diversas etiologias, manifestando-se por várias apresentações clínicas tanto em pacientes com disfunção ventricular esquerda sistólica quanto naqueles com fração de ejeção preservada.

Após uma internação por IC descompensada, o prognóstico do paciente piora consideravelmente, se comparado com o prognóstico de pacientes com IC crônica estável.

A IC descompensada é a principal causa de internações em idosos nos Estados Unidos e a terceira no Brasil.

Cerca de 80% das internações por IC descompensada são de pacientes com diagnóstico de IC prévia. Os pacientes com IC nova (IC *de novo*) apresentam maiores taxas de mortalidade intra-hospitalar se comparados com os indivíduos com IC prévia descompensada.

No Brasil, as principais causas de descompensação de IC são má adesão ao tratamento medicamentoso, infecções e arritmias cardíacas.

No Brasil, as taxas de mortalidade intra-hospitalares por IC descompensada são de cerca de 12%. Nos Estados Unidos, a mortalidade intra-hospitalar é de cerca de 4-8%.

Os objetivos do tratamento da IC descompensada são diferentes dos esperados no tratamento de pacientes com IC estável e ambulatorial. Na IC descompensada, a maioria das recomendações de terapias é baseada em opinião de especialistas, com o objetivo de aliviar sintomas, otimizar a volemia e melhorar os parâmetros hemodinâmicos dos pacientes.

Apesar de grandes avanços nas terapias para IC crônica ambulatorial em termos de diminuição de morbidade e mortalidade nos últimos 20 anos, o prognóstico e as taxas de mortalidade dos pacientes com IC descompensada permanecem estáveis nesse período.

IC crônica ambulatorial *versus* IC descompensada

	IC crônica	IC descompensada
Prognóstico	Mortalidade anual: 5%	Mortalidade 30 e 60 dias: entre 15 e 30%
Causa de morte	Mortes	Evolução da IC
Terapias testadas	Várias terapias foram desenvolvidas nos últimos 20 anos	Terapias consagradas na IC crônica não foram testadas (IECA, betabloqueadores, espironolactona)
	Grandes estudos mostrando diminuição de morbidade e mortalidade com uso de terapias	Maioria dos estudos negativos para diminuição de morbidade e mortalidade apesar da elevada taxa de eventos
	Mortalidade e morbidade diminuíram significativamente nas últimas 2 décadas	Taxa de eventos não mudou nas últimas 2 décadas
Objetivos do tratamento	Diminuir a mortalidade Melhorar a qualidade de vida e diminuir a morbidade Diminuir o remodelamento ventricular Diminuir a hospitalização	Aliviar os sintomas Otimizar a volemia Obter melhora e estabilização de hemodinâmica

IC: insuficiência cardíaca; IECA: inibidores da enzima conversora da angiotensina.

Avaliação clínica

A apresentação clínica dos pacientes com IC descompensada é muito variada, e a maioria dos sinais e sintomas é pouco sensível no diagnóstico.
Entre os sintomas mais relevantes, a dispneia aos esforços é o mais sensível, enquanto a ortopneia é o mais específico.
A presença de B3 na ausculta cardíaca tem grande importância no diagnóstico de IC descompensada, assim como a hepatomegalia e presença de estase jugular (pressão venosa jugular maior que 12 cm), que possuem boa acurácia para aumento de pressões de enchimento ventricular esquerdo e hipervolemia. Em pacientes com IC crônica descompensada, estertores creptantes pulmonares podem estar ausentes em até 80% dos casos.

IC: insuficiência cardíaca.

Sensibilidade e especificidade dos principais critérios clínicos na IC

	Sensibilidade	Especificidade	Acurácia
História prévia de IC	62%	94%	80%
Dispneia	57%	53%	54%
Ortopneia	47%	88%	72%
Estertores pulmonares	56%	80%	70%
B3	20%	99%	66%
Estase jugular	39%	94%	72%
Edema	67%	68%	68%

IC: insuficiência cardíaca.

Exames complementares

ECG	Avaliação do ritmo, taquiarritmias, bradiarritmias e sinais de isquemia ECG normal tem elevado valor preditivo negativo para excluir IC
Radiografia de tórax	Apenas um terço dos pacientes apresenta índice cardiotorácico aumentado Cardiomegalia: sensibilidade de 79% e especificidade de 80% para IC Derrame pleural: 92% de especificidade para IC descompensada

(continua)

Exames complementares (*continuação*)

Exames laboratoriais	Auxiliam no diagnóstico, fatores de descompensadores, estratificação de gravidade e outras condições associadas
	Hemograma, coagulograma, provas de função renal, hepática e tireoidiana, eletrólitos, marcadores de necrose miocárdica, urina I, provas inflamatórias
	Exames de função hepática: aumento de transaminases (TGO/TGP) se correlaciona com baixo débito cardíaco e aumento de canaliculares (GGT/FA) com sinais de congestão. Alterações de enzimas hepáticas estão correlacionadas com pior prognóstico na IC descompensada
	Troponina: aumento de níveis de troponina em pacientes com IC não está necessariamente relacionado à doença coronariana e confere pior prognóstico da doença
	BNP/NT-proBNP: níveis de BNP < 100 pg/mL ou NT-proBNP < 300 pg/mL apresentam valor preditivo negativo elevado para se afastar IC descompensada em pacientes com dispneia, enquanto valores de BNP > 400 pg/mL ou NT-proBNP > 900 pg/mL em pacientes com até 75 anos e > 1.800 pg/mL em pacientes > 75 anos apresentam boa correlação com IC descompensada
Ecocardiograma	Necessário na avaliação de função sistólica e diastólica ventricular, função de ventrículo direito, alterações valvares e pericárdicas Avaliações hemodinâmicas com estimativa de débito cardíaco e pressões estimadas de artéria pulmonar e átrio esquerdo podem auxiliar na terapêutica

BNP: peptídeo natriurético cerebral; ECG: eletrocardiograma; FA: fosfatase alcalina; GGT: gama glutamil transferase; IC: insuficiência cardíaca; NT-proBNP: N-terminal-proBNP; TGO: transaminase glutâmico-oxalacética; TGP: transaminase glutâmico-pirúvica.

Causas de descompensação

- Infarto do miocárdio
- Arritmias
- Destruição valvar
- Miocardite
- Crise hipertensiva

(continua)

Causas de descompensação (*continuação*)

- Cirurgia cardíaca
- Drogas (anti-inflamatórios, bloqueadores de cálcio, tiazolidinedionas)
- Má adesão
- Infecção
- Isquemia coronária
- Tromboembolismo pulmonar
- Arritmias
- Anemia
- Ingestão hidrossalina excessiva

Evidências de baixo débito

- Pressão de pulso diminuída [PAS – (PAD/PAS) < 25%]
- Ausência de pulso pedioso
- Pulso *alternans*
- Extremidades frias
- Sonolência
- Hipotensão sintomática
- Piora de função renal
- Aumento de transaminases

Evidências de congestão (pressão de enchimento ventricular elevada)

- Ortopneia
- Pressão venosa jugular elevada
- Refluxo hepatojugular
- B3+
- Edema
- Ascite
- Estertores crepitantes (incomum)

Evidência de congestão?

Evidência de baixa perfusão?		Não	Sim
	Não	Perfil A "Quente e seco"	Perfil B "Quente e úmido"
	Sim	Perfil L "Frio e seco"	Perfil C "Frio e úmido"

Figura 1 Perfis hemodinâmicos em pacientes com IC descompensada. PAD: pressão arterial diastólica; PAS: pressão arterial sistólica.

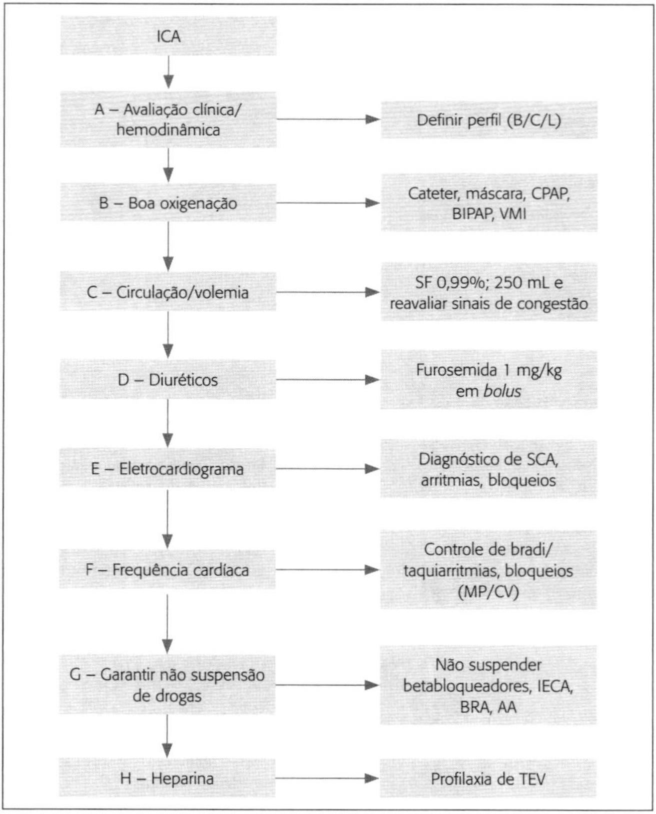

Figura 2 Abordagem geral do paciente com insuficiência cardíaca descompensada. AA: ácido acetilsalicílico; BIPAP: *bilevel positive airway pressure*; BRA: bloqueadores dos receptores da angiotensina; CPAP: pressão positiva contínua na via aérea; ICA: insuficiência cardíaca aguda; IECA: inibidores da enzima conversora da angiotensina; SCA: síndrome coronária aguda; SF: soro fisiológico; TEV: tromboembolismo venoso; VMI: ventilação mecânica invasiva.

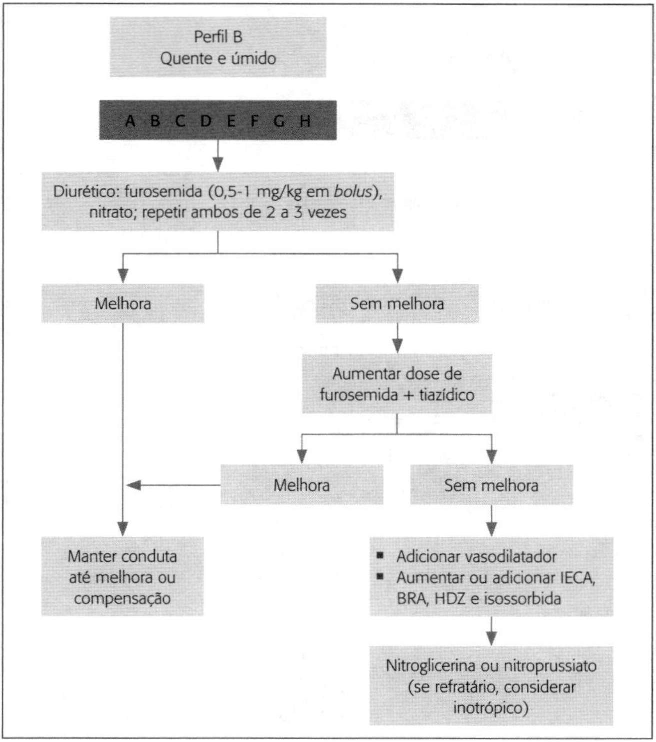

Figura 3 Tratamento da IC perfil B. BRA: bloqueadores dos receptores da angiotensina; IECA: inibidores da enzima conversora da angiotensina; HDZ: hidroclorotiazida.

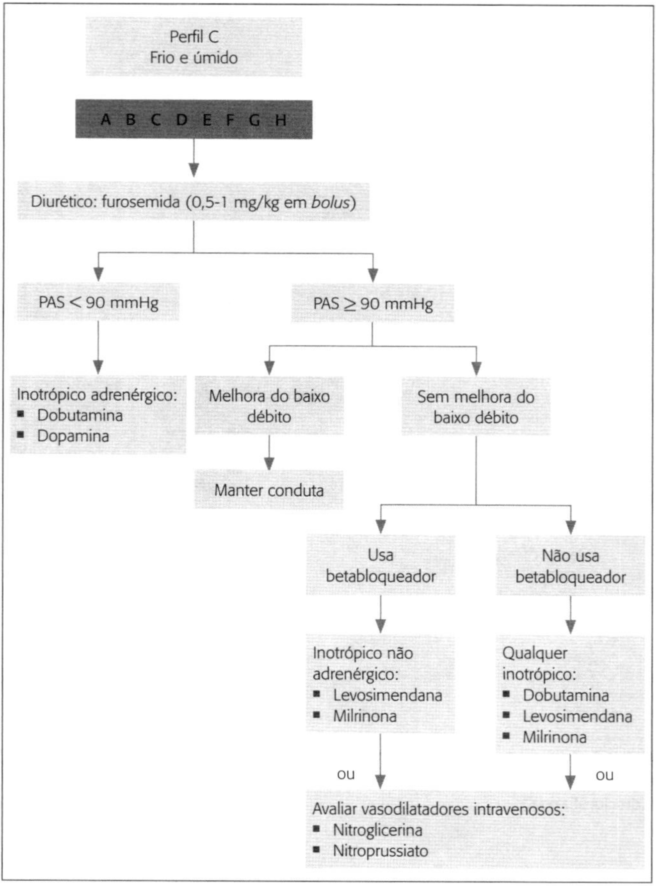

Figura 4 Tratamento da insuficiência cardíaca perfil C. PAS: pressão arterial sistólica.

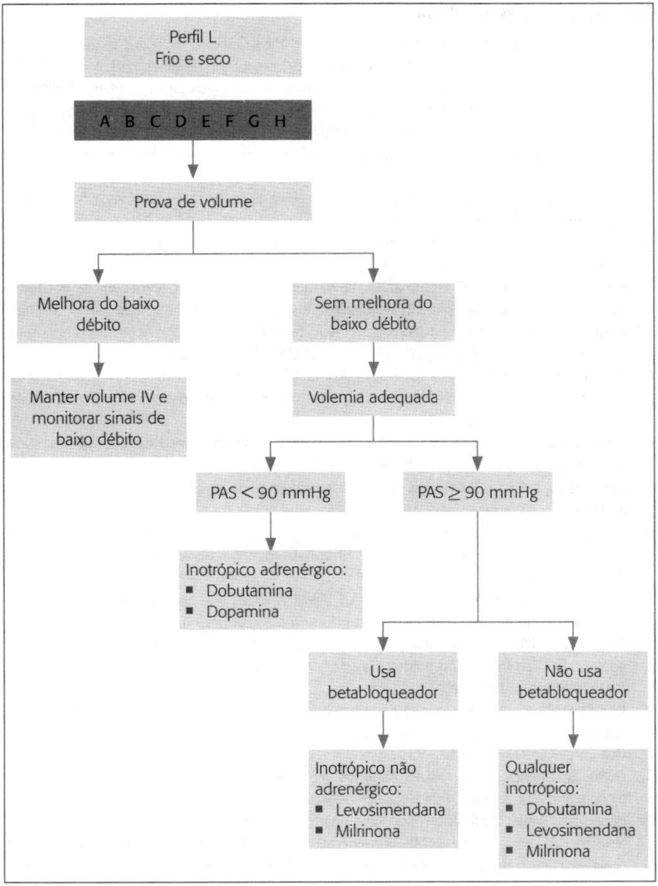

Figura 5 Tratamento da insuficiência cardíaca perfil L. PAS: pressão arterial sistólica.

Bibliografia recomendada

1. Hunt SA, Abraham WT, Chin MH, Feldman AM, Francis GS, Ganiats TG, et al. 2009 focused update incorporated into the ACC/AHA 2005 guidelines for the diagnosis and management of heart failure in adults: a report of the American College of Cardiology Foundation/ American Heart Association Task Force on Practice Guidelines: developed in collaboration with the International Society for Heart and Lung Transplantation. Circulation. 2009;119:391-479.
2. Marik PE, Flemmer M. Narrative review: the management of acute decompensated heart failure. Intensive Care Med. 2011.
3. Dar O, Cowie MR. Acute heart failure in the intensive care unit: epidemiology. Crit Care Med. 2008;36(1Suppl):S3-8.
4. Canesin MF, Oliveira Jr MT, Barretto ACP. Suporte avançado de vida em insuficiência cardíaca (SAVIC). Barueri: Manole; 2014.
5. Adams KF Jr, Fonarow GC, Emerman CL, Le Jemtel TH, Costanzo MR, Abrhan WT, et al. Characteristics and outcomes of patients hospitalized for heart failure in the United States: rationale, design, and preliminary observations from the first 100,000 cases in the Acute Decompensated Heart Failure National Registry (ADHERE). Am Heart J. 2005;149(2):209-16.
6. Albuquerque DC, Souza Neto JD, Bacal F, Rohde LE, Bernardez-Pereira S, Berwanger O, et al. I Brazilian registry of heart failure: clinical aspects, care quality and hospitalization outcomes. Arq Bras Cardiol. 2015;104(6):433-42.
7. Montera MW, Almeida DR, Tinoco EM, et al. II Diretriz brasileira de insuficiência cardíaca aguda. Arq Bras Cardiol. 2009;93(3 Suppl 3):2-65.
8. Carlson MD, Eckman PM. Review of vasodilators in acute decompensated heart failure: the old and the new. J Card Fail. 2013;19(7):478-93.
9. Luca LD, Fonarow CG, Adams Jr KF, Mebazaa A, Tavazzi L, Swedberg K, et al. Acute heart failure syndromes: clinical scenarios and pathophysiologic targets for therapy. Heart Fail Rev. 2007;12:97-104.
10. Wang CS, FitzGerald JM, Schulzer M, Mak E, Ayas NT. Does this dyspneic patient in the emergency department have congestive heart failure? JAMA. 2005;294(15):1944-56.
11. Binanay C, Califf RM, Hasselblad V, O'Connor CM, Shah MR, Sopko G, et al. Evaluation study of congestive heart failure and pulmonary artery catheterization effectiveness: the ESCAPE trial. JAMA. 2005;294(13):1625-33.
12. Dao Q, Krishnaswamy P, Kazanegra R, Harrison A, Amirnovin R, Lenert L, et al. Utility of B-type natriuretic peptide in the diagnosis of congestive heart failure in an urgent-care setting. J Am Coll Cardiol. 2001;37(2):379-85.
13. Collins SP, Lindsell CJ, Storrow AB, Abraham WT. ADHERE Scientific Advisory Committee, Investigators and Study Group. Prevalence of negative chest radiography results in the emergency department patient with decompensated heart failure. Ann Emerg Med. 2006;47(1):13-8.
14. Nikolaou M, Parissis J, Yilmaz MB, Seronde MF, Kivikko M, Laribi S, et al. Liver function abnormalities, clinical profile, and outcome in acute decompensated heart failure. Eur Heart J. 2013;34(10):742-9.

15. Horwich TB, Patel J, MacLellan WR, Fonarow GC. Cardiac troponin I is associated with impaired hemodynamics, progressive left ventricular dysfunction, and increased mortality rates in advanced heart failure. Circulation. 2003;108(7):833-8.
16. Peacock WF, Mueller C, Disomma S, Maisel A. Emergency department perspectives on B-type natriuretic peptide utility. Congest Heart Fail. 2008;14(4 Suppl 1):17-20.

77

Edema agudo de pulmão

Bruno Biselli
Múcio Tavares de Oliveira Jr.

Introdução

O edema agudo de pulmão (EAP), que é uma das apresentações mais marcantes da insuficiência cardíaca aguda (de início recente), é descrito como a apresentação clínica de 8 a 16% dos pacientes.

A mortalidade intra-hospitalar relacionada ao EAP é de 6 a 21% e pode ser maior se ele estiver associado ao infarto agudo do miocárdio (IAM) ou à disfunção valvar aguda.

Existem dois mecanismos fisiopatológicos principais no EAP: aumento rápido de pressões de enchimento ventricular esquerdo (principal) e hipervolemia; embora o aumento da volemia não necessariamente precise existir.

Na primeira situação (p. ex., hipertensão arterial, isquemia, disfunção valvar aguda, disfunção diastólica), o aumento rápido de pressões no leito vascular pulmonar não permite que o sistema linfático pulmonar se adapte, levando a um quadro de congestão intersticial pulmonar e alveolar de instalação aguda. Há ainda ativação neuro-hormonal e disfunção na barreira endotelial, forçando o fluido capilar para o espaço intersticial e para dentro dos alvéolos.

Na gênese do EAP, a importância da redistribuição de líquidos nos pulmões é maior que a do acúmulo total de líquido.

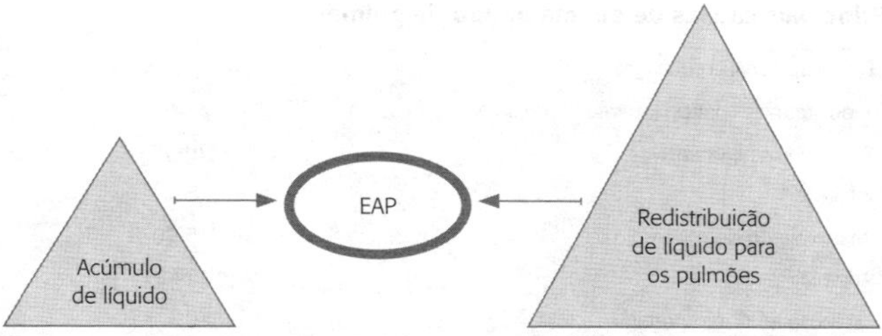

Figura 1 Fenômenos básicos para o desenvolvimento do edema agudo de pulmão (EAP).

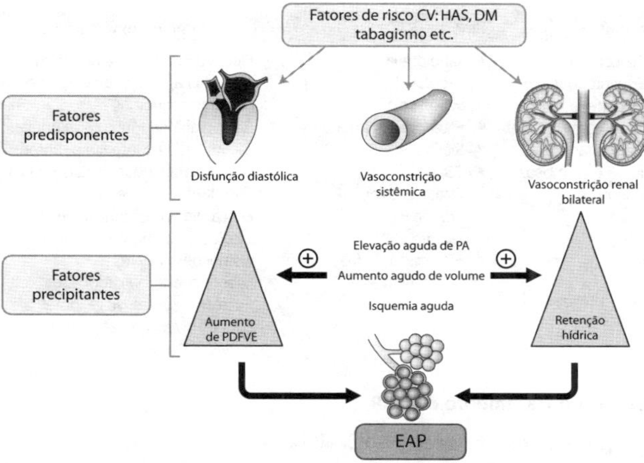

Figura 2 Fatores desencadeantes e cadeia de eventos fisiopatológicos no edema agudo de pulmão (EAP). CV: cardiovascular; DM: diabete melito; HAS: hipertensão arterial sistêmica; PA: pressão arterial.

Principais causas de edema agudo de pulmão

Doença arterial coronariana (DAC)	51%
Taquiarritmias (principalmente fibrilação atrial)	31%
Emergência hipertensiva	29-48%
Infecção	18%
Infarto agudo do miocárdio	15-20%
Anemia	12%
Estenose aórtica importante	10%
Interrupção de medicações	8%

Quadro clínico

Sintomas	Sinais	Exames complementares
▪ Desconforto respiratório grave ▪ Ortopneia ▪ Tosse com expectoração de fluido espumoso/róseo	▪ Taquipneia ▪ Taquicardia ▪ Hipoxemia ▪ Estertores pulmonares ▪ Sibilos ▪ B3 ▪ Estase jugular ▪ Edema ▪ Diaforese ▪ Extremidades frias e vasoconstritas	▪ Eletrocardiograma: taquiarritmias, isquemia aguda, sobrecarga de câmaras esquerdas ▪ Radiografia de tórax: cardiomegalia, infiltrado no espaço peribroncovascular e linhas septais (linhas B de Kerley), derrame pleural ▪ Ecocardiograma: função ventricular, tamanho de câmaras, disfunções valvares ▪ Laboratoriais: marcadores de necrose miocárdica, gasometria arterial, níveis hematimétricos, provas inflamatórias, BNP

Objetivos do tratamento do EAP

Restabelecer o equilíbrio ventilatório e hemodinâmico
Executar manobras de proteção: monitorização, oferta suplementar de oxigênio e obter acesso venoso
Prover manobras de redução da pressão venosa
Realizar manobras de redução da resistência vascular sistêmica
Ofertar suporte ventilatório se paciente se mantiver hipoxêmico ou tiver desconfortável após medidas iniciais
Prover suporte inotrópico se houver sinais de baixo débito cardíaco

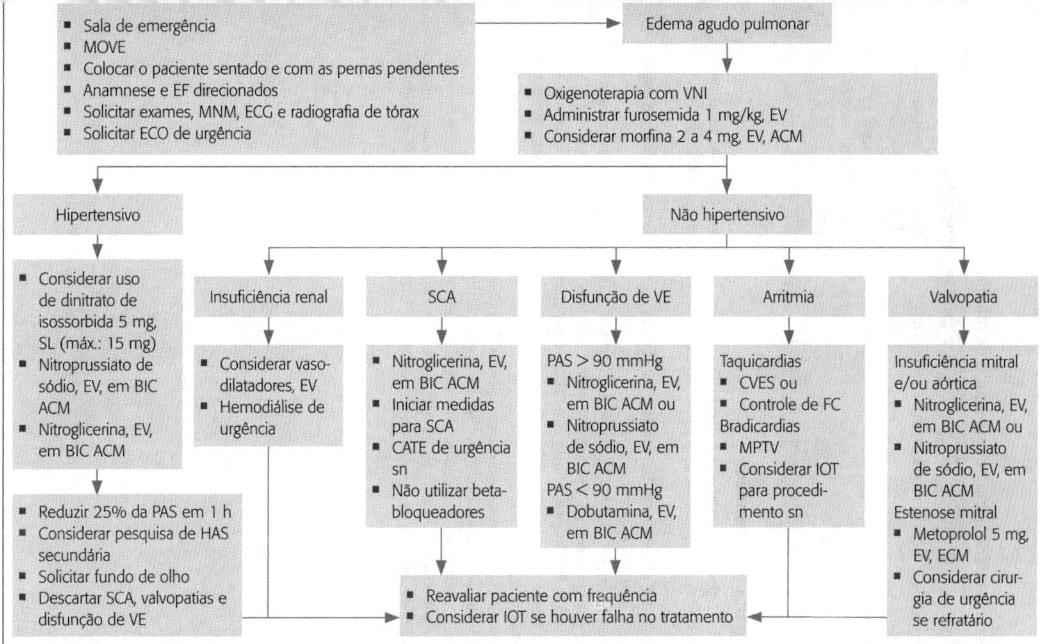

Figura 3 Fluxograma de atendimento de paciente com edema agudo de pulmão (EAP). ACM: a critério médico; BIC: bomba de infusão contínua; CATE: cateterismo; CVES: cardioversão elétrica sincronizada; ECG: eletrocardiograma; EV: endovenoso; IOT: intubação orotraqueal; MNM: marcadores de necrose miocárdica; PAS: pressão arterial sistólica; SCA: síndrome coronária aguda.

Drogas mais utilizadas no edema agudo de pulmão

Droga	Dose	Início de ação	Reações adversas
Nitroprussiato de sódio	0,25-10 mcg/kg/min, IV	Imediato	Cefaleia, náuseas, vômitos, intoxicação por cianeto
Nitroglicerina	5-100 mcg/min, IV	1-5 min	Cefaleia, taquicardia, *flushing*, meta-hemoglobinemia
Furosemida	0,5-1,0 mg/kg, IV	2-5 min	Hipocalemia

Bibliografia recomendada

1. Parissis JT, Nikolaou M, Mebazaa A, Ikonomidis I, Delgado J, Vilas-Boas F, et al. Acute pulmonary oedema: clinical characteristics, prognostic factors, and in-hospital management. Eur J Heart Fail. 2010;12(11):1193-202.
2. Canesin, MF, Oliveira Jr MT, Barretto ACP. Suporte avançado de vida em insuficiência cardíaca (SAVIC). 4.ed. Barueri: Manole; 2015.
3. Roguin A, Behar D, Ben Ami H, Reisner SA, Edelstein S, Linn S, et al. Long-term prognosis of acute pulmonary edema: anominous outcome. Eur J Heart Fail. 2000;2:137-44.
4. Fiutowski M, Waszyrowski T, Krzemiska-Pakula M, Kasprzak JD. Pulmonary edema prognostic score predicts in-hospital mortality risk in patients with acute cardiogenic pulmonary edema. Heart Lung. 2008;37:46-53.
5. Magalhães CC, Serrano Jr. CV, Consolim-Colombo FM, Nobre F, Fonseca FAH, Ferreira JFM (eds.). Tratado de cardiologia Socesp. 3.ed. Barueri: Manole; 2015.
6. Ware LB, Matthay MA. Acute pulmonary edema. N Engl J Med. 2005;353:2788-96.
7. Aberle DR, Wiener-Kronish JP, Webb WR, Matthay MA. Hydrostatic versus increasedpermeabilitypulmonary edema: diagnosis based on radiographic criteria in critically ill patients. Radiology. 1988;168:73-9.

78

Manejo de inotrópicos na emergência

Bruno Biselli
Múcio Tavares de Oliveira Jr.

Introdução

Os principais objetivos do tratamento dos pacientes com insuficiência cardíaca (IC) descompensada são o alívio de sintomas e a otimização hemodinâmica.

Pacientes com sinais e/ou sintomas de baixo débito cardíaco ou má perfusão orgânica devem ser abordados rapidamente, com objetivo de aumentar débito cardíaco, diminuir a hipoperfusão sistêmica e dano de órgãos-alvo. Os inotrópicos são indicados para essa otimização hemodinâmica após o ajuste de volemia em pacientes com baixo débito cardíaco.

As principais classes de inotrópicos são: beta-adrenérgicos (dobutamina e dopamina), inibidores de fosfodiesterase (milrinona) e sensibilizadores de cálcio (levosimendana).

O uso de inotrópico pode provocar aumento de frequência cardíaca, arritmias e isquemia miocárdica. Existe uma longa discussão sobre os efeitos de mortalidade com o uso de inotrópicos em pacientes com IC descompensada, porém, não existem grandes estudos prospectivos demonstrando claro benefício ou malefício nesses pacientes comparados com placebo ou terapia usual.

Principais indicações de inotrópico na emergência

Pacientes com IC descompensada e disfunção ventricular importante com sinais ou sintomas de baixo debito cardíaco, hipotensão arterial importante ou má perfusão tecidual, com objetivo de manter a perfusão sistêmica e preservar a função orgânica.
Como ponte de suporte terapêutico em pacientes com IC avançada estágio D da American Heart Association (AHA), refratários a terapia otimizada e com internação por baixo débito cardíaco que estão aguardando transplante cardíaco ou implante de assistência circulatória mecânica de longa permanência.
Pacientes com disfunção ventricular aguda (p. ex., sepse, miocardite, pós-infarto agudo do miocárdio – IAM) que apresentam sinais de má perfusão tecidual, com objetivo de manter a perfusão sistêmica e preservar a função orgânica.
Paciente com IC e disfunção ventricular importante com sintomas ou sinais de hipervolemia persistentes ou piora de função renal progressiva apesar de diurético intravenoso e otimização de vasodilatadores.

Uso de inotrópicos – rotina do InCor-HCFMUSP

Condição	Conduta
PAS $<$ 90 mmHg	Inotrópico de escolha: dobutamina
PAS $\geq$ 90 mmHg Uso de betabloqueador prévio	Inotrópico de escolha: milrinona ou levosimendana
PAS $\geq$ 90 mmHg Sem uso de betabloqueador prévio	Inotrópico de escolha: dobutamina; milrinona ou levosimendana

PAS: pressão arterial sistólica.

Inotrópicos utilizados em insuficiência cardíaca descompensada

Inotrópico	Dose (mcg/kg)		Efeitos				Efeitos adversos	Considerações
	Ataque	Infusão (/min)	DC	FC	RVS	RVP		
Agonistas beta-adrenérgicos								
■ Dobutamina	NA	2,5-5,0	↑	↑	↓	↔	Taquiarritmias, Hipotensão/hipertensão, hipersensibilidade	Cuidado: IMAO
	NA	5,0-20	↑	↑	↔	↔		
■ Dopamina	NA	5-10	↑	↑	↔	↔	Taquiarritmias, cefaleia	Cuidado: IMAO
	NA	10-15	↑	↑	↑	↔		
Inibidor de fosfodiesterase								
■ Milrinona	NR	0,125-0,75	↑	↑	↓	↓	Taquiarritmias, hipotensão	Ajuste para função renal, monitorização transaminases
Sensibilizador do cálcio								
■ Levosimendana	NR	0,05-0,2	↑	↑	↓	↓	Hipotensão, cefaleia, taquiarritmias	Infusões por mais 24 horas não são recomendadas

DC: débito cardíaco; FC: frequência cardíaca; IAMO: inibidores monoaminoxidase; NA: não aplicado; NR: não recomendado; PAS: pressão arterial sistólica; RVP: resistência vascular pulmonar; RVS: resistência vascular sistêmica.

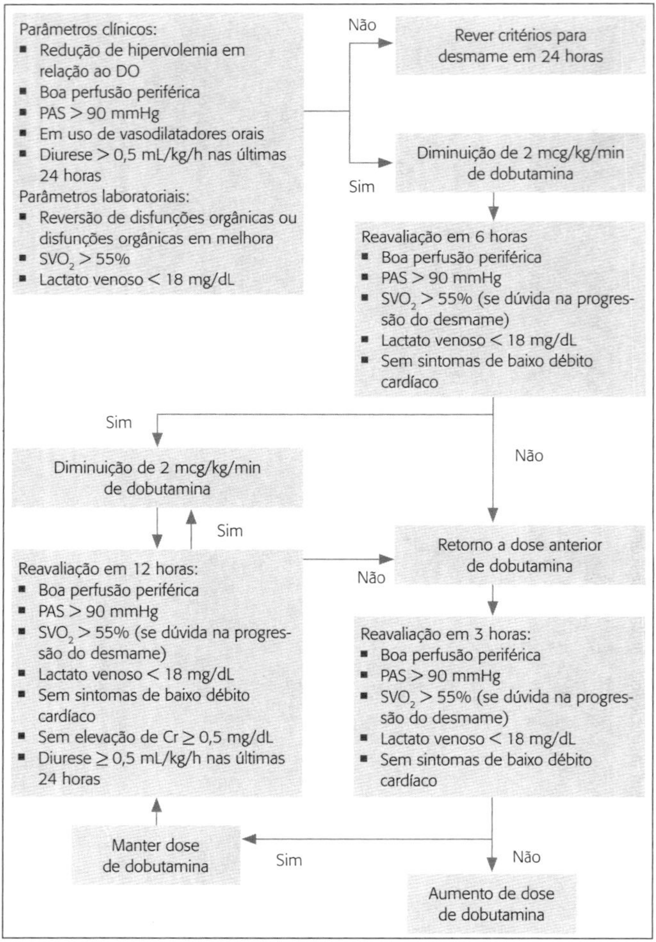

Figura 1 Protocolo de desmame de inotrópico – InCor-HCFMUSP. PAS: pressão arterial sistólica; SVO_2: saturação venosa de oxigênio.

Bibliografia recomendada

1. Canesin MF, Oliveira Jr MT, Barretto ACP. Suporte avançado de vida em insuficiência cardíaca (SAVIC). 4.ed. Barueri: Manole; 2014.
2. McMurray JJ, Adamopoulos S, Anker SD, Auricchio A, Böhm M, Dickstein K, et al. ESC Guidelines for the diagnosis and treatment of acute and chronic heart failure 2012: The Task Force for the Diagnosis and Treatment of Acute and Chronic Heart Failure 2012 of the European Society of Cardiology. Developed in collaboration with the Heart Failure Association (HFA) of the ESC. Eur Heart J. 2012;33(14):1787-847.
3. Yancy CW, Jessup M, Bozkurt B, Butler J, Casey DE Jr, Drazner MH, et al. 2013 ACCF/AHA guideline for the management of heart failure: a report of the American College of Cardiology Foundation/American Heart Association Task Force on Practice Guidelines. J Am Coll Cardiol. 2013;62(16):e147-239.
4. Tacon CL1, McCaffrey J, Delaney A. Dobutamine for patients with severe heart failure: a systematic review and meta-analysis of randomised controlled trials. Intensive Care Med. 2012;38(3):359-67.
5. Kasikcioglu HA, Cam N. A review of levosimendan in the treatment of heart failure. Vasc Health Risk Manag. 2006;2(4):389-400.

79

Pericardite aguda

Thiago Luis Scudeler

Introdução

Distúrbio causado pela inflamação do pericárdio, que pode ocorrer como uma entidade isolada, confinada ao pericárdio ou associada a alguma doença sistêmica.
Na maioria dos pacientes, a causa da pericardite aguda é idiopática.
As exatas incidência e prevalência da pericardite aguda são desconhecidas, uma vez que muitos casos são subdiagnosticados. Em autópsia, sua frequência está em torno de 1%.
As pericardites agudas idiopática e viral são geralmente benignas e autolimitadas, sem complicações significativas ou recorrências em 70-90% dos casos.

Etiologia

Causa	Incidência
Idiopática	85-90%
Neoplasias: primárias e metástases (especialmente em pulmão, mama, cólon e estômago, linfomas, melanomas, sarcomas)	7%
Doenças autoimunes (febre reumática/lúpus eritematoso sistêmico/artrite reumatoide/esclerodermia)	3-5%
Viral (coxsakies A e B, echovírus, HIV, EBV, influenza, citomegalovírus, herpes vírus)	1-2%

(continua)

Etiologia *(continuação)*

Causa	Incidência
Bacteriana (*Staphylococcus*, *Pneumococcus*, *Streptococcus*, tuberculose, *Treponema pallidum*)	1-2%
Fungos (*Candida*, *Histoplasma*) e parasitas (*E. histolytica*, *Echinococcus*, *Toxoplasma*)	Raro
Infarto agudo do miocárdio (IAM) (pericardite epistenocárdica)	5-20% (1-5 dias após IAM transmural)
Síndrome de Dressler	0,5-5% (1 semana a vários meses após IAM)
Metabólicas (uremia, mixedema, doença de Addison, cetoacidose diabética)	Frequente
Trauma: direto (lesão torácica penetrante, perfuração esofágica) ou indireto (lesão torácica não penetrante, irradiação mediastinal)	Raro
Síndrome pós-pericardiotomia	Raro
Drogas e toxinas (procainamida, hidralazina, penicilinas, doxorrubicina, minoxidil)	Raro (< 1%)

Manifestações clínicas e exame físico

A dor torácica é o sintoma mais frequente nas pericardites agudas (> 95% dos casos): geralmente, tem início súbito, é retroesternal e piora durante a inspiração profunda e a tosse (dor tipo pleurítica). Intensifica-se pela posição supina e diminui quando o indivíduo senta-se com o tronco inclinado para a frente. Pode irradiar para o pescoço, os braços e o ombro esquerdo, particularmente para a região do músculo trapézio. Isso é decorrente da irritação do nervo frênico (que atravessa o pericárdio) e é altamente específica para pericardite.

O atrito pericárdico (altamente específico para pericardite aguda) é definido como um ruído estridente, mais audível no bordo esternal esquerdo, e varia com o paciente inclinado para a frente e repousando sobre os cotovelos e os joelhos.

O atrito pericárdico pode ser confundido com atrito pleural. Para diferenciá-los, basta pedir para o paciente parar de respirar momentaneamente, pois, nesta situação, apenas o atrito pericárdico será auscultado.

Exames complementares

Obrigatórios (classe I)
▪ Exames laboratoriais
▪ Eletrocardiograma
▪ Radiografia de tórax
▪ Ecocardiograma transtorácico
Opcionais ou se houver exames prévios inconclusivos (classe IIa)
▪ Tomografia computadorizada
▪ Ressonância magnética cardíaca
▪ Pericardioscopia, biópsia pericárdica

Exames laboratoriais

Elevação dos marcadores de inflamação, como leucócitos, velocidade de hemossedimentação (VHS) e proteína C-reativa (PCR).

Pode haver elevação de marcadores de necrose miocárdica (CKMB e troponina), o que configura um quadro clínico de miopericardite.

Outros exames laboratoriais podem ser solicitados conforme a apresentação clínica: sorologias (HIV, hepatites etc.), anticorpos antinucleares, fator reumatoide, teste da tuberculina.

Eletrocardiograma

Tipicamente, elevação difusa do segmento ST com concavidade voltada para cima e infradesnivelamento do segmento PR.

Estágios de anormalidades encontrados no ECG:
- Elevação difusa do segmento ST e infradesnivelamento do segmento PR;
- Normalização dos segmentos ST e PR;
- Inversão difusa da onda T;
- ECG pode tornar-se normal ou mostrar persistência da onda T invertida indefinidamente.

Radiografia de tórax

É normal na maioria dos pacientes com pericardite não complicada.

Cardiomegalia com campos pulmonares limpos sugere derrame pericárdico e indica ao menos 200 mL de líquido pericárdico.

Ecocardiograma

É normal na maioria dos pacientes com pericardite aguda.

A presença de derrame pericárdico ajuda a estabelecer o diagnóstico.

O exame ajuda a avaliar a presença de tamponamento cardíaco e, consequentemente, a necessidade de drenagem pericárdica.

Pericardiocentese e biópsia

Pericardiocentese é indicada na presença de:
- Tamponamento cardíaco;
- Suspeita de pericardite purulenta;
- Diagnóstico de tuberculosa ou neoplásica;
- Derrame pericárdico grande ou sintomático refratário ao tratamento clínico.

Biópsia pericárdica pode ser considerada nas seguintes situações:
- Piora clínica persistente sem um diagnóstico etiológico definido apesar do tratamento instituído;
- Pacientes com derrame pericárdico recorrente ou importante.

Diagnóstico

O diagnóstico é clínico e se faz pela presença de pelo menos dois dos seguintes critérios:
- Dor torácica típica;
- Atrito pericárdico;
- Alterações eletrocardiográficas sugestivas;
- Derrame ou espessamento pericárdico novo ou em piora.

Tratamento

Diagnóstico etiológico definido: tratamento específico para a doença de base (por exemplo, a pericardite urêmica é tratada com diálise adequada).

Pericardite idiopática ou viral: anti-inflamatórios não hormonais (AINH) associados ou não à colchicina.

Agente de escolha: ibuprofeno
- Dose do ibuprofeno: 400-800 mg, de 6/6 h ou 8/8 h por aproximadamente 7-14 dias;
- Aspirina é uma opção: a dose varia de 500-750 mg, a cada 6 ou 8 h, por aproximadamente 7-14 dias e pode ser usada nos casos de pericardite e IAM. No entanto, o ibuprofeno, que aumenta o fluxo coronário, é o agente de escolha;
- Um inibidor de bomba de prótons deve ser fornecido a todos os pacientes tratados com AINH.

Colchicina pode ser usada como monoterapia ou associada a um AINH. É efetiva como terapêutica coadjuvante da pericardite aguda, no alívio da dor e na prevenção da recorrência. A dose da colchicina é de 0,5 mg, 2 x/dia, por 3 meses.

Corticosteroides deveriam ser usados para pacientes com pericardite aguda associada a uma doença autoimune, autorreativa ou pericardite urêmica. Recomenda-se prednisona 1 mg/kg/dia, por 2 a 4 semanas, com redução gradual da dose.

Fatores prognósticos indicativos de internação hospitalar

São considerados preditores de mau prognóstico:

- Febre > 38°C;
- Início subagudo;
- Falência terapêutica com AINH após uma semana de tratamento;
- Evidência de tamponamento cardíaco;
- Derrame pericárdico importante;
- Imunodeprimidos;
- Uso de anticoagulante oral;
- Trauma agudo;
- Miopericardite.

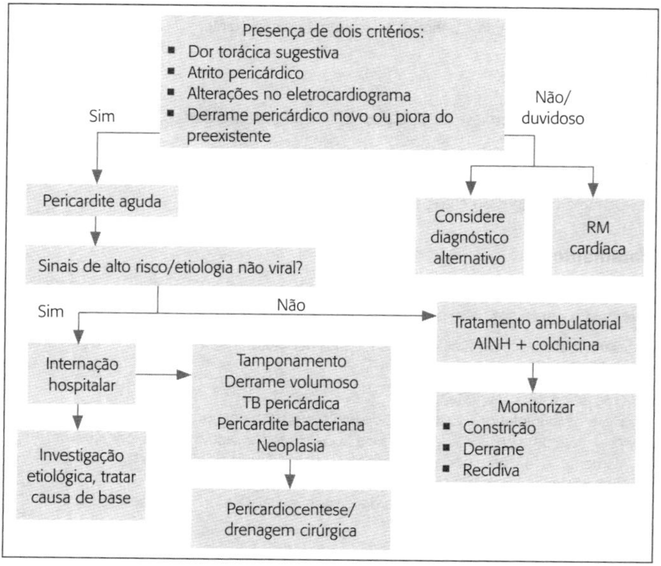

Figura 1 Algoritmo para diagnóstico e tratamento da pericardite aguda. TB: tuberculose; RM ressonância magnética; AINH: anti-inflamatórios não hormonais.

Bibliografia recomendada

1. Khandaker MH, Espinosa RE, Nishimura RA, Sinak LJ, Hayes SN, Melduni RM, et al. Pericardial disease: diagnosis and management. Mayo Clinic Proc. 2010;85(6):572-93.
2. Permanyer-Miralda G. Acute pericardial disease: approach to the aetiologic diagnosis. Heart. 2004;90:252-4.
3. Spodick DH. Acute pericarditis. JAMA. 2003;289:1150-53.
4. Lange RA, Hilis D. Acute pericarditis. N Engl J Med. 2004;351:2195-202.
5. Troughton RW, Asher CR, Klein AL. Pericarditis. Lancet. 2004;363:717-27.
6. Imazio M, Spodick DH, Brucato A, Trinchero R, Adler Y. Controversial issues in the management of pericardial diseases. Circulation. 2010;121:916-28.
7. Maisch B, Seferović PM, Ristić AD, Erbel R, Rienmüller R, Adler Y, et al. Task force on the diagnosis and management of pricardial diseases of the European Society of Cardiology. Guidelines on the diagnosis and management of pericardial diseases executive summary; The Task force on the diagnosis and management of pericardial diseases of the European society of cardiology. Eur Heart J. 2004;25(7):587-610.
8. Montera MW, Mesquita ET, Colafranceschi AS, Oliveira Jr AC, Rabischoffsky A, Ianni BM, et al. I Brazilian guidelines on myocarditis and pericarditis. Arq Bras Cardiol. 2013;100:1-36.

80

Miocardite aguda

Thiago Luis Scudeler
Múcio Tavares de Oliveira Jr.

Introdução

Miocardite é uma doença inflamatória do miocárdio e uma causa subdiagnosticada de insuficiência cardíaca, morte súbita e cardiomiopatia dilatada crônica.

Miocardite tem diferentes causas, sendo a infecciosa a mais comum.

A miocardite é uma das responsáveis pelas mortes súbitas que ocorrem em adultos jovens com menos de 40 anos de idade, com a incidência de 8,6-12% entre os indivíduos que faleceram desse evento.

Embora a biópsia do miocárdio seja o padrão-ouro para o diagnóstico de miocardite, o diagnóstico é feito por meio de dados clínicos e exames complementares.

Classificação

Causal

- Vírus: enterovírus (p. ex., *Coxsackie* B), eritrovírus (p. ex., *Parvovírus* B19), adenovírus, herpes vírus (herpes vírus 6, citomegalovírus, Epstein-Barr vírus, varicella-zoster vírus), vírus da hepatite C, HIV.
- Bactérias: *Corynebacterium diphtheriaea, Staphlylococcus aureus, Borrelia burgdorferi, Ehrlichia species, Mycoplasma pneumoniae, Treponema pallidum,* micobactérias.
- Fungos: *Aspergillus, Candida, Coccidiodes, Cryptococcus, Histoplasma.*
- Protozoários: Babesia, *Trypanosoma cruzi.*
- Helmintos: *Ascaris, Echinococcus granulosus, Schistosoma, Trichinella spiralis, Wuchereria bancrofti.*

- Tóxicos: álcool, radiação, químicos (hidrocarbonetos e arsênio), drogas (doxorrubicina), cocaína.
- Hipersensibilidade: sulfonamidas, penicilinas, cefalosporinas, diuréticos, digoxina, antidepressivos tricíclicos, dobutamina.
- Síndromes imunológicas: Churg-Strauss, doença inflamatória intestinal, tireotoxicose, diabete melito, arterite de Takayasu, lúpus eritematoso sistêmico.

Histológica

- Eosinofílica
- Células gigantes (miocardite de células gigantes)
- Granulomatose (sarcoidose, granulomatose de Wegener)
- Linfocítica

Clinicopatológica

- Fulminante
- Aguda
- Crônica ativa
- Crônica persistente

Clínica

- Insuficiência cardíaca aguda
- Síncope
- Dor torácica simulando síndrome coronariana aguda
- Miopericardite
- Arritmias ventriculares

Características clínicas

A incidência de pródromo viral (febre, mialgia, sintomas respiratórios e gastrointestinais) é altamente variável (10-80% dos pacientes com miocardite documentada).

As manifestações clínicas variam desde doença subclínica até morte súbita.

Sintomas cardíacos incluem: fadiga, intolerância ao esforço, palpitações, dor torácica e síncope.

Miocardite aguda pode se manifestar com sintomas semelhantes aos da síndrome coronariana aguda, com dor torácica, alterações eletrocardiográficas e elevação de marcadores de necrose miocárdica.

Crianças frequentemente apresentam mais o tipo fulminante da miocardite.

Presença de *rash*, febre, eosinofilia periférica ou relação temporal com uso de alguma medicação recentemente iniciada sugere miocardite de hipersensibilidade.

Diagnóstico

O diagnóstico é baseado na suspeita clínica e em métodos laboratoriais e de imagem.

O arsenal diagnóstico inclui: eletrocardiograma, marcadores de necrose miocárdica, testes laboratoriais inespecíficos de inflamação, ecocardiograma, ressonância magnética cardíaca e biópsia endomiocárdica.

Eletrocardiograma

As alterações mais comuns incluem: taquicardia sinusal e alterações inespecíficas do segmento ST e onda T.

Alterações eletrocardiográficas associadas com pior prognóstico incluem onda Q e alargamento do QRS.

Podem ser encontrados também bloqueios atrioventriculares, arritmias ventriculares complexas e arritmias supraventriculares.

Nos casos de acometimento do pericárdio associado ao miocárdio, é comum observar a presença de infradesnivelamento do segmento PR, além de supradesnivelamento difuso do segmento ST.

Exames laboratoriais

Os marcadores de necrose miocárdica (CKMB e troponina I ou T) podem estar elevados.

A elevação da troponina é mais comum do que a da CKMB na miocardite aguda.

Diferentemente do que ocorre nas síndromes coronarianas agudas, não se observa nenhuma curva de ascensão e declínio dos marcadores de necrose miocárdica, sendo a fase de platô mais prolongada na miocardite.

Níveis maiores de marcadores de necrose miocárdica estão associados a pior prognóstico.

Marcadores de inflamação, como PCR, VHS e leucócitos, podem estar elevados na miocardite aguda, mas sua baixa especificidade limita seu valor diagnóstico.

Ecocardiograma

Os achados ecocardiográficos na miocardite são inespecíficos.
As alterações na contração ventricular são observadas em até 64% dos pacientes e incluem tanto alterações difusas quanto segmentares, indistinguíveis das alterações isquêmicas.
A presença de disfunção ventricular direita é um forte preditor de morte e necessidade de transplante cardíaco.
A presença de derrame pericárdico na ausência de IC congestiva sugere envolvimento inflamatório do pericárdio com miopericardite.
O maior valor do ecocardiograma é excluir outras patologias e ele tem importante papel na descoberta das que tenham a mesma forma clínica de apresentação (doenças valvares, doenças congênitas, constrição pericárdica).

Ressonância magnética cardíaca (RMC)

Permite identificar tanto a injúria miocárdica inflamatória das fases aguda e subaguda quanto as lesões cicatriciais frequentemente presentes na fase crônica da doença.
As três principais técnicas de RMC utilizadas na caracterização da injúria miocárdica dos pacientes com miocardite são: ▪ Sequências ponderadas em T2 (T2 *imaging*): permite avaliar o edema miocárdico secundário ao processo inflamatório; ▪ Realce miocárdico global precoce: permite identificar as áreas mais acometidas pelo processo inflamatório; ▪ Técnica do realce tardio: permite avaliar as regiões de lesão miocárdica irreversível, o que possibilita a identificação das regiões de necrose, no caso das miocardites agudas ou subagudas, e das regiões de fibrose, no caso das miocardites crônicas.
Os melhores resultados são obtidos pela combinação das três técnicas acimas mencionadas (67% sensibilidade e 91% especificidade)
O padrão de distribuição do realce tardio na miocardite é muito diferente daquele observado nos casos de infarto do miocárdio, sendo frequentemente mesoepicárdico poupando o endocárdio, mas também pode apresentar distribuição epicárdica e transmural. As regiões de realce costumam ser multifocais, heterogêneas e esparsas, não respeitando os territórios coronarianos.
A presença de realce tardio é associada com pior prognóstico a longo prazo.

Biópsia endomiocárdica

Indicações
Pacientes com insuficiência cardíaca de início recente com menos de 2 semanas de duração, sem causa definida, com ventrículo esquerdo de tamanho normal ou dilatado e comprometimento hemodinâmico.
Pacientes com insuficiência cardíaca de início recente com 2 semanas a 3 meses de duração, sem causa definida, com ventrículo esquerdo dilatado e nova arritmia ventricular ou bloqueio cardíaco 2° grau Mobitz II ou bloqueio cardíaco de 3° grau.
Pacientes com insuficiência cardíaca de início recente, sem causa definida e que não apresentam resposta ao tratamento usual em 1-2 semanas.

Tratamento

Uma minoria de pacientes com miocardite fulminante ou aguda necessita de suporte hemodinâmico e drogas vasoativas e inotrópicas.
Pacientes com miocardite aguda e cardiomiopatia dilatada devem ser tratados de forma similar aos pacientes com insuficiência cardíaca, ou seja, com betabloqueadores, IECA/BRA e diuréticos.
Para indicação da terapêutica imunossupressora, faz-se necessária a comprovação de atividade inflamatória miocárdica por meio da biópsia endomiocárdica associada à pesquisa viral negativa.

BRA: bloqueadores do receptor de angiotensina; IECA: inibidores da enzima conversora da angiotensina.

Fatores prognósticos

São considerados fatores de mau prognóstico:

- Síncope
- ICC CF III/IV
- Bloqueio de ramo no ECG
- FEVE $< 40\%$
- Hipertensão pulmonar
- Persistência do genoma viral na análise molecular da biópsia endomiocárdica

ECG: eletrocardiograma; FEVE: fração de ejeção do ventrículo esquerdo; ICC: insuficiência cardíaca congestiva.

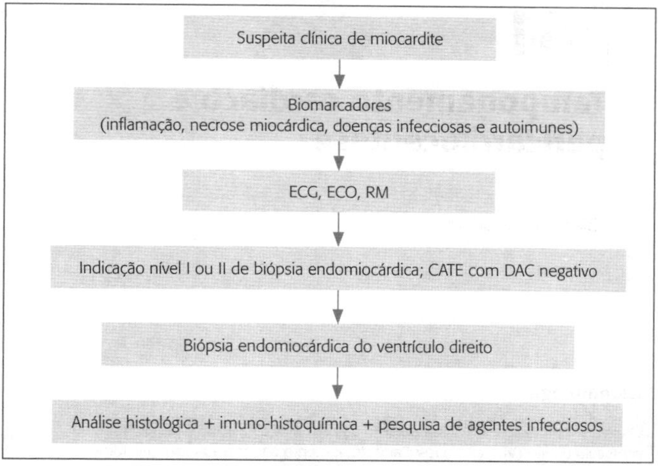

Figura 1 Fluxograma de pesquisa em pacientes com suspeita de miocardite aguda. CATE: cateterismo cardíaco; DAC: doença arterial coronária; ECG: eletrocardiograma; ECO: ecocardiograma; RM: ressonância magnética.

Bibliografia recomendada

1. Magnani JW, Dec GW. Myocarditis: current trends in diagnosis and treatment. Circulation. 2006;113:876-90.
2. Cooper TL. Myocarditis. N Engl J Med. 2009;360:1526-38.
3. Sagar S, Liu PP, Cooper Jr LT. Myocarditis. Lancet. 2012;379:738-47.
4. Montera MW, Mesquita ET, Colafranceschi AS, Oliveira Jr AC Jr, Rabischoffsky A, Ianni BM, et al. I Brazilian guidelines on myocarditis and pericarditis. Arq Bras Cardiol. 2013;100:1-36.

81

Tamponamento cardíaco e pericardiocentese

Thiago Luis Scudeler

Fisiopatologia

O distúrbio primário é uma compressão das câmaras cardíacas, especialmente do ventrículo direito (VE), como resultado do aumento da pressão intrapericárdica, ocasionando diminuição do enchimento ventricular, aumento da pressão venosa central e redução do débito cardíaco. Esta última leva ao choque, que pode ser fatal se não for tratado de maneira adequada.

As causas de tamponamento incluem todas as causas de pericardite com derrame pericárdico e hemorragia na cavidade pericárdica.

O tamponamento é mais dependente da velocidade do acúmulo do líquido no saco pericárdico do que propriamente do volume acumulado. Se a velocidade de progressão do acúmulo foi lenta, o saco pericárdico se distende e não ocorre a compressão das câmaras.

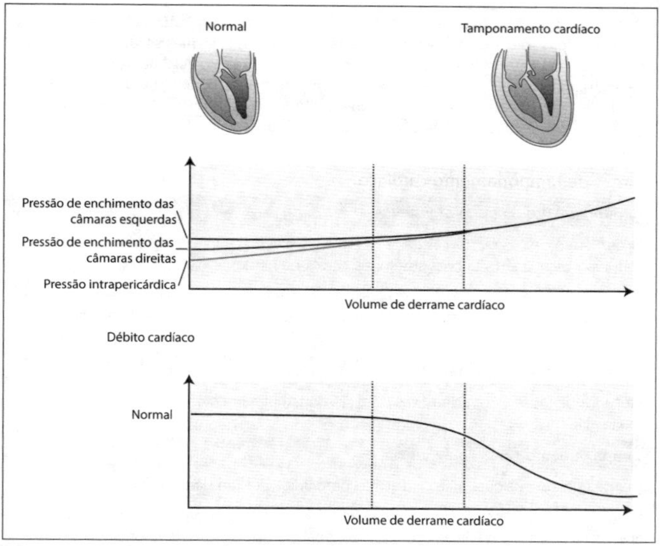

Figura 1 Relação entre as pressões de enchimento intracardíacas e a pressão intrapericárdica e o débito cardíaco no tamponamento cardíaco.

Quadro clínico

Os pacientes podem apresentar dispneia, dor torácica e sintomas de baixo débito.
Taquicardia sinusal é comum, sendo uma resposta compensatória para manutenção do débito cardíaco. Sua presença indica comprometimento hemodinâmico importante.
O aumento da pressão venosa central pode ser visto pela turgência jugular. No traçado da pressão atrial direita, a perda do descenso *y* (abertura da valva tricúspide e esvaziamento atrial – diástole) com preservação do descenso *x* (correspondente ao relaxamento atrial) é sugestiva de tamponamento cardíaco.
Tríade de Beck: turgência jugular, hipotensão arterial e abafamento das bulhas (principalmente se o derrame pericárdico for volumoso). O sinal de Kussmaul, caracterizado pelo aumento ou não redução da pressão venosa (turgência jugular) com a inspiração, geralmente não é visto, a menos que uma doença constritiva de base exista.

Pulso paradoxal: queda na pressão sistólica durante a inspiração > 10 mmHg, com manutenção da pressão diastólica. Pode estar ausente nas seguintes situações: hipotensão arterial, insuficiência aórtica grave, defeitos do septo atrial ou hipertrofia ventricular direita. Não é patognomônico de tamponamento, podendo estar presente nos pacientes com asma, doença pulmonar obstrutiva crônica e choque hipovolêmico (sensibilidade de 56-98%, especificidade de 70-83%).

Formas de tamponamento cardíaco

Tamponamento de baixa pressão
Ocorre em pressões diastólicas de 6-12 mmHg e é virtualmente confinado a pacientes com hipovolemia e disfunções sistêmicas graves ou hemorragia.
Pode ser observado quando as pressões intrapericárdicas estão pouco aumentadas, com consequente equalização das pressões atriais, porém não das pressões ventriculares diastólicas.
Tamponamento cardíaco hipertensivo
Presença de todas as características clássicas do tamponamento e pressão arterial alta ou muito alta.
Tamponamento cardíaco regional
Ocorre quando qualquer área cardíaca é comprimida por um derrame localizado.
Normalmente, as alterações hemodinâmicas típicas do tamponamento são encontradas apenas nas câmaras ou áreas comprimidas, porém pode produzir tamponamento clássico.

Exames complementares

Eletrocardiograma (ECG)
Taquicardia sinusal.
Complexos QRS de baixa voltagem.
Alternância elétrica do eixo QRS (sensibilidade de 16-21%).
Arritmias atriais.
Radiografia de tórax
Alargamento da silhueta cardíaca, com campos pulmonares sem congestão.

Ecocardiograma (ECO)
Pode identificar o derrame pericárdico e avaliar as variáveis hemodinâmicas.
Os achados ecocardiográficos de tamponamento são: ■ Colapso diastólico das câmaras direitas (átrio e/ou ventrículo). ■ Em 25% dos pacientes, há colapso do átrio esquerdo, e este achado é altamente específico para tamponamento. ■ Distensão da veia cava inferior e ausência da redução de seu diâmetro com a inspiração, que são manifestações do aumento da pressão venosa no tamponamento. ■ Elevação da pressão de capilar pulmonar e da pressão diastólica da artéria pulmonar.
Hemodinâmica
Equalização das pressões em relação ao átrio direito: ventrículo direito, pressão capilar pulmonar e pressão intrapericárdica.

Diagnóstico

O diagnóstico é clínico e corroborado pelos achados ecocardiográficos.

Tratamento

O tratamento do tamponamento cardíaco é a drenagem do derrame pericárdico.

Agentes inotrópicos são de pouca valia, pois há aumento importante da estimulação adrenérgica endógena.

Ventilação mecânica com pressão positiva geralmente piora a hemodinâmica do paciente, pois diminui o enchimento ventricular.

Nos pacientes com tamponamento e parada cardiorrespiratória, o benefício das compressões externas é mínimo, devendo-se proceder a pericardiocentese com a máxima rapidez.

Pericardiocentese

Indicações
Tamponamento cardíaco
Diagnóstico de pericardite purulenta
Diagnóstico de pericardite neoplásica
Diagnóstico de pericardite tuberculosa
Derrame pericárdico sintomático refratário ao tratamento clínico

Contraindicações
Pericardiocentese de emergência não é indicada para pacientes com derrame pericárdico e sinais vitais estáveis.
Quando realizada em circunstâncias menos urgentes, são contraindicações relativas: ▪ Coagulopatia (plaquetas < 50.000/mm³; RNI ou TTPa > 1,5 vez o controle). ▪ Hemopericárdio por trauma agudo ou dissecção aguda de aorta. ▪ Ruptura miocárdica. ▪ Infecção.

RNI: relação normalizada internacional; TTPA: tempo de tromboplastina parcial ativada.

Materiais
Agulha de pericardiocentese estéril (agulha de punção espinhal, p. ex.)
Fio-guia, dilatador e cateter
Frasco e equipos para drenagem
Garra tipo jacaré estéril
Gazes estéreis
Seringas e agulhas
Porta-agulha, fio agulhado para fixação e lâmina de bisturi
Anestésico local (lidocaína 1%)
Luvas estéreis, avental, gorro, máscara e óculos
Material de assepsia
Ultrassonografia, se disponível
Eletrocardiógrafo
Monitor cardíaco, de pressão arterial e oximetria de pulso
Desfibrilador e carro de emergência

Cuidados gerais
Informar o paciente.
Monitorizar frequência cardíaca, pressão arterial, eletrocardiograma e saturação de O_2.
Puncionar acesso venoso periférico.
Organizar os materiais para pericardiocentese e colocá-los em um lugar de fácil acesso ao lado do leito do paciente.
Posicionar o paciente: ▪ Localizar o local adequado da punção pela palpação do processo xifoide; ▪ Orientar decúbito dorsal com o tórax em 30-45° em relação ao leito, se as condições clínicas do paciente permitirem; ▪ Atentar ao conforto do paciente.
Preparar a pele: ▪ Eliminar pelos; ▪ Limpar a parede torácica anterior e a região superior do abdome com solução antibacteriana.
Lavar as mãos e realizar paramentação.
Limpar o local com solução alcoólica.
Colocar os campos cirúrgicos.
Anestesia local geralmente não é necessária pela urgência deste procedimento; no entanto, ela se faz necessária se o paciente estiver acordado e alerta, mas a pericardiocentese de emergência não é necessária.

Técnica de pericardiocentese
Identificar as referências anatômicas.
Duas opções para execução deste procedimento: acesso subxifoide e acesso paraesternal.

Acesso subxifoide

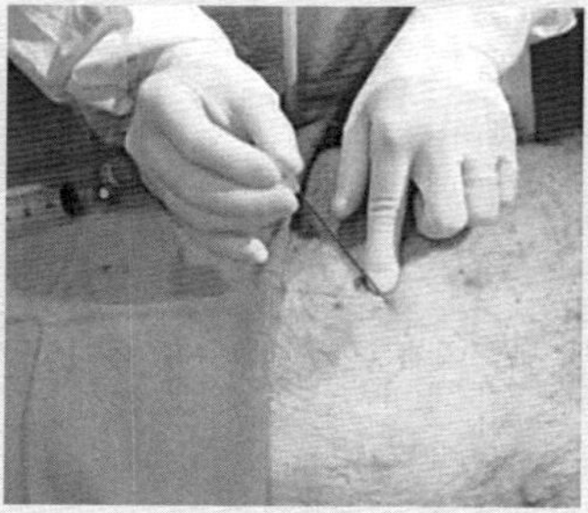

Marcar o orifício de entrada 0,5 cm à esquerda da ponta do apêndice xifoide.
Introduzir a agulha no sítio escolhido entre o apêndice xifoide e a margem costal esquerda em um ângulo de 45°, direcionando-a para o ombro esquerdo, aplicando pressão negativa e aspirando continuamente.
Usar o ultrassom para localizar a maior porção do derrame que está próximo à superfície do corpo e guiar a agulha para o interior do saco pericárdico.
Observar se ocorre aspiração de sangue.

Acesso paraesternal

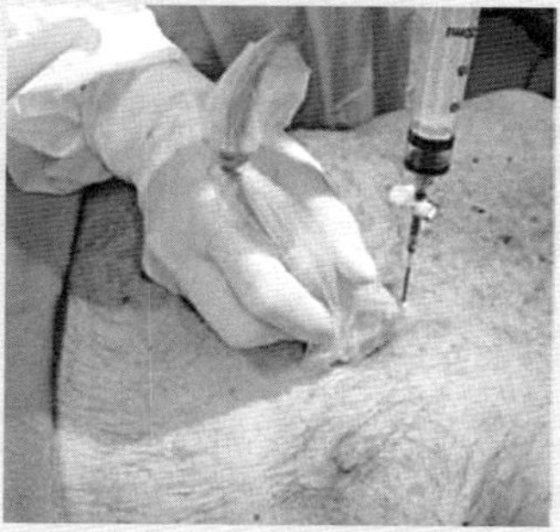

Inserir a agulha perpendicularmente à parede torácica, no 5° espaço intercostal, na borda lateral do esterno, aplicando pressão negativa e aspirando continuamente.
Usar o ultrassom para localizar a maior porção do derrame que está próximo à superfície do corpo e guiar a agulha para o interior do saco pericárdico.
Observar se ocorre aspiração de sangue.

Pericardiocentese guiada pela ultrassonografia e pelo eletrocardiograma
Caso o ultrassom não esteja disponível, conecte a garra tipo jacaré estéril à agulha de pericardiocentese e o fio à derivação precordial no monitor de eletrocardiograma.

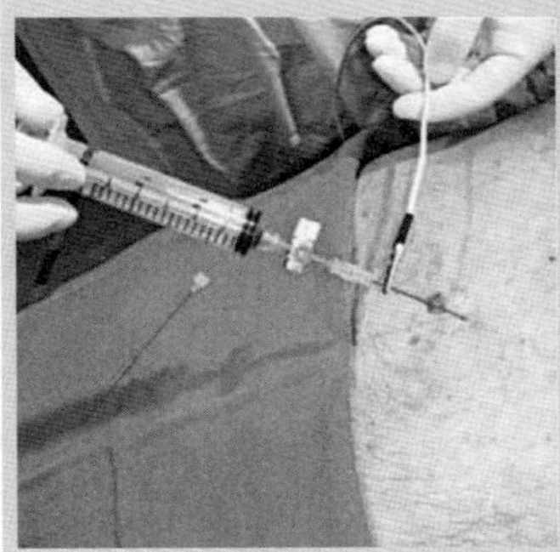

Pericardiocentese guiada pelo eletrocardiograma

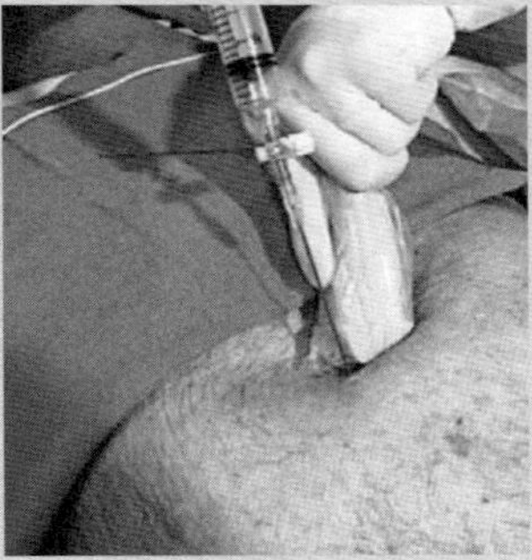

Pericardiocentese guiada por ultrassonografia

Monitorizar continuamente o eletrocardiograma: a elevação do segmento ST sugere contato da agulha com o miocárdio; caso isso ocorra, retroceder a agulha até o desaparecimento da elevação do segmento ST e, então, redirecioná-la.

Elevação do segmento ST durante o procedimento de pericardiocentese indica contato da agulha com o miocárdio

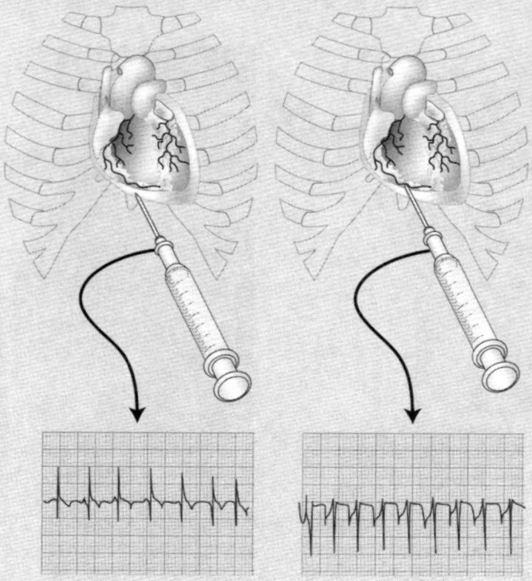

Avançar o guia através da agulha.

Remover a agulha, deixando o fio-guia.

Empregar a lâmina de bisturi para abrir um pequeno orifício na pele.

Introduzir o dilatador através do fio-guia.

Introduzir o cateter através do fio-guia.

Remover o fio-guia e conectar ao frasco de drenagem.

Fixar o cateter e aplicar o curativo.

Visualizar o coração com o ultrassom para confirmar a remoção do fluido pericárdico e avaliar a função miocárdica.

Solicitar uma radiografia de tórax, depois de finalizar o procedimento, com o objetivo de avaliar complicações tais como derrame pleural ou pneumotórax.

Complicações
▪ Morte
▪ Infecção
▪ Arritmias cardíacas
▪ Sangramento
▪ Pneumotórax
▪ Punção ou laceração da artéria coronária
▪ Embolia gasosa
▪ Fístula
▪ Punção peritoneal, do estômago ou fígado (com a técnica subxifoide)
▪ Punção da artéria torácica interna (com a técnica paraesternal)
▪ Lesão do diafragma (com a técnica subxifoide)

Bibliografia recomendada

1. Khandaker MH, Espinosa RE, Nishimura RA, Sinak LJ, Hayes SN, Melduni RM, et al. Pericardial disease: diagnosis and management. Mayo Clinic Proc. 2010;85(6):572-93.
2. Spodick DH. Acute cardiac tamponade. NEJM. 2003;349:684-90.
3. Fowler NO. Cardiac tamponade: a clinical or an echocardiographic diagnosis? Circulation. 1993;87:1738-41.
4. Roy CL, Minor MA, Brookhart MA, Choudhry NK. Does this patient with a pericardial effusion have cardiac tamponade? JAMA. 2007;297:1810-8.
5. Khandaker MH, Espinosa RE, Nishimura RA, Sinak LJ, Hayes SN, Melduni RM, et al. Pericardial disease: diagnosis and management. Mayo Clinic Proc. 2010;85(6):572-93.
6. Fitch MT, Nicks B, Pariyadath M, McGinnis HD, Manthey DE. Emergency pericardiocentesis. NEJM. 2012;366:e17.
7. Maisch B, Seferovic PM, Ristic AD, Erbel R, Rienmüller R, Adler Y, et al. Task Force on the Diagnosis and Management of Pricardial Diseases of the European Society of Cardiology. Guidelines on the diagnosis and management of pericardial diseases executive summary; The Task force on the diagnosis and management of pericardial diseases of the European Society of Cardiology. Eur Heart J. 2004;25(7):587-610.

82

Dissecção aguda de aorta

Tatiana de Carvalho Andreucci Torres Leal

Introdução

- Trata-se de uma emergência médica de altas morbidade e mortalidade. A taxa de mortalidade pode aumentar 1-2% por hora nas primeiras 24 h.
- É uma entidade clínica rara que apresenta incidência aproximada de três casos por 100 mil pessoas/ano.
- Apesar de baixa incidência, tem alta mortalidade, o que faz com que a dissecção aguda de aorta (DAA) seja de grande impacto médico. Assim, o emergencista deve reconhecê-la com rapidez em pacientes com alto risco e achado clínico sugestivo.
- Dentre os fatores de risco, a hipertensão arterial sistêmica (HAS) é a condição mais encontrada nesses pacientes (em até 70%) e tem íntima relação em sua fisiopatologia. A aterosclerose também é fator de risco importante e está presente em 30% dos casos.
- As doenças do colágeno, assim como as vasculites, também são condições que causam alterações histológicas nas camadas da aorta, o que favorece a ocorrência de dissecção. Dessa forma, os pacientes são considerados também de alto risco.
- O hematoma intramural e a úlcera aterosclerótica penetrante caracterizam-se como dissecções atípicas da aorta e devem ser abordadas à semelhança das dissecções típicas.

Fatores de risco para o desenvolvimento de DAA

Aumento da tensão sobre a parede da aorta
▪ HAS (principalmente se decontrolada) ▪ Feocromocitoma ▪ Uso de cocaína e outras drogas estimulantes ▪ Trauma com alta energia cinética sobre o tórax
Anomalias da camada média e doenças do colágeno
▪ Síndrome de Marfan ▪ Síndrome de Ehlers-Danlos (forma vascular) ▪ Síndrome de Loyes-Dietz
Vasculites que acometem a aorta e os grandes vasos
▪ Arterite de Takayasu ▪ Arterite de células gigantes ▪ Doença de Behcet ▪ Arterite de células gigantes/arterite temporal
Doenças congênitas da aorta
▪ Coarctação de aorta ▪ Aorta bicúspide
Outros
▪ Gravidez ▪ Doença renal policística ▪ Administrações crônicas de corticosteroides ▪ Infecções que envolvem a parede da aorta (p.ex., aneurismas micóticos, aortite sifilítica)

Fisiopatologia

- Os fatores de risco geram degeneração e necrose cística miointimal, que favorecem laceração na camada íntima.
- A delaminação das camadas produz uma falsa luz que progride a montante e a jusante. A falsa luz pode ainda ser ocupada parcial ou completamente por um trombo.
- Há três principais complicações: destruição do aparato valvar e insuficiência aórtica (em 50% dos casos), tamponamento cardíaco e oclusão parcial ou total dos óstios vasculares seguido de isquemia correspondente.

Achados clínicos mais relevantes

- Dor torácica súbita, de forte intensidade, dilacerante, classicamente irradiada para o dorso.
- Pulsos e pressão arterial entre os membros assimétricos (variação de pressão arterial ao menos de 20 mmHg).
- Sopro diastólico aspirativo aórtico suave quando há acometimento do aparato subvalvar.
- Tamponamento cardíaco ocorre em 19% dos casos. São sinais clínicos característicos: pulso paradoxal, tríade de Beck (hipotensão, estase jugular e abafamento de bulhas) e sinal de Kussmaul.
- Achados relacionados à isquemia, como acidente vascular cerebral agudo (6% dos casos), infarto agudo do miocárdio (em menos de 5% dos casos, mais frequentemente por oclusão da coronária direita), neuropatia periférica, isquemia mesentérica e oclusão arterial aguda periférica.

Achados eletrocardiográficos

- Não há nenhum achado típico, mas as alterações mais frequentes são as da onda T e os sinais de sobrecarga ventricular esquerda.
- Sua aplicabilidade maior é no diagnóstico diferencial de dor torácica aguda.
- Quando há sintomas típicos de DAA e eletrocardiograma com supradesnivelamento em parede inferior, deve-se descartar DAA antes de proceder à terapia trombolítica.

Achados na radiografia de tórax

São inespecíficos. Cerca de 10-20% apresentam-se normais, entretanto o achado mais comum é o alargamento de mediastino (Figura 1).

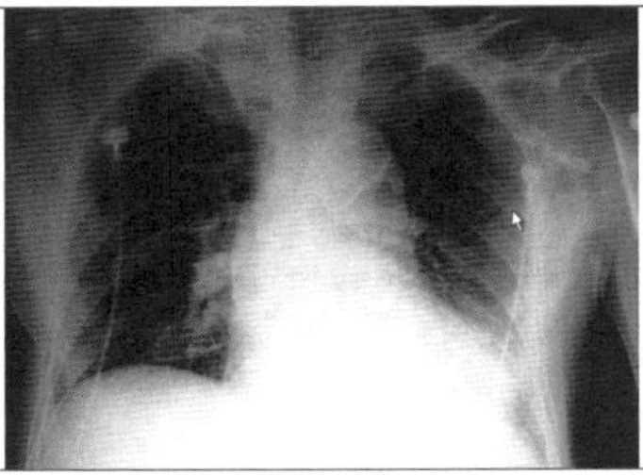

Figura 1 Alargamento de mediastino, achado radiológico mais comum.

Biomarcadores em DAA

- Não existe biomarcador específico. Na grande maioria dos casos, a troponina é negativa por não haver injúria miocárdica, salvo em situações com comprometimento das coronárias.
- Sabe-se que o D-dímero eleva-se na vigência de DAA. Valores acima de 500 ng/L têm sensibilidade de 100% para DAA e especificidade de 54%. Entretanto, quando associado à PA sistólica de 180 mmHg, a especificidade chega a 96% e a sensibilidade cai para 54%. O uso do D-dímero não foi validado ainda como marcador de DAA, mas parece ser uma opção no futuro, pelo seu alto valor preditivo negativo.

Ecocardiograma

- O ecocardiograma transesofágico é um dos exames para diagnóstico na sala de emergência por ser portátil, tornando-se o exame de primeira escolha, com sensibilidade de 97-100% e especificidade de 77-100%. A maior limitação é a dificuldade de visualizar os segmentos abdominais.
- É possível observar o *flap* (membrana ondulante) no lúmen aórtico que separa a luz verdadeira da falsa, assim como o acometimento da valva aórtica, o grau de regurgitação e a presença de derrame pericárdico (Figura 2).

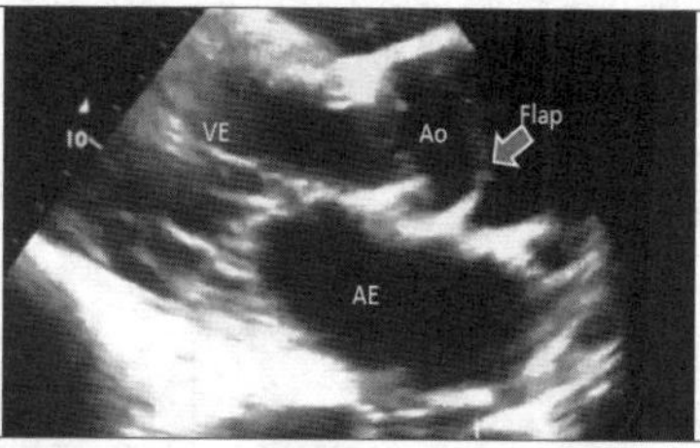

Figura 2 Imagem ecocardiográfica demonstrando presença de *flap* próximo ao seio aórtico.

Angiotomografia computadorizada de aorta

- É também exame de escolha para diagnóstico. Tem sensibilidade de 94% e especificidade de 87%. Entretanto, é necessário estabilidade hemodinâmica que permita a mobilização e o transporte seguro do paciente.
- Permite visualizar adequadamente a anatomia do vaso e a extensão exata da doença. Com base nesses achados, a DAA segue as duas classificações comentadas a seguir.

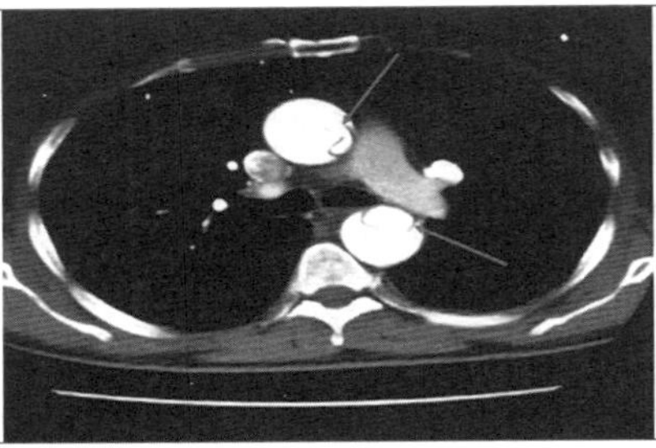

Figura 3 Angiotomografia computadorizada de aorta. As setas demonstram dois lúmens visíveis na aorta torácica, com acometimento tanto da porção ascendente quanto da descendente.

Classificação da dissecção aguda de aorta

- Existem duas classificações, conforme a Figura 4.
- A classificação de DeBakey é dividida em tipos I, II e III. Por sua vez, a classificação de Stanford é dividida em tipo A e tipo B. É a classificação de Stanford que determina a necessidade de tratamento cirúrgico de emergência.

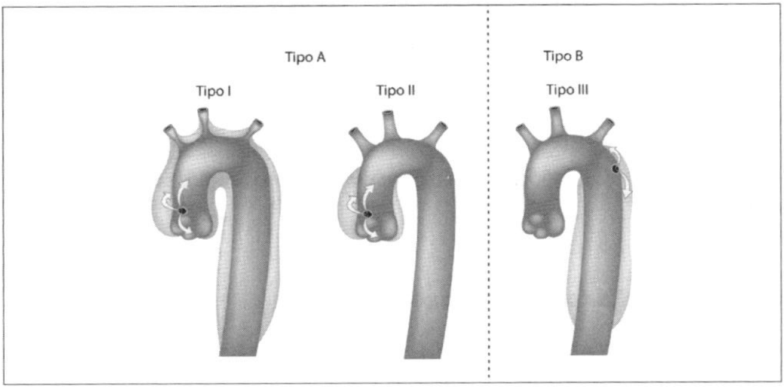

Figura 4 Classificações de DeBakey e Stanford. Notar que, quando há qualquer acometimento da aorta ascendente, a dissecção aguda de aorta recebe a classificação de Stanford A.

Abordagem e tratamento inicial

- Trata-se de doença de alta mortalidade e que deve ser conduzida na sala de emergência, sob monitorização contínua do ritmo cardíaco e de pressão arterial (PA) e com suporte de oxigênio quando indicado.
- O controle da dor é de extrema importância e deve ser realizado com morfina endovenosa. A dose é de 2-4 mg, podendo ser repetida, se necessário, atentando-se para efeitos colaterais, como vômitos, insuficiência respiratória e rebaixamento do nível de consciência.
- A progressão da dissecção está mais relacionada com o aumento da frequência cardíaca (FC) do que com a PA. Assim, para evitar resposta compensatória, o controle da FC deve ser prioritário, sempre que possível, em relação à PA.
- Medicações betabloqueadoras devem ser administradas com o objetivo de diminuir a FC em 60 bpm. O metoprolol é a droga mais utilizada (a dose é de 5 mg, sendo feita em infusão endovenosa lenta, podendo ser repetida a cada 5 min; a dose máxima é de 15 mg). Em paciente com antecedentes de broncoespasmo, deve ser substituído por bloqueadores do canal de cálcio (diltiazem ou verapamil).
- Medicações vasodilatadoras priorizam o controle da PA até sistólica de 120 mmHg. O nitroprussiato de sódio é a droga de escolha, diluído 50 mg em 250 mL de soro glicosado 5%, e sua infusão iniciada na dose de 0,5 mcg/kg/min.

Tratamento cirúrgico da DAA

- Toda DAA Stanford A é cirúrgica. Em comparação com a terapêutica, o tratamento cirúrgico reduziu a mortalidade consideravelmente em estudos comparativos. Pacientes com necrose mesentérica e coma por isquemia cerebral não são elegíveis para cirurgia.
- Os pacientes com DAA Stanford B, quando estáveis, devem ser mantidos em tratamento clínico (priorizando PA sistólica menor ou igual a 120 mmHg e FC abaixo de 60 bpm). A taxa de mortalidade tende a ser mais baixa que as DAA Stanford A.
- Paciente com DAA Stanford B com sinais de complicações (dor refratária, rotura da aorta, progressão da dissecção e isquemia visceral) tem indicação de intervenção cirúrgica também imediata.

Resumo prático da abordagem de DAA

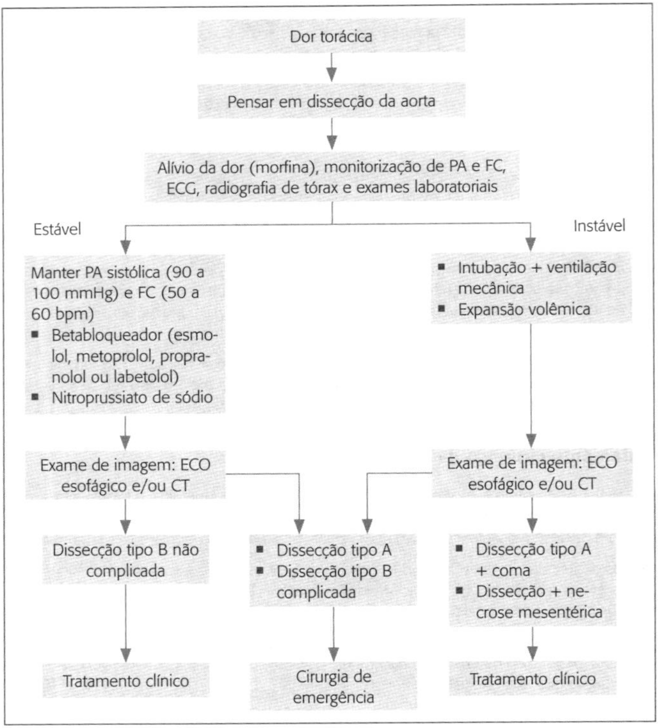

Figura 5 Orientações práticas quanto à abordagem de DAA na sala de emergência. Bpm: batimentos por minuto; CT: angiotomografia computadorizada de aorta; ECG: eletrocardiograma; ECO: ecocardiograma; FC: frequência cardíaca; PA: pressão arterial.

Bibliografia recomendada

1. Nienaber CA, Clough RE. Management of acute aortic dissection. Lancet. 2015;385:800-11.
2. Pape LA, Tsai TT, Isselbacher EM, et al. Aortic diameter > or = 5.5 cm is not a good predictor of type A aortic dissection: observations from the International Registry of Acute Aortic Dissection (IRAD). Circulation. 2007;116:1120-7.
3. Soeiro AM, Leal TCAT, Oliveira Jr MT, Filho RK. Manual de condutas práticas da unidade de emergência do InCor. Barueri: Manole; 2015. p.3-21.
4. Tsai TT, Nienaber CA, Eagle KA. Acute aortic syndromes. Circulation. 2005;112:3802-13.
5. Sheikh AS, Ali K, Mazhar S. Acute aortic syndrome. Circulation. 2013;128:1122-7.
6. Ranasinghe AM, Bonser RS. Biomarkers in acute aortic dissection and other aortic syndromes. J Am Coll Cardiol. 2010;56:1535-41.
7. DeBakey ME, Henley WS, Cooley DA, et al. Surgical management of dissecting aneurysms of the aorta. J Thorac Cardiovasc Surg. 1965;49:130-49.
8. Hiratzka LF, Bakris GL, Beckman JA, et al. 2010 ACCF/AHA/AATS/ACR/ASA/SCA/SCAI/SIR/ STS/ SVM guidelines for the diagnosis and management of patients with thoracic aortic disease. JACC. 2010;55(14):e27-129.
9. Ramanath VS, Oh JK, Sundt III TM, Eagle KA. Acute aortic syndromes and thoracic aortic aneurysm. Mayo Clin Proc. 2009;84:465-81.
10. Soeiro AM, Leal TCAT, Oliveira Jr MT, Filho RK. Cardiologia de emergência em fluxogramas. Barueri: Manole; 2015.

83

Ressuscitação cardiopulmonar

Thiago Luis Scudeler

Elos da cadeia de sobrevida extra-hospitalar (Figura 1)

1. Reconhecimento imediato da parada cardiorrespiratória (PCR) e acionamento do serviço de emergência.
2. Reanimação cardiopulmonar (RCP) precoce, com ênfase nas compressões torácicas.
3. Rápida desfibrilação.
4. Suporte avançado de vida eficaz.
5. Cuidados pós-PCR integrados.

Figura 1 Elos da cadeia de sobrevida extra-hospitalar.

Etapas

1. Avaliação primária (BLS)
- Suporte básico de vida
- Suporte hemodinâmico e respiratório: RCP

2. Avaliação secundária (ACLS)
- Desfibrilação elétrica
- Dispositivos invasivos de via aérea
- Acesso venoso
- Medicações
- Estabilização do paciente após reversão da PCR

Suporte básico de vida (BLS)

Avaliar nível de consciência (responsividade)
- Paciente responde ao chamado mesmo que incompreensivelmente: afastar PCR.

Chamar por ajuda (192), pedindo o desfibrilador elétrico automático (DEA)
- Paciente não responde ao chamado e não respira: chamar o sistema de emergência.
- A medida que determina melhor prognóstico na PCR é o acesso rápido ao DEA.
- O posicionamento correto do socorrista em relação à vítima é ajoelhado na linha dos ombros do paciente.

Checar pulso e respiração anormal ou ausente simultaneamente
- A procura pelo pulso central (carotídeo ou femoral) deve ocorrer em 5-10 s.
- Caso o pulso seja detectado, executar uma ventilação a cada 5-6 s; na ausência do pulso, iniciar RCP.
- A persistência do pulso deve ser confirmada a cada 2 min.

Iniciar RCP
- Compressões torácicas/ventilações = 30/2.
- As compressões são executadas na altura da linha intermamilar, causando depressão 5-6 cm no tórax.
- Após cada compressão, deve-se permitir o retorno do tórax à posição normal.
- A frequência das compressões deve ser 100-120 compressões/min.
- Coloca-se a região hipotenar da mão do lado mais forte que servirá de base para compressão cardíaca.
- Fazer o mínimo possível de interrupções.
- As ventilações são realizadas com duração de 1 s cada e devem ser suficientes para elevar o tórax. Para tal, a via aérea deve ser aberta por meio da hiperextensão cervical e elevação do mento. Cada ciclo não deve levar mais de 10 s.

Realizar desfibrilação elétrica, se indicada:

- Quando indicada, o choque inicial será de 360 J (monofásico) ou na energia máxima equivalente nos aparelhos bifásicos (entre 150-200 J).
- Verificar se alguém está em contato com a vítima no momento do choque.
- Imediatamente após o choque, retomar RCP por 2 min ou cinco ciclos, quando o aparelho reavaliará a necessidade de outro choque.
- Se indicado, aplica-se novo choque na mesma energia empregada anteriormente, seguido de mais 2 min de RCP e, assim, sucessivamente, até a chegada do sistema de emergência ou até que ocorra mudança do ritmo.
- Quando ocorre mudança do ritmo, o aparelho não indica o choque, devendo-se checar o pulso após 2 min de RCP.
- Se o pulso estiver presente, houve reversão da PCR, mas ainda é necessário manter o suporte ventilatório até a chegada do sistema de emergência, checando-se o pulso a cada 2 min.
- Se o pulso estiver ausente, deve-se prosseguir com a RCP.
- Em pacientes com uso prévio de opioides conhecido ou suspeito, que apresentam respiração anormal com pulso, a administração de naloxona intranasal ou intramuscular está indicada. Seu uso pode ser realizado inclusive durante a PCR.

Suporte avançado de vida (ACLS)

A identificação do ritmo cardíaco é feita através das pás do monitor cardíaco.

PCR em FV ou TV sem pulso	PCR em atividade elétrica sem pulso (AESP) ou assistolia
▪ A forma mais frequente de PCR extra-hospitalar é a FV	▪ Buscar a causa e aplicar o tratamento específico (5 Hs e 5 Ts)
▪ O tratamento primordial é o choque imediato na energia máxima do desfibrilador (360 J se monofásico ou 150-200 J se bifásico)	▪ O tratamento das causas da AESP é o principal fator determinante da reversão do quadro
▪ Quando o paciente é atendido rapidamente e a FV/TV sem pulso é identificada, executar RCP enquanto o desfibrilador é preparado	▪ A principal causa da AESP é a hipovolemia
▪ Imediatamente após o choque, executar 2 min ou cinco ciclos de RCP; após esse período, avalia-se novamente o ritmo, aplicando choque ou não	▪ PCR em assistolia é a forma de pior prognóstico

▪ Após o primeiro choque, deve-se estabelecer a via aérea definitiva, o acesso venoso e a monitorização cardíaca contínua	▪ Para confirmação do diagnóstico de assistolia, deve-se proceder ao protocolo da linha reta ("protocolo da cagada"), que consiste em: ❑ CAbos: checar a conexão dos eletrodos ❑ GAnho: aumentar o ganho do monitor cardíaco ❑ DerivAção: checar o ritmo em duas derivações
▪ As medicações podem ser aplicadas durante o período em que se carrega o desfibrilador ou após o choque	▪ Após checagem de ritmo, deve-se estabelecer a via aérea definitiva, o acesso venoso e a monitorização cardíaca contínua
▪ Vasopressores: epinefrina (1 mg a cada 3-5 min)	▪ A medicação a ser usada é a epinefrina (1 mg a cada 3-5 min)
▪ A primeira medicação antiarrítmica a ser usada é a amiodarona na dose de 300 mg, EV, em *bolus*, podendo ser repetida mais uma dose de 150 mg	▪ Não se usam antiarrítmicos em AESP/ assistolia
▪ Quando ocorrer a reversão da arritmia, uma dose de manutenção do antiarrítmico deve ser administrada por 24 h para evitar a recidiva da arritmia (amiodarona 1 mg/min, por 6 h, seguida de 0,5mg/ min por 18 h)	

- Após a realização da intubação orotraqueal (IOT), é necessário averiguar o posicionamento do tubo endotraqueal por meio da ausculta cardíaca em cinco pontos e, quando disponível, da capnografia
  - Checagem primária: ausculta em cinco pontos (epigástrio, bases esquerda e direita, ápices esquerdo e direito)
  - Checagem secundária: da capnografia
- Após colocação da via aérea avançada, as ventilações devem ser aplicadas na frequência de 8-10 ventilações/min de forma assincrônica com as compressões torácicas
- Caso o acesso venoso não esteja disponível, a via preferencial é a intraóssea
- Em caso de ausência de qualquer via de administração, como última opção, deve-se administrar a medicação desejada através da cânula orotraqueal sem demora
- Para que essa medicação administrada através da cânula tenha o mesmo efeito da medicação EV, é necessário administrar 2-2,5 a dose EV através da cânula (com exceção da vasopressina, que é aplicada na mesma dose)
- Para melhor absorção da medicação, a dose via cânula deve ser seguida de um *flush* de 10 mL de soro fisiológico
- As medicações que podem ser administradas por cânula orotraqueal são: vasopressina, atropina, naloxona, epinefrina e lidocaína ("VANEL")
- Dispositivos mecânicos de compressão podem ser usados, preferencialmente em situações especiais (poucos atendentes, ambulância em movimento, sala de hemodinâmica, etc.).
- O uso de suporte circulatório invasivo durante a PCR pode ser indicado se disponível, em pacientes com causas potencialmente reversíveis e quando houver prolongamento da PCR.
- A incapacidade de obter $ETCO_2$ expirado após 20 minutos de compressão maior que 10 mmHg é um sinal de fracasso na reanimação e baixa possibilidade de retorno à circulação espontânea. No entanto, os esforços não devem ser abandonados somente por esse fator.

Causas de PCR

5 Hs	5 Ts
▪ Hipovolemia	▪ Tamponamento cardíaco
▪ Hipóxia	▪ Tromboembolismo pulmonar (TEP)
▪ Hipotermia	▪ Trombose coronariana
▪ Hipocalemia/hipercalemia	▪ Pneumotórax
▪ H^+ (acidose)	▪ Tóxico

Cuidados após ressuscitação (CHAVELUP)

- Capnografia
- Cineangiocoronariografia, se suspeita de síndrome coronariana aguda
- Hipotermia induzida (temperatura central 32-34°C) pós-PCR por 12-24 h – melhora o prognóstico neurológico quando iniciada até 6 h após reversão da PCR (indicada em qualquer ritmo)
- Amiodarona de manutenção em pacientes que, em algum momento, apresentaram FV/TV sem pulso
- Ventilador: checar o posicionamento da cânula e da ventilação. Manter saturação de oxigênio $\geq$ 94%, volume corrente de 6-8 mL/kg, $PaCO_2$ de 40-45 mmHg ou $PETCO_2$ de 35-40 mmHg. Fazer radiografia de tórax
- ECG, Exame físico (pulso, pressão arterial, ausculta cardíaca e pulmonar, oximetria, perfusão periférica, nível de consciência, reflexo pupilar, frequência cardíaca e respiratória)
- Laboratório: coleta de exames laboratoriais
- UTI (unidade de terapia intensiva): transferência do paciente para UTI
- PA: manter pressão arterial média (PAM) entre 65-90 mmHg

Capnografia

- Técnica de mensuração do gradiente de CO_2 na expiração
- Leitura feita por intermédio de sensor
- Valor normal: 30-45 mmHg
- Discrimina IOT de intubação esofágica
- A presença de CO_2 exalado confirma que o paciente está respirando
- Capnografia normal confirma perfusão tecidual e produção normal de CO_2

Curvas de capnografia

Exemplo de paciente com pulso (boa perfusão) e intubado adequadamente

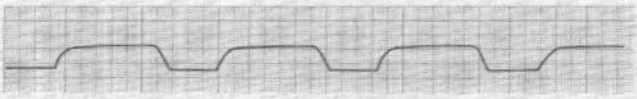

$ETCO_2 = 35$ mmHg

Exemplo de paciente com intubação sem sucesso (ausência de curva)

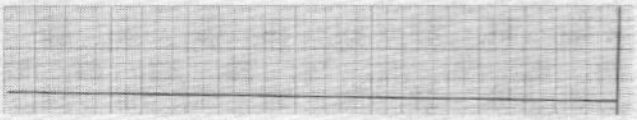

Exemplo de paciente sem pulso (em PCR) e intubado adequadamente. Uma compressão torácica eficaz deve manter o $CO_2 > 10$ mmHg

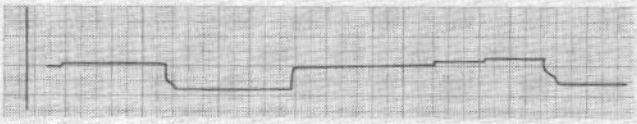

$ETCO_2 = 15$ mmHg

Exemplo de elevação abrupta do $ETCO_2$ (CO_2 ao final da expiração) sugestiva de retorno à circulação espontânea

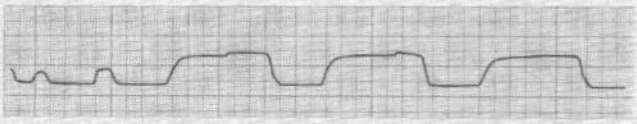

$ETCO_2 = 15 \rightarrow 35$ mmHg

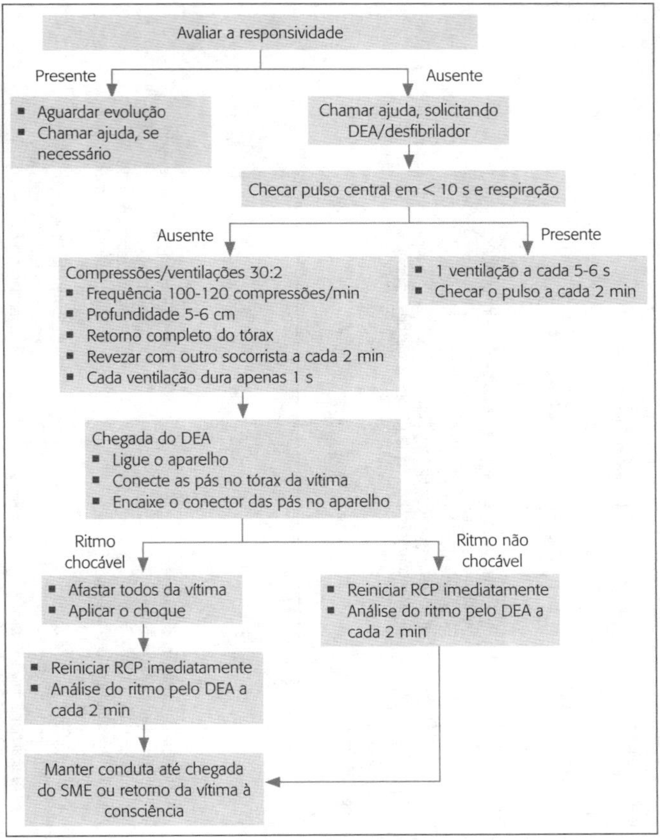

Figura 2 Algoritmo do suporte básico de vida (BLS). DEA: desfibrilador elétrico automático; RCP: reanimação cardiopulmonar; SME: serviço médico de emergência.

Compressões de alta qualidade:
- profundidade > 5 cm
- frequência > 100/min
- permitir retorno do tórax à posição original
- evitar interrupções
- trocar compressor a cada 2min
- capnografia

Drogas (devem ser feitas em *bolus*, seguidas de *flush* de 10 mL de SF):
- Epinefrina 1 mg a cada 3-5 min
- Amiodarona na FV/TV refratária: 1º dose 300 mg e 2º dose 150 mg

Paciente não responsivo

↓

Chamar ajuda e pedir desfibrilador

↓

- Checar pulso central e respiração 5-10 s e iniciar RCP
- Abrir vias aéreas
- Ventilações
- Compressões/ventilações 30:2
- Monitorizar o ritmo cardíaco com as pás do desfibrilador

↓

Ritmo chocável

↓

- FV
- TV

↓

- Desfibrilação imediata com carga máxima (monofásico: 360 J/ bifásico: 120-200 J)
- RCP imediata após desfibrilação
- Obter acesso venoso/IO
- Monitorizar o paciente com eletrodos
- Checar ritmo a cada 2 min

↓

- AESP
- Assistolia (protocolo da linha reta)

↓

- RCP imediata após checagem do ritmo
- Obter acesso venoso/IO
- Monitorizar o paciente com eletrodos
- Epinefrina 1 mg a cada 3-5 min
- Considerar IOT, capnografia (1 ventilação a cada 6-8 s)
- Checar ritmo a cada 2 min

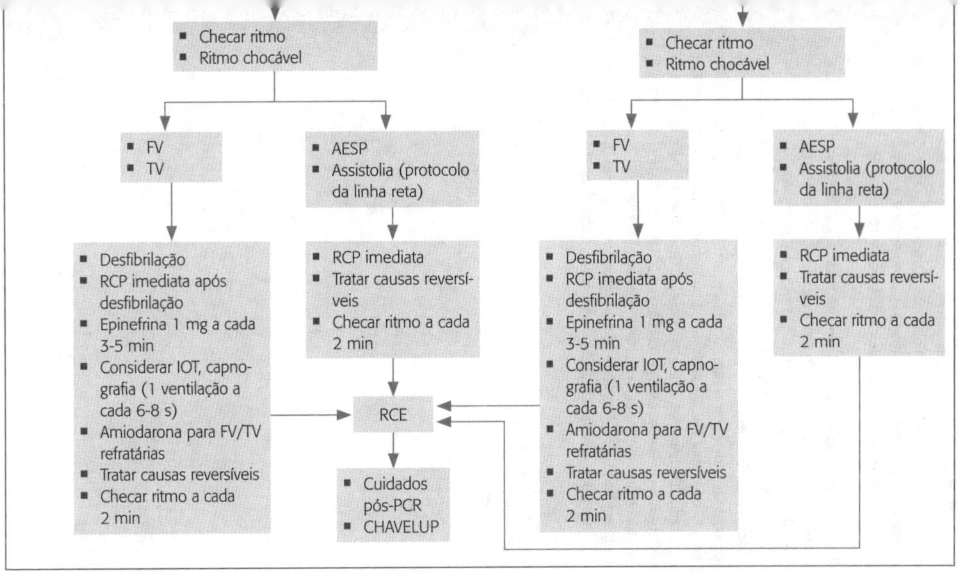

Figura 3 Algoritmo do suporte avançado de vida (ACLS). AESP: atividade elétrica sem pulso; FV: fibrilação ventricular; IO: intraósseo; IOT: intubação orotraqueal; PCR: parada cardiorrespiratória; RCE: retorno à circulação espontânea; RCP: reanimação cardiopulmonar; TV: taquicardia ventricular.

Bibliografia recomendada

1. Gonzalez MM, Timerman S, Gianotto-Oliveira R, Polastri TF, Canesin MF, Lage SG, et al. Sociedade Brasileira de Cardiologia. I Diretriz de ressuscitação cardiopulmonar e cuidados cardiovasculares de emergência da Sociedade Brasileira de Cardiologia. Arq Bras Cardiol. 2013;101(2 suppl 3):1-221.
2. Berg RA, Hemphill R, Abella BS, Aufderheide TP, Cave DM, Hazinski MF, et al. Part 5: adult basic life support: 2010 American Heart Association Guidelines for cardiopulmonary resuscitation and emergency cardiovascular care. Circulation. 2010;122(18 suppl 3):S685-705.
3. Neumar RW, Otto CW, Link MS, Kronick SL, Shuster M, Callaway CW, et al. Part 8: adult advanced cardiovascular life support: 2010 American Heart Association Guidelines for cardiopulmonary resuscitation and emergency cardiovascular care. Circulation. 2010;122(18 suppl 3):S729-67.
4. Peberdy MA, Callaway CW, Neumar RW, Geocadin RG, Zimmerman JL, Donnino M, et al. Part 9: post-cardiac arrest care: 2010 American Heart Association Guidelines for cardiopulmonary resuscitation and emergency cardiovascular care. Circulation. 2010;122(18 suppl 3):S768-86.
5. Link MS, Berkow LC, Kudenchuk PJ, Halperin HR, Hess EP, Moitra VK, et al. Part 7: adult advanced cardiovascular life support: 2015 American Heart Association Guidelines update for cardiopulmonary resuscitation and emergency cardiovascular care. Circulation. 2015;132(suppl 2):S444-S464.

84

Manejo de complicações associadas ao uso de anticoagulantes orais

Tatiana de Carvalho Andreucci Torres Leal

Introdução

- Em torno de 1-2% da população mundial está em uso de anticoagulação crônica oral. Na grande maioria dos casos, a indicação é a profilaxia de fenômenos tromboembólicos em pacientes com fibrilação atrial. Trombofilias, profilaxia cirúrgica ou tratamento de tromboembolismo arterial e venoso também são indicações habituais.
- Apesar do surgimento de novas classes de anticoagulantes (dabigatrana, rivaroxabana e apixabana), o antagonista da vitamina K (varfarina) ainda é o principal agente utilizado.

Varfarina e risco de sangramento

- A meia-vida da varfarina é de 36-48 h. Sua monitorização depende do tempo de protrombina (relação normatizada internacional – RNI).
- Sua farmacocinética e sua farmacodinâmica são complexas e podem sofrer interferência com o uso de outros medicamentos, assim como pela ingesta de alimentos ricos em vitamina K (principalmente verduras verde-escuras). Assim, é muito comum a ocorrência de RNI supraterapêutico, mesmo após um período de estabilidade.
- O risco de sangramento aumenta exponencialmente quando a RNI ultrapassa 4,5.
- O risco de sangramento gira em torno de 1-3%. Sangramentos cerebrais variam de 0,3-0,8% ao ano e têm repercussões catastróficas e de altas morbidade e mortalidade.
- A conduta diante de um valor de RNI supraterapêutico depende do seu grau de elevação e da presença de sangramento.

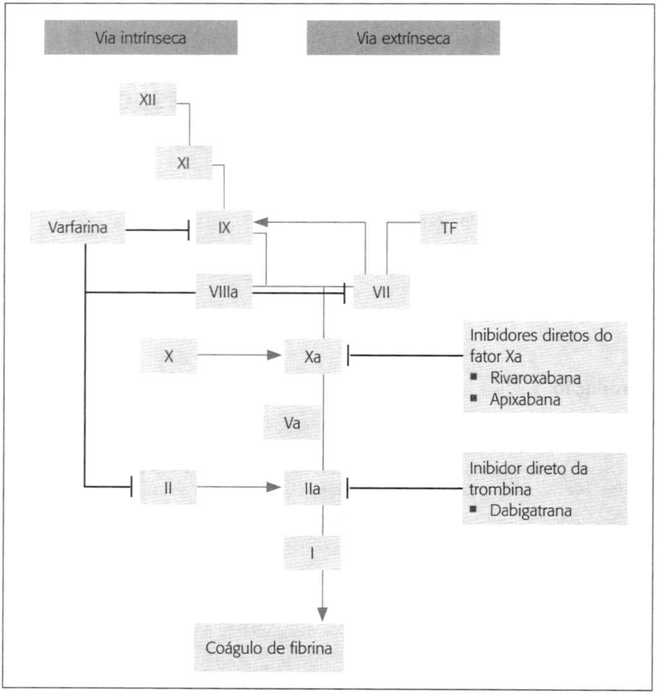

Figura 1 Pontos de ação dos novos anticoagulantes e da varfarina na cascata de coagulação.

Novos anticoagulantes

- Os novos anticoagulantes têm ação mais rápida e meia-vida que favorece o uso diário sem necessitar de controle específico ou monitorização, como ocorre com a varfarina.
- Os estudos mostram até certa superioridade em comparação com a varfarina para a prevenção de fenômenos tromboembólicos; entretanto, não apresentam antídoto

Dabigatrana

- É inibidor direto da trombina. Sua meia-vida é de 12-14 h, e sua metabolização é de 80% por via renal.
- Sabe-se que há alteração do tempo de tromboplastina parcial ativado (TTPa), do tempo de coagulação com ecarina e do tempo de trombina (TT), sendo este último o mais sensível. TT normal indica que não há efeito significativo da dabigatrana.

Rivaroxabana

- É um inibidor indireto, seletivo e reversível do fator Xa. O pico de concentração se dá em 2-4 h após a tomada, e a meia-vida varia de 5-9 h em jovens e de 11-13 h em idosos. A metabolização é hepática e renal (35%).

Apixabana

- É um inibidor direto e altamente seletivo do fator Xa. Sua concentração máxima atinge 3-4 h após a ingestão do medicamento.
- Não é recomendada para pacientes dialíticos e com *clearance* de creatinina menor que 15 mL/min.

Aspectos do metabolismo e biodisponibilidade dos novos anticoagulantes

	Dabigatrana	Rivaroxabana	Apixabana
Biodisponibilidade	3-7%	66-80%	50%
Metabolismo hepático	20%	65%	73%
Metabolismo renal	80%	35%	27%
Meia-vida	12-17 h	5-9 h, jovens; 11-13 h, idosos	12 h

Aspectos relacionados a testes de anticoagulação em pacientes em uso de novos anticoagulantes orais

	Dabigatrana	Rivaroxabana	Apixabana
Pico plasmático	2 h após ingestão	2-4 h após ingestão	1-4 h após ingestão
Nível plasmático efetivo	12-24 h	16-24 h	12-24 h
TP	NA	Se prolongado, pode indicar risco de sangramento elevado	NA
INR	NA	NA	NA
TTPa	Se > 2, o LSN pode indicar risco de sangramento elevado	NA	NA
TT	Se > 65 s, pode indicar risco de sangramento elevado	NA	NA
Anti-Xa	NA	Pode ser aferido, mas sem relação estabelecida com risco de trombose ou sangramento	NA

LSN: limite superior da normalidade; NA: não aplicável; TP: tempo de protrombina; TT: tempo de trombina; TTPa: tempo de tromboplastina parcial ativada.

Agentes hemostáticos

- A vitamina K é de uso endovenoso, mas pode ser tomada por via oral. Seu uso intramuscular, além de favorecer a ocorrência de hematoma de punção, tem absorção errática e não é indicado.
- O concentrado de complexo protrombínico (CCP) é um derivado do plasma, 25 vezes mais eficiente, e tem menos efeito colateral, além de menor volume de infusão. Possui fatores II, IX, X e VII. A reversão da anticoagulação com varfarina, na grande maioria dos casos, ocorre até 1 h da infusão. A dose ideal varia de 25-50 UI/kg.
- O plasma fresco congelado (PFC) é um hemocomponente derivado da centrifugação do sangue total. Produz maior incidência de reações transfusionais, assim como sobrecarga volêmica. A dose recomendada varia de 10-30 mL/kg.
- O fator VII ativado recombinante humano ativa a coagulação através da via intrínseca. Tem eficácia comprovada, mas sua utilização tem associação com maior potencial trombogênico, especialmente em tromboses arteriais. Seu uso não é recomendado com os antagonistas da vitamina K.

Intoxicação cumarínica: RNI supraterapêutica sem indícios de sangramento

De maneira geral, casos sem sinais de sangramento podem ser conduzidos em caráter ambulatorial. Em pacientes com alto risco de sangramento, é possível realizar vitamina K por via oral (Tabela "Manejo da RNI supraterapêutica em pacientes sem sinais de sangramento").

Manejo da RNI supraterapêutica em pacientes sem sinais de sangramento

RNI	Conduta
> Terapêutico – 4,5	Suspensão de varfarina 0-1 dia ± redução da dose*
4,5-8,0	Suspensão de varfarina 1-2 dias + redução da dose após RNI terapêutica† Monitoramento frequente de RNI e de sinais de sangramento
> 8,0	Suspensão de varfarina 2-3 dias + redução de dose após RNI terapêutica Vitamina K 2,5 mg, VO, repetir se necessário Monitoramento frequente de RNI e de sinais de sangramento (24-48 h)

* Não se deve, necessariamente, ajustar a dose se RNI minimamente prolongada (p. ex., até 0,5 acima da faixa terapêutica, evento isolado).

† Podem ser administrados 2,5 mg, VO, de vitamina K se o paciente é considerado de alto risco de sangramento (p. ex., idoso, com história de sangramento ou AVC, insuficiência renal ou hepática).

Intoxicação cumarínica: RNI supraterapêutica com indícios de sangramento

- É importante considerar o tipo de sangramento e repercussão clínica.
- São considerados sangramentos maiores:
  - Sangramento fatal.
  - Sangramento sintomático ou de órgão crítico (em retroperitônio, intracraniano, intraocular, intra-articular, pericárdico, intramuscular com síndrome compartimental).
  - Sangramento associado com queda superior a 2 g/Hg ou que suscita a transfusão de dois ou mais concentrados de hemácias.
- Em situações com sangramentos menores, o manejo depende da gravidade do sangramento, do risco de piora e do grau de elevação da RNI.

- A avaliação e a reversão envolvem:
  - Suspensão temporária do anticoagulante.
  - Considerar antídoto (vitamina K, no caso da varfarina).
  - Oferecer tratamento de suporte conforme necessidade (p. ex., reposição volêmica/droga vasoativa).
  - Hemostasia local ou cirúrgica (compressão, tamponamento, antifibrinolíticos tópicos).
  - Avaliar necessidade de transfusão (concentrado de hemácias, CCP, PFC ou plaquetas, conforme adequação ao grau de sangramento e às comorbidades).
  - Investigar a causa do sangramento.
- Todo paciente com sangramento do trato gastrointestinal ou urinário, em anticoagulação, mesmo com RNI terapêutica, deve ser submetido à investigação de lesões secundárias que favoreçam a perda sanguínea.
- O tratamento de sangramentos, além de hemostasia adequada, envolve o uso de reversão da anticoagulação com uso de vitamina K, a suspensão do anticoagulante e a reposição de fatores de coagulação com CCP ou PFC (Tabela "Condutas para reversão da anticoagulação em pacientes com sangramento").
- A reversão da anticoagulação urgente também está indicada na necessidade de tratamento cirúrgico de emergência. Para cirurgias que possam aguardar 6-12 h, opta-se por realização de vitamina K. Nas emergências, pode-se utilizar CCP e PFC.

Condutas para reversão da anticoagulação em pacientes com sangramento

Sangramento menor	▪ Suspensão de varfarina ▪ Hemostasia mecânica/tópica (p. ex., compressão local, tamponamento, antifibrinolítico tópico) ▪ Vitamina K, 2,5-5,0 mg, VO. Reavaliar em 24 h e administrar dose adicional, se correção incompleta ▪ Reintrodução de dose reduzida após cessação do sangramento e RNI terapêutica
Sangramento maior	▪ Suspensão de varfarina ▪ Hemostasia mecânica/tópica (p. ex., compressão local, tamponamento, antifibrinolítico tópico) ▪ Reposição de fatores da coagulação com CCP (preferencialmente) ou PFC ▪ RNI < 4,5: CCP 25 UI/kg ▪ RNI > 4,5: CCP 35 UI/kg ▪ PFC 10-30 mL/kg ▪ Vitamina K, 10 mg, EV, em infusão lenta

CCP: concentrado de complexo protrombínico; EV: endovenoso; PFC: plasma fresco congelado; RNI: relação normatizada internacional; VO: via oral.

Sangramentos relacionados aos novos anticoagulantes

- É importante suspender o anticoagulante, investigar a fonte de sangramento e proceder à hemostasia adequada, além de se certificar sobre o horário da última ingestão do medicamento.
- Na maioria dos sangramentos menores, a própria suspensão do anticoagulante por 12-24 h é capaz de controlar o sangramento. Para dabigatrana, esse tempo depende da função renal (Tabela "Tempo de ação dos anticoagulantes de acordo com a função renal").
- Plasma fresco congelado e crioprecipitado não revertem o efeito dos novos anticoagulantes.
- O uso do ácido tranexânico e de desmopressina (principalmente quando há uso de antiagregantes plaquetários ou quando plaquetas $< 60.000/mm^3$) pode ser considerado, embora haja pouca evidência na literatura.
- No caso de dabigatrana, deve-se manter adequadamente a diurese, visto que 80% dos pacientes têm eliminação renal. Dessa forma, a diálise também pode ser uma alternativa.
- Em sangramentos relacionados à dabigatrana, pode ser usado carvão ativado se o medicamento tiver sido ingerido em até 2 h. Apixabana também pode ser considerada quando a administração é realizada 2-6 h da ingestão.
- Existem antídotos dos novos anticoagulantes sendo testados em estudos, porém nenhum foi liberado para uso rotineiro.
- Em caso de sangramentos maiores, são necessários suporte hemodinâmico e transfusão de concentrados de hemácias.
- Em sangramentos com risco de morte, pode ser considerado o uso de CCP ou de fator VII recombinante.
- Diante da necessidade de cirurgias de emergência, o tempo ideal da suspensão dos anticoagulantes varia de acordo com o risco de sangramento e função renal (Tabelas "Tempo ideal de suspensão dos novos anticoagulantes orais antes de procedimentos cirúrgicos de acordo com o procedimento e a função renal" e "Tipo de procedimento cirúrgico de acordo com o risco de sangramento").

Tempo de ação dos anticoagulantes de acordo com a função renal

	Dabigatrana	Rivaroxabana	Apixabana
ClCr $\geq$ 60 mL/min	14 h	8,5 h	ND
ClCr entre 30-60 mL/min	18 h	9 h	ND
ClCr entre 15-30 mL/min	28 h	9,5 h	ND
ClCr $\leq$ 15 mL/min	ND	ND	ND

ClCr: *clearance* de creatinina; ND: dado não disponível.

Tempo ideal de suspensão dos novos anticoagulantes orais antes de procedimentos cirúrgicos de acordo com o procedimento e a função renal

	Dabigatrana		Rivaroxabana/apixabana	
Função renal/procedimento	**Baixo risco**	**Alto risco**	**Baixo risco**	**Alto risco**
ClCr ≥ 80 mL/min	≥ 24 h	≥ 48 h	≥ 24 h	≥ 48 h
ClCr entre 50-80 mL/min	≥ 36 h	≥ 72 h	≥ 24 h	≥ 48 h
ClCr entre 30-50 mL/min	≥ 48 h	≥ 96 h	≥ 24 h	≥ 48 h
ClCr entre 15-30 mL/min	NI	NI	≥ 36 h	≥ 48 h
ClCr ≤ 15 mL/min	NI	NI	NI	NI

ClCr: *clearance* de creatinina; NI: uso não indicado.

Tipo de procedimento cirúrgico de acordo com o risco de sangramento

Mínimo risco: não é necessária a suspensão do ACO
Procedimentos dentários ▪ Cirurgia de catarata ou glaucoma ▪ EDA sem biópsia ▪ Cirurgia dermatológica ▪ ClCr ≤ 15 mL/min
Procedimentos de baixo risco ▪ EDA com biópsia ▪ Biópsia de próstata ou bexiga ▪ Implante de MP ▪ EEF com ablação de taquicardia supraventricular ▪ CATE/angiografia
Procedimentos de alto risco ▪ EEF com ablação de FA ou TV ▪ Anestesia epidural ou punção de LCR ▪ Cirurgias abdominais, torácicas ou ortopédicas ▪ Biópsia hepática ou renal ▪ RTU

ACO: anticoagulante oral; CATE: cateterismo cardíaco; ClCr: *clearance* de creatinina; EDA: endoscopia digestiva alta; EEF: estudo eletrofisiológico; FA: fibrilação atrial; LCR: liquor cefalorraquidiano; MP: marca-passo; RTU: ressecção transuretral de próstata; TV: taquicardia ventricular.

Resumo prático da abordagem do sangramento e os novos anticoagulantes orais

Abordagem de sangramentos relacionados aos novos anticoagulantes orais

Sangramentos menores

- Obter informações sobre dose em uso e última dose ingerida
- Suspender uso imediato – na maioria dos casos, o efeito passa em 12 a 24 h
- Checar medicações em uso concomitante
- Solicitar exames laboratoriais, como hemograma, coagulograma e função renal
- Quando possível, realizar hemostase precoce cirúrgica ou mecânica do local de sangramento
- Expansão volêmica com solução fisiológica ou coloides, se necessário
- Considerar transfusão de plaquetas 1 UI/10 kg, se em uso de medicações antiplaquetárias ou contagem $< 60.000/mm^3$
- Considerar uso de ácido tenexâmico e/ou desmopressina
- No caso da dabigatrana ou apixabana, considerar administração de carvão ativado via oral
- Somente para dabigatrana, considerar realização de diálise
- Perspectivas de antídotos específicos para reversão (idarucizumab, andexanet alfa)

Sangramentos maiores

- Levar paciente para a sala de emergência e mantê-lo sob monitorização contínua
- Realizar todas as medidas descritas nos sangramentos menores
- Considerar transfusão de concentrado de hemácias se instabilidade hemodinâmica ou queda importante dos níveis de hemoglobina
- Administrar concentrado de complexo protrombínico 25 UI/kg (pode ser repetido 1 a 2 vezes se necessário) ou o fator VII recombinante ativado na dose de 90 mcg/kg

Figura 2 Fluxograma de tratamento de pacientes com sangramentos em uso de novos anticoagulantes.

Resumo prático da abordagem da intoxicação cumarínica

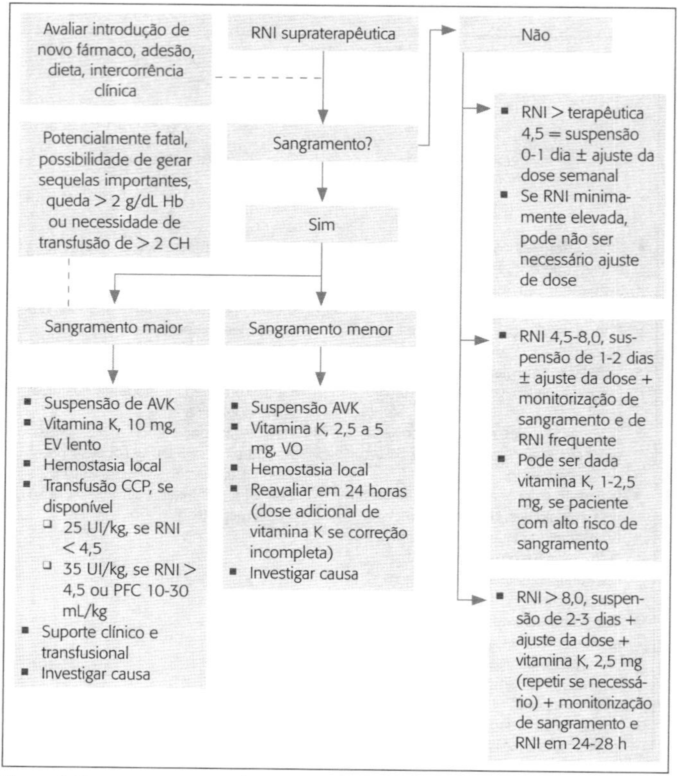

Figura 3 Fluxograma para atendimento de pacientes em uso de AVK com RNI supraterapêutica. AVK: antagonista da vitamina K; CCP: concentrado de complexo protrombínico; CH: concentrado de hemácias; Hb: hemoglobina; PFC: plasma fresco congelado; RNI: relação normatizada internacional.

Bibliografia recomendada

1. Bonow RO, Mann DL, Zipes DP, Libby P. Braunwald's heart disease: a textbook of cardiovascular medicine. 9.ed. Expert Consult Premium Edition. Philadelphia: Elesiver; 2012.
2. Holbrook A, Schulman S, Witt DM, Vandvik PO, Fish J, Kovacs MJ, et al. Evidence-based management of anticoagulant therapy: Antithrombotic therapy and prevention of thrombosis. 9.ed: American College of Chest physicians evidence-based clinical practice guidelines. Chest. 2012;141(2 suppl):e152S-84S.
3. Heidbuchel H, Verhamme P, Alings M, Antz M, Hacke W. EHRA practical guide on the use of new oral anticoagulants in patients with non-valvular atrial fibrillation: executive summary. Europace. 2013;15:625-51.
4. Keeling D, Baglin T, Tait C, Watson H, Perry D, Baglin C, et al. Guidelines on oral anticoagulation with warfarin. Fourth edition. Br J Haematol. 2011;154(3):311-24.
5. Granger CB, Alexander JH, McMurray JJ; ARISTOTLE Committees and Investigators. Apixaban versus warfarinin patients with atrial fibrillation. N Engl J Med. 2011;365:981-92.
6. Connolly SJ, Ezekowitz MD, Yusuf S. RE-LY Steering Committee and Investigators. Dabigatran versus warfarinin patients with atrial fibrillation. N Engl J Med. 2009;361:1139-51.
7. Patel MR, Mahaffey KW, Garg J. ROCKET AF Investigators. Rivaroxaban versus warfarin in non-valvularatrial fibrillation. N Engl J Med. 2011;365:883-91.
8. Soeiro AM, Leal TCAT, Oliveira Jr MT, Filho RK. Manual de condutas práticas da unidade de emergência do InCor. Barueri: Manole; 2015.
9. Hickey M, Gatien M, Taljaard M, Aujnarain A, Giulivi A, Perry JJ. Outcomes of urgent warfarin reversal with frozen plasma versus prothrombin complex concentrate in the emergency department. Circulation. 2013;128(4):360-4.
10. Patriquin C, Crowther M. Treatment of warfarin-associated coagulopathy with vitamin K. Expert Rev Hematol. 2011;4(6):657-65; quiz 666-57.
11. Ferreira J, De Los Santos M. The clinical use of prothrombin complex concentrate. J Emerg Med. 2013;44(6):1201-10.
12. Sarode R, Milling Jr TJ, Refaai MA, Mangione A, Schneider A, Durn BL, et al. Efficacy and safety of a 4-factor prothrombin complex concentrate in patients on vitamin K antagonists presenting with major bleeding: a randomized, plasma-controlled, phase IIIb study. Circulation. 2013;128(11):1234-43.
13. Soeiro AM, Leal TCAT, Oliveira Jr MT, Filho RK. Cardiologia de emergência em fluxogramas. Barueri: Manole; 2015.

85

Infecções de ferida operatória em cirurgias cardiovasculares

Tatiana de Carvalho Andreucci Torres Leal
Rinaldo Focaccia Siciliano

Introdução

- As infecções de ferida operatória (FO) que acometem pele, subcutâneo e fáscia muscular ocorrem em 0,5-8% dos procedimentos. As infecções que atingem o esterno e o mediastino, apesar de raras (0,2-3%), são muito graves e de altas morbidade e mortalidade.

Fatores de risco para infecção

Inerentes ao paciente	Inerentes ao procedimento
▪ Diabete melito (DM) – principal fator de risco ▪ Desnutrição ▪ Obesidade ▪ Tabagismo ▪ Imunossupressão ▪ Doença pulmonar obstrutiva crônica ▪ Infarto do miocárdio prévio ▪ Insuficiência cardíaca	▪ Cirurgia de emergência ▪ Tempo prolongado de cirurgia ▪ Tempo prolongado de ventilação mecânica ▪ Alta complexidade cirúrgica ▪ Tempo de internação prolongado antes da cirurgia ▪ Cirurgia de reexploração por sangramento (tanto pelo baixo débito quanto pela necessidade de hemoconcentrados) ▪ Uso da artéria torácica interna como enxerto vascular

Infecções operatórias

Classificação das infecções operatórias	Características necessárias para o diagnóstico (ao menos uma)
Infecções superficiais ▪ Ocorrem até 30 dias após o procedimento ▪ Atingem apenas pele e subcutâneo	▪ Drenagem purulenta pela incisão superficial ▪ Cultura positiva ▪ Ferida superficial (com cultura positiva ou cultura não colhida) que apresente um dos sinais e sintomas: dor local, eritema, edema ou calor em FO
Infecções profundas ▪ Ocorrem em até 30 dias após o procedimento cirúrgico ou até 1 ano se houver implante de dispositivo ou prótese ▪ Envolvem tecidos profundos, como fáscia e músculo	▪ Drenagem purulenta de planos profundos, mas não de espaço ou órgão ▪ Deiscência espontânea de FO (com cultura positiva ou não colhida) que apresenta pelo menos um dos sinais e sintomas: febre e dor local ▪ Abscesso ou evidência de infecção profunda em exames ou procedimentos complementares
Infecções de órgão/espaço ▪ Ocorrem até 30 dias após o procedimento cirúrgico ou até 1 ano se houver implante de prótese ou dispositivo ▪ Envolvem estruturas manipuladas, além de pele, subcutâneo, músculo e fáscia	▪ Drenagem purulenta através de dreno posicionado em órgão ou espaço ▪ Cultura positiva ▪ Abscesso ou outra evidência de infeção envolvendo órgão ou espaço detectado em exame clínico, exames complementares ou procedimentos

Infecção em local de safenectomia

- A infecção é habitualmente superficial e raramente há necessidade de abordagem cirúrgica.
- Pacientes clinicamente bem e estáveis podem ser tratados em caráter ambulatorial com ciprofloxacina 500 mg, a cada 12 h, por 10-14 dias, mas devem ser reavaliados precoce e periodicamente.
- Na vigência de síndrome infecciosa sistêmica, há necessidade de internação, investigação de coleções mais profundas com exame de imagem e antibioticoterapia parenteral. Em razão da alta taxa de prevalência de Gram-positivos como causadores da infecção de FO de safenectomia, opta-se pelo uso de vancomicina e ciprofloxacina por 10-14 dias.

Mediastinite

Critérios diagnósticos – pelo menos um dos seguintes
1. Cultura positiva de mediastino coletada de tecido ou secreção durante procedimento invasivo. 2. Evidência de mediastinite observada durante ato cirúrgico ou exame histopatológico. 3. Pelo menos um dos seguintes sinais ou sintomas: febre (> 38°C), dor torácica ou instabilidade de esterno e pelo menos um dos seguintes: ▪ Drenagem purulenta do mediastino. ▪ Hemocultura ou cultura de secreção mediastinal positiva. ▪ Alargamento do mediastino em exame de imagem. A mortalidade intra-hospitalar pode atingir 45%.
No estudo tomográfico, a presença de coleção retroesternal, mesmo que na presença de conteúdo gasoso, tem baixa sensibilidade e especificidade por apenas estar relacionada à manipulação recente do espaço mediastinal. Os achados de maior especificidade são a deiscência do esterno (quando maior que 1 cm) e a reabsorção óssea, presente em 93% dos casos de mediastinite (Figura 2).
Pacientes submetidos à troca valvar com próteses biológicas ou metálicas devem ser submetidos a ecocardiograma transesofágico para afastar suspeita de endocardite infecciosa associada.
O tratamento é endovenoso e prolongado, podendo ser de 4-6 semanas.
A abordagem cirúrgica é obrigatória e, idealmente, nas primeiras 48 h da internação. Em todos os pacientes, também deve ser realizada a biópsia óssea para descartar suspeita de osteomielite associada.
Além de debridamento e limpeza cirúrgica, atualmente, a estratégia mais utilizada é o uso do curativo a vácuo (VAC – *vacum assisted closure*), podendo ser associado a fechamento primário ou com uso de retalho cirúrgico em um segundo tempo.

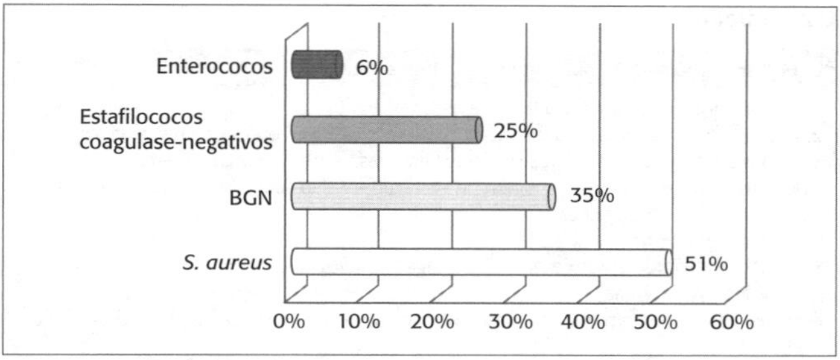

Figura 1 Prevalência dos microrganismos identificados em pacientes com mediastinite atendidos no InCor-HCFMUSP. BGN: bacilo Gram-negativo.

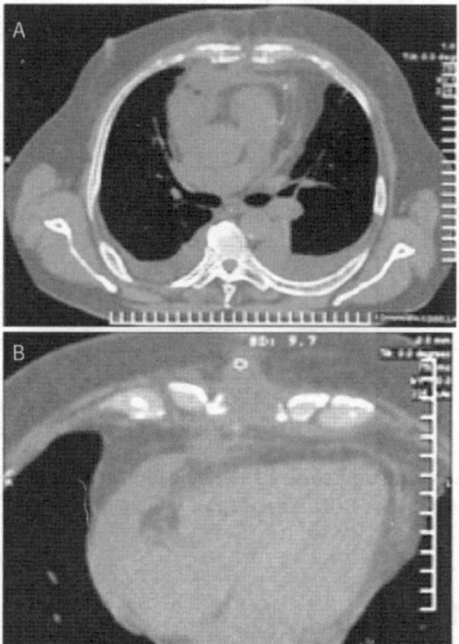

Figura 2 Imagem tomográfica demonstrando, em A, coleção retroesternal com conteúdo gasoso e, em B, deiscência do esterno com drenagem espontânea de secreção entre os segmentos ósseos.

Osteomielite

Critérios diagnósticos – pelo menos um dos seguintes
1. Microrganismo isolado em cultura de osso. 2. Evidência de osteomielite observada durante ato cirúrgico ou exame histopatológico. 3. Pelo menos um dos seguintes sinais ou sintomas: febre (> 38°C), eritema, hipersensibilidade, calor ou drenagem de secreção no sítio suspeito de infecção óssea e pelo menos um dos seguintes: ▪ Hemocultura positiva. ▪ Evidência de infecção em exames de imagem (radiografia de tórax, tomografia, ressonância ou cintilografia). Deve ser investigada em todos os casos de mediastinite. Sua relação com mediastinite é de 53%.
A diástase de esterno e sinais de reabsorção óssea também são os achados mais específicos de osteomielite.
O tratamento inicial dura 6 semanas e pode ser prolongado, uma vez que a penetração óssea dos antibióticos é pequena e muito lenta.

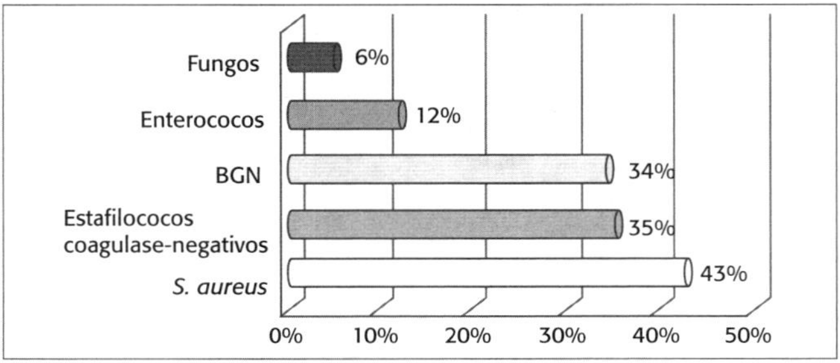

Figura 3 Prevalência dos microrganismos identificados em pacientes com osteomielite atendidos no InCor-HCFMUSP. BGN: bacilo Gram-negativo.

Resumo prático da abordagem das infecções de FO em cirurgias cardiovasculares

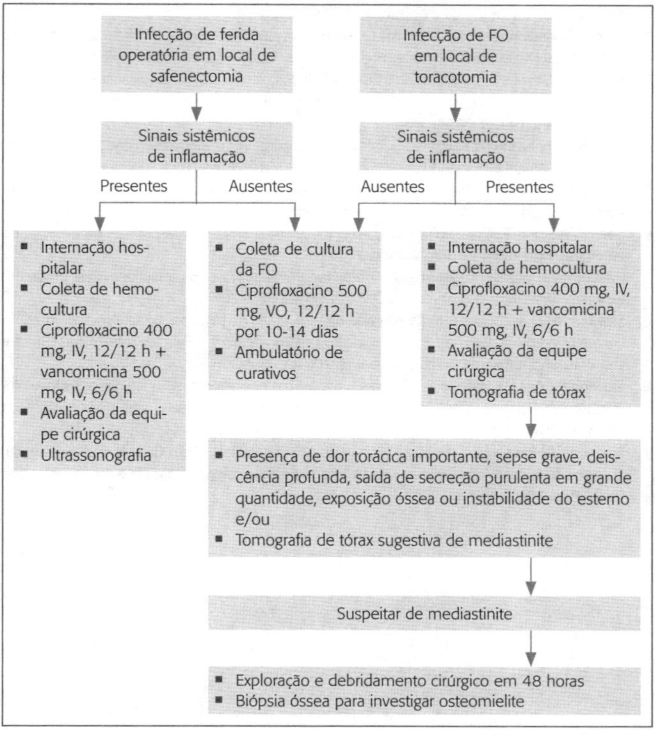

Figura 4 Estratégia adotada no setor de emergência do InCor-HCFMUSP em pacientes com infecção de ferida operatória. FO: ferida operatória; IV: intravenoso; VO: via oral.

Bibliografia recomendada

1. Filsoufi F, Castillo JG, Rahmanian PB. Epidemiology of deep sternal wound infection in cardiac surgery. J Cardiothoracic Vasc Anesth. 2009;23(4):488-94.
2. Korol E, Johnston K, Waser N, Sifakis F, Jafri HS. A systematic review of risk factors associated with surgical site infections among surgical patients. PLoS ONE. 2013;8(12):e83743.
3. Horan TC, Gaynes RP, Martone WJ. CDC definitions of nosocomial surgical site infections: a modification of CDC definitions of surgical wound infections. Infection Control and Hospital Epidemiology. 1992;13:606.
4. Cove ME, Spelman DW, MacLaren G. Infectious complications of cardiac surgery: a clinical review. Journal of Cardiothoracic and Vascular Anesthesia. 2012;26(6):1094-100.
5. Mestral C, Nathens AB. Prevention, diagnosis, and management of surgical site infections: relevant considerations for critical care medicine. Critical Care Clinics. 2013;29(4):887-94.
6. Soeiro AM, Leal TCAT, Oliveira Jr MT, Filho RK. Manual de condutas práticas da unidade de emergência do InCor. Barueri: Manole; 2015.
7. Mauermann WJ, Sampathkumar P, Thompson RL. Sternal wound infections. Best Practice & Research Clinical Anaesthesiology. 2008;22(3):423-36.
8. Siciliano RF, Arias V, Santos MVB. Acurácia da tomografia de tórax para diagnóstico de mediastinite e osteomielite após cirurgia cardíaca. In: XVII Congresso Brasileiro de Infectologia, Brasília. The Brazilian Journal of Infectious Diseases. 2011;15:6-7.
9. Siciliano RF, Arias V, Mariano RF. Fatores prognósticos nas osteomielites agudas após toracotomia. In: XVII Congresso Brasileiro de Infectologia. Brasília. The Brazilian Journal of Infectious Diseases. 2011;15:5.
10. Macedo CA, Baena MES, Uezumi, KK, Castro CC, Lucarelli CL, Cerri GG. Mediastinite aguda: aspectos de imagem pós-cirurgias cardíacas na tomografia computadorizada de multidetectores. Radiol Bras. 2008;41(4):269-73.

86

Crise hipertensiva

Alexandre de Matos Soeiro
Lucas Colombo Godoy
Antônio Fernando Barros de Azevedo Filho

Introdução

- Genericamente, dá-se o nome de crise hipertensiva às descompensações agudas da pressão arterial (PA).
- Estima-se que 1-2% dos hipertensos apresentarão uma verdadeira crise hipertensiva ao longo da vida. Especificamente, as crises hipertensivas acontecem quando há elevação abrupta e inadequada da PA, geralmente para níveis acima de 180-200 mmHg para a pressão sistólica e de 110 mmHg para a pressão diastólica, com sintomas que demonstram risco de deterioração aguda de órgãos-alvo.
- As crises hipertensivas podem ser classificadas em emergências e urgências hipertensivas, dependendo da gravidade do acometimento dos órgãos-alvo. A correta classificação é fundamental para o manejo dos pacientes.
- No território cerebral, as alterações da PA são moduladas por mecanismos autorregulatórios cerebrais, que em resposta a elevações de PA discretas a moderadas levam a vasoconstrição arterial e arteriolar, o que mantém o fluxo sanguíneo cerebral preservado (Figura 1). Com aumentos muito importantes nos níveis pressóricos, a autorregulação pode falhar, e a hipertensão nos capilares e nas arteríolas leva a danos na parede vascular, com ruptura e aumento da permeabilidade do endotélio. A vasodilatação secundária a essa falha da autorregulação culmina com o desenvolvimento de edema cerebral e leva às manifestações clínicas da encefalopatia hipertensiva, uma importante causa de emergência hipertensiva.

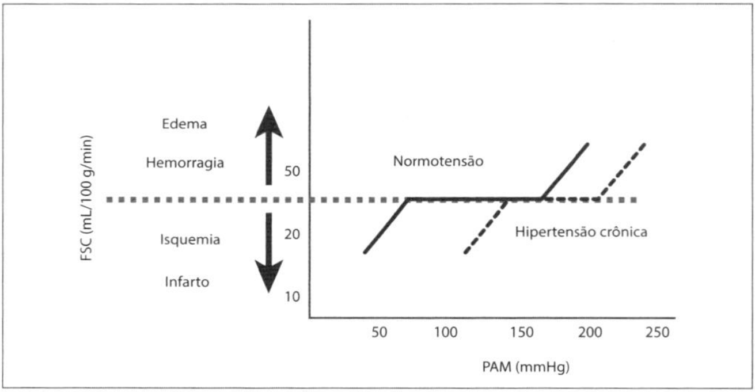

Figura 1 Mecanismo de autorregulação do fluxo sanguíneo cerebral. FSC: fluxo sanguíneo cerebral; PAM: pressão arterial média.

Classificação

- Emergências hipertensivas: são situações em que o indivíduo apresenta risco imediato de vida ou de lesão definitiva em órgão-alvo, necessitando de intervenção médica imediata e intensiva (Tabela "Emergências e urgências hipertensivas").
- Urgência hipertensiva: é uma situação de aumento importante de níveis pressóricos, sem apresentar quadro clínico de risco imediato à vida ou de dano imediato a órgãos-alvo, porém com potencial desenvolvimento de lesões, devendo o controle pressórico ser feito em 24-72 h (Tabela "Emergências e urgências hipertensivas").
- Pseudocrise hipertensiva: apesar de elevação significativa da PA, não há relação causal entre a hipertensão e a manifestação de desconforto. Precipitada comumente por interrupção do uso adequado de anti-hipertensivos, utilização de agentes vasoconstritores, estresse emocional, dor, desconforto e abandono de tratamento, a pseudocrise hipertensiva responde bem à terapêutica com sintomáticos.

Emergências e urgências hipertensivas

Emergências hipertensivas	
Neurológicas	▪ Encefalopatia hipertensiva ▪ Hemorragia intraparenquimatosa ▪ Hemorragia subaracnóidea
Cardíacas	▪ Dissecção aguda de aorta ▪ Edema agudo de pulmão ▪ Síndrome coronária aguda
Crises adrenérgicas	▪ Crise de feocromocitoma ▪ Ingestão de cocaína e catecolaminérgicos
Obstétricas	▪ Eclâmpsia
Renais	▪ Glomerulonefrite aguda ▪ Crises renais em doenças do tecido conectivo ▪ PO de transplante renal
Hipertensão maligna	
Urgências hipertensivas	
▪ Acidente vascular cerebral isquêmico ▪ Insuficiência coronariana crônica ▪ Insuficiência cardíaca ▪ Pré-eclâmpsia ▪ Aneurisma de aorta ▪ Hipertensão relacionada ao perioperatório ▪ HAS relacionada a drogas (corticoide, anti-inflamatório)	

HAS: hipertensão arterial sistêmica; PO: pós-operatório.

Diagnóstico

- Na história clínica, devem ser questionados os sintomas que sugiram lesões de órgãos-alvo (dor torácica e dorsal, dispneia, sintomas neurológicos); medicação anti-hipertensiva prévia e adesão a tratamento; presença de comorbidades; uso de drogas ilícitas; história obstétrica (mulheres no terceiro trimestre da gestação e no puerpério têm risco de desenvolvimento de eclâmpsia).
- Os sintomas mais frequentes em crises hipertensivas são neurológicos (cefaleia, tonturas, déficits neurológicos). São obrigatórios exame neurológico (nível de consciência, orientação temporoespacial, sinais de irritação meníngea, campo visual, movimentação de membros, pupilas) e fundoscopia.

(continua)

Diagnóstico (*continuação*)

- A solicitação de exames complementares deve ser guiada pelos achados de história e exame clínico, mas necessariamente deve incluir eletrocardiograma, radiografia de tórax, avaliação bioquímica, glicemia, hemograma e urina tipo I.
- Os principais exames que devem ser solicitados de acordo com a queixa do paciente encontram-se na Tabela "Principais exames solicitados de acordo com o órgão-alvo acometido".

Principais exames solicitados de acordo com o órgão-alvo acometido

Órgão-alvo	Sintomas	Exame físico	Exame complementar
Coração	Dispneia, dor precordial, edema, palpitações	Quarta bulha, crepitação pulmonar, edema, estase jugular	ECG – SVE, ARV, sinais de isquemia, arritmias Radiografia: aumento de área cardíaca, congestão pulmonar Troponina, CKMB Ecocardiograma: HVE, disfunção ventricular sistólica e diastólica
Rim	Edema, oligúria, anorexia, perda de peso, náuseas, vômitos	Palidez cutânea, hálito urêmico, edema periorbital	Níveis elevados de ureia e creatinina, proteinúria, hematúria, *clearance* de creatinina diminuído, ultrassom de rins
Cérebro	Cefaleia, confusão mental, agitação psicomotora, déficit motor, parestesias, convulsão, náuseas	Alterações do nível de consciência, paresias ou plegias, anisocoria, alterações de reflexo	Tomografia cerebral: hemorragia, isquemia, edema Ressonância: isquemia, alterações específicas
Retina	Embaçamento visual, fosfenas, escotomas, amaurose	Fundoscopia: exsudatos algodonosos, hemorragias retinianas, papiledema	
Hematológicos	Tontura, fraqueza	Mucosas hipocrômicas	Anemia hemolítica microangiopática/ esquizócitos, tontura

ARV: alteração de repolarização ventricular; CKMB: isoenzima MB da creatina quinase; ECG: eletrocardiograma; HVE: hipertrofia ventricular esquerda; SVE: sobrecarga ventricular esquerda.

Tratamento

- Pacientes com pseudocrise hipertensiva não apresentam evidências de acometimento de órgãos-alvo, por isso não necessitam de tratamento de urgência ou emergência. Devem ser tratados prioritariamente com ansiolíticos e analgésicos, além de serem submetidos a medidas para corrigir fatores desencadeantes. Devem ser orientados sobre o diagnóstico de hipertensão e tratamento para alta hospitalar, sendo conveniente reavaliação ambulatorial precoce.
- O tratamento das emergências hipertensivas deve ter início imediato, com preferência para agentes hipotensores intravenosos passíveis de titulação, visando à redução rápida dos níveis pressóricos, de acordo com o quadro clínico apresentado (Figura 2). Os pacientes com emergência hipertensiva devem ser internados em unidade de terapia intensiva ou pronto-socorro para monitoração contínua da PA. Os medicamentos utilizados no tratamento encontram-se na Tabela "Medicações anti-hipertensivas parenterais usadas no manejo da emergência hipertensiva".
- Diferentemente das emergências, o tratamento das urgências hipertensivas deve ser iniciado com o objetivo de obter o controle da PA em 24-72 h. O manejo deve ser feito com drogas por via oral, proporcionando redução mais lenta dos níveis pressóricos (Tabela "Medicações anti-hipertensivas orais mais usadas no manejo da urgência hipertensiva").

Medicações anti-hipertensivas parenterais usadas no manejo da emergência hipertensiva

Medicamento	Classe	Dose	Início de ação	Duração do efeito	Efeitos adversos
Nitroprussiato de sódio	Vasodilatador direto	0,25-10 mcg/kg/min	Imediato	3-5 min	Toxicidade pelo cianeto (rara), náuseas, vômitos, tremor muscular
Nitroglicerina	Vasodilatador direto	5-100 mcg/min	3-5 min	3-5 min	Cefaleia, vômito, meta-hemoglobinemia
Metoprolol	Betabloqueador	5-15 mg	5-10 min	3-4 h	Bradicardia, broncoespasmo, BAVT, piora da insuficiência cardíaca
Esmolol	Betabloqueador	0,3-0,5 mg/kg em 1-3 min; 50-300 mcg/kg/min manutenção	1-2 min	0,5-1 h	Bradicardia, BAVT, broncoespasmo
Hidralazina	Vasodilatador arterial	10-20 mg	10-20 min	4-6 h	Taquicardia, cefaleia
Enalapril	iECA	1,25-5 mg a cada 6 h	15-30 min	6-12 h	Resposta variável
Furosemida	Diurético de alça	20-40 mg	5-15 min	2-6 h	Hipocalemia, depleção de volume

BAVT: bloqueio atrioventricular total; iECA: inibidores da enzima conversora de angiotensina.

Medicações anti-hipertensivas orais mais usadas no manejo da urgência hipertensiva

Medicamento	Classe	Dose	Início de ação	Duração da ação	Efeitos adversos
Captopril	Inibidor da ECA	6,25-50 mg	15-30 min	6-12 h	Piora da função renal
Clonidina	Alfa-agonista central	0,1-0,2 mg inicial 0,1 mg/h até 0,8 mg	30-60 min	2-4 h	Tontura, boca seca, sonolência, rebote com suspensão abrupta
Minoxidil	Vasodilatador direto	5-10 mg	30 min-2 h	8-24 h	Taquicardia, retenção hídrica
Prazosina	Alfa 1-bloqueador	1-2 mg	1-2 h	8-24 h	Síncope, taquicardia

ECA: enzima conversora de angiotensina.

Elevação rápida da pressão arterial – geralmente PAD > 110 mmHg

↓

Anamnese + EF direcionado + ECG + fundo de olho

↓

Emergência hipertensiva
- Risco iminente de morte
- Lesão aguda de órgão-alvo

↓

- Sala de emergência + MOVE
- Controle imediato da PA
- Reduzir PA ~ 25% em 1 hora

Urgência hipertensiva
- Ausência de risco de morte iminente
- Ausência de lesão aguda de órgão--alvo
- Papiledema ausente

↓

- HAS grave sintomática**
- DAC
- AVC prévio
- Aneurisma de aorta
- IC/HVE
- Paciente em pré ou pós-operatório
- IRC
- HAS maligna acelerada***

HAS grave descontrolada
- Paciente assintomático
- Ausência de risco de morte iminente
- Ausência de lesão de órgão-alvo aguda e/ou crônica

↓

Tratamento
- Não precisa medicar no PS
- Controle de PA ambulatorial
- Utilizar e otimizar medicação VO
- Orientações gerais
- Retorno precoce em ambulatório

Pseudocrise

↓

Buscar causas
- Ansiedade
- Dor
- Medicamentos
- Hipoglicemia
- Acidose
- Hipercapnia

Cardiovasculares
- EAP
- SCA
- Dissecção de aorta*

Cranioencefálicas
- Realizar TC de crânio
- Realizar glicemia capilar

Encefalopatia hipertensiva
- Sintomas**
- Rebaixamento do NC
- Convulsão
- Déficit visual e/ou focal
- Coma
- Papiledema +

AVCI
- PA < 220 x 120 mmHg em 2-3 horas

AVCH
- PA < 180 x 105 mmHg em 2-3 horas

HSA
- PA < 180 x 100 mmHg em 2-3 horas

Outras
- Eclâmpsia*
- Crise de feocromocitoma
- HAS maligna acelerada***
- Pós-operatório de CRM

Tratamento
- Internação
- Vasodilatador EV:
- Nitroprussiato EV BIC ACM
- Nitroglicerina EV BIC ACM (preferência em SCA e eclâmpsia)

Tratamento
- Controle de PA em 24 h
- Utilizar vasodilatador VO:
  - Captopril 25 mg, VO
  - Clonidina 0,1 a 0,2 mg, VO
- Avaliar necessidade de exames
- Otimizar medicações VO
- Orientações gerais
- Retorno precoce em ambulatório

Tratamento
- Tratar causa de base

* Em casos de dissecção de aorta e eclâmpsia a PA deve ser reduzida para 120 x 80 mmHg em 30 minutos.

** Sintomas relacionados à crise hipertensiva: cefaleia, vertigem, vômitos e epistaxe.

*** HAS maligna acelerada pode ser considerada emergência ou urgência hipertensiva, dependendo da apresentação do quadro clínico.

ACM: a critério médico; AVC: acidente vascular cerebral; AVCI: acidente vascular cerebral isquêmico; AVCH: acidente vascular cerebral hemorrágico; BIC: bomba de infusão contínua; CRM: cirurgia de revascularização miocárdica; EAP: edema agudo de pulmão; ECG: eletrocardiograma; EF: exame físico; EV: endovenoso; HAS: hipertensão arterial sistêmica; HVE: hipertrofia de ventrículo esquerdo; IC: insuficiência cardíaca; IRC: insuficiência renal crônica; MOVE: monitorização, oxigenoterapia e acesso venoso; NC: nível de consciência; PA: pressão arterial; PAD: pressão arterial diastólica; PS: pronto-socorro; SCA: síndrome coronária aguda; TC: tomografia de crânio; VO: via oral.

Figura 2 Fluxograma de atendimento e manejo de pacientes com hipertensão arterial sistêmica no InCor-HCFMUSP.

Bibliografia recomendada

1. Bonow RO, Mann DL, Zipes DP, Libby P. Braunwald's heart disease: a textbook of cardiovascular medicine. 9.ed. W.B. Philadelphia: Saunders Company; 2011.
2. Borges FF, Brito TM, Drager LF, Bortolotto LA. Abordagem do paciente hipertenso na emergência. In: Soeiro AM, Leal TCAT, Oliveira Jr MT, Filho RK. Manual de condutas práticas da unidade de emergência do InCor. Barueri: Manole; 2015. p.733-43.
3. Johnson W, Nguyen ML, Patel R. Hypertension crisis in the emergency department. Cardiol Clin. 2012;30:533-43.
4. Baumann BM, Cline DM, Pimenta E. Treatment of hypertension in the emergency department. Journal of the American Society of Hypertension. 2011;5(5):366-77.
5. Aggarwal M, Khan IA. Hypertensive crisis: hypertensive emergencies and urgencies. Cardiol Clin. 2006;24:135-46.
6. 2013 ESH/ESC Guidelines for the management of arterial hypertension. Journal of Hypertension. 2013;31:1281-357.

87

Febre no paciente transplantado cardíaco

Bruno Biselli

Introdução

Febre é uma das principais queixas de indivíduos transplantados cardíacos em unidade de emergência, referida por cerca de 40% dos pacientes.
Cerca de 50% dos transplantados cardíacos são reinternados no primeiro ano após o transplante cardíaco, e os processos infecciosos são a principal causa de admissões não programadas, seguidos de rejeição do enxerto.
Infecção é a principal causa de óbito após 30 dias e até 1 ano do transplante cardíaco, correspondendo a cerca de 30% dos óbitos nesse período.
Entretanto, outras condições não infecciosas em pacientes transplantados podem causar febre e sintomas constitucionais que se confundem com processos infecciosos, como rejeição aguda do enxerto, neoplasias e efeitos colaterais de drogas (p. ex., pneumonite por sirolimo).
O tratamento de uma suspeita de rejeição de enxerto pode ser catastrófico em pacientes imunodeprimidos com quadro infeccioso ativo.
Avaliação criteriosa de pacientes transplantados com quadro de febre e sintomas constitucionais, bem como o início precoce de tratamento adequado para a condição clínica do paciente, é imprescindível.

Avaliação do paciente transplantado na unidade de emergência – passos fundamentais

- Identificação de fatores de risco para infecção, rejeição e neoplasias
- História clínica e exame físico detalhados
- Exames de imagem e laboratoriais
- Exames microbiológicos e identificação de presença de patógenos
- Avaliação de função e presença de atividade inflamatória no enxerto cardíaco

Fatores de risco para infecção em pacientes transplantados

- Imunossupressão importante
- Esquema com mais de dois imunossupressores
- Tempo de transplante menor que 1 ano
- Episódios prévios de rejeição do enxerto
- Hospitalização prévia prolongada
- Terapia antibiótica ou profilaxias prévias
- Neutropenia, linfopenia ou hipogamaglobulinemia

Perfil de microrganismos em relação ao tempo após transplantes de órgãos sólidos

Período pós-transplante	Precoce (0 a 30 dias)	Recente (0 a 100 dias)	Até 1 ano	Tardio (após 1 ano)
Fatores de risco para infecção	Neutropenia, CVC	Imunossupressão, CVC	Imunossupressão	Imunossupressão
Tipo de infecção	Nosocomial	Oportunistas	Oportunistas e comunitários	Comunitários
Bactérias	Cocos Gram-positivos			
	Gram-negativos			
		Bactérias encapsuladas *Listeria, Salmonela, Nocardia*		
Vírus	Herpes simples			
	Vírus respiratórios (influenza, parainfluenza) e entéricos (rotavírus)			
	Citomegalovírus			
			Varicela-zóster, Epstein-Barr	
Fungos	*Candida*			
	Aspergillus	*Aspergillus*		
		Pneumocystis jirovecii		
Parasitas	*Strongyloides*			
	Reativação da toxoplasmose			
	Reativação da doença de Chagas			

CVC: cateter venoso central. ■: alto risco; ■: moderado risco; ■: baixo risco; □: alto risco, porém com profilaxias.

Exames complementares

Objetivos	▪ Determinar o grau de imunossupressão ▪ Identificar focos infecciosos não determinados pela avaliação clínica ▪ Determinar gravidade de quadro infeccioso ▪ Auxiliar na identificação de marcadores de rejeição aguda de enxerto como diagnóstico diferencial em pacientes febris
Laboratoriais	▪ Provas inflamatórias (PCR, hemograma) ▪ Detecção de antígenos de microrganismos (p. ex., antigenemia para citomegalovírus) ▪ Troponina e BNP (alta sensibilidade no diagnóstico diferencial de quadros cardíacos como disfunção de enxerto ou miocardites pós-TC) ▪ Avaliação laboratorial de disfunções de órgão-alvo (rim, fígado, respiratório, cardiovascular) é importante na determinação da gravidade do quadro
Níveis séricos dos imunossupressores	Deve ser realizado em todos os pacientes transplantados cardíacos com febre na unidade de emergência
Microbiologia	▪ Hemoculturas (dois pares), urina tipo 1 e urocultura sempre devem ser solicitados ▪ Aspirado de coleções, broncoscopia com lavado broncoalveolar e biópsias de tecidos são indicados em casos selecionados ▪ Pesquisa de vírus por método de biologia molecular na secreção nasofaríngea (influenza, vírus sincicial respiratório, adenovírus) em pacientes com sintomas respiratórios
Exames de imagem	Tomografia computadorizada e ressonância nuclear magnética podem ser importantes na determinação precoce de sítios infecciosos não identificados na avaliação clínica
Ecocardiograma	Importante na suspeita de rejeição aguda; pode ajudar no diagnóstico diferencial de quadros febris e constitucionais na emergência

BNP: peptideo natriurético cerebral; PCR: proteína C-reativa.

Citomegalovírus

Manejo geral

- Suportes hemodinâmico e ventilatório devem ser prioridades.
- Início de terapia antibiótica precoce.
- Patógeno de maior impacto no prognóstico de pacientes submetidos a transplante de órgão sólido.

Efeitos diretos e indiretos

Efeitos diretos	▪ Síndrome CMV (síndrome mononucleose-*like*, neutropenia) ▪ Mielossupressão ▪ Pneumonia ▪ Invasão gastrointestinal ▪ Miocardite/hepatite/pancreatite ▪ Coriorretinite
Efeitos indiretos	▪ Aumento de incidência de rejeição aguda e crônica de enxerto ▪ Infecções secundárias ▪ Aumento de risco de doenças linfoproliferativas ▪ Aumento de risco de neoplasias ▪ Diminuição de sobrevida

- O transplante cardíaco é um fator de risco independente para infecções por CMV mesmo após 1 ano de procedimento, ocorrendo em 9-35% dos pacientes e exercendo efeitos diretos e indiretos em pacientes transplantados.
- Redução da dose dos imunossupressores deve ser considerada em pacientes com quadro infeccioso grave e discutida com a equipe de transplante cardíaco.

Fatores de risco para infecção com CMV

- IgG CMV negativo do receptor + IgG CMV positivo do doador
- IgG CMV positivo do receptor + IgG CMV negativo do doador ou IgG positivo para ambos são considerados fatores de risco moderado
- Uso de terapia de indução com basiliximab ou tratamento de rejeições com globulina antitimocítica ou plasmaférese
- Esquema de imunossupressão com três drogas
- Carga viral de CMV elevada

Diagnóstico, profilaxia e tratamento de CMV

Diagnóstico	Biópsia de tecido com a detecção de CMV ou evidência de replicação do CMV (antigenemia para CMV positiva)
Profilaxia primária	Receptor IgG CMV negativo e doador IgG CMV positivo
Tratamento preemptivo	Antigenemia para CMV > 10 células/campo
Tratamento	Evidência de replicação + sintomas ou lesão de órgão ou identificação de vírus em tecido

CMV: citomegalovírus.

Medicações utilizadas para profilaxia e tratamento de CMV

Antiviral	Dose	Tempo
Profilaxia para CMV		
■ Ganciclovir (endovenoso)	5 mg/kg/dose, dose única diária	90-180 dias
■ Valganciclovir (oral)	900 mg, 1x/dia	90-180 dias
Tratamento preemptivo		
■ Ganciclovir (endovenoso)	5 mg/kg/dose a cada 12 h	14 dias*
■ Valganciclovir (oral)	900 mg, 2x/dia	14 dias*
Tratamento de doença por CMV		
■ Ganciclovir (endovenoso)	5 mg/kg/dose a cada 12 h	21 dias
■ Valganciclovir (oral)	900 mg, 2x/dia	21 dias

* Ou até negativação de antigenemia para citomegalovírus (CMV).

Toxoplasmose

- Doença rara. A principal apresentação em transplantados é febre, adenomegalia e miocardite por *T. gondii*.
- Os indivíduos de maior risco são os receptores IgG negativo de doador IgG positivo para toxoplasmose.

Profilaxia
- Receptores IgG negativo de doador IgG positivo para toxoplasmose
- Bactrim F 800/160 mg, 1x/dia por 12 semanas

- Tratamento: sulfadiazina (4-6 g/dia) + pirimetamina (75 mg no primeiro dia e 25 mg/dia a seguir) por via oral durante 42 dias

Reativação de doença de Chagas

- A reativação de Chagas pode ocorrer após o transplante, com alta morbidade, podendo levar à disfunção do enxerto.
- Os fatores de risco para reativação de Chagas são episódios repetidos de rejeição e o uso de micofenolato como droga imunossupressora.
- Pode ocorrer a qualquer momento da evolução do transplante, porém é mais frequente no primeiro ano, com incidência variável de 26-42% dos pacientes.
- O diagnóstico é feito pela detecção direta do parasita no sangue (xenodiagnóstico *in vitro*, hemocultura) ou pela detecção do parasita em tecidos.

Sintomas e tratamento da doença de Chagas

Sintomas	■ Febre ■ Lesões cutâneas (eritema nodoso, doloroso), principalmente nos membros ■ Miocardite ■ Meningoencefalite
Tratamento	Benzonidazol, por via oral, na dose de 5 mg/kg/dia, dividida em duas tomadas, durante 60 dias

Figura 1 Fluxograma de atendimento de febre no paciente transplantado cardíaco. BNP: peptídeo natriurético cerebral; CMV: citomegalovírus; ECG: eletrocardiograma; HMC: hemocultura; UTI: unidade de terapia intensiva.

Bibliografia recomendada

1. Stembach GL, Varon J, Hunt SA. Emergency department presentation and care of heart and heart/lung transplant recipients. Ann Emerg Med. 1992;21:1140-4.
2. Tsao CI, Chou NK, Chi NH, Yu HY, Chen YS, Wang CH, et al. Unplanned readmission within 1 year after heart transplantation in Taiwan. Transplant Proc. 2010; 42(3):946-7.
3. Lund LH, Edwards LB, Kucheryavaya AY, Dipchand AI, Benden C, Christie JD, et al. The Registry of the International Society for Heart and Lung Transplantation: thirtieth official adult heart transplant report--2013; focus theme: age. J Heart Lung Transplant. 2013;32(10):951-64.
4. O'Shea DT, Humar A. Life-threatening infection in transplant recipients. Crit Care Clin. 2013;29(4):953-73.
5. Snydman DR, Limaye AP, Potena L, Zamora MR. Update and review: state-of-the-art management of cytomegalovirus infection and disease following thoracic organ transplantation. Transplant Proc. 2011;43 suppl 3:s1-17.
6. Strabelli TM, Siciliano RF, Vidal Campos S, Bianchi Castelli J, Bacal F, Bocchi EA, et al. Toxoplasma gondii myocarditis after adult heart transplantation: successful prophylaxis with pyrimethamine. J Trop Med. 2012;2012:853562.
7. Campos SV, Strabelli TMV, Amato Neto V, Silva CP, Bacal F, Bocchi E, et al. Risk factors for Chagas' disease reactivation after heart transplantation. J Heart Lung Transplant. 2008;27:597-602.
8. Pinazo MJ, Miranda B, Rodriguez-Villar C, Altlas J. Recommendations for management of Chagas disease in organ and hematopoietic tissue transplantation programs in nonendemic areas. Transplantation Review. 2011;25:91-101.

88

Infecções pulmonares no paciente transplantado cardíaco

Bruno Biselli

Introdução

- A probabilidade de infecção e rejeição, em cenário no qual estão presentes tecido alogênico e microrganismos, relaciona-se diretamente com a efetividade da imunossupressão e a sua subsequente resposta.
- O *status* de imunossupressão de indivíduos transplantados, o tempo de transplante e as exposições epidemiológicas desses indivíduos estão intimamente relacionados ao risco de infecções.
- Infecção é a principal causa de óbito após 30 dias e até 1 ano do transplante cardíaco (TC), correspondendo a cerca de 30% dos óbitos nesse período.
- Infecções pulmonares são as principais infecções em pacientes transplantados e conferem taxas de mortalidade que variam de 11-43% dependendo do tempo após o TC.

Tipos de infecções pulmonares em relação ao tempo e principais microrganismos

Precoces (até 30 dias após transplante cardíaco)	Infecções nosocomiais Pneumonias bacterianas (Gram-positivo e Gram-negativo) Maiores taxas de mortalidade
Intermediárias (1-6 meses após transplante cardíaco)	Infecções oportunistas *Pneumocystis jirovecii* *Nocardia asteroides* *Aspergillus* spp., *Cryptococcus neoformans* Citomegalovírus (CMV), adenovírus, influenza Tuberculose

(continua)

Tipos de infecções pulmonares em relação ao tempo e principais microrganismos *(continuação)*

Infecções tardias (após 6 meses de transplante cardíaco)	Pneumonias adquiridas na comunidade são as mais comuns Menores taxas de mortalidade Pneumonias bacterianas (pneumococo, hemófilos, agentes atípicos) Vírus respiratórios: influenza, parainfluenza Pneumonia fúngica mais comum: *Aspergillus* spp. Infecções oportunistas podem ocorrer (p. ex., *P. jirovecii*, CMV, *Aspergillus* spp.)

Critérios diagnósticos de pneumonia em pacientes transplantados

Sinais e sintomas	Radiologia	Microbiologia
Pelo menos um dos seguintes: ■ Febre > 38°C ou hipotermia < 36,5°C ■ Leucocitose > 15.000/mm³ ou leucopenia < 4.000/mm³ Pelo menos dois dos seguintes: ■ Início de secreção pulmonar purulenta ou mudança da característica/quantidade de secreção ■ Início ou piora de tosse, dispneia, taquipneia ou estertores pulmonares ou sons brônquicos ■ Piora de troca gasosa (hipoxemia, PaO_2/FiO_2 < 240, aumento de necessidade de O_2) ■ Derrame pleural	Nova ou piora de alterações radiográficas pulmonares em radiografia de tórax ou tomografia computadorizada	Pelo menos um dos seguintes: ■ Positivação de hemocultura sem relação com outro foco ■ Cultura positiva em líquido de derrame pleural ■ Cultura de secreção traqueal ou lavado broncoalveolar (LBA) positivo ■ ≥ 5% de células em LBA com contaminação intracelular por bactérias em microscopia direta

Abordagem inicial

- Avaliação clínica minuciosa, incluindo história clínica, exame físico e estratificação de risco para infecções.
- Exames laboratoriais, de imagem e microbiológicos são essenciais.
- Início de terapia antibiótica precoce, avaliando risco para infecções para bactérias, fungos e vírus.
- Suporte ventilatório e hemodinâmico.
- Redução ou suspensão da dose dos imunossupressores deve ser considerada e discutida com a equipe de TC caso haja sinais de sepse grave/choque séptico.

Exames complementares

Laboratoriais	▪ Provas inflamatórias (proteína C-reativa, hemograma) ▪ Gasometria e lactato arteriais ▪ Avaliação laboratorial de disfunções de órgão-alvo (rim, fígado, respiratório, cardiovascular) é importante na determinação da gravidade do quadro
Níveis séricos de imunossupressores	▪ Deve ser realizado em todos os pacientes transplantados cardíacos com suspeita de quadro infeccioso na unidade de emergência
Microbiologia	▪ Hemoculturas (dois pares) ▪ Pesquisa de vírus por método de biologia molecular na secreção nasofaríngea (influenza, vírus sincicial respiratório, adenovírus) ▪ Detecção de antígenos de microrganismos (p. ex., antigenemia para CMV, pesquisa de antígeno urinário para *Legionella*) ▪ Galactomanana e 1,3-beta-D-glucano para pacientes de risco e/ou suspeita de aspergilose ▪ Amostras de escarro para bacterioscopia e cultura com investigação de tuberculose e pneumocistose
Exames de imagem	▪ Radiografia de tórax deve ser o exame inicial ▪ Tomografia computadorizada de tórax em paciente com quadro sugestivo de pneumonia e radiografia de tórax normal ou inconclusivo e em paciente com sepse grave (exame de escolha) ▪ Broncoscopia com lavado broncoalveolar e biópsias pulmonares em pacientes selecionados e em pacientes sob intubação orotraqueal

Padrões radiológicos e etiologias relacionadas

Padrão de infiltrado	Agudo	Subagudo/crônico
Consolidação	Bactérias	Fungos *Nocardia* spp. *Actinomyces* spp. Micobactérias
Intersticial difuso	*P. jirovecii* Bacterianas (*H. influenza*) Vírus (influenza, CMV)	Micobactérias Toxicidade por drogas (p.ex., sirolimo) Pneumonia linfocítica intersticial
Nodular	Bactérias	*Nocardia* spp. *Actinomyces* spp. Fungos
Cavitação	Bactérias Gram-negativas Anaeróbios	Fungos *Nocardia* spp. Micobactérias
Linfadenopatia	CMV Outras infecções virais	*Cryptococcus neoformans* Micobactérias
Derrame pleural	Parapneumônico Tuberculose	Linfoma

CMV: citomegalovírus.

Tratamento

- O tempo de transplante cardíaco e o risco para infecção por microrganismos específicos devem ser considerados na escolha empírica do esquema de antibiótico, que deve ser iniciado precocemente após a coleta de exames.
- A gravidade do quadro infeccioso também é fator determinante na escolha do regime antibiótico.

Situação	Regime antibiótico
Pneumonia sem sepse grave	Cefalosporina (ceftriaxona 2 g/dia IV) + Macrolídeo (claritromicina 500 mg, IV ou VO, a cada 12 h)
	Fluorquinolona (levofloxacina 750 mg/dia, IV ou VO)
Pneumonia com sepse grave e/ou hipoxemia	Ceftriaxona + Macrolídeo + Sulfametoxazol/trimetoprim 100 mg sulfa/kg/dia dividido em 4 doses + Oseltamivir 75 mg, VO, a cada 12 h

(continua)

Tratamento *(continuação)*

Internação hospitalar nos últimos 30 dias	Substituir ceftriaxona por piperacilina/tazobactam 4,5 g, IV, a cada 8 h ou cefepime 2 g, IV, a cada 8 h
Pulsoterapia nos últimos 30 dias ou infecção por CMV recente	Considerar cobertura empírica para CMV com ganciclovir 5 mg/kg/dose, IV, a cada 12 h

Pacientes com quadro infeccioso pulmonar nosocomial devem ter seus esquemas de antibióticos discutidos com a equipe de infectologia. Se houver resposta clínica satifatória após 72 h, manter tratamento por 7 dias. Em outras situações, completar 10-14 dias de antibioticoterapia. CMV: citomegalovírus; IV: intravenoso; VO: via oral.

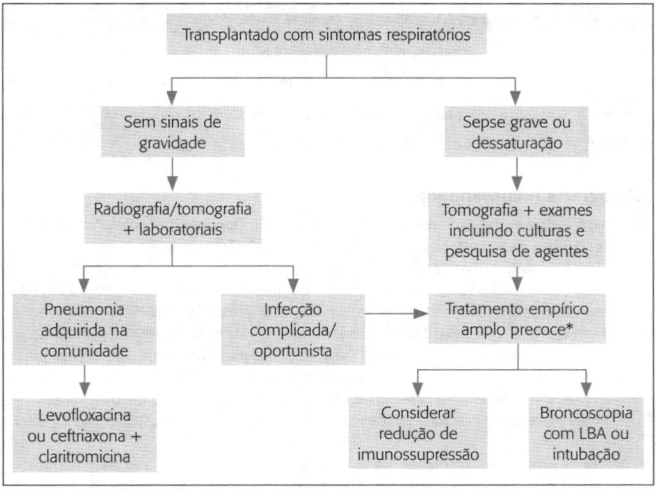

Figura 1 Fluxograma de atendimento do paciente transplantado com infecção pulmonar. * Ver detalhes no texto.

Esquemas de profilaxia

Pneumocystis jirovecii	Indicações
	Indicado em todo paciente transplantado cardíaco até 6 meses do procedimento Após tratamento com pulsoterapia ou uso de prednisona > 20 mg por mais de 14 dias
	Profilaxia
	Sulfametoxazol-trimetoprim 400 mg/dia, 1 x/dia
	Alternativa
	Clindamicina 300 mg/dia + pirimetamina 25 mg/dia

Imunizações

Vacinas devem ser administradas somente após 6 meses do TC	
Pneumococo	1 dose (reforço após 6 anos)
H. influenzae (HiB)	2 doses (2ª dose após 2 meses da 1ª dose)
Influenza	Anual antes do início da estação da gripe
Varicela	Contraindicada (vírus vivo atenuado)

Bibliografia recomendada

1. Hoyo I, Sanclemente G, Cervera C, Cofán F, Ricart MJ. Opportunistic pulmonary infections in solid organ transplant recipients. Transplant Proc. 2012;44(9):2673-5.
2. Lund LH, Edwards LB, Kucheryavaya AY, Dipchand AI, Benden C, Christie JD, et al. The Registry of the International Society for Heart and Lung Transplantation: thirtieth official adult heart transplant report-2013; focus theme: age. J Heart Lung Transplant. 2013;32(10):951-64.
3. Cervera C, Agustí C, Angeles MM, Pumarola T, Cofán F. Microbiologic features and outcome of pneumonia in transplanted patients. Diagn Microbiol Infect Dis. 2006;55(1):47-54.
4. Uip DE, Amato Neto V, Strabelli TM, Bocchi EA, Fiorelli AI, Stolf N, et al. Infecções em 100 pacientes submetidos a transplante cardíaco. Arq Bras Cardiol. 1995;64(6):537-40.
5. Fishman JA. Infection in solid-organ transplant recipients. N Engl J Med. 2007;357(25):2601-14.
6. Husain S, Mooney ML, Danziger-Isakov L, Mattner F, Singh N. A 2010 working formulation for the standardization of definitions of infections in cardiothoracic transplant recipients. J Heart Lung Transplant. 2011;30(4):361-74.
7. Strabelli TMV, Moleta DB. Infecções pulmonares no paciente transplantado cardíaco. In: Soeiro AM, Leal TCAT, Oliveira Jr MT, Filho RK. Manual de condutas práticas da unidade de emergência do InCor. Barueri: Manole; 2015. p.797-804.

89

Infecções gastrointestinais no paciente transplantado cardíaco

Bruno Biselli

Introdução

- Estima-se que metade dos pacientes apresente quadros infecciosos no primeiro ano após o transplante cardíaco (TC).
- Infecções do trato gastrointestinal (TGI) perfazem cerca de 10-15% desses processos infecciosos.
- Assim como outros tipos de infecções, as principais etiologias das infecções do TGI estão relacionadas ao tempo pós-TC e à intensidade de imunossupressão do indivíduo.
- O espectro de gravidade das infecções do TGI é amplo. Observam-se mais comumente quadros benignos, porém infecções graves sistêmicas e acometimento cardiovascular por sangramentos e/ou perfurações devem ser considerados.
- A diarreia aguda é a apresentação clínica mais comum em infecções do TGI. Entretanto, quadros diarreicos secundários a processos infecciosos devem ser diferenciados daqueles relacionados a efeitos adversos de medicações, principalmente o micofenolato.

Principais etiologias das infecções do TGI

Período precoce (até 30 dias após TC)	Colite pseudomembranosa por *Clostridium difficile* *Strongyloides stercoralis*
Período intermediário (1-6 meses após TC)	*Clostridium difficile* Citomegalovírus (CMV) Protozoários: *Cryptosporidium*, *Isospora belli*, *Giardia lamblia*, *Blastocystis hominis*, *Microsporidium*
Infecções tardias (após 6 meses de TC)	Bactérias: *Campylobacter* sp., *Salmonella* sp., *Shigella* sp., *Escherichia coli* Protozoários: *Cryptosporidium*, *Isospora belli*, *Giardia lamblia*, *Blastocystis hominis*, *Microsporidium* Vírus: CMV, rotavírus, norovírus, adenovírus

CMV: citomegalovírus; TC: transplante cardíaco.

Clostridium difficile

- A infecção por *C. difficile* é uma das principais etiologias de infecção do TGI no período precoce após o TC, com incidência de cerca de 15% dos transplantados.
- Internação prolongada, uso de antibióticos e uso de imunossupressores estão relacionados com a alteração de flora do TGI e são os principais fatores de risco para a infecção por *C. difficile*.
- Apresentação clínica
  - O espectro clínico é muito variável, desde quadros oligossintomáticos e diarreias leves até colite pseudomembranosa ou colite fulminante.
- Diagnóstico
  - Toxinas A e B do *C. difficile* em fezes (especificidade 90-100%). Coprocultura (sensibilidade 90-100%).
  - Pesquisa de PCR do *C. difficile* em fezes.
- Tratamento
  - Escolha: metronidazol via oral.
  - Alternativa: metronidazol via intravenosa ou vancomicina via oral.

TC: transplante cardíaco; TGI: trato gastrointestinal.

Infecção do TGI por CMV

- A infecção do TGI por CMV é a forma mais comum de doença invasiva pelo vírus, principalmente nos primeiros 6 meses após o TC, apesar de poder ocorrer tardiamente em pacientes muito imunossuprimidos ou após episódios de rejeição aguda do enxerto tratados com altas doses de imunossupressores.
- Apresentação clínica
  - Dor abdominal e diarreia sanguinolenta são as características da infecção do TGI por CMV.
  - Geralmente, são evidenciadas múltiplas úlceras mucosas que acometem do esôfago até o reto.
  - Podem ocorrer perfurações do TGI.
  - Hepatite com microabscessos.
- Diagnóstico
  - Sorologia para CMV.
  - A antigenemia para CMV deve ser sempre solicitada na suspeita de doença por CMV. Entretanto, em doenças invasivas pelo CMV, como no TGI, a contagem de células pode ser baixa ou até mesmo negativa, mesmo na presença de infecção pelo vírus.
  - Diagnóstico definitivo é feito por biópsia de tecido (por endoscopia ou colonoscopia) evidenciando inclusão viral ou antígenos virais por imuno-histoquímica ou hibridização *in situ*.
- Tratamento*
  - Ganciclovir 5 mg/kg/dose, a cada 12 h, por 21 dias (mínimo de 14 dias)*.
  - Valganciclovir 900 mg, a cada 12 h, por 21 dias**.

* Atentar para o ajuste de função renal das medicações. ** Ou até a negativação da antigenemia para CMV.
CMV: citomegalovírus; TC: translante cardíaco; TGI: trato gastrointestinal.

Abordagem geral de infecções do trato gastrointestinal

- Exames laboratoriais
  - Provas inflamatórias (PCR, hemograma).
  - Antigenemia para CMV.
  - Coprocultura, protoparasitológico e pesquisa de leucócitos fecais.
  - Pesquisa de *Cryptosporidium*, *Isospora belli*, *Giardia lamblia*, *Blastocystis hominis*, *Microsporidium*.
  - Pesquisa de toxinas A e B do *C. difficile* em fezes.
  - Avaliação laboratorial de disfunções de órgão-alvo (rins, fígado, pulmões e coração).
  - Dois pares de hemoculturas periféricas.
  - Dosagens e ajustes de imunossupressores.
- USG e tomografia computadorizada de abdome devem ser realizados em caso de sinais de irritação peritoneal e podem ser solicitados no caso de dúvidas diagnósticas e investigação de outras causas de dor abdominal (p. ex., pancreatite crônica, linfoma, neoplasias).
- Colonoscopia com biópsia é reservada para pacientes sem melhora de quadro clínico com início de terapia, presença de sangue em fezes, sepse ou antigenemia para CMV positiva.
- Endoscopia digestiva alta deve ser realizada em paciente com sangramento em fezes e queixas dispépticas.
- Tratamento
  - Antibioticoterapia empírica:
  - Ciprofloxacina + metronidazol por 5-10 dias.
  - ATB endovenoso em caso de sepse grave/choque séptico.
  - Presença de sangue em fezes, infecções recentes por CMV, pulsoterapia recente, primeiros 3 meses após o transplante ou antigenemia para CMV positiva, piora clínica após 48 h de antibioticoterapia.
  - Associar ganciclovir ou valganciclovir.
  - O tratamento para agentes etiológicos específicos detectados deve seguir orientação da equipe de infectologia.

ATB: antibioticoterapia; CMV: citomegalovírus; PCR: proteínca C-reativa; USG: ultrassonografia.

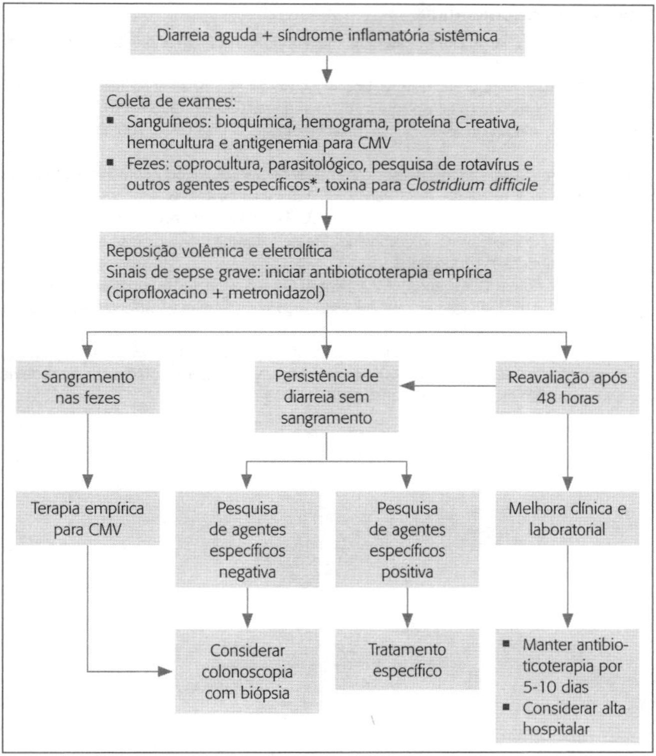

Figura 1 Algoritmo para atendimento do paciente transplantado com diarreia aguda. CMV: citomegalovírus.

Bibliografia recomendada

1. O'Shea DT, Humar A. Life-threatening infection in transplant recipients. Crit Care Clin. 2013;29(4):953-73.
2. Uip DE, Amato Neto V, Strabelli TM, Bocchi EA, Fiorelli AI, Stolf N, et al. Infecções em 100 pacientes submetidos a transplante cardíaco. Arq Bras Cardiol. 1995;64(6):537-40.
3. Fishman JA. Infection in solid-organ transplant recipients. N Engl J Med. 2007;357(25):2601-14.
4. Fishman JA. AST Infectious diseases community of practice. Introduction: infection in solid organ transplant recipients. Am J Transplant. 2009;9 suppl 4:S3-6.
5. Snydman DR, Limaye AP, Potena L, Zamora MR. Update and review: state-of-the-art management of cytomegalovirus infection and disease following thoracic organ transplantation. Transplant Proc. 2011;43 suppl 3:S1-S17.
6. Kotton CN, Kumar D, Caliendo AM, Asberg A, Chou S. Updated international consensus guidelines on the management of cytomegalovirus in solid-organ transplantation. Transplantation. 2013;96(4):333-60.
7. Moura ELR, Marcondes-Braga FG. Infecções gastrointestinais no paciente transplantado. In: Soeiro AM, Leal TCAT, Oliveira Jr MT, Filho RK. Manual de condutas práticas da unidade de emergência do InCor. Barueri: Manole; 2015. p.805-14.

90

Ventilação não invasiva

Olívia Meira Dias

Introdução

- A ventilação não invasiva (VNI) é um método de assistência ventilatória que propicia alívio sintomático da dispneia, melhora das trocas gasosas e diminuição do trabalho respiratório, utilizando interface externa (máscara facial) para esse fim.
- Seu uso evita as complicações associadas à ventilação invasiva, principalmente aumento do risco de infecções e pneumonias, necessidade de sedação com maior duração do tempo de ventilação, complicações de vias aéreas superiores pela interposição de tubo endotraqueal, além de internações prolongadas e custos hospitalares.
- Na *insuficiência respiratória aguda hipoxêmica (ou tipo I)*, o objetivo da VNI consiste em garantir oxigenação adequada até que a causa de base seja resolvida.
- Na *insuficiência respiratória aguda hipercápnica (ou tipo II)*, seus benefícios clínicos são traduzidos na redução da pressão arterial de CO_2 ($PaCO_2$) pela diminuição do trabalho dos músculos ventilatórios e do aumento da ventilação alveolar por meio do aumento da capacidade residual funcional, especialmente em pacientes com exacerbação aguda de DPOC, doenças neuromusculares, deformidades de caixa torácica e hipoventilação da obesidade.

Mecanismos fisiológicos da ventilação não invasiva

- Aumento do débito cardíaco pelo aumento da pressão transmural do ventrículo esquerdo proporcionado pela pressurização do tórax.
- Redução do retorno venoso com diminuição das pressões de enchimento ventricular direito e esquerdo.
- Redução da pós-carga ventricular esquerda.
- Melhora da complacência pulmonar pelo recrutamento de regiões pulmonares previamente colapsadas por edema alveolar.
- Aumento da capacidade residual funcional.
- Redução do trabalho dos músculos respiratórios.
- Minimização dos efeitos da PEEP intrínseca (ou auto-PEEP) em pacientes com doenças obstrutivas e com hiperinsuflação dinâmica, garantindo otimização dos fluxos expiratórios e melhora substancial da mecânica ventilatória.

Indicações de ventilação não invasiva

- Insuficiência respiratória aguda ou crônica agudizada ($PaCO_2 > 45$ mm Hg, pH $< 7{,}35$).
- Dispneia moderada a acentuada e com sinais de aumento do trabalho respiratório.
- Uso de musculatura acessória.
- Respiração paradoxal.
- Doenças obstrutivas: frequência respiratória > 24 incursões respiratórias por minuto (irpm).
- Doenças restritivas: frequência respiratória > 30 irpm.
- O sucesso estimado em pacientes com hipercapnia é de 75%, enquanto entre pacientes hipoxêmicos cerca de 50% respondem ao seu uso
  - Edema pulmonar cardiogênico.
  - Exacerbação aguda em pacientes com DPOC.
  - Desmame de ventilação mecânica em pacientes com DPOC.
  - Imunossuprimidos com infiltrados pulmonares.
  - Cuidados paliativos (alívio da dispneia).
  - Pneumonia em pacientes com DPOC.
  - Prevenção de falha de extubação em pacientes com EAP/DPOC.
  - Asmáticos (cautela).

Contraindicações ao uso da ventilação não invasiva

Absolutas
▪ Parada respiratória franca ou iminente
▪ Incapacidade de ajuste da interface
Relativas
▪ Rebaixamento do nível de consciência
▪ Instabilidade cardiovascular (choque, arritmias graves, isquemia), sangramento do trato gastrointestinal
▪ Inabilidade de proteção à via aérea
▪ Dificuldade de deglutição
▪ Excesso de secreções ou tosse ineficaz
▪ Paciente agitado ou não colaborativo
▪ Trauma, queimadura ou cirurgia facial
▪ Cirurgia torácica ou abdominal recente
▪ Obstrução de vias aéreas

CPAP ou BIPAP: qual método utilizar?

- CPAP (*continuous positive airway pressure*): aplicação de pressão positiva ao final da expiração (EPAP e/ou PEEP). Nessa modalidade, a ventilação é feita de forma totalmente espontânea e dependente do esforço respiratório do paciente.
- BIPAP (*bilevel positive airway pressure*): além de pressão contínua na expiração (EPAP e/ou PEEP), o paciente também conta com o auxílio de pressão na inspiração (IPAP e/ou PSV).
- As duas modalidades são superiores ao tratamento medicamentoso convencional em pacientes com DPOC agudizado e EAP em relação à diminuição de taxas de intubação orotraqueal e mortalidade, não diferindo entre si em relação aos principais desfechos.
- CPAP e BiPAP têm eficácias muito próximas no tratamento do EAP.
- A preferência recai sobre o BiPAP em pacientes hipercápnicos e naqueles que não melhoraram inicialmente com o CPAP, em razão do maior conforto respiratório e da melhora da ventilação alveolar pelo auxílio pressórico na inspiração.
- Questionamentos sobre possíveis associações entre o uso de BiPAP e maior incidência de isquemia miocárdica não foram comprovados por revisões sistemáticas.

Tipos de máscaras

Máscaras oronasais (faciais ou *full face*): podem ser utilizadas nos casos de insuficiência respiratória aguda leve e moderada. Selecionar o tamanho ideal para o paciente e proteger pontos de maior contato com coxins, adesivos ou cremes de barreira. Pacientes com fuga aérea pela boca podem precisar de um sistema que segure o queixo para evitar vazamentos (Figura 1).

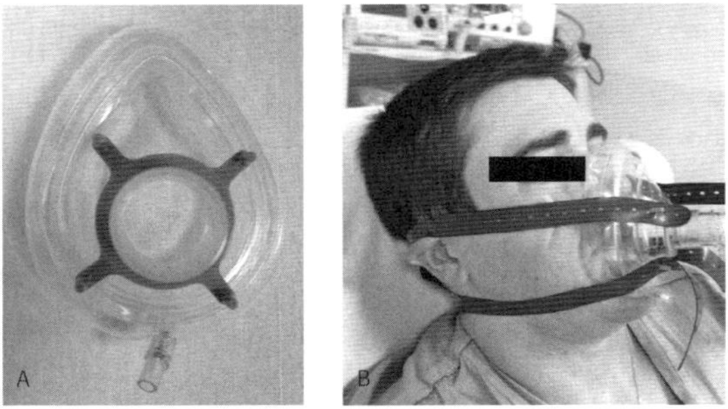

Figura 1 A: Máscara oronasal; B: demonstração da fixação da máscara no paciente.

Máscara facial total (*total face*): em caso de insuficiência respiratória hipoxêmica mais grave, tem a vantagem de permitir maior pressurização das vias aéreas com menor fuga aérea e maior distribuição da pressão da máscara sob o rosto do paciente, evitando pressão excessiva em torno do nariz e reduzindo o risco de lesões cutâneas. O paciente pode respirar pelo nariz ou pela boca. Apresenta como desvantagens maior espaço morto e risco de aspiração (Figura 2).

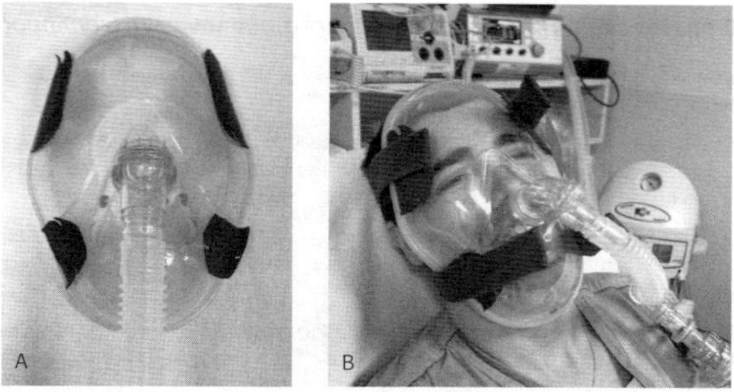

Figura 2 A. Máscara facial total; B. Exemplo de uso no paciente. A fita atua como dispositivo de segurança para que o paciente solte o sistema de fixação se houver secreções, tosse ou êmese.

Os 10 passos para o manejo da ventilação não invasiva

1. Explique ao paciente o procedimento que será efetuado, quando possível. Posicione o paciente sentado ou em decúbito elevado a 30-45°.
2. Escolha a interface correta e o tamanho adequado para o paciente; dê preferência a interfaces oronasais ou máscaras faciais totais. O paciente dispneico é um respirador bucal – oriente o paciente a respirar preferencialmente pelo nariz para evitar aerofagia, distensão gástrica e risco de aspiração.
3. Inicie a ventilação não invasiva com baixas pressões:
   - CPAP/EPAP inicial entre 4-5 cmH_2O.
   - IPAP em 8-12 cmH_2O.
4. Fixação da máscara:
   - Fixe de forma a evitar vazamentos (aceitável até 80 L/min); evite escape aéreo para a região dos olhos.
   - Evite ajuste muito fixo (a fixação com o cabresto deve permitir uma folga com dois dedos).
   - Proteja regiões de maior pressão com coxins, adesivos ou cremes de barreira para evitar lesões na pele.
   - Sempre utilize sistema de umidificação se o tempo de VNI for superior a 6 h (filtros trocadores de calor e umidade [HME] ou sistemas de umidificação ativa).

(continua)

Os 10 passos para o manejo da ventilação não invasiva *(continuação)*

5. Ajuste FiO_2 no ventilador ou adicione fluxo adicional ao circuito, objetivando manter a $SpO_2 > 90\%$.
6. Ajuste os alarmes da ventilação não invasiva (quando possível): mantenha o nível de alarme de pressão sempre acima do EPAP, fixe valores de frequência respiratória mínima quando o paciente estiver em ventilação espontânea.
7. Considere sedação leve em caso de paciente agitado: morfina em pequenas alíquotas (2-5 mg IV), sempre com cautela para não haver rebaixamento do nível de consciência pelo opioide.
8. Monitorize conforto, sincronia paciente-ventilador, escape aéreo, dispneia, pressão arterial, frequência respiratória, frequência cardíaca e SpO_2 a cada 30 min após instalação do método. É altamente recomendada a coleta de gasometria arterial no início e após 30-60 min do início da VNI.
9. Realize ajustes adicionais na ventilação:
   - Aumente a pressão (IPAP) de forma gradativa para garantir volume corrente (V_T) expiratório > 6 mL/kg de peso ideal do paciente.
   - Ajuste o EPAP (PEEP) para garantir $SpO_2 > 90\%$.
   - Em insuficiências respiratórias predominantemente hipoxêmicas (tipo I), o fornecimento de oxigênio aumenta com o aumento da FiO_2 e dos níveis de EPAP.
   - Em insuficiências respiratórias hipercápnicas (tipo II), é possível aumentar a remoção do CO_2 elevando a ventilação alveolar, com o aumento da frequência respiratória e dos valores de IPAP (aumento do delta de pressão).
10. Esteja preparado para falhas da ventilação não invasiva: deixe à beira-leito ventilador mecânico, material de intubação e material para aspiração. Pacientes que apresentam falência com o método são os que apresentam intolerância à máscara, dispneia persistente, instabilidade hemodinâmica, flutuação do nível de consciência e ausência de melhora clínica e gasométrica nos primeiros minutos.

Quando descontinuar a VNI

- Monitorize o paciente nas primeiras 2 h.
- Pacientes com edema agudo cardiogênico tendem a responder mais rapidamente ao tratamento, principalmente quando medidas farmacológicas (diuréticos, vasodilatadores) são empregadas conjuntamente.
- Pacientes com outras indicações de uso da VNI tendem a permanecer pressurizados por mais tempo. O desmame da VNI pode ser realizado diminuindo-se progressivamente o tempo de uso da ventilação e as pressões ajustadas.

Bibliografia recomendada

1. Barbas CSVB, Ísola A, Farias AMC, et al. Diretrizes brasileiras de ventilação mecânica 2013 Consenso AMIB/SBPT.
2. Nava S, Hill N. Non-invasive ventilation in acute respiratory failure. Lancet. 2009;374(9685): 250-9.
3. Li H, Hu C, Xia J, Li X, Wei H, Zeng X, et al. A comparison of bilevel and continuous positive airway pressure noninvasive ventilation in acute cardiogenic pulmonary edema. American Journal of Emergency Medicine. 2013;31:1322-7.
4. Collins SP, Mielniczuk LM, Whittingham HA, Boseley ME, Schramm DR, Storrow AB. The use of noninvasive ventilation in emergency department patients with acute cardiogenic pulmonary edema: a systematic review. Ann Emerg Med. 2006;48(3):260-9.
5. Corredor C, Jaggar SI. Ventilator management in the cardiac intensive care unit. Cardiol Clin. 2013;31:619-36.
6. Gonzalez MM, Timerman S, Gianotto-Oliveira R, Polastri TF, Canesin MF, Schimidt A, et al. I Diretriz de ressuscitação cardiopulmonar e cuidados cardiovasculares de emergência da Sociedade Brasileira de Cardiologia. Arq Bras Cardiol. 2013;101(2 suppl 3):1-221.
7. Masip J, Roque M, Sanchez B, Fernandez R, Subirana M, Exposito JA. Noninvasive ventilation in acute cardiogenic pulmonary edema: systematic review and meta-analysis. JAMA. 2005;294(24):3124-30.
8. Seupaul RA. Should I consider treating patients with acute cardiogenic pulmonary edema with noninvasive positive-pressure ventilation? Ann Emerg Med. 2010;55:299-300.
9. Silvers SM, Howell JM, Kosowsky JM, Rokos IC, Jagoda AS. Critical issues in the evaluation and management of adult patients presenting to the emergency department with acute heart failure syndromes. Ann Emerg Med. 2007;49:627-69.

91

Doença pulmonar obstrutiva crônica (DPOC)

Olívia Meira Dias

Introdução

- A exacerbação aguda da DPOC é caracterizada por agravamento pronunciado dos sintomas, maior que as variações diárias, com necessidade de aumento do uso das medicações.
- As exacerbações pioram a qualidade de vida, aumentam a necessidade de hospitalizações e o risco de morte.
- A mortalidade em exacerbações é de até 3% em curto prazo e chega a 24% em pacientes com necessidade de internação em terapia intensiva. Pacientes intubados apresentam mortalidade de até 60% dentro de 1 ano.
- Diversos fatores promovem exacerbações, como infecções virais (30% dos casos), infecções bacterianas (40-60% dos casos), mudanças climáticas, exposição a poluentes ou irritantes, ou descontinuidade do uso de medicações. Em alguns pacientes, infarto agudo do miocárdio (IAM), insuficiência cardíaca (IC) e tromboembolismo pulmonar agudo podem desencadear exacerbação ou ocorrer concomitantemente.
- Os agentes infecciosos mais comumente encontrados são *Haemophilus influenza*, *Moraxella catarrhalis* e *Streptococcus pneumoniae*. Atípicos (*Chlamydia*, *Mycoplasma* e *Legionella*) podem ser encontrados em 5-10% dos casos. Pacientes mais graves frequentemente apresentam exacerbações por *Pseudomonas aeruginosa* e enterobactérias.

Diagnóstico

- O diagnóstico é clínico e baseia-se na avaliação de piora da dispneia, aumento da expectoração e alteração na coloração do escarro, além da variação diária dos sintomas. Os pacientes podem apresentar febre, sibilância e opressão torácica, nem sempre presentes.
- A Tabela "Fatores de risco para exacerbação" ilustra os fatores de risco para exacerbação, e a Tabela "Marcadores de gravidade de exacerbação", as alterações na avaliação inicial do paciente, que indicam maior gravidade da exacerbação.
- Sempre avaliar descompensação de comorbidades ou diagnósticos diferenciais/concomitantes, como insuficiência coronariana, tromboembolismo pulmonar, descompensação de insuficiência cardíaca, pneumonia, pneumotórax, sepse.

Fatores de risco para exacerbação

- Idade avançada
- Tosse produtiva/hipersecreção crônica
- Tempo de doença
- Histórico recente de uso de antibiótico
- Hospitalização prévia por DPOC no ano anterior
- Presença de comorbidades (insuficiência cardíaca, coronariana, diabete melito)
- Histórico de exacerbações prévias

Marcadores de gravidade de exacerbação

- Uso de musculatura acessória
- Respiração paradoxal
- Piora ou início de cianose
- Surgimento de edema periférico (*cor pulmonale* descompensado)
- Alteração do nível de consciência, agitação
- Incapacidade para deitar-se
- Fala entrecortada
- Falha de resposta com tratamento inicial

Exames complementares

- Avaliação da oximetria arterial e coleta de gasometria arterial em pacientes hipoxêmicos ou com suspeita de hipercapnia.
- Eletrocardiograma, radiografia de tórax: auxilia em diagnósticos diferenciais.
- Em pacientes com comorbidades: hemograma completo, eletrólitos, glicemia, proteína C reativa e/ou procalcitonina.
- CKMB/troponina na suspeita de isquemia miocárdica associada.
- Dímero D.
- BNP (peptídeo natriurético cerebral): diagnóstico diferencial com congestão pulmonar. Resultados acima de 400 pg/mL indicam componente de congestão pulmonar associado.
- Tomografia computadorizada de tórax: método útil para avaliação complementar do parênquima pulmonar, devendo ser considerada na suspeita de diagnósticos diferenciais.

Tratamento

- O objetivo do tratamento consiste em diminuir a morbidade da exacerbação e prevenir futuros eventos.
- Oxigenioterapia: utilizada para manter saturação entre 88-92%, evitando fornecimento excessivo de oxigênio e risco de narcose. Idealmente, após fornecimento de oxigênio, deve-se coletar gasometria arterial após 30-60 min para avaliar oxigenação e hipercapnia. As principais modalidades de fornecimento de oxigênio estão sumarizadas na Tabela "Dispositivos para oxigenoterapia". A máscara de Venturi permite titulação de oxigênio mais precisa, evitando hiperóxia e risco de narcose.

Dispositivos para oxigenoterapia

Dispositivos de oxigenioterapia	FiO_2 ofertada e fluxos
Cateter nasal de oxigênio	Cada L/min aumenta em 3-4% a FiO_2 Ex.: 3 L/min, FiO_2 entre 30-34% Uso em baixos fluxos, máximo 5 L/min
Máscara facial de Venturi	Mistura ar-oxigênio, FiO_2 precisa entre 24-50%
Máscara facial de aerossol	Combinação variável entre O_2 e fluxos moderados, FiO_2 entre 50-60% em 10-15 L/min
Máscara facial com reservatório	Alta concentração (90-100%) de O_2 com fluxos altos

- As principais medicações utilizadas na exacerbação do DPOC e doses estão sumarizadas na Tabela "Doses das medicações para exacerbação de DPOC na emergência".

Doses das medicações para exacerbação de DPOC na emergência

Salbutamol *spray* (100 mcg/jato)	4-8 jatos/uso
Fenoterol gotas (5 mg/mL)	2,5-5 mg/uso
Fenoterol *spray* (100 mcg/jato)	4-8 jatos/uso
Brometo de ipratrópio (0,25 mg/mL)	0,5 mg/uso
Brometo de ipratrópio *spray* (0,02 mg/jato)	4-8 jatos/uso
Prednisona ou prednisolona	30-40 mg/dia
Metilprednisolona	60-125 mg, 2-4 vezes ao dia
Hidrocortisona	100 mg, IV, 8/8 h
Aminofilina (solução injetável)	*Bolus* de 5-6 mg/kg – infusão de 0,6-0,9 mg/kg/h (dose de 0,4 mg/kg/h em ICC, idosos, hepatopatas)

- Medicações broncodilatadoras podem ser administradas por nebulização ou *sprays*, com ou sem espaçador. Em pacientes mais graves, preferir o uso de nebulímetros. O uso de espaçador acoplado ao *spray* otimiza a deposição da medicação nas vias aéreas.
- Nas nebulizações, utilizar ar comprimido ou oxigênio com fluxo de até 6 L/min para evitar hipercapnia por aumento da oferta de oxigênio.
- As metilxantinas são consideradas terapias de segunda linha em casos refratários. Além de benefícios clínicos pouco claros, a dose terapêutica é muito próxima à dose tóxica, com efeitos colaterais significativos.
- Corticoesteroides diminuem o tempo de recuperação da exacerbação, reduzem o risco de reagudizações, falência de tratamento e internação hospitalar. O efeito clínico da administração via oral ou endovenosa é semelhante, dando-se preferência à segunda forma de administração em pacientes instáveis, muito taquipneicos ou com vômitos. A duração da prescrição é entre 5-14 dias.
- Broncodilatadores subcutâneos apresentavam diversos efeitos colaterais cardiovasculares em pacientes com DPOC (taquicardia, isquemia miocárdica) e são raramente utilizados.
- Não se utiliza sulfato de magnésio em exacerbações de DPOC.
- Antibióticos: as principais indicações de prescrição de uso de antibióticos na exacerbação encontram-se sumarizadas na Tabela "Indicação da prescrição de antibióticos na exacerbação aguda de DPOC". Prescreve-se seu uso por 5-10 dias. Esquemas antibióticos e doses encontram-se discriminados na Tabela "Principais antibióticos prescritos na exacerbação da DPOC".

Indicação da prescrição de antibióticos na exacerbação aguda de DPOC

- Presença de três sintomas cardinais: aumento da dispneia, aumento do volume do escarro, escarro purulento
- Presença de dois sintomas cardinais, se escarro purulento estiver presente
- Necessidade de ventilação mecânica (invasiva ou não invasiva)

Principais antibióticos prescritos na exacerbação da DPOC

Pacientes não internados	▪ Amoxicilina 500 mg, VO, 8/8 h ou 875 mg (liberação prolongada) de 12/12 h ▪ Amoxicilina clavulanato (500 mg de amoxacilina, VO, 8/8 h ou 875 mg de amoxacilina de 12/12 h) ▪ Azitromicina 500 mg, VO, 1 vez ao dia ▪ Claritromicina 500 mg, VO, 12/12 h ou 1.000 mg (comprimido de liberação prolongada) 1 vez ao dia ▪ Cefuroxima 250 mg, VO, 12/12 h ▪ Levofloxacina 500 mg, VO, 1 vez ao dia ▪ Moxifloxacina 400 mg, VO, 1 vez ao dia ▪ Ciprofloxacina (se risco de *Pseudomonas*): 500 mg, VO, 12/12 h Pacientes com exacerbações leves: ▪ Sulfametoxazol-trimetoprim 800/160 mg, VO, 12/12 h ▪ Doxicilina 100 mg, VO, 12/12 h
Influenza	▪ Oseltamivir 75 mg, VO, 12/12 h por 5 dias
Internados sem risco de *Pseudomonas*	▪ Levofloxacina 500 mg, IV, 1 vez ao dia ▪ Moxifloxacina 400 mg, IV, 1 vez ao dia ▪ Ceftriaxona 1 g, IV, 12/12 h + macrolídeo (azitromicina 500 mg, 1 vez ao dia ou claritromicina 500 mg, IV, 12/12 h)
Internados com risco de *Pseudomonas*	▪ Levofloxacina 500 mg, IV, 1 vez ao dia ▪ Piperacilina-tazobactam 4,5 g, IV, 6/6 h ▪ Cefepime 1-2 g, IV, 12/12 h ▪ Ceftazidima 1 g, IV, 8/8 h ou 12/12 h

- Em pacientes com cardiopatias e idosos, deve-se ter cautela ao associar macrolídeos como opção terapêutica devido ao seu efeito sobre o intervalo QT e ao risco de arritmias/aumento da mortalidade.
- Pacientes com risco de infecção por *Pseudomonas*: administração frequente de antibióticos (quatro cursos no último ano), hospitalização recente (dois ou mais dias nos últimos 90 dias), isolamento de *Pseudomonas* em exacerbação pregressa, $VEF_1 <$ 50% predito.
- Em pacientes com exacerbações frequentes, necessidade de ventilação mecânica ou doença grave e não responsiva ao esquema inicial, a coleta de escarro auxilia na prescrição do esquema antimicrobiano, principalmente pela identificação de *Pseudomonas*, bactérias Gram-negativas ou bactérias resistentes.
- Em pacientes com síndrome gripal (sintomas de vias aéreas superiores, como coriza, febre, gotejamento pós-nasal), solicita-se pesquisa de vírus respiratórios e PCR para influenza. Não se deve aguardar o resultado para prescrição do antiviral (oseltamivir).
- Internação hospitalar: as principais indicações para internação hospitalar encontram-se sumarizadas na Tabela "Indicações para internação hospitalar" e levam em conta a gravidade da doença, a presença de comorbidades, a necessidade de assistência ventilatória e o risco de acidose respiratória.

Indicações para internação hospitalar

- DPOC grave
- Distúrbios de conduta ou hipersonolência
- Incapacidade para se alimentar, dormir ou deambular
- Dispneia em repouso
- Surgimento de cianose ou edema periférico (*cor pulmonale* descompensado)
- Falência de tratamento inicial ambulatorial
- Comorbidades graves (insuficiência cardíaca, insuficiência coronarinana, arritmias, diabete melito)
- Complicações: pneumonia, TEP, pneumotórax
- Exacerbações frequentes
- Idade avançada
- Necessidade de assistência ventilatória não invasiva
- Suporte domiciliar insuficiente

A ventilação não invasiva (VNI) em pacientes com DPOC exacerbado auxilia na melhora da acidose respiratória aguda, diminuição da frequência e do trabalho respiratório, melhora da dispneia, diminuição da necessidade de intubação orotraqueal, tempo de internação e mortalidade. Está indicada em pacientes com dispneia intensa e sinais de fadiga muscular ou aumento do trabalho respiratório e acidose respiratória aguda ou crônica agudizada (pH $\leq$ 7,35 ou $pCO_2 \geq$ 45 mmHg). As particularidades da VNI nesses pacientes encontram-se sumarizadas na Tabela a seguir.

Particularidades da ventilação não invasiva em DPOC

- Preferência pelo modo ventilatório BiPAP
- Ajustes iniciais: 8 cmH_2O de pressão inspiratória (IPAP), com aumento progressivo até melhora do conforto respiratório; 3 cmH_2O de pressão expiratória (EPAP)
- Administrar broncodilatadores pelo circuito com adaptador e medicação em *spray*
- Coleta de gasometria arterial no início e após 2 h da instalação da VNI: na piora da acidose ou não melhora, indicar ventilação invasiva

- Em vigência de falha da VNI ou contraindicações para o uso da mesma, deve-se proceder à intubação orotraqueal e ventilação mecânica (Tabela a seguir).

Particularidades da ventilação invasiva em DPOC

- Sequência rápida de intubação
- Preferência para cânulas com maior diâmetro possível visando diminuir a resistência de vias aéreas
- Ajustes iniciais: volume corrente 6-8 mL/kg de peso ideal, frequência respiratória entre 10-12 irpm, fluxo de 60 L/min (ou maior, se necessário, para aumentar o tempo expiratório), PEEP 5 cmH_2O, hipercapnia permissiva
- Evitar auto-PEEP

- Alta hospitalar: a literatura ainda carece de dados objetivos para avaliação de alta hospitalar. Medicações broncodilatadoras, corticoesteroides inalatórios, treinamento sobre o uso de dispositivos e seguimento ambulatorial devem ser planejados. Medicações adjuvantes para prevenção de exacerbações (macrolídeos, roflumilaste) podem ser consideradas. Os pacientes devem ser fortemente aconselhados quanto à vacinação para influenza e pneumococo, reabilitação pulmonar e cessação de tabagismo.

Bibliografia recomendada

1. Global strategy for the diagnosis, management, and prevention of COPD: Revised 2014. Global initiative for chronic obstructive lung disease (GOLD). Disponível em: http://www.goldcopd.org
2. Barnes PJ. Chronic obstructive pulmonary disease. N Engl J Med. 2000;343:269.
3. Snow V, Lascher S, Mottur-Pilson C, Joint Expert Panel on Chronic Obstructive Pulmonary Disease of the American College of Chest Physicians and the American College of Physicians-American Society of Internal Medicine. Evidence base for management of acute exacerbations of chronic obstructive pulmonary disease. Ann Intern Med. 2001;134:595.3.
4. Niewoehner DE, Lokhnygina Y, Rice K, Kuschner WG, Sharafhaneh A, Sarosi GA, et al. Risk indexes for exacerbations and hospitalizations due to COPD. Chest. 2007;131(1):20-8.
5. Hurst JR, Vestbo J, Anzueto A, Locantore N, Müllerova H, Tal-Singer R, et al. Susceptibility to exacerbation in chronic obstructive pulmonary disease. N Engl J Med. 2010;363:1128.
6. Ray WA, Murray KT, Hall K, Arbogast PG, Stein CM. Azithromycin and the risk of cardiovascular death. N Engl J Med. 2012;366(20):1881-90.

92

Tromboembolismo pulmonar agudo

Olívia Meira Dias

Introdução

- O tromboembolismo pulmonar (TEP) agudo é a obstrução da artéria pulmonar ou de seus ramos por um êmbolo, frequentemente um coágulo, em geral originário da circulação venosa dos membros inferiores.
- A apresentação clínica é ampla, englobando desde pacientes assintomáticos até o choque em razão de disfunção ventricular direita aguda.
- Os principais fatores de risco para o TEP encontram-se listados na Tabela "Fatores de risco para TEP".
- Os sintomas clínicos são muito inespecíficos e também podem ser encontrados em outras doenças. Comumente, os pacientes apresentam quadro de dispneia de início súbito. Eventualmente, dor pleurítica, tosse, hemoptise, febre, história de síncope e edema assimétrico em membros inferiores também podem acompanhar ao quadro.

Fatores de risco para TEP

Alto risco (*odds ratio* > 10)
▪ Fratura de membros inferiores ▪ Hospitalização por insuficiência cardíaca ou *flutter*/fibrilação atrial nas últimas 3 semanas ▪ Cirurgia ortopédica de joelho ou quadril ▪ Politrauma ▪ Infarto agudo do miocárdio nas últimas 3 semanas ▪ Tromboembolismo venoso prévio ▪ Lesão de medula espinhal

(continua)

Fatores de risco para TEP *(continuação)*

Risco moderado (*odds ratio* 2-9)
■ Artroscopia de joelho ■ Doenças autoimunes ■ Transfusão sanguínea ■ Acesso venoso central ■ Quimioterapia ■ Insuficiência cardíaca congestiva ou insuficiência respiratória ■ Uso de medicações estimuladoras da eritropoiese ■ Terapia de reposição hormonal ■ Neoplasia (risco maior se doença metastática) ■ Uso de contraceptivos orais ■ Imobilismo por acidente vascular cerebral ■ Puerpério ■ Trombofilia
Risco baixo (*odds ratio* < 2)
■ Pacientes acamados por mais de 3 dias ■ Imobilidade por posição sentada (p. ex., viagens aéreas) ■ Diabete melito ■ Hipertensão arterial ■ Obesidade ■ Varizes ■ Gravidez ■ Cirurgia laparoscópica ■ Aumento da idade

Mortalidade e prognóstico

- O TEP presenta mortalidade de até 30% se não diagnosticado ou tratado corretamente.
- A hipotensão é o maior marcador de mortalidade precoce, indicando a necessidade de terapias mais agressivas para reperfusão.
- A Tabela "Marcadores prognósticos no TEP agudo" menciona os marcadores prognósticos laboratoriais e de exames complementares habitualmente utilizados como indicadores de disfunção ventricular direita.

Marcadores prognósticos no TEP agudo

Ecocardiográficos (*odds ratio* 2,4)
▪ Dilatação ventricular direita ▪ Hipocinesia do ventrículo direito ▪ Relação VD/VE > 1
Laboratoriais
▪ Troponina (*odds ratio* 4,0) ▪ BNP (*odds ratio* 6,5) ▪ NT pro BNP (*odds ratio* 6,3)
Tomográficos
▪ Relação VD/VE > 1 (*odds ratio* 1,5)

- A Tabela "Escore PESI simplificado" descreve um dos escores prognósticos mais utilizados na avaliação de pacientes com TEP (*Pulmonary embolism severity index* – PESI simplificado). Pacientes sem pontuação apresentam baixa mortalidade em 30 dias, permitindo o tratamento de forma ambulatorial, sem exames complementares. Pacientes com pontuação ≥ 1 devem ser internados para estratificação adicional.
- A mais recente diretriz da European Society of Cardiology preconiza nova estratificação (Tabela "Risco relacionado a diversos marcadores de gravidade") e estratégia de tratamento com base na gravidade, no prognóstico e no risco de morte, dependendo da presença de choque, hipotensão, sinais de disfunção ventricular direita e elevação dos marcadores de injúria miocárdica. Pacientes de baixo risco também poderiam realizar o tratamento de forma ambulatorial.

Escore PESI simplificado

Idade > 80 anos	1 ponto
Neoplasia	1 ponto
Insuficiência cardíaca/doença pulmonar crônica	1 ponto
Frequência cardíaca > 110 bpm	1 ponto
PA sistólica < 100 mmHg	1 ponto
Oximetria < 90%	1 ponto

0 pontos – mortalidade em 30 dias de 1%; ≥ 1 ponto – mortalidade em 30 dias de 10,9%.

Risco relacionado a diversos marcadores de gravidade

Risco de mortalidade precoce	Marcadores de risco			Principais tratamentos implicados
	Clínico (choque/ hipotensão)	Disfunção do VD	Injúria miocárdica	
Alto risco (> 15%)	+	+	+	Trombólise farmacológica ou mecânica
Intermediário (3-15%)	-	+ ou -	+ ou -	Internação com anticoagulação
Baixo risco (< 1%)	-	-	-	Alta precoce ou tratamento domiciliar

Classificação

- O TEP pode ser classificado pela localização do êmbolo em relação à sua posição na circulação pulmonar (artéria pulmonar principal, lobar, segmentar ou subsegmentar) ou pelas alterações hemodinâmicas decorrentes do embolismo.
- TEP maciço: definido por PA sistólica < 90 mmHg ou queda de 40 mmHg na pressão sistólica basal, por mais de 15 minutos. Quando o paciente não apresenta essas alterações, define-se o TEP como submaciço, independentemente da disfunção do VD ou de outros marcadores de gravidade.

Escores de avaliação de probabilidade

- Diante da suspeita de TEP, é preciso discriminar os pacientes que necessitam de investigação adicional daqueles cujo diagnóstico pode ser afastado com segurança com base em um simples exame laboratorial. Os dois escores mais utilizados na prática clínica são os de Wells e o de Genebra (Tabela "Escores de avaliação de probabilidade – Genebra modificado e Wells").
- Pacientes com pontuação ≤ 4 pelo escore de Wells ou ≤ 5 pelo escore de Genebra podem ser inicialmente estratificados com o dímero-D por ELISA.
- Apesar de uma sensibilidade de cerca de 95%, a especificidade do dímero-D é baixa. O dímero-D pode se elevar em outras situações fora do contexto de TEP, como infecção, inflamação, câncer, trauma, infarto agudo do miocárdio, gravidez, doença arterial periférica, ruptura ou dissecção aórtica.

(continua)

Escores de avaliação de probabilidade *(continuação)*

- Valores de dímero-D < 500 ng/mL afastam o diagnóstico de TEP, enquanto valores ≥ 500 ng/mL necessitam de exames complementares para investigação.
- Estudos adicionais têm demonstrado a validade do dímero-D ajustado para a idade em pacientes acima de 50 anos: nesses casos, o novo ponto de corte seria (idade x10). Mais estudos são necessários até que se valide os novos valores de corte na prática clínica.
- Em pacientes com pontuação pelo escore de Wells ou Genebra com alta probabilidade, faz-se necessário o uso de exames complementares para o diagnóstico de TEP. Não se recomenda a dosagem de dímero-D nesses pacientes. Recomenda-se a realização de exames diagnósticos como a angiotomografia de tórax ou cintilografia de perfusão/ventilação pulmonar. Outros exames também podem auxiliar no diagnóstico (Tabela "Exames complementares na investigação do TEP").
- A Figura 1 discrimina o fluxograma de atendimento inicial ao paciente sem instabilidade hemodinâmica e com suspeita de tromboembolismo.

Escores de avaliação de probabilidade – Genebra modificado e Wells

Genebra modificado	Pontos	Wells	Pontos
TVP ou EP prévios	+3	TVP ou EP prévios	+1,5
Câncer ativo	+2	Frequência cardíaca	+1,5
Cirurgia recente ou fratura no último mês	+2	Cirurgia recente ou imobilização	+1,5
Idade > 65 anos	+1	Sinais clínicos de TVP	+3
Dor na perna unilateral	+3	Diagnósticos alternativos menos prováveis que EP	+3
Hemoptise	+2	Hemoptise	+1
Frequência cardíaca entre 75-94 bpm	+3	Câncer	+1
Frequência cardíaca ≥ 95 bpm	+5		
Edema unilateral da perna ou dor à palpação de trajeto venoso	+4		

Escore de Wells – 0 a 4 pontos: baixa probabilidade; > 4 pontos: alta probabilidade.
Escore de Genebra – 0 a 5 pontos: baixa probabilidade; > 5 pontos: alta probabilidade.

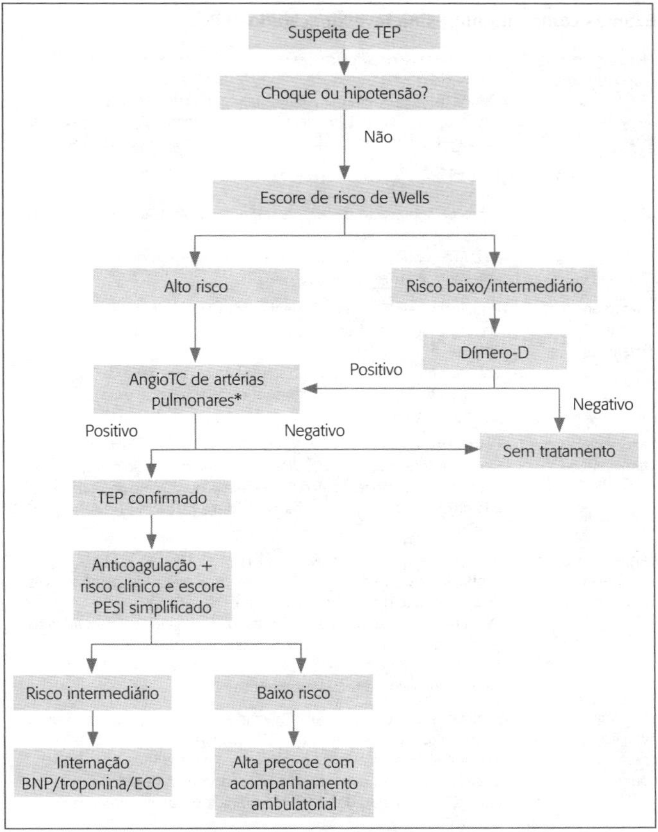

Figura 1 Fluxograma de atendimento inicial ao paciente sem instabilidade hemodinâmica e com suspeita de tromboembolismo. * Se alergia a contraste, IRC – cintilo V/Q. AngioTC: angiotomografia de artéria pulmonar; BNP: peptídeo natriurético cerebral; ECO: ecocardiograma transtorácico; TEP: tromboembolismo pulmonar.

Exames complementares na investigação do TEP

Radiografia de tórax	Normal na maioria dos casos; permite afastar diagnósticos diferenciais Outros achados: derrame pleural, elevação diafragmática, atelectasias Sinal de Westmark: oligoemia focal nos campos pulmonares ocluídos Sinal de Humpton: opacidade periférica em cunha na área de infarto
Eletrocardiograma	Normal Taquicardia sinusal Sinais de sobrecarga de VD, onda P *pulmonale*, BRD, inversão onda T nas derivações precordiais S1Q3T3 (onda S em DI, onda Q em DIII, inversão de T e DIII) – apresentação mais específica no TEP
Ultrassonografia de membros inferiores	Positivo em até 29% dos pacientes com TEP confirmado Útil em gestantes e pacientes com contraindicação ao contraste iodado Em pacientes com alta probabilidade clínica, o achado de TVP é suficiente para o diagnóstico, sem necessidade de exames complementares
Ecocardiograma transtorácico	Permite avaliação de disfunção de VD em pacientes instáveis Sinais de sobrecarga de VD: VD/VE > 1, retificação do septo interventricular, dilatação e/ou hipocinesia do VD, movimento paradoxal do septo, pressão sistólica artéria pulmonar (PSAP) > 30 mmHg
Angiotomografia de artérias pulmonares	Principal método para avaliação do TEP Vantagens: técnica *multislice* aumenta visualização de trombos mais distais, permite diagnósticos diferenciais de dispneia Desvantagens: uso de contraste iodado (contraindicado em alérgicos e insuficiência renal), *overdiagnosis* (achado incidental em exame de rotina), radiação ionizante (especialmente em gestantes), limitação para diagnóstico de TEP subsegmentares
Cintilografia ventilação/ perfusão pulmonar (V/Q)	Vantagens: uso em nefropatas, alergia a contraste, gestantes. Exame normal afasta o diagnóstico de TEP com VPN de 97%; exame com alta probabilidade confirma o diagnóstico com VPP de 85 a 90% Desvantagens: exames inconclusivos, pacientes pneumopatas (alterações regionais da ventilação prejudicam a interpretação do exame)
Arteriografia pulmonar	Padrão-ouro para diagnóstico de TEP Desvantagens: alto risco, baixa disponibilidade, exame invasivo, mortalidade/morbidade do exame

VPN: valor preditivo negativo; VPP: valor preditivo positivo.

Tratamento

Domiciliar *versus* ambulatorial

- Avaliar escores prognósticos (PESI simplificado ou European Society of Cardiology): pacientes de baixo risco, com boa *performance* cardiopulmonar, baixo risco de sangramento e bom suporte social podem realizar tratamento ambulatorial com anticoagulação oral.
- Pacientes de risco intermediário/alto ou com marcadores de mal prognóstico: internação até reversão da sintomatologia respiratória, melhora dos marcadores de gravidade e ajuste da anticoagulação.

Regimes de anticoagulação

Heparina de baixo peso molecular
▪ Enoxaparina: ❑ 1 mg/kg 12/12 h e 1,5 mg/kg SC ou ❑ 1,5 mg/kg (50% da dose se ClCr 30-50 mL/min). Não utilizar a posologia de dose única diária em neoplasias, obesos, pacientes com alta carga de êmbolos
▪ IRC, gravidez, > 120 kg ou < 40 kg: ❑ Manter nível sérico ❑ anti-Xa 0,6-1,0 UI/mL (se posologia 2 x/dia, coletar 4 h após administração) ❑ anti-Xa > 1,0 UI/mL (se posologia 1 x/dia)
Fondaparinux
▪ Dose (50% da dose se ClCr 30-50 mL/min): ❑ < 50 kg: 5 mg, SC, 1 x/dia; ❑ 50-100 kg: 7,5 mg, SC, 1 x/dia; ❑ > 100 kg: 10 mg, SC, 1 x/dia;
Heparina não fracionada IV
▪ Dose: *bolus* de 80 UI/kg, seguido de infusão de 18 UI/kg/h ▪ Titular de acordo com TTPA (46-70 s) ou relação (1,5-2,3) a cada 6 h
Heparina não fracionada SC
▪ Não monitoriza TTPA
▪ Doses: ❑ 5.000 UI, IV, seguida de 250 UI/kg, SC, 12/12 h ❑ 333 UI/kg, SC, seguida de 250 UI/kg, SC, 12/12 h

ClCr: *clearance* de creatinina; IRC: insuficiência renal crônica; SC: subcutâneo; UI: unidades internacionais.

Suporte ventilatório *versus* hemodinâmico

- Suporte de oxigênio com cateter nasal em pacientes hipoxêmicos.
- Hipotensão: expansão volêmica cuidadosa, considerar vasopressores (noradrenalina, adrenalina) e medicações inotrópicas (dobutamina).
- Iniciar anticoagulação empírica tão logo seja possível em pacientes com risco moderado ou alto de TEP e sem contraindicações para anticoagulação, mesmo sem confirmação diagnóstica. Os principais regimes encontram-se na Tabela "Regimes de anticoagulação".
- Trombolíticos mostraram redução da mortalidade no TEP maciço, com maior benefício nas primeiras 48 horas, mas com janela para realização até 14 dias após o diagnóstico. Em TEP submaciços, deve-se considerar os riscos e os benefícios principalmente em pacientes > 65 anos por risco de sangramentos, sobretudo em sistema nervoso central. O fluxograma para tratamento de pacientes hipotensos encontra-se na Figura 2. Verificar *check list* para contraindicações à trombólise (Tabela "Contraindicações para trombólise"). As doses de trombolíticos encontram-se na Tabela "Dose dos trombolíticos no TEP maciço".

Contraindicações para trombólise

Absolutas
▪ Acidente vascular cerebral (AVC) hemorrágico ou AVC sem causa definida, em qualquer momento ▪ AVC isquêmico nos últimos 6 meses ▪ Lesão ou neoplasia em sistema nervoso central ▪ Trauma/cirurgia/lesão cefálica nas últimas 3 semanas ▪ Sangramento gastrointestinal no mês anterior ▪ Risco de sangramento conhecido
Relativas
▪ Ataque isquêmico transitório nos últimos 6 meses ▪ Anticogulação oral ▪ Gravidez ou dentro de uma semana de puerpério ▪ Punção em sítio não compressivo ▪ Ressuscitação cardiopulmonar traumática ▪ Hipertensão refratária (PA sistólica > 180 mmHg) ▪ Doença hepática avançada ▪ Endocardite infecciosa ▪ Úlcera péptica ativa

Dose dos trombolíticos no TEP maciço

Estreptoquinase	250.000 UI em ataque em 30 minutos; dose de manutenção: 100.000 UI/h em 12-24 horas Regime acelerado: 1,5 milhão UI em 2 horas
Uroquinase	4.400 UI/kg em ataque em 10 minutos, seguido por 4.400 UI/kg em 12-24 horas Regime acelerado: 3 milhões UI em 2 horas
rTPA	100 mg em 2 horas; ou 0,6 mg/kg em 15 minutos (dose máxima: 50 mg)

- Se necessidade de ventilação mecânica: volume corrente de 6 mL/kg de peso ideal, pressão de platô < 30 cmH_2O, cautela com PEEP por potencial de piora hemodinâmica.
- Pacientes com infarto pulmonar: acompanhar febre e laboratório (leucocitose, PCR) pelo risco de infecção na área com infarto.
- Anticoagulação: base para tratamento do TEP. Os principais esquemas encontram-se listados nas Tabelas "Regimes de anticoagulação" e "Anticoagulação oral no TEP".
  - Heparina de baixo peso molecular: opção em pacientes estáveis hemodinamicamente com menor mortalidade, recorrência de eventos tromboembólicos e sangramentos importantes.
  - Heparina não fracionada: opção em pacientes hipotensos (perspectiva de trombólise), pacientes com absorção subcutânea incerta (obesidade, anasarca) e na insuficiência renal.
  - Fondaparinux: alternativa para pacientes estáveis hemodinamicamente, não utilizar em *clearance* < 30 mL/min.
  - Varfarina: pode ser iniciada no mesmo dia do início das outras terapias anticoagulantes. Alvo de INR entre 2,0 e 3,0.
  - Novos anticoagulantes (rivaroxabana e apixaban):
    - Vantagens: menor risco de sangramento, sem necessidade de monitorização laboratorial da anticoagulação.
    - Desvantagens: custo, contraindicação em pacientes com *clearance* < 30 mL/min, antídotos disponíveis de altíssimo custo e não amplamente disponíveis.
  - Reversão da anticoagulação com heparinas se sangramento:
    - Protamina: 1 a 1,5 mg, IV, para cada 100 UI/heparina (máximo 50 mg/dose);1 mg, IV, para cada 1 mg de enoxaparina (se < 8 h da administração) ou 0,5 mg para cada 1 mg de enoxaparina (se > 8 h da administração).
  - Terapias de resgate: embolectomia em pacientes com instabilidade hemodinâmica e contraindicações a trombólise ou falha da trombólise.
- Filtro de veia cava: indicado em pacientes com contraindicação e alto risco de recorrência.

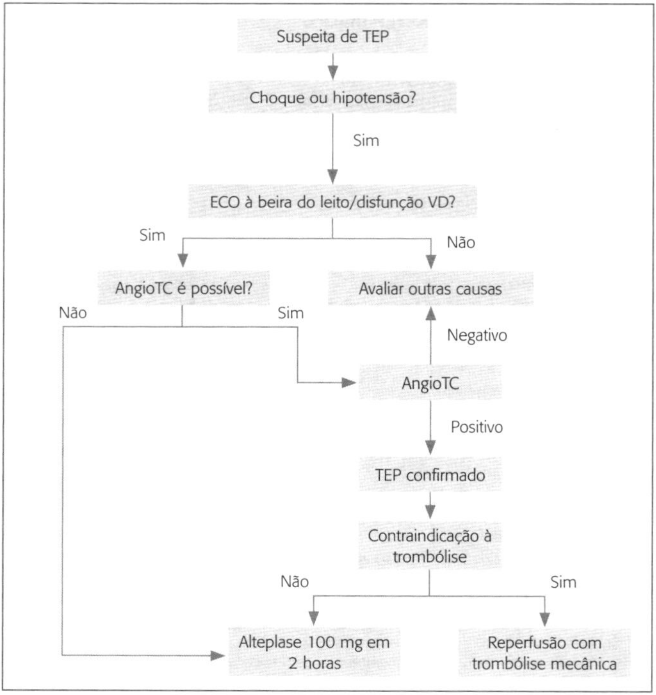

Figura 2 Fluxograma de atendimento ao paciente instável com suspeita de tromboembolismo pulmonar (TEP). AngioTC: angiotomografia de artérias pulmonares; ECO: ecocardiograma transtorácico; VD: ventrículo direito.

Anticoagulação oral no TEP

- Varfarina: iniciar com 5 mg/dia no mesmo dia da heparina (2,5 mg/dia em idosos); alvo terapêutico INR entre 2-3.
- Rivaroxabana: dose inicial de 15 mg, VO, 12/12 h por 3 semanas; após, 20 mg/dia; não utilizar se *clearance* < 30 mL/min).
- Dabigatrana:150 mg, VO, 12/12 h (50% da dose se *clearance* de creatinina < 15-30 mL/min; não utilizar se *clearance* < 15 mL/min).

Bibliografia recomendada

1. Task Force for the Diagnosis and Management of Acute Pulmonary Embolism of the European Society of Cardiology (ESC). 2014 ESC guidelines on the diagnosis and management of acute pulmonary embolism. Eur Heart J 2014. 14;35(43):3033-69, 3069a-3069k.
2. Righini M, Van Es J, Den Exter PL, Roy PM, Verschuren F, Ghuysen A, et al. Age-adjusted D-dimer cutoff levels to rule out pulmonary embolism: the ADJUST-PE study. JAMA. 2014;311(11):1117-24.
3. Condliffe R, Elliot CA, Hughes RJ, Hurdman J, Maclean RM, Sabroe I, et al. Management dilemmas in acute pulmonary embolism. Thorax. 2014;69(2):174-80.
4. Meyer G, Vicaut E, Danays T, Agnelli G, Becattini C, Beyer-Westendorf J, et al. Fibrinolysis for patients with intermediate-risk pulmonary embolism. N Engl J Med. 2014;370(15):1402-11.
5. Kearon C, Akl EA, Comerota AJ, Prandoni P, Bounameaux H, Goldhaber SZ, et al. Antithrombotic therapy for VTE disease: Antithrombotic Therapy and Prevention of Thrombosis, 9th ed: American College of Chest Physicians Evidence-Based Clinical Practice Guidelines. Chest. 2012;141(2 Suppl):e419S-94S.
6. Marti C, John G, Konstantinides S, Combescure C, Sanchez O, Lankeit M, et al. Systemic thrombolytic therapy for acute pulmonary embolism: a systematic review and meta-analysis. Eur Heart J. 2015;36(10):605-14.
7. Chatterjee S, Chakraborty A, Weinberg I, Kadakia M, Wilensky RL, Sardar P, et al. Thrombolysis for pulmonary embolism and risk of all-cause mortality, major bleeding, and intracranial hemorrhage: a meta-analysis. JAMA. 2014;311(23):2414-21.

93

Exacerbação aguda de asma

Olívia Meira Dias

Introdução

A asma brônquica é uma doença heterogênea, geralmente caracterizada por inflamação crônica das vias aéreas. É definida pela presença de sintomas respiratórios, como sibilância, dispneia, opressão torácica e tosse, que variam temporalmente e em intensidade, conjuntamente com limitação variável ao fluxo expiratório, e documentada por reversibilidade com medicação broncodilatadora.

A exacerbação da asma é caracterizada por piora da dispneia, sibilância, opressão torácica e tosse. Fadiga e intolerância ao exercício também são relatadas. Os sintomas tendem a piorar à noite ou ao despertar. O tratamento imediato previne piora clínica e desfechos graves, como hospitalização e óbito.

Diversos fatores promovem exacerbações, como exposição a alérgenos, poluição, infecções virais, exposições ocupacionais, mudanças climáticas e exercício.

Diagnóstico

História clínica e exame físico concisos são obtidos conjuntamente com o início da terapia, visando à confirmação diagnóstica e à avaliação da gravidade.

A presença de alguns achados clínicos ajuda a identificar pacientes com crises potencialmente graves: taquipneia, taquicardia > 120 bpm, uso de musculatura acessória, dificuldade para falar frases completas, inabilidade para deitar-se, presença de pulso paradoxal (Tabela "Achados clínicos da crise grave de asma"). Entretanto, até metade dos pacientes apresentará uma crise grave sem esses sintomas.

(continua)

Diagnóstico *(continuação)*

Critérios subjetivos do paciente ou avaliação de sinais e sintomas são frequentemente falhos em classificar a gravidade do paciente. Muitos pacientes são hipopercebedores e, a despeito de apresentarem grave limitação ao fluxo aéreo, relatam poucos sintomas. Na unidade de emergência deve-se, preferencialmente, utilizar a medida do pico de fluxo expiratório (PFE) ou do volume expirado no primeiro segundo (VEF_1) para classificar a gravidade da crise.

Achados clínicos da crise grave de asma

- Taquipneia
- Taquicardia
- Uso de musculatura acessória
- Incapacidade para falar frases completas
- Incapacidade para se deitar
- Presença de pulso paradoxal

A Tabela a seguir descreve fatores de risco para crises graves de asma.

Fatores de risco para crise grave de asma

- Asma lábil
- Duas ou mais hospitalizações prévias por crise
- Três ou mais visitas à emergência no último ano por descompensação da asma
- História de intubação orotraqueal prévia
- História de internação em terapia intensiva
- Uso de um ou mais *canisters* de broncodilatador de curta duração por mês
- Condições sociais, doenças psiquiátricas, uso de drogas ilícitas
- Ausência de uso de corticosteroide inalatório
- Uso recente ou atual de corticosteroide oral
- Hipopercepção dos sintomas
- Comorbidades (doença cardiovascular ou pulmonar crônica)

Exames complementares

A avaliação da oximetria arterial e a coleta de gasometria arterial são necessárias somente em pacientes hipoxêmicos ou com suspeita de hipercapnia (sonolência, confusão mental, PFE < 25% do predito). Exames como eletrocardiograma, radiografia de tórax e laboratoriais não são pedidos rotineiramente, exceto se há suspeita de diagnósticos diferenciais.

Tratamento

O objetivo do tratamento consiste em reverter a obstrução ao fluxo aéreo, corrigir a hipoxemia e a hipercapnia, diminuir a morbidade da exacerbação e prevenir futuros eventos. O algoritmo de atendimento é demonstrado na Figura 1.

Antibióticos somente são indicados quando há suspeita de infecção bacteriana associada, não devendo ser rotineiramente prescritos.

Considerar pesquisa de vírus respiratórios, incluindo influenza, e introdução de oseltamivir na presença de sintomas sugestivos de síndrome gripal (coriza, sintomas de vias aéreas, gotejamento pós-nasal).

As doses das principais medicações utilizadas na crise aguda de asma encontram-se sumarizadas na Tabela "Doses das medicações para exacerbação aguda de asma na emergência".

Sintomas atípicos devem levar à investigação de diagnósticos diferenciais (Tabela "Diagnósticos diferenciais de asma na unidade de emergência").

Crise leve/moderada

- Broncodilatadores e corticosteroides são os pilares do tratamento da asma. O uso de broncodilatadores com inalador dosimetrado ("bombinha") e espaçador, além de diminuir o tempo de permanência do paciente na unidade de emergência, é mais econômico e permite a dispensação da medicação em casa.
- Sempre diluir as medicações em soro fisiológico e nunca em água destilada.
- Anticolinérgicos (ipratrópio) podem ser utilizados nas crises moderadas, pois sua associação com broncodilatador de curta duração mostrou diminuição da internação nos pacientes com crise grave. Pelo início de ação em 90 min, nunca devem ser utilizados de forma isolada na crise de asma.
- Corticosteroides: utilizados nas crises moderadas a graves, com início de ação entre 4-6 h. O efeito clínico da administração via oral ou endovenosa de corticosteroides é semelhante, dando-se preferência à segunda forma de administração em pacientes instáveis, muito taquipneicos ou com vômitos. A duração da prescrição é entre 5-10 dias.

Doses das medicações para exacerbação aguda de asma na emergência

Medicação	Dose
Salbutamol *spray* (100 mcg/jato)	4-8 jatos a cada 20 min (após, a cada 1-4 h)
Salbutamol (solução para nebulização)	2,5-5 mg a cada 20 min (máximo 15 mg em 1 h)
Salbutamol injetável (0,5 mg/mL)	200 mcg em 10 min, com infusão de 3-12 mcg/min
Fenoterol gotas (5 mg/mL)	2,5-5 mg/uso (10-20 gotas a cada 20 min)
Fenoterol *spray* (100 mcg/jato)	4-8 jatos a cada 20 min (após, a cada 1-4 h)
Formoterol	6-12 mcg/dose, máximo 48 mcg/24 h
Brometo de ipratrópio (0,25 mg/mL)	0,5 mg/uso (20-40 gotas a cada 20 min)
Brometo de ipratrópio *spray* (0,02 mg/jato)	4-8 jatos/uso
Prednisona ou prednisolona	0,5-1 mg/kg – máximo 40-60 mg
Metilprednisolona	40 mg, IV, a cada 12-24 h Crises graves: dose de até 125 mg, IV, 6/6 h
Hidrocortisona	2-3 mg/kg 4/4 h – dose de 200-400 mg/dia
Dexametasona	6-10 mg, IV, ao dia
Sulfato de magnésio	2 g, IV, em 20 min
Terbutalina	0,25 mg, SC, a cada 20 min (máximo de 3 doses)
Epinefrina	0,3-05 mg, IM, em *status* asmático Se PCR: dose IV
Quetamina	0,5-1 mg/kg, IV, em *bolus* + 0,5-2 mg/kg em 1 h
Aminofilina (solução injetável)	*Bolus* de 5-6 mg/kg – infusão de 0,6-0,9 mg/kg/h (dose de 0,4 mg/kg/h em ICC, idosos, hepatopatas)

Avaliação inicial: história clínica concisa, exame físico (ausculta, uso de musculatura acessória, frequência cardíaca e respiratória, PFE ou VEF_1, saturação de oxigênio e outros exames complementares)

VEF_1 ou PFE ≥ 40% (leve a moderada)
- Oxigênio para saturação: ≥ 90%
- BD de curta duração por nebulização ou *spray* com espaçador, até três doses na primeira hora
- Corticosteroides orais se não houver resposta imediata ou se o paciente fez uso recente de corticosteroide

VEF_1 ou PFE < 40% (crise grave)
- Oxigênio para saturação: ≥ 90%
- Altas doses de BD de curta duração + ipratrópio por nebulização ou *spray* com espaçador a cada 20 minutos ou continuamente por 1 hora
- Corticosteroides orais

Iminência ou ocorrência de parada respiratória
- Intubação e ventilação mecânica com 100% de oxigênio
- BD nebulizado + ipratrópio
- Corticosteroides intravenosos
- Considerar terapias concomitantes

→ Admissão em UTI

Reavaliação clínica
- Sintomas, exame físico, PFE, saturação de oxigênio, exames complementares

Exacerbação moderada – VEF_1 ou PFE 40-60% do predito
- Exame físico com sintomas moderados
- Inalação com BD de curta duração a cada 60 minutos
- Corticosteroides orais
- Continuar o tratamento por 1 a 3 horas contanto que haja melhora
- Decidir sobre necessidade de internação em < 4 horas

Exacerbação grave – VEF_1 ou PFE 40-60% do predito
- Exame físico: sintomas em repouso, uso de musculatura acessória
- História com fatores de risco para exacerbação grave/sem melhora com tratamento inicial
- Oxigênio
- BD de curta duração + ipratrópio, a cada 1 hora ou contínuo
- Corticosteroide sistêmico por via oral
- Considerar associação de terapias

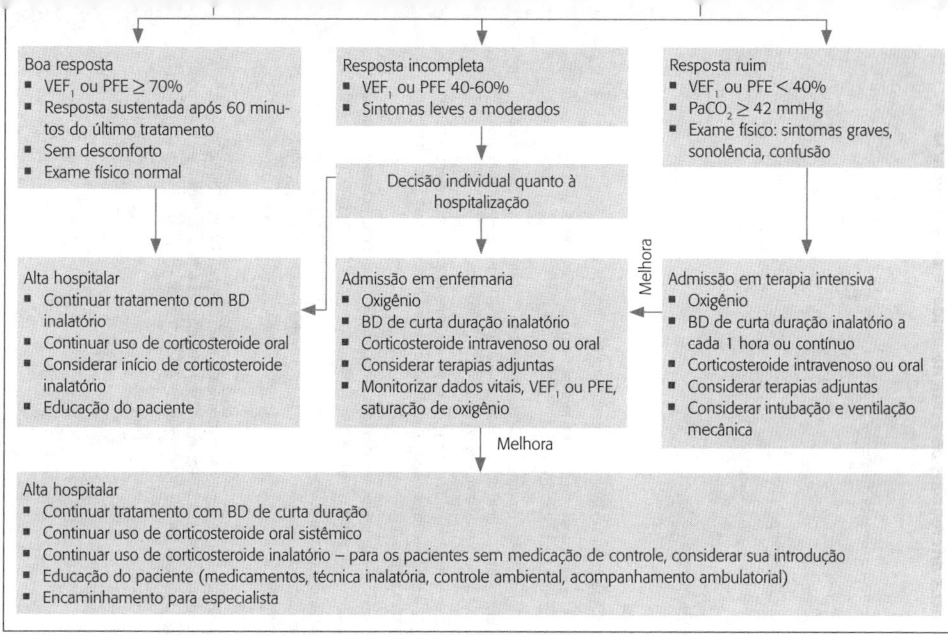

Figura 1 Fluxograma de atendimento da asma na unidade de emergência.

Diagnósticos diferenciais de asma na unidade de emergência

- DPOC
- Corpo estranho em vias aéreas
- Asma cardíaca
- Bronquiectasias
- Tromboembolismo pulmonar
- Tumor/neoplasia em vias aéreas
- Discinesia de pregas vocais
- Traqueomalácia

Crise grave

- Oxigenoterapia: utilizada para manter saturação acima de 92%.
- A coleta de gasometria arterial está indicada em pacientes com sinais clínicos de fadiga muscular ou com PFE < 25%.
- As metilxantinas são consideradas terapias de segunda linha para uso em casos refratários. Além de benefícios clínicos pouco claros, a dose terapêutica é muito próxima à dose tóxica, com efeitos colaterais significativos.
- Sulfato de magnésio: indicado nas crises graves, com resposta clínica entre 1-2 h. Atenção a efeitos colaterais: rubor cutâneo, náuseas, fraqueza muscular, arreflexia, depressão respiratória.
- Em crises graves, podem ser utilizados broncodilatadores, como terbutalina ou salbutamol SC, como medicação adjuvante. Nunca utilizar conjuntamente com epinefrina.
- Em pacientes com suspeita de anafilaxia ou impossibilitados de utilizar medicação broncodilatadora, pode-se utilizar epinefrina IM. Na parada respiratória, utiliza-se epinefrina IV.

Os critérios para alta hospitalar encontram-se sumarizados na Tabela "Critérios para alta hospitalar e recomendações". Pacientes com má resposta à terapia devem ser avaliados para internação em até 4-6 h da admissão.

Critérios para alta hospitalar e recomendações

- PFE ou $VEF_1 > 60\%$ predito
- Corticosteroide por via oral por 7 dias
- Broncodilatador inalatório se dispneia
- Prescrição de corticosteroide inalatório
- Orientação sobre terapia de manutenção e uso de dispositivos inalatórios
- Orientações sobre piora sintomática e retorno ao pronto-socorro
- Encaminhamento para especialista

Pacientes em iminência de parada respiratória devem ser intubados e colocados em ventilação mecânica (Tabela "Particularidades da ventilação invasiva na asma grave").

Particularidades da ventilação invasiva na asma grave

- Intubação com cânula com maior calibre possível
- Sequência rápida, uso de quetamina ou propofol como sedação (evitar opioides pela liberação de histamina)
- Modo volume controlado
- Volume corrente: 6 mL/kg peso ideal
- Baixa frequência respiratória (8-12 irpm)
- Pressão platô < 35 cmH_2O
- Fluxo inspiratório: 60-80 L/min
- Tempo expiratório de 4 s (ou o suficiente para evitar auto-PEEP)
- PEEP: 0-5 cmH_2O
- FiO_2 suficiente para $SpO_2 > 92\%$
- Hipercapnia permissiva com pH > 7,20, $PaCO_2$ até 90 mmHg (exceções: hipertensão intracraniana, comorbidade cardiovascular grave, instabilidade hemodinâmica)
- Considerar terapias adjuvantes: heliox, anestésicos inalatórios
- Medicações inalatórias: utilizar espaçadores no circuito de ventilação mecânica, com doses 2-3 vezes maiores que as habituais (deposição de parte da medicação no circuito da ventilação mecânica). Para crises graves, doses até oito vezes maiores em relação às doses habituais
- Retirar filtros do circuito de ventilação mecânica durante a administração de medicações inalatórias

Bibliografia recomendada

1. National Asthma Education and Prevention Program. Expert Panel Report 3 (EPR 3): guidelines for the diagnosis and management of asthma. J Allergy Clin Immunol. 2007;120(5 Suppl):S94-138.
2. Murata A, Ling PM. Asthma diagnosis and management. Emerg Med Clin North Am. 2012;30(2):203-22, vii.
3. Global strategy for asthma management and prevention. Updated 2015. Disponível em: http://www.ginasthma.org/local/uploads/files/GINA_Report_2015.pdf.

94

Hemoptises

Olívia Meira Dias

Introdução

- Hemoptise é definida como qualquer sangramento proveniente do trato respiratório inferior.
- Qualquer quadro de hemoptise é potencialmente grave – sangramentos ativos, mesmo os não exteriorizados, podem ter repercussões ventilatórias e hemodinâmicas.
- A maior causa de mortalidade é a asfixia.
- Hemoptise maciça: corresponde a 5-15% do total de eventos; a mortalidade em pacientes tratados de forma conservadora varia entre 50-100%. Define-se como volume de sangue expectorado > 500 mL/24 h ou taxa superior a 100 mL/h.
- As principais causas de hemoptise são bronquiectasias, tuberculose, infecções fúngicas e sangramento secundário a neoplasias pulmonares.
- Mais importante que o volume expectorado, deve-se levar em conta as consequências clínicas, como obstrução de vias aéreas, instabilidade hemodinâmica, necessidade transfusional, intubação, hipoxemia e mortalidade.

Fisiologia da circulação pulmonar

O suprimento sanguíneo pulmonar se dá por dois sistemas:

- Artérias pulmonares: são responsáveis por 99% do suprimento sanguíneo pulmonar e estão diretamente envolvidas nas trocas gasosas; sangramentos desse território tendem a ser de baixa monta.
- Circulação brônquica: responsável, principalmente, pelo suprimento sanguíneo dos brônquios. Por ser um ramo da aorta (e, menos frequentemente, das artérias intercostais), a pressão na circulação brônquica equivale à pressão arterial sistêmica, podendo causar hemoptises de grande monta.

Em processos inflamatórios crônicos das vias aéreas (bronquiectasias, aspergilose pulmonar) ou em situações de hipóxia crônica, citocinas e fatores de crescimento estimulam a neoangiogênese, levando a hipertrofia, tortuosidade e neovascularização, com formação de vasos colaterais na proximidade dessas artérias – a ruptura de qualquer desses vasos resulta em sangramento volumoso e potencialmente letal.

Causas de hemoptise

- Bronquiectasias.
- Tuberculose.
- Infecções (abscessos pulmonares, pneumonia necrosante, outras infecções fúngicas).
- Neoplasias (carcinomas broncogênicos, metástases).
- Hemorragia alveolar difusa (granulomatose com poliangeíte, síndrome de Goodpasture, poliangeíte microscópica, lúpus eritematoso sistêmico).
- Coagulopatias (plaquetopenia, coagulação intravascular disseminada, intoxicação cumarínica, disfunção plaquetária).
- Malformações arteriovenosas pulmonares (p. ex., Osler-Rendu-Weber).
- Cardiopatias (estenose mitral, insuficiência cardíaca esquerda grave, cardiopatias congênitas).
- Tromboembolismo pulmonar.
- Hipertensão pulmonar grave.
- Traumáticas.
- Iatrogênicas (perfuração da artéria pulmonar por cateter de Swan-Ganz, broncoscopia, fístula traqueoinominada após traqueostomia)
- Miscelânea (hemorragia pulmonar por cocaína, hemoptise catamenial, linfangioleiomiomatose).
- Criptogênicas.

Exames diagnósticos

- Broncoscopia flexível: exame de caráter diagnóstico e terapêutico. Pode auxiliar na intubação orotraqueal em casos de hemoptise maciça. Alguns métodos terapêuticos, como insuflação de balões no sítio de sangramento, instilação de solução salina gelada, aplicação de solução com adrenalina ou outras medicações vasoconstritoras, uso de *laser*, eletrocautério, coagulação com plasma ou crioterapia, podem conter momentaneamente o sangramento. Entretanto, alguns métodos são paliativos e devem ser considerados "ponte" para procedimentos definitivos.
- Broncoscopia rígida: em sangramentos de maior monta, a broncoscopia rígida permite maior número de procedimentos terapêuticos, maior capacidade de sucção de sangue das vias aéreas e ventilação durante o procedimento. Deve ser realizada sob anestesia geral e não permite visualização das vias aéreas mais distais.
- Tomografia computadorizada: útil em casos em que a broncoscopia não localiza o sítio de sangramento e o paciente parou de sangrar. Permite o diagnóstico, quando a causa da hemoptise ainda não é conhecida, bem como o planejamento de embolizações por arteriografia.
- Arteriografia: procedimento de escolha nos casos de sangramento persistente após a broncoscopia ou como terapia definitiva em pacientes que recusam cirurgia ou apresentam contraindicações, comorbidades ou reserva ventilatória limítrofe para ressecções pulmonares.

Terapêutica

Princípios gerais

- As prioridades em caso de hemoptise maciça são garantir via aérea e ventilação adequadas, estabilizar a hemodinâmica e tratar a causa.
- Solicitar exames laboratoriais: coagulograma, hemograma completo com plaquetas, ureia, creatinina, eletrólitos, gasometria arterial, tipo sanguíneo. Função hepática e urina I podem ser úteis na investigação etiológica da causa da hemoptise em casos de cirrose hepática ou em vasculites.
- A radiografia de tórax é um exame amplamente disponível e que pode trazer informações sobre possíveis causas ou localizar sítio de sangramento.
- Quando o sítio do sangramento é conhecido e o paciente apresenta sangramento ativo, lateralizar o decúbito do paciente com o pulmão responsável pelo sangramento voltado para baixo. Essa medida evita que coágulos possam obstruir os brônquios do pulmão contralateral e evita prejuízo às trocas pulmonares em decorrência do progressivo inundamento alveolar com sangue.

- Quando o paciente requer via aérea definitiva, intubar com cânulas com o maior diâmetro possível, visando garantir ventilação e acesso à broncoscopia. Cânulas seletivas ou de duplo lúmen podem ser utilizadas, quando disponíveis, para garantir a ventilação no pulmão não acometido.
- Garantir a estabilização hemodinâmica por meio da infusão de soluções cristaloides em pacientes hipotensos.
- Em pacientes sob ventilação mecânica invasiva e sangramento pulmonar difuso, a adoção de valores maiores de pressão positiva expiratória final (PEEP) pode auxiliar no controle do sangramento como um *cuff* pneumônico, aumentando a pressão alveolar ao final da expiração e impedindo extravasamento de sangue para o interior dos alvéolos. Entretanto, essa estratégia deve ser cuidadosamente avaliada, em especial nos pacientes hipotensos pela diminuição do retorno venoso.
- Considerar a transfusão de hemoderivados na presença de coagulopatias.
- A avaliação da cirurgia torácica para ressecções pulmonares de emergência (lobectomias/pneumonectomias) deve ser considerada em casos de hemoptise unilateral e localizada persistente, com falha de tratamento com outros métodos. A mortalidade nessas cirurgias pode alcançar 40%.

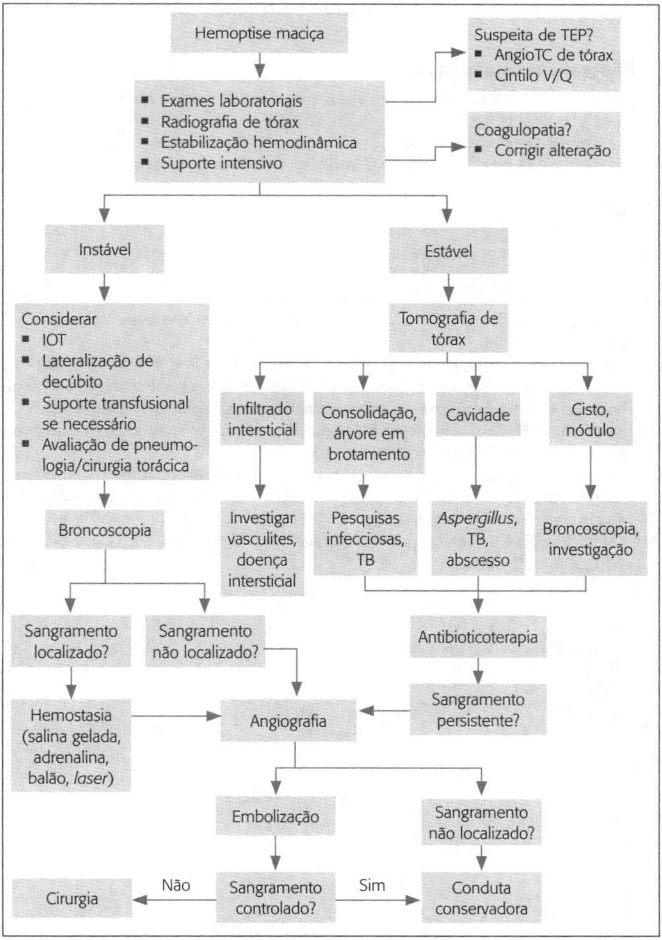

Figura 1 Algoritmo para tratamento das hemoptises maciças. AngioTC: angiotomografia de artérias pulmonares; cintilo V/Q: cintilografia ventilação-perfusão; IOT: intubação orotraqueal; TB: tuberculose; TEP: tromboembolismo pulmonar.

Bibliografia recomendada

1. Jean-Baptiste E. Clinical assessment and management of massive hemoptysis. Crit Care Med. 2000;28(5):1642-7.
2. Jougon J, Ballester M, Delcambre F, Mac Bride T, Valat P, Gomez F, et al. Massive hemoptysis: what place for medical and surgical treatment. Eur J Cardiothorac Surg. 2002;22(3):345-51.
3. Lordan JL, Gascoigne A, Corris PA. The pulmonary physician in critical care Illustrative case 7: Assessment and management of massive haemoptysis. Thorax. 2003;58(9):814-9.
4. Bruzzi JF, Rémy-Jardin M, Delhaye D, Teisseire A, Khalil C, Rémy J. Multi-detector row CT of hemoptysis. Radiographics. 2006;26(1):3-22.
5. Chun JY, Morgan R, Belli AM. Radiological management of hemoptysis: a comprehensive review of diagnostic imaging and bronchial arterial embolization. Cardiovasc Intervent Radiol. 2010;33(2):240-50.
6. Hayes Jr D, Winkler MA, Kirkby S, Capasso P, Mansour HM, Attili AK. Preprocedural planning with prospectively triggered multidetector row CT angiography prior to bronchial artery embolization in cystic fibrosis patients with massive hemoptysis. Lung. 2012;190(2):221-5.
7. Sakr L, Dutau H. Massive hemoptysis: an update on the role of bronchoscopy in diagnosis and management. Respiration. 2010;80(1):38-58.
8. Alexander GR. A retrospective review comparing the treatment outcomes of emergency lung resection for massive haemoptysis with and without preoperative bronchial artery embolization. Eur J Cardiothorac Surg. 2014;45(2):251-5.
9. Kapur S, Louie BE. Hemoptysis and thoracic fungal infections. Surg Clin North Am. 2010;90(5):985-1001.

95

Abordagem do derrame pleural e toracocentese

Olívia Meira Dias

Introdução

- Os mecanismos potenciais para a formação do líquido pleural incluem aumento do fluido intersticial secundário a aumento da pressão capilar pulmonar (p. ex., insuficiência cardíaca), alteração da permeabilidade da membrana (p. ex., pneumonia), diminuição da pressão intrapleural (p. ex., atelectasias), diminuição da pressão oncótica plasmática (p. ex., hipoalbuminemia), aumento da permeabilidade da membrana pleural e obstrução linfática (p. ex., neoplasias acometendo a pleura ou infecções), defeitos diafragmáticos (p. ex., hidrotórax hepático) ou ruptura do ducto torácico (p. ex., quilotórax).
- O primeiro passo no tratamento do derrame pleural consiste em classificá-lo como transudato ou exsudato.
- Transudatos são ocasionados por causas sistêmicas alterando a formação ou a absorção do líquido pleural, mantendo a integridade dos capilares na superfície pleural. Dentre as principais causas estão a insuficiência cardíaca (IC), a cirrose hepática e as doenças responsáveis pela diminuição dos níveis plasmáticos de proteínas.
- Exsudatos são formados quando a superfície pleural ou capilares no local da formação do líquido são alterados, levando a aumento da permeabilidade a líquidos. Neoplasias, derrames pleurais parapneumônicos e embolia pulmonar são as principais causas.
- O exame clínico tipicamente revela macicez à percussão, frêmito toracovocal ausente ou diminuído, redução do murmúrio vesicular e ausência na transmissão do som.

Diagnóstico diferencial dos derrames pleurais

Transudato
▪ Insuficiência cardíaca
▪ Cirrose hepática
▪ Síndrome nefrótica
▪ Obstrução de veia cava superior
▪ Urinotórax
▪ Hipoalbuminemia
▪ Diálise peritoneal
▪ Glomerulonefrites
▪ Mixedema
Exsudato
▪ Neoplasias: doenças metastáticas, mesotelioma, linfoma
▪ Infecciosas: tuberculose, infecções fúngicas, bacterianas, virais, parasitárias
▪ Embolia pulmonar
▪ Doença gastrointestinal: doença pancreática, abscessos (subfrênico, intra-hepático, infraesplênico), pós-operatório de cirurgia abdominal, perfuração esofágica, hérnia diafragmática, escleroterapia de varizes esofágicas, pós-transplante hepático
▪ Doenças cardiovasculares: pós-cirurgia de vascularização miocárdica, síndrome de injúria pós-cardíaca (Dressler), doença pericárdica, estenose de artéria pulmonar após ablação de fibrilação atrial por radiofrequência
▪ Doenças ginecológicas e obstétricas: síndrome de hiperestimulação ovariana, endometriose, derrame pleural pós-parto, síndrome de Meigs
▪ Colagenoses: lúpus eritematoso sistêmico, pleurite reumatoide, síndrome de Sjögren, febre do Mediterrâneo, síndrome de Churg-Strauss, granulomatose de Wegener
▪ Drogas: minoxidil, betabloqueadores, nitrofurantoína, dantrolene, derivados da ergotamina, metotrexato, amiodarona, clozapina, bleomicina, isotretinoína, ácido valproico, interferon
▪ Hemotórax
▪ Quilotórax
▪ Pseudoquilotórax
▪ Miscelânea: exposição a asbesto, pós-transplante de pulmão, pós-transplante de medula óssea, síndrome da unha amarela, sarcoidose, uremia, pulmão encarcerado, exposição à irradiação ionizante, afogamento, ruptura de cistos mediastinais, síndrome do desconforto respiratório do adulto (SDRA), derrames pleurais iatrogênicos

Exames de imagem

- Cerca de 200 mL de líquido pleural são necessários para opacificar os seios costofrênicos na incidência posteroanterior (PA); no perfil, 50 mL de líquido já são suficientes.
- A realização de radiografias em decúbito lateral permitia a identificação de pequenos derrames pleurais que obliteravam parcialmente o seio costofrênico ou derrames subpulmonares que simulavam elevação da cúpula diafragmática. Tal prática tem sido cada vez menos empregada com o uso de métodos complementares de imagem, principalmente a ultrassonografia (US) e a tomografia computadorizada (TC) de tórax.
- A TC de tórax é o exame que fornece mais informações isoladamente acerca do derrame pleural: volume, espessamento pleural e lesões associadas. Nos pacientes com derrame pleural novo, a TC de tórax com contraste deve ser realizada antes da toracocentese, pois permite o diagnóstico de tromboembolismo pulmonar, bem como a identificação de infiltrados, massas pulmonares, adenomegalias mediastinais e avaliação complementar de empiemas.

Toracocentese

- Sempre que possível, tentar guiar o sítio de punção por US de tórax.
- As principais complicações da toracocentese incluem reação vagal, pneumotórax, punção de outros órgãos, hemorragia e dor.
- Deve-se evitar a punção em pacientes com RNI $> 1,5$, plaquetas < 50.000 ou em uso de anticoagulantes e antiagregantes plaquetários (exceto AAS).
- Idealmente, não há limite para retirada de líquido pleural na toracocentese. Apesar de as dirtetrizes estipularem 1.000-1.500 mL como limite, diversos trabalhos na literatura reportam edema de reexpansão com retiradas de volumes menores. A manometria para a mensuração da pressão pleural é o procedimento mais seguro para monitorizar a ocorrência de edema de reexpansão: valores de pressão abaixo de -20 cmH_2O estão relacionados à maior incidência de complicações; entretanto, a manometria não é amplamente disponível.
- Radiografias de controle não são necessárias após o procedimento, exceto se houver aspiração de ar, dificuldades na punção, múltiplas tentativas ou se o paciente apresentar sintomas após o procedimento.

Exames recomendados na toracocentese

- Exames séricos: desidrogenase láctica (DHL) sérica, proteína total e albumina.
- Exames do líquido pleural
  - DHL.
  - Proteína do líquido pleural.
  - Albumina do líquido pleural.
  - Citologia diferencial e oncótica.
  - Glicose.
  - pH (utilizar seringa de gasometria heparinizada para coleta).
  - Bacterioscópico.
  - Culturas para bactéria, micobactéria e fungos (inoculadas em balão de hemocultura para aumentar a positividade das culturas).
  - Adenosina deaminase (ADA), se a tuberculose for um diagnóstico diferencial.

Critérios diagnósticos

- Critérios de Light: é considerado exsudato quando pelo menos um dos três critérios a seguir encontra-se presente:
  - Proteína do líquido pleural/sérica > 0,5.
  - DHL pleural/DHL sérico > 0,6.
  - DHL do líquido pleural > 2/3 do limite superior da normalidade do DHL sérico.
- Em pacientes com insuficiência cardíaca e derrames pleurais, principalmente quando em uso de diuréticos, duas fórmulas podem ser utilizadas para diagnóstico diferencial:
  - Gradiente de proteína sérica – proteína do líquido pleural: valores > 3,1 mg/dL são sugestivos de transudato.
  - Gradiente de albumina sérica – albumina pleural: valores > 1,2 mg/dL indicam transudato.
- NT-proBNP acima de 1.500 pg/mL ou BNP acima de 400 pg/mL, tanto no sangue como no líquido pleural, são virtualmente diagnósticos de IC.

Outras análises do líquido pleural

- Glicose: valores < 60 mg/dL devem considerar quatro hipóteses diagnósticas: derrame parapneumômico complicado, derrame pleural neoplásico, TB pleural ou derrame pleural secundário à artrite reumatoide.
- ADA: valores acima de 40 mg/dL em pacientes com derrame pleural linfocítico são virtualmente diagnósticos de TB pleural, em paciente com história compatível e sem suspeita de acometimento neoplásico.
- Níveis elevados de amilase podem ser encontrados nos exsudatos secundários a ruptura esofágica ou pancreatite.
- Níveis de creatinina no líquido pleural acima dos níveis séricos indicam urinotórax.

Celularidade do líquido pleural

- Neutrófilos: processo inflamatório pleural agudo. Considerar, no diagnóstico diferencial, derrames pleurais parapneumônicos, embolia pulmonar, fase aguda da TB pleural e derrames pleurais benignos por asbesto.
- Linfócitos: sugerem TB pleural, neoplasias, linfoma, colagenose ou derrame pleural após cirurgia de revascularização miocárdica.
- Eosinófilos (> 10%): podem ser encontrados se houver ar ou sangue na cavidade pleural. Causas: TEP, neoplasia, reação a drogas, linfoma, infarto pulmonar, síndrome de Churg-Strauss e doenças parasitárias.
- A citologia do líquido pleural é positiva em 60-65% dos casos em pacientes com neoplasia, com maior positividade nos adenocarcinomas.
- Presença de < 5% de células mesoteliais na citologia do líquido pleural corrobora o diagnóstico de tuberculose.

Exames complementares

- Nos casos de derrames exsudativos em que há dúvida diagnóstica, a biópsia pleural pode ser necessária. A biópsia com agulha de Cope ainda é realizada no InCor--HCFMUSP, com rendimento diagnóstico em casos suspeitos de neoplasia até 20%.
- Pleuroscopia ou toracoscopia com biópsia é indicada nos casos em que procedimentos menos invasivos não foram diagnósticos, pois permite visualização direta da cavidade.

Abordagem dos derrames pleurais transudativos

- Insuficiência cardíaca: o tratamento é realizado com diuréticos. Derrames muito volumosos podem ser puncionados para alívio sintomático da dispneia.
- Cirrose hepática: o mecanismo da formação do transudato na cirrose hepática decorre do movimento do líquido ascítico através de pequenos pertuitos localizados no diafragma, em decorrência da pressão pleural negativa. O derrame pleural é geralmente localizado à direita. Toracocenteses terapêuticas repetidas são ineficazes. O tratamento é direcionado à ascite, com dieta hipossódica e diuréticos. O tratamento definitivo consiste no transplante hepático; nos casos em que o transplante não é factível, a inserção de um *shunt* portossistêmico intra-hepático transjugular (TIPS) é um procedimento de resgate.

Abordagem dos derrames pleurais exsudativos

- Derrame pleural causado por infecção viral: raramente diagnosticado, apresenta melhora espontânea. Deve ser considerado em pacientes com exsudatos com rápida melhora clínica.
- Derrame pleural parapneumônico:
  - Bacterioscopia ou cultura positiva.
  - pH < 7,20.
  - Glicose < 60 mg/dL.
  - DHL > 1.000 UI.
  - Presença de pus.
  - Tratamento: antibioticoterapia e drenagem torácica para derrames > 20 mm.
- Pneumonia adquirida na comunidade (PAC): betalactâmico + macrolídeo ou fluorquinolona respiratória.
- Suspeita de infecção por *Pseudomonas aeruginosa*: piperacilina-tazobactam, imipenem, meropenem ou cefepime.
- Na suspeita de infecção por anaeróbios, considerar clindamicina ou metronidazol.
- Pneumonia hospitalar: acrescentar cobertura de *Staphylococcus aureus* com vancomicina.
- O uso de aminoglicosídeos é contraindicado pela baixa concentração na cavidade pleural e pela inativação do antibiótico em baixos pH.
- Derrames loculados por traves de fibrina podem ser abordados por fibrinólise intrapleural, com instilação de ativador de plasminogênio tecidual (tPA) e videotoracoscopia (VATS).
- Derrame pleural tuberculoso: introdução do esquema para tuberculose.
- Derrame pleural após lesão miocárdica (síndrome de Dressler): febre, pleuropericardite e infiltrados pulmonares nas semanas após o trauma ao pericárdio ou miocárdio. Leucocitose periférica e elevação dos marcadores inflamatórios séricos são comuns. O diagnóstico é de exclusão. A doença tem curso benigno e autolimitado; o tratamento com corticoesteroides e anti-inflamatórios parece ser efetivo.
- Derrame pleural após cirurgia de revascularização miocárdica: praticamente todos os pacientes submetidos à revascularização miocárdica apresentam derrame pleural no pós-operatório, geralmente localizado no hemitórax esquerdo; em 10% dos casos, o derrame ocupa mais de 25% do hemitórax. Derrames puncionados antes de 30 dias são hemáticos e eosinofílicos; acima de 30 dias apresentam coloração normal e são linfocíticos. Febre e dor pleurítica não são sintomas comuns; nesses casos, a toracocentese diagnóstica deve ser realizada para afastar infecção da cavidade pleural. Não há evidências de que o uso de diuréticos ou anti-inflamatórios melhore o derrame pleural nesses pacientes.

- Derrame pleural secundário à colagenose: comumente associado a lúpus eritematoso sistêmico e artrite reumatoide. A maior parte dos pacientes é assintomática e não requer tratamento específico, a não ser o da doença de base.
- Derrame pleural neoplásico:
  - Pleurodese: consiste na instilação de um agente irritante na cavidade pleural (talco, nitrato de prata), provocando reação inflamatória entre a pleura visceral e parietal, evitando acúmulo posterior de líquido na cavidade pleural. Só deve ser realizada nos casos em que há expansão pulmonar após toracocentese terapêutica.
  - Inserção de cateteres tunelizados de longa permanência (PleurX).
- Derrame pleural secundário à embolia pulmonar: causa frequente de derrame pleural exsudativo. Tipicamente, o derrame é hemorrágico, rico em polimorfonucleares e, eventualmente, eosinofílico. Não há necessidade de drenagem ou interrupção da anticoagulação pelo diagnóstico do derrame.
- Hemotórax: hematócrito do líquido pleural é superior a 50% do valor do hematócrito periférico. As principais causas são iatrogênicas (principalmente após toracocenteses, passagens de cateteres venosos centrais ou cirurgias torácicas/cardíacas), traumáticas ou espontâneas (pneumotórax, coagulopatias, ruptura de malformações arteriovenosas, neoplasias, mesoteliomas, endometriose). O hemotórax traumático deve ser drenado para reduzir o risco de empiemas e fibrotórax e para quantificar o sangramento. Taxa de sangramento acima de 200 mL/h geralmente indica intervenção cirúrgica ou necessidade de embolização da artéria intercostal.
- Quilotórax: causado por lesão ao ducto torácico por diversas patologias, incluindo trauma cirúrgico ou invasão por tumores, especialmente linfomas, e linfangioleiomiomatose. O aspecto do líquido pleural é leitoso ou turvo, mesmo com centrifugação. O quilotórax é diagnosticado com dosagem de triglicérides > 110 mg/dL. O pseudoquilotórax apresenta níveis de colesterol aumentados, mas não há presença de quilomícrons. Pelo alto teor de eletrólitos, gordura e linfócitos no quilotórax, o reconhecimento antecipado e a abordagem terapêutica devem ser precoces; o manejo é complexo e inclui o tratamento da causa de base, a manutenção do *status* nutricional, a redução da produção de quilo pela introdução de nutrição parenteral total (NPT) e dieta com triglicérides de cadeia média e ligadura do ducto torácico.

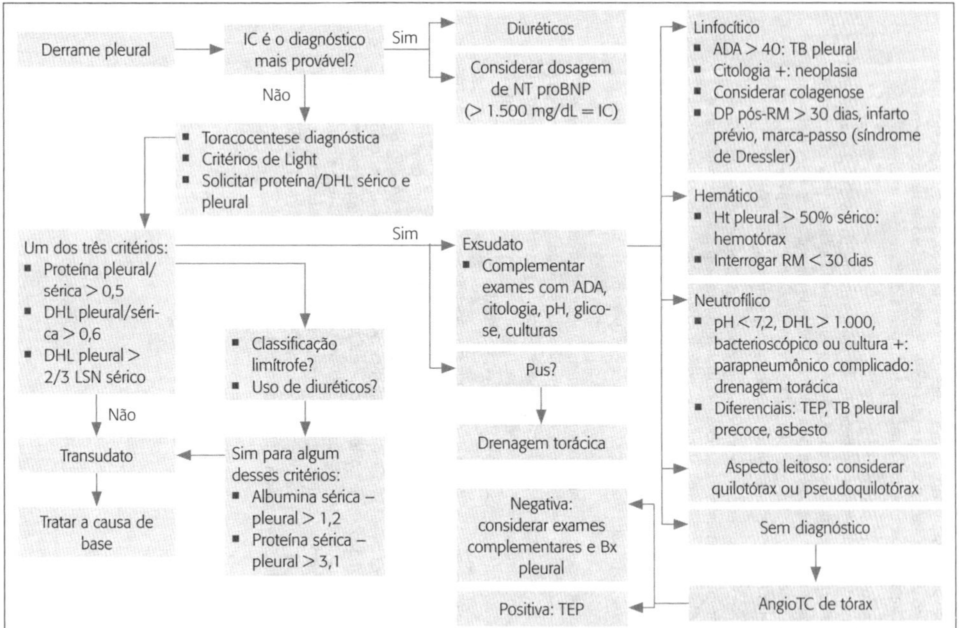

Figura 1 Algoritmo para abordagem dos derrames pleurais. ADA: adenosina deaminase; Bx: biópsia; DHL: desidrogenase láctica; Ht: hematócrito; IC: insuficiência cardíaca; LSN: limite superior de normalidade; NT proBNP: porção N-terminal do peptídeo natriurético tipo B; RM: revascularização miocárdica; TEP: tromboembolismo pulmonar; TB: tuberculose; TC: tomografia computadorizada.

Bibliografia recomendada

1. Davies HE, Davies RJ, Davies CW. BTS Pleural Disease Guideline Group. Management of pleural infection in adults: British Thoracic Society Pleural Disease Guideline 2010. Thorax. 2010;65 suppl 2:ii41-53.
2. Akulian J, Yarmus L, Feller-Kopman D. The evaluation and clinical application of pleural physiology. Clin Chest Med. 2013;34(1):11-9.
3. McGrath EE, Anderson PB. Diagnosis of pleural effusion: a systematic approach. Am J Crit Care. 2011;20(2):119-27.
4. Porcel JM, Light RW. Diagnostic approach to pleural effusion in adults. Am Fam Physician. 2006;1;73(7):1211-20.
5. Light RW. Pleural effusions. Med Clin North Am. 2011;95(6):1055-70.
6. Quinn T, Alam N, Aminazad A, Marshall MB, Choong CK. Decision making and algorithm for the management of pleural effusions. Thorac Surg Clin. 2013;23(1):11-6, v.
7. Thomas R, Lee YC. Causes and management of common benign pleural effusions. Thorac Surg Clin. 2013;23(1):25-42, v-vi.
8. Havelock T, Teoh R, Laws D, Gleeson F. BTS Pleural Disease Guideline Group. Pleural procedures and thoracic ultrasound: British Thoracic Society Pleural Disease Guideline 2010. Thorax. 2010;65 suppl 2:ii61-76.
9. Sachdeva A, Shepherd RW, Lee HJ. Thoracentesis and thoracic ultrasound: state of the art in 2013. Clin Chest Med. 2013;34(1):1-9.
10. Hooper C, Lee YC, Maskell N; BTS Pleural Guideline Group. Investigation of a unilateral pleural effusion in adults: British Thoracic Society Pleural Disease Guideline 2010. Thorax. 2010;65 suppl 2:ii4-17.
11. Porcel JM. Pleural fluid biomarkers: beyond the Light criteria. Clin Chest Med. 2013;34(1):27-37.
12. Light RW. The Light criteria: the beginning and why they are useful 40 years later. Clin Chest Med. 2013;34(1):21-6.
13. Porcel JM. Identifying transudates misclassified by Light's criteria. Curr Opin Pulm Med. 2013;19(4):362-7.
14. Bhatnagar R, Maskell NA. Treatment of complicated pleural effusions in 2013. Clin Chest Med. 2013;34(1):47-62.
15. Roberts ME, Neville E, Berrisford RG, Antunes G, Ali NJ, BTS Pleural Disease Guideline Group. Management of a malignant pleural effusion: British Thoracic Society Pleural Disease Guideline 2010. Thorax. 2010;65 suppl 2:ii32-40.
16. Light RW. Update on tuberculous pleural effusion. Respirology. 2010;15(3):451-8.
17. Myers R, Michaud G. Tunneled pleural catheters: an update for 2013. Clin Chest Med. 2013;34(1):73-80.

96

Diagnóstico e classificação da hipertensão arterial sistêmica

Thiago Midlej Brito
Luiz Aparecido Bortolotto

Definição

Hipertensão arterial é definida por valores de pressão arterial sistólica (PAS) $\geq$ 140 mmHg e/ou pressão arterial diastólica (PAD) $\geq$ 90 mmHg em duas ou mais consultas ou quando o paciente já estiver em uso de anti-hipertensivos, independentemente do nível de pressão arterial.

Para diagnóstico de hipertensão arterial em crianças e adolescentes, utilizam-se percentis com base em sexo, peso e altura, considerando-se os valores acima do percentil 95 acrescidos de 5 mmHg.

Diagnóstico

Objetivos da avaliação inicial
Confirmar o diagnóstico de hipertensão pela medida da pressão arterial.
Identificar fatores de risco para doenças cardiovasculares.
Pesquisar lesões em órgãos-alvo, clínicas ou subclínicas.
Pesquisar presença de outras doenças associadas.
Estratificar o risco cardiovascular global.
Avaliar indícios do diagnóstico de hipertensão arterial secundária.

Avaliação inicial de rotina para o paciente hipertenso
Análise de urina (classe I, nível C)
Potássio plasmático (classe I, nível C)
Creatinina plasmática (classe I, nível B) e estimativa do ritmo de filtração glomerular (classe I, nível B)
Glicemia de jejum (classe I, nível C)
Colesterol total, HDL, triglicérides plasmáticos (classe I, nível C)
Ácido úrico plasmático (classe I, nível C)
Eletrocardiograma convencional (classe I, nível B)

Medidas da pressão arterial	
Condições do paciente	Postura: sentado e braço posicionado na altura do tórax Circunstância: após 5 minutos de repouso, sem conversar, sem ter fumado ou ingerido café 30 minutos antes, com bexiga esvaziada
Equipamento	Tamanho do manguito adequado à circunferência do braço Manômetro calibrado
Técnica	Número de leituras: duas ou mais Técnica da medida de acordo com as VI Diretrizes Brasileiras de Hipertensão
Preparo do paciente:	
1. Explicar o procedimento ao paciente e deixá-lo em repouso por pelo menos 5 minutos em ambiente calmo. Deve ser instruído a não conversar durante a medida. Possíveis dúvidas devem ser esclarecidas antes ou após o procedimento.	
2. Certificar-se de que o paciente não: ▪ Está com a bexiga cheia; ▪ Praticou exercícios físicos há pelo menos 60 minutos; ▪ Ingeriu bebidas alcoólicas, café ou alimentos; ▪ Fumou nos 30 minutos anteriores.	
3. Posicionamento do paciente:	
Deve estar na posição sentada, pernas descruzadas, pés apoiados no chão, dorso recostado na cadeira e relaxado. O braço deve estar na altura do coração (nível do ponto médio do esterno ou 4o espaço intercostal), livre de roupas, apoiado, com a palma da mão voltada para cima e o cotovelo ligeiramente fletido.	

Para a medida propriamente:

1. Obter a circunferência aproximadamente no meio do braço. Após a medida selecionar o manguito do tamanho adequado ao braço.
2. Colocar o manguito, sem deixar folgas, 2 a 3 cm acima da fossa cubital.
3. Centralizar o meio da parte compressiva do manguito sobre a artéria braquial.
4. Estimar o nível da pressão sistólica pela palpação do pulso radial. O seu reaparecimento corresponderá à PA sistólica.
5. Palpar a artéria braquial na fossa cubital e colocar a campânula ou o diafragma do estetoscópio sem compressão excessiva.
6. Inflar rapidamente até ultrapassar 20 a 30 mmHg o nível estimado de pressão sistólica, obtido pela palpação.
7. Proceder à deflação lentamente (velocidade de 2 mmHg por segundo).
8. Determinar a pressão sistólica pela ausculta do primeiro som (fase I de Korotkoff), que é em geral fraco seguido de batidas regulares e, após, aumentar ligeiramente a velocidade de deflação.
9. Determinar a pressão diastólica no desaparecimento dos sons (fase V de Korotkoff).
10. Auscultar cerca de 20 a 30 mmHg abaixo do último som para confirmar seu desaparecimento e depois proceder à deflação rápida e completa.
11. Se os batimentos persistirem até o nível zero, determinar a pressão diastólica no abafamento dos sons (fase IV de Korotkoff) e anotar valores da sistólica/diastólica/zero.
12. Sugere-se esperar em torno de um minuto para nova medida, embora esse aspecto seja controverso.
13. Informar os valores de pressões arteriais obtidos para o paciente.
14. Anotar os valores exatos sem "arredondamentos" e o braço em que a pressão arterial foi medida.

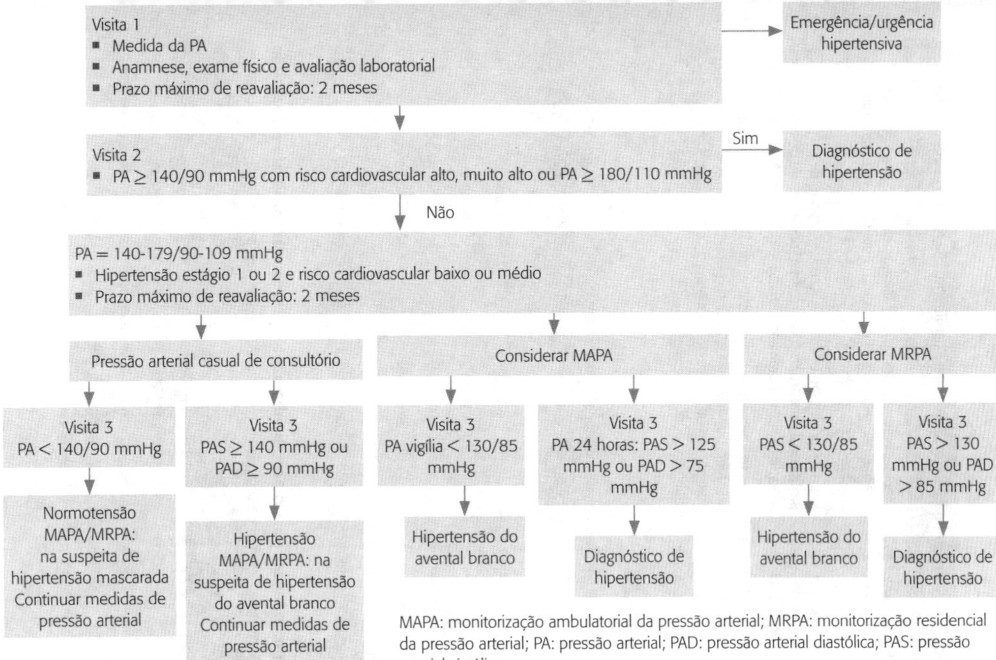

MAPA: monitorização ambulatorial da pressão arterial; MRPA: monitorização residencial da pressão arterial; PA: pressão arterial; PAD: pressão arterial diastólica; PAS: pressão arterial sistólica.

Figura 1 Fluxograma para o diagnóstico de hipertensão baseado nas VI Diretrizes Brasileiras de Hipertensão.

Medidas realizadas fora do consultório para auxiliar no diagnóstico de hipertensão arterial e condições especiais	
AMPA: automedida de pressão arterial	Medida realizada fora do consultório pelo próprio paciente ou familiar, não profissional de saúde. Trata-se de medidas mais condizentes com a realidade do indivíduo
MRPA: monitorização residencial de pressão arterial	Registro da pressão arterial realizado pelo paciente ou por profissional qualificado com três medidas antes do desjejum e três medidas à noite, durante cinco dias, ou duas medidas por 7 dias
MAPA: monitorização ambulatorial de pressão arterial	Registro intermitente da pressão arterial durante 24 horas, realizado por aparelho específico para este fim. Avalia a pressão arterial enquanto o paciente realiza suas atividades habituais e durante o sono

Classificação

Definições e classificações da hipertensão arterial com base em medidas de consultório

	PA sistólica (mmHg)	PA diastólica (mmHg)
Ótima	< 120	< 80
Normal	< 130	< 85
Limítrofe	130-139	85-89
Hipertensão estágio 1	140-159	90-99
Hipertensão estágio 2	160-179	100-109
Hipertensão estágio 3	> 180	> 110
Hipertensão sistólica isolada	> 140	< 90

Recomendações para o acompanhamento: prazos máximos para reavaliação

Pressão arterial inicial (mmHg)		
Sistólica	Diastólica	Acompanhamento
< 130	< 85	Reavaliar em 1 ano. Estimular mudanças de estilo de vida.
130-139	85-89	Reavaliar em 6 meses. Insisitir em mudanças do estilo de vida.
140-159	90-99	Confirmar em 2 meses. Considerar MAPA/MRPA.
160-179	100-109	Confirmar em 1 mês. Considerar MAPA/MRPA.
≥ 180	≥ 110	Intervenção medicamentosa imediata ou reavaliar em 1 semana

MAPA: monitorização ambulatorial de pressão arterial; MRPA: monitorização residencial de pressão arterial.

Classificação da hipertensão arterial com base em medidas de consultório e fora do consultório

	Consultório	MAPA (vigília)	AMPA	MRPA
Normotensão	< 140/90 mmHg	≤ 130/85 mmHg	≤ 130/85 mmHg	≤ 130/85 mmHg
Hipertensão	≥ 140/90 mmHg	> 130/85 mmHg	> 130/85 mmHg	> 130/85 mmHg
Hipertensão do avental branco	≥ 140/90 mmHg	< 130/85 mmHg	< 130/85 mmHg	< 130/85 mmHg
Hipertensão mascarada	< 140/90 mmHg	> 130/85 mmHg	> 130/85 mmHg	> 130/85 mmHg

AMPA: automedida de pressão arterial; MAPA: monitorização ambulatorial de pressão arterial; MRPA: monitorização residencial de pressão arterial.

Fatores de risco cardiovascular adicionais nos pacientes com hipertensão arterial sistêmica

Fatores de risco
Idade (homens > 55 e mulheres > 65 anos de idade)
Tabagismo
Dislipidemias: triglicérides > 150 mg/dL; LDL colesterol > 100 mg/dL; HDL < 40 mg/dL
Diabetes melito
História familiar prematura de doença cardiovascular: homens < 55 anos e mulheres < 65 anos de idade

HDL: lipoproteínas de alta densidade; LDL: lipoproteínas de baixa densidade.

Estratificação do risco cardiovascular global: risco adicional atribuído à classificação de hipertensão arterial de acordo com fatores de risco, lesões de órgãos-alvo e condições clínicas associadas (classe IIa, nível C)

	Normotensão			Hipertensão		
Outros fatores de risco ou doenças	Ótimo PAS < 120 ou PAD < 80	Normal PAS 120-129 ou PAD 80-84	Limítrofe PAS 130-139 ou PAD 85-89	Estágio 1 PAS 140-159 PAD 90-99	Estágio 2 PAS 160-179 PAD 100-109	Estágio 3 PAS ≥ 180 PAD ≥ 110
Nenhum fator de risco	Risco basal	Risco basal	Risco basal	Baixo risco adicional	Moderado risco adicional	Alto risco adicional
1-2 fatores de risco	Baixo risco adicional	Baixo risco adicional	Baixo risco adicional	Moderado risco adicional	Moderado risco adicional	Risco adicional muito alto
> 3 fatores de risco, LOA ou SM – DM	Moderado risco adicional	Moderado risco adicional	Alto risco adicional	Alto risco adicional	Alto risco adicional	Risco adicional muito alto
Condições clínicas associadas	Risco adicional muito alto	Risco adicional muito alto	Risco adicional muito alto	Risco adicional muito alto	Risco adicional muito alto	Risco adicional muito alto

LOA: lesão de órgãos-alvo; SM: síndrome metabólica; DM: diabete melito; PAD: pressão arterial diastólica; PAS: pressão arterial sistólica.

Bibliografia recomendada

1. Sociedade Brasileira de Cardiologia, Sociedade Brasileira de Hipertensão, Sociedade Brasileira de Nefrologia. VI Diretrizes brasileiras de hipertensão. Arq Bras Cardiol. 2010;95(1 supl.1):1-51.
2. Giorgi DMA, Guerra GM, Gengo Silva RC. Medida da pressão arterial: condições básicas para medida da pressão. In: Krieger EM (coord.), Lopes HF (org.). Hipertensão arterial: bases fisiopatológicas e prática clínica. São Paulo: Atheneu; 2013. p.253-63.
3. Mancia G, Fagard R, Narkiewicz K, Redon J, Zanchetti A, Böhm M, et al. 2013 ESH/ESC guidelines for the management of arterial hypertension: the Task Force for the Management of Arterial Hypertension of the European Society of Hypertension (ESH) and of the European Society of Cardiology (ESC). Eur Heart J. 2013;34(28):2159-219.
4. Giorgi DMA, Mion Jr D, Silva GV, Ortega KC. Medida da pressão arterial: medida da pressão arterial no consultório, na MAPA e MRPA. In: Krieger EM (coord.), Lopes HF (org.). Hipertensão arterial: bases fisiopatológicas e prática clínica. São Paulo: Atheneu; 2013. p.265-83.

97

Tratamento farmacológico da hipertensão arterial sistêmica

Thiago Midlej Brito
Luiz Aparecido Bortolotto
Luciano Ferreira Drager

Introdução

- A hipertensão arterial sistêmica (HAS) é o fator de risco modificável mais comum para as doenças cardiovasculares.
- A prevalência da HAS continua aumentando em decorrência de diversos fatores, entre eles o envelhecimento da população e o aumento da obesidade e do sedentarismo.
- Parcela significante dos pacientes hipertensos não tem conhecimento do diagnóstico e, entre os que sabem, somente a minoria está com a pressão arterial (PA) controlada.
- O objetivo primordial do tratamento da HAS é reduzir a morbidade e a mortalidade cardiovasculares.
- O esquema anti-hipertensivo deve manter a qualidade de vida do paciente, de modo a estimular a adesão dele ao tratamento.
- Não existe uma monoterapia única para todos os pacientes hipertensos. As classes mais utilizadas, em geral, são os diuréticos tipo tiazídicos, os inibidores da enzima de conversão da angiotensina (IECA) ou os bloqueadores dos receptores da angiotensina (BRA) e os antagonistas dos canais de cálcio.
- Características dos pacientes e comorbidades associadas devem ser levadas em consideração no momento da escolha do anti-hipertensivo.
- A meta em geral a ser alcançada é $< 140 \times 90$ mmHg.

- Em pacientes com hipertensão resistente confirmada, a quarta medicação mais prescrita tem sido a espironolactona. Um estudo multicêntrico recente mostrou que a espironolactona foi superior ao bisoprolol, e a doxazosina como a quarta medicação em HAS resistente. Novos estudos são necessários, como o estudo multicêntrico brasileiro REHOT (*Resistant Hypertension Optimal Treatment*), que está comparando a espironolactona com a clonidina como quarta medicação no paciente hipertenso.

Tratamento medicamentoso – principais classes

Diuréticos

- Dentre outros mecanismos, reduzem a pressão arterial por aumento da excreção de sódio e redução do volume plasmático, do volume do líquido extracelular e do débito cardíaco. Há três tipos principais de diuréticos utilizados no tratamento da hipertensão arterial sistêmica:
    - Tiazídicos: são os mais utilizados, p. ex., hidroclorotiazida, clortalidona, indapamida. A clortalidona é mais potente que a hidroclorotiazida. Têm como efeitos colaterais mais descritos: aumento discreto do colesterol, dos triglicérides e da glicemia (se em altas doses), discreto aumento do cálcio e do ácido úrico e diminuição do potássio. Não possuem efeito satisfatório em portadores de insuficiência renal com taxa de filtração glomerular < 30 mL/min. O uso associado com diurético de alça potencializa o efeito diurético. Atenção no uso de pacientes com gota.
    - Diuréticos de alça: furosemida, bumetanida e piretanida. São mais utilizados em pacientes com filtração glomerular < 30 mL/min. Efeitos colaterais mais frequentes: hipocalemia, hipocalcemia, hipomagnesemia. Em doses elevadas, pode causar ototoxicidade e nefrotoxicidade.
    - Poupadores de potássio: espironolactona e amilorida. Ambos os poupadores podem ser usados associados a outras medicações se hipocalemia estiver presente ou se houver indicação para outras causas, como insuficiência cardíaca avançada. Em combinação com um diurético tiazídico, eles diminuem a perda de potássio. A espironolactona reduz a mortalidade em portadores de insuficiência cardíaca e a pressão arterial de forma significativa em hipertensos resistentes. Efeitos colaterais: hipercalemia, ginecomastia (espironolactona tem efeito antiandrogênico). É preciso ter cuidado com o uso em pacientes com disfunção renal e hipercalemia.

Betabloqueadores

- Em geral, não são indicados como primeira opção no tratamento da HAS, exceto em estados hiperadrenérgicos. Reduzem a frequência cardíaca. São mais utilizados na presença de insuficiência coronariana, arritmias e insuficiência cardíaca. Podem ser considerados também se diagnóstico concomitante de enxaqueca (uso como profilaxia), se houver tremor essencial ou se o paciente estiver com hipertensão portal.
- Exemplos: atenolol, propranolol, bisoprolol, pindolol, metoprolol, carvedilol.
- Para insuficiência cardíaca (IC) com disfunção sistólica, há evidência de aumento na sobrevida com o uso de carvedilol, metoprolol (ação prolongada), bisoprolol e nebivolol. Pindolol é muito utilizado em gestantes.
- Efeitos colaterais mais descritos: broncoespasmo, bradicardia, distúrbios de condução atrioventricular, hipotensão postural, vasoconstrição periférica (piora sintomas de doença vascular periférica), insônia, pesadelos, depressão, astenia e disfunção sexual. Se não for cardiosseletivo (p. ex., propranolol), pode causar intolerância à glicose, aumento dos triglicérides e diminuição do HDL, se em altas doses. Os betabloqueadores são contraindicados em pacientes com asma grave, bloqueio atrioventricular (BAV) de 2° e 3° graus ou de 1° grau com intervalo PR > 0,24 s.

HAS: hipertensão arterial sistêmcia; HDL: lipoproteína de alta densidade.

Inibidores da enzima conversora de angiotensina (IECA)

- Diminuem a pressão arterial principalmente por redução da resistência periférica por redução da atividade de angiotensina II, com pouco ou nenhum efeito sobre frequência cardíaca, débito cardíaco ou volume extracelular (provável preservação dos reflexos dos barorreceptores). São um pouco menos eficazes em indivíduos negros e idosos, mas isso não significa que estes subgrupos não possam utilizar esta classe. A adição de um diurético potencializa a eficácia de um IECA.
- Têm efeitos benéficos, reduzindo mortalidade em pacientes com IC por disfunção sistólica, mesmo assintomáticos. Em longo prazo, eles retardam o declínio da função renal em pacientes com nefropatia diabética (redução da proteinúria).
- Demonstram vantagens especiais em portadores de isquemia coronariana.
- Exemplos de IECA: captopril, enalapril, ramipril e lisinopril.
- Efeitos colaterais: tosse seca, hipersensibilidade com erupção cutânea, angioedema, piora da função renal e hipercalemia.
- É necessário cuidado com seu uso em pacientes portadores de insuficiência renal crônica.
- São contraindicados se o potássio estiver maior que 5,5 e se a estenose de artéria renal for bilateral (ou unilateral se em um único rim) e em gestantes (diminuem o fluxo placentário, além de possuírem efeitos teratogênicos).

Bloqueadores do receptor de angiotensina (BRA)

- Têm ação semelhante à dos IECA. A principal diferença entre os BRA e os IECA é a ausência de aumento dos níveis de cininas e substância P, que podem ser responsáveis por alguns dos efeitos benéficos dos IECA e provavelmente até de seus efeitos colaterais. São potencializados pelo acréscimo de um diurético.
- O acréscimo de um BRA a um IECA em dose máxima não aumenta o efeito anti-hipertensivo, mas piora a disfunção renal, por isso não se deve combinar essas duas classes.
- Exemplos: losartana, candesartana, irbesartana, olmesartana, telmisartana. Efeitos colaterais e contraindicações são os mesmos do IECA, exceto tosse seca. Causam menos angioedema. Não devem ser usados em gestantes.

BRA: bloqueadores dos receptores da angiotensina; IECA: inibidores da enzima conversora de angiotensina.

Bloqueadores do canal de cálcio

São divididos em dois grupos:

- Di-hidropiridinas: têm maior ação vasodilatadora periférica e pouco efeito sobre a automaticidade, a condução ou a contratilidade cardíaca.
  - Exemplos: amlodipina e nifedipina.
  - Efeitos colaterais: descompensação de insuficiência coronariana se for de curta duração, rubor facial, edema de membros inferiores, taquicardia reflexa. Novas gerações de bloqueadores dos canais de cálcio, como a levanlodipina, induzem a menos edema de membros inferiores. Fármacos de curta duração são contraindicados em pacientes com insuficiência coronariana.
- Não di-hidropiridinas: têm mais efeito inotrópico e cronotrópico negativo. Podem ser indicadas para pacientes com insuficiência coronariana, se houver contraindicação para betabloqueadores e se a fração de ejeção for > 40%. Exemplos: verapamil e diltiazem. Efeitos colaterais: bradicardia, descompensação da IC, constipação. São contraindicados se frequência cardíaca for < 50, em caso de BAV de 2° e 3° graus ou de 1° grau com intervalo PR > 0,24 s, se IC mal compensada.
  - Induzem à bradicardia leve e devem ser usados com cuidado junto com um betabloqueador. Os principais efeitos colaterais são cefaleia, rubor e edema de tornozelo.

Alfabloqueadores

- Reduzem a resistência periférica sem alterar o débito cardíaco.
- Em geral, não são primeira escolha no tratamento da HAS (mas têm indicação específica em pacientes com feocromocitoma). Devem sempre estar associados a outros anti-hipertensivos, preferencialmente diuréticos. Podem ser utilizados em paciente com hiperplasia prostática benigna associada.
- Exemplos: prazosina e doxazosina.
- Efeitos colaterais mais comuns: hipotensão postural e palpitações.

Simpaticomiméticos de ação central

- Queda da pressão arterial por diminuição da resistência periférica, com pouco efeito no débito cardíaco.
- Exemplos: clonidina e alfametildopa.
- Clonidina: alfa-2 agonista pré-sináptico, que reduz o tônus simpático. Efeitos colaterais são sonolência, boca seca, fadiga, disfunção sexual, piora da depressão e hipotensão postural. Contraindicado se paciente tiver diagnóstico de depressão maior. Pode causar efeito rebote se suspenso abruptamente. Alfametildopa é um agonista dos receptores alfa-2 adrenérgicos pré-sinápticos promovendo a inibição da liberação de norepinefrina, com consequente diminuição do efluxo simpático para a periferia. É muito usado na gestação como monoterapia por se mostrar um anti-hipertensivo seguro para o feto. Efeitos adversos: anemia hemolítica, hepatite, hipertensão rebote e hipotensão postural.

Vasodilatadores diretos

- Exemplos: hidralazina, minoxidil (uso oral); nitroprussiato e nitroglicerina (uso endovenoso). Podem ser uma opção para pacientes hipertensos mais graves, que apresentem insuficiência renal crônica ou hipercalemia. Não usar como monoterapia; associar a tiazídicos e/ou betabloqueadores. A hidralazina é a mais utilizada e tem efeito mais arteriodilatador, atuando diretamente sobre o relaxamento do músculo liso, reduzindo a resistência periférica. Efeitos colaterais: taquicardia reflexa e síndrome lúpus-*like*. O minoxidil é reservado para hipertensos muito graves e refratários. Promove vasodilatação por meio da abertura de canais de potássio no músculo liso vascular. Efeito colateral: aumento difuso de pelos, hirsutismo facial; uso deve ser restrito na maioria das mulheres. O nitroprusseto e a nitroglicerina são utilizados sob a forma endovenosa nas emergências hipertensivas.
- Efeitos colaterais dos nitratos são a hipotensão postural e a cefaleia; uma contraindicação é associação dessa droga com inibidores da fosfodiesterase, como sildenafil.

Inibidor direto da renina

- Exemplo: alisquireno.
- Deve-se evitar seu uso na gravidez e estar atento ao desenvolvimento de hipercalemia. Efeitos colaterais: diarreia e *rash* cutâneo. Não há evidências até o momento de que esta classe oferece vantagens em relação às outras classes que atuam no sistema renina-angiotensina-aldosterona.

Fluxograma para tratamento da hipertensão arterial sistêmica

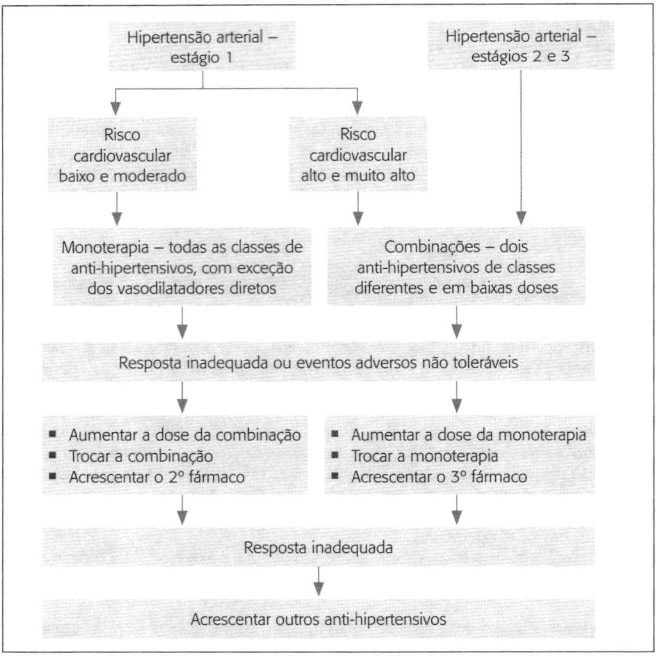

Bibliografia recomendada

1. Mozaffarian D, Benjamin EJ, Go AS, Arnett DK, Blaha MJ, Cushman M, et al. Heart disease and stroke statistics-2016 update: a report from the American Heart Association. Circulation. 2016;133(4):e38-e360.
2. James PA, Oparil S, Carter BL, Cushman WC, Dennison-Himmelfarb C, Handler J, et al. 2014 evidence-based guideline for the management of high blood pressure in adults: report from the panel members appointed to the Eighth Joint National Committee (JNC 8). JAMA. 2014;311(5):507-20.
3. Williams B, MacDonald TM, Morant S, Webb DJ, Sever P, McInnes G, et al. British Hypertension Society's PATHWAY Studies Group. Spironolactone versus placebo, bisoprolol, and doxazosin to determine the optimal treatment for drug-resistant hypertension (PATHWAY-2): a randomised, double-blind, crossover trial. Lancet. 2015;386(10008):2059-68.
4. ReHOT Investigators, Krieger EM, Drager LF, Giorgi DM, Krieger JE, Pereira AC, et al. Resistant hypertension optimal treatment trial: a randomized controlled trial. Clin Cardiol. 2014;37(1):1-6.
5. VI Brazilian Guidelines on Hypertension. Sociedade Brasileira de Cardiologia; Sociedade Brasileira de Hipertensão; Sociedade Brasileira de Nefrologia. Arq Bras Cardiol. 2010;95(1 Suppl):1-51.

98

Tratamento não farmacológico da hipertensão arterial sistêmica

Thiago Midlej Brito
Luiz Aparecido Bortolotto

Introdução

- O objetivo primordial do tratamento da hipertensão arterial é a redução da morbidade e da mortalidade cardiovasculares.
- As mudanças do estilo de vida adequadas podem atrasar ou prevenir a hipertensão em indivíduos não hipertensos; atrasar ou evitar o tratamento medicamentoso em doentes hipertensos de grau 1 e contribuir para a redução da pressão arterial em indivíduos hipertensos já em tratamento medicamentoso, o que permite a diminuição do número e doses dos anti-hipertensivos.
- Além do efeito de redução da pressão arterial (PA), as alterações do estilo de vida contribuem para o controle de outros fatores de risco cardiovasculares e de outras situações clínicas.
- Estudos clínicos mostram que os efeitos anti-hipertensivos das modificações do estilo de vida podem ser equivalentes à monoterapia com medicamentos.

Efeitos dos hábitos saudáveis de vida sobre a pressão arterial que comprovadamente reduziram a pressão arterial

Modificações	Redução aproximada da PA sistólica
Controle do peso	5 a 20 mmHg para cada 10 kg de redução do peso
Padrão alimentar da dieta DASH	8 a 14 mmHg
Redução da ingestão de sódio	2 a 8 mmHg
Moderação no consumo de álcool	2 a 4 mmHg
Exercício físico	4 a 9 mmHg

DASH: *Dietary Approach to Stop Hypertension*; PA: pressão arterial.

Modificações de hábitos de vida recomendadas a pacientes com hipertensão arterial

Redução de peso para IMC de 25 kg/m² e circunferência de cintura < 102 cm nos homens e < 88 cm nas mulheres (exceto se houver contraindicação).
Adoção da dieta DASH – dieta rica em frutas e vegetais e alimentos com baixa densidade calórica e baixo teor de gorduras saturadas e totais.
Reduzir a ingestão de sódio para não mais que 2 g (5 g/sal por dia) = no máximo 3 colheres de café rasas de sal = 3 g + 2 g de sal dos próprios alimentos.
Moderação do consumo de álcool, no máximo, 20-30 g de etanol por dia para homens, e não mais do que 10-20 g de etanol por dia para mulheres.
Prática regular de atividade física aeróbica, como caminhadas, pelo menos, por 30 minutos por dia, três a cinco vezes por semana.
Cessação de tabagismo.

DASH: *Dietary Approach to Stop Hypertension;* IMC: índice de massa corporal.

Bibliografia recomendada

1. Mancia G, Fagard R, Narkiewicz K, Redon J, Zanchetti A, Böhn M, et al. 2013 ESH/ESC guidelines for the management of arterial hypertension: the Task Force for the Management of Arterial Hypertension of the European Society of Hypertension (ESH) and of the European Society of Cardiology (ESC). Eur Heart J. 2013;34(28):2159-219.
2. Dickinson HO, Mason JM, Nicolson DJ, Campbell F, Beyer FR, Cook JV, et al. Lifestyle interventions to reduce raised blood pressure: a systematic review of randomized controlled trials. J Hypertens. 2006;24:215-33.
3. Sociedade Brasileira de Cardiologia/Sociedade Brasileira de Hipertensão/Sociedade Brasileira de Nefrologia. VI Diretriz brasileira de hipertensão. Arq Bras Cardiol. 2010;95(1 supl.1):1-51.
4. Lopes HF, Jardim PCBV, Jardim TSV, Souza WKSB. Tratamento não farmacológico: alimentação, controle do estresse, redução do peso e fatores associados. In: Krieger EM, Lopes HF. Hipertensão arterial: bases fisiopatológicas e prática clínica. São Paulo: Atheneu; 2013. p. 495-510.
5. Sacks FM, Svetkey LP, Vollmer WM, Appel LJ, Bray GA, Harsha D, et al. Effects on blood pressure of reduced dietary sodium and the Dietary Approaches to Stop Hypertension (DASH) diet. DASH–Sodium Collaborative. Research Group. N Engl J Med. 2001;344:3-10.
6. Kotchen TA, Cowley AW Jr, Frohlich ED. Salt in health and disease: a delicate balance. N Engl J Med. 2013;368(13):1229-37.
7. Xin X, He J, Frontini MG, Ogden LG, Motsamai OI, Whelton PK. Effects of alcohol reduction on blood pressure: a meta-analysis of randomized controlled trials. Hypertension. 2001;38:1112-7.
8. Whelton SP, Chin A, Xin X, He J. Effect of aerobic exercise on blood pressure: a meta-analysis of randomized, controlled trials. Ann Intern Med. 2002;136:493-503.

99

Investigação e tratamento de hipertensão arterial secundária

Thiago Andrade de Macêdo
Luiz Aparecido Bortolotto
Luciano Ferreira Drager

Introdução

- Hipertensão secundária pode ser definida pelo aumento da pressão arterial (PA) em razão de uma causa identificável.
- Prevalência: de 5-10% dos pacientes com hipertensão arterial sistêmica (HAS).
- A investigação de causas secundárias deve ser guiada pela suspeita clínica, pois o rastreamento para hipertensão secundária em todos os pacientes com HAS não é custo-efetivo. Pacientes que possuem achados clínicos sugestivos da presença de hipertensão secundária devem ser submetidos à ampla investigação.
- A maioria das causas de hipertensão secundária é potencialmente curável, uma vez que o tratamento da causa pode levar ao melhor controle ou à completa normalização da PA.

Condições que sugerem a presença de HAS secundária

- Hipertensão resistente: pacientes que mantêm a PA > 140/90 mmHg com uso correto de três classes de anti-hipertensivos em doses otimizadas, incluindo um diurético, ou pacientes que necessitam de quatro classes de anti-hipertensivos para manter a PA < 140/90 mmHg.
- Aterosclerose generalizada (doença coronária, doença arterial periférica, doença cerebrovascular): até 30% dos pacientes apresentam estenose > 50% em artéria renal.
- Hipertensão com início antes da puberdade.
- Idade menor que 30 anos ou maior que 50 anos, não obesos, não brancos, sem história familiar de hipertensão e sem fatores de risco para hipertensão.

- Aumento agudo e intenso nos níveis pressóricos em pacientes com PA previamente controlada.
- Hipertensão maligna (aumento agudo e intenso da PA, com lesões de órgãos-alvo rapidamente progressivas: insuficiência cardíaca, alterações neurológicas, insuficiência renal, hemorragias retinianas/papiledema).
- Nível de potássio sérico muito diminuído (espontâneo) ou com baixas doses de diurético (sugere hiperaldosteronismo primário ou excesso de mineralocorticoide).
- Redução importante da filtração glomerular com baixas doses de IECA ou BRA (sugere EAR bilateral).

IECA: inibidores da enzima conversora da angiotensina; BRA: bloqueadores do receptor da angiotensina; EAR: estenose de artéria renal; PA: pressão arterial.

Investigação básica para pacientes com suspeita clínica de hipertensão secundária

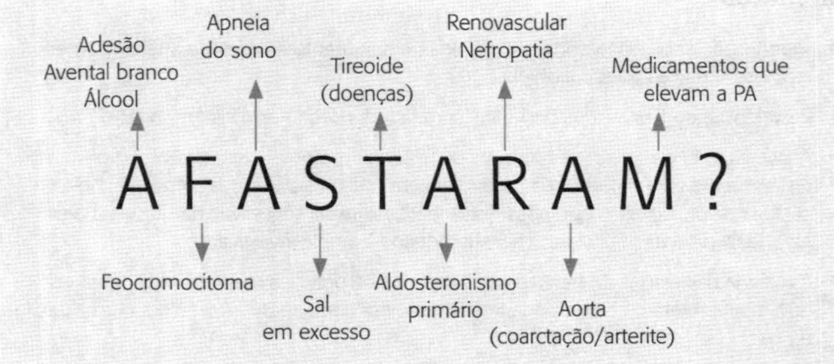

- Adesão e álcool: questionamento incisivo sobre o uso adequado do anti-hipertensivo e sobre o consumo de etanol.
- Avental branco: MAPA (24 horas).
- Feocromocitoma: dosagem de metanefrinas e catecolaminas urinárias (urina de 24 horas).
- Apneia do sono: questionário de Berlim.
- Sal (sódio) em excesso: questionário alimentar básico e dosagem de sódio na urina de 24 horas.

- Tireoide, distúrbios da glândula: T4 livre, TSH.
- Aldosteronismo primário: dosagem de atividade de renina plasmática e aldosterona plasmática.
- Rim – renovascular: Doppler de artérias renais ou cintilografia renal com DTPA. Nefropatia parenquimatosa: proteinúria de 24 horas e ultrassonografia de rins e vias urinárias.
- Aorta – coarctação ou arterite: exame físico, ecocardiograma, angiorressonância de aorta.
- Medicamentos que elevam a pressão arterial: anti-inflamatórios não hormonais, descongestionantes nasais, corticoides, anticoncepcionais orais, anabolizantes, sibutramina, anfetamina, álcool, cocaína, hormônio de crescimento, ciclosporina.

DTPA: cintilografia renal dinâmica; MAPA: monitorização ambulatorial da pressão arterial; TSH: hormônio estimulante da tireoide.

Achados e investigação das principais causas de HAS secundária

Apneia do sono
Sinais/sintomas: roncos, sonolência diurna, cefaleia diurna, irritabilidade, dificuldade de concentração.
Obesidade, aumento na circunferência cervical (em homens $\geq$ 41 cm; em mulheres $\geq$ 38 cm), macroglossia.
Pode estar associada com alterações no descenso noturno (MAPA).
Taquicardia ou bradicardia súbita no período do sono.
Hipertrofia ventricular/hipertensão pulmonar (ecocardiograma).
Sonolência excessiva diurna.
Polissonografia: IAH (normal: $<$ 5/h; leve: 5-15/h; moderada: 15-30/h; grave: $>$ 30/h).

HAS: hipertensão arterial sistêmica; IAH: índice de apneia e hipopneia; MAPA: monitorização ambulatorial da pressão arterial.

Hiperaldosteronismo primário
Sinais/sintomas: hipertensão, fraqueza muscular, fadiga, constipação.
Laboratório: hipocalemia (40% dos pacientes); alcalose metabólica; hipernatremia discreta; aumento de sódio urinário.
Antes da avaliação da RAAR: a) corrigir eventual hipocalemia; b) não fazer dieta hipossódica.
Níveis elevados de aldosterona (produção autônoma) e atividade de renina plasmática suprimida. ▪ RAAR > 30 indica que se deve prosseguir na investigação. ▪ RAAR entre 30 e 100 → são necessários testes confirmatórios (sobrecarga salina/furosemida). ▪ RAAR > 100 → diretamente para imagem (tomografia de adrenal ou ressonância de adrenal).

RAAR: relação aldosterona/atividade de renina.

Investigação de hiperaldosteronismo primário

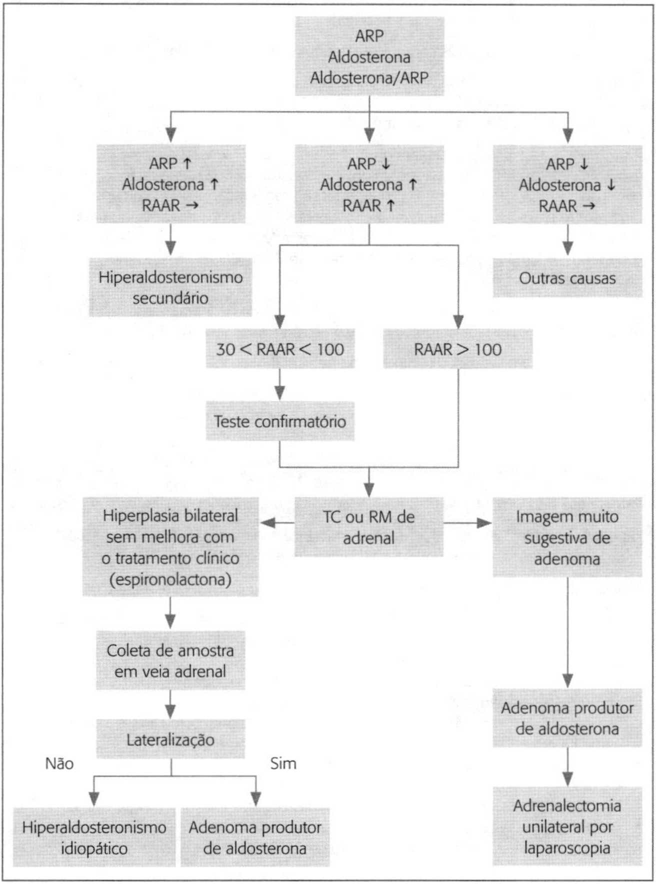

ARP: atividade de renina plasmática; RAAR: relação aldosterona/atividade de renina; RM: ressonância magnética; TC: tomografia computadorizada.

Estenose de artéria renal
Causa potencialmente curável mais frequente.
Aterosclerose é a causa mais comum em adultos, seguida de fibrodisplasia e arterite.
Grupos de maior prevalência de EAR: pacientes com DAC (~40%); hipertenso grave com doença arterial periférica (62%); pacientes (brancos) com HA maligna (10-45%); pacientes com IC refratária e doença renal em estágio final (40-50%).
Pistas para o diagnóstico: sopro abdominal sistodiastólico (sensibilidade de 40%/ especificidade de 99%) em paciente com aterosclerose difusa; piora da função renal com uso de IECA/BRA; paciente com hipertensão moderada/grave e aterosclerose difusa; hipertensão grave em paciente com assimetria renal (diferença de tamanho renal > 1,5 cm), sem causa aparente; piora súbita do controle pressórico em paciente tabagista e diabético; edema agudo de pulmão hipertensivo de repetição em paciente com aterosclerose (mais comum em EAR bilateral).
Rastreamento por imagem: ultrassonografia com Doppler de artérias renais, cintilografia renal dinâmica (DTPA), angiotomografia e/ou angiorressonância de artéria renais.
Padrão-ouro para diagnóstico por imagem: arteriografia renal.

BRA: bloqueadores do receptor da angiotensina; DAC: doença arterial coronária; EAR: estenose de artéria renal; IC: insuficiência cardíaca; IECA: inibidores da enzima conversora da angiotensina.

Doença parenquimatosa renal
Patogênese e tratamento de HAS dependem do tipo de doença renal e da sua duração.
Hipertensão arterial + aumento de creatinina sérica + diminuição da diferenciação corticomedular renal (ultrassonografia) + alteração em urina I.
Hipertensão arterial pode ser causa ou consequência da doença parenquimatosa renal. a. Doença glomerular: glomerulonefrite pós-estreptocócica; edema por expansão de volume e retenção de sódio → supressão do SRAA; hipertensão arterial; níveis normais de creatinina. b. Doença vascular aguda: vasculites e crise renal da esclerodermia; hipertensão arterial é comum (por isquemia renal → ativação do SRAA). c. Doença renal crônica: HAS acomete 80-85% dos pacientes com DRC, e a prevalência aumenta progressivamente com a piora da filtração glomerular. ▪ HAS pode ser resultado de aumento da atividade do SRAA e da ativação do sistema nervoso simpático. ▪ Hiperparatireoidismo secundário → aumento de cálcio → vasoconstrição → HAS. ▪ Pacientes com DRC estágio 5 (filtração glomerular < 15 mL/min/1,73 m²) apresentam aumento na pressão de pulso e aumento de PA sistólica provavelmente relacionados à maior rigidez arterial.

DRC: doença renal crônica; HAS: hipertensão arterial sistêmica; PA: pressão arterial; SRAA: sistema renina-angiotensina-aldosterona.

Feocromocitoma
0,2% dos pacientes com HAS; mais comuns entre 40-50 anos; prevalência semelhante em homens e mulheres.
Sinais/sintomas (5 P) relacionados aos aumentos paroxísticos de catecolaminas plasmáticas: palpitação, paroxismos de hipertensão, palidez, perspiração (sudorese) – ocorre em 60-70% dos pacientes, pulsátil cefaleia (sintoma muito frequente, que ocorre em 90% dos pacientes).
Apresentação clínica mais comum: HAS mantida; 50% dos pacientes apresentam paroxismos de HAS.
Outros achados: hipotensão ortostática (por redução do volume plasmático) – em tumores produtores de epinefrina; perda ponderal; poliúria, polidipsia, constipação; aumento no VHS, leucocitose, eritrocitose (secundária ao aumento na produção de eritropoietina); hiperglicemia; hipertensão/taquicardia/arritmia durante procedimentos, desproporcional à intensidade do estresse cirúrgico (colonoscopia, indução anestésica, procedimentos cirúrgicos).
Rastreamento (um ou mais dos seguintes): HAS resistente; sinais hiperadrenérgicos (5 P); história familiar de feocromocitoma; cardiomiopatia idiopática; síndromes genéticas conhecidas associadas (NEM-2, von Hippel Lindau, neurofibromatose).
Laboratório: Catecolaminas e metanefrinas urinárias (principal teste para o rastreamento): sensibilidade de 98% e especificidade de 98%. Metanefrinas plasmáticas fracionadas (dopamina, norepinefrina e epinefrina): indicado se há alto índice de suspeita clínica; alto valor preditivo negativo.
Diagnóstico por imagem: ▪ Se o rastreamento laboratorial é positivo: TC ou ressonância de adrenal (sensibilidade de 98-100%/especificidade de 70%); se imagem negativa: cintilografia com I^{123} metaiodobenzilguanidina (MIBG).
Características do tumor ▪ Localização: 95% no abdome; elevada densidade (unidades Hounsfield) na TC; mais evidentes com o uso de contraste IV; *washout* lento (TC de adrenal); hipersinal em T2 (ressonância de adrenal). ▪ 10% múltiplos; 10% extra-adrenais (paragangliomas, principalmente em áreas para aórtica torácica ou abdominal); 10% malignos (extensão para rim, ossos e fígado). ▪ Massa adrenal em geral > 4 cm, com áreas císticas/hemorrágicas.

HAS: hipertensão arterial sistêmica; TC: tomografia computadorizada; VHS: velocidade de hemossedimentação.

Síndrome de Cushing
Acomete 0,1% da população geral; 80% dos pacientes têm HAS; é causa rara de HAS resistente/secundária.
Na ausência de suspeita clínica, não é necessária a pesquisa rotineira de SC.
Sinais/sintomas: obesidade, pletora facial, hirsutismo, estrias, giba cervical.
Laboratório: cortisol urinário em 24 h > 55 mcg. Teste da dexametasona (1 mg à meia--noite) → coleta de cortisol plamático na manhã seguinte > 1,8 mcg/dL.

SC: síndrome de Cushing.

Distúrbios tireoidianos
Hipo ou hipertiroidismo estão associados com HAS.
PAD particularmente elevada no hipotireoidismo (aumento de resistência periférica para manter a perfusão renal).
PAS particularmente elevada no hipertireoidismo (por aumento do débito cardíaco).
Melhor exame para rastreamento: TSH.

PAD: pressão arterial diastólica; PAS: pressão arterial sistólica; TSH: hormônio tireoestimulante.

Coarctação de aorta
Constrição do lúmen da aorta próximo ao ligamento arterioso.
O local de origem da subclávia e a gravidade da coarctação determinam os padrões de pulso: a. Origem da subclávia proximal à CoAo: HA em MMSS (pulsos de MMII < pulsos de MMSS) [padrão mais frequente]. b. Origem da subclávia é distal à CoAo: pulso de MSE diminuído e semelhante aos pulsos de MMII. c. Artérias subclávias direita e esquerda originam-se abaixo da CoAo: pulsos igualmente diminuídos nos quatro membros [4% dos casos].
Exame físico: B1 e B2 normofonéticas; aumento de amplitude de B2 em foco pulmonar (em caso de hipertensão pulmonar); sopro em região torácica (anterior ou paravertebral/interescapular esquerda).
Exames complementares iniciais: ECG (sobrecarga ventricular esquerda); radiografia de tórax: rarefação de arcos costais (circulação colateral).

Ecocardiograma: método de imagem de escolha para a avaliação inicial. ■ Pode detectar outros defeitos congênitos (valva aórtica bicúspide, defeito do septo ventricular, persistência do canal arterial). ■ Aumento de velocidade em aorta descendente; estimativa do gradiente na área da CoAo.
Angiotomografia ou angiorressonância podem ser utilizadas para: confirmar o diagnóstico; definir a extensão da CoAo; determinar o planejamento da intervenção.
Risco de aneurisma intracraniano: ■ Ocorre em cerca de 10% dos pacientes (risco mais alto que o esperado para a população geral – 2%). ■ Pacientes com maior risco: hipertensos e com idade mais avançada.
Acompanhamento de CoAo: ■ Deve ser regular, a cada dois anos em centro especializado; ecocardiograma transtorácico; avaliação da PA (preferencialmente com MAPA); angiorressonância de aorta; pacientes com HAS persistente devem ser mantidos em acompanhamento pelo risco aumentado de complicações cardiovasculares.

CoAo: coarctação de aorta; MAPA: monitorização ambulatorial da pressão arterial; MMII: membros inferiores; MMSS: membros superiores.

Tratamento de HAS secundária

Causa	Tratamento
Apneia do sono	Abordagem por equipe multidisciplinar; modificações comportamentais; orientações sobre perda ponderal e exercícios físicos para todos os pacientes e sobre evitar álcool e benzodiazepínicos (podem piorar a apneia); posição preferencial durante o sono: decúbito lateral. CPAP: reduz a frequência de eventos durante o sono, diminui a sonolência diurna, melhora o controle pressórico e glicêmico, melhora a qualidade de vida. Indicações: a. IAH >15 (mesmo na ausência de sintomas). b. IAH entre 5-14 com sintomas (em casos sintomáticos e não responsivos a outros tratamentos). c. Associação com fibrilação atrial, *diabetes mellitus*, insuficiência cardíaca, AVC e DAC.
Hiperaldosteronismo primário	Hiperplasia bilateral → tratamento clínico (espironolactona). Adenoma unilateral → adrenalectomia laparoscópica.

(continua)

Tratamento de HAS secundária *(continuação)*

Causa	Tratamento
Estenose de artéria renal	Fatores preditores de benefício da revascularização renal: HAS resistente com a EAR como componente principal; início/progressão de HA grave em paciente com aterosclerose; piora recente e progressiva de função renal com uso de IECA ou BRA; HAS por EAR, com edema agudo de pulmão hipertensivo de repetição. 1. EAR unilateral. Favorece a opção de tratamento percutâneo: a. EAR (fibrodisplasia ou aterosclerose) com anatomia favorável para angioplastia + *stent* (discussão conjunta de especialistas com intervencionista). Favorece a opção de tratamento cirúrgico: a. EAR (fibrodisplasia ou aterosclerose) com anatomia desfavorável para angioplastia + *stent* (discussão conjunta de especialistas com cirurgia vascular). b. EAR + aneurisma de aorta abdominal com indicação cirúrgica Vale ressaltar que o tratamento clínico *versus* angioplastia/*stent* em EAR por aterosclerose não apresenta diferença significativa em desfechos cardiovasculares e renais. Assim, pacientes com EAR unilateral podem ser mantidos em tratamento clínico, acompanhando-se a evolução da pressão arterial e da função renal. 2. EAR bilateral. a. Tendência à intervenção percutânea ou cirúrgica, pela evolução clínica menos favorável e mais episódios de edema agudo de pulmão hipertensivo de repetição.
Doença parenquimatosa renal	Tratamento de HAS (mesmo em estágios menos graves) previne a progressão da doença renal e da doença cardiovascular; controle pressórico reduz a proteinúria em DRC; tratar a doença relacionada à causa da DRC.
Doença tireoidiana	Tratamento específico do distúrbio tiroidiano.
Síndrome de Cushing	a. Excesso de glicocorticoide (exógeno): redução da dose de glicocorticoide; avaliar opções de tratamento para doenças inflamatórias (anti-inflamatório não hormonal, imunossupressor); evitar suspensão súbita. b. Tumor hipofisário produtor de ACTH (doença de Cushing): tratamento cirúrgico (adenomectomia transesfenoidal); carbegolina para tumores produtores de prolactina.

(continua)

Tratamento de HAS secundária *(continuação)*

Causa	Tratamento
Feocromocitoma	Todos os pacientes devem ser submetidos à ressecção do tumor com preparo pré-operatório adequado; procedimento cirúrgico de alto risco (necessidade de equipe cirúrgica/anestesiologia experiente); monitorização hemodinâmica (PA intra-arterial contínua) e de pressão capilar pulmonar em pacientes com insuficiência cardíaca. Preparo pré-operatório: a. Bloqueio alfa-adrenérgico (10-14 dias antes da cirurgia): fenoxibenzamina (10-20 mg 2 x/dia); prazosina (1-10 mg/dia); doxazozina (2-8 mg/dia). ▪ Monitorização da PA duas vezes por dia. Alvo pressórico: 120/80 mmHg. ▪ Aumento na ingesta salina (> 5 g/dia) a partir do terceiro dia de bloqueio alfa-adrenérgico (evita hipotensão ortostática). Não indicado para paciente com IC ou DRC. b. Bloqueio beta-adrenérgico: iniciar em torno do terceiro dia antes do procedimento (já com bloqueio alfa atingido). Propranolol 10 mg, VO, 6/6 h. Nunca iniciar o preparo pelo betabloqueador. A partir do segundo dia (se bem tolerada a dose do primeiro dia): betabloqueador de ação mais longa (1 x/dia). Cirurgia: ▪ Preferência para adrenalectomia laparoscópica (se < 8 cm e sem características de mestástase); pode ser realizada de maneira segura em mais de 90%; paragangliomas abdominais: indica-se cirurgia aberta. ▪ Potenciais fatores de risco para instabilidade hemodinâmica intraoperatória: altas concentrações de norepinefrina, tumores grandes (> 4 cm), redução de pressão arterial (> 10 mmHg) mais pronunciada após uso do alfabloqueador. ▪ Manejo: nitroprusseto de sódio: 0,5-5 mcg/kg/min.
Coarctação de aorta	Tratamentos percutâneo ou cirúrgico parecem ter efetividade semelhante; uso de betabloqueadores e IECA no pré-operatório.

ACTH: hormônio adrenocorticotrófico; AVC: acidente cerebrovascular; BRA: bloqueadores do receptor da angiotensina; CPAP: *continuous positive airway pressure*; DAC: doença arterial coronária; DRC: doença renal crônica; EAR: estenose de artéria renal; IAH: índice de apneia e hipopneia; IC: insuficiência cardíaca; IECA: inibidores da enzima conversora da angiotensina; PA: pressão arterial.

Bibliografia recomendada

1. Mancia G, Fagard R, Narkiewicz K, Redon J, Zanchetti A, Bohm M, et al. 2013 ESH/ESC Guidelines for the management of arterial hypertension: the Task Force for the management of arterial hypertension of the European Society of Hypertension (ESH) and of the European Society of Cardiology (ESC). J Hypertens. 2013;31(7):1281-357.
2. Sociedade Brasileira de Cardiologia, Sociedade Brasileira de Hipertensão, Sociedade Brasileira de Nefrologia. VI Diretrizes brasileiras de hipertensão. Arq Bras Cardiol. 2010;95(1 supl.1):1-51.
3. Rimoldi SF, Scherrer U, Messerli FH. Secondary arterial hypertension: when, who, and how to screen? Eur Heart J. 2014;35(19):1245-54.
4. Drager LF, Genta PR, Pedrosa RP, Nerbass FB, Gonzaga CC, Krieger EM, et al. Characteristics and predictors of obstructive sleep apnea in patients with systemic hypertension. Am J Cardiol. 2010;105(8):1135-9.
5. Mulatero P, Stowasser M, Loh KC, Fardella CE, Gordon RD, Mosso L, et al. Increased diagnosis of primary aldosteronism, including surgically correctable forms, in centers from five continents. J Clin Endocrinol Metab. 2004;89(3):1045-50.
6. Aronova A, Lii TJ, Zarnegar R. Management of hypertension in primary aldosteronism. World J Cardiol. 2014;6(5):227-33.
7. Textor SC, Lerman L. Renovascular hypertension and ischemic nephropathy. Am J Hypertens. 2010;23(11):1159-69.
8. de Mast Q, Beutler JJ. The prevalence of atherosclerotic renal artery stenosis in risk groups: a systematic literature review. J Hypertens. 2009;27(7):1333-40.
9. Baumgartner I, Lerman LO. Renovascular hypertension: screening and modern management. Eur Heart J. 2011;32(13):1590-8.
10. Judd E, Calhoun DA. Management of hypertension in CKD: beyond the guidelines. Adv Chronic Kidney Dis. 2015;22(2):116-22.
11. Martucci VL, Pacak K. Pheochromocytoma and paraganglioma: diagnosis, genetics, management, and treatment. Curr Probl Cancer. 2014;38(1):7-41.
12. Pacak K, Eisenhofer G, Ahlman H, Bornstein SR, Gimenez-Roquelo AP, Grossman AB, et al. Pheochromocytoma: recommendations for clinical practice from the First International Symposium. Nat Clin Pract Endocrinol Metab. 2007;3:92-102.
13. van Berkel A, Lenders JW, Timmers HJ. Diagnosis of endocrine disease: Biochemical diagnosis of phaeochromocytoma and paraganglioma. Eur J Endocrinol. 2014;170(3):R109-19.
14. Newell-Price J, Bertagna X, Grossman AB, Nieman LK. Cushing's syndrome. Lancet. 2006;367(9522):1605-17.
15. Baumgartner H, Bonhoeffer P, de Groot NM, de HF, Deanfield JE, Galie N, et al. ESC Guidelines for the management of grown-up congenital heart disease (new version 2010). Eur Heart J. 2010;31(23):2915-57.
16. Brown ML, Burkhart HM, Connolly HM, Dearani JA, Cetta F, Li Z, et al. Coarctation of the aorta: lifelong surveillance is mandatory following surgical repair. J Am Coll Cardiol. 2013;62(11):1020-5.

17. Epstein LJ, Kristo D, Strollo PJ Jr., Friedman N, Malhotra A, Patil SP, et al. Clinical guideline for the evaluation, management and long-term care of obstructive sleep apnea in adults. J Clin Sleep Med. 2009;5(3):263-76.
18. McDaid C, Duree KH, Griffin SC, Weatherly HL, Stradling JR, Davies RJ, et al. A systematic review of continuous positive airway pressure for obstructive sleep apnoea-hypopnoea syndrome. Sleep Med Rev. 2009;13(6):427-36.
19. Ritchie J, Green D, Chrysochou C, Chalmers N, Foley RN, Kalra PA. High-risk clinical presentations in atherosclerotic renovascular disease: prognosis and response to renal artery revascularization. Am J Kidney Dis. 2014;63(2):186-97.
20. Cooper CJ, Murphy TP, Cutlip DE, Jamerson K, Henrich W, Reid DM, et al. Stenting and medical therapy for atherosclerotic renal-artery stenosis. N Engl J Med. 2014;370(1):13-22.
21. Weber HS, Cyran SE. Endovascular stenting for native coarctation of the aorta is an effective alternative to surgical intervention in older children. Congenit Heart Dis. 2008;3(1):54-9.

100

Monitorização ambulatorial e residencial da pressão arterial

Carine Teles Sangaleti
Dante Marcelo Artigas Giorgi
Fernanda M. Consolim-Colombo

Introdução

- A pressão arterial (PA) é um parâmetro fisiológico que, em situações normais, permanece em uma faixa estreita de valores.
- Há diferentes mecanismos neuro-humorais que atuam em conjunto para adequar o fluxo de sangue às necessidades metabólicas dos tecidos durante as atividades diárias.
- A PA apresenta ritmo circadiano e existem situações ambientais e comportamentais diversas que interferem com esse padrão.
- A medida da PA obtida por um profissional qualificado, no consultório e em serviços de saúde, ainda faz parte do alicerce da avaliação deste parâmetro e do diagnóstico e tratamento da hipertensão arterial sistêmica (HAS). No entanto, medidas obtidas somente no consultório podem não representar os valores reais que os pacientes apresentam. De maneira especial, a medida de consultório não consegue avaliar de forma adequada a variabilidade diária da pressão arterial, o que tem impacto reconhecido em morbidade e mortalidade cardiovascular. Dessa forma, para melhorar o manejo da PA na prática clínica, desenvolveram-se ferramentas que possibilitam ao médico conhecer o comportamento desta variável no dia a dia dos seus pacientes.

Definições

Muitos estudos apontam que tanto a MAPA quanto a MRPA, se realizadas adequadamente, são capazes de superar diversas limitações da medida isolada da PA, por exemplo, as alterações relacionadas aos graus de tensão do paciente ao passar pelo exame físico ou simplesmente por estar em ambiente hospitalar, que podem influenciar negativamente a avaliação médica.

Monitorização ambulatorial da pressão arterial (MAPA)	Monitorização residencial da pressão arterial (MRPA)
Registro de 24 h ou mais da PA	Registros sistemáticos em horários e períodos previamente estabelecidos
Usa equipamentos portáteis automáticos	Aferição pelo paciente ou pessoa capacitada
Fornece PA sistólica e diastólica	Necessita de equipamento adequado e calibrado
Fornece valores médios da PA diurna, noturna, ou em qualquer período de interesse	Necessita de treinamento
Fornece valor da frequência cardíaca	Fornece PA sistólica e diastólica

Indicações

MAPA	MRPA
Identificação e acompanhamento da hipertensão do jaleco branco	Identificação e acompanhamento da hipertensão do jaleco branco
Identificação de hipertensão mascarada	Identificação de hipertensão mascarada
Avaliação da eficácia terapêutica anti--hipertensiva	Avaliação da hipertensão de difícil controle
Avaliação da hipertensão resistente	Melhorar o acompanhamento da hipertensão e a adesão ao tratamento
Investigação de episódios hipotensivos e avaliação da hipotensão postural	Melhorar as taxas de controle da hipertensão arterial
Avaliação de normotensos com lesão de órgão-alvo	Acompanhamento clínico de condições que requerem controle rigoroso da PA

MAPA: monitorização ambulatorial da pressão arterial; MRPA: monitorização residencial da pressão arterial; PA: pressão arterial.

Vantagens e desvantagens da medida da PA realizada pela MAPA

Vantagens	Limitações
▪ Possibilita a aquisição de várias medidas durante o período de 24 horas	▪ As medidas podem ser limitadas se o braço do paciente não permitir ajuste adequado
▪ Ameniza ou evita reações de alarme durante a medida da pressão e ainda possibilita identificar essas reações	▪ Valores de PAS muito elevados dificultam seu uso (desconforto pela pressão do manguito)
▪ Possibilita a avaliação da PA durante as atividades cotidianas e durante o sono	▪ Patologias associadas a distúrbios do movimento e discrasias sanguíneas
▪ Avaliação do padrão circadiano da PA	▪ Pulsos irregulares decorrentes de arritmias cardíacas
▪ Atenuação do efeito placebo	
▪ Permite acompanhar a resposta ao tratamento anti-hipertensivo no período de 24 horas	
▪ Possibilita a estratificação de risco	

MAPA: monitorização ambulatorial da pressão arterial; PA: pressão arterial.

Além das vantagens destacadas ateriormente, a MAPA apresenta importantes utilidades na prática clínica, que se vinculam às suas indicações e à possibilidades do uso repetido do método. Assim, segundo suas utilidades, a MAPA possibilita:

- O diagnóstico da hipertensão limítrofe, sem lesão de órgão-alvo (LOA).
- A identificação da hipertensão do jaleco branco, em pacientes que apresentam hipertensão no consultório.
- A avaliação de hipertensão refratária e a episódica.
- A identificação de episódios e sintomas de hipotensão.
- A decisão sobre o tratamento da hipertensão arterial em idosos.
- A identificação da hipertensão noturna.
- O manejo da hipertensão na gravidez.
- A avaliação da eficácia da medicação anti-hipertensiva na clínica e para pesquisa.

Vantagens e desvantagens da medida da PA realizada pela MRPA

Vantagens	Limitações
Possibilita a realização de várias medidas em um único dia ou durante o período recomendado – semana/mês/meses	Requer treinamento com médico ou enfermeiro, para que o procedimento seja realizado adequadamente
Ameniza ou evita reações de alarme durante a medida da pressão	Requer aparelhos calibrados e de boa qualidade
É um método com boa capacidade prognóstica	As medidas podem estar sujeitas a erros
Possibilita a avaliação da eficácia da terapia medicamentosa	Pode induzir ou aumentar a ansiedade em pacientes que apresentam este perfil, e com isso ocasionar a realização excessiva de medidas
Apresenta boa reprodutibilidade e possibilita o registro dos dados ou impresso, mídia eletrônica e mesmo teletransmissão dos níveis da PA	Há riscos de o paciente mudar a terapia medicamentosa, de acordo com os valores de PA obtidos
Favorece o autocuidado ao envolver o paciente no acompanhamento de seus níveis de PA	Não há medidas durante os períodos de sono e nem nos períodos noturnos, se a medida for realizada por profissional de saúde na residência do paciente
Melhora a adesão do pacientes ao tratamento medicamentoso e não medicamentoso	Pontos de corte dos valores de normalidade e metas a serem alcançadas ainda estão em debate, não estão padronizadas
Baixo custo	Não consta na lista de procedimentos do Sistema Único de Saúde (SUS) nem no serviço suplementar
Melhora o controle da hipertensão arterial	

MRPA: monitorização residencial da pressão arterial; PA: pressão arterial.

Aspectos técnicos: equipamentos e procedimento

Para que alcancem as potencialidades a que se destinam, MAPA e MRPA requerem que o procedimento de aquisição das medidas da PA seja realizado de forma correta. Com base nessa consideração, destacamos a seguir pontos importantes para garantir a qualidade das medidas realizadas pela MAPA e MRPA.

MAPA: monitorização ambulatorial da pressão arterial; MRPA: monitorização residencial da pressão arterial.

Equipamentos

Manguito: deve ter tamanho adequado, de acordo com a circunferência do braço.

Tipo de manguito	Circunferência do braço (cm)	Largura do manguito (cm)	Comprimento da bolsa (cm)
Criança	6-15	5	15
Infantil	16-21	8	21
Adulto pequeno	22-26	10	24
Adulto	27-34	13	30
Adulto grande	35-44	16	38

Aparelhos: os aparelhos da MAPA e da MRPA devem ser frequentemente calibrados (pelo fornecedor ou fabricante) e somente são considerados adequados ao uso quando previamente aprovados em protocolos de validação. No caso da MAPA, é necessário, ainda, ter sala adequada com computador capaz de suportar o *software* de análise das medidas obtidas pelo aparelho e para instalação e retirada do equipamento. Os aparelhos que usam o método oscilométrico, com manguito adaptado ao braço do pacientes, são os mais comuns para a MAPA. Aparelhos automáticos ou semiautomáticos que também empregam o método oscilométrico são os mais indicados para a MRPA.

MAPA: monitorização ambulatorial da pressão arterial; MRPA: monitorização residencial da pressão arterial.

Procedimentos – orientações aos pacientes

Procedimentos e orientações ao paciente que realizará a MAPA

- Os procedimentos devem ser detalhadamente explicados aos pacientes.
- A medida da PA deve ser feita inicialmente no consultório, em ambos os braços, nas posições sentada e ortostática.
- A medida da PA deve ser realizada em um dia habitual, representativo do cotidiano do paciente.
- O manguito deve ser colocado no braço não dominante. Porém, se a diferença entre o valor de PAS entre os braços for superior a 10 mmHg, deverá ser instalado no braço com maior PA.
- O aparelho deve ser programado para realizar as medidas a cada 30 minutos no mínimo, para que se obtenha ao menos 16 e 8 medidas válidas nos períodos de vigília e sono, respectivamente.
- O paciente deve ficar imóvel e com o braço relaxado durante as aferições programadas pelo aparelho e, após a medida, deve voltar às atividades normais.
- O banho deve ser evitado para não danificar o aparelho, o manguito não pode ser desinsuflado manualmente.
- O paciente deve anotar em um diário próprio para a MAPA os horários das refeições, das medicações, de dormir, acordar e de eventuais fatos não comuns no seu dia a dia.

MAPA: monitorização ambulatorial da pressão arterial.

MRPA
No que se refere à MRPA, devem ser consideradas os procedimentos e orientações destacados a seguir.
A medida da pressão deve ser feita na posição sentada, com o manguito colocado no braço não dominante, ou com maior valor de PA, na altura do coração, livre de roupas que apertem o braço e com pelo menos 5 minutos de repouso.
Antes da aferição, o paciente deve ter esvaziado a bexiga, não pode ter fumado, ingerido bebida alcoólica ou com cafeína, bem como não ter praticado exercício físico ou feito refeições 60 minutos antes da aferição.
Durante a medida da pressão o paciente deve manter-se relaxado, com pernas descruzadas, costas apoiadas em cadeira, braço sobre a mesa, mão voltada para cima; não deve falar durante as aferições.
O paciente deve manter os horários das medicações prescritas e apenas fazer as medidas da PA conforme protocolo estabelecido pelo médico.
Se forem necessárias aferições repetidas, deve ser respeitado entre estas um intervalo de 1 minuto.
O paciente deve ser orientado que os valores de PA variam e que a aferições feitas na residência geralmente têm valores mais baixos que os obtidos no consultório.

Ainda não há um protocolo único e padronizado de número de medidas e intervalo entre elas no método de MRPA. No entanto, como é um método considerado adjuvante no diagnóstico e acompanhamento da hipertensão arterial, destacamos no quadro a seguir três protocolos já propostos: o brasileiro, o europeu e o norte-americano.

Protocolo	Número de dias de monitorização	Número mínimo de medidas	Períodos	Número de medidas por período	Cálculo da média semanal
Brasileiro	5	12	2*	3	Excluir os dois primeiros dias
Europeu	7	12	2#	2	Excluir o primeiro dia
Norte-americano	7	24	2#	2 a 3	Excluir o primeiro dia

Apesar de ainda não estar estabelecido um protocolo único que determine o intervalo entre as medidas realizadas pelo método da MRPA, considera-se anormal a média de PAS > 130 mmHg e PAD > 85 mmHg.

* entre 06:00 e 10:00; # antes do desejum e antes do jantar. MRPA: monitorização residencial da pressão arterial.

Interpretação dos resultados

MAPA: a interpretação dos resultados da MAPA deve ser realizada considerando-se as conclusões do exame disponíveis no laudo, a avaliação clínica de consultório e todo o histórico médico do paciente que levou à indicação do exame.

No que se refere a valores obtidos e sua classificação, temos:

Quanto ao valor da PA	24 horas	Vigília	Sono
Ótimo	< 115/75	< 120/80	< 100/65
Normal	< 125/75	< 130/85	< 110/70
Limítrofe	126-129/76-79	131-139	111-119
Hipertensão ambulatorial	≥ 130/80	≥ 140/85	≥ 120/70

Quando o indivíduo apresenta PA normal no consultório e também em MAPA, é considerado normotenso. Quando o paciente tem valores acima dos limites de normalidade na PA nas duas avaliações, é considerado como HAS verdadeiro. Quando tem HAS no consultório e valores normais na MAPA, considera-se HAS do jaleco branco. Quando apresenta PA normal no consultório e elevada na MAPA, tem HAS mascarada.

Além desta classificação, determinados padrões de comportamento da PA obtidos com a MAPA estão destacados no quadro a seguir.

Outros resultados obtidos pela MAPA

- Relação vigília e sono: a ausência de queda de pelo menos 10% ou queda inferior a esta proporção no valor da PA, durante o sono (descenso noturno), pode indicar maior risco cardiovascular. Além disso, é possível identificar a hipertensão arterial isolada durante o sono, que também está associada a aumento do risco cardiovascular.
- Pressão de pulso: a diferença de valores entre PAS e PAD é denominada pressão de pulso; esse valor, quando superior a 53 mmHg pode indicar maior risco cardiovascular.
- Episódios de hipotensão: são valores médios inferiores da PA. Esses episódios devem ser relacionados a sintomas que são relatados pelos pacientes no diário da MAPA.
- Variabilidade da PA: quanto maior a variabilidade da pressão arterial, maior o risco cardiovascular.

Valores indicados para maiores de 18 anos. HAS: hipertensão arterial sistêmica; MAPA: monitorização ambulatorial da pressão arterial; PA: pressão arterial; PAD: pressão arterial diastólica; PAS: pressão arterial sistólica.

Bibliografia recomendada

1. Irigoyen MC, Consolim-Colombo FM, Krieger EM. Controle cardiovascular: regulação reflexa e papel do sistema nervoso simpático. Rev Bras Hipertens. 2001;8:55-62.
2. Conway J, Boon N, Davies C, Jones J, Sleight P. Neural and humoral mechanisms involved in blood pressure variability. J Hypertension. 1984;2(2):121-220.
3. Coca A. Circadian rhythm and blood pressure control: physiological and pathophysiological factors. J Hypertens. 1994:12(5):S13-21.
4. Pickering TG, Miller NH, Ogedegbe G, Krakoff LR, Artinian NT, Goff D, et al. Call to action on use and reimbursement for home blood pressure monitoring: a joint scientific statement from the American Heart Association, American Society of Hypertension, and Preventive Cardiovascular Nurses Association. Hypertension. 2008;52(1):10-29.
5. Glynn LG, Murphy AW, Smith SM, Schroeder K, Fahey T. Interventions used to improve control of blood pressure in patients with hypertension. Cochrane Database Syst Rev. 2010;17:(3):CD005182.
6. White WB. Ambulatory blood-pressure monitoring in clinical practice. N Engl J Med. 2003;348(24):2377-8.
7. Pickering TG, White WB, Giles TD, Black HR, Izzo JL, Materson BJ, et al. When and how to use self (home) and ambulatory blood pressure monitoring. J Am Soc Hypertens. 2010;4:(24):56-61
8. Pickering TG, Shimbo D, Haas D. Ambulatory blood-pressure monitoring. N Engl J Med. 2006;354:2368-74.
9. Silva GV, Ortega KC, Mion Jr D. Monitorização residencial da pressão arterial (MRPA). Rev Bras Hipertens. 2008;15(4):215-9.
10. Pierdomenico SD, Cuccurullo F. Prognostic value of white-coat and masked hypertension diagnosed by ambulatory monitoring in initially untreated subjects: an updated meta analysis. Am J Hypertens. 2011;24(1)52-8.
11. Sega R, Facchetti R, Bombelli M, Cesana G, Corrao G, Grassi G, et al. Prognostic value of ambulatory and home blood pressures compared with office blood pressure in the general population: follow-up results from the Pressioni Arteriose Monitorate e Loro Associazioni (PAMELA) Study. Circulation. 2005;111(14):1777-83.
12. Sociedade Brasileira de Cardiologia. V diretrizes brasileiras de monitorização ambulatorial da pressão arterial (MAPA) e III diretrizes brasileiras de monitorização residencial da pressão arterial (MRPA). Arq Bras Cardiol. 2011; 97(3 supl.3):1-24.
13. Parati G, Stergiou GS, Asmar R, Bilo G, de Leeuw P, Imai Y, et al. ESH Working Group on Blood Pressure Monitoring. European Society of Hypertension practice guidelines for blood pressure monitoring. J Hypertens. 2014;32:1359-66.
14. Niiranen TJ, Asayama K, Thijs L, Johansson JK, Hara A, Hozawa A, et al. IDHOCO Investigators. Optimal Number of Days for Home Blood Pressure Measurement. Am J Hypertens. 2015;28(5):595-603.
15. Kikuya M, Hansen TW, Thijs L, Björklund-Bodegård K, Kuznetsova T, Ohkubo T, et al. IDACO investigators. Diagnostic thresholds for ambulatory blood pressure monitoring based on 10-year cardiovascular risk. Circulation; 2007;115:2145-52.

16. Mansoor GA, White WB. Self-measured home blood pressure in predicting ambulatory hypertension. Am J Hypertens. 2004;17(Part 1):1017-22.
17. Kantarci G. Home and ambulatory blood pressure monitoring: when? who? Kidney International Supplements. 2013;3(4):337-9.
18. Verdecchia P, Schillaci G, Porcellari C. Dippers x non-dippers. J Hypertens. 1991;9:S42-44.
19. Verdecchia P, Schillaci G, Borgioni C, Ciucci A, Telera MP, Pede S, et al. Ambulatory pulse pressure: a patent predictor of total cardiovascular risk in hypertension. Hypertension. 1998;32:983-8.
20. Palatini P, Penzo M, Racioppa A, Zugno E, Gozzardi G, Anaclerio M, et al. Clinical relevance of night-time blood pressure and of day-time blood pressure variability. Arch Intern Med. 1992;152:1855-60.

Seção XI

101

Diagnóstico de doença coronária crônica

Eduardo Gomes Lima
Luiz Antônio Machado César

Introdução

- O diagnóstico de doença arterial coronária (DAC) crônica baseia-se em avaliação clínica de sinais e sintomas associada a exames subsidiários invasivos ou não invasivos.
- A importância de estabelecer o diagnóstico fundamenta-se não só nas implicações prognósticas relacionadas à presença de DAC, como também na necessidade de implementação de tratamento medicamentoso, imprescindível para a redução de risco cardiovascular no contexto da prevenção secundária.
- O sintoma característico associado ao diagnóstico de DAC é a presença de dor ou desconforto torácico. A probabilidade da presença (e gravidade) de DAC necessariamente associa-se a características relacionadas à angina.
- A decisão por determinado exame subsidiário no contexto da investigação, bem como sua interpretação, deve respeitar o teorema de Bayes, uma vez que a acurácia desses exames depende fundamentalmente da prevalência de DAC na população estudada (probabilidade pré-teste).

Classificação tradicional de dor torácica

Angina típica (definitiva)	Presença de três dos critérios seguintes: ▪ Desconforto retroesternal do tipo aperto ou queimação e duração de poucos minutos. ▪ Desencadeada por esforço físico ou estresse emocional. ▪ Melhora com repouso ou uso de nitratos dentro de minutos.
Angina atípica (provável)	Presença de dois dos critérios anteriores.
Dor torácica não anginosa	Preenche um ou nenhum dos critérios anteriores.

Características dos exames comumente usados para diagnóstico de DAC

	Diagnóstico de DAC	
Exame	Sensibilidade (%)	Especificidade (%)
Teste ergométrico	45-50	85-90
Ecocardiografia com estresse físico	80-85	80-88
Cintilografia com estresse físico	73-92	63-87
Ecocardiografia com dobutamina	79-83	82-86
Ressonância de estresse com dobutamina	79-88	81-91
Ecocardiografia com estresse vasodilatador	72-79	92-95
Cintilografia com estresse vasodilatador	90-91	75-84
Ressonância com estresse vasodilatador	67-94	61-85
Angiotomografia de coronárias	95-99	64-83
PET com estresse vasodilatador	81-97	74-91

Probabilidades pré-teste em pacientes com dor torácica

	Angina típica		Angina atípica		Dor não anginosa	
Idade	Homens	Mulheres	Homens	Mulheres	Homens	Mulheres
30-39	59	28	29	10	18	5
40-49	69	37	38	14	25	8
50-59	77	47	49	20	34	12
60-69	84	58	59	28	44	17
70-79	89	68	69	37	54	24
>80	93	76	78	47	65	32

Grupos com probabilidade < 15% não necessitam de exame adicional; grupos com probabilidade de 15-65% podem ser submetidos a teste ergométrico como exame inicial; grupos com probabilidade de 66-85% devem realizar prova funcional com imagem para diagnóstico; grupos com probabilidade > 85% devem ser considerados como tendo diagnóstico de DAC, necessitando apenas de estratificação de risco.

Situações especiais

- Mulheres: a acurácia do teste ergométrico simples em mulheres (sensibilidade e especificidade de 60-70%) é menor do que em homens (cerca de 80%), sendo nesses casos preferíveis provas funcionais de estresse com imagem.
- Diabete melito: A despeito da maior mortalidade cardiovascular associada a diabéticos portadores de DAC, quando comparados a não diabéticos, a abordagem diagnóstica dentre diabéticos sintomáticos segue as diretrizes para não diabéticos. Não há recomendação de investigação de DAC de rotina para diabéticos assintomáticos.
- Renais crônicos: devem ser monitorizados rigorosamente em razão da alta prevalência de DAC, principalmente entre os portadores de insuficiência renal crônica terminal. Dentre os dialíticos, a cineangiocoronariografia pode ser preferida em detrimento de provas funcionais por conta da baixa acurácia diagnóstica destas últimas.
- Idosos: apresentam comumente sintomas atípicos ou equivalentes anginosos, além de apresentarem capacidade funcional reduzida, o que dificulta a realização de métodos com estresse físico. Assim, falsos negativos e falsos positivos (p. ex., em razão da hipertrofia ventricular esquerda) são frequentes.
- Ressalte-se o fato de que, em caso de dúvida diagnóstica por provas funcionais conflitantes, indica-se cineangiocoronariografia.

Indicações para testes diagnósticos em pacientes com suspeita de DAC estável conforme diretrizes da ESC

	Assintomáticos		Sintomáticos – probabilidade pré-teste					
			Baixa (< 15%)		Intermediária (15-85%)		Alta (> 85%)	
	GR	NE	GR	NE	GR	NE	GR	NE
Avaliação anatômica								
Cineangiocoronariografia	III	A	III	A	IIb	A	I*	A
Angiotomografia de coronária	III	B	III	C	IIa	A	III	B
Avaliação funcional								
Ecocardiograma de estresse	III	A	III	A	I	A	III	A
Cintilografia miocárdica	III	A	III	A	I	A	III	A
Ressonância com estresse	III	B	III	C	I	A	III	B
PET-CT	III	B	III	C	I	A	III	B

* A cineangiocoronariografia é o único exame indicado para descartar o diagnóstico de DAC em pacientes com alta probabilidade pré-teste, isto é, uma prova funcional não deve ser utilizada para descartar DAC nesta população. ESC: European Society of Cardiology; GR: grau de recomendação; NE: nível de evidência; PET-CT: tomografia por emissão de pósitrons.

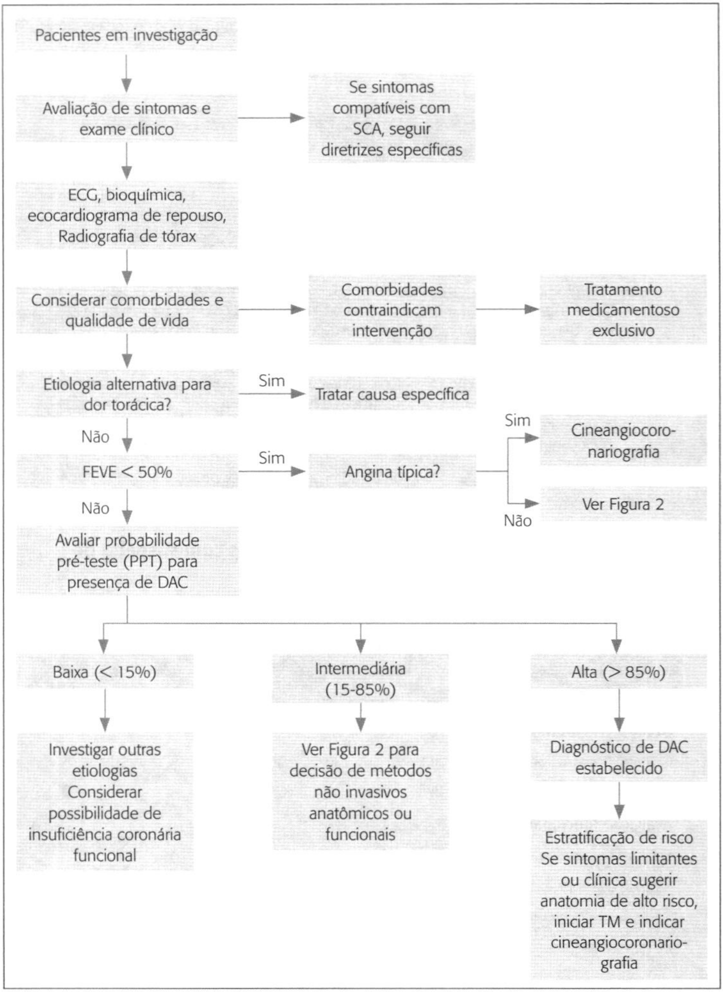

Figura 1 Abordagem diagnóstica inicial na doença arterial coronária (DAC). ECG: eletrocardiograma; FEVE: fração de ejeção do ventrículo esquerdo; SCA: síndrome coronária aguda; TM: tratamento médico.

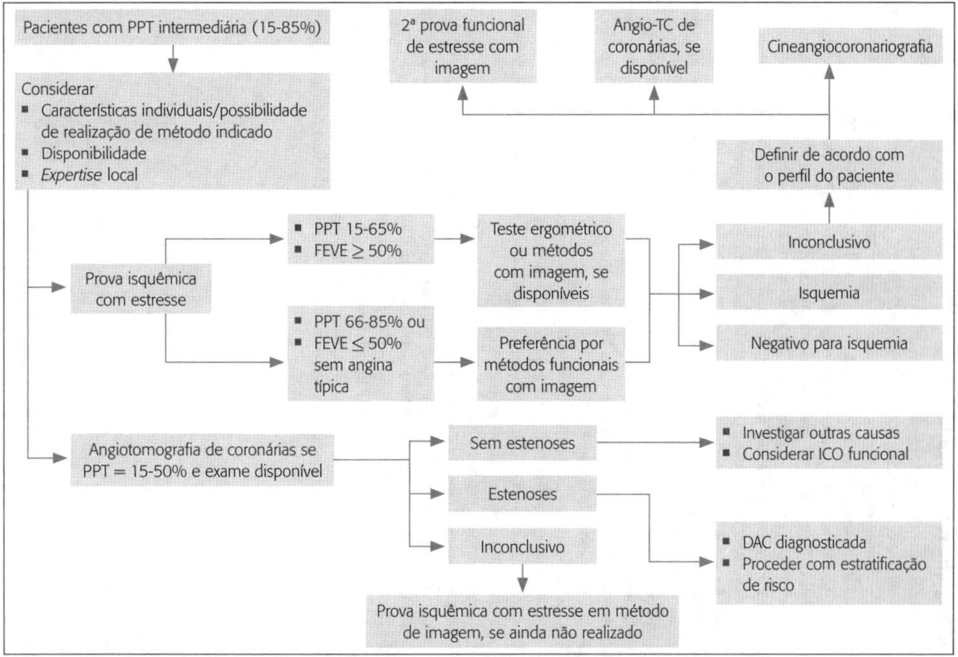

Figura 2 Decisão por método diagnóstico específico. PPT: probabilidade pré-teste. DAC: doença arterial coronária; FEVE: fração de ejeção do ventrículo esquerdo; ICO: insuficiência coronária;.

Bibliografia recomendada

1. Yusuf S. Two decades of progress in preventing vascular disease. Lancet. 2002;360:2-3.
2. Montalescot G, Sechtem U, Achenbach S, et al. 2013 ESC guidelines on the management of stable coronary artery disease: the task force on the management of stable coronary artery disease of the European Society of Cardiology. Eur Heart J. 2013;34:2949-3003.
3. Fihn SD, Blankenship JC, Alexander KP, et al. 2014 ACC/AHA/AATS/PCNA/SCAI/STS focused update of the guideline for the diagnosis and management of patients with stable ischemic heart disease: a report of the American College of Cardiology/American Heart Association Task Force on Practice Guidelines, and the American Association for Thoracic Surgery, Preventive Cardiovascular Nurses Association, Society for Cardiovascular Angiography and Interventions, and Society of Thoracic Surgeons. Circulation. 2014;130:1749-67.
4. Gibbons RJ, Balady GJ, Beasley JW, et al. ACC/AHA guidelines for exercise testing: executive summary. A report of the American College of Cardiology/American Heart Association Task Force on Practice Guidelines (Committee on Exercise Testing). Circulation. 1997;96:345-54.
5. Lima EG, Hueb W, Garcia RM, et al. Impact of diabetes on 10-year outcomes of patients with multivessel coronary artery disease in the Medicine, Angioplasty, or Surgery Study II (MASS II) trial. Am Heart J. 2013;166:250-7.
6. Gowdak LH, Paula FJ, Cesar LA, et al. Screening for significant coronary artery disease in high-risk renal transplant candidates. Coron Artery Dis. 2007;18:553-8.
7. Kasser IS, Bruce RA. Comparative effects of aging and coronary heart disease on submaximal and maximal exercise. Circulation. 1969;39:759-74.
8. Scanlon PJ, Faxon DP, Audet AM, et al. ACC/AHA guidelines for coronary angiography. A report of the American College of Cardiology/American Heart Association Task Force on practice guidelines (Committee on Coronary Angiography). Developed in collaboration with the Society for Cardiac Angiography and Interventions. J Am Coll Cardiol. 1999;33:1756-824.
9. Windecker S, Kolh P, Alfonso F, et al. 2014 ESC/EACTS Guidelines on myocardial revascularization: The Task Force on Myocardial Revascularization of the European Society of Cardiology (ESC) and the European Association for Cardio-Thoracic Surgery (EACTS) developed with the special contribution of the European Association of Percutaneous Cardiovascular Interventions (EAPCI). Eur Heart J. 2014;35:2541-619.

102

Classificação e estratificação da doença arterial coronária

Eduardo Gomes Lima
Carlos V. Serrano Jr.

Introdução

- Faz-se necessário diferenciar a investigação da estratificação da doença arterial coronária (DAC). Enquanto no primeiro cenário a proposta é estabelecer o diagnóstico, no segundo, o objetivo é estabelecer o risco anual de eventos.
- Os métodos utilizados para diagnóstico, por vezes, se prestam para estratificação. Cabe ao cardiologista que os solicita fazer uso adequado dos exames subsidiários conforme o cenário clínico.
- Métodos funcionais não invasivos tradicionalmente são utilizados para estratificação. Estudos recentes têm atribuído também à avaliação anatômica essa prerrogativa prognóstica.
- A importância da estratificação de risco baseia-se no fato de que populações de mais alto risco podem beneficiar-se de estratégias intervencionistas.
- A individualização de conduta deve ser pontuada. O fato é que nem todo paciente portador de teste funcional positivo deverá se submeter à cineangiocoronariografia. Por outro lado, alguns deverão realizar estratificação invasiva como exame inicial.
- A classificação da angina conforme a Canadian Cardiovascular Society é uma forma prática e simples de graduá-la.

Classificação de angina conforme a Canadian Cardiovascular Society

Classe I	Angina desencadeada por esforços maiores que os habituais, como esforço prolongado ou atividades recreativas.
Classe II	Discreta limitação para atividades habituais. A angina ocorre ao caminhar ou subir escadas rapidamente, caminhar em aclives, caminhar ou subir escadas após refeições ou no frio, ao vento ou sob estresse emocional. Angina após caminhar dois quarteirões planos ou subir mais de um lance de escada em condições normais.
Classe III	Limitação para atividades habituais. Angina ao caminhar um quarteirão plano ou subir um lance de escada.
Classe IV	Incapacidade de realizar qualquer atividade habitual sem desconforto. Angina em repouso.

Exames diagnósticos

Teste ergométrico	Alto risco	▪ Mortalidade ≥ 3%
	Risco intermediário	▪ Mortalidade ≥ 1 e < 3%
	Baixo risco	▪ Mortalidade < 1%
Métodos de imagem	Alto risco	▪ Cintilografia: área isquêmica > 10% ▪ Ecocardiograma com estresse com dobutamina: ≥ 3 segmentos disfuncionantes ▪ Ressonância magnética: dados limitados, provavelmente ≥ 2/16 segmentos com novo déficit perfusional
	Risco intermediário	▪ Área isquêmica 1-10% ou qualquer isquemia documentada que não preencha critérios para alto risco
	Baixo risco	▪ Ausência de isquemia
Angiotomografia de coronárias	Alto risco	▪ Lesões triarteriais proximais, lesão de tronco de coronária esquerda ou lesão em DA proximal
	Risco intermediário	▪ Lesão proximal em vaso epicárdico maior que não preenche critérios para alto risco
	Baixo risco	▪ Coronárias sem lesões ou placas documentadas sem estenoses críticas

DA: artéria descendente anterior.

Estratificação de risco conforme a American Heart Association

Alto risco (> 3%/ano de morte ou IAM)
▪ Disfunção grave de VE (FEVE < 35%) não explicada por causas não isquêmicas.
▪ Alteração de perfusão em repouso ≥ 10% do miocárdio em pacientes sem antecedente de IAM.
▪ ECG de estresse com alterações como infradesnivelamento de segmento ST ≥ 2 mm com baixa carga ou persistindo durante a recuperação, supradesnivelamento de segmento ST durante esforço ou TV/FV induzida por esforço.
▪ Disfunção de VE induzida por esforço (FEVE de esforço < 45% ou queda da FEVE ≥ 10% no estresse).
▪ Déficit perfusional de esforço ≥ 10% do miocárdio ou alteração perfusional de vários segmentos sugerindo múltiplos territórios vasculares acometidos.
▪ Dilatação do VE induzida por esforço.
▪ Alteração de mobilidade da parede ventricular induzida por esforço (envolvendo mais de dois segmentos ou dois leitos coronarianos).
▪ Anormalidade de mobilidade segmentar com baixa dose de dobutamina (≤ 10 mcg/kg/min) ou com baixa FC (< 120 bpm).
▪ Escore de cálcio > 400 U Agatston.
▪ Obstruções multiarteriais (≥ 70% de estenose) ou lesão em tronco de coronária esquerda (lesão ≥ 50%) em angio-TC de coronárias.
Risco intermediário (1-3%/ano de morte ou IAM)
▪ Disfunção de VE discreta a moderada (FEVE 35-49%) não explicada por causas não isquêmicas.
▪ Alteração de perfusão em repouso 5-9,9% do miocárdio em pacientes sem antecedente de IAM.
▪ Infradesnivelamento de segmento ST ≥ 1 mm no esforço.
▪ Déficit perfusional de esforço 5-9,9% do miocárdio ou alteração perfusional de vários segmentos sugerindo um território vascular acometido, sem dilatação do VE.
▪ Alteração de mobilidade da parede ventricular induzida por esforço (envolvendo 1 ou 2 segmentos e apenas um leito coronariano).
▪ Escore de cálcio: 100-399 U Agatston.
▪ Obstrução uniarterial (≥ 70% de estenose) ou lesões moderadas (lesão 50-69%) em duas ou mais artérias na angio-TC de coronárias.

Baixo risco (< 1%/ano de morte ou IAM)
▪ Baixo escore no teste de esforço (escore ≥ 5) ou ausência de novas alterações de segmento ST ou ausência de dor torácica induzida por esforço em vigência de esforço máximo.
▪ Ausência ou pequena área de déficit perfusional em repouso ou estresse (< 5% do miocárdio).
▪ Ausência de déficit de mobilidade durante o estresse.
▪ Escore de cálcio < 100 U Agatston.
▪ Ausência de estenoses > 50% em angio-TC de coronárias.

ECG: eletrocardiograma; FEVE: fração de ejeção do ventrículo esquerdo; FV: fibrilação ventricular; IAM: infarto agudo do miocárdio; TV: taquicardia ventricular; VE: ventrículo esquerdo.

Prognóstico anatômico da DAC

Extensão da DAC	Peso prognóstico (0-100)	Sobrevida em 5 anos (%)
Uniarteriais (75%)	23	93
Uniarteriais (50-74%)	23	93
Uniarteriais (≥ 95%)	32	91
Biarteriais	37	88
Biarteriais (ambos ≥ 95%)	42	86
Uniarteriais (≥ 95% em DA proximal)	48	83
Biarteriais (≥ 95% em DA)	48	83
Biarteriais (≥ 95% em DA proximal)	56	79
Triarteriais	56	79
Triarteriais (≥ 95% em ≥ 1 vaso)	63	73
Triarteriais (75% em DA proximal)	67	67
Triarteriais (≥ 95% em DA proximal)	74	59

DA: artéria descendente anterior; DAC: doença arterial coronária.

Indicações de exames complementares

- Considerando as implicações prognósticas da FEVE no contexto da DAC, ecocardiograma transtorácico de repouso está indicado para todos os pacientes.
- Em pacientes aptos à realização de esforço físico e com ECG interpretável, teste ergométrico simples pode ser utilizado para estratificação de risco. Em casos inconclusivos ou com ECG não interpretável, deve-se lançar mão das provas funcionais com imagem. Quando não for possível a realização de esforço físico, pode-se utilizar os métodos com estresse farmacológico.
- Em pacientes portadores de marca-passo, deve-se utilizar métodos com imagem (ecocardiograma de estresse ou cintilografia miocárdica).
- O uso da angiotomografia de coronárias no contexto da estratificação de risco reserva-se a situações específicas:
  - Pacientes com resultados indeterminados de provas funcionais.
  - Pacientes incapazes de realizar provas funcionais com imagem.
  - Pacientes com risco intermediário a alto em provas funcionais como alternativa à cineangiocoronariografia (na impossibilidade técnica ou recusa em fazê-lo).
- A cineangiocoronariografia permanece como padrão-ouro na estratificação anatômica, estando indicada para:
  - Portadores de angina limitante ou pouco responsiva ao tratamento medicamentoso.
  - Indivíduos assintomáticos ou com sintomas discretos, que se apresentam com alto risco de eventos em provas não invasivas.
  - Pacientes apresentando provas funcionais conflitantes.
  - Portadores de risco moderado em provas funcionais associado à presença de isquemia e FEVE < 50%.
  - Exame inicial para portadores de DAC sobreviventes de morte súbita abortada ou apresentando arritmia ventricular.
  - Exame inicial para pacientes com DAC estabelecida exibindo sinais/sintomas de insuficiência cardíaca.
- Em pacientes sintomáticos após revascularização (cirúrgica ou percutânea), há preferência por estratificação com provas funcionais com imagem em detrimento do teste ergométrico simples.
- Pode-se considerar prova funcional de rotina para aqueles submetidos à angioplastia há mais de 2 anos e cirurgia há mais de 5 anos.

DAC: doença arterial coronária; ECG: eletrocardiograma; FEVE: fração de ejeção do ventrículo esquerdo.

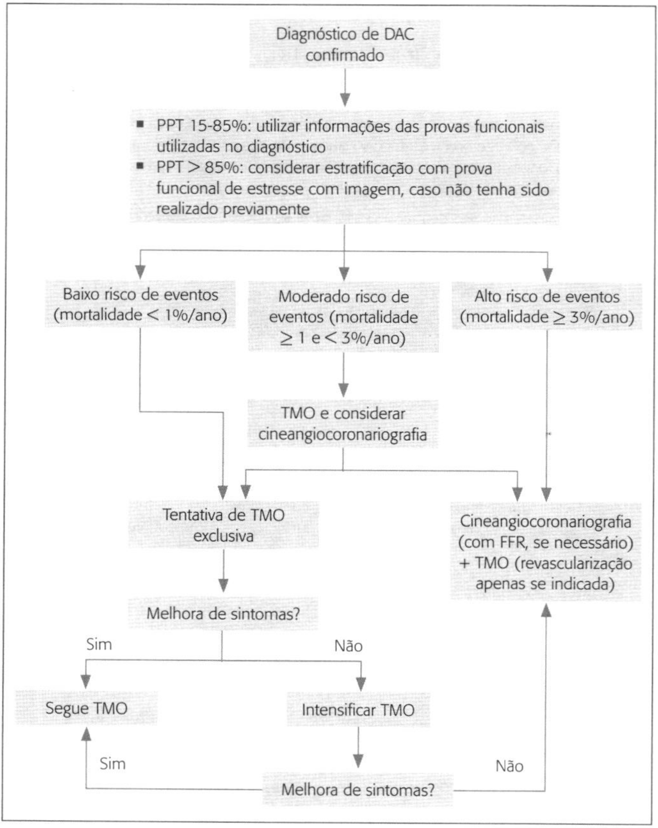

Figura 1 Estratificação de risco em doença arterial coronária (DAC) – European Society of Cardiology. FFR: reserva de fluxo coronário; PPT: probabilidade pré-teste; TMO: terapia médica otimizada.

Bibliografia recomendada

1. Mancini GB, Hartigan PM, Shaw LJ. Predicting outcome in the COURAGE trial (Clinical Outcomes Utilizing Revascularization and Aggressive Drug Evaluation): coronary anatomy versus ischemia. JACC Cardiovasc Interv. 2014;7:195-201.
2. Windecker S, Kolh P, Alfonso F. 2014 ESC/EACTS Guidelines on myocardial revascularization: The Task Force on Myocardial Revascularization of the European Society of Cardiology (ESC) and the European Association for Cardio-Thoracic Surgery (EACTS) developed with the special contribution of the European Association of Percutaneous Cardiovascular Interventions (EAP-CI). Eur Heart J. 2014;35:2541-619.
3. Killip T, Passamani E, Davis K. Coronary artery surgery study (CASS): a randomized trial of coronary bypass surgery. Eight years follow-up and survival in patients with reduced ejection fraction. Circulation. 1985;72:V102-9.
4. Hachamovitch R. Impact of ischemia and scar on therapeutic benefit of myocardial revascularization. Herz. 2013;38:344-9.
5. Cesar LA, Ferreira JF, Armaganijan D. Guideline for stable coronary artery disease. Arq Bras Cardiol. 2014;103:1-56.
6. Montalescot G, Sechtem U, Achenbach S. 2013 ESC guidelines on the management of stable coronary artery disease: the task force on the management of stable coronary artery disease of the European Society of Cardiology. Eur Heart J. 2013;34:2949-3003.
7. Fihn SD, Gardin JM, Abrams J. 2012 ACCF/AHA/ACP/AATS/PCNA/SCAI/ STS guideline for the diagnosis and management of patients with stable ischemic heart disease: a report of the American College of Cardiology Foundation/American Heart Association task force on practice guidelines, and the American College of Physicians, American Association for Thoracic Surgery, Preventive Cardiovascular Nurses Association, Society for Cardiovascular Angiography and Interventions, and Society of Thoracic Surgeons. Circulation. 2012;126:e354-471.
8. Snow V, Barry P, Fihn SD. Evaluation of primary care patients with chronic stable angina: guidelines from the American College of Physicians. Ann Intern Med. 2004;141:57-64.
9. Califf RM, Armstrong PW, Carver JR, D'Agostino RB, Strauss WE. 27th Bethesda Conference: matching the intensity of risk factor management with the hazard for coronary disease events. Task Force 5. Stratification of patients into high, medium and low risk subgroups for purposes of risk factor management. J Am Coll Cardiol. 1996;27:1007-19.
10. Garzillo CL, Hueb W, Gersh BJ. Long-term analysis of left ventricular ejection fraction in patients with stable multivessel coronary disease undergoing medicine, angioplasty or surgery: 10-year follow-up of the MASS II trial. Eur Heart J. 2013;34:3370-7.

103

Medicamentos utilizados no tratamento crônico da doença coronária

Luiz Antônio Machado César
Marcus Vinicius Burato Gaz

Medicações para prevenir o infarto do miocárdio e reduzir a mortalidade

Dose de estatinas e redução do LDL colesterol

Fármaco	Dose	Redução do LDL-colesterol
Sinvastatina	20-80 mg	27-42%
Pravastatina	20-40 mg	20-33%
Atorvastatina	10-80 mg	37-55%
Rosuvastatina	10-40 mg	43-55%
Lovastatina	10-80 mg	21-41%
Fluvastatina	20-80 mg	15-37%
Pitavastatina	1-4 mg	35-44%

Antiplaquetários, doses e indicações

Fármaco	Dose	Indicação	Precauções
Ácido acetilsalicílico (AAS)	100 mg/dia	Para todos os pacientes	Alergia ou intolerância, sangramento ativo, hemofilia e úlcera péptica ativa
Clopidogrel	75 mg/dia	Na contraindicação absoluta do uso de aspirina; associado com aspirina após intervenção com *stents*, por no mínimo 30 dias	Complicações hematológicas como plaquetopenia, neutropenia e púrpura trombocitopênica

Inibidores da enzima conversora de angiotensina

Fármaco	Dose	Indicação	Precauções
Captopril	6,25-50 mg a cada 8 h	Disfunção ventricular e/ou insuficiência cardíaca e/ou diabetes melito ou de rotina em todos os pacientes com DAC	Angioedema, hipercalemia, insuficiência renal aguda
Enalapril	2,5-20 mg a cada 12 h		
Pirindopril	4-8 mg/dia		
Ramipril	2,5-10 mg/dia		

Betabloqueadores, doses e efeitos colaterais

Fármaco	Dose	Efeitos colaterais	Precauções
Propranolol	40-240 mg/dia	Fadiga, vertigem, dispneia, fraqueza muscular, disfunção erétil	Evitar nas doenças sintomáticas do sistema de condução. Usar com cautela na doença pulmonar obstrutiva crônica e insuficiência vascular periférica
Atenolol	25-100 mg/dia		
Metoprolol	50-200 mg/dia		
Bisoprolol	5-20 mg/dia		
Carvedilol	25-100 mg/dia		

Medicações para reduzir os sintomas e a ocorrência da isquemia miocárdica

Nitratos, doses e efeitos colaterais

Fármaco	Dose	Efeitos colaterais	Precauções
Propatilnitrato sempre sublingual	20-30 mg/dia	Hipotensão, vertigens, palpitações e cefaleia	Contraindicado o uso concomitante de medicações para disfunção erétil
Dinitrato de isossorbida	40-120 mg/dia		
Mononitrato de isossorbida	40-120 mg/dia		
Nitroglicerina transdérmica	0,4-0,6 mg por 12-14 h		

Bloqueadores de canal de cálcio, doses e efeitos colaterais

Fármaco	Dose	Efeito colateral	Precauções
Nifedipina	30-60 mg/dia	Edema, rubor facial, vertigem e constipação (verapamil)	Insuficiência cardíaca congestiva, bloqueios AV e hipotensão
Anlodipino	5-10 mg/dia		
Diltiazem	90-480 mg/dia		
Verapamil	80-240 mg/dia		

Novos fármacos, doses, efeitos colaterais e disponibilidade

Fármaco	Dose	Indicação	Disponibilidade
Trimetazidina	35 mg, 2-3 vezes/dia	Angina estável sintomática em uso de betabloqueadores isoladamente ou associados a outros agentes antianginosos ou com disfunção de VE associado a terapia clínica otimizada	Brasil
Ranolazina	500-1.000 mg, 2 vezez/dia	Antianginoso	Aprovada pela FDA, não disponível no Brasil

(continua)

Novos fármacos, doses, efeitos colaterais e disponibilidade *(continuação)*

Fármaco	Dose	Indicação	Disponibilidade
Nicorandil	20 mg, 2 vezes/dia	Antianginoso	Droga não aprovada pela FDA; disponível na Europa, Austrália e Japão
Alopurinol	600 mg/dia	Paciente sintomáticos após otimização terapêutica	Brasil
Ivabradina	5-7,5 mg, 2 vezes/dia	Angina estável sintomática em uso de betabloqueadores, isoladamente ou associada a outros agentes antianginosos e frequência cardíaca > 70 bpm	Brasil

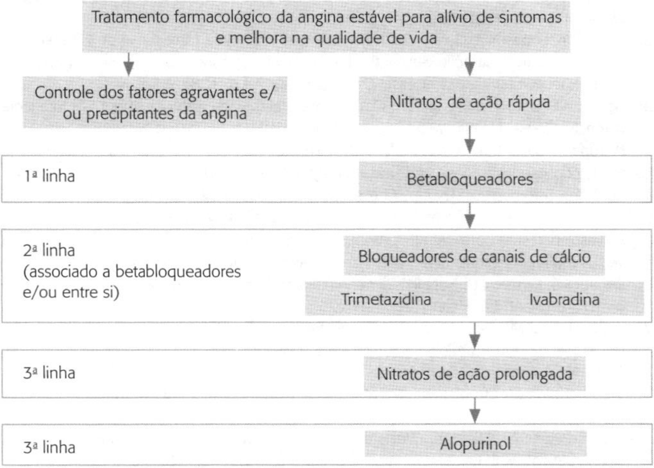

Figura 1 Algoritmo de utilização de medicamentos para alívio de sintomas em angina estável.

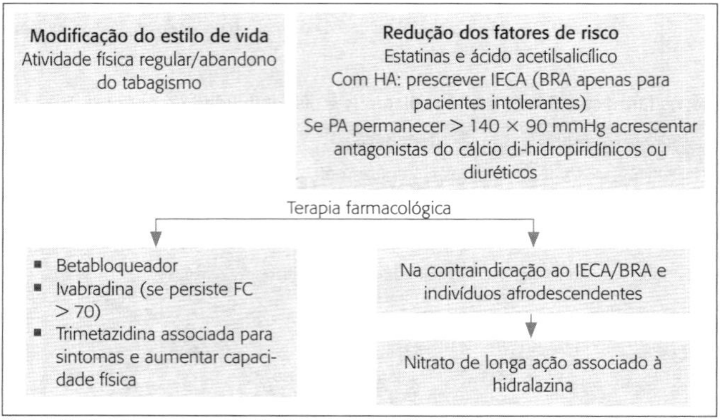

Figura 2 Algoritmo para redução de eventos cardiovasculares na presença de disfunção ventricular. BRA: bloqueadores do receptor da angiotensina; FC: frequência cardíaca; IECA: inibidores da enzima conversora da enzima conversora da angiotensina.

Bibliografia recomendada

1. Cesar LA, Ferreira JF, Armaganijan D. Diretriz de doença coronária estável. Arq Bras Cardiol. 2014;103(2 suppl 2):1-59.
2. Hueb WA, Lopes NH, Gersh MB. A Randomized controlled clinical trial of 3 therapeutic strategies for five-year follow-up of the Medicine, Angioplasty, or Surgery Study (MASS II): multivessel coronary artery disease. Circulation. 2007;115:1082-9.
3. Boden WE, O'Rourke RA, Teo KK. Optimal medical therapy with or without PCI for stable coronary disease. N Engl J Med. 2007; 356(15):1503-16. Epub 2007 Mar 26.
4. Patrono C, Coller B, FitzGerald GA, Hirsh J, Roth G. Platelet-active drugs: the relationships among dose, effectiveness, and side effects: the Seventh ACCP Conference on Antithrombotic and Thrombolytic. Therapy Chest. 2004;126 suppl 3:s234S-64.
5. Harker LA, Boissel JP, Pilgrim AJ, Gent M.Comparative safety and tolerability of clopidogrel and aspirin: results from CAPRIE. CAPRIE Steering Committee and Investigators. Clopidogrel versus aspirin in patients at risk of ischaemic events. Drug Saf. 1999;21(4):325-35.
6. Bonetti PO, Lerman LO, Napoli C, Lerman A. Statin effects beyond lipid lowering – are they clinically relevant? Eur Heart J. 2003;24:225-48.
7. Xavier HT, Izar MC, Faria Neto JR. V Diretriz brasileira de dislipidemias e prevenção da aterosclerose. Arq Bras Cardiol; 2013;101(4Supl.1):1-22.
8. Stone NJ, Robinson JG, Lichtenstein AH. 2013 ACC/AHA Guideline on the treatment of blood cholesterol to reduce atherosclerotic cardiovascular risk in adults.Circulation. 2014;129:S1-45.
9. Usuf S, Pepine CJ, Garces C. Effects of enalapril on myocardial infarction and unstable angina in patients with low ejection fractions. Lancet. 1992;340:1173-78.
10. The EUROPA Investigators. Efficacy of perindopril in reduction of cardiovascular events among patients with stable coronary artery disease: randomised, double-blind, placebo-controlled, multicentre trial. Lancet. 2003;362:782-8.

104

Tratamento percutâneo *versus* cirúrgico *versus* clínico

Cibele Larrosa Garzillo
Carlos V. Serrano Jr.

Introdução

- O tratamento da doença arterial coronária (DAC) modificou-se muito nas últimas décadas, em decorrência de inovações nos tratamentos cirúrgico (utilização rotineira da mamária, revascularização sem circulação extracorpórea, cirurgia minimamente invasiva), percutâneo (angioplastia com balão, *stents* convencionais, farmacológicos e bioabsorvíveis) e na melhora do arsenal medicamentoso (estatinas, novos antiagregantes plaquetários, novos antianginosos).
- Os objetivos fundamentais do tratamento da DAC incluem: prevenir o infarto do miocárdio e reduzir a mortalidade; reduzir os sintomas e a ocorrência da isquemia miocárdica.
- O tratamento clínico otimizado deve ser instituído em todos os pacientes e avalia-se, caso a caso, a necessidade de terapias de revascularização miocárdica (cirúrgica e percutânea).
- O tratamento clínico otimizado inclui não apenas as medidas farmacológicas, mas também as não farmacológicas, muitas vezes neglicenciadas; ambas têm impacto prognóstico.
- Indicações dos procedimentos de revascularização: em padrões arteriais específicos, associados ou não à disfunção ventricular, para a prevenção de eventos cardiovasculares; em persistência de sintomas após otimização do tratamento clínico.
- Outras condições clínicas podem provocar ou agravar a isquemia, por aumento do consumo e/ou redução da oferta de oxigênio, entre elas: anemia, tireotoxicose, febre, taquicardia, hipoxemia, uso de cocaína, hipertensão mal controlada, estenose aórtica, hipertrofia ventricular.

Tratamento médico otimizado (TMO)

Fator de risco	Metas
Pressão arterial	< 130 × 80
Diabetes	Hemoglobina glicada < 7%
Dislipidemia	LDL < 70 mg/dL ou redução de pelo menos 50% do LDL inicial (o que for menor)
Controle de peso	Índice de massa corporal: 18,5-24,9 kg/m^2
Tabagismo	Cessação
Atividade física	30-60 minutos de atividade aeróbica moderada, ≥ 3 dias por semana (ideal diariamente)

Tratamento medicamentoso (noções gerais)

Iniciar o tratamento com medicamentos que reduzem morbidade e mortalidade e associar, quando necessário, medicamentos que controlem a angina e reduzam a isquemia miocárdica.

Medicações que melhoram o prognóstico

- Antiagregante plaquetário (preferencialmente AAS) e estatina: em todos os pacientes.
- Inibidores da enzima conversora da angiotensina (IECA): benefício prognóstico nos pacientes com disfunção ventricular (FEVE < 40%), insuficiência renal, diabetes e hipertensão arterial.
- Betabloqueadores: benefício prognóstico nos dois primeiros anos após infarto agudo do miocárdio e/ou FEVE < 40%.

AAS: ácido acetilsalicílico; FEVE: fração de ejeção do ventrículo esquerdo.

Medicações para controle de sintomas

Agente de 1ª linha	Betabloqueador
Agentes de 2ª linha	Bloqueador de canal de cálcio Trimetazidina: ▪ Angina estável sintomática em uso de betabloqueadores isoladamente ou associados a outros agentes antianginosos. ▪ Angina estável e disfunção de ventrículo esquerdo associados a terapia clínica otimizada. Ivabradina: ▪ Angina estável sintomática em uso de betabloqueadores isoladamente ou associados a outros agentes antianginosos e frequência cardíaca > 60 bpm. ▪ Angina estável, disfunção de VE (FEVE < 40%) e frequência cardíaca ≥ 70 bpm em terapia clínica otimizada.
Agente de 3ª linha	Nitratos: de curta duração (alívio da crise aguda) e de longa duração

FEVE: fração de ejeção do ventrículo esquerdo.

Indicações de procedimentos de revascularização

Extensão da DAC (anatômica/funcional)		GR	NE
Prognóstico	Lesão de TCE > 50%*	I	A
	Lesão DA proximal > 70%*	I	A
	Bi/triarteriais com lesões > 70%* e disfunção ventricular (FEVE < 40%)	I	A
	Grande área isquêmica (> 10%)	I	B
	Artéria derradeira com estenose > 70%*	I	C
Sintomas	Qualquer lesão > 70% associada a sintomas anginosos ou equivalente anginoso não responsivo a TMO	I	A

* Em pacientes assintomáticos, considerar documentação de isquemia por prova não invasiva ou FFR < 0,80.
DA: artéria descendente anterior; DAC: doença arterial coronária; GR: grau de recomendação; FEVE: fração de ejeção do ventrículo esquerdo; NE: nível de evidência; TCE: tronco de coronária esquerda; TMO: tratamento medicamentoso otimizado.

Fatores analisados para a escolha do tipo de revascularização

Anatômicos	Uniarterial/multiarterial/TCE, artéria derradeira, comprometimento DA proximal, vaso ocluído; *Syntax Score**.
Clínicos	Idade, gênero, diabetes, comorbidades, função ventricular, fragilidade, tolerância à medicação, escores clínicos.
Técnicos	Revascularização completa *versus* incompleta, pós-CRM, pós-ICP, extensa calcificação ou tortuosidades.
Locais	Volume e qualidade do centro e do operador, preferência do paciente, custos, disponibilidade, tempo de espera.

* *Syntax Score*: escore de estratificação de extensão e complexidade anatômica. CRM: cirurgia de revascularização miocárdica; DA: artéria descendente anterior; ICP: intervenção coronária percutânea; TCE: tronco de coronária esquerda.

Recomendação do tipo de revascularização (CRM ou ICP)

Extensão da DAC	CRM		ICP	
	GR	NE	GR	NE
Uni/biarteriais sem lesão em DA proximal	IIb	C	I	C
Uniarteriais com lesão em DA proximal	I	A	I	A
Biarteriais com lesão em DA proximal	I	B	I	C
Lesão em TCE com *Syntax Score* ≤ 22	I	B	I	B
Lesão em TCE com *Syntax Score* 22-32	I	B	IIa	B
Lesão em TCE com *Syntax Score* > 32	I	B	III	B
Triarteriais com *Syntax Score* ≤ 22	I	A	I	B
Triarteriais com *Syntax Score* 22-32	I	A	III	B
Triarteriais com *Syntax Score* > 32	I	A	III	B

CRM: cirurgia de revascularização miocárdica; DA: artéria descendente anterior; GR: grau de recomendação; ICP: intervenção coronária percutânea; NE: nível de evidência; TCE: tronco de coronária esquerda.

Escolha do tipo de revascularização na DAC estável sem TCE

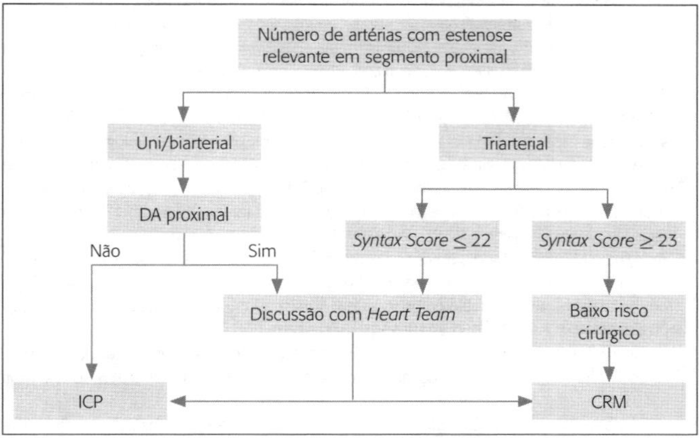

Escolha do tipo de revascularização na DAC estável com comprometimento do TCE

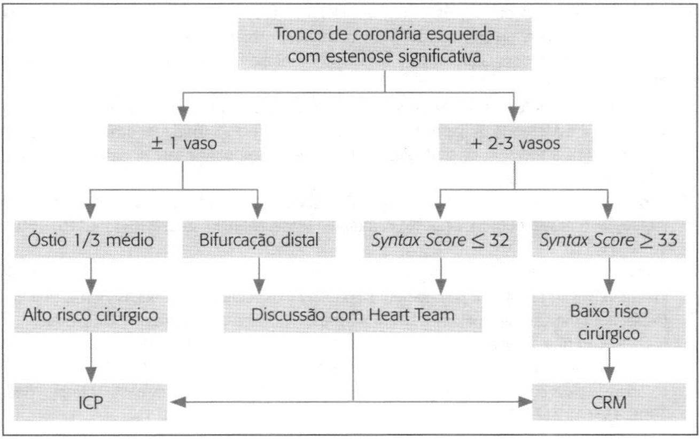

Bibliografia recomendada

1. Cesar LA, Ferreira JF, Armaganijan D, Gowdak LH, Mansur AP, Bodanese LC, et al. Guideline for stable coronary artery disease. Arq Bras Cardiol. 2014;103(2 suppl 2):1-56.
2. Marrow DA, Boden WE. Stable ischemic heart disease. In: Braunwald's heart disease: a textbook of cardiovascular medicine 10.ed. Philadelphia: Elsevier; 2015. p.1183-244.
3. Fihn SD, Gardin JM, Abrams J, Berra K, Blankenship JC, Dallas P, et al. 2012 ACCF/AHA/ACP/AATS/PCNA/SCAI/STS guideline for the diagnosis and management of patients with stable ischemic heart disease: a report of the American College of Cardiology Foundation/American Heart Association Task Force on Practice Guidelines, and the American College of Physicians, American Association for Thoracic Surgery, Preventive Cardiovascular Nurses Association, Society for Cardiovascular Angiography and Interventions, and Society of Thoracic Surgeons. Circulation. 2012;126:e354-471.
4. Task Force Members, Montalescot G, Sechtem U, Achenbach S, Andreotti F, Arden C, et al. 2013 ESC guidelines on the management of stable coronary artery disease: the Task Force on the management of stable coronary artery disease of the European Society of Cardiology. Eur Heart J. 2013;34(38):2949-3003.
5. Xavier HT, Izar MC, Faria Neto JR, Assad MH, Rocha VZ, Sposito AC, et al. V Diretriz Brasileira de Dislipidemias e Prevenção da Aterosclerose. Arq Bras Cardiol. 2013;101(4 supl. 1):1-22.
6. Sociedade Brasileira de Cardiologia/Sociedade Brasileira de Hipertensão/Sociedade Brasileira de Nefrologia. VI Diretrizes Brasileiras de Hipertensão. Arq Bras Cardiol. 2010;95(1 suppl. 1):1-51.
7. Kolh P, Windecker S. ESC/EACTS myocardial revascularization guidelines 2014. Eur Heart J. 2014;35(46):3235-6.
8. Yusuf S, Zucker D, Peduzzi P, Fisher LD, Takaro T, Kennedy JW, et al. Effect of coronary artery bypass graft surgery on survival: overview of 10-year results from randomised trials by the Coronary Artery Bypass Graft Surgery Trialists Collaboration. Lancet. 1994;344(8922):563-70.
9. Hueb W, Lopes N, Gersh BJ, Soares PR, Ribeiro EE, Pereira AC, et al. Ten-year follow-up survival of the Medicine, Angioplasty, or Surgery Study (MASS II): a randomized controlled clinical trial of 3 therapeutic strategies for multivessel coronary artery disease. Circulation. 2010;122(10):949-57.
10. Boden WE, O'Rourke RA, Teo KK, Hartigan PM, Maron DJ, Kostuk WJ, et al. Optimal medical therapy with or without PCI for stable coronary disease. N Engl J Med. 2007;356(15):1503-16.
11. Shaw LJ, Berman DS, Maron DJ, Mancini GB, Hayes SW, Hartigan PM, et al. Optimal medical therapy with or without percutaneous coronary intervention to reduce ischemic burden: results from the Clinical Outcomes Utilizing Revascularization and Aggressive Drug Evaluation (COURAGE) trial nuclear substudy. Circulation. 2008;117(10):1283-91.
12. The Bypass Angioplasty Revascularization Investigation (BARI) Investigators. Comparison of coronary bypass surgery with angioplasty in patients with multivessel disease. N Engl J Med. 1996;335(4):217-25.

13. Katritsis DG, Ioannidis JP. Percutaneous coronary intervention versus conservative therapy in nonacute coronary artery disease: a meta-analysis. Circulation. 2005; 111(22):2906-12.
14. Mohr FW, Morice MC, Kappetein AP, Feldman TE, Ståhle E, Colombo A, et al. Coronary artery bypass graft surgery versus percutaneous coronary intervention in patients with three-vessel disease and left main coronary disease: 5-year follow-up of the randomised, clinical SYNTAX trial. Lancet. 2013;381(9867):629-38.
15. Jeremias A, Kaul S, Rosengart TK, Gruberg L, Brown DL. The impact of revascularization on mortality in patients with nonacute coronary artery disease. Am J Med. 2009;122(2):152-61.
16. Hannan EL, Wu C, Walford G, Culliford AT, Gold JP, Smith CR, et al. Drug-eluting stents vs. coronary-artery bypass grafting in multivessel coronary disease. N Engl J Med. 2008;358(4):331-41.
17. Serruys PW, Morice MC, Kappetein AP, Colombo A, Holmes DR, Mack MJ, et al. Percutaneous coronary intervention versus coronary-artery bypass grafting for severe coronary artery disease. N Engl J Med. 2009;360(10):961-72.
18. Park SJ, Kim YH, Park DW, Yun SC, Ahn JM, Song HG, et al. Randomized trial of stents versus bypass surgery for left main coronary artery disease. N Engl J Med. 2011;364(18):1718-27.
19. Kapoor JR, Gienger AL, Ardehali R, Varghese R, Perez MV, Sundaram V, et al. Isolated disease of the proximal left anterior descending artery comparing the effectiveness of percutaneous coronary interventions and coronary artery bypass surgery. JACC Cardiovasc Interv. 2008;1(5):483-91.

105

Doença arterial coronária crônica em situações especiais

Paulo Cury Rezende
Carlos V. Serrano Jr.

Introdução

- Apesar de a mortalidade atribuída à doença arterial coronária (DAC) estar diminuindo nos últimos anos, ela ainda é uma das doenças de maior morbidade e mortalidade em todo o mundo.
- As particularidades da DAC em grupos de pacientes específicos, como os idosos, os pacientes com insuficiência renal crônica e os pacientes jovens, ainda são pouco compreendidas pela dificuldade em realizar grandes ensaios clínicos com esses grupos.

Idosos

Particularidades

- O envelhecimento populacional vem ocorrendo de forma bastante acelerada nas últimas décadas.
- Pelo fato de a doença arterial coronária (DAC) ser mais frequente e grave em pessoas idosas, serão diagnosticados cada vez mais pacientes idosos e muito idosos (acima de 80 anos) com DAC.
- A fisiopatologia da DAC em pacientes idosos, as características das placas ateroscleróticas, sua progressão e resposta aos tratamentos clínico e intervencionista apresentam particularidades em relação aos grupos de pacientes gerais.
- Entretanto, a literatura carece de estudos da DAC em idosos, pois a maioria dos trabalhos excluiu pacientes com mais de 75 anos.

(continua)

Particularidades *(continuação)*

- Os pacientes que desenvolvem DAC em fases tardias da vida tendem a apresentar evolução menos agressiva da doença e placas ateroscleróticas mais calcificadas e estáveis. Por outro lado, grande parte da mortalidade dos idosos é decorrente de complicações ateroscleróticas.
- Em idosos, os sintomas relacionados à isquemia miocárdica podem se apresentar mais frequentemente de forma atípica, sendo que a dispneia pode ser sintoma frequente, e a angina, se presente, pode ser menos intensa e de difícil caracterização.
- Os testes provocadores de isquemia para o diagnóstico de DAC apresentam acurácia semelhante à de outros grupos de pacientes. Se, por um lado, a probabilidade pré-teste de DAC é maior, por outro, a maior frequência de limitações funcionais e alterações no eletrocardiograma (ECG) basal podem ser obstáculos para a indicação do teste ergométrico para o diagnóstico de DAC.
- Talvez tão importantes quanto a sobrevida, aspectos relacionados à qualidade de vida devem ser ponderados, especialmente quando tratamentos intervencionistas são considerados, como a angioplastia percutânea e a cirurgia de revascularização do miocárdio.
- Os idosos, em geral, apresentam maiores comorbidades, o que aumenta as complicações relacionadas aos procedimentos de revascularização miocárdica, angioplastia ou cirurgia.
- Por outro lado, em razão da maior gravidade da DAC, alguns estudos sugerem maiores benefícios com as estratégias intervencionistas.

Principais estudos

- A maioria dos estudos sobre o tratamento da doença arterial coronária (DAC) em idosos são análises retrospectivas de banco de dados ou subestudos.
- A análise dos idosos do registro CASS mostra benefício do tratamento intervencionista sobre o tratamento clínico isolado, porém os grupos de pacientes eram muito heterogêneos, o que torna complicada a comparação entre os grupos.
- Subanálises dos estudos BARI 2D, MASS II 10 anos e COURAGE demonstram sobrevidas semelhantes entre os pacientes idosos em tratamento clínico isolado quando comparadas as estratégias intervencionistas.
- O estudo TIME (Trial of Invasive Versus Medical Therapy in Elderly) foi o único estudo prospectivo que comparou a estratégia conservadora com a estratégia intervencionista em pacientes acima de 75 anos.

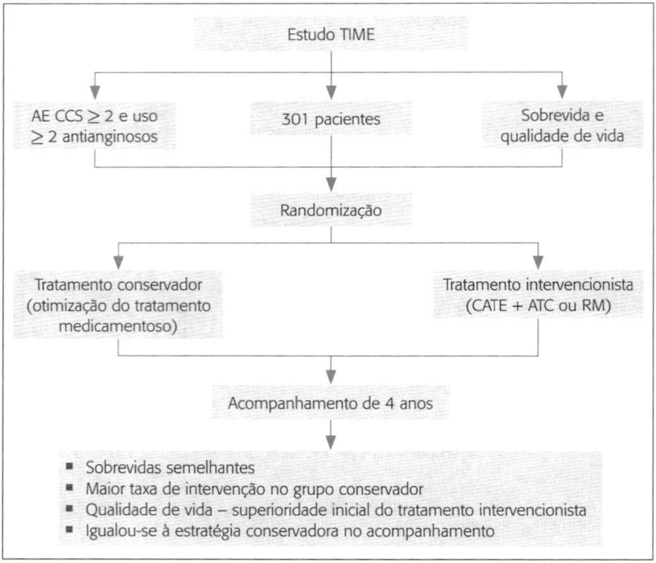

Figura 1 Organograma e principais conclusões do estudo TIME. AE: angina estável; CCS: classificação da Canadian Cardiovascular Society.

Algumas considerações

- O tratamento clínico e intervencionista da doença arterial coronária (DAC) em idosos melhora a qualidade de vida dos pacientes, em especial daqueles com sintomas anginosos.
- Nos pacientes idosos, o julgamento clínico é fundamental. Além dos aspectos da anatomia coronária, fatores como funcionalidade, sintomas, comorbidades, função ventricular, anseios e expectativas dos pacientes e familiares devem ser levados em consideração na decisão terapêutica.

(continua)

Algumas considerações *(continuação)*

- A angioplastia não demonstrou melhora em sobrevida ou nas taxas de infarto quando comparada ao tratamento medicamentoso isolado. Dessa forma, é mais indicada para a melhora sintomática. Por outro lado, em pacientes muito sintomáticos e com anatomia coronária que favorece tecnicamente o tratamento percutâneo, ela pode ser uma opção menos traumática e com menores riscos neurológicos quando comparada à cirurgia de revascularização do miocárdio.
- Em pacientes idosos sintomáticos com DAC multiarterial com indicação cirúrgica, o planejamento das ações em conjunto com a equipe cirúrgica é fundamental. Aspectos como a necessidade de circulação extracorpórea (CEC), o tempo cirúrgico e de CEC, em contraposição à revascularização completa, devem ser cuidadosamente analisados, objetivando-se menor agressão cirúrgica e complicações, em especial o acidente vascular encefálico (AVE).
- Em metanálise recente em pacientes com mais de 80 anos, a cirurgia sem CEC esteve associada a mortalidade semelhante à da cirurgia com CEC, porém a menores taxas de AVE. Entretanto, a cirurgia sem CEC esteve associada a maiores taxas de revascularização incompleta.

Jovens

Particularidades de aspecto prático

- Em indivíduos com menos de 50 anos, a DAC está associada à presença de múltiplos fatores de risco, sejam genéticos, como as dislipidemias, ou ambientais, como o tabagismo. História familiar positiva para doença aterosclerótica em idades precoces é frequente e infere participação genética.
- A apresentação da DAC em idades mais jovens associa-se à doença aterosclerótica de evolução mais agressiva, apesar de a maioria desses pacientes apresentar doença uniarterial no momento do diagnóstico.
- Apesar de a sobrevida ser elevada após procedimentos intervencionistas, nesses pacientes, ela ainda é acentuadamente reduzida quando comparada à da população sem DAC. Isso provavelmente é decorrente da rápida progressão da doença coronária prematura e da presença de múltiplos fatores de risco.
- Como muitos dos pacientes jovens apresentam doença coronária uni/biarterial, a angioplastia é uma estratégia terapêutica frequentemente utilizada. Entretanto, em pacientes jovens, deve-se considerar a possibilidade de futuras intervenções, em especial a necessidade da cirurgia de revascularização do miocárdio. Múltiplas angioplastias podem inviabilizar procedimentos futuros de revascularização miocárdica.
- Em razão da menor patência dos enxertos venosos no acompanhamento de longo prazo, deve-se considerar a possibilidade de utilização de enxertos bilaterais de artéria torácica interna ou de outros enxertos arteriais em pacientes jovens com indicação cirúrgica.

Insuficiência renal crônica (IRC)

- A IRC é definida pela taxa de filtração glomerular < 60 mL/min/1,73 m² ou pela presença de microalbuminúria (albumina/creatinina > 30 mg/g).
- A IRC é atualmente considerada fator de risco independente para a DAC. Evidências demonstram que a IRC acelera o processo aterosclerótico.
- A DAC é a principal causa de morbidade e mortalidade em pacientes com IRC.
- Em pacientes com IRC, a aterosclerose apresenta componente multifatorial que ocasiona a rápida progressão da doença coronária observada em muitos pacientes.

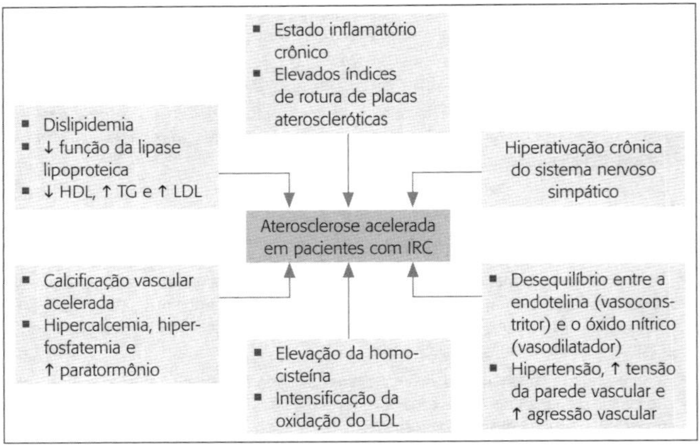

Figura 2 Mecanismos responsáveis pela aterosclerose acelerada em pacientes com insuficiência renal crônica.

Diagnóstico e tratamento

- O ecocardiograma sob estresse com a dobutamina e a cintilografia de perfusão miocárdica apresentam moderadas sensibilidade e especificidade para detecção de isquemia miocárdica em pacientes com IRC.

(continua)

Diagnóstico e tratamento (*continuação*)

- A cineangiocoronariografia apresenta o risco da nefropatia induzida pelo contraste em pacientes com IRC. Deve ser reservada para os pacientes com alto risco de DAC e que apresentem maiores chances de benefícios com os procedimentos intervencionistas.
- O tratamento medicamentoso deve ser a estratégia inicial para os pacientes com DAC clinicamente estável.
- Estudos sobre os efeitos cardioprotetores das estatinas em pacientes com IRC grave são neutros, apesar de sua ação antilipídica.
- Em pacientes com IRC, a angioplastia transluminal coronária (ATC) apresenta maiores taxas de complicações, reestenoses e eventos cardíacos futuros, mesmo na era dos *stents* farmacológicos.
- Comparada à ATC, a revascularização miocárdica (RM) reduz as taxas de revascularizações futuras, mas encontra-se associada a morbidade e mortalidade perioperatórias significantes.

Bibliografia recomendada

1. Go AS, Mozaffarian D, Roger VL, Benjamin EJ, Berry JD, Blaha MJ, et al. Heart disease and stroke statistics – 2014 update: a report from the American Heart Association. Circulation. 2014;129(3):e28-292.
2. Population Division, DESA, United Nations. World Population Ageing 1950-2050: Executive summary. Disponível em: http://www.un.org/en/development/desa/publications/world-population-ageing-2009.html. Acesso em: abr. 2015.
3. Braunwald E, Zipes DP, Bonow RO. Tratado de doenças cardiovasculares – 9. ed. 2012.
4. Graham MM, Ghali WA, Faris PD, Gasbraith PD, Norris CM, Knudtson ML, et al. Survival after coronary revascularization in the elderly. Circulation. 2002;105:2378-84.
5. Gersh BJ, Phil D, Kronmal RA, Schaff HV, Frye RL, Ryan TJ, et al. Comparison of coronary artery bypass surgery and medical therapy in patients 65 years of age or older. A nonrandomized study from the Coronary Artery Surgery Study (CASS) Registry. N Engl J Med. 1985;313:217-24.
6. Chung SC, Hlatky MA, Faxon D, Ramanathan K, Adler D, Mooradian A, et al. The effect of age on clinical outcomes and health status BARI 2D (Bypass Angioplasty Revascularization Investigation in Type 2 Diabetes). J Am Coll Cardiol. 2011;58:810-9.
7. Rezende PC, Hueb W, Garzillo CL, Lima EG, Hueb AC, Ramires JAF, et al. Ten-year outcomes of patients randomized to surgery, angioplasty, or medical treatment for stable multivessel coronary disease: Effect of age in the Medicine, Angioplasty, or Surgery Study II Trial. J Thorac Cardiovasc Surg. 2013;146(5):1105-12.
8. Teo KK, Sedlis SP, Boden WE, O'Rourke RA, Maron DJ, Hartigan PM, et al. Optimal medical therapy with or without percutaneous coronary intervention in older patients with stable coronary disease: a pre-specified subset analysis of the COURAGE (Clinical Outcomes

Utilizing Revascularization and Aggressive drug Evaluation) trial. J Am Coll Cardiol. 2009;54;1303-8.
9. Pfisterer M; for the TIME Investigators. Long-term outcome in elderly patients with chronic angina managed invasively versus by optimized medical therapy. Four-year follow-up of the randomized Trial of Invasive versus Medical Therapy in Elderly Patients (TIME). Circulation. 2004; 110:1213-1218.
10. Altarabsheh SE, Deo SV, Rababa'h AM, Lim JY, Cho YH, Sharma V, et al. Off-pump coronary artery bypass reduces early stroke in octogenarians: a meta-analysis of 18,000 patients. Ann Thorac Surg. 2015;99(5):1568-75.
11. Myers WO, Blackstone EH, Davis K, Foster ED, Kaiser GC. CASS Registry long-term surgical survival. Coronary Artery Surgery study. J Am Coll Cardiol. 1999;33:488-98.
12. Cai Q, Mukku VK, Ahmad M. Coronary artery disease in patients with chronic kidney disease: a clinical update. Curr Cardiol Rev. 2013;9:331-9.
13. Collins AJ, Foley RN, Chavers B. United States Renal Data System 2011 Annual Data Report: Atlas of chronic kidney disease & end-stage renal disease in the United States. Am J Kidney Dis. 2012;59:1-420.
14. Lima JJG, Gowdak LHW, Paula FJ, Arantes RL, Oliveira AL, Ramires JA, et al. Treatment of coronary artery disease in hemodialysis patients evaluated for transplant – a registry study. Transplantation. 2010;89:845-50.
15. Green SM, Selzer F, Mulukutla SR. Comparison of bare metal and drug-eluting stents in patients with chronic kidney disease (from the NHLBI Dynamic Registry). Am J Cardiol. 2011;108:1658-64.

Seção XII

106

Critérios diagnósticos das dislipidemias

Marcio Hiroshi Miname

Conceito

Dislipidemias são provocadas por alguma perturbação no metabolismo lipídico que gera repercussão nos níveis séricos de lipoproteínas.

Valores de referência para perfil

A tabela a seguir sintetiza os valores de referência para o perfil lipídico dos adultos; as alterações de perfil lipídico são aquelas associadas com aumento do risco cardiovascular.

Valores de referência do perfil lipídico para adultos com mais de 20 anos (segundo a V Diretriz Brasileira de Dislipidemia e Prevenção da Aterosclerose)

Lípides	Valores (mg/dL)	Categoria
Colesterol total	< 200	Desejável
	201-239	Limítrofe
	≥ 240	Alto
LDL-C	< 100	Ótimo
	100-129	Desejável
	130-159	Limítrofe
	160-189	Alto
	≥ 190	Muito alto
HDL-C	> 60	Desejável
	< 40	Baixo
Triglicérides (TG)	< 150	Desejável
	150-200	Limítrofe
	201-499	Alto
	≥ 500	Muito alto
Colesterol não HDL	< 130	Ótimo
	130-159	Desejável
	160-189	Alto
	≥ 190	Muito alto

Critérios diagnósticos das dislipidemias

Os critérios diagnósticos das dislipidemias baseiam-se no seu tipo de classificação.

Classificação laboratorial

Hipercolesterolemia isolada: elevação isolada do LDL-C (≥ 160 mg/dL).
Hipertrigliceridemia isolada: elevação isolada dos triglicérides (TG) (≥ 150 mg/dL), que reflete o aumento do volume de partículas ricas em TG, como VLDL, IDL e quilomícrons (QM).
Hiperlipidemia mista: valores aumentados de LDL-C (≥ 160 mg/dL) e TG (≥ 150 mg/dL).
HDL-C baixo: redução do HDL-C (homens < 40 mg/dL e mulheres < 50 mg/dL) isolada ou em associação com aumento do LDL-C ou de TG.

Classificação de Fredrickson

Tipo I	CT normal ou pouco elevado, trigliceridemia bastante elevada à custa de QM. Aparência do soro com presença de camada cremosa sobre a coluna líquida de plasma transparente.
Tipo IIa	Aumento de CT com elevação de betalipoproteínas da eletroforese e TG normal. O plasma de jejum é límpido. Elevação de LDL.
Tipo IIb	Elevação concomitante de CT e TG à custa de aumento de pré-beta e betalipoproteínas. O plasma de jejum é límpido ou turvo. Elevação de LDL e VLDL.
Tipo III	Aumento de CT e TG, à custa da betalarga da eletroforese, correspondendo à elevação da IDL. A relação CT e TG é em torno de 1. O plasma de jejum é frequentemente turvo e, às vezes, com tênue camada de QM.
Tipo IV	Aumento dos TG em decorrência do acúmulo das pré-betalipoproteínas, correspondendo à elevação das VLDL. O CT é normal ou pouco aumentado, à custa do colesterol contido nas VLDL. O soro tem aspecto turvo.
Tipo V	CT pouco aumentado e aumento importante dos TG por elevação concomitante de QM e pré-betalipoproteínas. O plasma de jejum é turvo com camada de QM presente.

CT: colesterol; QM: quilomícrons; TG: triglicérides.

Classificação etiológica

Trata-se da classificação mais importante porque define a conduta como:

- Primária: associada a causas genéticas – dividem-se em hiperlipidemias e hipolipidemias. Dentre as hiperlipidemias primárias, destacam-se a hipercolesterolemia familiar, a hipercolesterolemia familiar combinada e a hipertrigliceridemia. Em relação às hipolipidemias, devemos destacar a hipoalfalipoproteinemia (HDL-C baixo), pois podem estar associadas ao aumento do risco de doença cardiovascular.
- Secundária: divide-se em três categorias: secundária a doenças, secundária a medicamentos e secundária a hábitos de vida inadequados (dieta, tabagismo e etilismo).

Doenças que provocam dislipidemia:

- Diabete melito tipo 2 e síndrome metabólica: triglicérides elevados e HDL-C baixo; apresenta LDL pequeno e denso (maior potencial aterogênico); os critérios diagnósticos da síndrome metabólica (ver tabela a seguir).
- Hipotireoidismo: LDL-C muito elevado, triglicérides discretamente elevados; existe redução do *clearance* de LDL e diminuição da atividade da lipase lipoproteica e lipase hepática.
- Insuficiência renal crônica: elevação de triglicérides e redução do HDL-C.
- Síndrome nefrótica: hipercolesterolemia e hipertrigliceridemia.
- Hepatopatias colestáticas crônicas: ocorre redução na síntese de ácido biliar com consequente declínio na função dos receptores de LDL-C por dano hepático.
- HIV: a infecção pelo vírus pode provocar redução do HDL-C e elevação de triglicérides; também podem ocorrer alterações metabólicas pelos inibidores de protease (hiperlipidemia, hipertrigliceridemia e obesidade central).

Medicações que provocam dislipidemia:

- Diuréticos e betabloqueadores: podem aumentar triglicérides e reduzir HDL-C.
- Corticoides: podem aumentar colesterol e triglicérides.
- Anabolizantes: podem reduzir HDL-C.
- Isotretinoína: pode aumentar colesterol e triglicérides.
- Ciclosporina: pode aumentar triglicérides.

Estilo de vida inadequado:

- Etilismo: o álcool inibe a oxidação de ácidos graxos no fígado e aumenta sua síntese; consequentemente ocorre aumento na produção de VLDL.
- Tabagismo: reduz HDL-C.

Muitas vezes ocorre sobreposição das etiologias, por exemplo, o paciente apresentar hipotireoidismo e utilizar diurético.

Critérios diagnósticos da síndrome metabólica (obesidade abdominal) associada a dois outros critérios

Critério	Definição
Obesidade abdominal em homens	
▪ Brancos de origem europeia e negros	≥ 94 cm
▪ Sul-asiáticos, ameríndios e chineses	≥ 90 cm
▪ Japoneses	≥ 85 cm
Obesidade abdominal em mulheres	
▪ Brancas de origem europeia, negras, sul-asiáticas, ameríndias e chinesas	≥ 80 cm
▪ Japonesas	≥ 90 cm
HDL-colesterol	
▪ Homens	< 40 mg/dL
▪ Mulheres	< 50 mg/dL
Pressão arterial	
▪ Sistólica	≥ 130 mmHg ou tratamento para HAS
▪ Diastólica	≥ 85 mmHg ou tratamento para HAS
Triglicérides: ≥ 150 mg/dL	
Glicemia: ≥ 100 mg/dL	

HAS: hipertensão arterial sistêmica.

Bibliografia recomendada

1. Sociedade Brasileira de Cardiologia, Xavier HT, Izar MC, Faria Neto JR, Assad MH, Rocha VZ, et al. V Brazilian Guidelines on Dyslipidemias and Prevention of Atherosclerosis. Arq Bras Cardiol. 2013;101(4 suppl 1):1-20.
2. Santos RD, Sociedade Brasileira de Cardiologia. III Brazilian Guidelines on Dyslipidemias and Guideline of Atherosclerosis Prevention from Atherosclerosis Department of Sociedade Brasileira de Cardiologia. Arq Bras Cardiol. 2001;77(suppl 3):1-48.
3. Matikainen N, Taskinen MR. Management of dyslipidemias in the presence of the metabolic syndrome or type 2 diabetes. Curr Cardiol Rep. 2012;14(6):721-31.
4. Brenta G, Fretes O. Dyslipidemias and hypothyroidism. PER. 2014;11(4):390-9.
5. Harper CR, Jacobson TA. Managing dyslipidemia in chronic kidney disease. J Am Coll Cardiol. 2008;51(25):2375-84.

6. Kronenberg F. Dyslipidemia and nephrotic syndrome: recent advances. Journal of Renal Nutrition: The Official Journal of the Council on Renal Nutrition of the National Kidney Foundation. 2005;15(2):195-203.
7. Sorokin A, Brown JL, Thompson PD. Primary biliary cirrhosis, hyperlipidemia, and atherosclerotic risk: a systematic review. Atherosclerosis. 2007;194(2):293-9.
8. Husain NE, Ahmed MH. Managing dyslipidemia in HIV/AIDS patients: challenges and solutions. HIV/Aids. 2015;7:1-10.
9. Henkin Y, Como JA, Oberman A. Secondary dyslipidemia. Inadvertent effects of drugs in clinical practice. Jama. 1992;267(7):961-8.

107

Metas de controle

Viviane Zorzanelli Rocha

Introdução

- A doença aterosclerótica coronária e o acidente vascular encefálico (AVE) ainda representam as duas principais causas de morte no mundo, apesar da queda na mortalidade cardiovascular nos últimos 20 anos.
- A prevenção da doença aterosclerótica cardiovascular (DCV) se baseia grandemente no reconhecimento e no controle dos fatores de risco cardiovasculares, como dislipidemia, tabagismo, hipertensão arterial sistêmica, diabetes melito, entre outros.
- A redução do LDL-colesterol (LDL-C) é um dos pilares da prevenção de DCV, sendo a redução do risco cardiovascular proporcional à redução de LDL-C. A metanálise do Cholesterol Treatment Trialists' (CTT) Collaboration, com 170 mil indivíduos em 26 estudos randomizados (estatina *versus* placebo ou estatina em maior dose *versus* estatina em menor dose), demonstrou redução de risco cardiovascular de cerca de 20% a cada redução de LDL-C em 39 mg/dL.
- Embora o uso de metas terapêuticas de LDL-C não seja consenso entre as diretrizes atuais, a V Diretriz Brasileira de Dislipidemias e Prevenção da Aterosclerose mantém essa estratégia. Para a definição adequada das metas de LDL-C, é fundamental a estratificação de risco do indivíduo.

Estratificação de risco

- A V Diretriz Brasileira de Dislipidemias e Prevenção da Aterosclerose sugere a estratificação do risco em três etapas:

1. Identificação da presença de doença aterosclerótica significativa ou de seus equivalentes.
2. Avaliação do risco de eventos cardiovasculares por meio de escores de predição.
3. Reclassificação do risco estimado pela presença de fatores agravantes.

Fase 1: presença de doença aterosclerótica significativa ou de seus equivalentes

Tanto indivíduos em prevenção secundária como indivíduos com equivalentes de doença aterosclerótica (mesmo em prevenção primária) não requerem outras etapas da estratificação, pois são considerados de alto risco cardiovascular e devem ser tratados como tal.

Critérios de alto risco de eventos cardiovasculares

Doença aterosclerótica arterial coronária, cerebrovascular ou obstrutiva periférica, com manifestações clínicas (eventos cardiovasculares).	Diabete melito tipos 1 e 2
Ateroclerose na forma subclínica, significativa, documentada por metodologia diagnóstica.	Doença renal crônica
Procedimentos de revascularização arterial.	Hipercolesterolemia familiar (HF)

Fase 2: avaliação do risco de eventos cardiovasculares pelos escores de predição

- O cálculo do escore de risco (ER) deve ser utilizado na avaliação dos indivíduos que não foram considerados de alto risco pela fase 1.
- Existem diversos escores de risco cardiovascular, como, por exemplo, o ER de Framingham, o ER de Reynolds, o *Systemic Coronary Risk Estimation* (SCORE), utilizado pelas Sociedades Europeias de Cardiologia (ESC) e de Aterosclerose (EAS), e o ER global. A V Diretriz Brasileira de Dislipidemias e Prevenção da Aterosclerose adota o ER global, um escore desenvolvido por investigadores do estudo de Framingham, que estima o risco de um primeiro evento cardiovascular, incluindo infarto do miocárdio, AVE, insuficiência vascular periférica ou insuficiência cardíaca, em um período de 12 anos.

Classificação do risco pelo cálculo do ER global segundo a V Diretriz Brasileira de Dislipidemias e Prevenção da Aterosclerose

Risco absoluto em 10 anos	Percentual
Baixo risco	< 5 em homens e mulheres
Risco intermediário	Entre 5 e 10 nas mulheres Entre 5 e 20 nos homens
Alto risco	> 10 nas mulheres > 20 nos homens

Fase 3: reclassificação do risco estimado pela presença de fatores agravantes

Indivíduos de risco baixo que apresentem antecedente familiar de doença cardiovascular precoce são reclassificados para a categoria de risco intermediário.

Indivíduos de risco intermediário que apresentem algum fator agravante são reclassificados para a categoria de alto risco.

Fatores agravantes de risco

- História familiar de doença arterial coronariana prematura (parente de primeiro grau masculino < 55 anos ou feminino < 65 anos).
- Critérios de síndrome metabólica de acordo com a International Diabetes Federation (IDF).
- Microalbuminúria (30-300 mcg/min) ou macroalbuminúria (> 300 mcg/min).
- Hipertrofia ventricular esquerda.
- Proteína C-reativa de alta sensibilidade > 2 mg/L.
- Espessura íntima-média de carótidas > 1.
- Escore de cálcio coronário > 100 ou percentil > 75 para idade ou sexo.
- Índice tornozelo-braquial (ITB) < 0,9.

Definição de categorias de risco e metas terapêuticas

Similarmente a diretrizes de sociedades internacionais, como a diretriz da ESC/EAS, a V Diretriz Brasileira de Dislipidemias e Prevenção da Aterosclerose adota metas lipídicas específicas, sendo a meta primária direcionada ao LDL-C, e a meta secundária, ao colesterol não HDL. As metas lipídicas de tratamento sugeridas são tanto mais agressivas quanto maior o risco estimado do indivíduo, conforme mostra a Figura 1.

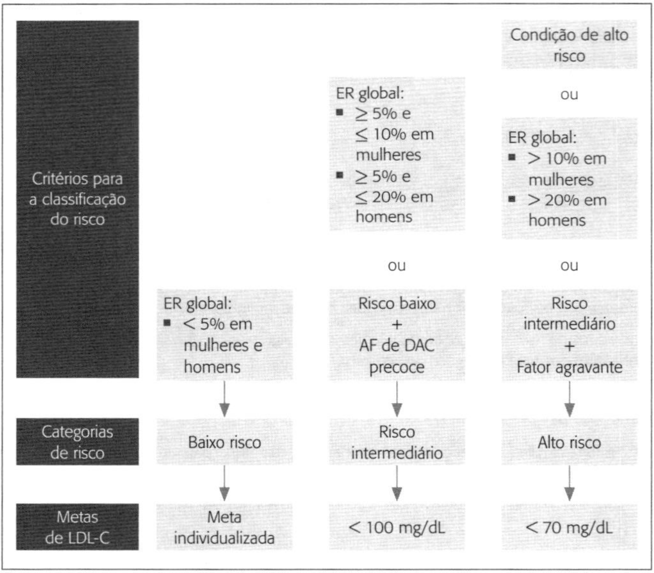

Figura 1 Metas lipídicas de tratamento de acordo com o risco estimado. AF: antecedente familiar; DAC: doença arterial coronária; ER: escore de risco; LDL-C: LDL colesterol.

Diferenças entre as diretrizes

Diferentemente das diretrizes brasileira e europeia, a recomendação do ACC/AHA 2013 baseou-se exclusivamente em estudos clínicos randomizados. Como os ensaios clínicos avaliaram apenas doses fixas de fármacos hipolipemiantes e não alvos terapêuticos, essa diretriz não adota metas lipídicas, sugerindo reduções percentuais de LDL-C, conforme a categoria de risco do indivíduo.

Assim, foram identificados quatro grupos que se beneficiariam do tratamento intensivo (> 50% de redução no LDL-C) ou moderado (30 a < 50% de redução do LDL-C) com estatinas. São eles:

1. Pacientes com doença aterosclerótica clínica.
2. Indivíduos com LDL-C > 190 mg/dL de causa primária.
3. Presença de diabetes com idade entre 40-75 anos com LDL-c entre 70-189 mg/dL.
4. Pacientes sem DCV clínica, sem diabetes, com LDL-c entre 70-189 mg/dL e com risco estimado em 10 anos > 7,5%, calculado pelo *Pooled Cohort Risk Assessment Equations*, um novo escore que calcula o risco de AVE e eventos coronários em 10 anos.

Considerações finais

- A redução do LDL-C é uma importante estratégia para redução do risco cardiovascular e deve ser implementada de acordo com o perfil de risco do indivíduo.
- As ferramentas para definição do risco cardiovascular são variáveis entre as diretrizes pela sugestão de diferentes escores de risco. A V Diretriz Brasileira de Dislipidemias e Prevenção da Aterosclerose adota o ER global para a estratificação de risco, mas os escores de predição ainda devem ser submetidos a validação e calibração adequadas para a nossa população.
- A melhor estratégia para a redução do LDL-C (por meio do alcance de metas de LDL-C ou redução percentual de LDL-C) também não é consensual entre as diretrizes. A V Diretriz Brasileira de Dislipidemias e Prevenção da Aterosclerose mantém alvos terapêuticos de LDL-C definidos de acordo com as categorias de risco.

Bibliografia recomendada

1. Sanz J, Moreno PR, Fuster V. The year in atherothrombosis. J Am Coll Cardiol. 2013; 62(13):1131-43.
2. Berry JD, Dyer A, Cai X, Garside DB, Ning H, Thomas A, et al. Lifetime risks of cardiovascular disease. N Engl J Med. 2012;366(4):321-9.
3. Yusuf S, Hawken S, Ounpuu S, Dans T, Avezum A, Lanas F, et al. Effect of potentially modifiable risk factors associated with myocardial infarction in 52 countries (the INTERHEART study): case-control study. Lancet. 2004;364(9438):937-52.
4. Cholesterol Treatment Trialists C, Baigent C, Blackwell L, Emberson J, Holland LE, Reith C, et al. Efficacy and safety of more intensive lowering of LDL cholesterol: a meta-analysis of data from 170,000 participants in 26 randomised trials. Lancet. 2010;376(9753):1670-81.

5. Sociedade Brasileira de C, Xavier HT, Izar MC, Faria Neto JR, Assad MH, Rocha VZ, et al. V Diretriz Brasileira de Dislipidemias e Prevenção da Aterosclerose. Arq Bras Cardiol. 2013;101(4 suppl 1):1-20.
6. Reiner Z, Catapano AL, De Backer G, Graham I, Taskinen MR, Wiklund O, et al. ESC/EAS Guidelines for the management of dyslipidaemias: the task force for the management of dyslipidaemias of the European Society of Cardiology (ESC) and the European Atherosclerosis Society (EAS). Eur Heart J. 2011;32(14):1769-818.
7. D'Agostino Sr RB, Vasan RS, Pencina MJ, Wolf PA, Cobain M, Massaro JM, et al. General cardiovascular risk profile for use in primary care: the Framingham Heart Study. Circulation. 2008;117(6):743-53.
8. Stone NJ, Robinson J, Lichtenstein AH, Merz CN, Blum CB, Eckel RH, et al. 2013 ACC/AHA guideline on the treatment of blood cholesterol to reduce atherosclerotic cardiovascular risk in adults: a report of the American College of Cardiology/American Heart Association Task Force on Practice Guidelines. Circulation. 2014;129(25 Suppl 2):S1-45.

108

Tratamento medicamentoso da dislipidemia

Viviane Zorzanelli Rocha

Introdução

- A prevenção da doença aterosclerótica cardiovascular (DCV) se baseia grandemente no reconhecimento e no controle dos fatores de risco cardiovasculares. A dislipidemia é um dos fatores de risco tradicionais e pode consistir em níveis plasmáticos elevados de LDL-colesterol (LDL-C), níveis plasmáticos elevados de triglicérides e níveis plasmáticos baixos de HDL-C.
- A evidência acerca da associação entre LDL-C e DCV é robusta. Estudos epidemiológicos revelam associação consistente entre níveis elevados de LDL-C e risco de eventos cardiovasculares. Estudos genéticos corroboram essa associação mostrando que a exposição precoce a níveis elevados de LDL-C, como na presença de hipercolesterolemia familiar, resulta em risco de aterotrombose precoce. Além disso, a redução de eventos cardiovasculares em estudos clínicos com estatinas foi proporcional à redução do LDL-C, fortalecendo sua importância na prevenção da DCV.
- Dados epidemiológicos e genéticos sustentam a associação entre elevação de triglicérides plasmáticos (e também de remanescentes de colesterol e lipoproteínas ricas em triglicérides) e DCV e mortalidade por todas as causas. Estudos clínicos que avaliam o benefício cardiovascular da redução dos triglicérides ainda são escassos.
- A associação inversa entre baixos níveis de HDL-C e risco de doença arterial coronária (DAC) é bem estabelecida. Apesar da evidência epidemiológica, estudos genéticos e resultados negativos em estudos clínicos com agentes capazes de elevar o HDL-C tornaram duvidosa a estratégia terapêutica com foco no HDL-C baixo.

Tratamento medicamentoso do LDL-C elevado: estatinas

- O controle do LDL-colesterol (LDL-C) deve ser feito de acordo com a estratificacão de risco cardiovascular do indivíduo. As etapas de estratificação de risco foram abordadas no Capítulo 107 – "Metas de controle". As estatinas representam a terapia medicamentosa de primeira escolha para a redução do LDL-C na maioria dos pacientes. A potência das estatinas disponíveis é variável, e a escolha da estatina e da dose a ser utilizada deve se basear na redução percentual ou na meta de LDL-C desejada para o paciente em questão (ver Tabela "Intensidade da terapia com estatina de acordo com a redução aproximada de LDL-C obtida").
- Além de eficazes na redução do LDL-C, as estatinas apresentam perfil de segurança e tolerabilidade favorável. Apesar disso, sintomas musculares associados ao uso de estatinas podem ocorrer e representam a principal causa de má adesão relacionada ao uso de estatina. Sua incidência em registros de pacientes e na experiência clínica varia entre 7-29%. A miosite (sintomas musculares e CPK > 10 × o limite superior da normalidade [LSN]) é infrequente, e a rabdomiólise (CPK > 40× LSN e dano renal e/ou mioglobinúria) é um evento raro. A Tabela "Fatores de risco para sintomas musculares pelo uso de estatinas" mostra alguns fatores que podem aumentar o risco de sintomas musculares por uso de estatinas
- As estatinas também aumentam o risco de desenvolvimento de diabete melito tipo 2, com incidência de novos casos em cerca de 9-12%, mas a evidência até o momento sugere que o benefício cardiovascular das estatinas é superior ao seu risco diabetogênico.

Intensidade da terapia com estatina de acordo com a redução aproximada de LDL-C obtida

Dose diária de estatina para redução de LDL-C em ≥ 50%	Dose diária de estatina para redução de LDL-C em 30-50%	Dose diária de estatina para redução de LDL-C em < 30%
▪ Atorvastatina 40-80 mg ▪ Rosuvastatina 20-40 mg	▪ Atorvastatina 10-20 mg ▪ Rosuvastatina 5-10 mg ▪ Sinvastatina 20-40 mg ▪ Pravastatina 40-80 mg ▪ Lovastatina 40 mg ▪ Fluvastatina XL 80 mg ▪ Fluvastatina 40 mg, duas vezes ao dia ▪ Pitavastatina 2-4 mg	▪ Sinvastatina 10 mg ▪ Pravastatina 10-20 mg ▪ Lovastatina 20 mg ▪ Fluvastatina 20-40 mg ▪ Pitavastatina 1 mg

Modificada de Stone et al., 2015.

Fatores de risco para sintomas musculares pelo uso de estatinas

Características dos pacientes	Perfil das estatinas ou de fármacos associados
Idade avançada	Estatinas potentes em altas doses
Sexo feminino	Polifarmácia
Baixo índice de massa corpórea	Uso concomitante de certas drogas: genfibrozil, macrolídeos, alguns antifúngicos, inibidores de protease, imunossupressores como a ciclosporina e inibidores do citocromo P450
Consumo excessivo de álcool e abuso de drogas	
Comorbidades: diabetes melito, disfunção renal ou hepática, hipotireoidismo não tratado, infecção aguda, HIV, trauma grave, transplante de órgão, deficiência de vitamina D	
História prévia de miopatia	

Modificada de Stroes et al., 2015.

Tratamento medicamentoso do LDL-C elevado: outros fármacos

- Além das estatinas, outras medicações hipolipemiantes podem ser consideradas em combinação com as estatinas ou como monoterapia (ver Tabela "Fármacos que alteram o metabolismo das lipoproteínas"). As principais situações em que há necessidade de uso de outros hipolipemiantes são níveis muito elevados de LDL-C (p. ex., na hipercolesterolemia familiar) e intolerância às estatinas (ou a doses mais elevadas da droga).
- A evidência acerca da redução de eventos cardiovasculares com a adição de outros hipolipemiantes à terapia com estatinas ainda é escassa. A combinação de estatina com ezetimiba em pacientes após síndrome coronária aguda apresentou maior redução de eventos cardiovasculares em comparação à monoterapia com estatina em estudo recente, corroborando o benefício clínico dessa combinação quando necessário. Novas drogas hipolipemiantes, ainda em investigação, deverão figurar entre as opções terapêuticas futuras (ver Tabela "Fármacos que alteram o metabolismo das lipoproteínas").

Fármacos que alteram o metabolismo das lipoproteínas

Fármaco	Efeitos lipídicos	Comentários
Estatinas (inibidores da HMG-CoA redutase)	LDL ↓ 18-55% HDL ↑ 5-15% TG ↓ 7-30%	Redução de eventos coronários maiores, mortes coronárias, revascularizações miocárdicas, AVE, mortalidade total.
Ezetimiba (inibe a absorção intestinal do colesterol por meio dos receptores NPC1L1)	LDL ↓ 18% (monoterapia) LDL ↓ 24% (com estatina)	Redução de eventos cardiovasculares em combinação com estatina, proporcional à redução do LDL-C.
Resinas (sequestradores de ácidos biliares)	LDL ↓ 15-30% HDL ↑ 3-5%	Redução de IAM não fatal e morte coronária (como monoterapia *versus* placebo). Desvantagem: mal tolerada por distúrbios gastrintestinais.
Fibratos	LDL ↓ 5-20% HDL ↑ 10-20% TG ↓ 20-50%	Redução de eventos cardiovasculares com genfibrozila, mas sua combinação com estatina não é recomendada. Fenofibrato não mostrou benefício, a não ser em análise de subgrupo com TG mais altos e HDL-C baixo.
Ácido nicotínico	LDL ↓ 5-25% HDL ↑ 15-35% TG ↓ 20-50%	Sem benefício na redução de eventos em combinação com estatina, além do aumento de eventos adversos.
Mipomersen (inibe a síntese da apolipoproteína B)	LDL ↓ 25-35%	Aprovado pela FDA para hipercolesterolemia familiar homozigótica (HFho). Eventos adversos comuns incluem reação no sítio de injeção e sintomas semelhantes aos da gripe.
Lomitapida (inibe a MTP)	LDL ↓ 40-50%	Aprovada pela FDA para hipercolesterolemia familiar homozigótica (HFho). Eventos adversos comuns incluem diarreia, náusea e dor abdominal.
Inibidores da PCSK9 (alirocumabe, evolocumabe, bococizumabe)	LDL ↓ 60%	Estudos de fases 2 e 3 mostram eficácia como monoterapia ou em combinação com estatina e perfil de segurança favorável. Estudos de larga escala em andamento para avaliar desfechos cardiovasculares e eventos adversos a longo prazo.

(continua)

Fármacos que alteram o metabolismo das lipoproteínas *(continuação)*

Fármaco	Efeitos lipídicos	Comentários
Inibidores da CETP (anacetrapibe, evacetrapibe)	HDL-C ↑ 129% LDL-C ↓ 38% (monoterapia)	Estudos de fase 3 em andamento. Primeiros representantes da classe (torcetrapib e dalcetrapib) não reduziram desfechos cardiovasculares.

Modificada de Clinical Lipidology Companion to Braunwald's Heart Disease. CETP: proteína de transferência de colesterol esterificado; MTP: proteína microssomal transportadora de triglicerídios; PCSK9: pró-proteína convertase subtilisina/kexina tipo 9.

Tratamento medicamentoso da hipertrigliceridemia

- A classificação de hipertrigliceridemia (HTG) é variável. Um consenso da Sociedade Europeia de Aterosclerose redefiniu a HTG em grave (triglicérides [TG] > 10 mmol/L ou > 885 mg/dL) ou leve-moderada (TG entre 2-10 mmol/L ou 175-885 mg/dL). Embora estudos prospectivos e caso-controle identifiquem os TG elevados como fator de risco independente para doença DCV, ainda existe incerteza sobre seu papel na aterogênese. Os resultados de estudos de intervenção direcionados à redução dos TG mostraram efeitos inconsistentes sobre desfechos cardiovasculares. A HTG leve-moderada é frequentemente considerada um marcador de DCV, e a HTG grave permanece como um conhecido fator de risco de pancreatite aguda.
- A identificação e o tratamento de causas secundárias de HTG são de grande importância (Tabela "Causas secundárias de hipertrigliceridemia"). A terapia não farmacológica, com ênfase inicial em dieta e exercício, é recomendada a todos os indivíduos com HTG. A decisão de iniciar terapia farmacológica depende do grau de elevação dos TG (Tabela "Estratégias de tratamento da hipertrigliceridemia").

Causas secundárias de hipertrigliceridemia

- Obesidade
- Síndrome metabólica
- Dieta com equilíbrio energético positivo alto
- Consumo excessivo de álcool
- Diabetes melito tipo 2
- Hipotireoidismo
- Doença renal
- Gravidez
- Paraproteinemia
- Lúpus eritematoso sistêmico
- Uso de medicações (corticoides, estrógeno oral, tamoxifeno, tiazídicos, betabloqueadores não cardiosseletivos, sequestradores de ácidos biliares, ciclofosfamida, asparaginase, inibidores de protease e antipsicóticos de segunda geração – como clozapina)

Modificada de Hegele et al. on behalf of the European Atherosclerosis Society Consensus Panel.

Estratégias de tratamento da hipertrigliceridemia

	Leve a moderada	Grave
Prioridade terapêutica	Prevenir DCV	Prevenir pancreatite aguda
Objetivo terapêutico primário	Redução do LDL-C (redução percentual ou alcance de metas)	Reduzir triglicérides
Estratégias não farmacológicas	Redução de peso, consumo de álcool, açúcar simples e carboidratos totais; aumento de atividade aeróbica, substituir gorduras trans e saturadas por monoinsaturadas; aumentar ingestão de ácidos ômega-3.	Dieta restrita em gorduras. Redução de peso, consumo de álcool, açúcar simples e carboidratos totais; aumento de atividade aeróbica, substituir gorduras trans e saturadas por monoinsaturadas; aumentar ingestão de ácidos ômega-3.
Estratégias farmacológicas	Estatina, se necessário, para controle do LDL-C; se LDL-C adequado, mas colesterol não HDL ainda alto, ajustar estatina ou adicionar fibrato, ácido nicotínico ou ômega-3.	Considerar fibrato, ácido nicotínico, ou ômega-3.

Modificada de Hegele et al. on behalf of the European Atherosclerosis Society Consensus Panel. DCV: doença cardiovascular.

Considerações sobre o HDL-C baixo como alvo terapêutico

- O HDL-C baixo é um inegável preditor de risco cardiovascular. No entanto, estudos randomizados não mostraram redução de eventos cardiovasculares com drogas com foco na elevação do HDL-C, como a niacina (em adição à estatina) e alguns inibidores da CETP. Estudos de larga escala com novos inibidores da CETP, que também reduzem o LDL-C, estão em andamento. Enquanto a importância do HDL-C como alvo terapêutico é debatida, cresce a discussão sobre a possível relevância da medida da função do HDL, recentemente aventada como marcador de risco cardiovascular.
- Assim, não são propostas metas terapêuticas de HDL-C, embora se reconheça seu valor como marcador de risco.

CETP: proteína de transferência de colesterol esterificado.

Considerações finais

- A evidência atual mostra que o LDL-C e os TG elevados e/ou o HDL-C baixo são preditores de risco cardiovascular. Enquanto a literatura revela redução de eventos cardiovasculares de forma proporcional à redução de LDL-C, ainda não existe consenso sobre o benefício da redução dos TG na redução de desfechos cardiovasculares. Por outro lado, a estratégia farmacológica para aumento do HDL-C com as terapias disponíveis atualmente foi abandonada. Além das estatinas, tratamento de primeira linha para redução do LDL-C e de medicações adicionais como o ezetimiba, novas terapias capazes de reduzir o LDL-C, os TG ou, ainda, aumentar o HDL-C estão sendo testadas; se aprovadas, poderão contribuir adicionalmente com a redução do risco cardiovascular.

Bibliografia recomendada

1. Ridker PM. LDL cholesterol: controversies and future therapeutic directions. Lancet. 2014;384(9943):607-17.
2. Cholesterol Treatment Trialists C, Baigent C, Blackwell L, Emberson J, Holland LE, Reith C, et al. Efficacy and safety of more intensive lowering of LDL cholesterol: a meta-analysis of data from 170,000 participants in 26 randomised trials. Lancet. 2010;376(9753):1670-81.
3. Nordestgaard BG, Varbo A. Triglycerides and cardiovascular disease. Lancet. 2014; 384(9943):626-35.
4. Rader DJ, Hovingh GK. HDL and cardiovascular disease. Lancet. 2014;384(9943):618-25.
5. Stroes ES, Thompson PD, Corsini A, Vladutiu GD, Raal FJ, Ray KK, et al. Statin-associated muscle symptoms: impact on statin therapy-European Atherosclerosis Society Consensus Panel Statement on Assessment, Aetiology and Management. Eur Heart J. 2015;36(17):1012-22.
6. Sattar N, Preiss D, Murray HM, Welsh P, Buckley BM, Craen AJ, et al. Statins and risk of incident diabetes: a collaborative meta-analysis of randomised statin trials. Lancet. 2010;375(9716):735-42.
7. Swerdlow DI, Preiss D, Kuchenbaecker KB, Holmes MV, Engmann JE, Shah T, et al. HMG--coenzyme A reductase inhibition, type 2 diabetes, and bodyweight: evidence from genetic analysis and randomised trials. Lancet. 2015;385(9965):351-61.
8. Stone NJ, Robinson J, Lichtenstein AH, Merz CN, Blum CB, Eckel RH, et al. 2013 ACC/AHA Guideline on the treatment of blood cholesterol to reduce atherosclerotic cardiovascular risk in adults: A report of the American College of Cardiology/American Heart Association Task Force on Practice Guidelines. Circulation. 2014;129(25 Suppl 2):S1-45.
9. Cannon CP, Blazing MA, Giugliano RP, McCagg A, White JA, Theroux P, et al. Ezetimibe added to statin therapy after acute coronary syndromes. N Engl J Med. 2015;372(25):2387-97.
10. The Lipid Research Clinics Coronary Primary Prevention Trial results. I. Reduction in incidence of coronary heart disease. JAMA. 1984;251(3):351-64.
11. Robins SJ, Collins D, Wittes JT, Papademetriou V, Deedwania PC, Schaefer EJ, et al. Relation of gemfibrozil treatment and lipid levels with major coronary events: VA-HIT: a randomized controlled trial. JAMA. 2001;285(12):1585-91.

12. Group AS, Ginsberg HN, Elam MB, Lovato LC, Crouse 3rd JR, Leiter LA, et al. Effects of combination lipid therapy in type 2 diabetes mellitus. N Engl J Med. 2010;362(17):1563-74.
13. Keech A, Simes RJ, Barter P, Best J, Scott R, Taskinen MR, et al. Effects of long-term fenofibrate therapy on cardiovascular events in 9795 people with type 2 diabetes mellitus (the FIELD study): randomised controlled trial. Lancet. 2005;366(9500):1849-61.
14. Investigators A-H, Boden WE, Probstfield JL, Anderson T, Chaitman BR, Desvignes-Nickens P, et al. Niacin in patients with low HDL cholesterol levels receiving intensive statin therapy. N Engl J Med. 2011;365(24):2255-67.
15. Group HTC, Landray MJ, Haynes R, Hopewell JC, Parish S, Aung T, et al. Effects of extended-release niacin with laropiprant in high-risk patients. N Engl J Med. 2014;371(3):203-12.
16. Raal FJ, Santos RD, Blom DJ, Marais AD, Charng MJ, Cromwell WC, et al. Mipomersen, an apolipoprotein B synthesis inhibitor, for lowering of LDL cholesterol concentrations in patients with homozygous familial hypercholesterolaemia: a randomised, double-blind, placebo-controlled trial. Lancet. 2010;375(9719):998-1006.
17. Cuchel M, Bloedon LT, Szapary PO, Kolansky DM, Wolfe ML, Sarkis A, et al. Inhibition of microsomal triglyceride transfer protein in familial hypercholesterolemia. N Engl J Med. 2007;356(2):148-56.
18. Sabatine MS, Giugliano RP, Wiviott SD, Raal FJ, Blom DJ, Robinson J, et al. Efficacy and safety of evolocumab in reducing lipids and cardiovascular events. N Engl J Med. 2015;372(16):1500-9.
19. Robinson JG, Farnier M, Krempf M, Bergeron J, Luc G, Averna M, et al. Efficacy and safety of alirocumab in reducing lipids and cardiovascular events. N Engl J Med. 2015;372(16):1489-99.
20. Rader DJ, deGoma EM. Future of cholesteryl ester transfer protein inhibitors. Annu Rev Med. 2014;65:385-403.
21. Barter PJ, Caulfield M, Eriksson M, Grundy SM, Kastelein JJ, Komajda M, et al. Effects of torcetrapib in patients at high risk for coronary events. N Engl J Med. 2007;357(21):2109-22.
22. Schwartz GG, Olsson AG, Abt M, Ballantyne CM, Barter PJ, Brumm J, et al. Effects of dalcetrapib in patients with a recent acute coronary syndrome. N Engl J Med. 2012;367(22):2089-99.
23. Hegele RA, Ginsberg HN, Chapman MJ, Nordestgaard BG, Kuivenhoven JA, Averna M, et al. The polygenic nature of hypertriglyceridaemia: implications for definition, diagnosis, and management. Lancet Diabetes Endocrinol. 2014;2(8):655-66.
24. Rohatgi A, Khera A, Berry JD, Givens EG, Ayers CR, Wedin KE, et al. HDL cholesterol efflux capacity and incident cardiovascular events. N Engl J Med. 2014;371(25):2383-93.
25. Sociedade Brasileira de Cardiologia, Xavier HT, Izar MC, Faria Neto JR, Assad MH, Rocha VZ, et al. V Diretriz brasileira de dislipidemias e prevenção da aterosclerose. Arq Bras Cardiol. 2013;101(4 suppl 1):1-20.

109

Hipercolesterolemia familiar

Marcio Hiroshi Miname

Epidemiologia

- A hipercolesterolemia familiar (HF) é uma doença autossômica codominante, com incidência de 1:500 na forma heterozigótica, porém algumas populações na África do Sul e no Líbano têm incidência ainda maior. É a forma mais grave e comum de hipercolesterolemia monogênica.
- Estima-se que no mundo existam cerca de 10 milhões de casos de HF; destes, calcula-se que menos de 10% foram diagnosticados e menos de 25% recebam tratamento hipolipemiante. A forma homozigótica tem incidência de 1:1 milhão, sendo caracterizada pela presença de xantomas cutâneos e aterosclerose coronária desde a adolescência.
- Existe risco cumulativo de doença coronária fatal e não fatal na proporção de 50% em homens de 50 anos e de 30% em mulheres de 60 anos.
- Mesmo com o advento das estatinas para diminuição do LDL-colesterol (LDL-C), as taxas de eventos cardiovasculares em homens e mulheres portadores de HF sem manifestação prévia de doença coronária na faixa etária de 15-66 anos de idade são, respectivamente, 3% e 1,6% ao ano.
- Portadores de doença arterial coronária (DAC) estabelecida apresentaram taxas anuais médias de eventos cardiovasculares de 15% para os homens e 14% para as mulheres.

Fisiopatologia

- Provocada por mutações nos genes que codificam alguma etapa na metabolização do LDL-colesterol (LDL-C):
  - Receptor do LDL-C (mais frequente): redução no catabolismo do LDL-C, que leva à redução na retirada dessa lipoproteína circulante e ao consequente aumento de seus níveis séricos.
  - Apolipoproteína B: caracteriza-se por atividade normal do receptor da LDL, mas com mutação na apolipoproteína B100, que é região da LDL que se liga ao receptor.
  - PCSK9: proteína que leva à degradação do receptor de LDL-C após o mesmo ser internalizado.
- Existem mais de 1.700 mutações descritas. Também foi descrita uma forma recessiva (ARH), no entanto, ela é rara.

Diagnóstico

- Existem vários critérios clínicos diagnósticos.
- O US Make Early Diagnosis Prevent Early Death Program (US MEDPED) leva em consideração níveis de colesterol total e de LDL-colesterol (LDL-C), seja de um indivíduo da população geral, seja de parente de um indivíduo afetado. Os níveis de corte variam de acordo com a idade do indivíduo (ver Tabela "Critério do US MEDPED").
- Outro critério é o UK Simon Broome Register Criteria, que leva em consideração sinais clínicos como xantomas, histórico familiar de doença arterial coronária (DAC) precoce e/ou familiares com níveis de LDL-C elevados, considerando níveis de LDL-C, os quais podem diferir em crianças e adultos.
- Um terceiro critério diagnóstico da hipercolesterolemia familiar (HF), desenvolvido pela Dutch Lipid Clinic Network, assemelha-se aos critérios do Simon Broome, diferindo ao acrescentar um escore diagnóstico numérico: maior que 8 pontos, diagnóstico definitivo; 6-8 pontos, diagnóstico provável; 3-5 pontos, diagnóstico possível; menor que 3, afasta-se o diagnóstico. Nesse escore considera-se:
  - Um ponto para DAC precoce familiar, parentes de primeiro grau com níveis de LDL-C acima do percentil 95, doença periférica precoce do paciente.
  - Dois pontos para a presença de xantoma em parente de primeiro grau e DAC precoce no paciente.
  - Quatro pontos para a presença de halo corneano.
  - Seis pontos para a presença de xantoma.
  - Segundo os níveis de LDL-C: > 330, 250-329, 200-249, 155-199 mg/dL, respectivamente, com 8, 5, 3 e 1 pontos.
- Xantomas de tendão de Aquiles, apesar de muito sugestivos de HF, não são tão frequentes, e dos portadores de HF com diagnóstico genético cerca de 30% apresentam espessamento do tendão de Aquiles, detectado por ultrassonografia.
- O diagnóstico genético definitivo da HF pode ser feito em esquema de cascata, isto é, convocando os demais familiares e identificando novos casos.

Critério do US MEDPED

Idade (anos)	Primeiro	Segundo	Terceiro	População geral	100% probabilidade
< 20	220(155)	230(165)	240(170)	270(200)	240
20-29	240(170)	250(180)	260(185)	290(220)	260
30-39	270(190)	280(200)	290(210)	340(240)	280
> 40	290(205)	300(215)	310(225)	360(260)	300

Pontos de corte de CT e LDL-C (em parênteses) em mg/dL. US MEDPED: US Make Early Diagnosis Prevent Early Death Program.

Diagnóstico diferencial

- Sitosterolemia: caracterizada por parentes normolipidêmicos; enquanto indivíduos normais apresentam cerca de 1% dos níveis de não colesterol esteróis como o sitosterol, na sitosterolemia o esterol está presente em níveis de até 15%, fato decorrente da maior absorção no intestino proximal e da deficiência em secretar esteroides pela bile, resultando no acúmulo na circulação e tecidos; como na HF, também cursam com grandes xantomas planares, e podem ter DAC precoce e estenose aórtica; o diagnóstico é feito em dosagem de sitosterol por cromatografia.
- Xantomatose cerebrotendinosa (CTX): defeito na síntese de ácido biliar; autossômica recessiva; o colesterol pode estar normal ou elevado; pode apresentar xantomas e quadro neurológico como ataxia cerebelar e convulsões.

Tratamento

- Deve-se realizar identificação e tratamento agressivo de outros fatores de risco para aterosclerose.
- Os pacientes devem ser orientados a respeito de dieta adequada e atividade física.
- O ponto principal do tratamento consiste na redução do LDL-colesterol (LDL-C). Como os portadores de hipercolesterolemia familiar (HF) apresentam níveis muito elevados de LDL-C, virtualmente todos necessitarão de tratamento medicamentoso da dislipidemia. As estatinas são a principal medicação, em particular potentes, como a atorvastatina e a rosuvastatina. Em geral, são necessárias doses elevadas para atingir reduções satisfatórias do LDL-C.
- Frequentemente é necessária a combinação de medicações como ezetimiba e ácido nicotínico associado a dose alta de estatina. Deve-se almejar uma redução de pelo menos 50% do LDL-C basal.

(continua)

Tratamento *(continuação)*

- O risco cardiovascular na HF é variável, portanto os fatores de risco clássicos como hipertensão arterial sistêmica, diabete melito, histórico familiar de doença coronária prematura e tabagismo também influenciam o risco na HF; o xantoma de tendão de Aquiles e a lipoproteína (a) elevada foram associados a maior risco de doença cardiovascular na HF.
- A HF homozigótica é de difícil tratamento, e existem terapêuticas alternativas que podem ser consideradas, como a LDL-aférese. As novas terapias hipolipemiantes, como o oligonucleotídeo *anti-sense* da apolipoproteína B (mipomersen) e o inibidor da MTP (lomitapida), são alternativas terapêuticas, porém ainda apresentam elevado custo; mais recentemente, os anticorpos monoclonais contra PCSK9 estão em estudo e possivelmente representarão mais uma ferramenta terapêutica importante na redução do LDL-C.
- O tratamento da HF na infância merece algumas considerações: o uso de resinas (colestiramina) é aprovado para essa população; o uso de estatinas está liberado para maiores de 8-10 anos; a ezetimiba também está liberada para maiores de 10 anos.

Aconselhamento familiar

- Por ser de herança autossômica dominante, existe probabilidade de 50% de um indivíduo afetado heterozigoto ter um filho também afetado.
- É importante a convocação de outros familiares para coleta de perfil lipídico e diagnóstico de outros indivíduos afetados (diagnóstico em cascata).
- O diagnóstico precoce é importante na prevenção primária de eventos cardiovasculares.

Bibliografia recomendada

1. Civeira F, International Panel on Management of Familial H. Guidelines for the diagnosis and management of heterozygous familial hypercholesterolemia. Atherosclerosis. 2004;173(1):55-68.
2. Castro-Oros I, Pocovi M, Civeira F. The genetic basis of familial hypercholesterolemia: inheritance, linkage, and mutations. The application of clinical genetics. 2010;3:53-64.
3. Raal FJ, Santos RD. Homozygous familial hypercholesterolemia: current perspectives on diagnosis and treatment. Atherosclerosis. 2012;223(2):262-8.
4. Mortality in treated heterozygous familial hypercholesterolaemia: implications for clinical management. Scientific Steering Committee on behalf of the Simon Broome Register Group. Atherosclerosis. 1999;142(1):105-12.
5. Mohrschladt MF, Westendorp RG, Gevers Leuven JA, Smelt AH. Cardiovascular disease and mortality in statin-treated patients with familial hypercholesterolemia. Atherosclerosis. 2004;172(2):329-35.

6. Sinan UY, Sansoy V. Familial hypercholesterolemia: epidemiology, genetics, diagnosis, and screening. Turk Kardiyol Dern Ars. 2014;42 suppl 2:1-9.
7. Williams RR, Hunt SC, Schumacher MC, Hegele RA, Leppert MF, Ludwig EH et al. Diagnosing heterozygous familial hypercholesterolemia using new practical criteria validated by molecular genetics. Am J Cardiol. 1993;72(2):171-6.
8. Risk of fatal coronary heart disease in familial hypercholesterolaemia. Scientific Steering Committee on behalf of the Simon Broome Register Group. BMJ. 1991;303(6807):893-6.
9. Santos RD, Gagliardi AC, Xavier HT, Casella Filho A, Araujo DB, Cesena FY et al. First Brazilian Guidelines for Familial Hypercholesterolemia. Arq Bras Cardiol. 2012;99(2 suppl 2):1-28.
10. Jannes CE, Santos RD, Souza Silva PR, Turolla L, Gagliardi AC, Marsiglia JD et al. Familial hypercholesterolemia in Brazil: cascade screening program, clinical and genetic aspects. Atherosclerosis. 2015;238(1):101-7.
11. Brautbar A, Leary E, Rasmussen K, Wilson DP, Steiner RD, Virani S. Genetics of familial hypercholesterolemia. Curr Atheroscler Rep. 2015;17(4):491.

110

Tabagismo

Antonio Gabriele Laurinavicius
Marcio Hiroshi Miname

Tabagismo e risco cardiovascular

- O tabagismo é um dos principais fatores de risco cardiovascular, sendo responsável por aproximadamente 140 mil mortes prematuras por doença cardiovascular por ano.
- O cigarro tem efeito multiplicativo no risco cardiovascular. Por exemplo, o tabagismo sozinho duplica o risco, a presença de outro fator de risco associado ao cigarro quadruplica o risco, e a agregação de um terceiro fator de risco multiplica o risco por 8.
- O cigarro está associado a doença vascular periférica, aneurisma de aorta abdominal, doença arterial coronária e doença cerebrovascular.
- O risco de doença cardiovascular associado ao cigarro aumenta com a quantidade de cigarros fumados por dia e com a duração do tabagismo.
- O risco relativo de morte por doença coronária em um tabagista é 70% maior do que no não tabagista. Esse risco pode ser 200% maior nos tabagistas pesados (mais de dois maços/dia).
- O tabagismo também é um fator de risco para insuficiência cardíaca congestiva.
- A interrupção do tabagismo gera benefícios indubitáveis. A mortalidade relacionada ao cigarro começa a cair após 5 anos de interrupção do tabagismo, e esse declínio perdura por, pelo menos, 10-15 anos.
- Existem evidências de que a redução do tabagismo, comparado à interrupção completa, não parece levar à redução do infarto do miocárdio.

Fisiopatologia

Os mecanismos pelos quais o tabagismo exerce seus efeitos nocivos sobre o sistema cardiovascular são múltiplos e ainda não completamente elucidados.
A fumaça do cigarro contém quase 5 mil substâncias diferentes, todas elas potencialmente tóxicas para o organismo, o que torna complexo o estudo de sua relação com a doença aterosclerótica. Cada uma das substâncias presentes, tanto na fase gasosa como na fase particulada da fumaça do cigarro, pode afetar o endotélio de maneiras diferentes. Didaticamente, podem ser consideradas três categorias de efeitos tóxicos, claramente interdependentes: disfunção endotelial; inflamação e estado pró-trombótico e alterações no metabolismo lipídico: ▪ Disfunção endotelial: o cigarro acarreta disfunção da vasodilatação dependente do endotélio e menor disponibilidade de óxido nítrico. ▪ Inflamação: o cigarro causa aumento de 20-25% nos leucócitos periféricos; também está associado à elevação de marcadores inflamatórios, como proteína C reativa, interleucina 6 e fator de necrose tumoral. ▪ Estado protrombótico: os efeitos protrombóticos do cigarro estão associados à disfunção plaquetária (maior agregabilidade plaquetária), a fatores antitrombóticos e protrombóticos (maior nível de fibrinogênio e maior atividade do fator tecidual nos tabagistas) e a fatores fibrinolíticos (menor atividade plasmática de nos tabagistas). ▪ Alteração lipídica: os efeitos do tabagismo sobre o metabolismo lipídico são relevantes e justificam parte do excesso de risco cardiovascular atribuído aos tabagistas em relação à população geral; esses efeitos podem ser reunidos em duas linhas de evidências: aumento da resistência insulínica, gerando um perfil lipídico aterogênico; e aumento da peroxidação lipídica da LDL, favorecendo sua fagocitose pelos macrófagos no espaço subendotelial e, assim, facilitando a formação da placa aterosclerótica.

LDL: lipoproteína de baixa densidade; t-PA: ativador do plasminogênio tecidual.

Avaliação do tabagista

A avaliação exaustiva do tabagista e de seus contextos é uma etapa imprescindível no percurso rumo à cessação do tabagismo. O objetivo é oferecer os elementos necessários para compor a melhor estratégia de tratamento para cada individuo. A avaliação deve incluir as seis dimensões descritas a seguir:
1. Histórico de tabagismo: avaliar idade de início, número de cigarros fumados por dia, tentativas de cessação, tratamentos anteriores com ou sem sucesso, recaídas e prováveis causas. Estimar a carga tabágica total por meio da medida "anos/maço" (maços por dia [20 cigarros] × anos de tabagismo).
2. Grau de dependência: aplicar o questionário de Fagerström (Tabela "Questionário de Fagerström para avaliação do grau de dependência nicotínica").

(continua)

Avaliação do tabagista *(continuação)*

3. Grau de motivação: considerar os estágios motivacionais de Prochaska e DiClemente: pré-contemplação (não há intenção de parar, o tabagismo não é considerado um problema); contemplação (há conscientização de que fumar é um problema, no entanto há uma ambivalência quanto à perspectiva de mudança); preparação (elabora-se uma estratégia para parar de fumar); ação (o paciente para de fato); manutenção (adotam-se medidas para prevenir a recaída). A entrevista motivacional é uma abordagem empática, reflexiva e estruturada com o intuito de promover a migração do tabagista de um estágio motivacional para os seguintes.
4. Comorbidades e medicações em uso: importante na avaliação de possíveis contraindicações ao tratamento farmacológico (isto é, epilepsia para a bupropiona ou síndromes coronarianas agudas com < 14 dias para a terapia de reposição nicotínica –TRN), assim como eventuais interações medicamentosas. Doenças psiquiátricas de base não diagnosticadas e/ou não adequadamente compensadas representam barreiras importantes para o sucesso do tratamento.
5. Perfil: a estratégia de tratamento deve ser personalizada levando em consideração as opções de tratamento disponíveis, o histórico de tabagismo, o grau de dependência nicotínica, o grau de motivação, as comorbidades e as medicações em uso, o perfil psicológico e as expectativas do paciente.
6. Estratificação de riscos e *screening*: estratificar o risco cardiovascular do indivíduo adotando as medidas de redução de risco cabíveis, além da própria cessação do tabagismo. Tabagistas importantes devem ser submetidos a *screening* para as principais doenças associadas ao tabagismo, incluindo doença pulmonar obstrutiva crônica (DPOC) e neoplasia de pulmão (tomografia de tórax de baixa radiação e prova de função pulmonar).

Abordagem terapêutica

Terapia comportamental cognitiva (TCC): deve ser sempre aplicada em todos os casos; em alguns casos pode ser a única medida terapêutica necessária. Refere-se ao aconselhamento para promover padrões de comportamento que auxiliem o paciente a manter a abstinência. Exemplos de orientações básicas: evitar situações, exposições e contextos de risco; retirar cinzeiros de casa; informar família e círculo social, criando expectativa; adotar substitutos de gratificação oral (isto é, chicletes) para contornar momentos de fissura; reconhecer e contornar sintomas de abstinência.

Tratamentos farmacológicos de primeira linha: incluem a terapia de reposição nicotínica (TRN), bupropiona e vareniclina (descritas detalhadamente adiante). O tratamento farmacológico é especialmente indicado como primeira opção nos casos de: escore de Fagerström ≥ 5 pontos; fumantes > 20 cigarros/dia; pessoas que fumam o primeiro cigarro em até 30 min após acordar; tentativas anteriores fracassadas; preferência do paciente.

(continua)

Abordagem terapêutica *(continuação)*

Tratamentos farmacológicos de segunda linha:

- Nortriptilina: antidepressivo tricíclico; dose inicial: 25 mg/dia.
- Clonidina: anti-hipertensivo com efeito agonista adrenorreceptor alfa-2 de ação central; dose inicial: 0,1 mg/dia.
- Benzodiazepínicos: embora estudos não tenham mostrado eficácia na cessação do tabagismo, o efeito ansiolítico pode contornar parte dos efeitos da abstinência.
- Buspirona: efeito ansiolítico não sedativo pode ser adjuvante no controle dos sintomas ansiosos. Dose inicial: 5-10 mg a cada 12 horas.

Tratamentos combinados: há evidências de que o tratamento combinado aumente a chance de sucesso. Escolher a associação com base no perfil do paciente. A associação mais comum é de adesivos de nicotina/bupropiona.

Abordagens não convencionais:

- Acupuntura e hipnose: embora possam ter um papel no condicionamento de certos pacientes, sua eficácia não é, até o momento, suficientemente suportada por evidências.
- Cigarro eletrônico: dispositivos que vaporizam soluções com concentração reduzida de nicotina. Em razão da falta de evidências consistentes, a comercialização de cigarros eletrônicos no Brasil foi proibida pela Anvisa em 2009. Contudo, estudo publicado no Lancet em 2013 por Bullen et al. mostrou eficácia similar à dos adesivos de nicotina (abstinência em 6 meses: 7,3% *versus* 5,8%).

Questionário de Fagerström para avaliação do grau de dependência nicotínica

1. Quanto tempo após acordar você fuma seu primeiro cigarro?	
(3) Nos primeiros 5 min	(1) De 31-60 min
(2) De 6-30 min	(0) > 60 min
2. Você acha difícil não fumar em lugares proibidos?	
(1) Sim	(0) Não
3. Qual é o cigarro do dia que traz mais satisfação?	
(1) O primeiro da manhã	(0) Os outros
4. Quantos cigarros você fuma por dia?	
(0) ≤ 10	(2) 21-30
(1) 11-20	(3) ≥ 31
5. Você fuma com mais frequência pela manhã?	
(1) Sim	(0) Não
6. Quando precisa ficar de cama a maior parte do tempo por conta de uma enfermidade, você fuma mesmo assim?	
(1) Sim	(0) Não

Total: 0-2 = muito baixa; 3-4 = baixa; 5 = média; 6-7 = elevada; 8-10 = muito elevada.

Terapia de reposição nicotínica (TRN)

- Mecanismo de ação: é uma terapia de substituição. O paciente deve parar de fumar ao iniciar a TRN e ser orientado quanto ao risco de intoxicação nicotínica em caso de persistência do tabagismo durante o tratamento. O período médio de tratamento é de 8 semanas, correspondendo à duração esperada da síndrome de abstinência. Reduzir progressivamente a dosagem ao longo desse período para facilitar o desmame. *Spray* nasal, nicotina inalatória e colutório não são comercializados no Brasil.
- Posologia:
  - Adesivos (Niquitin®) de 7 mg, 14 mg e 21 mg; mantêm os níveis sanguíneos de nicotina por 16-24 horas, portanto devem ser trocados diariamente, fazendo rodízio do local de aplicação. A dosagem inicial varia em função da carga tabágica atual: pode-se considerar 1 mg por cigarro/dia; assim, por exemplo, indivíduos que fumam um maço/dia (20 cigarros/dia) poderão iniciar com o adesivo de 21 mg.
  - Gomas de mascar (Nicorette®): gomas de 2 mg e de 4 mg; mascar lentamente ao longo de 30 minutos em substituição ao cigarro. Usar preferentemente como medida de resgate em caso de crises de fissura. Consumo máximo diário: 40 mg; em média, evitar mais de cinco gomas/dia. Reduzir progressivamente.
  - Pastilhas (Niquitin®): apresentação de 2 mg e 4 mg; uso similar ao das gomas.
- Eficácia: dobra a taxa de sucesso em longo prazo quando comparada ao placebo. As taxas de cessação com o adesivo de nicotina, descritas em metanálises, são de 15-31%. Estudos com goma de nicotina demonstram taxas semelhantes. Em metanálise de três estudos randomizados, a combinação de adesivo de nicotina com a goma ou o *spray* foi mais efetiva que o adesivo utilizado isoladamente (OR 1,9, IC 95% 1,3-2,7). Manutenção de abstinência em 1 ano: 15%.
- Segurança: usar com cautela em síndromes coronárias agudas (< 2 semanas) e arritmias graves. Adesivos: dermatite no local de aplicação é frequente, mas branda e reversível; orientar o paciente a fazer rodízio do local de aplicação do adesivo. Gomas: dispepsia e aftas bucais. Nicotina inalatória: tosse e rinite, bem toleradas. *Spray* nasal de nicotina: irritação nasal.

Bupropiona (Zyban®)

- Mecanismo de ação: a bupropiona é um antidepressivo atípico que inibe a recaptação pré-sináptica de dopamina e noradrenalina (efeito dopaminérgico e adrenérgico). Inicialmente desenvolvido e comercializado como antidepressivo (Wellbutrin®). O efeito antidepressivo isoladamente não justifica o seu efeito na cessação do tabagismo. Sua capacidade de reduzir a fissura pelo cigarro nos pacientes em abstinência da nicotina é atribuída à sua ação nos mecanismos dopaminérgicos centrais de recompensa. Sua metabolização é hepática e sua excreção é renal.

(continua)

Bupropiona (Zyban®) *(continuação)*

- Posologia: definir data da cessação do tabagismo antes de iniciar o tratamento. Iniciar o tratamento 10 dias antes da data programada para a cessação. Duração do tratamento: 12 semanas (3 meses). Aumento gradual da dosagem: dias 1-3, 1 comprimido de 150 mg uma vez ao dia; dia 4 até o fim do tratamento, 1 comprimido de 150 mg a cada 12 horas; dependendo do caso, considerar um ciclo de retratamento de 12 semanas adicionais (1 mg, a cada 12 horas). Dose reduzida em idosos, insuficiência hepática e renal: 150 mg por dia.
- Eficácia: em metanálise com 24 estudos controlados, a taxa de cessação do tabagismo foi o dobro com a bupropiona, quando comparada a placebo (OR 2,06, IC 95% 1,70-4,09). Taxa de cessação em 2 meses: 49% com uso isolado e 58% associado a adesivos de nicotina; manutenção da abstinência em 1 ano: 23% com uso isolado e 28% em associação à terapia de reposição nicotínica (TRN).
- Segurança: os principais efeitos colaterais são insônia, náuseas, boca seca, hipertensão arterial. Foram descritos casos de ideação suicida (monitorar distúrbios neuropsiquiátricos). Dado o risco de convulsões, a bupropiona é contraindicada se houver histórico de traumatismo craniano, tumor do sistema nervoso central, histórico de convulsões, administração concomitante de medicamentos que baixem o limiar da convulsão.

Vareniclina (Champix®)

- Mecanismo de ação: a vareniclina é um agonista parcial dos receptores nicotínicos neuronais $\alpha 4\beta 2$ da acetilcolina, promovendo atividade agonista com eficácia intrínseca inferior à da nicotina. A vareniclina se liga aos receptores nicotínicos $\alpha 4\beta 2$ com maior afinidade que a nicotina, prevenindo assim que esta se ligue a esses receptores e, dessa forma, inibindo sua atividade (atividade antagonista da nicotina).
- Posologia: definir a data da cessação do tabagismo antes de iniciar o tratamento. Iniciar o tratamento 1-2 semanas antes dessa data. Duração do tratamento: 12 semanas (3 meses):
  - Aumento gradual da dosagem: dias 1-3, 1 comprimido de 0,5 mg por dia; dias 4-7, 1 comprimido de 0,5 mg a cada 12 horas; dia 8 até completar as 12 semanas de tratamento, 1 comprimido de 1 mg a cada 12 horas. Dependendo do caso, pode-se optar por um ciclo de retratamento de 12 semanas adicionais (1 mg, a cada 12 horas).
  - Ajuste de dose em insuficiência renal com clearance de creatinina < 30 mL/min e em idosos: 1 mg, uma vez ao dia.
- Eficácia: eficácia superior à do placebo (OR 3,1, IC 95% 2,5-3,8) para a cessação do tabagismo; manutenção de abstinência em 1 ano: 23% com ciclo único e 44% com ciclo adicional de retratamento.

(continua)

Vareniclina (Champix®) *(continuação)*

Segurança: aprovação pela Food and Drug Administration (FDA) em 2006. Efeitos colaterais frequentes: insônia, sonhos anômalos, cefaleia e boca seca. Em 2009, alerta da FDA: associação a distúrbios neuropsiquiátricos e ideação suicida. Em 2011, novo alerta da FDA: aumento de eventos coronários em indivíduos portadores de DAC. Em 2015, mais um alerta da FDA: potencialização dos efeitos do álcool e convulsões.

Acompanhamento do tabagista

- O acompanhamento próximo do tabagista é fundamental para o sucesso. A frequência pode ser variável de caso a caso, mas idealmente é semanal no primeiro mês, quinzenal até o terceiro mês, e mensal no primeiro ano.
- Aferição do CO exalado (COex) e dosagem de cotinina sérica, salivar ou urinária são ferramentas úteis no monitoramento e na motivação do paciente, mas não são indispensáveis.
- Definição de ex-tabagismo: há muita heterogeneidade nas definições adotadas na literatura, o que dificulta as comparações. No entanto, considerando as altas taxas de recaída no primeiro ano de acompanhamento, assim como o impacto na reclassificação do risco cardiovascular e as definições adotadas no estudo de Framingham, é recomendável aplicar o rótulo formal de ex-tabagista a partir de um ano de abstinência.

Bibliografia recomendada

1. Burns DM. Epidemiology of smoking-induced cardiovascular disease. Progress in Cardiovascular Diseases. 2003;46(1):11-29.
2. Tonstad S, Andrew Johnston J. Cardiovascular risks associated with smoking: a review for clinicians. European Journal of Cardiovascular Prevention and Rehabilitation. 2006;13(4):507-14.
3. Ambrose JA, Barua RS. The pathophysiology of cigarette smoking and cardiovascular disease: an update. J Am Coll Cardiol. 2004;43(10):1731-7.
4. Fiore MC, Jaen CR. A clinical blueprint to accelerate the elimination of tobacco use. JAMA. 2008;299(17):2083-5.
5. Lerman C, Patterson F, Berrettini W. Treating tobacco dependence: state of the science and new directions. Journal of Clinical Oncology: official journal of the American Society of Clinical Oncology. 2005;23(2):311-23.
6. Durcan MJ, White J, Jorenby DE, Fiore MC, Rennard SI, Leischow SJ, et al. Impact of prior nicotine replacement therapy on smoking cessation efficacy. American J Health Behav. 2002;26(3):213-20.
7. Durcan MJ, Deener G, White J, Johnston JA, Gonzales D, Niaura R, et al. The effect of bupropion sustained-release on cigarette craving after smoking cessation. Clinical Therapeutics. 2002;24(4):540-51.

8. Heatherton TF, Kozlowski LT, Frecker RC, Fagerstrom KO. The Fagerstrom test for nicotine dependence: a revision of the Fagerstrom Tolerance Questionnaire. British Journal of Addiction. 1991;86(9):1119-27.
9. Jorenby DE, Leischow SJ, Nides MA, Rennard SI, Johnston JA, Hughes AR, et al. A controlled trial of sustained-release bupropion, a nicotine patch, or both for smoking cessation. N Engl J Med. 1999;340(9):685-91.
10. Schwartz J, Fadahunsi O, Hingorani R, Mainali NR, Oluwasanjo A, Aryal MR, et al. Use of varenicline in smokeless tobacco cessation: a systematic review and meta-analysis. Nicotine & Tobacco Research: official journal of the Society for Research on Nicotine and Tobacco. 2015.

111

Diabetes e doença cardíaca

Wilson Salgado Filho

Introdução

A incidência mundial de diabetes melito (DM) atingiu proporções epidêmicas. Apesar de a DM englobar diversas etiologias (tipo 1; tipo 2; gestacional; secundária a algumas drogas antirretrovirais e antipsicóticos de segunda geração), 90 a 95% dos casos são DM tipo 2.

Efeitos da intervenção sobre o estilo de vida na prevalência do DM

O estudo clínico *Diabetes Prevention Program* (DPP) demonstrou que caminhadas regulares ou outro exercício físico moderado em associação com mudanças na dieta e redução ponderal mediana de 6,8 kg (equivalente aproximadamente a 7% do peso), determinaram redução de 58% na incidência de DM em obesos com intolerância à glicose. O resultado foi nitidamente superior à redução de 31% observada no grupo em uso de metformina de 850 mg, 2 vezes ao dia. No grupo com intervenção efetiva sobre o estilo de vida, a prevenção do DM foi mais bem correlacionada com a redução de peso: para cada 1 kg de redução ponderal, houve redução de 16% no risco de DM, ajustado para mudanças na dieta e atividade física.

Associação do DM com doença cardiovascular

A metanálise de 13 estudos prospectivos, incluindo o *United Kingdom Prospective Study* (UKPDS), revelou que a hiperglicemia crônica está associada a um aumento no risco de doença cardiovascular em portadores de DM. Para cada aumento de um ponto percentual na A1C acima de 5%, o risco relativo de qualquer evento cardiovascular foi igual a 1,18 (IC 95%). DM determina um ritmo acelerado de aterosclerose, aumentando a incidência de eventos macrovasculares (infarto agudo do miocárdio, acidente vascular encefálico isquêmico, doença vascular periférica) e eventos microvasculares (nefropatia, retinopatia, neuropatia e pé diabético).

Efeitos do controle da hiperglicemia nas complicações macro e microvasculares do DM

O estudo UKPDS estabeleceu que o controle intensivo da hiperglicemia reduz o risco de complicações microvasculares em portadores de DM, mas sugeriu que os benefícios macrovasculares podem estar limitados aos pacientes com sobrepeso e obesidade tratados com metformina. Para resolver a questão sobre o verdadeiro papel do controle glicêmico rigoroso na redução de eventos macrovasculares, três grandes estudos randomizados foram especialmente desenvolvidos para examinar o impacto da glicemia próxima do normal sobre o risco cardiovascular em diabéticos: os estudos ACCORD (*Action to control cardiovascular risk in diabetes*), o ADVANCE (*Action in diabetes and vascular disease: preterax and diamicron modified release controlled evaluation*) e VADT (*Veterans affairs diabetes trial*). Esses estudos e outras múltiplas metanálises mostraram que o tratamento rigoroso do DM determinou uma redução de aproximadamente 15% no risco de infarto não fatal, mas sem impacto na mortalidade por doença cardiovascular e na mortalidade total, sendo o benefício proporcional à precocidade do início do tratamento da hiperglicemia. Entretanto, todos esses estudos mostraram que o tratamento intensivo do DM tornou a hipoglicemia severa frequente, aumentando a mortalidade em portadores de DAC, o que contribuiu para um impacto negativo no benefício global do tratamento hipoglicemiante.

Doença cardíaca no diabético

As complicações microvasculares podem causar morbidade significativa e mortalidade prematura, mas a maior causa de morte em pacientes com diabetes melito (DM) é, sem dúvida, a doença cardíaca determinada principalmente pela doença arterial coronária (DAC) obstrutiva aterosclerótica e, ainda, por cardiomiopatia diabética e insuficiência cardíaca.

DM como fator de risco para o desenvolvimento da DAC

Em pacientes com DM, o risco de desenvolver DAC é aumentado em 2 a 4 vezes comparado a pacientes não diabéticos. Mudanças específicas no perfil de lipoproteínas, como a presença de partículas de LDL pequenas e densas, aumento da concentração de remanescentes de lipoproteínas e redução do HDL-C, além da associação frequente com hipertensão, contribuem para aumentar muito o risco da DAC no diabético.

A eficácia do controle glicêmico na progressão da doença microvascular do diabético está bem definida, enquanto o benefício na doença macrovascular é menos significativo quando comparado ao obtido com o controle dos outros fatores de risco clássicos como hiperlipidemia, hipertensão e tabagismo.

Estratificação do risco cardiovascular no DM

A American Diabetes Association (ADA) e também as Diretrizes Brasileiras reconhecem o DM como condição de alto risco aterosclerótico. Entretanto, a população de indivíduos com DM é altamente heterogênea e com risco de doença macrovascular muito variável, dependendo de fatores de risco associados como dislipidemia, HAS e presença de tabagismo. Dessa forma, tem sido recomendada a individualização da avaliação do risco cardiovascular em portadores de DM por meio de escores de estratificação de risco. O UKPDS *Risk Engine* derivou da avaliação de participantes do UKPDS e estima o risco de DAC e AVE fatal ou não fatal utilizando também variáveis mais específicas do DM, além de variáveis tradicionais (sexo, idade, duração do DM, hemoglobina glicada (HbA1c), etnia, tabagismo, fibrilação atrial, pressão arterial sistólica [PAS], colesterol total [CT] e HDL-C). Esse escore pode ser encontrado no endereço eletrônico: http://www.dtu.ox.ac.uk/riskengine/index.php. O escore de risco de Framingham Global 2008 avaliou não apenas o risco de eventos coronários, mas o risco de eventos cardiovasculares em geral (DAC, AVE, DAP ou IC), e incluiu também o DM como uma variável categórica. Segundo as últimas diretrizes sobre dislipidemia e prevenção cardiovascular, o DM é uma condição associada a risco cardiovascular elevado para o qual está indicado o nível mais rigoroso de metas lipídicas, independentemente dos demais fatores de risco cardiovascular. Por outro lado, a análise de outras variáveis presentes no escore UKPDS *Risk Engine* e no escore Framingham global pode ser útil para definição de estratégias adicionais de prevenção primária, como, por exemplo, a utilização do ácido acetilsalicílico (AAS).

Estratificação de risco cardiovascular em diabéticos assintomáticos com idade superior a 40 anos utilizando o escore de cálcio coronário (CAC). Grau de recomendação IIa, nível de evidência C.

A DAC no DM é comumente assintomática e pode progredir a um estágio avançado antes de se manifestar clinicamente. O CAC é um marcador da presença e extensão da doença aterosclerótica e tem sido utilizado para implementar a estratificação do risco cardiovascular. Os estudos The multi-ethnic study of atherosclerosis (MESA) e Heinz Nixdorff demonstraram que o CAC é preditor de eventos coronarianos e seu emprego, de fato, auxilia na estratificação de risco cardiovascular de pacientes em prevenção primária, agregando valor ao escore clínico. Achados similares são encontrados para pacientes com DM. O estudo de Raggi et al., após 5 anos de acompanhamento de 10.377 diabéticos assintomáticos, mostrou que quanto maior o escore de cálcio nesses pacientes, maior a taxa de mortalidade, em proporção significativamente maior do que para o indivíduo sem DM. Outro dado interessante foi a elevada sobrevida dos pacientes com DM e CAC = 0, similar à dos indivíduos sem DM (98,8 *versus* 99,4%, p = 0,5). O CAC, quando muito elevado, pode estar associado com alteração perfusional na cintilografia miocárdica. Estudo de Anand et al. mostra que 48,3% dos diabéticos com escore de cálcio entre 401 a 1.000 apresentavam defeito perfusional, e esse número subia para 71,4% para aqueles com escore de cálcio acima de 1.000. Portanto, o escore de cálcio é uma ferramenta útil na avaliação de risco cardiovascular de pacientes com DM assintomáticos, permitindo a identificação de indivíduos de maior risco que eventualmente se beneficiariam do rastreamento de isquemia silenciosa e tratamento clínico mais agressivo. A sua realização pode ser considerada em pacientes com DM com mais de 40 anos de idade. Por fim, cabe ressaltar que a tomografia para avaliação do escore de cálcio é um exame sem contraste.

Angiotomografia de artérias coronárias na estratificação do risco cardiovascular

No momento, não há dados que demonstrem benefício definitivo do uso desse exame em indivíduos diabéticos assintomáticos. Em linhas gerais, as principais indicações da angiotomografia coronária se reservam a pacientes sintomáticos.

Estratificação de risco cardiovascular no DM assintomático com o uso de angiotomografia de artérias coronárias. Grau de recomendação III, nível de evidência C.

Estratificação de risco cardiovascular no DM assintomático: UKPDS *Risk Engine* e Framingham Global. Grau de recomendação I, nível de evidência C.

Entretanto, a realização da angiotomografia de artérias coronárias em diabéticos assintomáticos de maior tempo de evolução, portadores de outros fatores de risco e/ou doença microvascular tipo retinopatia, revelou presença de DAC significativa com indicação de revascularização, havendo grande benefício na redução da mortalidade cardiovascular (excluídos pacientes com alergia ao iodo, asma brônquica, fibrilação atrial, IC crônica severa ou creatinina > 1,5 mg/dL).

Cirurgia de revascularização miocárdica *versus* revascularização percutânea no diabético

- Pacientes diabéticos constituem um subgrupo com aumento de risco para desfechos desfavoráveis nas intervenções coronárias percutâneas (ICP) em razão de DAC mais severa e extensa, assim como taxas maiores de reestenose.
- A melhora das técnicas e a introdução dos *stents* farmacológicos resultou em melhora dos resultados clínicos e a ICP tem se tornado uma opção terapêutica válida na revascularização miocárdica percutânea de pacientes com DM.
- Em portadores de DM com DAC em múltiplos vasos, a ICP pode ser utilizada na vigência de lesões menos complexas, mas a cirurgia de revascularização miocárdica deve ser a opção de escolha nos casos de lesões de maior complexidade ou na DAC triarterial do diabético.

DM e síndrome isquêmica coronária aguda

Pacientes diabéticos têm maior probabilidade de se apresentar com sintomas atípicos na síndrome coronária aguda (SIA) e, tanto no infarto agudo do miocárdio com supradesnivelamento do segmento ST ou sem supradesnivelamento do segmento ST, o tempo de aparecimento da dor pode ser retardado a partir da instalação do evento em relação aos não diabéticos.

(continua)

DM e síndrome isquêmica coronária aguda *(continuação)*

A presença do diabete melito (DM) aumenta a probabilidade de ocorrência da SIA comparada com indivíduos não diabéticos. De fato, portadores de SIA comumente apresentam DM não diagnosticado ou pré-diabetes. O rastreamento de rotina para o DM não diagnosticado em portadores de SIA pode ser útil, uma vez que estes pacientes muitas vezes possuem maior gravidade nos desfechos a curto prazo e com frequência são portadores de doença arterial coronária mais complexa do que não diabéticos. Por conta da maior gravidade, os diabéticos com SIA são beneficiados com o emprego de estratégias terapêuticas mais efetivas. De fato, no infarto agudo do miocárdio em diabéticos, a fibrinólise reduziu a mortalidade em 18% em relação ao tratamento conservador e a reperfusão com intervenção coronária percutânea primária diminuiu a mortalidade intra-hospitalar em 37%. A eficácia da estratégia invasiva em reduzir a recorrência de infarto não fatal e readmissões por SIA foi superior nos pacientes diabéticos em relação aos não diabéticos.

Cardiomiopatia diabética

Pacientes diabéticos e não diabéticos partilham das mesmas causas de IC, como cardiopatia isquêmica, hipertensão, hipertrofia ventricular esquerda, fibrilação atrial e doença valvular. Em vista de sua alta prevalência entre pacientes com DM, a doença cardíaca isquêmica permanece como principal fator de risco para a IC nos diabéticos, tanto em acompanhamento ambulatorial como após eventos de SIA.

Entretanto, esses fatores de risco em comum não dão conta do risco aumentado de IC no DM, sugerindo um aumento da vulnerabilidade miocárdica nesses pacientes que contribui de modo independente para risco de IC e que leva ao conceito de cardiomiopatia diabética. O coração diabético apresenta consequências funcionais ligadas à resistência insulínica no miócito cardíaco, incluindo disfunção diastólica e sistólica, fibrose e, em última análise, a IC clínica se correlaciona com o controle glicêmico. Outros fatores colaboram para o risco aumentado de IC no diabético, incluindo prevalência aumentada de isquemia silenciosa ou sintomas atípicos de isquemia que retardam ou mascaram o diagnóstico e a intervenção terapêutica, o uso não otimizado do tratamento medicamentoso, desequilíbrio autonômico pela neuropatia diabética, estado pró--trombótico que pode atenuar o benefício da terapia antitrombótica habitual, disfunção endotelial e distúrbio no metabolismo miocárdico.

Apesar de esses conceitos emergentes, a cardiomiopatia diabética permanece reconhecida como doença intrincada e clinicamente significativa e o seu conhecimento atual ainda é rudimentar.

DM: diabete melito; IC: insuficiência cardíaca.

Tratamento da IC em portadores de diabete melito

Diabetes e insuficiência cardíaca comumente ocorrem juntos em um mesmo paciente. Mais de um quarto dos diabéticos também são portadores de insuficiência cardíaca (IC), e aproximadamente um terço dos pacientes com IC apresentam diabete melito (DM). As diretrizes baseadas em evidência para o tratamento da IC se aplicam para ambos os pacientes, com e sem diabetes. Entretanto, a evidência para tratamento da IC, em diabéticos ou não, está limitada aos estudos de portadores de insuficiência cardíaca com fração de ejeção reduzida, não havendo na atualidade tratamento baseado em evidências para IC com fração de ejeção preservada.

Tratamento do diabete melito em portadores de insuficiência cardíaca

A associação do diabete melito (DM) com a insuficiência cardíaca (IC) leva a um grande aumento de morbidade e mortalidade. A evidência disponível, baseada em dados retrospectivos de estudos de corte e não em estudos randomizados, aponta para a metformina como o hipoglicemiante de escolha em pacientes com DM2 e IC. Após a metformina, o médico deve pesar os prós e contras dos agentes disponíveis e individualizar o tratamento. A pioglitazona não deve ser empregada em portadores de disfunção ventricular esquerda e na IC clínica.

O Food and Drug Administration (FDA) e outras agências reguladoras agora requerem que os novos agentes hipoglicemiantes sejam submetidos a rigorosa análise para garantir segurança cardiovascular. Dados sobre estudo multicêntrico, randomizado, placebo-controle com a saxaglipitina em pacientes com DM2 e história ou sob risco de eventos cardiovasculares, demonstraram um aumento no risco de hospitalização por IC, especialmente nos primeiros 12 meses de tratamento em portadores de aumento de peptídeos natriuréticos, IC prévia e/ou doença renal crônica. Recentemente, a sitagliptina adicionada ao tratamento do DM2 e doença cardiovascular estabelecida não aumentou o risco de eventos adversos cardiovasculares maiores, hospitalização por IC ou outros eventos adversos.

Bibliografia recomendada

1. The diabetes prevention program (DPP): description of lifestyle intervention. Diabetes prevention program (DPP) research group. Diabetes Care. 2002;25:2165-71.
2. Knowler WC, Barrett-Connor E, Fowler SE, Hamman RF, Lachin JM, Walker EA, et al. Reduction in the incidence of type 2 diabetes with lifestyle intervention or metformin. Diabetes Prevention Program Research Group. N Engl J Med. 2002;346: 393-403.
3. Hamman RF, Wing RR, Edelstein SL, Lachin JM, Bray GA, Delahanty L, et al. Effect of weight loss with lifestyle intervention on risk of diabetes. Diabetes Care. 2006;29:2102-7.
4. Selin E, Marinopoulos S, Berkenbilt G, Rami T, Brancati FL, Powe NR, et al. Meta-analysis: glycosylated hemoglobin and cardiovascular disease in diabetes mellitus. Ann Intern Med. 2004;141:421-31.

5. UK Prospective Diabetes Study (UKPDS) Group. Effect of intensive blood-glucose control with metformin on complications in overweight patients with type 2 diabetes (UKPDS 34). Lancet. 1998;352:854-65.
6. Gerstein HC, Miller ME, Byington RP, et al. Effects of intensive glucose lowering in type 2 diabetes. N Engl J Med. 2008;358:2545-59.
7. Patel A, MacMahon S, Chalmers J, et al: Intensive blood glucose control and vascular outcomes in patients with type 2 diabetes. N Engl J Med. 2008;358:2560-72.
8. Duckworth W, Abraira C, Moritz T, Reda D, Emanuele N, Reaven PD et al. VADT Investigators. Glucose control and vascular complications in veterans with type 2 diabetes. N Engl J Med. 2009;360:129-39.
9. Kelly TN, Bazzano LA, Fonseca VA, et al. Systematic review: glucose control and cardiovascular disease in type 2 diabetes. Ann Intern Med. 2009;151:394-40.
10. Ray KK, Seshasai SR, Wijesuriya S, et al. Effect of intensive control of glucose on cardiovascular outcomes and death in patients with diabetes mellitus: a meta-analysis of randomised controlled trials. Lancet. 2009;373:1765-72.
11. Turnbull FM, Abraira C, Anderson RJ, et al. Intensive glucose control and macrovascular outcomes in type 2 diabetes. Diabetologia. 2009;52:2288-98.
12. Resnick HE, Shorr RI, Kuller L, et al. Prevalence and clinical implications of American Diabetes Association-defined diabetes and other categories of glucose dysregulation in older adults: the health, aging and body composition study. J Clin Epidemiol. 2001;54:869-87.
13. American Diabetes Association. Standards of medical care in diabetes 2013. Diabetes Care. 2013;36(Suppl 1):S11-66.
14. Xavier H, Izar M, Faria Neto J, Assad M, Rocha V, Sposito A, et al; Sociedade Brasileira de Cardiologia. V Diretriz brasileira de dislipidemias e Prevenção da Aterosclerose. Arq Bras Cardiol. 2013;101,1-20.
15. Gualandro DM, Azevedo FR, Calderaro D, Marcondes Braga FG, Caramelli B, et al. I Diretriz de sobre Aspectos Específicos de Diabetes Mellitus (tipo 2) Relacionados à Cardiologia. Arq Bras Cardiol. 2013;XX(Y supl.1):1-ZZ.
16. D'Agostino RB, Vasan RS, Pencina MJ, Wolf PA, Cobain M, Massaro JM, et al. General cardiovascular risk profile for use in primary care: the Framingham Heart Study. Circulation. 2008;117(6):743-53.
17. Shimabukuro M, Saito T, Sata M, et al. The Furuoka diabetologists group. Risk stratification of coronary artery disease in asymptomatic diabetic subjects using multidetector computed tomography. Circ J. 2015;79:2422-9.
18. Budoff MJ, Shaw LJ, Liu ST, Weinstein SR, Mosler TP, Tseng PH, et al. Long-term prognosis associated with coronary calcification: observations from a registry of 25,253 patients. J Am Coll Cardiol. 2007;49(21):1860-70.
19. Rochitte CE, Pinto IM, Fernandes JL, Filho CF, Jatene A, Carvalho AC, et al. Cardiovascular magnetic resonance and computed tomography imaging guidelines of the Brazilian Society of Cardiology. Grupo de Estudo em Ressonância e Tomografia Cardiovascular (GERT) do Departamento de Cardiologia Clínica da Sociedade Brasileira de Cardiologia. Arq Bras Cardiol. 2006;87(3):e60-100.

20. Detrano R, Guerci AD, Carr JJ, Bild DE, Burke G, Folsom AR, et al. Coronary calcium as a predictor of coronary events in four racial or ethnic groups. N Engl J Med. 2008;358(13):1336-45.
21. Erbel R, Möhlenkamp S, Moebus S, Schmermund A, Lehmann N, Stang A, et al. Coronary risk stratification, discrimination, and reclassification improvement based on quantification of subclinical coronary atherosclerosis: Heinz Nixdorf Recall Study Investigative Group. J Am Coll Cardiol. 2010;56(17):1397-406.
22. Raggi P, Shaw LJ, Berman DS, Callister TQ. Prognostic value of coronary artery calcium screening in subjects with and without diabetes. J Am Coll Cardiol. 2004;43(9):1663-9.
23. Anand DV, Lim E, Hopkins D, Corder R, Shaw LJ, Sharp P, et al. Risk stratification in uncomplicated type 2 diabetes: prospective evaluation of the combined use of coronary artery calcium imaging and selective myocardial perfusion scintigraphy. Eur Heart J. 2006;27(6):713-21.
24. Mark DB, Berman DS, Budoff MJ, Carr JJ, Gerber TC, Hecht HS, et al.ACCF/ACR/AHA/NASCI/SAIP/SCAI/SCCT 2010 expert consensus document on coronary computed tomographic angiography: a report of the American College of Cardiology Foundation Task Force on Expert Consensus Documents. Circulation. 2010;121(22):2509-43.
25. Byrne RA, Kastrati A. Is there a preferable DES in diabetic patients? A critical appraisal of the evidence. Catheter Cardiovasc Interv. 2008;72:944-9.
26. Kubal C, Srinivasan AK, Grayson AD, et al. Effect of risk-adjusted diabetes on mortality and morbidity after coronary artery bypass graft surgery. Ann Thorac Surg. 2005;79:1570-6.
27. Ting HH, Chen AY, Roe MT, et al. Delay from symptom onset to hospital presentation for patients with non-ST segment elevation myocardial infarction. Arch Intern Med. 2010;1834-41.
28. Hasin T, Hochadel M, Gitt AK, et al. Comparison of treatment and outcome of acute coronary síndrome in patients with versus patients without diabetes mellitus. Am J Cardiol. 2009;103:772-778.
29. Beckman JA, Creager MA, Libby P. Diabetes and atherosclerosis: epidemiology, pathophysiology, and management. JAMA. 2002;287:2570-81.
30. Giraldez RR, Clare RM, Lopes RD, Braunwald E, et al. Prevalence and clinical outcomes of undiagnosed diabetes mellitus and prediabetes among patients with high-risk non-ST-segment elevation acute coronary syndrome. Am Heart J. 2013;165:918-25.
31. Bauer T, Mollmann H, Weidinger F, et al. Impact of diabetes mellitus status on coronary pathoanatomy and interventional treatment: insights from the Euro Heart Survey PCI registry. Catheter Cardiovasc Interv. 2011;78:702-9.
32. Boersma E. Does time matter? A pooled analysis of randomized clinical trials comparing primary percutaneous coronary intervention and in-hospital fibrinolysis in acute myocardial infarction patients. Eur Heart J. 2006;27:779-88.
33. O'Donoghue ML, Vaidya A, Afsal R, et al. An invasive or conservative strategy in patients with diabetes mellitus and non-ST-segment elevation acute coronary syndromes: a collaborative meta-analysis of randomized trials. J Am Coll Cardiol. 2012;60:106-11.
34. Battiprolu PK, Wang ZV, Hill JA. Diabetic cardiomyopathy diabetes in cardiovascular disease: a companion to Braunwald's heart disease. Philadelphia: Saunders; 2015.

35. McMurray JJV, Petrie MC, Fisher BM. Treatment of heart failure in diabetes diabetes in cardiovascular disease: a companion to Braunwald's heart disease. Philadelphia: Saunders; 2015. p.313-27.
36. MacDonald MR, Petrie MC, Hawkins NM, et al: Diabetes, left ventricular systolic dysfunction and chronic heart failure, Eur Heart J. 2008;29:1224-40.
37. McMurray JJV, Adamopoulos S, Anker SD, et al. ESC guidelines for the diagnosis and treatment of acute and chronic heart failure 2012. The Task Force for the Diagnosis and Treatment of Acute and Chronic Heart Failure 2012 of the European Society of Cardiology. Developed in collaboration with the Heart Failure Association (HFA) of the ESC, Eur J Heart Fail. 2012;14:803-69.
38. Holman RR, Paul SK, Bethel MA, et al. 10-year follow-up of intensive glucose control in type 2 diabetes. N Engl J Med. 2008;359:1577-89.
39. Leibowitz G, Cahn A, Bhatt DL, Hirshberg B, et al. Saxagliptin and cardiovascular outcomes in patients with type 2 diabetes and moderate or severe renal impairment: observations from the SAVOR-TIMI 53 Trial. Diabetes Obes Metab. 2015;17:487-94.
40. Green JB, Bethel MA, Armstrong PW, et al. Effect of sitagliptin on cardiovascular outcomes in type 2 diabetes. N Engl J Med. 2015 Jun 8. [Epub ahead of print].

112

Monitorização clínica e hemodinâmica em síndromes coronárias agudas

Remo Holanda de Mendonça Furtado
Fernando Reis Menezes
Luciano Moreira Baracioli

Monitorização e exames complementares não invasivos iniciais em pacientes com síndromes coronárias agudas (SCA)

- Todo paciente com SCA deve ter monitorização eletrocardiográfica e oximétrica contínua.
- Eletrocardiograma (ECG): o primeiro deve ser realizado dentro dos primeiros 10 minutos após a chegada do paciente; caso não seja diagnóstico, realizar a cada 3 horas até a nona hora do início da dor e, depois, uma vez ao dia. Repetir o ECG sempre que houver novo episódio doloroso ou alteração clínica ou hemodinâmica.
- Marcadores bioquímicos de necrose miocárdica (troponina e CK-MB massa) devem ser dosados à chegada do paciente. Caso estejam normais, porém em tempo não hábil, devem ser repetidos após 6-12 horas. Se ambos elevados, realizar curva com CK-MB massa (a cada 8 horas até o pico e a cada 12 horas até normalização). Repetir sempre que houver suspeita de novo quadro isquêmico.
- Na admissão, dosar hemograma, creatinina, ureia, sódio, potássio, magnésio, coagulograma, hemoglobina glicada, glicemia, colesterol total e frações, e triglicérides.
- Radiografia de tórax deve ser feita, porém não deve atrasar condutas de recanalização (caso indicado).
- Ecocardiograma bidimensional no leito: deve ser realizado nas primeiras 24 h. Sempre repetir (caráter de urgência) na ocorrência de sinais de falência cardíaca (afastar complicações mecânicas).

Indicações de monitorização invasiva (cateter de Swan-Ganz) no infarto agudo do miocárdio

- Pacientes com quadro de instabilidade hemodinâmica, sobretudo se houver dificuldade de resposta a inotrópicos e/ou drogas vasoativas.
- Pacientes com choque secundário a infarto de ventrículo direito (VD) sem resposta após expansão volêmica.
- Choque associado a complicações mecânicas do infarto agudo do miocárdio (IAM).
- Diagnóstico diferencial entre choque distributivo (secundário à resposta inflamatória do próprio IAM ou a alguma infecção concomitante) e choque hipodinâmico por falência ventricular.
- Pacientes com insuficiência cardíaca pós-infarto refratária ao tratamento.
- Pacientes em que se considera dispositivo de assistência ventricular.
- Em pacientes que não necessitem de balão intra-aórtico (BIA) ou outros dispositivos de assistência ventricular (DAV), métodos menos invasivos, como medida de débito cardíaco por curva de pressão arterial invasiva (Vigileo®), são preferíveis ao cateter de artéria pulmonar.

Classificações clínicas de gravidade da disfunção cardíaca pós-IAM

Killip e Kimball	Forrester modificada
I. Sem congestão pulmonar e sem B3	I. Perfusão periférica normal e sem congestão pulmonar
II. Raros estertores crepitantes (< 50% do campo pulmonar) com B3 audível	IIa. Perfusão periférica normal e congestão pulmonar presente com ausência de dispneia IIb. Perfusão periférica normal e presença de congestão pulmonar com dispneia
III. Edema pulmonar	III. Perfusão periférica diminuída sem congestão pulmonar (infarto agudo do miocárdio – IAM com acometimento de ventrículo direito)
IV. Choque cardiogênico	IV. Perfusão periférica diminuída e presença de congestão pulmonar

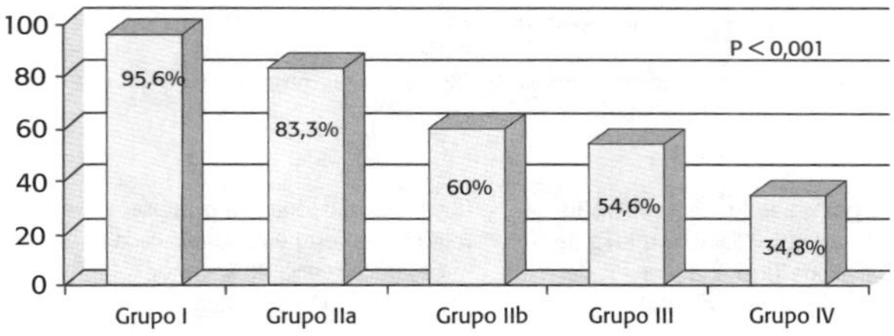

Figura 1 Correlação entre a classificação de Forrester modificada à chegada do paciente ao hospital e sobrevida em curto prazo pós-fibrinolítico. Adaptada de Nicolau et al., 2001.

Classificação hemodinâmica invasiva pós-IAM

Categoria	Parâmetros hemodinâmicos
Forrester I	IC > 2,2 L/min/m^2 e POAP < 18 mmHg
Forrester II	IC > 2,2 L/min/m^2 e POAP > 18 mmHg
Forrester III	IC < 2,2 L/min/m^2 e POAP < 18 mmHg
Forrester IV	IC < 2,2 L/min/m^2 e POAP > 18 mmHg

IC: índice cardíaco; POAP: pressão de oclusão de artéria pulmonar.

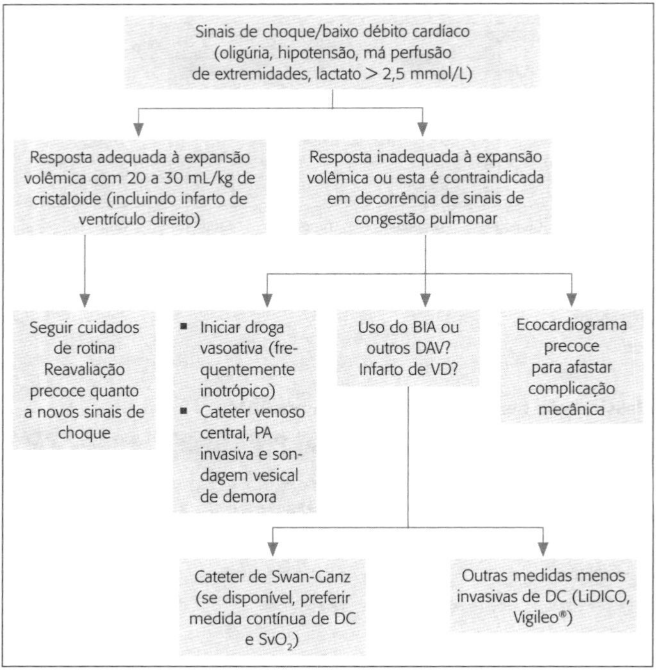

Figura 2 Monitorização hemodinâmica no infarto do miocárdio. BIA: balão intra-aórtico; DAV: dispositivos de assistência ventricular; DC: débito cardíaco; DCVD: ventrículo direito; PA: pressão arterial; SvO_2: saturação venosa de oxigênio.

Bibliografia recomendada

1. Piegas LS, Feitosa G, Mattos LA, Nicolau JC, Rossi Neto JM. Sociedade Brasileira de Cardiologia. Diretriz da Sociedade Brasileira de Cardiologia sobre tratamento do infarto agudo do miocárdio com supradesnível do segmento ST. Arq Bras Cardiol. 2009;93(6 suppl 2):e179-264.
2. Nicolau JC, Timerman A, Marin-Neto JA, Piegas LS, Barbosa CJDG, Franci A. Diretrizes da Sociedade Brasileira de Cardiologia sobre angina instável e infarto agudo do miocárdio sem

supradesnível do segmento ST (2. ed., 2007), atualização 2013/2014. Arq Bras Cardiol. 2014;102(3 suppl 1):1-61.

3. O'Gara PT, Kushner FG, Ascheim DD. 2013 ACCF/AHA guideline for the management of ST-elevation myocardial infarction: a report of the American College of Cardiology Foundation/American Heart Association Task Force on Practice Guidelines. J Am Coll Cardiol. 2013;61:e78-140.
4. Steg PG, James SK, Atar D. ESC Guidelines for the management of acute myocardial infarction in patients presenting with ST-segment elevation. Eur Heart J. 2012;33:2569-619.
5. Rotinas nas síndromes isquêmicas miocárdicas instáveis do Instituto do Coração da Faculdade de Medicina da USP. Versão 2012/2013.
6. Manoach S, Weingart SD, Charchaflieh J. The evolution and current use of invasive hemodynamic monitoring for predicting volume responsiveness during resuscitation, perioperative, and critical care. J Clin Anesthes. 2012;24:242-50.
7. Killip T III, Kimball JT. Treatment of myocardial infarction in a coronary care unit: a two year experience with 250 patients. Am J Cardiol. 1967;20:457-64.
8. Nicolau JC, Serrano Jr CV, Garzon SA, Ramires JA. Prognosis of acute myocardial infarction in the thrombolytic era: medical evaluation is still valuable. Eur J Heart Fail. 2001;3(5):569-76.

113

Medicações utilizadas em síndromes coronárias agudas

Patrícia Oliveira Guimarães
Roberto Rocha Correa Veiga Giraldez
Marcelo Franken

Introdução

A etiopatogenia das síndromes coronárias agudas (SCA) envolve, em mais de 90% dos casos, a instabilização da placa aterosclerótica ou ateroma com a formação de um trombo arterial obstrutivo, produzindo isquemia miocárdica.

Diante da suspeita de SCA, é importante se fazer o diagnóstico precocemente, permitindo que o tratamento medicamentoso seja iniciado de forma ágil e completa, para o alívio da isquemia miocárdica e a prevenção de eventos trombóticos.

O tratamento medicamentoso das SCA baseia-se nos seguintes pilares: estabilização clínica, controle da dor precordial, uso de antiagregantes plaquetários e anticoagulantes, estratégias de reperfusão miocárdica e definição da terapia a longo prazo.

Medidas gerais

Oxigenoterapia	Oxigenoterapia deve ser administrada em casos de saturação de $O_2 < 90\%$, distúrbios respiratórios ou risco de hipoxemia.
Analgesia	Morfina causa venodilatação e redução da pressão arterial, além de ter ação analgésica. Assim, o uso de morfina pode aliviar a dor torácica e a ansiedade do paciente. A morfina também pode ser administrada em pacientes com insuficiência cardíaca associada para alívio da dispneia.
	A dose de 1 a 4 mg de morfina intravenosa pode ser repetida a cada 5 e 30 minutos para conforto do paciente. É essencial monitorizar-se a pressão arterial.
	Nitratos aliviam a dor torácica e reduzem a pressão arterial e a congestão pulmonar. Inicialmente, deve ser usado dinitrato de issosorbida 5 mg, por via sublingual, a cada 5 minutos (até 3 doses). Nitroglicerina intravenosa pode ser administrada se houver persistência dos sintomas.
	Nitratos não devem ser administrados em pacientes hipotensos ou com infarto do miocárdio de ventrículo direito ou em uso recente de inibidores da fosfodiesterase.
	Anti-inflamatórios não esteroidais devem ser suspensos durante a hospitalização.
Terapia hipolipemiante	Estatinas devem ser prescritas para todos os pacientes sem contraindicações.
	O perfil lipídico deve ser obtido nas primeiras 24 h de admissão.

Betabloqueadores

- Betabloqueadores reduzem a frequência cardíaca, a contratilidade miocárdica e a pressão arterial, melhorando a sobrevida em portadores de SCA.
- Devem ser administrados via oral nas primeiras 24 horas, exceto em pacientes com baixo débito ou risco de choque cardiogênico (FC > 100 bpm, hipotensão, infarto anterior extenso ou Killip > 2).
- São contraindicados em distúrbios de condução, como alargamento do intervalo PR, bloqueios atrioventriculares de segundo e terceiro grau ou em pacientes com asma ativa.
- Administração de betabloqueadores por via intravenosa pode ser perigosa em pacientes com fatores de risco para choque cardiogênico.
- Devem ser mantidos após a alta hospitalar, exceto se contraindicados.
- Se houver insuficiência cardíaca estabilizada concomitante, o tratamento a longo prazo deve ser mantido com succinato de metoprolol, carvedilol ou bisoprolol.

Bloqueadores de canal de cálcio

- Bloqueadores de canal de cálcio não di-hidropiridínicos (verapamil e diltiazem) têm efeitos inotrópicos e cronotrópicos negativos. Ao reduzirem a frequência cardíaca e a pressão arterial, essas drogas aliviam a isquemia miocárdica.
- Verapamil ou diltiazem podem ser usados em pacientes com isquemia recorrente e com contraindicações aos betabloqueadores, na ausência de disfunção ventricular significativa.
- São contraindicados em pacientes com risco de choque cardiogênico, alargamento do intervalo PR e bloqueios atrioventriculares de segundo e terceiro graus.
- Bloqueadores de canal de cálcio estão recomendados para pacientes com espasmo coronariano.

Inibição do sistema renina-angiotensina-aldosterona

- Inibidores da enzima conversora de angiotensina (IECA) reduzem a mortalidade em pacientes com SCA e disfunção ventricular.
- Iniciar administração de IECA com uma droga de meia-vida mais curta (captopril ou enalapril) pode ser razoável para evitar disfunção renal e hipotensão.
- IECA devem ser administrados, principalmente em casos de insuficiência cardíaca concomitante, exceto se contraindicados.
- IECA devem ser usados continuamente, após alta hospitalar, em pacientes com fração de ejeção $< 40\%$, hipertensão, diabete melito ou doença renal crônica.
- Bloqueadores do receptor de aldosterona podem ser prescritos em casos de intolerância aos IECA.
- Antagonistas de aldosterona devem ser administrados a todos os pacientes com fração de ejeção $\leq 40\%$, insuficiência cardíaca sintomática ou diabete melito.
- Antagonistas de aldosterona não devem ser usados em pacientes com hipercalemia ($k > 5{,}5$ mEq/mL).

Terapia antiplaquetária e anticoagulante

Infarto agudo do miocárdio com supradesnivelamento de ST (IAMCSST) submetido à fibrinólise

Antiplaquetários

Medicação	Dose de ataque	Manutenção	Classe	Nível de evidência
AAS	162-300 mg	81-100 mg	I	A
Clopidogrel*	300 mg (< 24 h do trombolítico) 600 mg (> 24 h do trombolítico)	75 mg	I I	A C
Ticagrelor/ prasugrel	-	-	III	C

* Dose de ataque de clopidogrel não está recomendada para pacientes > 75 anos. AAS: ácido acetilsalicílico.

Anticoagulantes

Medicação	Recomendações	Classe	Nível de evidência
Enoxaparina	Dose de ataque: 30 mg, EV, em *bolus* (≤ 75 anos) 1 mg/kg, SC, 2 x/dia (8 dias ou até alta hospitalar) ▪ 0,75 mg/kg, SC, 2 x/dia se > 75 anos ▪ 1 mg/kg/dia, SC, se depuração de creatinina ≤ 30 mL/min	I	A
Heparina não fracionada	Dose de ataque: 60 UI/kg, EV, em *bolus* (máximo 4.000 UI) 12 UI/kg/h (máximo 1.000 UI/h) com ajustes para TTPa entre 1,5 e 2,0	I	C
Fondaparinux	Dose de ataque: 2,5 mg, EV, 2,5 mg, SC (8 dias ou até alta hospitalar)	IIa	B

EV: endovenoso; SC: subcutâneo.

IAMCSST submetido à intervenção coronária percutânea

Antiplaquetários

Medicação	Dose de ataque	Manutenção	Classe	Nível de evidência
AAS	162-300 mg	81-100 mg	I	A
Clopidogrel ou ticagrelor ou prasugrel*	300-600 mg 180 mg 60 mg	75 mg 90 mg, 2 x/dia 10 mg	I I I	C B B

* Para pacientes com anatomia coronariana conhecida e sem fatores de risco para sangramento (contraindicado para pacientes com acidente vascular cerebral (AVC)/ataque isquêmico transitório (AIT) prévio, cautela ao usar em pacientes ≥ 75 anos ou < 60 kg). AAS: ácido acetilsalicílico; IAMCSST: infarto agudo do miocárdio com supradesnivelamento de ST.

Anticoagulantes

Medicação	Recomendações	Classe	Nível de evidência
Enoxaparina	Dose de ataque: 0,5 mg/kg, EV, 1 mg/kg, SC, 2 x/dia (a critério clínico) ▪ 0,75 mg/kg, SC, 2 x/dia se > 75 anos ▪ 1 mg/kg/dia, SC, se depuração de creatinina ≤ 30 mL/min	IIa	B
Heparina não fracionada	Ajustada pelo tempo de coagulação ativada (TCA)	I	C
Fondaparinux		III	B

EV: endovenoso; SC: subcutâneo.

Fibrinolíticos utilizados no IAMCSST

Medicação	Dose	Observações
Estreptoquinase	1.500.000 UI diluídos em 100 mL de soro fisiológico 0,9 %, EV, infundido em 1 hora	Pode causar hipotensão e anafilaxia Não repetir em menos de 6 meses Manter dois acessos venosos calibrosos
Tenecteplase (Metalyse®)	0,5 mg/kg em *bolus*, EV (máximo de 50 mg)	Não necessita de bomba de infusão Fibrinolítico de escolha na trombólise pré-hospitalar
Alteplase (Actilyse®)	15 mg em *bolus*, EV, seguido de infusão de 0,75 mg/kg (máximo de 50 mg) em 30 minutos; e a seguir 0,5 mg/kg (máximo de 35 mg) em 1 hora	Também utilizado no AVC agudo (doses e critérios de exclusão diferentes do IAMCSST)

EV: endovenoso; AVC: acidente vascular cerebral; IAMCSST: infarto agudo do miocárdio com supradesnivelamento de ST.

Considerações gerais para pacientes com IAMCSST
▪ AAS deve ser usado por tempo indefinido.
▪ Terapia antiplaquetária dupla (AAS + inibidor P2Y12) deve ser usada por no mínimo12 meses (considerar prolongar de acordo com o DAPT *Score*)
▪ Considerar adição de um inibidor de glicoproteína IIb e IIIa, se angioplastia de alto risco (trombos) e baixo risco de sangramento.
▪ Ticagrelor e prasugrel estão contraindicados em pacientes submetidos à trombólise.
▪ Fondaparinux não deve ser usado em pacientes submetidos à angioplastia.

AAS: ácido acetilsalicílico; IAMCSST: infarto agudo do miocárdio com supradesnivelamento de ST.

Síndrome coronária aguda sem supradesnivelamento de ST (SCASSST)

Antiplaquetários

Medicação	Dose de ataque	Manutenção	Classe	Nível de evidência
AAS	162-300 mg	81-100 mg	I	A
Clopidogrel ou ticagrelor ou prasugrel*	300-600 mg 180 mg 60 mg	75 mg 90 mg, 2 x/dia 10 mg	I I I	A/B B B

* Para pacientes com anatomia coronariana conhecida e sem fatores de risco para sangramento (contraindicado para pacientes com AVC/AIT prévio. Cautela ao usar em pacientes ≥ 75 anos ou < 60 kg). AAS: ácido acetilsalicílico.

Anticoagulantes

Medicação	Recomendações	Classe	Nível de evidência
Enoxaparina	1 mg/kg, SC, 2 x/dia (8 dias ou até alta hospitalar) • 0,75 mg/kg, SC, 2 x/dia, se > 75 anos • 1 mg/kg/dia, SC, se depuração de creatinina ≤ 30 mL/min	I	A
Heparina não fracionada	Dose de ataque: 60-70 UI/kg, EV, em *bolus* (máximo 5.000 UI) 12-15 UI/kg/h (máximo 1.000 UI/h) com ajustes para TTPa entre 1,5 e 2,0	I	A
Fondaparinux*	2,5 mg, SC (8 dias ou até alta hospitalar)	IIa	B

EV: endovenoso; SC: subcutâneo. * Administrar heparina não fracionada no momento da angioplastia.

Considerações gerais para pacientes com SCASSST
▪ AAS deve ser usado por tempo indefinido.
▪ Terapia antiplaquetária dupla (AAS + inibidor P2Y12) deve ser usada por no mínimo12 meses.
▪ Considerar adição de um inibidor de glicoproteína IIb e IIIa, se angioplastia de alto risco (trombos) em pacientes com baixo risco de sangramento.
▪ Se tratamento clínico: anticoagulação por 8 dias ou até a alta hospitalar.
▪ Considerar interromper a anticoagulação após a angioplastia com sucesso.

AAS: ácido acetilsalicílico.

Ajuste da dose de tirofiban – solução: diluir tirofiban 25 mL (0,5 amp) + SF 100 mL

Peso (kg)	Ajuste na chegada do paciente à emergência				Ajuste após angioplastia			
	Sem insuficiência renal		Com insuficiência renal (ClCr < 30 mL/min)		Sem insuficiência renal		Com insuficiência renal (ClCr < 30 mL/min)	
	Infusão de ataque em 30 min (mL/h)	Infusão de manutenção (mL/h)	Infusão de ataque em 30 min (mL/h)	Infusão de manutenção (mL/h)	Infusão de ataque em 3 min (mL/h)	Infusão de manutenção (mL/h)	Infusão de ataque em 3 min (mL/h)	Infusão de manutenção (mL/h)
30-37	16	4	8	2	7	6	4	3
38-45	20	5	10	3	8	8	4	4
46-54	24	6	12	3	10	9	5	5
55-62	28	7	14	4	12	11	6	6
63-70	32	8	16	4	13	12	7	6
71-79	36	9	18	5	15	14	8	7
80-87	40	10	20	5	17	15	9	8
88-95	44	11	22	6	18	17	9	9
96-104	48	12	24	6	20	18	10	9
105-112	52	13	26	7	22	20	11	10
113-120	56	14	28	7	23	21	12	11
121-128	60	15	30	8	25	23	13	12
129-137	64	16	32	8	26	24	13	12
138-145	68	17	34	9	28	26	14	13
146-153	72	18	36	9	30	27	15	14

ClCr: *clearance* de creatinina; SF: soro fisiológico.

DAPT *Score*

Variáveis	Pontos
Idade > 75 anos	-2
Idade de 65 a < 75 anos	-1
Idade < 65 anos	0
Diabetes	1
Tabagismo atual	1
ICP ou IAM prévios	1
IC ou FE < 30%	2
IAM na apresentação atual	1
ICP em veia safena	2
Diâmetro do *stent* < 3 mm	1
Resultado ≥ 2 Preferencialmente manter dupla antiagragação plaquetária após 12 meses < 2 Suspender dupla antiagregação plaquetária aos 12 meses	

FE: fração de ejeção; IAM: infarto agudo do miocárdio; IC: insuficiência cardíaca; ICP: intervenção coronária percutânea.

Bibliografia recomendada

1. Nicolau JC, Furtado RH. Síndrome coronária aguda com supradesnível de ST. In: Soeiro AM, Leal TCAT, Oliveira Jr MT, Filho RK. Manual de condutas práticas da unidade de emergência do InCor. Barueri: Manole; 2015. p.53-63.
2. O´Gara PT, Kushner FG, Ascheim DD, Casey Jr. DE, Chung MK, Lemos JA, et al. 2013 ACCF/AHA Guideline for the Management of ST-Elevation Myocardial Infarction: A Report of the American College of Cardiology Foundation/American Heart Association Task Force on Practice Guidelines. Circulation. 2013;127:e362-e425.
3. Rotinas nas síndromes isquêmicas miocárdicas instáveis do Instituto do Coração da Faculdade de Medicina da USP. Versão 2012/2013.
4. Nicolau JC, Timerman A, Marin-Neto JA, Piegas LS, Barbosa CJDG, Franci A, Sociedade Brasileira de Cardiologia. Diretrizes da Sociedade Brasileira de Cardiologia sobre angina instável e infarto agudo do miocárdio sem supradesnível do segmento ST. Arq Bras Cardiol. 2014;102(3Supl.1):1-61.
5. Serrano Jr CV, Fenelon G, Soeiro AM, Nicolau JC, Piegas LS, Montenegro ST, et al. Sociedade Brasileira de Cardiologia. Diretrizes brasileiras de antiagregantes plaquetários e anticoagulantes em cardiologia. Arq Bras Cardiol. 2013;101(3supl.3):1-93.

114

Choque cardiogênico pós-infarto do miocárdio

Aline Gehlen Ferrari
Felipe Gallego Lima

Introdução

Choque cardiogênico (CC) refere-se ao estado de hipoperfusão orgânica em decorrência da incapacidade do músculo cardíaco fornecer débito adequado às necessidades metabólicas do organismo.

Infarto agudo do miocárdio (IAM) é responsável por até 75% dos casos de CC.

Incidência de 2,5 a 8% em pacientes com IAM:

- 5 a 8% dos pacientes com IAM com supradesnivelamento do segmento ST (IAMCSST).
- Em até 3% daqueles com IAM sem supradesnivelamento do segmento ST (IAMSSST).

Causas de choque cardiogênico pós-IAM

Falência de ventrículo esquerdo (VE) – 78%

- Infarto agudo do miocárdio (IAM) extenso (parede anterior)
- IAM de pequena ou moderada extensão, mas com disfunção de ventrículo esquerdo (VE) prévia

Complicações mecânicas – 12%

- Insuficiência mitral (isquemia ou rotura de músculo papilar)
- Ruptura de septo interventricular
- Ruptura de parede livre
- Tamponamento cardíaco

Disfunção de ventrículo direito (VD) – isolado em 2,8%

Fisiopatologia

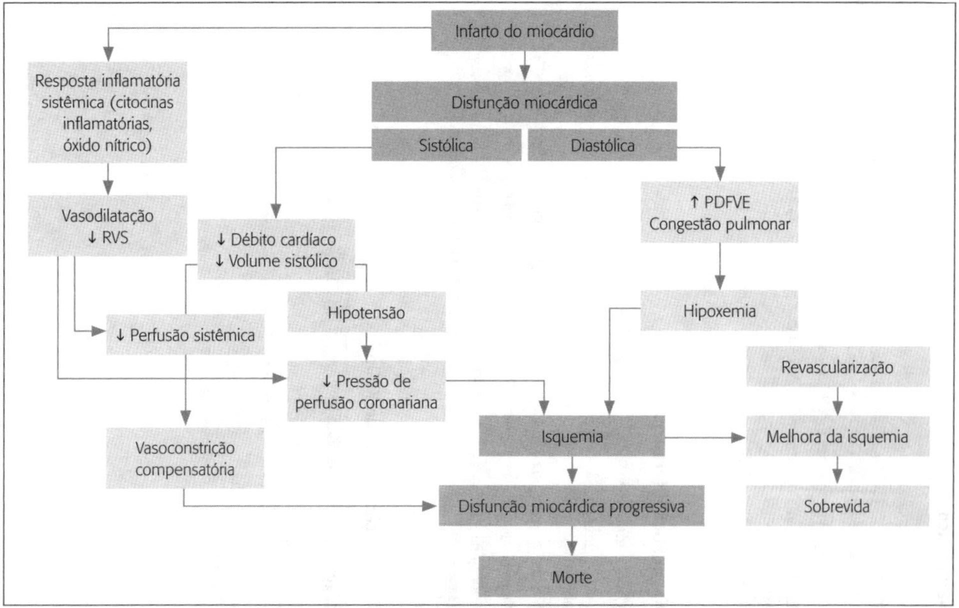

Figura 1 Círculo vicioso do choque cardiogênico pós-IAM. Observa-se isquemia gerando disfunção e disfunção gerando isquemia, além da influência da resposta inflamatória sistêmica no choque. A revascularização pode cessar a isquemia, impedindo a disfunção miocárdica progressiva. RVS: resistência vascular sistêmica; PDFVE: pressão diastólica final do ventrículo esquerdo.

Diagnóstico

Pressão arterial sistêmica abaixo de 90 mmHg por pelo menos 30 minutos.
Sinais de hipoperfusão sistêmica como oligúria, alteração do sensório, extremidades frias e/ou mal perfundidas.
POAP $>$15-18 mmHg e IC $<$ 2,2 L/min.
Ecocardiograma demonstrando disfunção ventricular e aumento das pressões de enchimento.
Evidência de infarto agudo do miocárdio.

POAP: pressão de oclusão da artéria pulmonar; IC: índice cardíaco.

Diagnóstico diferencial

Choque séptico	Tromboembolismo pulmonar maciço
IAM decorrente de dissecção aguda de aorta	Tamponamento cardíaco de outras causas
Miopericardite aguda	Choque hemorrágico
Doença valvar	Hipovolemia
Endocardite infecciosa (sepse e/ou disfunção valvar)	Cardiomiopatia de outras etiologias (hipertrófica, Takotsubo)

IAM: infarto agudo do miocárdio.

Classificação clínica de Killip

Classe	Perfil clínico
I	Sem congestão
II	Presença de B3, estertores crepitantes basais
III	Edema agudo de pulmão
IV	Choque cardiogênico

Classificação hemodinâmica de Forrester

Índice cardíaco (L/min/m²)	Pressão capilar pulmonar (mmHg)	
	< 18	> 18
> 2,2	**Forrester I** (normal: sem congestão ou hipoperfusão)	**Forrester II** (congestão pulmonar sem hipoperfusão)
< 2,2	**Forrester III** (hipoperfusão sem congestão pulmonar; p. ex., disfunção de VD)	**Forrester IV** (congestão pulmonar e hipoperfusão)

Bases do tratamento

Reperfusão coronariana o mais rápido possível.
Otimizar ventilação (O_2 suplementar, ventilação não invasiva, ventilação mecânica invasiva).
Otimizar volemia (POAP 18-20 mmHg e PAD 10-14 mmHg) – diurético de alça ou volume.
Drogas vasoativas: inotrópicos, vasopressores ou vasodilatadores (a depender do caso).
Excluir complicações mecânicas (ecocardiograma e/ou angiografia).
Controle de arritmia: amiodarona, cardioversão elétrica, marca-passo (dependendo da arritmia).
Suporte hemodinâmico mecânico: balão intra-aórtico (BIA), ECMO, assistência ventricular.
Correção de distúrbios hidroeletrolíticos (K > 4,0 mEq/L; Mg > 2,0 mg/dL).
Controle de glicemia (< 180 mg/dL).
Considerar monitorização invasiva de pressão arterial e cateter de artéria pulmonar.

PAD: pressão de átrio direito; ECMO: assistência circulatória com oxigenação por membrana extracorpórea; POAP: pressão de oclusão da artéria pulmonar.

Choque cardiogênico por disfunção de VD (comparação com disfunção de VE)

Pacientes mais jovens e com menor incidência de IAM prévio.

Clínica: hipotensão, sinais de IC direita; pode ter sopro de insuficiência tricúspide; sinal de Kussmaul e pulso paradoxal em disfunção mais grave.

Infarto inferior ou posterior. Lesão culpada: em geral na artéria coronária direita.

50% dos pacientes com infarto inferior apresentam comprometimento de ventrículo direito (VD) ao ecocardiograma, mas menos de 25% apresentam comprometimento hemodinâmico.

IC menor, POAP menor, RVS maior (Forrester III). Pressão de átrio direito >10 mmHg.

Maior incidência de arritmias – por efeito da isquemia no nó AV e maior reflexo cardioinibitório (Bezold-Jarisch).

Manejo (além da reperfusão): expansão volêmica em pacientes sem sinais de congestão pulmonar e com PVC < 15 mmHg (melhorar a pré-carga: infusão inicial de 300-600 mL de soro fisiológico/ringer lactato; a seguir infundir alíquotas de 250 mL), controle das arritmias, inotrópicos se comprometimento hemodinâmico persistente, considerar suporte circulatório mecânico (BIA ou dispositivos de assistência ventricular direita).

Desfechos semelhantes ao choque por disfunção de VE

AV: atrioventricular; BIA: balão intra-aórtico; PVC: pressão venosa central; RVS: resistência vascular sistêmica; VD: ventrículo direito; VE: ventrículo esquerdo.

Drogas vasoativas

Inotrópicos são essenciais, porém, deve-se atentar para aumento da frequência cardíaca e aumento da demanda de oxigênio pelo miocárdio, aumentando isquemia e risco de arritmias.

Vasopressores podem ser necessários em pacientes muito hipotensos e naqueles com padrão de choque de características inflamatórias associadas, assim como no acometimento de ventrículo direito (VD).

Não há evidência robusta de superioridade de uma droga em relação à outra.

Vasodilatadores devem ser usados naqueles pacientes com pressão arterial adequada em uso de inotrópico, mas ainda com sinais de baixo débito.

Droga	Dose (mcg/kg/min)	Observação
Dobutamina (efeito β1 > β2 > α)	2-20 mcg/kg/min	Tem sido o inotrópico de escolha
Noradrenalina (efeito β1 > α > b2)	0,01-2 mcg/kg/min (dose máxima variável na literatura)	Tem sido utilizada como vasopressor de escolha
Dopamina (efeito β; α em altas doses)	5-10 mcg/kg/min (inotrópico) 10-20 mcg/kg/min (efeito vasopressor adicional)	Preferencialmente até 10 mcg/kg/min (doses acima desta têm maior potencial para induzir arritmia)
Adrenalina (efeito β1 = β2 > α)	0,01-0,02 (vasodilatador) > 0,02 mcg/kg/min (inotrópico e vasoconstritor) máximo: 0,3 mcg/kg/min	Ainda pouco estudada no IAM. Vantagem teórica de maior ação inotrópica em relação à norepinefrina
Vasopressina	0,01-0,04 (U/min)	Pode ser usada em choque refratário e com resposta inflamatória exacerbada (↓RVS). Parece apenas aumentar a PA, sem influência em IC, POAP, débito urinário no CC pós-IAM. Sem estudos randomizados
Nitroprussiato de sódio (vasodilatador direto arterial e venoso)	0,5-10 mcg/kg/min	Pode ser usado no IAM. Atenção à hipotensão; risco de toxicidade em altas doses e/ou longos períodos
Nitroglicerina (efeito venodilatador predominante)	Dose inicial: 2,5-5 mcg/min Dose máxima: variável	Melhor controle de angina. Atentar para desenvolvimento de tolerância. Efeito colateral mais comum: cefaleia
Levosimendana (sensibilizador de cálcio)	0,1-0,2 mcg/kg/min	Poucas evidências. Pode ser usada, porém, não se mostrou superior à dobutamina no CC pós-IAM
Milrinona (inibidor da fosfodiesterase III)	Contraindicada na fase aguda do IAM	

CC: choque cardiogênico; IAM: infarto agudo do miocárdio; PA: pressão arterial; POAP: pressão de oclusão da artéria pulmonar; RVS: resistência vascular sistêmica.

Instabilidade hemodinâmica pós-IAM

Medidas iniciais
- Monitorização imediata em sala de emergência ou UCO/UTI
- Otimização da ventilação (oxigênio suplementar, suporte ventilatório não invasivo ou invasivo)
- Acesso venoso periférico e coleta de exames
- Avaliação clínica minuciosa (buscar sinais de hipoperfusão)
- Avaliar sítio de punção arterial (em paciente pós-cateterismo)
- ECG
- Ecocardiograma

Paciente ainda não foi submetido a cateterismo cardíaco ou existe suspeita de novo evento

Presença de arritmia

Complicação mecânica

Presença de sangramento

Falência de VE

Falência de VD

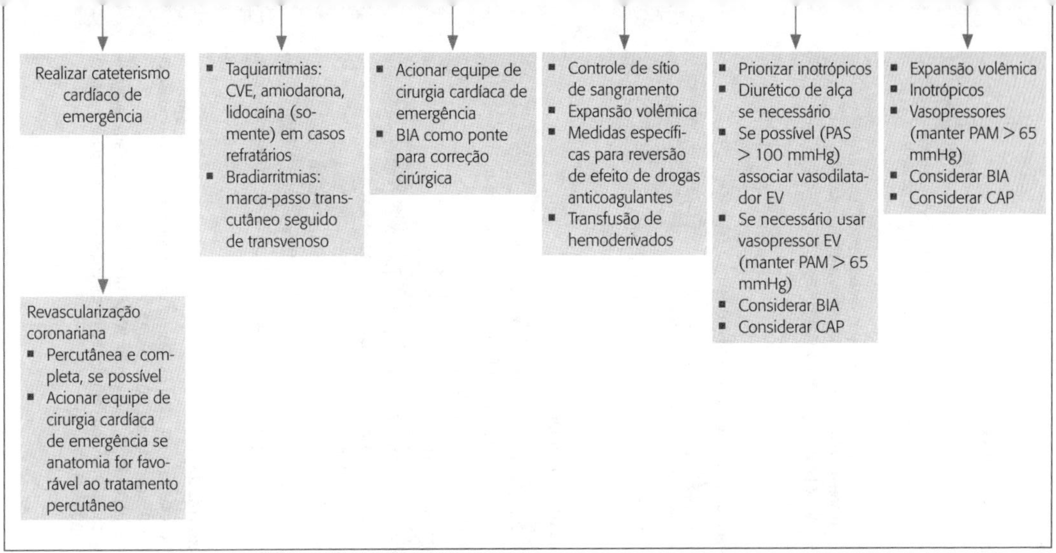

Figura 2 Fluxograma de atendimento do choque cardiogênico pós-IAM no InCor-HCFMUSP. UCO: unidade coronariana; UTI: unidade de terapia intensiva; ECG: eletrocardiograma; CVE: cardioversão elétrica; PAS: pressão arterial sistólica; EV: endovenoso; VE: ventrículo esquerdo; BIA: balão intra-aórtico; CAP: cateter de artéria pulmonar; PAM: pressão arterial média; VD: ventrículo direito.

Suporte circulatório mecânico

Balão intra-aórtico (BIA)	Sem evidência de benefício na mortalidade, porém, proporciona melhora dos parâmetros hemodinâmicos. Indicação bem estabelecida em complicação mecânica, como ponte para correção cirúrgica
Outros dispositivos	Podem ser considerados após revascularização em pacientes que mantêm deterioração hemodinâmica em uso de BIA. Ainda há pouca experiência no Brasil.

Prognóstico

Mortalidade elevada apesar do avanço terapêutico (50-60%).
Maior mortalidade no IAMSSST: pacientes mais idosos, com mais comorbidades e maior incidência de doença arterial coronariana multivascular.
Melhora da sobrevida no longo prazo com a revascularização precoce.

IAMSST: infarto agudo do miocárdio sem supradesnivelamento do segmento ST.

Principais preditores de mortalidade

Clínicos		ECG
Idade	Choque na admissão	BRD ou BRE
Pressão arterial sistólica	IAM não inferior	
Hipoperfusão de órgão alvo	Disfunção renal	
Angiografia coronária		**Ecocardiograma**
Lesão culpada	Tronco de coronária esquerda	FE reduzida
	Enxerto de safena	Insuficiência mitral moderada/importante

BRD: bloqueio de ramo direito; BRE: bloqueio de ramo esquerdo; FE: fração de ejeção; IAM: infarto agudo do miocárdio.

Bibliografia recomendada

1. Soeiro AM, Leal TCAT, Oliveira Jr MT, Filho RK. Manual de condutas práticas da unidade de emergência do InCor. Barueri: Manole, 2015. p. 122-36.
2. Hochman JS, Sleeper LA, Webb JG, Sanborn TA, White HD, Talley D, et al. Early revascularization in acute myocardial infarction complicated by cardiogenic shock. SHOCK Investigators. N Engl J Med. 1999;341:625-34.

3. The PURSUIT Trial Investigators. Inhibition of platelet glycoprotein IIb/IIIa with eptifibatide in patients with acute coronary syndromes. N Engl J Med. 1998;339:436-43.
4. Holmes DR Jr., Berger PB, Hochman JS, Granvger CB, Thompson TD, Califf RM, et al. Cardiogenic shock in patients with acute ischemic syndromes with and without ST-segment elevation. Circulation. 1999;100:2067-73.
5. Hochman JS, Buller CE, Sleeper LA, Boland J, Dzavik V, Sanborn TA, et al. Cardiogenic shock complicating acute myocardial infarction: etiologies, management and outcome: a report from the SHOCK Trial Registry. J Am Coll Cardiol. 2000;36(3 Suppl A):1063-70
6. Thiele H, Ohman EM, Desch S, Eitel I, de Waha S. Management of cardiogenic shock. Eur Heart J. 2015;36(20):1223-30.
7. Hochman J. Cardiogenic shock complicating acute myocardial infarction: expanding the paradigm. Circulation. 2003,107:2998.
8. Windecker S, Kolh P, Alfonso F, Collet JP, Cremer J, Falk V, et al. 2014 ESC/EACTS Guidelines on myocardial revascularization. Eur Heart J Aug. 2014.
9. O'Gara PT, Kushner FG, Ascheim DD, Casey Jr DE, Chung MK, Lemos JA, et al. 2013 ACCF/AHA Guideline for the Management of ST-Elevation Myocardial Infarction: A Report of the American College of Cardiology Foundation/American Heart Association Task Force on Practice Guidelines. J Am Coll Cardiol. 2013;61(4):e78-e140.
10. Jacobs AK, Leopold JA, Bates E, Mendes LA, Sleeper LA, White H, et al. Cardiogenic shock caused by right ventricular infarction: report from the SHOCK registry. J Am Coll Cardiol. 2003;41(8):1273-9.
11. James A. Goldstein. State of the art paper: pathophysiology and management of right heart ischemia. J Am Coll Cardiol. 2002;40(5):841-53.
12. Opie LH, Gersh BJ. Drugs for the heart. 8.ed. Philadelphia: Elsevier Saunders, 2013. p.171-91.
13. Francis GS, Bartos JA, Adatya S. Inotropes. J Am Coll Cardiol. 2014;63(20):2069-78. doi.
14. Unverzagt S, Wachsmuth L, Hirsch K, Thiele H, Buerke M, Haerting J, et al. Inotropic agents and vasodilator strategies for acute myocardial infarction complicated by cardiogenic shock or low cardiac output syndrome. Cochrane Database of Systematic Reviews 2014, Issue 1. Art. No.: CD009669.
15. Felker GM, Benza RL, Chandler AB, Leimberger JD, Cuffe MS, Califf RM, et al. Heart failure etiology and response to milrinone in decompensated heart failure. Results from the OPTIME-CHF study J Am Coll Cardiol. 2003;41(6):997-1003.
16. Thiele H, Zeymer U, Neumann FJ, Hausleiter J, Olbrich HG, Schwarz B, et al. Intra-aortic balloon counterpulsation in acute myocardial infarction complicated by cardiogenic shock (IABP-SHOCK II): final 12 month results of a randomised, open-label trial. Lancet. 2013;382(9905):163845.
17. Rihal CS, Naidu SS, Givertz MM, Szeto WY, Burke, JA, Kapur NK, et al. 2015 SCAI/ACC/HFSA/STS Clinical expert consensus statement on the use of percutaneous mechanical circulatory support devices in cardiovascular care. J Am Coll Cardiol. 2015;65(19):e7-26.
18. Hochman JS, Sleeper LA, Webb JG, Dzavik V, Buller CE, Aylward P, et al. Early revascularization and long-term survival in cardiogenic shock complicating acute myocardial infarction. JAMA. 2006;295:2511-5.

115

Complicações mecânicas pós-infarto agudo do miocárdio

Fernando Ganem

Introdução

- As complicações mecânicas do infarto agudo do miocárdio (IAM) são potenciais causas de choque cardiogênico e de óbito.
- São elas: ruptura do septo interventricular (SIV), insuficiência mitral aguda e ruptura de parede livre de ventrículo esquerdo.
- Nessas situações, o diagnóstico precoce é fundamental. A cirurgia cardíaca de urgência, para reparo da lesão e revascularização miocárdica, quando pertinente, constitui-se na principal terapêutica definitiva.

Ruptura do septo interventricular (SIV)

A irrigação do SIV depende das variações anatômicas. Em sua porção superior se dá por ramos septais da artéria coronária interventricular anterior, enquanto sua porção inferior é irrigada também por ramos das artérias coronária direita e descendente posterior. Assim, a depender do território e da importância de cada vaso, a oclusão em qualquer desses ramos pode levar à ruptura do SIV, que ocorre na região anterosseptal em 60% dos casos, geralmente entre o primeiro e sétimo dia, mas pode surgir em até duas semanas.

Incidência:

- 1-3% (era pré-fibrinolítica).
- 0,2% (pós-fibrinolítico, registro de 41.021 pacientes GUSTO-I).

(continua)

Ruptura do septo interventricular *(continuação)*

Quadro clínico (pode variar de oligossintomático até choque cardiogênico):
- Deterioração hemodinâmica súbita.
- Dispneia.
- Congestão.
- Sinais de insuficiência cardíaca esquerda e direita.
- Hipotensão e choque.
- Sopro "novo" sistólico.

Diagnóstico:
- Eletrocardiograma: persistência de supradesnivelamento de segmento ST após 72 horas pode ocorrer.
- Gasometria venosa central: saturação venosa de oxigênio elevada.
- Radiografia de tórax: congestão pulmonar.
- Ecocardiograma:
  - Bidimensional com Doppler (boa sensibilidade).
  - Transesofágico (pode definir melhor a lesão anatômica).
  - Catéter de Swan-Ganz.
  - Confirmar *shunt* esquerda-direita.
  - Ondas V gigantes de pressão capilar pulmonar.
  - Cineangiocoronariografia e ventriculografia.

Manejo:
- Clínico (medidas para congestão e choque cardiogênico):
  - Nitroglicerina ou nitroprussiato (quando pressão arterial permitir).
  - Diurético.
  - Dobutamina.
  - Balão intra-aórtico.
  - Suporte ventilatório não invasivo ou invasivo, se necessário.
- Cirúrgico: terapêutica de escolha nos casos com choque cardiogênico.

As evidências da literatura se baseiam em registros de séries com populações que não ultrapassam centenas de casos. Entretanto, o tratamento cirúrgico precoce está indicado nos pacientes com choque cardiogênico instalado. No GUSTO-I *trial*, 84 pacientes (0,2%) apresentaram ruptura de SIV e o tratamento cirúrgico foi indicado a 40% destes, com sobrevida de 30 dias e um ano muito superior neste grupo, quando comparado ao grupo submetido a tratamento clínico. O tratamento cirúrgico pode ser retardado nos casos sem choque; nos idosos com risco proibitivo e pequena área de infarto, com pequena comunicação interventricular; e em pacientes estáveis. O procedimento combinado de revascularização, quando houver evidência de viabilidade miocárdica, melhora a sobrevida, devendo ser realizado.

Insuficiência mitral aguda (IM)

A insuficiência mitral (IM) pode ser decorrente de disfunção isquêmica, dilatação de anel ou ruptura de músculo papilar. A apresentação clínica vai desde quadros silenciosos até choque, edema agudo e óbito. A ruptura do músculo papilar posteromedial (irrigado pela descendente posterior) é de 6 a 12 vezes mais frequente que a do anterolateral (irrigado pela interventricular anterior e circunflexa).

Na IM grave, a mortalidade chega a 50% nas primeiras 24 horas e 90% em uma semana, se não tratada cirurgicamente.

No estudo *SHOCK trial*, de 169 pacientes com choque cardiogênico que realizaram ecocardiograma, 39% apresentaram IM moderada a importante.

Quadro clínico (pode variar de oligossintomático até choque cardiogênico):
- Deterioração hemodinâmica súbita.
- Dispneia.
- Congestão.
- Sinais de insuficiência cardíaca esquerda e direita.
- Hipotensão e choque.
- Sopro sistólico: intensidade do sopro não reflete obrigatoriamente a gravidade da insuficiência.

Diagnóstico:
- Radiografia de tórax: congestão pulmonar.
- Ecocardiograma:
    - Bidimensional com Doppler (boa sensibilidade).
    - Transesofágico (pode definir melhor a lesão anatômica).
- Cineangiocoronariografia e ventriculografia.

Manejo
- Clínico (medidas para congestão e choque cardiogênico):
    - Nitroglicerina ou nitroprussiato (quando pressão arterial permitir).
    - Diurético.
    - Dobutamina.
    - Balão intra-aórtico.
    - Suporte ventilatório não invasivo ou invasivo, se necessário.
- Cirúrgico: terapêutica de escolha nos casos com choque cardiogênico.

A revascularização cirúrgica ou por angioplastia pode resolver a IM causada por isquemia, sem necessidade de abordagem da valva. Entretanto, o tratamento de escolha para a ruptura de cordoalha é a cirurgia de urgência. Em centros com experiência, deve-se preferir a plastia da valva (quando não houver necrose de músculo) à troca valvar por prótese.

Ruptura de parede livre de ventrículo

- Trata-se da complicação mais grave com potencial risco de óbito. É identificada na maioria das vezes em achados de necrópsia. Ocorre com maior frequência em pacientes submetidos à terapia fibrinolítica do que naqueles tratados com angioplastia primária. Entretanto, são considerados fatores de risco: tamanho do infarto (grandes picos de CKMB), ausência de história prévia de angina ou IAM (falta de circulação colateral), idade maior que 70 anos, sexo feminino, infarto de parede anterior. Muitos desses pacientes apresentam persistência do supradesnivelamento do segmento ST, dor recorrente e sinais de extensão ou expansão.
- A apresentação clínica pode ser desde oligossintomática até sob a forma de choque, dor torácica, tamponamento cardíaco e atividade elétrica sem pulso evoluindo para óbito. A ruptura pode ser aguda (completa) ou subaguda (incompleta). A forma aguda caracteriza-se por sangramento maciço e formas mais graves com tamponamento e óbito. A forma subaguda ocorre com lesões miocárdicas menos extensas, com bloqueio local da lesão por fibrina, coágulo e aderência pericárdica, que acabam por conter o processo, evitando deterioração hemodinâmica catastrófica. A ruptura crônica pode levar à formação de um pseudoaneurisma.
- O diagnóstico se faz por meio do ecocardiograma de urgência assim que detectada a deterioração clínica.
- O manejo clínico consiste em tentar manter a estabilidade hemodinâmica com inotrópico, vasopressores, volume e pericardiocentese de urgência. Entretanto, a cirurgia para drenagem e sutura do ventrículo com pericárdio heterólogo é o tratamento mais eficiente e indicado. Mesmo assim, a mortalidade cirúrgica chega a 75%.

IAM: infarto agudo do miocárdio.

Considerações finais

- A suspeita diagnóstica para complicações mecânicas deve ser considerada sempre que detectada uma instabilidade ou deterioração hemodinâmica súbita no contexto do IAM.
- O suporte clínico com drogas vasoativas é indicado até a decisão do tratamento cirúrgico, que é a terapêutica mais eficaz para diminuir as altas taxas de mortalidade neste cenário.
- A Figura 1 mostra o atendimento de complicações mecânicas pós-IAM do InCor-HCFMUSP.

IAM: infarto agudo do miocárdio.

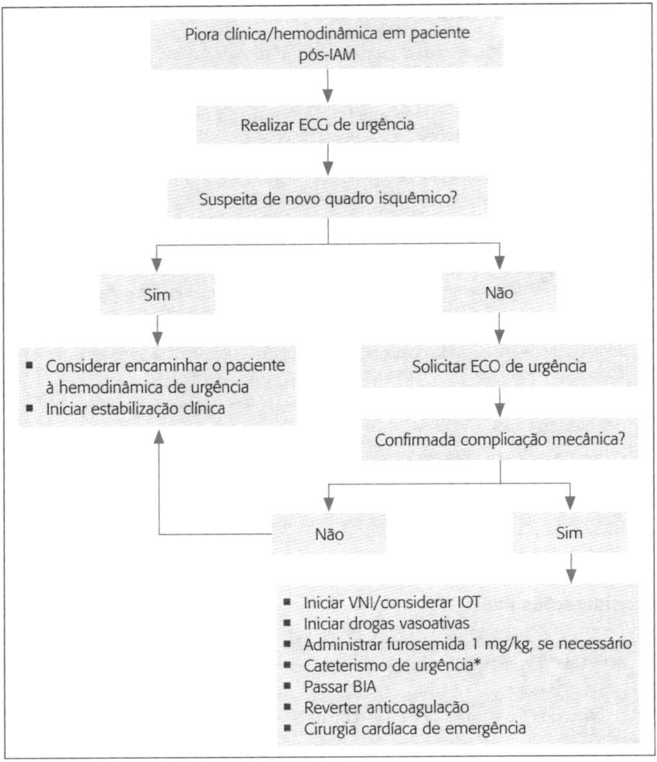

Figura 1 Resumo do atendimento de complicações pós-IAM no InCor-HCFMUSP. BIA: balão intra-aórtico; ECG: eletrocardiograma; ECO: ecocardiograma; IAM: infarto agudo do miocárdio; IOT: intubação orotraqueal; VNI: ventilação não invasiva. * Considerar caso não tenha sido realizado previamente.

Bibliografia recomendada

1. O'Gara PT, Kushner FG, Ascheim DD, Casey DE Jr, Chung MK, de Lemos JA, et al. CF/AHA Task Force. 2013 ACCF/AHA guideline for the management of ST-elevation myocardial infarction: executive summary: a report of the American College of Cardiology Foundation/American Heart Association Task Force on Practice Guidelines.Circulation. 2013;127(4):529-55.
2. Reeder GS. Identification and treatment of complications of myocardial infarction. Mayo Clin Proc. 1995;70:880.
3. Crenshaw BS, Granger CB, Birnbaum Y, Pieper KS, Morris DC, Kleiman NS, et al. Risk factors, angiographic patterns, and outcomes in patients with ventricular septal defect complicating acute myocardial infarction. GUSTO-I (Global Utilization of Streptokinase and TPA for Occluded Coronary Arteries) Trial Investigators. Circulation. 2000;101:27.
4. Vargas-Barrón J, Molina-Carrión M, Romero-Cárdenas A, Roldán FJ, Medrano GA, Avila-Casado C, et al. Risk factors, echocardiographic patterns, and outcomes in patients with acute ventricular septal rupture during myocardial infarction. Am J Cardiol. 2005;95:1153.
5. Piegas LS, Feitosa G, Mattos LA, Nicolau JC, Rossi Neto JM, Timerman A, et al. Sociedade Brasileira de Cardiologia. Diretriz da Sociedade Brasileira de Cardiologia sobre tratamento do infarto agudo do miocárdio com supradesnível do segmento ST. Arq Bras Cardiol. 2009;93(6 supl.2):e179-264.
6. Hochman, et al. Early revascularization in acute myocardial infarction complicated by cardiogenic shock. NEJM. 1999;341:625-34
7. Tcheng JE, Jackman JD Jr, Nelson CL, et al. Outcome of patients sustaining acute ischemic mitral regurgitation during myocardial infarction. Ann Intern Med. 1992;117:18.
8. Levine RA, Schwammenthal E. Ischemic mitral regurgitation on the threshold of a solution: from paradoxes to unifying concepts. Circulation. 2005;112:745.
9. Becker RC, Gore JM, Lambrew C, Weaver WD, Rubison RM, French WJ, et al. A composite view of cardiac rupture in the United States National Registry of Myocardial Infarction. J Am Coll Cardiol. 1996;27(6):1321-6.
10. Honan MB, Harrell FE, Jr., Reimer KA, Califf RM, Mark DB, Pryor DB, et al. Cardiac rupture, mortality and the timing of thrombolytic therapy: a metaanalysis. J Am Coll Cardiol. 1990; 16(2):359-67.
11. Becker RC, Hochman JS, Cannon CP, et al. Fatal cardiac rupture among patients treated with thrombolytic agents and adjunctive thrombin antagonists: observations from the Thrombolysis and Thrombin Inhibition in Myocardial Infarction 9 Study. J Am Coll Cardiol. 1999;33:479.
12. Becker RC, Charlesworth A, Wilcox RG, et al. Cardiac rupture associated with thrombolytic therapy: impact of time to treatment in the Late Assessment of Thrombolytic Efficacy (LATE) study. J Am Coll Cardiol. 1995;25:1063.

116

Manejo de arritmias ventriculares pós-infarto agudo do miocárdio

Marco Antonio Scanavini Filho
Felipe Gallego Lima

Introdução

- As arritmias ventriculares relacionadas ao infarto agudo do miocárdio (IAM) podem ser classificadas temporalmente nas primeiras 48 horas e após 48 horas do IAM, indicando gênese, tratamento e prognósticos diferenciados.
- A imensa maioria dos episódios de fibrilação ventricular (FV)/taquicardia ventricular (TV) após IAM ocorre nas primeiras 48 horas.
- É a principal causa de morte extra-hospitalar no IAM. Evento súbito que, muitas vezes, impede que o paciente receba o primeiro atendimento médico.
- Importantes fatores que contribuem para as arritmias são: tônus adrenérgico aumentado, hipocalemia, hipomagnesemia, acidose, liberação de ácidos graxos e radicais livres.
- A associação de betabloqueadores, quando não há contraindicação, deve ser considerada protetora.

Arritmias ventriculares nas primeiras 48 horas do IAM (precoce ou primária)

Arritmias de baixa complexidade
Extrassístoles ventriculares (EEVV) ▪ Não existe relação entre a presença de EEVV e de FV. ▪ A supressão das EEVV com antiarrítmicos não é necessária, e seu uso pode acarretar eventos bradicárdicos fatais e assistolia. ▪ O tratamento consiste em corrigir isquemia miocárdica, distúrbios eletrolíticos e metabólicos.
Ritmo idioventricular acelerado (RIVA) ▪ Presente em até 20% dos pacientes com IAM com supradesnivelamento do segmento ST (IAMCSST). É mais frequente nas primeiras 48 horas. ▪ Igual frequência no IAMCSST anterior e inferior. ▪ Frequência cardíaca entre 40 e 100 bpm. ▪ Costuma aparecer logo após a reperfusão miocárdica, sendo autolimitada. ▪ Não afeta o prognóstico e não necessita de tratamento específico.
Taquicardia ventricular não sustentada (TVNS) ▪ Ritmo ventricular repetitivo, com três ou mais batimentos consecutivos, autolimitado, com duração inferior a 30 segundos e frequência cardíaca maior que 100 bpm. ▪ Não aumenta a mortalidade intra-hospitalar e após 1 ano. ▪ Não necessita de tratamento específico, exceto em casos raros de instabilidade clínica, quando deve ser considerada TV instável. ▪ Não sugere predisposição à FV/TV sustentada. ▪ A prevenção consiste em manter níveis de potássio e magnésio adequados.
Arritmias ventriculares complexas – FV/TV sustentada
▪ A imensa maioria dos episódios de FV/TV após IAM ocorre nas primeiras 48 horas. ▪ É a principal causa de morte extra-hospitalar no IAM, o que muitas vezes impede que o paciente receba o primeiro atendimento médico. ▪ Aumenta a mortalidade nas primeiras 24 horas e 4 vezes mais em 30 dias, quando comparada aos pacientes sem FV/TV precoce (< 48 horas). Após a alta hospitalar, apresenta mortalidade semelhante à dos pacientes sem arritmias malignas. ▪ O prognóstico do paciente que apresenta FV/TV primária ou precoce está mais relacionado à função ventricular residual e à isquemia recorrente do que com a arritmia em si. ▪ É primordial a correção do fator precipitante, que é a isquemia miocárdica. ▪ A utilização de antagonistas do sistema renina-angiotensina-aldosterona reduz a incidência de arritmias malignas. ▪ Em FV/TV precoce, a indicação de cardiodesfibriladores implantaveis (CDI) não deve ser considerada.

FV: fibrilação ventricular; IAM: infarto agudo do miocárdio; TV: taquicardia ventricular.

Arritmias ventriculares após 48 horas do IAM (tardia ou secundária)

Arritmias ventriculares complexas – FV/TV sustentada
▪ FV/TV tardia é frequentemente o evento final de um curso progressivo do IAM transmural, disfunção ventricular e choque cardiogênico. Sua gênese inclui cicatrizes e envolvimento da conexina 43 no aparecimento de reentradas. ▪ Está associada a deterioração hemodinâmica e aumento da mortalidade intra-hospitalar e após 1 ano. ▪ Após a reversão para ritmo sinusal, devem ser feitas as medidas para corrigir anormalidades hemodinâmicas, metabólicas e eletrolíticas. ▪ A amiodarona é o antiarrítmico de escolha. ▪ Como prevenção primária e secundária, considerar o implante de CDI nos pacientes com cardiopatia isquêmica crônica, sob tratamento farmacológico otimizado e sem isquemia miocárdica passível de tratamento e fração de ejeção de ventrículo esquerdo $<35\%$. ▪ A ablação da TV por cateter é restrita ao tratamento adjuvante em pacientes portadores de CDI para diminuir a frequência de TV e choques refratários ao uso de antiarrítmicos.

CDI: cardiodesfibrilador implantável; FV: fibrilação ventricular; IAM: infarto agudo do miocárdio; TV: taquicardia ventricular.

Principais medidas adotadas no tratamento de arritmias ventriculares complexas pós-IAM

Procedimento	Classe	Nível de evidência
Tratamento da taquicardia ventricular monomórfica sustentada (TVMS) no IAM		
▪ TVMS associada a hipotensão grave, angina do peito ou insuficiência cardíaca aguda deve ser submetida à cardioversão elétrica sincronizada, com energia de 100 J, seguidos de 200 e 360 J; TV polimórfica sustentada com colapso hemodinâmico deve ser tratada com desfibrilação elétrica não sincronizada, com choque monofásico de 360 J (bifásico de 200 J), podendo ser repetido se necessário ▪ TVMS em vigência de estabilidade hemodinâmica deve ser tratada com: ❑ Amiodarona 150 mg/10 min, repetindo 150 mg a cada 10-15 min, se necessário; dose alternativa 360 mg, em 6 h (1 mg/min), seguidos de 540 mg nas próximas 18 h (0,5 mg/min). A dose total cumulativa, incluindo doses adicionais, não deve ultrapassar 2,2 g em 24 h ❑ Choque monofásico sincronizado, começando com intensidade de 100 J	I	B

(continua)

Principais medidas adotadas no tratamento de arritmias ventriculares complexas pós-IAM *(continuação)*

Procedimento	Classe	Nível de evidência
Tratamento da TV com pulso refratária		
■ Tratamento da isquemia e da hiperatividade adrenérgica com betabloqueadores por via venosa e balão intra-aórtico, devendo-se considerar a angioplastia ou a revascularização miocárdica de urgência	IIa	B
■ Normalização dos níveis de potássio (> 4,0 mEq/L) e de magnésio (> 2,0 mg/dL)	IIa	C
■ Em caso de bradicardia (FC < 60 bpm) ou intervalo QTc longo, a utilização de marca-passo temporário deve ser considerada	IIa	C
■ Uso de intervenção invasiva em casos de TVMS repetitiva ou incessante, como revascularização de urgência, ablação por radiofrequência, ablação química ou uso de dispositivos de suporte circulatório	IIb	C
■ Tratamento de extrassístoles ventriculares isoladas e ritmo idioventricular acelerado	III	A
Tratamento da FV/TV sem pulso no IAM		
■ FV ou TV sem pulso deve ser tratada com choque monofásico não sincronizado, com carga de 360 J (monofásico) ou 200 J (bifásico); em caso de insucesso, devem ser aplicados novos choques na mesma dose, se necessário	I	B
■ Quando refratário aos choques, o tratamento da FV ou TV sem pulso pode ser realizado com amiodarona venosa (300 mg, em *bolus*) seguida de choque não sincronizado. Uma dose extra de 150 mg de amiodarona poderá ser feita se FV/TV refratária	IIa	C
■ Deve ser considerada a correção de distúrbios eletrolíticos e acidobásicos (potássio > 4,0 mEq/L e magnésio > 2,0 mg/dL) para a prevenção de recorrências de FV	IIa	C
■ Profilaxia primária da FV com lidocaína	III	C

FC: frequência cardíaca; FV: fibrilação ventricular; IAM: infarto agudo do miocárdio; TV: taquicardia ventricular.

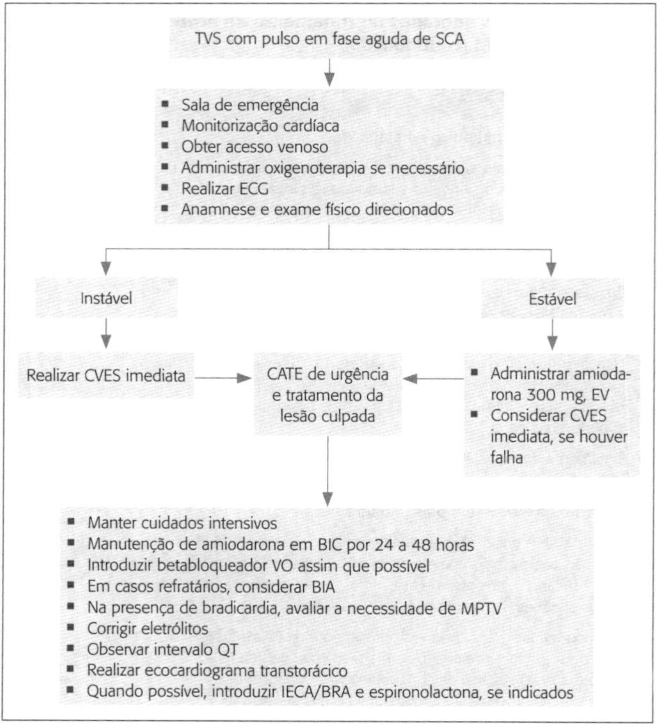

Figura 1 Fluxograma de abordagem de arritmias complexas com pulso em fase aguda de IAM. BIA: balão intra-aórtico; BIC: bomba de infusão contínua; BRA: bloqueadores dos receptores de angiotensina; CATE: cateterismo cardíaco; CVES: cardioversão elétrica sincronizada; ECG: eletrocardiograma; EV: endovenoso; IECA: inibidores de enzima conversora da angiotensina; MPTV: marca-passo transvenoso; SCA: síndrome coronária aguda; TVS: taquicardia ventricular sustentada; VO: via oral.

Bibliografia recomendada

1. Al-Khatib SM, Stebbins AL, Califf RM, Lee RM, Topol EJ, et al. Sustained ventricular arrhythmias and mortality among patients with acute myocardial infarction: Results from the GUSTO-III Trial. AHJ. 2003;145(3):515-21.
2. Askari AT, Shishehbor MH, Kaminski MA, et al. on behalf of the GUSTO-V Investigators. The association between early ventricular arrhythmias, renin-angiotensin-aldosterone system antagonism, and mortality in patients with ST-segment-elevation myocardial infarction: Insights from global use of strategies to open coronary arteries (GUSTO) V. AHJ. 2009;158(2):238-43.
3. Bonow RO, Mann DL, Zipes DP, Libby P, Braunwald E. Braunwald's heart disease: a textbook of cardiovascular medicine. 9.ed. Philadelphia: Saunders; 2012.
4. O'gara PT, Kushner FG, Ascheim DD, Casey DE Jr, Chung MK, de Lemos JA, et al. 2013 ACCF/AHA guideline for the management of ST-elevation Myocardial Infarction: a report of the American College of Cardiology Foundation/American Heart Association Task Force on Practice Guidelines. J Am Coll Cardiol. 2013;61:e78-140.
5. Piegas LS, Feitosa G, Mattos LA, Nicolau JC, Rossi Neto JM, et al. Sociedade Brasileira de Cardiologia. IV diretriz da Sociedade Brasileira de Cardiologia sobre tratamento do infarto agudo do miocárdio com supradesnível do segmento ST. Arq Bras Cardiol. 2009;93(6 supl.2):e179-e264.
6. Steg G, James SK, Atar D, Badano LP, Blomstrom-Lundqvist C, Borger MA, et al. ESC Guidelines for the management of acute myocardial infarction in patients presenting wit ST-segment elevation. The Task Force on the Management of ST-Segment elevation acute myocardial infarction of the European Society of Cardiology (ESC). European Heart J. 2012;33:2569-619.
7. Soeiro AM, Leal TCAT, Oliveira Jr MT, Kalil Filho R (eds.). Manual de condutas práticas da unidade de emergência do InCor. Barueri: Manole; 2015. p. 149-59.

117

Indicação e manejo de balão intra-aórtico e suporte cardiocirculatório

Fernando Reis Menezes
Remo Holanda de Mendonça Furtado
Luciano Moreira Baracioli

Introdução

- Apesar de todos os avanços tecnológicos na cardiologia, o choque cardiogênico pós-infarto agudo do miocárdio (IAM) ainda permanece um desafio.
- Sua taxa de mortalidade continua ao redor de 50%.
- Há mais de 10 anos sabe-se que a reperfusão precoce da artéria coronária culpada resulta em declínio significativo de mortalidade, como observado nos principais estudos (Figura 1).
- A falha da terapia farmacológica em manter perfusão tissular adequada levou ao desenvolvimento de dispositivos de assistência ventricular (DAV) esquerda (Figura 2). Tais DAV são:
  - Balão intra-aórtico (BIA).
  - Bomba de fluxo centrífuga com bomba de fluxo axial (Impella®).
  - Bomba centrífuga que aspira sangue do átrio esquerdo e bombeia por fluxo contínuo para artéria ilíaca (TamdemHeart™).
  - Membranas de oxigenação extracorpórea venoarterial (ECMO).
- Esses DAV diferem em efeitos hemodinâmicos, inserção, monitoramento e aplicabilidade, sendo seu uso dependente da situação clínica em questão.
- Apesar da ausência de evidências robustas, o BIA ainda é o DAV mais utilizado em razão de sua ampla disponibilidade, menor custo e fácil implantação.

(continua)

Introdução *(continuação)*

- Revisão recente sobre assistência circulatória em choque cardiogênico pós-IAM preconiza que o dispositivo de assistência ventricular ideal seria:
  - De rápida e fácil inserção.
  - Capaz de gerar suporte hemodinâmico adequado.
  - Protetor miocárdico.
  - Capaz de apresentar baixo índice de complicações, que muitas vezes suplantam o potencial benefício da terapia.

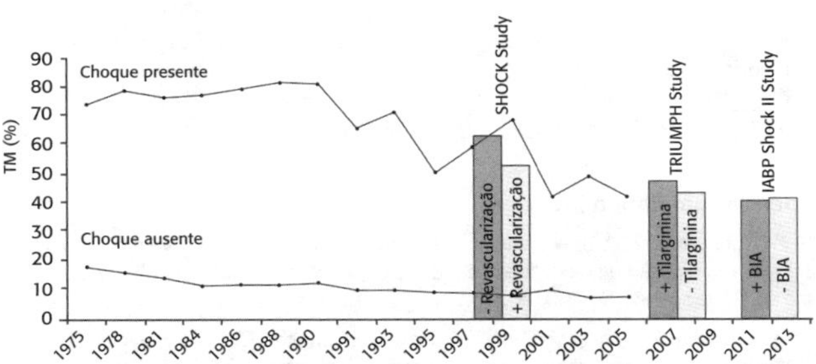

Figura 1 Taxa de mortalidade (TM) hospitalar em pacientes com choque cardiogênico pós-IAM em Worcester, Estados Unidos. Apesar da melhor sobrevida derivada da disseminação de tratamento percutâneo precoce, as taxas mantêm-se em mais de 40%. BIA: balão intra-aórtico.

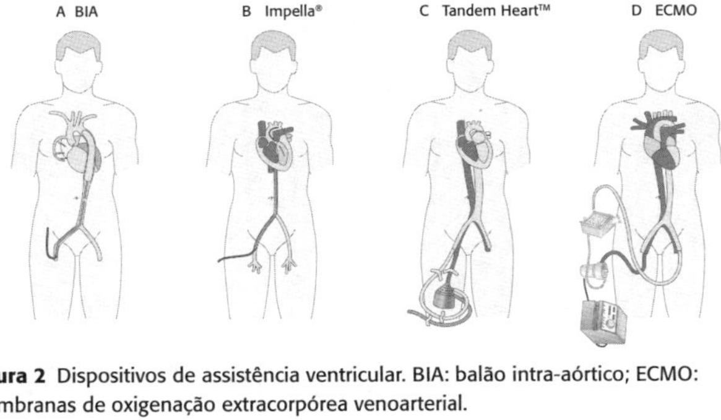

Figura 2 Dispositivos de assistência ventricular. BIA: balão intra-aórtico; ECMO: membranas de oxigenação extracorpórea venoarterial.

Efeitos hemodinâmicos do balão intra-aórtico (BIA) (Figura 3)

Insuflação
▪ O BIA insufla no início da diástole, ocasionando aumento da pressão diastólica inicial e sistêmica, aumentando o aporte tissular de oxigênio e sanguíneo nas coronárias. O ganho diastólico adequado seria acima de 30% da pressão diastólica. Em situações nas quais a pressão diastólica está abaixo de 40 mmHg, o BIA perde o rendimento, sendo necessária a associação de vasopressores e inotrópicos.
Desinsuflação
▪ É importante que o BIA desinsufle no início da sístole, a fim de reduzir rapidamente a pressão na raiz da aorta, antes da contração isovolumétrica ventricular, portanto reduzindo o trabalho cardíaco e o gasto energético. Promove redução da pós-carga, da pressão diastólica final e da pressão capilar pulmonar, resultando em aumento do débito cardíaco e diminuição da demanda de oxigênio para o coração.

Evidência com fibrinolíticos

1997 – Subestudo do Gusto 1: BIA após trombólise em choque cardiogênico pós-IAM demonstrou redução da mortalidade em 30 dias (47% *versus* 60%, p = 0,06) e em um ano (57% *versus* 67%, p = 0,04).
1999 – Subestudo do registro Shock: em pacientes com choque cardiogênico pós--IAM, BIA ocasionou redução expressiva na mortalidade intra-hospitalar (50% *versus* 72%, p < 0,0001), contudo perde significância estatística após ajuste com a variável revascularização miocárdica (p = 0,313).

BIA: balão intra-aórtico; IAM: infarto agudo do miocárdio.

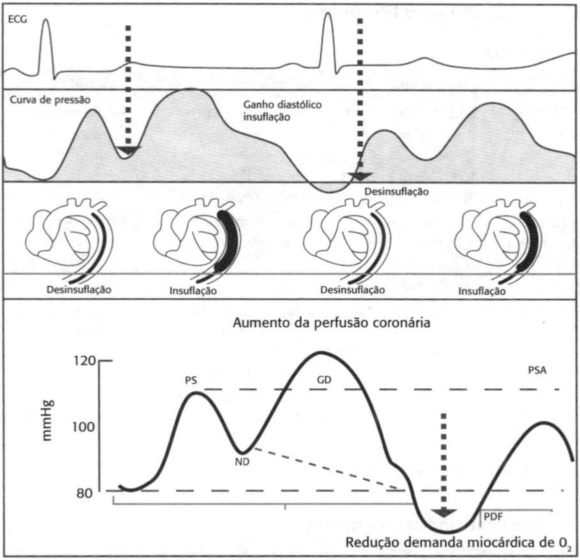

Figura 3 Comparação da curva de pressão e eletrocardiograma. A insuflação ocorre no meio da onda T, e a desinsuflação, após o QRS. Ocorre redução da pressão sistólica e diastólica final com a desinsuflação e incremento da pressão diastólica inicial (ganho diastólico) com a insuflação. GD: ganho diastólico; ND: nó dicrótico; PDF: pressão diastólica final assistida; PS: pressão sistólica desassistida; PSA: pressão sistólica assistida.

Evidências do BIA com fibrinolíticos

BIA – evidências atuais

Estudo	Tipo estudo e N	Desfechos	Resultados
IABP SHOCK (2010)	Estudo prospectivo randomizado com 45 pacientes com CC pós-IAM: BIA *versus* conservador	Primário: escore APACHE II Secundário: índice cardíaco, IL- 6, BNP	Sem diferença estatística em nenhum desfecho
Euro Heart Survey on PCI (2011)	Registro de 47.407 pacientes – 653 com CC, sendo que 25% usaram BIA	Mortalidade intra--hospitalar	BIA 56,9% *versus* sem BIA 36,1%; OR: 1,47; 95% IC 0,97-2,21, p = 0,07
IABP SHOCK II (2012)	Estudo prospectivo randomizado multicêntrico com 600 pacientes	Primário: mortalidade em 30 dias Secundário: níveis de lactato, *clearance* de creatinina, PCR, SAPS II	Primário: BIA 39,7% *versus* controle 41,3%; 95% IC, 0,79-1,17; p = 0,69 Sangramento: BIA 3,3% *versus* controle 4,4%, p = 0,51

BIA: balão intra-aórtico; CC: choque cardiogênico.

Indicações e contraindicações de BIA

Indicações	Contraindicações
Para prevenção em pacientes com indicações FE < 35% e anatomia coronária complexa que serão submetidos à angioplastia	Coagulopatia não controlada
Pós-cirurgia cardíaca	Terapia de destino em pacientes com falência cardíaca terminal sem proposta curativa
Choque cardiogênico com estenose aórtica grave	Dissecção de aorta
Complicações mecânicas pós-IAM: insuficiência mitral aguda, rotura de parede livre, rotura de septo ventricular	Insuficiência aórtica
Choque cardiogênico	Doença vascular periférica
Arritmia ventricular refratária	Sepse não controlada
Angina refratária	
Ponte para transplante cardíaco, dispositivo definitivo ou cirurgia cardíaca	

BIA: balão intra-aórtico; FE: fração de ejeção.

Complicações do BIA

Plaquetopenia	AVE	Rotura do balão com embolia gasosa por gás hélio
Sepse de foco fechado	Pseudoaneurisma	Sangramento; hematoma retroperitoneal
Isquemia do membro	Trombo no sítio	Oclusão de artérias renais (inserção baixa)
Isquemia do tronco braquiocefálico (inserção alta)		Oclusão de carótida (inserção alta)

AVE: acidente vascular encefálico; BIA: balão intra-aórtico.

Outros dispositivos de assistência ventricular (DAV)

DAV	Vantagens/desvantagens	Evidência	Efeitos colaterais
Impella® 2.5	Vantagens: ▪ Fácil e rápida inserção ▪ Menor incidência de complicações ▪ Passado na sala de hemodinâmica durante ATC ▪ Manejo mais simples ▪ Não aumenta pós-carga Desvantagens: ▪ Reduzido ganho na IC ▪ Sem efeito na pré-carga e sem ação pulmonar direta ▪ Não reduziu mortalidade em relação ao BIA	▪ EUROSHOCK – 120 pacientes com CC pós-IAM receberam Impella® 2.5-pL ❑ Mortalidade em 30 dias: 64,2% ❑ Redução do lactato de 5,8 para 2,5 mmol ($p = 0,023$) em 48 h ▪ ISAR-SHOCK: 26 pacientes com CC pós-IAM; comparou Impella® 2.5 com BIA. Após 30 h não houve diferença estatística em níveis de lactato e mortalidade.	▪ Isquemia de membro ▪ Trombose ▪ Hemólise ▪ Estenose mitral funcional ▪ Curto tempo de uso

(continua)

Outros DAV *(continuação)*

DAV	Vantagens/desvantagens	Evidência	Efeitos colaterais
Impella® 5	Vantagens: mesmas vantagens que o 2.5, mas com o dobro de eficácia Desvantagens: as mesmas, porém não existem ainda estudos randomizados	Registro com 100 pacientes com CC pós-IAM, sendo 40% de sobrevida 30 dias após retirada; 63% dos sobreviventes (n = 25) tiveram recuperação miocárdica em 22-25 dias.	O mesmo
Tamdem Heart	Vantagens: ganho hemodinâmico mais evidente em relação ao BIA, redução das pressões de enchimento, redução da pressão capilar pulmonar, aumento do índice cardíaco e pressão sistêmica Desvantagens: incidência de complicações muito alta; difícil inserção	Pacientes randomizados dentro de 24 h após instalação do choque (70% isquêmicos) randomizados para BIA ou TamdemHeart™; foram observados melhores índices hemodinâmicos, sem melhora da sobrevida em 30 dias	▪ Isquemia do membro ▪ Sangramentos ▪ Hematoma pélvico ▪ AVE ▪ Coagulopatia ▪ Sepse ▪ Complexidade na inserção ▪ Dissecção da artéria femoral ▪ Perfuração do átrio esquerdo após punção

(continua)

Outros DAV *(continuação)*

DAV	Vantagens/desvantagens	Evidência	Efeitos colaterais
ECMO	Vantagens: ▪ Redução da pré-carga ▪ Melhor oxigenação ▪ Ganho hemodinâmico considerável ▪ Suporte circulatório em falência cardíaca total Desvantagens: ▪ Aumento da pós-carga e, portanto, menor proteção miocárdica ▪ Mais fácil inserção que TamdemHeart™, mas não como o Impella® ▪ Ausência de estudos randomizados, apenas observacionais e série de casos	▪ Estudo observacional com 115 pacientes admitidos com CC pós-IAM (grupo 1) e 219 pacientes com IAM com supradesnivelamento de ST que desenvolveram CC pós-IAM após admissão (grupo 2) ▪ Fluxo TIMI 3 similar nos dois grupos após angioplastia ▪ ECMO foi alocada apenas para pacientes do grupo 2 ▪ Mortalidade em 30 dias foi menor no grupo 2 ($p < 0{,}04$)	▪ Síndrome arlequim ▪ AVE ▪ Coagulopatia ▪ Sangramentos ▪ SIRS ▪ Insuficiência renal ▪ Sangramento

AVE: acidente vascular encefálico; BIA: balão intra-aórtico; CC: choque cardiogênico; IAM: infarto agudo do miocárdio; IC: insuficiência cardíaca; SIRS: síndrome da resposta inflamatória sistêmica.

Bibliografia recomendada

1. Rihal CS, Naidu SS, Givertz MM. 2015 SCAI/ACC/HFSA/STS Clinical Expert Consensus Statement on the Use of Percutaneous Mechanical Circulatory Support Devices in Cardiovascular Care Endorsed by the American Heart Assocation, the Cardiological Society of India, and Sociedad Latino Americana de Cardiologia Intervencion. Affirmation of Value by the Canadian Association of Interventional Cardiology-Association Canadienne de Cardiologie d'intervention J Am Coll Cardiol. 2015;19:7-26.
2. Werdan K, Gielen S, Ebelt H, Hochman JS, Mechanical circulatory support in cardiogenic shock. Eur Heart J. 2014;35:156-67.
3. Kantrowitz J. The intra-aortic balloon pump: an early chapter in translational medicine. Artificial Organs. 2015;39:457-72.
4. Anderson RD, Ohman EM, Holmes DR, Col I, Stebbins AL, Bates ER, et al. Use of intraaortic balloon counterpulsation in patients presenting with cardiogenic shock: observations from the GUSTO-I Study. J Am Coll Cardiol. 1997;30:708-15.

5. Sanborn TA, Sleeper LA, Bates ER. Impact of thrombolysis, intra-aortic balloon pump counterpulsation, and their combination in cardiogenic shock complicating acute myocardial infarction: a report from the SHOCK Trial Registry. J Am Coll Cardiol. 2000;36:1123-96.
6. Prondzinsky R, Lemm H, Swyter M. Intra-aortic balloon counterpulsation in patients with acute myocardial infarction complicated by cardiogenic shock: the prospective, randomized IABP SHOCK Trial for attenuation of multiorgan dysfunction syndrome. Crit Care Med. 2010;38:152-60.
7. Dziewierz A, Siudak Z, Rakowsk T. Use and impact of intra-aortic balloon pump on mortality in patients with acute myocardial infarction complicated by cardiogenic shock: results of the Euro Heart Survey on PCI Euro Heart Survey PCI registry. Euro Intervention. 2011;7:437-41.
8. Thiele H, Schuler G, Neumann FJ. Intraaortic balloon counterpulsation in acute myocardial infarction complicated by cardiogenic shock: Design and rationale of the Intraaortic Balloon Pump in Cardiogenic Shock II (IABP-SHOCK II) trial. Am Heart J. 2012;163:938-45.
9. Lauten A, Engström AE, Jung CA. Percutaneous left-ventricular support with the Impella-2.5-assist device in acute cardiogenic shock: results of the Impella-EUROSHOCK-registry. Circ Heart Failure. 2013;1:23-30.
10. Raess DH, Weber DM. Impella 2.5. J Cardiovasc Trans Res. 2009;2:168-72.
11. Anderson M, Smedira N, Samuels L. Use of the AB5000TM ventricular assist device in cardiogenic shock after acute myocardial infarction. Ann Thor Surg. 2010;90:706-12.
12. Burkhoff D, Cohen H, Brunckhorst C. A randomized multicenter clinical study to evaluate the safety and efficacy of the TandemHeart percutaneous ventricular assist device versus conventional therapy with intraaortic balloon pumping for treatment of cardiogenic shock. Am Heart J. 2006;152:1-8.
13. Sheu JJ, Tsai TH, Lee FY. Early extracorporeal membrane oxygenator-assisted primary percutaneous coronary intervention improved 30-day clinical outcomes in patients with ST-segment elevation myocardial infarction complicated with profound cardiogenic shock. Crit Care Med. 2010;38:1810-7.

118
Ecocardiograma

Maria Carolina Feres de Almeida Soeiro
Marcelo Luiz Campos Vieira
Wilson Mathias Júnior

Introdução

O ecocardiograma está entre os exames mais solicitados na prática da cardiologia por fornecer inúmeras informações importantes e auxiliar no diagnóstico da maioria das doenças cardiológicas.

O exame é baseado na emissão e recepção das ondas de ultrassom por meio de cristais piezelétricos presentes no transdutor do aparelho.

A técnica Doppler, com base em fenômeno com mesmo nome, permite a avaliação dos fluxos e possui quatro modalidades: Doppler pulsátil (avalia fluxos com velocidades menores), Doppler contínuo (avalia fluxos com velocidades maiores), Doppler colorido (avalia direção e velocidade dos fluxos) e Doppler tecidual (analisa direção e velocidade de movimentação do miocárdio e dos anéis valvares).

Projeções ecocardiográficas

Por meio de quatro janelas principais é possível realizar a avaliação cardíaca em diversos planos de observação: paraesternal, apical, subcostal e supraesternal (Figuras 1 a 6). Tais projeções fornecem informações a respeito da anatomia cardíaca, da contratilidade biventricular, da diástole ventricular e dos fluxos transvalvares.

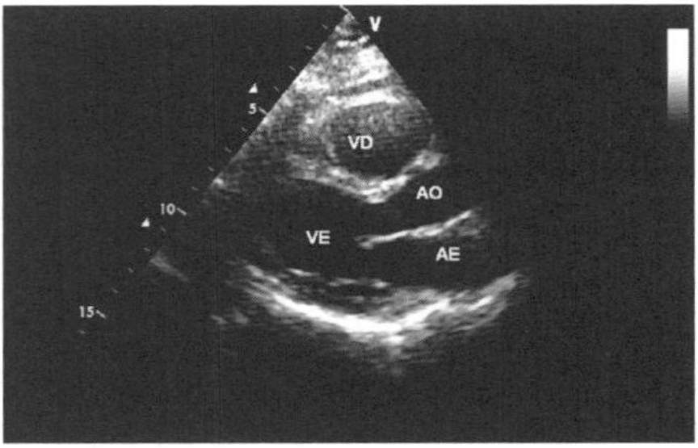

Figura 1 Janela paraesternal longitudinal esquerda, mostrando ventrículo esquerdo (VE), ventrículo direito (VD), aorta (AO) e átrio esquerdo (AE). Janela utilizada para realizar medidas.

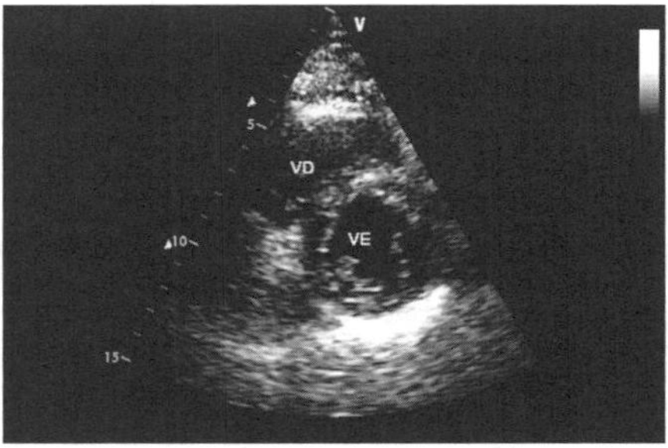

Figura 2 Janela paraesternal transversal, mostrando VE e VD. VD: ventrículo direito; VE: ventrículo esquerdo.

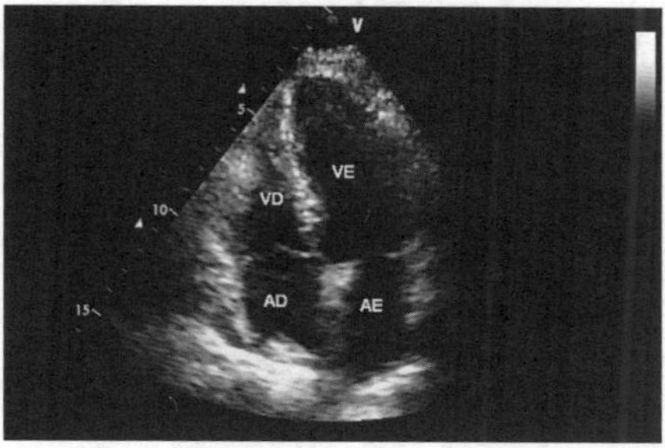

Figura 3 Janela apical de quatro câmaras, mostrando átrio direito (AD), átrio esquerdo (AE), ventrículo esquerdo (VE) e ventrículo direito (VD).

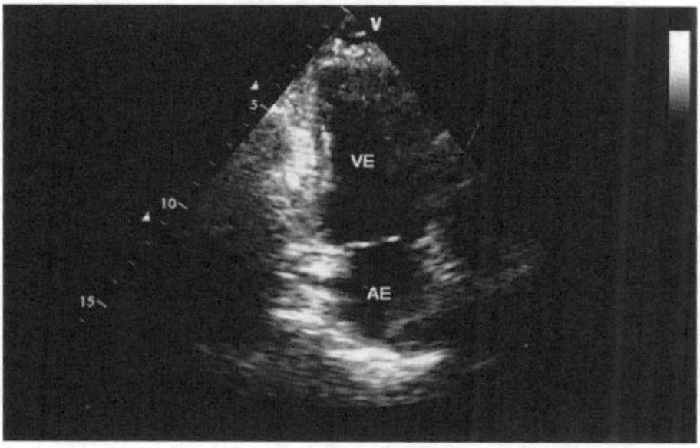

Figura 4 Janela apical de duas câmaras.

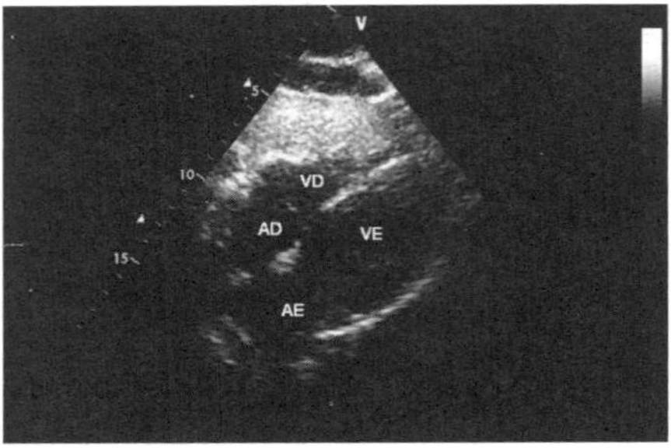

Figura 5 Janela subcostal.

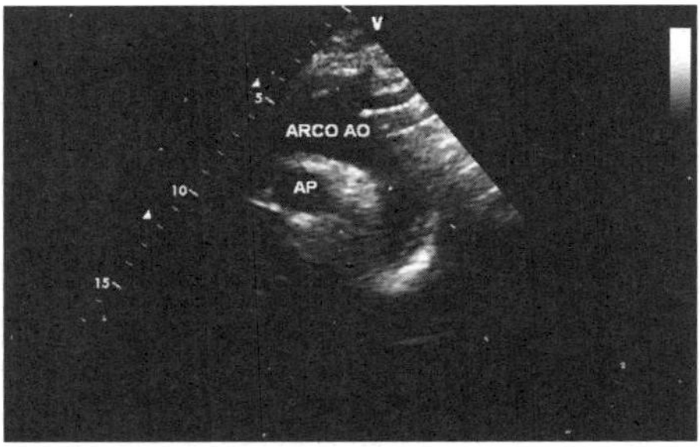

Figura 6 Janela supraesternal, mostrando arco aórtico e artéria pulmonar direita.

Limitações do método

Interposição de ar ou tecidos (enfisema subcutâneo, doença pulmonar obstrutiva crônica, obesidade, prótese mamária, entre outras) limita a janela acústica.
Ventilações mecânicas invasiva e não invasiva também limitam a janela acústica.
Impossibilidade de o paciente manter decúbito lateral.
Sombra acústica ou reverberação em decorrência do alto grau de reflexão ultrassonográfica de próteses valvares.
Proteção inadequada de vias aéreas, dispneia, rebaixamento do nível de consciência ou instabilidade importante limitam o ecocardiograma transesofágico.

Indicações

Ecocardiograma transtorácico

Avaliar a função sistólica e diastólica dos ventrículos	Avaliar e quantificar hipertrofia miocárdica
Avaliar as alterações morfológicas valvares e seus fluxos	Avaliação hemodinâmica em pacientes instáveis
Analisar a contratilidade segmentar	Avaliação de dispneia de origem indeterminada
Estimar as pressões de artéria pulmonar	Acompanhamento pós-transplante cardíaco
Avaliar as doenças da aorta	Avaliação de próteses valvares cardíacas
Avaliar pericárdio, quantificar derrame pericárdio e consequências hemodinâmicas	Identificação de massas e tumores cardíacos

Função sistólica

O ecocardiograma é o método de investigação diagnóstica mais utilizado para análise da função ventricular e esse é um dos dados mais úteis do exame para a prática clínica.
O método de Simpson é o mais acurado e recomendado para estimar a função sistólica, principalmente na presença de alterações da contratilidade segmentar. Com este método, o VE é dividido em cilindros, na sístole e na diástole, e o volume de cada cilindro é utilizado para cálculo da fração de ejeção (FE).
O método de Teichholz calcula volumes diastólico e sistólico para cálculo da FE (FE = volume diastólico final (VDF) – volume sistólico final (VSF)/VDF) por meio dos diâmetros finais sistólico e diastólico, preferencialmente pela janela bidimensional paraesternal longitudinal. Esse método é muito utilizado de rotina por sua praticidade, não devendo, no entanto, ser utilizado em casos com alteração segmentar do ventrículo esquerdo (VE).

(continua)

Função sistólica *(continuação)*

A estimativa visual da fração de ejeção do VE por ecocardiografista experiente mostrou boa correlação com a ventriculografia radioisotópica.

A avaliação da função miocárdica por meio do *strain* global longitudinal (método derivado do *speckle tracking*) é objetivo de diversos estudos atuais e parece ser reprodutível para uso clínico. A avaliação da deformação (*strain*) de cada segmento ventricular pode fornecer informação prognóstica em relação à função contrátil miocárdica em determinadas condições clínicas (p. ex., *strain* reduzido antes da alteração da FE em casos de cardiotoxicidade e padrão característico de deformação encontrado na amiloidose). A limitação do método se deve ao fato dos valores de referência variarem de acordo com a empresa de ecocardiografia empregada para a obtenção das informações.

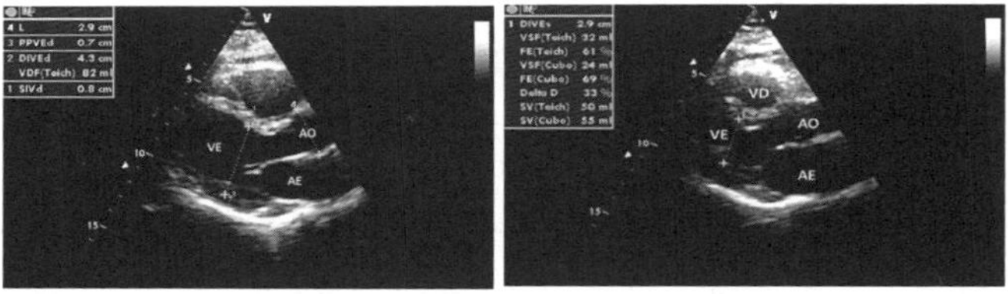

Figura 7 Medidas dos diâmetros diastólico e sistólico do ventrículo esquerdo (VE) para cálculo da fração de ejeção pelo método de Teichholz.

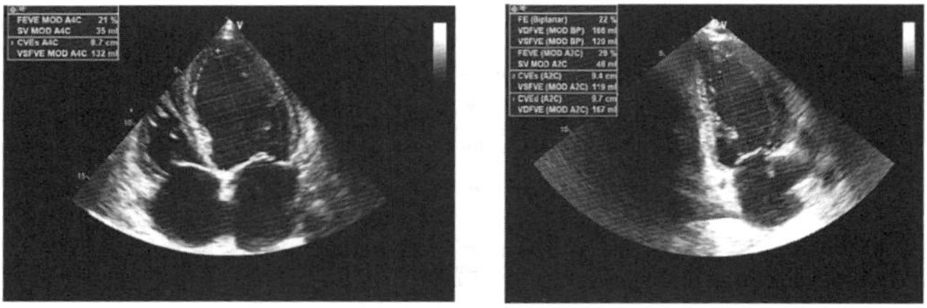

Figura 8 Avaliação da fração de ejeção do ventrículo esquerdo (VE) com o emprego do método de Simpson, nas janelas apicais; quatro e duas câmaras, respectivamente.

Valores atuais da fração de ejeção do ventrículo esquerdo (FEVE) e volume do átrio esquerdo, conforme consenso de 2015 da Sociedade Americana de Ecocardiografia

	Faixa normal	Levemente anormal	Moderadamente anormal	Gravemente anormal
	Homens			
Fração de ejeção do VE (%)	52-72	41-51	30-40	< 30
Máximo volume do AE/SC (mL/m²)	16-34	35-41	42-48	> 48
	Mulheres			
Fração de ejeção do VE (%)	54-74	41-53	30-40	< 30
Máximo volume do AE/SC (mL/m²)	16-34	35-41	42-48	> 48

Função diastólica

A função diastólica é avaliada na janela apical por meio de avaliação do fluxo transvalvar mitral, do fluxo venoso pulmonar, da análise com o método de Doppler tecidual no anel mitral e com a técnica do modo M colorido.
A amostra do Doppler pulsátil é colocada na ponta das cúspides da valva mitral e demonstra os seguintes parâmetros: onda E (enchimento rápido do ventrículo) e onda A (contração atrial). No coração normal, a onda E é maior que a onda A (com relação E/A < 2,0; a relação E/A > 2 pode ser normal em pacientes jovens). Observamos também o tempo de desaceleração da onda E como parâmetro de determinação do grau de disfunção diastólica do venrículo esquerdo (VE).
O Doppler tecidual é posicionado no anel mitral, determinando-se a velocidade de suas ondas e' e a', sendo a onda e' ampla e maior que a onda a' em pessoas com análise normal. O modo M colorido avalia a velocidade de propagação do influxo colorido no VE por meio do modo M (inclinação da curva), sendo > 44 cm/s na função diastólica normal.
O Doppler pulsátil, observado na veia pulmonar superior direita na função diastólica normal, mostra onda sistólica (S) maior que a onda diastólica (D).
O volume do átrio esquerdo > 34 mL/m² tem relação com disfunção diastólica e é um fator preditor de mortalidade, insuficiência cardíaca e acidente vascular isquêmico.

(continua)

Função diastólica *(continuação)*

Alterações na função diastólica estão demonstradas na Figura 9 e podem ser divididas em três estágios: grau I (alteração do relaxamento), grau II (padrão pseudonormal) e grau III (restritivo).

1. Disfunção diastólica discreta (alteração do relaxamento): relação E/A menor que 0,8, tempo de desaceleração da onda E prolongado (> 200 ms), velocidade de E' reduzida.
2. Disfunção diastólica moderada (padrão pseudonormal): relação E/A normal (0,8-1,5), tempo de desaceleração normal, velocidade de E' reduzida, volume do átrio esquerdo > 34 mL/m², fluxo da veia pulmonar com onda S menor que onda D, inclinação maior do influxo ao modo M colorido.
3. Disfunção diastólica importante (padrão restritivo): relação E/A maior que 2, tempo de desaceleração reduzido (< 160 ms), velocidade E' reduzida ao Doppler tecidual.

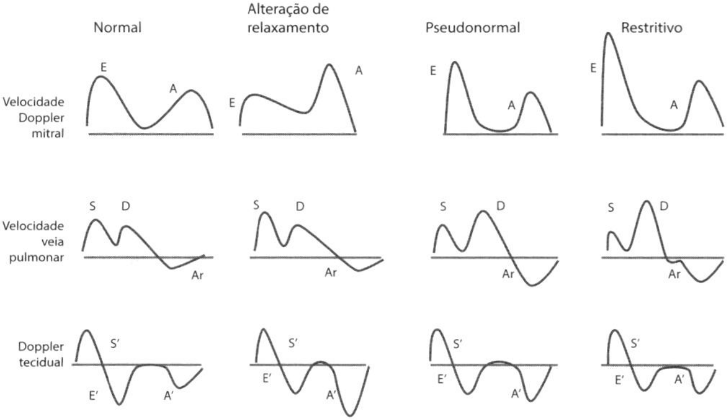

Figura 9 Esquema mostrando alterações conforme estágio da disfunção diastólica.

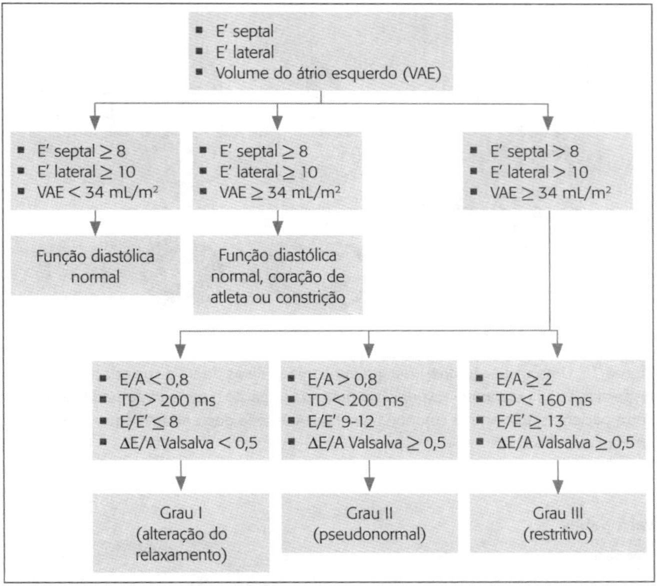

Figura 10 Avaliação ecocardiográfica de disfunção diastólica do ventrículo esquerdo (VE).

Cardiomiopatia isquêmica

A análise da contratilidade segmentar do ventrículo esquerdo (VE), realizada por meio de diversas janelas, permite correlacionar anatomicamente qual é a artéria coronária acometida.

Classificamos as alterações da contratilidade do VE em hipocinesia (diminuição da contração), acinesia (ausência de contração) e discinesia (movimento oposto ao da contração).

O emprego da ecocardiografia permite a estimativa da função ventricular após evento isquêmico, com a vantagem de que pode ser realizado à beira do leito do paciente e auxiliar no manejo clínico e hemodinâmico.

O exame é útil para afastar, à beira do leito, diagnósticos diferenciais de dor torácica como dissecção de aorta, embolia pulmonar, estenose aórtica e doenças do pericárdio.

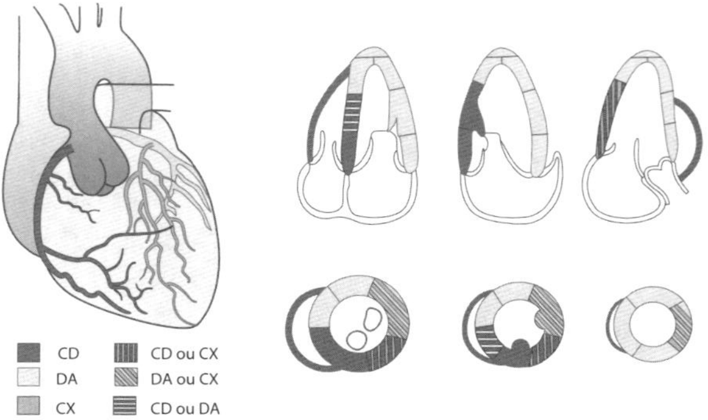

Figura 11 Demonstração dos 17 segmentos miocárdicos do VE e sua relação com a respectiva artéria coronária responsável pela sua irrigação. Esse padrão pode variar entre pacientes. CD: artéria coronária direita; DA: artéria descendente anterior; CX: artéria circunflexa.

Valvopatias

Insuficiência mitral

Diversas etiologias: prolapso, doença reumática, isquêmica, congênita.

Na janela paraesternal longitudinal e transversal é possível analisar morfologicamente a valva mitral, a origem e direção do jato de regurgitação e iniciar sua quantificação. Porém, é na janela apical, principalmente de quatro câmaras, que conseguimos analisar de forma mais completa a extensão do jato e realizar medidas para classificar sua gravidade.

Métodos para quantificação do grau de insuficiência mitral:

- A área do jato regurgitante e sua relação com a área do átrio pode ser realizada na janela apical de quatro câmaras. A extensão do jato até as veias pulmonares é critério que sugere insuficiência importante.

O método PISA (área de isovelocidade proximal) permite calcular a área do orifício regurgitante (AOR), graduando de forma mais precisa a insuficiência mitral (IM).

Fórmula para cálculo da AOR:

$$\text{AOR (cm}^2\text{)} = \frac{2\pi r^2 \times \text{velocidade de } \textit{aliasing} \text{ (cm/s)}}{\text{Velocidade do pico da IM ao Doppler contínuo (cm/s)}}$$

(continua)

Valvopatias *(continuação)*

Outra forma de avaliação, pela *vena contracta*, é a medida da porção mais estreita do jato da insuficiência mitral (observada ao Doppler colorido) próximo ao orifício valvar anatômico. Possui boa correlação com outros métodos, contudo, sua limitação é a presença de mais de um jato regurgitante (jatos múltiplos).

Podemos, ainda, avaliar a intensidade do jato mitral ao Doppler contínuo, observando sinal mais forte e com maior velocidade, conforme o grau da insuficiência, e calcular o volume regurgitante mitral (VR), comparando-o ao volume aórtico (VR = volume mitral – volume aórtico).

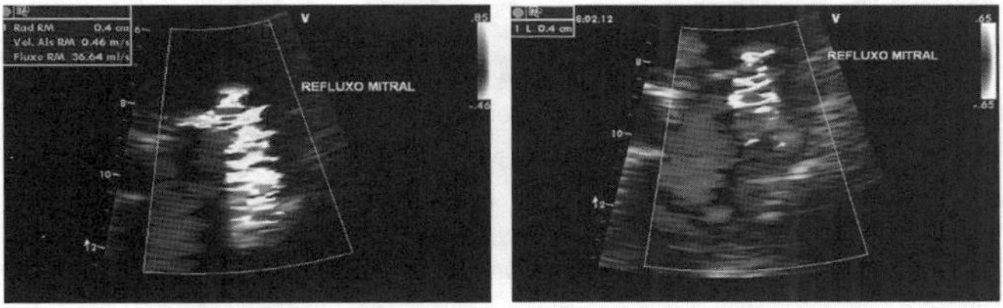

Figura 12 A: Valor do raio da regurgitação mitral e, à direita, valor da velocidade de aliasing (46 cm/s), utilizados para cálculo da AOR. B: Medida da *vena contracta* na insuficiência mitral.

Parâmetros ecocardiográficos de gravidade da insuficiência mitral

Grau	Área do jato/ área do AE	*Vena contracta*	Volume regurgitante	AOR
Discreto	< 20%	< 3 mm	< 30 mL	< 0,20
Moderado	20-39%	3-6,9 mm	30-59 mL	0,20-0,39
Importante	> 40%	> 7 mm	≥ 60 mL	≥ 0,40

Estenose mitral

Causas principais: doença reumática, calcificação do anel mitral e congênita.

Na janela paraesternal longitudinal observa-se a anatomia da valva, o grau de espessamento, o grau de calcificação e a mobilidade. Por exemplo, observa-se a abertura clássica em bastão de *hockey* da cúspide anterior no caso da estenose reumática. Na incidência transversal é possível realizar a medida da área valvar por meio da planimetria valvar e identificar a presença de fusão comissural.

A área valvar também pode ser calculada pelo método do tempo de meia pressão (PHT). Para este cálculo, é realizada análise na janela apical de quatro câmaras, com o emprego do Doppler contínuo, obtendo-se a curva do influxo mitral, na qual medimos o PHT (estimativa da área valvar, a partir do tempo que o gradiente máximo cai pela metade) e os gradientes transvalvares.
Área valvar mitral = 220/PHT.

O escore de Wilkins Block é utilizado para avaliação de pacientes candidatos a valvoplastia com cateter balão. É favorável ao procedimento quando o escore é menor ou igual a 8, sendo o aparelho subvalvar e a calcificação os parâmetros mais importantes na decisão (casos classificados com escore menor que 3 apresentam maior benefício).

Parâmetros ecocardiográficos de gravidade da estenose mitral

Grau	Gradiente médio	Área valvar
Discreto	$\leq$ 5 mmHg	$>$ 1,5 cm^2
Moderado	5-9 mmHg	1,0-1,4 cm^2
Importante	$\geq$ 10 mmHg	$<$ 1,0 cm^2

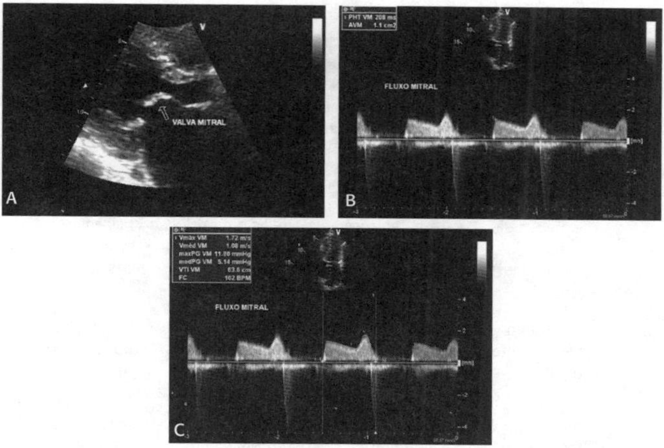

Figura 13 Paciente portador de estenose mitral de etiologia reumática. A: Abertura em bastão de *hockey* da cúspide anterior de valva mitral reumática. B: Estimativa da área valvar pelo método PHT utilizando espectro do influxo mitral ao Doppler contínuo. C: Medida dos gradientes diastólicos AE-VE máximo e médio.

Escore de Wilkins-Block

Escore	Mobilidade das cúspides	Espessamento das cúspides	Espessamento subvalvar	Calcificação
1	Alta mobilidade	Espessura quase normal (4-5 mm)	Espessamento mínimo na porção abaixo das cúspides	Única área ecodensa
2	Porções basais e médias das cúspides com mobilidade normal	Espessamento das extremidades (5-8 mm)	Espessamento do terço proximal das cordas	Áreas brilhantes nas extremidades das cúspides
3	Valva se move para a frente na diastóle	Espessamento de toda a cúspide (5-8 mm)	Espessamento até o terço distal das cordas	Brilho até a porção média das cúspides
4	Nenhum ou mínimo movimento	Espessamento de toda a cúspide (> 8 mm)	Espessamento importante e encurtamento	Brilho intenso na maior parte do tecido valvar

Insuficiência aórtica

Possíveis etiologias: doença reumática, congênita (p. ex., bivalvular), doenças da aorta, prolapso.

A avaliação da insuficiência aórtica deve ser feita por meio de análise de vários parâmetros.
Métodos para quantificação do grau de insuficiência aórtica:
Na janela paraesternal observa-se a relação entre a largura do jato e o tamanho da via de saída e pode-se medir a *vena contracta*.

O fluxo reverso ao Doppler pulsado no arco aórtico na janela supraesternal demonstra insuficiência classificada pelo menos como moderada. O fluxo reverso na aorta abdominal caracteriza insuficiência aórtica de grau importante.

Assim como na insuficiência mitral, é possível medir a *vena contracta*, calcular o volume regurgitante e a área do orifício regurgitante.

O tempo de meia pressão (PHT) avaliado pelo Doppler contínuo na janela apical pode ser utilizado para avaliação da gravidade da insuficiência aórtica. O PHT é a menor medida em que a insuficiência se torna mais grave. Isso é decorrente da equalização mais rápida das pressões.

Parâmetros ecocardiográficos de gravidade da insuficiência aórtica

Grau	PHT	*Vena contracta*	Largura do jato IAO/via de saída	AOR	Volume regurgitante
Discreta	> 500 ms	< 3 mm	< 25%	< 0,1	< 30 mL
Moderada	201-499 ms	3-5,9 mm	25-59%	0,1-0,29	30-59 mL
Importante	< 200 ms	≥ 6 mm	≥ 60%	≥ 0,3	≥ 60 mL

AOR: área do orifício regurgitante; IAO: insuficiência aórtica; PHT: tempo de meia pressão.

Estenose aórtica

Causas: fibrocalcificação degenerativa, doença reumática, congênita.
Na janela paraesternal avalia-se o número de válvulas, o grau de calcificação, a presença de fusão e redução da mobilidade. Observa-se ainda se não há outra causa para aceleração do fluxo, como membrana subaórtica e obstrução dinâmica da via de saída decorrente de hipertrofia septal.
Na janela apical de cinco câmaras, utiliza-se o Doppler contínuo para estimativa dos gradientes sistólicos (máximo e médio) e da velocidade máxima da valva aórtica (V2). Com o emprego do Doppler pulsátil obtém-se a velocidade máxima da via de saída do ventrículo esquerdo (V1). Após a definição das velocidades máximas e VTI, calcula-se a área valvar aórtica por meio da equação de continuidade. Calcula-se também a relação das velocidades.

Parâmetros ecocardiográficos de gravidade da estenose aórtica

Grau	Área valvar	Gradiente médio	Relação V1/V2
Discreto	> 1,5 cm²	< 25 mmHg	> 0,50
Moderado	1,0-1,49 cm²	26-40 mmHg	0,26-0,49
Importante	< 1,0 cm²	> 40 mmHg	< 0,25

Avaliação de volemia

O diâmetro da veia cava inferior (VCI) e sua variação são parâmetros úteis e de fácil execução para identificar pacientes responsivos a expansão volêmica.

Pacientes com doença pulmonar obstrutiva crônica e outras doenças pulmonares podem apresentar maior variação da VCI, limitando a análise nesse grupo. A avaliação de pacientes com disfunção ventricular não está esclarecida, visto que estes pacientes foram excluídos da maioria dos estudos.

Pacientes responsivos à expansão volêmica apresentam variação do diâmetro da VCI superior a 18% ao ecocardiograma transtorácico, e superior a 36% do diâmetro da veia cava superior ao ecocardiograma transesofágico.

Os pacientes idealmente devem estar sedados, sob ventilação mecânica e com baixa pressão positiva expiratória para uso dessas fórmulas.

Índice de distensibilidade da veia cava inferior (VCI)

$$\frac{\text{Diâmetro máximo (insp)} - \text{Diâmetro mínimo (exp)}}{\text{Diâmetro mínimo}}$$

Índice de colapsabilidade da veia cava superior (VCS)

$$\frac{\text{Diâmetro máximo (exp)} - \text{Diâmetro mínimo (insp)}}{\text{Diâmetro máximo (exp)}}$$

Tamponamento cardíaco

O ecocardiograma é o melhor exame para avaliação de derrame pericárdico e avaliação de sua repercussão sobre as câmaras cardíacas.

Podemos observar na Figura 14 os achados que sugerem restrição ao enchimento ventricular em casos com derrame pericárdico importante.

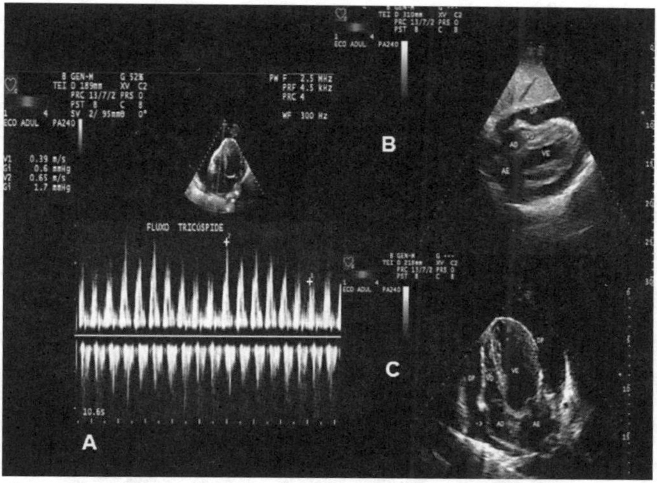

Figura 14 Em A, observa-se variação respiratória do fluxo transvalvar tricúspide (significativo quando > 40% no fluxo tricúspide e 25% no mitral). Em B, observa-se o colapso diastólico do ventrículo direito na janela subcostal. C demonstra o colapso sistólico do átrio direito (com duração maior que um terço da sístole quando significativo).

Ecocardiograma com estresse

A ecocardiografia com estresse possui sensibilidade e especificidade acima de 80% para detecção de obstrução coronária.

Indicações:

- Paciente com sintomas de insuficiência coronariana com teste ergométrico negativo ou duvidoso ou com alguma contraindicação ao mesmo.
- Suspeita de teste ergométrico falso-positivo em indivíduo assintomático.
- Alterações eletrocardiográficas que contraindiquem o teste ergométrico (p. ex., BRE).
- Estratificação de risco pós-infarto agudo do miocárdio (IAM) não complicado.
- Avaliação pré-operatória de isquemia miocárdica de cirurgias não cardíacas.

O exame possui várias modalidades, sendo as mais frequentes com estresse físico, estresse com dobutamina ou estresse com dipiridamol.
É importante verificar contraindicações relacionadas aos fármacos antes da indicação do exame.

(continua)

Ecocardiograma com estresse *(continuação)*

Contraindicações ao ecocardiograma com estresse: ■ Dobutamina ❑ HAS descontrolada ❑ Arritmias atriais e ventriculares graves ❑ Estenose valvar importante ■ Dipiridamol ❑ DPOC ❑ Uso de xantinas há menos de 24 h ❑ Doença do nó sinusal ■ Atropina (utilizada em conjunto nos protocolos com as drogas anteriores) ❑ Prostatismo ❑ Glaucoma
Contraindicações gerais: ■ Gestação ■ Dissecção de aorta ■ Instabilidade clínica
Falsos-negativos mais comuns: ■ Estresse submáximo (FC < 85% da frequência cardíaca máxima) ■ Doença univascular ■ Lesão de artéria circunflexa
A ecocardiografia de estresse com dobutamina permite ainda avaliar viabilidade miocárdica e quantificar a gravidade da estenose aórtica e a reserva contrátil em pacientes com disfunção ventricular esquerda e estenose aórtica grave com gradiente baixo e baixo fluxo transvalvar.

BRE: bloqueio do ramo esquerdo; DPOC: doença pulmonar obstrutiva crônica; FC: frequência cardíaca; HAS: hipertensão arterial sistêmica.

Indicações de ecocardiograma transesofágico

Imagem transtorácica inadequada	Suspeita de endocardite infecciosa (especialmente em próteses valvares, dispositivos cardíacos [p. ex., marca-passo] ou quando transtorácico duvidoso)
Pesquisa de trombos intracavitários	Melhor avaliação de próteses valvares e de valvopatias
Dissecção de aorta	Intraoperatório de cirurgia cardíaca
Pesquisa de comunicação interatrial (não visualizada ao ecocardiograma transtorácico)	Guia em procedimentos cardíacos percutâneos

Ecocardiograma tridimensional

A ecocardiografia tridimensional tem a vantagem de fornecer múltiplos planos de avaliação da anatomia cardíaca.
A ecocardiografia tridimensional se mostrou superior à ecocardiografia bidimensional para a medida de volumes e da fração de ejeção do VE, para avaliar a anatomia mitral, na análise das cardiopatias congênitas e como guia de procedimentos cardíacos percutâneos e intraoperatórios.
O método é alvo de pesquisa ainda em diversas situações como cálculo de massa ventricular, avaliação de volumes e fração de ejeção do VD, análise de dissincronia do VE, análise de próteses valvares e anatomia da valva aórtica, entre outras.

VD: ventrículo direito; VE: ventrículo esquerdo.

Bibliografia recomendada

1. Barbosa M, Nunes MCP, Filho OC. Diretrizes das indicações de ecocardiografia. Arq Bras Cardiol. 2009;93:e265-e302.
2. Lang RM, Badano LP, Mor-Avi V, Afilalo J, Armstrong A, Ernande L, et al. Recomendations for cardiac chamber quantification by echocardiography in adults: an update from the American Society of Echocardiography and the European Association of Cardiovascular Imaging. J Am Soc Echocardiogr. 2015;28(1):1-39.
3. Mathias Jr W. Manual de ecocardiografia. 4. ed. Barueri: Manole, 2016.
4. Nagueh SF, Appleton CP, Gillebert TC, Marino P, Oh JK, Smiseth OA, et al. Recomendations for the evaluation of left ventricule diastolic function by echocardiography. J Am Soc Echocardiogr. 2009;22(2):107-133.
5. Otto CM. Fundamentos de ecocardiografia clínica. 4. ed. Rio de Janeiro: Elsevier; 2010.
6. Barbier C, Loubieres Y, Schmit C, Hayon J, Ricome JL, Jardin F, et al. Respiratory changes in inferior vena cava diameter are helpful in predicting fluid responsiveness in ventilated septic patients. Intensive Care Med. 2004;30:1740-6.
7. Armstrong WF, Zoghbi WA. Stress echocardiography: current methodology and clinical applications. J Am Coll Cardiol. 2005;45(11):1739-47.
8. Vieira MCL. Ecocardiografia tridimensional: is it ready for prime time? Rev Bras Ecocardiogr Imagem Cardiovasc. 2013;26(3):186-8.

119

Eletrocardiograma e teste ergométrico

Horacio Gomes Pereira Filho
Carlos Alberto Pastore

Introdução à eletrocardiografia

Exame que registra a atividade elétrica do coração. Considerado de baixo custo, tem grande disponibilidade e é de rápida realização e interpretação. Deve ser considerado como primeiro exame subsidiário na cardiologia.

Registro em 12 derivações, divididas em um plano frontal (PF) com seis derivações, e outro horizontal (PH), também com seis derivações, destacando-se uma para análise do ritmo (II ou V5), com necessidade eventual de derivações especiais para melhor análise, conforme a situação clínica.

A calibração padrão indica velocidade de 25 mm/s e N = 10 quadrados menores = 1 mV, ou seja, cada quadrado menor do papel representa 40 ms de duração no sentido horizontal e 0,1 mV de amplitude no sentido vertical.

O eletrocardiograma (ECG) estabelece diagnósticos, acompanha a evolução clínica, avalia terapêuticas instituídas, classifica pacientes quanto a risco de eventos e complicações e pode predizer prognósticos.

Eletrocardiograma normal (considerar idade, sexo e contexto clínico)

Onda P	Ativação atrial. Duração de 80 a 110 ms (adulto), amplitude de 0,5 a 2 mm, SâP entre –30 e +90 graus no plano frontal. Positiva em I, II e aVF e isodifásica em V1 define o ritmo como de origem sinusal.
Intervalo PR	Aferido do início da onda P ao início do QRS, com duração de 120 a 200 ms no adulto e 90 ms na criança. Representa o caminho do estímulo elétrico, do miocárdio atrial, passando pelo nó atrioventricular (NAV) e início da despolarização.
Complexo QRS	Ativação ventricular, com duração de 80 a 120 ms e de aspecto morfológico variável nas diferentes derivações (complexos rS, Rs, qRs, QS, RsR', etc.). SâQRS variando de -30 a +120 graus no plano frontal, conforme idade e biotipo.
Segmento ST	Do final do QRS (ponto J) ao início da onda T. Isoelétrico, com pequenos desnivelamentos não superiores a 1 mm.
Onda T	Repolarização ventricular, comumente positiva, arredondada e levemente assimética, com amplitude de até 6 mm ou 1/10 da amplitude do respectivo QRS.
Onda U	Deflexão pequena e arredondada, logo após a onda T, originada da ativação das células M. Melhor visualização em V2 a V4.
Intervalo QT	Do início do QRS ao final da onda T, sendo uma medida da duração da repolarização ventricular. Duração maior em crianças e mulheres do que nos homens. O QT medido (QTm) deve ser corrigido pela frequência cardíaca (FC), por meio de fórmulas com a de Bazzet: $QTc = QTm / RR^{1/2}$. Valores de QTm > 500 ms ou QTc > 460 ms são considerados prolongados (QT longo).

Eletrocardiograma nas sobrecargas de câmaras

SAE	Aumento da duração de onda P (> 110 ms), com morfologia bífida e entalhada no PF. Em V1, componente final negativo aumentado (Índice de Morris).	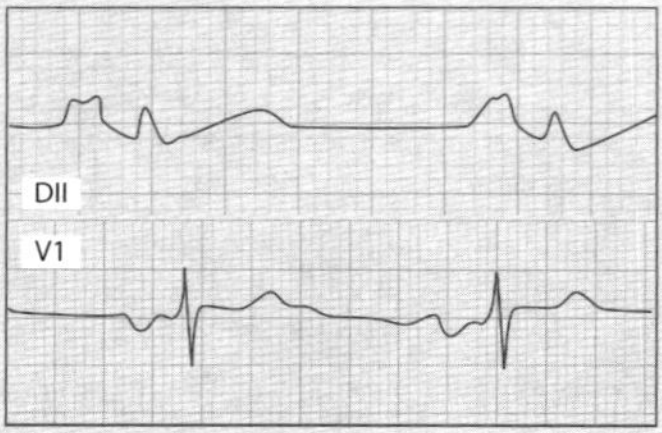
SAD	Onda P com amplitude > 2,5 mm em II, III e aVF. Aumento da deflexão positiva de V1 > 1,5 mm. Sinais indiretos: sinal de Sodi (qR em V1), sinal de Peñaloza-Tranchesi (aumento súbito do QRS de V1 para V2).	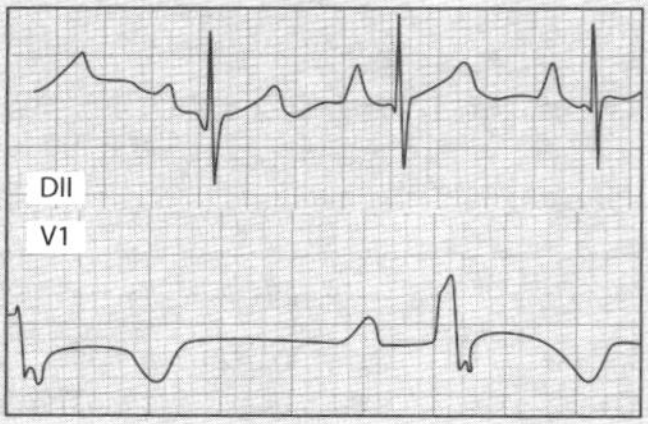
SBiA	Os achados combinados de SAE e SAD geram ondas P de grande amplitude (> 2,5 mm) e com aumento da sua duração (> 120 ms).	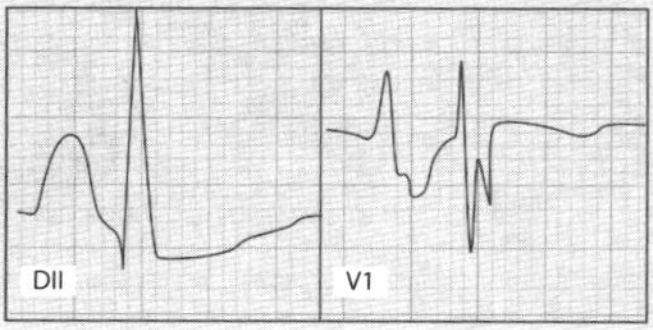

(continua)

Eletrocardiograma nas sobrecargas de câmaras *(continuação)*

SVE	Critérios de voltagem históricos: Sokolow-Lyon (SV1 + RV5 > 35 mm), Cornell (R aVL + S V3 ≥ 28 mm em homens e 25 mm em mulheres) e Gubner (R DI + S DIII > 25 mm). Atualmente, utiliza-se o escore de pontos de Romhilt-Estes (maior especificidade, resultado igual a 5 = SVE presente; 4 ou menos = possível): ▪ Aumento de voltagem no plano frontal ou horizontal: 3 pontos; ▪ Alterações do segmento ST e T (*strain* do VE): 3 pontos (considere apenas 1 ponto se uso de digitálico); ▪ Sobrecarga atrial esquerda (Morris): 3 pontos; ▪ Desvio do eixo elétrico de QRS ≥ -30 graus: 2 pontos; ▪ Aumento da duração do QRS (≥ 90 ms): 1 ponto; ▪ Aumento do tempo de ativação ventricular (> 50 ms): 1 ponto.	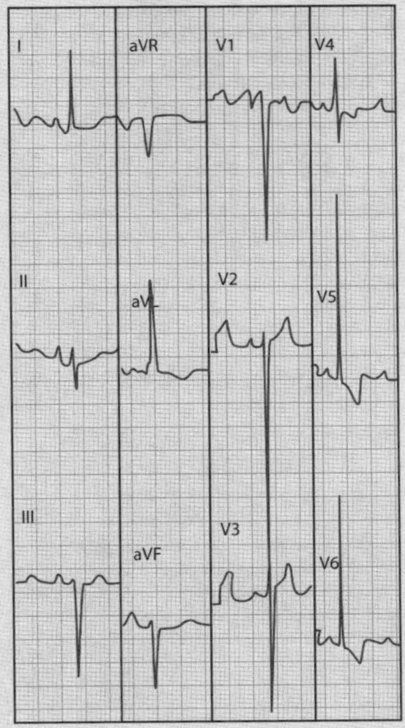

(continua)

Eletrocardiograma nas sobrecargas de câmaras *(continuação)*

SVD	Desvio do eixo elétrico para a direita (> 90 graus em adultos), com aumento da voltagem do complexo QRS em V1, com onda R > 7 mm e S < 2 mm, rsr' em V1 > 10 mm, R V1 + S V5 ou V6 > 10 mm, R em aVR > 5 mm e R em V5 e V6 < 5 mm.	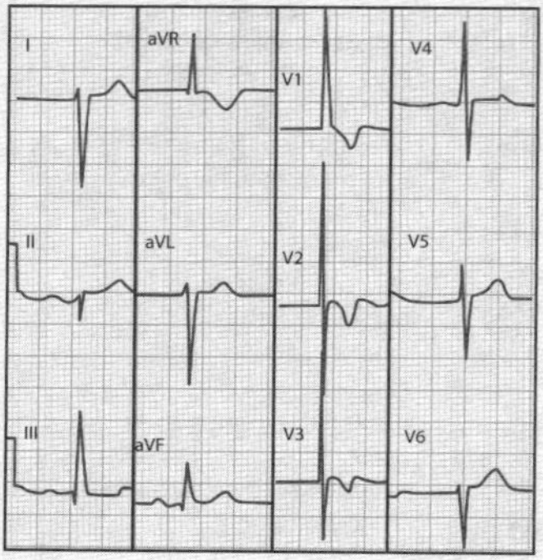
SBiV	Complexos QRS de alta voltagem nas derivações precordiais intermediárias (padrão RS, sinal de Katz--Watchel), associadas à onda R ampla, nas precordiais esquerdas.	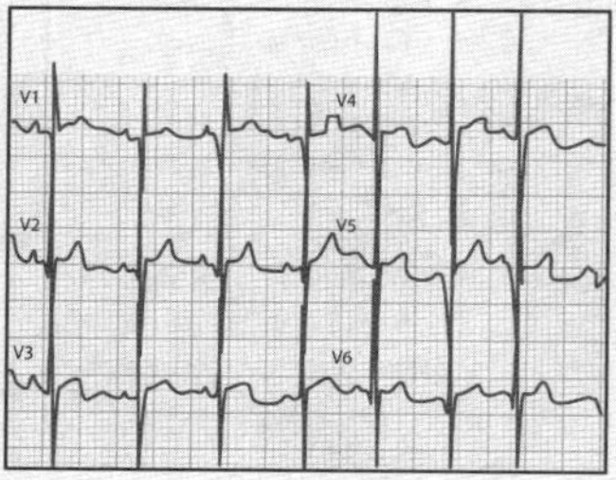

SAE: sobrecarga de átrio esquerdo; SAD: sobrecarga de átrio direito; SBiA: sobrecarga biatrial; SVE: sobrecarga ventricular esquerda; SVD: sobrecarga ventricular direita; SBiV: sobrecarga biventricular.

Eletrocardiograma nas alterações da condução ventricular (bloqueios, atrasos, distúrbios)

<table>
<tr>
<td>BRD</td>
<td>Duração do QRS > 120 ms. Nas precordiais direitas, complexos com morfologia rSR' ou rsR', sendo R' alargada e entalhada, maior que r inicial (complexo que lembra a letra M estilizada), podendo-se encontrar padrão de R puro. Nas precordiais esquerdas, I e aVL, onda S alargada e espessada (empastada). Onda T com orientação oposta à deflexão terminal do complexo QRS.</td>
<td>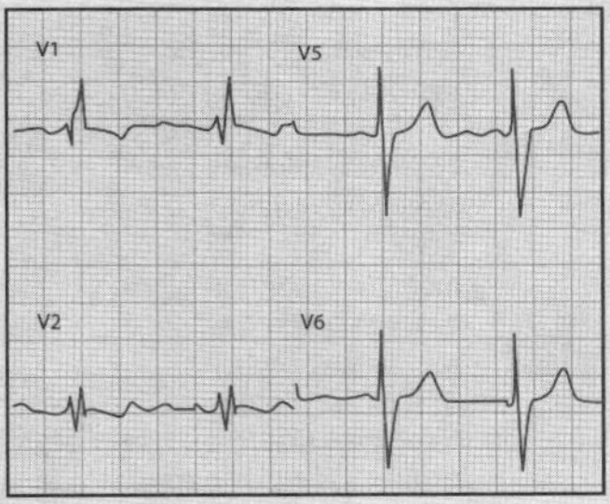
</td>
</tr>
<tr>
<td>AFC</td>
<td>Representa casos em que a condução pelo ramo direito tem um atraso leve: duração menor que 120 ms, padrão rSr' em V1 e V2, onda S terminal em precordiais esquerdas e R em aVR. Variante do normal.</td>
<td>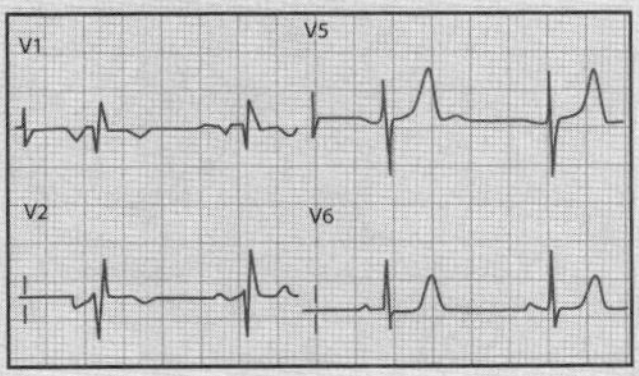
</td>
</tr>
</table>

(continua)

Eletrocardiograma nas alterações da condução ventricular (bloqueios, atrasos, distúrbios) *(continuação)*

BRE	Duração do QRS > 120 ms, com seus aspectos mais significativos representados em durações superiores a 130 ms. Nas precordiais esquerdas observa-se onda R alargada e monofásica, com entalhes e empastamentos (torre). Nas direitas, onda R com crescimento lento, complexos QS de V1 a V3 e onda S alargada e com entalhes. Deslocamento do segmento ST e onda T em oposição à deflexão terminal.	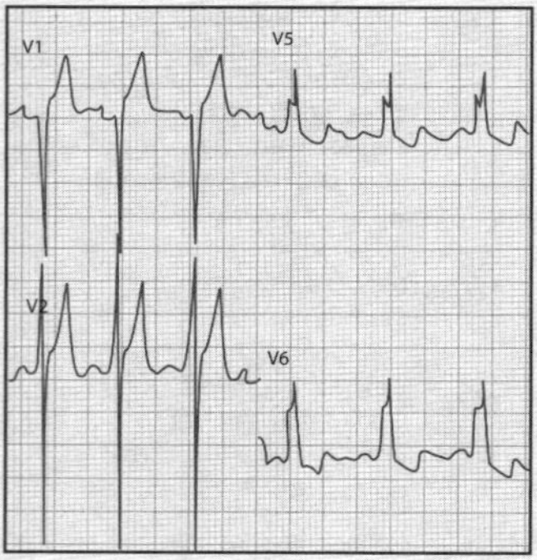
BDAS	QRS < 120 ms. Desvio do eixo elétrico para cima e para a esquerda (além de –30 graus) no PF. Complexos rS em II, III e aVF. Onda SIII > onda S II, com amplitude de 15 mm ou mais. qR em V1 e aVL, R empastado em aVR, diminuição de onda R de V1 a V3 e presença de onda S de V4 a V6. Ocorrência comum.	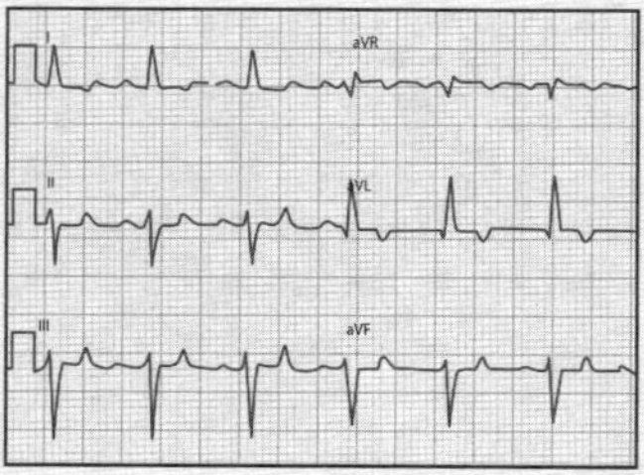

(continua)

Eletrocardiograma nas alterações da condução ventricular (bloqueios, atrasos, distúrbios) *(continuação)*

BDPI	QRS < 120 ms. Desvio do eixo elétrico para baixo e para a direita no PF, a partir de +90 graus. Complexos qR em II, III e aVF. Onda R III > onda R II, com amplitude de 15 mm. Complexos rS em I, dimuição de R de V1 a V3 e presença de onda S de V4 a V6. Incomum, associado à cardiopatia chagásica, doença arterial coronariana (DAC) grave e doença de Lenégre.	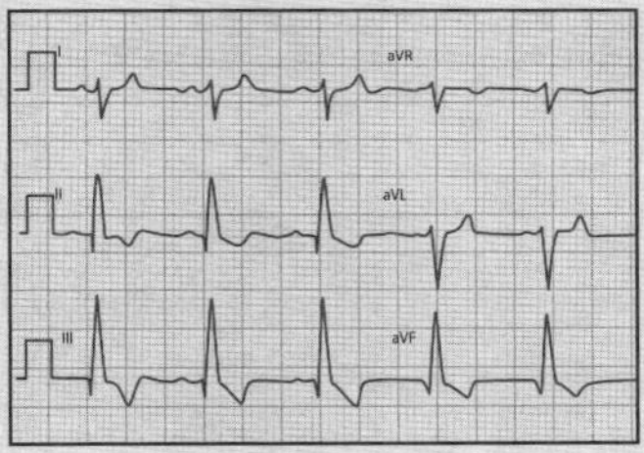
BDAM	QRS < 120 ms, com desvio do eixo para a frente no PH, com PF normal. Complexos qR em V2 e V3, com onda R que cresce para precordiais intermediárias. Onda R V2 > R V3, com amplitude > 15 mm. Entidade muito rara, associada a Chagas e DAC grave (artéria descendente anterior – ADA).	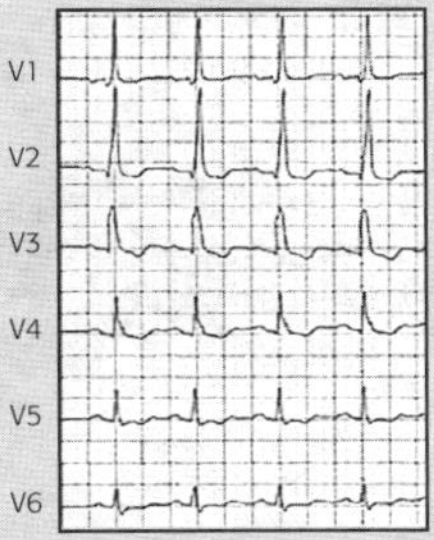
Associa-ções	Bloqueios de ramo e divisionais de ramo podem ser encontrados em associação, por exemplo, BRD + BDAS na cardiopatia chagásica, com o registro mostrando características de cada atraso.	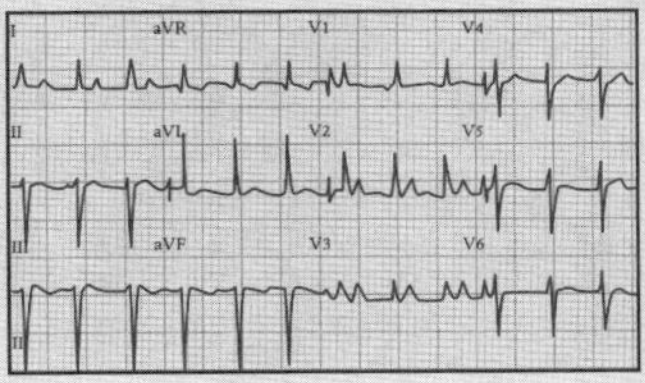

BRD: bloqueio de ramo direito; AFC: atraso final de condução; BRE: bloqueio de ramo esquerdo; BDAS: bloqueio divisional anterossuperior; BDPI: bloqueio divisional posteroinferior; BDAM: bloqueio divisional anteromedial; PF: plano frontal; PH: plano horizontal.

Eletrocardiograma na doença isquêmica do miocárdio

Isquemia miocárdica: a isquemia é a alteração mais precoce da síndrome coronariana aguda (SCA) em seus primeiros minutos, representada por alterações da morfologia, amplitude e direção da onda T. Classifica-se em:

Subendocárdica

Onda T positiva, simétrica e apiculada. Onda T hiperaguda. Diferencial com hipercalemia (achado difuso).

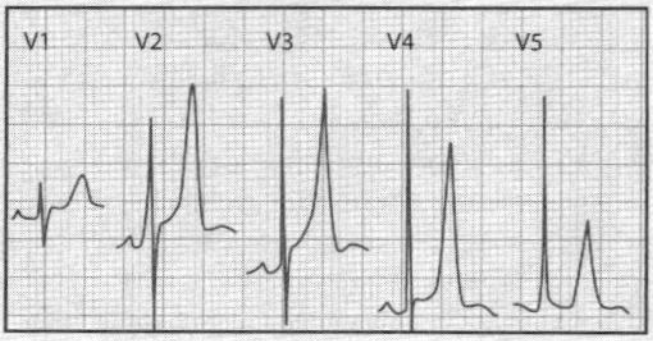

Subepicárdica

Onda T negativa, simétrica, apiculada. Diferencial com SVE, bloqueios de ramo, onda T cerebral.

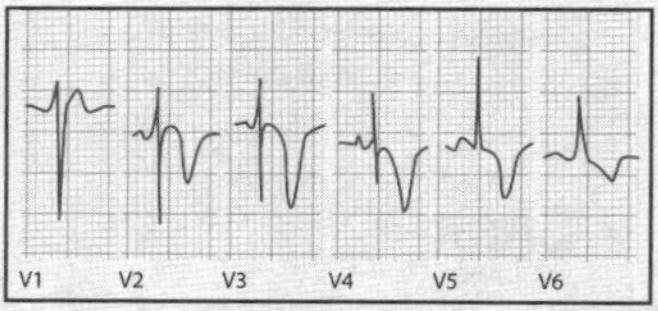

Corrente de lesão (injúria): a lesão representa a progressão e o agravamento do quadro coronariano, com surgimento de gradientes entre áreas normais e isquêmicas, levando à alteração do segmento ST, com modificação e desnível do mesmo. Classifica-se em:

Subendocárdica

Infradesnível do ponto J e do segmento ST, além de 0,5 mm e em pelo menos duas derivações contíguas. Corresponde a um exemplo de SCA sem supradesnível do segmento ST.

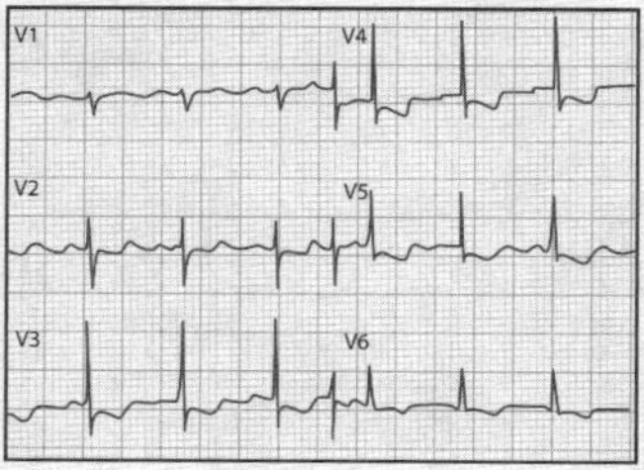

(continua)

Eletrocardiograma na doença isquêmica do miocárdio *(continuação)*

Subepicárdica	Supradesnível do ponto J e do segmento ST em duas derivações contíguas, com magnitude de 1 mm no plano frontal e precordiais esquerdas. Nas precordiais direitas: para mulheres considerar 1,5 mm; para homens com mais de 40 anos considerar 2,0 mm; e para homens com menos de 40 anos, 2,5 mm. Corresponde à síndrome coronariana com supradesnível do segmento ST.	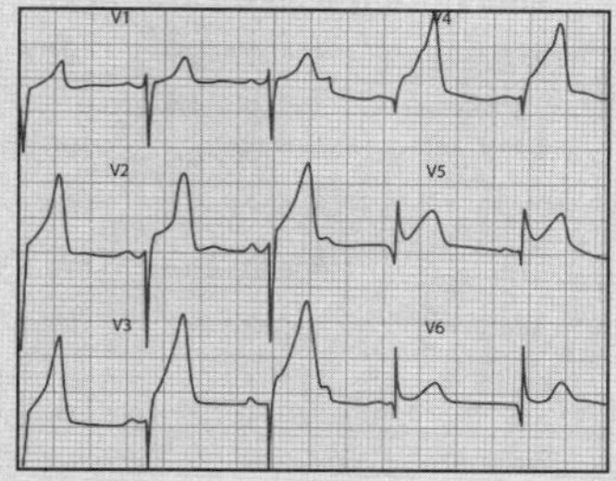
Necrose (área inativa)	O achado de onda Q patológica é um importante marcador característico: ondas com duração maior que 40 ms, amplitude superior a 25% da respectiva onda R que a segue e presença de entalhes, com complexos tipo QS, QR ou Qr.	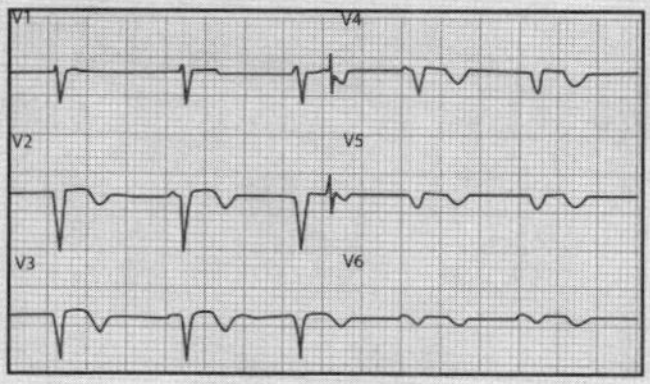

Diagnóstico topográfico do infarto do miocárdio conforme o eletrocardiograma (localização da artéria culpada)

Zona anterosseptal	Septal	V1 e V2	ADA (ramo septal)
	Anteroapical	V5,V6, com ou sem I e aVL	ADA (distal)
	Anterior médio	DI, aVL; às vezes, V2 e V3	A diagonal
	Anterior extenso	V1 a V6	ADA proximal
Zona inferolateral	Inferior	DII, DIII, aVF	ACX (distal ou ACD)
	Inferolateral	DII, DIII, aVF, V5 e V6 ou DI, DII, DIII, aVF, aVL, V5, V6, V7 e V8 ou efeito recíproco em V1 e V2	ACD ou ACX dominante
	Lateral	V5 e V6 (baixa), com ou sem DI e aVL (alta) ou efeito recíproco V1 e V2	Marginal esquerda
	Ventrículo direito	V3R e V4R	ACD ou ACX dominante

ADA: artéria descendente anterior; ACX: artéria circunflexa; ACD: artéria coronária direita.

Eletrocardiograma nas arritmias cardíacas

Taquicardias supraventriculares principais		
Taquicardia sinusal (TS)	Ritmo regular, com onda P de origem sinusal, uma onda P para um QRS, em FC > 100 bpm.	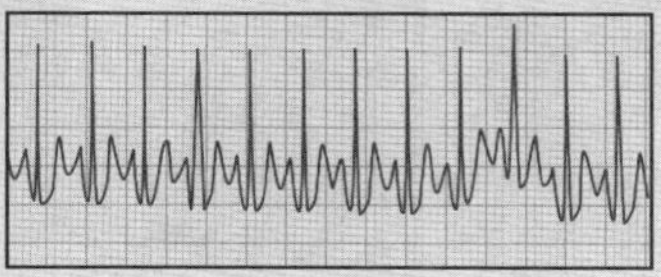
Taquicardia atrial (TA)	Onda P de origem não sinusal, com relação 1:1, 2:1, 3:1 ou mais, com condução AV fixa ou variável. Frequência atrial de 120 a 240 bpm.	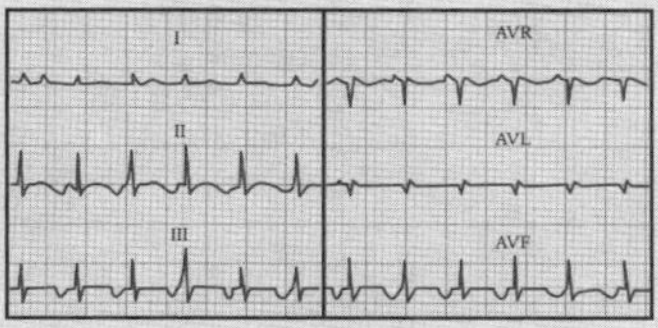
Taquicardia atrial multifocal (TAMF)	Morfologia das ondas P variáveis entre si (ao menos 3 morfologias), bem como dos intervalos PP, PR e RR. Frequência atrial de 160 a 250 bpm. Comum em pneumopatas.	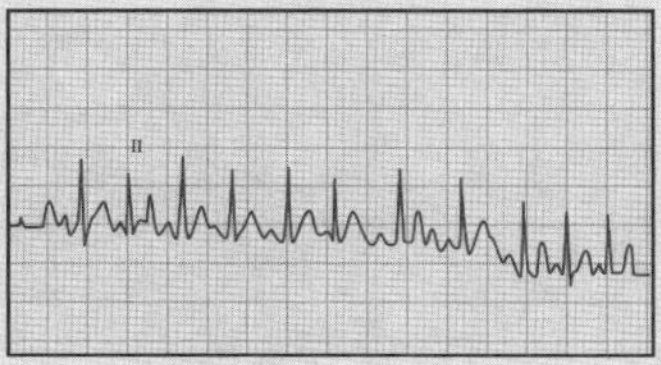

(continua)

Taquicardias supraventriculares principais *(continuação)*		
Flutter atrial típico, comum ou tipo I (FLA I)	Atividade atrial com padrão serrilhado (ondas F), com frequência atrial de 240 a 340 bpm, com ondas F negativas em DII, DIII e aVF e positivas em V1 (90% dos casos). Traçado mais comum: frequência atrial de 300 bpm, condução AV 2:1 e frequência ventricular de 150 bpm.	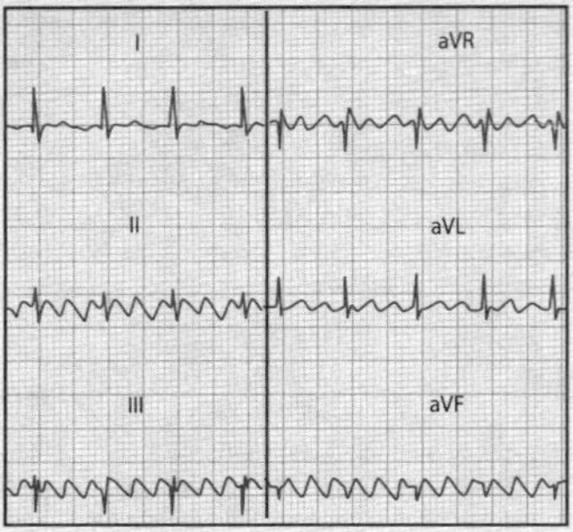
Flutter atrial atípico, incomum ou tipo II (FLA II)	Atividade atrial com frequência de 350 a 450 bpm, com padrão de ondas F não tão características, positivas e que evoluem para fibrilação atrial.	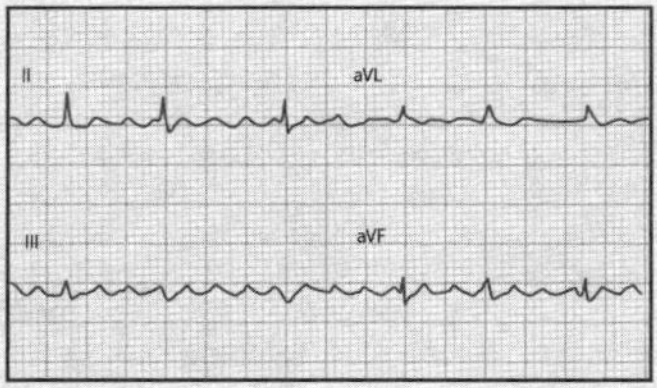
Fibrilação atrial (FA)	Ausência de atividade atrial organizada com presença de irregularidades finas, grosseiras (nomeadas de ondas f), em frequência de 450 a 700 ciclos por minuto, acompanhadas de intervalos RR variáveis.	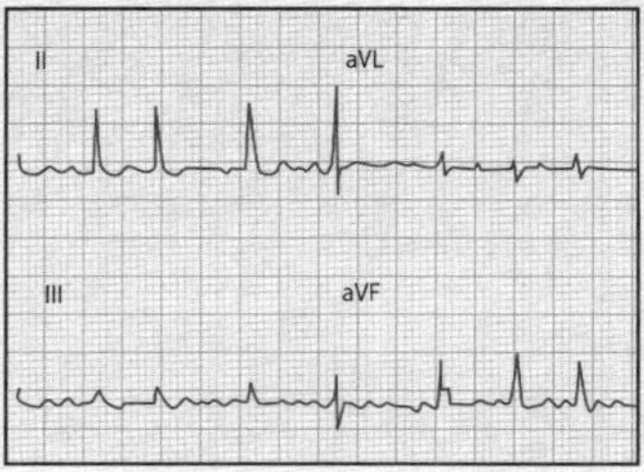

(continua)

Taquicardias supraventriculares principais *(continuação)*		
Taquicardia por reentrada nodal comum (TRNC)	Utiliza o NAV para sua gênese e propagação, com ativação ventricular pela via lenta e atrial pela rápida. Taquicardia de QRS estreito, com frequência cardíaca de 140 a 250 bpm, com presença de pseudo s' em DII, DIII e aVF e pseudo r' em V1 (correspondente à onda P retrógrada). Intervalo RP < PR (RP curto, menor que 80 ms).	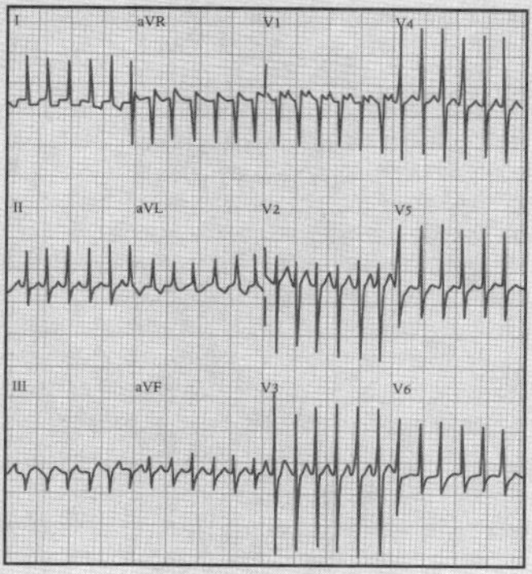
Taquicardia por reentrada nodal incomum (TRNIC)	A forma incomum (10% dos casos) apresenta ativação elétrica em sentido inverso, com ativação ventricular pela via rápida e a atrial pela via lenta, gerando ao registro ondas P retrógradas (negativas) que precedem o QRS, com intervalo RP longo.	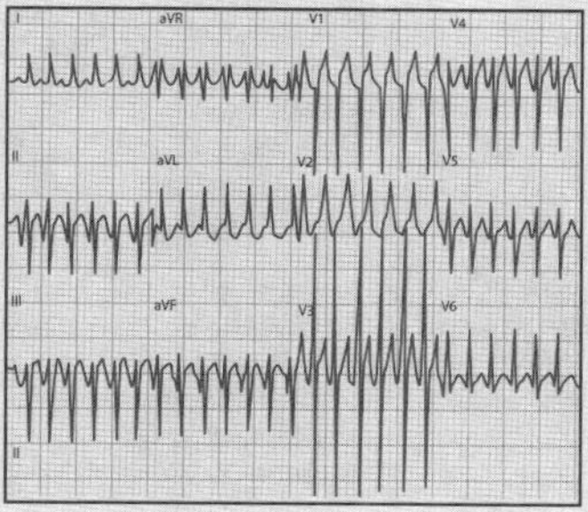

(continua)

Taquicardias supraventriculares principais *(continuação)*		
Taquicardia de Coumel (TC)	Taquicardia variante da pré-excitação ventricular, que ocorre em crianças, incessante e que utiliza via anômala com condução retrógrada e decremental para ativação dos átrios, gerando ondas P negativas em DII, DIII e aVF, com RP longo.	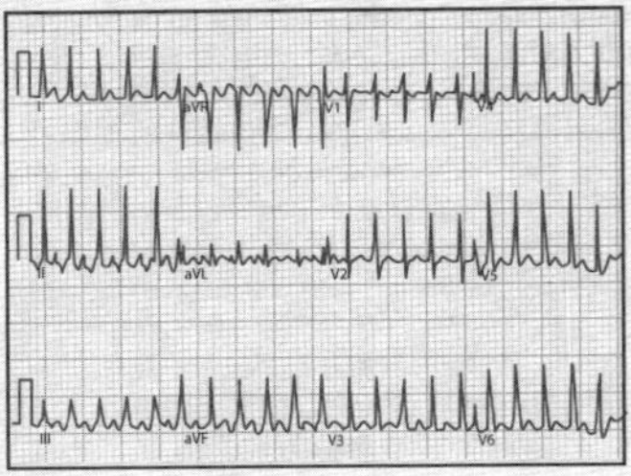
Taquicardia tipo Mahaim (TM)	Taquicardia variante da pré-excitação ventricular (fibras nodo-ventriculares) que apresenta morfologia de bloqueio de ramo esquerdo, presença de onda R em D1, presença de rS em V1, transição em V5.	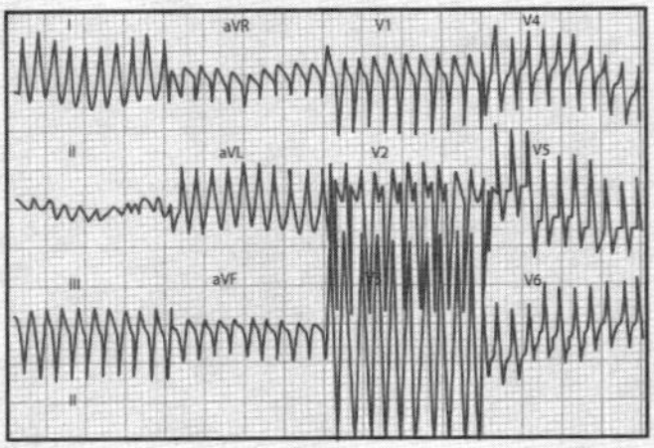
Taquicardia atrioventricular (WPW)	Relacionada à presença de pré--excitação ventricular (oculta, inaparente ou manifesta: intervalos PR curtos, onda delta, aumento da duração do QRS e alterações da repolarização ventricular).	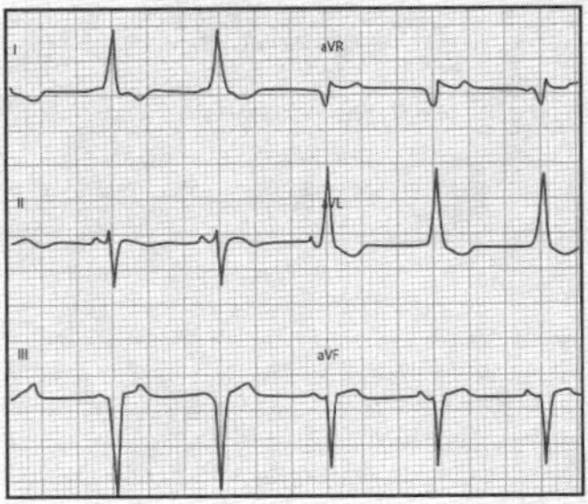

(continua)

Taquicardias supraventriculares principais *(continuação)*		
Taquicardia atrioventricular ortodrômica (TAVO)	Taquicardia mais frequente do WPW, com circuito anterógrado pelo sistema de condução e retrógrado pela via anômala, com taquicardia de QRS estreito, intervalo RP < PR (RP curto), infradesnível do segmento ST e alternância elétrica.	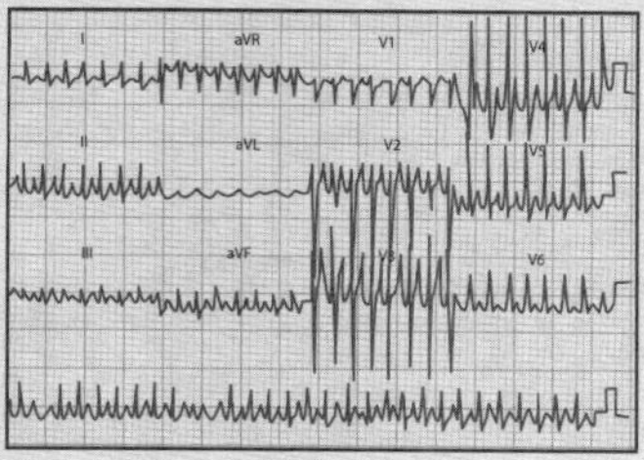
Taquicardia atrioventricular antidrômica (TAVA)	Taquicardia que se caracteriza por circuito anterógrado pela via anômala e retrógrado pelo sistema de condução, gerando complexos QRS alargados e bizarros, regulares, com expressão de onda delta.	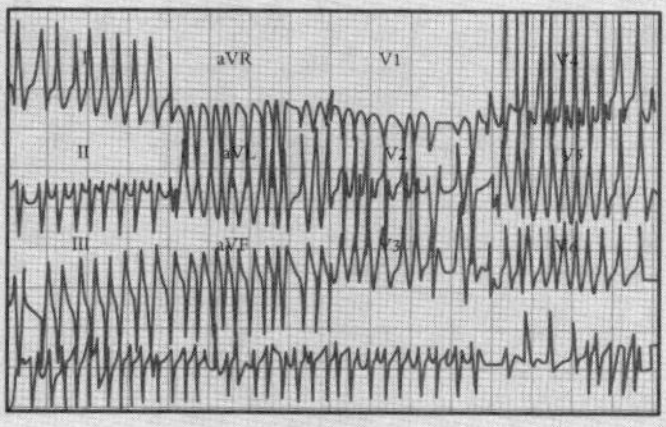
Taquicardia juncional (TJ)	Taquicardia com origem na junção, com frequência cardíaca (FC) ao redor de 100 bpm, QRS estreito e ondas P retrógradas.	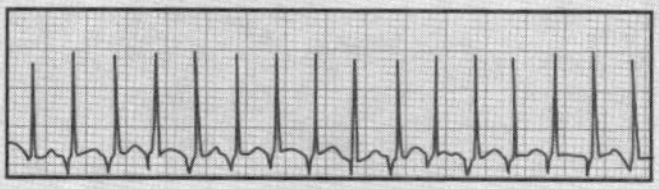

Taquicardias ventriculares		
Ritmo idioventricular acelerado (RIVA)	Ritmo originado no ventrículo, com frequência cardíaca entre 40 e 100 bpm, por automatismo aumentado. Autolimitado e relacionado à reperfusão por trombolíticos.	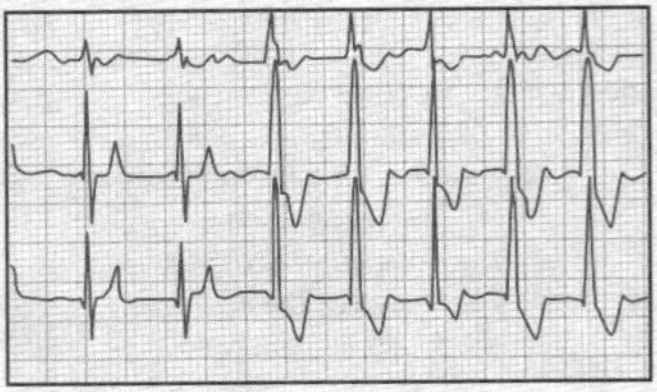
Taquicardia ventricular não sustentada (TVNS)	Ritmo ventricular com três ou mais batimentos consecutivos, com duração inferior a 30 segundos, frequência cardíaca > 100 bpm e ausência de instabilidade hemodinâmica.	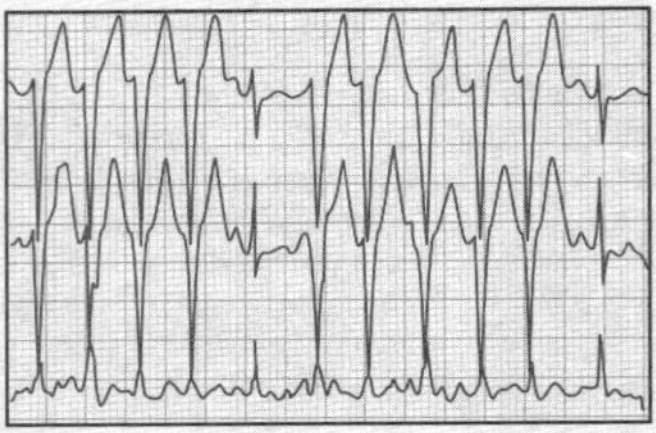
Taquicardia ventricular sustentada monomórfica (TVSM)	Ritmos ventriculares com duração superior a 30 segundos e FC > 100 bpm até 220 bpm, regulares, com dissociação atrioventricular.	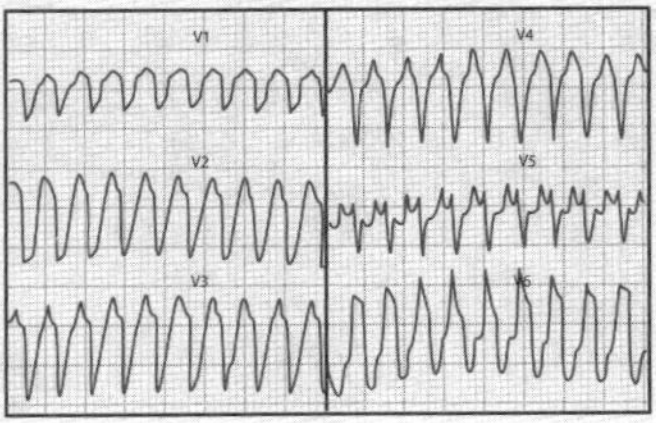

(continua)

Taquicardias ventriculares *(continuação)*		
Taquicardia fascicular (TF)	Taquicardia que se sustenta no sistema de condução, comumente gerando morfologia de BRD + BDAS ou BDPI (raro). O inicio do QRS é estreito e a duração não tão demorada como as demais TV. Muitas são responsivas aos bloqueadores de cálcio.	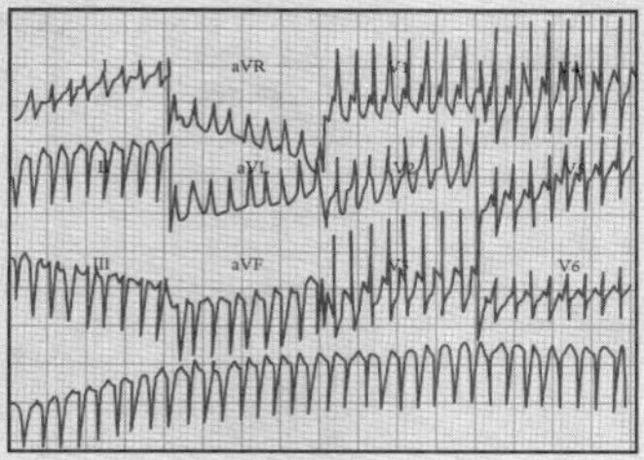
Taquicardia da via de saída do VD/VE (TVSVD/VE)	Taquicardias automáticas em sua maioria, com corações normais. Relacionadas ao VD, apresentam taquicardia com QRS alargado, morfologia de BRE e positividade em DII, DIII e aVF (diferenciar da taquicardia originada da displasia arritmogênica do VD). Relacionadas ao VE, a morfologia é de BRD.	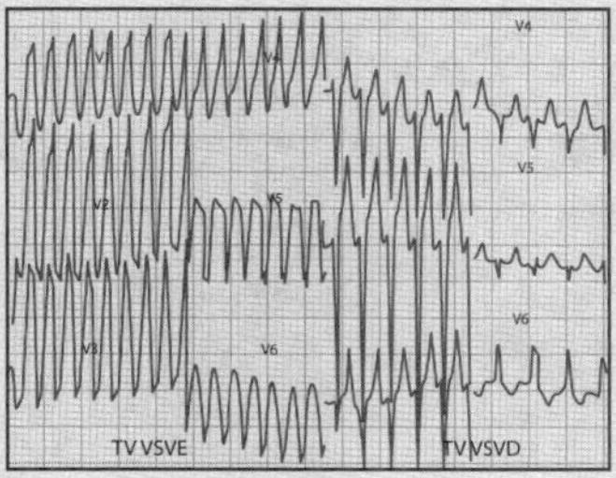

(continua)

Taquicardias ventriculares *(continuação)*		
Taquicardia catecolaminérgica (TCat)	Desencadeada pelo aumento das catecolaminas circulantes, sendo de origem genética, associada à síncope e morte súbita. Taquicardia regular com complexos QRS alargados, podendo chegar a um aspecto bidirecional em uma mesma derivação.	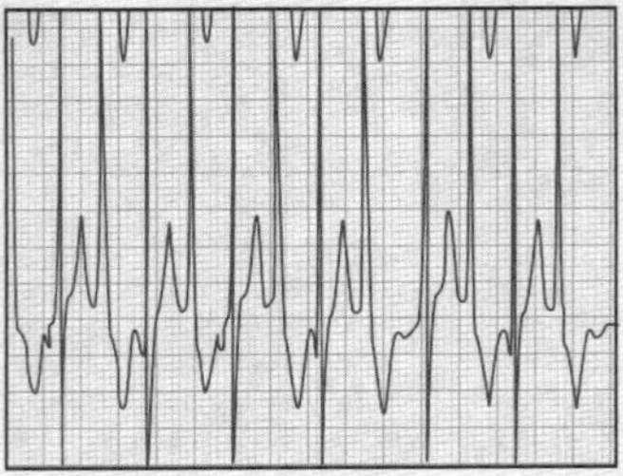
Taquicardia ventricular ramo a ramo (TVRR)	Taquicardia de reentrada em indivíduos com importante acometimento do miocárdio e sistema de condução. Regular, com QRS bastante alargados, morfologia de BRE em V1 e QRS negativo em DII, DIII e aVF.	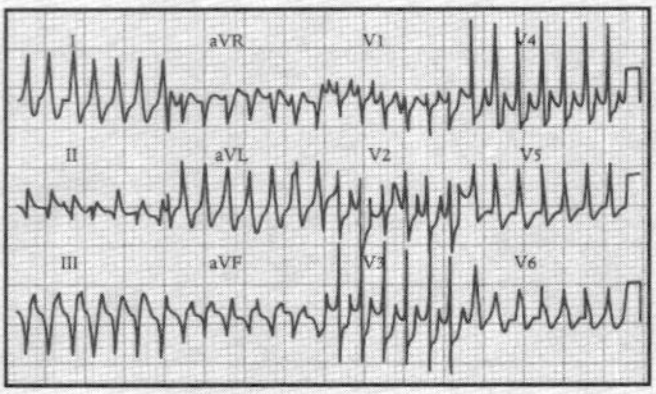

(continua)

Taquicardias ventriculares *(continuação)*		
Taquicardia ventricular polimórfica (TVP)	Conjunto de taquicardias nas quais a morfologia do QRS varia na mesma derivação. Seu representante mais conhecido é a *torsades des pointes* (TdP), relacionadA ao QT longo.	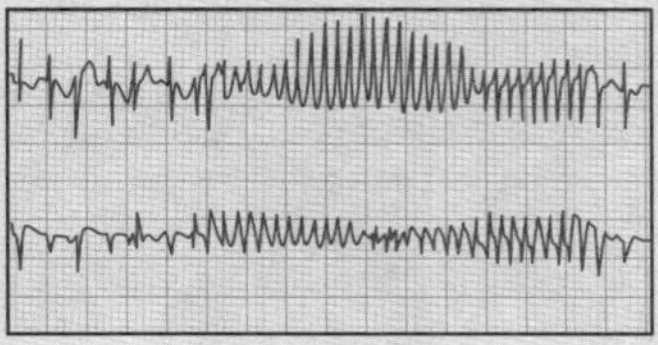
Flutter ventricular (FLV)	Estado pré--fibrilatório, de difícil diferenciação com a TVSM. Taquicardia de QRS alargado e FC > 220 bpm.	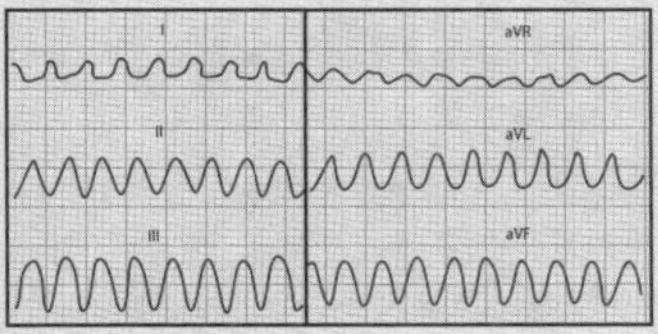
Fibrilação ventricular (FV)	Taquicardia irregular com complexos QRS alargados e de diferentes morfologias batimento a batimento, com aspecto de desorganização. Corresponde ao ritmo de parada cardiorrespiratória (PCR).	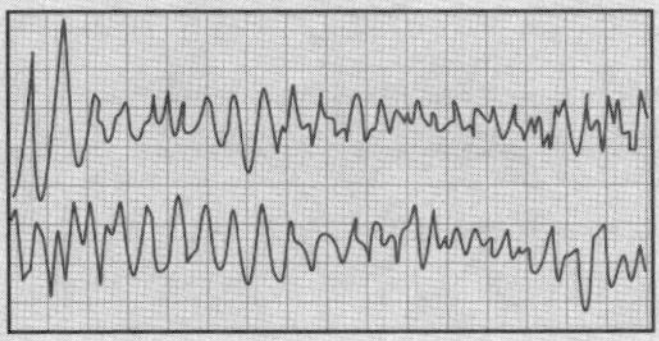

BDAS: bloqueio divisional anterossuperior; BDPI: bloqueio divisional posteroinferior; BRD: bloqueio de ramo direito; BRE: bloqueio de ramo esquerdo; VD: ventrículo direito; VE: ventrículo esquerdo.

Diagnóstico diferencial de taquicardias supraventriculares (TSV) com condução aberrante e taquicardias ventriculares (TV) pelos critérios de Brugada e Vereckei

Critérios de Brugada	Sim	Não
1. Ausência de complexos RS nas derivações precordiais.	TV	Avaliar item 2
2. Intervalo RS > 100 ms em 1 ou mais precordiais.	TV	Avaliar item 3
3. Presença de dissociação atrioventricular	TV	Avaliar item 4
4. Critérios morfológicos:	TV	TSV aberrante
Morfologia de bloqueio de ramo direito		
V1: presença de onda R monofásica, QR ou RS	Taquicardia ventricular	
V1: aspecto trifásico	TSV aberrante	
V6: relação R/S < 1, morfologia QS ou QR	Taquicardia ventricular	
V6: onda R trifásica	TSV aberrante	
Morfologia de bloqueio de ramo esquerdo		
V1/V2 : onda R > 30 ms, duração > 60 ms até nadir de S	Taquicardia ventricular	
V6: presença de QR ou QS, R monofásico	Taquicardia ventricular	
Critérios de Vereckei	**Sim**	**Não**
1. Onda R inicial presente (aVR)	TV	Avaliar item 2
2. Onda R ou inicial > 40 ms (aVR)	TV	Avaliar item 3
3. Entalhe descendente do QRS (aVR)	TV	Avaliar item 4
4. Relação voltagem inicial 40 ms/voltagem 40 ms final ≤ 1 (qualquer derivação).	TV	TSV aberrante

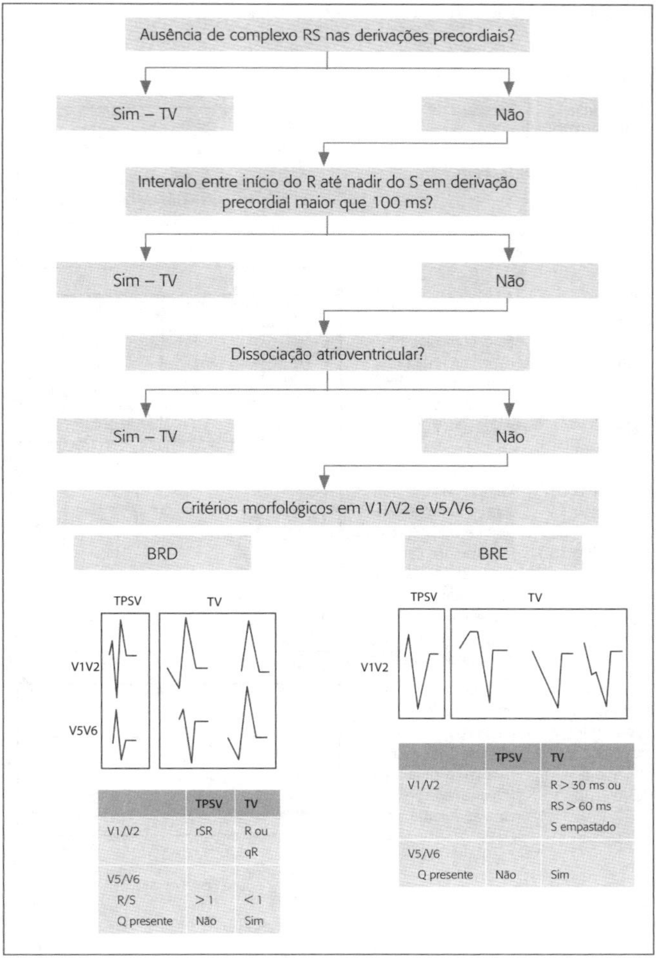

	TPSV	TV
V1/V2	rSR	R ou qR
V5/V6		
R/S	> 1	< 1
Q presente	Não	Sim

	TPSV	TV
V1/V2		R > 30 ms ou RS > 60 ms S empastado
V5/V6		
Q presente	Não	Sim

Figura 1 Algoritmo dos critérios de Brugada para diagnóstico de taquicardia ventricular. BRD: bloqueio de ramo direito; BRE: bloqueio de ramo esquerdo; TV: taquicardia ventricular.

Bradicardias

Bradicardia sinusal (BS)	Presença de ritmo sinusal em frequência inferior a 50 bpm.	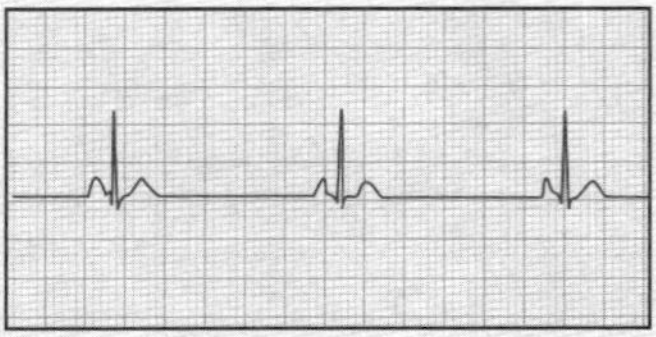
Bloqueio atrioventricular de 1° grau (BAV 1G)	Aumento do tempo de condução atrioventricular, em relação a uma onda P para um complexo QRS, intervalo PR fixo e superior a 200 ms.	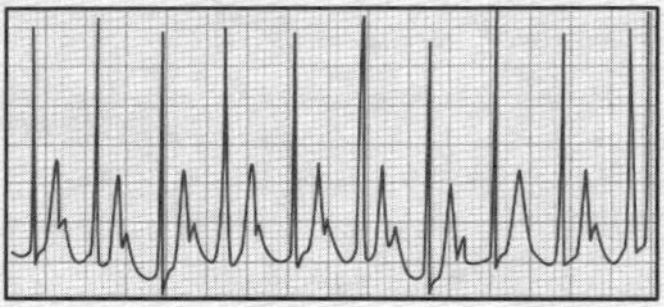
Bloqueio atrioventricular de 2° grau Mobitz 1 ou tipo I (BAV2GI)	Bloqueio de Wenckebach. Aumento progressivo do intervalos PR com incrementos cada vez menores até que surja onda P que não é seguida por QRS (onda P bloqueada), reiniciando-se o ciclo.	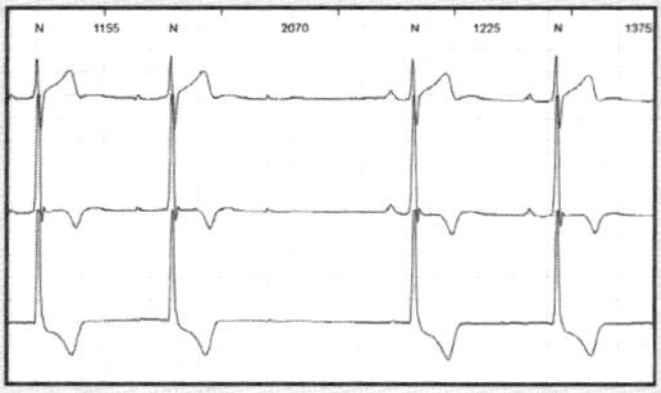
Bloqueio atrioventricular de 2° grau Mobitz 2 ou tipo II (BAV2GII)	Condução atrioventricular 1:1, intervalos PR fixos até que em dado momento surja onda P bloqueada e o ciclo se reinicia.	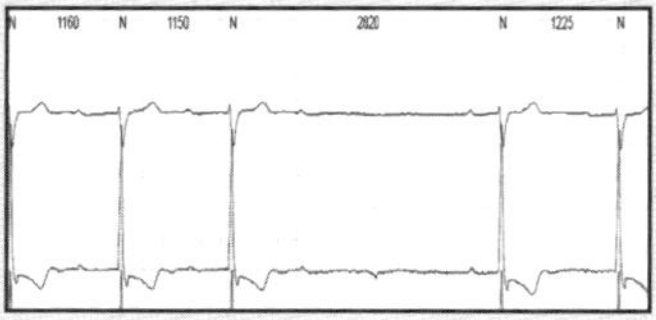

(continua)

Bradicardias *(continuação)*

Bloqueio atrioventricular de 2°grau 2:1 (BAV 2:1)	Tipo particular de bloqueio no qual 50% das ondas P estão bloqueadas. Se QRS estreito a localização do bloqueio é em nível do NAV.	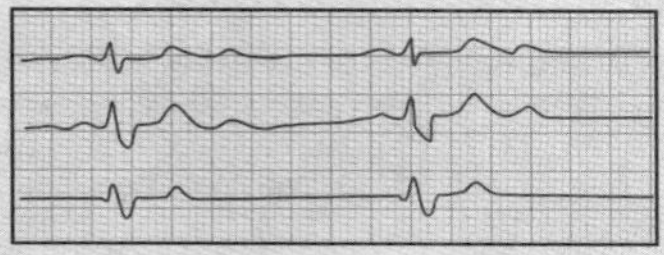
Bloqueio atrioventricular de alto grau ou avançado (BAV avançado)	Relação AV igual ou superior a 3:1, ou seja, mais de uma onda P comumente é bloqueada.	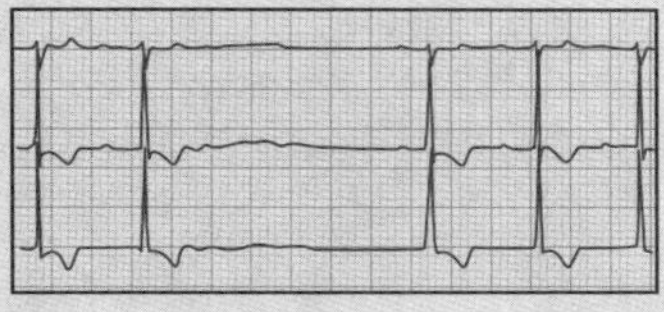
Bloqueio atrioventricular de 3° grau ou total (BAVT)	Condição na qual nenhum estímulo atrial consegue despolarizar os ventrículos, com ausência total de relação entre ondas P e complexos QRS (estes, se estreitos, são escapes de origem juncional). Se alargados, escapes de origem ventricular.	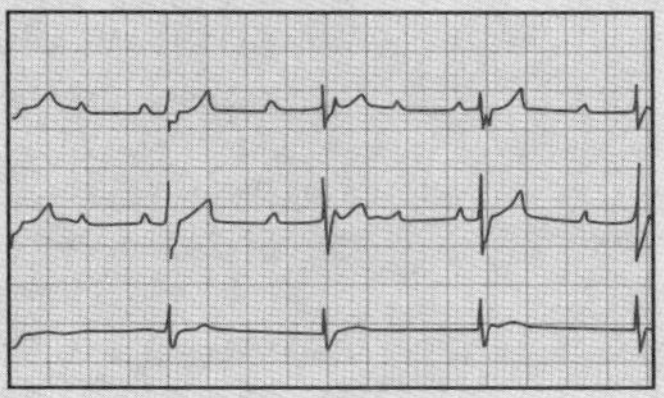

NAV: nó atrioventricular.

Eletrocardiograma (padrão característico) em situações clínicas diversas

Aberrância de condução	Bloqueio de ramo transitório relacionado a aumento da frequência cardíaca, alterações da condução AV, anormalidades metabólicas, geralmente pelo ramo direito. Na fibrilação atrial recebe o nome de fenômeno de Gounoaux-Ashmann
Ação digitálica	Infradesnível do segmento ST, inversão de onda T com o clássico padrão em colher de pedreiro, diminuição do intervalo QTc
Cardiomiopatia hipertrófica	Presença de ondas Q rápidas e profundas nas derivações inferiores e precordiais, sinais de SVE, alterações difusas da repolarização ventricular
Dextrocardia (*situs inversus*)	Presença de onda P negativa em D1, aVL e V6, positiva em aVR, diminuição da amplitude do QRS de V1 a V6. Mapeamento à direita revela aumento de amplitude de R de V1R à V6R
Displasia arritmogênica do VD	Atraso final de condução, presença de potenciais de baixa amplitude após o QRS em V1 e V2 (onda épsilon), inversão de onda T em V1 a V3, extrassístoles de via de saída do VD
Distrofias musculares	Distrofias musculares do tipo Duchenne-Becker apresentam onda R ampla em V1 e V2, Q em DI e aVL e alterações da repolarização ventricular
DPOC	Desvios dos eixos de P e QRS para a direita, SAD, diminuição da amplitude do QRS, padrão rS de V1 a V6 ou QS em V1 e V2
Efeito dielétrico	Baixa voltagem dos complexos QRS em todo o traçado (< 0,5 mV nas derivações clássicas e < 1,0 mV nas precordiais)
Hipercalemia	Onda T apiculada e base estreita na fase inicial, QTc diminuído, alargamento do QRS e condução sino-ventricular em formas graves
Hipocalemia	Diminuição de amplitude da onda T e aumento da onda U, depressão do segmento ST e onda T, aumento do intervalo QTU
Hipercalcemia	Intervalo QTc encurtado
Hipocalcemia	Intervalo QTc aumentado
Lesão aguda cerebral	Alterações da repolarização ventricular com ondas T negativas, simétricas e com grande amplitude (> 1 mV)
Pericardite aguda	Supradesnivelamento do segmento ST difuso, acompanhado de taquicardia e infradesnível do segmento PR
QT longo	Presença de intervalo QTc > 460 ms em geral ou QTm > 500 ms
QT curto	Presença de intervalos QTc < 340 ms (para alguns, já a partir de 370 ms)

Repolarização precoce benigna	O aspecto benigno caracteriza-se por elevação do ponto J e supradesnível do segmento ST côncavo em região anterolateral
Síndrome de Brugada	Padrão de bloqueio incompleto de ramo direito, associado a supradesnível do segmento ST de V1 a V3 (tipo 1) ou sela (tipo 2)
Tromboembolismo pulmonar	Taquicardia sinusal, alterações inespecíficas do segmento ST e onda T, desvio do eixo do QR para a direita (padrão S1Q3T3), atraso final de condução pelo ramo direito

AV: atrioventricular; DPOC: doença pulmonar obstrutiva crônica; SVE: sobrecarga ventricular esquerda; SAD: sobrecarga do átrio direito.

Introdução à prova de esforço (teste ergométrico)

Teste ergométrico ou prova de esforço é um procedimento não invasivo, de baixo custo e de grande reprodutibilidade, que se caracteriza pelo uso do exercício físico dinâmico (estresse) realizado em ergômetros.

O objetivo geral é submeter o indivíduo a um estresse físico programado e personalizado, com a finalidade de avaliar as respostas clínicas, hemodinâmicas, eletrocardiográficas e metabólicas obtidas durante e após o esforço (correspondendo à avaliação global do sistema cardiovascular).

São objetivos específicos: detecção da doença arterial coronária em todo seu espectro (de indivíduos assintomáticos aos que se encontram em programação de reabilitação cardiovascular após revascularização), reconhecimento de arritmias e alterações hemodinâmicas esforço-induzidas, avaliação da capacidade funcional e sintomas em portadores de valvopatias, cardiomiopatias e outras condições, avaliação de dispositivos implantados (marca-passos, desfibriladores e ressincronizadores) ao esforço, diagnóstico e prognóstico, prescrição de atividade física, avaliação terapêutica e fins periciais, entre outros.

Preparo e realização do teste ergométrico

Com o indivíduo descansado e com vestuário adequado e confortável, o preparo para o teste consiste em breve anamnese e exame físico, assinatura do termo, preparo da pele, tricotomia se necessário e colocação dos eletrodos. A montagem atualmente segue a preconizada por Mason-Lykar, acrescida ou não da derivação modificada CM5. A manutenção ou suspensão da medicação habitual deve ser orientada pelo médico assistente do paciente, quando o teste for indicado para pesquisa de sintomas e/ou alterações relacionadas ao esforço ou para avaliação da terapêutica instituída.

Realizar registro eletrocardiográfico clássico em 12 derivações, nas posições supina e ortostase. Aferir a pressão arterial em repouso, nas mesmas condições. Avaliar o grau de condicionamento físico na escolha do protocolo (considerar tempo de duração do esforço de 8 a 12 minutos).

(continua)

Preparo e realização do teste ergométrico *(continuação)*

A prova de esforço é constituída das etapas: repouso, exercício e recuperação (que não deverá ser inferior a 6 minutos, lembrando que o indivíduo deve ficar sob monitorização até o retorno das condições basais pré-teste). Recomenda-se durante cada estágio do protocolo a aferição da pressão arterial. O eletrocardiograma (ECG) deve ser monitorado continuadamente durante todo o exame, registrando-se os momentos de repouso, pico de esforço e recuperação final. Em caso de alterações eletrocardiográficas e/ou sintomas, deve-se também proceder ao registro.

Ergômetros e protocolos de exercício

No Brasil, os ergômetros mais utilizados são a esteira, a bicicleta e o ergômetro de manivela para os membros superiores. O exercício em esteira apresenta trabalho realizado 5 a 20% maior do que o realizado em bicicleta, maiores problemas com qualidade do registro e aferição da pressão arterial do que no cicloergômetro.

Os principais protocolos utilizados para a esteira são:

- Bruce (1952): protocolo mais amplamente utilizado na literatura. Consiste em aumentos gradativos e substanciais de velocidade e inclinação a cada 3 minutos. Melhor aplicado a indivíduos com algum grau de condicionamento (razoável a bom), evitando-se cardiopatas limitados, grandes obesos. Apresenta variantes atenuadas (Bruce Modificado, Sheffield, etc.).
- Ellestad (1975): protocolo de grandes incrementos de trabalho por estágio (aproximadamente 3 METs por estágio, lembrando que 1 MET ou equivalente metabólico = 3,5 mm/kg/min de oxigênio). Indicado para atletas, pessoas com bom condicionamento físico e jovens.
- Naughton (1964): protocolo com pequenos incrementos de trabalho, com velocidade fixa e inclinação progressiva, a cada 2 ou 3 minutos. Indicado para idosos sedentários, insuficiência cardíaca congestiva (ICC) compensada ou portadores de infarto agudo do miocárdio (IAM) em evolução recente.
- Rampa: opção de protocolo mais fisiológica e mais recomendável, por aumentos lineares e constantes do esforço. É programada de maneira individual e utilizada frequentemente na ergoespirometria.

Para o cicloergômetro em bicicleta há o protocolo de Balke, com incremento de 25 W a cada 2 minutos para indivíduos em geral, utilizando-se carga de 50 W em indivíduos condicionados. Em limitados, a prova é feita com carga livre.

Avaliação das respostas clínicas e exame físico

Presença de sinais e sintomas como palidez, sudorese, estafa física e dispneia devem ser sempre descritos e correlacionados às alterações hemodinâmicas e eletrocardiográficas obtidas. A dor torácica deve ser bem avaliada e categorizada: modo de aparecimento durante o exame, intensidade, evolução, caráter, fenômenos acompanhantes, irradiação e fatores de melhora e se há correlação com alterações eletrocardiográficas. Cansaço físico, dispneia e fadiga desproporcionais ao esforço físico podem constituir equivalência de insuficiência ventricular esquerda.

A avaliação do cansaço físico durante a prova pode ser mensurada de uma maneira mais objetiva por meio da escala proposta por Borg: 6 a 20 (ou 0 a 10, considerando os extremos de muito fácil a exaustivo).

No exame físico atentar para sinais de má perfusão periférica (palidez cutânea, cianose e sudorese excessiva), que se associam à disfunção ventricular esquerda. Visão turva, tonturas e alteração na marcha podem representar diminuição da perfusão cerebral. A disfunção do VE pode ainda apresentar-se com o achado de terceira e quarta bulhas e estertores pulmonares à ausculta. Sopros sistólicos mitrais agudos ou intensificados podem sugerir etiologia isquêmica. Sibilos normalmente denotam broncoespasmo induzido pelo esforço.

Avaliação das respostas hemodinâmicas

A frequência cardíaca (FC) deve aumentar linearmente com a progressão do exercício. Pode ser estimada por meio de fórmulas:

- Lange e Andersen: FC máxima = [210 – (idade x 0,65)] bpm
- Karvonen: FC máxima = (220 – idade) bpm

Desta relação, define-se que um teste é máximo quando a FC máxima obtida corresponde a 95-100% do previsto; submáximo a 85-95% do previsto; e ineficaz quando inferior a 85% do previsto (que representam menor acurácia para avaliação de isquemia miocárdica). A resposta da FC ao teste depende de vários fatores – temperatura corporal, temperatura do ambiente, carga de exercício, grau de condicionamento físico, nível de catecolaminas, acidose metabólica e uso de medicamentos cronotrópicos negativos. Queda da FC intraesforço é rara, mas denota a presença de doença arterial coronária (DAC) grave.

Durante a fase de recuperação, deve haver uma queda da FC de ao menos 12 batimentos no primeiro minuto ou 25 no segundo minuto, em relação ao pico. Avaliação da atividade vagal e risco de maior mortalidade.

(continua)

Avaliação das respostas hemodinâmicas *(continuação)*

A pressão arterial avalia a resposta inotrópica frente ao exercício, com aumento do componente sistólico (em indivíduos normais até 220 mmHg) e manutenção/pequena oscilação do diastólico. A resposta hiper-reativa é considerada quando em indivíduos normais supera-se o valor de 220 mmHg de pressão arterial sistólica (PAS) ou variação pico-repouso superior a 100 mmHg e para o componente diastólico, elevações de 15 mmHg ou mais em relação ao repouso. Em jovens pode ser comum após o teste leve hipotensão sistólica, em algumas vezes sintomática, sem maiores riscos de morbidade cardiovascular.

A elevação mínima da PAS dever ser de, ao menos, 30-35 mmHg em um homem adulto de estatura mediana. Essa incapacidade pode denotar disfunção ventricular. Queda do componente sistólico intraesforço pode ser encontrado em situações de doença coronariana grave, cardiomiopatia hipertrófica na forma obstrutiva e estenose aórtica grave.

A avaliação do duplo produto (PAS máxima x FC máxima) é uma variável que reflete o consumo de oxigênio pelo miocárdio, sendo importante para avaliação de limiares de dor torácica, terapêutica anginosa, programas de condicionamento e sucesso de revascularização.

O consumo de oxigênio (VO_2), apesar de não ser recomendado (preferência pela aferição direta por meio da ergoespirometria), pode ser estimado pelo teste de esforço para a determinação da capacidade cardiorrespiratória, expresso em equivalente metabólico (MET).

Avaliação das respostas eletrocardiográficas

Onda P: aumento de sua amplitude. Aumento da fase negativa em V1 pode denotar insuficiência ventricular esquerda (baixo valor preditivo negativo).

Intervalo PR: duração diminuída, infradesnivelamento. Pode haver aumento de sua duração durante a recuperação por hipertonia vagal.

Onda Q: a resposta normal da onda Q é do aumento de sua amplitude em indivíduos normais e sua diminuição associada a infradesnível do segmento ST denota isquemia obstrutiva. Sua análise é invalidada em situação de bloqueio de ramo, áreas previamente infartadas e pré-excitação ventricular.

Onda R: a resposta normal evidencia diminuição de sua amplitude. Quando ocorrem aumento, concomitantemente à diminuição de onda Q, e alterações do segmento ST, representa fenômeno isquêmico.

Onda S: aumenta na medida em que a onda R diminui. Não apresenta valor específico para o diagnóstico de isquemia miocárdica.

(continua)

Avaliação das respostas eletrocardiográficas *(continuação)*

Ponto J: pode apresentar ocasionalmente infradesnível sem representação clínica maior.
Segmento ST: suas oscilações positivas ou negativas (supra ou infradesnivelamentos) são as manifestações mais frequentes relacionadas à isquemia miocárdica. Para sua análise, leva-se em consideração três pontos: ▪ Ponto J: denota o fim do QRS e o início do segmento ST; ▪ Ponto Y: aferido a 80 ms após o ponto J (também conhecido por J80). Em FC acima de 130 bpm, pode-se usar a aferição do ponto Y no momento J60, ou seja, 60 ms após o ponto J. Na avaliação dos supradesníveis, pode-se fazer a aferição no ponto J40 (40 ms); ▪ Ponto X: marca o retorno do segmento ST à linha de base. O infradesnivelamento do segmento ST pode ser considerado como normal quando seu retorno à linha de base (QT) ocorre antes do ponto Y. Em relação à morfologia, pode ser classificado como ascendente lento, horizontal, convexo e descendente. Chama-se ascendente rápido quando o infradesnível do segmento ST é considerado normal e fisiológico. São critérios de positividade do teste frente às diferentes morfologias: ▪ Ascendente lento: infradesnível do segmento ST de 1,5 mm ou mais, medido no ponto Y, para indivíduos com risco moderado ou alto de doença arterial coronária ou maior que 2,0 mm em indivíduos de baixo risco para doença arterial coronária (DAC); ▪ Horizontal: infradesnível de 1 mm ou mais, medido na origem do segmento ST (ponto J) e Y, com duração $\geq$ 80 ms; ▪ Convexo: infradesnível de 2 mm ou mais, aferido no ponto Y; ▪ Descendente: infradesnível de 1 mm ou mais, medido na origem do segmento ST (ponto J). Aqui não é utilizado o ponto Y uma vez que este comumente se encontra sobre o ramo descente de T. O supradesnivelamento do segmento ST é um achado raro ($<$ 0,1% dos exames), sendo considerado anormal quando sua magnitude for $\geq$ 1 mm, mensurado a partir do ponto J40. Sua interpretação e seu valor prognóstico dependem do local de ocorrência. Em derivações sem a presença de onda Q, exceto aVR e V1, associam-se a lesões de tronco da coronária esquerda, lesões proximais da artéria interventricular anterior ou, ainda, espasmo coronariano. A elevação de ST em derivação outra que não aVR ou V1 com eletrocardiograma (ECG) de repouso normal representa isquemia transmural. Já a elevação na presença de derivação com onda Q patológica pode representar presença de discinesia (aneurisma) ventricular.
Ondas T: aumentam de amplitude com o exercício e durante o início da recuperação, mas podem apresentar labilidade, ficando negativas. São consideradas inespecíficas e sem valor diagnóstico. Pseudonormalização de onda T previamente negativa durante o teste pode denotar presença de DAC grave.
Onda U: sempre positiva em indivíduos normais.

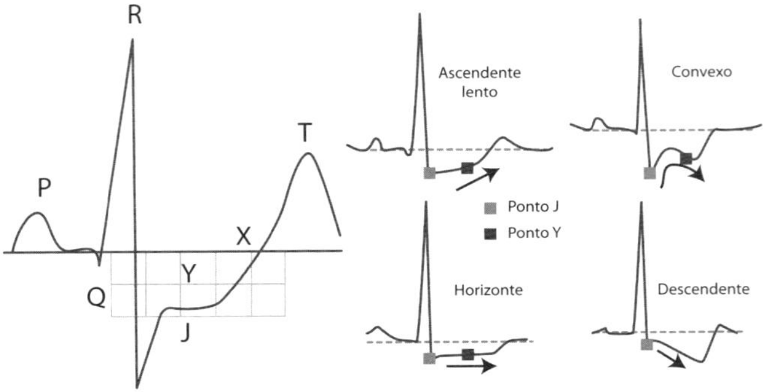

Figura 2 Pontos para análise do segmento ST e morfologias de infradesnível ST.

Sensibilidade, especificidade, probabilidade de doença, prognóstico

Metanálise de 147 estudos mostram que, para a detecção de DAC, o teste ergométrico tem sensibilidade de 68% e especificidade de 77%, quando comparado à cineangiocoronariografia.

A teoria bayesiana diz que os resultados de sensibilidade e especificidade em um teste diagnóstico dependem da prevalência da doença a ser estudada em determinada população. Em vista disso, o melhor desempenho da prova de esforço é encontrado nos indivíduos com probabilidade moderada de DAC (30 a 70%).

Escores podem ser utilizados para avaliação pós-teste de esforço, melhorando sensibilidade e especificidade.

Testes cujo resultado final demonstrem carga de trabalho menor que 5 METs correlacionam-se a um pior desfecho clínico.

Respostas anormais do componente sistólico, diastólico ou durante a fase de recuperação, em indivíduos normotensos, relacionam-se a maior risco de desenvolvimento futuro de hipertensão arterial sistêmica (HAS) e morte.

A presença de DAC multiarterial e grave em um teste de esforço pode ser expresso pelo achado de: carga de trabalho realizado menor que 6 METs, déficit cronotrópico, PAS final < 120 mmHg, queda intraesforço ou manutenção de platô fixo, infradesnível do segmento ST maior ou igual a 2,0 mm, horizontal ou descendente de surgimento precoce, que acometa mais que 5 derivações e que dure por 5 minutos da recuperação, supradesnível ST em área não infartada, indução de angina em baixa carga e presença de taquicardia ventricular sustentada.

DAC: doença arterial coronária; MET: equivalente metabólico; PAS: pressão arterial sistólica.

Condições de falso-positivos e falso-negativos para o teste ergométrico

Falso-positivos		Falso-negativos
Insuficiência coronariana não obstrutiva (ICNO): SVE, EAo, PVMi, ponte miocárdica, espasmos, etc.	Distúrbios da condução intraventricular (BRE)	FC final inadequada
Onda T atrial	Miocárdio "atordoado"	Terapêutica
Onda R de grande amplitude	Equipamento inadequado	Área isquêmica pequena ou oculta
Condução AV acelerada	Traçados com artefatos	Miocárdio pré-condicionado
PR curto	Miocardite/pericardite	Circulação colateral
Pré-excitação ventricular	Drogas (digitálico)	Protocolo atenuado
Distúrbios hidroeletrolíticos	Anemia	Registro inadequado
QT longo	Teste supramáximo	Traçado insatisfatório
Taquicardias supraventriculares	Roubo subclávio	Complexos QRS de baixa voltagem
Batimentos de fusão	Marca-passo	Equipamento inadequado

EAo: estenose aórtica; PVMi: portador de ventilação mecânica invasiva; SVE: sobrecarga ventricular esquerda.

Teste ergométrico na sala de emergência

Entre as estratégias de avaliação de dor torácica na sala de emergência, o uso da ergometria representa um meio rápido, de baixo custo e seguro para avaliação de indivíduos selecionados.
São indicados para esta estratégia os pacientes de baixo ou intermediário risco para DAC, ECG de repouso normal ou com discretas alterações ST/T que não invalidem a análise de isquemia miocárdica, que estejam clinicamente estáveis e sem dor no momento da prova, sem arritmias e que tenham dosagem normal de marcadores de necrose (ao menos duas amostras, com coleta de troponina, em tempo hábil).
O exame é realizado em protocolos atenuados ou de rampa, com carga de 1 MET/min, limitado por sintomas, alterações do segmento ST iguais ou superiores a 1,0 mm (infradesnível horizontal, descendente ou supradesnível) ou queda da pressão intraesforço maior que 10 mmHg.
O critério de positividade é o achado de alterações isquêmicas do segmento ST, destacando-se que a ocorrência de anormalidades merece atenção: baixa capacidade física, resposta anormal da FC durante a prova, incompetência cronotrópica, arritmias ventriculares, dor torácica induzida ao esforço e queda da pressão intraesforço.
Testes considerados negativos permitem a liberação do paciente com segurança, apresentando um valor preditivo negativo elevado (98 a 100%), sem ocorrência de eventos em um ano.

DAC: doença arterial coronária: ECG: eletrocardiograma; MET: equivalente metabólico.

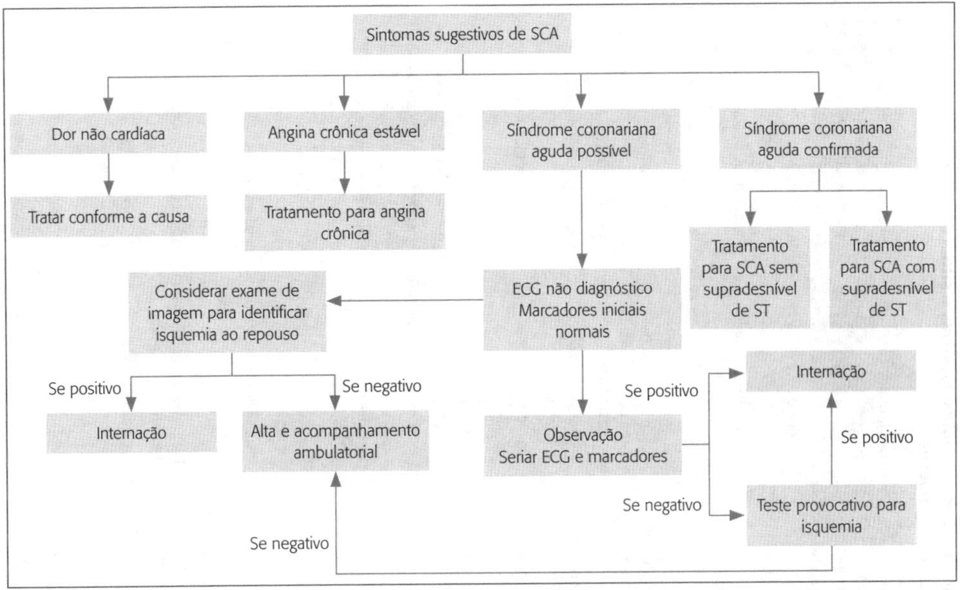

Figura 3 Fluxograma para o uso do teste de esforço em protocolo de dor torácica. ECG: eletrocardiograma; SCA: síndrorne coronariana aguda.

Contraindicações absolutas, relativas e situações de risco para o teste ergométrico

Contraindicações absolutas	Contraindicações relativas	Situações de risco (considerar realização intra-hospitalar, retaguarda e termo de consentimento)
IAM agudo nos primeiros 2 dias	Bloqueio AV avançado	IAM não complicado
Angina instável não estabilizada previamente (48 a 72 horas)	MP em frequência fixa	Angina instável estabilizada
Arritmias complexas não controladas	Lesão do tronco de coronária esquerda (TCE) ou equivalente	Dor torácica aguda na emergência, com ECG e enzimas sem alterações
Estenose aórtica grave sintomática	Hipertrofia septal assimétrica	Lesão conhecida de TCE
ICC descompensada	Doenças infecciosas agudas	Arritmias ventriculares complexas
Miocardites e pericardites	Anemia intensa	Arritmias com repercussões clínicas e hemodinâmicas
Dissecção aórtica aguda	Intoxicação medicamentosa	Síncope (arritmogênica ou por BAV)
	Distúrbios metabólicos graves (p. ex. cetoacidose)	Desfibrilador implantável
	Pós-operatório recente de cirurgia cardíaca	ICC CF III ou IV
	Insuficiência vascular periférica grave	Lesões valvares estenóticas moderadas ou de insuficiência grave
	Incapacidade motora para a realização da prova	Hipertensão pulmonar
	HAS grave ao repouso (PAS > 200 mmHg e/ou PAD > 110 mmHg)	MCP hipertrófica
		Insuficiência hepática, renal

AV: atrioventricular; BAV: bloqueio atrioventricular; CF: classificação funcional; ECG: eletrocardiograma; HAS: hipertensão arterial sistêmica; ICC: insuficiência cardíaca congestiva; IAM: infarto agudo do miocárdio; MCP: miocardiopatia; MP: marca-passo; PAD: pressão arterial diastólica; PAS: pressão arterial sistêmica.

Bibliografia recomendada

1. Pastore CA, Pinho JA, Pinho C, Samesima N, Pereira-Filho HG, Kruse JCL, et al. III Diretrizes da Sociedade Brasileira de Cardiologia sobre análise e emissão de laudos eletrocardiográficos. Arq Bras Cardiol. 2016;106(4Supl.1):1-23.
2. AHA/ACCF/HRS Recommendations for the standardization and interpretation of the electrocardiogram. Part V: Electrocardiogram changes associated with cardiac chamber hypertrophy; 2009. Disponível em: http://circ.ahajournals.org/content/119/10/e251.full.pdf.
3. Surawicz B, Childers R, Deal B, et al. AHA/ACC/HRS Recommendations for the standardization and interpretation of the electrocardiogram: intraventricular conduction disturbances: a scientific statement form the American Heart Association Electrocardiography anda Arrhytmias Committee, Council on Clinical Cardiology; the American College of Cardiology Foundation; and the Heart Rhytm Society. JACC. 2009;53(11).
4. Nicolau JC, Timerman A, Marin-Neto JA, Piegas LS, Barbosa CJDG, Franci A. Sociedade Brasileira de Cardiologia. Diretrizes da Sociedade Brasileira de Cardiologia sobre angina instável e infarto agudo do miocárdio sem supradesnível do segmento ST. Arq Bras Cardiol. 2014;102(3 Supl.1):1-61.
5. Luna BA. ECGS for beginners. New Jersey: Wiley Blackwell, 2014.
6. Issa Z, Miller JM, Zipes DP. Clinical arrhythmology and electrophysiology: a companion to Braunwald's heart disease. 1.ed. Philadelphia: Elsevier Saunders, 2010.
7. Mirvis DM, Goldberger AL. Electrocardiography. In: Braunwald's heart disease: a textbook of cardiovascular medicine. 9. ed. Philadelphia: Elsevier Saunders, 2012.
8. Meneghelo RS, Araújo CGS, Stein R, Mastrocolla LE, Albuquerque PF, Serra SM, et al. Sociedade Brasileira de Cardiologia. III Diretrizes da Sociedade Brasileira de Cardiologia sobre o Teste Ergométrico. Arq Bras Cardiol. 2010;95(5 supl.1):1-26.
9. Amsterdam EA, Kirk JD, Diercks DB, Lewis WR, Turnipseed SD. Exercise testing in chest pain units: rationale, implementation and results. Cardiol Clin. 2005;23(4):503-16.
10. Bassan R, Pimenta L, Leães PE, Timmermam A. Sociedade Brasileira de Cardiologia. I Diretriz de dor torácica na sala de emergência. Arq Bras Cardiol. 2002;79 (supl II).

120

Angiotomografia de coronárias

Antonildes N. Assunção Jr.

Introdução

A tomografia computadorizada (TC) é um método diagnóstico indispensável na prática médica nos dias de hoje. Apesar de ter sido idealizada no início do século XX, a TC possui pouco mais de 40 anos. O primeiro aparelho foi criado, em 1972, pelo ganhador do prêmio Nobel *Sir* Godfrey N. Hounsfield;

Há pouco mais de uma década, com o advento do tomógrafo de múltiplos detectores, iniciou-se a aplicação clínica da angiotomografia de coronárias (TCC). Desde então, o impulso tecnológico tem propiciado o surgimento de tomógrafos com melhor resolução temporal e espacial, além de *softwares* que permitem melhor pós-processamento de imagens.

Com a melhora da qualidade das imagens e a diminuição da dose de radiação ionizante e da quantidade de contraste utilizado, atualmente a TCC vem se consolidando como exame importante e seguro em diferentes cenários clínicos na cardiologia, suportado por robustas evidências científicas.

Princípios básicos e exigências

Radiação ionizante (raio X): 5-12 mSv (1 mSv*)
Resolução espacial submilimétrica: < 0,675 mm (0,4 mm*)
Resolução temporal elevada: < 420 ms (75 ms*)
Colunas de detectores: pelo menos 64 (320*)
Contraste iodado (70-120 mL)

* Tomógrafos mais modernos.

Diminuição de movimento
Sincronização eletrocardiográfica
Aquisição no meio da diástole
FC controlada (< 65 bpm)
Apneia na aquisição

FC: frequência cardíaca.

Rever indicação
IMC > 40 kg/m²
Arritmia não controlada
Incapacidade de levantar os braços

IMC: índice de massa corporal.

Segurança em exames contrastados

Risco de nefrotoxicidade
Idosos (> 70 anos)
ICC (CF III ou IV)
DM
IRC (ClCr < 60 mL/m²)
Anemia
Desidratação
Drogas nefrotóxicas

CF: classificação funcional; ClCr: *clearance* de creatinina; DM: diabete melito; ICC: insuficiência cardíaca congestiva; IRC: insuficiência renal crônica.

Metformina
Suspender 48 horas antes, se IRC
Suspender 48 horas após para todos

IRC: insuficiência renal crônica.

Profilaxia de reação alérgica
Reação prévia com necessidade de intervenção medicamentosa
12 horas antes: prednisona 50 mg
2 horas antes: prednisona 50 mg + difenidramina 50 mg

Aplicações clínicas

Escore de cálcio

DAC crônica (doença não conhecida)
Sem contraste
Valor prognóstico
Representa áreas ≥ 3 *pixels* adjacentes e atenuação ≥ 130 UH
Laudo
Escore (Agatston), volume e massa
Percentil (com idade, gênero e etnia)
Indicação
Pacientes assintomáticos
Escore de risco (ASCVD) < 7,5%
Indicação de tratamento incerta
Resultados agravantes
Escore ≥ 300 ou percentil ≥ 75

ASCVD: *atherosclerotic cardiovascular disease*; DAC: doença arterial coronária.

Classificações de lesões coronarianas segundo a Society of Cardiovascular Computed Tomography (SCCT)

1. Normal: ausência de placa e/ou estenose coronariana.
2. Mínima: placa determinando menos de 25% de estenose.
3. Discreta: placa determinando estenose entre 25 e 49%.
4. Moderada: placa determinando estenose entre 50 e 69%.
5. Importante ou grave: placa determinando estenose entre 70 e 99%.
6. Oclusão.

Angiotomografia de coronárias

DAC crônica (doença não conhecida)
Pacientes sintomáticos
Probabilidade pré-teste de DAC baixa ou intermediária
Elevada capacidade de excluir com segurança DAC significativa
Valor preditivo negativo: 93-100%
DAC crônica (caracterização de placas)
Identificação de placas mais vulneráveis a ruptura ou erosão: ▪ Não calcificadas ou com calcificações irregulares ou ▪ De grande volume, com remodelamento positivo ou ▪ Baixa atenuação (conteúdo lipídico)
DAC crônica (enxertos cirúrgicos)
Excelente acurácia para avaliar a patência de enxertos cirúrgicos
Limitação: leito nativo e anastomose distal (intensa calcificação coronariana)
DAC crônica (*stents*)
Stents com diâmetro maior que 3 mm ou
Localizados no TCE ou segmentos coronarianos proximais
DAC (dor torácica na emergência)
Probabilidade clínica baixa e intermediária de SCA
VPN de 100% na maioria dos estudos
Excelente prognóstico a longo prazo dos pacientes liberados do pronto-socorro
Custo-efetivo: melhor eficiência na tomada de decisão, redução de mais de 50% do tempo de permanência no setor de emergência e de quase 40% do custo

(continua)

Angiotomografia de coronárias *(continuação)*

IAM com coronárias normais
Em pacientes com suspeita de miocardite, o exame tem grande valor no diagnóstico diferencial de SCA se eles apresentarem baixa probabilidade de DAC
Triplo descarte (SCA, TEP e dissecção de aorta)
Não há dados na literatura que suportem essa indicação na rotina clínica
Pode ser útil em casos selecionados
Avaliação pré-operatória
Avaliação segura em pacientes < 40 anos, com risco intermediário, que serão submetidos à cirurgia cardíaca não coronária
As evidências são escassas para cirurgia não cardíaca

DAC: doença arterial coronária; IAM: infarto agudo do miocárdio; SCA: síndrome coronária aguda; TCE: tronco de coronária esquerda; TEP: tromboembolismo pulmonar; VPN: valor preditivo negativo.

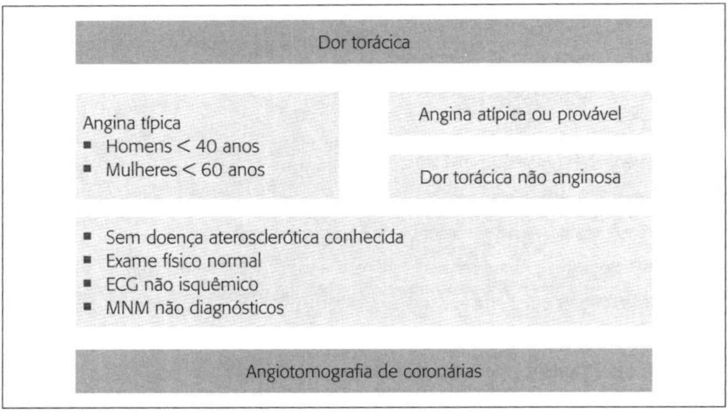

Figura 1 Algoritmo de angiotomografia de coronárias. ECG: eletrocardiograma; MNM: marcadores de necrose miocárdica.

Recomendações para interpretação das obstruções encontradas na TCC e manejo clínico na sala de emergência

- 0-25%: síndrome coronariana improvável. Acompanhamento clínico ambulatorial para controle de eventuais fatores de risco e/ou diagnóstico de mínima DAC.
- 26-49%: síndrome coronariana improvável. Acompanhamento clínico ambulatorial com diagnóstico de mínima DAC.
- 50-69%: síndrome coronariana possível. Avaliações adicionais podem se fazer necessárias antes da alta da sala de emergência.
- 70%: síndrome coronariana provável. Indicada internação hospitalar com avaliação adicional.

DAC: doença arterial coronária; TCC: angiotomografia de coronárias.

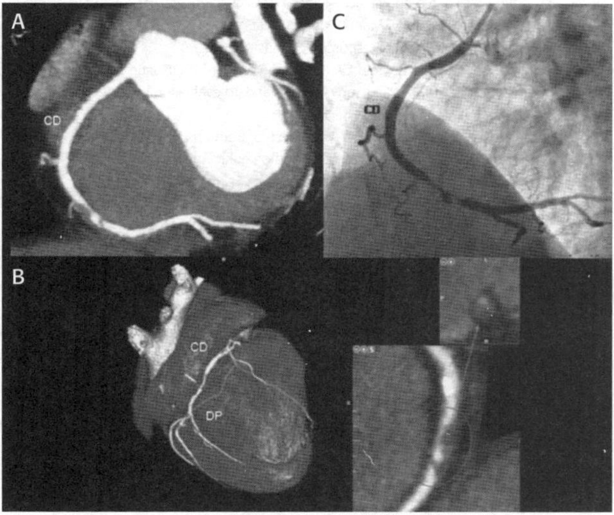

Figura 2 (A e B) Angiotomografia de coronárias com reconstrução multiplanar e tridimensional de um paciente com placa mista na artéria coronária direita; (C) angiografia coronariana invasiva confirmando presença de estenose significativa. CD: coronária direita; DP: descendente posterior.

Bibliografia recomendada

1. Taylor AJ, Cerqueira M, Hodgson JM, Mark D, Min J, O'Gara P, et al.; ACCF/SCCT/ACR/AHA/ASE/ASNC/NASCI/SCAI/SCMR 2010 appropriate use criteria for cardiac computed tomography. J Am Coll Cardiol. 2010;23;56(22):1864-94.
2. Sara L, Szarf G, Tachibana A, Shiozaki AA, Villa AV, de Oliveira AC, et al. II Diretriz de ressonância magnética e tomografia computadorizada cardiovascular da Sociedade Brasileira de Cardiologia e do Colégio Brasileiro de Radiologia. Arq Bras Cardiol. 2014;103(6 Suppl 3):1-86.
3. Raff GL, Chinnaiyan KM, Cury RC, Garcia MT, Hecht HS, Hollander JE, et al.; Society of Cardiovascular Computed Tomography Guidelines Committee. SCCT guidelines on the use of coronary computed tomographic angiography for patients presenting with acute chest pain to the emergency department. J Cardiovasc Comput Tomogr. 2014;8(4):254-71.
4. Goff DC Jr, Lloyd-Jones DM, Bennett G, Coady S, D'Agostino RB, et al. American College of Cardiology/American Heart Association Task Force on Practice Guidelines. 2013 ACC/AHA guideline on the assessment of cardiovascular risk: a report of the American College of Cardiology/American Heart Association Task Force on Practice Guidelines. Circulation. 2014;129(25 Suppl 2):S49-73.
5. American College of Radiology. Manual on contrast media, version 9; 2013. Disponível em: http://www.acr.org/quality-safety/resources/contrast-manual.
6. Hoffmann U, Truong QA, Schoenfeld DA, Chou ET, Woodard PK, Nagurney JT, et al.; ROMICAT-II Investigators. Coronary CT angiography versus standard evaluation in acute chest pain. N Engl J Med. 2012;26;367(4):299-308.
7. Goldstein JA, Chinnaiyan KM, Abidov A, Achenbach S, Berman DS, Hayes SW, et al.; CT-STAT Investigators. The CT-STAT (Coronary Computed Tomographic Angiography for Systematic Triage of Acute Chest Pain Patients to Treatment) trial. J Am Coll Cardiol. 2011;27;58(14):1414-22.
8. Litt HI, Gatsonis C, Snyder B, Singh H, Miller CD, Entrikin DW, et al. CT angiography for safe discharge of patients with possible acute coronary syndromes. N Engl J Med. 2012;366(15):1393-403.
9. Meijboom WB, Mollet NR, Van Mieghem CA, Kluin J, Weustink AC, Pugliese F, et al. Pre-operative computed tomography coronary angiography to detect significant coronary artery disease in patients referred for cardiac valve surgery. J Am Coll Cardiol. 2006;48(8):1658-65.
10. Rogers IS, Banerji D, Siegel EL, Truong QA, Ghoshhajra BB, Irlbeck T, et al. Usefulness of comprehensive cardiothoracic computed tomography in the evaluation of acute undifferentiated chest discomfort in the emergency department (CAPTURE). Am J Cardiol. 2011;107(5):643-50.

121

Ressonância magnética cardíaca

Debora Yuri Moura Nakamura
Carlos Eduardo Rochitte

Introdução

- A ressonância magnética cardíaca (RMC) é um método de imagem atualmente utilizado para diagnosticar as cardiomiopatias (CMP).
- Não utiliza nenhuma forma de radiação ionizante.
- Avalia a anatomia (coração, grandes vasos e suas relações anatômicas), função e massa ventricular, contratilidade regional e permite a caracterização tecidual miocárdica (presença de dema, gordura, fibrose miocárdica macroscópica e difusa intersticial).
- As imagens são sincronizadas com o eletrocardiograma (ECG) e com a interrupção do ciclo respiratório do paciente, que contribui para menor movimentação do coração.
- Sob alguns aspectos, a RMC é considerada a técnica de referência para o diagnóstico e para o prognóstico de CMP por meio dos diversos tipos de sequências disponíveis (citaremos determinadas sequências relevantes para cada CMP).

Realce tardio miocárdico (Figura 1)

Uma das sequências mais importantes realizada nesse exame é o realce tardio miocárdico (RTM), que permite identificar áreas de fibrose miocárdica. Nessa aquisição de imagem, é utilizado um contraste baseado no gadolínio, um metal paramagnético que diminui os tempos de relaxamento T1 e T2. O gadolínio é um contraste extracelular, por isso não penetra nos miócitos normais, atingindo apenas o espaço extracelular. O RTM é adquirido após 10 a 20 minutos da injeção de gadolínio. A área de tecido miocárdico doente ou lesado apresenta eliminação mais lenta do contraste por causa da expansão do espaço extracelular, mais significativamente do componente intersticial, gerando imagens brancas que contrastam com as imagens escuras do miocárdio normal

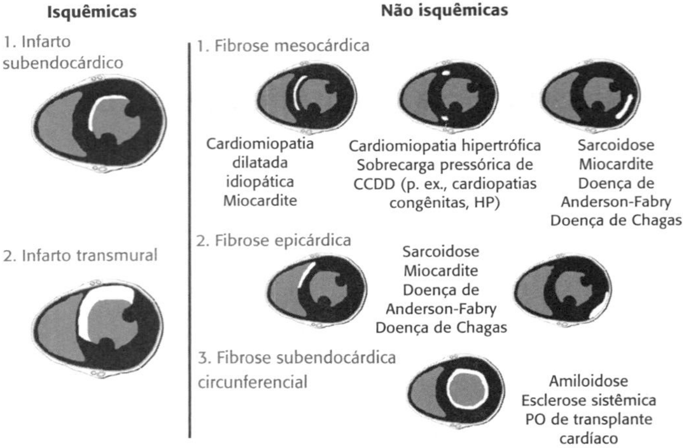

Figura 1 Padrões de realce tardio miocárdico por RMC nas cardiomiopatias isquêmicas e não isquêmicas. CCDD: câmaras cardíacas direitas; HP: hipertensão pulmonar.

Aplicações clínicas da ressonância magnética cardíaca (RMC)

Cardiomiopatia isquêmica

- Avaliar função ventricular, contratilidade regional, presença de viabilidade, de fibrose miocárdica e sua quantificação, tendo impacto na possível recuperação de contratilidade, os riscos de taquiarritmias e no prognóstico do paciente. Atualmente a RMC é o padrão-ouro para avaliação de viabilidade miocárdica.
- Imagens ponderadas em T2 têm como finalidade detectar áreas de edema, ajudando a diferenciar infartos agudos de crônicos.
- Nos casos de lesão aguda, podemos detectar áreas de obstrução microvascular (*no-reflow*), associadas a remodelamento ventricular adverso; é comprovadamente um preditor independente de pior prognóstico (Figura 2).
- Segmentos disfuncionais que apresentam áreas de realce tardio como extensão < 50% do mesmo segmento apresentam grande probabilidade de recuperação funcional após revascularização, sendo consideradas viáveis. Se o realce tardio for > 50% do segmento analisado (acometimento transmural), este é considerado não viável.

(continua)

Cardiomiopatia isquêmica *(continuação)*

- Perfusão miocárdica de estresse: análise do miocárdio sob efeito de estresse farmacológico vasodilatador e em repouso. O estresse normalmente utilizado para avaliação da perfusão miocárdica é obtido pela infusão de adenosina ou dipiridamol. A avaliação de isquemia com RMC possui dois grandes atrativos em relação a outros métodos: a ausência de radiação ionizante e a alta resolução espacial. Esta última possibilita uma análise precisa não somente da perfusão miocárdica, mas também da contratilidade e fibrose miocárdica – alterações envolvidas na doença isquêmica do coração (Figura 3). Essa técnica tem consistentemente demonstrado especificidade semelhante à da cintilografia e maior sensibilidade para a detecção de isquemia miocárdica.
- Cinerressonância de estresse: visualização direta dos efeitos da isquemia induzida por estresse com dobutamina sobre a contratilidade segmentar.
- Cinerressonância de estresse: visualização direta dos efeitos da isquemia induzida por estresse com dobutamina sobre a contratilidade segmentar.

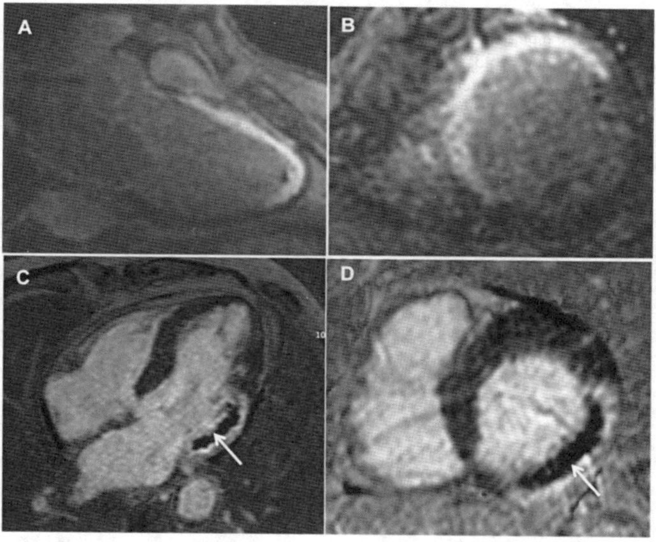

Figura 2 Imagens de realce tardio miocárdico por ressonância magnética cardíaca (RMC). A e B: infarto em parede anterior e septal, sem viabilidade; C e D: infarto sem viabilidade associado à obstrução microvascular ou *no-reflow* (área escura indicada pelas setas) nos segmentos inferior e inferolateral.

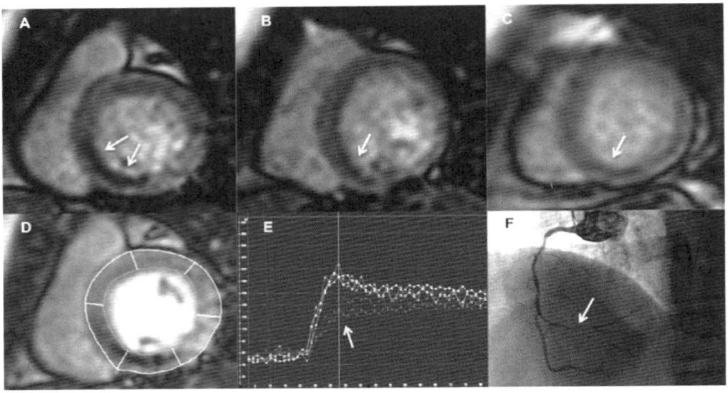

Figura 3 A, B e C: Imagens de perfusão miocárdica de primeira passagem durante estresse com dipiridamol por ressonância magnética cardíaca (RMC), mostrando isquemia nos segmentos inferior e inferosseptal médio e basal e inferior apical; D e E: análise das curvas de intensidade de sinal por segmentos, com a seta em E indicando os segmentos isquêmicos (curvas com menor intensidade de sinal na primeira passagem); F: imagem do cateterismo cardíaco mostrando coronária direita (CD) subocluída no terço distal.

Cardiomiopatias não isquêmicas

Síndrome de Takotsubo ou cardiomiopatia adrenérgica: ▪ Quadro clínico de síndrome coronária aguda que na RMC evidencia extensa área acinética geralmente atingindo classicamente a ponta do coração sem correspondente área de fibrose miocárdica (outros segmentos acinéticos, como mediais, basais e ventrículo direito – VD, têm sido descritos). A sequência ponderada em T2 pode mostrar edema miocárdico pelas alterações inflamatórias do miocárdio.
Cardiomiopatia dilatada: ▪ Avaliação da dilatação e contratilidade biventricular. ▪ Acometimento difuso e afilamento do miocárdio. ▪ Fibrose miocárdica: pode estar ausente ou presente, com padrão mesocárdico, sem seguir distribuição territorial das coronárias (Figura 9). A presença de fibrose miocárdica indica pior prognóstico.

(continua)

Cardiomiopatias não isquêmicas *(continuação)*

Miocardite:

- Sequências ponderadas em T2 caracterizam o edema miocárdico, demonstrando lesão miocárdica aguda secundária ao processo inflamatório (Figura 4).
- Padrão do realce tardio é usualmente epicárdico ou mesocárdico, com múltiplas áreas, não contíguas e sem relação com o território coronário (Figura 5).
- A RMC é recomendada por diretrizes internacionais e pelas diretrizes da Sociedade Brasileira de Cardiologia (SBC) para a avaliação das miocardites. A presença de fibrose miocárdica indica pior prognóstico.

Cardiomiopatia hipertrófica (CMH):

- Avaliação da extensão e localização da hipertrofia.
- Detecção do movimento sistólico anterior, aceleração de fluxo na via de saída de venrículo esquerdo (VE) e insuficiência mitral (Figura 7).
- A fibrose miocárdica é, em geral, mesocárdica multifocal e ocorre mais frequentemente nos locais de maior hipertrofia, ou próxima dos locais de conexão do VE com o VD. A presença da fibrose (particularmente quantidades superiores a 15% da massa do VE) está associada a um maior risco de arritmias e morte súbita (Figura 8).

Cardiomiopatia siderótica:

- Quantificação do depósito precoce de ferro miocárdico é realizada utilizando os valores do T2* (T2 estrela). Valores < 20 ms estão associados a disfunção ventricular e arritmias (valores < 10 ms indicam depósito importante e pior prognóstico).
- Controle da resposta ao tratamento realizado com quelantes de ferro ou sangria.

Displasia arritmogênica de ventrículo direito (DAVD) (Figura 6):

- Avalia contratilidade e volume do VD. Na sequência em T1 apresenta infiltração gordurosa com hipersinal da parede. O realce tardio permite avaliar presença de fibrose no VD.
- Os critérios diagnósticos de DAVD pela RMC são:
  - Critérios maiores:
    - Acinesia regional ou discinesia regional do VD ou dissincronia na contração do VD e um dos seguintes:
    - Índice de volume diastólico de VD > 110 mL/m² para homens ou > 100 mL/m² para mulheres.
    - Fração de ejeção do ventrículo direito (FEVD) < 40%.
  - Critérios menores:
    - Acinesia regional ou discinesia regional do VD ou dissincronia na contração do VD e um dos seguintes:
    - Índice de volume diastólico de VD entre 100-110 para homens ou entre 90-100 para mulheres.
    - FEVD entre 40-45%.

(continua)

Cardiomiopatias não isquêmicas *(continuação)*

Cardiomiopatia não compactada:

- Aumento da trabeculação do endocárdio em detrimento do músculo compacto, com consequente afilamento deste.
- A medida da relação miocárdio não compactado/miocárdio compactado > 2,3 durante a diástole ou relação da massa NC/C > 20% são critérios diagnósticos para essa doença.

Cardiomiopatia chagásica:

- Alterações da contração segmentar: aneurisma apical (com avaliação de possível presença de trombo no seu interior).
- Realce tardio: padrão de realce não isquêmico que envolve a porção mesoepicárdica da parede inferolateral basal e apical. Alguns pacientes podem apresentar diferentes padrões de realce, incluindo o padrão de realce semelhante ao isquêmico (Figura 10).

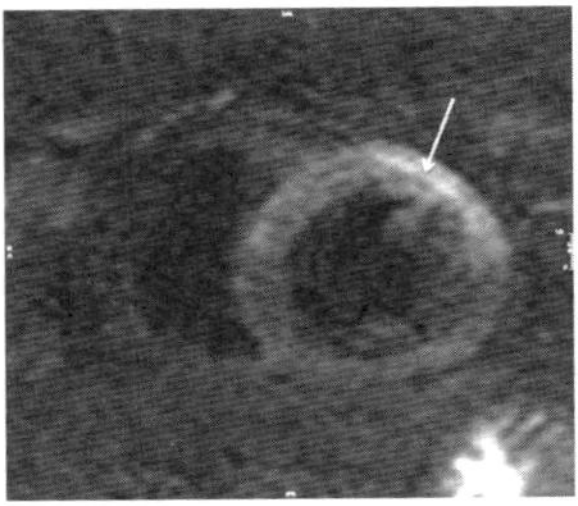

Figura 4 Sequência Spin Eco pesada em T2 para avaliar edema: a seta indica área de edema miocárdico causado por processo inflamatório agudo.

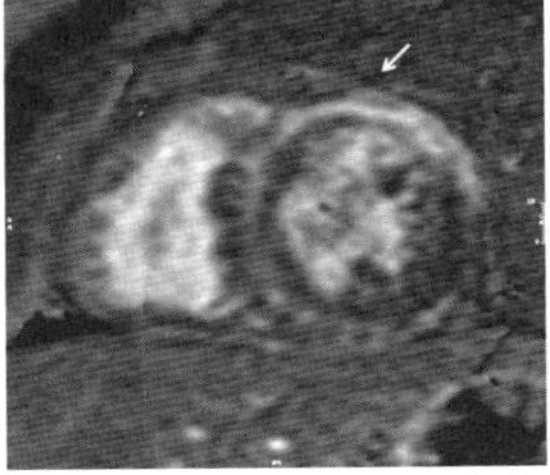

Figura 5 Realce tardio miocárdico na miocardite: a seta indica a área de fibrose miocárdica.

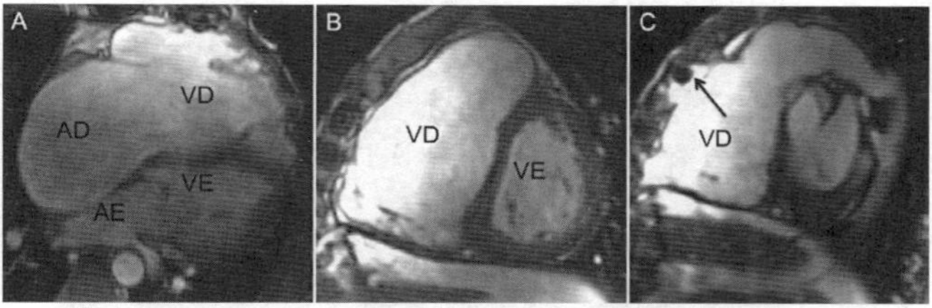

Figura 6 Displasia arritmogênica de ventrículo direito (DAVD): sequências em cine SSFP mostrando alteração da morfologia do VD. A: cine-RM quatro câmaras mostrando parede do VD com irregularidades; B: cine-RM eixo curto caracterizando a dilatação de VD; C: cine-RM da via de saída do VD mostrando VD bocelado (seta). Cine-RM: cinerressonância magnética; SSFP: *steady-state free precession;* VD: ventrículo direito; VE: ventrículo esquerdo.

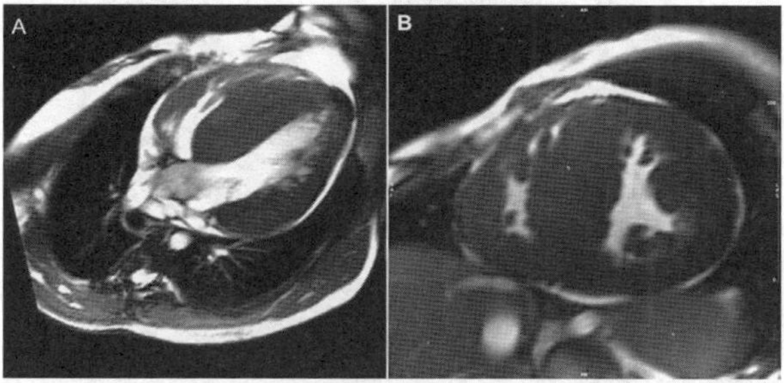

Figura 7 A: cine-RM em eixo longo do VE mostrando hipertrofia septal importante; B: cine-RM em eixo curto do VE mostrando hipertrofia septal importante e de VD. Cine-RM: cinerressonância magnética; VD: ventrículo direito; VE: ventrículo esquerdo.

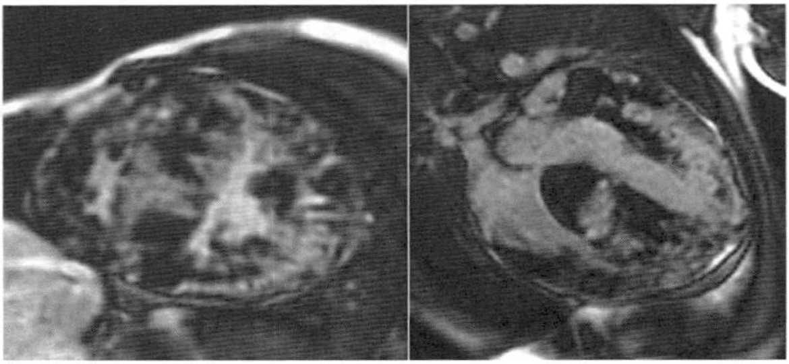

Figura 8 Áreas de fibrose (brancas) intercaladas com áreas de miocárdio normal (pretas).

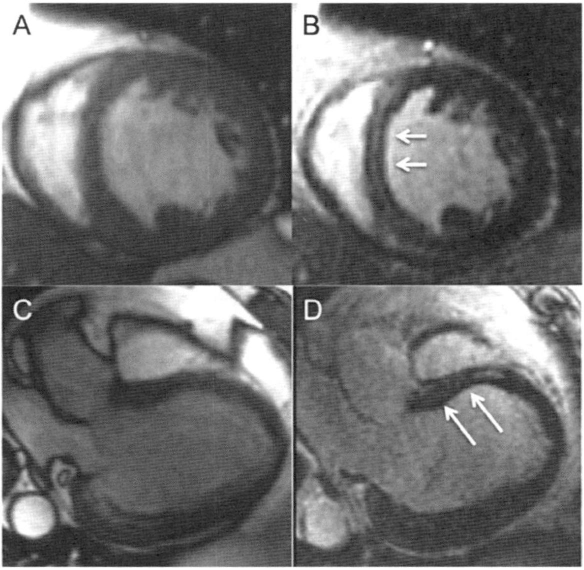

Figura 9 A e C: cine SSFP mostrando dilatação do VE; B e D: sequência de realce tardio: setas indicam realce tardio mesocárdico. SSFP: *steady-state free precession;* VE: ventrículo esquerdo.

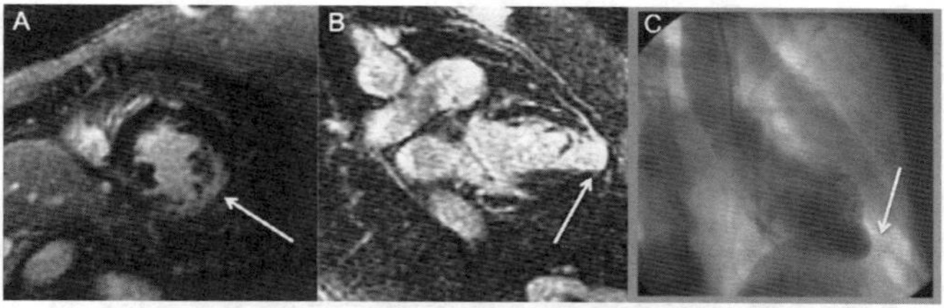

Figura 10 A e B: sequências de realce tardio em eixo curto e duas câmaras. As setas mostram, respectivamente, fibrose inferolateral (A) e apical (B); C: ventriculografia no cateterismo com aneurisma apical (seta), alterações típicas de doença de Chagas.

Cardiomiopatias restritivas

Amiloidose (Figura 11):

- Espessamento miocárdico difuso, disfunção diastólica com padrão restritivo. Pode apresentar pequeno derrame pericárdico, espessamento do septo interatrial, parede livre de VD, músculos papilares e folhetos valvares. Dificuldade de ajuste do tempo de inversão para anular o sinal do miocárdio. Realce tardio: difuso, global, subendocárdico (em até 80% dos pacientes).

Endomiocardiofibrose:

- Espessamento endocárdico, obliteração fibrotrombótica apical de VE, VD ou ambos, regurgitação valvar decorrente de movimento restrito do folheto posterior mitral e dilatação atrial. Realce tardio: fibrose apical associada ou não a trombo e/ou calcificação mural, constituindo o sinal do V ou sinal do duplo V (V *sign* ou *double* V *sign*). Ausência de espessamento pericárdico, descartando componente constritivo.

Sarcoidose:

- Realce tardio apresenta áreas focais, transmural ou linear subepicárdico/mesocárdico com distribuição heterogênea, sem relação com território coronário. Tipicamente, pode envolver a face ventricular direita do septo interventricular basal.

VD: ventrículo direito; VE: ventrículo esquerdo.

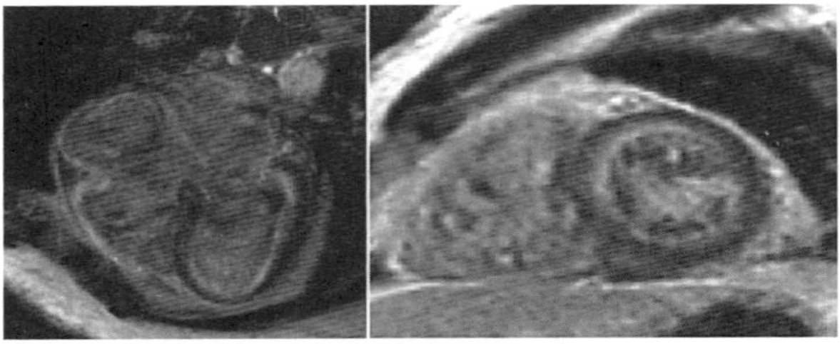

Figura 11 Sequência de realce tardio mostrando fibrose miocárdica subendocárdica, característica da amiloidose.

Doenças pericárdicas

Pericárdio normal:

- É identificado por um sinal hipointenso com espessura de 1-2 mm. Espessamentos pericárdicos > 4 mm e acúmulos de líquidos são identificáveis e podem sugerir uma etiologia de acordo com a intensidade do sinal de algumas sequências específicas (Figura 12).

Pericardite:

- Há hipersinal em T2 e no realce tardio causado pela inflamação dos folhetos pericárdicos (Figura 13). Realce tardio do pericárdio pode indicar processo inflamatório pericárdico ativo.

Pericardite constritiva:

- Há contorno irregular e denteado, calcificação e fibrose do pericárdio, causando diminuição do enchimento cardíaco (VE apresenta forma tubular com mobilidade diminuída, aumento dos átrios e derrame pericárdico). Não apresenta hipersinal no realce tardio (Figura 14). Relação dos volumes de AE/AD com valores > 1,32 tem sensibilidade de 82% e especificidade de 86% para detecção de pericardite constritiva.

AD: átrio direito; AE: átrio esquerdo; VE: ventrículo esquerdo.

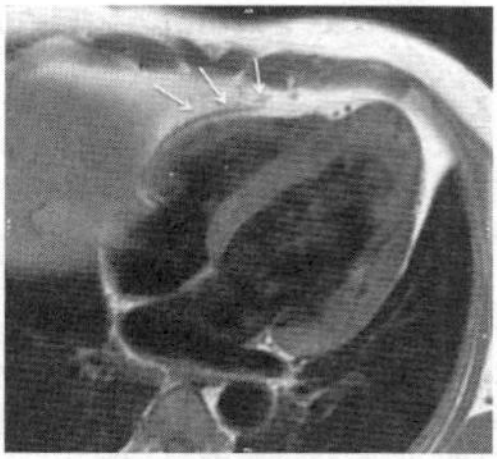

Figura 12 Sequência *double* IR: as setas indicam o pericárdio normal. *Double* IR: *double invertion recovery*.

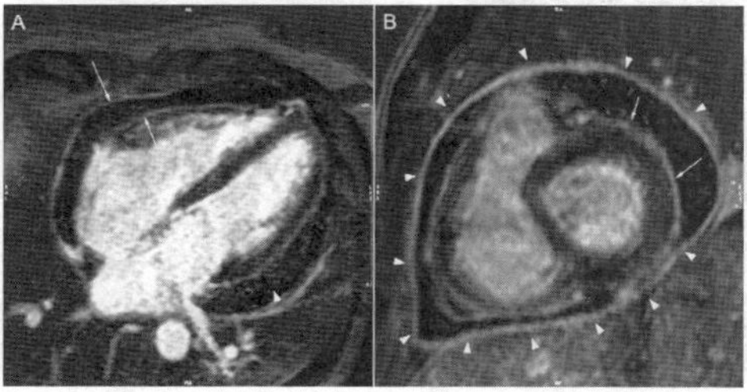

Figura 13 A e B: setas brancas indicam os folhetos pericárdicos espessados e realçados (pericardite). Em A, a ponta de seta indica o derrame pericárdico.

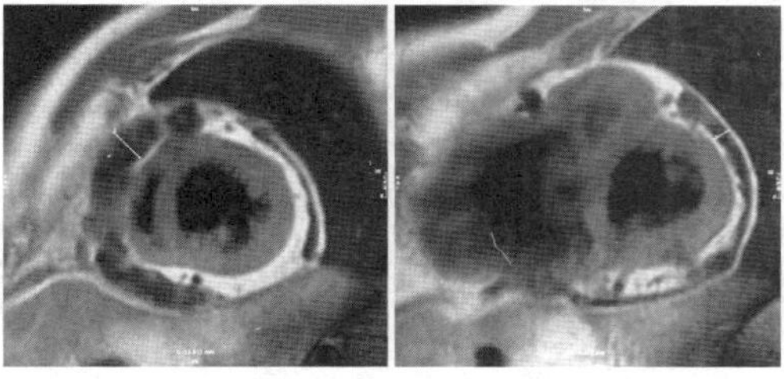

Figura 14 A: sequência *double* IR onde foi medido 14 mm de espessura do pericárdio; B: outra topografia da mesma sequência, onde foi medida uma espessura de 6 mm no mesmo pericárdio. *Double* IR: *double invertion recovery*.

Massas cardíacas, paracardíacas e trombos (Figura 15)

- A caracterização tecidual é importante para diferenciação de massas neoplásicas de trombos e pode, em alguns casos, indicar possível etiologia. Nos casos de lipomas ou lipossarcomas que, em razão de seu conteúdo gorduroso, apresentam hipersinal em T1 e T2 e podem ser saturados de forma específica pela ressonância magnética cardíaca (técnica de saturação de gordura), pode-se sugerir fortemente a etiologia da massa.
- Técnicas de perfusão permitem avaliar o grau de vascularização das massas e definir a presença de trombos cavitários aderidos. O realce tardio (com TI longo de ~ 600 ms) permite estimar o volume do espaço extracelular da massa e a presença de realce pode estar relacionada ao aumento da vascularização (p. ex., hemangiomas) ou fibrose (p. ex., fibromas).

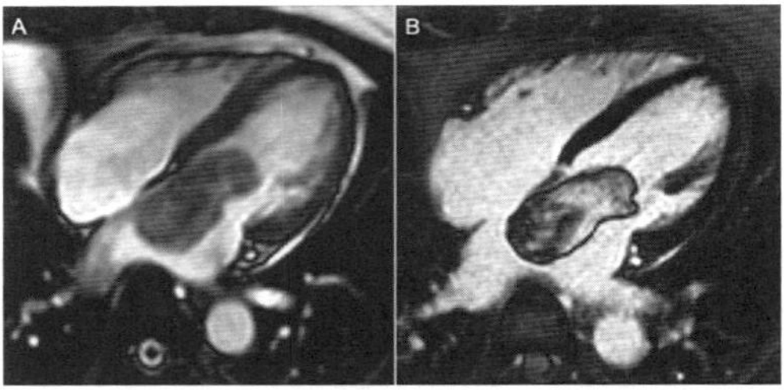

Figura 15 Sequência cine-RM (A) e RTM (B) mostrando um mixoma atrial esquerdo cruzando a valva mitral e causando obstrução da via de entrada do VE. Cine-RM: cinerressonância magnética; RTM: relace tardio miocárdico; VE: ventrículo esquerdo.

Valvopatias

- Por técnicas de mapeamento de fluxo é possível quantificar gradientes transvalvares, no caso de estenoses, e volumes e fração regurgitante no caso de insuficiência valvar.
- As sequências de cine-RM auxiliam na visualização dos folhetos valvares tanto das valvas semilunares quanto das atrioventriculares. A visualização de jatos turbulentos também pode indicar a presença de insuficiência e/ou de estenose valvar, porém não permite quantificá-los.

Cine-RM: cinerressonância magnética.

Contraindicações

- O uso de contraste à base de gadolínio deve ser evitado em pacientes portadores de insuficiência renal crônica, especialmente naqueles com taxa de filtração glomerular abaixo de 30 mL/min/1,73 m^2, por causa do aumento da probabilidade, ainda que rara, do desenvolvimento da fibrose nefrogênica sistêmica.
- Portadores de *clips* cerebrais metálicos não compatíveis com ressonância magnética, portadores de implantes cocleares e de corpo estranho metálico, especialmente ocular.
- Portadores de marca-passo e desfibriladores podem, em casos especiais e em centros especializados, realizar ressonância magnética sob protocolos específicos e com acompanhamento de profissionais treinados e preparados para este procedimento, o que tem sido demonstrado seguro; caso contrário, o estudo é contraindicado.

Bibliografia recomendada

1. Kim RJ, Wu E, Rafael A, Chen EL, Parker MA, Simonetti O, et al. The use of contrast-enhanced magnetic resonance imaging to identify reversible myocardial dysfunction. N Engl J Med. 2000;343:1445-53.
2. Paetsch I, Jahnke C, Wahl A, Gebker R, Neuss M, Fleck E, et al. Comparison of dobutamine stress magnetic resonance, adenosine stress magnetic resonance, and adenosine stress magnetic resonance perfusion. Circulation. 2004;110(7):835-42.
3. Gerber BL, Rochitte CE, Melin JA, McVeigh ER, Bluemke DA, Wu KC, et al. Microvascular obstruction and left ventricular remodeling early after acute myocardial infarction. Circulation. 2000;101(23):2734-41.
4. Dimitrow PP, Klimeczek P, Vliegenthart R, Pasowicz M, Oudkerk M, Podolec P, et al. Late hyperenhancement in gadolinium enhanced magnetic resonance imaging: comparison of hypertrophic cardiomyopathy patients with and without nonsustained ventricular tachycardia. Int J Cardiovasc Imaging. 2008;24(1):77-83.
5. Marcus FI, McKenna WJ, Sherrill D, Basso C, Bauce B, Bluemke DA, et al. Diagnosis of Arrhythmogenic Right Ventricular Cardiomyopathy/Dysplasia: Proposed Modification of the Task Force Criteria. Circulation. 2010;121:1533-41.
6. Kawel N, Nacif M, Arai AE, Gomes AS, Hundley WG, Johnson WC, et al. Trabeculated (noncompacted) and compact myocardium in adults: the multi-ethnic study of atherosclerosis. Circ Cardiovasc Imaging. 2012;5(3):357-66.
7. Rochitte CE, de Hollanda R, de Oliveira PF, Ianni BM, Parga JR, Avila LF, et al. Myocardial delayed enhancement by magnetic ressonance imaging in patients with Chaga's disease a mark of disease severity. J Am Coll Cardiol. 2005;46:1553-8.
8. Maceira AM, Joshi J, Prasad SK, Moon JC, Perugini E, Harding I, et al. Cardiovascular magnetic resonance incardiac amiloidosis. Circulation. 2005;111:186-93.
9. Misselt AJ, Harris SR, Glockner J, Feng D, Syed IS, Araoz PA. MR imaging of the pericardium. Magn Reson Imaging Clini N Am. 2008;16:185-10.
10. Sara L, Szarf G, Tachibana A, Shiozaki AA, Villa AV, Oliveira AC, et al. II Diretriz de Ressonância Magnética e Tomografia Computadorizada Cardiovascular da Sociedade Brasileira de Cardiologia e do Colégio Brasileiro de Radiologia. Arq Bras Cardiol. 2014;103(6 supl. 3):1-86.

122

Cintilografia de perfusão do miocárdio

José Soares Junior
Marisa Izaki

Introdução

A cintilografia de perfusão do miocárdio é um exame de imagem não invasivo que utiliza materiais radioativos (radiofármacos) como ^{99m}Tc-sestamibi e tálio-201, que, ao serem administrados intravenosamente, são captados pelo músculo cardíaco, proporcionalmente ao fluxo sanguíneo regional.

A distribuição regional relativa da perfusão é avaliada em repouso e no estresse, identificando, assim, áreas de relativa redução do fluxo sanguíneo do miocárdio associadas à isquemia (hipocaptação transitória) e à fibrose (hipocaptação persistente).

A sincronização da aquisição do estudo ao eletrocardiograma (Gated-SPECT) permite a avaliação da função ventricular em adição à avaliação da perfusão.

O tempo total para realização das duas etapas do exame (estresse e repouso) é de aproximadamente 4 horas.

Décadas de experiência, literatura robusta e alta capacidade de detecção de isquemia aliada à avaliação da função ventricular tornaram a cintilografia de perfusão miocárdica o exame não invasivo mais utilizado no mundo para a avaliação funcional/fisiológica da doença arterial coronária (DAC).

Indicações da cintilografia de perfusão do miocárdio

A cintilografia de perfusão do miocárdio com Gated-SPECT está indicada em pacientes que representam todo o espectro da doença aterosclerótica coronariana, uma vez que ela tem a capacidade de avaliar a repercussão funcional de lesões coronárias.

(continua)

Indicações da cintilografia de perfusão do miocárdio *(continuação)*

As indicações formais são:

- Diagnóstico de insuficiência coronária: presença, localização (território acometido) e extensão (número de segmentos acometidos) da isquemia estresse-induzida.
- Repercussão isquêmica decorrente de lesão anatômica conhecida (artéria culpada).
- Estratificação de risco: doença arterial coronária (DAC) crônica, pós-infarto agudo do miocárdio (IAM), pré-operatório de cirurgia não cardíaca.
- Controle terapêutico: pós-revascularização miocárdica (cirúrgica ou percutânea); tratamento clínico.
- Avaliação de dor torácica aguda na sala de emergência.
- Avaliação da viabilidade miocárdica.
- Detecção de cardiomiopatia isquêmica em pacientes com insuficiência cardíaca congestiva (ICC).

Segundo recomendações de várias associações internacionais de estudos em cardiologia, o uso da cintilografia de perfusão miocárdica, assim como de outros métodos de imagem cardiovascular, deve obedecer critérios apropriados de indicação, o que melhoraria a sua efetividade na prática clínica.

A seguir, serão apresentados, resumidamente, os critérios apropriados de uso da cintilografia de perfusão do miocárdio com Gated-SPECT nas diferentes indicações.

Diagnóstico de doença arterial coronária (DAC)

Pacientes sintomáticos ou com equivalente isquêmico
Probabilidade pré-teste de DAC baixa: eletrocardiograma (ECG) não interpretável ou incapacidade para exercício.
Probabilidade pré-teste de DAC intermediária: ECG interpretável e capacidade para exercício ou ECG não interpretável ou incapacidade para exercício.
Probabilidade pré-teste de DAC alta, independentemente do ECG e da capacidade para exercício.
Pacientes sintomáticos com dor torácica aguda
Possível síndrome coronária aguda; ECG sem alterações isquêmicas ou com bloqueio de ramo esquerdo (BRE) ou com ritmo de marca-passo; escore de TIMI de baixo risco e troponina negativa, limítrofe, equivocada ou minimamente elevada.
Possível síndrome coronária aguda; ECG sem alterações isquêmicas ou com BRE ou com ritmo de marca-passo; escore de TIMI de alto risco e troponina negativa, limítrofe, equivocada ou minimamente elevada.
Algumas considerações práticas importantes sobre o uso da cintilografia de perfusão do miocárdio na avaliação de síndrome coronária aguda:

(continua)

Diagnóstico de doença arterial coronária (DAC) *(continuação)*

Indicação: em pacientes com dor precordial e probabilidade baixa/intermediária (paciente sem infarto prévio ou história conhecida de DAC), com ECG normal ou não diagnóstico e marcadores de necrose negativos, limítrofes ou ainda não disponíveis. Nessa situação, inicialmente, o exame está indicado para o diagnóstico de síndrome coronária aguda (SCA) como a causa da precordialgia. Então, o exame indicado deve ser feito na condição de repouso, ou seja, realiza-se a cintilografia de perfusão miocárdica em repouso. A cintilografia de repouso apresenta melhores resultados (sensibilidade e especificidade) quando injetado o radiofármaco na vigência da dor precordial ou com até 3 horas após o término do episódio doloroso, admitindo-se 6 horas como tempo-limite entre o episódio doloroso e a injeção do radiofármaco. Nessa situação, o VPN do exame é de 99%, ou seja, o exame normal exclui SCA em 99% dos casos, garantindo alta com segurança, mesmo antes dos resultados dos marcadores de necrose.

Importante:
1. O exame negativo exclui SCA.
2. O exame positivo (presença de área regional hipoperfundida) é altamente sugestivo de SCA.
3. A presença de área regional hipoperfundida associada à alteração da motilidade regional sugere IAM.
4. Exame negativo com injeção do radiofármaco, até 3 horas do episódio doloroso, exclui SCA mesmo antes dos resultados da troponina e permite alta precoce da unidade de emergência.

Obs.: a presença de lesão coronária ao CAT ou placas a angio TC de coronárias significa DAC obstrutiva, mas não necessariamente SCA, ao passo que área hipoperfundida em paciente sem infarto prévio e nas condições acima (probabilidade baixa/intermediária de DAC) significa sofrimento regional por SCA.

Cintilografia de perfusão miocárdica associada a estresse: constitui uma segunda etapa da investigação de pacientes com dor precordial, ou seja, a investigação de DAC/estratificação de risco. Deve ser realizada em pacientes de risco baixo/intermediário, nos quais a investigação de SCA foi considerada negativa (exames e/ou marcadores de necrose negativos após 12 horas de observação). O exame pode ser realizado com estresse físico ou farmacológico, a critério do cardiologista. Nessa fase, o que se avalia é a presença de DAC e a estratificação de risco, com base nos achados isquêmicos e não mais o diagnóstico de SCA.

- Pacientes assintomáticos de alto risco para DAC.
- Pacientes assintomáticos com diagnóstico recente de disfunção ventricular sistólica: sem investigação prévia para DAC e sem planejamento para coronariografia.
- Pacientes com taquicardia ventricular.
- Pacientes com síncope e risco intermediário ou alto para DAC.
- Pacientes com elevação de troponina sem evidência adicional de síndrome coronária aguda.

Estratificação de risco (resultado prévio/DAC estável)
▪ Avaliação não invasiva: teste ergométrico equivocado, limítrofe ou discordante, no qual a DAC continua sendo uma preocupação.
▪ Sintomas novos ou piora de sintomas: coronariografia anormal ou exame prévio anormal.
▪ Lesão ou alteração de significado incerto na angiografia coronária.
▪ Assintomático com escore de cálcio: alto risco para DAC e escore de Agaston entre 100 e 400. ▪ escore de Agaston acima de 400.
▪ Escore de Duke de risco intermediário ou alto.
▪ Pré-operatório de cirurgia não cardíaca sem condições cardíacas ativas e cirurgia de risco intermediário: risco intermediário de complicações cardiovasculares pelos algoritmos de estratificação de risco e capacidade funcional ignorada ou baixa (< 4 METS).
▪ Pré-operatório de cirurgia não cardíaca sem condições cardíacas ativas e cirurgia vascular: risco intermediário de complicações cardiovasculares pelos algoritmos de estratificação de risco.
▪ Três meses após SCA – STEMI: hemodinamicamente estável, sem dor precordial ou sinais de insuficiência cardíaca congestiva (ICC); para avaliar isquemia e sem angiografia prévia.
▪ Três meses após SCA – UA/NSTEMI: hemodinamicamente estável, sem dor precordial ou sinais de ICC; para avaliar isquemia e sem angiografia prévia.
▪ Após revascularização miocárdica (angioplastia ou cirurgia) e sintomático: avaliação de equivalente isquêmico.
▪ Após revascularização miocárdica (angioplastia ou cirurgia) e assintomático: revascularização incompleta ou revascularização miocárdica há 5 anos ou mais.

DAC: doença arterial coronária; ICC: insuficiência cardíaca congestiva; MET: estimativa do equivalente metabólico; SCA: síndrome coronária aguda; STEMI: infarto do miocárdio com elevação do segmento ST; NSTEMI: infarto do miocárdio sem elevação do segmento ST; UA: angina instável.

Avaliação de viabilidade miocárdica
Disfunção ventricular grave e paciente com elegibilidade para revascularização miocárdica Vários protocolos podem ser utilizados para a avaliação da viabilidade miocárdica. Destacam-se a cintilografia de perfusão miocárdica com tálio-201; repouso e redistribuição tardia; estresse, redistribuição e reinjeção (permite avaliar isquemia e viabilidade).

Modalidades de estresse associadas à cintilografia de perfusão do miocárdio

Indicações

- A escolha do tipo de estresse cardiovascular mais adequado ao paciente cabe ao cardiologista.
- Teste ergométrico (protocolos de Ellestad, Bruce, Bruce modificado etc.): primeira opção por ser mais fisiológico e fornecer outras informações com comportamento da pressão arterial (PA), capacidade física, alterações do eletrocardiograma etc. A acurácia do exame está ligada à frequência cardíaca de injeção do radiofármaco (no mínimo submáxima).
- Teste farmacológico com dipiridamol ou adenosina: incapacidade de realizar estresse físico por limitações musculares e/ou esqueléticas, insuficiência vascular periférica, quadros neurológicos, pulmonares (exceto asma), obesidade mórbida etc. Estresse preferencial com bloqueio de ramo esquerdo e em casos que não pode ser suspensa a medicação cardiológica.
- Estresse farmacológico com dobutamina: incapacidade de realizar estresse físico e contraindicação ao estudo com dipiridamol ou adenosina, em especial asma brônquica.

Contraindicações

- Teste ergométrico: angina instável (< 24 horas), IC descompensada, hipertensão arterial sistêmica (HAS) (> 200/110 mmHg), arritmias não controladas, estenose aórtica grave, embolia pulmonar aguda, miocardite ou pericardite agudas, dissecção de aorta, hipertensão pulmonar grave, infarto agudo do miocárdio (IAM) (< 4 dias), doenças agudas febris/graves, lesão de tronco de coronária esquerda*, estenose aórtica moderada*, cardiomiopatia hipertrófica obstrutiva*, taqui ou bradiarritmias*, distúrbios hidreletrolíticos*, bloqueio atrioventricular (AV) de alto grau*, afecções não cardíacas com potencial de agravamento pelo teste ergométrico* (deslocamento de retina; insuficiência renal, hepática ou respiratória; lesões musculares; hipertireoidismo e afecções psiquiátricas).
- Teste farmacológico com dipiridamol ou adenosina: asma brônquica, bloqueio atrioventricular (BAV) de segundo e terceiro graus, doença do nó atrioventricular, estenose significativa e bilateral de carótidas, pressão arterial sistólica (PAS) (< 90 mmHg), alergia ao dipiridamol, síndrome coronária aguda (SCA) (< 24 h) e bradicardia sinusal (frequência cardíaca < 40 bpm).
- Estresse farmacológico com dobutamina: IAM recente, angina instável, cardiomiopatia obstrutiva, taquicardia supraventricular ou ventricular, estenose aórtica grave, alergia à dobutamina, HAS não controlada e aneurisma ou dissecção de aorta.

* Contraindicações relativas.

Preparo

- Teste ergométrico: traje adequado para ergometria. Suspensão de medicações a critério clínico.
- Teste farmacológico com dipiridamol ou adenosina: interrupção do uso de aminofilina e derivados das xantinas, dipiridamol e alimentos que contenham cafeína por, no mínimo, 24 horas antes do exame.
- Estresse farmacológico com dobutamina: interrupção prévia do uso de betabloqueadores.

Interpretação dos resultados

Diagnóstico de doença arterial coronária

Sensibilidade de 86% e especificidade de 74%, com base em dados de 79 estudos (8.964 pacientes).
A presença de sinais indiretos de isquemia (dilatação transitória da cavidade ventricular esquerda após o estresse, incremento na captação pulmonar do radiofármaco e queda na fração de ejeção do ventrículo esquerdo (FEVE) após o estresse medido por Gated-SPECT potencializam o diagnóstico de triarteriais e doenças graves

- Falsos-positivo: doença coronariana não obstrutiva, doença de microcirculação, espasmo coronário, lesão subestimada na angiografia coronária, artefatos técnicos, presença de bloqueio de ramo esquerdo e pós-angioplastia recente (< 4 semanas).
- Falsos-negativo: teste ergométrico ineficaz, preparo inadequado (ingestão de cafeína ou xantinas), lesão superestimada na angiografia, artefatos técnicos e eventualmente em pacientes com isquemia balanceada (obstruções triarteriais proporcionais).

Prognóstico da doença arterial coronária (DAC)

Cintilografia normal é indicativa de alta sobrevida e chance de eventos cardíacos < 1% ao ano (mesmo em pacientes com DAC conhecida) e, quando realizada com teste ergométrico, observam-se melhor sobrevida e menor chance de eventos do que com estresse farmacológico.

Cintilografia anormal

- O prognóstico está relacionado com a dimensão (extensão e intensidade dos defeitos) da alteração perfusional.
- Isquemia > 10% da área do ventrículo esquerdo (dimensão moderada e acentuada) apresenta maior risco de eventos cardíacos (morte e infarto do miocárdio), que pode ser até 7 vezes maior. Shaw et al. demonstram que o risco anual de eventos cardíacos passa de 0,85% em pacientes com alterações miocárdicas isquêmicas, < 5% para 5,9% diante da presença de alterações de dimensão moderada a acentuada.
- O volume da fibrose miocárdica (tamanho do defeito perfusional ao repouso)pode influenciar na sobrevida. A presença de fibrose miocárdica comprometendo mais de 10% da área miocárdica elevou o risco de eventos cardíacos para até 44%. Observa-se aumento de 3% no risco de eventos para cada 1% de área fibrótica detectada.
- A quantificação da carga isquêmica, importante para estratificação de risco e escolha da conduta terapêutica mais adequada, baseia-se na análise da extensão e da intensidade dos defeitos perfusionais estresse induzidos. Divide-se o miocárdio em 17 segmentos e calcula-se o escore correspondente ao defeito perfusional em cada segmento ao estresse (SSS – *summed stress score*) e em repouso (SRS – *summed rest score*). A diferença entre os escores do estresse e repouso indica a extensão da isquemia, ou seja, o SDS (*summed difference score*), o qual pode ser transformado em porcentagem do ventrículo esquerdo acometida por isquemia, que tem implicações prognósticas e na escolha da melhor conduta terapêutica, de acordo com os dados expostos anteriormente e no item seguinte.

Auxílio na decisão terapêutica

Pacientes sem infarto prévio e com alterações isquêmicas ≥ 10% da área miocárdica (isquemia moderada e acentuada) se beneficiam mais de uma terapêutica intervencionista (angioplastia ou revascularização cirúrgica), enquanto aqueles com alterações isquêmicas discretas apresentam melhor evolução com tratamento clínico/medicamentoso. As Figuras 1 e 2 mostram um exemplo de isquemia estresse-induzida de grande extensão, associada à queda da fração de ejeção do ventrículo esquerdo (FEVE) e à piora da motilidade regional estresse-induzidas.

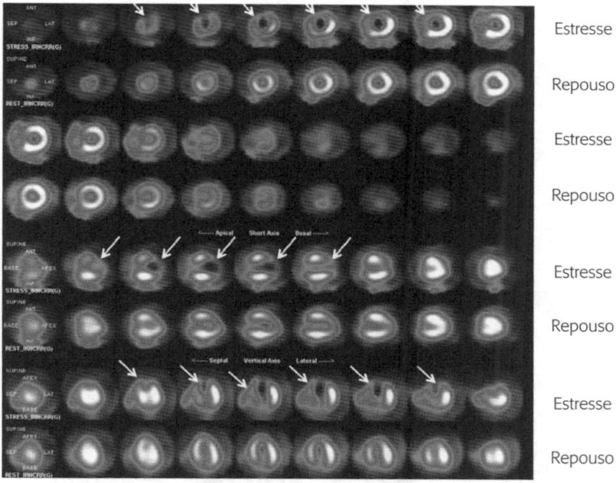

Figura 1 Cintilografia de perfusão do miocárdio obtida após administração de ^{99m}TC-sestamibi nas condições de estresse com adenosina e em repouso. As imagens de estresse demonstram hipocaptação acentuada do radiofármaco nas paredes apical, anterior (segmentos médio e apical), anterosseptal (segmento médio), septal (segmento apical) e inferior (segmento apical) do ventrículo esquerdo (VE) (setas). As imagens de repouso evidenciam distribuição homogênea do radiofármaco nas paredes do VE.

Gated-SPECT (função ventricular)

Valores normais de referência da fração de ejeção do ventrículo esquerdo (FEVE) dependem do *software* utilizado. Pacientes do sexo feminino têm FEVE maior que os do sexo masculino, em razão de questões técnicas.

A análise da motilidade e do espessamento miocárdicos auxilia no diagnóstico diferencial entre fibrose a atenuação. A piora na motilidade regional e/ou queda da FEVE após o estresse em relação ao repouso indica a presença de miocárdio atordoado (*myocardial stunning*) e está associada à presença de estenose coronária mais crítica.

FEVE é forte preditor de morte. Observa-se um incremento exponencial entre a mortalidade e o decréscimo da FEVE.

Isquemia discreta/moderada com FEVE normal apresenta baixo risco de morte, com disfunção ventricular (FEVE entre 30 e 50%) e risco intermediário de morte.

FEVE $< 30\%$ apresenta alta mortalidade, independentemente da dimensão da isquemia.

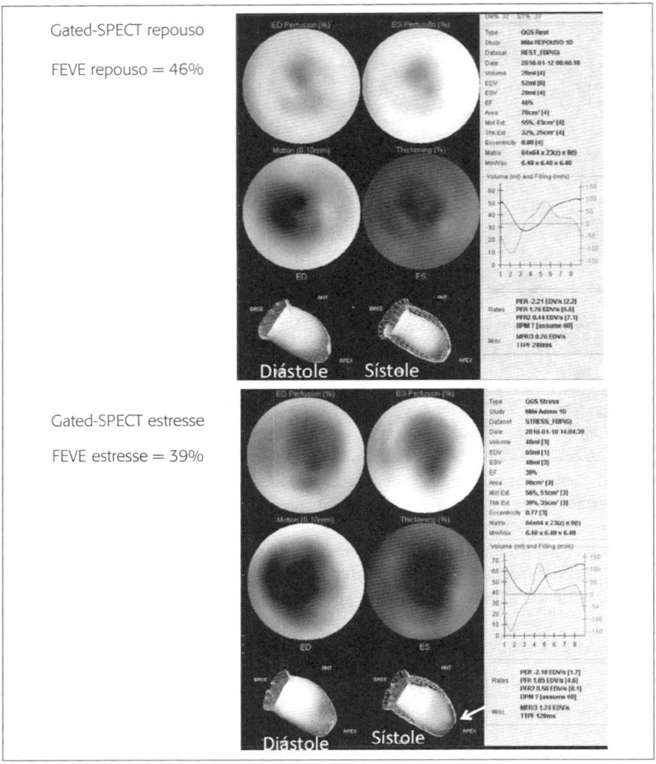

Figura 2 Gated-SPECT (análise da função ventricular esquerda em repouso e no estresse). Houve piora da motilidade das paredes apical e anterior (segmento apical), no estresse (seta), em relação ao repouso associada à queda da FEVE, o que significa que ocorreu um atordoamento do miocárdio estresse-induzido. Este conjunto de achados indica isquemia de grande extensão nas paredes descritas associada à disfunção ventricular esquerda estresse-induzida, que constituem achados de alto risco e sugerem que a conduta terapêutica que pode levar ao melhor benefício para este paciente é a revascularização miocárdica. FEVE: fração de ejeção do ventrículo esquerdo.

Bibliografia recomendada

1. Kailasnath P, Sinusas AJ. Comparison of Tl-201 with Tc-99m-labeled myocardial perfusion agents: technical, physiologic, and clinical issues. J Nucl Cardiol. 2001;8(4):482-98.
2. Hendel RC, Berman DS, Di Carli MF, Heidereich PA, Henkin RE, Pellikka PA, et al. ACCF/ASNC/ACR/AHA/ASE/SCCT/SCMR/ SNM 2009 appropriate use criteria for cardiac radionuclide imaging. J Am Coll Cardiol. 2009;53:2201-29.
3. Wolk MJ, Bailey SR, Doherty JU, Douglas PS, Hendel RC, Kramer CM, et al. ACCF/AHA/ASE/ASNC/HFSA/HRS/SCAI/SCCT/SCMR/STS 2013 multimodality appropriate use criteria for the detection and risk assessment of stable ischemic heart disease: a report of the American College of Cardiology Foundation Appropriate Use Criteria Task Force, American Heart Association, American Society of Echocardiography, American Society of Nuclear Cardiology, Heart Failure Society of America, Heart Rhythm Society, Society for Cardiovascular Angiography and Interventions, Society of cardiovascular Computed Tomography, Society for Cardiovascular Magnetic Resonance, and Society of Thoracic surgeons. J Am Coll Cardiol. 2014;63:380-406.
4. Kontos MC. Imaging patients with chest pain in the Emergency Department. In: Zared BL, Beller GA (eds.). Clinical nuclear cardiology: state of the art and future directions. 4.ed. Philadelphia: Elsevier; 2010.
5. Better N, Karthikeyan G, Vitola J, Fatima A, Peix A, Novak MD, et al. Performance of rest myocardial perfusion imaging in the management of acute chest pain in the emergency room in developing nations (PREMIER trial). J Nucl Cardiol. 2012;19:1146-53.
6. Underwood SR, Anagnostopoulos C, Cerqueira M, Ell PJ, Flint EJ, Harbinson M, et al. Myocardial perfusion scintigraphy: the evidence. Eur J Nucl Med Mol Imaging. 2004;31(2):261-91.
7. Hachamovitch R, Berman DS, Shaw LJ, Kiat H, Cohen I, Cabico JA, et al. Incremental prognostic value of myocardial perfusion single photon emission computed tomography for the prediction of cardiac death: differential stratification for risk of cardiac death and myocardial infarction. Circulation. 1998;97(6):535-4.
8. Shaw LJ, Hage FG, Berman DS, Hachamovitch R, Iskandrian A. Prognosis in the era of comparative effectiveness research: where is nuclear cardiology now and where should it be? J Nucl Cardiol. 2012;19(5):1026-43.
9. Shaw LJ, Hendel RC, Heller GV, Borges-Neto S, Cerqueira M, Berman DS. Prognostic estimation of coronary artery disease risk with resting perfusion abnormalities and stress ischemia on myocardial perfusion SPECT. J Nucl Cardiol. 2008;15:762-73.
10. Hachamovitch R, Hayes SW, Friedman JD, Cohen I, Berman DS. Comparison of the short-term survival benefit associated with revascularization compared with medical therapy in patients with no prior coronary artery disease undergoing stress myocardial perfusion single photon emission computed tomography. Circulation. 2003;107:2900-7.
11. Abidov A, Germano G, Hachamovitch R, Slomka P, Berman DS. Gated SPECT in assessment of regional and global left ventricular function: an update. J Nucl Cardiol. 2013;20(6):1118-43.
12. Sharir T, Germano G, Kang X, Lewin HC, Miranda R, Cohen I, et al. Prediction of myocardial infarction versus cardiac death by gated myocardial perfusion SPECT: risk stratification by the amount of stress-induced ischemia and the poststress ejection fraction. J Nucl Med. 2001; 42(6):831-7.

123

Hemodinâmica

Leonardo Jorge Cordeiro de Paula
Pedro Alves Lemos Neto

Introdução

- O cateterismo cardíaco diagnóstico é um procedimento invasivo no qual realizamos a dissecção ou a punção de uma artéria e/ou veia, com a sua canalização para que, através de um cateter dedicado, possa-se alcançar os grandes vasos da base e o coração, onde é possível realizar a análise de dados hemodinâmicos fisiológicos e funcionais, como curvas de pressões cavitárias, débito cardíaco, volumes intracavitários e medidas oximétricas, até acessar dados anatômicos a partir da angiografia vascular.
- A cineangiocoronariografia é definida como a visualização radiográfica dos vasos coronários após a injeção de um meio de contraste radiopaco. É um método desenvolvido há mais de 50 anos, tendo sido realizada de forma seletiva pela primeira vez em 1958, por Mason Sones. É considerada o padrão-ouro para o diagnóstico da doença arterial coronariana (DAC) aterosclerótica.
- Além da vantagem da confirmação diagnóstica, o procedimento permite a estratificação de risco e a possibilidade de tratamento percutâneo em casos selecionados.

Vias de acesso

- As imagens radiográficas obtidas são armazenadas por gravação digital. Para a realização da angiografia, é necessária a canulação seletiva do óstio da coronária esquerda e direita e, se presentes, de cada enxerto cirúrgico existente no paciente.
- O acesso vascular é realizado usualmente por punção percutânea, mais comumente da artéria femoral (Figura 1) e da artéria radial (Figura 2). Atualmente, a técnica de dissecção da artéria braquial, por ser um método mais demorado e trabalhoso, tem sido menos utilizada na prática clínica diária.

(continua)

Vias de acesso *(continuação)*

- O acesso pelos membros superiores é preferido em caso de doença arterial periférica, obesidade mórbida ou aneurisma de aorta abdominal. A escolha do acesso vascular depende, ainda, da experiência tanto do examinador quanto do serviço.

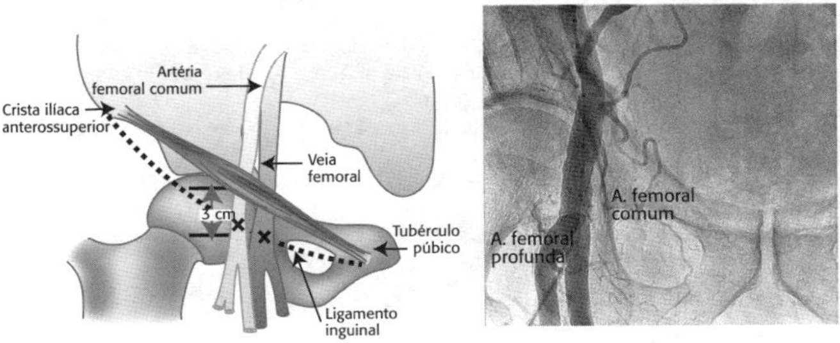

Figura 1 Acesso femoral: canulação da artéria femoral comum ao nível da cabeça do fêmur, 3 cm abaixo do ligamento inguinal.

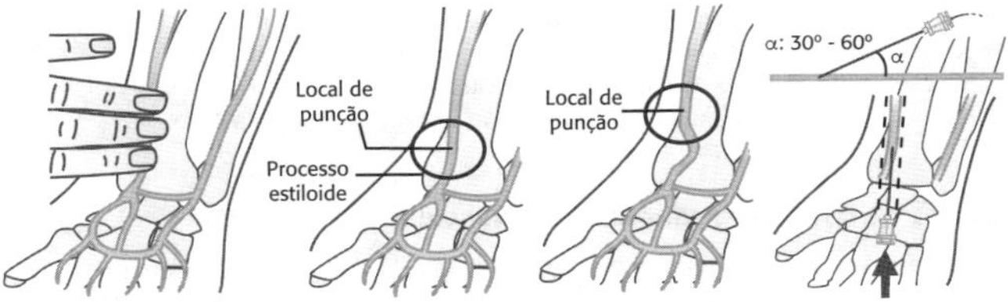

Figura 2 Acesso radial: anatomia e via de acesso.

Vias de acesso e fatores de risco para complicações hemorrágicas

As diferenças observadas em termos de complicações vasculares após intervenções percutâneas radiais e femorais são baseadas principalmente em características anatômicas favoráveis à artéria radial em comparação à artéria femoral comum.

(continua)

Vias de acesso e fatores de risco para complicações hemorrágicas *(continuação)*

Artéria femoral comum (AFC)
A AFC é relativamente profunda: ■ O local ideal de punção pode ser difícil de identificar, especialmente em pacientes obesos. ■ A prega inguinal é um pouco confiável como marco em mais de 2/3 dos pacientes. ■ O pulso femoral forte identifica corretamente a AFC em 90% dos casos. Local da punção sobre a articulação do quadril: ■ O marco mais confiável é, provavelmente, a junção entre o meio e o terço inferior da cabeça do fêmur. Compressão da AFC pode ser difícil, pois não há estruturas duras e fixas por trás da artéria. AFC fica perto de uma grande veia (veia femoral) e feixe nervoso (nervo femoral). AFC é a única fonte de sangue para o membro inferior.
Artéria radial (AR)
A AR tem trajeto distal superficial: ■ Essa artéria é fácil de palpar mesmo em pacientes obesos. ■ Ao nível do local da punção, a artéria fica logo abaixo da pele e fáscia. Local da punção não é sobre uma articulação, o marco mais confiável é idealmente 2-3 cm proximal ao vinco flexor do pulso. A AR pode ser facilmente comprimida, com uma pressão mínima: no local da punção, o osso radial se localiza logo abaixo da artéria. A AR é separada do nervo mediano e das principais veias. Fornecimento de sangue duas vezes para a mão segurada pelo arco palmar.

Fatores de risco para sangramento vascular

Os fatores de risco para complicações hemorrágicas das vias de acesso podem ser divididos em três categorias: fatores clínicos, relacionados ao procedimento e às terapias anticoagulantes e antiagregantes associadas.
Fatores clínicos
■ Idade avançada ■ Sexo feminino ■ Baixo peso corporal/obesidade ■ Hipertensão arterial grave ■ Insuficiência cardíaca ■ Doença vascular periférica ■ Síndrome coronária aguda ■ Insuficiência renal ■ Anemia ■ Diabetes

(continua)

Fatores de risco para sangramento vascular *(continuação)*

Fatores relacionados ao procedimento
▪ Acesso femoral (*versus* radial) ▪ Aumento do calibre da bainha do introdutor ▪ Permanência prolongada do introdutor ▪ Necessidade de intervenção de repetição ▪ Bainha venosa concomitante
Terapias combinadas
▪ Terapia antiplaquetária ▪ *Crossover*/combinações de agentes anticoagulantes ▪ Uso de anticoagulantes (+/- inibidores GP IIb/IIIa) ▪ Uso de trombolítico prévio

Complicações relacionadas ao acesso femoral

Hematoma
▪ Incidência: 5 a 23% (é a complicação de acesso vascular mais comum) ▪ Coleção de sangue localizado nos tecidos moles ▪ Ocorre em decorrência da perda de sangue arterial e/ou venoso ou perfuração de uma artéria ou veia ▪ Pode ocorrer por conta da punção arterial abaixo da bifurcação femoral
Achados clínicos e diagnóstico: ▪ Inchaço em torno do local da punção (visível) ▪ Área de endurecimento sob a pele ao redor do local da punção (palpável) ▪ Frequentemente associada à dor inguinal em repouso e/ou em movimento ▪ Pode resultar em diminuição do Hb/Ht, da PA e aumento da FC, dependendo da gravidade
Tratamento: ▪ Compressão local ▪ Marcar a área para avaliar a qualquer mudança de tamanho ▪ Hidratação ▪ Monitorizar Hb/Ht ▪ Manter/prolongar o repouso no leito ▪ Interrupção anticoagulantes e antiplaquetários, se necessário ▪ Transfusão de sangue, se indicado. Em casos graves, pode exigir cirurgia ▪ Muitos hematomas resolvem dentro de algumas semanas (absorção do sangue pelos tecidos)

(continua)

Complicações relacionadas ao acesso femoral *(continuação)*

Hematoma retroperitoneal
■ Incidência: 0,15 a 0,44%. ■ Sangramento que ocorre por trás da membrana serosa que reveste as paredes do abdome/pélvis. ■ Pode ocorrer se a punção da parede arterial for feita acima do ligamento inguinal, resultando em perfuração de uma artéria suprainguinal ou penetração de parede posterior. ■ Pode ser fatal se não for reconhecido precocemente.
Achados clínicos e diagnóstico: ■ Dor moderada a grave no flanco ou dor vaga, abdominal ou no dorso ■ Equimoses e diminuição do Hb/Ht são sinais tardios ■ Distensão abdominal muitas vezes não associada a inchaço ■ Diagnosticada por tomografia computadorizada ■ Hipotensão e taquicardia
Tratamento: ■ Hidratação vigorosa ■ Monitorizar Hb/Ht ■ Manter/prolongar o repouso no leito ■ Interrupção de anticoagulantes e antiplaquetários, reversão da heparina com protamina ■ Transfusão de sangue, se indicado ■ Em casos graves, pode exigir cirurgia
Pseudoaneurisma
■ Incidência: 0,05 a 6%. ■ Escape de sangue entre uma das paredes mais frágeis da artéria femoral para o tecido que a rodeia. ■ As causas possíveis incluem: dificuldade na punção arterial, hemostasia deficiente e compressão ineficiente após a remoção da bainha. ■ Pode ocorrer se a punção arterial for abaixo da bifurcação femoral.
Tratamento: ■ Manter/prolongar repouso no leito. ■ Pseudoaneurismas femorais devem ser monitorizados, pois comumente resolvem espontaneamente após a cessação da anticoagulação. ■ Grandes pseudoaneurismas femorais podem ser tratados por compressão guiada por ultrassom, administração de trombina guiada por ultrassom ou intervenção cirúrgica.

(continua)

Complicações relacionadas ao acesso femoral *(continuação)*

Fístula arteriovenosa
▪ Incidência: 0,2 a 2,1%. ▪ Consiste de uma comunicação direta entre uma artéria e uma veia adjacentes que ocorre quando ambas são puncionadas. ▪ A comunicação ocorre uma vez que a bainha do introdutor é removida. ▪ Os fatores de risco: múltiplas tentativas de punções, punções acima ou abaixo do local adequado.
Achados clínicos e diagnóstico: ▪ Pode ser assintomática. ▪ Frêmito e/ou sopro no local do acesso. ▪ Insuficiência arterial distal e/ou trombose venosa profunda podem resultar em isquemia do membro inferior. ▪ Confirmado por ultrassom.
Tratamento: ▪ Algumas fístulas arteriovenosas resolvem espontaneamente. ▪ Algumas fístulas arteriovenosas exigem compressão guiada por ultrassom ou correção cirúrgica.
Oclusão arterial
▪ Incidência < 0,8%. ▪ Consiste da oclusão da artéria por um trombo. ▪ Fontes mais comuns: trombo mural originário de câmaras cardíacas, aneurismas vasculares ou placas ateroscleróticas. ▪ A prevenção pode ser obtida com a remoção precoce das bainhas e, quando esta não for possível, com a administração de anticoagulantes e/ou vasodilatadores, quando indicados. ▪ Trombos podem se desenvolver no local bainha ou na ponta do cateter e embolizarem durante a remoção da bainha do introdutor.
Achados clínicos e diagnóstico: ▪ Os sintomas clássicos incluem: dor, paralisia, parestesia, ausência de pulso e palidez. ▪ Ultrassonografia com Doppler ajudar a localizar a área. ▪ Angiografia é necessária para identificar a localização exata do local de oclusão.
Tratamento: ▪ O tratamento depende do tamanho/tipo de embolia, localização e do paciente tolerar isquemia em área afetada. ▪ Dispositivos de proteção embólica distal (ou seja, filtros) podem ser colocados, se necessário. ▪ Pequenas tromboembolias arteriais em áreas bem perfundidas pode sofrer lise espontânea. ▪ Tromboêmbolos maiores podem exigir tromboembolectomia, cirurgia e/ou administração de agentes trombolíticos.

(continua)

Complicações relacionadas ao acesso femoral *(continuação)*

Neuropatia femoral
▪ Incidência < 0,2%. ▪ Causada pela lesão do nervo femoral durante o acesso e/ou compressão nervosa por um hematoma.
Achados clínicos e diagnóstico: ▪ Dor e/ou formigamento no local de acesso femoral. ▪ Dormência no local de acesso ou ainda mais distal no membro inferior. ▪ Fraqueza no membro inferior. ▪ Dificuldade para movimentar o membro inferior afetado.
Tratamento: ▪ Identificação e tratamento da causa. ▪ Tratamento de sintomas. ▪ Fisioterapia.

FC: frequência cardíaca; Hb: hemoglobina; Ht: hematócrito; PA: pressão arterial.

Complicações relacionadas ao acesso radial

Oclusão da artéria radial
▪ Incidência: 2 a 18%.
Fatores de risco: ▪ Compressão prolongada com alta pressão. ▪ Diâmetro pequeno da artéria/grande. ▪ Calibre do introdutor.
Prevenção e tratamento: ▪ Anticoagulação. ▪ Hemostasia patente. ▪ Tratamento local com compressas quentes ou frias. ▪ Exercícios de antebraço (abrir e fechar o punho). ▪ Anti-inflamatório/corticoide.
Isquemia da mão
▪ Incidência: extremamente rara
Fatores de risco: ▪ Canulação prolongada.
Prevenção e tratamento: ▪ Exame criterioso da circulação.

(continua)

Complicações relacionadas ao acesso radial *(continuação)*

Espasmo da artéria radial
▪ Incidência: 2 a 18%.
Fatores de risco: ▪ Canulação prolongada. ▪ Artéria radial pouco calibrosa. ▪ Múltiplas trocas de cateteres. ▪ Sexo feminino. ▪ Introdutor calibroso. ▪ Operador pouco experiente.
Prevenção e tratamento: ▪ Medicações antiespasmogênicas durante o procedimento. ▪ Manipulação cuidadosa.
Perfuração
▪ Incidência: 0,1 a 1%.
Fatores de risco: ▪ Manipulação agressiva do guia. ▪ Anticoagulação excessiva.
Prevenção e tratamento: ▪ Detecção precoce e bandagem compressiva. ▪ Risco de hematomas do antebraço e subsequente síndrome compartimental com necessidade de cirurgia.
Pseudoaneurisma
▪ Incidência < 0,1%.
Fatores de risco: ▪ Múltiplas punções. ▪ Introdutor calibroso. ▪ Anticoagulação excessiva.
Prevenção e tratamento: ▪ Compressão. ▪ Injeção de trombina.
Lesão do nervo
▪ Incidência: extremamente rara.
Fatores de risco: ▪ Múltiplas punções.
Prevenção e tratamento: ▪ Suporte terapêutico.

(continua)

Complicações relacionadas ao acesso radial *(continuação)*

Fístula arteriovenosa

- Incidência: extremamente rara.

Fatores de risco:

- Múltiplas punções.

Tratamento:

- Cirurgia, se necessário.

Retirada de introdutor arterial após intervenção percutânea

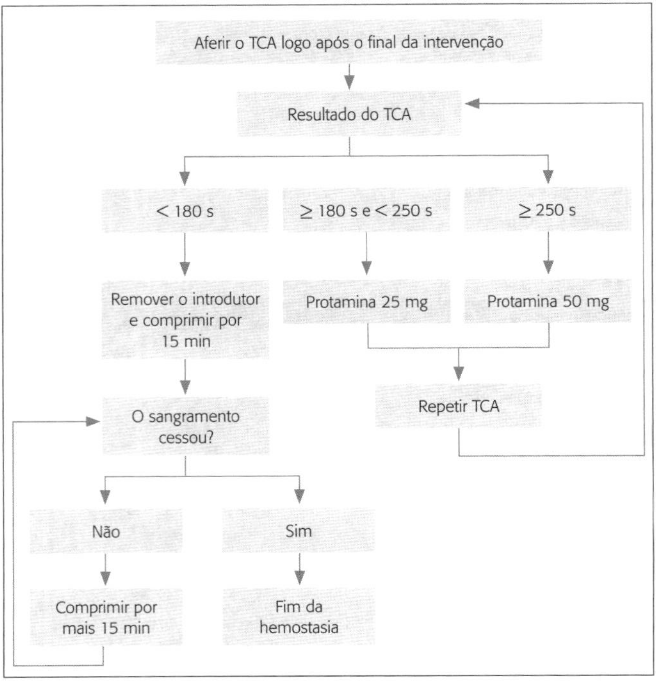

Figura 3 Protocolo de retirada de introdutor arterial femoral sugerido pelo serviço de Hemodinâmica do InCor-HCFMUSP. TCA: tempo de coagulação ativado.

Anatomia coronária

As artérias coronárias principais se distribuem a partir dos sulcos atrioventricular e interventricular, conforme demonstrado na Figura 4.

As artérias coronária direita (ACD) e coronária esquerda (ACE) se originam no seio de Valsalva. Enquanto a ACD encontra-se logo acima do plano valvar aórtico, a ACE origina-se um pouco mais acima.

Existem três diferentes padrões de circulação coronária em indivíduos normais:

- Padrão com dominância direita (70-85% dos casos), onde a artéria coronária direita percorre o sulco atrioventricular e se estende além do *crux cordis* (local na face inferior do coração onde os sulcos atrioventricular e interventricular se cruzam) dando origem aos ramos descendente posterior (DP) e ventriculares posteriores (VP). A artéria descendente posterior avança pela junção interventricular inferior até o ápex, emitindo ramos septais que irrigam o terço inferior do septo interventricular. Após a saída da DP, podem ser emitidos um ou mais ramos ventriculares posteriores que irrigam a porção posterolateral e posterior do ventrículo esquerdo.
- Padrão de dominância esquerda, em 8-15% dos casos, onde os ramos descendente posterior e ventricular posterior originam-se da porção distal da artéria circunflexa (ACX), sendo que nesses casos a ACD é pequena e irriga somente o ventrículo direito.
- Padrão de codominância ou balanceado, que ocorre em 7-8% dos casos, onde a ACD dá origem ao ramo DP e a ACX origina os ramos ventriculares posteriores, podendo originar também um segundo ramo descendente posterior.

A irrigação do sistema de condução é fundamental no entendimento de algumas arritmias que se desenvolvem no contexto da DAC. A ACD origina o ramo do nó sinusal em 60% dos casos, independente do padrão de dominância. Nos outros 40% dos casos, o nó sinusal é irrigado por um ramo atrial esquerdo originado da artéria circunflexa. Já a artéria do nó atrioventricular se origina da ACD quando existe dominância direita e da ACX quando a dominância é esquerda.

A ACD, após se originar no seio de Valsalva direito, emite o ramo do cone, a artéria do nó sinusal e os ramos marginais agudos, que suprem a parede livre do ventrículo direito. Por fim, emitem o ramo descendente posterior (na dominância direita e codominância) e um ou mais ramos ventriculares posteriores (na dominância direita).

O tronco da artéria coronária esquerda (TCE) origina-se no seio de Valsalva esquerdo, bifurcando-se nas artérias descendente anterior (ADA) e circunflexa (ACX). Em 20 a 37% dos casos o TCE se trifurca, dando origem a um ramo intermediário (ou artéria *diagonalis*) que se emite entre a ADA e a ACX.

(continua)

Anatomia coronária *(continuação)*

A ADA percorre a porção anterior do septo interventricular em direção ao ápex, dando origem aos ramos septais (que irrigam os 2/3 superiores do septo interventricular) e ramos diagonais (que irrigam a parede anterolateral do ventrículo esquerdo), podendo estes ramos variar no número, tamanho e distribuição anatômica. Na maioria dos pacientes, a ADA ultrapassa o ápex cardíaco, terminando na porção inferior da junção interventricular. Nos casos que a ADA termina até o ápex cardíaco, a artéria descendente posterior é mais longa e irriga a região correspondente.

A artéria circunflexa percorre o sulco atrioventricular posterior em direção ao *crux cordis*, dando origem aos ramos marginais obtusos (que irrigam as paredes lateral e posterior do ventrículo esquerdo) e ao ramo atrioventricular. Nos casos de dominância esquerda, a ACX dá origem aos ramos descendente posterior e ventricular posterior.

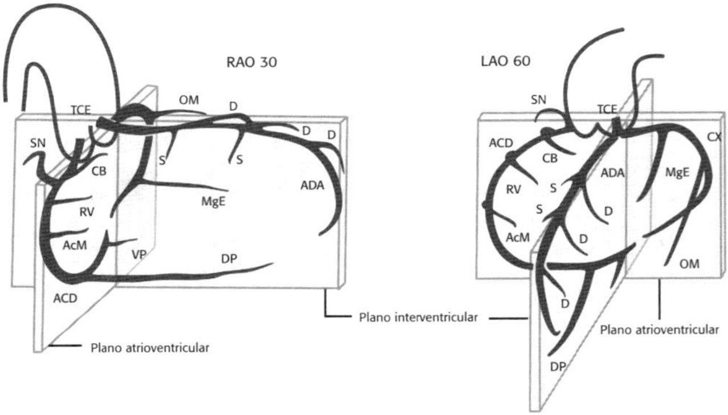

Figura 4 Visão espacial da circulação coronária.

Projeções angiográficas

Após a cateterização do óstio coronário, a aquisição das imagens deve ser realizada em angulações diferentes, para análise da totalidade da anatomia coronária em todas as suas porções, sem sobreposições de imagem e sem artefatos.

A nomenclatura para denominar a projeção realizada é baseada na posição do intensificador de imagem, o qual pode ser movimentado no plano sagital e ser rotacionado lateralmente em relação ao paciente. As projeções realizadas com o intensificador à direita do paciente recebem a denominação de oblíqua anterior direita, enquanto aquelas à esquerda são chamadas de oblíqua anterior esquerda. Essas projeções podem ainda ser cranial (quando o intensificador está proximal ao crânio do paciente) ou caudal (quando o intensificador se direciona aos membros inferiores).

As projeções mais utilizadas para cada segmento coronário são descritas na Tabela "Posições angiográficas mais utilizadas para cada segmento coronário".

Posições angiográficas mais utilizadas para cada segmento coronário

Coronária direita	Circunflexa	Descendente anterior
Segmento proximal: - 30° OAE, 30° caudal - 20° OAD, 20° caudal - 90° OAE, 20° caudal	Segmento proximal: - 30° OAD, 30° caudal - 30° OAE, 30° caudal	Segmento proximal: - 20° OAE, 20° cranial - 30° OAD, 30° caudal - 50° OAE, 30° caudal
Segmento médio: - 30° OAE - 20° OAD - 90° OAE	Marginal obtusa: - 20° OAD, 20° caudal - 30° OAE, 50° caudal	Segmento médio: - 50° OAE, 30° cranial - 60° OAD, 20° cranial - 90° OAE - 50° AOE, 30° caudal
Segmento distal: - 30° OAE, 30° cranial - 90° OAE	Segmento distal: - 30° OAD, 30° caudal - 30° OAE, 30° cranial	Segmento distal: - 20° OAD, 20° caudal - 40° OAE - 20° OAE, 20° cranial

OAE: oblíqua anterior esquerda; OAD: oblíqua anterior direita.

Doença obstrutiva coronária

O objetivo da coronariografia é definir a anatomia coronária e o grau de obstrução luminal das artérias estudadas. As informações obtidas incluem localização, tamanho, diâmetro e contorno das artérias coronárias; a presença e severidade da obstrução luminal; caracterização da natureza da obstrução (incluindo a presença de placas de ateroma, trombo, dissecção, espasmo e ponte miocárdica); perfusão miocárdica, além da presença e extensão de circulação colateral coronária.

A manifestação angiográfica da doença aterosclerótica é a redução luminal da coronária nos locais com ateropatia. A quantificação da obstrução é realizada comparando a área com redução da luz com uma área adjacente do vaso que esteja sadia (seja proximal ou distal à lesão).

Considera-se coronariopatia obstrutiva quando há redução superior a 50% da luz do vaso, pois obstruções menores não se associam à redução do fluxo sanguíneo coronário, não tendo importância funcional para o miocárdio.

No que se refere ao fluxo sanguíneo coronário, obstruções superiores a 50% reduzem a reserva de fluxo em até quatro vezes, enquanto obstruções superiores a 70% praticamente anulam qualquer reserva de fluxo coronário, deixando o mesmo fixo.

Em casos de obstrução crítica ou completa do vaso, é possível visualizar circulação colateral a partir de outras artérias coronárias para o vaso gravemente acometido. É possível avaliar a origem dessa circulação, assim como quantificar sua importância para suprir o leito deficiente. Classificamos da seguinte forma:

- Grau 0: inexistência de circulação colateral.
- Grau 1: enchimento de pequenos ramos do vaso acometido.
- Grau 2: enchimento parcial do vaso acometido.
- Grau 3: enchimento completo do vaso acometido.

Quando existe uma placa de ateroma que provoca redução luminal do vaso, esta pode alterar o fluxo de sangue no vaso de acordo com sua gravidade. Por este motivo, o TIMI Group realizou uma classificação do fluxo sanguíneo coronário em pacientes com instabilidade clínica como se segue:

- TIMI 0: opacificação completa do vaso.
- TIMI 1: opacificação lenta e incompleta do vaso.
- TIMI 2: opacificação lenta, mas completa do vaso.
- TIMI 3: opacificação completa do vaso, com fluxo igual comparativo com artérias do paciente não envolvidas no processo.

As obstruções coronárias também são classificadas quanto sua localização na artéria acometida, podendo ser em sua porção ostial, proximal, média ou distal. Além disso, as obstruções de um mesmo leito coronário podem ser única, múltiplas ou segmentares (quando acomete de forma irregular todo um segmento do vaso), podendo também ser curtas ou longas, somando maior ou menor complexidade à lesão. Também há a classificação segundo o número de territórios arteriais acometidos: uniarterial (obstrução significativa em apenas uma artéria) ou multiarterial (quando possui obstrução em vários vasos).

Indicações de angiografia coronária

- Angina estável com sintomas limitantes mesmo com terapia otimizada.
- Teste isquêmico não invasivo com achados de alto risco para eventos cardiovasculares.
- Morte súbita abortada.
- Pacientes com taquicardia ventricular monomórfica sustentada ou taquicardia polimórfica não sustentada.
- Angina instável de alto risco.
- Suspeita clínica de angina vasoespática ou de Prinzmetal.
- Suspeita de oclusão aguda ou subaguda pós-implante de *stent* coronário.
- Angina recorrente nos primeiros 9 meses após intervenção coronária percutânea.
- Nas primeiras horas após infarto agudo do miocárdio, quando houver a intenção de recanalizar artéria culpada.
- Infarto agudo do miocárdio recente com sintomas anginosos recorrentes ou limitantes.
- Infarto agudo do miocárdio recente com choque cardiogênico, nas primeiras 36 horas após início da dor, em pacientes abaixo de 75 anos, nos quais a intervenção percutânea possa ser realizada nas primeiras 18 horas do choque.
- Infarto agudo do miocárdio com complicação mecânica e programação de cirurgia corretiva.
- Antes de cirurgia cardíaca valvar ou valvoplastia percutânea em adultos com dor torácica ou quando houver evidências de isquemia coronária em testes não invasivos.
- Antes de cirurgia cardíaca valvar ou valvoplastia percutânea em adultos com múltiplos fatores de risco para doença coronária.
- Endocardite bacteriana com evidência de embolia coronária.
- Antes de cirurgia para correção de cardiopatias congênitas em adultos com dor torácica ou evidência de isquemia em testes não invasivos.
- Em portadores de cardiopatia congênita frequentemente associada a anomalias coronárias cujo diagnóstico possa mudar o plano cirúrgico.
- Pacientes com disfunção sistólica com evidência de causa isquêmica ou com aneurisma de ventrículo esquerdo pós-infarto.
- Antes da realização de transplante cardíaco.
- Doenças da aorta cuja presença de coronariopatia possa mudar o plano terapêutico.

Contraindicações relativas para realização de coronariografia

- Não existe contraindicação absoluta para a realização de coronariografia diagnóstica
- Diátese hemorrágica (INR $\geq$ 1,6) ou sangramento ativo
- Anemia importante, principalmente com Hb < 8,0 g/dL
- Plaquetopenia < 50.000/mm^3
- Febre de origem indeterminada, possivelmente infecciosa
- Infecção ativa não tratada
- Distúrbio eletrolítico grave não corrigido (K < 3,3 ou > 6,0 mEq/L; Na < 125 ou > 155 mEq/L)
- Distúrbio psiquiátrico grave não compensado
- Intoxicação digitálica grave
- Endocardite ativa, principalmente de valva aórtica
- Hipertensão arterial sistêmica grave não compensada
- Acidente vascular encefálico atual
- Taquiarritmia não controlada
- Insuficiência renal aguda
- Insuficiência cardíaca descompensada

INR: índice internacional normalizado; K: potássio; Na: sódio.

Complicações graves em coronariografia

Complicação	Frequência
Óbito	0,10-0,14%
Infarto agudo do miocárdio	0,05-0,07%
Acidente vascular encefálico	0,07-0,4%
Arritmias	0,31-1,17%
Complicações vasculares	0,50-1,00%
Reação ao contraste	0,25-0,50%
Complicações hemodinâmicas	0,10-0,50%
Outras	0,20-0,50%

Reações ao contraste

- Reações adversas ao meio de contraste não são incomuns, ocorrendo sintomas leves entre 3 e 12% dos pacientes expostos, com taxas de mortalidade inferior a 1 para 100.000 casos.
- As reações são mais frequentes com os contrastes iônicos. Pacientes com história de alergias diversas ou atopias apresentam um risco duas vezes superior para reações ao contraste. Pacientes com história de alergia a peixes ou frutos do mar apresentam o mesmo risco que pacientes atópicos (superior ao da população geral). Naqueles com antecedente de reação adversa ao contraste, o risco de nova reação é seis vezes superior que naqueles sem história prévia, justificando, dessa forma, o tratamento preventivo com corticoides e anti-histamínicos.
- As reações alérgicas são classicamente divididas em imediatas (ocorrendo dentro da primeira hora após a exposição) e tardias (que ocorrem entre a primeira hora e a primeira semana). As imediatas (25% dos casos) variam de reações leves a graves com sintomas, que podem incluir náuseas, prurido, urticária, angioedema, broncoespasmo, edema laríngeo e hipotensão, em alguns casos chegando a óbito. As reações tardias são mais frequentes e geralmente apresentam-se como alterações cutâneas leves a moderadas.
- O contraste pode ocasionar variáveis graus de depressão miocárdica, vasodilatação periférica e elevação da pressão de enchimento do ventrículo esquerdo. Essas alterações hemodinâmicas são particularmente importantes em pacientes com baixa reserva cardíaca, como naqueles com disfunção miocárdica acentuada, coronariopatias ou estenose aórtica grave. Ocorrem mais frequentemente com agentes de alta osmolaridade e quando grande quantidade de contraste é administrada em curto período de tempo (ventriculografias, aortografias).
- A injeção de contraste angiográfico na circulação coronariana pode, em raros casos, provocar bradicardia sinusal, pausas sinusais ou mesmo fibrilação ventricular. A incidência desses eventos é estimada entre 0,1 e 0,2% dos procedimentos utilizando contrastes de baixa osmolaridade não iônicos. As arritmias são atribuídas à propriedade quelante de cálcio, presente principalmente nos contrastes iônicos.

Nefropatia induzida por contraste

- Entende-se por nefropatia induzida por contraste (NIC) a piora da função renal, geralmente reversível, atribuível à administração de contraste radiológico.
- Não há uma definição universal, mas a maioria dos estudos define-a como aumento > 0,5 mg/dL ou > 25% da creatinina basal dentro de 24 a 72 horas após uso do contraste.

(continua)

Nefropatia induzida por contraste *(continuação)*

- Como não existe achado patognomônico, outras causas devem ser excluídas. No diagnóstico diferencial da NIC, devem ser considerados o ateroembolismo, a necrose tubular aguda isquêmica e a nefrite intersticial aguda.
- Sua incidência varia de menos de 1% em pacientes sem fatores de risco até 10 a 20% nos pacientes de mais alto risco, com nefropatia diabética.
- A ação do contraste provoca isquemia medular renal por vasoconstricção e dano citotóxico direto às células tubulares do rim, levando à necrose tubular aguda (NTA).
- O dano ao rim inicia-se logo após a infusão do meio de contraste. Entretanto, alterações laboratoriais podem levar até três dias para ocorrer.
- Pelo grau de necrose menos intenso do que outras formas de NTA, e por haver mais alterações funcionais que necrose *per si*, a recuperação é mais rápida, em torno de uma semana.

Fatores de risco para nefropatia induzida por contraste

- Nefropatia diabética
- Insuficiência renal prévia (creatinina > 2 mg/dL)
- Idade avançada (> 75 anos)
- Hipoperfusão renal (IC avançada, hipovolemia)
- Exposição recente a agentes nefrotóxicos (p. ex., anti-inflamatórios não hormonais)
- Altas doses de contraste (> 125 mL)
- Exposição repetida ao contraste (< 48-72 h)
- Procedimento radiológico (angiografia > tomografia)
- Tipo de contraste (p. ex., iônicos hiperosmolares)
- Mieloma múltiplo
- Hiperglicemia (independente de diabetes preexistente)
- Hepatopatia
- Anemia

Escore proposto por Roxana Mehran et al. para estimativa de risco de nefropatia induzida por contraste e necessidade de diálise

Fator de risco		Pontos
Hipotensão		5
Uso de balão intra-aórtico		5
Insuficiência cardíaca CF III/IV		5
Idade > 75 anos		4
Anemia		3
Diabetes		3
Volume de contraste		1 para cada 100 mL
Creatinina > 1,5 mg/dL		4*
TFG 40-60 mL/min/1,73 m^2		2*
TFG 20-40 mL/min/1,73 m^2		4*
TFG < 20 mL/min/1,73 m^2		6*
Soma dos pontos	**Risco de NIC**	**Risco de diálise**
≤ 5	7,5%	0,04%
6-10	14%	0,12%
11-16	26,1%	1,09%
≥ 16	57,3%	12,6%

* Pontos não cumulativos; CF: classe funcional da New York Heart Association; NIC: nefropatia induzida por contraste; TFG: taxa de filtração glomerular.

Prevenção medicamentosa da nefropatia por contraste

- A hidratação venosa é sabidamente benéfica, porém ainda não se sabe qual a solução ideal, bem como a duração e o volume total a ser administrado. Como estudos iniciais mostraram vantagem do soro fisiológico 0,9% sobre a solução a 0,45%, ele tem sido utilizada como referencial para comparação em avaliações posteriores.
- Quando utilizado soro fisiológico 0,9%, sugere-se iniciar ao menos 2 horas antes (idealmente 6 a 12 horas), e continuar por 6 a 12 horas após o procedimento, a uma taxa de infusão de 1 mL/kg/h. Um esquema alternativo que pode ser conveniente em pacientes ambulatoriais preconiza iniciar 3 mL/kg/h uma hora antes e 1 a 1,5 mL/kg/h por 4 a 6 horas após o procedimento.

(continua)

Prevenção medicamentosa da nefropatia por contraste *(continuação)*

- Solução intravenosa de bicarbonato de sódio foi comparada ao soro fisiológico 0,9%. Mostrou-se não inferior a este, com alguns estudos demonstrando superioridade. Seu uso deve ser considerado, em especial, nos pacientes que não toleram infusão de grandes volumes. A infusão inicia-se com 3 mL/kg/h uma hora antes e continua em 1 mL/kg/h por 6 horas após o uso do contraste. Como não há solução pronta disponível, deve ser preparada diluindo 150 mL de $NaHCO_3$ a 8,4% em 850 mL de água destilada ou soro glicosado a 5%.
- Acetilcisteína, que atua como quelante de radicais livres e vasodilatador, tem sido testada na nefropatia por contraste. Os resultados são inconsistentes, mas por ser uma droga de baixo custo e com poucos efeitos colaterais, seu uso é sugerido por alguns autores, especialmente nos pacientes de alto risco. A dose é de 600 a 1.200 mg via oral, duas vezes ao dia, um dia antes, no dia e um dia após o procedimento.
- A Figura 5 demostra o fluxograma para pacientes sob risco de nefropatia por contraste no InCor.

Exame com contraste iodado

Doentes com fatores de risco?

- Diabetes melito
- Idade > 75 anos
- Cr basal > 1,5 mg/dL
- Estados de diminuição do volume circulante (IC, desidratação etc.)
- Uso de Aines ou outros fármacos nefrotóxicos

Sim

- Calcular escore de risco
- Implementar medidas terapêuticas

Não

Hidratação oral: ingestão de pelo menos 2.000 mL de água, sem necessidade de reavaliação complementar

Fator de risco	Pontos
Hipotensão	5
Uso de balão intra-aórtico	5
Insuficiência cardíaca CF III/IV	5
Idade > 75 anos	4
Anemia	3
Diabetes	3
Volume de contraste	1 para cada 100 mL
Creatinina > 1,5 mg/dL	4
TFG 40-60 mL/min/1,73 m^2	2
TFG 20-40 mL/min/1,73 m^2	4
TFG < 20 mL/min/1,73 m^2	6

Escore de risco	Risco de NIC	Risco de diálise
≤ 5	7,5%	0,04%
6-10	14%	0,12%
11-16	26,1%	1,09%
≥ 16	57,3%	12,6%

Medidas terapêuticas

- No dia do exame ou na data anterior ao procedimento, solicitar hemograma, creatinina, ureia, sódio e potássio
- Se risco elevado, optar por contraste não iônico e/ou de baixa/isosmolaridade (solicitar ventriculografia apenas quando extremamente necessário)
- Limitar o volume de contraste utilizado (idealmente, valores < 140 mL ou 2 a 3 mL/kg)
- Hidratação com soro fisiológico a 0,9%, 1 mL/kg/h, 12 horas antes e 12 horas após o procedimento (alternativa: solução com bicarbonato a 8,4%, 3 mL/kg/h durante 1 hora antes e 1 mL/kg/h por 6 horas após o procedimento)

Reavaliação laboratorial em 48 horas

Nefropatia induzida por contraste?

- Elevação de Cr de 0,5 mg/dL ou > 25% da Cr basal

Não

Alta hospitalar

Sim

- Medidas de suporte (hidratação)
- Comunicar equipe de nefrologia

Figura 5 Fluxograma para prevenção de nefropatia induzida por contraste (NIC). Cr: creatinina; IC: insuficiência cardíaca; Aines: anti-inflamatório não esteroidal; BIA: balão intra-aórtico; TFG: taxa de filtração glomerular; SF: soro fisiológico.

Bibliografia recomendada

1. Scanlon PJ, Faxon DP, Audet AM, Carabello B, Dehmer GJ, Eagle KA, et al. ACC/AHA Guidelines for Coronary Angiography: Executive Summary and Recommendations. A Report of the American College of Cardiology/American Heart Association Task Force on Practice Guidelines (Committee on Coronary Angiography) Developed in collaboration with the Society for Cardiac Angiography and Interventions. Circulation. 1999;99:2345-57.
2. Levine GN, Bates ER, Blankenship JC, Bailey SR, Bittl JA, Cercek B, et al. 2011 ACCF/AHA/SCAI Guideline for Percutaneous Coronary Intervention. A Report of the American College of Cardiology Foundation/American Heart Association Task Force on Practice Guidelines and the Society for Cardiovascular Angiography and Interventions. Circulation. 2011;124:e574-651.
3. Nallamothu BK, Tommaso CL, Anderson HV, Anderson JL, Cleveland Jr JC, Dudley RA, et al. ACC/AHA/SCAI/AMA–Convened PCPI/NCQA 2013 Performance Measures for Adults Undergoing Percutaneous Coronary Intervention. A Report of the American College of Cardiology/American Heart Association Task Force on Performance Measures, the Society for Cardiovascular Angiography and Interventions, the American Medical Association–Convened Physician Consortium for Performance Improvement, and the National Committee for Quality Assurance. Circulation. 2014;129:926-49.
4. Jolly SS, Yusuf S, Cairns J, et al. Radial versus femoral access for coronary angiography and intervention in patients with acute coronary syndromes (RIVAL): a randomized, parallel group, multicentre trial. Lancet. 2011;377:1409-20.
5. Romagnoli E, Biondi-Zoccai G, Sciahbasi A, et al. Radial versus femoral randomized investigation in ST-segment elevation acute coronary syndrome: the RIFLE-STEACS (Radial Versus Femoral Randomized Investigation in ST-Elevation Acute Coronary Syndrome) study. J Am Coll Cardiol. 2012;60(24):2481-9.
6. Doyle BJ, Ting HH, Bell MR, et al. Major femoral bleeding complications after percutaneous coronary intervention: incidence, predictors, and impact on long-term survival among 17,901 patients treated at the Mayo Clinic from 1994 to 2005. JACC Cardiovasc Interv. 2008;1(2):202-9.
7. Zago G, Trentin F, Prado Jr. GFA, Spadaro AG, Silva EER, Campos CM, et al . Remoção precoce do introdutor arterial após intervenção coronária percutânea por via femoral: estudo de segurança e eficácia. Rev Bras Cardiol Invasiva São Paulo. 2014;22(2).
8. Steg G, James SK, Atar D, Badano LP, BlÖmstrom-Lundqvist C, Borger MA, et al. ESC Guidelines for the management of acute myocardial infarction in patients presenting with ST-segment elevation. The Task Force on the management of ST-segment elevation acute myocardial infarction of the European Society of Cardiology (ESC). European Heart J. 2012;33:2569-619.
9. Hamm CW, Bassand JP, Agewall S, Bax J, Boersma E, Bueno H, et al. ESC Guidelines for the management of acute coronary syndromes in patients presenting without persistent ST-segment elevation. The Task Force for the management of acute coronary syndromes (ACS) in patients presenting without persistent ST-segment elevation of the European Society of Cardiology (ESC). European Heart J. 2011;32:2999-3054.
10. Baim DS. Grossman's cardiac catheterization, angiography & intervention. 7th edition. Lippincott Willians & Wilkins; 2006.

11. Grines C, Safian RD, Freed MS. The new manual of interventional cardiology. 3rd ed. Physicians Press; 2001.
12. The TIMI Study Group: the thrombolysis in myocardial infarction (TIMI) trial. N Engl J Med. 1985;312:932-6.
13. Ringqvist I, Fisher LD, Mock M et al. Prognostic value of angiographic indices of coronary artery disease from the Coronary Artery Surgery Study (CASS). J Clin Invest. 1983;71:1854-66.
14. Dangas G, Mehran R, Wallestein S et al. Correlation of angiographic morphology and clinical presentation in unstable angina. J Am Coll Cardiol. 1997;29:519-25.
15. Asif A, Epstein M. Prevention of radiocontrast-induced nephropathy. Am J Kidney Dis. 2004;44:12.
16. Barrett BJ. Contrast nephrotoxicity. J Am Soc Nephrol. 1994;5:125.
17. McCullough PA, Wolyn R, Rocher LL, et al. Acute renal failure after coronary intervention: incidence, risk factors, and relationship to mortality. Am J Med. 1997;103:368.
18. Rihal CS, Textor SC, Grill DE, et al. Incidence and prognostic importance of acute renal failure after percutaneous coronary intervention. Circulation. 2002;105:2259.
19. Marenzi G, Assanelli E, Campodonico J, et al. Contrast volume during primary percutaneous coronary intervention and subsequent contrast-induced nephropathy and mortality. Ann Intern Med. 2009;150:170.
20. Mehran R, Aymong ED, Nikolsky E, et al. A simple risk score for prediction of contrast-induced nephropathy after percutaneous coronary intervention: development and initial validation. J Am Coll Cardiol. 2004;44:1393.

Seção XV

124

Condicionamento físico na insuficiência cardíaca

Daniela Regina Agostinho
Patricia Alves de Oliveira
Antônio Carlos Pereira Barretto

Introdução

A insuficiência cardíaca (IC) é uma síndrome complexa, caracterizada pela falência da bomba cardíaca, sendo considerada a via final comum da maioria das doenças do coração, sendo um desafio clínico na área da saúde.

Reabilitação cardiovascular em insuficiência cardíaca (IC) crônica

Classe de recomendação	Indicações	Nível de evidência
Classe I	Reabilitação cardiovascular para pacientes com IC crônica estável em CF II-III (NYHA – New York Heart Association)	B

A reabilitação cardíaca é o somatório das atividades necessárias para garantir aos pacientes portadores de cardiopatia as melhores condições físicas, mentais e sociais, de forma que eles consigam, pelo seu próprio esforço, reconquistar uma posição normal na comunidade e levar uma vida ativa e produtiva.

Caracterização dos programas de reabilitação cardíaca

Exercise only	Programa direcionado somente às atividades físicas
Total care	Programa mais amplo, com intervenções de uma equipe multiprofissional, na tentativa de recuperar o indivíduo como um todo, ou seja, com mudanças no estilo de vida; ênfase na atividade física programada, adoção de hábitos alimentares saudáveis, remoção do tabagismo e do uso de drogas em geral, além de estratégias para modular o estresse.

Benefícios da reabilitação na insuficiência cardíaca

- Redução da atividade nervosa simpática e aumento no tônus vagal
- Melhora do fluxo sanguíneo muscular e da vasoconstrição periférica
- Reestabelecimento do barorreflexo
- Redução dos biomarcadores
- Melhora da capacidade funcional (consumo máximo de oxigênio)
- Melhora a miopatia periférica e aumento da tolerância aos esforços
- Diminuição da expressão de TNF-α e de interleucina-1β
- Redução dos níveis de MuRF-1
- Diminuição da hipersensibilidade do controle quimiorreflexo
- Restauração dos níveis de proteína no sistema ubiquitinaprotessoma e proteínas carbo-niladas no músculo esquelético
- Redução do diâmetro diastólico do ventrículo esquerdo e aumento do volume sistólico no repouso e no pico do exercício físico
- Melhora da função diastólica
- Melhora da qualidade de vida
- São seguros e muito custo/efetivos

MuRF-1: *Muscle RING-finger protein-1;* TNF-α: fator de necrose tumoral alfa.

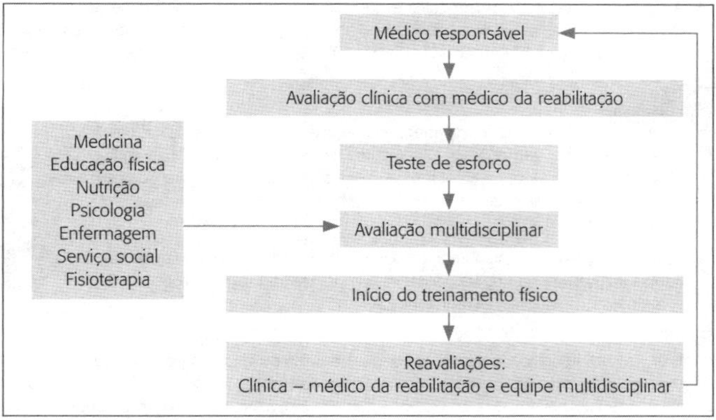

Figura 1 Reabilitação na insuficiência cardíaca.

Tipos de treinamento utilizados para pacientes com insuficiência cardíaca

Treino aeróbio contínuo:

- Treinamento aeróbio contínuo é aquele que se baseia em um esforço constante durante um tempo determinado, com intensidade leve a moderada (70 a 90% da frequência cardíaca (FC) máxima alcançada no teste de esforço ou entre 50 a 80% da FC de reserva, ou entre o primeiro e o segundo limiar obtido no teste cardiopulmonar/ergoespirométrico), com duração de 30 a 60 minutos, de duas a cinco vezes por semana.

Treino aeróbio intervalado:

- Treino aeróbio intervalado é aquele composto por períodos de esforço alternados com períodos de recuperação ativos ou passivos. A carga de trabalho é realizada em blocos de menor e maior intensidade, variando de 50 a 90% da FC máxima.

Treinamento dos músculos inspiratórios:

- O treinamento dos músculos respiratórios melhora a tolerância ao esforço, melhora a ventilação e a relação entre ventilação e perfusão. Pacientes com insuficiência cardíaca (IC) podem apresentar alterações funcionais dos músculos respiratórios, associados com a hiperatividade quimiorreflexa e metaborreflexa, o que pode agravar a intolerância ao exercício.

Exercícios de resistência e fortalecimento muscular:

- Devem ser executados em séries de 8 a 15 repetições, com carga leve, progredindo ao longo das sessões, suficientes para causar fadiga nas últimas três repetições, porém sem falha do movimento ou redução da velocidade de execução. Devem ser realizados de duas a três vezes por semana.

Eletroestimulação:

- A estimulação elétrica dos músculos esqueléticos de baixa frequência deve ser considerada como uma alternativa viável para o treinamento de físico em pacientes com IC. Verificou-se melhora da capacidade de realizar exercícios, aumento de força e melhora da qualidade de vida.

Hidroterapia:

- É capaz de aumentar de forma adequada o índice cardíaco durante hidroginástica e natação, em água termoneutra. São seguros na presença de IC crônica estável. Tem efeito de diurese. Deve-se atentar para eventuais quadros de hipotensões em águas com temperatura elevadas (acima de 32°C).

Ioga:

- Estudo do efeito da ioga sobre a capacidade de exercício indica que pode ser uma terapia adjuvante segura para pacientes com IC, evitando-se posições invertidas e contrações isométricas muito prolongadas.

Flexibilidade:

- Exercícios de flexibilidade devem ser parte das aulas de ginástica podendo ser no começo e/ou, preferencialmente, no final de cada sessão. Também conhecidos como alongamentos, devem ser realizados de maneira progressiva e sem desconfortos, sempre respeitando as limitações musculoesqueléticas.

Contraindicações absolutas para a prática do exercício físico

- Infarto agudo do miocárdio muito recente (< 72 h)
- Angina instável (< 72 h da estabilização)
- Valvopatias graves sintomáticas com indicação cirúrgica – reabilitar somente após o procedimento cirúrgico
- Hipertensão arterial descontrolada: PAS > 190 mmHg e/ou PAD > 120 mmHg
- Insuficiência cardíaca descompensada
- Arritmias ventriculares complexas
- Lesão de tronco de coronária esquerda, instável ou grave
- Endocardite infecciosa, miocardite, pericardite
- Cardiopatias congênitas severas não corrigidas, sintomáticas
- Tromboembolismo pulmonar e tromboflebite – fase aguda
- Dissecção de aorta – tipo A ou fase aguda do tipo B
- Obstrução severa do trato de saída do ventrículo esquerdo com baixo débito de esforço induzido
- Diabetes melito descontrolada
- Quadro infeccioso sistêmico agudo

PAD: pressão arterial diastólica; PAS: pressão arterial sistólica.

Bibliografia recomendada

1. III Diretriz Brasileira de Insuficiência Cardíaca Crônica. Arq Bras Cardiol. 2009;93(1 supl.1):1-71.
2. Brown RA. Rehabilitation of patients with cardiovascular diseases. Report of a WHO expert committee. World Health Organ Tech Rep Ser. 1964;270:346.
3. Diretriz de Reabilitação Cardiopulmonar e Metabólica: Aspectos práticos e responsabilidades. Arqui Bras Cardiol. 2006:89(1).
4. Taylor RS, Brown A, Ebrahim S, Jolliffe J, Noorani M, Rees K, et al. Exercise-based rehabilitation for patients with coronaryheart disease: systematic review and meta-analysis of randomized controlled trials. Am J Med. 2004;116(10):682-92.
5. Hambrecht R, Walther C, Möbius-Winkler S, Gielen S, Linke A, Conradi K, et al. Percutaneous coronary angioplasty compared with exercise training in patients with stable coronary artery disease: a randomized trial. Circulation. 2004;109(11):1371-8.
6. Alves GB, Roveda F, Camargo EW, Nunes N, Nery SdS, Silva CEG, et al. Reabilitação cardiovascular e condicionamento físico. In: Cardiologia do exercício – do atleta ao cardiopata. 3.ed. Manole: Barueri; 2010. p. 366-81.
7. Diretriz Sul-Americana de Prevenção e Reabilitação Cardiovascular. Arq Bras Cardiol. 2014;103(2Supl.1):1-31

8. Wisloff U, Støylen A, Loennechen JP, Bruvold M, Rognmo Ø, Haram PM, et al. Superior cardiovascular effect of aerobic interval training versus moderate continuous training in heart failure patients: a randomized study. Circulation. 2007;115:3086-94.
9. Guiraud T, Nigam A, Gremeaux V, Meyer P, Juneau M, Bosquet L. High-intensity interval training in cardiac rehabilitation. Sports Med. 2012;42(7):587-605.
10. Reis MS, Arena R, Archiza B, de Toledo CF, Catai AM, Borghi-Silva A. Deep breathing heart rate variability is associated with inspiratory muscle weakness in chronic heart failure. Physiother Res Int. 2014;19(1):16-24.
11. Ribeiro JP, Chiappa GR, Callegaro CC. The contribution of inspiratory muscles function to exercise limitation in heart failure: pathophysiological mechanisms. Rev Bras Fisioter. 2012;16(4):261-7.
12. AACVPR. Guidelines for Cardiac Rehabilitation and Secondary Prevention Programs. 4.ed. Champaign: Human Kinetics; 2004.
13. Dobsák P, Nováková M, Fiser B, Siegelová J, Balcárková P, Spinarová L, et al. Electrical stimulation of skeletal muscles. An alternative to aerobic exercise training in patients with chronicheart failure? Int Heart J. 2006;47(3):441-53.
14. Schmid JP, Noveanu M, Morger C, Gaillet R, Capoferri M, Anderegg M, et al. Influence of water immersion, water gymnastics and swimming on cardiacoutput in patients with heart failure. Heart. 2007;93:722-7.
15. Pullen PR, Nagamia SH, Mehta PK, Thompson WR, Benardot D, Hammoud R, et al. Effects of yoga on inflammation and exercise capacity in patients withchronic heart failure. J Card Fail. 2008;14:407-13.

125

Reabilitação no infarto agudo do miocárdio

Marcelo Rodrigues dos Santos
Maria Janieire de Nazaré Nunes Alves
Antônio Carlos Pereira Barretto

Introdução

Após um evento isquêmico, a reabilitação cardiovascular (RC) tem sido recomendada a todos os pacientes clinicamente estáveis. Esse tratamento visa a reduzir os efeitos deletérios do repouso prolongado e estimular o processo de recuperação e remodelação ventricular do paciente. Nível de evidencia I (B) para programas de RC supervisionados, particularmente em pacientes com múltiplos fatores de risco e com alto a moderado risco. Caso o paciente seja diabético, o nível de evidencia é I (A) para atividade supervisionada e, IIb (B) para programas de treinamento físico não supervisionado.

Inúmeros estudos têm demonstrado que a RC reduz o tempo de internação, bem como diminui as readmissões hospitalares e a mortalidade.

A RC deve incluir os seguintes aspectos: avaliação clínica, otimização medicamentosa, treinamento físico, reabilitação psicossocial, avaliação e redução dos fatores de risco de doença coronária, modificação do estilo de vida e educação do paciente e da família.

O treinamento físico aeróbio, uma parte importante da reabilitação cardíaca, melhora a remodelação ventricular e reduz a atividade nervosa simpática muscular, fator prognóstico importante de piora da função cardíaca nos primeiros três meses do início da RC. Por outro lado, a melhora do fluxo sanguíneo muscular e a redução da resistência vascular periférica ocorrem após 7 meses de RC contínua.

Para que todos esses objetivos sejam alcançados no processo de RC, é necessária uma equipe multidisciplinar composta por médicos, enfermeiros, fisioterapeutas, nutricionistas, psicólogos e educadores físicos.

As três fases da reabilitação cardiovascular

Fase I
▪ É iniciada na etapa hospitalar, imediatamente após o evento isquêmico. Nesta fase, o objetivo principal é otimizar as medicações, prevenir as sequelas de imobilização, melhorar a capacidade de tolerar o esforço e avaliar o estado mental do paciente, com redução da ansiedade e apoio mental. Informações básicas sobre a doença e modalidades de tratamento devem ser abordadas com o paciente. ▪ Para pacientes que cursaram em Killip I sem disfunção cardíaca pós-IAM, o teste de esforço (TE) submáximo (70-85% da FC máxima) pode ser realizado entre 5-7 dias após o evento. Para pacientes que cursaram em Killip II, com disfunção ventricular em parede inferior, o TE submáximo deve ser realizado entre 10-15 dias. Em alguns centros bem equipados, está preconizado a realização de teste cardiopulmonar ao esforço máximo (TCP), a ser realizado com o objetivo da avaliação da capacidade funcional, bem como para utilização dos limiares ventilatórios (limiar anaeróbio e ponto de compensação respiratório) para o treinamento físico posterior (fase II e III). Naqueles pacientes que evoluíram em Killip II/III ou III, com disfunção importante de parede anterior, a avaliação com TE ou TCP, deve ser realizada somente após 30 dias em ambiente hospitalar. ▪ A triagem e rastreamento do nível de gravidade do paciente devem ser realizados, no máximo, nos primeiros 15 dias após o evento isquêmico, para se definir se a reabilitação deve ser supervisionada, ou não. ▪ Exercícios simples devem ser iniciados na fase I, após 12 a 48 horas de repouso, dependendo da gravidade do infarto (veja as contraindicações a seguir). Geralmente após 2-3 dias, a intensidade do exercício pode ser aumentada gradualmente sob a supervisão do fisioterapeuta. ▪ Tipos de exercícios na fase I: unidade de tratamento intensivo (2-3 dias) – sentar no leito, balançar as pernas, sentar na cadeira ao lado do leito, exercícios respiratórios, exercícios dinâmicos que envolvam pequenos grupos musculares. Unidade intermediária ou de internação (3-5 dias) – exercício dinâmico envolvendo grandes grupos musculares, exercícios de sentar e levantar, deambulação assistida no quarto. Unidade de internação (pós 4-6 dias) – o paciente pode iniciar exercícios de subir e descer escadas, caminhar 90-100 m, duas vezes por dia, no corredor.
Fase II
▪ Esta fase será iniciada imediatamente após a fase I, podendo ocorrer após a alta hospitalar. Em geral, a fase II se inicia após 2-3 semanas do IAM. A fase II deve ser iniciada sob supervisão médica no ambiente hospitalar para pacientes idosos e/ou com alto risco. Para pacientes com baixo risco, a fase II pode ser iniciada fora do hospital. ▪ Na fase II pode ser recomendado o teste cardiopulmonar máximo para a determinação da intensidade ideal de treinamento. Exercícios aeróbios como caminhada e bicicleta devem ser iniciados com 15-30 minutos, com intensidade leve a moderada (50-70% do VO_2 pico ou 10 batimentos abaixo do limiar de isquemia). O uso da escala de Borg pode ajudar a controlar a intensidade do exercício que pode variar entre 12-13 na escala. O fisioterapeuta e o educador físico podem trabalhar em conjunto nessa fase. A fase II de reabilitação consiste, temporalmente, até 4 a 6 meses após o dia do evento.

(continua)

As três fases da reabilitação cardiovascular *(continuação)*

Fase III
A fase III se inicia após 4 a 6 meses da data do evento. Nesta fase, o objetivo é aumentar a intensidade, volume e frequência do treinamento. É recomendado que o paciente realize 45-60 minutos de exercício pelo menos três vezes por semana. A intensidade pode variar de 60-85% do VO_2 pico. Nesta fase, exercícios como caminhadas, corrida leve, bicicleta e alguns esportes não competitivos são recomendados. Exercícios de força dinâmica, leve a moderada, também são importantes para manutenção e aumento da massa muscular.

IAM: infarto agudo do miocárdio; VO_2: consumo máximo de oxigênio.

Contraindicações absolutas para o início do treinamento físico em pacientes após infarto agudo do miocárdio

- Angina instável (em baixa frequência cardíaca)
- Insuficiência cardíaca descompensada
- Pressão arterial sistólica em repouso > 200 mmHg
- Pressão arterial diastólica em repouso > 100 mmHg
- Doença cardíaca valvular sintomática grave
- Arritmia ventricular complexa
- Taquicardia paroxística supraventricular em repouso
- Arritmia complexa induzida pelo exercício
- Bloqueio atrioventricular de III grau sem marca-passo definitivo
- Endocardite
- Pericardite
- Embolia arterial
- Tromboflebite
- Outra doença que possa contraindicar o exercício físico

Abordagem da atividade física no consultório após IAM

Um mínimo de 30-60 minutos por sessão de intensidade moderada de atividade aeróbica, de preferência diariamente, ou, pelo menos, 3-4 vezes por semana (conforme avaliação por TE ou TCP), ou 150 minutos por semana, com média de 1.500 a 2.000 calorias gastas por semana.

(continua)

Abordagem da atividade física no consultório após IAM *(continuação)*

Enfatizar: sedentarismo como fator de risco e os benefícios da atividade física: qualquer aumento na atividade física tem um benefício positivo na saúde.
Recomendado: aumentos graduais nas atividades de vida diária ao longo do tempo e como incorporá-la na rotina diária.
Aconselha-se: atividade física individualizada de acordo com a idade do paciente, hábitos passados, comorbidades, preferências e objetivos.
Tranquilizar: sobre a segurança do protocolo recomendado.
Incentivar: a participação em atividades de lazer que são agradáveis e no programa de treinamento de exercício em grupo, pois os pacientes tendem a reverter para hábitos sedentários anteriores ao evento com o passar do tempo.
Prevenir: os pacientes precisam ser avisados sobre o risco de recaídas: assim, a educação deve sublinhar como os benefícios podem ser alcançados e a sua necessidade ao longo da vida. Se a interrupção da atividade física ocorreu, barreiras física, social e psicológica à frequência devem ser exploradas, e abordagens alternativas sugeridas.

IAM: infarto agudo do miocárdio; TCP: teste cardiopulmonar ao esforço máximo; TE: teste de esforço.

Estratificação de risco para admissão na reabilitação cardiovascular (supervisionada ou não)

Pacientes com baixo risco (classe B)

- Classe funcional I ou II NYHA (New York Heart Association)
- Classe funcional > 6 MET (equivalente metabólico)
- Ausência de insuficiência cardíaca crônica
- Função ventricular preservada
- Ausência de sinais de isquemia de repouso
- Resposta adequada da pressão arterial no esforço
- Ausência de arritmias complexas
- Capacidade de autoavaliação

Pacientes com risco moderado (classe C)

- Fração de ejeção do ventrículo esquerdo (FEVE) limítrofe no repouso
- Classe funcional I ou II NYHA
- Capacidade funcional > 6 MET
- Isquemia ou taquicardia ventricular não sustentada (TVNS) em esforço > 6 MET

(continua)

Estratificação de risco para admissão na reabilitação cardiovascular (supervisionada ou não) *(continuação)*

Pacientes com alto risco (classe D)
- Dois ou mais infartos agudos do miocárdio (IAM)
- Classe funcional > II NYHA
- Capacidade funcional < 6 MET
- Disfunção ventricular em repouso
- Infradesnivelamento do segmento ST > 3 mm ou angina por esforço
- Queda da pressão arterial durante esforço
- Parada cardiorrespiratória prévia, exceto nas primeiras horas do IAM
- Taquicardia ventricular (arritmia ventricular complexa) durante esforço
- Incapacidade de autoavaliação

Bibliografia recomendada

1. Piepoli MF, Hoes AW, Agewall S, Albus C, Brotons C, Catapano AL, et al. 2016 European Guidelines on cardiovascular disease prevention in clinical practice: The Sixth Joint Task Force of the European Society of Cardiology and Other Societies on Cardiovascular Disease Prevention in Clinical Practice (constituted by representatives of 10 societies and by invited experts). Eur Heart J. 2016;37(29):2315-81.
2. Piepoli MF, Corrà U, Benzer W, Bjarnason-Wehrens B, Dendale P, Gaita D, et al. Secondary prevention through cardiac rehabilitation: from knowledge to implementation. A position paper from the Cardiac Rehabilitation Section of the European Association of Cardiovascular Prevention and Rehabilitation. Eur J Cardiovasc Prev Rehabil. 2010;17(1):1-17.
3. Doll JA, Hellkamp A, Thomas L, Ho PM, Kontos MC, Whooley MA, et al. Effectiveness of cardiac rehabilitation among older patients after acute myocardial infarction. Am Heart J. 2015;170(5):855-64.
4. Piotrowicz R, Wolszakiewicz J. Cardiac rehabilitation following myocardial infarction. Cardiol J. 2008;15(5):481-7.
5. Martinez DG, Nicolau JC, Lage RL, Toschi-Dias E, de Matos LD, Alves MJ, et al. Effects of long-term exercise training on autonomic control in myocardial infarction patients. Hypertension. 2011; 58(6):1049-56.
6. Moraes RS, Nóbrega AC, Castro RR, Negrão CE, Stein R, Serra SM, et al. Diretriz de Reabilitação Cardíaca. Arq Bras Cardiol. 2005;84(5):431-40.
7. Bjarnason-Wehrens B, Mayer-Berger W, Meister ER, Baum K, Hambrecht R, Gielen S, et al. Recommendations for resistance exercise in cardiac rehabilitation. Recommendations of the German Federation for Cardiovascular Prevention and Rehabilitation. Eur J Cardiovasc Prev Rehabil. 2004;11(4):352-61.
8. Graham I, Atar D, Borch-Johnsen K, Boysen G, Burell G, Cifkova R, et al. European guidelines on cardiovascular disease prevention in clinical practice: full text. Fourth Joint Task Force of the European Society of Cardiology and other societies on cardiovascular disease prevention in clinical practice. Eur J Cardiovasc Prev Rehabil. 2007;14(Suppl 2):S1-113.
9. Fletcher GF, Ades PA, Kligfield P, Arena R, Balady GJ, Bittner VA, et al. Exercise standards for testing and training: a scientific statement from the American Heart Association. Circulation. 2013;128(8):873-934.

126

Atividade sexual no cardiopata

Marcelo Rodrigues dos Santos
Maria Janieire de Nazaré Nunes Alves
Antônio Carlos Pereira Barretto

Introdução

A atividade sexual em pacientes cardiopatas está diretamente relacionada com melhor qualidade de vida, tanto para os homens quanto para as mulheres.

A diminuição da atividade sexual em pacientes cardiopatas pode levar a diversas alterações psicológicas, como depressão e ansiedade, e fisiológicas, como redução da libido e disfunção erétil de causa secundária.

Por esse motivo, é muito importante o médico saber identificar essas alterações e orientar o paciente cardiopata de maneira segura quanto à prática da atividade sexual e quando prescrever tratamento alternativo para disfunção sexual.

Conhecer as limitações do paciente quanto ao esforço físico gerado pela prática sexual é de extrema importância para a melhor orientação.

Efeito agudo da atividade sexual sobre o sistema cardiovascular

Durante as preliminares da atividade sexual, ocorre uma resposta hemodinâmica com leve aumento da pressão arterial sistólica, diastólica e da frequência cardíaca.

Durante a prática sexual, essas variáveis hemodinâmicas se elevam de forma modesta.

O grande aumento hemodinâmico ocorre por um período de 10-15 s durante o orgasmo, com rápida redução da pressão arterial e da frequência cardíaca no estado de repouso após esse evento.

Homens e mulheres apresentam as mesmas respostas de pressão arterial, frequência cardíaca e neuroendócrina.

(continua)

Efeito agudo da atividade sexual sobre o sistema cardiovascular *(continuação)*

A atividade sexual representa intensidade leve a moderada (3-5 MET), o equivalente a caminhar rapidamente. A Tabela "Consumo de oxigênio estimado para algumas atividades diárias" ajuda a comparar o gasto energético em algumas atividades do cotidiano.

MET: equivalente metabólico. 1 MET: 3,5 mL/kg/min.

Consumo de oxigênio estimado para algumas atividades diárias

Caminhada até 3,5 km/h	2 MET
Caminhada até 5 km/h	3 MET
Atividade sexual pré-orgasmo	2-3 MET
Atividade sexual durante orgasmo	3-4 MET
Corrida 10 km/h	6-7 MET
Quarto estágio protocolo de Bruce	13 MET

MET: equivalente metabólico.

Atividade sexual e risco cardiovascular

A incidência de angina *pectoris* durante a prática sexual representa menos de 5% de todos os ataques anginosos em pacientes cardiopatas.
Uma metanálise mostrou que, em pacientes com IM prévio ou síndrome coronariana, existe associação de risco relativo de 2,7 durante a atividade sexual eventual.
É importante salientar que esse risco elevado está mais associado a pacientes sedentários, enquanto pacientes fisicamente ativos (exercício físico regular com esforço maior que 6 MET, pelo menos duas vezes por semana) não apresentaram risco aumentado de IM durante a atividade sexual.
Apesar de a atividade sexual estar relacionada com maior risco relativo de IM, a taxa de eventos é baixa. O risco de IM associado com 1 h de atividade sexual semanal é estimado em 2-3 por 10 mil pessoas/ano.

IM: infarto do miocárdio; MET: equivalente metabólico.

Recomendações gerais para doença cardiovascular

As mulheres devem ser aconselhadas quanto a métodos contraceptivos e gestação (classe I; nível de evidência C).
É aconselhável avaliar história médica completa e exame físico de pacientes com doença cardiovascular que desejam iniciar ou retomar a atividade sexual (classe IIa; nível de evidência C).

(continua)

Recomendações gerais para doença cardiovascular *(continuação)*

A atividade sexual pode ser indicada para pacientes com doenças cardiovasculares que, na avaliação clínica, foram determinados com baixo risco de complicações cardiovasculares (classe IIa; nível de evidência B).

O teste de esforço deve ser utilizado para avaliar a capacidade de exercício e desenvolvimento de sintomas, isquemia ou arritmias em pacientes com moderado a alto risco cardiovascular (classe IIa; nível de evidência C).

A atividade sexual é aceitável para pacientes que podem realizar intensidade entre 3-5 METS sem apresentar angina, dispneia excessiva, alterações isquêmicas do segmento ST, cianose, hipotensão e arritmia (classe IIa; nível de evidência C).

Reabilitação cardíaca e/ou exercício físico regular pode ser útil para reduzir o risco de complicações cardiovasculares durante a atividade sexual (classe IIa; nível de evidência B).

Para pacientes instáveis, descompensados e/ou sintomáticos, a atividade sexual deve ser suspensa até que sua condição clínica esteja estabilizada (classe III; nível de evidência C).

Pacientes que apresentam sintomas cardiovasculares induzidos pela atividade sexual devem suspender essa atividade até que sua condição clínica esteja estabilizada e/ou sua medicação otimizada (classe III; nível de evidência C).

Recomendações específicas para doenças cardiovasculares

Doença arterial coronariana

1. A atividade sexual é recomendada para pacientes sem angina ou angina leve (classe IIa; nível de evidência B).
2. A atividade sexual é recomendada depois de uma ou mais semanas após o infarto se o paciente estiver sem sintomas cardíacos durante atividade física leve a moderada (classe IIa; nível de evidência C).
3. A atividade sexual é recomendada para pacientes que tenham sido submetidos a revascularização coronária completa (classe IIa; nível de evidência B); pode ser retomada: após alguns dias de angioplastia coronária se o local de acesso vascular estiver sem complicações (classe IIa; nível de evidência C) ou 6-8 semanas após a cirurgia de revascularização do miocárdio, desde que a esternotomia esteja bem cicatrizada (classe IIa; nível de evidência B).
4. A atividade sexual é recomendada para pacientes que foram submetidos a cirurgia aberta do coração, sem intervenção coronariana, e pode ser retomada 6-8 semanas após o procedimento, desde que a esternotomia esteja bem cicatrizada (classe IIa; nível de evidência C).
5. Para pacientes com revascularização coronária incompleta, o teste ergométrico pode ser considerado para avaliar a extensão e a gravidade da isquemia residual (classe IIb; nível de evidência C).
6. A atividade sexual deve ser adiada para pacientes com angina instável ou refratária até que sua condição esteja estabilizada e a medicação otimizada (classe III; nível de evidência C).

(continua)

Recomendações específicas para doenças cardiovasculares *(continuação)*

Insuficiência cardíaca

1. A atividade sexual é recomendada para pacientes com insuficiência cardíaca compensada e/ou leve (NYHA I ou II) (classe IIa; nível de evidência B).
2. A atividade sexual não é recomendada para pacientes com insuficiência cardíaca descompensada ou avançada (NYHA III ou IV) até que sua condição esteja estabilizada e a medicação otimizada (classe III; nível de evidência C).

Doença cardíaca valvular

1. A atividade sexual é recomendada para pacientes com doença valvular cardíaca leve ou moderada, sem sintomas ou sintomas leves (classe IIa; nível de evidência C).
2. A atividade sexual é recomendada para pacientes com função normal da prótese valvar, com reparo de válvulas e intervenções de válvulas com sucesso (classe IIa; nível de evidência C).
3. A atividade sexual não é recomendada para pacientes com doença valvar grave ou sintomática até que sua condição esteja estabilizada e sua medicação otimizada (classe III; nível de evidência C).

Arritmias, marca-passo e cardiodesfibrilador interno

1. A atividade sexual é recomendada para pacientes com fibrilação atrial ou *flutter* atrial e frequência ventricular bem controlada (classe IIa; nível de evidência C).
2. A atividade sexual é recomendada para pacientes com história de taquicardia por reentrada nodal atrioventricular, taquicardia por reentrada atrioventricular ou taquicardia atrial com arritmias controladas (classe IIa; nível de evidência C).
3. A atividade sexual é recomendada para pacientes com marca-passo (classe IIa; nível de evidência C).
4. A atividade sexual é recomendada para pacientes com cardiodesfibrilador (CDI) implantado para prevenção primária (classe IIa; nível de evidência C).
5. A atividade sexual é recomendada para pacientes com CDI para prevenção secundária, nos quais a atividade física moderada ($\geq$ 3-5 MET) não apresenta taquicardia ventricular ou fibrilação e choques frequentes (nível de evidência C).
6. A atividade sexual deve ser adiada para pacientes com fibrilação atrial e ritmo ventricular mal controlado, arritmias supraventriculares não controladas ou sintomáticas e taquicardia ventricular espontânea ou induzida por exercício até que a condição clínica esteja estabilizada (classe III; nível de evidência C).
7. A atividade sexual deve ser adiada nos pacientes com CDI que receberam múltiplos choques até que a causa da arritmia esteja estabilizada e controlada (classe III; nível de evidência C).

(continua)

Recomendações específicas para doenças cardiovasculares *(continuação)*

Doença cardíaca congênita

1. A atividade sexual é recomendada para a maioria dos pacientes com doença cardíaca congênita que não têm insuficiência cardíaca descompensada ou avançada, doença valvar grave e/ou significativamente sintomáticos ou arritmias não controladas (classe IIa; nível de evidência C).

Cardiomiopatia hipertrófica

1. A atividade sexual é recomendada para a maioria dos pacientes com cardiomiopatia hipertrófica (classe IIa; nível de evidência C).
2. A atividade sexual deve ser adiada para pacientes com cardiomiopatia hipertrófica que apresentam sintomas graves até que sua condição esteja estabilizada (classe III; nível de evidência C).

CDI: cardiodesfibrilador implantável; MET: equivalente metabólico; NYHA: New York Heart Association.

Drogas cardiovasculares e função sexual

Os medicamentos cardiovasculares que comprovadamente melhoram os sintomas e a sobrevivência não devem ser suspensos devido a preocupações sobre o potencial impacto na função sexual (classe III: potencialmente perigoso; nível de evidência C).

Apesar de o uso do betabloqueador estar relacionado com disfunção erétil, estudos recentes não encontraram relações entre esses medicamentos e a disfunção erétil.

Tratamento farmacológico para disfunção sexual

Inibidor da fosfodiesterase-5 (PDE5)

1. Inibidores da PDE5 são úteis para o tratamento da disfunção erétil em pacientes com doença cardiovascular estável (classe I; nível de evidência A).
2. A segurança dos inibidores da PDE5 é desconhecida em pacientes com estenose aórtica grave ou cardiomiopatia hipertrófica (classe IIa; nível de evidência C).
3. Inibidores da PDE5 não devem ser usados em pacientes que recebem terapia com nitratos (classe III; nível de evidência B).
4. Nitrato não deve ser administrado a pacientes por 24 h após o uso de sildenafil ou vardenafil ou por 48 h após a administração de tadalafil (classe III; nível de evidência B).

Problemas psicológicos da atividade sexual

Problemas de ansiedade e depressão quanto à atividade sexual devem ser avaliados em pacientes com doença cardiovascular (classe I; nível de evidência B).

Aconselhamento ao paciente e cônjuge

Tanto o paciente quanto o seu cônjuge devem ser aconselhados por profissionais de saúde para ajudar na retomada da atividade sexual depois de evento cardíaco agudo, novo diagnóstico de doença cardiovascular ou implante de CDI (classe I; nível de evidência B).

Bibliografia recomendada

1. Levine GN, Steinke EE, Bakaeen FG, Bozkurt B, Cheitlin MD, Conti JB, et al. Sexual activity and cardiovascular disease: a scientific statement from the American Heart Association. Circulation. 2012;125:1058-72.
2. Steinke EE. How can heart failure patients and their partners be counseled on sexual activity? Curr Heart Fail Rep. 2013;10:262-9.
3. Stein R, Hohmann CB. Sexual activity and the heart. Arq Bras Cardiol. 2006;86:61-7.
4. Lange RA, Levine GN. Sexual activity and ischemic heart disease. Curr Cardiol Rep. 2014;16:445.
5. Dahabreh IJ, Paulus JK. Association of episodic physical and sexual activity with triggering of acute cardiac events: systematic review and meta-analysis. JAMA. 2011;305:1225-33.
6. Muller JE, Mittleman MA, Maclure M, Sherwood JB, Tofler GH. Triggering myocardial infarction by sexual activity. Low absolute risk and prevention by regular physical exertion. Determinants of Myocardial Infarction Onset Study Investigators. JAMA. 1996;275:1405-9.
7. Grimm Jr RH, Grandits GA, Prineas RJ, McDonald RH, Lewis CE, Flack JM, et al. Long-term effects on sexual function of five antihypertensive drugs and nutritional hygienic treatment in hypertensive men and women. Treatment of Mild Hypertension Study (TOMHS). Hypertension. 1997;29:8-14.
8. Bansal S. Sexual dysfunction in hypertensive men. A critical review of the literature. Hypertension. 1988;12:1-10.
9. Dusing R. Sexual dysfunction in male patients with hypertension: influence of antihypertensive drugs. Drugs. 2005;65:773-86.
10. Franzen D, Metha A, Seifert N, Braun M, Hopp HW. Effects of beta-blockers on sexual performance in men with coronary heart disease. A prospective, randomized and double blinded study. Int J Impot Res. 2001;13:348-51.
11. Baumhakel M, Schlimmer N, Kratz M, Hackett G, Jackson G, Bohm M. Cardiovascular risk, drugs and erectile function – a systematic analysis. Int J Clin Pract. 2011; 65:289-98.
12. Erdmann E. Safety and tolerability of beta-blockers: prejudices & reality. Indian Heart J. 2010;62:132-5.
13. Jackson G, Betteridge J, Dean J, Eardley I, Hall R, Holdright D, et al. A systematic approach to erectile dysfunction in the cardiovascular patient: a Consensus Statement – update 2002. Int J Clin Pract. 2002;56:663-71.

127

Coração de atleta

Amanda Gonzales Rodrigues
Patricia Alves de Oliveira
Carlos Eduardo Negrão

- Coração de atleta é um termo utilizado para descrever as alterações cardíacas morfológicas e funcionais adaptativas e benignas, resultantes de uma atividade física sistemática, a fim manter o desempenho do atleta.
- O diagnóstico diferencial de coração de atleta e cardiopatias é essencial na estratificação do risco de morte súbita e, consequentemente, na desqualificação para os esportes competitivos.
- Pode desenvolver-se rapidamente dentro de semanas ou meses após o início de um condicionamento vigoroso e pode ser revertido em um período de tempo semelhante após o fim dos treinamentos.
- 50% dos atletas treinados apresentam algum grau de remodelamento cardíaco (Tabela "Frequência de distribuição das alterações cardíacas adaptativas nos atletas").
- As adaptações cardiovasculares ao exercício diferem quanto ao tipo de treinamento (resistência e/ou força), intensidade, etnia e determinantes genéticos (Tabelas "Respostas agudas quanto ao tipo de treinamento" e "Respostas a longo prazo quanto ao tipo de treinamento") (Figura 2).

Frequência de distribuição das alterações cardíacas adaptativas nos atletas

14% apresentam dilatação da cavidade ventricular entre 60 e 70 mm.
20% apresentam alargamento do átrio esquerdo ≥ 40 mm.
2% dos homens atletas apresentam espessura da parede de 13 mm.
40% dos atletas altamente treinados apresentam alguma alteração no eletrocardiograma (ECG).

Endurance (resistência)	Força
Aumento substancial do consumo máximo de oxigênio (VO_2)	Leve aumento do consumo de oxigênio (VO_2)
Aumento débito cardíaco	Leve aumento do débito cardíaco
Aumento da pressão arterial sistólica	Aumento substancial da pressão arterial
Diminuição da resistência periférica	Aumento da resistência periférica

Respostas agudas quanto ao tipo de treinamento

Endurance (resistência)	Força
Aumento do consumo máximo de oxigênio (VO_2)	Quase ou nenhum aumento do consumo máximo de oxigênio (VO_2)
Sobrecarga de volume	Sobrecarga de pressão
Hipertrofia ventricular "excêntrica"	Hipertrofia ventricular "concêntrica"

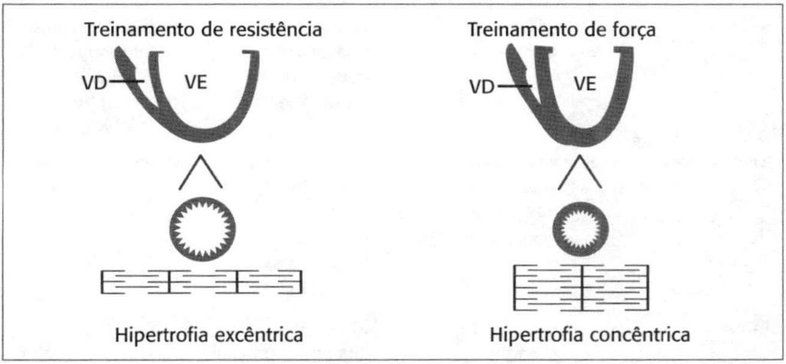

Figura 1 Tipos de hipertrofia em resposta ao tipo de treinamento. VD: ventrículo direito; VE: ventrículo esquerdo.

Respostas a longo prazo quanto ao tipo de treinamento

As alterações do coração no atleta estão diretamente relacionadas à modalidade esportiva e seus componentes estáticos ou dinâmicos (Tabela "Classificação dos esportes segundo seus componentes estáticos ou dinâmicos").

A característica dinâmica ou estática é o que determina o tipo de contração muscular durante a sua prática, influenciando o grau e tipo de adaptação cardiovascular.

Assim, esportes com maior componente dinâmico resultam em maior sobrecarga de volume, hipertrofia excêntrica e maior aumento da cavidade, enquanto aqueles com maior componente dinâmico levam a maior sobrecarga de pressão e hipertrófica concêntrica, com maior aumento da parede (Figura 2).

Apesar da classificação dos esportes em dinâmicos ou estáticos, a maioria apresenta uma combinação desses dois componentes.

Classificação dos esportes segundo seus componentes estáticos ou dinâmicos

Dinâmico / Estático	Leve	Moderado	Intenso
Leve	Billhar, boliche, golfe	Beisebol, futebol *society*, tênis em dupla, tênis de mesa, voleibol	*Badminton*, *cross country*, *squash*, corrida (longa distância), futebol, tênis individual
Moderado	Arco e flecha, automobilismo, motociclismo, hipismo, natação	Futebol americano, *rugby*, corrida (curta distância), *surf*, nado sincronizado, tênis em dupla	Basquete, *hockey* no gelo, corrida (meio-fundo), natação, handebol, marcha atlética
Intenso	Artes marcias, alpinismo, esqui aquático, levantamento peso, *windsurf*	Musculação, luta greco-romana	Boxe, remo, canoagem, decatlo, triatlo, ciclismo

Adaptada de 36th Bethesda Conference.

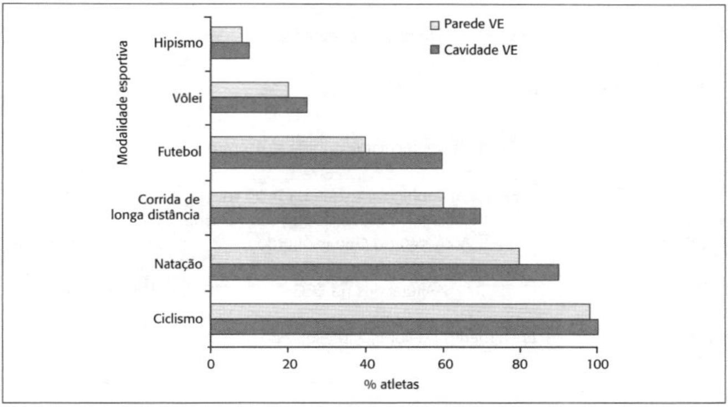

Figura 2 Respostas de acordo com a modalidade esportiva. VE: ventrículo esquerdo.

O aumento da espessura da parede como resultado da hipertrofia concêntrica no coração de atleta deve ser diferenciado da cardiomiopatia hipertrófica.

A cardiomiopatia hipertrófica constitui a principal causa de morte súbita em jovens atletas nos EUA (Tabela "Causas cardiovasculares de morte súbita em jovens nos EUA").

Critérios podem auxiliar na distinção entre a cardiomiopatia hipertrófica não obstrutiva do coração de atleta (Figura 3).

Grande parte dos atletas que desenvolvem o coração do atleta apresentam espessura do septo entre 12-13 mm e cavidade ventricular entre 55 e 60 mm.

Entretanto, 2% dos atletas homens possuem espessura do septo ventricular entre 13 e 15 mm, e cavidades ventriculares maiores, fazendo parte de uma grupo em uma "zona cinzenta", que torna essencial o diagnóstico diferencial do coração de atleta com outras doenças cardiovasculares (Figura 4).

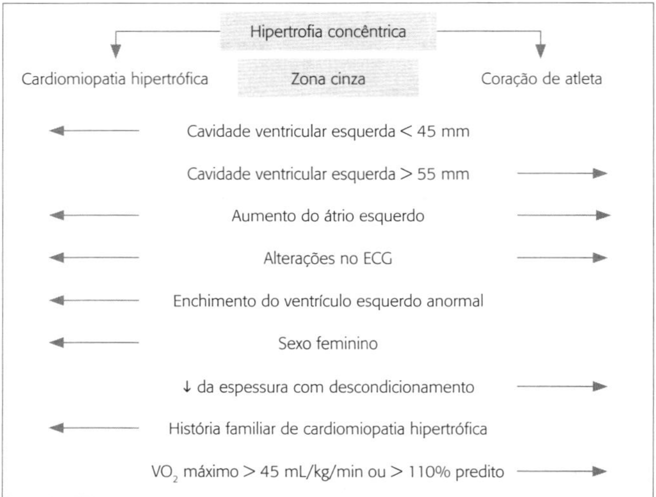

Figura 3 Critérios para distinguir coração de atleta de cardiomiopatia hipertrófica. ECG: eletrocardiograma; VO_2: consumo de oxigênio.

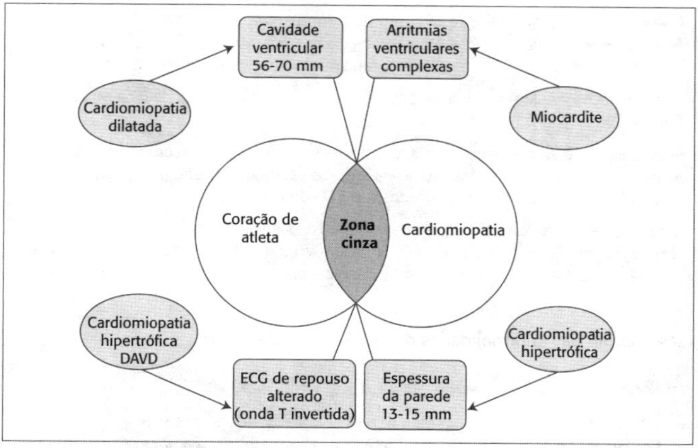

Figura 4 Diagnóstico diferencial de coração de atleta e doença cardíaca estrutural. DAVD: displasia arritmogênica do ventrículo direito; ECG: eletrocardiograma.

Causas cardiovasculares de morte súbita em jovens nos Estados Unidos

Cardiomiopatia hipertrófica	36%
Coronárias anômalas	17%
Possível cardiomiopatia hipertrófica	8%
Miocardites	6%
Displasia arritmogênica do ventrículo direito	4%
Canalopatias	4%
Prolapso de valva mitral	4%
Ponte miocárdica da artéria descendente anterior	3%
Rotura de aneurisma de aorta	3%
Doença coronária	3%
Estenose aórtica	3%
Cardiomiopatia dilatada	2%
Síndrome de Wolff-Parkinson-White	2%
Outras	5%

Alterações eletrocardiográficas estão presentes em mais de 80% dos atletas treinados, sendo duas vezes mais comuns em homens do que em mulheres, particularmente em esportes de resistência, e refletem as mudanças relacionadas ao coração de atleta.

Essas alterações devem ser distinguidas de alterações relacionadas à doença cardíaca estrutural.

As alterações no eletrcardiograma (ECG) do atleta são divididas em comuns, relacionadas ao treinamento (grupo 1) e incomuns, não relacionadas ao treinamento (grupo 2) (Tabela "Classificação das anormalidades dos ECG de atletas").

Repolarização precoce está presente em 50 a 80% dos atletas altamente treinados, bradicardia/arritmia sinusal em 13 a 69%, bloqueio atrioventricular (BAV) de 1° grau ou 2° grau Mobitz I em 35 e 10%, respectivamente.

Classificação das anormalidades dos ECG de atletas

Grupo 1	Grupo 2
▪ Bradicardia sinusal	▪ Inversão da onda T
▪ BAV de 1° grau	▪ Depressão do segmento ST
▪ Bloqueio incompleto de ramo direito	▪ Onda Q patológica
▪ Repolarização precoce	▪ Alargamento atrial esquerdo
▪ Critérios de voltagem para hipertrofia ventricular esquerda	▪ Desvio do eixo para esquerda, hemibloqueio anterior esquerdo
	▪ Hipertrofia ventricular direita
	▪ Pré-excitação ventricular
	▪ Bloqueios completos do ramo direito ou esquerdo
	▪ Intervalo QT longo ou curto
	▪ ECG sugestivo de síndrome de Brugada

BAV: bloqueio atrioventricular; ECG: eletrocardiograma.

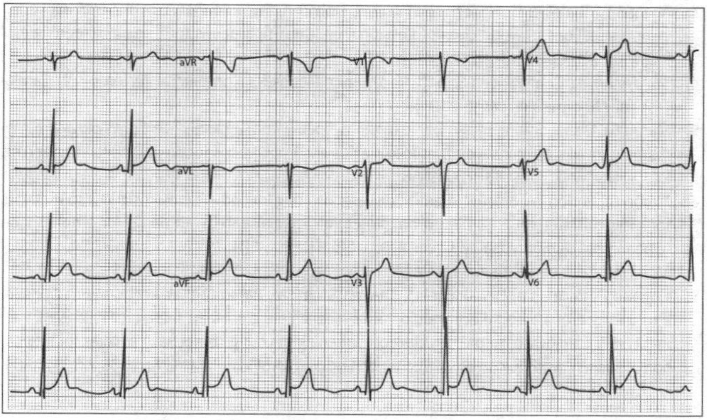

Figura 5 Exemplos de repolarização precoce em dois atletas altamente treinados. Fonte: banco de dados do InCor-HCFMUSP.

Concluímos assim que o coração de atleta não é uma doença, mas uma resposta ao treinamento, caracterizado pela reversibilidade com a cessação do mesmo, realizando um "destreinamento".

A diferenciação entre coração de atleta e doença cardíaca estrutural é fundamental para evitar errônea desqualificação para o esporte competitivo ou manter no esporte um atleta com risco de morte súbita.

A avaliação prévia à participação para o esporte competitivo em jovens atletas deve incluir um eletrocardiograma (ECG) de 12 derivações e uma anamnese completa, considerando fatores de risco familiares, como morte súbita.

Apesar de rara, a morte súbita de um atleta traz muitas repercussões na mídia, e com o número crescente de atletas, faz-se necessário realizar uma correta estratificação do risco para evitá-la.

Bibliografia recomendada

1. Pelliccia A, Culasso F, Di Paolo F, Maron BJ. Physiologic left ventricular cavity dilatation in elite athletes. Ann Intern Med. 1999;130:23-31.
2. Maron BJ, Pelliccia A. The heart of trained athletes: cardiac remodeling and the risks of sports, including sudden death. Circulation. 2006;114(15):1633-44.

3. Abergel E, Chatellier G, Hagege AA, Oblak A, Linhart A, Ducardonnet A, et al. Serial left ventricular adaptations in world-class professional cyclists: implications for disease screening and follow-up. Am Coll Cardiol. 2004:44:144-9.
4. 36th Bethesda Conference Eligibility Recommendations for Competitive Athletes with Cardiovascular Abnormalities. JACC. 2005;8(45).
5. Maron BJ. Distinguishing hypertrophic cardiomyopathy from athlete's heart physiological remodelling: clinical significance, diagnostic strategies and implications for preparticipation screening. Br J Sports Med. 2009;43(9):649-56.
6. Maron BJ, Pelliccia A, Spirito P. Cardiac disease in young trained athletes: insights into methods for distinguishing athlete's heart from structural heart disease, with particular emphasis on hypertrophic cardiomyopathy. Circulation. 1995;91:1596-601.
7. Maron BJ. Sudden death in young athletes. N Engl J Med. 2003;349:1064-75.
8. Corrado D, Pelliccia A, Heidbuchel H, Sharma S, Link M, Basso C et al. Recommendations for interpretation of 12-lead electrocardiogram in the athlete. Eur Heart J. 2010;(31):243-59.
9. Prescott E. Cardiovascular pre participation screening of young competitive athletes for prevention of sudden death: proposal for a common European protocol. Eur Heart J. 2006;27(23):2904-5.

128

Ergoespirometria

Daniela Regina Agostinho
Camila Paixão Jordão
Carlos Eduardo Negrão

Introdução

- A ergoespirometria, também chamada de teste cardiopulmonar de exercício (TCPE), tem como principal objetivo avaliar a capacidade funcional, ou seja, a capacidade aeróbia máxima do indivíduo, e esclarecer alterações fisiológicas ou patológicas não aparentes no repouso.
- Atualmente, com o avanço tecnológico, pode-se ter acesso a um grande número de variáveis, que fornecem informações preciosas para o diagnóstico e para o prognóstico do paciente, além de ajudar na individualização da prescrição do exercício para qualquer indivíduo, seja ele cardiopata ou atleta.
- Normalmente, aliado a um sistema de eletrocardiografia e mensuração de pressão arterial, a ergoespirometria permite uma avaliação cardiológica e pulmonar no esforço com acurácia, auxiliando principalmente no diagnóstico de doenças.

Indicações para realização do teste cardiopulmonar de exercício (TCPE)

Classificação	Indicação
Classe I	▪ Estratificação e avaliação para transplante cardíaco (nível B).
Classe IIA	▪ Prescrição otimizada de exercícios em atletas, indivíduos normais, cardiopatas e pneumopatas que irão iniciar a prática regular de exercício (nível B). ▪ Diagnóstico diferencial da etiologia da dispneia (nível B).
Classe IIB	▪ Avaliação funcional de cardiopatas e pneumopatas (nível C).

Contraindicações para realização do teste cardiopulmonar de exercício (TCPE)

Absolutas

- Infarto agudo do miocárdio de 3-5 dias
- Angina instável
- Arritmia complexa com alteração hemodinâmica
- Doença aguda febril
- Intoxicação medicamentosa
- Endocardite ativa
- Miocardite aguda ou pericardite
- Insuficiência cardíaca descompensada
- Estenose aórtica severa sintomática
- Embolia pulmonar aguda
- Trombose de membros inferiores
- Desaturação de oxigênio em repouso < 85%
- Distúrbios hidroeletrolíticos e metabólicos não corrigidos
- Insuficiência respiratória
- Asma não controlada
- Edema pulmonar
- Alteração não cardíaca que pode afetar o desempenho do exercício ou que é agravada pelo exercício

Relativas

- Dor torácica aguda
- Estenoses valvares moderadas ou graves em assintomáticos
- Insuficiências valvares graves
- Arritmias supra ou ventriculares complexas
- Afecções não cardíacas, agravadas pelo esforço
- Cardiomiopatia hipertrófica
- Bloqueio atrioventricular total (BAVT)
- Hipertensão arterial não controlada no repouso (sistólica > 200 mmHg, diastólica > 120 mmHg)
- Estenose de artéria coronária principal
- Limitação ortopédica que compromete o desempenho do exercício
- Hipertensão pulmonar
- Gravidez de risco

Definição de respostas normais de variáveis do TCPE de acordo com EACPR/AHA Join Scientific Statement

Variável	Descrição	Valor/resposta normal
VO_2 pico (mL/kg/min)	Maior valor de O_2 atingido durante o exercício Influenciado pela resposta cardíaca, pulmonar e muscular Marcador prognóstico universal	Influenciado pelo sexo, idade, nível de atividade física e patologias 80-15 mL/kg/min, de jovens atletas saudáveis e pacientes com insuficiência cardíaca, respectivamente Influenciado pela predisposição genética
VO_2 (mL/kg/min) no limar anaeróbio	Índice de esforço submáximo Momento no qual ocorre aumento não linear do VCO_2 Variável utilizada para definição da intensidade do treinamento aeróbio	40-65% do VO_2 Influenciado pela predisposição genética e treinamento aeróbio crônico
Quociente respiratório de pico (RQ)	Definido como a razão VCO_2/VO_2 Aumento progressivo desta razão, com o acúmulo de VCO_2 decorrente do aumento da intensidade do exercício Melhor indicador, não invasivo, de esforço máximo ao exercício	Valor de pico $\geq$ 1,10 altamente aceito como indicador de esforço máximo
VE/VCO_2 *slope*	Inclinação da relação linear entre a ventilação, plotada no eixo Y, e o VCO_2, no eixo X; ambas variáveis em L/min Representa a relação ventilação-perfusão Reflete gravidade das doenças, bem como prognóstico em paciente com insuficiência cardíaca, cardiomiopatia hipertrófica, hipertensão pulmonar, doenças congênitas e outras	$<$ 34 considerado normal $>$ 34 pior prognóstico para evolução da doença
$PetCO_2$ (mmHg) em repouso e durante o exercício	Pressão parcial final alveolar, calculada indiretamente pelo sistema. Também representa a relação ventilação-perfusão Reflete gravidade da doença, bem como prognóstico em paciente com insuficiência cardíaca, cardiomiopatia hipertrófica e hipertensão pulmonar	Repouso: 36-42 mmHg Aumenta entre 3 e 8 mmHg até limiar anaeróbio Diminui em resposta do aumento da ventilação Marcador para análise do 2° limiar ou ponto de compensação respiratória

(continua)

Definição de respostas normais de variáveis do TCPE de acordo com EACPR/AHA Join Scientific Statement *(continuação)*

Variável	Descrição	Valor/resposta normal
VE/VO_2	Marcador de dispneia no pico do esforço Reflete o custo ventilatório da captação de O_2 no pico do esforço	≤ 40 considerado normal 50 = limite superior de resposta normal

EACPR/AHA: The European Association for Cardiovascular Prevention and Rehabilitation and the American Heart Association; O_2: oxigênio; $PetCO_2$: pressão parcial de dióxido de carbono; TCPE: teste cardiopulmonar de exercício; VCO_2: produção de dióxido de carbono; VE/VCO_2 *slope*: inclinação do equivalente ventilatório de gás carbônico; VE/VO_2: equivalente ventilatório de oxigênio; VO_2: consumo máximo de oxigênio.

Determinação dos limiares metabólicos

Além dos parâmetros metabólicos máximos, a determinação dos limiares ventilatórios, os quais refletem as fases metabólicas do esforço, é de grande valia para diagnóstico e para prescrição da intensidade do exercício físico aeróbio.

Parâmetros utilizados para determinação dos limiares ventilatórios

Limiar anaeróbio (LA):

- Perda de linearidade entre o VO_2 e o VCO_2.
- Menor valor da $PetO_2$ precedendo sua elevação.
- Perda da linearidade entre a ventilação e o VO_2, observada a partir da razão VE/VO_2.
- Incremento da ventilação.

Ponto de compensação respiratória:

- Maior valor de $PetCO_2$ antes de sua queda abrupta.
- Perda da linearidade entre a ventilação e o VCO_2, observada a partir da razão VE/VO_2.
- Grande incremento da ventilação.

$PetCO_2$: pressão parcial de dióxido de carbono; VCO_2: produção de dióxido de carbono; VE/VO_2: equivalente ventilatório de oxigênio; VO_2: consumo máximo de oxigênio.

Diagnóstico diferencial de dispneia

Sabemos que a capacidade física aeróbia máxima (VO_2 pico ou máximo) depende dos três sistemas integrados: cardiovascular, respiratório e muscular. Dessa forma, a análise dos parâmetros metabólicos pode auxiliar no diagnóstico da limitação ao esforço, ou seja, da origem do cansaço, além da detecção e quantificação objetiva da dispneia.

VO_2: consumo máximo de oxigênio.

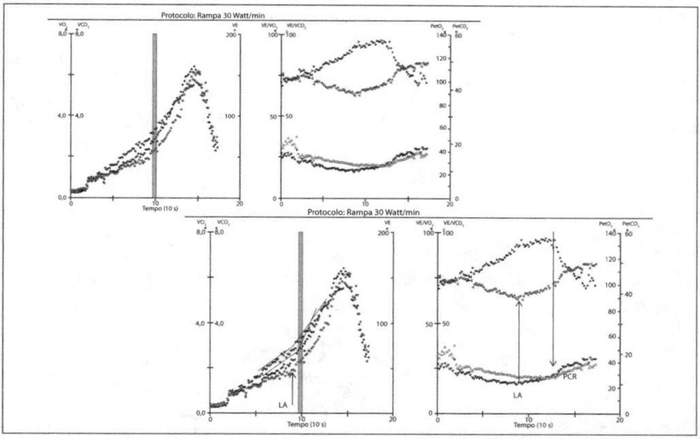

Figura 1 Comportamento das variáveis metabólicas e determinação dos limiares ventilatórios no teste progressivo máximo, em cicloergômetro (rampa 30 Watts).

	Fase I	Fase II	Fase III
Tipo de metabolismo predominante	Aeróbio	⟶	Anaeróbio
Tipo de substrato predominante	Lipídeos > carboidrato	⟶	Carboidrato > lipídeos
Intensidade relativa (% VO_2 máx)	40	60 75	90
Dinâmica ventilatória	Produção de CO_2 Equilíbrio de O_2 →	Produção de lactato Tamponamento-BIC →	Aumento desproporcional de CO_2 Hiperventilação

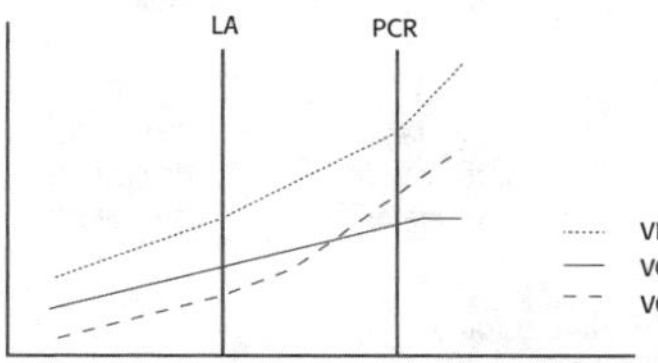

Figura 2 As diferentes fases do metabolismo durante o exercício progressivo máximo. CO_2: dióxido de carbono; LA: limiar anaeróbio; O_2: oxigênio; PCR: ponto de compensação respiratório; VCO_2: produção de dióxido de carbono; VE: equivalente ventilatório; VO_2: consumo máximo de oxigênio.

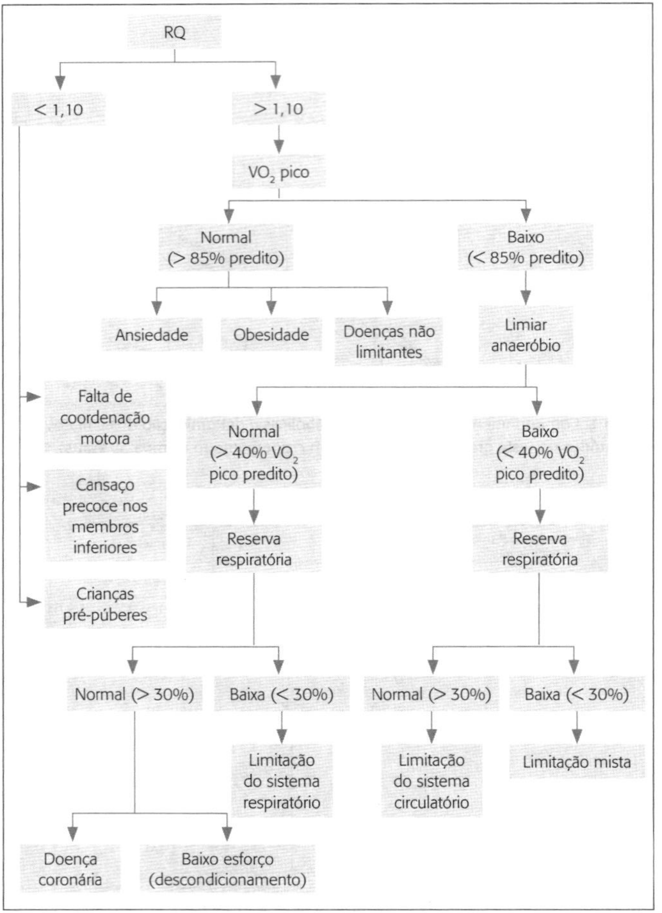

Figura 3 Fluxograma para o diagnóstico diferencial de dispneia e fadiga. RQ: quociente respiratório de pico; VO_2: consumo máximo de oxigênio.

Insuficiência cardíaca e TCPE
O VO_2 pico e o VE/VCO_2 *slope* são atualmente as variáveis mais estudadas no TCPE em pacientes com insuficiência cardíaca e ambas demonstram um forte valor prognóstico. Valores de VE/VCO_2 *slope* > 34 refletem pior prognóstico para evolução da doença

TCPE: teste cardiopulmonar de exercício; VE/VCO_2 *slope*: inclinação do equivalente ventilatório de gás carbônico; VO_2: consumo máximo de oxigênio.

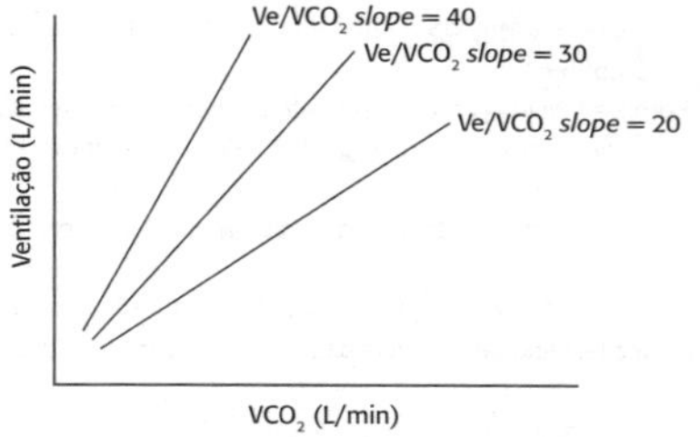

Figura 4 Valores de VE/VCO_2 *slope* em teste progressivo máximo. VCO_2: produção de dióxido de carbono; VE/VCO_2 *slope*: inclinação do equivalente ventilatório de gás carbônico.

Comprometimento funcional durante o teste incremental em esteira em pacientes com insuficiência cardíaca

Classe		Pico VO_2 (mL/kg/min)	Limiar anaeróbio	Índice cardíaco máximo (L/min/m^2)
I	Sem cansaço	> 20	> 14	> 8
II	Cansaço aos grandes esforços	16-20	11-14	6-8
III	Cansaço aos mínimos esforços	10-16	8-11	4-6
IV	Cansaço em repouso	6-10	5-8	2-4

Adaptada de Weber-Janicki. VO_2: consumo máximo de oxigênio.

Bibliografia recomendada

1. Guazzi M, et al. EACPR/AHA Scientific Statement. Clinical recommendations for cardiopulmonary exercise testing data assessment in specific patient populations. Circulation. 2012;126(18):2261-74.
2. Balady GJ, et al. Clinician's Guide to cardiopulmonary exercise testing in adults: a scientific statement from the American Heart Association. Circulation. 2010;122(2):191-225.
3. Taylor C, Nichols S, Ingle L. A clinicians guide to cardiopulmonary exercise testing 1: an introduction. Br J Hosp Med (Lond). 2015;76(4):192-5.
4. III Diretriz Brasileira de teste de esforço. Arq Bras Cardiol. 2010;95(5 Suppl 1):1-26.
5. Azevedo LF, et al. Exercise intensity optimization for men with high cardiorespiratory fitness. J Sports Sci. 2011;29(6):555-61.
6. Groehs RV, et al. Exercise training prevents the deterioration in the arterial baroreflex control of sympathetic nerve activity in chronic heart failure. Am J Physiol Heart Circ Physiol. 2015;308(9): H1096-102.
7. Heffernan SM, et al. Genomics in rugby union: A review and future prospects. Eur J Sport Sci. 2015;1-9.
8. Rondon MU, et al. Comparison between the prescription of physical training intensity based on the standard ergometric test and on the ergospirometric test. Arq Bras Cardiol. 1998;70(3):159-66.
9. Skinner JS, et al. The transition from aerobic to anaerobic metabolism. Res Q Exerc Sport. 1980;51(1):234-14.
10. Chua TP, et al. Clinical correlates and prognostic significance of the ventilatory response to exercise in chronic heart failure. J Am Coll Cardiol. 1997;29(7):1585-90.
11. Wajngarten M, et al. Cardiopulmonary exercise test in the evaluation of healthy elderly men. Arq Bras Cardiol. 1994;63(1):27-33.
12. Milani RV, Lavie CJ, Mehra MR. Cardiopulmonary exercise testing: how do we differentiate the cause of dyspnea? Circulation. 2004;110(4):e27-31.
13. Wasserman K. Principles of Exercise Testing and Interpretation. Philadelphia: Lea & Febiger; 1999.
14. Arena R, Myers J, Guazzi M. The clinical and research applications of aerobic capacity and ventilatory efficiency in heart failure: an evidence-based review. Heart Fail Rev. 2008;13(2):245-69.
15. Hoshimoto-Iwamoto M, et al. Determination of the VE/VCO2 slope from a constant work-rate exercise test in cardiac patients. J Physiol Sci. 2008;58(4):291-5.
16. Weber KT, et al. Oxygen utilization and ventilation during exercise in patients with chronic cardiac failure. Circulation. 1982;65(6):1213-23.

129

Doença de Chagas

Viviane Tiemi Hotta
Barbara Maria Ianni

Introdução

A doença de Chagas (DC) é uma doença infecciosa parasitária que pode evoluir com comprometimento cardíaco e/ou digestivo em 30-40% dos pacientes com diagnóstico sorológico confirmado.

Apesar da redução da incidência e prevalência da doença de Chagas nas últimas décadas, essa doença tem se tornado um problema emergente de saúde pública em alguns países devido à migração de indivíduos infectados para áreas não endêmicas.

A doença de Chagas leva a cardiomiopatia distinta, com particularidades quanto ao seu diagnóstico e resposta aos tratamentos convencionais para cardiopatias de outras etiologias.

A cardiomiopatia chagásica é a principal manifestação clínica dessa doença.

Fases, formas e apresentação clínica

A doença de Chagas pode ser classificada em duas fases: a aguda e a crônica (Figura 1). A fase aguda pode ser decorrente de infecção primária ou reativação da fase crônica. A fase crônica pode evoluir para quatro situações clínicas: forma indeterminada, forma cardíaca, forma digestiva e forma mista (acometimento cardíaco e digestivo no mesmo paciente).

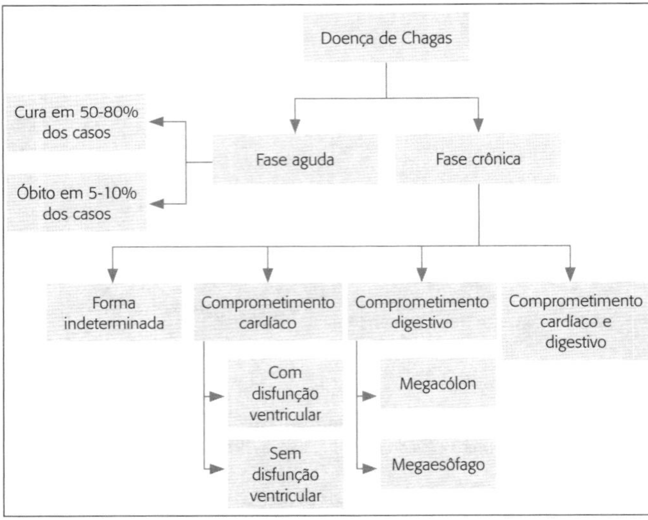

Figura 1 Classificação e apresentação clínica da doença de Chagas. Adaptada de Rassi Jr., 2010.

Fase aguda

- Dura 4-8 semanas.
- Geralmente é assintomática, mas pode se apresentar como estado febril autolimitado
- É detectada mais frequentemente em crianças.
- A reativação da doença de Chagas pode ocorrer em pacientes com infecção crônica e imunossuprimidos (p.ex., infecção pelo HIV e uso de imunossupressores).
- Manifestações gerais: febre, mialgia, adinamia, sudorese, esplenomegalia.
- Chagoma: reação inflamatória intensa no ponto de entrada do *Trypanossoma cruzi*.
- Sinal de Romaña: edema periorbital bipalpebral e linfadenopatia pré-auricular.
- Insuficiência cardíaca por miocardite, derrame pericárdico.
- Raramente ocorre meningoencefalite.
- Óbito pode acontecer em 5-10% dos casos sintomáticos e geralmente é secundário a miocardite ou meningoencefalite.

HIV: vírus da imunodeficiência humana.

Fase crônica

- Sessenta por cento dos pacientes estão na forma indeterminada, isto é, têm reações sorológicas positivas, são assintomáticos e têm eletrocardiograma e exames contrastados de esôfago e cólon normais.
- Até 40% dos pacientes apresentarão acometimento cardíaco e/ou digestivo, sendo 10% cardiopatia grave.
- Ocorre geralmente após 10-30 anos após a infecção aguda.

A forma crônica cardíaca pode ocorrer com e sem disfunção ventricular (Tabela "Classificação da fase crônica da cardiopatia chagásica"). Essa classificação deve ser preferida em relação à anteriormente empregada (em formas congestivas e arrítmicas independentes). Na forma cardíaca, o principal marcador prognóstico é a presença de disfunção ventricular.

Classificação da fase crônica da cardiopatia chagásica

A	Ausência de cardiopatia estrutural ou sinais e sintomas atuais ou pregressos de IC Sem alterações em esôfago e cólon	Assintomáticos Cerca de 1% ao ano desenvolve alterações eletrocardiográficas
B1	Evidência de cardiopatia estrutural (alteração eletrocardiográfica com ou sem alteração segmentar ao ecocardiograma) mas com função ventricular global normal Sem sinais e/ou sintomas atuais ou prévios de IC	Arritmias de distúrbios da condução intraventricular e atrioventricular As arritmias ventriculares malignas constituem fator prognóstico Sintomas: palpitações, tonturas, lipotimia e síncope Morte súbita é a principal causa de óbito
B2	Cardiopatia estrutural caracterizada por redução da FEVE Sem sinais e/ou sintomas prévios ou atuais de IC	
C	Redução da FEVE Sintomas prévios ou atuais de IC	Sintomas dividem-se em IC, arritmias e tromboembolismo Sinais de IC esquerda e/ou direita Arritmias de distúrbios da condução intraventricular e atrioventricular Acidentes vasculares encefálicos são mais comuns em pacientes chagásicos que em IC de outras etiologias
D	Sintomas refratários de IC em repouso, apesar de tratamento otimizado, necessitando de intervenções especializadas	Progressão da doença incluindo piora do quadro de IC e arritmias de difícil controle

ECG: eletrocardiograma; ETT: ecocardiograma transtorácico; FEVE: fração de ejeção ventricular esquerda; IC: insuficiência cardíaca.

Diagnóstico e métodos complementares

- **Diagnóstico clínico**: epidemiologia positiva, anamnese, IC (dispneia, ortopneia, fadiga, ascite, edema de membros inferiores, desconforto abdominal), eventos tromboembólicos, síncope, palpitações e morte súbita.
- **Testes sorológicos**: podem ser negativos nas primeiras semanas da fase aguda e baseiam-se na detecção de anticorpos contra o *T. cruzi*. O diagnóstico sorológico deve ser confirmado (ou excluído) pelo emprego de pelo menos dois testes de princípios diferentes. Os testes mais empregados são: ELISA (imunoenzimático), imunofluorescência indireta (IFI) e hemaglutinação indireta.
- **Eletrocardiograma**:
  - Fase aguda: taquicardia sinusal, complexos QRS de baixa voltagem, alterações inespecíficas da repolarização ventricular (segmento ST e onda T) e anormalidades da condução elétrica.
  - Fase crônica: anormalidades da condução elétrica, como bloqueio de ramo, bloqueio divisional anterossuperior (BDAS), bradiarritmias ou taquiarritimias (supraventriculares ou ventriculares). O bloqueio de ramo direito, associado ou não ao BDAS, é a alteração mais frequente (> 50% dos pacientes).
- **Radiografia de tórax**: pode evidenciar cardiomegalia, sinais de congestão venosa pulmonar e derrame pleural.
- **Ecocardiograma**: permite a avaliação da função sistólica biventricular, da função diastólica, da presença de alterações da contratilidade segmentar, como acinesias, discinesias e aneurismas, detecção de insuficiências valvares e sua quantificação, presença de trombos e derrame pericárdico. O ECO pode evidenciar a presença de pequeno aneurisma apical digitiforme (ou "em dedo de luva"), um achado muito sugestivo da DC, mas que geralmente não altera a FEVE.
- **Ressonância magnética cardíaca**: permite a identificação de fibrose que está relacionada ao grau de disfunção ventricular e consiste em substrato arritmogênico.
- **Medicina nuclear**: pode ser empregada como método alternativo ao ECO para análise da FEVE. Pode evidenciar déficits segmentares da perfusão miocárdica em até 30% dos pacientes com cardiopatia chagásica e dor torácica, mas cinecoronariografia normal, por comprometimento da microcirculação.
- **Holter**: avalia a presença de bloqueios atrioventriculares e bradiarritmias, principalmente em pacientes com síncope.
- **Testes ergométrico e cardiopulmonar**: são limitados para avaliação de dor torácica. Têm utilidade na avaliação de arritmias e da resposta cronotrópica ao esforço.
- **Estudo eletrofisiológico**: permite a avaliação da função sinusal e da condução atrioventricular. Está indicado também no mapeamento de taquicardias ventriculares refratárias e possível ablação, na investigação de síncope de origem indeterminada após avaliação não invasiva e em pacientes com morte súbita revertida. Não está indicado para avaliar risco em pacientes com função ventricular normal ou naqueles com TVNS.

(continua)

Diagnóstico e métodos complementares *(continuação)*

- **Cateterismo cardíaco**: deve ser indicado em pacientes com dor anginosa típica e fatores de risco para doença arterial coronária ou extensa área isquêmica em testes não invasivos. Não há indicação quando a dor é atípica e o paciente não tem fatores de risco para coronariopatia.

BDAS: bloqueio divisional anterossuperior; DC: doença de Chagas; ECO: ecocardiograma; FEVE: fração de ejeção ventricular esquerda; IC: insuficiência cardíaca; TVNS: taquicardia ventricular não sustentada.

Prognóstico

- **Forma indeterminada**: Prognóstico benigno e sobrevida comparável a indivíduos sem doença de Chagas.

- **Forma crônica com cardiopatia**: os pacientes chagásicos apresentam pior evolução em relação aos pacientes portadores de outras cardiomiopatias. O risco desses pacientes pode ser avaliado pelo escore de Rassi, que inclui os seguintes critérios:
  - Classe funcional III ou IV (5 pontos).
  - Cardiomegalia ao Rx de tórax (5 pontos).
  - Disfunção ventricular ao ECO (3 pontos).
  - TVNS ao Holter (3 pontos).
  - Baixa voltagem do QRS (2 pontos).
  - Sexo masculino (2 pontos).

  Os pacientes são então classificados em: baixo risco (0-6 pontos), com mortalidade de 10%; risco intermediário (7-11 pontos), com mortalidade de 44%; alto risco (12-20 pontos), com mortalidade de 84% em 10 anos de acompanhamento.

ECO: ecocardiograma; Rx: raio X; TVNS: taquicardia ventricular não sustentada.

Tratamento

O tratamento etiológico da DC é controverso, especialmente na fase crônica tardia.

O tratamento com benzonidazol na fase aguda usualmente é curativo e previne as manifestações crônicas. O tratamento deve ser realizado em todos os casos agudos e nos casos de reativação da DC o mais breve possível, independentemente da via de transmissão, com exceção da presença de gravidez, quando o tratamento está contraindicado.

A dose recomendada é de 10 mg/kg/dia em crianças. Para pacientes adultos, a dose é de 5 mg/kg/dia, limitada a 300 mg/dia. Se o peso do paciente for maior que 60 kg, o tratamento deverá se estender pelo número de dias igual ao peso, limitado a 80 dias (p. ex., paciente de 70 kg toma 300 mg/dia por 70 dias). O efeito colateral mais frequente é a dermatite urticariforme (ocorre em até 30% dos pacientes), sendo a neurite periférica sintoma relacionado ao tempo de tratamento.

(continua)

Tratamento *(continuação)*

O tratamento da DC consiste no controle das diferentes manifestações clínicas da doença: tratamento clínico da IC, arritmias e fenômenos tromboembólicos.
Pacientes com DC não foram incluídos nos grandes estudos para IC e os resultados dos estudos para o tratamento de IC de outras etiologias são extrapolados para esses pacientes.
Até o momento, não há evidências de benefício relevante com o tratamento antiarrítmico dos pacientes com TVNS, mesmo com disfunção de VE. O objetivo do tratamento farmacológico das arritmias na cardiomiopatia chagásica é o controle dos sintomas.
As indicações de marca-passo, cardiodesfibrilador implantável e terapia de ressincronização cardíaca na DC seguem critérios extrapolados dos pacientes com cardiomiopatias de outras etiologias.

DC: doença de Chagas; IC: insuficiência cardíaca; TVNS: taquicardia ventricular não sustentada;VE: ventrículo esquerdo.

Bibliografia recomendada

1. Rassi Jr A, Rassi A, Marin-Neto JA. Chagas disease. Lancet. 2010;375:388-402.
2. Ianni BM, Arteaga E, Frimm CC, Pereira Barretto AC, Mady C. Chagas' heart disease: evolutive evaluation of electrocardiographic and echocardiographic parameters in patients with the indeterminate form. Arq Bras Cardiol. 2001;77:59-62.
3. Andrade JP, Marin-Neto JA, Paola AA, Vilas-Boas F, Oliveira GM, et al. I Diretriz latino-americana para o diagnóstico e tratamento da cardiopatia chagásica. Arq Bras Cardiol. 2011;97(2 Suppl 3):1-48.
4. Rassi Jr A , Rassi A, Little WC, Xavier SS, Rassi SG, Rassi AG, Rassi GG, et al. Development and validation of a risk score for predicting death in Chagas' heart disease. N Engl J Med. 2006;355:799-808.

130

Cardiomiopatia hipertrófica

Murillo de Oliveira Antunes
Edmundo Arteaga-Fernández
Charles Mady

Introdução

- A cardiomiopatia hipertrófica (CMH) é uma doença primária do coração caracterizada por hipertrofia do miocárdio, sem dilatação ventricular que ocorre na ausência de outra doença cardíaca ou sistêmica que justifiquem o aparecimento dessa alteração.
- A prevalência é estimada em 0,2% (1:500) na população geral com incidência de mortalidade de 0,9-3% ao ano.
- A transmissão é autossômica dominante, com penetração variável, sendo a mais frequente das cardiopatias de etiologia genética.
- É a principal causa de morte súbita cardíaca (MSC) em jovens e atletas.

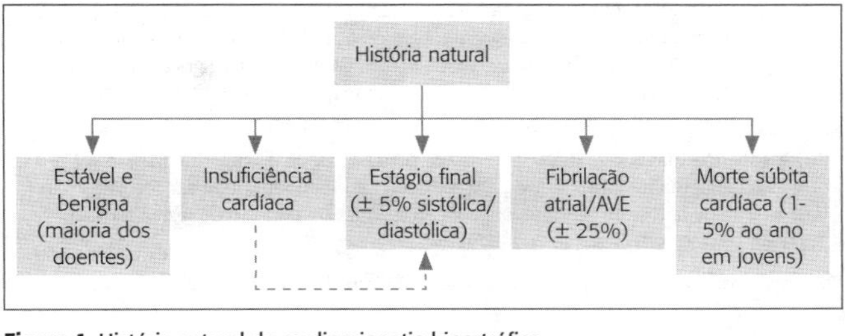

Figura 1 História natural da cardiomiopatia hipertrófica

Anamnese

A maioria dos pacientes é assintomática ou oligossintomática. Os sintomas mais comuns são dispneia ao esforço (> 90%), angina (30%), síncopes ou pré-síncope (15-25%) e palpitações.

Ao exame físico, o achado mais evidente é a presença de sopro cardíaco sistólico rude, tipo crescendo-descrescendo, audível ao longo da borda esternal esquerda baixa resultante do fluxo turbulento na via de saída do ventrículo esquerdo (VSVE). Sopro sistólico de regurgitação mitral também pode estar presente.

Aproximadamente 30% dos pacientes apresentam exame físico completamente normal, pois não apresentam gradiente em VSVE (cardiomiopatia hipertrófica de forma não obstrutiva).

Exames diagnósticos na cardiomiopatia hipertrófica

- Eletrocardiograma: sensível (alterado > 90% dos casos) mas pouco específico, os achados mais comuns são sobrecarga ventricular esquerda (SVE) e sobrecarga atrial esquerda. Ondas T invertidas, simétricas e profundas (> 10 mV) nas derivações precordiais sugerem envolvimento apical do VE.
- Ecocardiograma transtorácico de repouso: principal método diagnóstico que é confirmado pela identificação de espessura miocárdica ≥ 15 mm (ou ≥ 13 mm para indivíduos com parentes de primeiro grau com CMH) em qualquer segmento dos ventrículos esquerdo ou direito. Também possibilita a identificação das formas obstrutivas (FO) (gradiente máximo em repouso na VSVE ≥ 30 mmHg), não obstrutivas (gradiente máximo em repouso na VSVE < 30 mmHg) ou obstrutiva latente (gradiente máximo em repouso na VSVE < 30 mmHg e no esforço ≥ 30 mmHg), que tem importância clínica pelas implicações na estratégia de tratamento. Disfunção diastólica, insuficiência mitral e dilatação de átrio esquerdo são achados frequentes.
- Teste genético: a mutação pode ser encontrada em um teste genético em 60-70% dos pacientes, portanto, o teste deve ser solicitado sempre que disponível, já que contribui para aumentar a certeza diagnóstica em casos incertos, além da identificação de crianças e adultos com manifestações subclínicas da doença. Tem grande utilidade na triagem familiar, sendo custo-efetiva nos casos que a mutação encontra-se envolvida no probando (caso índice).
- Ressonância magnética: deve ser indicada com finalidade diagnóstica quando o ecocardiograma for inconclusivo para o diagnóstico. Também pode ser solicitada para avaliação da fibrose miocárdica, quantificação e na estratificação do risco de morte súbita cardíaca em casos selecionados.

CMH: cardiomiopatia hipertrófica; VE: ventrículo direito; VSVE: via de saída do ventrículo esquerdo.

Estratificação do risco de morte súbita cardíaca

- Fibrilação ventricular (FV) precedida ou não por taquicardia ventricular (TV) é a responsável pela MSC.
- A incidência de MSC em pacientes sem fatores de risco (FR – ver a seguir) é de < 1% ao ano e de 5-6% na presença FR.
- A prevenção é realizada com implante do cardiodesfibrilador implantável (CDI).
- A estratificação dos pacientes sob risco desse evento deve ser realizada pela identificação dos FR.

Fatores de risco	Comentário
Idade	Ocorre principalmente antes dos 30 anos e é incomum após os 60 anos de idade.
História familiar de MSC	Quando acomete parentes de primeiro grau com menos de 40 anos de idade.
Taquicardia ventricular não sustentada (TVNS)	FR independente quando ocorre com FC ≥ 120 bpm no Holter.
Espessura miocárdica	Espessura septal ≥ 30 mm no ecocardiograma transtorácico.
Síncope	Episódios de repetição (< 6 meses) e quando são inexplicadas (afastada neurocardiogênica).
Resposta da pressão arterial ao esforço	Definida como elevação ≤ 20 mmHg ou queda > 20 mmHg da pressão sistólica no pico do esforço.
Fibrose miocárdica	Pacientes com extensão de fibrose miocárdica ≥ 15% da massa do ventrículo esquerdo apresentam risco duas vezes maior para MSC quando comparados com pacientes sem fibrose miocárdica.
Outros fatores de risco (menos estabelecidos)	Contribuem na indicação do CDI quando o risco de MSC permanece incerto: ▪ Gradiente em VSVE ≥ 30 mmHg ▪ Aneurisma apical ▪ Mutações malignas ▪ Tamanho do átrio esquerdo

CDI: cardiodesfibrilador implantável; FC: frequência cardíaca; FR: fatores de risco; FV: fibrilação ventricular; MSC: morte súbita cardíaca; VSVE: via de saída do ventrículo esquerdo.

Indicações para implante do cardiodesfibrilador

- Profilaxia secundária: as diretrizes da American Heart Association (AHA) e da Sociedade Europeia de Cardiologia (ESC) são unânimes na indicação do CDI, classe I, nível de evidência (NE) B para todos pacientes que apresentaram episódios documentados de FV/TV prévia.

- Profilaxia primária: a indicação do CDI neste cenário, diferentemente da prevenção secundária, ainda é motivo de muita controvérsia, sendo que atualmente não existe um única indicação Classe I.
- As diretrizes da ESC recomendam que seja a avaliada inicialmente a estimativa do risco de MSC em 5 anos por meio da utilização de uma calculadora disponível *online (www.escardio.org/guidelines-surveys/esc-guidelines/Pages/hypertrophic-cardiomyopathy.aspx)*.
- As diretrizes da AHA utilizam-se da presença ou ausências dos FR para indicação do CDI.

Diretrizes da ESC

- Risco de MSC em 5 anos < 4%: CDI não é indicado (III, NE B).
- Risco de MSC em 5 anos $\geq$ 4% e < 6%: CDI pode ser considerado (IIb, NE B).
- Risco de MSC em 5 anos > 6%: CDI deve ser indicado (IIa, NE B).

Diretrizes da AHA

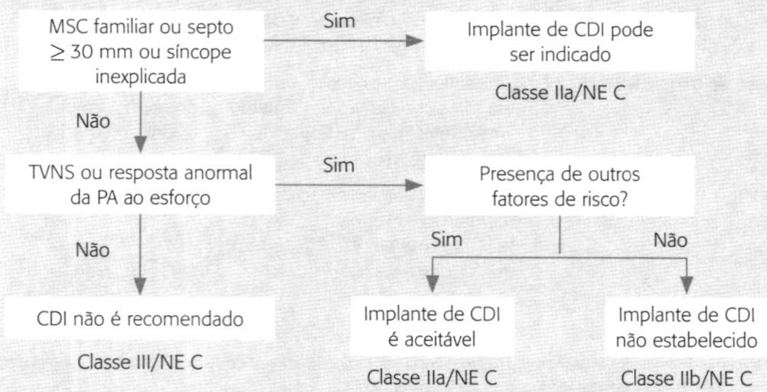

Outros fatores de risco: gradiente em VSVE $\geq$ 30 mmHg, ressonância miocárdica com fibrose, mutação genética maligna e aneurisma apical.

AHA: American Heart Association; ESC: Sociedade Europeia de Cardiologia; FV: fibrilação ventricular; CDI: cardiodesfibrilador implantável; MSC: morte súbita cardíaca; NE: nível de evidência; PA: pressão arterial; TV: taquicardia ventricular; TVNS: taquicardia ventricular não sustentada; VSVE: via de saída do ventrículo esquerdo.

Tratamento farmacológico

- Indicação: pacientes sintomáticos. Pacientes assintomáticos não necessitam de tratamento farmacológico específico.
- Objetivo: redução de sintomas e melhora da capacidade funcional. As drogas utilizadas atualmente são betabloqueadores (BB) e bloqueador de canal de cálcio.
- BB: são as principais drogas no tratamento da CMH, aliviando os sintomas em mais da metade dos pacientes. Reduzem a obstrução da VSVE durante o esforço físico, sendo as drogas de escolha nesses pacientes. Inicia-se com baixas doses e aumenta-se até que ocorra melhora dos sintomas, sendo que em alguns casos altas doses podem ser necessárias (atenolol 200-300 mg/dia, propranolol 160-240 mg/dia).
- Bloqueadores de canal de cálcio: indicados em pacientes que não respondam ou possuam contraindicação aos BB. O agente mais estudado foi o verapamil, dose máxima 480 mg/dia e a associação com BB pode ser tentada em pacientes que não apresentam melhora com a monoterapia. Devem ser evitados em pacientes com FO, pois podem piorar o gradiente na VSVE e precipitar edema pulmonar.
- Outras drogas: pacientes com congestão pulmonar podem se beneficiar do uso de diuréticos, assim como o uso de inibidores da enzima de conversão e bloqueadores dos receptores da angiotensina, que podem contribuir na melhora de sintomas de dispneia em pacientes refratários ao tratamento inicial.

BB: betabloqueadores; CMH: cardiomiopatia hipertrófica; FO: formas obstrutivas; VSVE: via de saída do ventrículo esquerdo.

Tratamento invasivo

- Indicação: pacientes em classe III ou IV (NYHA), terapia medicamentosa otimizada e gradiente obstrutivo na VSVE.
- Objetivo: redução da hipertrofia septal, por meio de procedimento cirúrgico ou hemodinâmico, diminuindo o gradiente na VSVE.
- Cardiomiectomia septal: tratamento invasivo de escolha que reduz de forma permanente a obstrução VSVE em mais de 90% dos casos, melhorando de forma significativa a dispneia e a classe funcional. Pode ser combinado a outros procedimentos cirúrgicos, como plastia mitral ou revascularização miocárdica.
- Tratamento percutâneo (redução septal pelo álcool): alternativa terapêutica em pacientes não candidatos ao procedimento cirúrgico (alto risco cirúrgico ou que não desejem realizar cirurgia aberta). Pacientes com espessura septal $\geq$ 30 mm ou fibrose extensa miocárdica possuem resultados piores com o procedimento.
- Marca-passo (MP) dupla câmara: pacientes não candidatos à miectomia ou à redução septal percutânea podem se beneficiar, como última opção, de implante de MP.

MP: marca-passo; NYHA: New York Heart Association; VSVE: via de saída do ventrículo esquerdo.

Orientações gerais

- Realização de triagem familiar em todos parentes de primeiro grau com ecocardiograma anual após os 12 anos de idade e a cada 2-3 anos após os 20 anos de idade.
- Profilaxia para endocardite infecciosa antes de procedimentos dentários nas formas obstrutivas.
- Atividade física de moderada a alta intensidade é contraindicada para os pacientes.
- Anticoagulação oral para todos pacientes que apresentam em algum momento episódio de fibrilação atrial (independente do escore na classificação CHADSVASc).
- Ritmo sinusal sempre preferível que ritmo de fibrilação atrial. Amiodarona, sotalol ou ablação podem ser necessários para manutenção de ritmo.

Bibliografia recomendada

1. Maron BJ, Towbin JA, Thiene G, Antzelevitch C, Corrado D, Arnett D, et al. Contemporary definitions and classification of the cardiomyopathies: an American Heart Association Scientific Statement from the Council on Clinical Cardiology, Heart Failure and Transplantation Committee; Quality of Care and Outcomes Research and Functional Genomics and Translational Biology Interdisciplinary Working Groups; and Council on Epidemiology and Prevention. Circulation. 2006;113(14):1807-16.
2. Arteaga E, Ianni BM, Fernandes F, Mady C. Benign outcome in a long-term follow-up of patients with hypertrophic cardiomyopathy in Brazil. Am Heart J. 2005;149(6):1099-105.
3. Marsiglia JD, Credidio FL, de Oliveira TG, Reis RF, Antunes M de O, de Araujo AQ, et al. Screening of MYH7, MYBPC3, and TNNT2 genes in Brazilian patients with hypertrophic cardiomyopathy. Am Heart J. 2013;166(4):775-82.
4. Maron BJ. Hypertrophic cardiomyopathy: a systematic review. JAMA. 2002;287(10): 1308-20.
5. Maron BJ, Shirani J, Poliac LC, Mathenge R, Roberts WC, Mueller FO. Sudden death in young competitive athletes: clinical, demographic, and pathological profiles. JAMA. 1996;276(3):199-204.
6. Maron BJ. Hypertrophic cardiomyopathy: a systematic review. JAMA. 2002;287(10): 1308-20.
7. Maron BJ, Olivotto I, Spirito P, Casey SA, Bellone P, Gohman TE, et al. Epidemiology of hypertrophic cardiomyopathy-related death: revisited in a large non-referral-based patient population. Circulation. 2000;102:858-6.
8. Spirito P, Seidman CE, McKenna WJ, Maron BJ. The management of hypertrophic cardiomyopathy. N Engl J Med. 1997;336:775-85.
9. Macatrao-Costa MF, Arteaga-Fernandez E, de Brito FS, Darrieux F, de Melo SL, Scanavacca M, et al. Evaluation of the autonomic function in patients with hypertrophic cardiomyopathy with and without syncope. Arq Bras Cardiol. 2013;100:180-6.
10. Wynne JS, Braunwald E. The cardiomyopathies and myocarditis. In: Braunwald E, Zipes DP, Libby P (eds). Heart disease: a textbook of cardiovascular medicine. 6th ed. Philadelphia: WB Saunders; 2001. p.1751-806.

11. Charron P, Dubourg O, Desnos M, Isnard R, Hagege A, Millaire A, et al. Diagnostic value of eletrocardiography and echocardiography for familial hypertrophic cardiomyopathy in a genotyped adult population. Circulation. 1997;96:214-9.
12. Maron BJ, Gottdiener JS, Bonow RO, Epstein SE. Hypertrophic cardiomyopathy with unusual locations of left ventricular hypertrophy undetectable by M-mode echocardiography. Identification by wide-angle two-dimensional echocardiography. Circulation. 1981;63:409-18.
13. Konno T, Chang S, Seidman JG, Seidman CE. Genetics of hypertrophic cardiomyopathy. Curr Opin Cardiol. 2010;25(3):205-9.
14. Elliott PM, Anastasakis A, Borger MA, Borggrefe M, Cecchi F, Charron P, et al. ESC Guidelines on diagnosis and management of hypertrophic cardiomyopathy: The Task Force for the Diagnosis and Management of Hypertrophic Cardiomyopathy of the European Society of Cardiology (ESC). Eur Heart J. 2014;35(39):2733-79.
15. Gersh BJ, Maron BJ, Bonow RO et al. 2011 ACCF/AHA Guideline for the diagnosis and treatment of hypertrophic cardiomyopathy: a report of the American College of Cardiology Foundation/ American Heart Association Task Force on Practice Guidelines. Circulation. 2011;124(24):2761-96.
16. Maron BJ, Ommen RS, Semsariam C, Spirio P, Olivotto I, Maron MS. Hypertrophic Cardiomyopathy Present and Future, With Translation Into Contemporary Cardiovascular Medicine, J Am Coll Cardiol; 2014;64:83-99.

131

Cardiomiopatia não compactada

Alexandre de Matos Soeiro
Fabio Fernandes

Introdução

A cardiomiopatia não compactada (CMNC) é uma doença congênita rara, caracterizada por um aspecto distinto da morfologia do miocárdio (aspecto esponjoso).

Surge provavelmente no período embrionário, com uma parada intrauterina da compactação miocárdica no início do desenvolvimento fetal.

Observam-se trabeculações miocárdicas proeminentes, recessos intratrabeculares profundos que se comunicam com a cavidade ventricular e espessamento do miocárdio em duas camadas distintas (compactado e não compactado). A não compactação envolve principalmente a porção distal (apical) da câmara esquerda.

A CMNC está associada à herança genética recessiva ligada ao cromossomo X (30%) ou à herança autossômica dominante (70%) e à hereditariedade mitocondrial.
A mutação mais importante é a que ocorre nos genes dos sarcômeros com prevalência de 29% (MYH7 e MYB-CPC3).
A prevalência tem sido subestimada, mas apresenta índices de 0,14% na população pediátrica e de 0,01 a 0,27% em adultos submetidos à ecocardiografia.

Manifestações clínicas

A tríade clássica consiste em:
- Insuficiência cardíaca.
- Arritmias.
- Eventos embólicos.

(continua)

Manifestações clínicas *(continuação)*

A apresentação é muito variável, desde achados de exames até morte súbita.

A insuficiência cardíaca ocorre tanto por componente sistólico quanto diastólico. A perda de função se dá pela hipoperfusão subendocárdica, dissincronia entre tecidos compactados e não compactados e alterações de microcirculação.

Arritmias são frequentes: nas crianças, é comum a associação com Wolf-Parkinson-White e taquicardias ventriculares; no adulto, estão presentes fibrilação atrial, arritmias ventriculares, taquicardias supraventriculares paroxísticas, bloqueios de ramos direito e esquerdo, bloqueios fasciculares, bloqueios atrioventriculares e inversão de onda T.

Fenômenos embólicos ocorrem em decorrência da formação de trombos dentre as trabéculas e também como consequência de fibrilação atrial e disfunção ventricular.

Critérios diagnósticos

O exame complementar mais utilizado é o ecocardiograma bidimensional. Podem ser utilizados os métodos tridimensional, tissular e o *speckle tracking*. Os principais critérios diagnósticos são:

- Critérios da Califórnia: relação X/Y $\leq$ 0,5, em que X representa a distância entre a superfície epicárdica e o fundo de um recesso intertrabecular e Y corresponde à distância entre a superfície epicárdica e o pico de uma trabécula (medidas em telediástole).
- Critérios de Zurique: relação não compactado/compactado > 2 (no final da sístole e no eixo curto); localização predominantemente mediolateral, medioinferior e no ápice; comprovação de recessos intertrabeculares com sangue na cavidade do ventrículo esquerdo.
- Critérios de Viena: quatro ou mais trabéculas salientes a partir da parede do ventrículo esquerdo, localizadas do ápice para os músculos papilares; trabéculas com a mesma ecogenicidade do miocárdio e movimento síncrono com contrações ventriculares; perfusão dos recessos intertrabeculares da cavidade do ventrículo.
- Critérios de Milwaukee: as espessuras das camadas compactadas e não compactadas são mais bem medidas nos pontos de vista de eixo curto ao final da diástole, com relação não compactado/compactado > 2, sendo diagnóstico de cardiomiopatia não compactada CMNC.

A ressonância magnética cardíaca também é um método de escolha e tem sido utilizada rotineiramente. Existem critérios diagnósticos pela ressonância:

- Petersen: relação entre camadas não compactada/compactada > 2,3 ao final da diástole.
- Jacquier: massa trabeculada de ventrículo esquerdo > 20% da massa do ventrículo global, aferidas ao final da diástole.

(continua)

Critérios diagnósticos *(continuação)*

Mais recentemente, a CMNC tem sido dividida em oito subtipos:

- CMNC benigna: não há afilamento de paredes, dilatação de câmaras e/ou disfunção sistólica ou diastólica.
- CMNC com arritmias: estruturalmente igual à forma benigna, porém com presença de arritmias, conferindo relativo pior prognóstico por risco de morte súbita.
- CMNC dilatada: apresenta dilatação ventricular e perda de função sistólica. Prognóstico igual ao das outras formas de cardiomiopatia dilatada no adulto.
- CMNC hipertrófica: apresenta função ventricular preservada e hipertrofia ventricular, geralmente septal e assimétrica. Prognóstico semelhante ao da cardiomiopatia hipertrófica.
- CMNC restritiva: função ventricular preservada, porém com grave restrição diastólica e dilatação biatrial. Apresenta prognóstico semelhante ao de outras formas de cardiomiopatias restritivas.
- CMNC direita ou biventricular: acomete ambos os ventrículos. Não se conhece o prognóstico associado a essa forma até o momento.
- CMNC associada a doenças congênitas: apresenta-se associada a cardiopatias congênitas, sendo as mais frequentes: anomalia de Ebstein, estenose pulmonar, atresia pulmonar, atresia tricúspide e dupla via de saída do ventrículo direito. O prognóstico depende da cardiopatia congênita envolvida.
- CMNC hipertrófica dilatada: forma mista com presença de hipertrofia e disfunção ventricular esquerda. Apresenta o pior prognóstico.

CMNC: cardiomiopatia não compactada.

Tratamento

O tratamento de pacientes com cardiomiopatia não compactada que apresentam insuficiência cardíaca e disfunção ventricular não difere do restante das cardiomiopatias, sendo indicado o uso de inibidores da enzima conversora da angiotensina, betabloqueadores e diuréticos.

Para pacientes refratários ao tratamento clínico, as indicações de terapia de ressincronização e transplante cardíaco seguem as mesmas indicações de outras cardiomiopatias dilatadas.

A anticoagulação com varfarina é indicada nas seguintes situações:

- Presença de fibrilação atrial.
- Evento tromboembólico prévio.
- Fração de ejeção de ventrículo esquerdo $< 40\%$.

As arritmias são tratadas de acordo com o ritmo relacionado. No caso de taquicardias ventriculares, o medicamento de escolha são os betabloqueadores e a amiodarona.

As indicações de cardiodesfibrilador implantável são:

- Profilaxia secundária após ocorrência de fibrilação ventricular/taquicardia ventricular mal tolerada.
- Paciente em classe funcional II-III, com fração de ejeção $\leq 35\%$, terapia medicamentosa otimizada e expectativa de vida > 1 ano.

Bibliografia recomendada

1. Finger MA, Casadei C, Neto JMR. Outras cardiomiopatias: arritmogênica, ventrículo não compactado e catecolaminérgica. In: Magalhães CC, Serrano Jr CV, Consolim-Colombo FM, Nobre F, Fonseca FAH, Ferreira JFM. Tratado de cardiologia SOCESP. 3ª ed. Barueri: Manole; 2015. p.736-47.
2. Duru F, Candinas R. Noncompaction of ventricular myocardium and arrhytmias. J Cardiovasc Electrophysiol. 2000;11(4).
3. Bennett CE, Freudenberger R. The current approach to diagnosis and management of left ventricular noncompaction cardiomyopathy: rview of the literature. Cardiol Research and Practice. 2016;Article ID 5172308, 7 p.
4. Towbin JA, Lorts A, Jefferies JL. Left ventricular non-compaction cardiomyopathy. Lancet. 2015;386:813-25.

132

Cardiomiopatias restritivas

Viviane Tiemi Hotta
Fabio Fernandes

Introdução

As cardiomiopatias restritivas são definidas como doenças do músculo cardíaco com resultante elevação das pressões de enchimento ventricular e disfunção diastólica. Essa condição geralmente decorre do aumento da rigidez miocárdica, o que resulta em grande aumento da pressão, com pequenas alterações no volume ventricular.

Os volumes diastólicos biventriculares geralmente são normais ou reduzidos. A função ventricular geralmente é preservada, pelo menos na fase inicial da doença, e a espessura miocárdica pode ser normal ou aumentada, dependendo da doença de base.

O diagnóstico deve ser suspeitado em pacientes com sintomas de insuficiência cardíaca (IC) e sem evidências de cardiomegalia ou sinais de disfunção ventricular.

A cardiomiopatia restritiva pode resultar de afecções locais ou sistêmicas. A amiloidose cardíaca é a forma mais prevalente fora dos trópicos. Já em algumas regiões da Índia, África, América do Sul e Central, a endomiocardiofibrose (EMF) é a mais frequente.

Classificação etiológica das cardiomiopatias restritivas

Doenças miocárdicas
Não infiltrativas ■ Cardiomiopatia idiopática ■ Cardiomiopatia familiar ■ Cardiomiopatia diabética ■ Esclerodermia ■ Pseudoxantoma elástico

(continua)

Classificação etiológica das cardiomiopatias restritivas *(continuação)*

Doenças miocárdicas
Infiltrativas ▪ Amiloidose ▪ Sarcoidose ▪ Doença de Gaucher ▪ Doença de Hurler ▪ Infiltração gordurosa
Doenças de depósito ▪ Hemocromatose ▪ Doença de Fabry ▪ Doença por depósito de glicogênio
Doenças endomiocárdicas
Endomiocardiofibrose
Síndrome hipereosinofílica
Síndrome carcinoide
Efeitos de drogas (serotonina, metisergida, ergotamina, agentes mercuriais, bissulfan)
Neoplasias metastáticas
Radiação
Cardiotoxicidade por antraciclinas

Apresentação clínica

Os sintomas incluem os de insuficiência cardíaca esquerda (dispneia, ortopneia, dispneia paroxística noturna) e insuficiência cardíaca direita (edema de membros inferiores, ascite, fadiga e astenia)
Pacientes com amiloidose podem apresentar angina e dor torácica por deposição de amiloide nas artérias coronárias. Os distúrbios de condução são particularmente comuns em pacientes com amiloidose e sarcoidose.

- **Cardiomiopatia restritiva idiopática**: pode ser familiar, em alguns casos, e estar associada com miopatia distal. Os sintomas ocorrem, geralmente, na terceira e quarta décadas de vida, com o aparecimento de bloqueios atrioventriculares e fadiga musculoesquelética. É frequente o achado de aumento biatrial ao ecocardiograma. As cavidades ventriculares e a espessura miocárdica usualmente são normais; e a função ventricular pode ser normal ou reduzida.

- **Amiloidose**: é a principal etiologia fora dos países tropicais. Muitas vezes, é decorrente de amiloidose primária associada a mieloma múltiplo. Ocorre acometimento cardíaco por produção de imunoglobulinas de cadeia leve pelas células plasmáticas. A amiloidose secundária é resultante de deposição de proteínas (que não as imunoglobulinas) por causa familiar, senilidade ou associada a processos inflamatórios crônicos. O acometimento cardíaco é mais comum na amiloidose primária. Alguns casos de amiloidose hereditária associada a cardiomiopatia podem ser causados por variantes genéticas da proteína plasmática transtiretina. A maioria desses casos tem herança autossômica dominante e associa-se a neuropatia ascendente. No tipo familiar, as fibrilas amiloides são variações da proteína plasmática transtiretina (ATTR – pré-albumina), sendo descritas mais de cem diferentes mutações associadas ao depósito. Os pacientes com forma familiar (TTR) apresentam polineuropatia, neuropatia autonômica e cardiomiopatia. A neuropatia é progressiva sensorial/motora, iniciando na terceira e quarta décadas. A disfunção autonômica geralmente está presente com a neuropatia e caracteriza-se por períodos de hipotensão postural, obstipação alternada com diarreia, disfunção erétil, retenção e incontinência urinária. A cardiomiopatia está presente após o início da neuropatia e caracteriza-se por disfunção diastólica e quadro de IC. Podem ser observados aumento da espessura miocárdica com aspecto hiper-refringente à ecocardiografia, ventrículos de tamanhos geralmente normais e alterações na função diastólica. Também pode ocorrer acometimento valvar, das artérias coronárias e pericárdio. A deposição de substância amiloide no sistema de condução pode resultar em bloqueios atrioventriculares e intraventriculares, e arritmias ventriculares complexas.
- **Endomiocardiofibrose**: possui etiologia desconhecida e caracteriza-se por fibrose subendocárdica progressiva de um ou ambos os ventrículos, com resultante limitação ao enchimento ventricular. Pode ocorrer a formação de trombos e consequente aumento da incidência de eventos tromboembólicos nessa doença. Síncope e morte súbita também não são incomuns.
- **Outras doenças infiltrativas ou por depósito**: a doença de Gaucher decorre da deficiência da enzima betaglicoceribrosidase com deposição sistêmica de cerebrosidase. A doença de Hurler resulta do depósito de mucopolissacárides no insterstício miocárdico, valvas e artérias coronárias. A doença de Fabry decorre da deficiência da enzima alfagalactosidase, resultando no acúmulo de glicoesfingolípides em órgãos sistêmicos e lesões isquêmicas secundárias à agressão vascular decorrente da deposição anômala dessa substância.

Diagnóstico

- **Exame físico**: revela sinais de insuficiência cardíaca esquerda e direita. Pode ser observado aumento do pulso venoso jugular durante a inspiração (sinal de Kussmaul), além da presença de B3 e sopros de insuficiências valvares.
- **Eletrocardiograma**: podem ser observados taquicardia sinusal, sinais de sobrecarga atrial, alterações sugestivas de hipertrofia ventricular, alterações inespecíficas da repolarização ventricular, anormalidades da condução cardíaca, como bloqueios de ramo e bloqueios atrioventriculares de grau variável. Na amiloidose, podem ser observados complexos QRS de baixa voltagem, um achado útil na distinção da hipertrofia causada pela cardiomiopatia hipertrófica em que o eletrocardiograma revela sinais de sobrecarga ventricular esquerda.
- **Radiografia de tórax**: área cardíaca preservada, sinais de congestão pulmonar (linhas B de Kerley), derrame pleural e pericárdico.
- **Ecocardiograma**: pode ser observado aumento atrial (secundário ao aumento da pressão diastólica final dos ventrículos, à fibrilação atrial ou insuficiência valvar), hipertrofia concêntrica ventricular, padrão diastólico restritivo, insuficiência valvar e função ventricular preservada. A hipertrofia ventricular na amiloidose possui aspecto peculiar granular e brilhante (aspecto de "vidro moído"). Nas fases mais avançadas, pode ocorrer disfunção ventricular geralmente por hipocinesia difusa. Na amiloidose, pode haver acometimento das coronárias por deposição de amiloide resultando em alterações segmentares da contratilidade miocárdica. Não é incomum o achado de trombos. Na endomiocardiofibrose, pode ser observada obliteração dos ápices biventriculares. O Doppler tecidual revela diminuição das velocidades de contração longitudinal.
- **Medicina nuclear**: pode evidenciar defeitos da perfusão miocárdica devido ao acometimento das artérias coronárias. A cintilografia com pirofosfato de tecnécio-99m muitas vezes é fortemente positiva, evidenciando envolvimento acentuado por substância amiloide na amiloidose. A ventriculografia radioisotópica pode evidenciar na redução da função sistólica.
- **Ressonância magnética cardíaca**: permite melhor caracterização tecidual, sugerindo a etiologia da cardiomiopatia restritiva.
- **Cateterismo cardíaco**: observa-se o "sinal da raiz quadrada", ocorrendo, no início da diástole, queda profunda e rápida na pressão ventricular, com aumento rápido até um platô na diástole precoce. Essas alterações são a representação hemodinâmica do sinal de Kussmaul e denotam o aumento da pressão diastólica ventricular decorrente do enrijecimento das paredes miocárdicas.

Diagnóstico diferencial: cardiomiopatia restritiva x pericardite constritiva

	Cardiomiopatia restritiva	Pericardite constritiva
Exame físico	O sinal de Kussmaul pode estar presente, assim como B3 O impulso apical pode ser proeminente Sopros de insuficiência valvar são comuns	Geralmente, o sinal de Kussmaul está presente e o impulso apical não está palpável *Knock* pericárdico pode estar presente
Eletrocardiografia	Complexos QRS de baixa voltagem (particularmente na amiloidose), desvios do eixo elétrico, fibrilação atrial e distúrbios da condução ventricular são comuns	Complexos QRS de baixa voltagem (em cerca de 50% dos casos)
Ecocardiografia	Aumento da espessura miocárdica com textura brilhante e aspecto granular (na amiloidose) Espessamento valvar	Espessura miocárdica normal Pode ser encontrado espessamento pericárdico Enchimento diastólico precoce proeminente com deslocamento abrupto do septo ventricular
Estudo Doppler	Redução das velocidades de VD e VE com a inspiração Aumento inspiratório do fluxo reverso diastólico das veias hepáticas Doppler tecidual mostra redução das velocidades miocárdicas Insuficiência das valvas mitral e tricúspide é comum	Aumento das velocidades sistólicas do VD e redução das velocidades sistólicas do VE com a inspiração Aumento expiratório do fluxo reverso diastólico das veias hepáticas Doppler tecidual normal
Cateterismo cardíaco	PDFVE geralmente $>$ 5 mmHg maior que a PDFVD	PDFVE geralmente igual a PDFVD PSVD $<$ 50 mmHg
Medicina nuclear	Pode evidenciar a etiologia da cardiomiopatia restritiva	Geralmente é normal
TC/RMC	Pericárdio normal	Pericárdio pode estar espessado e apresentar sinais de calcificação
Biópsia endomiocárdica	Pode evidenciar a etiologia da cardiomiopatia restritiva	Geralmente é normal

PDFVE: pressão diastólica final do ventrículo esquerdo; PDFVD: pressão diastólica final do ventrículo direito; PSVD: pressão sistólica do ventrículo direito; RMC: ressonância magnética cardíaca; TC: tomografia computadorizada cardíaca; VD: ventrículo direito; VE: ventrículo esquerdo.

Tratamento

O tratamento consiste no controle das diferentes manifestações clínicas da doença: tratamento clínico da insuficiência cardíaca, arritmias e fenômenos tromboembólicos.

O tratamento da doença de base deve ser instituído sempre que possível. Podem ser indicadas a terapia imunossupressora nas doenças com componente autoimune e a terapia de reposição hormonal nas deficiências específicas de enzimas.

O tratamento da amiloidose baseia-se na detecção da desordem subjacente e no controle dos sintomas. O tratamento da forma primária visa diminuir o processo proliferativo celular.

Na forma familiar (ATTR), como a proteína mutante é produzida pelo fígado, o transplante hepático é o tratamento indicado. Outras formas de tratamento estão sendo realizadas, entre elas pelo tafamidis, um estabilizador da transtiretina que pode diminuir a progressão da polineuropatia e que recentemente foi aprovado para uso pela União Europeia.

Na endomiocardiofibrose, o tratamento clínico é a escolha para pacientes nas classes funcionais I e II, pois a mortalidade é baixa nesse grupo. Nos pacientes das classes III ou IV, a cirurgia está indicada.

As indicações de marca-passo, cardiodesfibrilador implantável e terapia de ressincronização cardíaca na DC seguem critérios extrapolados dos pacientes com cardiomiopatias de outras etiologias.

Bibliografia recomendada

1. Kushwaha SS, Fallon JT, Fuster V. Restrictive cardiomyopathy. N Engl J Med. 1997;336(4):267-76.
2. Fitzpatrick AP, Shapiro LM, Rickards AF, Poole-Wilson PA. Familial restrictive cardiomyopathy with atrioventricular block and skeletal myopathy. Br Heart J. 1990;63(2):114-8.
3. Rodney H. Falk. cardiac amyloidosis: a treatable disease, often overlooked. Circulation. 2011;124:1079-85.
4. Hamzeh N, Steckman DA, Sauer WH, Judson MA. Pathophysiology and clinical management of cardiac sarcoidosis. Nat Rev Cardiol. 2015;12(5):278-88.

133

Aneurisma da aorta torácica

José Augusto Duncan Santiago
Ricardo Ribeiro Dias

Definição

Aneurisma é a dilatação irreversível maior que 50% do diâmetro normal esperado da aorta.

Introdução

- As doenças da aorta apresentam elevada morbidade e mortalidade.
- O paciente é geralmente assintomático e sem sinais clínicos específicos.
- Novos métodos de exames complementares possibilitaram maior número de diagnósticos.
- A dilatação contribui para o enfraquecimento da parede da aorta.
- O enfraquecimento tem como consequências potencialmente fatais a dissecção e a rotura.
- Os diâmetros da aorta aumentam com a idade (Figura 1).

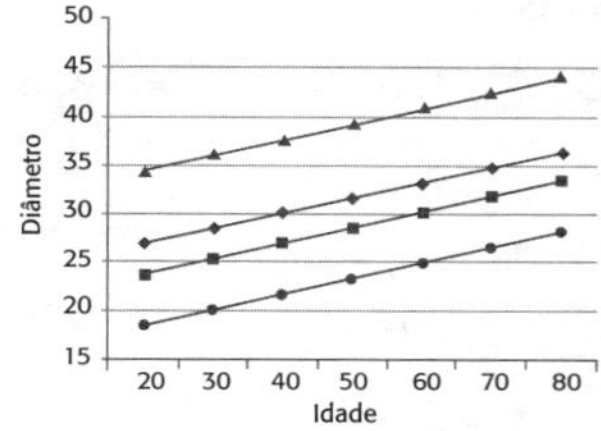

Figura 1 Diâmetro normal e limite superior (LS) da normalidade para a aorta ascendente e descendente conforme a idade.

Classificação dos aneurismas

De acordo com a localização	▪ Aneurisma de aorta ascendente
	▪ Aneurisma de arco aórtico
	▪ Aneurisma de aorta descendente
	▪ Aneurisma toracoabdominal
De acordo com o formato	▪ Fusiforme (toda a circunferência dilatada)
	▪ Sacular (dilatação restrita a uma fração da circunferência)

Comorbidades frequentemente associadas

▪ Hipertensão arterial sistêmica (HAS) ▪ Insuficiência cardíaca congestiva	▪ Doença pulmonar obstrutiva crônica (DPOC) ▪ Coronariopatia

Epidemiologia

- Incidência: 5,9 casos por 100 mil pessoas/ano
- Média de idade no diagnóstico: 59-69 anos
- Predominância de homens na proporção de até 4:1

Prevalência por segmento da aorta

Segmento	Prevalência
Ascendente	50-60%
Arco	10%
Descendente	30-40%
Toracoabdominal	10%

Fatores predisponentes

Síndromes genéticas	▪ Marfan
	▪ Ehlers-Danlos
Infecciosos	▪ Sífilis
Congênitos	▪ Valva aórtica bivalvulada
Comportamentais	▪ Tabagismo
	▪ Uso crônico de cocaína
Adquiridos	▪ HAS
	▪ Dislipidemia (DLP)

História natural

Velocidade média de crescimento	▪ Ascendente: 0,07 cm/ano
	▪ Descendente: 0,19 cm/ano
Sobrevida*	▪ 1 ano: 85%
	▪ 5 anos: 64%

* Sobrevida menor para aneurismas da aorta torácica descendente.

Mortalidade de acordo com o tamanho do aneurisma

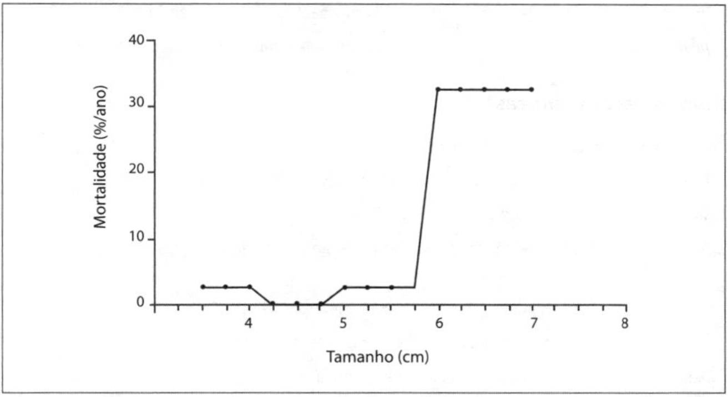

Figura 2 Risco de complicação (%) *versus* diâmetro (cm) dos aneurismas de aorta torácica ascendente.

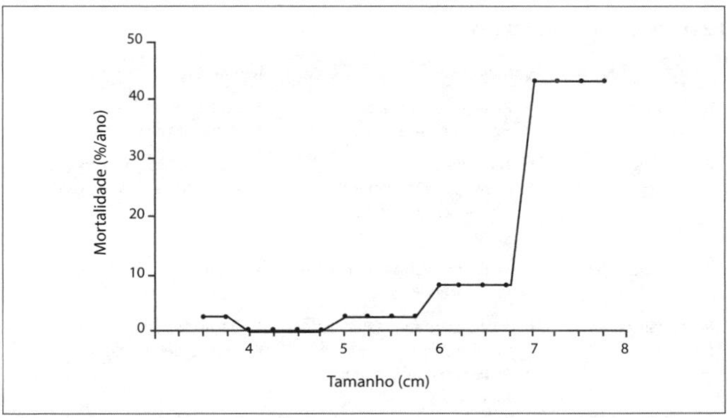

Figura 3 Risco de complicação (%) *versus* diâmetro (cm) dos aneurismas de aorta torácica descendente.

Situações particulares

Síndrome de Marfan	Aumento da mortalidade quando > 5 cm
Valva aórtica bivalvulada	Aumento da mortalidade quando > 4,5 cm

Manifestações clínicas

A maioria dos pacientes é assintomática.	
Ascendente	▪ Dor torácica anterior (pode irradiar para fúrcula)
Arco	▪ Dor pescoço/mandíbula
	▪ Estridor/rouquidão (compressão traqueia/nervo laríngeo recorrente)
	▪ Disfagia (compressão do esôfago)
	▪ Pletora/edema em face (compressão da veia cava superior)
Descendente	▪ Dor na região interescapular
	▪ Dor pleurítica à esquerda
	▪ Rouquidão (compressão do nervo laríngeo recorrente)
Sinais físicos diretos são incomuns.	

Exames complementares

	Vantagens	Desvantagens
Radiografia de tórax	▪ Ampla disponibilidade ▪ Pouco invasiva	▪ Pouco específica ▪ Baixa sensibilidade
Ecocardiograma	▪ Não invasivo ▪ Avalia simultaneamente função valvar aórtica e ventricular	▪ Não visualiza parte da aorta ascendente e do arco aórtico
Angiotomografia	▪ Avalia diâmetro, extensão e localização	▪ Nefropatia por contraste
Ressonância magnética	▪ Avalia diâmetro, extensão e localização ▪ Avaliação concomitante da função ventricular	▪ Baixa disponibilidade ▪ Exame demorado
Angiografia	▪ Importante no tratamento endovascular	▪ Invasiva, nefropatia por contraste

Tratamento cirúrgico

- Prevenir complicações letais: dissecção e rotura
- Sobrevida em 5 anos sem intervenção cirúrgica: 13-39%
- A estratégia de tratamento adotada na Unidade de Miocardiopatias e Doenças da Aorta do Instituto do Coração do Hospital das Clínicas da Faculdade de Medicina da Universidade de São Paulo (InCor-HCFMUSP) segue um fluxograma (Figura 4).

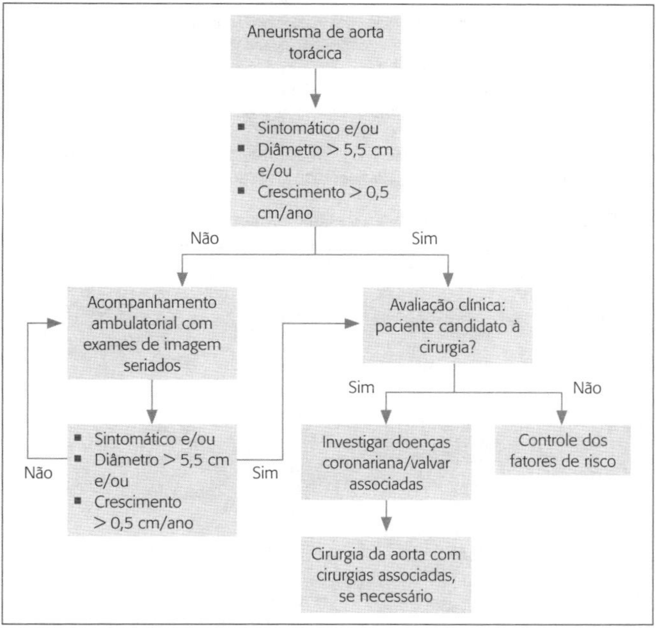

Figura 4 Tratamento cirúrgico do aneurisma de aorta torácica adotado no Instituto do Coração do Hospital das Clínicas da Faculdade de Medicina da Universidade de São Paulo (InCor-HCFMUSP).

Situações especiais – síndrome de Marfan e valva aórtica bivalvulada

História familiar de dissecção ou rotura?	Não	Indicar cirurgia quando diâmetro ≥ 5 cm
	Sim	Indicar cirurgia quando diâmetro ≥ 4,5 cm

Para individualizar, utilizar fórmula: $\pi \times$ raio (cm)^2/altura (m); se ≥ 10, indicar cirurgia.

Bibliografia recomendada

1. Coady MA, Rizzo JA, Hammond GL, Mandapati D, Darr U, Kopf GS, et al. What is the appropriate size criterion for resection of thoracic aortic aneurysms? J Thorac Surg. 1997;113(3):476-91.
2. Coselli JS, Figueiredo LF. Natural history of descending and thoracoabdominal aortic aneurysms. J Card Surg. 1997;12(suppl 2):285-9.
3. Della Corte A, Bancone C, Quatro C, Dialetto G, Covino FE, Scardone M, et al. Predictors of ascending aortic dilatation with bicuspid aortic valve: a wide spectrum of disease expression. Eur J Cardiothorac Surg. 2007;31(3):397-404.
4. Dias RR, Mejia OA, Fernandes F, Ramires FJ, Mady C, Stolf NA, Jatene FB. Mortality impact of thoracic aortic disease in São Paulo state from 1998 to 2008. Arq Bras Cardiol. 2013;101(6):536-44.
5. Hiratzka LF, et al. Guidelines on thoracic aortic disease. JACC. 2010;55(14):e27-129.
6. Westaby S, Bertoni GB. Fifty years of thoracic aorta surgery: lessons learned and future directions. Ann Thorac Surg. 2007;83(2):S832-4.

134

Pericardite constritiva

Fabio Fernandes
Charles Mady

Introdução

- A pericardite constritiva é uma afecção secundária à inflamação crônica do pericárdio, que se torna espessado e calcificado, levando à restrição do enchimento diastólico dos ventrículos, queda do volume sistólico e baixo débito cardíaco.
- Existem formas variantes da pericardite constritiva: pericardite efusiva constritiva, pericardite constritiva oculta, localizada e transitória.
- Tuberculose, colagenoses, neoplasias e cirurgia cardíaca prévia são causas frequentes da doença, que pode se manifestar de diferentes formas de acordo com a localização, a extensão e o grau de espessamento pericárdico. De maneira geral, causas mais comuns são as idiopáticas e as secundárias à pericardite viral. Nos países ocidentais, as etiologias mais frequentes são pós-cirurgias cardíaca e pós-irradiação. A tuberculose ainda é etiologia frequente nos países em desenvolvimento ou imunodeprimidos.

Quadro clínico

Sintomas gerais	Fadiga, anorexia, náuseas, dispepsia e perda de peso
Sintomas cardíacos	Inchaço em pernas, aumento de volume abdominal, distensão abdominal
Exame físico	Caquexia, elevação de pulso venoso jugular, sinal de Kussmaul, *knock* pericárdico, ascite e edema de membros inferiores
Pode simular	Cirrose hepática, falência miocárdica e cardiomiopatia restritiva

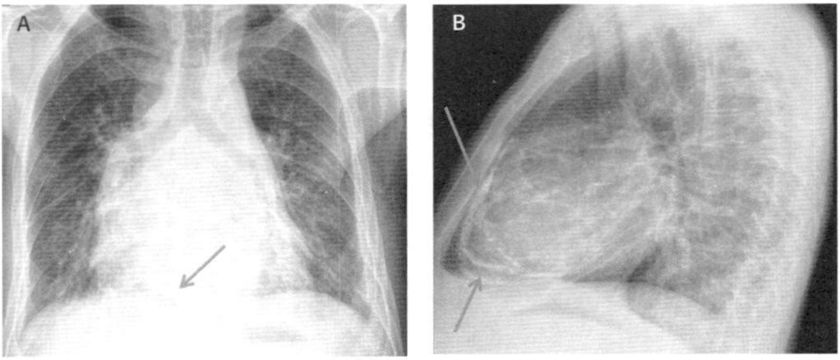

Figura 1 Radiografia de tórax (posteroanterior e perfil), em que se observa calcificação pericárdica (setas).

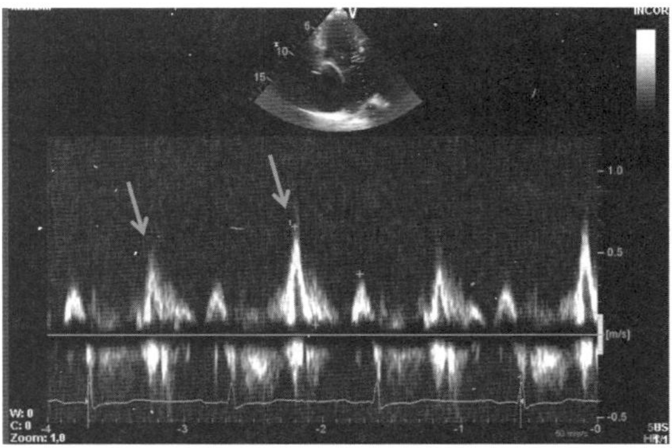

Figura 2 Doppler mitral em que se observa variação do fluxo mitral superior a 30% na inspiração.

Métodos complementares

Eletrocardiograma	Alterações inespecíficas do segmento ST e da onda T, ondas Q patológicas, complexos QRS de baixa voltagem, bloqueio atrioventricular, fibrilação atrial, sinais de sobrecarga atrial ou distúrbios da condução intraventricular.
Biomarcador (BNP e NT-proBNP)	Em virtude da restrição diastólica e da menor tensão parietal, ocorre menor estímulo à liberação de BNP. A pericardite constritiva apresentou menores níveis de BNP quando comparada a outras síndromes restritivas. Valores normais ou pouco elevados falam a favor de pericardite constritiva.
Radiografia de tórax (Figura 1)	Calcificações pericárdicas e derrame pleural podem ser observados em até um terço dos pacientes.
Ecocardiograma (Figura 2)	Espessamento pericárdico, mais bem visualizado pelo ecocardiograma transesofágico; movimentação anormal do septo interventricular; dilatação e ausência de colapso inspiratório da veia cava inferior; variação respiratória dos fluxos mitral (> 25%) e tricúspide (> 40%); ondas E' com velocidade normal ou aumentada e dilatação biatrial.
Tomografia computadorizada	Evidencia pericárdio espesso (> 4 mm), calcificação e sinais indiretos de constrição, como dilatação de veia cava inferior, distorção da cavidade ventricular e angulação do septo interventricular.
Ressonância magnética	Espessamento de 4 mm sugere pericardite constritiva e o valor de 6 mm tem uma alta especificidade para diagnóstico de constrição. De 10 a 20% dos pacientes submetidos ao tratamento cirúrgico têm espessura pericárdica normal e, portanto, esse achado não descarta o diagnóstico. Por outro lado, um espessamento pericárdico anormal (> 4 mm) e a presença de realce tardio e edema pericárdico correlacionam-se com inflamação aguda do pericárdico, podendo sugerir processo inflamatório em atividade, o que abre perspectivas para o tratamento etiológico. Outros sinais encontrados são: movimentação atípica do septo interventricular e dilatação da veia cava inferior. A ressonância pode ser útil também na identificação de cardiomiopatias restritivas, importante diagnóstico diferencial.
Estudo hemodinâmico invasivo	Evidencia-se no cateterismo direito o padrão chamado de *dip* (descenso Y rápido) e platô ou "sinal da raiz quadrada" na curva de pressão venosa decorrente de queda inicial da pressão, aumento abrupto e estabilização. Pode-se também observar aumento das pressões de átrio direito, ventrículo direito e pressão capilar pulmonar, culminando com a equalização das pressões de enchimento nas quatro câmaras cardíacas.

(continua)

Métodos complementares *(continuação)*

Pericardite efusiva constritiva	O diagnóstico da pericardite efusiva constritiva é realizado quando depois da pericardiocentese não há queda de 50% da pressão atrial direita ou a um nível menor de 10 mmHg após a exclusão de causas que possam levar elevações de pressão atrial direita (falência de ventrículo direito ou regurgitação tricúspide).

BNP: peptídeo natriurético cerebral; NT-proBNP: porção N-terminal do peptídeo natriurético cerebral tipo B.

Diagnóstico diferencial

- Cardiomiopatias restritivas: amiloidose, sarcoidose, endomiocardiofibrose, síndrome hipereosinofílica etc.
- Distúrbios secundários a quimioterapia ou radiação.

Diagnóstico diferencial entre pericardite constritiva e cardiomiopatias restritivas

	Constrição	Restrição
Pulso paradoxal	1/3 dos casos	Ausente
Knock pericárdico	Presente	Ausente
B3, B4, sopro regurgitativo	Raro	Comum
Eletrocardiograma: QRS de baixa voltagem	Raro	Comum
Radiografia de tórax	Calcificação	Congestão pulmonar
Variação respiratória das pressões/fluxos esquerda-direita	Aumentada	Normal
Desvio do septo interventricular	Presente	Ausente
Espessura da parede do ventrículo	Normal	Aumentada
Doppler tecidual/velocidade da onda E'	Aumentada	Reduzida
Hipertensão pulmonar	Ausente	Presente
Equalização das pressões de enchimento esquerda-direita	Presente	Esquerda > direita mais que 5 mmHg
Pressões de enchimento > 25 mmHg	Raro	Comum
Sinal da raiz quadrada	Presente	Variável

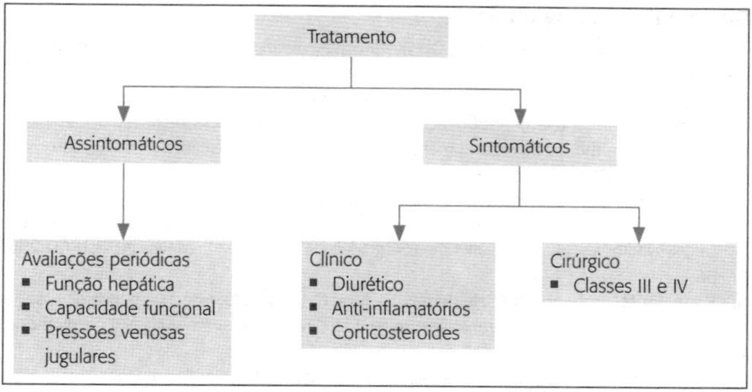

Tratamento

- O tratamento clínico é realizado com drogas anti-inflamatórias, corticosteroides, diuréticos e antibióticos (p. ex., na tuberculose). O tratamento para tuberculose deve ser realizado antes da cirurgia e continuado posteriormente. Os diuréticos devem ser utilizados com o objetivo de reduzir, mas não eliminar, pressão venosa jugular, ascite e edema.
- Em pacientes com quadro clínico sugestivo de pericardite constritiva sem calcificação pericárdica importante e com sinais de atividade inflamatória pericárdica e sistêmica, o tratamento clínico pode ser considerado antes da indicação da cirurgia de pericardiectomia.
- Em casuística de 60 pacientes com pericardite constritiva crônica submetidos a pericardiectomia, os fatores de risco relacionados à mortalidade foram: nível sérico de BNP acima de 320, hipertensão pulmonar e anemia.

Fatores prognósticos e sobrevida

Fatores prognósticos	Idade, radioterapia prévia, classe funcional e sódio sérico. Os preditores de insuficiência cardíaca tardios foram idade, radiação e presença de ascite.
Sobrevida	5 anos em 71% dos casos; e 10 anos em 52%.

Bibliografia recomendada

1. Syed FF, Ntsekhe M, Mayosi BM, Oh JK. Effusive-constrictive pericarditis. Heart Fail Rev. 2013;18(3):277-87.
2. Maisch B, Seferovic PM, Ristic AD, Erbel R, Rienmüller R, Adler Y, et al. Task force on the diagnosis and management of pericardial diseases of the European society of cardiology. Guidelines on the diagnosis and management of pericardial diseases.Executive summary. Eur Heart J. 2004;25(7):587-610.
3. I Diretriz Brasileira de Miocardites e Pericardites. Arq Bras Cardiol. 2013;100(4 Supl. 1):1-36.
4. Seferovic PM, Ristic AD, Maksimovic R, Simeunovic DS, Milinkovic I, Mitrovic JP, et al. Pericardial syndromes: an update after the ESC guidelines 2004. Heart Fail Rev. 2013;18(3):255-66.
5. Schwefer M, Aschenbach R, Heidemann J, Mey C, Lapp H. Constrictive pericarditis, still a diagnostic challenge: comprehensive review of clinical management. Eur J Cardiothorac Surg. 2009;36(3):502-10.
6. Feng D, Glockner J, Kim K, Martinez M, Syed IS, Araoz P, et al. Cardiac magnetic resonance imaging pericardial late gadolinium enhancement and elevated inflammatory markers can predict the reversibility of constrictive pericarditis after antiinflammatory medical therapy: a pilot study. Circulation. 2011;124(17):1830-7.
7. Talreja DR, Edwards WD, Danielson GK, Schaff HV, Tajik AJ, Tazelaar HD, et al. Constrictive pericarditis in 26 patients with histologically normal pericardial thickness. Circulation. 2003;108(15):1852-7.
8. Zurick AO, Bolen MA, Kwon DH, Tan CD, Popovic ZB, Rajeswaran J, et al. Pericardial delayed hyperenhancement with CMR imaging in patients with constrictive pericarditis undergoing surgical pericardiectomy: a case series with histopathological correlation. JACC Cardiovasc Imaging. 2011;4(11):1180-91.
9. Coylewright M, Welch TD, Nishimura RA. Mechanism of septal bounce in constrictive pericarditis: a simultaneous cardiac catheterisation and echocardiographic study. Heart. 2013;99(18):1376.
10. Wang K, Asinger RW, Marriott HJ. ST-segment elevation in conditions other than acute myocardial infarction. N Engl J Med. 2003;349(22):2128-35.
11. Zwas DR, Gotsman I, Admon D, Keren A. Advances in the differentiation of constrictive pericarditis and restrictive cardiomyopathy. Herz. 2012;37(6):664-73.
12. Ling LH, Oh JK, Schaff HV, Danielson GK, Mahoney DW, Seward JB, et al. Constrictive pericarditis in the modern era: evolving clinical spectrum and impact on outcome after pericardiectomy. Circulation. 1999;100(13):1380-6.

Índice remissivo

B

C

D

E

F

G

H

I

J

L

N

O

P

Q

R

S

T

U

V

X

Z